# VAN GOGH EN GAUGUIN

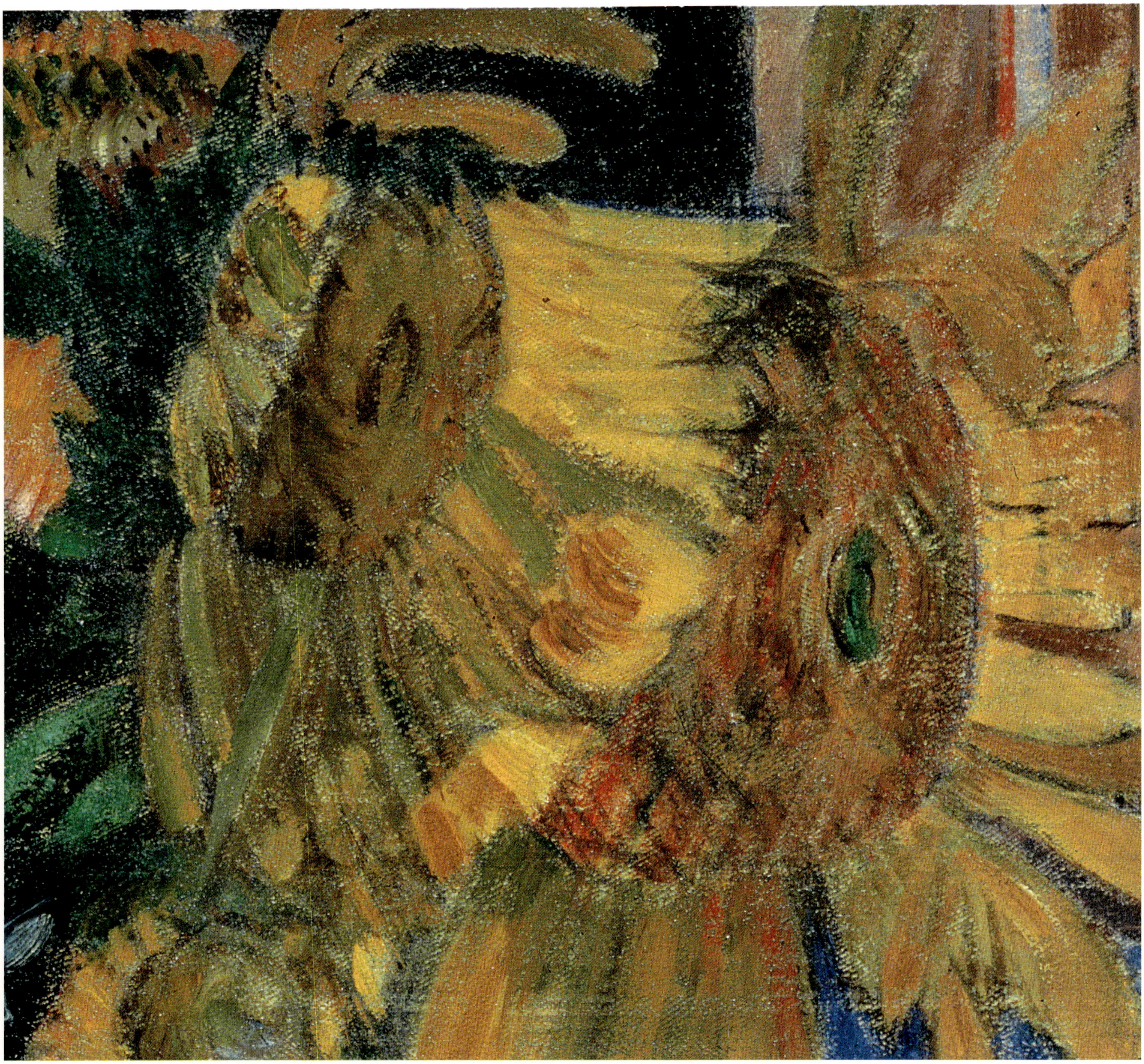

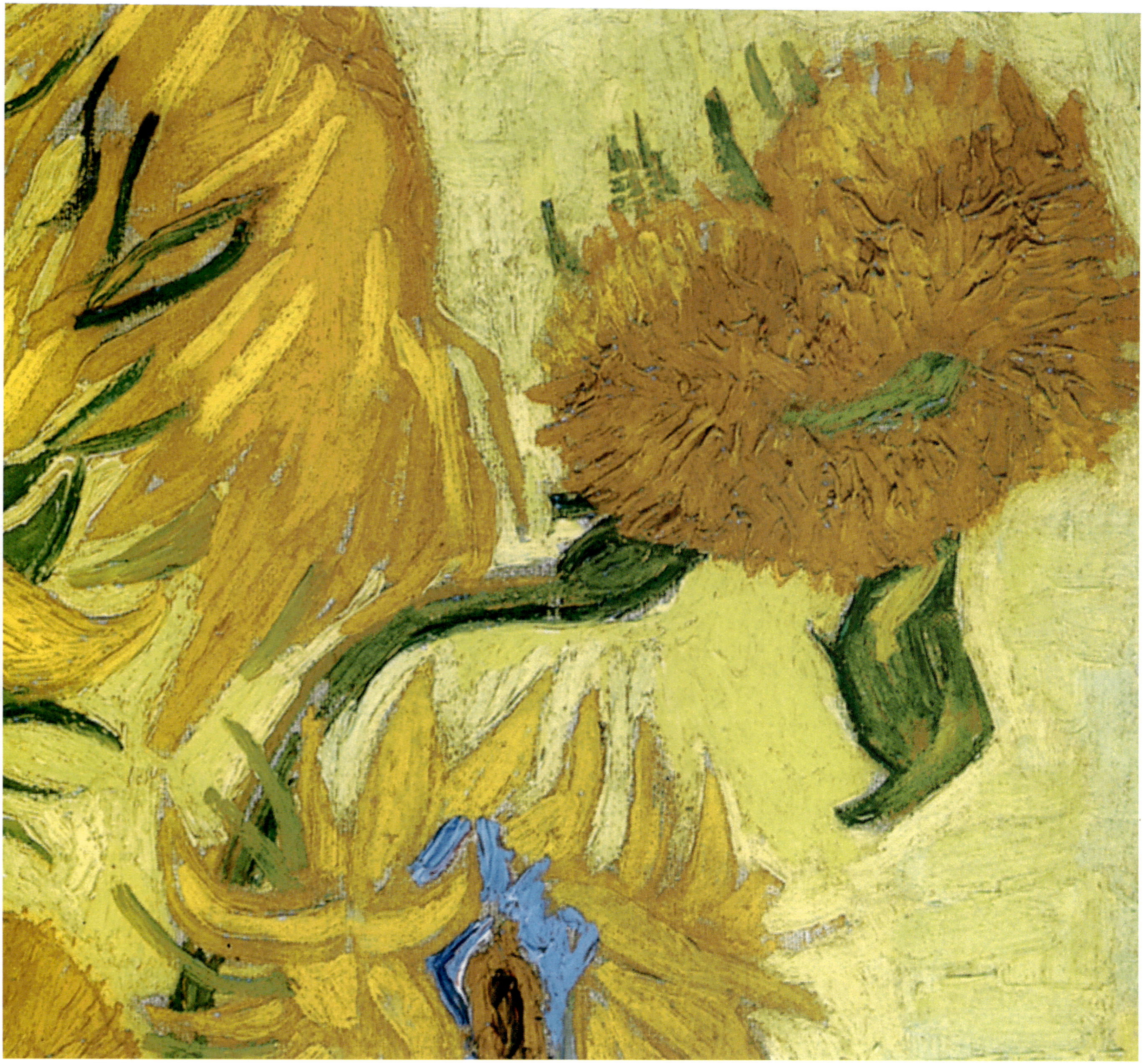

DOUGLAS W. DRUICK
EN PETER KORT ZEGERS

IN SAMENWERKING
MET BRITT SALVESEN

MET TEKSTBIJDRAGEN VAN
KRISTIN HOERMANN LISTER

EN MEDEWERKING VAN MARY C. WEAVER

# VAN GOGH EN GAUGUIN

## HET ATELIER VAN HET ZUIDEN

THE ART INSTITUTE
OF CHICAGO

VAN GOGH MUSEUM,
AMSTERDAM

WAANDERS

Dit boek is gepubliceerd in combinatie met de tentoonstelling 'Van Gogh en Gauguin: Het Atelier van het Zuiden,' georganiseerd door The Art Institute of Chicago en het Van Gogh Museum, Amsterdam.

Tentoonstellingsdata:
The Art Institute of Chicago
22 september 2001 - 13 januari 2002
Van Gogh Museum, Amsterdam
9 februari - 2 juni 2002

De tentoonstelling en het begeleidende boek zijn mogelijk gemaakt door de financiële steun van Ameritech (Chicago) en ABN AMRO (Amsterdam). Verdere ondersteuning werd gegarandeerd door de Federal Council on the Arts and Humanities.

Geredigeerd en verzorgd door het Publications Department van The Art Istitute of Chicago, Susan F. Rossen, Executive Director of Publications
Onder redactie van: Britt Salvesen, Associate Editor, met medewerking van Lisa Meyerowitz en Katherine Reilly, redacteurs bijzondere projecten, en Faith Brabenec Hart, onafhankelijke redacteur
Verzorgd door: Amanda W. Freymann, Associate Director of Publications, met medewerking van Stacey Hendricks, Production Assistant, en Karen Gephart Altschul, Photo Editor

Nederlandse vertaling door Andrea Vreede en Ronald Kuil voor *Scriptum*, Rome, Italië

Ontwerp van studio blue, Chicago
Kleurenreprodukties door Professional Graphics, Rockford, Illinois
Gedrukt door Arnaldo Mondadori Editore S.p.A., Verona, Italië

Voor fotocredits zie p. 401
Voorzijde en omslag:
Paul Gauguin, *Zelfportret opgedragen aan Vincent van Gogh (Les Misérables)* (detail), 1888, cat. 33; en Vincent van Gogh, *Zelfportret opgedragen aan Paul Gauguin (Bonze)* (detail), 1888, cat. 64.
P. ii: Paul Gauguin, *Zonnebloemen op leunstoel* (detail), 1901, cat. 144
P. iii: Vincent van Gogh, *Zonnebloemen* (detail), 1889, cat. 110.
Achterzijde en omslag; en
p. xiii: Vincent van Gogh, *Het Gele Huis* (detail), 1888, cat. 66.



ISBN: 90 400 96 37 6


# INHOUD

# VERKLARING VAN DE SPONSOR

Via sponsoring van beeldende kunst wil ABN AMRO een positieve bijdrage leveren aan de maatschappij. Wij zijn dan ook regelmatig betrokken bij diverse grote en toonaangevende culturele projecten. Ons partnership met het Van Gogh Museum Amsterdam voor de tentoonstelling Van Gogh en Gauguin is daar een goed voorbeeld van.

Het verhaal van deze legendarische en boeiende relatie wordt opnieuw verteld in 120 meesterwerken. Vincent van Gogh en Paul Gauguin verschilden van karakter en hadden hun eigen opvatting over kunst. Maar beide meesters hebben elkaar onmiskenbaar beïnvloed en geïnspireerd. Dat blijkt duidelijk uit de prachtige schilderijen die u kunt bewonderen tijdens de tentoonstelling, die mede mogelijk is gemaakt door de inbreng van talloze bruikleengevers.

De kwaliteit van de tentoonstelling komt ook tot uitdrukking in de catalogus die u een fascinerend inzicht biedt in het turbulente leven en het baanbrekende oeuvre van deze uitmuntende schilders. De unieke mogelijkheid om het werk van beide kunstenaars samen te kunnen zien in één tentoonstelling in Chicago of Amsterdam zal wereldwijd tot de verbeelding spreken van een groot aantal liefhebbers.

Als een van 's werelds toonaangevende financiële instellingen streven wij ernaar om onze uitgebreide kennis en ervaring in dienst te stellen van onze klanten. Om dit doel te bereiken richten wij ons op de financiële behoeften van onze klanten, terwijl we tegelijkertijd maximale economische waarde voor onze aandeelhouders creëren.

Wij spreken de hoop en de verwachting uit dat een groot aantal mensen, in zowel Chicago als Amsterdam, veel plezier zal beleven aan de Van Gogh en Gauguin tentoonstelling en dat het voor velen een bron van inspiratie zal zijn.

Rijkman Groenink
ABN AMRO
Voorzitter Raad van Bestuur

ABN·AMRO

# VOORWOORD VAN DE DIRECTEUREN

Tegen de achtergrond van de vriendschap en rivaliteit tussen Vincent van Gogh en Paul Gauguin heeft zich één van de meest fascinerende episodes in de moderne kunstgeschiedenis afgespeeld. Het verhaal van de twee grote talenten die elkaar als gevolg van een samenloop van omstandigheden en een diep wederzijds respect ontmoetten, bevat vele aspecten die doen denken aan een heuse tragedie: eensgezindheid en ruzie, gedeelde ambities en teleurstellingen, bewondering en verachting en, als meest bekende episode, blinde razernij en zelfs fysiek geweld. Dit wonderbaarlijke verhaal werd vervolgens met behulp van fragmentarische informatie gereconstrueerd en bij iedere overlevering verder aangedikt, om bij vlagen mythologische proporties aan te nemen en generaties lang tot de verbeelding te spreken van historici, schrijvers en filmmakers.

Zelfs al lijkt het menselijk drama van de ontmoeting tussen Van Gogh en Gauguin misschien bekend, toch heeft de volledige geschiedenis van hun artistieke relatie nog niet de aandacht gekregen die zij verdient. Dit boek en de bijbehorende tentoonstelling hebben het doel deze relatie ten volle te onderzoeken. De complexe verstandhouding tussen beiden wordt onder de loep genomen en geanalyseerd vanaf het moment dat zij elkaars werk voor het eerst leerden kennen halverwege de jaren '80 van de 19de eeuw. Vervolgens richt de aandacht zich op hun korte, intense samenwerking in Arles en tenslotte op de periode tot aan het einde van hun beider carrières. De wetenschappers die bij dit project waren betrokken, hebben een nieuw en diepgaand inzicht kunnen geven in deze fascinerende relatie, door gebruik te maken van een enorm scala aan bronnenmateriaal en een uitgebreid technisch onderzoek dat op de kunstwerken zelf is uitgevoerd. Met grote zorgvuldigheid zijn de twee levensgeschiedenissen gereconstrueerd en is de datering en volgorde van Van Goghs en Gauguins werk opnieuw onderzocht om de evolutie van de ideeën van de schilders en hun artistieke uitwisseling binnen een breder kader te plaatsen. Naar nu blijkt, had ieder een wezenlijk aandeel in de pogingen van de ander om een persoonlijke stijl en een eigen expressieve inhoud te creëren, terwijl hun eigen ideeën en ambities tijdens hun samenwerking vastere vorm aannamen. Samen hebben Van Gogh en Gauguin een immense bijdrage geleverd aan de moderne kunst. Deze studie geeft ons een beter begrip van hun doelstellingen, prestaties en van de onderliggende betekenis van hun werk.

In tegenstelling tot de relatie die het onderwerp vormt van dit boek, was het partnership tussen het Art Institute of Chicago en het Van Gogh Museum te Amsterdam van begin tot eind uiterst harmonieus. Door het gewicht van onze respectievelijke collecties en de expertise van onze curatoren waren beide instellingen de meest aangewezen partners voor deze onderneming. Maar hoewel onze musea gewend zijn om internationale tentoonstellingen te organiseren, behoort dit project tot een orde en schaal die ver buiten onze gebruikelijke ervaring ligt. De verwezenlijking ervan werd alleen mogelijk dankzij de volledige inzet van onze stafleden en om die reden zouden we graag hulde willen brengen aan al onze collega's voor hun toewijding en enthousiasme. Wij zijn bijzondere dank verschuldigd aan de auteurs van dit boek: Douglas W. Druick, Searle Curator of European Paintings en Prince Trust Curator of Prints and Drawings van The Art Institute, en Peter Kort Zegers, Rothman Family Research Curator van hetzelfde instituut. Hun briljant inzicht en indrukwekkende kennis zijn het ware middelpunt geweest van dit project. Het siert hun prestatie als schrijvers en onderzoekers dat het dramatische gehalte van de ontmoeting tussen de beide kunstenaars door hun minutieuze beschrijving in al zijn explosieve kracht naar buiten komt. In Amsterdam werd het project geleid door Andreas Blühm, Hoofd Presentatie bij het Van Gogh Museum. Onschatbare medewerking werd verleend door de specialisten bij het Museum, onder leiding van Hoofd Curator Sjraar van Heugten, Curator Louis van Tilborgh en Leo Jansen, Hoofd van het Van Gogh Brievenproject. Naast hen zouden wij onze welgemeende dank willen betuigen aan de stafleden van zowel het Art Institute of Chicago als het Van Gogh Museum, wier professionaliteit en toewijding een belangrijke rol hebben gespeeld bij deze uitdaging.

In bepaald opzicht is het niet verwonderlijk dat dit de eerste grote tentoonstelling is waarin kunstwerken van Van Gogh en Gauguin samen te zien zijn, gezien de immense problemen die de verwezenlijking van een dergelijk project met zich meebrengt, niet in de laatste plaats wat betreft de bruiklenen en de logistiek. Werken van deze kunstenaars vormen uiteraard een zeer waardevol bezit, maar de aard van ons onderwerp bracht een zeer beperkte keuzevrijheid met zich mee. De tentoonstelling zou alleen een succes kunnen zijn wanneer voldoende schilderijen bij elkaar gebracht konden worden die direct betrekking hebben op de zich ontwikkelende relatie tussen beide schilders. Zoals te voorzien was, hebben we niet al deze werken kunnen opnemen in onze expositie, maar dankzij de bijzondere medewerking van privéverzamelaars en van onze collega's in de museumwereld zijn we in staat om veel meer werken (of liever combinaties van verwante werken) tentoon te stellen dan we durfden te hopen toen we, halverwege de jaren '90, aan het project begonnen. Graag willen we in het bijzonder alle bruikleengevers bedanken voor hun vertrouwen en hun royale medewerking. De tentoonstelling heeft een belangrijke financiële ondersteuning van de Federal Council on the Arts and Humanities en van de Nederlandse overheid verkregen. Wij zijn Alice Whelihan, National Endowment for the Arts, dankbaar voor al haar hulp en steun, en ook Ceef Kovtleve. Tot slot spreken wij onze dank uit tegenover onze sponsors – in Chicago, Ameritech en de Ameritech Foundation en in Amsterdam, ABN AMRO bank – voor het feit dat zij ons in staat gesteld hebben om deze tentoonstelling te organiseren voor het plezier en de verrijking van ons publiek. Van Gogh schilderde zonnebloemen, zoals hij zelf zei, als teken van dankbaarheid. Wij kunnen onze dank alleen maar uiten in woorden.

James N. Wood
Director en President,
The Art Institute of Chicago

John Leighton
Directeur, Van Gogh Musuem,
Amsterdam

# DANKWOORD

Het organiseren van de vijfde uitgebreide tentoonstelling over de samenwerking tussen Vincent van Gogh en Paul Gauguin is een grote internationale inspanning geweest, waar velen van onze collega's aan hebben meegewerkt. Het feit dat wij onze aandacht niet op één maar op twee belangrijke kunstenaars hebben gericht, en ook nog op die werken die een weerslag vormen van hun onderlinge relatie, heeft een aantal unieke uitdagingen met zich meegebracht. 52 musea en een groot aantal particuliere verzamelaars uit meer dan 17 landen hebben zich bereid verklaard om hun medewerking te verlenen door werken uit hun collecties in bruikleen te geven of ter beschikking te stellen voor technisch onderzoek. Andere collega's uit musea, universiteiten, bibliotheken, archieven, overheidsinstellingen, kunsthandels en veilinghuizen hebben meegewerkt aan dit project. Wij willen onze welgemeende dank uitspreken aan iedereen die ons geholpen heeft bij de organisatie van de tentoonstelling en bij de totstandkoming van de bijbehorende publikatie.

Wij zijn ons er terdege van bewust hoeveel wij verschuldigd zijn aan de wetenschappers die gedurende de laatste honderd jaar beide kunstenaars bestudeerd hebben. In dit boek is het niet mogelijk om een volledige bibliografie op te nemen van alle waardevolle bijdragen op dit gebied. Wij hebben zoveel mogelijk getracht om alle bronnen te vermelden die voor ons onderwerp van belang zijn. De noten alleen kunnen echter niet op een afdoende manier de bronnen aanduiden waardoor in de loop der tijd onze denkwijze over deze twee kunstenaars gevormd is. Daarom grijpen wij deze mogelijkheid aan om onze erkentelijkheid te betuigen aan de eerste onderzoekers in dit veld en aan hun opvolgers, die ons hebben geholpen een dieper inzicht in de materie te krijgen door het publiceren van nieuw primair bronnenmateriaal en nieuwe interpretaties met betrekking tot het oeuvre van beide kunstenaars. In de eerste helft van de 20ste eeuw is de basis voor later onderzoek gelegd door, onder anderen, Jo van Gogh-Bonger, Charles Chassé, Raymond Cogniat, J.-B. de la Faille, Marcel Guérin, Jean Loize, Maurice Malingue, John Rewald, Jean de Rotonchamp en Meyer Schapiro.Vanaf de jaren '50 heeft het onderzoeksgebied zich uitgebreid dankzij uitmuntend werk van Merete Bodelsen, Douglas Cooper, Bengt Danielsson, Bernard Dorival, Henri Dorra, Christopher Gray, Jan Hulsker, Sven Lövgren en Marc Tralbaut. Na Mark Roskills grensverleggende studie uit 1970 zijn waardevolle bijdragen gepubliceerd door Ziva Amishai-Maisels, Wayne Andersen, Gilles Artur, Martin Bailey, Jean-Louis Bonnat, Richard Brettell, Françoise Cachin, Elizabeth Childs, Carol Christensen, Denise Delouche, Roland Dorn, Stephen Eisenman, Walter Feilchenfeldt, Richard Field, Claire Frèches-Thory, Vojtěch Jirat-Wasiutyński, Tsukasa Kōdera, Eberhard Kornfeld, Sjraar van Heugten, Cornelia Homburg, Naomi Maurer, Victor Merlhès, H. Travers Newton, Jr., Bronwen Nicholson, Fieke Pabst, Ronald Pickvance, Griselda Pollock, Debora Silverman, Susan Alyson Stein, Chris Stolwijk, Charles Stuckey, Judy Sund, Jehanne Teilhet-Fisk, Belinda Thomson, Richard Thomson, Louis van Tilborgh, Evert van Uitert, Kirk Varnedoe, Robert Welsh, Bogomila Welsh-Ovcharov, Johannes van der Wolk en Carol Zemel.

Net zoals iedereen die Van Gogh en Gauguin beter wil begrijpen, hebben ook wij gebruik gemaakt van de geschriften die beiden hebben nagelaten. Daarom zijn wij ook dank verschuldigd aan de mensen die ons door de problematiek van deze primaire bronnen hebben heengeloodst: Victor Merlhès van het Franse Centre National de la Recherche Scientifique en autoriteit op het gebied van Gauguins geschriften, die ons welwillend deelgenoot heeft gemaakt van nog ongepubliceerd materiaal en zonder aarzeling positief reageerde op onze verzoeken. Bij het Van Gogh Museum beantwoordde Leo Jansen talrijke vragen en hielp ons onze weg te vinden door de omvangrijke correspondentie van Van Gogh. Ook verrichtte hij nieuw en waardevol onderzoek voor dit boek.

Onze dank gaat eveneens uit naar de bijzondere bijdragen die verleend zijn door Rosemary Crill, Véronique de la Hougue, Vojtěch Jirat-Wasiutyński, Fred Leeman, Audrey Léger, Joachim Pissarro, Dieter Schwarz en Belinda Thomson. Zonder medewerking van collega's in de kunsthandel zou het niet mogelijk geweest zijn een tentoonstelling van een dergelijke omvang te organiseren. Zij hebben voor ons werken opgespoord, de bruikleen ervan verzorgd, belangrijk onderzoek verricht en fotografisch materiaal aangeleverd. Op dit punt zijn wij vooral veel verschuldigd aan Alexander Apsis, William Aquavella, David Nash en Martha Parrish in New York; en aan Desmond Corcoran, Thomas Gibson en Libby Howie in Londen.

Ook danken wij talrijke medewerkers bij de veilinghuizen van Christie's and Sotheby's, in het bijzonder Charles Moffett, David Norman en Benjamin Dollar bij Sotheby's New York, en vooral Franck Giraud bij Christie's New York, die op cruciale momenten een waardevolle bijdrage hebben verleend aan dit project. Voor hun steun bij het verzorgen van de bruikleen van werken die van fundamenteel belang zijn voor onze tentoonstelling willen wij onze dank betuigen aan Rupert Burgess, Léonard Giannada, Paul Josefowitz, Sophia McAllister, Yutaka Mino en Sadao Ogawa.

Vanaf het eerste begin vormde het onderzoek naar de conservering van de werken een wezenlijk onderdeel van ons project. Wij zijn de directeuren van de instellingen dankbaar, die ons vrij toegang hebben gegeven tot de werken die zich in hun collecties bevinden. Onder de vele conservatoren, wetenschappers en andere collega's die ons hebben bijgestaan noemen wij: Thomas Becker, Lucy Belloli, Karoline Beltinger,

Barbara Berrie, René Boitelle, Mette Bjarnof, Henrik Bjerre, Annetje Boersma, David Bomford, Elisabeth Bracht, Karin Breuer, Didier Brunner, Barbara Buckley, Christian Bührle, Andreas Burmester, Aviva Burnstock, Derrick Cartwright, Dorothy Catling, Patrick Le Chanu, Carol Christensen, Barbara Cisterina, Jim Coddington, Isabelle Collet, Herman Degel, Michele Derrick, Caroline van der Elst, Eugĕnia Giorini Esmeraldo, Debra Evans, Cristina Ferreyros, Joe Fronek, Michael Gallagher, Liudmila Gavrilenko, Muriel Geldof, Melanie Gifford, Joseph Godla, Carl Grimm, Karin Groen, Charlotte Hale, Paul Haner, Bruno Heimberg, Ella Hendriks, Christoph Herm, Ann Hoenigswald, Jan Jedlicka, Piet de Jonge, Peter Klein, Steve Kornhauser, Alexander Kossolapov, Konrad Laudenbacher, Gary Laughlin, Luuk van der Loeff , Christian Marty, Hans Peter Marty, Lucy McCrone, David Miller, Mary Miller, Helen Mikolaychuk, Elizabeth Mention, Richard Newman, Britta Nilsson, Roorda Pappenheim, Eineda Parreira, Paul Pfister, Leif Einar Plahter, Renate Po, Gillian Poulter, Virginia Rasmussen, Antony Reeve, Mariantonia Reinhard-Felice, Christopher Riopelle, Walter Rossacher, Ashok Roy, Ana Sánchez-Lassa de los Santos, Mary Sebera, Suzanne Siano, Julie Simek, Maartje Skare-Hessels, Hubert von Sonnenburg, Suzanne Stangier, Dave Stoney, Mark Tucker, Tim Vander Wood, Raymond White, Jim Wright, Martin Wyld en Jasja Yff. Michael Bayard, microscopisch onderzoeker, verdient onze speciale dank voor het verzorgen van een kritische analyse en interpretatie.

Over de gehele wereld heeft een groot aantal publieke instellingen met grote welwillendheid werken uitgeleend aan de tentoonstelling. Wij danken de volgende directeuren en andere collega's voor hun uitzonderlijke medewerking en hun enthousiaste ondersteuning: Christoph Becker, Cynthia Burlingham, Maria Coctakis, Philip Conisbee, Andrea Czére, Nanne Dekking, Eugĕnia Giorini Esmeraldo, Yasuo Goto, Ernest Haverkamp, Sidsel Helliesen, Hiroshi Hirano, Cornelia Homburg, Masaru Ijarashi, Toshihiko Jshii, David Jaffe, Robert Flynn Johnson, George Keyes, Albert Kostenevich, Marit Ingeborg Lange, Thomas Lederballe, Ellen Lee, Tomás Llorens, Henri Loyrette, Patrice Marandel, Steven Nash, Patrick Noon, Meira Perry-Lehmann, Ursula Perucchi-Petri, Eliza Rathbone, Christopher Riopelle, Joseph J. Rishel, Kevin Sharp, George Shackelford, Susan Alyson Stein, Charles Stuckey, Gary Tinterow, Kirk Varnedoe, Tomas Vleek en Koki Yokuu. Speciale dank gaat uit naar de particuliere verzamelaars die zo royaal hun gekoesterde bezit ter beschikking hebben gesteld.

Onze partnership met het Van Gogh Museum in Amsterdam begon bijna tien jaar geleden met ons eerste samenwerkingsproject, de tentoonstelling en begeleidende publikatie 'Odilon Redon: Prince of Dreams.' Wij zouden er nooit in geslaagd zijn om 'Het Atelier van het Zuiden' te verwezenlijken zonder een volledige samenwerking op het gebied van onderzoek, planning en het organiseren van de bruikleen van de werken. Wij zijn de stafleden van het Van Gogh Museum dankbaar voor hun toewijding en enthousiasme gedurende deze vele jaren van voorbereiding. In Amsterdam had Andreas Blühm, Hoofd Presentatie, de leiding over het project, met medewerking van Ruth Kervezee, Zakelijk Directeur, en Jelle Sybrandy, Project Manager. De specialisten van het Van Gogh Museum speelden een cruciale rol in het project, onder leiding van Hoofd Collecties Sjraar van Heugten, Conservator Schilderijen Louis van Tilborgh, Conservator Tekeningen Marije Vellekoop, en Leo Jansen, Hoofd van het Van Gogh Brievenproject. Waardevolle hulp is verleend door René Boitelle en Ella Hendriks (Restauratie), Ton Boxma (Directeur Van Gogh Museum Enterprises), Monique Hageman en Fieke Pabst (Documentatie), and Hans Luijten (Van Gogh Brieven Project). Ook bedanken wij Rianne Norbart, Heidi Vandamme, Arda van Dam en Saskia Beukers (Voorlichting & PR); Marie Baarspul, Caroline Breunesse, Melanie Verhoeven en Berber Vinckemöller (Educatie); en Aly Noordermeer, Martine Kilburn en Sara Verboven (Registrars). Ton Hoofwijk (Beveiliging) en Jan Samuelsz (Facilitaire Dienst) waren eindverantwoordelijk voor alle technische aspecten van de tentoonstelling in Amsterdam. Marion de Vries (Controller) heeft het budget op kundige wijze in het oog gehouden. De inrichting van de tentoonstelling in het Van Gogh Museum werd ontworpen door Martien van Goor van Greiner van Goor Architecten, met assistentie van Piet Beckers, en uitgevoerd door Bart van der Linden. Pieter Roozen droeg de verantwoording voor de art direction van de tentoonstelling en Manfred Kausen verleende waardevolle adviezen.

Het Van Gogh Museum wil in het bijzonder de voorzitter en bestuursleden van de Vincent van Gogh Stichting bedanken voor het feit dat zij dit project mogelijk hebben gemaakt door vele werken uit de collectie van de Stichting ter beschikking te stellen en voor hun onophoudelijke steun bij vele andere aspecten van het project. Een speciale vermelding gaat uit naar Willem van Gogh, voorzitter van de Raad van Bestuur, en Frans de Haas, manager van de B.V. 't Lanthuys, de dochtermaatschappij van de Stichting, voor hun enthousiaste medewerking.

Bij het Art Institute of Chicago gaat onze dank uit naar de leden van het 'Van Gogh/Gauguin' onderzoeks- en tentoonstellingsteam, onder wie Britt Salvesen, Associate Editor van het Publications Department. Zij controleerde niet alleen vele maanden lang onze teksten, maar leverde als medewerkster met haar eigen inzicht in het vakgebied en haar heldere en intelligente schrijfstijl een waardevolle bijdrage aan onze inspanningen. Mary Weaver van het Department of European Painting was op intensieve wijze betrokken bij ons onderzoek en heeft hier op vele manieren toe bijgedragen. Barbara Mirecki verzorgde de uiterst ingewikkelde coördinatie van de tentoonstelling met grote efficiëntie en een voorbeeldige aandacht voor details. Cornelia Peres (voormalig Hoofd Restauratie Van Gogh Museum) en Kristin Hoermann Lister, conservator, werkten nauw samen met microscopisch onderzoekster Inge Fiedler (beiden verbonden aan het Art Institute) bij het onderzoeken van technische kwesties die van buitengewoon belang waren voor ons project. Het tot stand komen van deze publikatie heeft veel baat gehad van Mevrouw Listers voortdurende hulp en suggesties. Tijdens de planning van de tentoonstelling hebben Jennifer Paoletti en Rebecca Glenn op kritieke momenten bijdrages geleverd aan het onderzoek en hun organisatorische kwaliteiten aan de dag gelegd.

Wij bedanken alle stafleden van het Department of European Painting en het Department of Prints and Drawings, die ons niet alleen geholpen hebben bij dit project, maar ook een groot deel van de verantwoordelijkheid op zich hebben genomen in de periode dat wij bezig waren met de voorbereiding en het schrijven van dit boek. Op het Department of Prints and Drawings bedanken wij Suzanne Folds McCullagh, Martha Tedeschi, Mark Pascale, Laura Giles, Barbara Hinde, Harriet Stratis, David Chandler, Margo McFarland, Caesar Citraro, Chris Conniff-O'Shea, Elvee O'Kelly, Julie Houghton en Chris Buoscio. Op het Department of European Painting Martha Wolff, Larry Feinberg, Gloria Groom, Adrienne Jeske, Darren Burge en Sandra Jaggi. Aan Geri Banik is bijzondere dank verschuldigd. Ook willen we onze waardering uiten voor de medewerking van stagiaires Nell Andrew, Joshua Ellenbogen, Christine Hahn, Ulrike Meitzner, Tania Ralli, Kate Reid en Ana Maria Reyes. Het Publications Department heeft zich met verve en toewijding ingezet voor de verwezenlijking van dit boek en van andere publikaties die betrekking hebben op de tentoonstelling. Wat de redactie aangaat, willen we naast Britt Salvesen onze dank uitspreken aan Lisa Meyerowitz, Katherine Reilly, Faith Hart, Cris Ligenza en Silva Tokatlian. Wat betreft de produktie, danken wij Amanda M. Freymann, Karen Gephart Altschul, Stacey Hendricks en Ruth Williams. Susan F. Rossen, Executive Director of Publications en Mevr. Freymann, Associate Director Production, hebben de coördinatie van dit project op zich genomen samen met het Van Gogh Museum en onze mede-uitgevers over de gehele wereld: Thomas Neurath en Susan Dwyer van Thames and Hudson Ltd. en Stefano Peccatori bij Electa Editore. Wij hebben het geluk gehad samen te kunnen werken met Pat Goley van ProGraphics Inc. en zijn toegewijde staf, evenals met ontwerpersteam bij studio blue, Chicago: Kathy Fredrickson, Cheryl Towler Weese, Erin Lyons, Garrett Niksch en Matt Simpson. Studio blue heeft de illustraties en een aanzienlijk deel van de tekst weten te vatten in een duidelijke en aansprekende lay-out. De verhelderende kaarten en modellen zijn het werk van cartograaf Tom Willcockson, Mapcraft, Woodstock, Illinois.

Onder de stafleden van het Art Institute bedanken wij Dorothy Schroeder, Assistant Director for Exhibitions and Budget; Neal Benezra, Deputy Director; en Vice Presidents Robert Mars (Administrative Affairs) en Ed Horner (Development). Vanaf het begin is ons onderzoek gesteund door Jack Brown en de stafleden van de Ryerson en Burnham Libraries: Marcy Neth, samen met Peter Blank, Michael Donovan, Lauren Lessing, Natalya Lonchnya en Susan Perry. Wij zijn Donna Forrest en de staf van het Copy Center dankbaar: Sanna Evans, Melanie Lieb, Molly Riess en Christian Serig; en eveneens Frank Zuccari en de volgende leden van het Conservation Department: Cynthia Kuniej Berry, John Mancini, Steve Starling en Kirk Vuillemot. Speciale vermelding krijgen Tim Lennon, Bonnie Rimer, Eva Schuchardt en Jeanine Wine, evenals leerling-conservatoren Neil Jezierski en Stacy Wollmering. Ook zijn wij dank verschuldigd aan Bernd Jesse (Asian Art); Lisa Key, Greg Perry en Karin Victoria (Development); Ian Wardropper en Ghenette Zelleke (European Decorative Arts and Sculpture); Lyn DelliQuadri, Joe Cochand, Susanna Kim en Jeff Wonderland (Graphic Design and Communications); Alan Newman en zijn staf (Imaging); Elizabeth Grainer en haar staf (Marketing); Daniel Schulman (Modern and Contemporary Art); Jane Clarke, Robert Eskridge, Miranda Hofelt, Clare Kunny, Jean Sousa en David Stark (Museum Education); Mary Solt en Tamra Yost (Museum Registration); Eileen Harakal en John F. Hindman (Public Affairs); Robert Koverman (Security); en Anders Nyberg (Visitor Services).

Met veel genoegen hebben wij samengewerkt met John Vinci en zijn staf bij Vinci-Hamp, Architects, die het Art Institute opnieuw hebben voorzien van een intelligent en coherent tentoonstellingsontwerp. Onze persoonlijke dank gaat uit naar Edward McCormick Blair, Steve Fearon, Theo de Klerk, Sarah Peabody, Manava Teena en Irene Zegers.

Last, but not least, zouden we James N. Wood, Director en President van The Art Institute of Chicago, en John Leighton, Directeur van het Van Gogh Museum te Amsterdam, willen bedanken voor hun geloof in dit project en voor de vele keren dat zij ons met raad en daad gesteund hebben.

Douglas W. Druick
Peter Kort Zegers

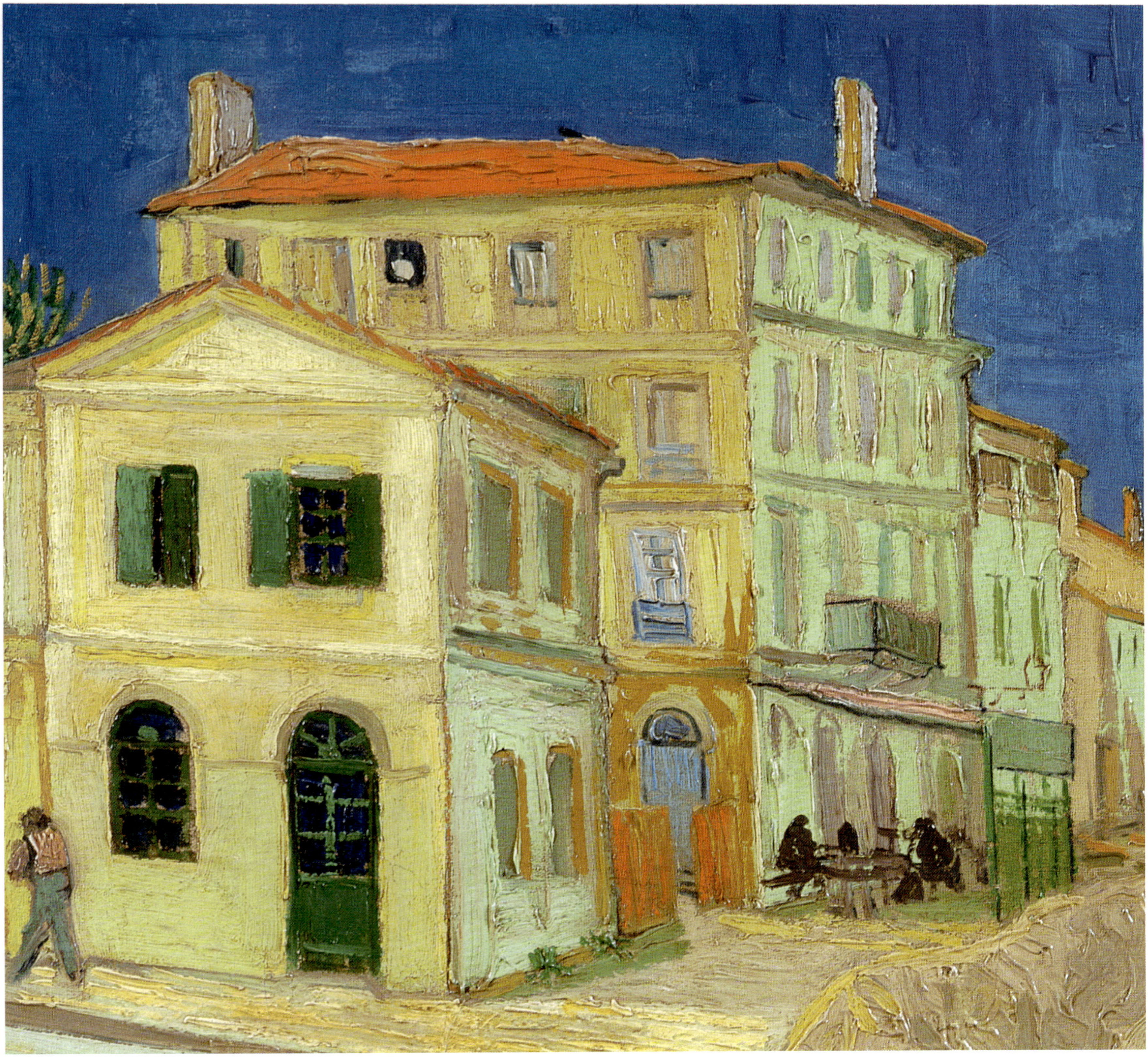

# PROLOOG

a

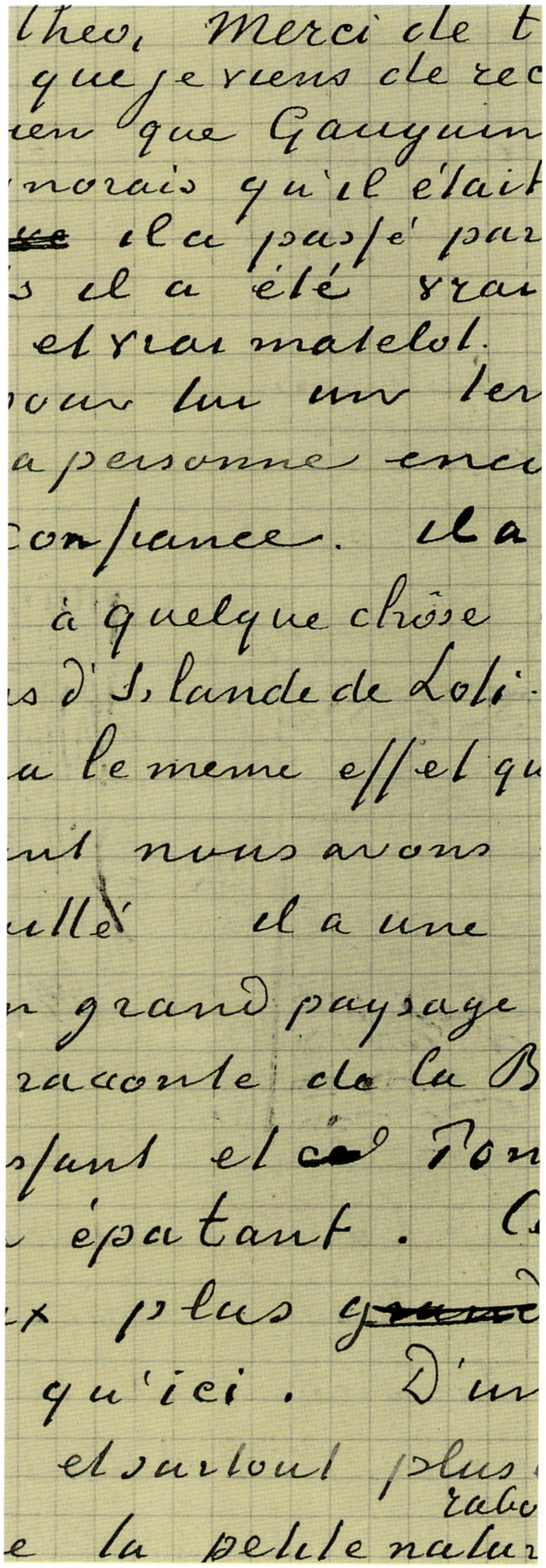

b

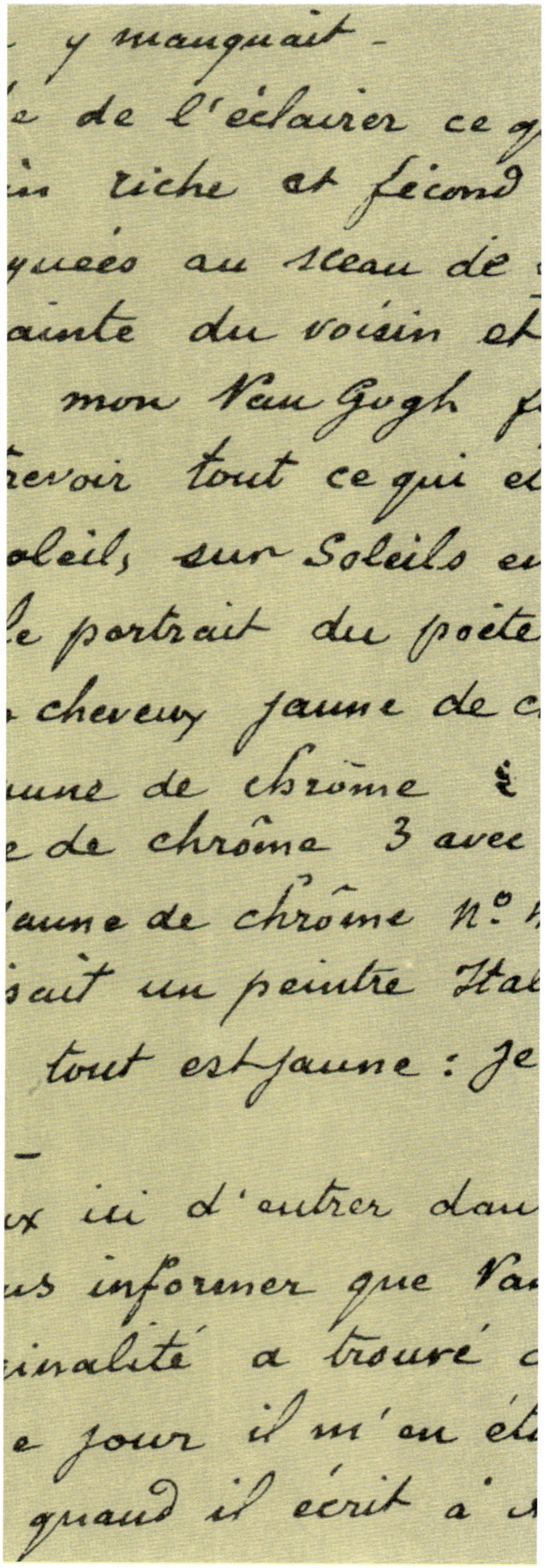

a
Vincent van Gogh
Brief aan Theo,
[27 of 28 oktober 1888]
(brief 719/558b)
Van Gogh Museum,
Amsterdam (Vincent
van Gogh Stichting)

b
Paul Gauguin
Fragment uit
*Avant et après*, 1903,
p. 12
Privé-collectie

Het 'Atelier van het Zuiden' is voortgekomen uit een reeks vage ideeën, die in 1880 de toen 27-jarige Vincent van Gogh deed beslissen om kunstenaar te worden. Deze ideeën werden door hem in de daaropvolgende jaren verder uitgewerkt en verfijnd, en behelsden een visie op de kunst als een potentiële bron van hoop temidden van de uitdagingen van het moderne leven. Van Gogh zag de kunstenaar als een profeet met een missie en hij had een broederschap van schilders voor ogen, waarin zij samen zouden kunnen leven volgens hun gemeenschappelijke overtuigingen. Als daadwerkelijke plek bestond het Atelier van het Zuiden (*L'Atelier du Midi*) minder dan een jaar: in het gele huis dat Van Gogh in mei 1888 huurde aan een zonnig plein buiten de oude muren van de Zuid-Franse stad Arles. Vanaf het moment dat op 23 oktober 1888 Paul Gauguin, op uitnodiging van Van Gogh, in Arles aankwam, nam het project vaste vorm aan. Gedurende negen weken woonden en werkten de twee schilders samen, terwijl zij voortdurend van gedachten wisselden over hun ervaringen uit het verleden, hun doelstellingen voor de toekomst en over kunst en de rol van de kunstenaar, in een dialoog die zowel vorm kreeg in woorden als in schilderijen. Voor beiden bleek de samenwerking, op verschillende manieren, van wezenlijk belang. Voor Van Gogh was het Atelier van het Zuiden een bestemming, de persoonlijke en professionele haven waar hij jarenlang naar had gezocht; voor Gauguin was het een vertrekpunt van waaruit hij zijn koers voor de toekomst kon uitstippelen.

Terwijl hij het huis inrichtte als locatie voor de samenwerking, schilderde Van Gogh vele van de doeken – bijvoorbeeld de *Zonnebloemen*, *De slaapkamer* en *Het Gele Huis* (hfdst. 3, fig. 57-58, 78, 71) – die later een centrale plaats zouden krijgen in zijn nalatenschap. Ook al werd door de gebeurtenissen op 23 december 1888 een einde gemaakt aan zijn droom van een permanent atelier en van een langdurige samenwerking met Gauguin, toch bleef Vincent op deze periode van interactie terugkijken. Hij trachtte zich in artistiek opzicht verder te ontwikkelen, terwijl hij vanaf een afstand hun dialoog voortzette, zowel letterlijk (in briefvorm) als creatief, met werken als *Sterrennacht* (hfdst. 5, fig. 45). Ook voor Gauguin was het Atelier van het Zuiden een keerpunt waardoor zijn professionele leven in een 'voor' en 'na' verdeeld werd. Dit wordt althans gesuggereerd in *Avant et après*, de autobiografie die hij in 1903 schreef op Hiva Hoa, één van de Markiezen-eilanden (zie Besluit). Gauguin accepteerde de leidersrol die Van Gogh hem toebedeelde, en bereidde zich in de zomer van 1888 in Bretagne voor door zeer belangrijke composities te schilderen als *Visioen van de preek* (hfdst. 3, fig. 59). Hij reageerde hiermee op ideeën die hem per brief werden aangereikt en hoewel hij Van Goghs invloed later ontkende, waren de ervaringen in Arles van doorslaggevende betekenis voor het ontstaan van het project dat Gauguin naar de Stille Zuidzee zou voeren.

In deze publikatie en de bijbehorende tentoonstelling wordt de aandacht gericht op de verstandhouding tussen Van Gogh en Gauguin vanaf hun ontmoeting in Parijs in 1887, tijdens hun tijd samen in Arles en in de daaropvolgende periode tot aan Van Goghs dood in 1890 in Auvers. Het eerste hoofdstuk vat de jaren van hun vorming samen, die bepalend waren voor de wijze waarop ze op elkaar reageerden. In een Besluit worden de laatste jaren van Gauguin onder de loep genomen vanuit het perspectief van het Atelier van de Tropen, een uitvloeisel van het Atelier van het Zuiden en van de periode met Van Gogh.
Deze ruimer opgezette benadering geeft het uitgangspunt aan van dit boek, namelijk dat het bestuderen van de interactie tussen de twee kunstenaars op grond van recent onderzoek, wetenschappelijke analyse en het nauwkeurig lezen van de primaire bronnen uitwijst dat Van Gogh en Gauguin van veel crucialer belang zijn geweest voor het verwoorden en bepalen van elkaars kunstzinnige roeping dan tot nu toe gebleken is.

Door deze bredere invalshoek komt een aantal bepalende factoren duidelijk naar voren. In de eerste plaats waren Van Goghs verwachtingen voor een groot deel het resultaat van een leven lang intensief lezen en herkende hij in Gauguin en diens recente schilderijen onmiddellijk bepaalde kwaliteiten die beantwoordden aan zijn eigen ideaalbeeld van de kunstenaar en van de moderne kunst. Ten tweede werd door de eerste gesprekken, waarin Van Gogh over deze ideeën vertelde, Gauguins manier van denken over zijn leven en werk veranderd. Hoewel Gauguin al in 1886 had afgezien van een mogelijke verhuizing naar de Franse kolonie Tahiti vanwege de eventuele schadelijke gevolgen die dit zou kunnen hebben op een carrière in de kunst, begon hij nu serieus na te denken over het mythische potentieel van zijn eerdere ervaringen en zijn toekomstige vooruitzichten. Ten derde zorgde de correspondentie over lange afstand, die de twee schilders vijf maanden lang onderhielden vanaf de eerste uitnodiging tot Gauguins aankomst in Arles, voor een misplaatst gevoel van gelijkheid, waardoor, toen ze eindelijk hun krachten bundelden, hun project tegelijk bekrachtigd en ondermijnd werd.
De periode die zij samen doorbrachten – zonder welkome afleiding en veel intenser ervaren dan de feitelijke duur zou doen geloven – resulteerde in een uitzonderlijke produktiviteit, aangezien ieder bewust bezig was om nieuwe richtingen in te slaan met zijn kunst en tegelijkertijd de invloed van de ander trachtte te verwerken. Tenslotte diende het erfgoed van hun gezamenlijke periode als een wederzijds referentiepunt dat beide kunstenaars bleef motiveren nadat het experiment in Arles beëindigd was. Arles speelt een centrale rol binnen ons onderzoek als de plek waar de beide hoofdrolspelers elkaars verleden leerden kennen en samen een nieuwe toekomst begonnen. De 63 dagen die zij met elkaar doorbrachten zijn vaak beschreven – te beginnen met Gauguins eigen verslag – als een dramatische ontmoeting tussen twee genieën die voortdurend met elkaar in conflict raakten, steeds weer opnieuw begonnen en vervolgens toch weer op een tragische afloop uitkwamen. Eén van de meer opvallende pogingen waarin getracht wordt de waarheid achter de populaire verzinsels te achterhalen is Mark Roskills wegbereidende studie uit 1970.[1] Sindsdien hebben nieuwe benaderingen en een groeiend aantal oorspronkelijke bronnen, waaronder de brieven en geschriften van zowel Van Gogh als Gauguin en van mensen uit hun directe omgeving, nieuwe invalshoeken op hun uitwisseling mogelijk gemaakt. Tijdens onze bestudering van Gauguins reacties op de Wereldtentoonstelling van 1889, beseften wij op een gegeven moment dat sommige kwesties meer licht zouden kunnen werpen op de relatie tussen Gauguin en Van Gogh.[2] Uiteraard is onze eigen visie beïnvloed door de vele wetenschappelijke theorieën die in de afgelopen twintig jaar over beide kunstenaars naar voren zijn gebracht. In studies die zich specifiek bezighouden met de relatie Van Gogh–Gauguin, hebben Evert van Uitert, Griselda Pollock en Debora Silverman ieder nieuwe inzichten geboden en stimulerende

**Ik heb het land om over me zelf te schrijven en ik weet niet waarom ik het doe. Misschien om U te antwoorden op uw vragen [...] Ik ben nu toch zoo over mijn eigen bezig, nu wil ik ook eens kijken of ik nu mijn eigen portret er niet in kan schrijven. Vooreerst stel ik op den voorgrond dat een zelfde persoon mijns inziens stof tot erg uiteenloopende portretten oplevert.**
**Vincent aan zijn zuster Wil, [ca. 22 juni 1888]**

vraagstukken opgeworpen. Zij maakten hierbij gebruik van een uitgebreide keuze aan bronnen en hebben tevens laten zien hoe omvangrijk dit onderzoeksgebied is.[3]

Het is onze bedoeling om het genoemde onderzoek aan te vullen door het onderwerp nog nauwkeuriger en tegelijk gedetailleerder onder de loep te nemen. Ons belangrijkste uitgangspunt zijn de schilderijen die Van Gogh en Gauguin maakten tijdens hun samenwerking. Tot op heden bestaat er geen consensus over de precieze omvang van het oeuvre uit Arles en nog minder over de chronologische volgorde ervan. Uiteraard heeft dit een goed begrip van de ontwikkeling van hun relatie in de weg gestaan: wat de belangrijke kwesties waren, op welk moment deze aan de orde kwamen en hoe deze in de werken tot uitdrukking komen. Iedere keer dat beide mannen naast elkaar schilderden kan beschouwd worden als onderdeel van een reeks gebeurtenissen. Wanneer de volgorde van deze gebeurtenissen op een andere manier gerangschikt wordt, verandert ook de geschiedenis van het Atelier van het Zuiden. Het *wat* en *wanneer* zijn daarom bepalend om het *waarom* te begrijpen, om de complexe aspecten van het geven-en-nemen tussen de twee schilders op waarde te schatten en om zowel de achterliggende factoren als de latere resultaten van hun samenwerking goed te begrijpen. Om deze uitdaging aan te kunnen gaan hebben wij gebruik gemaakt van de bronnen die het museum te bieden heeft. Eén van onze eerste prioriteiten was het verzamelen van technische gegevens over werken waarvan bekend is of aangenomen wordt dat deze in Arles gemaakt zijn. Deze gegevens zijn verzameld door een team conservatoren van The Art Institute of Chicago en het Van Gogh Museum in Amsterdam en vormen het resultaat van microscopisch onderzoek, röntgenonderzoek, het tellen van draden en het analyseren van vezel- en verfmonsters. Dankzij de behaalde resultaten was het mogelijk om tot een preciezere datering te komen van het werk van Van Gogh en Gauguin in Arles. Het technisch onderzoek heeft ook specifieke verbanden aangetoond tussen bepaalde werken en licht geworpen op verschillende fundamentele vraagstukken, onder andere op de precieze omstandigheden waaronder de twee schilders hun samenwerking begonnen. Zo kenden wij bijvoorbeeld tot op heden slechts de halve versie van de eerste excursie die de twee kunstenaars rond 26 oktober maakten naar de vlakten rondom Arles. In een brief aan zijn broer Theo maakte Van Gogh expliciet melding van de twee doeken die hij daar schilderde (hfdst. 4, fig. 6, 9), maar gaf hij alleen een algemene beschrijving van zijn vriends inspanningen bij die gelegenheid. Eén van de twee werken die Gauguin maakte (hfdst. 4, fig. 11; het andere is verloren gegaan) is nu door ons geïdentificeerd doordat het doek van een werk dat vroeger anders gedateerd werd, blijkt te zijn vervaardigd op het voorgeprepareerde linnen dat Van Gogh tijdens deze eerste schildercampagne gebruikte. Van Gogh moet het doek aan Gauguin hebben gegeven; een theorie die niet alleen dit werk een duidelijke plaats geeft, maar ook impliciet aangeeft hoe ongeduldig hij was om aan de slag te gaan. Wanneer men de onderwerpen en uitvoering van de schilderijen bekijkt, wordt de aard duidelijk van de discussies die op dat moment gevoerd werden. Tijdens de verdere tijd die zij samen doorbrachten, werkten de kunstenaars hoofdzakelijk op ruwe jute die zij ter plaatse aanschaften. Door het vergelijken van het aantal vezels van de jute kunnen 27 doeken van beide kunstenaars definitief gedateerd worden in de periode te Arles. Uit de analyse van deze werken blijkt dat de schilders experimenteerden met grondverfpreparaten, waardoor de schilderijen op jute in drie deelverzamelingen kunnen worden gerangschikt. Deze resultaten hebben, samen met aanwijzingen uit de briefwisseling van die tijd, die enkele vaststaande data verschaffen, een exactere chronologie van het werk uit Arles opgeleverd dat als ruggegraat kan dienen voor een reconstructie van de dialoog. Uit de nieuwe volgorde, die op deze wijze door ons gereconstrueerd is, hebben wij nieuwe betekenisgevende patronen kunnen afleiden.

Een coherent totaalbeeld van de periode in Arles – bijna een dag tot dag weergave van de samenwerking tussen de kunstenaars – moet ook rekening houden met specifieke factoren zoals de weersomstandigheden, de topografie, nieuwsberichten uit die tijd en de persoonlijke belangstelling van beiden op literair en esthetisch gebied. Deze kunnen verzameld worden uit kranten, kaarten, brieven en andere bronnen. Nog belangrijker is een goed begrip van de eigen levenservaringen die Van Gogh en Gauguin met zich meebrachten naar Arles. Op dit punt is de volledige reeks geschriften die beide kunstenaars hebben nagelaten van wezenlijk belang geweest: Van Goghs enorme correspondentie, die ongeveer 900 brieven telt van dikwijls meer dan tien pagina's, en Gauguins aanzienlijk kleinere briefwisseling en vele essays en memoires, waarvan een behoorlijk aantal nog niet gepubliceerd is.[4] Deze teksten kunnen zelfs met de beste wil van de wereld niet als eenduidige documenten beschouwd worden. Gauguin gaf toe zijn grotendeels retrospectieve verslagen te manipuleren en Van Gogh deed hetzelfde, zij het minder bewust, in zijn bijna dagelijkse berichtgeving (hoofdzakelijk gericht aan zijn broer Theo) over zijn leven, kunst en gevoelens. Ondanks het indirecte karakter van deze primaire bronnen, worden hierin op een intrigerende manier woorden, ideeën en associaties herhaald, die wijzen op steeds terugkerende preoccupaties, vaste denkpatronen en een sterke gelaagdheid in de persoonlijke en professionele aspiraties van beiden. Wij hebben getracht de voornaamste thema's die in Arles aan de orde kwamen af te leiden door onze verschillende hypotheses voortdurend te toetsen aan de grote hoeveelheid documentatiemateriaal die door ons in een database was ingevoerd. Op deze manier hebben we bijvoorbeeld ontdekt dat Vincents omschrijving uit 1889 van het mislukken van het Atelier van het Zuiden als een schipbreuk meer dan één betekenis had, omdat hij deze anders zo gewone metafoor in moeilijke tijden vele malen gebruikte, lang voordat hij de voormalige zeeman Gauguin ontmoette. Dit gebruik van een symbolische beeldtaal en van een netwerk aan associaties kwam tevoorschijn uit onze nauwkeurige bestudering van de originele Nederlandse en Franse tekst van Van Goghs brieven. Als in Van Goghs vroegste correspondentie de kiem van latere preoccupaties is terug te vinden, klinken in Gauguins geschriften echo's door die geneigd zijn om in de tegenovergestelde richting terug te kaatsen. Na Arles herhaalde hij zonder enige nadere toeschrijving gesprekken (over Delacroix, Rembrandt en Wagner) die duidelijk door Van Gogh in het Gele Huis begonnen lijken te zijn.

Natuurlijk verduidelijken de geschriften van de kunstenaars de context waarin ze tot stand gekomen zijn, een context die recentelijk aan gedegen onderzoek is onderworpen. Debora Silverman heeft de uiteenlopende verwachtingen die Van Gogh en Gauguin van hun samenwerking hadden, gekoppeld aan hun verschillen in mentaliteit, die op hun beurt weer geworteld waren in de opvoeding en culturele en religieuze vorming die zij beiden gekregen hadden. Hun 'creatieve

**Je wilt weten wie ik ben: mijn werk alleen is niet voldoende voor je. Zelfs op dit moment, terwijl ik schrijf, onthul ik alleen wat ik wil. En wat als je me inderdaad dikwijls naakt ziet; dat is geen argument. Het is de innerlijke mens die je wilt zien. Trouwens, ik zie mezelf niet altijd even goed.** Gauguin, *Avant et après*, 1903

competitie,' om met Evert van Uitert te spreken, wordt begrijpelijker wanneer rekening gehouden wordt met de grote versnippering binnen de kunstwereld aan het eind van de 19de eeuw. Na de laatste impressionistische tentoonstelling van 1886 begon de culturele wereld op een speelbord te lijken, waarop de deelnemers aan het spel strategische zetten dienden te maken. Zoals door Griselda Pollock is aangevoerd, moesten de kunstenaars aantoonbaar avant-gardistisch werk produceren, door te verwijzen naar en zich te conformeren aan actuele ontwikkelingen, maar moesten ze tegelijkertijd duidelijk daarvan afwijken om zo de vooruitgang en daarmee hun eigen originaliteit aan te geven. Doordat hij opzettelijk van zichzelf een 'personage' maakte dat paste bij zijn kunstzinnige aspiraties, kan Gauguin gezien worden als exemplarisch voor deze ontwikkelingen en zijn oeuvre als 'een specifieke beschrijving ervan.'[5]

Door de invloed van deze factoren te erkennen stelt ons onderzoek de invalshoek bij waarmee de ontwikkeling van de relatie Van Gogh–Gauguin bekeken kan worden. Het geeft een reactie op de belangrijkste discussies over het modernisme en levert daar tevens een bijdrage aan. In Arles voerden beide schilders met evenveel inzet wat door Pollock en anderen een masculinistische dialoog is genoemd en waarvan Gauguin het schoolvoorbeeld is: Van Gogh bewonderde de zelfverzekerde houding die Gauguin aan de dag legde in zijn manier van leven en in zijn kunst en Gauguin liet zich bewonderen terwijl hij zijn aangeboren aanleg tot overdrijving en dikdoenerij nog verder uitleefde. Deze aandacht voor mannelijk vertoon ging gelijk op met een belangstelling voor kolonialistische fantasieën over een ontsnapping uit het moderne stadsleven om een verjongingskuur te ondergaan in exotische gebieden, impliciet aanwezig in Van Goghs Atelier van het Zuiden en expliciet overgeplant door Gauguin naar de tropen.

Hoewel het verhaal van Van Gogh en Gauguin zeker beïnvloed is door belangrijke culturele factoren van buitenaf, is het toch in zeer sterke mate afhankelijk geweest van de karaktereigenschappen van de beide mannen en van het tijdstip van hun ontmoeting. Hun interactie werd gedeeltelijk bepaald door de bijzondere mogelijkheden die zij in elkaar zagen en aan elkaar konden bieden. Misverstanden en verkeerde interpretaties leverden aan de ene kant uiteraard problemen op, maar bleken ook katalyserend te werken, waardoor hun verbintenis voor beiden zeer produktief was.

Zoals in iedere relatie, deden overeenkomsten en verschillen de aantrekkingskracht alleen maar groeien. Van Gogh en Gauguin investeerden beiden diep in hun identiteit als kunstenaar.
Ze waren allebei vrijwel autodidact, hadden zich na vele beproevingen in hun privéleven en carrière relatief laat aan de kunst gewijd en voelden zich daarom onder druk gezet om zich met hun schilderijenproduktie te bewijzen. Maar deze overeenkomsten slaagden er niet in hun diepe verschillen in ervaring en wereldbeeld te maskeren. Hoewel Van Gogh zichzelf tot in het diepst van zijn wezen Nederlander voelde, was hij zich in de loop van zijn volwassen leven langzaam als een buitenbeentje binnen de cultuur van zijn opvoeding gaan beschouwen. Hij had besloten kunstenaar te worden in de hoop een waarachtiger thuisland te vinden, waar zijn overtuigingen en zijn excentrieke gedrag normaal zouden zijn. Afwijzing, mislukking en twijfel hadden hem gebracht tot een langdurig zelfonderzoek en hij was zichzelf gaan zien als de hoofdpersoon in een intrige bestaande uit culturele voorbeschikking en aangeboren aanleg. Aangespoord door een gecompliceerd mengsel van bescheidenheid en ambitie, koos hij ervoor zijn werken liever met Vincent te signeren dan met Van Gogh (en wij volgen hem daarin vanaf hier).[6] Uiteindelijk zette Vincent zijn zoektocht in daden om door naar Arles te gaan en een eenvoudig huis in een afgelegen plaats in de Provence om te vormen tot het Atelier van het Zuiden. Als de bedenker van het verhaal wees hij de rollen toe. Vincent zag Gauguin niet alleen vanwege zijn kunst, maar ook om zijn persoonlijkheid en levenservaring als de ideale, oudere metgezel naar wie hij lang gezocht had voor zijn reis. Gauguin liet zich in met het project vanwege de omstandigheden, maar ook omwille van zijn karakter. Terwijl Gauguin Vincent op een fantasievolle manier stimuleerde om zijn lang gekoesterde doel te realiseren, hielp Vincent op zijn beurt Gauguin met het definiëren van diens doelstellingen die tot op dat moment tamelijk vaag geweest waren. Gauguin had niet Vincents uitzonderlijk intellectuele scherpzinnigheid en evenmin zijn naadloos verweven ideeën over een persoonlijke en een professionele identiteit, en was, op het moment van hun ontmoeting, druk bezig om op beide gebieden positie te kiezen.
Hij raakte gefascineerd door de mythische dimensie van Vincents opvattingen over het lot van de kunstenaar. Vincents waarneming en verwoording van Gauguins heroïsche eigenschappen beantwoordden rechtstreeks aan Gauguins eigen dringende behoeften en hielpen hem zijn natuurlijke aanleg te versterken om uit te groeien tot een personage van meer dan levensgrote proporties.

De invloed die Vincent en Gauguin, zelfs tijdens de periode dat ze in Arles zij aan zij werkten, op elkaar hadden komt niet tot uiting in het soort stilistische overeenkomsten zoals in de vroege werken van de grondleggers van het impressionisme Monet, Renoir, en Sisley. Noch benadert deze ook maar enigszins het bijna versmelten van een schilderkundige identiteit waarmee Braque en Picasso experimenteerden tijdens het ontwikkelen van het cubisme. Wat vorm betreft richtten Vincent en Gauguin zich op verschillende voorbeelden: Vincent op Jean-François Millet en Adolphe Monticelli, Gauguin op Edgar Degas en Paul Cézanne. Weliswaar wisselden de twee kunstenaars ideeën over materialen en technieken uit, maar de invloed die zij op elkaar hadden ging veel verder dan deze factoren. Hoewel deze invloed af en toe in formeel en iconografisch opzicht erkend wordt, is deze in de meeste gevallen verhuld aanwezig. Op de werken die de kunstenaars tijdens hun uitwisseling maakten, vormden navolging en afwijzing eerder een vast onderdeel van het materiaal dan dat er sporen van te zien zijn op het oppervlak.

Het betreft hier een uitwisseling tussen twee tegen elkaar opgewassen maar zeer verschillende kunstenaars, die ieder een beeld van de ander hadden dat gebaseerd was op hun geheel eigen wijze waarop zij de ervaringen verwerkten die hun creativiteit voedden. Dit en de buitengewone omstandigheden van hun samenwerking – de relatief lange tijd waarin ze naast elkaar woonden en werkten, de overvloed aan primair bronnenmateriaal – verschaffen een unieke mogelijkheid voor het bestuderen van hun wederzijdse beïnvloeding. Door de kunstwerken te bekijken tegen de achtergrond van de vele andere variabelen in het spel, wordt een glimp vergund op een interactie die zich tegelijkertijd indirect en diepgaand manifesteert. Hoewel de dialoog tussen Van Gogh en Gauguin nooit letterlijk gereconstrueerd zal kunnen worden, kan deze opnieuw geïnterpreteerd worden om zo tot nieuwe inzichten te leiden in de vorming, doelstellingen en prestaties van twee sleutelfiguren uit de moderne kunstgeschiedenis.

# AFKOMST

1848-1885

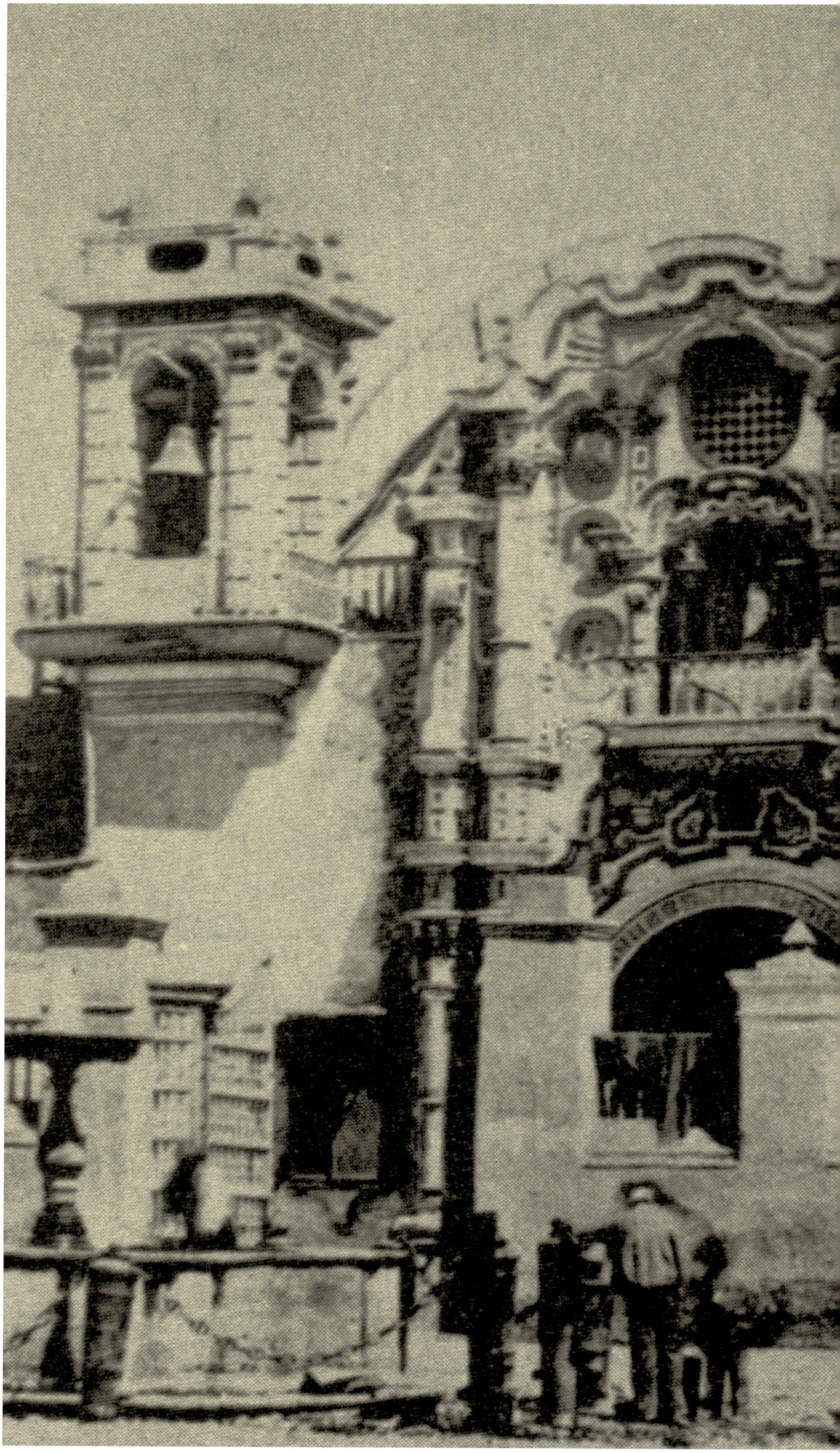

1a

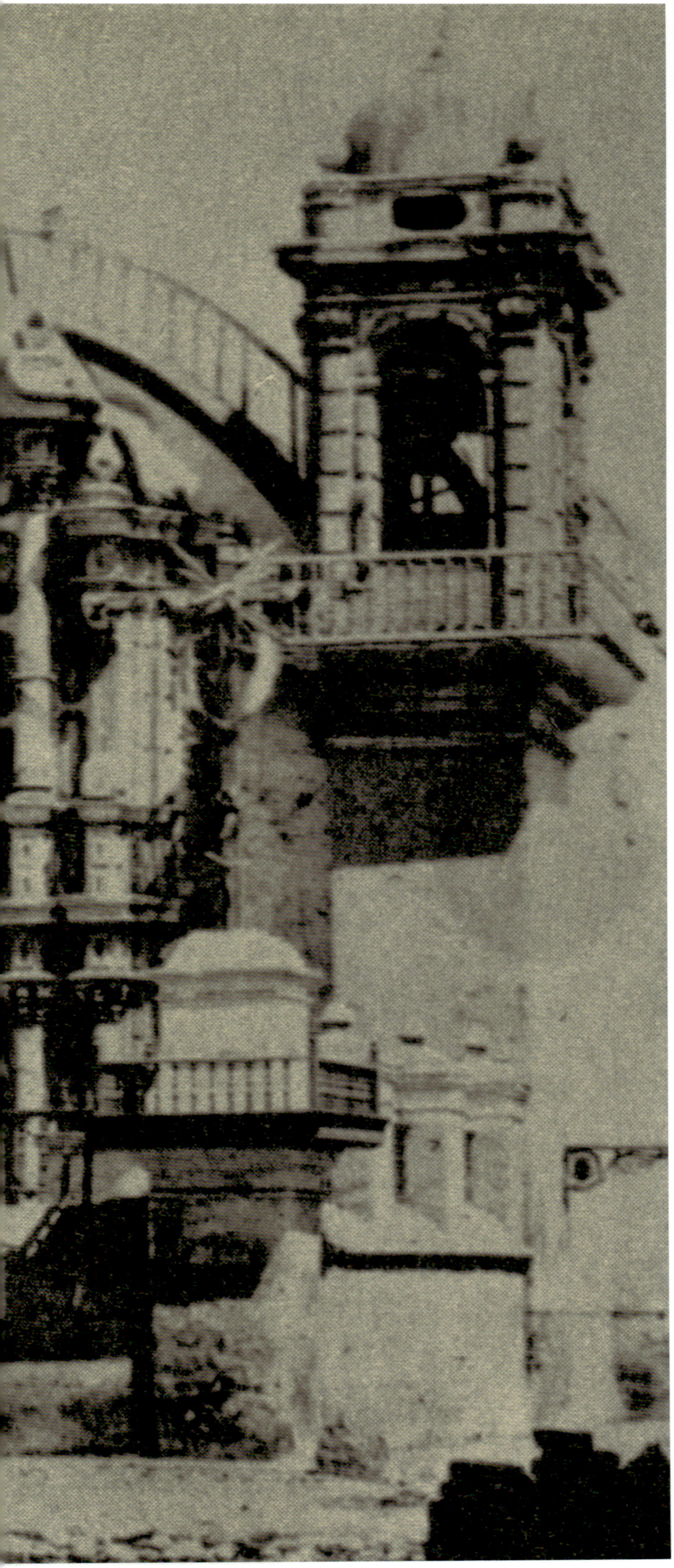

1b

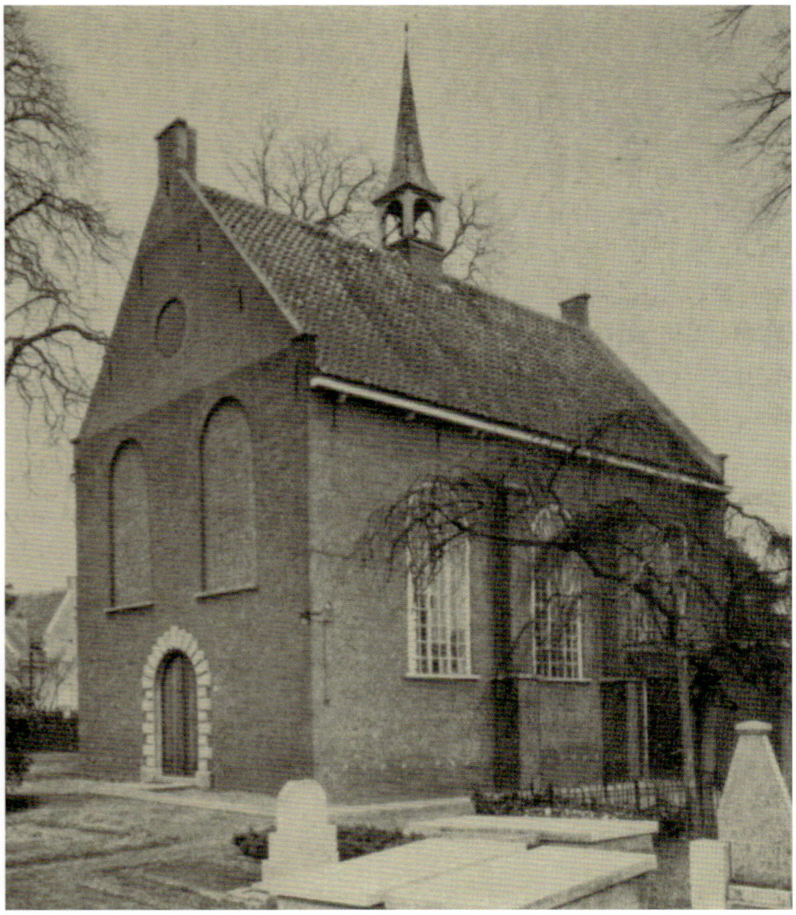

1
Van Gogh en Gauguin waren afkomstig uit zeer verschillende milieus.

a De kerk van San Marcelo in Lima, Peru, op de hoek van de Calle Mirones en de Calle Sacristia San Marcelo, twee straten vanaf Echeniques huis waar Gauguin woonde van 1849 tot 1854

b De Nederlands Hervormde kerk te Zundert, waar dominee Theodorus van Gogh van 1849 tot 1871 preekte

## Stillevens

De manier waarop Paul Gauguin en Vincent van Gogh allebei (zij het onopzettelijk) op de noden van de ander konden inspringen en elkaars ontwikkeling konden stimuleren stond centraal in hun onderlinge dynamiek. Onderdeel van dit samenspel was een gebrek aan volledig wederzijds begrip, aangemoedigd door een combinatie van overeenkomsten en verschillen. In een bepaald opzicht waren hun persoonlijke geschiedenissen vergelijkbaar. Allebei waren ze autodidact, beiden hadden vrij laat in hun leven besloten een artistieke loopbaan te gaan volgen en dat pas nadat hun beroeps- en privéleven mislukt was. Beiden verwachtten zichzelf doelbewust en met opmerkelijke helderheid, te kunnen veranderen, een nieuwe identiteit op te bouwen door middel van deze nieuw gekozen roeping. Ook merkten zij dat zij in een esthetische 'lingua franca' konden praten over verwante ideeën en onderwerpen van bewondering. Maar tegenover deze punten van overeenkomst stonden diepgaande ongelijkheden in achtergrond, temperament en ervaringen. Dit alles zorgde ervoor dat beide mannen op uiteenlopende wijze naar het leven keken, kunst interpreteerden, de missie van de kunstenaar voor ogen hadden en zichzelf presenteerden naar de buitenwereld. Toen zij elkaar ontmoetten was Gauguin negenendertig. Tot op dat moment kon hij bogen op wereldreizen, een zakelijke carrière, een gezinsleven en betrokkenheid, zowel in praktijk als in theorie, bij avantgardekunst. Bij gebrek aan vergelijkbare ervaring was Vincent op 34-jarige leeftijd bereid om de voorsprong van zijn vriend te respecteren. Maar Gauguin had niet – zoals Vincent – jaren besteed aan wat eigenlijk een grondig zelfonderzoek was en hij miste het diepgewortelde besef van oorsprong, identiteit en doelgerichtheid dat de jongere man had. Op deze punten had Gauguin veel van Vincent te leren.

Twee uitzonderlijke stillevens maken het ons mogelijk om een begrip te krijgen van hun respectievelijke artistieke vorming. Het waren beide pogingen tot een zelfportret; beide werden in 1885 geschilderd, een jaar dat in ieders loopbaan een keerpunt markeerde, en beide kunnen gelezen worden als een soort afscheid van de periode daatvóór. Beide stillevens werken van binnenuit en ontwrichten de kunsthistorische traditie; ze roepen algemeen bekende en persoonlijke symbolismen op; beide gaan over het opbouwen van een identiteit. De werken die Vincent en Gauguin later gemaakt hebben lijken misschien relatief weinig op wat deze vroege schilderijen uitdragen maar bevatten wel hetzelfde engagement. Het doek van Vincent laat een moderne roman, een open bijbel en een gedoofde kaars zien (fig. 3). Deze onderdelen duiden erop dat de compositie in de Hollandse stillevensstijl van de 17de eeuw wortelt, vooral in de traditie van de zogenaamde *vanitas*-beeldtaal. Deze beoogde een moraliserende boodschap te geven over de vergankelijkheid van het leven, over de wisselvalligheid van wat een mens op aarde kan bereiken en hoe leeg dit alles is zonder God (fig. 2). Dit genre verkreeg een grotere toegankelijkheid doordat het zich voortzette in de emblematabundels voor de volkscultuur; verheffende combinaties van eenvoudige beelden en korte teksten (fig. 9-10, 13-14, 18-19).[1]

Ondanks de betrekkelijk vaststaande betekenis van de gebruikelijke onderdelen van *vanitas*stillevens, kan de combinatie van elementen tot dubbelzinnigheid leiden, zoals hier het geval is. Vincent putte uit de vaardigheid in het schilderen, door hem moeizaam verworven tijdens de vier jaar zelfstudie sinds zijn zware beslissing kunstenaar te worden. Zijn veel recentere belangstelling voor kleur speelde ook een grote rol. Met opzet bracht hij tegenstellingen aan tussen groot en klein, open en dicht, monochromie en felle kleuren – en tussen de afgebeelde teksten. Gezien hun specifieke aard hadden deze binnen de emblematische traditie oorspronkelijk een verklarende functie. De bijbel ligt open bij het boek van Jesaja in het Oude Testament, vers 35, een verhaal dat ieder bijbelvast mens zal kennen als het meest geciteerde van het 'Lied der Dienaren' van de dichter-profeet. De hoofdpersoon – 'veracht en verstoten door de mensen, een man van smarten en vertrouwd met kwellingen' – lijdt voor de zonden van anderen; zo fungeert hij als het prototype van Christus en de belofte van eeuwig leven van het Nieuwe Testament. Het andere boek dat Vincent afbeeldde is de uit 1884 daterende roman van Émile Zola, *La Joie de vivre* (*Levensvreugde*). De aanwezigheid van dit boek op deze plek lijkt de traditionele boodschap van het *vanitas*genre te versterken: de bijbel is de blijvende waarheid waaraan alles afgemeten en ontoereikend bevonden wordt, de vergankelijke pleziertjes van het leven verbleken in het gezicht van de dood en de bovenaardse betekenis van Gods woord als enige middel tot verlossing.[2]

Maar is de boodschap van Vincents stilleven wel zo rechtlijnig? De omvang en zwaarte van de bijbel suggereren gezag, maar de glanzende gele roman dreigt de aandacht van de kijker hiervan af te willen leiden. Bovendien werkt de gedoofde kaars – een gebruikelijke metafoor van de kortstondigheid van het bestaan – hier als een twijfelachtige symbolische wegwijzer vanwege de directere associatie met het Woord van God in plaats van met de roman. De tweespalt neemt toe als men zich realiseert dat de betekenis van het gele boek niet door de omslag beoordeeld kan worden. *La Joie de vivre* was niet, zoals hier, voor alle kijkers in 1885 een gesloten boek. Degenen die bekend waren met de thema's die Zola te berde bracht over het geloof in een tijdperk van wetenschap zouden in deze combinatie een potentiële subversiviteit hebben kunnen ontdekken. Waar het in Vincents rustige

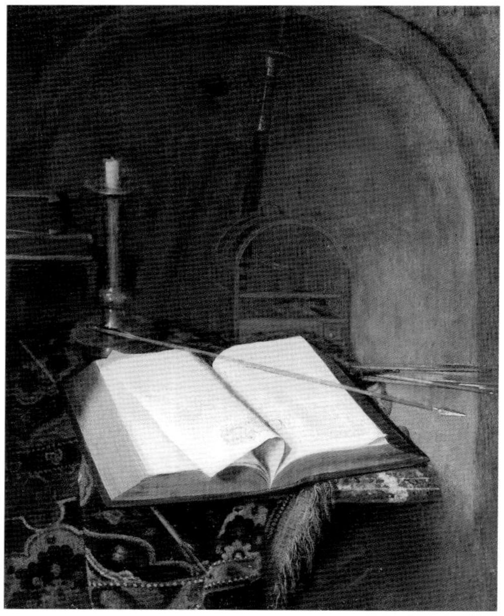
2

3

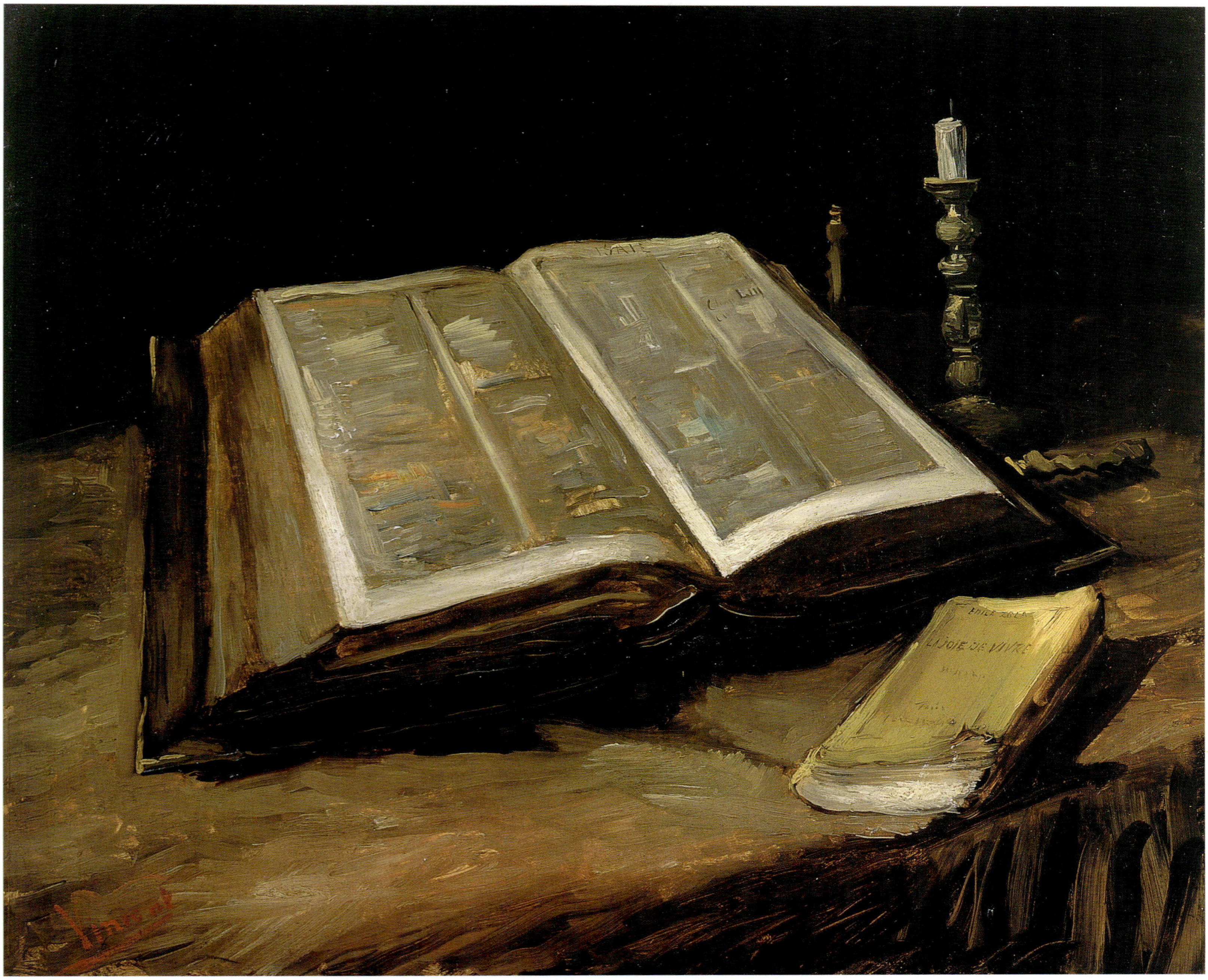

2
Jan van der Heyden
(1637-1712)
*Stilleven met bijbel*
1664
Olieverf op doek
27 x 20,7 cm
Mauritshuis,
Den Haag
De bijbel ligt opengeslagen bij het boek
Jeremia.

3
Vincent van Gogh
*Stilleven met bijbel en Zola's 'Joie de vivre'*
Oktober 1885
[F 113, JH 946]
Olieverf op doek
65 x 78 cm
Van Gogh Museum,
Amsterdam
(Vincent van Gogh
Stichting)
Cat. 3

4

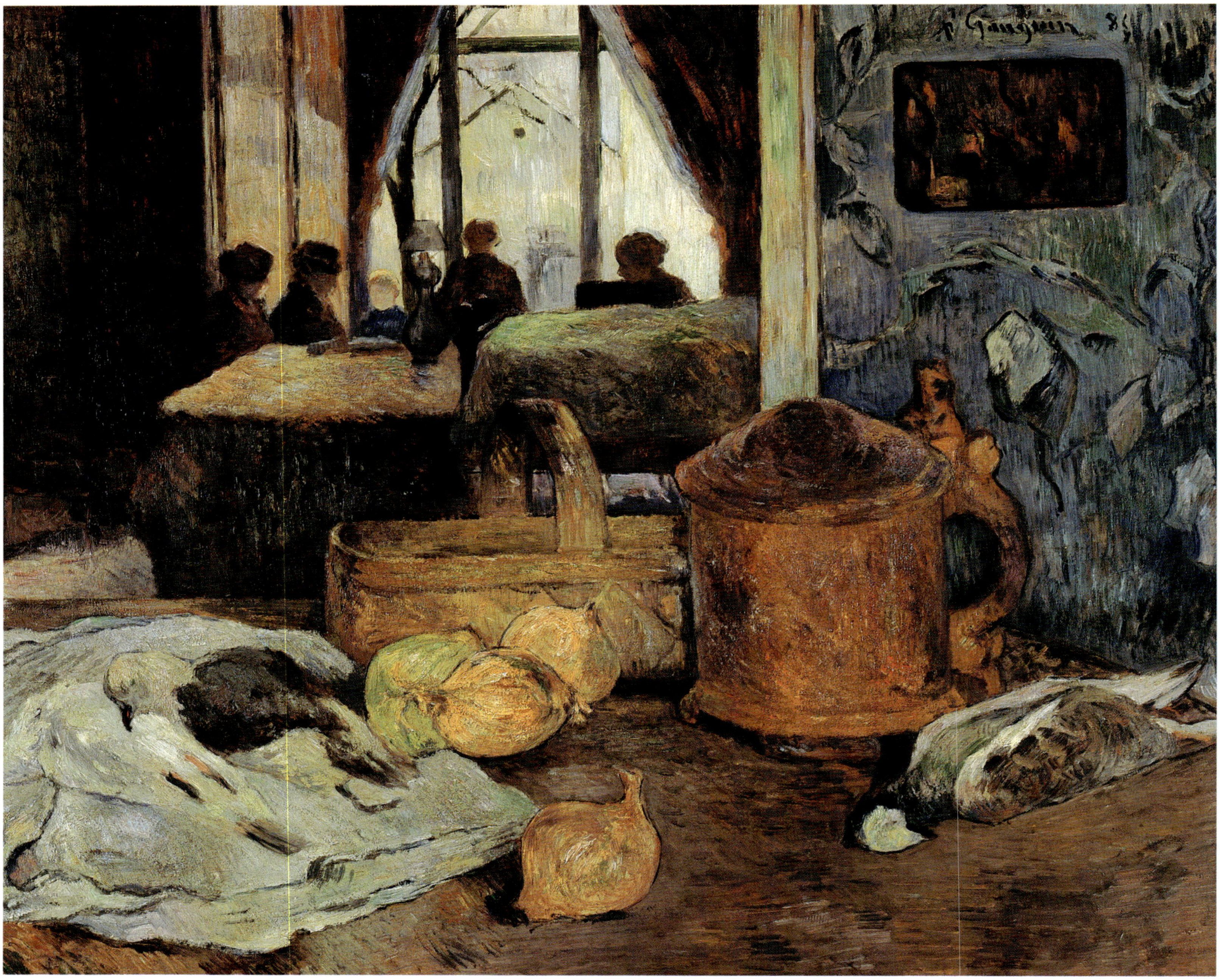

5

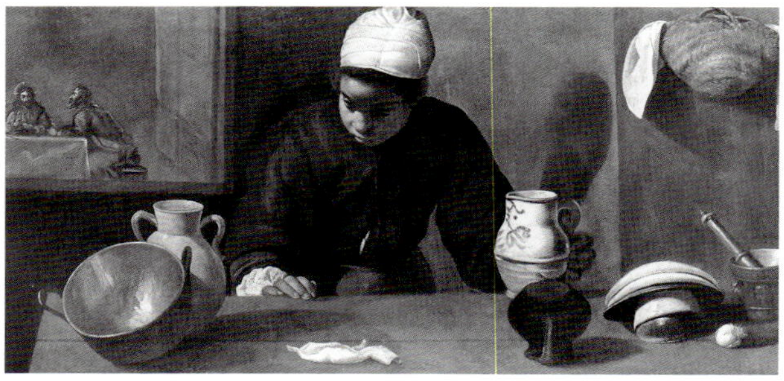

6

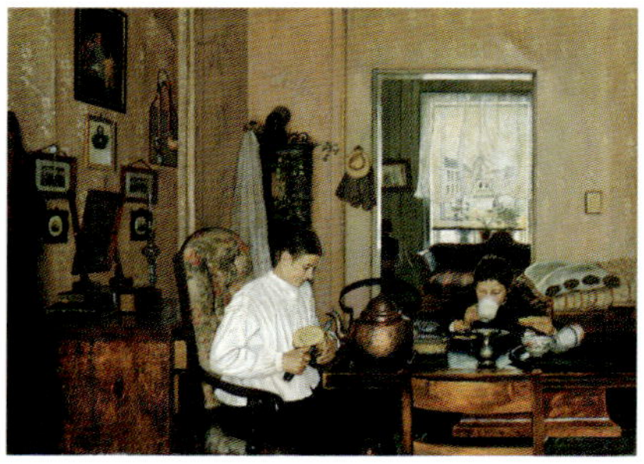

4
Paul Gauguin
*Stilleven in een interieur*
Begin 1885 [W 176]
Olieverf op doek
60 x 74 cm
Privé-collectie

5
Diego Velázquez
(Spanje; 1599-1660)
*Keukenmeid met de Emmaüsgangers*
ca. 1618/19
Olieverf op doek
55 x 118 cm
The National Gallery of Ireland, Dublin

6
Gustav Wentzel
(Noorwegen; 1859-1927)
*Ontbijt*
1882
Olieverf op doek
101 x 137,5 cm
Nasjonalgalleriet, Oslo

schilderij om ging was niets minder dan een strijd tussen ideologieën. Aangezien *La Joie de vivre* een rode draad zou worden in de denkwereld die Vincent met Gauguin deelde, zoals Gauguin zelf erkende (zie Besluit), loont het de moeite waard om terug te komen op de plot van het boek.
In deze sombere filosofische roman stelt Zola de vraag of het mogelijk is om, bij gebrek aan traditionele religieuze overtuigingen, de ellende van het leven te aanvaarden, een goed betekenisvol bestaan te leiden. Zijn dappere heldin Pauline belichaamt het positieve antwoord op deze vraag. Ondanks onophoudelijke tegenspoed blijft zij intens enthousiast en vindt in de zorg voor de armen en zieken de zin van het leven. Haar belangrijkste onderwerp van zorg is haar verwende neef Lazare, die net als zijn bijbelse naamgenoot opgewekt moet worden. Tegelijkertijd vormt Lazare ook de voornaamste aanval op haar wereldbeeld. Hij is geboren op het platteland en trekt naar de stad om arts te worden maar valt ten prooi aan fatalisme als gevolg van het vele menselijke lijden, het materialisme van de wetenschap en de pessimistische filosofie van Schopenhauer. Door het verlies van zijn christelijk geloof wordt Lazare door wanhoop verlamd, gevangen tussen een panische angst voor het vooruitzicht te moeten sterven zonder heilsbelofte en een afkeer van de schijnbare zinloosheid van het leven. Slechts bij vlagen kan hij een glimp opvangen hoe vol waarheid Pauline's leven is, dat 'Vreugde in actie ligt' en dat de troost die de natuur biedt, de gezonde bevrediging van vleselijke begeerten en de liefde voor de mensheid een een positief antwoord vormen op de vraag 'Is leven niet genoeg?'[3]

Zelfs voor een lezer die vertrouwd is met zowel Jesaja als Zola blijft Vincents gebruik van beide teksten naast elkaar raadselachtig. Op een fundamenteel niveau had het eerder een persoonlijke dan een openlijke betekenis.
De afgebeelde bijbel was van de vader van de schilder, dominee Theodorus van Gogh, die een paar maanden voordat het schilderij gemaakt werd onverwachts overleed en die jarenlang een stormachtige relatie met zijn zoon gekend had. Vincent had getracht als predikant in de voetstappen van zijn vader te treden, als onderdeel van zijn langdurige strijd tegen de twijfel. Hij was buitengewoon ontvankelijk voor het verhaal van Pauline en Lazare dat juist deze conflicten in een literaire vorm behandelt.
Na zijn ontdekking dat de traditionele religie onvoldoende tegemoet kwam aan zijn behoeftes en doelstellingen, had Vincent ervoor gekozen om kunstenaar te worden. Zijn stilleven geeft aan dat literatuur als die van Zola het werkelijke evangelie van de moderne wereld is en het Nieuwe Testament verdringt. Bovendien kondigt het Vincents eigen intentie aan om als schilder Zola's prestatie als kunstenaar te evenaren en daarmee het zendingswerk van zijn vader te verrichten op een voor de moderne tijd relevante wijze. Om deze gelaagdheid van verwijzingen te herkennen is het evenwel nodig om vertrouwd te zijn met een boek dat niet op tafel te vinden is – dat van Vincents leven en zijn brieven.

Algemeen bekende en persoonlijke betekenissen staan ook in het stilleven van Gauguin uit dezelfde tijd naast elkaar. Achtergrond van het doek is het appartement dat hij met zijn gezin van december 1884 tot eind april 1885 in Kopenhagen huurde. De compositie is opmerkelijk ingewikkeld – grote voorwerpen uitgestald op een tafel die de hele voorgrond bestrijkt, meubels die zich in het middenvlak vaag aftekenen en een groep figuren in silhouet tegen de ramen op de achtergrond. Hierin is duidelijk de ervaring te zien die hij gedurende meer dan tien jaar als amateur-schilder opgedaan had. De verwijzingen naar de boeken zijn zuiver visueel. Cézanne's overheersende artistieke invloed blijkt duidelijk uit de modellering van de groenten en het kleed, en in het blauwe met bladeren versierde behang dat doet denken aan een stilleven van Cézanne dat Gauguin in zijn bezit had (fig. 57). Maar het schilderij van Gauguin overtreedt de traditionele voorschriften voor een stilleven in zoverre dat de interesse net zo sterk uitgaat naar de figuren op de achtergrond als naar de voorwerpen op de voorgrond. Het gevolg is dat het werk speels balanceert op de grens tussen stilleven en genre-schilderkunst. Dit zo naast elkaar plaatsen heeft precedenten in de kunstgeschiedenis, met name in vroeg 17de-eeuwse composities waarin van dichtbij bekeken huiselijke keukentaferelen afgezet werden tegen uitzichten op een andere ruimte waar men een glimp op kan vangen van episodes uit het leven van Christus, zoals het avondmaal te Emmaüs (fig. 5). In Gauguins werk met een louter seculier doel gebruikt, wordt deze kunstgreep provocerend.[4] De ruimtelijke indeling van het schilderij is op het eerste gezicht verwarrend. Er wordt zelfs de suggestie gewekt van een spel met spiegels en ramen. Een vergelijking met een schilderij uit diezelfde tijd van de Noorse schilder Gustav Wentzel, dat op een meer conventionele wijze (fig. 6) een interieur zoals dat van Gauguin afbeeldt, kan mogelijk opheldering bieden.
Het valt niet te betwisten dat Gauguins stilleven gebaseerd is op een eettafel, zoals de tafel op de voorgrond van Wentzels schilderij, waarachter een opening naar een kamer leidt met ramen met een hoog bed, een wat lagere tafel met een kleed erop en vijf nauwelijks zichtbare figuren die van achteren belicht worden en wier onderlinge relatie onduidelijk is. Gauguin had echter ook het tegenovergestelde gezichtspunt kunnen kiezen, waardoor de figuren zich in een eetkamer met ramen bevinden terwijl de schilder naar binnen kijkt vanuit een ruimte die overeenkomt met die waarin wij op het Noorse doek een glimp opvangen van de rug van een zittende man. In ieder geval maakte Gauguin het moeilijk om de ruimtelijke continuïteit snel te begrijpen. De tafel met de onderdelen van het stilleven, zoals een opvallende en indrukwekkende Scandinavische drinkkroes van roodachtig hout, lijkt tegen de opening naar de andere kamer geduwd te worden. De schijnbare nabijheid tot de muur erachter suggereert op bedrieglijke wijze dat de scène achter de tafel een spiegelbeeld is, een indruk die tegengesproken wordt door het feit dat noch het stilleven noch de schilder erop voorkomt. Nu lijkt het of de verzameling voorwerpen de toegang tot de kamer erachter blokkeert en het idee van twee gescheiden ruimtes in stand houdt.

Maar zelfs met een dergelijke 'uitleg' blijft het schilderij dubbelzinnig. Hoe moeten we de nadrukkelijke compositionele gespletenheid en de beslissing om levenloze voorwerpen te accentueren, interpreteren? De scène van huiselijke gezelligheid wordt immers naar de achtergrond verplaatst. De traditionele rol van het stilleven binnen de schilderkunst – een middel voor de schilder om zijn kunst toe te passen op de voorwerpen die hij kiest, rangschikt en controleert – is hier veelzeggend. Mogelijk impliceert het contrast dat Gauguin hier laat zien het verschil tussen de professionele en de persoonlijke sfeer, zoals de stijlfiguur van de kunst tegenover het echte leven.

Juist deze vraag wordt gekleurd door onze kennis over de biografische omstandigheden rond dit schilderij. De figuren vertegenwoordigen Gauguins gezin in een Deens appartement ver van de Franse hoofdstad waar hij begonnen was zich te oefenen in zijn kunst. Het is een compositie waarin de kunstenaar verwijst naar zijn eigen levenservaringen in het hier en nu. Nog geen twee jaar tevoren had Gauguin besloten fulltime kunstenaar te worden. Het volledig uitblijven van financieel succes verklaarde waarom het gezin in Kopenhagen, de geboortestad van zijn vrouw, in de buurt van haar verwanten verbleef. Hij was daar doodongelukkig en vond het land, de mensen en de plaatselijke kunstenaarsgemeenschap onsympathiek. Ook voelde hij zich gekrenkt omdat zijn vrouw en de mensen om haar heen vonden dat hij zijn gezin blootstelde aan risico's om zijn eigen egoïstische doelen na te streven. Na twaalf jaren huwelijk en vijf kinderen was hij bezig te ontdekken dat kunst en gezinsleven niet bij elkaar pasten. De kroes – die Gauguin op eerdere werken afgebeeld had en die hij overal mee naar toe nam – is een symbolische plaatsvervanger van de kunstenaar (fig. 51-52, 58). Het schilderij geeft open en bloot de keuze weer waar hij zich voor gesteld zag en suggereert voor welke kant hij zou kiezen.

Enkele maanden na de voltooiing van hun respectievelijke stillevens, hadden zowel Vincent als Gauguin hun families achter zich gelaten en waren naar Parijs vertrokken met de bedoeling zich als kunstenaar te vestigen. Vincents *Stilleven met bijbel en Zola's 'Joie de vivre'* en Gauguins *Stilleven in een interieur* kunnen als zelfportretten gezien worden waarin ze hun zoektocht naar een eigen identiteit uiteenzetten en de keuzes die dat met zich meebracht. Hoe kwamen deze twee kunstenaars ertoe zulke persoonlijke uitspraken te doen? Hoezeer de stillevens qua opzet ook vergelijkbaar zijn, het antwoord is voor beide gevallen verschillend. Zoals zal blijken waren Vincents voornaamste overwegingen onder andere zijn band met de plaats waar hij zich bevond, het feit dat hij Nederlander was en meer in het bijzonder lid van de Nederlands Hervormde Kerk; zijn diepe vertrouwdheid met de bijbel, ingeprent door een hechte familie die verschillende predikanten telde; de aantrekkingskracht die de literatuur en dientengevolge een verhalende visuele beeldtaal op hem uitoefenden; een bijna mythische opvatting over zichzelf die hij verkregen had aan wat hij de Universiteit van de Smart noemde. Bij Gauguin daarentegen waren de thema's het gevoel van ontwrichting en een gebrek aan wortels, te beginnen bij zijn verblijf in Lima, in Peru, in zijn vroege jeugd; een hapsnap verkregen opvoeding, te land en ter zee; een liefde voor het uitbundige en het exotische, gevoed door een zelf verzonnen familiegeschiedenis. In zijn fantasie herinnerde Vincent zich zijn ouderlijk huis als een warm nest. Gauguins eerste herinneringen waren die van een leven in een gouden kooi. Terwijl hun waarnemingen gekleurd werden door dit soort indrukken van het verleden begonnen Vincent en Gauguin vorm te geven aan hun loopbaan als moderne kunstenaars.

7

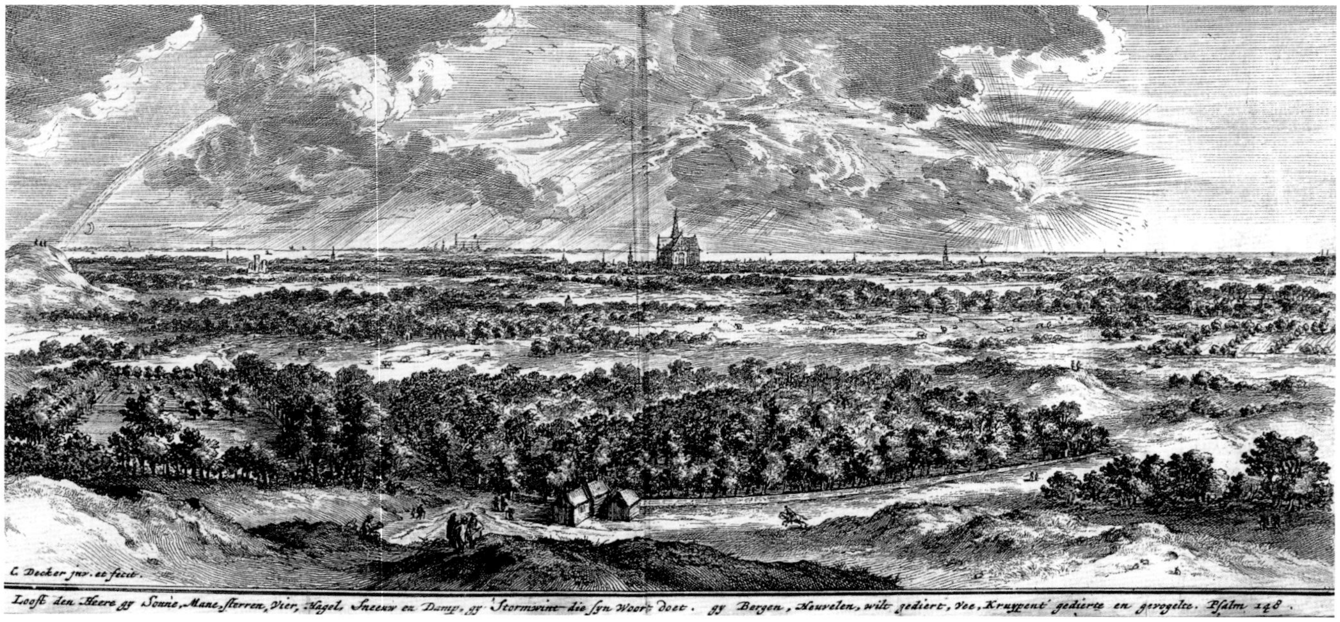


**Loof de Heer, zon en maan, sterren, hagel, sneeuw en rook; stormwind die Zijn woord voltrekt; alle bergen, heuvels, wilde dieren, tamme dieren; alles wat krioelt op de grond of vliegt in de lucht.    Uit Psalm 148**

8

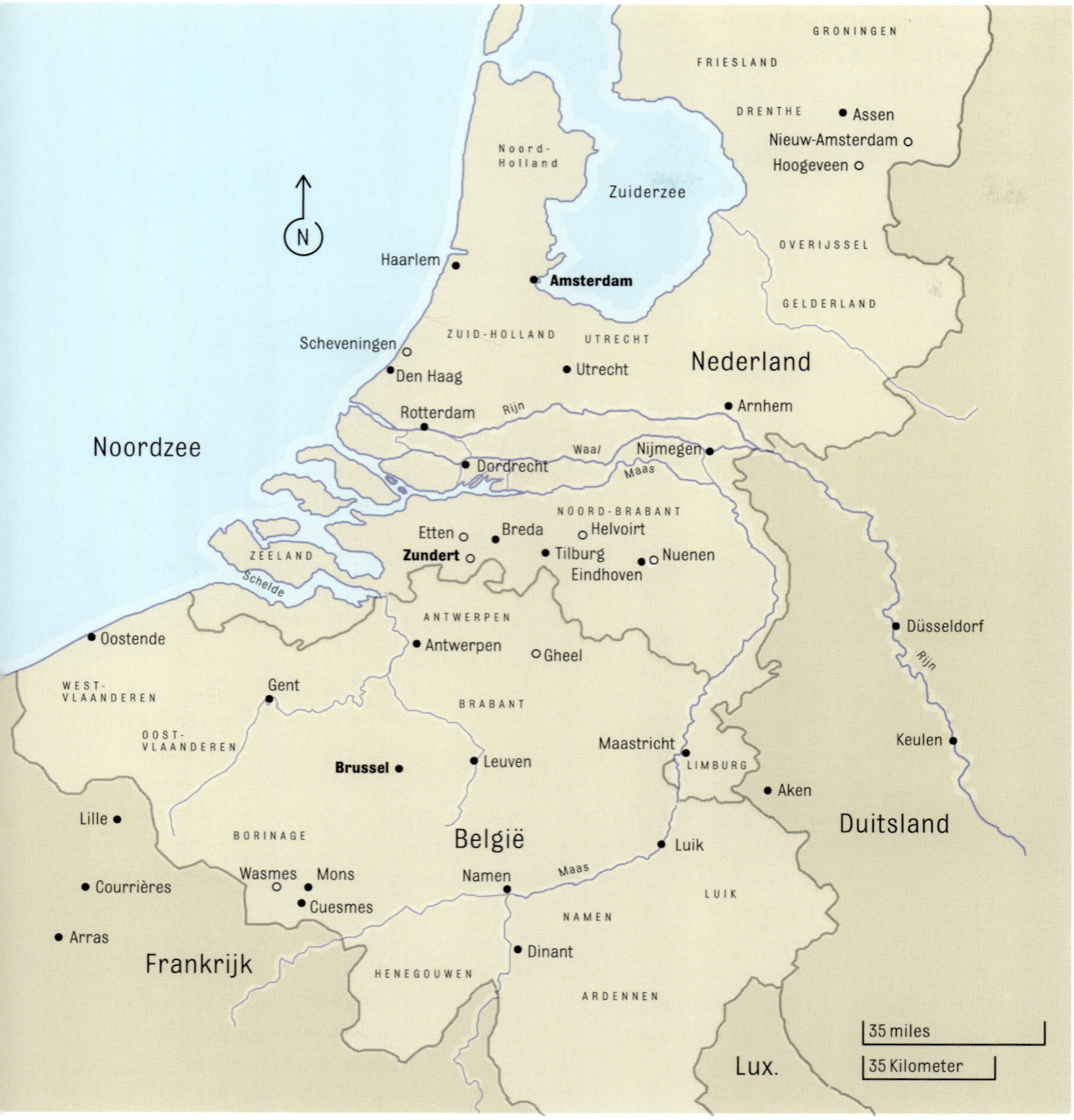


## Vincents jeugd

Vincent Willem van Gogh werd in 1853 geboren als eerste in leven blijvende kind van dominee Theodorus van Gogh en Anna van Gogh-Carbentus. Later zouden zij nog twee zonen krijgen, Theodorus (Theo) en Cornelis (Cor), en drie dochters, Anna, Elisabeth (Lies) en Wilhelmina (Wil). Het gezin Van Gogh was diep doordrongen van de voorschriften van de Groninger School, de 19de-eeuwse hervormingsbeweging binnen het Nederlandse calvinisme waartoe Vincents vader en zijn oom van moeders kant, dominee Johannes Stricker, behoorden. In een poging om emotionele vroomheid boven dorre dogmatiek te stellen herontdekten de Groningse theologen de 15de-eeuwse klassieker van de devotionele literatuur, de *Imitatio Christi* van Thomas à Kempis. Oom Stricker gaf een gemoderniseerde samenvatting van deze geloofsbelijdenis in zijn populairste boek *Jezus van Nazareth volgens de Historie Geschetst* (1868), dat gepubliceerd werd toen Vincent vijftien jaar was:

Vele Christenen dolen als doelloze pelgrims op het verkeerde pad. Zij aanvaarden alles wat in de bijbel gezegd wordt en geloof wordt een kwestie van verstand en geheugen. Dit soort geloof is geloof op Jezus, maar geen geloof in Jezus [...] Geloof in Jezus is de absolute onderwerping aan de Zoon van God.[5]

Ondanks alle nadruk op persoonlijke ervaring bleven de Nederlands Hervormde leerstellingen zeer sociaal van aard en eisten een soort instemmende inschikkelijkheid naast een navolging van Jezus in de vorm van nederigheid en dienstbaarheid. Deze doctrine van de menselijkheid van Christus won sterk aan directheid doordat de Groningse predikanten in preken en boeken gebruik maakten van een visuele beeldtaal. In feite vervaagden de grenzen tussen devotionele literatuur en kunstkritiek in dit tijdperk van de *dominocratie* – het intellectuele leiderschap van de geestelijkheid –, zoals blijkt uit publikaties die bekend staan als bijschriften-poëzie. Deze boeken waren bestemd voor kinderen en volwassenen en bestonden uit plaatjes, voorzien van verheffende teksten van predikanten. Bekende auteurs in dit genre waren J.J.L. ten Kate en Eliza Laurillard, wier boeken foto's en reprodukties van schilderijen bevatten van de hand van verschillende internationale eigentijdse kunstenaars en van de Oude Meesters. Deze boeken droegen dan titels als *Kunst-juweeltjes voor de salon-tafel*. Vincent was slechts één van de duizenden Nederlandse kinderen uit de middenstand die in contact kwamen met die bijzondere stroming binnen de hedendaagse kunst. Door deze boeken verkreeg hij een buitengewoon moralistische manier van denken over dit type kunst dat gebruik maakte van teksten.[6]

In de Nederlandse cultuur had het gebruik van visuele middelen door de predikanten en schrijvers van de Groninger School twee belangrijke antecedenten. Als eerste de gewoonte om op een intens typologische manier de Schrift te lezen, een interpretatiestrategie waarmee vooruitwijzingen van Christus en van zijn lijdensverhaal in het Oude Testament ontdekt worden. Ten tweede was er de noordelijke emblemata-traditie, een verbaal-geïllustreerde kunstvorm die teruggaat tot de 16de en 17de eeuw en die de openbaring van het oneindige terugvindt in de eindige, door God gegeven betekenis in het boek van de natuur zelf (fig. 7). Net zoals allegoristen als John Bunyan (fig. 11) gaven de schrijvers van emblematabundels een symbolische betekenis aan ieder natuurlijk feit, menselijke handeling of

7
Coenraad Decker (1651-1685)
*Gezicht op Haarlem vanuit de duinen* uit Jan van Westerhoven de Jongere, *Den Schepper verheerlijckt in de Schepselen* (Haarlem 1685)
Rijksuniversiteit Utrecht, Algemene Bibliotheek

8
Kaart van Nederland en België

**Wie Kaerssen met den Snuyter nijpt, Sie dat hy niet te diep en grijpt, Want die het licht te vinnig snuyt, Die blust oock groote fackels uyt, En heeft dan niet voor sijnen danck, Als swarten roock en vuylen stanck.** **Jacob Cats, Alle de wercken, Amsterdam/Den Haag 171**

**'De kaars snuiten – que soit – doch in het den domper er opzetten ten ontijde, daar is geen heil in.' Vincent aan Theo, [ca. 21-23 maart 1883]**

11

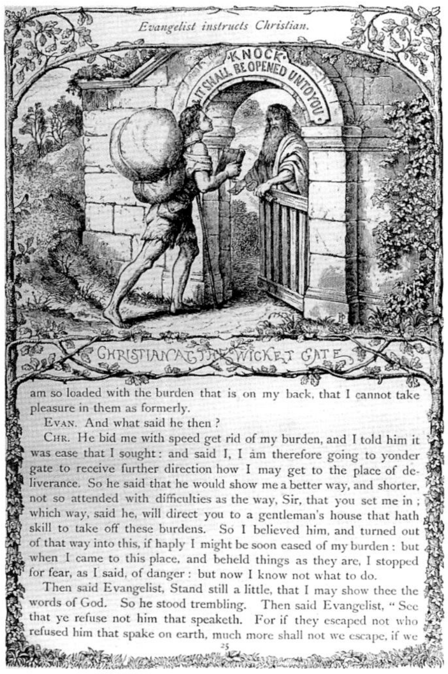
Evangelist instructs Christian.



am so loaded with the burden that is on my back, that I cannot take pleasure in them as formerly.

EVAN. And what said he then?

CHR. He bid me with speed get rid of my burden, and I told him it was ease that I sought: and said I, I am therefore going to yonder gate to receive further direction how I may get to the place of deliverance. So he said that he would show me a better way, and shorter, not so attended with difficulties as the way, Sir, that you set me in; which way, said he, will direct you to a gentleman's house that hath skill to take off these burdens. So I believed him, and turned out of that way into this, if haply I might be soon eased of my burden: but when I came to this place, and beheld things as they are, I stopped for fear, as I said, of danger: but now I know not what to do.

Then said Evangelist, Stand still a little, that I may show thee the words of God. So he stood trembling. Then said Evangelist, "See that ye refuse not him that speaketh. For if they escaped not who refused him that spake on earth, much more shall not we escape, if we

25

9

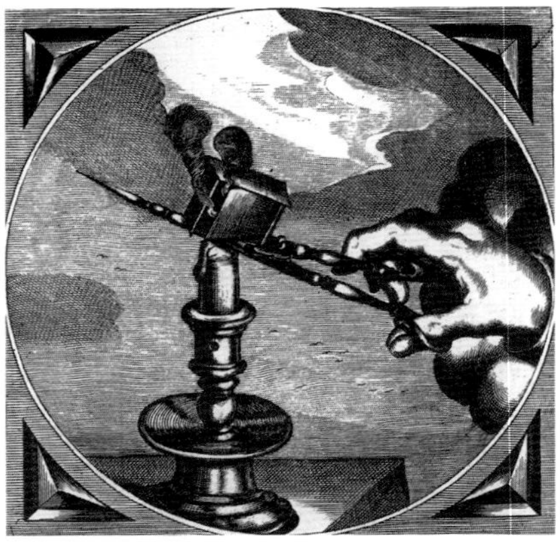

10

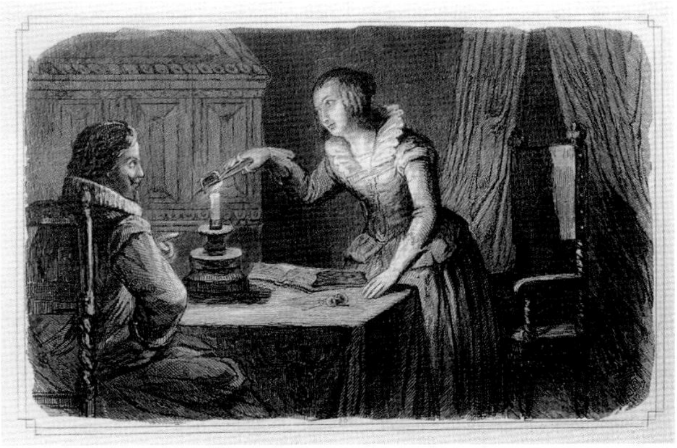

produkt; zo konden uit gewone dingen en gebeurtenissen morele lessen geleerd worden. In de 19de eeuw vond een opleving van dit genre plaats door de wijdverspreide vroomheid en toegankelijkheid tussen de verschillende klassen. Nieuwe uitgaven van de werken van de voornaamste oorspronkelijke auteurs in dit genre zoals Jacob ('Vader') Cats en Jan Luyken, met bijgewerkte illustraties (fig. 9-10) bleven als 'tweede bijbel' dienen, hun gedenkwaardige combinaties van tekst en beeld bekleed met het drievoudig belang van liefde, sociale interactie en religie. Hierbij viel de kringloop van de seizoenen samen met het voortschrijden van de christelijke pelgrim door de vreugde en beproevingen van het leven naar het hemelse Jeruzalem.[7] Hoewel Vincent geen directe toespelingen maakte op Luyken of Cats, staan zijn Nederlandse brieven vol met alledaagse uitdrukkingen en metaforen die in dit erfgoed geworteld zijn. Ook in de manier van preken van zijn vader en oom stond ditzelfde erfgoed centraal. In deze geest hing dominee Van Gogh een reproduktie van de *Begrafenisstoet door een veld* (fig. 12) van een eigentijdse Nederlandse kunstenaar op in de pastorie en haalde hij deze afbeelding aan in een preek om de gelijkenis uit het Nieuwe Testament uit te leggen over spirituele groei en menselijk leven als een kringloop van zaaien en oogsten (Marcus 4:26-29).[8] Aan dit beeld zou Vincent later andere passages uit de bijbel en ook regels van een gedicht van Longfellow toevoegen. Als een produkt van zijn cultuur ontwikkelde hij een manier van denken die hem ingeprent werd en beschouwde hij de wereld op emblematische wijze als een enorm netwerk van analogieën dat een polyvalente metaforische dialoog mogelijk maakte. Zo zag zijn denkwereld eruit.

Hoewel dit de overheersende denktrant in Vincents opvoeding was, werden in feite de overtuigingen van de Nederlands Hervormde Kerk niet op brede schaal gedeeld door de bevolking van Noord-Brabant, waar hij opgroeide. Het geloof dat Theodorus van Gogh van 1849 tot 1871 in het dorp Groot Zundert predikte, op minder dan twee kilometer van de recentelijk opnieuw vastgestelde grens tussen het protestantse Nederland en het katholieke België, werd slechs door een uitgesproken minderheid aangehangen. De domineeswoning was gelegen aan de hoofdstraat van Zundert, recht tegenover het gemeentehuis en het dorpsplein (zie kaart, fig. 15) en was een protestantse voorpost in een overwegend katholieke streek. In de tijd van Vincents geboorte vormden de protestanten slechts drie procent van de vierduizend inwoners van Zundert.[9]

Zundert lag op de heide als een belangrijke halte voor voertuigen die van Breda naar Antwerpen gingen. Het was een rij huizen aan weerskanten van de verbindingsweg, omgeven door grote, voornamelijk onbebouwde stukken land (zie kaart, fig. 16). Hoewel het landschap fraai was verschafte de streek slechts een mager bestaan aan de boeren die probeerden rogge, haver en aardappelen te telen. Het was de taak van de dominee om de protestantse gelederen uit te breiden, niet door bekering van de daar wonende katholieken maar door de import van nieuwe zielen. Als bestuurder van de plaatselijke instantie voor sociale bijstand haalde hij eerder protestanten van noord naar zuid met landbouwkundige dan met theologische

9
*'Houd de hoop levend'*
uit Jacob Cats,
*Alle de Wercken*
(Amsterdam/Den Haag 1712), p. 127

10
*'Houd de hoop levend'*
uit Jacob Cats,
*Alle de Wercken*
(Zwolle 1862), p. 157

11
*'Christen bij de Slechte Poort'*
uit John Bunyan,
*Pilgrim's Progress*
(London 1874-5), p. 25

12
Naar J.J. van der Maaten
(1820-1879)
*Begrafenisstoet door een veld*
1863
Lithografie met aantekeningen van Vincent van Gogh
26,1 x 33,6 cm
Met dank aan het Van Gogh Museum, Amsterdam (Vincent van Gogh Stichting)

13
*'De pelgrim: de hoop vertroost'* uit Jan Luyken, *De Zedelijke en Stichtelyke Gezangen*
(Amsterdam 1709), p. 82
Universiteits-bibliotheek, Leiden

14
*'De maaiers: heden groot, morgen dood'*
uit Jan Luyken,
*Vonken der Liefde Jesu*
(Amsterdam 1696), p. 190

12

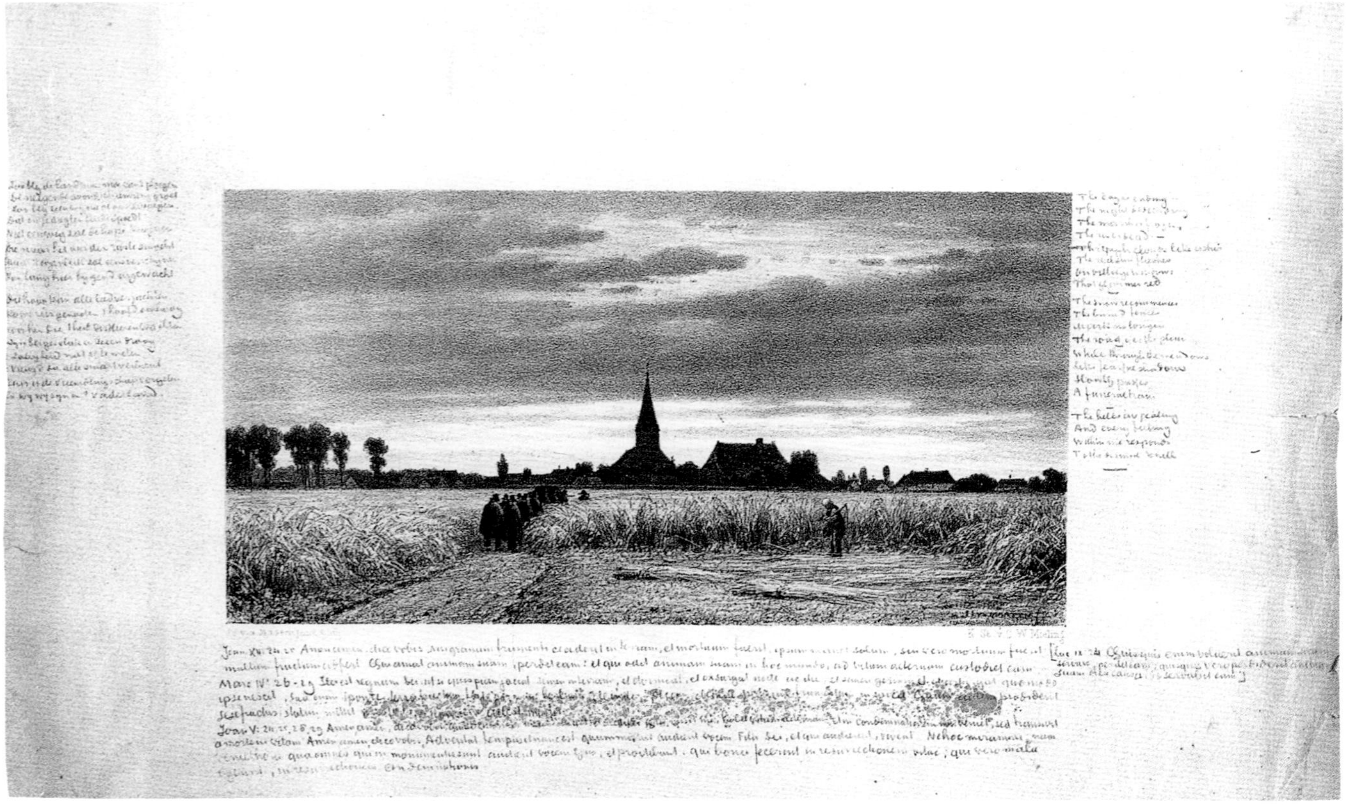

13

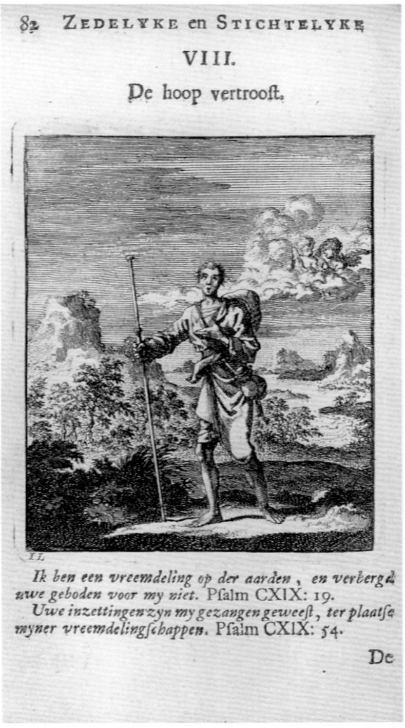

82 ZEDELYKE en STICHTELYKE

VIII.

De hoop vertrooſt.

*Ik ben een vreemdeling op der aarden, en verberg uwe geboden voor my niet.* Pſalm CXIX: 19.
*Uwe inzettingen zyn my gezangen geweeſt, ter plaatſe myner vreemdelingſchappen.* Pſalm CXIX: 54.

De

14

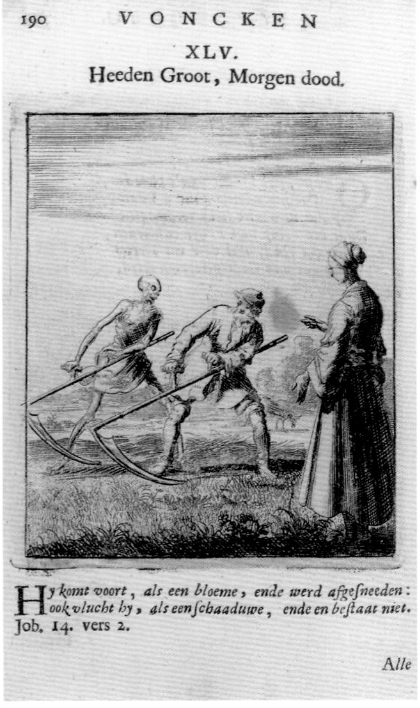

190 VONCKEN

XLV.

Heeden Groot, Morgen dood.

*Hy komt voort, als een bloeme, ende werd afgeſneeden: ook vlucht hy, als eenſchaduwe, ende en beſtaat niet.* Job. 14. vers 2.

*Alle*

aansporingen, door landbouwgrond ter beschikking te stellen aan diegenen die bereid waren te verhuizen en met de onvruchtbare grond te worstelen. Hij selecteerde, begeleidde en beoordeelde de kandidaten en zonodig onteigende hij degenen die geen succes hadden.[10] Deze verantwoordelijkheid gaf hem binnen de gemeenschap een status en macht die niet in verhouding stonden tot de geringe grootte van zijn kudde. Door zijn zorgzame geestelijke bijstand won de dominee de bewondering van de plaatselijke bevolking en bracht hij zijn oudste zoon, die hem soms vergezelde op zijn missies, een ideaal van dienstbaarheid bij.

In Vincents dierbaarste herinneringen aan zijn vroege jaren in Brabant is nauwelijks iets terug te vinden van de complexe sociale krachten waarmee zijn vader te kampen had. In plaats daarvan herinnerden hij en zijn geliefde, vier jaar jongere broer Theo zich hun jeugd in 'ons Brabant' als een wonderlijke tijd van paradijselijke eenheid met de natuur, die zij al zwervend door de graan- en heidevelden, moerassen en sparrenbossen rond het dorp doorbrachten. Hun reactie op het vlakke uitgestrekte landschap, door de eeuwen heen niet noemenswaardig veranderd, werd gekleurd door een diep geworteld besef van vaderlandsliefde en door een gevoel van ontzag en bewondering voor Gods schepping (fig. 7).

Vincents gevoelens van heimwee en gemis werden al vroeg teweeggebracht door de rampzalige 'verbanning' die hij in 1864 onderging toen hij, op 11-jarige leeftijd, door zijn ouders naar kostschool gestuurd werd. Hij begon zijn middelbare school in 1866 in het nabije Tilburg, waar hij bij een familie in huis verbleef. Hij presteerde goed maar was niet gelukkig en in het tweede jaar ging hij plotseling van school. De redenen hiervoor zijn onduidelijk; uit geen enkele bron blijkt aan dat de jongeling ook maar enig teken van de epilepsie vertoonde die later bij hem vastgesteld zou worden.[11] Nadat Vincent meer dan een jaar thuis had doorgebracht, besloten zijn ouders dat hij een loopbaan in de kunsthandel zou volgen, een beroep waarin drie broers van zijn vader – Vincent (Cent genoemd), Hein en Cornelis (Cor) – succesvol geweest waren.

15

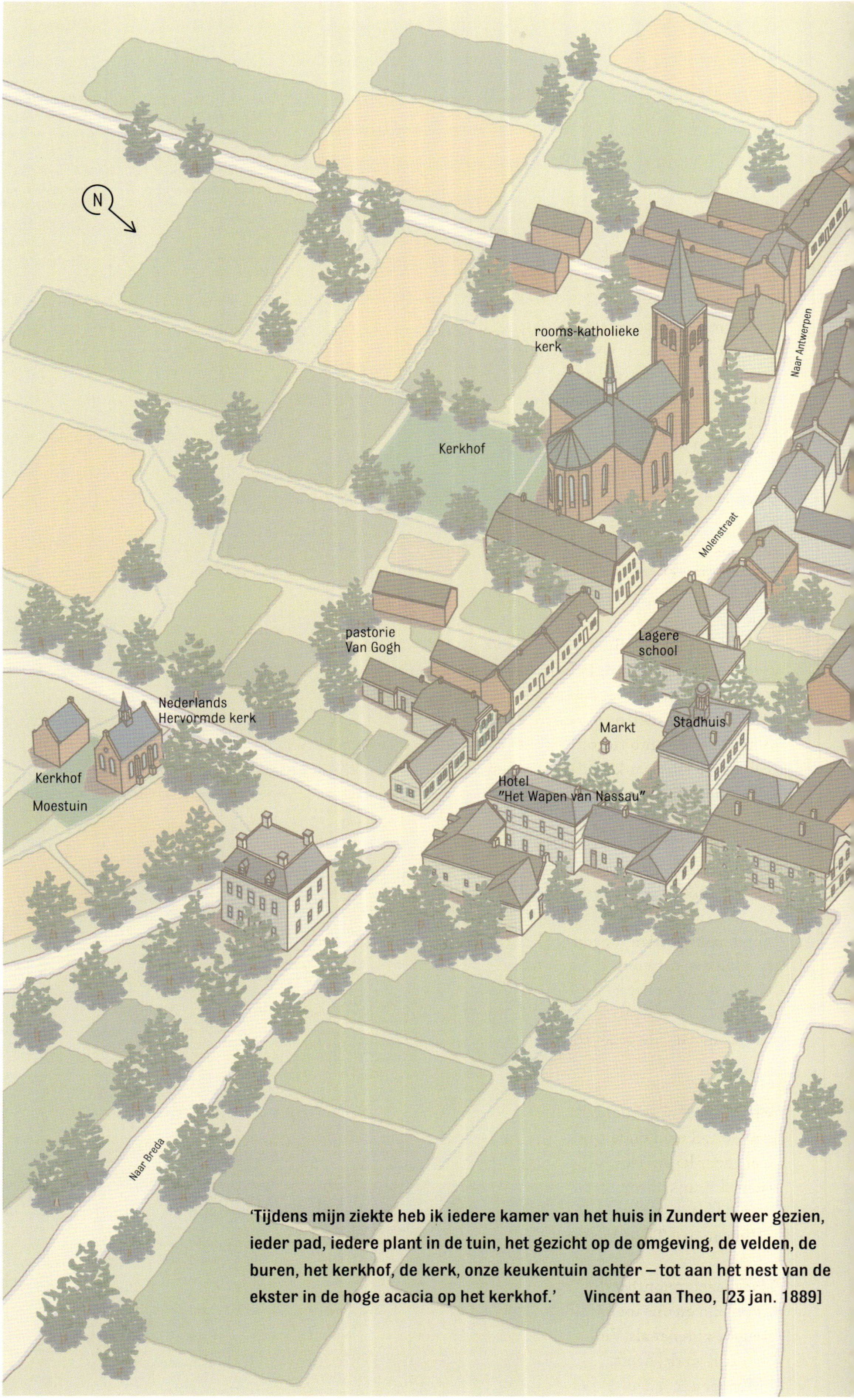


15
Kaart van Zundert

Op voorspraak van Cent ging de 16-jarige Vincent aan het werk bij de Haagse branche van de in Parijs gevestigde internationale kunsthandel Goupil & Cie, waar reprodukties en originele kunstwerken van bekende, voornamelijk Franse en Nederlandse kunstenaars verkocht werden. Hij werkte er als jongste kantoorbediende onder directeur Herman Gijsbertus Tersteeg, een vertrouweling van Cent. Die laatste woonde toen in Parijs.

Vincent probeerde zich sterk te houden, maar de eerste confrontatie met de stedelijke zakenwereld viel hem zwaar en ook mettertijd kwam er geen verlichting voor zijn ongemak. Uit fragmenten uit de familiecorrespondentie uit de jaren 1873-75, toen Vincent van Den Haag naar Londen en vervolgens naar Parijs verhuisde, blijkt de chronologische volgorde van zijn zwerftochten maar brengen maar ook hoe Vincent worstelde met zijn depressies. Ook spreken ze boekdelen over de ingewikkelde dynamiek van ambitie, ontgoocheling, toewijding en afhankelijkheid die ouders en kroost met elkaar verbond:

Verlies nooit je doel uit ogen, namelijk om onafhankelijk te worden.
– Vader aan Theo, januari 1873

Houd maar goeden moed; als het soms eens moeielijk is, dat komt later alles terecht, en niemand kan in het begin doen wat hij wel zou willen.
– Vincent aan Theo, 28 januari 1873

Je hebt zeker al gehoord dat ik naar [het filiaal van Goupil in] Londen ga [...] Het zal te L. een heel ander leven voor mij zijn, daar ik waarschijnlijk alleen op een kamer zal moeten wonen [...]
– Vincent aan Theo, 17 maart 1873

Maak jezelf onontbeerlijk [...] en je zult onze kroon zijn en ons tot eer strekken en onze vreugde zijn net als Vincent die veel voldoening [van zijn werk] heeft.
– Moeder aan Theo, 31 mei 1873

Wat zou ik je graag eens hier [in Londen] hebben [...] ik denk nog zoo dikwijls aan dien wandeling op den Rijswijkschen weg waar wij aan den molen na den regen melk gedronken hebben. [...] Die Rijswijkschen weg heeft voor mij herrinneringen die misschien de heerlijksten zijn die ik heb.
– Vincent aan Theo, 20 juli 1873

[...] hoewel alles hier niet zoo mooi is als 't mij aanvankelijk toescheen. Misschien ligt het aan mij & ik zie het dus nog maar eenigen tijd aan.
– Vincent aan vrienden van de familie, 7 augustus 1873

Als men waarachtig van de natuur houdt dan vindt men 't overal mooi. Maar toch verlang ik soms zoo naar Holland & vooral naar Helvoirt.
– Vincent aan Theo, 30 april 1874

Hij heeft zich van de wereld en de mensen terug getrokken [...]Vind je het niet verdrietig dat Vincent ons niet meer schrijft? [...] Hij dacht dat Vader voor zijn overplaatsing [van Londen naar Parijs] gezorgd had.
– Moeder aan Theo, 28 oktober 1874

Hij is excentriek en daarom denken wij dat we moeten wachten en geduldig moeten zijn. Maar het is erg moeilijk voor ons.
– Vader aan Theo, 28 oktober 1874

Hoor je wel eens iets van Vincent? Ik nooit. Het lijkt mij dat hij zich illusies maakt over mensen en hen beoordeelt voordat hij hen kent, en dan, als hij ontdekt hoe ze echt zijn en niet aan de verwachtingen voldoen, die hij te snel gevormd heeft, dan is hij zo teleurgesteld dat hij ze weggooit als een boeket verlepte bloemen.
– Anna aan Theo, 25 april 1875

Ik hoop & geloof dat ik niet ben wat menigeen op 't oogenblik van mij denkt [...] pour agir dans le monde il faut mourir à soi-même. Le peuple qui se fait le missionnaire d'une pensée religieuse n'a plus d'autre patrie que cette pensée [om vooruit te komen in de wereld moet men zelf sterven. Mensen die zichzelf tot missionaris maken van een religie hebben geen ander vaderland dan die religie.]
– Vincent aan Theo, 8 mei 1875[12]

Tegen 1875 was Vincent duidelijk meer met andere zaken bezig dan dat hij zich een toekomst bij Goupil aan het verzekeren was. Uit het citaat in het Frans – afkomstig uit de werken van Ernest Renan – valt af te leiden dat literatuur en kunst steeds belangrijker voor hem geworden waren als bron van onderricht en als troost voor de gevoelens die hij met de metafoor van zijn vaderland opriep.

## Op zoek naar een vaderland

Wat was er verkeerd gegaan? Vincent zou naar zichzelf verwijzen als 'de man wiens bootje kapseisde toen hij twintig was [...] en zonk.' Het beeld van de zeereis (wat een duurzame metafoor zou worden voor de voortgang van zijn leven) leek hier te verwijzen naar de gebeurtenissen van 1873-74. In die periode ontdekte hij dat de dochter van zijn hospita in Londen zijn gevoelens voor haar niet beantwoordde. De moeite die Vincent had om dit te accepteren wijst op een dieper liggend probleem. Zijn eigen geschriften en de opmerkingen van bekenden bevestigden zijn verlegenheid en onbeholpenheid in de omgang. Zijn oprechte ernst belemmerde zijn vermogen om relaties te vormen en te onderhouden.
Ook vond hij dat vrienden zijn interesses en overtuigingen moesten delen en had hij de neiging, zoals blijkt uit de brief van zijn zuster, om hen te idealiseren en vervolgens ontgoocheld te raken. Op zijn werk en in zijn leven had Vincent steeds sterker het gevoel dat hij niet op zijn plaats was.[13]

Rond deze tijd begon Vincent troost te zoeken door zijn gevoelens aan zijn broer te schrijven. Theo volgde hem in 1873 in de kunstwereld en zou zijn enige levenslange vriend blijven. Steeds meer zou Vincent proberen zijn emoties te begrijpen en zijn koers uit te stippelen door verwijzingen naar de boeken en afbeeldingen die hij om zich heen verzamelde op de gehuurde kamers die hij met scheepshutten vergeleek. Tot de vroege teksten die hem bijstonden op zijn verkenningstochten behoren *Les Musées de la Hollande* (*De Hollandse musea*; 1858-60) door Théophile Thoré (Willem Bürger) en *L'Amour* (*Liefde*; 1858) door Jules Michelet. Uit deze ogenschijnlijk ongelijksoortige boeken haalde Vincent elkaar wederzijds versterkende boodschappen. Hij gebruikte de bij elkaar gesprokkelde ideeën om zijn eigen gedachtenwereld uit te breiden volgens de associatieve interpretatie-strategieën die hij zijn leven lang zou toepassen.

In zijn baanbrekende studie over de 17de-eeuwse Nederlandse schilderkunst brak Thoré een lans voor de noordelijke realistische traditie ondanks de Franse vooroordelen, volgens welke deze kunst niet edel, idealistisch en expressief genoeg was. Volgens Thoré was de Hollandse School er als enige stroming in geslaagd om leven en ideeën in een tastbare, lijfelijke vorm te gieten in plaats van een 'abstracte,' zoals in de op de mythologie en geschiedenis geïnspireerde schilderkunst in Zuid-Europa. Dit was het resultaat van de geschiedenis en democratische geest van de Republiek der Verenigde Provinciën. Met zijn bewering dat in de vroegere Gouden Eeuw de kunst een weerspiegeling vormde van de maatschappij, onthulde Thoré zijn plannen voor het hedendaagse Frankrijk: realisme gekoppeld aan revolutie en de monarchie vervangen door democratie. In Nederland werd *Les Musées de la Hollande* natuurlijk op een ietwat andere manier gelezen, zij het niet minder tendentieus.
Het opnieuw opvlammende Nederlandse nationalisme vond zijn artistiek boegbeeld in Rembrandt van Rijn, terwijl men in België Peter Paul Rubens ophemelde. Thoré bekrachtigde deze tegenstelling door de essentiële verschillen te benadrukken tussen de Hollandse en Vlaamse School zoals deze naar voren komen uit het werk van deze twee geweldenaren.[14]

Thoré zette Rembrandt, met zijn kunst van en voor het volk, af tegen Rubens die volgens hem gevangen had gezeten binnen de machtssystemen van religie en mythologie. Liever dan vage 'mystieke ideeën' na te volgen, begon Rembrandt met de wereld van de natuur door deze intuïtief tot zich te laten doordringen en zijn afbeeldingen van gewone mensen te doordrenken van het mysterie der buitenzintuiglijkheid: het eeuwig leven is verborgen aanwezig in het dagelijks leven. Rembrandt was 'de grote onthuller'. Maar ook de landschapschilderkunst kon in de handen van de grote Nederlandse meesters van dat genre de latente symboliek – door Thoré onweerstaanbare melancholie genoemd – uitstralen van grote dichtkunst.[15] Door zich op deze wijze aan te sluiten bij de emblematische traditie, raakte Thoré een gevoelige snaar bij Vincent. Hoewel hij in een hoofdzakelijk katholieke gemeenschap was opgegroeid, praktisch op loopafstand van België, beschouwde Vincent zichzelf en zijn geboortestreek als in wezen Nederlands. De landschappen uit de Hollandse school bevestigden op deze manier zijn gevoel van identiteit, net zoals de verklarende strategie van Thoré een rechtvaardiging vormde voor de voorkeur voor realiteit boven abstractie (zoals hij dat stelde) en nederigheid boven vervoering die hij altijd zou houden.

Vincent zag Michelets *L'Amour* als een 'revelatie en een evangelie' en niet alleen omdat het inzicht gaf in de psychologie van het zwakke geslacht waar het in zijn opvoeding zo tragisch aan ontbroken had. Hij was bijzonder onder de indruk geraakt van een hoofdstuk getiteld 'Les Aspirations de l'automne,' waarin de auteur een levendige beschrijving geeft van een ervaring van dertig jaar tevoren, toen hij een glimp opving van een elegante, oudere vrouw die in een tuin wandelde. Haar houding maakte hem nieuwsgierig naar haar leven, waardoor hij begon haar te associëren met portretten waar ze op leek en die hij zich uit musea herinnerde. In het verlengde hiervan leidden deze schilderstukken tot fantasieën over de levens en wederwaardigheden van zijn modellen.
De afwezige gelaatsuitdrukking van één van hen werd door de schrijver geïnterpreteerd als een gevolg van jarenlang uitstaren over de wijdse verten van de Noordzee. Michelets suggestieve metaforen en zeer allusieve manier van denken over schilderijen en het leven boeide Vincent en leverde hem inspirerende voorbeelden voor het gebruik van kunstwerken als maatstaf voor emotionele ervaringen. Hij ging er steeds meer toe over om op de wereld te reageren – op de natuur, op mensen, schilderijen en boeken – door middel van een netwerk van associaties dat voortdurend door nieuwe ervaringen verrijkt werd. Terwijl hij zich oefende in zijn eigen vergelijkbare manier van denken zag Vincent gelijkenissen in de figuren van Rembrandt met mensen die hij kende en andersom. Gewoonlijk keek hij naar boeken en las hij schilderijen, zonder onderscheid te zien tussen verbale en visuele beeldtaal of (wellicht) tussen wat geobserveerd en wat afgebeeld wordt.[16]

De bitterzoete manier waarop Michelet het cyclische verloop van seizoenen en emoties opriep sprak Vincent ook zeer aan als een les in het aanvaarden van de tegenslagen die het leven

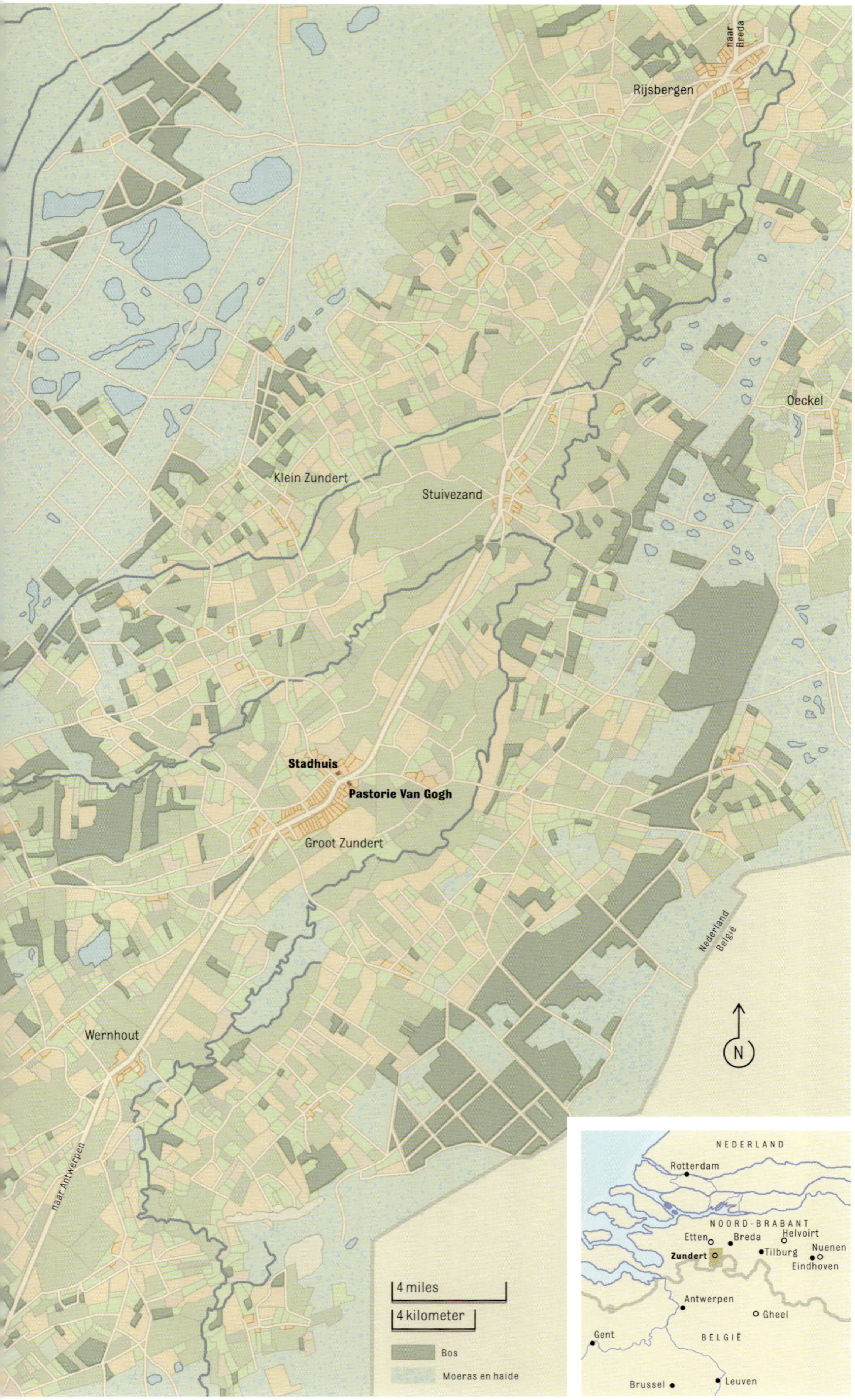


**Daar in de hei was het zoo mooi, al was het donker kon men toch onderscheiden hoe die heivlakte en mastboschen en moerassen zich heinde en ver uitstrekten [...] De lucht was graauw, maar de avondster scheen tusschen de wolken door en nu en dan zag men ook andere sterren. Het was nog zeer vroeg toen ik te Zundert op het kerkhof kwam waar het zoo stil was, ik ging nog eens zien naar al de oude plekken en paadjes en wachtte het opgaan van de zon af. Gij kent het verhaal van de Opstanding – alles herinnerde mij daar dezen morgen aan op dat stille kerkhof.** Vincent aan Theo, 8 april 1877

met zich meebrengt. Dit blijkt duidelijk uit de regels die hij aan Michelets tekst toevoegde toen hij, enkele jaren later, stukken uit 'Les Aspirations de l'automne' overnam in één van de albums die hij voor zijn broer en vrienden maakte: 'Als treurenden die altijd verheugd zijn.'[17] Het was in deze geest dat Paulus degenen die Christus'prediking navolgden voorschreef te leven (2 Corinthiërs 6:10), een zin die voor Vincent een soort credo werd voor de gelijkmoedigheid die hij zocht in moeilijke tijden. Uit het feit dat Vincent Paulus en Michelet op één lijn stelde en de werken van laatstgenoemde als een 'evangelie' omschreef, valt af te leiden hoe kunst en literatuur elkaar aanvulden en in zekere zin de boodschap van de bijbel nader uitlegden.

Door deze openheid ten opzichte van nieuwe ideeën en nieuwe vormen van gezag werd het onderricht dat Vincent in zijn jeugd verkregen had ter discussie gesteld. Hij was zeker niet de enige die vraagtekens begon te zetten bij de doctrines die hij geleerd had te respecteren. Tijdens de Industriële Revolutie bracht het ethos van kritische beschouwing de spanning in de relatie tussen geloof en ratio dooe heel Europa heen bijna tot een breekpunt. Het boek dat dominee Stricker wijdde aan de historische figuur van Jezus toont de verschuiving naar een onderzoekend revisionisme binnen de rangen van de Groninger School. Maar Vincents oom had ook opgemerkt dat als geloof een illusie was, dan 'alsjeblieft, laat ons de illusie behouden.'[18] Tegen 1875 vroeg Vincent zich af of hij dit vol zou kunnen houden.

De verschillende albums die door Vincent gevuld werden met favoriete passages, gekopieerd uit de grote verscheidenheid aan boeken die hij verslond, geven een goed beeld van hem op dit moment van zijn leven. Het zijn collages van zelfportretten, gemaakt vanuit een achterliggend verlangen tot zelfexpressie en communicatie (dat later de drijfveer achter zijn kunst zou worden), die een jongeman laten zien die goed bekend is met verdriet en worstelt tussen twijfel en geloof. Duitse en Franse Romantici zoals Heinrich Heine, Ludwig Uhland en Alfred de Musset, tezamen met latere Franse schrijvers als Émil Souvestre, Joseph Autran en Jules Michelet gaven

17
Naar Paul Delaroche
(Frankrijk; 1797-1856)
*Christus in de Hof van Gethsemane*
1852
Foto

18
*'Wie zal ik vrezen?'*
uit Georgette de Montenay, *Emblèmes ou devises Chrestiennes*
(Lyon 1571), p. 11

19
Titelblad van Eliza Laurillard,
*Geen dag zonder God*
(Amsterdam 1876)

20
*Ecce Homo*
Foto van een gravure met aantekeningen van Vincent van Gogh
Van Gogh Museum, Amsterdam
(Vincent van Gogh Stichting)

21
George Boughton
(Engeland; 1833-1905)
*'God zij met u!'*
1874
Olieverf op doek
122 x 184 cm
Van Gogh Museum, Amsterdam
(Vincent van Gogh Stichting)

Vincent de woorden om zowel zijn nostalgische herinneringen aan het geluk en de veiligheid van zijn kindertijd als zijn huidige pijn van eenzaamheid en onbeantwoorde liefde uit te drukken. Deze geleende stemmen spraken van hoop afgewisseld met wanhoop, beeldden het leven af als een gevaarlijke reis over ruige zeeën en riepen soms God en Christus aan ter bescherming of redding.[19] Maar de redder die uit de bladzijden van Vincents album tevoorschijn komt is niet de Jezus uit de preken van dominee Van Gogh, maar eerder de Jezus zoals beschreven door Ernest Renan en de Schotse filosoof Thomas Carlyle. Zoals de overgenomen passages in zijn albums getuigen, voelde Vincent zich aangetrokken tot Renans buitengewoon controversiële portret van een historische Jezus, de grootste van alle mensenzonen, de enkeling die de duivels waartegen alle mensen vechten overwon en die op de vooravond van zijn laatste beproeving zijn doodsstrijd in de Hof van Gethsemane alleen tegemoet ging – zonder engelen en slechts gesteund door de kracht van zijn karakter. Deze Jezus weigerde het uiterlijk vertoon van kerkelijke organisaties, maar predikte daarentegen een religie met menselijke trekken. In woord en daad had hij de boodschap van de bijbel gerehabiliteerd en zichzelf zodoende geopenbaard als een 'ongeëvenaard kunstenaar.' Renans voorstelling van Jezus als een existentiële kunstenaar-held sloot volgens Vincent precies aan bij de denkwereld van Carlyle, die hij in eerste instantie via een Franse publikatie had leren kennen.[20] Eén van Vincents albums geeft een beknopte samenvatting van de principes van Carlyle die hem het meest aanspraken. Carlyle geloofde in de behoefte aan een geloof, een standpunt dat Vincent nuttig leek om over te nemen terwijl hij zijn twijfels over de traditionele religie onder de loep nam. In het verleden, zo schreef Carlyle, voelden en handelden de mensen overeenkomstig een geloof zonder ruimte voor twijfel. Religies komen echter op en gaan ten onder in de cyclische loop van de geschiedenis. Het symbolisch vertoon waardoor iedere geloofsbelijdenis de buitenzintuiglijke en onveranderlijke Waarheid openbaart, raakt versleten door langdurig gebruik en bekendheid. Dit was het geval met het traditionele christendom, 'De Aanbidding van Smart.' Het was nu in wezen een sleets omhulsel geworden en niet meer toereikend voor het kapitalistisch tijdperk. De moderne mens ervoer nu het leed – zoals Vincent ijverig kopieerde – omdat 'zijn ziel hem verlaten had.' De oude waarheden moesten omhuld worden in het nieuw geweven kleed van een nieuw geloof.

Carlyle zag als instrument van voorbije en toekomstige vernieuwing de Held die bepalend is voor de tijd waarin hij leeft en voor zijn tijdgenoten de kennis van de eeuwige Waarheid, en het geloof erin, herstelt. Christus was misschien de grootste van deze categorie, maar door de geschiedenis heen waren er anderen geweest: profeten zoals Paulus, Maarten Luther en Mohammed, en dichter-profeten als Dante, Shakespeare en recentelijk Goethe. Hun werken, openbaringen van het goddelijke, bleken onvergankelijk.[21]

Uit de albums blijkt Vincents steeds verder groeiende gelijkstelling tussen kunst en religie, kunstenaar en pelgrim, en zijn vereenzelviging met de vooronderstelling dat het tot het lot van de kunstenaar behoort om op één of andere vorm te moeten lijden, de prijs voor de troost die zijn werk aan anderen brengt. Hij kopieerde regels uit De Mussets gedicht '*La Nuit de décembre*' – die hij zijn leven lang zou onthouden (zie hfdst. 4) – waarin de Eenzaamheid gezien wordt als de constante metgezel van de kunstenaar. Michelet herhaalde de bewering van de romantici dat 'lijden het grootste gedeelte vormt van het genie van een groot kunstenaar.' Terwijl Vincent deze woorden aan het papier toevertrouwde, nam hij ook Michelets gedenkwaardige vergelijking op van de kunstenaar als een nachtegaal in een kooi, die juist vanwege zijn melancholie zo prachtig zingt en daarmee zijn voortdurende innerlijke strijd en zucht naar vrijheid ten gehore brengt. Vincent was van nature eenzaam en leed aan zenuwaanvallen en epilepsie.[22]

De literaire passages en reprodukties van kunstwerken die Vincent verzamelde (fig. 17) laten zien hoe hij bezig was zich te omringen door een gemeenschap van gelijkgestemde zielen om zowel uitdrukking te kunnen geven aan zijn gevoelens als er een geruststellende weerklank in te vinden. Maar bij het overwegen van de grote existentiële vraag die zowel Heine als Carlyle

17

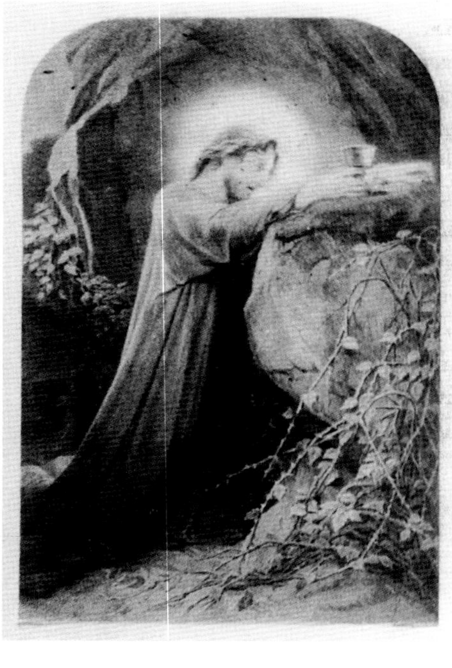

18

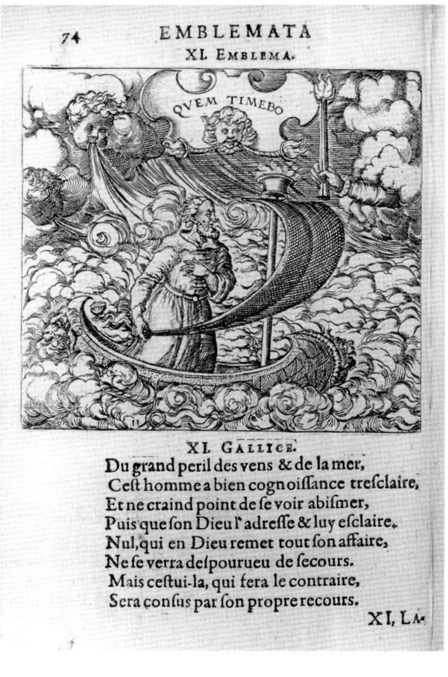

74 EMBLEMATA
XI. EMBLEMA.
QVEM TIMEBO
XI. GALLICE.
Du grand peril des vens & de la mer,
Ceſt homme a bien cognoiſſance treſclaire,
Et ne craind point de ſe voir abiſmer,
Puis que ſon Dieu l'adreſſe & luy eſclaire.
Nul, qui en Dieu remet tout ſon affaire,
Ne ſe verra deſpourueu de ſecours.
Mais ceſtui-la, qui fera le contraire,
Sera confus par ſon propre recours.
XI, LA-

19

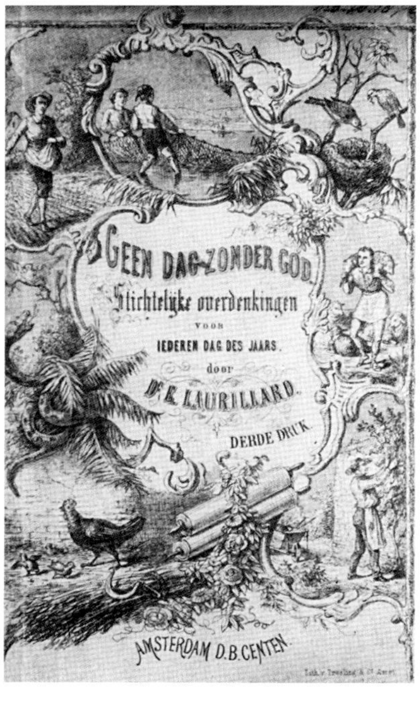

20

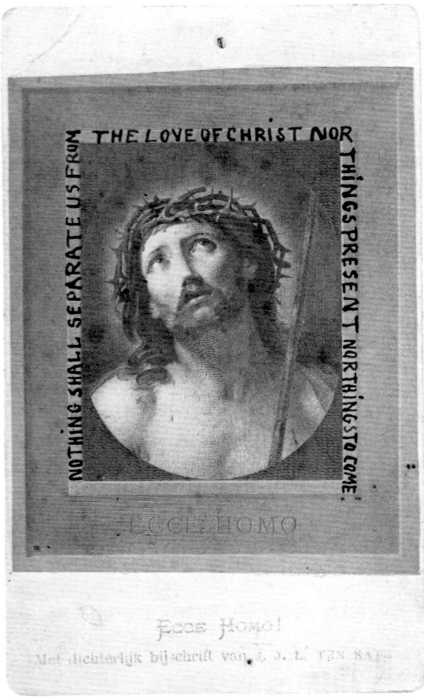


21

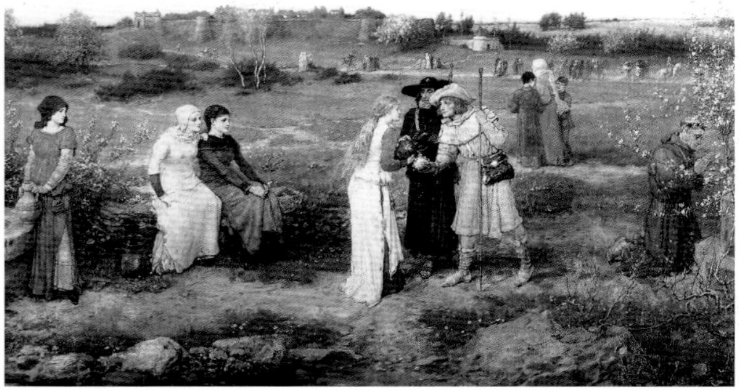

hadden gesteld – 'Wat is de betekenis van de mens? Waar komt hij vandaan? Waar gaat hij naar toe?' – dwaalde Vincent gevaarlijk ver af van wat zijn ouders hem geleerd hadden. Theo zou later uitleggen dat Vincent bezig was een 'gevecht […] met de twijfel te voeren. Het was als een hevige storm die boven zijn hoofd losbarstte.' Toen in 1875 het noodweer losbrak, reageerde Vincent door koers te zetten naar de schijnbaar veilige haven van de zekerheid, het 'vaderland' van de religie van zijn ouders. Nu hij het gezag van zijn vader en de bijbel omarmde, beschouwde Vincent de Duitse romantici als gevaarlijk. Hij spoorde Theo aan zijn voorbeeld te volgen en de boeken van Michelet en Renan te vernietigen. Gedurende de daarop volgende drie jaar zou de Man van Smarten (fig. 20) zijn model zijn en 'treurende maar altijd verheugd' zijn mantra.[23]

Vincents ouders waren verre van verheugd over de terugkeer van hun zoon in de schoot van de familie en ze waren bezorgd dat hij lichamelijk of geestelijk niet gezond was, of zich in ieder geval op ongepaste wijze overgaf aan een zware melancholie. Ze hoopten dat het slechts een fase van voorbijgaande aard zou zijn, maar dat bleek anders te zijn. Begin 1876 verloor Vincent zijn baan bij Goupil. Half april vertrok hij naar Engeland waar hij kort na elkaar twee betrekkingen als onderwijzer bekleedde. De tweede daarvan was op een school die bestuurd werd door dominee Jones, een methodistische predikant onder wiens leiding Vincent steeds minder les begon te geven en steeds meer in de parochie ging werken.

Nadat hij verschillende malen het woord gevoerd had gedurende gebedsdiensten in de methodistische kapel in Richmond, hield Vincent op zondag 5 november zijn eerste preek.[24]

Het was, na zijn albums, zijn eerste schepping en het eerste werk waarin zijn eigen stem rechtstreeks te horen is. Het thema was *vanitas* – de vergankelijkheid van de wereld en al haar pracht – uitgedrukt met behulp van de overheersende metafoor van de pelgrimstocht van de christen:

Zorg dat je een pelgrim blijft en een vreemdeling op aarde, iemand voor wie wereldlijke zaken niets betekenen zonder Christus.[25]

Vincent doorspekte zijn preek met symbolische gemeenplaatsen – de reis van de pelgrim, de storm op zee, het uitwerpen van de netten, het zaaien en oogsten (fig. 13-14, 18-19) – die hem zijn leven lang dienst gedaan hebben als wegwijzers. Hij putte uit de redenaarstechnieken van zijn vader en oom en beschreef een schilderij van de Engelse kunstenaar George Boughton (fig. 21) dat hij interpreteerde hij allegorische wijze, uitgaande van Bunyans *Pilgrim's Progress*. Hierbij vergiste hij zich door de vrouw tot wie de pelgrim zich wendt voor te stellen als in het zwart gekleed en omschreef hij haar als 'treurende maar altijd verheugd.'[26]

Vincents tekst wijkt door zijn overdaad af van de conventionele modellen, die duidelijk als inspiratie dienden: de met nadruk herhaalde metaforen, de tastbare, uit het hart gegrepen autobiografische verwijzingen, het dwingende emotionele timbre. Zijn voortdurende zieleroerselen sijpelen door in de centrale vooronderstelling van de preek dat lijden ons existentiële lot is; dat het leven lijkt op een reis in een klein bootje op wateren die steeds wilder worden naarmate de 'gouden uren van onze vroegere dagen' in het verleden verdwijnen; dat wij het verlies van onze geliefden, van ons thuis en van de magische veiligheid van onze kinderjaren ervaren. Spijt, betuigde Vincent, komt overeen met een gevoel van persoonlijke mislukking omdat we niet meer zijn wat we ooit waren, noch geworden zijn wat we droomden te worden. We zijn door elkaar geschud door de 'grote stormen van het leven,' en wanhopen, verlangend naar een leidraad en 'een Vader, met zijn liefde en goedkeuring' en we zoeken de vrede die we verloren hebben. Op dit punt in de preek verruilde Vincent het 'wij' van de gemeente voor het 'ik' van de persoonlijke ervaringen en voorbeelden. Hij vertelde zijn gehoor dat zijn ouders hem geïnspireerd hadden op een moment van duisternis en dat hij toen een geloof omhelsd had dat niet dood was maar slechts tijdelijk ingeslapen. Met deze bevestiging verdrong het gevoel van 'eeuwige jeugd en enthousiasme' het 'ongeloof.' Op deze wijze toonde Vincent hoe 'het zaad van Zijn woord dat in onze harten gezaaid is' tot wasdom kan komen. 'Opnieuw geboren' kijken wij naar Christus en vinden wij 'troost […] in dit leven' waarin wij 'vreemdelingen' zijn: ons geloof in de uiteindelijke vrede stelt ons in staat om, in de eeuwig bemoedigende woorden van

Paulus, 'treurende maar altijd verheugd' te zijn. De suggestieve wijze waarop Vincent goddelijk en ouderlijk gezag met elkaar verwarde – de identiteit van de met een hoofdletter geschreven Vader is bij vlagen onduidelijk in de correspondentie uit die periode – had zijn weerslag op de vorming van zijn eigen persoonlijkheid. Het was rond deze tijd dat Vincent zich het immense verdriet herinnerde van toen hij door zijn vader achtergelaten werd op kostschool. Hij gebruikte hiervoor woorden die doen denken aan de roep van Christus tot Zijn Vader in Gethsemane. Tegelijkertijd plakte hij in het gastenboek van zijn werkgever een reproduktie van Delaroche's schilderij van hetzelfde onderwerp (fig.17) dat behoorde tot zijn verzameling favoriete interpretaties door kunstenaars uit heden en verleden. Op dezelfde wijze parafraseerde Vincent de weeklacht van Christus om de stad die haar eigen profeten stenigde, toen hij zich bij Theo beklaagde over het verloren geluk van hun jeugd: 'o Jerusalem Jerusalem! of liever o Zundert o Zundert!' Hij vervolgde met de opmerking: 'de natuur van ieder waar zoon heeft wel iets van dien van den zoon uit de gelijkenis die dood was en weer levend werd.'[27]

Dergelijke uitbarstingen werpen licht op de opmerking van Lies dat Vincent 'heel anders zou zijn als hij zichzelf voor een gewoon mens hield.'[28] Hij deed dit duidelijk niet en scheen zowel zijn opvatting van zijn eigen ellendige situatie als die, meer verheven, over een veelzeggende lotsbestemming te koesteren. Zijn wens om met serieuzer zendingswerk in Engeland te beginnen wijst op een verlangen om Christus na te streven en ook zichzelf te helpen door zich op het werk te storten en anderen bij te staan. Maar zijn vader en ooms verwierpen zijn plan.

Vincent bracht Kerstmis 1876 thuis door, waar besloten werd dat hij niet naar Engeland zou terugkeren. Eerst verkreeg hij een baan, door tussenkomst van oom Cent, in een boekwinkel in Dordrecht, maar zijn 'zware depressie' en zijn verlangen om een 'Evangeliedienaar en zaaier des Woords' te worden maakte dit tot een onhoudbare situatie.[29] Dominee van Gogh drong erop aan dat Vincent bewees dat het hem ernst was door aan de noodzakelijke studie voor het ambt in Amsterdam te beginnen. Aangezien hij zijn middelbare school nooit afgemaakt had, zou dit minstens zeven jaar duren en worden afgesloten met een staatsexamen. Hoewel hij qua temperament en vorming onvoldoende voorbereid was op deze uitdaging, onderwierp Vincent zich aan zijn vaders wil.

Vincent zou zich deze periode herinneren als één van de ergste van zijn leven. Hij was verlamd door de angst zijn vader teleur te stellen en wist steeds zekerder dat hij niet zou slagen. Toch deed hij zo goed mogelijk zijn best. Door het bijwonen van preken van grote en beroemde predikanten zoals Ten Kate en Laurillard vond hij troost in hun verwijzingen naar vertrouwde kunstwerken. Verder doordenkend zag hij deze predikanten (en zijn vader en oom Stricker) zelf ook als kunstenaars. Maar terwijl hij worstelde om zijn uiteenlopende passies onder controle te houden om zich op zijn studie te kunnen concentreren, merkte hij dat hij weer behoefte had aan Rembrandt, Michelet en de Franse schilder van boerentaferelen Jean-François Millet. Al deze schilders ontlokten hem de hartekreet 'dat is het,' dat is het ware. Hij vroeg Theo hem de 'Aspirations de l'automne' van Michelet te sturen die hij eerder weggedaan had. 'ik heb het weer noodig,' bekende hij terwijl hij Theo een foto gaf van Christus als de Man van Smarten, een afbeelding waarin hij duidelijk zijn eigen beproevingen van dat moment herkende.[30]

Vincent beschouwde kunst niet alleen als een bron van persoonlijke troost maar ook als een middel om zijn innigste gevoelens met anderen te delen; een instrument dat hem in staat stelde om te begrijpen en begrepen te worden. Hij droomde ervan beelden te gebruiken om de misverstanden die tussen hem en zijn vader bestonden te overbruggen. Zou de dominee, die er 's nachts opuit trok om zieken en stervenden te troosten, niet inzien hoe het clair-obscur van Rembrandts nachtelijke bijbelscènes (zie hfdst. 3, fig. 32) de essentie van Christus' boodschap overbracht, 'Ik ben het licht der wereld?' Vincent riep een nog ingewikkelder reeks associaties op rond het schilderij *Un jeune citoyen de l'an V* (*Een jonge burger uit het jaar V*) (fig. 22), waarvan hij een reproduktie wilde laten zien aan zijn vader.

Het beeld van een jongeman met de *bonnet rouge* van de Franse revolutionairen en met een gelaatsuitdrukking die 'getekend was door die rampzalige tijden' verwees naar Vincents kennis van deze opstand tegen het gezag, waarvan hij zich uit Dickens' *Tale of Two Cities* en uit de verhalen van Michelet en Carlyle een idee gevormd had. De jongen deed Vincent aan zichzelf denken, misschien wel letterlijk wat de fysieke gelijkenis (fig. 23) betreft en zeker in symbolisch opzicht, omdat hij de belichaming leek van het 'treurende maar altijd verheugde.' Hij verbeeldde zich dat de dominee – die klaagde dat Vincent 'geen levens*vreugde* kent' – het zou begrijpen.[31] Vincent kon zijn leeskost niet beperken tot de bijbel noch zijn plezier in het

22

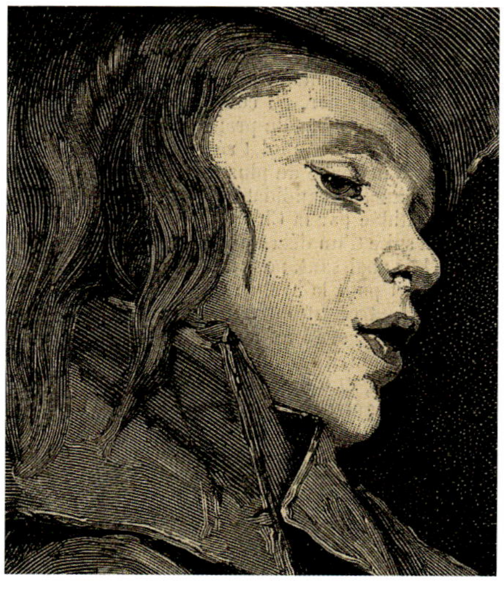

23

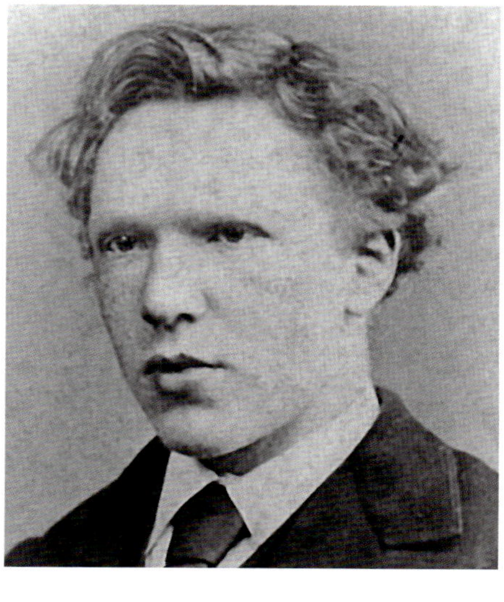

kijken tot Delaroche's *Christus in de Hof van Gethsemane* en soortgelijke afbeeldingen. Hij hield de wanhoop op afstand door biografieën van schilders te lezen, te mijmeren over afbeeldingen zoals *Un jeune citoyen* en geografische kaarten te kopiëren waaronder een kaart van de reizen van Paulus. Uiteraard leed zijn studie hier voortdurend onder en tegen het eind van 1877 werd hij door paniek bevangen: 'waar ben ik, wat doe ik, waar ga ik heen?'[32]

Niet naar de universiteit, zoals al snel duidelijk werd. Zijn ouders, die wat betreft financiële middelen en begrip voor de situatie onder zware druk stonden, zagen zijn gedrag als pervers en opstandig, een bron van verlegenheid. Vincent kwam uit de vernederende situatie te voorschijn met een zekere mate van onafhankelijkheid en zag zichzelf als een door het leven beproefde overlevende van een schipbreuk zoals Daniel Defoe's romanfiguur Robinson Crusoe. In een brief aan Theo, die zijn wezenlijke ideeën verwoordt, stelde Vincent voor om zijn zoektocht naar een beter begrip van God voort te zetten met behulp van de kennis van de geschiedenis en van de grote mannen die deze gevormd hadden. Hij zou de bijbel gebruiken als bron, naast klassieke en moderne schrijvers en kunstenaars als Charles Dickens, Michelet, Rembrandt, Millet en Georges Michel. Liever dan zijn gezichtsveld te beperken zou hij zoveel mogelijke ideeën en modellen omarmen in een geest van onafhankelijkheid – en hij zou daden stellen. Aangezien het kenmerk van kunst de bekwaamheid was om 'je op te beuren en je innerlijke leven te voeden,' streefde Vincent met zijn evangelisatiewerk naar een soortgelijk resultaat. Hoewel hij na deze brief nooit meer de uitspraak van Paulus over de verbinding van leed en vreugde zou citeren, bleef hij de geest ervan nastreven.[33]

Vincent had door mislukking de vrijheid om zijn droom na te jagen en begon Vincent met schoorvoetende steun van zijn ouders aan een driejarige voorbereidingscursus op een zendelingenschool in de omgeving van Brussel, maar ook nu kreeg zijn ongeduld weer de overhand en hij kwam de proefperiode van 90 dagen niet door. Zijn vader hielp hem om een post te verwerven als lekenprediker bij de mijnwerkers in de Borinage-streek in Zuid-België, een taak die hij op zich nam met het vaste voornemen om in een letterlijke navolging van Christus te leven. Hij nam Paulus als voorbeeld en nam zich voor om drie jaar dit werk te doen alvorens met preken te beginnen. In Wasmes, de gemeenschap waar hij in januari 1879 aankwam, werd Vincent spoedig volledig opgeslokt door de zorg voor zieken en slachtoffers van ongelukken. Hij ontzegde zichzelf bovendien het meest elementaire comfort – een bed. In juli 1879 werd hij door de organisatie die hem in dienst genomen had ontslagen vanwege zijn extreme gedrag. Gedurende het volgende jaar verbleef hij op eigen gelegenheid in de Borinage en leefde van de hand in de tand. Op dit punt schijnt een gealarmeerde en teleurgestelde dominee Van Gogh gedreigd te hebben Vincent te laten opnemen in een instelling die wijd en zijd bekend stond om de vernieuwende en humane behandeling van geestelijk gestoorde patiënten, die onder medisch toezicht van de staat bij boerengezinnen woonden en werkten. Het instituut lag net ten Zuiden van de Nederlandse grens in de Belgische stad Gheel (fig. 24). Overigens werd in die tijd ook de kleur geel op dezelfde wijze geschreven.[34]

## Het land van de schilderijen

De ervaringen in de Borinage veroorzaakten een breuk tussen Vincent en zijn familie die een stille weerklank vond in een onderbreking van een jaar van de correspondentie. Een door Vincent aan Theo geschreven brief vanuit België in juli 1880 was het resultaat van een lange, bedachtzaam uitgevoerde inventarisatie. Hierin kondigde hij zijn nieuwe plan aan, verzekerde hij met klem dat het een logisch gevolg was op zijn eerdere doelstellingen en riep hij zijn broeders hulp in. Na een maandenlange worsteling met wanhoop en gevoelens van onwaardigheid had hij opnieuw troost gezocht in de kunst en in de literatuur en een brede reeks schrijvers aan zijn repertoire toevoegd, waaronder William Shakespeare, Harriet Beecher Stowe, Victor Hugo en klaarblijkelijk opnieuw Carlyle, terwijl hij zichzelf voortdurend afvroeg: 'Waarvoor zou ik nuttig kunnen zijn, waarvoor zou ik dienst kunnen doen?'[35].

Hij had, zo schreef hij, 'heimwee naar het land van de schilderijen' gekregen. Nu hij er niet in geslaagd was zijn thuisland terug te vinden noch het gevoel ergens bij te horen door in de voetstappen van zijn vader te treden, was hij vastbesloten de oplossing in de kunst te zoeken: om passieve wanhoop door 'actieve melancholie' te vervangen en schilder te worden. Opdat Theo niet zou denken dat hij hiermee zijn vroegere overtuigingen verwierp, benadrukte Vincent dat alleen de onderwerpen en middelen van zijn verering zouden veranderen. Die omschreef hij in een reeks tekstvergelijkingen tussen schrijvers en kunstenaars die volgens hem de boodschap van de bijbel uitdroegen:

24

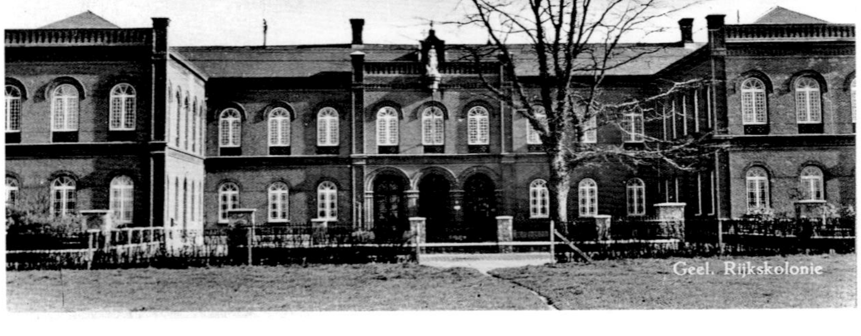


22
Naar Jules Goupil
(1839-1883)
*Un jeune citoyen de l'an V* (detail)
1873
Gravure
14,3 x 11,8 cm
Van Gogh Museum, Amsterdam
(Vincent van Gogh Stichting)

23
Foto van Vincent van Gogh op achtienjarige leeftijd
1871
Van Gogh Museum, Amsterdam
(Vincent van Gogh Stichting)

24
Openbaar Psychiatrisch Ziekenhuis, gebouwd in 1860-62, Geel, België

Er zit iets van Rembrandt in Shakespeare, iets van Correggio in Michelet en iets van Delacroix in V. Hugo, en verder zit er iets van Rembrandt in het Evangelie of iets van het Evangelie in Rembrandt, zo je wilt, dat komt ongeveer op hetzelfde neer [...] En in Bunyan zit iets van [...] Millet, een realiteit die bij wijze van spreken reëler is dan de realiteit [...]

De liefde voor boeken is even heilig als die voor Rembrandt [...] Zo denk ik eveneens dat alles wat echt goed en schoon is, de innerlijke, morele, geestelijke en verheven schoonheid in de mensen en in hun werken, dat dat van God komt [...] De beste manier om God te kennen is: veel lief te hebben [...] Probeer de essentie te begrijpen van wat de grote kunstenaars, de serieuze meesters in hun meesterwerken zeggen, daarin zul je God terugvinden.

Deze geloofsbelijdenis is zeker doordrongen van nieuwe invloeden, zoaqls van Victor Hugo met zijn aforisme *'religies verdwijnen, God blijft'* en vooral Carlyle die hetzelfde idee naar voren bracht in werken die Vincent jaren tevoren gelezen had. Maar een recentere en uitgebreidere kennismaking met de Schotse filosoof gaf Vincents nieuwe credo een krachtiger impuls, te beginnen met de metafoor die hij ter inleiding gebruikte: 'Wat de rui is voor de vogels,' zo legde hij aan Theo uit, 'dat zijn de tegenslag of het ongeluk, de moeilijke tijden voor ons mensen. Je kunt erin blijven, in de rui, [maar] je kunt er ook als herboren uitkomen.'[36]

Met ditzelfde beeld van het pijnlijke ruien beschrijft Carlyle de spirituele crisis waaruit de filosoof-held uit zijn *Sartor Resartus* (1833-34) met hernieuwd geloof te voorschijn komt. Om velerlei redenen zag Vincent de denkbeeldige Professor Diogenes Teufelsdröckh als een broer. Hij was een 'Vreemdeling [...] Pelgrim en Reiziger' die zijn leven doorbrengt met het zoeken naar antwoorden op existentiële vragen als 'Wie ben ik; wat is deze IK? [...] Waar vandaan? Hoe? Waarheen?' Alvorens aan zijn zoektocht te beginnen had Teufelsdröckh van een idyllische jeugd genoten, veilig in de liefde van zijn familie en in de eenvoud van zijn christelijk geloof. Toen hij naar kostschool gestuurd werd had hij zich verbitterd en verraden gevoeld op een manier die voor zijn gevoel aansloot bij Christus' lijden in de Hof van Gethsemane. Bij de dood van zijn vader kreeg hij te horen dat hij een geadopteerd kind was, een identiteitsverlies dat hem tegelijkertijd verrukte en angst aanjoeg. Een poging om een universitaire carrière op te bouwen mislukte. Teufelsdröckh was uiterst verlegen maar verlangde naar vriendschap en liefde. Hij werd door zijn enige vriend bedrogen en afgewezen door de vrouw naar wie hij verlangde. Hij werd een Zwerver met een staf in de hand die de waarheid zocht en onbekende zeeën bevoer. Het conventionele geloof bleek inhoudsloos en de natuur alleen kon hem niet voldoende steun geven. Door het nader onderzoeken van 'bewijzen' van het bestaan van het geloof werd hij door aanvallen van twijfel gegrepen en langzaam tot 'ongeloof' gebracht. In het hoofdstuk 'Het eeuwigdurende Nee' ging Teufelsdröckh eindelijk alle negatieve krachten die hem belagen te lijf. In een moment van openbaring ontdekte hij onaangeboorde krachten in zichzelf toen zijn 'hele IK' oprees om 'Het eeuwigdurende Ja' te verkondigen. Hij besefte dat de waarheid in subjectieve ervaringen ligt die hun ware karakter verkrijgen door het gevoel zelf en dat men zichzelf moet dwingen om 'nuttige activiteiten' te ondernemen – hoe zinloos en onredelijk deze ook mogen lijken – om de eigen capaciteiten en het innerlijke talent te ontdekken. 'Zelfhulp,' concludeerde Teufelsdröckh, is het hoogste van alles dat men bezit. Na 'een hele aarde en een hele hemel' in boeken gevonden te hebben begon hij zelf met schrijven.[37]

Door traditionele religieuze ervaringen in psychologische termen te gieten hoopte Carlyle aan het moderne geseculariseerde bestaan een sacrale dimensie terug te geven. Wij zijn omgeven door symbolen die ons oproepen om het goddelijke in de dingen van alledag te herkennen, maar deze moesten eerst opnieuw worden voorgesteld door de held in Carlyle's *On Heroes and Hero-Worship* (*Over helden en heldenverering*) (1841), *Sartor Resartus*' wetenschappelijke vervolg. Carlyle erkende hier dat de nobelste kunstenaars en helden uit de geschiedenis, te beginnen bij Christus, tijdloze werken geschapen hadden, maar hij stelde de vraag voor hoelang nog. Met het oog op de huidige tijd vroeg de filosoof zich af of niet het moment gekomen was 'om de goddelijke geest van die religie van een nieuwe Mythe, een nieuw medium en een nieuw omhulsel te voorzien.'[38]

In de hoop herboren te worden en geïnspireerd door Carlyle' visie deelde Vincent Teufelsdröckhs overtuiging dat hij in staat was tot handelen en 'iets in zich had.' In de zomer van 1880 trok hij opnieuw bij zijn ouders in, die toen in Etten woonden, en sloeg hij de weg in om tot zelfontplooing te komen door te werken als kunstenaar. Carlyle had geschreven over het woordeloze Bewustzijn, dat in ieder van ons bestaat en dat we alleen door onze werken kunnen herkennen en tot uitdrukking brengen. Hij vertaalde het gebod 'Ken uzelve' als 'Weet waaraan u kunt werken.' Toen Vincent zijn plannen aan Theo ontvouwde gebruikte hij Carlyle's woorden in het licht van zijn eigen beroepskeuze:

Maar wat is je uiteindelijke doel, zul jij zeggen. Dat doel wordt duidelijker, zal zich langzaam maar zeker gaan aftekenen, zoals de krabbel schets wordt en de schets schilderij, naarmate men serieuzer werkt, het aanvankelijk vage idee, de eerste vluchtige en voorbijgaande gedachte – mits die vaste vorm aanneemt – verder uitwerkt.[39]

## Gauguins jeugd

Het beeld dat van Gauguins leven geschetst kan worden tot ongeveer zijn 25e levensjaar is op zijn best onvolledig vergeleken met het heldere beeld dat van Vincent gegeven kan worden. De documentatie is uiterst schaars. Er bestaat eenvoudig geen dagboekachtige correspondentie waarin de intellectuele en emotionele ontwikkeling gevolgd kan worden. Maar wat er wel aan informatie is, is in hoge mate onbetrouwbaar. Het weinige dat we van Gauguins jeugdervaringen weten is te vinden in de memoires die hij tegen het eind van zijn leven opstelde. Met het verstrijken van de tijd raken herinneringen onvermijdelijk vertekend, maar in dit geval vormden ze tevens een opzettelijke poging tot mythevorming waarbij de kunstenaar zeer selectief te werk ging en, indien nodig, het verslag van zijn jeugdjaren geheel herzag. Gauguin trachtte zijn identiteit, waaraan hij bijna twintig jaar geschaafd had, te nuanceren en aan de geschiedenis toe te vertrouwen op een wijze waarbij hij zelf de controle had over een beeld dat hij het liefst suggestief en mysterieus hield.

Gauguins mededelingen over vermeende feiten uit zijn vroege jaren zijn fragmentarisch en lijken in sommige gevallen verzonnen of in ieder geval niet overeen te komen met wat bekend is uit de bestaande documenten.
De verhandeling over zijn grootmoeder van moederskant, de schrijfster en activiste Flora Tristan, is hier een bijzonder onthullend voorbeeld van. Uit overgeleverde brieven blijkt dat Gauguin haar werk kende, maar later deed hij of hij van niets wist en liet de beoordeling van haar prestaties aan anderen over. Hij waagde zich alleen aan de bewering dat zij een knappe en nobele vrouw was. 'Tussen waarheid en verzinsel heb ik nooit onderscheid kunnen maken en ik geef jullie dit voor wat het waard is.'[40] Deze onbeholpen retorische strategie kwam overeen met zijn wens om zichzelf van een mythisch aura te voorzien. Deze ontkenning wijst op enige onzekerheid achter een façade: de opgewekte, makkelijke houding die Gauguin aannam bij het oproepen van de gebeurtenissen uit zijn jeugd, waarvan hij hele stukken nauwelijks enige aandacht gaf. Op grond van controleerbare feiten die Gauguin door zijn verhaal vlocht en die door andere bronnen aangevuld worden, kunnen we alleen maar gissen hoe hij als vaderloze jongen gereageerd zal hebben op de korte periodes die hij doorbracht op verschillende plaatsen en continenten; op het zich heen en weer bewegen tussen verschillende culturen en klassen en het zich nergens thuis voelen; op de ontdekking dat zijn knappe moeder als weduwe afhankelijk was van de bescherming van machtige mannen; op haar dood toen hij negentien was; op de vele jaren dat hij de wereld bereisde over zee en op het moeizame binnendringen in verschillende sociale milieus als jonge man, vertrouwend op de beschermer van zijn moeder. Samen met zijn verkeerde voorstelling van zaken op enkele punten suggereert Gauguins stilzwijgen over dit soort kwesties op een portret dat hij niet van zichzelf wilde schilderen: dat van een jongeman zonder echte wortels en met een flexibele persoonlijkheid waardoor hij met het getij mee kon gaan en tot een zekere hoogte, overgeleverd

25
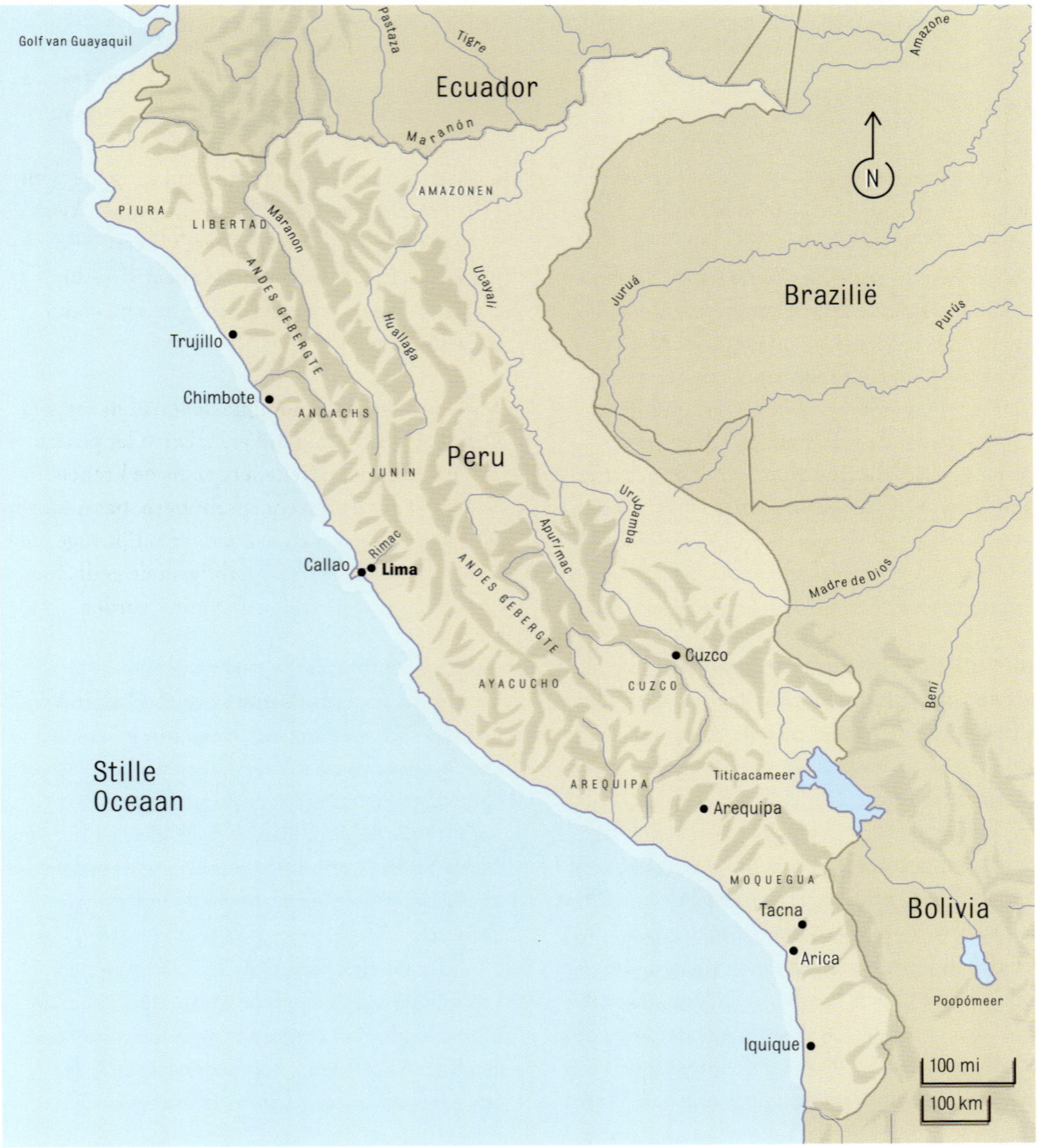


25
Kaart van Peru

26

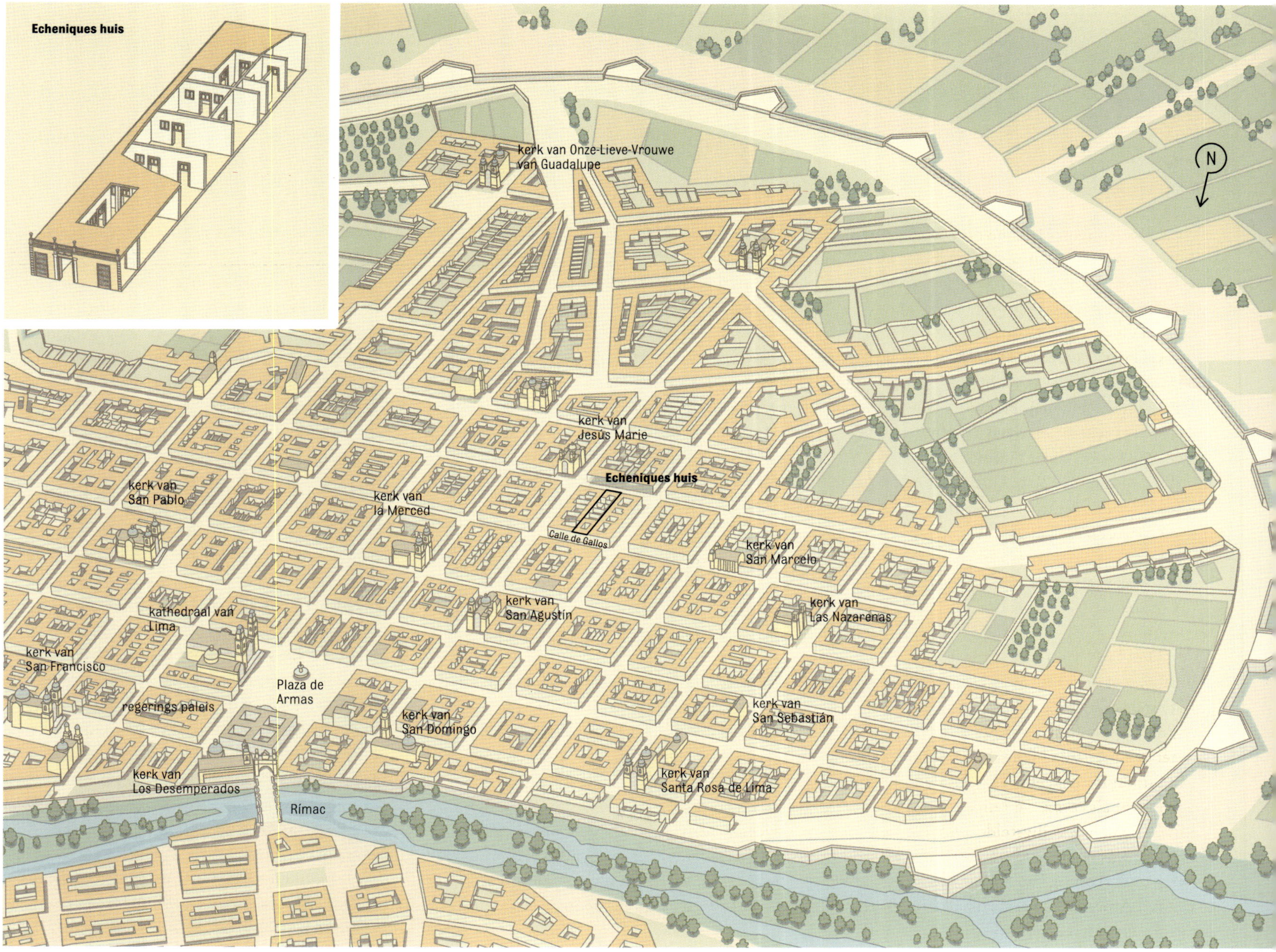


was aan krachten buiten hemzelf. Een jongeman die de bewuste vorming van een identiteit uitstelde totdat dit uiteindelijk zijn levensdoel werd.

Eugène Henri Paul Gauguin werd in het revolutiejaar 1848 geboren in Parijs als tweede kind en enige zoon van Clovis Gauguin en Aline Marie Chazal. Clovis Gauguin was door zijn werk betrokken bij het stichten van politieke onrust, want hij was, op het moment dat hij op 8 juni 1848 de geboorte van zijn zoon aangaf, redacteur van de radicaal anti-bonapartistische krant *Le National*. Op het doopbewijs van een maand later staat hij vermeld als werkloos. Kennelijk werden de Gauguins onder deze omstandigheden aangemoedigd om Frankrijk te verlaten. Op 8 augustus 1849 vertrok het gezin uit de haven van Le Havre met als bestemming Lima in Peru. Het zou een moeilijke reis van vier maanden worden.[41]

Volgens Gauguin voorzag zijn vader de staatsgreep waarmee Lodewijk-Napoleon zichzelf van president tot keizer zou bevorderen en koos hij dit moment om te ontsnappen met het idee in Lima een krant op te richten. Het is onbekend of Clovis daadwerkelijk de financiële middelen bezat die Gauguin suggereerde en of hij de talenkennis of zelfs maar de intentie had om een dergelijke onderneming te beginnen. Het lijkt waarschijnlijker dat hij nog steeds zonder werk zat en wellicht in slechte gezondheid verkeerde. Inderdaad stierf Clovis Gauguin na een reis van twee maanden aan een gescheurd aneurysma aan boord van het schip in de Straat van Magellaan. Nu kreeg de 24-jarige Aline de verantwoordelijkheid voor twee kleine kinderen, Marie en Paul, en moest zelf de familieleden, die zij blijkbaar nooit ontmoet had, onder ogen komen.[42]

Het vertrek van Aline en haar man naar Lima lijkt ingegeven door wanhoop, gezien de ingewikkelde achtergrond van Aline's moeder: een Spaanse afkomst van vaderskant die ze beweerde te hebben. (Flora Tristan was de natuurlijke dochter van Thérèse Laisnay, een

Française, en Don Mariano de Tristán y Moscoso, een telg van een oude Spaanse koloniale familie uit Peru). Flora ontsnapte aan haar knellende huwelijk met de graveur André Chazal via een rommelige scheiding waarbij ze Chazal ervan beschuldigde Aline te molesteren en Chazal er op zijn beurt bijna in slaagde om Flora dood te schieten. Flora was vastbesloten deze zaak recht te zetten en deed Aline in 1833 op kostschool en verliet Frankrijk om in Peru haar erfenis op te eisen. Toen haar vader stierf was ze pas drie jaar oud, maar zij was goed op de hoogte van de rijkdom en het prestige van zijn Zuid-Amerikaanse verwanten. Heel vastberaden zocht ze contact met de oudste broer van Don Mariano, haar oom Don Pio de Tristán y Moscoso.[43]

Don Pio's maatschappelijke loopbaan liep parallel met de turbulente geschiedenis van Peru. Dit land veranderde tweeëndertig keer van regime tussen 1824, het einde van de vier jaar durende onafhankelijkheidsoorlog onder leiding van Simón Bolívar, en 1845, toen Ramón Castilla zijn macht als eerste wettelijk gekozen president van de republiek veiligstelde. Don Pio, een royalist, was in 1824 gedurende enkele weken in naam onderkoning van Spanje's laatste bolwerk in Zuid-Amerika geweest en had zijn positie binnen de wankele republiek weten te verstevigen door met vooruitziende blik zijn woonplaats Arequipa aan de troepen van Bolívar over te dragen. Als dank hiervoor verkreeg hij het gouverneursschap van Cuzco, de vroegere hoofdstad van de Inca's waar hij vervolgens een aantal hoge ambten bekleedde. Hij was prefect van Arequipa toen hij Flora's brutale claim uit Frankrijk ontving. Hij had door de jaren heen haar moeders verzoeken om inlichtingen genegeerd en toen de correspondentie weer opgepakt werd door Flora, verwaardigde hij zich haar geld aan te bieden maar bleef ontkennen dat zij een wettige afstammelinge van de familie was. Uiteindelijk ontfutselde Flora maar weinig geld aan de man die zij de verpersoonlijking van gierigheid en sluwheid noemde, maar later zou zij een verslag publiceren van haar vijftien maanden durende avontuur in *De omzwervingen van een paria* (1834). Het boek had in Frankrijk veel succes. Het werd in Arequipa door Don Pio publiekelijk op de Plaza de Armas verbrand.[44]

Vermoedelijk dacht de vindingrijke koloniaal hiermee van zijn broers Franse familie af te zijn. Flora Tristan stierf in 1844 en Aline, haar enige kind, trouwde twee jaar later met Clovis Gauguin en scheen voorbestemd in Parijs een burgerlijk leven te leiden. In ieder geval was Don Pio druk bezig met zijn eigen carrière in de republikeinse regering die hij deels dankte aan zijn schoonzoon, Generaal José Rufino Echenique. Die was verschillende malen minister geweest en op dat moment vice-president van Peru. In maart 1851 zou hij tot president gekozen worden. Wat zou Aline er toe gebracht hebben te denken dat zij, tegen alle logica in, zou kunnen zegevieren waar haar doortastende moeder gefaald had? Ze wist zeker niet alleen van Flora's verhaal maar ook van de bittere reactie van Don Pio op de gedrukte versie hiervan. Wellicht handelde ze vanuit hetzelfde naïeve optimisme waarmee haar zoon zich later een zorgeloos bestaan in de tropen voor zou stellen hoewel hij vanuit zijn eigen levenservaringen beter had moeten weten.

In november 1849 begaven Aline en haar twee kleine kinderen zich op weg naar de residentie van Echenique in de Calle de Gallos (zie kaart, fig. 26) waar de nu 70-jarige Don Pio woonde. Het huis bestaat nog steeds en heeft één etage en een smalle voorgevel. De ingang wordt alleen versierd door gecanneleerde pilaren die met elkaar verbonden zijn door een gebeeldhouwde guirlande en bekroond worden door groteske koppen (fig. 30). Langs de daklijst loopt een balustrade. Hoewel het nogal eenvoudig afsteekt tegen de vervallen grandeur van de Spaans-moorse gebouwen die de stad toen overheersten, strekt het gebouw zich naar achteren uit over de afstand van een heel huizenblok en liggen de kamers gerangschikt rond binnenhoven (zie inzetsel, fig. 26 en fig. 31). De toegang naar buiten wordt verschaft door getraliede vensters en door het dakterras.

Na op een wat onwaarschijnlijke manier opgenomen te zijn in deze typische aristocratische huishouding zou Aline hier tenslotte vier en een half jaar verblijven, tot Paul zeven jaar werd. Later zou hij verklaren:

> Ik heb een opmerkelijk visueel geheugen en ik herinner mij deze periode, ons huis en de vele dingen die voorvielen; het monument bij het presidentiële paleis, de kerk met de koepel die geheel uit hout gesneden was [...] Ik zie onze *petite négresse* nog voor me die, zoals voorgeschreven, het kleedje naar de kerk droeg waarop we knielden om te bidden. Ik zie ook nog onze Chinese knecht die zo goed kon strijken.[45]

Het schijnt dat Aline niet meer of minder succesvol was dan haar moeder. Ze zou weer vertrekken zonder wettelijke erkenning of financiële uitkering, maar gedurende het verblijf bij haar oudoom leidden zij en haar kinderen ogenschijnlijk een bevoorrecht bestaan, ondanks hun afwijkende status. Gezien de hoge sociale positie van de familie Echenique komen Gauguins herinneringen als authentiek over. Daaruit mag afgeleid worden dat hij ervan genoot om in de watten gelegd te worden als een echte *patroncito* uit de hogere kringen van die samenleving. Die positie werd door ras bepaald, zoals blijkt uit de beeldtaal van die tijd (fig. 28). Ongetwijfeld was het dagelijkse leven voor de jongen kleurrijk en stimulerend. Tijdens uitstapjes onder begeleiding naar de kerk en naar andere plaatsen nam hij het levendige schouwspel in zich op van het Lima van halverwege de 19de eeuw, een stad met 85.000 inwoners. De stad was verloederd na zoveel jaren van politieke instabiliteit, maar bezat toch een bepaalde exotische pracht. Lima was in 1535 door de Spaanse conquistador Francisco Pizarro gesticht als een versterkte oase midden in de woestijn aan de kust van Peru. De atsd ligt op de hellingen van het dal van de Rímac en wordt omgeven door vlaktes en oprijzende gesteenten. De met sneeuw en gletsjers bedekte Cordilleras van de Andes liggen niet ver ten oosten evan; ten westen bevinden zich de Stille Oceaan en de voornaamste haven van het land, Callao, waar de Gauguins aan land gekomen waren.

Van april tot oktober is de stad bedekt met een deken van grijze mist of nevel uit zee, die in

26
Kaart van Lima rond 1850, met linksboven het huis van de Echeniques aan de Calle de Gallos, waar Gauguin zijn kinderjaren doorbracht van 1849 tot 1854, nu Avenida de la Emancipación 253

27
Daguerreotype van de kerk van San Agustín, Lima
1847

28
Benjamin Franklin Pease (Verenigde Staten; 1822-1888)
*El patroncito*
ca. 1855
Daguerreotype
13,5 x 10,2 cm
McElroy Collection, Tucson, Verenigde Staten

29
Stadsgezicht op Lima met de kerk van Santo Domingo uit Mariano Paz Soldán, *Atlas geográfico del Perú*, (Paris 1865), afb. 28

30
Grotesk hoofd op de façade van het huis van de Echeniques, Calle de Gallos, Lima

31
Léonce Angrand (Frankrijk; 1808-1886)
*Huis aan de Calle de Gallos*
9 mei 1838
Krijt op papier
26,5 x 17 cm
In *Lima Schetsboek*, folio 24
Bibliothèque Nationale, Paris

32
Johann Mortiz Rugendas (Duitsland; 1802-1858)
*Plaza de Armas in de richting van de kathedraal*
1842/44
Aquarel op papier
Museo de Arte de Lima

33
Johann Mortiz Rugendas
*Tapadas*
Ongedateerd
Grafiet op papier

27
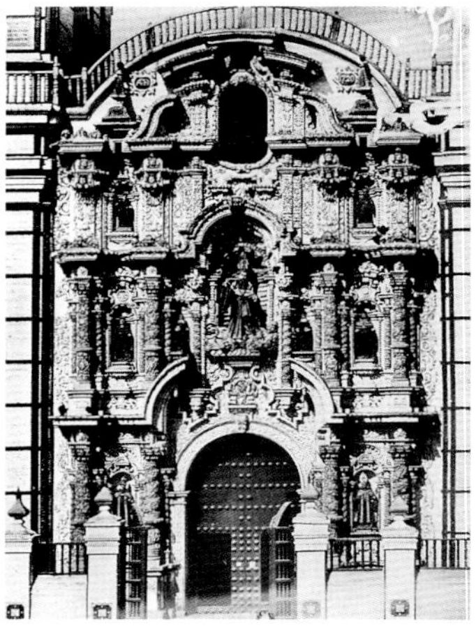

28
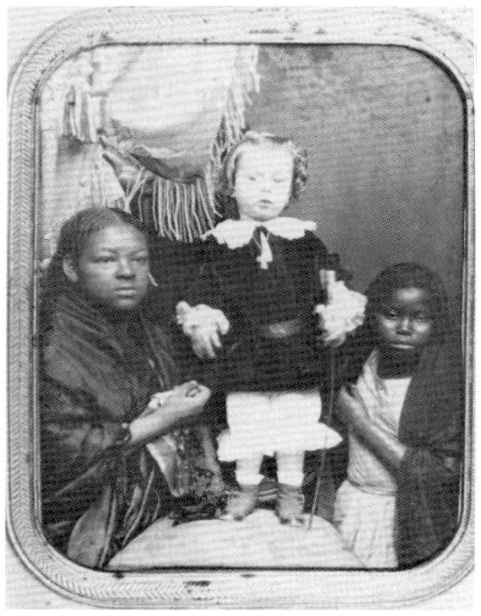

29
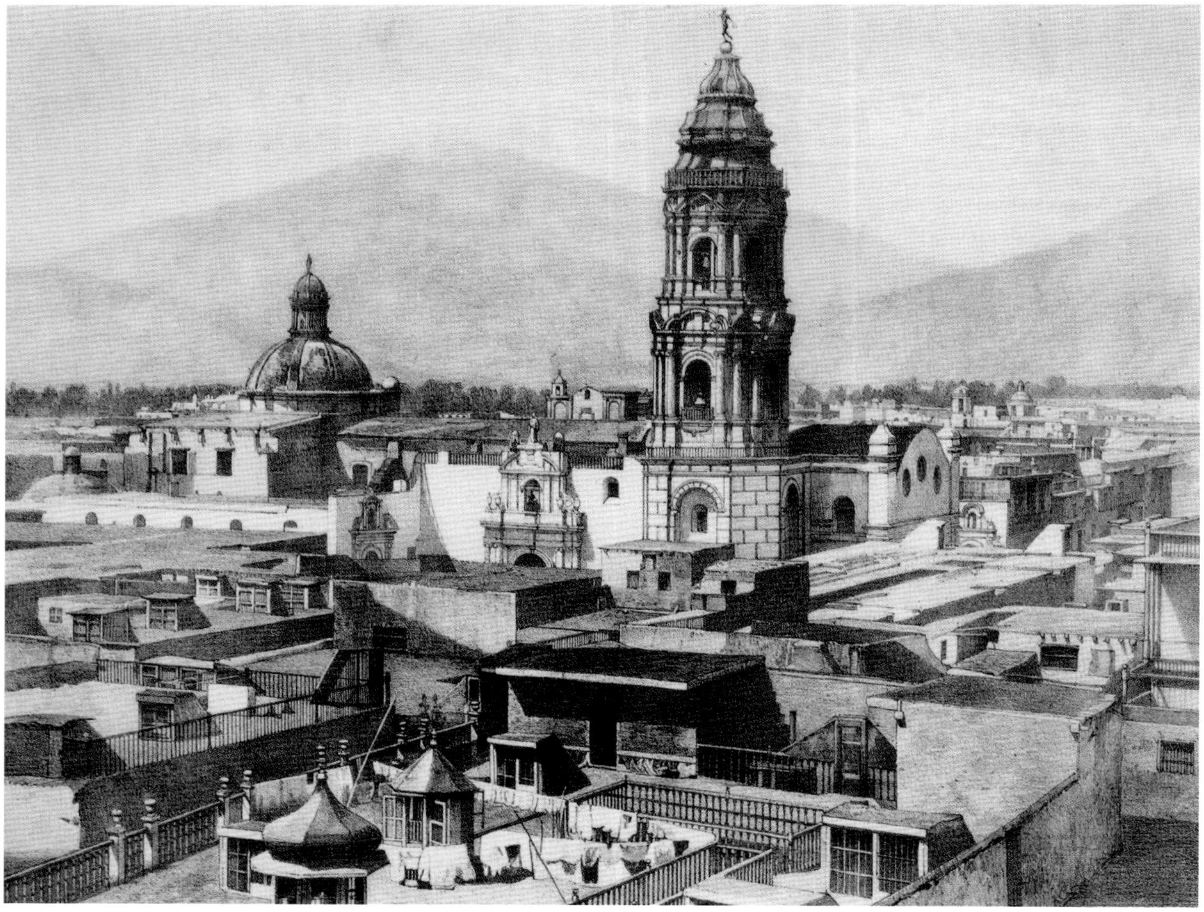

30
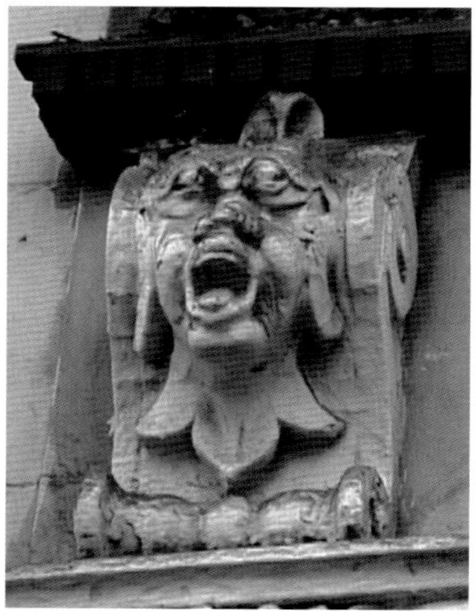

31
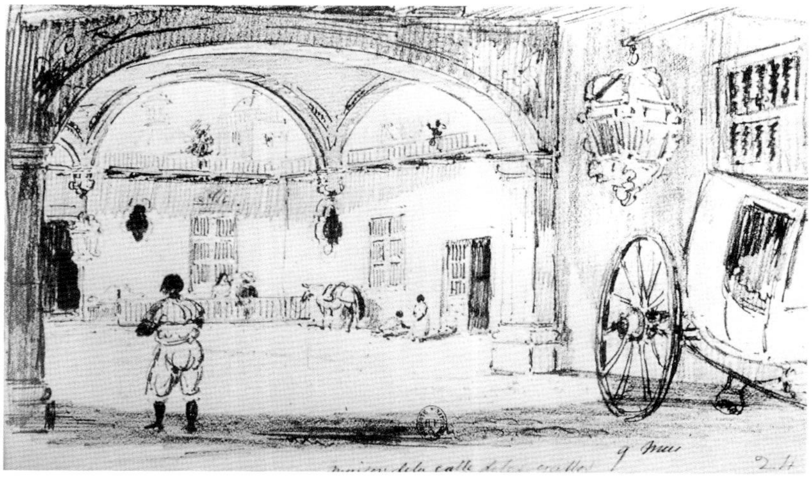

32

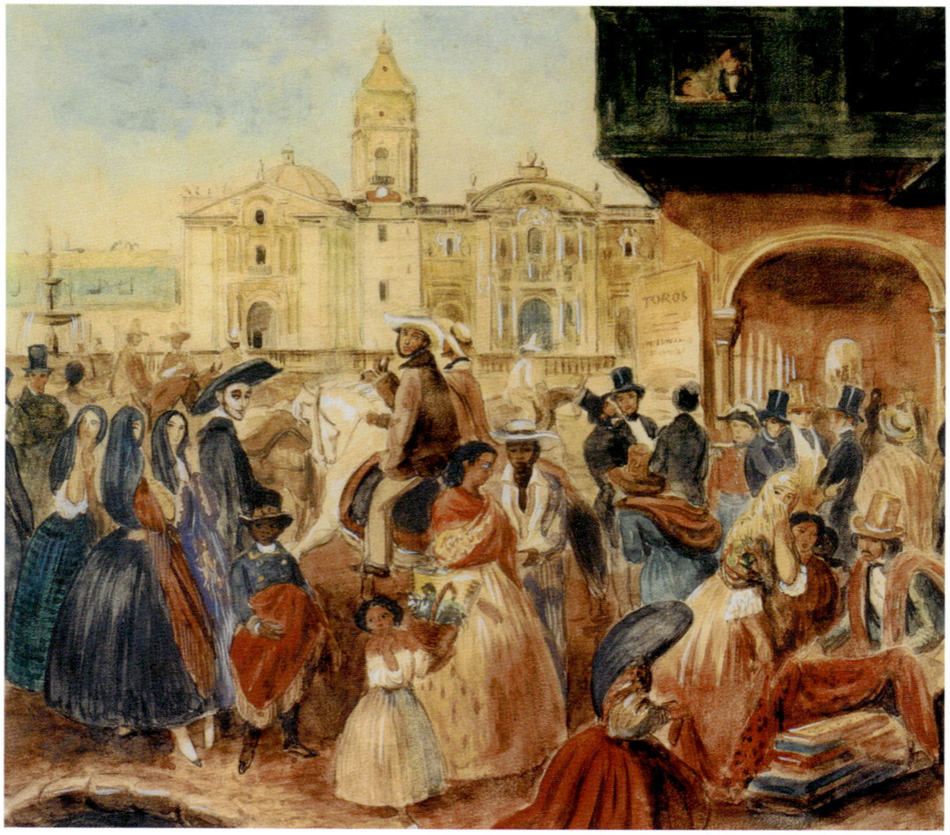

33

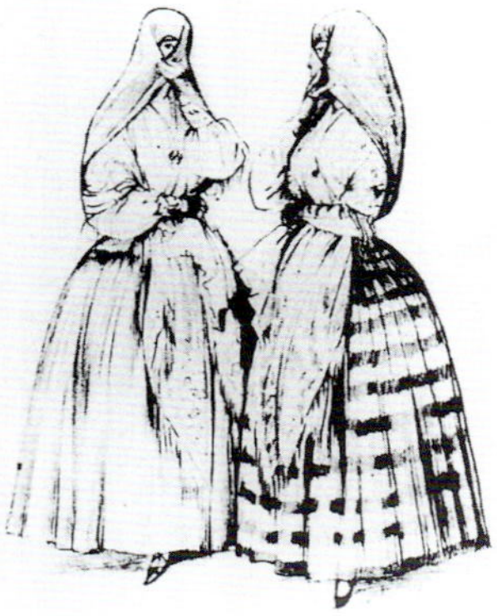

de daarop volgende maanden geleidelijk aan plaatsmaakt voor de zon. Er komen redelijk veel aardbevingen voor. Tegen de achtergrond van de Andes domineren de hoge klokkentorens, torenspitsen en koepels van de kathedraal en de andere grote kerken het silhouet van de stad en doen alle andere gebouwen in het niet verzinken. In de 19de eeuw telde Lima ongeveer 67 cultusplaatsen die als parochies, kloosters en conventen dienst deden. Deze rijk versierde polychrome kerken, veelal opgetrokken in de stijl van de Spaanse barok, stonden door de gehele stad verspreid (fig. 27, 29). Daartussen bevonden zich evenzeer veelkleurige gebouwen van velerlei stijlen vol stucwerk, vaak voorzien van monumentale ingangen en portalen, ramen met grilles en vooruitspringende houten balkons met rijk traliewerk.

De pleinen en straten van de stad waren slechts gedeeltelijk of helemaal niet geplaveid. Gauguin en zijn familie maakten hun wandelingen over de levendige Plaza de Armas, Lima's centrale plein vol met winkelgalerijen (fig. 32). Ze liepen langs de kathedraal met zijn rood en geel geverfde voorgevel en drie groene deuren, het regeringspaleis met de presidentiële kantoren en appartementen, het aartsbisschoppelijk paleis en de 16de-eeuwse bronzen fontein die Gauguin 'het monument' noemde. Hij zal op zijn hoede geweest zijn voor de buizerds die afkwamen op het vuilnis op de daken en in de open riolen. De couleur locale werd nog versterkt door de talrijke processies ter ere van katholieke heiligen en feestdagen, wanneer mensen van velerlei pluimage door de stad trokken, van lawaaierige straatventers en rondtrekkende muzikanten tot de voorname Creoolse vrouwen die *tapadas* genoemd werden. Deze opvallende figuren hadden de moorse gewoonte overgenomen om geheel bedekt over straat te lopen met hun *mantos* (sjaals) over het hoofd zodat nog slechts één oog te zien was (fig. 33).[46] Gauguins herinnering van hoe prachtig zijn jonge moeder er in deze kleding uitzag hielp hem om zijn beeld van haar te bevestigen als een 'zeer nobele Spaanse dame.' Hij zou ook zijn grootmoeder van moeders kant in dezelfde bewoordingen beschrijven. Maar het blijft een feit dat Flora er niet in geslaagd was erkenning te krijgen voor haar afkomst. In een anekdote vertelde Gauguin over een een grap die Aline in het regeringspaleis uitgehaald had, waaruit blijkt hoezeer zij zich bewust was van haar eigen onzekere sociale positie. Het verhaal zinspeelt ook op zijn eigen besef van de complexe hierarchie van rassen en standen die van grote invloed geweest is op zijn jongere jaren in Lima. Volgens de anekdote liet Aline voor een dinergast, een hoge officier, 'met wraak' gekruid voedsel opdienen. De man, 'die Indiaans bloed in de aderen had' was haar doelwit geworden omdat hij hoog opgaf over zijn voorkeur voor Spaanse pepers.[47] Het is niet duidelijk of Aline deze grap bedacht had vanwege zijn opschepperij of vanwege de bijkomstigheid dat hij van gemengde afkomst was.

De eeuwen van onderlinge verbondenheid tussen de Spaanse kolonisten en de oorspronkelijke Peruviaanse bevolking hadden natuurlijk voor veel nakomelingen gezorgd, onder wie ook Castilla, de voorganger van Echenique als president. Niettemin verdedigde de heersende klasse van het land haar elitaire status en raszuiverheid die men bedreigd zag door het wereldwijd gangbare negatieve beeld van de gemiddelde Peruviaan. In het Europese gedachtegoed van de Romantiek, gevoed door artikelen en boeken, werden de Peruvianen met hun Inca-erfenis afgebeeld als 'wilde bewoners van oerbossen, voor de helft bedekt met veren, die vreemdelingen neerschieten met pijl en boog' en ze daarna opeten. Aan de inheemse bevolkingsgroepen werd het Peruviaanse burgerrecht geweigerd, evenals aan de

34
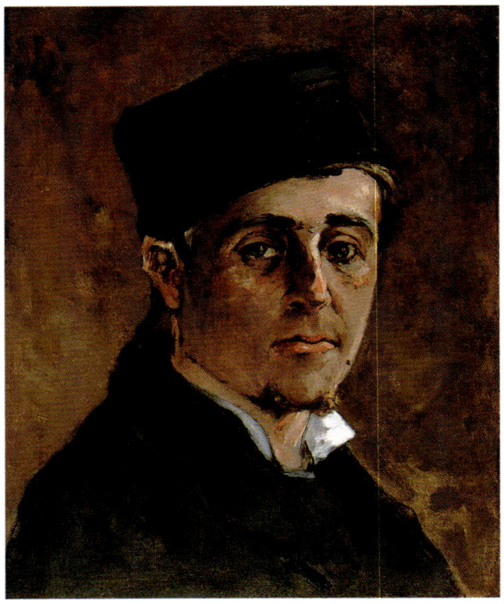

34
Paul Gauguin
*Zelfportret*
1877 [W 25]
Olieverf op doek
46 x 38 cm
Fogg Art Museum, Harvard University Art Museums, geschenk van Helen W. Ellsworth ter herinnering aan Duncan S. Ellsworth '22

afstammelingen van de Afrikaanse slaven en de Chinese arbeiders die binnengehaald waren om hen te vervangen. Ook werden zij grotendeels buiten de 'visie van de toekomst van het land' van de heersende klasse gehouden.[48] De Peruvianen van Europese afkomst bekeken de inheemse bevolking duidelijk met tegenstrijdige gevoelens, ondanks een groeiende belangstelling voor objecten uit de precolumbiaanse cultuur (aardewerk en metalen voorwerpen).

Gauguins latere claim dat hij van gemengde Inca-Europese afkomst zou zijn, staat geheel los van de aanspraken van Aline en haar moeder op de familie Tristán de Moscoso. Flora Tristan had nadrukkelijk gewezen op het zuivere Spaanse bloed van de familie, al gaf ze toe dat Don Pio's uiterlijk veranderd was door het leven in een ander klimaat. Op dezelfde manier hield Gauguin vast aan zijn moeders adellijke Castiliaanse achtergrond. De enige connectie met het Indiaanse Peru waar Aline op kon bogen waren de precolumbiaanse vazen en massief zilveren figuurtjes die zij volgens Gauguin bezat en die verdwenen zouden zijn in de laatste dagen van de Frans-Pruisische oorlog van 1870-71. Ook al zou deze afkomst louter gestaafd worden door een reeks voorwerpen, toch lijkt ze verzonnen te zijn: noch in Aline's testament uit 1865, noch in de gedetailleerde inventaris van haar bezittingen die naar haar dood in 1867 opgesteld werd, zijn deze objecten terug te vinden.[49]

De Gauguins bevonden zich in een hachelijke positie in een land vol politieke onrust. Door Peru's toenemende betrokkenheid bij de wereldeconomie – voornamelijk vanwege de handel in guano die door dienstplichtige arbeidskrachten afgegraven werd – was enige welvaart ontstaan, maar geen politieke stabiliteit. Eerder het tegenovergestelde. Echeniques regering kreeg de reputatie corrupt te zijn en alleen uit eigenbelang te handelen. Zijn impopulairiteit groeide en de ontevredenheid leidde tot openlijke opstand. In juni werd de vroegere *caudillo* Castilla leider van de oppositie tegen Echenique. Net als in 1848 werd Aline weer met het getij van de politieke omwentelingen meegesleurd. Terwijl Echenique begin augustus 1854 op het slagveld was, verkreeg Aline op haar verzoek een paspoort van de Franse ambassade. Met haar kinderen vertrok zij op het nippertje. Begin januari 1855 kwam Castilla als overwinnaar uit de slag van La Palma tevoorschijn, verbande Echenique naar Chili en hervatte het presidentschap.

Terug in Frankrijk ervaarde Aline een ander soort verbanning. Zonder enige bron van inkomsten wendde zij zich tot haar schoonvader, Guillaume Gauguin, die in Orléans woonde en aangeboden had zijn bezittingen tussen haar en zijn nog levende zoon Isidore (Zizi) te verdelen. Zizi zat op dat moment gevangen in een strafkolonie in Algerije omdat hij betrokken geweest was bij het in 1851 in Orléans georganiseerde protest tegen de staatsgreep van Lodewijk-Napoleon. Vader Gauguin stierf binnen enkele maanden na Aline's terugkeer en had Isidore – die toestemming kreeg op 20 april 1855 naar Frankrijk terug te keren – benoemd tot plaatsvervangend voogd van zijn kleinkinderen. Als zevenjarige moest Paul Frans leren dat hij in het begin met een Spaans accent sprak.[50]
Hij werd als externe leerling ingeschreven op een plaatselijke school.

Wat Aline de daarop volgende jaren deed is niet duidelijk. Er waren overduidelijk financiële problemen, die haar er in 1859 toe brachten een deel van de erfenis te verkopen die haar kinderen van hun grootvader hadden gekregen. In dat jaar ging Paul, nu elf jaar oud, naar het Petit Séminaire de La Chapelle-Saint-Mesmin, een soort werkplaats voor sociale hervormingen, opgericht en geleid door de bekende bisschop van Orléans, Félix-Antoine-Philibert Dupanloup. Gauguin herinnerde zich deze tijd als een periode van 'theologische studie.' Dupanloup prentte zijn leerlingen inderdaad een bijzondere interpretatie van de katholieke cathechismus in met de bedoeling het geloof in een tijd van scepsis aan te moedigen. Hij werkte op de verbeelding van de studenten om zo hun geloof levendig te houden. Renan zat samen met Gauguin bij Dupanloup op school en herinnerde zich hoe in de onderwijsmethode van het seminarie werd aangedrongen op zelfonderzoek tot op het niveau van een soort abstract dromen.[51]

Gauguin beweerde naderhand: 'Het was daar dat ik leerde [...] alles te wantrouwen dat indruiste tegen mijn instinct, mijn hart en mijn verstand.' Een typisch dubbelzinnige verklaring: wordt de fel antipositivistische, antinaturalistische ideologie van Dupanloup erdoor bevestigd of veroordeeld? Ook de bijkomende bewering van Gauguin dat hij zich de casuïstiek van de Jezuïeten eigen maakte, waardoor hij geweten, hartstocht en eigenbelang met elkaar kon verzoenen, wijst op een zekere ironische antipathie.[52] Welicht hebben positievere herinneringen aan zijn drie jaar durende verblijf op het seminarie Gauguin geholpen bij zijn formulering van een antimaterialistisch, esthetisch standpunt dat uitging van de kracht van de verbeelding en streefde naar het mysterieuze. Maar zijn ontwikkeling zou nog door vele andere bronnen gevoed worden, met name door zijn leertijd bij Vincent.

In 1861 vestigde Aline zich opnieuw in Parijs om daar te werken als naaister. Dit was duidelijk een forse stap omlaag op de sociale ladder voor iemand die, volgens haar zoon, het woord 'nering' beledigend vond. Zoals de meeste beroepen die voor vrouwen toegankelijk waren, werd Aline's beroep gewoonlijk geassocieerd met het verstrekken van seksuele gunsten. Het is dan ook goed mogelijk dat zij naar Parijs kwam vanwege een verhouding. Datzelfde jaar raakte zij bevriend met Gustave Arosa, een rijke zakenman van Spaanse afkomst, wiens vader fortuin gemaakt had met de handel in guano uit Peru. De maîtresse van Arosa's broer, ook een naaister, woonde dichtbij Aline's atelier en hoewel dit hoogstens een indirecte aanwijzing vormt, suggereert de rol die Arosa op zich zou nemen als beschermer van Aline en haar kinderen dat er een nauwe band tussen hen bestond. Of ook de relatie met haar zoon, die in 1862 bij haar introk, door deze situatie beïnvloed werd is een open vraag. Aline had nog een deel van Pauls erfenis verkocht om zijn schoolgeld te betalen aan het Institut Loriol in Parijs waar hij zich zou voorbereiden op het toelatingsexamen voor de zeevaartschool. Maar twee jaar later werd hij teruggestuurd naar Orléans en op het internaat van het *lycée* geplaatst. In het testament dat Aline in 1865 opstelde wordt gezinspeeld op zijn moeilijke gedrag. In een codicil bij haar voorlopig legaat waarschuwde zij hem 'met zijn loopbaan op te schieten aangezien hij zich zo onbemind gemaakt heeft bij al mijn vrienden dat hij op een dag alleen zal blijven staan.'[53] De vrienden in kwestie waren ongetwijfeld Arosa, die in het testament tot wettelijk voogd van de kinderen benoemd was, en de mensen om hem heen.

In december 1865, toen de zeevaartschool niet langer tot de mogelijkheden behoorde, trad Gauguin in dienst als onderofficier bij de koopvaardij. De reizen die hij vervolgens maakte zouden hem de hele wereld over voeren – zelfs terug naar Peru. Bij een tussenstop in India in 1867 vernam hij dat Aline als gevolg van een ziekte op 7 juli gestorven was.

Het jaar daarop ging hij voor zijn dienstplicht bij de Franse marine. Na het einde van de Frans-Pruisische oorlog zwaaide hij in 1871 af en keerde terug naar Parijs. Hij was toen drieëntwintig jaar oud, had vijf jaar ervaring op zee achter zich. Hij had een aanzienlijke erfenis van zijn oom Isidore tot zijn beschikking. Gewend als hij was aan een vaste structuur in het zijn leven en aan bevelen om op te volgen had hij ogenschijnlijk geen plannen voor de toekomst. Net als zijn zuster trad ook hij toe tot de kringen van Arosa. Deze nam de onbehouwen maar nu op het oog meer handelbare Gauguin onder zijn vleugels, gaf hem een baan als beursagent en introduceerde hem in zijn eigen milieu. Via Arosa leerde Gauguin Mette Gad kennen, een vrijgevochten Deense vrouw met wie hij in 1873 zou trouwen. Hij begon, eveneens door Arosa, belangstelling voor kunst te ontwikkelen, aangezien de rijke collectie van zijn vroegere voogd alles bevatte van aardewerk tot schilderijen van Eugène Delacroix, Camille Corot, Gustave Courbet en van de stichter van het impressionisme Camille Pissarro. Gauguin nam zowel de smaak als de vrienden van Arosa over. Er bestaat geen documentatie over de kwaliteiten van de jongeman als effectenhandelaar, maar uit de onbesuisde zakenplannen die hij later zou verzinnen mag afgeleid worden dat zijn verbeelding groter was dan zijn inzicht. Toch lijkt hij te hebben kunnen profiteren van speculaties in de naoorlogse economie, met Arosa als mentor. Zijn steeds hoger wordende salaris was voldoende om zijn groeiende gezin (tegen 1883 hadden Mette en hij vijf kinderen) op passende wijze te onderhouden en stelde hem in staat om wat in de kunst te liefhebberen als zondagsschilder en mecenas.[54]

Er bestaat geen enkele aanwijzing – zelfs niet uit Gauguins eigen mond – dat hij zich in zijn jeugd serieus tot kunst aangetrokken zou hebben gevoeld. Zijn plotseling ontstane en, zoals later bleek, aanhoudende belangstelling kan tenminste gedeeltelijk toegeschreven worden aan Arosa's voorbeeld als verzamelaar en aan de ambitie van één van diens dochters om schilderes te worden. Gauguin begon in de zomer van 1873 te schilderen, een paar maanden voordat hij in november trouwde. Bij zijn huwelijk traden zijn baas en Arosa op als getuigen. Het jaar daarop beviel Mette van hun eerste zoon Emil. Als fervent zondagsschilder begon Gauguin de persoonlijke ambitie te tonen die hij zo duidelijk in professioneel opzicht miste. In de lente van 1876 werd een vaardig door hem gemaakt landschap opgenomen in de Salon, de grote, van staatswege gesponsorde tentoonstelling van hedendaagse kunst die ieder jaar in Parijs gehouden werd. Vervolgens veranderde hij van baan en verhuisde naar een grotere woning kort voordat zijn tweede kind, Aline, eind 1877 geboren werd. Hun nieuwe huisbaas en buurman was een beeldhouwer, Jean-Paul Aubé.[55]

Het ontbreken van Gauguins naam in de catalogi van de Salon na 1876 geeft aan dat zijn werken ofwel geweigerd werden of niet verder door hem werden ingestuurd. In ieder geval blijkt uit de kunstwerken die hij was begonnen te verzamelen een smaak die afweek van de conservatieve opvattingen van de jury van de Salon. Een zelfportret dat Gauguin in 1877 schilderde (fig. 34) toont een nogal onvolwassen figuur met een rond gezicht en een zachte, zelfgenoegzame uitdrukking in die strijd was met het tamelijk theatrale sikje en de zwierige muts. Dit is het eerste portret van de man als kunstenaar, in een reeks die zijn leven lang zou duren.

## Vincent als kunstenaar: het uitzetten van de koers

Vincents zwaarwegende beslissing van 1879-80 was slechts de eerste stap op de moeilijke weg om tot een bevestiging te komen van zijn artistieke gaven en identiteit. In de daarop volgende vijf jaar zou hij naar het huis van zijn ouders in Etten terugkeren. Hij zou naar Den Haag gaan, de artistieke hoofdstad van Nederland; naar de heidegronden van Drenthe en weer terug naar zijn familie die toen in Nuenen woonde. Het was een moeizame en ingewikkelde pelgrimstocht.

Van meet af aan had Vincent op alle fronten hoge verwachtingen van zijn nieuwe loopbaan. Hij hoopte dat al zijn eigenaardigheden door zijn identiteit als 'kunstenaar' normaal zouden lijken: zijn slordige voorkomen, ruwe manieren, zijn onvermogen om zichzelf te kunnen onderhouden en ook zijn in de ogen van anderen wonderlijke gedrag. Algemeen gangbare opvattingen over maatschappelijke uitsluiting en excentriek gedrag – 'daar betrekkelijk slechts zeer weinige menschen weten waarom of een teekenaar zoo of zoo doet' – gaven Vincent de kans om zich te verbeelden dat degenen die hem en zijn daden bekritiseerd hadden, uiteindelijk zouden zeggen 'je vak brengt dat mee en wij begrijpen waarom dat zoo is.' Zijn hele verdere leven trachtte Vincent met zijn kunst het vertrouwen en respect van zijn vader, ooms en vroegere chef Tersteeg terug te winnen.[56]

Al snel ging Vincent ertoe over om te testen in hoeverre hij door zijn omgeving geaccepteerd werd. Gedurende de zomer van 1881 werd hij verliefd op zijn nicht Kee Vos, de dochter van oom Stricker, een weduwe die zeven jaar ouder was dan hij. Hij zag haar als de muze die hij voor zijn artistieke loopbaan nodig had en weigerde koppig om zich bij haar afwijzing neer te leggen. De familie verzette zich als één blok tegen hem door zijn aandringen te bekritiseren en te eisen dat hij ermee op zou houden. In een laatste poging Kee voor zich te winnen reisde hij naar Amsterdam. Hij viel bij de Strickers binnen tijdens het avondeten en vroeg haar te mogen zien. Daarbij stak hij zijn vingers in een brandende lamp met de woorden: 'laat mij haar zien voor zoolang als ik mijn hand in de vlam houd.' Ogenblikkelijk maakte zijn oom een einde aan elke mogelijke hoop en stuurde Vincent naar huis om zich over te geven aan een zware periode van zelfonderzoek.[57]

Voor Vincent was deze afwijzing het definitieve bewijs dat het geloof van zijn vader en oom in wezen hol was en overheersd werd door stijve, schijnheilige conventies in plaats van door de oprechte barmhartigheid en liefde voor de mensheid die hij in de werken van Michelet en Hugo tegenkwam. Zijn ouders hielden hun ogen gesloten voor deze moderne evangeliën en leken steeds verder van hem af te staan, terwijl de mensen die hij bewonderde hem steeds reëler voorkwamen. In de herfst van 1881 begon hij te spreken van 'Vader Michelet' en 'Vader Millet.' Tenslotte maakte hij kenbaar een afvallige te zijn door te weigeren om op Eerste Kerstdag naar de kerk te gaan en versnelde daarmee de breuk met zijn vader, waarna hij de pastorie van Etten onmiddellijk verliet om naar Den Haag te gaan. Gedurende de twee jaren daarna werkte hij aan de verbetering van zijn vakmanschap en aan de uitwerking van zijn zendingsdrang. Hierbij bouwde hij aan de onafhankelijke identiteit die hem zijn werken deed signeren met 'Vincent,' een geste die hand in hand ging met zijn groeiende besef dat 'ik eigentlijk *geen* "van Gogh" ben.'[58]

Zaken als onafhankelijkheid, identiteit en controle hadden een grote rol gespeeld bij Vincents beroepskeuze. 'Als ik maar door kan blijven werken,' schreef Vincent in de herfst van 1880 'dan komt het wel weer goed met me.' Hij vond schilderen rustgevend en door de jaren heen sprak hij vaak over het kalmerende effect dat tekenen en schilderen op zijn zenuwgestel hadden. Maar kunst diende ook als een middel tot zelfexpressie overeenkomstig zijn karakter en temperament en als een manier om op een dag zijn eigen kost te verdienen. Bij zijn overweging van de verschillende wegen om zijn doel te bereiken verwierp hij het soort formele opleiding en gehoorzaamheid aan door anderen bepaalde criteria waardoor zijn pogingen om een kerkelijke loopbaan te beginnen waren gestrand. In plaats daarvan koos hij ervoor zichzelf te onderwijzen en begon met het kopiëren van leerboeken zoals Karl Roberts *Fusain sans maître* (*Tekenen zonder meester*). Dit genre – met het voorbeeld van 'vaders' als Millet, die geïdealiseerd en geïnterpreteerd konden worden zonder de dreiging van dwang, invloed of censuur – verschafte Vincent de vereiste creatieve vrijheid om zijn eigen vorderingen te bepalen en vorm te geven. Hij gaf zijn benadering een natuurlijke en symbolische waarde door deze te associëren met het beeld van de zaaier die in ritmische harmonie met de kringloop van de natuur werkt: 'jullie moeten het natuurlijk seizoen afwachten en dat is nu nog niet [...] Ik zal de liefhebbers of handelaars niet naloopen [...] In due time we shall reap (Te zijner tijd zullen we oogsten).'[59]

Vincent werkte deze metafoor verder uit door zijn eerste studies te omschrijven als het zaaigoed dat een oogst aan verkoopbare werken moest produceren en zijn aanhoudende pogingen het tekenen onder de knie te krijgen als een verbetering van de kwaliteit van het zaad. Hij gaf ook in letterlijke zin uiting aan de metafoor door zijn loopbaan te beginnen met tekeningen naar een reproduktie van Millets beroemde *Zaaier*

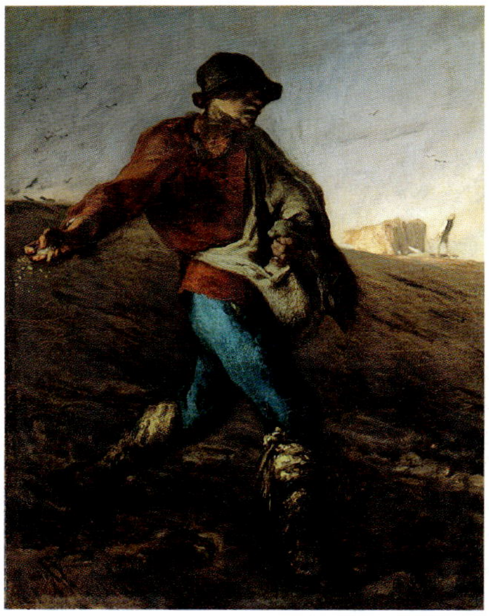
35

35
Jean-François Millet
(Frankrijk; 1814-1875)
*De zaaier*
1850
Olieverf op doek
101,6 x 82,6 cm
Museum of Fine Arts, Boston, geschenk van Quincy Adams Shaw door Quincy A. Shaw, Jr., en Marian Shaw Haughton

36
Paul-Edmé LeRat
(Frankrijk; 1849-1892) naar Millet
*De zaaier*
Ets, door Vincent van Gogh van vierkanten voorzien voor overneming
12 x 9,5 cm
Van Gogh Museum, Amsterdam
(Vincent van Gogh Stichting)

37
Vincent van Gogh
*De zaaier*
(naar Millet)
Begin 1881
[F 830, JH 1]
Potlood, inkt en verf op papier
48 x 36,5 cm
Van Gogh Museum, Amsterdam
(Vincent van Gogh Stichting)

38
Vincent van Gogh
*Zaaier*
December 1882
[F 852, JH 275]
Potlood, penseel en inkt op papier
61 x 40 cm
P. en N. de Boer Stichting, Amsterdam

39
P.H. van Bemmel
(19de eeuw)
*Zaaier*
Foto van een verloren gegaan schilderij van Vincent van Gogh
Van Gogh Museum, Amsterdam
(Vincent van Gogh Stichting)

(fig. 35-36), waarvan hij er tegen 1880 vijf voltooid had. In de jaren daarna zou hij van tijd tot tijd op dit thema terugkomen om zijn vorderingen te meten. Hij tekende onophoudelijk en, indien mogelijk, met een model als voorbeeld. Nog bestaande voorbeelden uit de jaren 1881 tot 1884 (fig. 37-39) illustreren als in een soort tekenfilm Vincents langzame maar gestage vooruitgang in zijn worsteling met de menselijke figuur en in de beheersing van zijn materiaal, eerst in tekeningen en later in schilderijen.[60]

De *Zaaier* was, behalve een referentiepunt vooral een centrale figuur binnen het grotere symbolische raamwerk waarin Vincent zijn gekozen beroep zag als een roeping. In zekere zin bevorderde een leven in de kunst de illusie van een familieband, waardoor hij naar zijn idee betrokken werd bij hetzelfde soort werk als dat zijn ooms van vaders kant en van Theo, die nu werkzaam was bij een filiaal van Goupil in Parijs. De zaaier vertegenwoordigt tevens Vincents vroegere ambitie om een christelijke landarbeider en zaaier van Gods woord te zijn. Nu echter niet langer in navolging van dominee Theodorus van Gogh, maar langs een gelijksoortige weg door het voorbeeld van 'Vader Millet' te volgen wiens *Zaaier* de belichaming vormt van zijn 'evangelische toon.' Het motief genoot grote bekendheid als een symbool van evangelisatie (fig. 40). Belangrijk voor Vincent in dit opzicht was het feit dat Carlyle iedere ware roeping betitelde als 'apostolisch werk' en 'toegepast evangelie van vrijheid.' Ook beschreef hij grote literaire werken als omgeploegde velden en het schrijven als 'zaaien in het zaaiveld van de publieke opinie.' Op dezelfde wijze zou Vincent zijn kunstwerken analogisch verklaren als 'zaad [...] gezaaid in het veld van de publieke opinie.'[61]

De 'sublieme, bijna religieuze emotie' die Vincent in Millet bewonderde, ontstond uit de gave van deze schilder om ogenschijnlijk echte voorwerpen zo te behandelen dat er '*quelque chose là-haut*' (iets transcendentaals' of 'iets hogers') gesuggereerd werd, hetgeen leidde tot een bewustwording van het 'bestaan van God en de eeuwigheid.' Uit de kunst van Millet kon veel troost geput worden. De liefde voor de mensheid die uit het werk van Millet, Carlyle, Victor Hugo en anderen naar voren kwam, bracht Vincent ertoe om te stellen dat 'pligt van een schilder [is] eene gedachte in zijn werk te leggen.' Zijn doel was het soort kunst dat volgens Thoré in *Les Musées de la Hollande* door Rembrandt beoefend was – een realisme dat in de richting van het oneindige wees, dat Vincent reëler dan de werkelijkheid noemde en dat in feite symbolisch was. Vincent streefde ernaar om een 'ware realist' te worden zoals Carlyle's helden die de 'afschuwelijke werkelijkheid die aan de basis van alle verschijnselen ligt' onthulden.[62] Schilderen was, met andere woorden, een spirituele missie, een existentiële pelgrimstocht en een mythische onderneming die door Vincent met de voor hem kenmerkende idealistische verwachtingen benaderd werd.

Kort voordat hij in 1881 Etten verliet om naar Den Haag te gaan, had Vincent een bezoek gebracht aan zijn vriend Anthon van Rappard, een kunstenaar die hij in België ontmoet had, met de bedoeling om zich bij hem aan te sluiten als een visser op de 'zee die wij Oceaan der werkelijkheid noemen.' Deze echo van Christus' oproep aan zijn discipelen toont de reikwijdte van de ambitie die slechts af en toe tussen de regels door naar voren komt in Vincents volumineuze correspondentie. Toen hij in 1883 dertig jaar werd putte Vincent weer moed, ondanks zijn late start en voortdurende financiële afhankelijkheid, uit

36
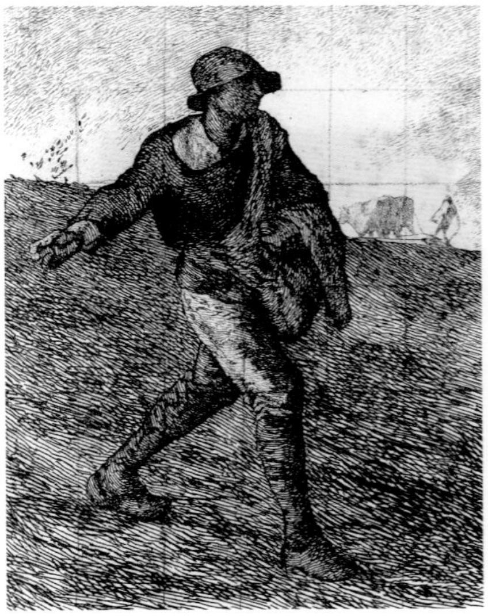

37
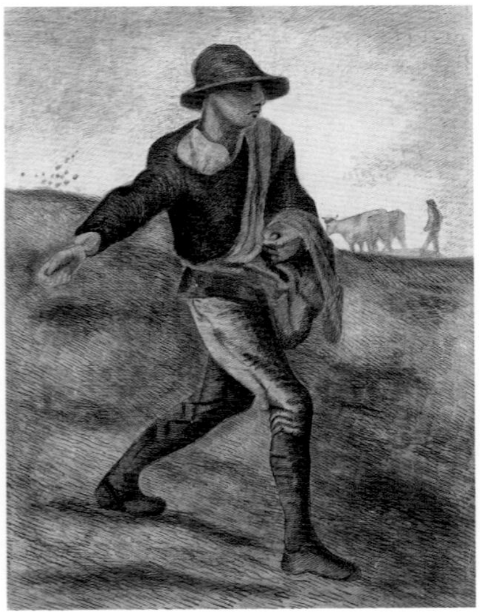

38
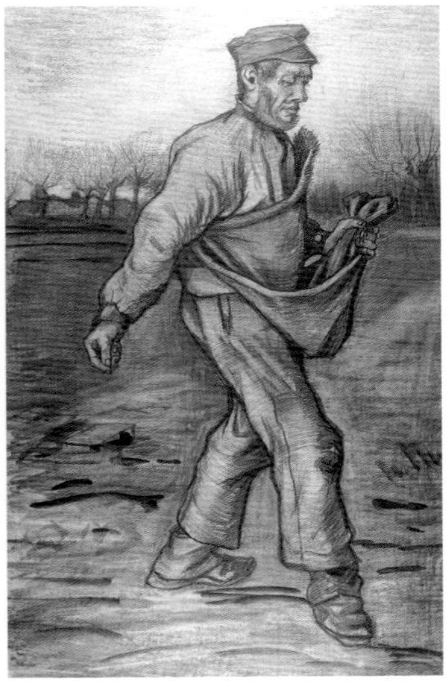

39
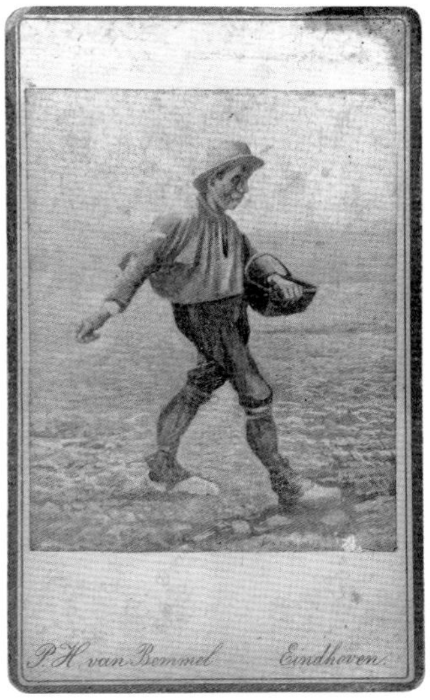

het feit dat Jezus tot die leeftijd een gewone timmerman was geweest. Na eerder het verlangen te hebben uitgedrukt om met een timmermanspotlood te tekenen (zij het in een verwijzing naar Dürer en Michelangelo) mijmerde Vincent erover hoe Jezus zichzelf had laten uitgroeien tot iets anders.[63]

Ondertussen verbleef Vincent al anderhalf jaar in Den Haag en was zijn oorspronkelijke optimisme over deze stad aan het tanen. Zijn teleurstelling kwam voort uit de irreële verwachtingen die hij koesterde ten opzichte van zijn zogenaamde vrienden, mentors en geliefden. Tot de eerste categorie behoorde Van Rappard; tot de tweede Anton Mauve, een succesvolle schilder van de Haagse School en Vincents aangetrouwde neef en tot de derde Clasina (Sien) Hoornik, een prostituee met wie hij kort na zijn aankomst ging samenwonen. Uit Vincents relatie met Sien blijkt zijn neiging om zijn ervaringen te bekijken vanuit een reeks van uiteenlopende associaties. Hij voelde zich slecht op zijn gemak met mensen van zijn eigen sociale achtergrond en Sien paste in het idee dat hij beter was in de omgang met gewone mensen. Het was echter duidelijk dat hij meer op zijn eigen behoeften afgestemd was dan op de persoonlijke wensen van zijn levensgezellin. Toen hij nog met Sien samenwoonde zou hij bijvoorbeeld opmerken dat 'boeken en werkelijkheid en kunst voor mij soortgelijk zijn [...] Als ik de kunst niet in het werkelijke zocht dan zou ik waarschijnlijk haar dom vinden.' Ze leek hem het beeld van lijden, 'een bleek gelaat, een droevigen blik als een *Ecce Homo* op een donkeren achtergrond (fig. 20).' Deze vertrapte mens, die zich een weg gebaand had door een tranendal, diende als spiegel en als ideale muze – een vrouw van smarten.[64]

Sien poseerde voor *Sorrow (Verdriet)* (fig. 42), Vincents mooie afbeelding van een naakte, zwangere vrouw die haar hoofd op haar gevouwen armen laat rusten. Op dat moment vond hij het zijn beste figuratieve tekening. Zijn expressieve doelstellingen waren tweeledig. Allereerst wilde hij prediken wat hij de 'goede preek over berusting' noemde, de preek die hij nooit in zijn vaders kerk gehoord had maar die hij ontdekt had in Michelet. In een citaat onder de afbeelding verwees hij dan ook naar deze schrijver. Ten tweede hoopte hij aan de wereld te laten zien dat hij iets in zich had, hoewel hij wist dat hij als een 'een nulliteit of een zonderling of een onaangenaam mensch' gezien werd.[65]

In *Sorrow* deed Vincent een bewuste poging om te tekenen in wat hij de Engelse stijl noemde, naar voorbeelden die hij gezien had in *The Graphic*. Dit tijdschrift uit Londen had houtsneden gepubliceerd waarop de armen en onderdrukten van rond 1870 te zien waren, afbeeldingen die Vincent vooral met Sien in verband bracht en die hij de waarde gaf van een nieuw modern evangelie. Naast deugden als soberheid en eenvoud zag hij in de illustraties van Luke Fildes, Frank Holl en hun collega's dezelfde kwaliteiten die hij nu in de controversiële romans van Émile Zola ontdekte: een medeleven met mensen aan de rand van de samenleving (zoals de gevallen vrouw die hij zelf gered had), vergezeld van een begrip van de sociale krachten die medeverantwoordelijk waren voor hun situatie.[66]

Het was dezelfde impuls die Vincent ertoe bracht de houtsneden van *The Graphic* te gaan verzamelen en Sien op te nemen in zijn huis. Hij streefde er bewust naar om tegelijkertijd de kunst en het leven zelf te begrijpen. Zowel de prenten als zijn metgezellin functioneerden als een soort lakmoestest die Vincent aan familie en vrienden oplegde. Zijn ouders zakten voor de test door hun trouw aan de leer van hun kerk, want zij zagen het als zonde dat hij 'een hoer respecteerde' en hun verhouding deed de dreiging van Geel weer terugkeren. Vincent had hogere verwachtingen van zijn collega-kunstenaars. In vriendschap en kunst hield hij werkelijkheid en conventie strikt gescheiden. In het eerste geval waren gemeenschappelijke ideeën en het testen van overtuigingen door het stellen van vragen op een manier die hij 'wrijving' noemde, belangrijk. Volgens Carlyle kon iedere vorm van grootheid slechts uit wilskracht ontstaan, vanuit gedachten vormgegeven door handelingen, niet louter door gevoelens. Vincent paste deze regel ook op zijn relaties toe: 'eene vriendschap beschouw [ik] als moetende zijn een *actie* vooral, niet een *gevoelen* alleen.' Zoals te begrijpen valt waren maar weinigen lang opgewassen tegen Vincents heftige natuur. Toen hij in 1876 bij Goupil in Parijs werkte had Vincent Harry Gladwell, die als adolescent net bij de firma was gaan werken, in de kraag gevat om met hem in zijn 'hut' de bijbel te lezen en af en toe een instructief bezoek te maken aan musea. Maar Gladwell was er snel vandoor gegaan om met een vrolijker gezelschap op te trekken. Vincents behoefte aan 'een vriend van wien wij zouden zeggen *dat is het*' nam alleen

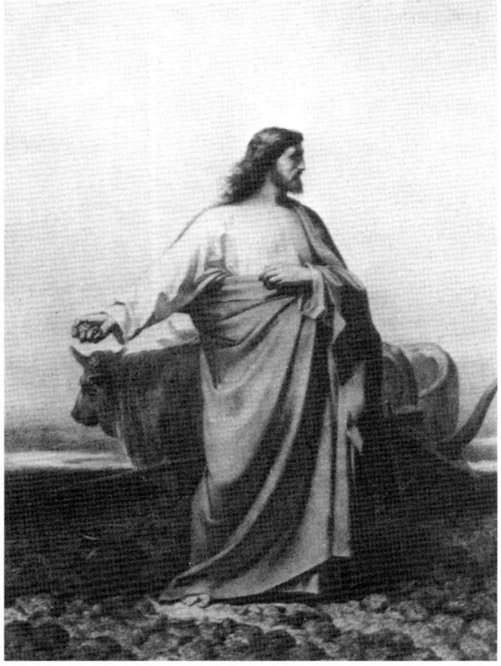

40

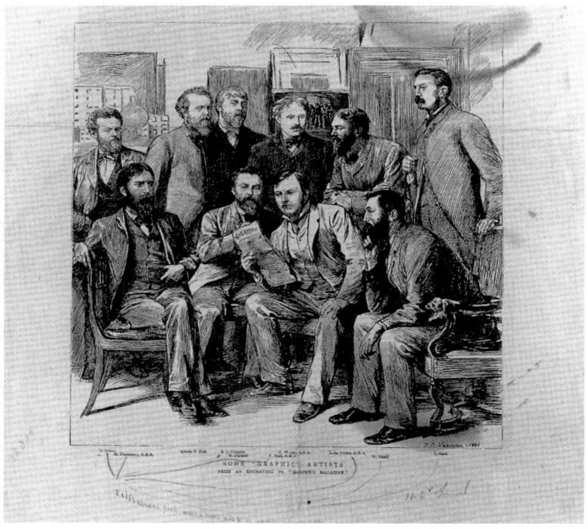

41

42

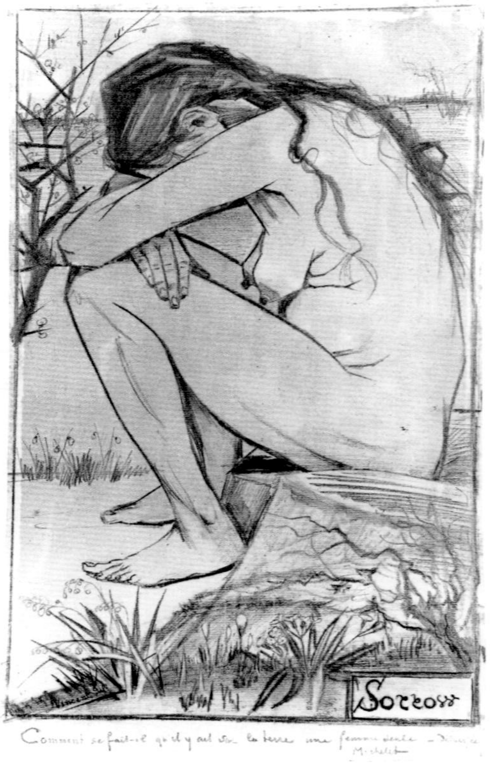


maar toe op het moment dat hij gehoor gaf aan zijn artistieke roeping.[67] Ondanks de koersverandering die dit besluit met zich meebracht bleef Vincent varen volgens dezelfde metaforische coördinaten. 'Ik heb een zeker *geloof* in de kunst,' zou hij in het voorjaar van 1883 schrijven, 'een zeker *vertrouwen* dat het eene magtige strooming is die een mensch [...] drijft naar eene haven.' Zijn roeping was een zeereis. Hij vergeleek zijn liefde voor tekenen met die van een zeeman voor de zee en sprak over zijn voornemen zich aan nieuwe materialen te wagen zoals olie en waterverf alsof hij naar open water zocht. Hij vergeleek het positief aanwenden van tegenslag met een loods die een storm uitbuit om vooruit te komen en beschreef het kwijtraken van pijnlijke herinneringen als het overboord gooien van ballast. Toen hij zijn Haagse atelier betrok verbeeldde hij zich dat hij een boot van stapel liet lopen. Hij trachtte het atelier uit te rusten als een comfortabele sloep en zou ervan gaan houden als een zeeman van zijn schip. Voor hem was het de lang gezochte veilige haven of toevluchtsoord.[68] Maar Sien paste niet in de rol van medereizigster die Vincent van haar verlangde.

Hij had Van Rappard al uitgenodigd om deel te nemen en bleef proberen hem in zijn missie te betrekken. 'Ik leef om te schilderen,' bekende hij in 1882, en tegelijkertijd haalde hij de woorden van Christus aan dat men zijn leven moet verliezen om het te kunnen vinden. Halve maatregelen waren geen maatregelen, schilderen was een evangelie en het discipel-zijn betekende een volledige onderwerping aan de eisen ervan. Vincent hield niet op om deze vereisten te verwoorden en onderwierp zijn vriend aan een soort verlengde proeftijd. Hoewel Van Rappard een belangrijke test doorstond door uiteindelijk het belang van *The Graphic* te bevestigen, viel Vincents oordeel negatief uit omdat hij overwoog zich aan te melden bij de academie in Brussel en bepaalde opdrachten aannam die Vincent als verlies van kostbare tijd beschouwde. Dat de vriendschap het toch enige tijd heeft volgehouden is te danken aan het feit dat het contact tussen beiden voornamelijk via brieven verliep. De zeldzame keren dat zij elkaar ontmoetten werden door Van Rappard als beklemmend beschreven. Hij bekende eerder respect dan genegenheid voor Vincent te voelen.[69] Vincents relatie met Mauve laat zien dat hij evenveel moeite had wanneer de rollen waren omgedraaid. In het begin toonde de gevestigde schilder zich erg grootmoedig tegenover dit familielid van zijn vrouw.
Hij maakte het hem mogelijk naar modellen te schilderen en gaf hem les in het gebruik van waterverf. Vincent was tegelijk dankbaar en vol goede moed, maar hij had zijn eigen precieze ideeën over de dingen. Wanneer hij vragen stelde was hij niet tevreden met antwoorden die in zijn ogen verkeerd waren, zoals toen hij Mauve en Tersteeg vroeg hoe hij zijn werk beter verkoopbaar kon maken. Hun praktische raad druiste in tegen zijn overtuigingen en in principiële kwesties wilde hij geen duimbreed wijken. Vincent voelde zich ook beledigd doordat Mauve neerkeek op de illustraties van de *Graphic*, die naar zijn idee te literair waren.[70] Tenslotte leidde de keuze van Vincents levensgezellin, in combinatie met zijn aangeboren weerstand tegen autoriteit, tot verwijdering tussen Vincent enetzijds en Mauve en Tersteeg anderzijds.

Door in de zomer van 1883 Carlyle's *Sartor Resartus* te herlezen kreeg Vincent nog sterker het gevoel op een kruispunt op zijn pelgrimstocht te zijn beland. In het vervolg waren Tersteeg en de wereld van de kunsthandel die hij vertegenwoordigde symbolen voor 'het eeuwdurende nee', een negatieve houding die zich uitstrekte tot de kunstenaarsgemeenschap in het algemeen. Vincent had zich een thuisbasis voorgesteld van elkaar steunende mensen met gemeenschappelijke doelstellingen en overtuigingen, een warme en harmonieuze samenleving. In plaats daarvan groeiden discussies uit tot felle ruzies, werd zijn werk zonder sympathie ontvangen en werd er druk over hem geroddeld. Hij had vastgesteld dat schilders in groepsverband niets beter waren dan zijn familie, een combinatie van zelfzuchtige mensen die alleen hun krachten bundelden om tegen iemand anders samen te spannen.[71]

Vincent had van een broederschap van schilders gedroomd zoals hij die zich voorstelde tijdens de hoogtijdagen van *The Graphic*. Nu zette hij de droom van zich af – zonder deze echter op te geven – en probeerde in afzondering te leven als een gestrande Robinson Crusoe en zich op zijn werk te concentreren.[72] Maar deze strategie werkte vervreemdend en gaf hem een steeds sterker besef niet meer in de pas te lopen met het heden. In brieven aan Theo en van Rappard begon hij te verwijzen naar de decadentie van de hedendaagse kunst, die hij gedeeltelijk toeschreef aan de kwalijke gevolgen van het leven in de stad. Ook voelde hij een diepe heimwee naar de velden van Brabant. Uiteindelijk, in september 1883, verliet hij Den Haag en Sien om naar Drenthe te gaan, de Noord-Nederlandse streek van woeste gronden en heidevelden.

40
Jean-Baptiste-Etienne Marchais (Frankrijk; geb. 1818) naar Émile Signol (Frankrijk; 1804-1892)
*Christus als landarbeider*
Lithografie
Bibliothèque Nationale, Paris

41
T.B. Wirgman (Engeland; 1848-1925)
*Enige kunstenaars van 'The Graphic'*
Uit *The Graphic* (Kerst 1882), met aantekeningen van Vincent van Gogh
Van Gogh Museum, Amsterdam (Vincent van Gogh Stichting)

42
Vincent van Gogh
*Sorrow*
Rond 10 april 1882
[F 929a, JH 130]
Potlood en krijt op papier
44,5 x 27 cm
Walsall Museum and Art Gallery, Walsall, Engeland

## Vincent in Drenthe en Nuenen

Vincents beschrijvingen van Drenthe (en de 'gezonde melancholie' van haar bewoners) vertellen ons veel meer over zijn eigen innerlijke roerselen dan over de streek. Hij bracht zijn ervaringen als het ware gefilterd over door middel van een rijk gebruik van associaties. Hij gaf zich over aan fantasieën over terugval en ontsnapping en verwijzend naar zijn enorme geheugen vol afbeeldingen verklaarde hij zich in de tijd te hebben terugverplaatst naar de gouden eeuw van de kunst. Hij keek om zich heen en zag overal Van Goyens, De Konincks, Ruysdaels, Michels (fig. 44), Rousseaus, Duprés en Daubignys. Door het heden te bedelven onder het verleden kon hij zich isoleren. Men kan zich rustig voelen, schreef hij, 'als men mijlen en mijlen *Michels* tusschen zich en het gewone heeft.'[73]

Hoewel zich in Drenthe enkele kunstenaarskolonies bevonden, was Vincent duidelijk weinig geneigd deze op te zoeken. In plaats daarvan koesterde hij de hoop dat Theo, die toegegeven had dat er moeilijkheden waren bij Goupil, uit de kunsthandel zou stappen en zich bij hem zou voegen als broeder-schilder. Vincent drong er bij Theo op aan het zinkende schip te verlaten, zijn wilskracht te gebruiken en zijn ware aard te verwezenlijken door kunstenaar te worden. Door dit argument kracht bij te zetten toonde hij zijn dubbelzinnige houding ten opzichte van de kunstmarkt die zijn verlangen om financieel onafhankelijk te zijn verijdeld had (en zou blijven doen). Kunst maken was nobel; kunst verkopen niet.[74]

Maar Vincents voorstel aan zijn broer had niets te maken met praktische of financiële zaken. Door samenwerking zouden ze de traditie volgen van Adriaan en Isaäk van Ostade uit de 17de eeuw en van recentere schilders als Jules en Émile Breton. Ruimer gezien zou hun missie die van de puriteinse *Pilgrim Fathers* weerspiegelen waarover hij in Carlyle's *On Heroes and Hero-Worship* gelezen had. De broers van Gogh leken niet alleen fysiek op deze puriteinen (met hun 'rossige haar [...] en hun vierkante voorhoofden') maar zouden hen ook in filosofisch opzicht kunnen evenaren door een beschermend thuisland voor schilders te stichten. Deze fantasie werd geïnspireerd door Vincents geïdealiseerde indruk van het 'gezinsleven' van de Barbizon-schilders. Ze zouden hun avonden samen doorbrengen met het kijken naar en bespreken van kunst. Maar de gezelligheid was niet het enige doel dat naar voren komt uit Vincents verwijzing naar de *Pilgrim Fathers*, slachtoffers van religieuze vervolging. Hij was van plan Theo te redden uit de verderfelijke stad en sprak over lichaam, geest en wedergeboorte. Millet diende als model, want de boer-schilder had geloofd in een hogere macht en was een verkondiger van dit nieuwe evangelie geworden. Het doel was om gered te worden uit de existentiële wanhoop. In zijn verbeelding zag Vincent zichzelf en zijn broer terwijl ze het gevoel van idyllische eenwording met de natuur uit hun jeugd weer terugvonden en zich verlost voelden van de noodzaak om te 'gehoorzamen.' Op deze manier zouden ze minder in zichzelf opgaan en niet meer tobben over het probleem van het bestaan van God. Door hun eigen ego in dienst te stellen van hun missie zouden Theo en hij 'zo precies hetzelfde voelen, denken en geloven' dat hun werk 'in elkaar zou vloeien.'[75]

Drie maanden lang schreef Vincent onophoudelijk over dit onderwerp. Zijn opwinding en aandrang groeiden en hij werd tenslotte bijna overspannen; het het beoogde resultaat bleef echter uit. Tegen eind november 1883 was het duidelijk dat Theo's antwoord Nee was. Geheel ontmoedigd, eenzaam en zonder geld, verliet Vincent tegen zijn zin Drenthe en trok weer bij zijn ouders in, die nu in Nuenen woonden. Op de een of andere manier had Vincent gehoopt dat hun houding tegenover hem veranderd zou zijn, maar zijn vader betoonde zich nog steeds onwrikbaar. Vincent begon zich verraden te voelen en besloot dat ook Theo hoorde bij degenen die weigerden hem te begrijpen. Hoewel hij voelde dat hij definitief met zijn vader zou moeten breken, kon hij zich dat letterlijk niet veroorloven. In plaats daarvan probeerde hij Theo ervan te overtuigen om het maandelijkse bedrag dat deze hem toestuurde te beschouwen als betaling voor werk en niet als liefdadigheid. Hoewel zijn broer hiermee instemde voelde Vincent zich ingesloten en vergeleek hij zichzelf met een wever die 'ziet dat zijn draden en het patroon in den war gaan.'[76] Deze veelbetekenende metafoor haalde hij uit bronnen als Dickens voorwoord bij *Little Dorrit*, George Eliots *Silas Marner* en natuurlijk uit Carlyle's *Sartor Resartus*. Ook werd het beeld verlevendigd door de wevers in Nuenen die in de buurt aan aan hun weefgetouw zaten te werken. De wever werd, net als de zaaier, een symbool voor artistieke aspiraties in weerwil van ongunstige sociale, economische en spirituele omstandigheden. Vincent identificeerde zichzelf met deze arbeiders door zijn verlangen om het maken van kunst gelijk te stellen aan het werken voor een loon.[77] Door dit belangrijke motief op te pakken begon Vincent de subjectiviteit van de Romantiek en het idee van de missie uit het Nieuwe Testament tot een patroon te weven in een uit Carlyle verkregen kader. Deze schrijver had immers gesproken over het weven van 'nieuwe kleding' voor oude waarheden die nu in versleten 'kerkelijke kledij' gehuld gingen. Tot slot geven de talrijke schetsen en schilderijen van de wevers van Nuenen (fig. 43) een verschuiving aan van tekenen naar schilderen en naar een nieuwe belangstelling voor kleur, waardoor hij zich ging interesseren voor de theorieën van Delacroix uit de werken van Charles Blanc en andere kunsthistorici.[78]

Als reactie op Van Rappards kritiek op de ongelijke onderlinge verhoudingen van de figuren op de afbeeldingen van de wevers gaf Vincent een toelichting. Hij gaf de voorkeur aan expressieve kracht en het 'idee' boven nauwkeurigheid en technische verfijning. Door zijn schilderstijl met een taal te vergelijken, beweerde Vincent de moedertaal van de gemiddelde toeschouwer te spreken, wiens reactie op de 'opwekkende kracht' van schilderijen niet afhankelijk was van de inhoud of de uitvoering maar eerder van wat er doorheen schemerde: de ziel van de kunstenaar zelf.[79] Ook in deze redenering klinkt Carlyle's idee door dat ieder tijdperk behoefte heeft aan een nieuw dialect (zoals een nieuw stel kleren), dat begrijpelijk is omdat het oprecht is en vrij van iedere conventie.

Op dezelfde wijze ordende Vincent zijn argumenten in zijn antwoord op Theo's suggestie dat het goed voor hem zou zijn om ook naar levende kunstenaars te kijken in plaats van naar

43
Vincent van Gogh
*Wever bij een open raam*
1884
[F 24, JH 500]
Olieverf op doek
68 x 93 cm
Neue Pinakothek, München

44
Georges Michel (Frankrijk; 1763-1843)
*De storm*
1814/30
Olieverf op doek
58,7 x 73 cm
The Art Institute of Chicago, Wilson L. Mead Fund, 1935.374

43
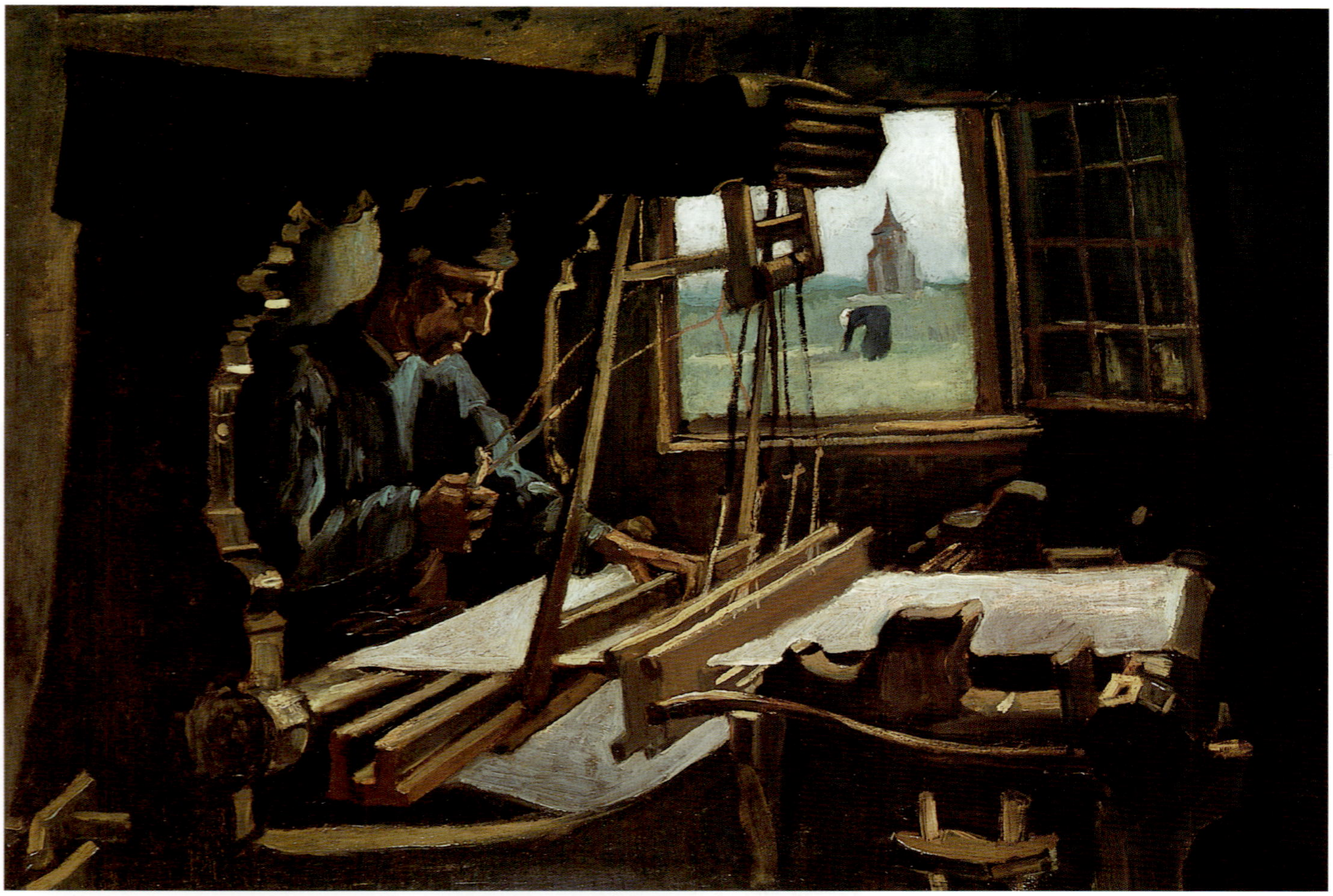

44
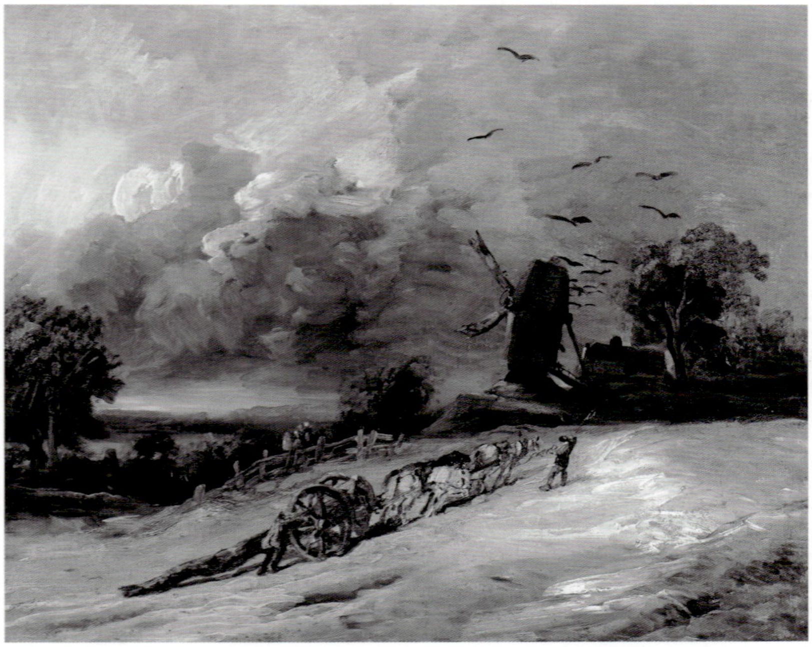

47

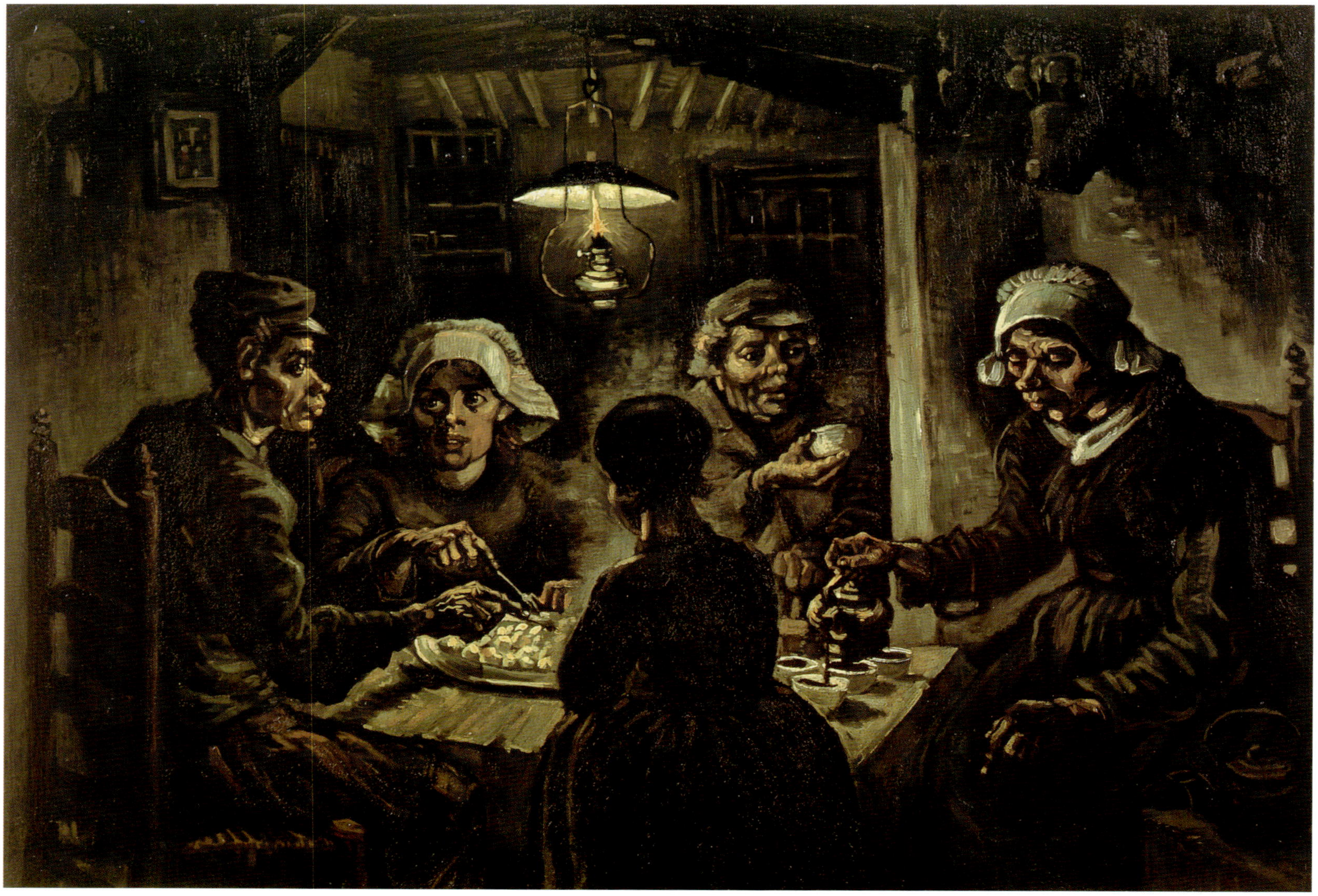

48

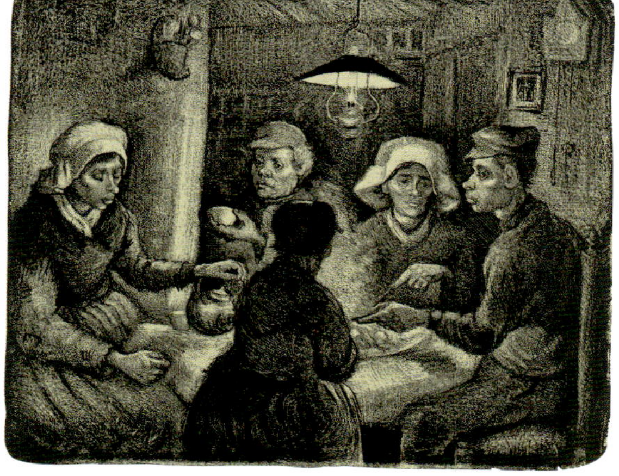

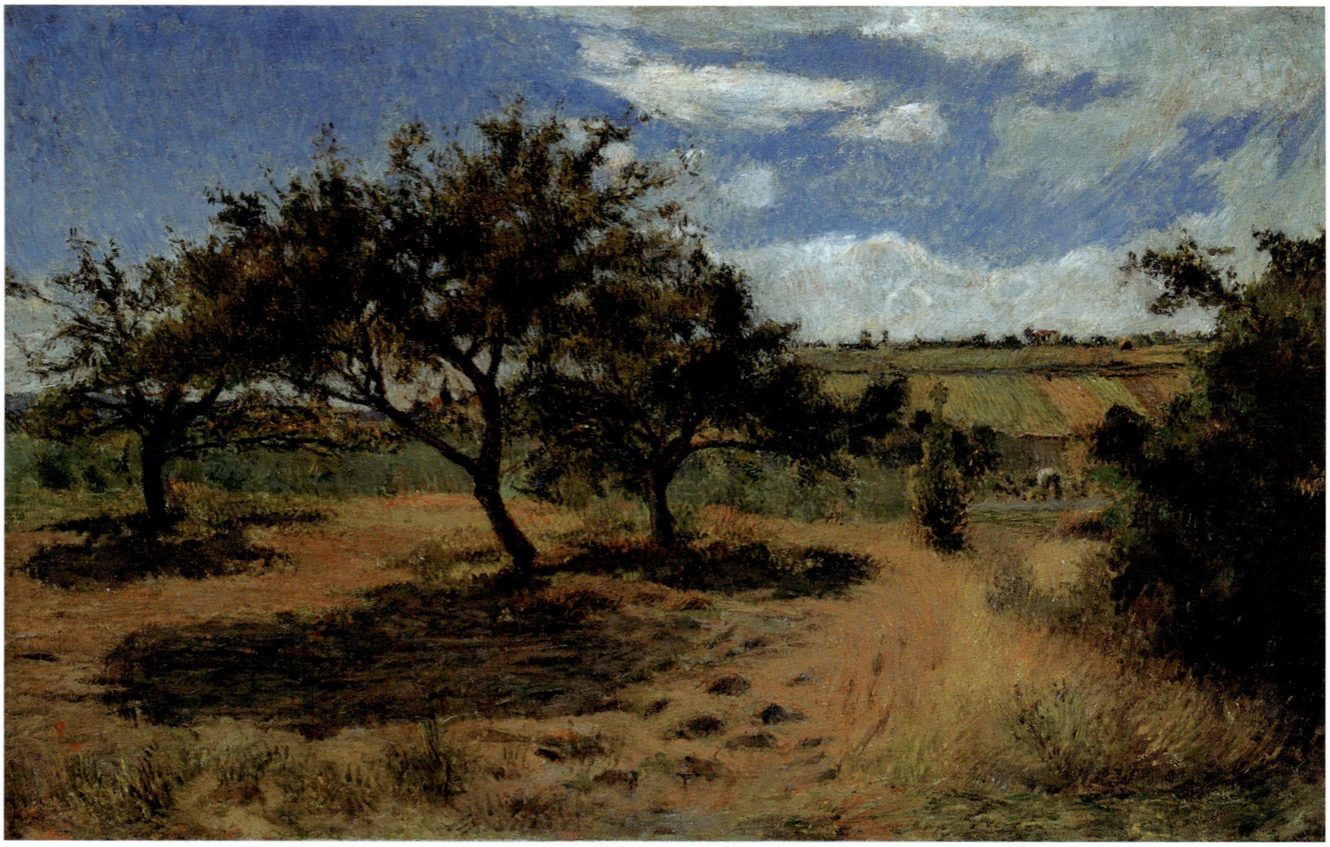

50
Paul Gauguin
*Appelbomen, Hermitage, Pontoise*
1879 [W 33]
Olieverf op doek
65 x 100 cm
Aargauer Kunsthaus, Aarau, Zwitserland

verschillen verscherpt door de komst van nieuwe leden en werd het probleem van de grote diversiteit van stijlen steeds nijpender. Toch was de tentoonstelling van 1879 een succes.

Door zich bij Pissarro aan te sluiten had Gauguin een mentor gekregen die zich zonder aarzeling voor de collectieve zaak inzette en een model van rechtschapenheid was. Toch weerhield zijn loyaliteit Pissarro er niet van te wensen dat de impressionisten wat gedisciplineerder te werk zouden gaan – door het tentoonstellen van schilderijen die echt af waren (*tableaux*) en niet alleen spontane schetsen of studies (*esquisses* of *études*) die het vanaf het begin moeilijk gemaakt hadden hun prestaties te beoordelen. Kennelijk had Gauguin deze overweging voor ogen toen hij in de zomer van 1879 onder rechtstreekse invloed van Pissarro in het dorp Pontoise schilderde. Uit een serie werken van appelbomen blijkt hoe snel hij zich Pissarro's stijlkenmerken eigen maakte en hoezeer hij bereid was zijn erkentelijkheid te tonen. Toen hij één van de typerende motieven van de oudere impressionist onder handen nam, dat hij al kende van een werk uit zijn eigen collectie, maakte Gauguin eerst een schets in de openlucht die hij gebruikte bij de uitwerking van twee grotere, meer afgewerkte versies in het atelier (fig. 50). Het zijn demonstratiestukken, 'meesterwerken' in de traditionele betekenis van aangeleerde vaardigheden, maar het zijn ook pogingen om een gezaghebbend impressionistisch *tableau* voor een tentoonstelling te produceren.[94]

Toen Gauguin deze en andere werken liet zien op de vijfde tentoonstelling van de impressionisten in 1880, werden zij met onverschilligheid ontvangen. De critici schonken weinig aandacht aan de experimenten van die nieuwkomer, aangezien ze meer geïnteresseerd waren in het analyseren van de neergang van Impressionisme. Als symptomen constateerden zij een gebrek aan eensgezindheid en het produceren van kwantiteit ten koste van kwaliteit. Vooral het weglopen van vroegere leiders onder wie Monet en Renoir en het binnenhalen van teveel minder getalenteerde volgelingen, zoals Gauguin trok hun aandacht. Als hij al genoemd werd was het om hem te betitelen als een lompe rekruut onder de vlag van Pissarro. In een interview opperde Monet dat de oorspronkelijke 'kleine kliek een grote club geworden was, die zijn deuren voor iedere kladschilder openzette.'[95]

Toch zette Gauguin door, naar het schijnt zelfs ten koste van zijn huwelijk. In de lente van 1880 bracht Mette enkele maanden bij haar familie in Kopenhagen door. Bij haar vertrek naar Parijs liet zij haar oudste zoon Emil achter om door Deense vrienden opgevoed te worden. Gauguin bleek zich zelfs nog sterker op zijn kunst te concentreren. Hij veranderde van baan en in de zomer verhuisde het gezin naar de Vaugirard-buurt in Parijs, waar hij een huis huurde met een atelier – zijn eerste. Daar begon hij te werken aan schilderijen waarin hij op een persoonlijker manier wilde verwerken wat hij van het impressionisme geleerd had. In het stilleven *Pour faire un bouquet* (*Het maken van een boeket*) (fig. 53) worden kleurgebruik en penseelwerk van Monet en Pissarro geassimileerd voor een compositie die – met de abrupte afkappingen en overdreven contrasten tussen voor- en achtergrond – doen denken aan Degas' afbeeldingen van het moderne stadsleven. Door twee verschillende en schijnbaar niet te combineren avant-gardistische stomingen te doen samensmelten zocht Gauguin naar originaliteit.

In een ander stilleven uit die tijd, van een houten kroes en een metalen kruik (fig. 51),

51

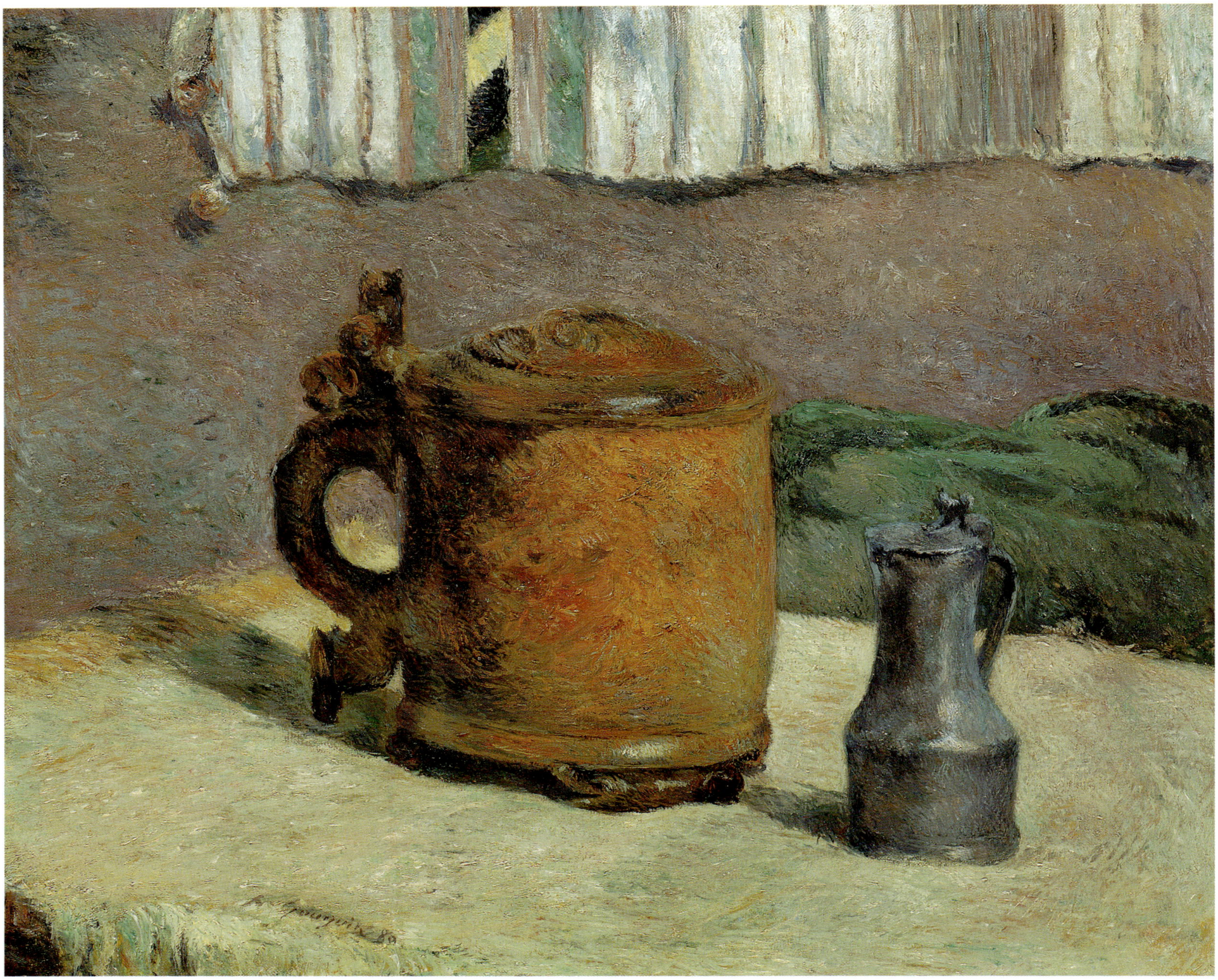

52

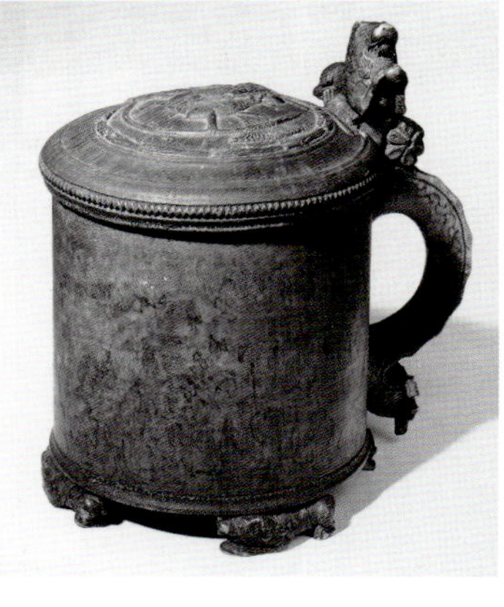

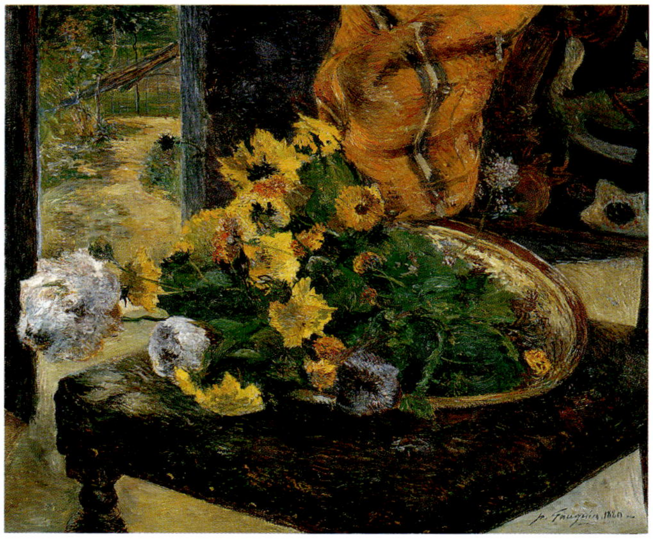

53

51
Paul Gauguin
*Houten kroes en metalen kruik*
1880 [W 47]
Olieverf op doek
55 x 65 cm
The Art Institute of Chicago, Millennium Geschenk van Sara Lee Corporation, 1999.362
Cat. 1

52
*Noorse kroes*
1740
Wortelhout
H 26 cm
Met dank aan Trafalgar Galleries, Londen

53
Paul Gauguin
*Pour faire un bouquet*
1880 [W 49]
Olieverf op doek
55 x 65 cm
Privé-collectie

speelde Gauguin op een andere manier met het naast elkaar zetten van tegengestelden. Een scherp omlijnde, negatieve ruimte scheidt de sterk verschillende voorwerpen van elkaar en benadrukt daarmee de afwezigheid van andere aanvullende vormen, zoals op een uitgebreider stilleven. Hier verstoorde Gauguin de conventies van het ene genre door bij een ander te leen te gaan: de karikatuur. Want de stoere Noorse wortelhouten kroes lijkt bijzonder slecht te passen naast de sierlijke maar eenvoudige kruik. De combinatie is tegelijk grappig en enigszins sinister door knulligheid en gebrek aan proportie. De compositie is geestig en schijnbaar ongekunsteld en roept het beeld op van een raar stel en, gezien de omstandigheden, misschien ook de spanningen in Gauguins relatie met Mette. Uitdagend is het zeker.[96]

De kroes en het ogenschijnlijk Noord-Afrikaanse kleed aan de muur wijzen, samen met andere stoffen, waaiers, aardewerk en al het houtsnijwerk dat in zijn huis te vinden was, op Gauguins duurzame belangstelling voor de zogenaamde volkskunst (fig. 52). Hoewel deze voorwerpen op verschillende schilderijen als rekwisieten voorkomen, kreeg deze interesse bij zijn experimenten in de beeldhouwkunst toch een meer dan representatieve betekenis. Zoals gesuggereerd wordt uit zijn debuut bij de impressionisten, beschouwde Gauguin beeldhouwen als het middel waardoor zijn inspanningen meer op hun eigen waarde geschat zouden worden en niet in vergelijking tot het werk van oudere impressionisten die zich bijna uitsluitend aan de schilderkunst wijdden. De meest in het oog springende uitzondering was Degas, die in die tijd zich bezig hield met het modelleren in was. Bij het voortzetten van zijn driedimensionale werk hield Gauguin nu op om marmer te gebruiken vanwege de gevoelswaarde die dit materiaal met hogere kunst verbond. Hij was zo slim met hout te gaan werken, aangezien Degas zich nooit met dit materiaal had beziggehouden. Later beweerde hij als jongen aan houtsnijden gedaan te hebben en waarschijnlijk zal hij gedurende zijn jaren aan boord wel zeelui gezien hebben die zich hiermee verpoosden.[97]

Houtsnijwerk als de *Wandelende dame* (fig. 54-55) verwijst duidelijk naar prototypes van Degas, maar de opzettelijk ruwe uitvoering en de keuze van alledaags materiaal waren een open uitdaging aan het adres van de toen heersende ideeën over afwerking. Het lijkt een soort uitdagend verkeerde interpretatie van de discussies over het gebrek aan zorgvuldigheid in de impressionistische schilderkunst. Degas was zijn model geweest voor deze onorthodoxe materiaalkeuze. Pissarro verschafte hem een voorbeeld van bewuste vereenvoudiging, dat gedeeltelijk afkomstig was uit de studie van de 'primitieven' – een overkoepelende categorie die de kunst van de vroege Italiaanse en Noord-Europese Scholen omvatte, naast Egyptische en gotische beeldhouwkunst.[98] Het waren precies deze bewoordingen die opdoken in de kritieken op Gauguins latere werk dat in 1881 te zien was op de zesde impressionistische tentoonstelling. De *Wandelende dame* werd door een schrijver vergeleken met de 'elegante figuren op Egyptische fresco's en papyrusschilderingen.' Een ander noemde hetzelfde stuk 'gotisch modern.'[99]

Nu hij eindelijk wat individuele erkenning gekregen had, had Gauguin zich ook een beter inzicht verschaft in de instabiele verhoudingen binnen de groep waar zijn identiteit als schilder van afhing. Bij de programmering van de tentoonstelling ontstonden felle interne discussies over de nieuwkomers die door Degas uitgenodigd waren. Caillebotte probeerde Pissarro over te halen om de groep 'uitsluitend artistiek' te houden, hetgeen voor hem de afwijzing van Degas' aanhang inhield. Toen het hem niet lukte om deze norm op te leggen trok Caillebotte zich terug en was het tenslotte Gauguin die Degas bijstond om de tentoonstelling te organiseren. Door Degas' '*Veertienjarig danseresje*' te tonen naast de werken van kunstenaars die als zijn aanhangers beschouwd werden, riep de tentoonstelling – duidelijker dan ooit – de vraag op in hoeverre er een relatie bestond tussen de schilders van de avant-garde en de schrijvers van Zola's naturalistische school.

Zoals Gauguin inzag zou het idee van een dergelijke relatie een bedreiging vormen voor een zelfbewust en onafhankelijk schilderkundig programma zonder besmettende invloeden uit de literatuur. Het leek hem een gevaarlijke situatie. 'impressionisme' was bezig een mythische benaming te worden; de elkaar opvolgende tentoonstellingen dienden alle tezamen om het als een 'beweging' te doen vestigen binnen de ontwikkeling van moderne stijlen. De invloed en reputatie van de oorspronkelijke voorgangers groeide dankzij de steun van sympathiserende professionele kunstcritici en in hedendaagse kunst gespecialiseerde kunsthandelaars. Gauguin moest echter zijn naam nog maken en was daar steeds meer op gericht. Hij voelde zich kwetsbaar bij iedere aanval op de inspanningen van de groep en wilde vooral niet geassocieerd worden met het beschrijvend naturalisme.[100]

Gauguin ging zich actief bemoeien met de politiek van de kunstwereld en begon eigenmachtig te spreken over het bschermen van 'onze beweging' en van 'onze toekomst.' Enigszins gewaagd (gezien zijn nog steeds marginale status) sprak hij de mening uit dat Monet en Sisley de markt met schetsen deden overstromen op een moment waarop de impressionisten hun kunde zouden moeten demonstreren door *tableaux* te schilderen. Ook beschuldigde hij de oudere leden met een reeds gevestigde reputatie van egoïstische onverschilligheid ten opzichte van het lot van de jonge leden. Tegelijkertijd wilde hij echter niet ingedeeld worden in de categorie van de nieuwere leden, die volgens hem afbreuk deden aan de boodschap van onafhankelijkheid van de groep. Toen in 1882 de plannen voor een zevende tentoonstelling bleven steken vanwege een nieuwe aanhanger van Degas, diende Gauguin op hoogdravende wijze zijn ontslag in bij Pissarro.[101] De anderen waren maar al te

54

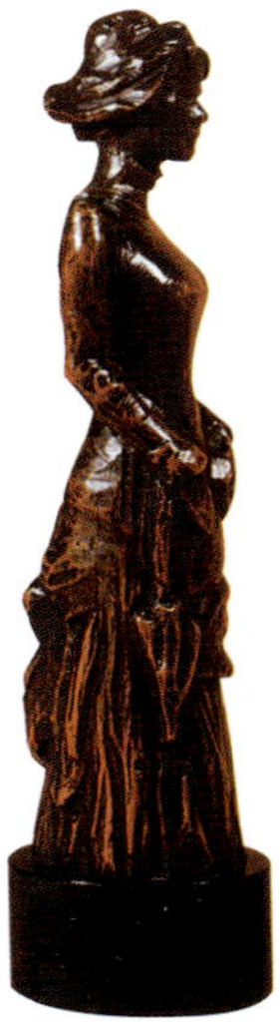

55

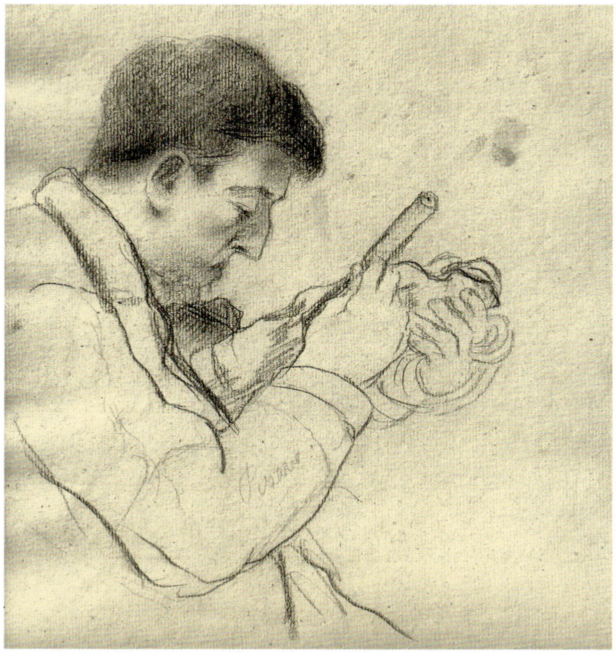

56

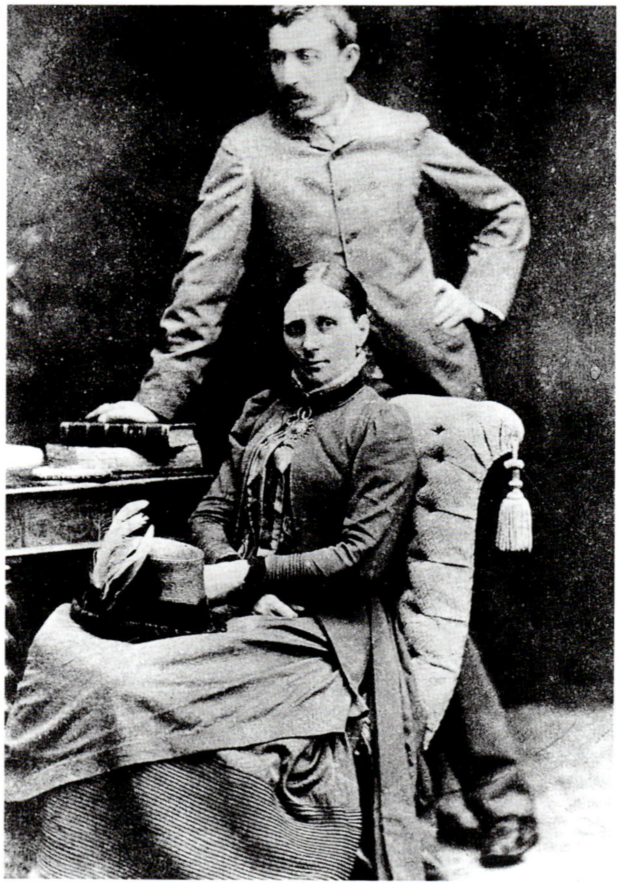

gelukkig om hem te zien verdwijnen. Monet en Renoir vonden zijn manier van doen agressief, dictatoriaal en arrogant, aangezien zijn talent hem niet in aanmerking deed komen voor Monets idee van een tentoonstelling 'entre nous' (onder ons) met kunstenaars van gelijkwaardig talent. Dit ondanks de recente aankoop door Durand-Ruel van twee schilderijen van Gauguin.[102]

De elitaire opvattingen van Monet en Renoir waren stevig geworteld in economische overwegingen – ze vreesden dat een tentoonstelling met mindere goden hun marktpositie zou schaden die toch al wankel stond door het instorten van de effectenbeurs in januari 1882. Pissarro's onwrikbaar democratische houding redde Gauguin van uitsluiting op deze gronden, maar op zijn beurt bleef Gauguin zijn voortdurende oppositie tegen enkele van Degas' volgelingen verdedigen.

Uiteindelijk trok Degas zich terug uit de tentoonstelling van 1882 en kreeg Gauguin in alle opzichten de schuld voor het ontbreken van deze medestichter van de groep (Monet en Renoir konden alleen meedoen door de bemoeienissen van Durand-Ruel). In recensies werd Gauguin aanmatigend genoemd, de 'onafhankelijke die het meeste nog moet doen om zich een reputatie te verwerven.'
Nog schadelijker was de bewering van de critici dat zijn werk geen vooruitgang geboekt had – een zeer ernstige beschuldiging binnen het heer-sende klimaat. De critici die om meer vooruitgang en individuele authenticiteit vroegen waren achter de schermen medeplichtig aan de commerciële werkelijkheid. Door de economische recessie werden nieuwe eisen aan alle partijen gesteld: pas gevestigde kunstenaars probeerde hun status veilig te stellen door hun werk te exposeren in flitsende nieuwe galerieën zoals die van George Petit. Durand-Ruel, die deze kunstenaars geholpen had om naam te maken, steunde hen door het nieuwe idee te lanceren van de eenpersoons retrospectieve tentoonstelling.[103] De periode van anderhalf

57

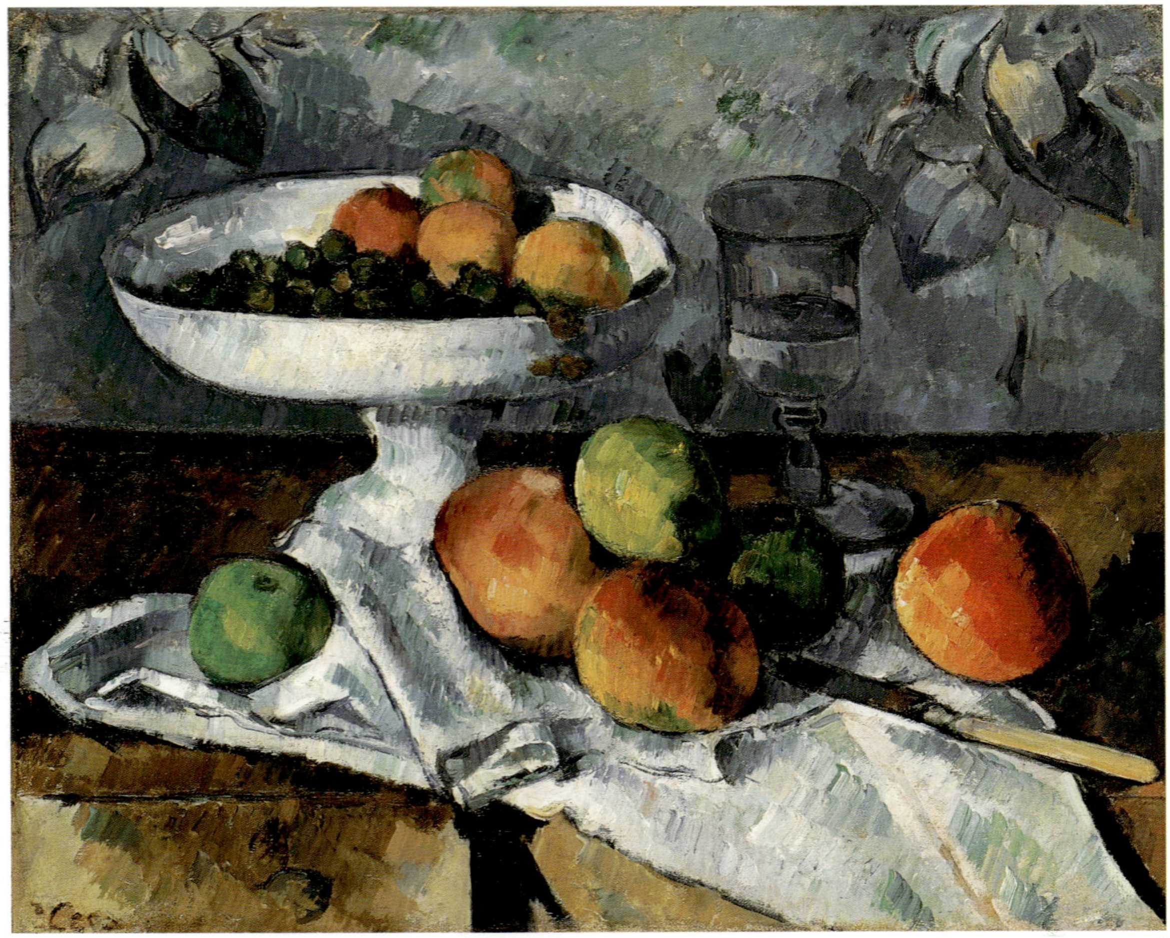

54
Paul Gauguin
*Wandelende dame*
1880 [G 4]
Tropische rood-zwart gebeitst laurierhout
H 25 cm
Privé-collectie

55
Camille Pissarro
(Frankrijk; 1831-1903)
*Paul Gauguin aan het werk met 'Wandelende vrouw'*
1880
Zwart krijt op papier
29,5 x 23,3 cm
Nationalmuseum, Stockholm

56
Foto van Paul en Mette Gauguin in Kopenhagen
1885
Musée Départemental Maurice Denis, Le Prieuré, Saint-Germain-en-Laye

57
Paul Cézanne
(Frankrijk; 1839-1906)
*Stilleven met kom, glas, mes, appels en druiven*
ca. 1880
Olieverf op doek
46 x 55 cm
Privé-collectie

jaar die volgde op de sluiting van de zevende impressionistische tentoonstelling van april 1882 was moeilijk voor Gauguin. Op bijna 35-jarige leeftijd stond hij voor een dilemma. Hij voelde zich steeds meer gefrustreerd omdat hij niet los kon komen van zijn positie als amateurschilder, aangezien hij heel goed wist dat de grote schilders jong begonnen waren en zich geheel voor de kunst hadden ingezet. Het lukte hem niet om zelf de raad op te volgen die hij aan Pissarro gaf om meer in het atelier te werken en meer *tableaux* te schilderen. Wel kon hij nog zijn verzameling uitbreiden met schilderijen van Cézanne, een kunstenaar die hij bewonderde, zoals hij aan Pissarro uitlegde, vanwege de krachtige opbouw van zijn volwassen werken. Gauguin had hier overigens al een zeldzaam en opmerkelijk voorbeeld van in zijn bezit (fig. 57). Daarbij kwam nog dat zijn aandacht voor zijn werk op de effectenbeurs verslapte, juist op het moment dat de weinig actieve markt zijn financiële toekomst serieus in gevaar bracht.[104] Door dit interne conflict raakte hij verstrikt in moeilijkheden waarvoor hij zich in de kunstwereld gesteld zag. Hoewel hij openlijk verkondigde het evangelie van het impressionisme te willen 'prediken,' mocht Gauguin niet aanzitten bij de gemeenschappelijke diners van de belangrijkste leden van de groep. Terwijl de ondernemingsgeest van de groep steeds verder afbrokkelde, zochten de oudere schilders naar nieuwe trefpunten en individuele carrières – Monet, Renoir, Sisley en Pissarro hielden in 1883 allemaal tentoonstellingen van eigen werk – en zelfs de jongeren namen stelling tegen een gedeelde stijl en verdedigden een persoonlijke visie als kenmerk van echte kunst. Gauguin zag in dat het zonder de expositiemogelijkheden van de impressionistische tentoonstellingen heel moeilijk zou zijn een reputatie op te bouwen door middel van een voortdurende demonstratie van zijn vorderingen.[105]
In de herfst van 1883 werden Gauguins steeds wanhopiger pogingen om een achtste groepstentoonstelling te organiseren zelfs door Pissarro met weinig enthousiasme ontvangen. Monet en Renoir waren hem zelfs openlijk vijandig gezind. Om de zaak nog erger te maken was het duidelijk dat hij weldra zijn baan zou verliezen. Hij had geen kansen op een nieuwe baan en voelde zich weinig gemotiveerd om iets te zoeken. Het lot had voor hem beslist: hij zou schilder worden. Het vooruitzicht om als fulltime schilder de kost te moeten verdienen maakte een analyse van de kunstmarkt nog noodzakelijker. Hals over kop besloot Gauguin Parijs te verlaten en naar Rouen te gaan. Hij had verwacht dat het gemakkelijk zou zijn om tussen de provinciale bourgeoisie een mecenas te vinden maar kwam al gauw bedrogen uit. Zijn financiële situatie begon nu wanhopig te worden. Hij verkocht schilderijen uit zijn collectie (maar hield vast aan zijn geliefde Cézanne), incasseerde het geld van zijn levensverzekering en bedacht allerlei

58
Paul Gauguin
*Slapend kind*
1884 [W 81]
Olieverf op doek
46 x 55,5 cm
Privé-collectie

59
Paul Gauguin
*Versierde houten doos*
1884 [G 8]
Rood gevlekt perehout met ijzeren, leren en *netsuke* van ingelegd hout
H 32 cm
Uno Wallmann

60
'Graven met menselijke resten en verschillende voorwerpen' uit Alexandre Brongniart, *Traité des arts céramiques*, (Paris 1877), afb. 2, fig. 1 en 3

58
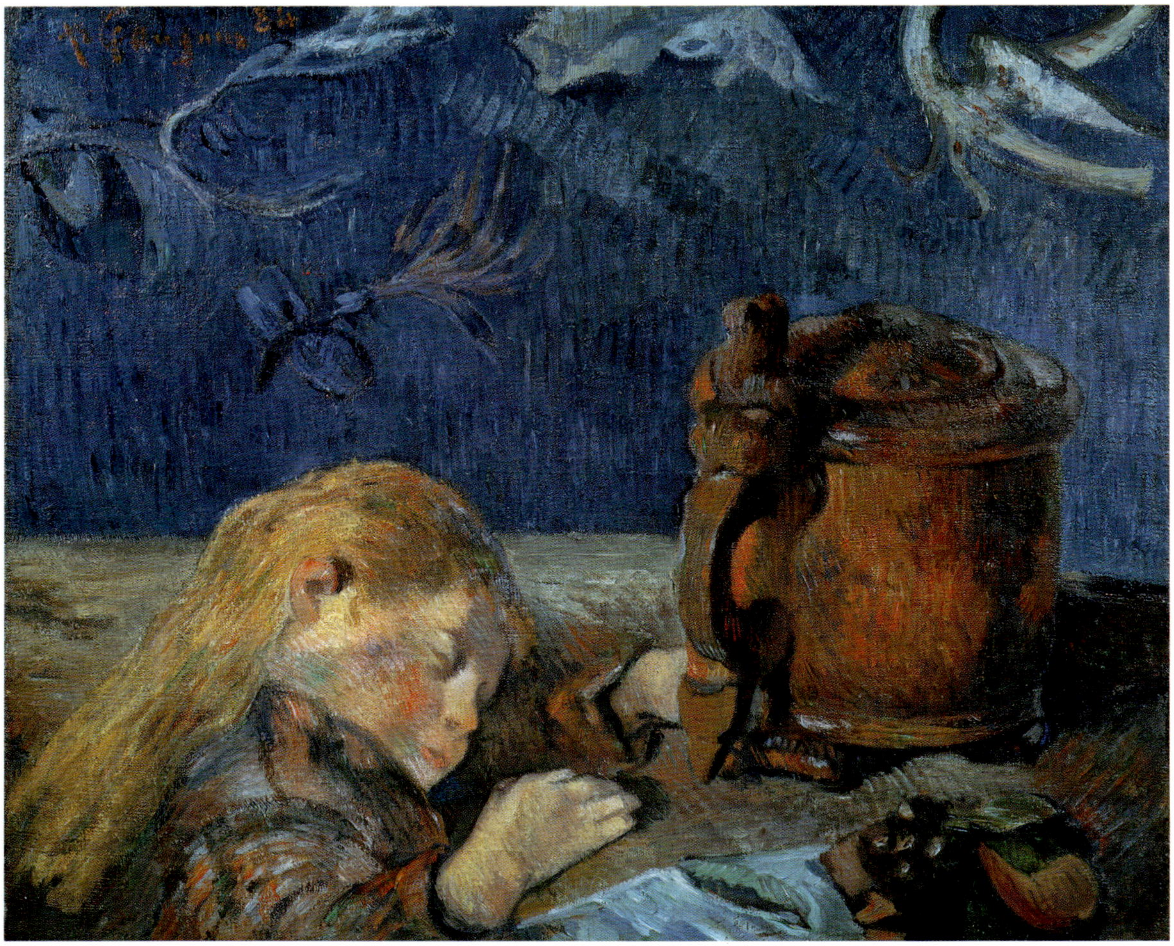


59
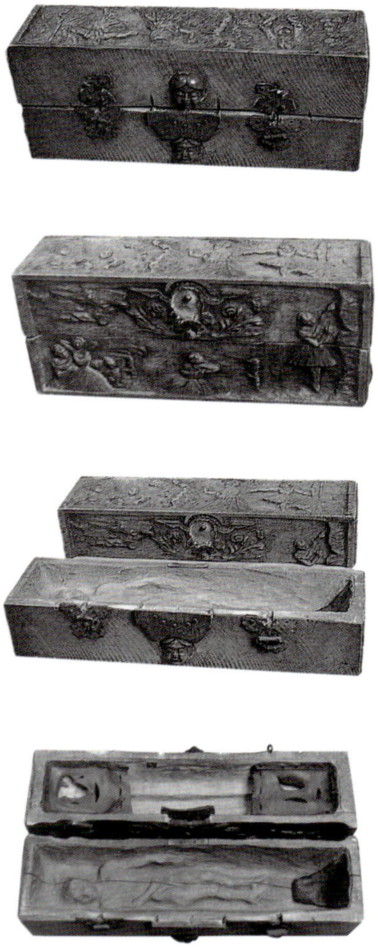

60
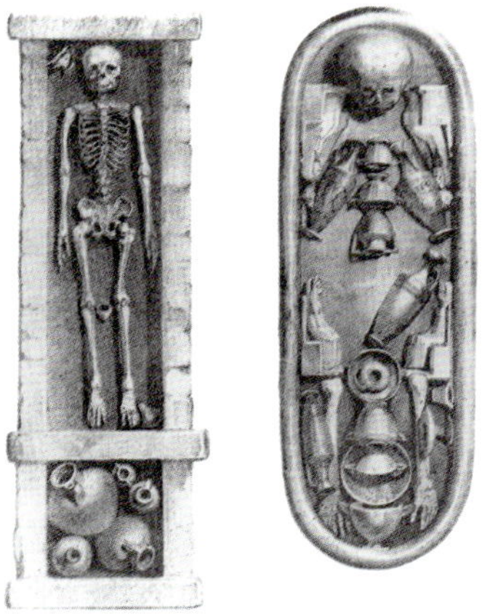

warrige plannen waarin hij collega's en kunsthandelaren wilde betrekken. Mette kon er niet meer tegen en ging met de kinderen terug naar Denemarken waar zij, dankzij haar goede kennis van het Frans, als lerares en vertaalster in haar levensonderhoud kon voorzien.

Gauguin had nu tijd om meer te produceren, maar zijn werk had geleden onder zijn obsessie om te verkopen. Pissarro zei dat ook met zoveel woorden en Gauguin accepteerde deze kritiek. In een schetsboek dat hij in Rouen gekocht had, legde hij zijn opvattingen over kunst vast onder de titel 'Notes synthétiques.' Gauguins ideeën over een kunst van synthese, gekoppeld aan zijn gesprekken met Pissarro en zijn bewondering voor Cézanne, betekenden een verzet tegen de analyse van licht en sfeer die Monet toepaste. Deze termen zouden in de daarop volgende jaren steeds meer specifiek esthetische en formele connotaties krijgen die Gauguin nu nog niet kon formuleren, laat staan inzichtelijk maken op een schilderij. Toch bevatten de 'Notes synthétiques' enkele ambitieuze stellingen, waarbij hier en daar verwezen werd naar heersende theorieën zoals die van Delacroix en Blanc. De tekst was opgezet als een traditionele *paragone* of vergelijking tussen de verschillende vormen van kunst. Gauguin plaatste de schilderkunst boven muziek en literatuur naar aanleiding van een onvolledige studie van analogieën die hij later op een meer coherente wijze zou oproepen. De 'Notes synthétiques' laten duidelijk Gauguins neiging zien om theorieën op te stellen en lange betogen te houden. Het woord liep echter voor de daad uit.[106]

Hij erkende nu dat zijn poging om marktgericht te werken mislukt was en was vastbesloten om met minder haast en meer nauwgezetheid te schilderen. Het was zijn doelstelling om zichzelf te leren kennen en te ontdekken 'hoe ver men kan gaan.' Dit voornemen is in verschillende werken uit 1884 terug te vinden, waaronder een bizar dubbelportret van zijn zoon Clovis en de Noorse kroes (fig. 58). De onevenredig grote afmetingen van het slapende kind en het voorwerp dat het lijkt vast te houden creëren samen met de onduidelijke omgeving een mysterieuze sfeer, die nog versterkt wordt door de achtergrond, een blauw veld vol vogelmotieven dat een behangpatroon kan zijn maar evengoed een droom. Op deze afbeelding komt de persoonlijke symboliek sterk naar voren. De overheersende vorm van de drinkkroes en de nadrukkelijke relatie van dit voorwerp tot het kind – gezien in de context van vroegere en latere stillevens waar hetzelfde voorwerp weer terugkomt (fig. 4, 51) – wijzen op de metaforische functie als surrogaat voor de kunstenaar, eerder een met de hand vervaardigde dan een menselijke aanwezigheid.[107]

Gauguins identificatie met dit ruw gehouwen voorwerp komt overeen met de creatieve opwelling die geleid had tot de *Wandelende dame* en, in 1884, tot een wonderlijke en verbluffend fraai gesneden doos (fig. 59). Wat de functie betreft zou het een naaidoos, tabaksdoos of zeemanskist kunnen zijn. De iconografie biedt nog andere mogelijkheden. De motieven op de voor- en bovenkant zijn afkomstig uit Degas' afbeeldingen van balletvoorstellingen en *café-concerts*, terwijl op de achterkant naast de twee scharnieren van de doos twee Japanse *netsuke* zijn ingelegd, die de godinnen van de vrolijkheid voorstellen. Uit hun aanwezigheid hier valt af te leiden hoezeer het impressionisme schatplichtig was aan deze buitenlandse muzen die nog steeds als primitief te boek stonden. Bekeken vanuit de beeldtaal van de *vanitas* verhult deze subtiele, speelse buitenkant echter het wrede bewijs van de sterfelijkheid van de mens. De doos – in feite een doodskist – bevat namelijk een liggende figuur, geïnspireerd op een recente publikatie over de geschiedenis van het aardewerk (fig. 60).

De naast elkaar geplaatste onderdelen van de doos hebben een provocerende maar onduidelijke bedoeling. Met het thema van de lach aan de buitenkant en van de dood binnenin, wenste de kunstenaar wellicht iets duidelijk te maken over zijn professionele en persoonlijke omstandigheden – wat hij misschien alleen kon formuleren door middel van de beeldhouwkunst die hem toegang verschafte tot verre culturen en volkstradities. Want ondanks zijn energieke verdediging van schilderen in de 'Notes synthétiques' bleef Gauguin zich geremd voelen door de aanwezigheid van concurrerende avant-garde schilders en door de steeds onduidelijker wordende verwachtingen die met 'hogere kunst' geassocieerd werden. Met dit weliswaar aarzelende houtsnijwerk trad Gauguin buiten de Europese traditie in een poging om tot een assemblage van culturele kruisbestuiving te komen die later, door middel van kunstzinnige experimenten en intellectueel zelfonderzoek, zijn handelsmerk zou worden.

Gauguin was nog steeds allerminst in staat om munt te slaan uit deze ontluikende vernieuwingen dus, lukte het niet om een eigen koers uit te zetten. In de herfst van 1884 nam hij een baan aan als verkoper met commissieloon voor Dillies et Co., een firma uit Roubaix die schilderslinnen vervaardigde. Ongetwijfeld op eigen verzoek hoewel hij de taal niet sprak, kreeg hij Denemarken als werkterrein aangewezen en maakte hij zich op om zich weer bij zijn gezin te voegen. De ambitie en het naïeve optimisme die hem naar Scandinavië vergezelden, maakten het alleen maar moeilijker de realiteit te aanvaarden. Hoewel Mette connecties had met de plaatselijke kunstenaars, verachte Gauguin hun conservatisme. Hij gaf de schuld aan hun provinciale manier van denken dat hij noch de door hem beschilderde doeken noch het linnen van zijn firma kon verkopen.

Hongerig naar nieuws uit Parijs hield hij contact met Pissarro, met zijn mede-impressionist Armand Guillaumin en met een amateurschilder die hij nog kende uit zijn vroegere dagen op de effectenbeurs, Émile Schuffenecker. Pissarro bleef de rol van mentor spelen en Gauguin was verheugd met de kritiek van de oudere kunstenaar op zijn recente werk. In Kopenhagen begon hij Pissarro's raadgevingen op te volgen om tot meer helderheid en eenvoud te komen. Schuffenecker vervulde de rol van toehoorder en zo kon

61

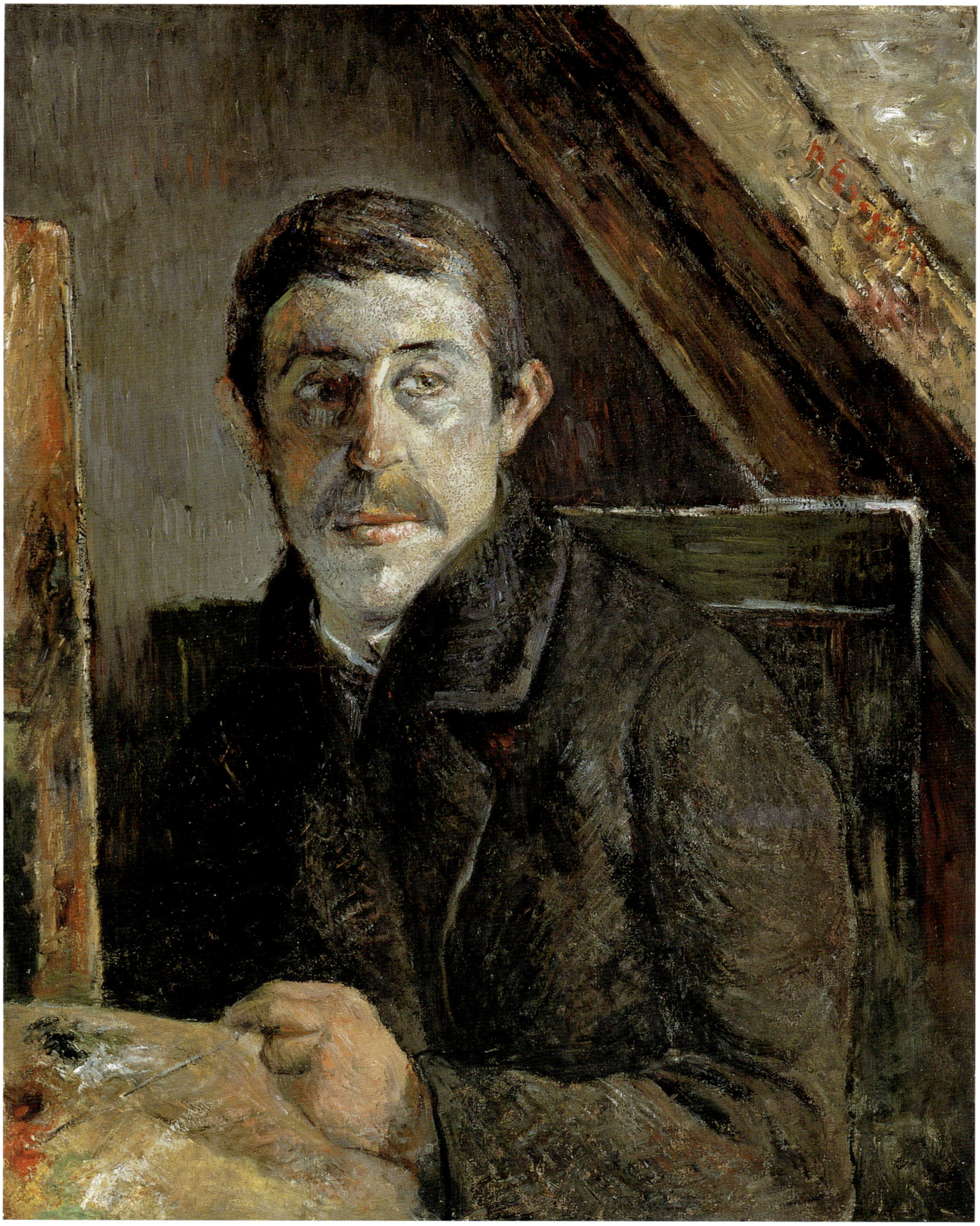

61
Paul Gauguin
*Zelfportret voor de ezel*
ca. 1 mei 1885
[W 138]
Olieverf op doek
65,2 x 54,3 cm
Kimbell Art Museum, Fort Worth, Texas
Cat. 2

Gauguin op hem zijn theoretische overwegingen oefenen over de aard van visuele ervaringen. Uitgaande van een warrig mengsel van esthetische en grafologische theorieën, mijmerde hij over hoe kleur, lijn en vorm ingewikkelde informatie konden overbrengen en een emotionele reactie konden opwekken.[108] Maar net als in de 'Notes synthétiques' was zijn ambitie zijn prestaties ver vooruit. Tegen januari 1885 zag de toekomst er somber uit. Gauguin had echter bedenkingen toen Schuffenecker voorstelde om samen werk te sturen naar de tweede tentoonstelling van de Groupe des Artistes Indépendants, die het jaar tevoren opgericht was. Zijn voorbehoud betrof de alomvattendheid van de Indépendants – het lidmaatschap was volledig open en er was geen jury voor toelating. Ook weigerde de Groupe op pragmatische gronden om gemeenschappelijke esthetische doelstelingen van welke aard dan ook vast te stellen. Gauguin zag in dat hij weinig te winnen en veel te verliezen had wanneer hij zich in dit gezelschap zou wagen. In het al te democratische milieu van de Indépendants, waar hij temidden van honderden aspiranten zou verkeren, riskeerde hij een vergelijkbare status te verkrijgen als in de afgelopen zes jaar toen hij nog aan Pissarro's jaspanden hing.

Gauguin vond Durand-Ruels betrokkenheid bij de oprichting van een Société de Saint Luc, genoemd naar Lucas als patroonheilige van de schilders, ironisch gezien het feit dat de kunsthandelaar de Société zag als een trefpunt voor de vorming van amateurs en potentiële klanten, terwijl hij weigerde kunstenaars zoals Gauguin te helpen. Vanaf een afstand bleef Gauguin derhalve druk uitoefenen op Pissarro, uitvarend tegen de slechtheid van de impressionisten die persoonlijkheid en privilege meer waardeerden dan onderlinge cohesie. Tevens suggereerde hij hen om op hun exclusieve diners plaats te maken voor jongeren met minder ervaring maar met vergelijkbare overtuigingen. Zijn verwijzing naar zijn eigen 'republikeinse filosofie,'gevat in de retoriek van zijn politiek slimmere mentor, was duidelijk berekend om eigenbelang te maskeren.
Bij vlagen werden er echter scheuren zichtbaar in zijn zelfverzekerde façade, zoals toen hij bekende dat hij zich schaamde om zichzelf als een hoer aan te bieden die niemand wilde.[109]

Door Gauguins verslechterende huiselijke situatie werd zijn gevoel van vervreemding versterkt. In mei 1885 bekende hij aan Schuffenecker dat hij maandenlang in een volledig isolement geleefd had. Mette was kwaad, verweet hem zijn schilderen en schaamde zich voor de veranderingen in hun levensstandaard. In de ogen van haar familie en vrienden was Gauguin een monster dat met kunst speelde terwijl zijn vrouw het brood op tafel bracht. Hij besefte nu dat hij het niet langer kon volhouden om te schilderen en te werken aan andere dingen. Rond deze tijd vertelde hij Pissarro dat alleen de kunst hem ervan weerhield om naar zolder te gaan en zich op te hangen.[110]

Op een somber zelfportret, dat Gauguin waarschijnlijk slechts enkele weken tevoren gemaakt had, beeldde hij zichzelf af als een schilder op een zolderkamertje, gezeten voor zijn ezel met een penseel in de hand en onzeker turend naar zijn reflectie in de spiegel (fig. 61).[111] Net als zijn blik is ook de uitvoering aarzelend; de hand die het penseel vasthoudt lijkt verlamd. Dit eerste zelfportret na acht jaar staat in sterk contrast met het vorige (fig. 34). Nu toont Gauguin vastberaden de instrumenten die behoren bij zijn professionele identiteit, maar zijn gelaatsuitdrukking is minder zelfgenoegzaam. De manier waarop het licht valt en zijn gezicht in tweeën deelt zorgt voor een beklemmende sfeer, net zoals de onmogelijk vlakke, bekrompen ruimte waarin de schilder ingeklemd wordt tussen de houten balk en de rugleuning van de stoel aan de ene kant en het spanraam voor het schildersdoek en de ezel aan de andere. Hij lijkt zich nauwelijks te kunnen bewegen. De zolderkamer is een gemeenplaats in het romantische beeld van de lijdende kunstenaar, maar Gauguins afbeelding is letterlijk te nemen: hij werkte op een zolderkamer van een appartementengebouw in Kopenhagen, als buitenlander in een vreemde stad, en oefende zijn beroep uit terwijl zijn familieleden beneden hem veroordeelden omdat hij niet genoeg geld verdiende. Onder dergelijke omstandigheden was dit portret een daad van verzet en vastberadenheid.

In Gauguins *Stilleven in een interieur* (fig.4) worden emotionele afstand en met elkaar contrasterende verplichtingen op een andere manier uitgedrukt – vernieuwender en minder melodramatisch. De kunstenaar gaf een suggestief commentaar op dit schilderij in een brief aan Pissarro, geschreven in mei. Terwijl hij zich toelegde op een doelbewuste overdrijving in zijn kunst, beweerde Gauguin dat 'redding alleen in het extreme gevonden wordt.' Dit was de kiem van de nieuwe identiteit die hij bezig was te creëren voor zichzelf en die al doorschemerde in het ongewone stilleven dat hij in juni maakte.
Op dit punt verliet hij Kopenhagen, nam zijn zoon Clovis met zich mee en keerde terug naar Parijs.[112]

# ONTMOETINGEN

## OKTOBER 1885 - FEBRUARI 1888

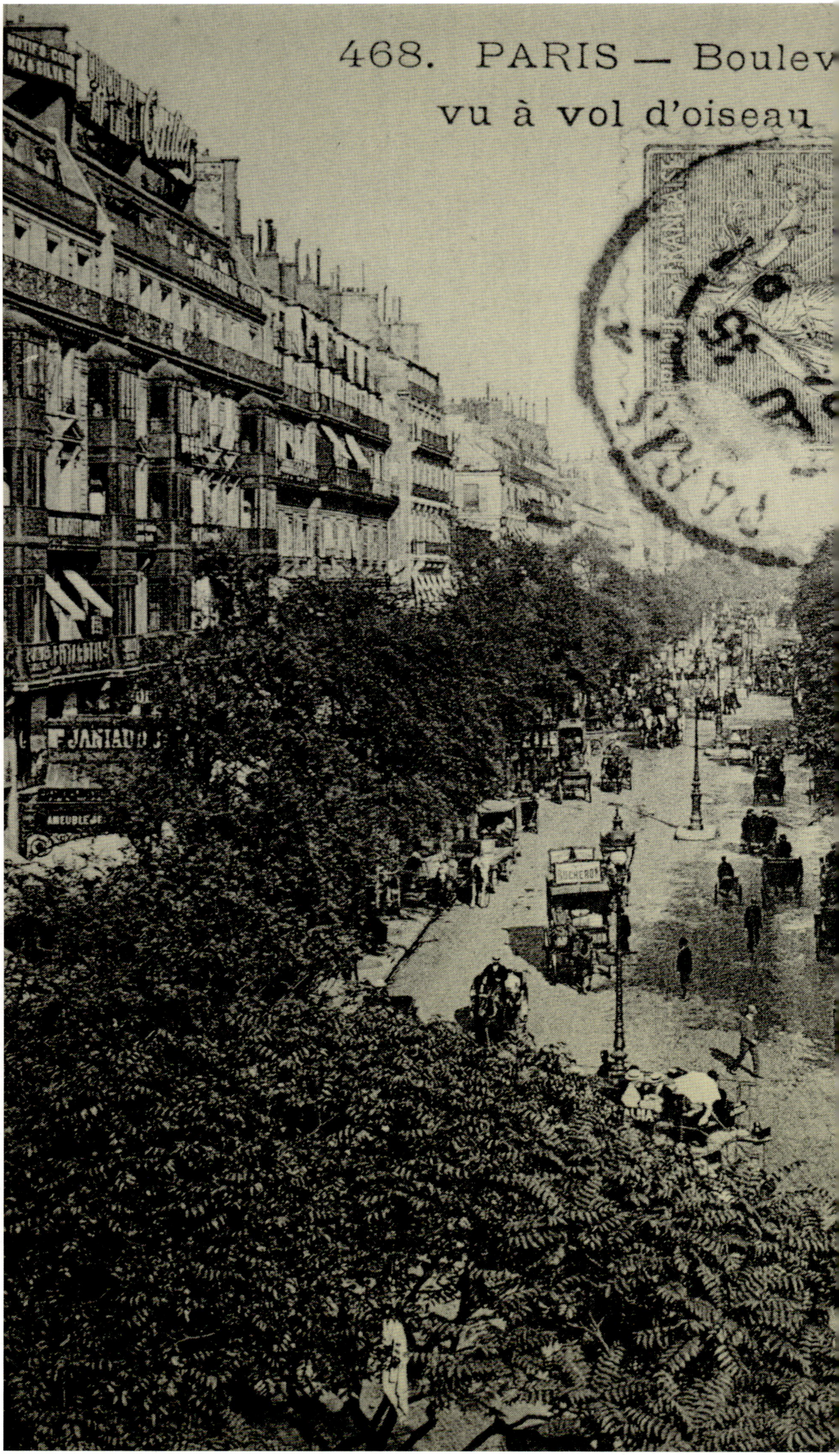

1

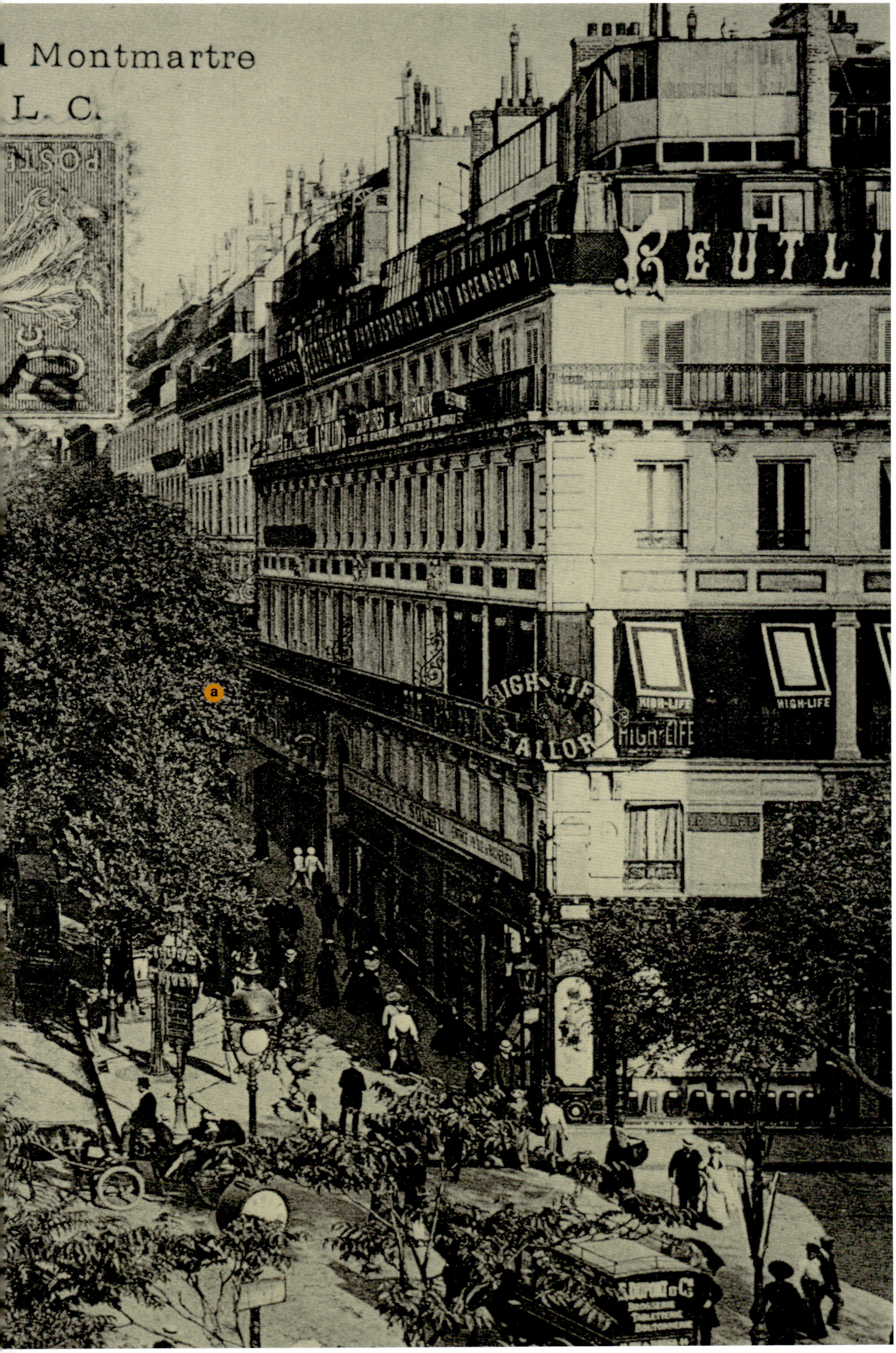


1
Parijs, ca. 1900. De brede straten van deze chique wijk op de rechteroever – de *grands boulevards* – waren omzoomd door financiële instellingen, winkels, restaurants, en zeer dure kunstgalerieën.

a Boussod, Valadon et cie, boulevard Montmartre nr. 19 (vanaf begin 1881 beheerd door Theo van Gogh)

2

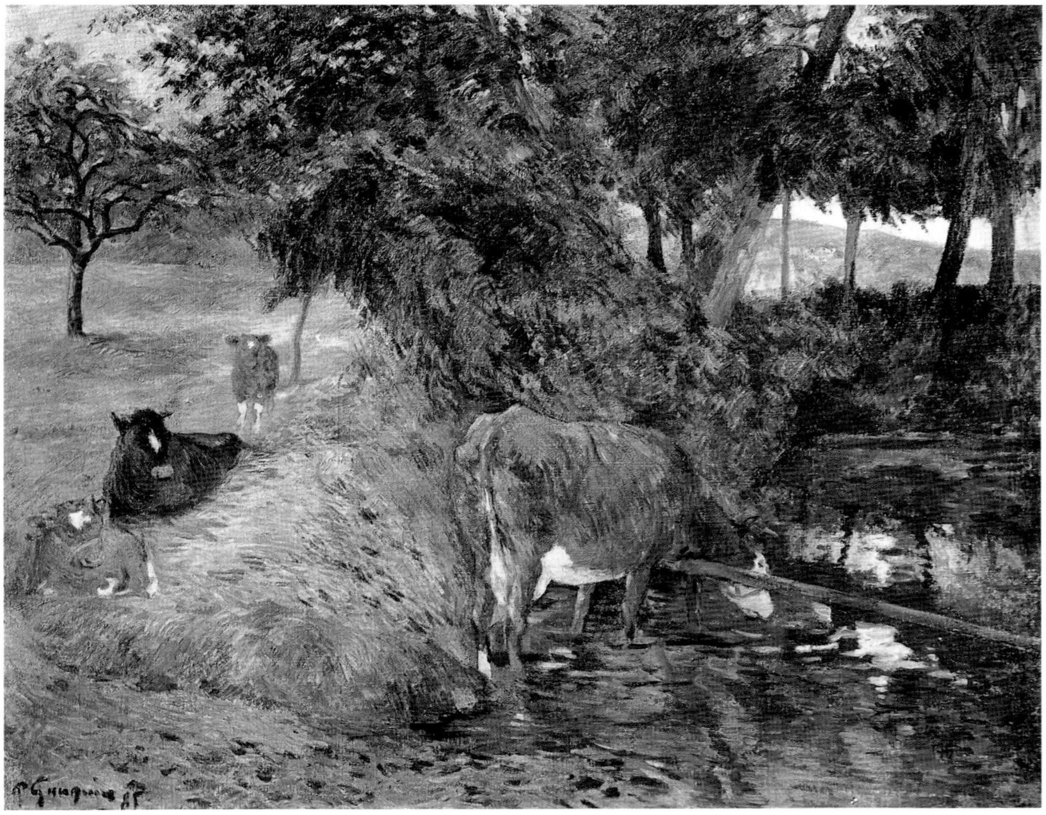

## Gauguin en de laatste impressionistische tentoonstelling

Gauguin keerde in juni 1885 uit Denemarken naar Frankrijk terug, vergezeld van zijn zesjarige zoon Clovis. Nadat hij de jongen bij zijn zuster Marie had achtergelaten, vertrok Gauguin naar Dieppe, de badplaats aan de kust van Normandië, waar hij de herfst zou verblijven. Indien hij hoop koesterde te worden uitgenodigd in de coterie van rijke kunstenaars – zoals Degas – die hier de zomer doorbrachten, dan werd hij teleurgesteld. Gauguin werd koeltjes ontvangen en betaalde daarmee de rekening voor het aansteken van de intriges die Degas ertoe had gedwongen zich uit de impressionistische tentoonstelling van 1882 terug te trekken.[1] Nu hij aan zijn lot overgelaten was, schilderde hij kusttaferelen met boten en badgasten en landschappen in het binnenland (fig. 2).

In augustus maakte hij een kort reisje naar Londen, naar het hoofdkwartier van Manuel-Ruiz Zorrilla, voormalig minister-president onder de Spaanse monarchie die in ballingschap woonde en nu uit was op een republikeinse omwenteling. Twee jaar daarvoor, toen Zorrilla's organisatie in Parijs was gevestigd, had Gauguin in opdracht daarvan een geheime missie naar het noorden van Spanje ondernomen. Net als die keer waren zijn beweegredenen gemengd: door zijn moeder en Arosa had hij sympathie voor de Spaanse zaak; hij genoot ook van de geheimzinnigheid; en hij hoopte dat hij er wellicht 'met wat geld uit tevoorschijn zou komen.'[2] Zijn politieke stellingname was revolutionairder dan zijn schilderkunst, maar met net zo weinig resultaat.

Geld was nu het grote probleem. Na zijn terugkeer naar Parijs in begin oktober, huurde Gauguin een appartement en nam Clovis bij zich in huis. Rond december was de toestand verslechterd. Durand-Ruel was niet bereid of in staat om hem te ondersteunen en zijn schilderijen werden geweigerd voor een tentoonstelling in Denemarken; Clovis kreeg pokken. Na vergeefs werk te hebben gezocht op de Bourse (de beurs), was Gauguin genoodzaakt werk te aanvaarden bij de spoorwegen, aanvankelijk als aanplakker van affiches, vervolgens als controleur, en ten slotte als administratief medewerker. De kunstmarkt was verzwakt door het aanhouden van de economische malaise en bood geen uitzicht op verkopen. Maar er gloorde hoop aan de horizon, zoals Gauguin kort na kerstmis aan Mette meldde:

> In maart zetten we een zeer volledige tentoonstelling op met nieuwe, talentvolle impressionisten [...] Deze tentoonstelling zal waarschijnlijk veel rumoer veroorzaken; misschien wordt zij het begin van ons succes.[3]

De betreffende expositie was de achtste in de reeks van impressionistische groepsactiviteiten en de eerste sinds 1882. Hij werd georganiseerd door leidende figuren als Pissarro en Degas en werd inderdaad een keerpunt – al had Gauguin over het effect op zijn carrière er niet verder naast kunnen zitten.

In de kunstwereld hadden grote veranderingen plaatsgevonden sinds de eerste, aardverschuivende impressionistische tentoonstelling van 1874. Degas erkende dat in de voorwaarden die hij stelde voor deelname aan de manifestatie van 1886. Zijn oude bepaling – dat niemand die werk liet zien op de impressionistische tentoonstelling mocht inzenden voor de Salon – gold nog steeds, maar een nieuwe bepaling verbood deelnemers tevens om werk in te zenden naar 'de tentoonstelling van een handelaar als Petit.'[4] De retoriek van de onafhankelijkheid die voorheen gewaarborgd werd door afstand te houden tot door de staat gesubsidieerde instellingen, vereiste nu een soortgelijke plaatsbepaling ten opzichte van machtige kunsthandelaars als Petit en Durand-Ruel, die door hun strategie van speculatie en het munt slaan uit reputaties door middel van tentoonstellingen, retrospectieven, publicaties en public relations – de structuur en de machtsverhoudingen van de markt hadden gewijzigd.

In elk geval was het onafhankelijke impressionisme, zoals Degas en Pissarro nog voor ogen hadden, inmiddels een illusie. Hoewel de meeste oudgedienden onder de exposanten op een gegeven moment in de herfst van 1885 het project van een achtste groepstentoonstelling steunden, had in november Monet Petits uitnodiging om deel te nemen aan zijn Internationale Tentoonstelling van 1886 geaccepteerd, op voorwaarde dat hij niet deel zou nemen aan een impressionistische tentoonstelling, als die er al kwam. Renoir sloot zich bij hem aan, en ook Sisley bleef weg van de tentoonstelling die in mei 1886 werd geopend. Bovendien verschenen deze drie impressionisten in hart en nieren – aangevuld met Morisot, een gedesillusioneerde en wanhopige Pissarro, en andere kunstenaars waaronder Whistler – wèl op Petits Internationale Tentoonstelling van 1887. Deze commerciële onderneming was, meer dan

de onafhankelijke expositie van 1886, de meest representatieve expositie van impressionistisch schilderen in de hoofdstad van de laatste vijf jaar. De groepsidentiteit en de retoriek van revolutie en onafhankelijkheid die ermee verbonden was, waren doorbroken.
De uitbreiding van de gelederen had tot gevolg dat de verschillen tussen de oorspronkelijke impressionisten en de kunstenaars die (uit verwantschap of opportunisme) de vernieuwingen in zich opnamen teneinde hun in andere opzichten conservatieve, makkelijk toegankelijke kunst met een eigentijds stempel op te sieren, vervaagden. In toenemende mate werd 'impressionistisch' in kleine letters geschreven, als een begrip zonder specifieke omschrijving, dat werd gebezigd om een breed spectrum van modernistische praktijken aan te duiden – hetzij van Monet, Whistler, of Jean-Charles Cazin. Tegelijk werd het impressionisme een deel van de geschiedenis.
De groepstentoonstelling van 1886 – de laatste 'onafhankelijke' expositie – markeerde het einde ervan.

Maar ook kondigde het de komst van iets nieuws aan, wat zichtbaar was in het werk van de 'nieuwe impressionisten' naar wie Gauguin verwees in zijn brief aan Mette. Georges Seurat en Paul Signac, die (evenals Gauguin) door Pissarro gesteund werden, kwamen uit de kringen van de recent opgerichte Société des Artistes Indépendants (zie hfdst. 1), evenals hun mede-nieuwkomer Odilon Redon. Guillaumin, de andere impressionistische oudgediende die zich bij de Indépendants aansloot, had Pissarro aan Seurat voorgesteld in oktober 1885, wat direct resultaat had. Pissarro was zo onder de indruk van de denkbeelden van de jonge kunstenaar en diens wetenschappelijke techniek om kleuren naast elkaar te zetten dat hij onmiddellijk gewonnen was voor de methode om ongemengde toetsen kleur aan te brengen, en hij haalde zijn zoon Lucien en Signac ertoe over dit ook toe te passen.[5] Pissarro oefende al snel en met succes druk uit voor het opnemen van Seurat en Signac in de tentoonstelling van 1886. Maar begin mei kreeg hij ruzie met de echtgenoot van Morisot (de broer van Edouard Manet, Eugène) over de nieuwe techniek op Seurats *La Grande Jatte – 1884* (fig. 3) en de grote doeken van Pissarro (fig. 4) en Signac. Volgens hem praatte Eugène de mening na van de impressionisten die zich bij Petit aangesloten hadden. Pissarro verdedigde Seurats schildering van de moderne vrije tijdsbesteding met verve. Hij meende dat die met zijn kenmerkend verfgebruik en hiëratische gestalten de

3
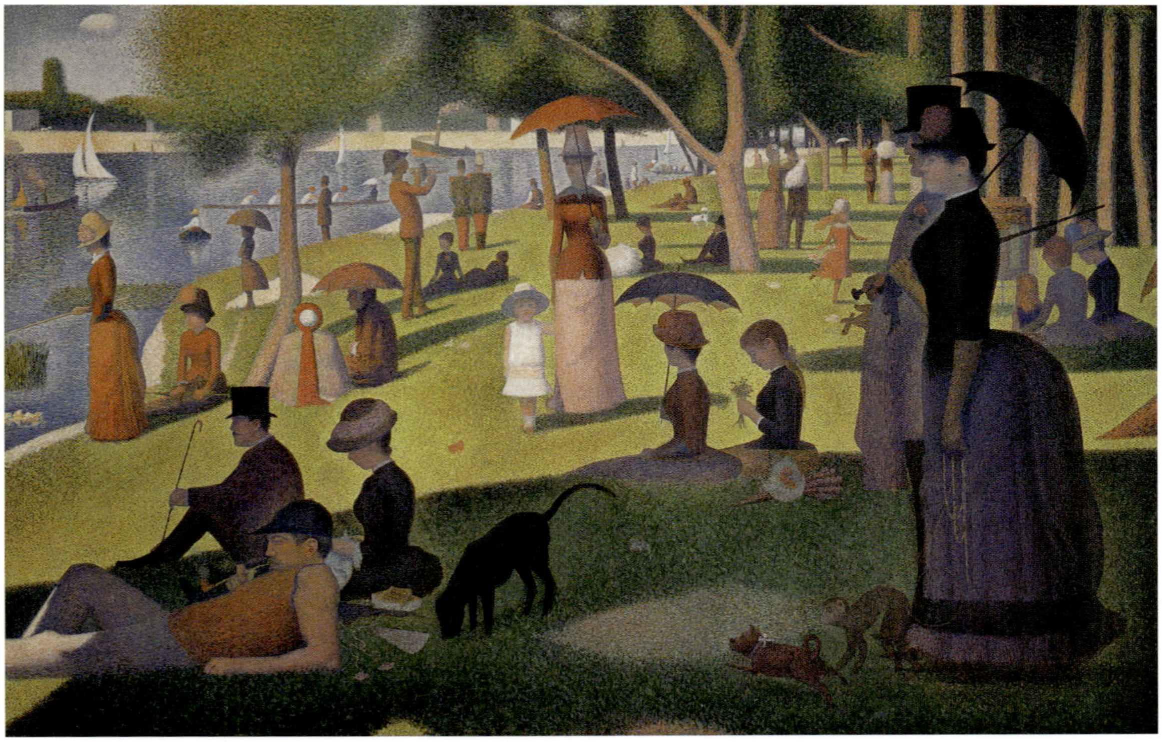

4
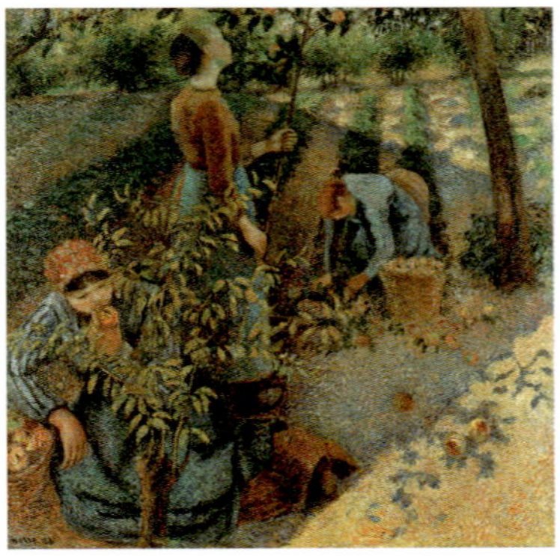

2
Paul Gauguin
*Rustende koeien*
1885 [W 160]
Olieverf op doek
64 × 80 cm
Museum Boymans-Van Beuningen, Rotterdam

3
Georges Seurat
(Frankrijk; 1859-1891)
*La Grande Jatte – 1884*
Olieverf op doek
207,6 × 308 cm
The Art Institute of Chicago, Helen Birch Bartlett Collection, 1926.224

4
Camille Pissarro
(Frankrijk; 1831-1903)
*Appelplukken*
1882-86
Olieverf op doek
128 × 128 cm
Ohara Kunstmuseum, Kuranshiki, Japan

5
Kaart van
Frankrijk

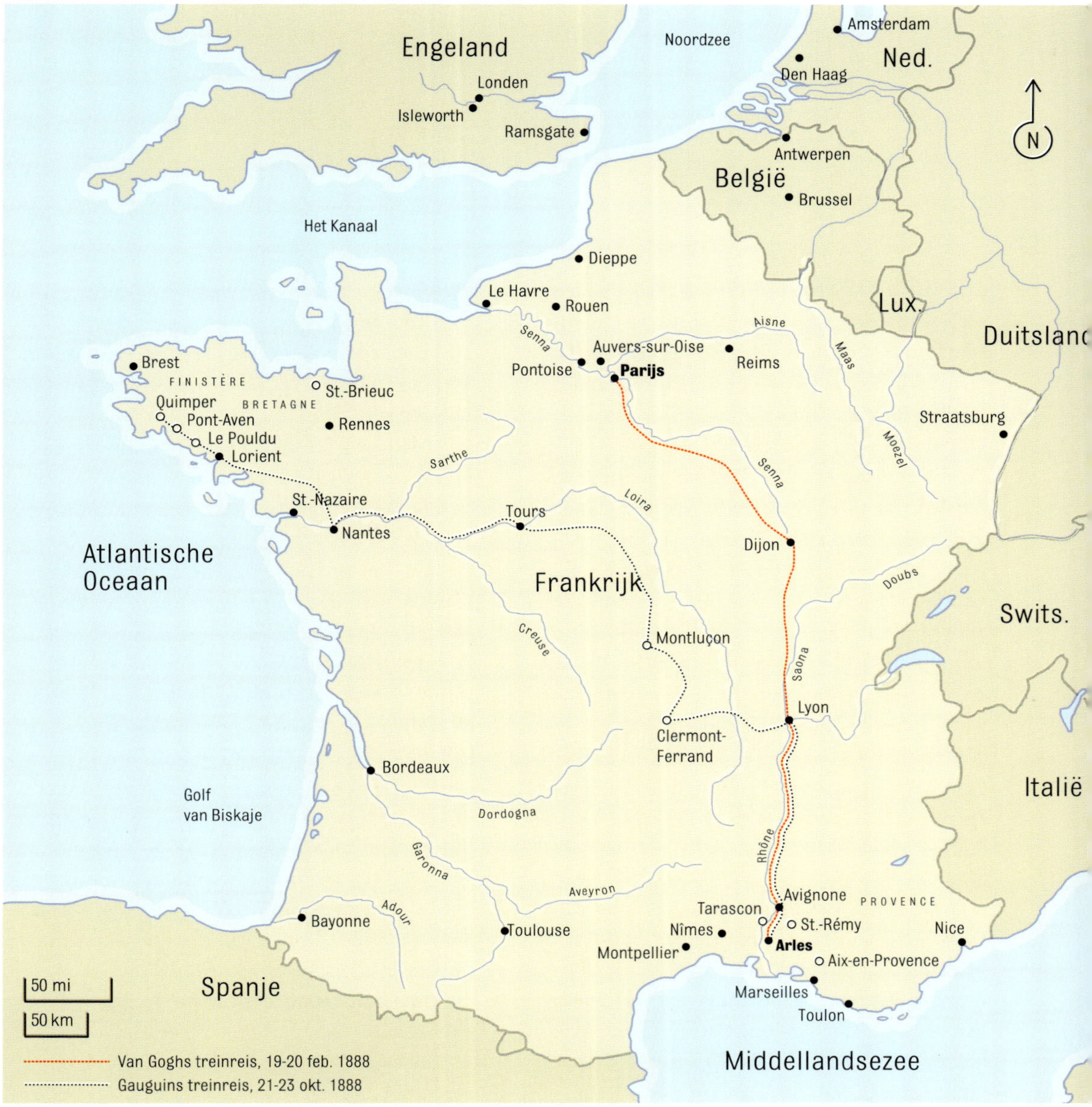


'vooruitgang' vertegenwoordigde – stilistische vernieuwing ondersteund door wetenschappelijk en theoretisch inzicht – waarbij het in het gevestigde belang van de oudere impressionisten was om er tegenin te gaan.

De organisatie deed geen poging om de strijdende partijen te verzoenen: de beoefenaars van Seurats techniek deelden samen een vertrek, gescheiden van de grotere ruimte van het museum. Deze scheiding had ook gevolgen op lange termijn. Temidden van het uiteenvallend impressionisme kondigde zich een onmiskenbaar nieuwe richting aan. Binnen enkele weken na de opening op 15 mei was het sommigen duidelijk dat de impressionisten opvolgers hadden gekregen. Terwijl de gevestigde critici zich richtten op Degas' reeks van naakten in pastel als controversiële kern van de expositie, meenden jongere schrijvers, die aangesloten waren bij meer marginale publicaties, dat de *Grande Jatte* een nieuwe richting in de kunst en de kunstkritiek inluidde.

In juni publiceerde de kunstcriticus Félix Fénéon, ambtenaar bij het ministerie van oorlog, een recensie in het symbolistische tijdschrift *La Vogue*, waarin hij de thema's van het nu volgende debat schetste. Ondanks een ingewikkelde presentatie en het gebruik van wiskundige vergelijkingen, was zijn redenering simpel: de impressionisten drukten helderheid uit door kleur intuïtief te ontleden, terwijl de nieuwe groep hetzelfde met meer succes en minder willekeur bereikte met een techniek gebaseerd op de wetenschap van optische vermenging. In plaats van kleurstoffen op het palet te combineren, plaatsten zij kleine stipjes onvermengde kleur die zich in het oog vermengen. Deze wetenschappelijk gerechtvaardigde techniek kwam Fénéon en Pissarro voor als het hoogtepunt van het impressionisme.[6]

Gelijktijdig met de komst van de neo-impressionisten (zoals Fénéon hen in 1886 doopte) kwam Zola's lezing van de geschiedenis van het impressionisme, *L'Oeuvre*, een sleutelroman over de kunstwereld.[7] Zola behandelde twee verschillende mijlpalen in de recente geschiedenis van de avant-garde schilderkunst – de Salon des Refusés van 1863, waar Manet zijn geruchtmakende *Déjeuner sur l'herbe* had geëxposeerd (1863; Musée d'Orsay, Paris), en de impressionistische openingstentoonstelling van 1874. Hij gaf een beoordeling van de eigentijdse avant-gardewereld die overeenstemde met de standpunten die hij als kunstcriticus in de voorgaande twee decennia had verkondigd. Hoewel hij een vroege pleitbezorger van Manet was geweest, had Zola het sinds de jaren 1860 betreurd dat de 'nieuwe schilderschool' van Manet en zijn volgelingen nog geen 'genie' had voortgebracht, en nog geen 'meesterwerk' had opgeleverd dat zich kon meten met de successen van bijvoorbeeld Delacroix of Ingres. Hoewel ze hun visuele ervaring goed konden analyseren, waren ze niet tot een kunst van ideeën gekomen; ze brachten een eindeloze reeks voorbereidende studies (*études*) voort maar produceerden zelden een uitgewerkt doek (*tableau*). Tegen de achtergrond van een zich snel wijzigende kunstwereld, waarin reputaties plotseling werden gemaakt in plaats van verworven tijdens een heel leven, kwam Zola met een reeks figuren die een scala aan belangen en meningen vertegenwoordigden. Centraal in het verhaal staat Claude Lantier, een geniale pionier van het *plein-air* schilderen. Hoewel zijn werk in het openbare debat belachelijk wordt gemaakt, wordt het geplunderd door minder scrupuleuze schilders die, gesteund door even opportunistische kunsthandelaren, vernieuwing omzetten in commercieel succes. Omdat hij niet in staat is zijn aanvankelijke ontdekkingen te voltooien door een overtuigende 'daad', raakt Claude het spoor bijster en gaat ten onder. Hoewel het giftige openbare debat aan Claudes ondergang bijdraagt, zoekt Zola de echte oorzaak elders. De 'smet' van de Romantiek

– de aanhoudende greep van de subjectieve verbeelding – maakte Claudes generatie van nature onmachtig om de uiterste consequenties van hun gewaagde experimenten te aanvaarden. Claude had de aanzet gegeven tot een 'hartstocht voor de werkelijkheid tot aan de rand van wetenschappelijke analyse,' maar deze was in zijn evolutie tot staan gekomen omdat de aanvoerder 'nog geboren moest worden.'[8]

*L'Oeuvre* veroorzaakte een sensatie in de kunstwereld; iedereen zag zichzelf op deze bladzijden geportretteerd, en niet in positieve zin. Monet en Manet werden vermeld in verband met Claude; Cézanne, beledigd door een bespeurde gelijkenis, brak met zijn jeugdvriend Zola.[9] Zelfs degenen die te jong waren om mogelijkerwijs model te hebben gestaan, voelden zich erbij betrokken. De reacties van Theo van Gogh, Gauguin, en de 18-jarige kunststudent Émile Bernard (die spoedig een intieme vriend zou worden van Vincent en vervolgens ook van Gauguin) laten drie van de verschillende akkoorden horen die de roman uitlokte. Hoewel hij pas zes jaar was ten tijde van de eerste impressionistische tentoonstelling, had Bernard vóór juli 1886 *L'Oeuvre* al drie of vier maal gelezen. Bernard zag zichzelf en zijn avant-gardistische ambities , om in de nieuwe beeldspraak te blijven als 'moderniste impressionniste'. Hij nam de boodschap ter harte, en kenschetste de uitdaging die hij zag om 'het moderne' te realiseren terwijl je 'doordrenkt ben van de romantiek.'[10] Toen Theo voor de eerste keer iets over dit boek hoorde dacht hij (misschien wat bezorgd) dat zijn broer Vincent 'veel gemeen had met de held.' Na lezing kwam hij tot een andere conclusie: Claude 'was op zoek naar het onbereikbare, terwijl Vincent te zeer houdt van de dingen die bestaan om dáárvoor te vallen.'[11] Wat Gauguin betrof, híj moest onmiddellijk de persoonlijke implicaties onder ogen zien van Zola's veroordeling van de misplaatste ambities, het zelfbedrog en de mislukking van het Impressionisme. In Kopenhagen had Mette de taak op zich genomen om *L'Oeuvre* te vertalen voor een feuilleton in de prominente krant *Politiken*. In een brief van eind juni uitte Gauguin zijn ergernis over Mettes betrokkenheid bij wat hij noemde ' Zola's slechtste boek in elk opzicht.'[12] Inmiddels was het pijnlijk duidelijk dat de laatste impressionistische tentoonstelling niet het succes had opgeleverd waarop hij gerekend had. Dus was het des te waarschijnlijker dat Mette en haar familie hem in verband zouden brengen met de hoofdfiguur die zijn leven en gezin met rampzalige gevolgen voor de kunst opofferde. De schaarse reacties die Gauguins doeken opriepen waren vernietigend. Ondanks zijn vroegere connectie met de groep, werd hij veelvuldig foutief geïdentificeerd als nieuwkomer. Men vond dat zijn werk bleek afstak bij dat van Guillaumin, het schoot tekort en werd verscheurd door verschillende invloeden.[13] Voor de doorsnee criticus was zijn status als nieuwkomer eerder die van aspirant dan van vernieuwer. Hoewel Fénéon Gauguin herkende als oude rot – een vertegenwoordiger van het 'impressionisme zoals het opgevat was op voorgaande tentoonstellingen' – rekende hij hem niet tot de leiders van de oorspronkelijke impressionistische 'revolutie.' Door zijn 'benauwende atmosfeer' en 'gedempte harmonieën' kon Gauguin zeker niet tot de leiders van de nieuwe revolutie, die helderheid bereikten door een wetenschappelijke aanpak en een meer emotieloze toepassing, worden gerekend.[14] Gauguin werd dubbel gemarginaliseerd als nieuwe volgeling van een oude beweging en als niet-volgeling in een nieuwe beweging die spoedig zijn voorgangers te schande zou maken en liep gevaar om uit het zich ontwikkelende avant-gardescenario geschreven te worden.

In dat scenario leek het neo-impressionisme een nieuw hoofdstuk te leveren voor *L'Oeuvre*, en een gelukkiger slot. Seurat weigerde stoutmoedig om slechts *plein-air études* te produceren. In plaats daarvan bracht hij in zijn atelier zeer indirecte *tableaux* tot stand. Zijn *Grande Jatte* scheen aan Zola's roep om een meesterwerk te beantwoorden. Voorstanders van het neo-impressionisme verwelkomden de beweging omdat zij de gebreken van het impressionisme te boven kwam door wetenschap boven subjectiviteit te stellen, artistieke inspiratie zwierige penseelstreken, synthese boven analyse. Zelfs voor de opening van de tentoonstelling schreef Pissarro, in het kader van discussies over *L'Oeuvre*, het falen van de impressionisten om de door Seurat vertegenwoordigde vooruitgang naar waarde te schatten, toe aan hun 'romantische' vooroordeel.[15] Tegen de herfst had Pissarro een onderscheid tussen *romantisch* en *wetenschappelijk* impressionisme geformuleerd. Daarbij plaatste hij impliciet een achterwaarts gerichte, emotionele, onsystematische beweging tegenover een vooruitstrevende, rationele en theoretische. Gauguin vond net als Pissarro en Zola dat het impressionisme teveel had geïnvesteerd in de schets (zie hfdst. 1); hij had het probleem erkend maar geen oplossing bedacht. Nu was het voor hem een cruciaal moment. Hij had die winter op zo goede voet gestaan met Seurat dat hij hem een geschrift liet lezen over het belang van de schilderkunst uit het geheugen na een scholing in de studie der natuur, en waarin het in silhouet tonen van gestalten wordt goedgekeurd en de schilder aangemoedigd zich meer om harmonie dan om contrast te bekommeren. Dit geschrift werd toegeschreven aan een Perzische estheet, maar onlangs is geopperd dat Gauguin het zelf schreef.[16] Toch is het lastig om vast te stellen wat hij van Seurats kunst dacht. Gauguins liefde voor Cézanne's diepe intuïtie – zijn 'mysterieuze *écriture*' die de ratio overstijgt – duidt op zijn aangeboren tegenzin om met het neo-impressionisme te experimenteren. Pas in 1889 zou hij de techniek beproeven die hij als 'petit point' in een stilleven kleineerde, en vervolgens als grap deze nietige compositie signeren met 'Ripipoint'.[17] Gauguins bedenkingen waren tevens van praktische aard. Het vooruitzicht om opnieuw de rol te spelen die hij sinds het midden van de jaren '70 had gespeeld – Pissarro, die op zijn beurt een nieuwe leider volgde, vergezellen – beloofde slechts verder uitstel van succes, wat hij zich slecht kon veroorloven. Omdat hij nu, 38 jaar oud en nog zonder faam, afhankelijk was van een schilderscarrière, kon Gauguin een aansluiting bij het pointillisme niet riskeren. In plaats daarvan besloot hij een eigen stijl te zoeken. De impuls die Seurat hem niet verschaft had, zou komen uit een onwaarschijnlijke hoek: de gebroeders Van Gogh.

6

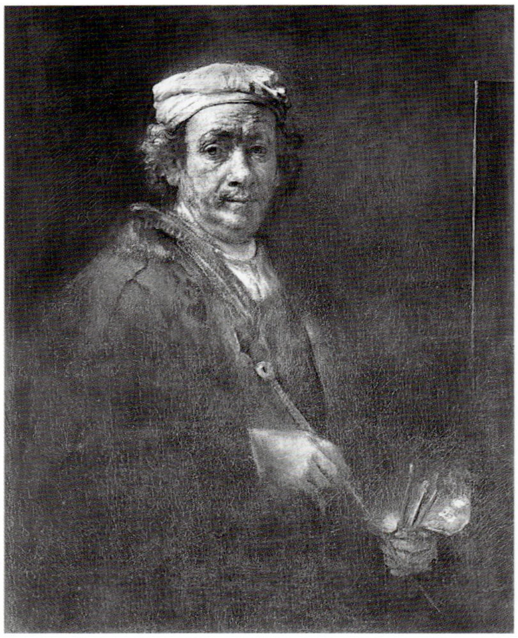

7

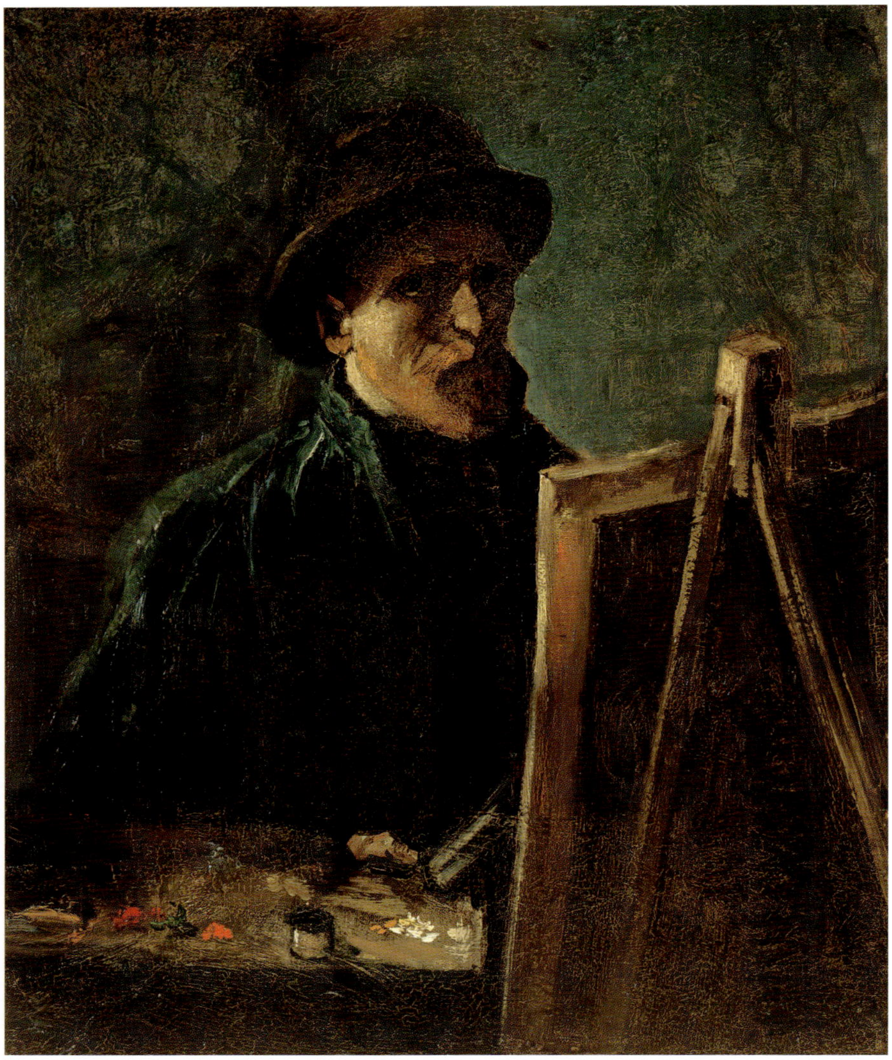

## Eerste metamorfosen

Vincent arriveerde slechts een paar weken voor de opening van de impressionistische tentoonstelling van 1886 in Parijs. De drie voorafgaande maanden die hij in Antwerpen doorbracht waren onmenselijk zwaar geweest – uit zijn brieven aan Theo blijken zijn bittere armoe en lichamelijke uitputting. Maar tegenslag kon het élan om zijn kunst vooruit te brengen, de reden waarom hij besloten had Nuenen te verlaten, niet doven. In Antwerpen bezocht Vincent musea, ging langs de galerieën, bracht enkele weken door in een atelier van de Academie, en bezocht dansgelegenheden op zoek naar eigentijdse thema's. Al deze activiteiten voedden zijn ambitie om zijn figuurtekenen te verbeteren en te concentreren op kleur – en om dit te doen in samenspraak met andere kunstenaars. Hoewel het institutionele karakter van de Antwerpse academie ook frustraties opleverde, genoot Vincent van het op elkaar reageren na bijna twee jaar isolement en stille afkeuring in Nuenen: 'Ik vind hier de wrijving van gedachten die ik zoek,' verklaarde hij aan Theo. '(I)k krijg een frisch oog op mijn eigen werk, kan beter oordeelen waar de zwakke punten zitten en zoodoende vorderen om die te verbeteren.'[18]

Hoe stimulerend hij Antwerpen ook vond, spoedig mikte Vincent toch hoger. Vanaf januari 1886 besprak hij in brieven de mogelijkheid naar Parijs te gaan. Blijkbaar werd hij enigszins aangemoedigd door Theo, die bezorgd was over de verslechterende gezondheid van zijn broer, maar die voorstelde om te wachten tot de zomer, wanneer zijn eigen financiële omstandigheden het wellicht mogelijk maakten om naar een groter appartement te verhuizen. Vincent gaf weinig om dergelijke praktische overwegingen. Van een vage mogelijkheid groeide het idee spoedig uit tot een uitgewerkt plan, waarin het atelier centraal stond dat hij zich voornam samen met Theo op te zetten – een ontmoetingsplaats voor kunstenaars die een soort vrijplaats en alternatief zou zijn voor de vijandige omgeving van de academie en de publieke opinie.

Vincent deed zijn best om realistisch te blijven; zijn toenmalige interesse voor naturalistische literatuur en zijn eigen hopeloze leefomstandigheden leerden hem dat het stadsleven verre van eenvoudig was. Hij voorzag dat hij en Theo als ze samenwoonden meningsverschillen zouden krijgen, en hij wist dat kunstenaars soms ook bekrompen konden zijn, en elkaar dan niets gunden. Maar hij was vastbesloten om vooruit te komen in een kunstwereld die, zoals zelfs hij zag, een metamorfose doormaakte. Hij raakte weer gefixeerd op het idee om met zijn broer en medekunstenaars de handen ineen te slaan: 'Het is zulk een lumineus idee, het gemeenschappelijk

6
Rembrandt van Rijn (1606-1669)
*Zelfportret voor schildersezel*
1660
Olieverf op doek
111 × 85 cm
Musée du Louvre, Parijs

7
Vincent van Gogh
*Zelfportret met vilthoed*
Voorjaar 1886
[F 181, JH 1090]
Olieverf op doek
46,5 × 38,5 cm
Van Gogh Museum, Amsterdam
(Vincent van Gogh Stichting)
Cat. 8

8
Gekleurde ster van Charles Blanc,
*Grammaire des arts du dessin: Architecture, sculpture, peinture*
(Paris 1867), p. 598

werken en denken. En ik vind dagelijks bewijzen voor de stelling dat een groote reden van veel misères onder de artisten gelegen is in hun onderlinge verdeeldheid, in het niet zamenwerken, in het niet goed zijn voor elkaar maar valsch.'[19] Parijs zou deze waarneming bevestigen, maar ook de droom vaste vorm doen aannemen.

Toen zijn toespelingen, die daarna tirades werden, aan het eind van februari bij Theo geen duidelijke uitnodiging hadden losgemaakt, ging Vincent tot handelen over. Onverwacht arriveerde hij begin maart in Parijs, en stuurde Theo een briefje dat hij zou wachten in de Salon Carré van het Louvre, nabij de zaal met Delacroix' beroemde Apollo-plafond. Een zelfportret van kort na zijn aankomst (fig. 7) verraadt de vastberadenheid die hem naar Parijs had gevoerd, en iets van het dilemma dat zich voordeed. Ondanks zijn ambitie om een figuurschilder te worden en een chronisch gebrek aan modellen had Vincent nog nooit de aangewezen weg gekozen om zijn eigen gezicht te schilderen. Dat deed hij nu wel, in het volledig besef van de symbolische lading daarvan.
Hij verscheen als vakman in actie, staande voor een schildersezel met een met verf gevuld palet in de hand. Zijn ietwat vormelijke kledij was opmerkelijk: jasje, das, en zwarte vilthoed hebben weinig gemeen met bezoedelde kleren van arbeiders, of de algehele slonzigheid die hem in het verleden tot voorwerp van spot en kritiek

8

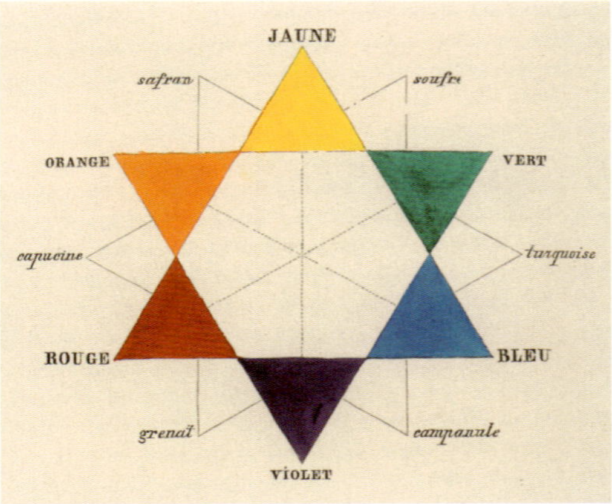


hadden gemaakt.[20] De letterlijke verkleding liep parallel met een ander gedrag. Vincents bereidheid om zijn 'fouten' te erkennen had hem van het platteland naar de stad gevoerd, waar hij zijn gebruikelijke eis dat de wereld hem zou aanvaarden, liet varen en zichzelf met een kritisch oog opnam. Hij zag eruit als een man die '10 jaar cellulair had gezeten.' Zijn slechte gebit en getekende uiterlijk maakten hem veel ouder dan hij was. Hij nam zich voor zijn uiterlijke verschijning te verbeteren, en al snel meldde Theo dat Vincent zo was veranderd dat zijn moeder hem niet zou herkennen: hij had nieuwe kleren aangeschaft, zijn baard bijgeknipt en een tandarts bezocht. Deze grondige inspectie drukte zijn nieuwe gevoel uit van een identiteit die gebaseerd was op zijn ambacht en een nieuw geloof in zijn reële vermogen 'om te willen produceeren en iets zijn.'[21]

In het zelfportret maakte hij deze identiteit zichtbaar, en hij richtte zijn pijlen hoog, zoals blijkt in de keuze van zijn voorbeeld: Rembrandts beroemde zelfportret aan de schildersezel (fig. 6), dat in het Louvre bij de 'Rembrandt van Lacaze' (hfdst. 4, fig. 136) hing, een herinnering aan zijn verblijf in Parijs, twaalf jaar daarvoor.[22] Door het grillige, geschakeerde palet van de Hollandse schilder over te nemen, samen met zijn compositie, gaf Vincent, die streefde naar het koloriet van Delacroix, uiting aan zijn onveranderde bewondering voor de grote 'harmonisten', waaronder hij Millet rekende en de schilders van de Haagse School. Deze verwantschappen bepaalden op hun beurt zijn eerste ervaring met de avant-gardistische Parijse kunst, die hij alleen kende uit Theo's beschrijvingen.

Amper enkele weken na zijn aankomst was hij in de gelegenheid – bij de achtste impressionistische tentoonstelling en bij Petits vijfde Internationale Tentoonstelling – om kennis te maken met het spectrum van de stijlen van het moment, van Monet tot Seurat. Daardoor werd hij geconfronteerd met zowel 'romantisch' als 'wetenschappelijk' impressionisme, wat Vincent beide tegelijk absorbeerde op een wijze die voor een doorgewinterde veteraan als Gauguin niet was weggelegd. Het 'impressionisme' was in ieder geval niet wat Vincent zich had voorgesteld. Later bekende hij, in een brief aan Horace M. Livens, een Engelse schilder waarmee hij in Antwerpen bevriend was geraakt, dat vòòr zijn aankomst in Parijs hij niet had geweten wat de impressionisten waren; hij ging verder met Livens te verzekeren dat de termen waarin zij tweeën hadden gesproken over het ontwikkelen van hun kleur, verschilden van avant-gardistische 'theorieën'. Weer later zou hij ophalen hoe 'bitter en bitter teleurgesteld' hij was geweest toen hij voor de eerste keer met het impressionisme oog in oog stond: zijn beïnvloeding door de ideeën van Anton Mauve en Josef Israëls maakte dat hij de Franse stijl 'slordig, leelijk, slecht geschilderd, slecht geteekend, slecht van kleur, al wat miserabel is' vond. Tijdens zijn eerste jaar in Parijs kwam Vincent met het impressionisme (en het neo-impressionisme) tot een vergelijk, maar wanneer hij Livens zijn oprechte bewondering te kennen gaf voor Degas' naakten en Monets landschappen, sprak hij onder voorbehoud, als iemand die nog geen lid was van die 'club'.[23]

Vincent meldde ook aan Livens dat hij verscheidene maanden van studie had voltooid in het Atelier Libre (Vrije Atelier), dat geleid werd door Salon schilder Fernand Cormon. George Breitner, die hij kende uit Den Haag, had daar gestudeerd, en ook Theo had gunstige geluiden vernomen over de professor en zijn studenten. Niettegenstaande Cormons tolerante reputatie vond Vincent, net als in Antwerpen, de programmalessen in tekenen en het werken naar gipsafgietsels minder nuttig dat hij had verwacht. Hoewel hij het atelier spoedig verliet om alleen te gaan werken, was hij niet geïsoleerd, want hij had vriendschappen aangeknoopt met verscheidene jongere schilders bij Cormon, onder wie Henri de Toulouse-Lautrec, Louis Anquetin, Frank Boggs, A.S. Hartrick, en Bernard – deze laatste, die achttien was, was maar ruim half zo oud als Vincent (33 jaar). Met zijn nieuwe collega's bezocht Vincent kunsthandelaren en tentoonstellingen en wisselde werk uit, waarmee hij de basis legde van wat Theo beschouwde als een mooie collectie. Volgens Theo kon Vincent goed opschieten met zijn kunstbroeders, bezocht hij regelmatig de ateliers van bekende schilders en ontving hen op hun beurt in het grotere appartement dat de broers nu in Montmartre bewoonden. Hoewel hij nog geen werk verkocht had, had een kunsthandelaar vier schilderijen in consignatie genomen, en was er sprake van een tentoonstelling volgend jaar.[24]

De enorme vooruitgang die Theo in de vroege zomer meldde, was het resultaat van wat Vincent noemde een streng regiem van oefeningen, die inhielden dat hij zijn talent oefende om in bloemen stillevens 'intense KLEUR weer te geven en niet een GRIJZE harmonie.'[25] Hij baseerde zijn engagement met kleur niet op het voorbeeld van de impressionisten maar veeleer op dat van Adolphe Monticelli, een toen juist gestorven schilder uit Marseille wiens rijk gekleurde, dik geschilderde stillevens (fig. 10) en *scènes galantes* Theo begon aan te schaffen voor Boussod et Valadon en voor zichzelf. Werk als dat van Monticelli leek misschien op wat Vincent zich van het impressionisme had voorgesteld. Omdat dit werk voortbouwde op de verrichtingen van een kunstenaar die hij bewonderde, Narcisse Diaz, een meester uit Barbizon, kon hij het plaatsen in de traditie die de 'generatie van 1830' verbond met die van toen. Vincents *Stilleven met zinnia's* (fig. 9), toont een soortgelijke schikking van lichtblauw, rood, geel, oranje, en hoofdzakelijk witte bloemen tegen een groene achtergrond. Dit is een van de doeken die ontleend waren aan het stilleven van Monticelli dat de broers bezaten. De subtiele kleur, de gevarieerde penseelvoering, en het hoge textuur oppervlak – de bloesems lijken wel met verf gebeeldhouwd – verraden een zelfvertrouwen dat ook wordt uitgedrukt in Vincents opvallende signatuur; hoewel hij deze stillevens beschouwde als experimenten, geloofde hij niettemin dat de meer ambitieuze voorbeelden gemakkelijk te verkopen zouden zijn.[26]

Een ander stilleven werd iets later die zomer geschilderd en toont zonnebloemen en rozen in dezelfde groene aardewerkvaas (fig. 11). Het laat Vincents bedoeling zien, onder woorden gebracht door Theo, om in elk nieuw schilderij meer levendige kleuren te verwezenlijken.[27] Dit geslaagde experiment van contrast van complementaire kleuren – de overheersende groenen en roden van de vaas en de achtergrond worden verzacht door de witten van de rozen en verlevendigd door de oranje-gele zonnebloem bloembladen – laat ook een levendiger penseelvoering zien. De los aangebrachte, brede streken suggereren beweging en dwingende noodzaak, met name door de opstaande vormen van de verwelkte zonnebloemen. Deze bloemen kwamen voor in Vincents nieuwe omgeving (fig.14) aan de noordelijke stadsrand die grensde aan het heuvelachtige landschap van de Butte Montmartre. Het terrein was bezaaid met verlaten kalksteen- en krijtgroeven, moestuinen en drie overgebleven windmolens – sporen van het snel wijkende rurale verleden dat Georges Michel had getekend tussen1810 en 1830 (hfdst. 1, fig. 44). Vincent had de nabijheid van stad en platteland in Nederland en Den Haag liefgehad, en in Montmartre kon hij het land bijna aan de overzijde van de straat zien (fig. 12). Spoedig begon hij *plein-air*studies van de Butte te vervaardigen, waarbij de zwierige penseelvoering doet denken aan Michel, evenals het palet van aardkleuren dat we ook zien in het werk van de kunstenaars van de Haagse School, dat karakteristiek is voor Vincents Hollandse periode. De duidelijke kleur van Vincents bloemenstillevens moest toen nog in zijn landschappen trekken. *Montmartre, terras en uitkijkpunt bij de Moulin de Blute-fin* (fig. 15), later dat jaar geschilderd, toont Vincents tamelijk aarzelende toepassing van de heldere kleur die hij in de stillevens had uitgeprobeerd, in een buitentafereel. De complementairen blauw en oranje, met terughoudendheid ingebracht in hek, lampen en houten uitkijk, leveren de globale structuur van de compositie. De onderliggende houtskooltekening, die aan het licht kwam door infrarode reflectografie (fig. 13), laat zien hoe

9

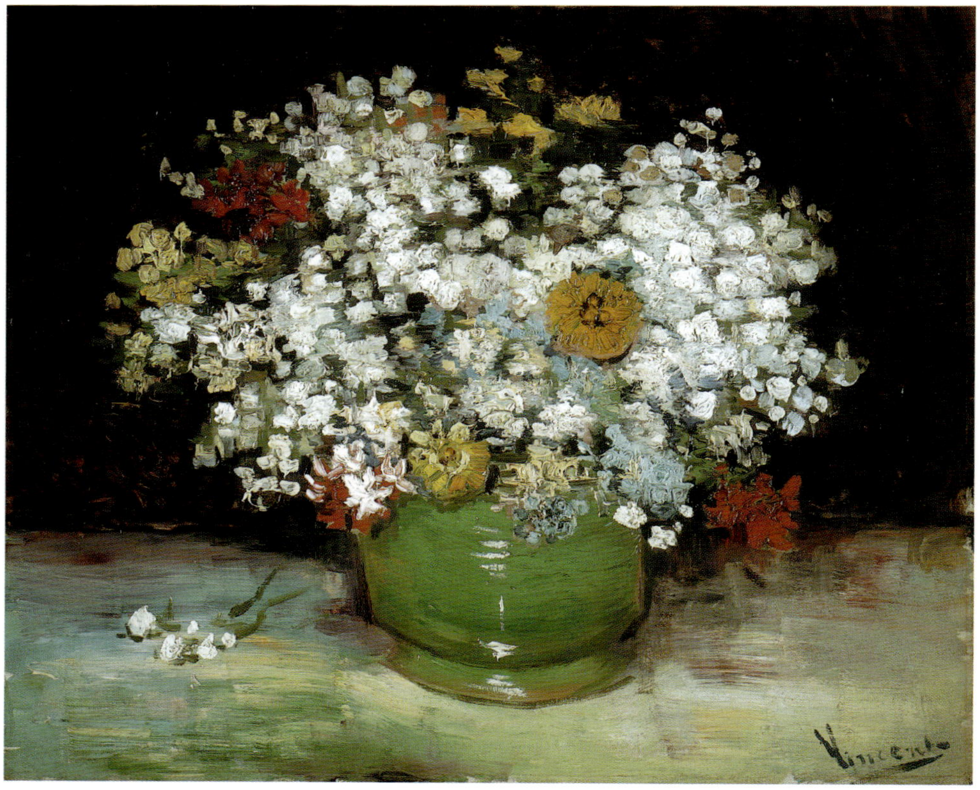

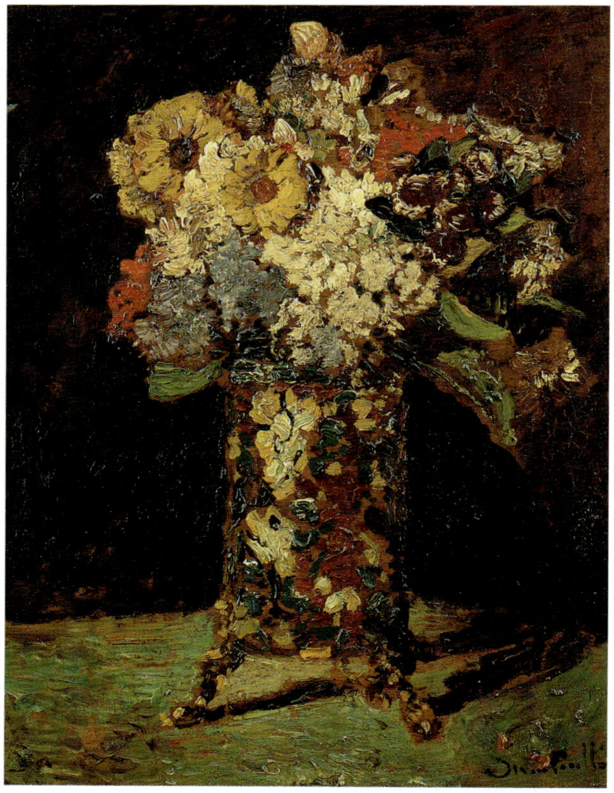

10

11

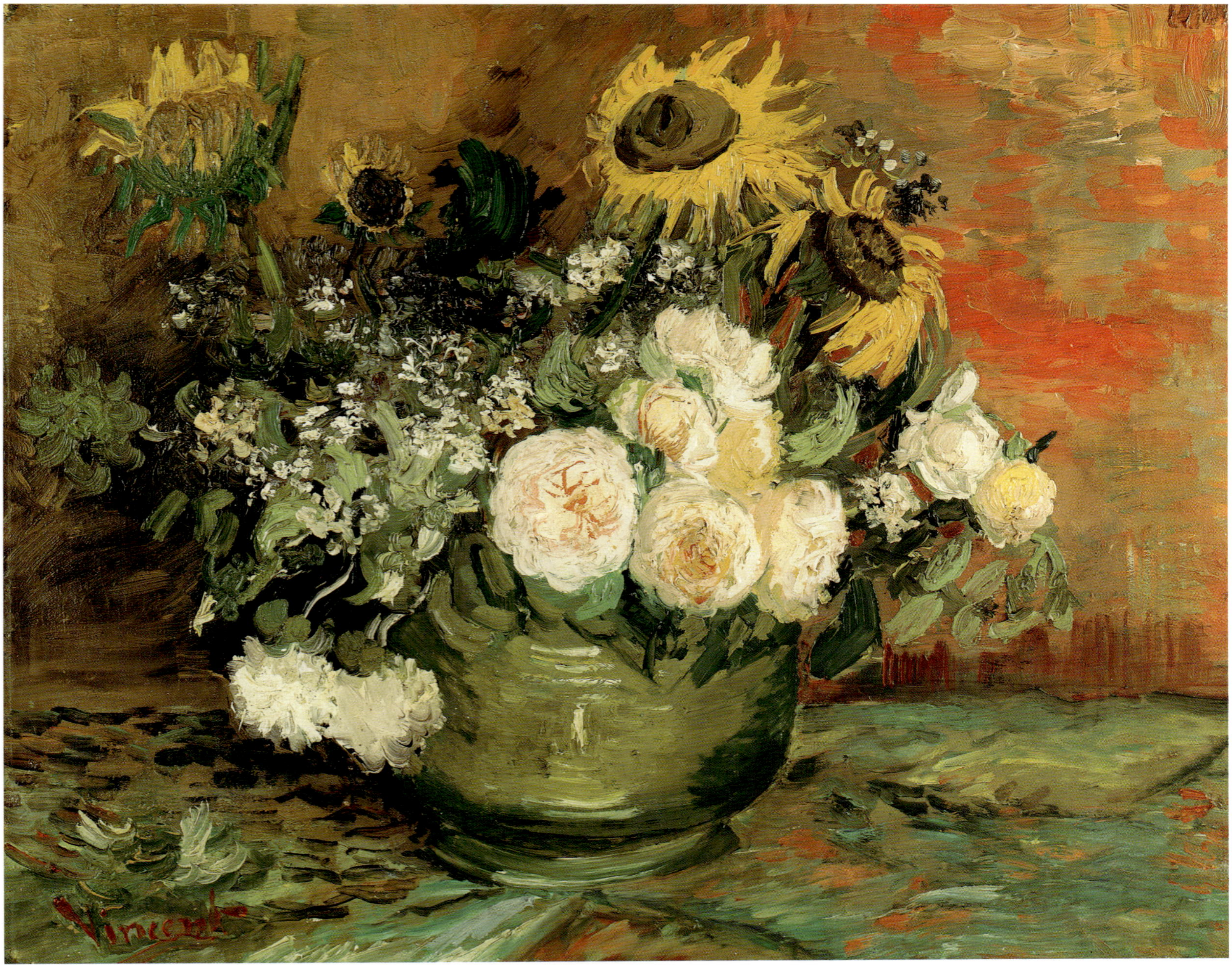

hardnekkig een gewoonte uit het verleden was: lijnen geven aan dat Vincent gebruik maakte van een gelijnd perspectiefraam dat hij in Den Haag in 1882 had geconstrueerd om proportie en ruimtewijking te bepalen. Maar de figurenparen (die voor het eerst opdoken in zijn Nuenense werk) symboliseren zijn nieuwe aandacht voor complementariteit. En net zoals hij experimenteerde met chromatische koppeling in zijn schilderen, zo werd hij ook in het leven volledig in beslag genomen door de mogelijkheid om een partner te vinden. Zoals hij later aan zijn zuster uiteenzette, 'Er [zijn] kleuren die elkaar doen schitteren, die een paar uitmaken, elkaar completeeren als man en vrouw.'[28] Tegen het eind van 1886 bewoog Vincent zich met zijn kunst in nieuwe richtingen. Maar hoewel hij avant-gardistische voorbeelden met open blik bezag, werd zijn houding ten opzichte van kleur en penseelvoering nog steeds voor een groot deel bepaald door vorige generaties realistische kunstenaars.[29] Door zich te concentreren op chromatische 'oefeningen' had Vincent bovendien voor het moment zijn doel, dat hij formuleerde voordat hij in Parijs arriveerde, om zijn realisme met symbolische resonantie te vullen, uitgesteld.

## Gauguin: nieuwe richtingen

In zijn eigen confrontatie met stromingen van het moment genoot Gauguin niet de luxe zich er geleidelijk in te kunnen verdiepen. Vincent kende de vrijheid van de anonimiteit, maar Gauguin moest een verleden te boven komen als amateurimpressionist en, in de ogen van sommigen, als overambitieuze, slaafse volgeling. Onvermijdelijk raakte hij verwikkeld in conflicten die de toenemende polarisatie van de avant-gardistische gemeenschap lieten zien. Toen Pissarro begin juni aan zijn zoon Lucien schreef over de aanstaande tweede tentoonstelling van de Indépendants, verwachtte hij dat Seurat, Signac, Gauguin en

9
Vincent van Gogh
*Kom met zinnia's en andere bloemen*
Zomer 1886
[F 251, JH 1142]
Olieverf op doek
50,2 × 61 cm
National Gallery of Canada, Ottawa
Cat. 9

10
Adolphe Monticelli
(Frankrijk; 1824-1886)
*Vaas met bloemen*
ca. 1875
Olieverf op doek
51 × 39 cm
Van Gogh Museum, Amsterdam
(Vincent van Gogh Stichting)

11
Vincent van Gogh
*Stilleven met zonnebloemen, rozen, en andere bloemen*
Zomer 1886
[F 250, JH 1166]
Olieverf op doek
50 × 61 cm
Städtische Kunsthalle, Mannheim

12
Henri Daudet
(Frankrijk; 1850-1896)
*Le Vieux Montmartre*
foto van de Moulin de la Galette gezien vanaf rue Lepic
1886
Bibliothèque Nationale, Parijs

13
Infrarood-reflectogram van fig. 15, die de houtskooltekening eronder toont. De diagonale lijnen waren gebaseerd op het perspectiefraam.

14
Vincent van Gogh
*Moulin de Blute-fin, Montmartre*
Zomer 1886
[F 274, JH 1115]
Olieverf op doek
46 × 38 cm
Art Gallery and Museum Kelvingrove, Glasgow
Let op de zonnebloemen rechtsonder.

15
Vincent van Gogh
*Terras en uitkijkpunt bij de Moulin de Blute-fin, Montmartre*
Eind 1886
[F 272, JH 1183]
Olieverf op doek, bevestigd op geperst karton
44 × 33,5 cm
The Art Institute of Chicago, Helen Birch Bartlett Memorial Collection, 1926.202
Cat. 10
Dit is een close-up van het uitkijkplatform in fig. 14

16
Jean-Paul Aubé
(Frankrijk; 1837-1916)
Vaas
1879
Aardewerk
H 33 cm
Musée Nationale de Céramique, Sèvres

17
Paul Gauguin
Schets voor een vaas met een figuurtje van een naakte vrouw
1884/88
Grafiet en crayon op velijnpapier
16,9 × 22,8 cm
In Schetsboek no. 16, p. 73
National Gallery of Art, Washington, D.C., The Armand Hammer Collection

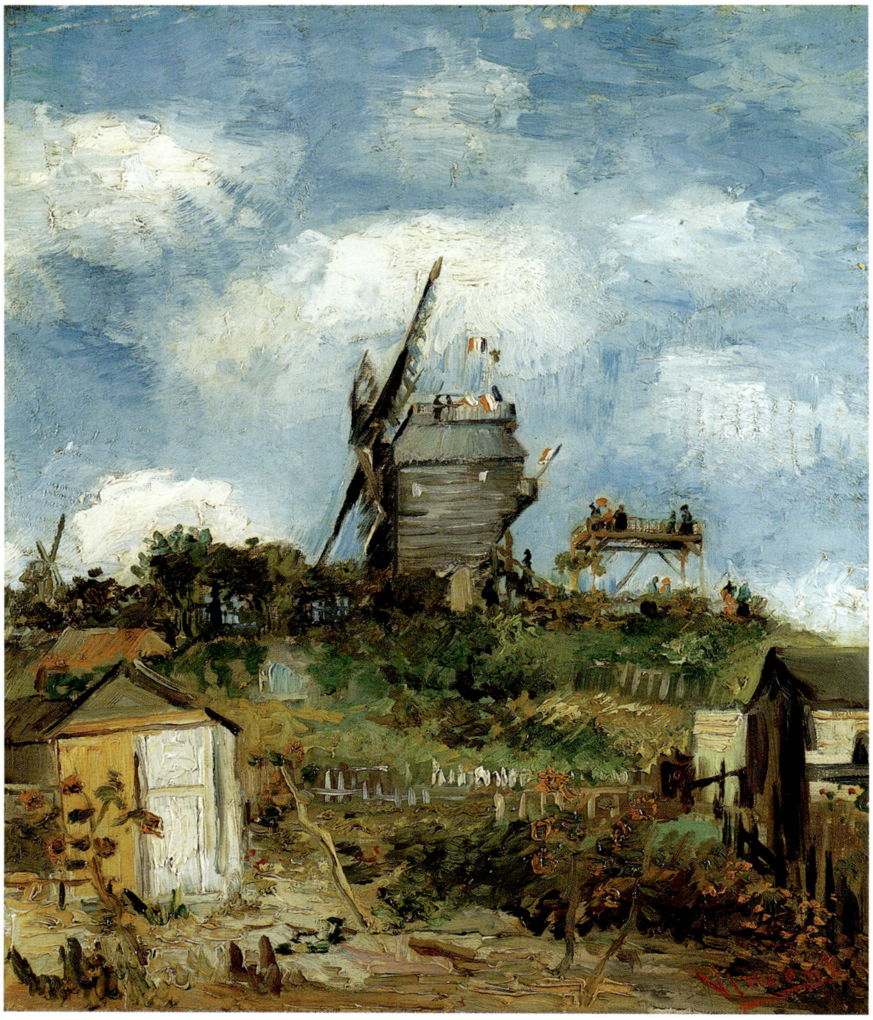
14

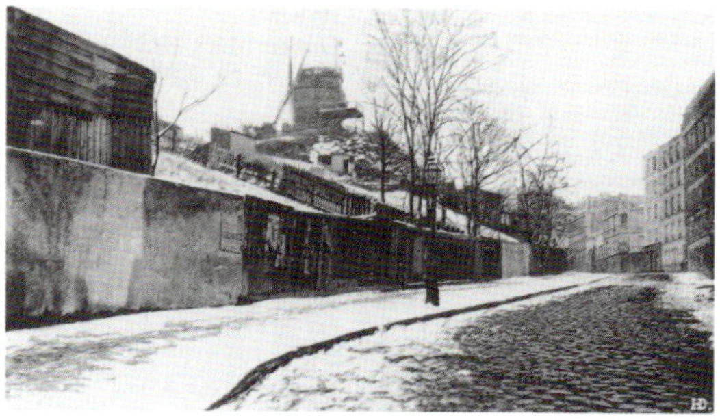
12

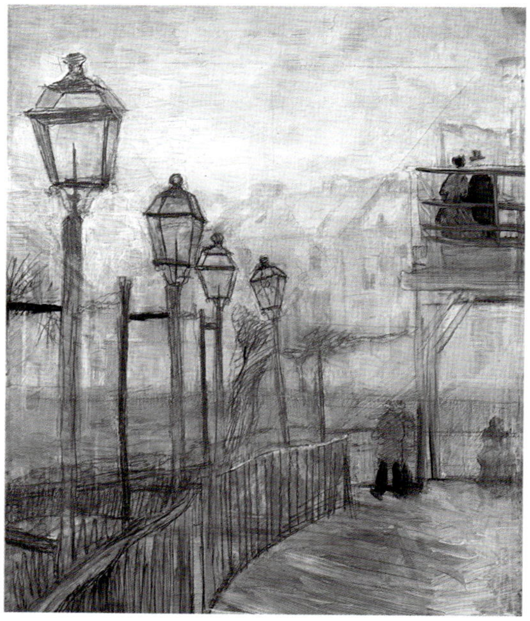
13

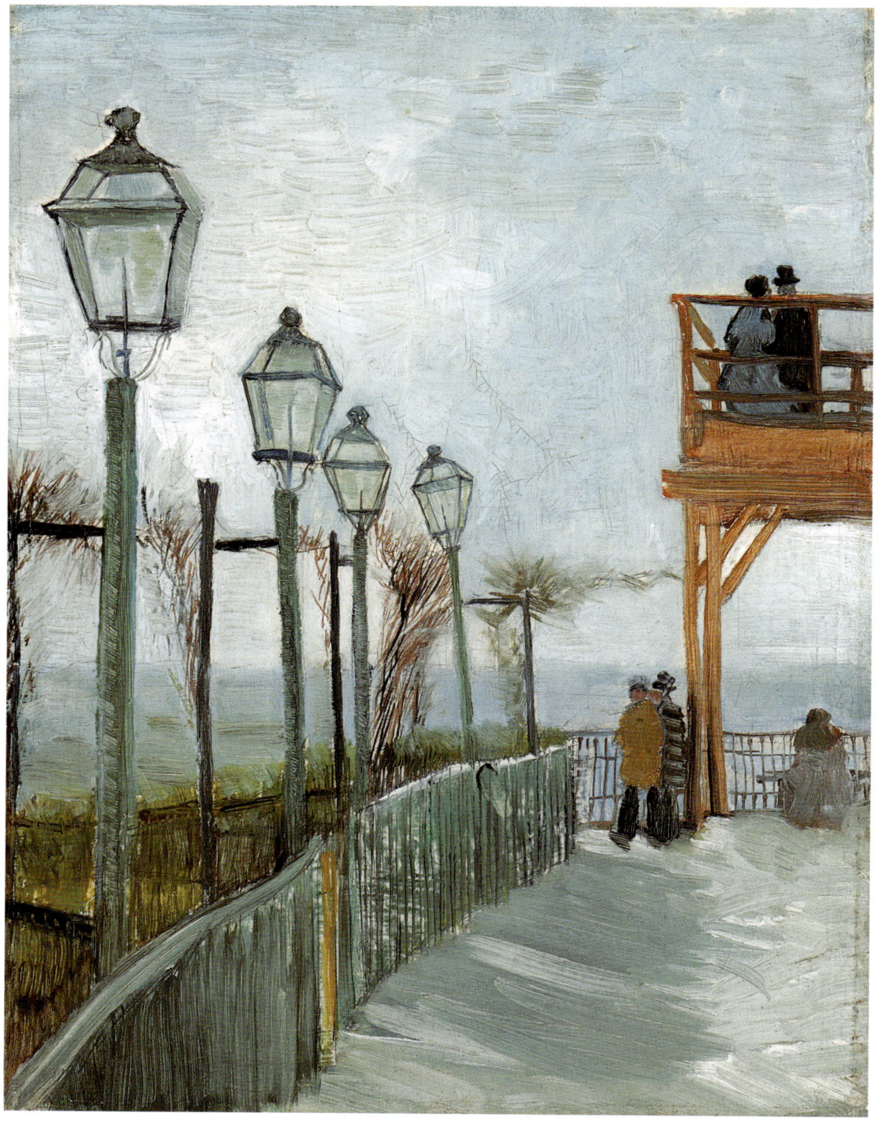
15

Guillaumin zouden meedoen. Toen Gauguin en Guillaumin zich eind juli terugtrokken (maar wel werk inbrachten voor een tentoonstelling in Nantes), brandmerkte Signac hen als lafaards omdat zij de strijd opgaven. Hij gooide hen op één hoop met conservatieve favorieten van de Salon en betichtte hen ervan dat zij de vooruitgang ontkenden. Ook Pissarro, die net zo verbaasd was dat Gauguin niet de nieuwe beweging wilde volgen naar de Indépendants, betreurde de weigering van zijn voormalige kunstbroeders om aan de strijd deel te nemen, omdat hij overtuigd was van de succesvolle uitkomst van 'onze optische mengsels.'[30]

Half juni deed zich een conflict voor tussen Gauguin en Seurat. Dit verscherpte de duidelijk aanwezige spanning. Omdat hij Parijs gedurende de zomer verliet, had Signac aan Gauguin het tijdelijk gebruik van zijn atelier aangeboden, zich er niet van bewust dat Pissarro daar zijn recente doeken zou opslaan. Gauguin ging naar Signacs atelier met de bedoeling om een van zijn eigen houten beelden te kopiëren, dat hij aan Pissarro had gegeven en dat zich nu samen met Pissarro's werk in het atelier bevond. Daar trof hij Seurat aan. Die was niet op de hoogte van Signacs uitnodiging en geërgerd door Gauguins recente gedrag weigerde Seurat hem de toegang. Blijkbaar was hij bang dat Gauguin stiekem een blik zou werpen op Pissarro' s nieuwste werk. Daar hij via Seurat wist wat er was gebeurd, beschuldigde Pissarro Gauguin ervan 'de tactloosheid van een zeeman' te vertonen. Toen de groeiende eenstemmigheid over zijn gebrek aan manieren hem ter ore kwam, schreef Gauguin aan Signac, waarbij hij zichzelf sarcastisch verontschuldigde als 'een slecht opgevoed, tactloos mens.'[31] Vlak voordat de laatste impressionistische groepstentoonstelling sloot deed zich voor Gauguin een nieuwe gelegenheid voor om zijn opstandigheid te uiten. Félix Bracquemond, die op de hoogte was van Gauguins financiële nood en eerder prenten van de impressionisten had tentoongesteld, schafte een van zijn schilderijen aan. Als hoofd van het vormgeversatelier in Auteuil van de Haviland porseleinfabrikanten dat van 1873 tot 1881 bestond, stelde Bracqemond Gauguin voor aan zijn vroegere collega bij die firma, de pottenbakker Ernest Chaplet. In januari 1886 nam Chaplet een atelier over dat voorheen onder auspiciën stond van Haviland, aan de rue Blomet, in de Parijse wijk Vaugirard. Gauguin reageerde enthousiast om zich aan te kunnen sluiten bij een keramist. Hij waardeerde deze kunstvorm, die ruim vertegenwoordigd was in Arosa's collectie (zie hfdst. 1), al sinds lange tijd en kende verschillende kunstenaars zoals Bracquemond die op deze wijze in hun onderhoud voorzagen. Hij herinnerde Mette eraan dat hun vroegere buurman en vriend, de beeldhouwer Jean-Paul Aubé, vele jaren de kost had verdiend door te werken met pottenbakkers bij Haviland, waaronder Chaplet, door wit gipsen figuren te maken ter versiering van hun vazen (fig. 16). Aubé's heel plastische figuren, die in verhouding tot de potten waarop zij geplaatst zijn, groot waren, vormden Gauguins eerste aanpak van keramiek, zoals blijkt uit een schetsboekpagina waarop ook een Aubé-achtige vaas (fig. 17) staat.[32]

Door deze richting in te slaan, schiep Gauguin zijn eerste keramische werk, de volledig driedimensionale figuur van een faun, zittend op een klein, rond heuveltje (fig. 18). De onderwerpskeuze was veelbetekenend. In de antieke Griekse mythologie belichamen faunen, saters en de god Pan de zichzelf in stand houdende vitaliteit van de natuur in haar elementaire vorm en symboliseren vrije seksualiteit en ongeremde lust. Klassieke voorstellingen van deze hybridefiguren variëren van bijna volledig menselijke wezens die alleen de aandacht trekken door geitenoren en een paar kleine hoorntjes, tot geitachtiger wezens die in gelijke mate dierlijk en menselijk zijn. Ze variëren van seksueel terughoudend tot exhibitionistisch. Nadat het in de kunst van de Renaissance weer in de mode was gekomen, bleef het beeld van de faun gangbaar tijdens de 18e eeuw, toen het tot middelpunt werd van de speelse, terracotta en marmeren beeldjes die Clodion en zijn volgelingen maakten.[33]

De iconografie bleek ook aanpasbaar voor 19de-eeuwse artistieke prioriteiten, de vereenzelviging van de faun met menselijke verlangens deed dienst in de karikaturale aandrang van Honoré Daumier en de seksuele zwarte kunst van Félicien Rops. Vanaf het midden van de eeuw nam de meer duistere, vleselijke natuur van de faun een nieuwe betekenis aan zodra hij bekeken werd door de lens van Charles Darwins evolutietheorie. Als half mens en half dier leek het klassieke wezen nieuwe inzichten over het ontstaan van de mensheid uit het dierenrijk te belichamen. In een beschaving die steeds ambivalenter was over moderniteit, belichaamde de faun nu de ongeremdheid, intuïtie, sensualiteit en rijke verbeeldingskracht van de natuur die werd toegeschreven aan de primitieve mens (en aan kinderen). Naar werd aangenomen was die voorgoed verloren gegaan door de vooruitgang.

16

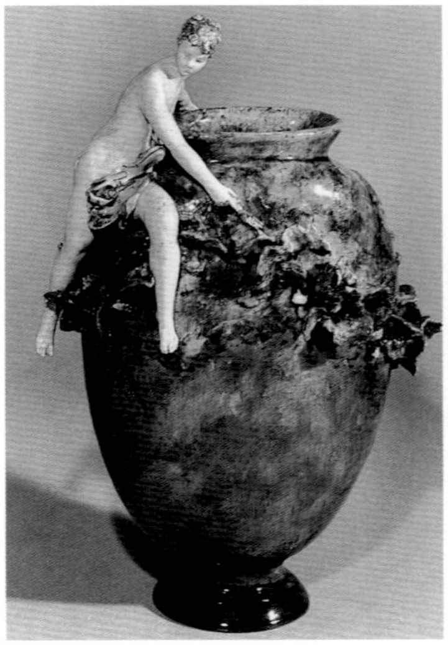

17

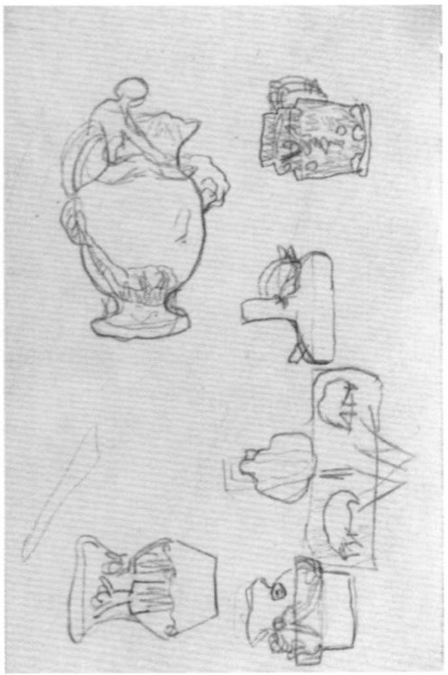

18

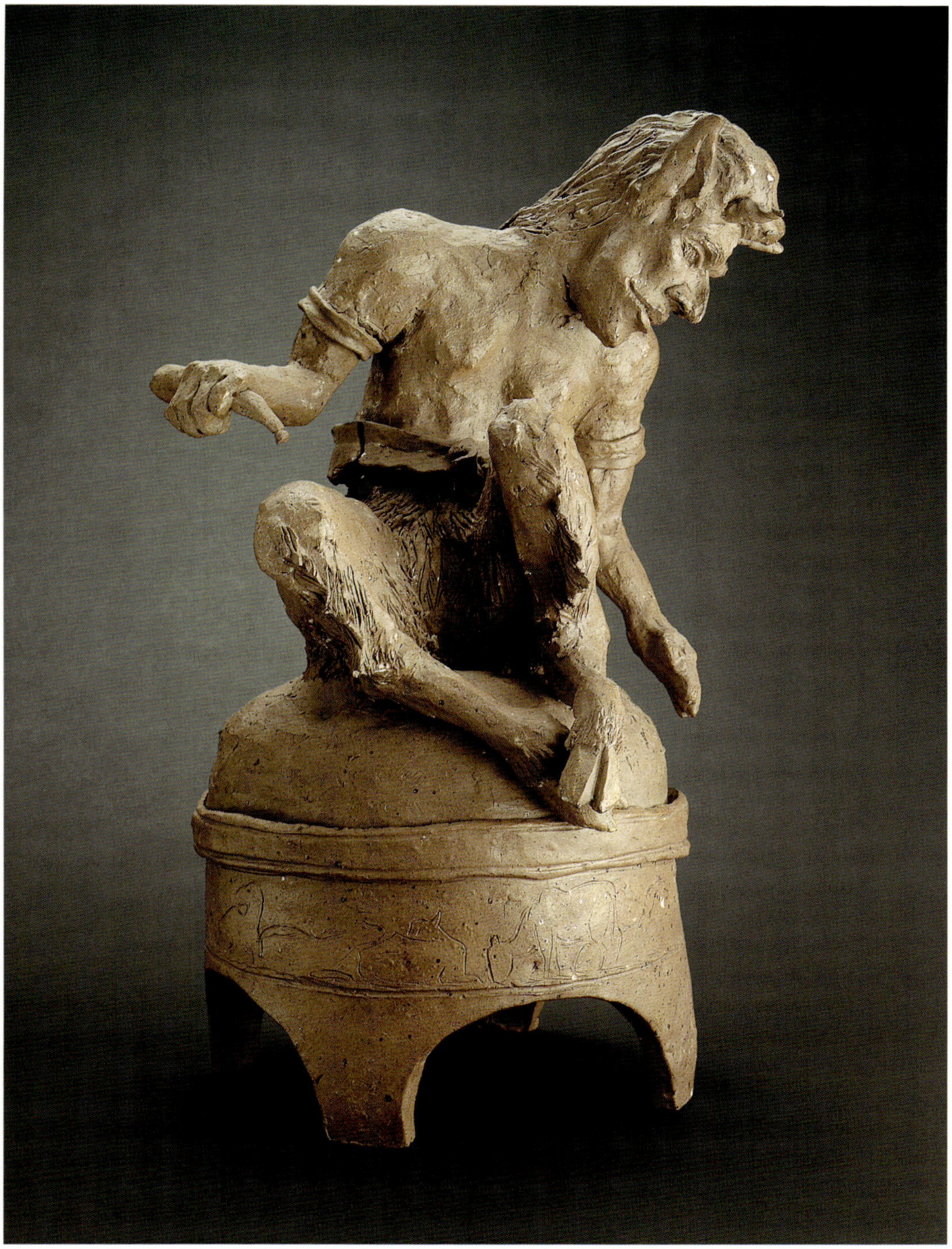

Net als de centaur vond de faun weer opgang in de cultuur, als gecompliceerd zinnebeeld van energie en creativiteit en als nostalgisch symbool van het voorbijgaan – het afsterven – van een oude orde, van een traditie die ten slotte krachteloos werd.[34] Beeldhouwers die alert waren op de nieuwe betekenis van deze antieke figuur waren o.a. Rodin, wiens *Faun en nimf* (fig. 19) het leven celebreert als hommage aan Ovidius, en Jean Carriès, wiens *Slapende faun* (fig. 20) dit verleden weergeeft als een soort verkleedpartij, vol angsten, en tegelijk zowel ontroerend als lachwekkend. Beiden waren tijdgenoten van Gauguins *Faun*, een werk dat speelt met dezelfde thematische elementen.

Hoewel in de 18de-eeuwse traditie in klei geboetseerd, hoort *De faun* thuis in zijn eigen tijd. Gezeten op een heuveltje, met zijn hoofd gebogen en zijn lijf gedraaid, lijkt de gestalte naar iets te kijken dat er niet is.
De koeherdershoorn in zijn rechterhand is een teken van een pastoraal voorkomen – Pan was de god van de veehoeders in antiek Griekenland – maar aanvankelijk bevatte het kunstwerk niets dat op een kudde wees (Gauguin maakte het vierbenige, gebogen voetstuk, gegraveerd met schapen en koeien, aan het eind van het jaar). Dankzij zijn fysionomie doet Gauguins gestalte denken aan de traditie van het Romantische demonische beeld – met name Delacroix' afbeeldingen van Mefistofeles in zijn litho's van Faust (1828) (fig. 21). Maar toch toont

19

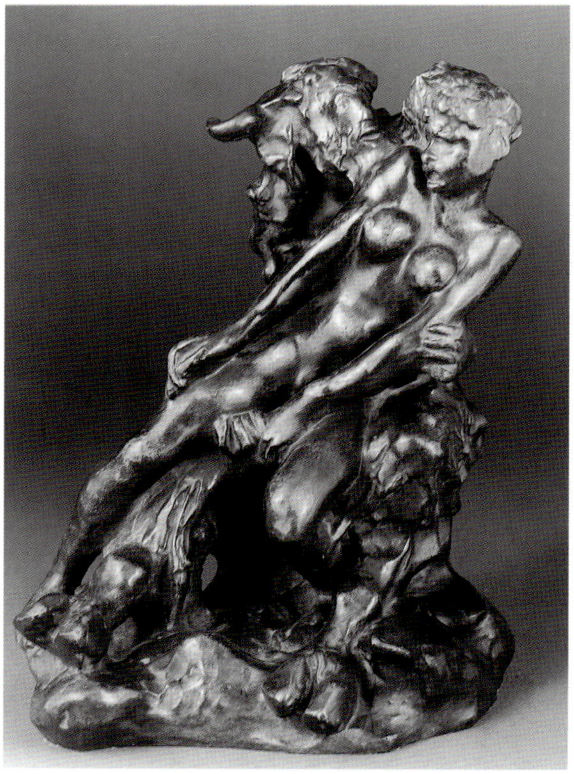

20

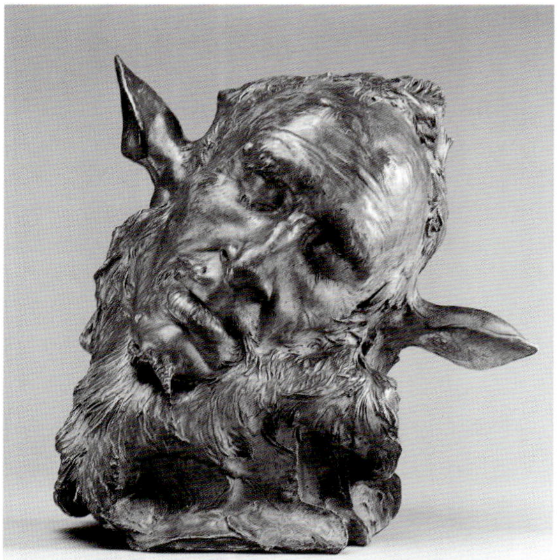

18
Paul Gauguin
*De faun*
Winter 1886
(niet in B of G)
Ongeglazuurd
Aardewerk,
deels verguld
H 47 cm
The Art Institute of
Chicago, Estate of
Suzette Morton
Davidson; Major
Acquisitions
Centennial
Endowment, 1997.88
Cat. 6

19
Auguste Rodin
(Frankrijk; 1840-1917)
*Faun en nimf*
Brons
H 33,2 cm
Rodin Museum,
Parijs

20
Jean Carriès
(Frankrijk; 1855-1894)
*De slapende faun*
1885
Gepatineerd gips
H 34,5 cm
J. Paul Getty
Museum,
Los Angeles

21
Eugène Delacroix
(Frankrijk;
1798–1863)
*Faust en Mefistofeles in de Harz*, (detail)
uit *Faust*, 1828, pl. 14
Litho
The Art Institute of
Chicago

22
Foto van Edvard
Brandes
ca. 1880
Brandes
Familiearkiv,
Kopenhagen

21
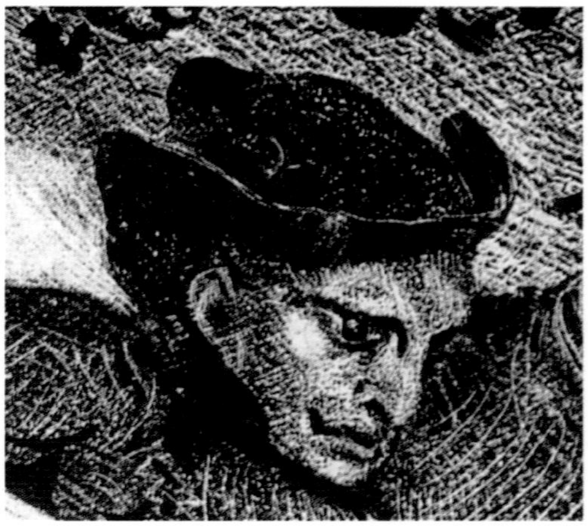

22
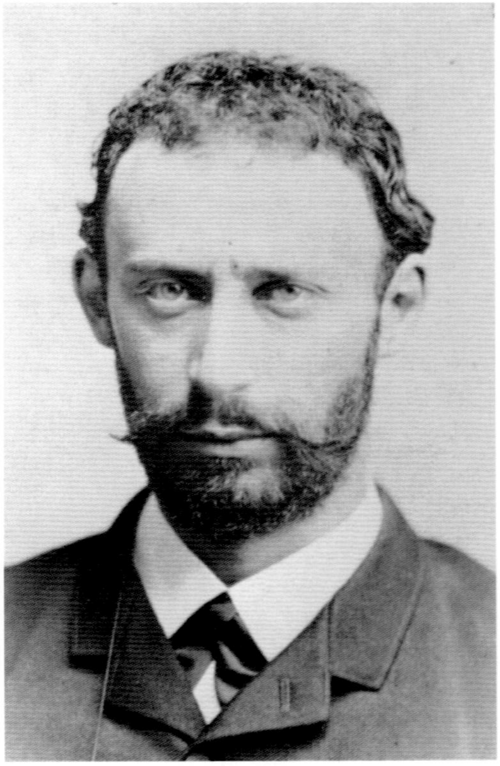

het niets van Mefistofeles' hartstocht; het is juist het tamelijk neerslachtig en verward. Hoewel de afhangende borsten van de figuur zijn sekse in twijfel trekken, is het duidelijk geen vrouwelijke faun maar veeleer een faun in zijn nadagen; hij bezit een mogelijk fallische staart, maar de uit elkaar gaande benen verraden het ontbreken van het vaak pronkende teken van de mannelijkheid van een faun, wat een uitstraling van onmacht tot gevolg heeft.

Gauguin zal deze iconografie ongetwijfeld verbonden hebben aan zijn mislukte relatie met Mette. Ondanks het feit dat de beslissingen die het huwelijk beëindigden geheel van hem kwamen, zou hij nog lang gevoelens van afwijzing koesteren ten aanzien van wat hij beschouwde de kilte van zijn echtgenote, waartoe blijkbaar ook het door haar beletten van echtelijk verkeer behoorde. Terwijl hij volhield deze situatie niet te zullen aanvaarden, maakte hij zich ook zorgen – en waarschuwde hij haar – over de misdaad van overspel. Zijn verdenkingen kregen voedsel door het feit dat Mettes zuster Ingeborg was gescheiden van haar echtgenoot, de schilder Fritz Thaulow, en spoedig daarna haar voornemen aankondigde om de bekende schrijver Edward Brandes te huwen. Gauguin kende Brandes uit Kopenhagen, waar deze oprichter en hoofdredacteur was van *Politiken*, de krant die Mettes vertaling van Zola's roman over artistieke impotentie als feuilleton bracht.[35]

Gauguin was Brandes tegen het lijf gelopen op de Parijse Salon in mei en de Deen had net gedaan alsof hij hem niet kende. Hij bracht meer tijd door met naar dames lonken dan met schilderijen bekijken, zoals Gauguin venijnig meldde aan Mette. Zijn tirade zette hij voort in een volgende brief, waarin hij zich sarcastisch beriep op Ingeborgs zedigheid en Arthur Rimbauds gedicht *Tête de Faune* (*Hoofd van een faun*) overschreef, 'Brandes' in de plaats zettend waar de dichter 'de faun' had geschreven. Gauguin schreef deze brief precies op het moment dat hij het beeldhouwwerk bakte, waarvan het gelaat Brandes' gelaatstrekken vertoont (fig. 22): diepliggende ogen, een forse neus, en een grote mond die doet denken aan de brede lijn van zijn snor.[36] Door een uitdrukking van wellust aan Brandes' gezicht te geven werd dit een teken van de preutse houding ten opzichte van seksualiteit die Gauguin – met toenemende hypocrisie – in de komende jaren tegenover Mette zou aannemen. Om het nog ingewikkelder te maken, vertoont de faun ook een zekere gelijkenis met de kunstenaar zelf, die zijn krachtige neus en kin op zelfportretten (zie hfdst. 3, fig. 74) zou benadrukken. De sfeer van impotentie en melancholie slaat eerder op Gauguin dan op de zeer succesvolle Brandes.

De tweeslachtige betekenissen van *De faun* zijn evenzeer met elkaar in tegenspraak als hun maker. Het werk kan worden beschouwd als voertuig voor de persoonlijke uitdrukking van gevoelens van verlies. Maar indien het een einde behandelt, dan duidt het ook op een begin. Gauguins fixatie op Brandes' liederlijkheid en op de dubieuze moraal van Ingeborg (die met Mette wordt samengevoegd) verwijst naar zijn eigen fantasie om zichzelf nieuw te vormen tot onafhankelijke, bohémien kunstenaar, vervuld van creatieve energie en in contact met primaire driften. Zijn beeldhouwwerk kondigt het ontstaan aan van een nieuw personage, die letterlijk wordt gegraveerd in het leem van het heuveltje: 'P Go,' het monogram dat hij voor het eerst gebruikte in de keramiek van 1886-1887 en in schilderijen vanaf 1888. Meer dan eenvoudig en afgekorte vorm van zijn signatuur, 'P. Gauguin,' lijkt het monogram een opzettelijke fonetische suggestie van 'pego' – 'penis' in het Engelse slang dat de schilder zich tijdens zijn jaren als zeeman zal hebben eigen gemaakt.[37] Hier is het monogram, kennelijk het object van de blik van de faun, nauw verbonden met de gecompliceerde, persoonlijk iconografie van de kunstenaar.

Toen zijn eerste keramische oefening voltooid was vertrok Gauguin half juli uit Parijs naar Bretagne. Hij was van plan de stad te verlaten en, zoals hij aan Bracquemond vertelde, 'kunst te maken in een negorij.' De drijfveer was voornamelijk van financiële aard. Omdat hij in geldnood verkeerde, had hij overwogen het verder weg te zoeken, en hij bracht Mette op de hoogte van een baan in de landbouw in Oceanië. Maar hij kon het vooruitzicht van werk in Tahiti alleen interpreteren als de verzaking van de toekomst als schilder; omdat hij nog geloofde in de mogelijkheid van een levensvatbare carrière in de kunst, kon hij zich een verzoening met een leven in die Franse kolonie niet voorstellen.[38] Op de korte termijn koos hij voor Bretagne, dat voornamelijk aantrekkelijk leek vanwege de geringe kosten van levensonderhoud.

Hij vestigde zich in Pont-Aven, een stad van ongeveer 12.000 inwoners in het departement Finistère (uit het Latijnse finis terrae, 'het einde van het land') waar sinds het midden van de jaren 1860 een kunstenaarskolonie was van meer dan honderd Fransen en buitenlandse bewoners die in logementen verbleven zoals Pension Gloanec, waar Gauguin zijn intrek nam (fig. 23). Eigentijdse reisgidsen presenteerden Pont-Aven en zijn inwoners als pittoresk of exotisch. Deze karakteristieken kwamen overeen met de 'plaats-mythe' van Bretagne dat sinds de jaren 1830 bekend stond als een afgelegen en woeste plek, de bakermat van een oeroude beschaving die in het heden nog in levende en onveranderde vorm kon worden tegengekomen. De kenmerkende Bretonse klederdrachten – de donkere, breedgerande hoeden van de mannen; de spectaculaire kappen van de vrouwen – leken het bewijs van de tijdloosheid. In werkelijkheid waren deze kledingstukken modern van oorsprong, en maakte Bretagne een snelle groei door in handel en industrie, waaronder het toerisme dat door de mythische reputatie van de provincie was bevorderd en dat vergemakkelijkt werd door de postkoets die Pont-Aven met de steden in de omtrek verbond.[39]

De kostuums en religieuze tableaus van het mythische Bretagne fascineerden de ontvankelijke Bernard – die deze zomer het gebied eveneens voor de eerste keer bezocht – meer dan Gauguin. Er zijn maar weinig Bretonse verwijzingen in de ruwweg twee dozijn werken die Gauguin tijdens zijn verblijf van 14 weken vervaardigde. Afgezien van de aparte hoed die de jongen uiterst rechts in *Jonge Bretonse baders* (fig. 25) droeg, had het tafereel een neutrale afbeelding van zomers vermaak kunnen zijn. Sommige beschouwers vonden de wijze van schilderen neutraal impressionistisch. Vincents vriend Hatrick herinnerde zich dat Gauguin op een keer voor het middagmaal naar Pension Gloanec terugkeerde en toen dit doek met 'enkele badende jongens [...] briljant geschilderd met stippen pure kleur op de gebruikelijke impressionistische wijze' meedroeg.[40] Uitgewerkt in heldere kleuren en gebroken streken, met gepaarde complementaire kleuren die het effect van zonlicht geven, is het doek inderdaad karakteristiek voor de *plein-air* esthetica van de impressionisten. Hoewel hij het ten dele ter plekke had uitgewerkt, waren de details van de Moulin David door Gauguin in een schetsboektekening verzonnnen (fig. 24).

De toenemende betekenis van het tekenen voor Gauguin blijkt uit zijn aanpak van twee schilderijen met personen die hij later die zomer ondernam (fig. 28, 34). Die ambitieuze stukken markeren een onmiskenbaar nieuwe koers die afweek van de impressionistische nadruk op het weergeven van kortstondige atmosferische indrukken, en ook een aangrijpen van openlijker Bretonse thematiek. Voor deze werken maakte de kunstenaar de schetsboekaantekeningen ter plekke ondergeschikt aan meer uitgebreide tekeningen van het model die hij in het atelier uitvoerde (fig. 26-27). De gedurfde contouren, vereenvoudigde vlakken, en het vreemde gebruik van gestalten in deze grotere schilderijen, evenals de wijze waarop ze in de uiteindelijke schilderijen samengevoegd worden, geven het belang van Pissarro's voorbeeld aan bij Gauguins poging om zijn kunst een nieuwe richting te geven (fig. 29-30). In zijn tekening van het zittende Bretonse meisje, eigende Gauguin zich typerend de door Pissarro al lang beoefende methode toe om figuren te maken die zo opzettelijk en pijnlijk houterig buigen en bewegen dat ze bijna onnatuurlijk lijken en daarmee de verhalende eigenschappen van een dagelijks tafereel verstoren. Voor Pissarro waren dergelijke studies een essentieel onderdeel van zijn streven om zijn werk het 'stempel van een moderne primitief' te geven. Door de versimpelingen die hij bewonderde in de kunst van de vroege Italiaanse meesters, de Egyptenaren en de Perzen na te bootsen bracht hij in zijn tekeningen een synthetisch effect tot stand dat ze onderscheidt van *plein-air* schetsen.[41]

Gauguin beproefde deze stijl in een werk als *Bretonse herderin* (fig. 28), waarin het opzettelijk geconstrueerde aspect van de figuur ook geldt voor in de entourage: de situering is meer schematisch dan illusionistisch, bestaat uit individuele delen die een voor een opgebouwd worden om zo een hellend vlak te creëren dat niet klopt met de logica van het perspectief.

Op *Pratende Bretonse vrouwen* (fig. 34), een compositie met vrouwen in kenmerkende plattelandskostuums die bij een afscheidingsmuur staan te praten, is dit stilistische primitivisme verder doorgevoerd door het onderwerp ook primitief te coderen. Als 'doorbraak' schilderij uit deze periode is het zoveel monumentaler en decoratiever dan enig

23

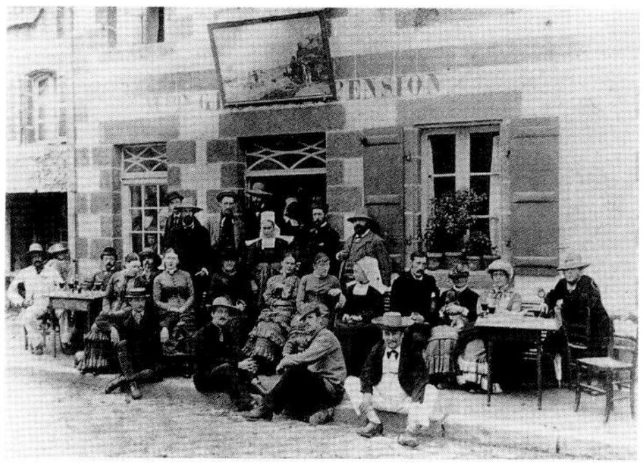

24

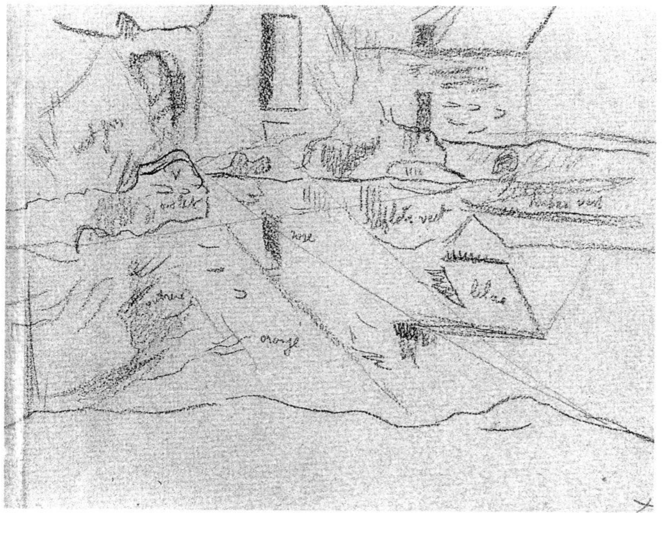

25

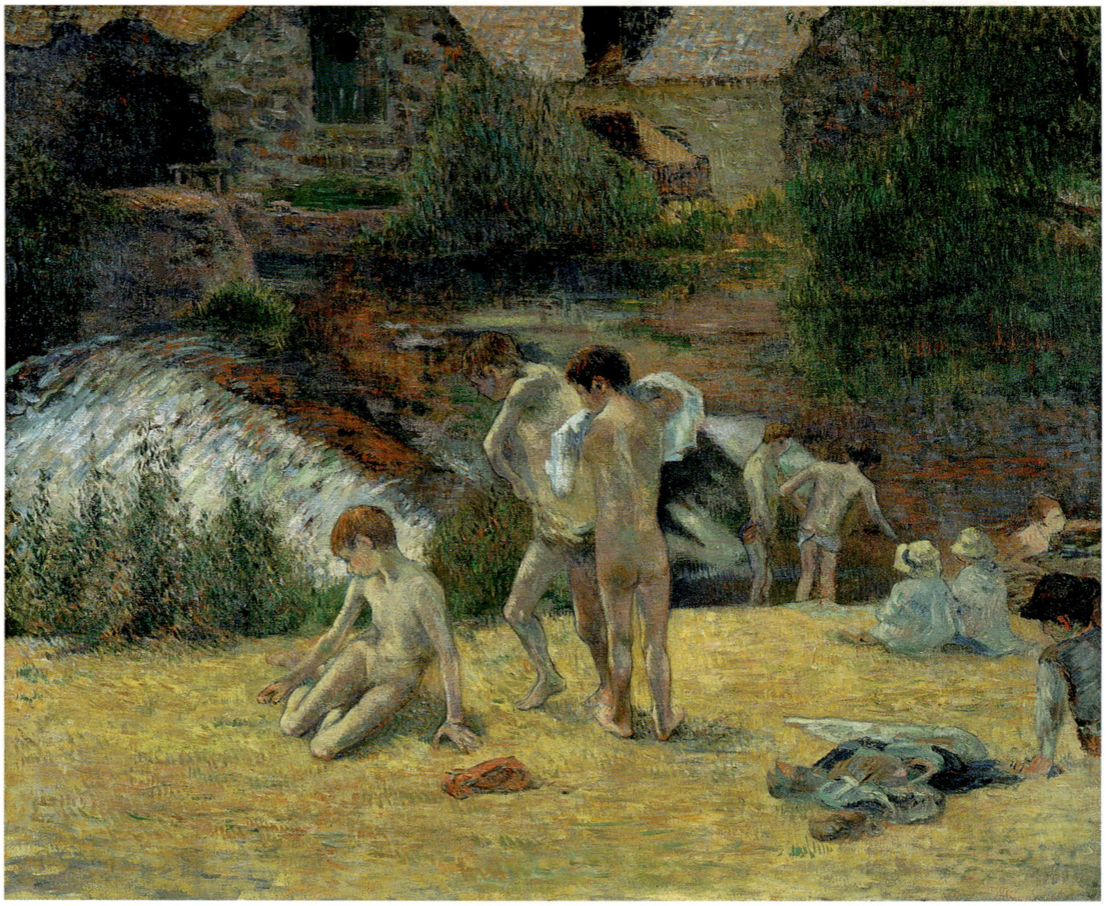

23
Foto van kunstenaars voor Pension Gloanec
Pont-Aven, Bretagne
ca. 1890

24
Paul Gauguin
Locatietekening, met kleur notaties, van de Moulin Neuf en de rivier Aven
1886
Grafiet op papier
In Album RF 29877, folio 41 verso
Musée d'Orsay, Paris, Département des Arts Graphiques

25
Paul Gauguin
*Jonge Bretonse baders (Petits Baigneurs)*
Zomer 1886
[W 272]
Olieverf op doek
60 × 73 cm
Kunstmuseum, Hiroshima
Cat. 4

van Gauguins eerdere schilderijen, dat het ondanks het feit dat het duidelijk is gedateerd als 1886, vaak is gesteld op 1888, waar het in de voortgang van zijn ontwikkeling beter lijkt te passen. *Pratende Bretonse vrouwen* kan misschien als antwoord op de *Grande Jatte* beschouwd worden; een eerste uiting in Gauguins schilderkunst van het soort hiëratisch 'primitivisme' dat zich voordien alleen in houtsnijwerk had gemanifesteerd, zoals in *Wandelende vrouw* (hfdst. 1, fig. 54). Gauguin paste de werkwijze toe die hij van Pissarro had geleerd: hij begon met schetsen op papier, maakte vervolgens een blauwe waterverftekening op het doek en vulde tenslotte de waterverfcontouren in met verf.[42] Maar ook de compositie zelf was schatplichtig aan Pissarro, die in de vroege jaren 1880 vergelijkbare effecten had beproefd in schilderijen van boerenvrouwen, roddelend bij een hek (Gauguin bezat daar een voorbeeld van: fig. 35). Degas had hetzelfde ontwerp toegepast, waarbij het tafereel werd verplaatst naar een renbaan en de figuren veranderd in elegante stadstypen (fig. 36).

De Bretonse klederdracht verhult Gauguins steunen op deze voorbeelden, doordat het effectief datgene voortbrengt wat wij interpreteren als modernistische aandacht voor oppervlak en patroon. Op illustraties van kostuums dienen de verschillende houdingen van de figuren en hun plaats op der voorgrond een praktisch doel, namelijk het laten zien van de Bretonse zondagse pakken (fig. 31). Het opnemen van verschillende zo uitgedoste figuren, opgesloten in een ondiep beeldveld, brengt bijna als vanzelf abstracte, decoratieve effecten voort, zoals in een schilderij van de Salonlieveling Pascal-Adolphe-Jean Dagnan-Bouveret (fig. 32). Van dichtbij gezien is het motief een krachtig decoratief. Sta je verder weg dan lost dit op in een groots, panoramisch uitzicht op een traditioneel Bretonse pardon (fig. 33).

Al is Gauguins *Pratende Bretonse vrouwen* schatplichtig aan diverse voorbeelden, toch is het een opmerkelijke prestatie, waarin de werkwijze van de kunstenaar, het thema, en de constructie samenwerken aan een harmonieus, geschakeerd, ritmisch – synthetisch – resultaat. Maar het zou enige tijd duren voordat hij de principes die het bezielden, kon toepassen op taferelen die een dieper landschap voorstelden. Ondertussen ging hij die zomer voort met een belangrijker stilistische kwestie: de actieve ontwikkeling van zijn persoonlijkheid. Hoe hij zichzelf kleedde was voor dit proces even wezenlijk als voor het eigentijdse schilderij. Hij putte uit zijn nautische verleden en zijn huidige locatie en 'ging aan kleding doen', zoals Hartrick zich tientallen jaren later herinnerde, 'als een Bretonse visser in een blauwe jersey [...] een baret elegant schuin tegen z'n hoofd'; deze kleding gaf hem samen met zijn zwierige gang het voorkomen van 'Biskaaise kapitein van een kustvaartschoener' (hfdst. 4, fig. 105). Door deze façade volgde Gauguin voorgangers als de Amerikaanse expat Whistler, die dankzij zijn zorgvuldig gecultiveerde maniertjes en gevoel voor publiciteit kort daarvoor het idee geperfectioneerd had van de kunstenaar zelf als kunstwerk. Zo'n voorstelling vereiste een publiek, wat Gauguin vond in Pont-Aven. Hoewel 'de meeste mensen hem vreesden,' zoals Hartrick opmerkte en Gauguin tegen Mette snoefde, voelde hij zich niettemin gewaardeerd en gerespecteerd, en kunstbroeders zochten gretig zijn advies. In tegenstelling tot de prestatiegerichte Parijse scène, was er binnen de kunstenaarsgemeenschap van Pont-Aven weinig serieuze concurrentie voor Gauguins dominantie. Naar eigen zeggen erkend als 'de beste schilder in Pont-Aven' – de grootste vis in deze kleine vijver – voelde Gauguin zich jaren jonger.[43]

26

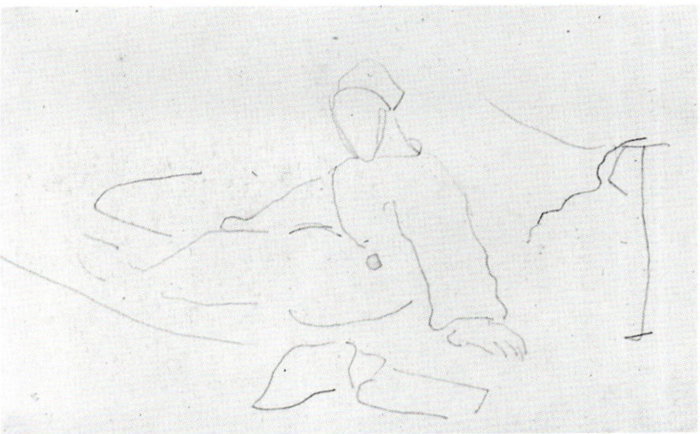

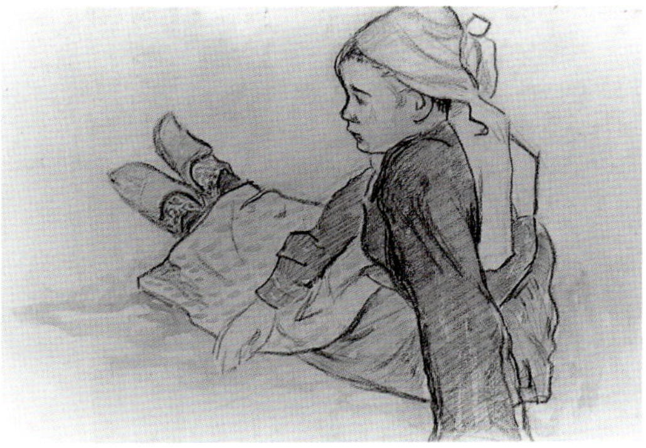

27

28

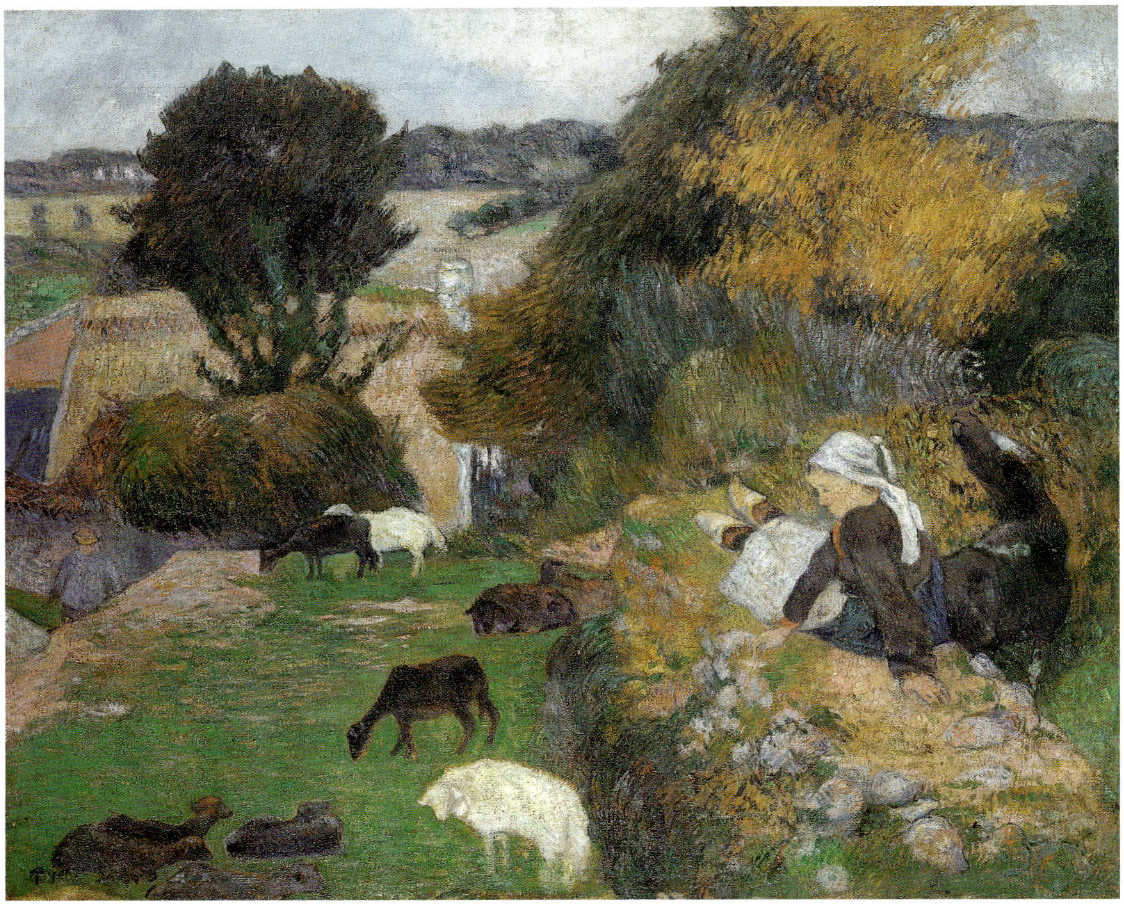

29

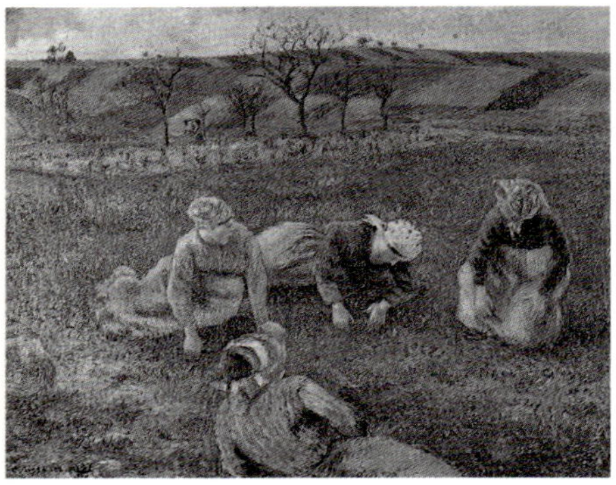

30

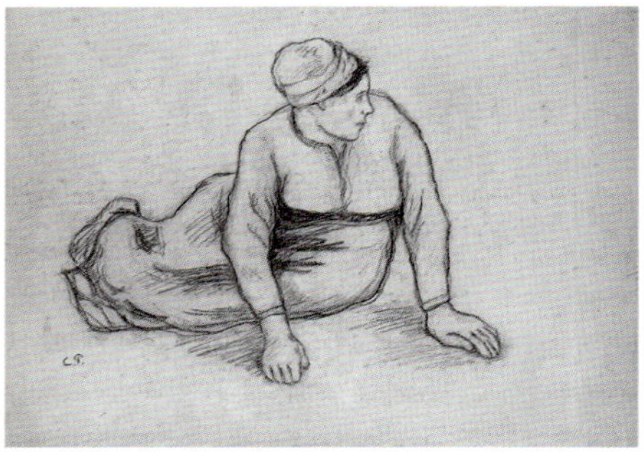

26
Paul Gauguin
Schets van een zittende Bretonse vrouw
1886
Grafiet op velijnpapier
16,9 × 12,6 cm
National Gallery of Art, Washington, D.C., The Armand Hammer Collection

27
Paul Gauguin
*Zittende Bretonse vrouw*
1886
Houtskool, penseel en waterverf
30,5 × 42,2 cm
Musée des Arts Africains et Océaniens, Parijs

28
Paul Gauguin
*Bretonse herderin*
Zomer 1886
[W 203]
Olieverf op doek
60,4 × 73,3 cm
Laing Art Gallery, Newcastle upon Tyne (Tyne and Wear Museums)
Cat. 5

29
Camille Pissarro
*De wieders, Pontoise*
1882
Olieverf op doek
63 × 77 cm
Privé-collectie

30
Camille Pissarro
Studie voor *Wieders, Pontoise*
ca. 1881
Zwart krijt op papier
45,7 × 61 cm
Met dank aan Christie's

31
François Hippolyte Lalaisse (Frankrijk; 1812–1884)
*Bretonse vrouw* uit *Galerie Armoricaine: Costumes et vues pittoresques de la Bretagne* (Nantes 1845–46), pl. 14
Bibliothèque Nationale, Parijs

32
Pascal-Adolphe-Jean Dagnan-Bouveret (Frankrijk; 1852–1929)
*Bretonse vrouwen*
1887
Olieverf op doek
54,6 × 40,7 cm
Met dank aan Christie's Images New York

33
Naar Pascal-Adolphe-Jean Dagnan-Bouveret
*Bretonse vrouwen bij een Pardon*
Litho
1889
Uit Albert Wolff, *Figaro—Salon* (Parijs 1889), p. 46

34
Paul Gauguin
*Pratende Bretonse vrouwen* (*Bretonnes causant*)
Zomer 1886
[W 201]
Olieverf op doek
72 × 91 cm
Bayerische Staatsgemälde-sammlungen, Neue Pinakothek, München

35
Camille Pissarro
*Pratende boerenvrouwen*
Ca. 1881
Olieverf op doek
35 × 27 cm
Privé-collectie

36
Edgar Degas (Frankrijk; 1834–1917)
*Drie vrouwen bij de races*
ca. 1885
Pastel op papier
70 × 70 cm
The Denver Art Museum

31

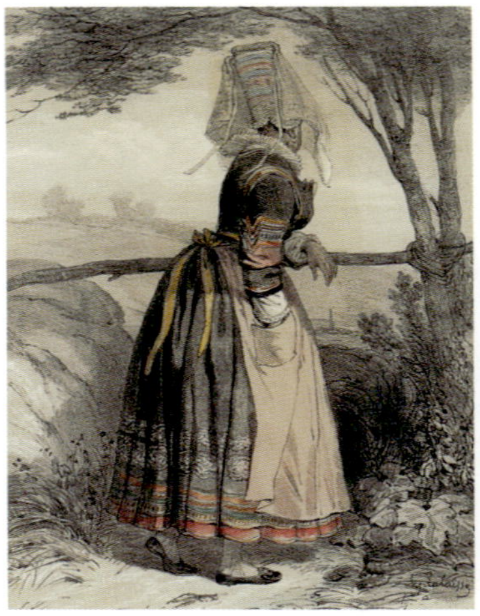

32

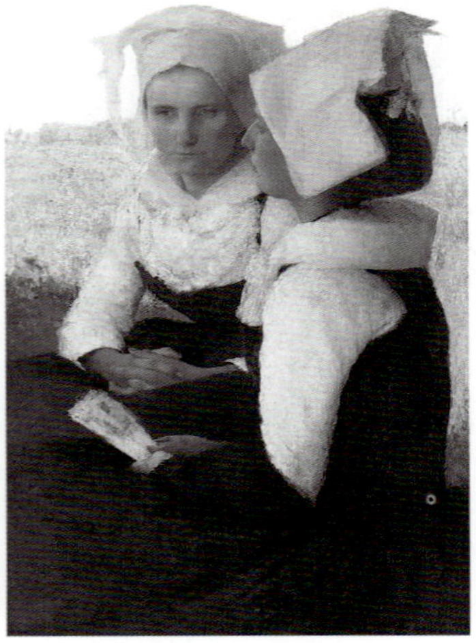

33

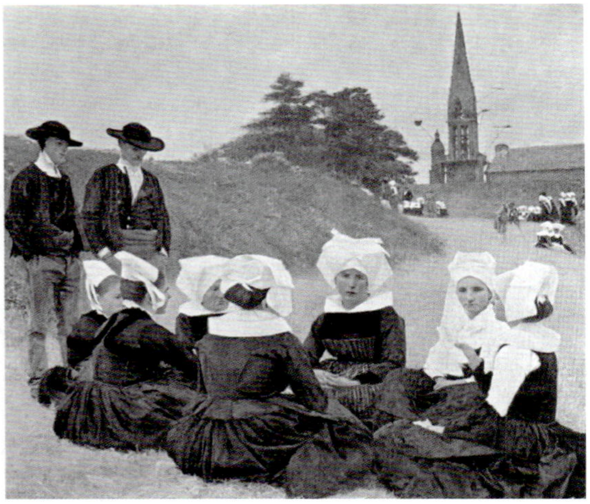

34

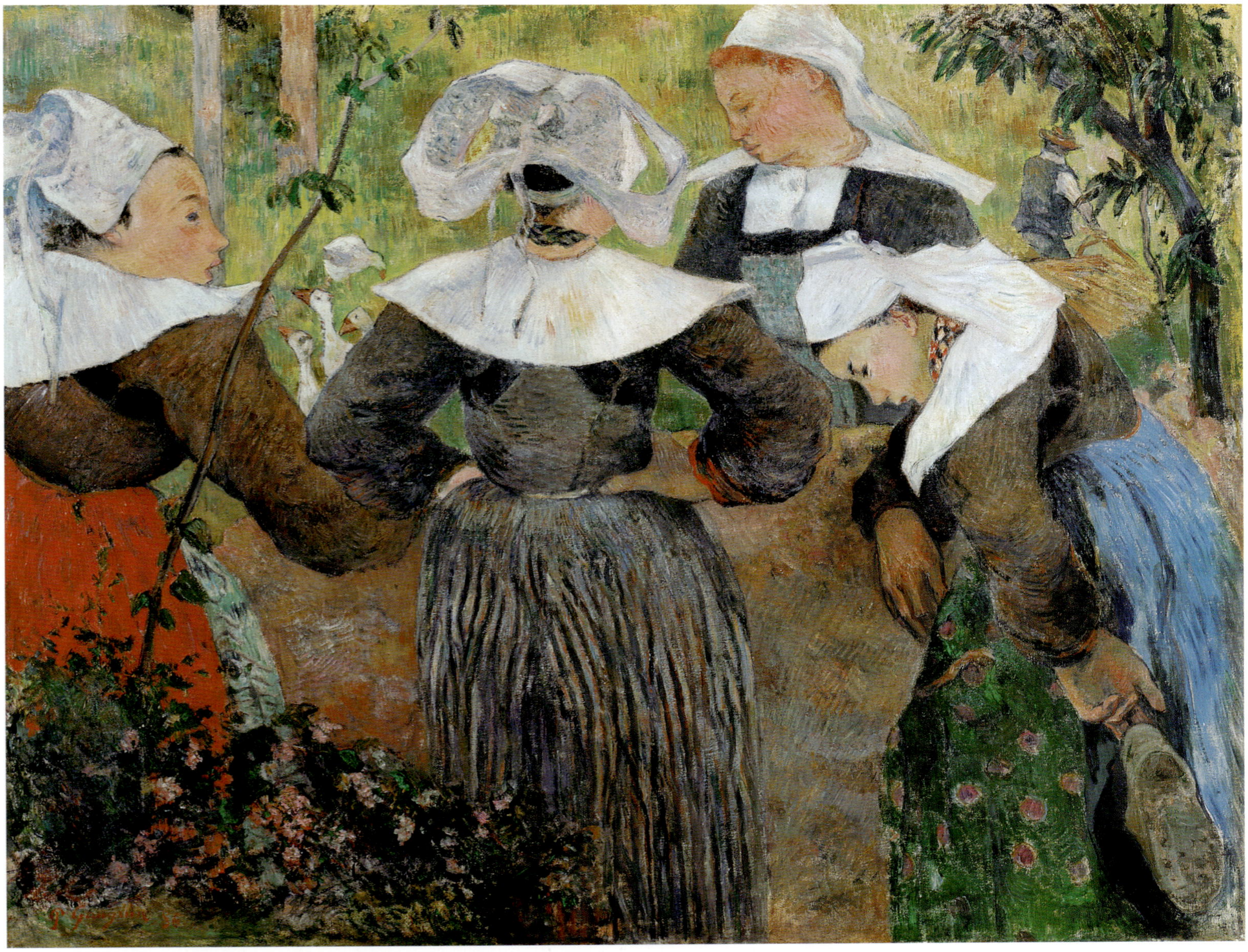

35

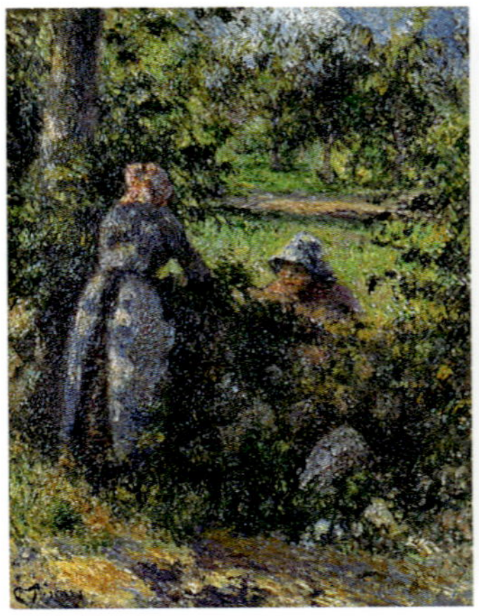

36

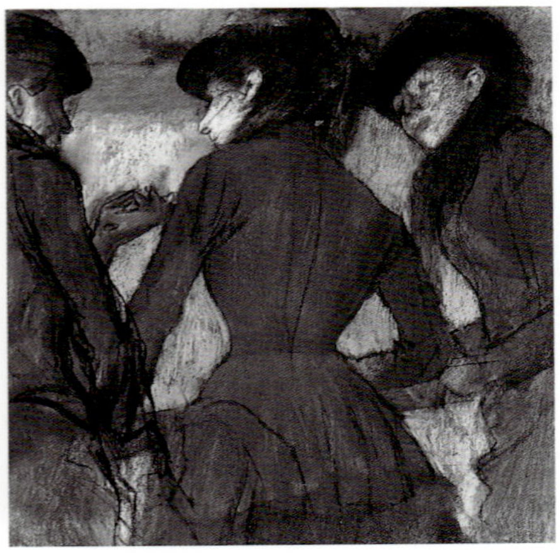

## Gauguins terugkeer uit Bretagne

Toen Gauguin half oktober in Parijs terugkwam betrad hij opnieuw het strijdperk als speler in de voortdurende vijandelijkheden die de verschillende avant-gardistische kampen verdeelden. Nu als iemand die door Pissarro gezien werd als de duidelijkste spreekbuis van de 'romantische impressionisten.' Dit vertelde minder over degenen die Gauguin steunde – op dit moment had hij de banden met Guillaumin en Degas weer aangehaald – dan wel over hen die hij afwees – Seurat en de neo-impressionisten. Toen Gauguin begin december Pissarro en zijn nieuwe kunstbroeders in het Café Nouvelle-Athènes beledigde, verdedigde Pissarro zijn voormalige leerling, maar stelde vast dat zijn pogingen om nieuwe banden aan te gaan tot niets zouden leiden: 'De impressionisten zijn passé, ongeacht wat de fanaticus Gauguin ook mag beweren.'[44] Gauguin moet dit ook hebben beseft, want hij gebruikte de energie van deze geladen dialoog en ging actief op zoek naar middelen om met zijn eigen identiteit naam te maken.

Gedurende zijn verblijf in Pont-Aven had Gauguin vastgehouden aan de gedachte dat hij bij terugkeer in Parijs in het levensonderhoud van hemzelf en Clovis (die op kostschool was toen hij in Bretagne zat) zou voorzien door samen met Chaplet potten te beeldhouwen, net als Aubé. Hij wilde 'keramisch beeldhouwwerk' maken ter versiering van door anderen ontworpen vazen. Terug in de hoofdstad begon Gauguin met zijn werk in het atelier van Chaplet in rue Blomet door het overnemen van Bracquemonds picturale variatie op Aubé's sculpturale aanpak (fig. 37). De technische eisen van het werken in deze kunstvorm – die vroeg om ingekerfde contouren om te voorkomen dat de kleurvlakken vermengen tijdens het verhittingsproces – stimuleerden Gauguin om zijn tekenen te vereenvoudigen en zijn motieven nog meer te stileren waarbij hij de richting die zijn Bretonse schilderijen en tekeningen insloegen, cultiveerde.[45]

Al heel snel kreeg Gauguin er genoeg van om alleen maar vazen van anderen op te sieren. Hij liet deze methode (en ook die van Aubé) van keramische decoratie los, tegelijk met de beeldhouwtraditie uit de hoge kunst van *De faun*. In plaats daarvan begon hij objecten te vervaardigen die opvielen door de vermenging van de ambachten van pottenbakker, beeldhouwer en schilder. Gauguins ten dele geglazuurde en ruw uitgevoerde aardewerk vertoont hoogst individuele vormen en toegepaste motieven die aan Westerse volkskunsttradities herinneren, zoals het pre-industriële aardewerk van het Franse platteland (Bretagne inbegrepen) en uit het Italië van de Renaissance, en ook niet-Europese voorbeelden zoals het aardewerk uit Peru en Azië.[46] Vrij met de hand geboetseerd uit kleirollen (*colombins*) en niet gevormd op de draaischijf.

Veel van Gauguins potten lijken op traditionele, rustieke modellen; andere zijn duidelijk fantastisch, met grote handvaten en naïef toegepaste motieven (fig. 38). Zijn moedwillige samenvoeging van ongelijksoortige vormen in deze werkstukken doet denken aan Peruviaanse prototypen, maar tarten elke bruikbaarheid. Een pagina uit het schetsboek met keramische recepten en tekeningen van aardewerkmotieven en vazen uit oud-Peruviaanse, Mexicaanse en Romeinse bronnen, gekopieerd uit hetzelfde tractaat over keramiek dat tot een van zijn vroegere houten sculpturen (hfdst. 1, fig. 59) had geleid, laat de reikwijdte zien van Gauguins interesses. Dat soort snijwerk had hij geleend van Degas. Hij speelde met dissonantie door elegante, stedelijke dansers te tonen in een ruwe formele

37

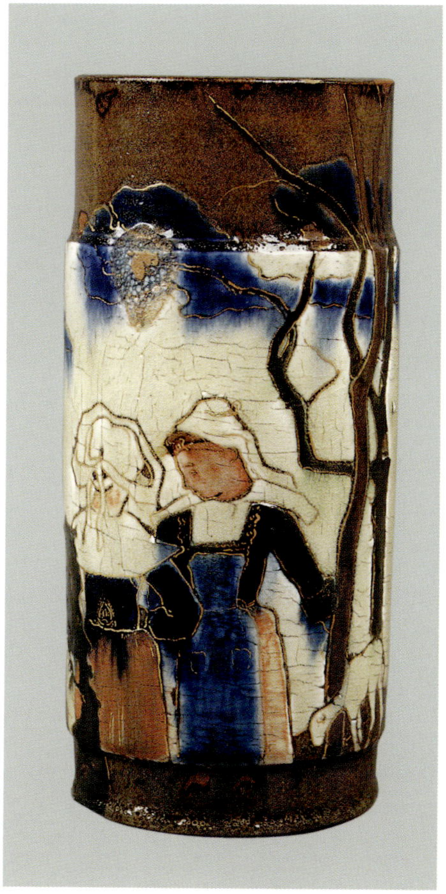

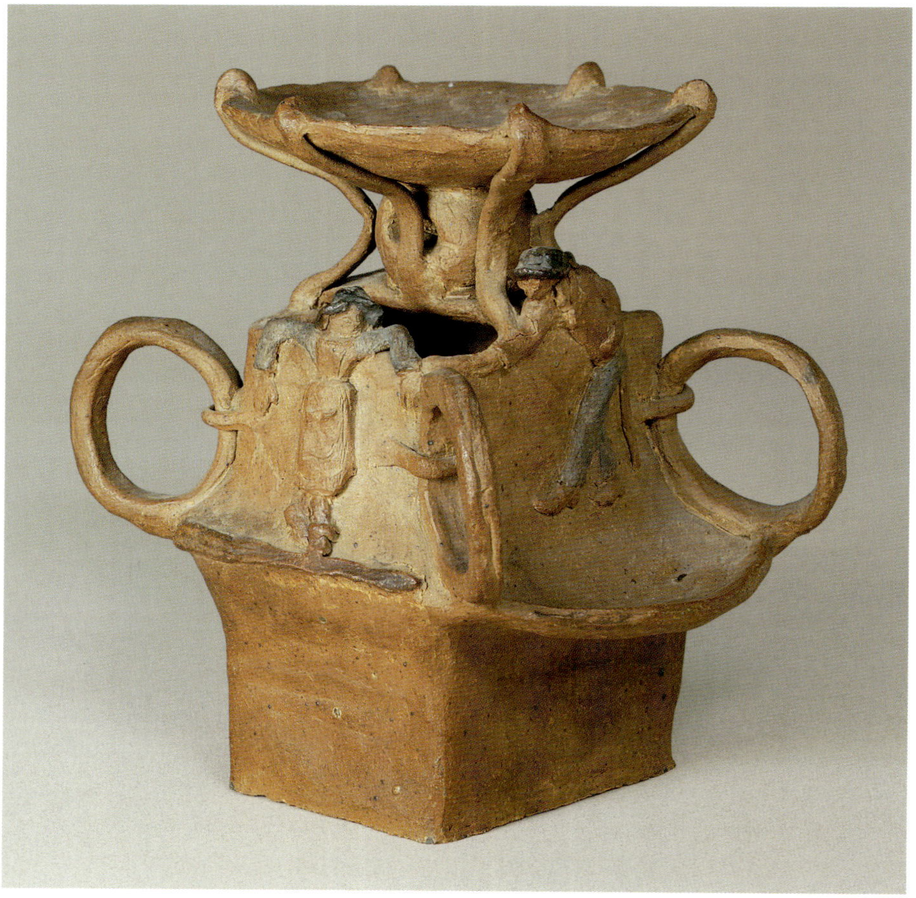

38

39

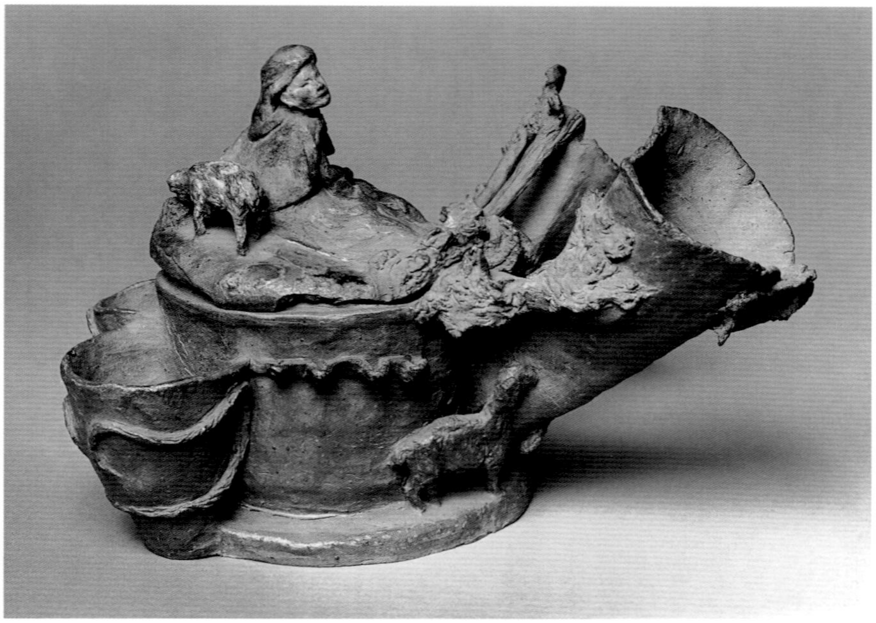

37
Paul Gauguin
*Vaas gedecoreerd met Bretonse scènes*
Winter 1886/87
[B 9, G 45]
Geglazuurd aardewerk, met gegraveerde decoratie en gouden glanspunten
H. 29,5 cm
Musées Royaux d'Art et d'Histoire, Brussel

38
Paul Gauguin
*Vaas met vier handvaten gedecoreerd met Bretonse boerenfiguren*
Winter 1886/87
[B 26, G 21]
Ongeglazuurd aardewerk
H 17 cm
Musée d'Orsay, Parijs

39
Paul Gauguin
*Afgesloten vaas met Bretons meisje en schapen*
Winter 1886/87
[B 1, G 27]
Ongeglazuurd aardewerk, versierd met gekleurde kleisuspensie
H 16 cm
Ny Carlsberg Glyptotek, Kopenhagen

setting die mijlen verwijderd is van de Parijse Opéra. Waar Gauguin door een stuk aardewerk naar Degas verwees deed hij dat vaak door het gebruik van motieven die een culturele en geografische afstand inhouden en die eerder aanvullen dan contrasteren met de andere elementen. En hoewel hij ooit de afbeelding opnam van een Noord-Afrikaanse ruiter in een felle zon, die kennelijk geïnspireerd was door Delacroix, steunde Gauguin hoofdzakelijk op zijn eigen Bretonse figuren.[47]

Niettemin waren de handgeboetseerde potten, net als Gauguins vroegere snijwerk, bewust grensverleggend. Al gauw nadat hij ermee begon, meldde hij aan Bracquemond dat hij samen met Chaplet als een slaaf zwoegde aan 'mijn *colombins*.' Misschien speelde hij ook met de schuttingtaal van *colombin*, dat naast de kleirollen van de pottenbakker ook 'drol' betekent.[48] In gelijke spreektaal nodigde Gauguin Bracquemond uit om naar Chaplets atelier te komen om zijn '55 [...] misbaksels' te zien die net uit de oven waren gekomen. Hoewel hij duidelijk tevreden was met wat hij noemde de 'kleine produkten van mijn grootse dwaasheden,' erkende Gauguin dat ze niet de verkoopobjecten waren die hij aanvankelijk van plan was, omdat ze te 'artistiek' waren om commercieel te zijn. Niettemin geloofde hij dat Bracquemond, een kunstbroeder, ze interessant zou vinden, evenals Schuffenecker, en hij fantaseerde over het succes dat ze zouden hebben op een tentoonstelling als van de Union Centrale des Arts Décoratifs.[49] In werkelijkheid nam hij niet deel aan deze tentoonstelling, en het is moeilijk voor te stellen hoe zijn werken daar zouden zijn ontvangen. Met opzet roepen de ruwe, meer extreme van Gauguins keramische sculpturen door hun nadruk op het tactiele en hun associatieve – en soms formele – suggestie van lichaamsfuncties en lichaamsopeningen (fig. 39) het preïndustriële, zelfs het prelinguïstische op,. Deze werken onderscheiden zich niet alleen van het moderne raffinement van een beoefenaar als Aubé, maar ze stroken evenmin met het moderne primitivisme van Pissarro en Seurat. Eigenlijk vertegenwoordigen ze een strategisch antwoord op dat laatste, in zoverre dat Gauguin munt sloeg uit recente kritiek, door formeel maar ook persoonlijk uitdrukking te geven aan dat, wat zij beschouwden als zijn zeemansruwheid.

Toch ontbrak er een duidelijk toneel om zo'n statement te doen. Van oudsher nam aardewerk in de hiërarchie van de kunstvormen een lage plaats in (pas in 1890, na de oprichting van de Salon de la Nationale, werden de zogenaamde decoratieve kunsten geëxposeerd naast beeldhouwkunst en schilderkunst). In de schilderkunst kon aan de oude en nieuwe voorbeelden waarvan het veld overvol was, niet worden voorbijgegaan, en de zorg om inspiratie en oorspronkelijkheid was overheersend. Slechts enige weken daarvoor had Pissarro dergelijke vragen opgeworpen in gesprek met Schuffenecker op de tentoonstelling van de Indépendants. Toen Schuffenecker (die de waarheid omwille van de lieve vrede verdraaide) Pissarro vertelde van de 'kolossale vorderingen' die Gauguin in Bretagne in het spoor van de neo-impressionisten maakte, antwoordde Pissarro scherp dat het voor Gauguin te laat was om ' terug te glippen in de gelederen.' Hij verwees naar de grote opportunist uit *L'Oeuvre*, de schilder Fagerolles en waarschuwde Schuffenecker dat 'we zeker een doorbraak zullen bewerken en niet zullen toestaan dat de "Fagerolles" ons plunderen.'[50]

Gauguin wist niet hoe hij in de schilderkunst moest doorgaan in de richting die hij in zijn keramiek had beproefd. Zijn poging om de bestaande alternatieven op te nemen en te transcenderen leveren de geestige tekst van een opmerkelijk vreemd schilderij dat hij vervaardigde na het bakken van de keramiek (fig. 40). De mise-en-scène is een eerbetuiging aan Cézanne: op een tafel in de hoek van een kamer met dessinbehang dat doet denken aan de stillevens van deze Provençaalse kunstenaar (zie hfdst. 1, fig. 57) ligt een gerimpeld kleed en enkele stukken fruit die met krachtige contouren en gerichte penseelvoering zijn gemodelleerd. De eerbiedige stemming wordt verstoord door twee geheel verschillende inbreuken: het vreemde voorwerp op de tafel dat naar de hoek lijkt te kijken, en het hoofd van

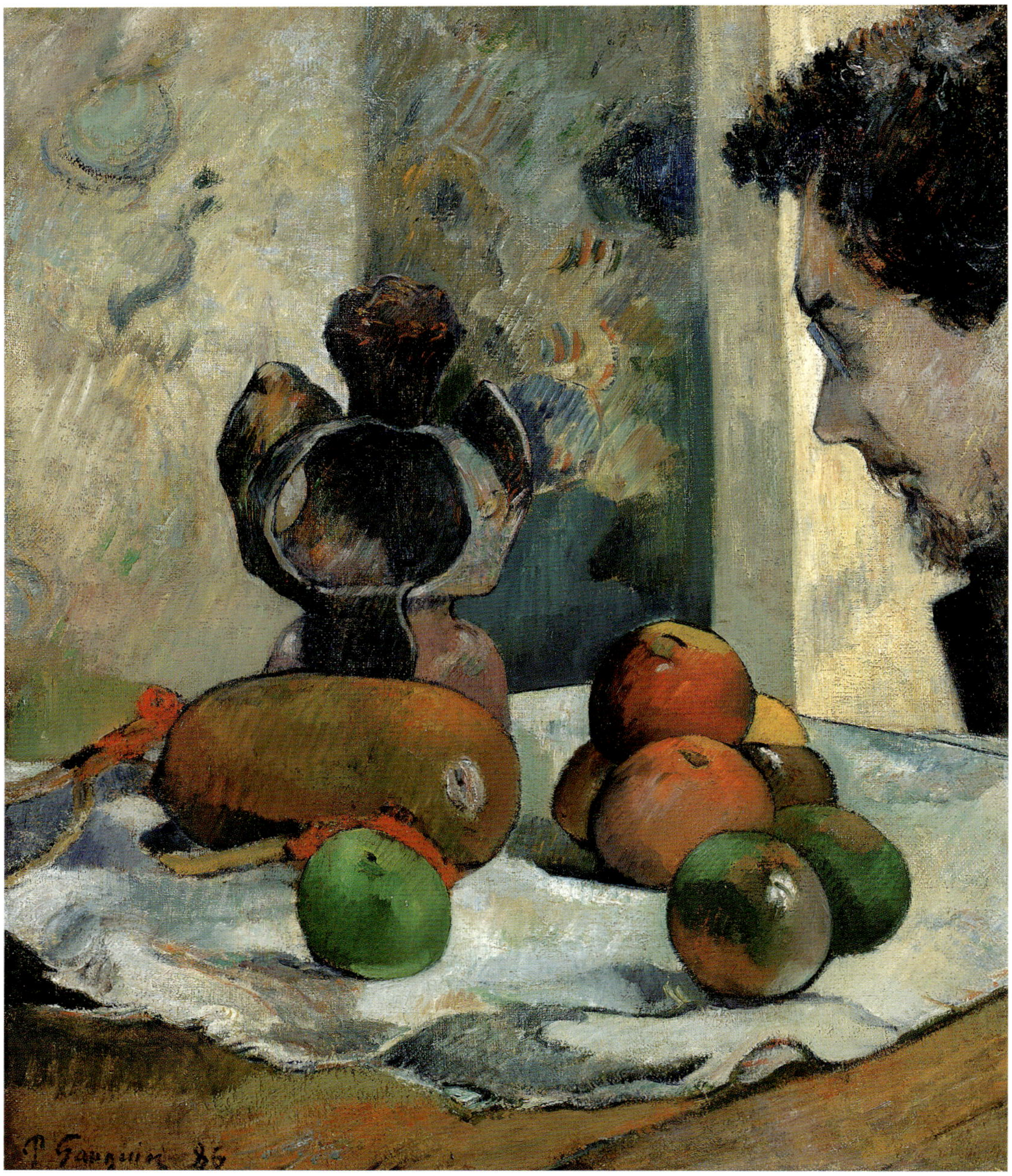

een bebrilde jongeman, die plotseling de picturale ruimte aan de rechterkant binnenkomt. De positie van het model – Charles Laval, een jonge schilder met wie Gauguin in Bretagne bevriend was geraakt – is schatplichtig aan Degas, die een vergelijkbare compositie had gebruikt in een pastel die getoond werd op de zesde impressionistische tentoonstelling (fig. 41).[51] Lavals aandacht lijkt niet te worden vastgehouden door het zorgvuldig geschikte fruit, maar door het vreemd gevormde keramische object daarboven – een van de 'misbaksels' waar Gauguin zo van hield.[52] Lavals gezicht heeft een vorsende uitdrukking, alsof hij wijs wil worden uit wat voor hem ligt.

De mislukking om picturale elementen tot een samenhangend geheel te combineren in *Stilleven met profiel van Charles Laval* is aantoonbaar de bedoeling. Gauguin bracht twee genres samen – stilleven en modern leven – en hun belangrijkste eigentijdse beoefenaren – Cézanne en Degas – maar zag er welbewust vanaf hen te ontleden. Het aardewerk, geparachuteerd in dit betwiste veld, introduceert een derde persoonlijkheid – Gauguin – geïncarneerd als een 'authentiek', onafhankelijk wezen. Dit stuk was het eerste van meerdere ironische en venijnige analyses van de uitdagingen van de creativiteit. In de figuur van Laval, die handelt als plaatsvervanger voor de waarnemer, is het alsof Gauguin ons uitnodigt om te gissen over zijn volgende stap.

Zijn mogelijkheden waren beperkt. Bracquemond had enkele schilderijen afgenomen, ondanks het feit dat hij ze, zoals hij Pissarro toevertrouwde, 'vreemd en ietwat verward' vond, omdat hij meende dat ze 'iets hadden' wat de toekomstige koper zou kunnen interesseren. Hij kreeg ongelijk, want de schilderijen vormden blijkbaar een belediging voor degenen aan wie ze getoond werden. Wat het aardewerk betreft, zelfs Bracquemond, die de onderneming had aangemoedigd en mogelijk gemaakt, beoordeelde veel daarvan als mislukt: 'Sommige stukken die hij gemaakt heeft zijn behoorlijk goed, maar andere zijn niet interessant.' Tussen de regels legde Pissarro Bracquemond uit dat het ging om 'zeeliedenkunst, overal en nergens opgepikt.'[53]

Deze hardnekkige interpretatie van de kunst op grond van de man zelf was discriminerend. Pissarro gaf niet veel om de onsystematische uitwerking van Gauguin en andere tegenstanders van het neo-impressionisme. Hij vond zaken als oprechtheid, ware expressie en authenticiteit belangrijker. Hij keurde degenen die aanspraak maakten op deze deugden terwijl zij in werkelijkheid handig 'plunderden' uit andere kunst scherp af.[54] De synthese van verscheidene primitieve kunsten speelde op zichzelf geen rol. In zijn eigen productie van het moment (fig. 4) putte Pissarro uit Japanse, Frans-gotische en eigentijdse avant-gardistische voorlopers. Wat Pissarro dwars zat, was de aard van de assimilatie, hij verdacht Gauguin ervan dat deze niet werkte met stijlen en daarvan een diep inzicht kreeg, maar slechts opportunistisch langs kwam en verder ging: een pasticheur van diverse soorten esthetiek, opgediept in verschillende havens. Dit soort handig, eclectisch lenen is precies waarvan Pissarro later Gauguin zou beschuldigen op Tahiti. (zie Besluit). Pissarro zette nu in wezen een punt achter zijn betrekkingen met Gauguin, in een slotoordeel over de kern van zijn karakter als 'anti-artistiek [...] zoals *bibelotage* – gepruts.'[55]

40
Paul Gauguin
*Stilleven met profiel van Charles Laval*
Eind 1886 [W 207]
Olieverf op doek
46 × 38 cm
Indianapolis Museum of Art, Samuel Josefowitz Collection of the School of Pont-Aven, dankzij de generositeit van de Lilly Endowment Inc., de familie Josefowitz, Mr. en Mrs. James M. Cornelius, Mr. en Mrs. Leonard J. Betley, Lori en Dan Efroymson, en andere Friends of the Museum
Cat. 7

41
Edgar Degas
*Achter de coulissen*
1882/85
Pastel op papier
66 × 38 cm
Privé-collectie, met dank aan Pyms Gallery, Londen

Gauguins volgende stap was zo te zien erop gericht om deze visie te versterken. In het nauw gedreven door financiële nood, overwoog hij een aantal wilde plannen en besloot ten slotte om naar Panama te reizen, waar de man van zijn zuster, Juan Aribe, in zaken was. Nadat hij Laval had overgehaald met hem mee te gaan, vertrok Gauguin in april naar Midden-Amerika. Wat hij daar aantrof voldeed niet aan zijn verwachtingen. De plaatselijke economie verkeerde in wanorde omdat de Panama Kanaal Maatschappij op de rand van een bankroet stond; Uribe, die in feite een warenhuis dreef en niet, zoals Gauguin aannam, een welvarend financier was, had niets te bieden aan werk of huisvesting. De twee kunstenaars gingen werken bij het kanaal, maar Laval liep gele koorts op en Gauguin werd al na twee weken ontslagen. Nadat ze aanvankelijk hoopten zich te vestigen (en ook te schilderen) op Taboga, een eiland zestien kilometer voor de kust van de stad, ontdekten ze dat het een oord voor toeristen was. Vervolgens kregen ze interesse voor de Franse kolonie Martinique, een van de Antillen, en begin juni verruilden ze hun hotel in Panama-City voor een kleine hut op het eiland.[56] Dit leek op het paradijs waarnaar Gauguin gezocht had, en hij begon tekeningen en schilderijen te maken van de kleurige plaatselijke vegetatie en bevolking. Maar al snel werd ook hij ziek door koorts en dysenterie en met financiële steun van Schuffenecker keerde hij half november naar Frankrijk terug. Daar zou hij een poging doen zijn gezondheid terug te krijgen en zijn toekomstige levenstaak te ontwerpen.

41

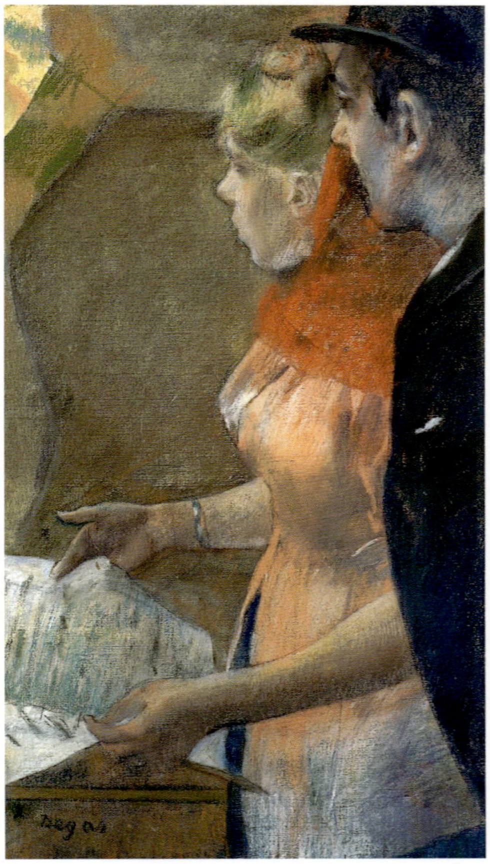

Terwijl Gauguin uit Parijs weg was, was Vincent gearriveerd. Hij betrad de kringen van de avant-garde. Hij ontmoette Signac begin 1887, toen deze werk voorbereidde voor de jaarlijkse tentoonstelling van het internationale genootschap van eigentijdse kunstenaars Les Vingt (De Twintig), in Brussel. Signac was een goede woordvoerder voor het neo-impressionisme en verklaarde het als een natuurlijke ontwikkeling uit het impressionisme. Onder zijn invloed werd Vincents palet aanzienlijk lichter, zijn penseelvoering gevarieerder, en zijn thematiek wijder. Hij nam het impressionisme en neo-impressionisme rechtstreeks en tegelijkertijd over, zoals we zien in *Vissen in het voorjaar* (fig. 44), een schilderij van de Pont de Clichy over de Seine bij Asnières. Het stuk dat doet denken aan de wereld van Monet (fig. 42). Theo begon in april van dat jaar in het werk van deze iets oudere kunstenaar te handelen, en ook in dat van Seurat. Seurat beeldde een nabijgelegen plaats af in *Vissers* (fig. 43), mogelijk een rechtstreekse reactie op de Monet uit 1883 en een werk dat hij opnam in de impressionistische tentoonstelling van 1886. Vincents bescheiden bijdrage aan deze dialoog omvat zelfs een in complementaire kleuren geschilderde lijst, een neo-impressionistische nieuwigheid.[57]

In mei meldde Theo dat zijn broer 'zich erg inspande om meer zonlicht op te nemen' in zijn schilderijen.[58] Ongeveer in deze periode wendde Vincent zich weer tot het zelfportret, waarbij hij zichzelf portretteerde in een stilistische vermomming, die van praktiserend pointillist, radicaal verschillend van het voorgaande jaar (fig. 45). Al mag zijn neo-impressionistische techniek in dit portret en in andere werken tijdens zijn omgang met Signac dan ook recht in de leer lijken, Vincent was theoretisch niet streng, noch zo ijverig en nauwgezet als Signac, Seurat en Pissarro. Zijn toets had meer een duidelijke gestiek, en hij vermeed een ogenschijnlijke neutraliteit ten gunste van een zowel expressief als decoratief oppervlak. Het rationele oppervlak van het neo-impressionisme kon zijn verlangen om de diepte van de karakters te peilen niet bevredigen. In dit zelfportret plaatste hij de complementaire kleuren rood en groen plichtmatig naast elkaar, maar paste ze toe met verfstreken die met centrifugale kracht uit het midden van de compositie lijken af te stralen. Ze wervelen als magnetisch geladen kleurinslagen rond het hoofd van de kunstenaar, en maken een indruk van energie, een heftig gevoel, innerlijk leven dat de onheilspellende blik van de kunstenaar slechts doet vermoeden.

Vincent betuigde zijn 'geloof aan kleur,' maar door zijn afkeer van dogma en theoretische abstractie was hij niet de juiste man om een strikte aanhanger te zijn van het neo-impressionisme. In tegenstelling tot zijn al vroeg ontwikkelde vriend Bernard zette hij zich er echter niet tegen af. De twee hadden een verwant temperament: beiden waren wispelturig, vatbaar voor een groot enthousiasme, uiterst onafhankelijk en (te) openhartig; en ze deelden een hagiografische kijk op de kunstgeschiedenis, volgens hen een moreel slagveld met 'helden en onbenullen.' Maar Vincent wenste verschoond te blijven van het 'sektarische' gevecht binnen de Parijse avant-garde.[59] Hij zag zichzelf duidelijk, wat hij later zou noemen, 'het impressionisme doorlopen,' een voorbereiding die hij noodzakelijk achtte voor een loopbaan 'zoals je vroeger een Parijs atelier doorliep.' Hij legde zichzelf taken op en voelde zich vrij om te experimenteren. Hierbij bleef hij tolerant en beproefde hij verschillende methodes, zoals een zelfportret later die zomer aangeeft (fig. 46). Door een combinatie van luchtige en gegroefde penseelvoering, is dit schetsmatig portret van de kunstenaar impressionistischer in aanpak en gevoelsmatig vrolijker dan het eerdere (fig. 45). Eigenlijk spreken diverse loyaliteiten uit het portret. Qua iconografie verwijst het naar een portret van Monticelli (zie hfdst. 3, fig. 65) met een kolossale gele hoed, dat Vincent zich herinnerde te hebben gezien.[60]

Nadat hij figuurlijk gesproken Monticelli's hoed had opgezet, paste Vincent vervolgens de schoenen van Millet, die hij lange tijd had beschouwd als 'raads- en leidsman.' Een uitvoerig, door de staat gesubsidieerd retrospectief gewijd aan het werk van Millet dat in mei 1887 geopend werd verschafte een strenge controle voor Vincents huidige esthetische voorkeur. Zwart-witte reproducties waren de voornaamste bron geweest voor zijn inzicht in – en verering voor – de meester van Barbizon, een feit dat mede de verbazing verklaart die Vincent ervoer bij de ontdekking dat in Millets schilderijen 'nauwelijks kleur' voorkwam.[61] Om dezelfde reden zou Millet geen rol spelen in Signacs interpretatie uit 1899 van de geschiedenis van de Franse kunst sinds Delacroix wat betreft de rechtstreekse, progressieve ontwikkeling van het koloriet. Seurat daarentegen legde een blijvende belangstelling voor Millet aan de dag, wiens tekeningen, met hun mysterieuze zwarten, zoveel effect hadden op die van hemzelf.[62] En het waren Millets tekeningen die Pissarro, op bezoek bij het retrospectief, 'honderd keer beter' achtte dan de schilderijen, die hij sterk verouderd vond. In het bijzonder veroordeelde Pissarro de sentimentaliteit van Millets verbeeldingen van een stoïsche, serieuze boerenstand – met name het beroemde Angelus (1857-59; Parijs, Musée d'Orsay) – als in wezen conservatief. Toen hij zag dat medebezoekers door deze afbeeldingen tot tranen werden geroerd, klaagde Pissarro dat zij waarschijnlijk nooit de 'coup de foudre' van iets authentieks hadden ervaren, zoals Delacroix' fresco's in de Saint-Sulpice (zie hfdst. 3, fig. 65).[63]

Wat Pissarro bij Millet minachtend afwees, vereerde Vincent als intens spiritueel en menslievend. Zijn gevecht om deze oude

42

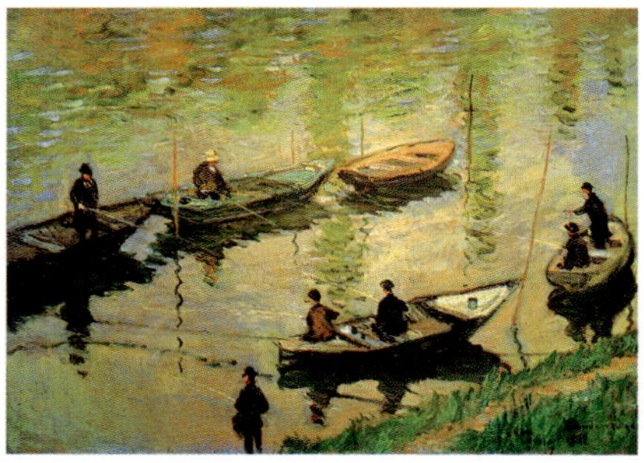

43

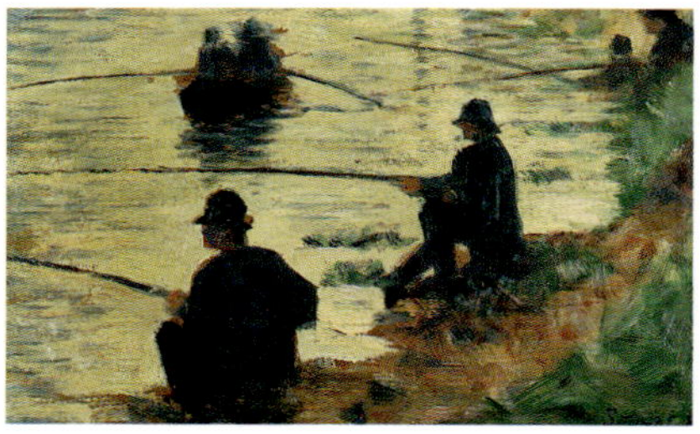

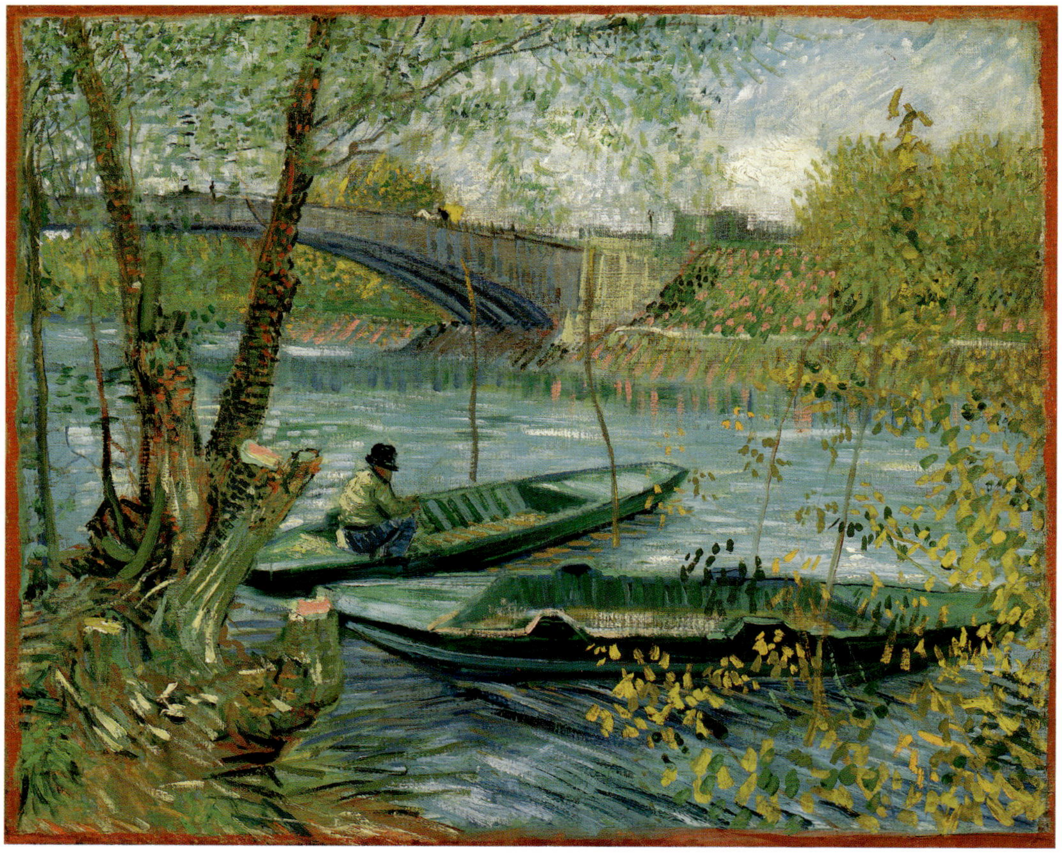

44

45

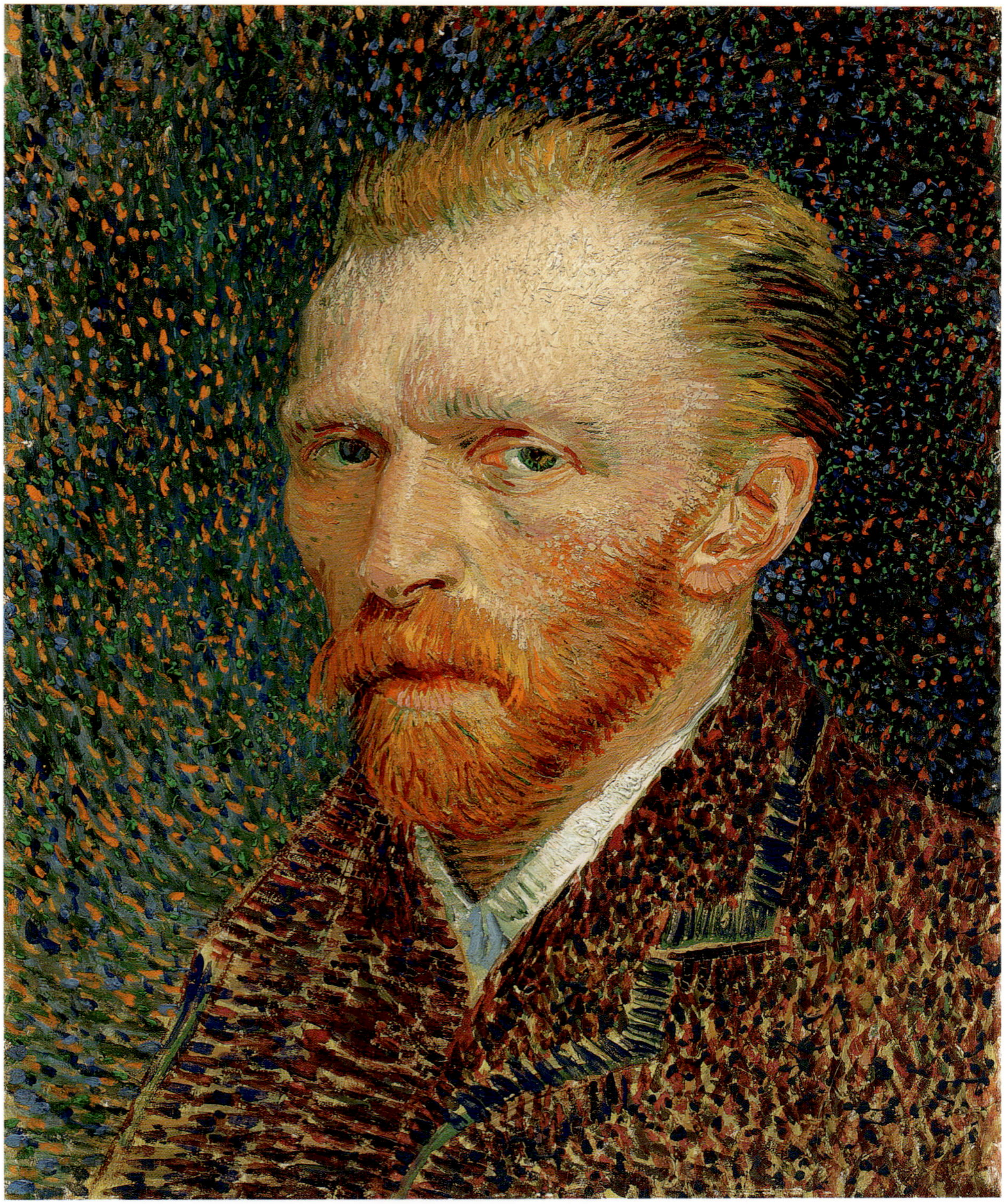

42
Claude Monet
(Frankrijk;
1840–1926)
*Vissers op de Seine bij Poissy*
1882
Olieverf op doek
60 × 81 cm
Neue Galerie in der Stallburg, Wenen

43
Georges Seurat
*Vissers*
1883
Olieverf op hout
16 × 25 cm
Musée d'Art Moderne de Troyes, donatie van Pierre and Denise Lévy

44
Vincent van Gogh
*Vissers in het voorjaar, de Pont de Clichy (Asnières)*
Voorjaar 1887
[F 354, JH 1270]
Olieverf op doek
49 × 58 cm
The Art Institute of Chicago, donatie van Charles Deering McCormick, Brooks McCormick, en Roger McCormick, 1965.1169
Cat. 18

45
Vincent van Gogh
*Zelfportret*
Voorjaar 1887
[F 345, JH 1249]
Olieverf op karton, bevestigd op geschraagd paneel
41 × 32,5 cm
The Art Institute of Chicago, Joseph Winterbotham Collection, 1954.326
Cat. 19

46

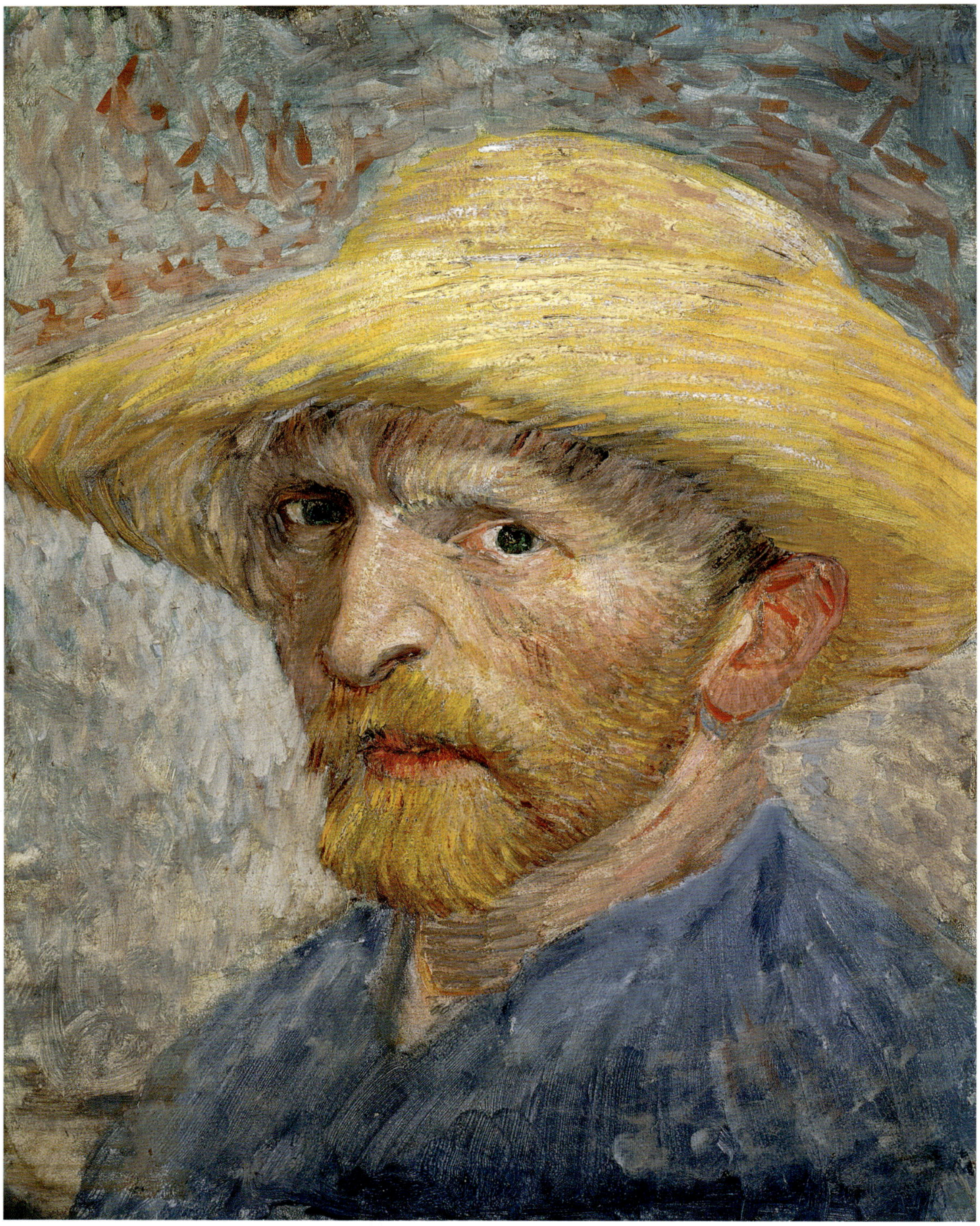

46
Vincent van Gogh
*Zelfportret met strohoed*
Zomer 1887
[F 526, JH 1309]
Olieverf op doek, bevestigd op houtpaneel
34,9 × 26,7 cm
The Detroit Institute of Arts, City of Detroit
Aankoop
Cat. 20

verering met nieuwe interesses te verzoenen spreekt uit het suggestieve doek *Een paar schoenen* (fig. 47), op het oog een antwoord op een van Millets kleinere tekeningen van boerenklompen (fig. 48), afgebeeld in Alfred Sensiers biografie en opgenomen in het retrospectief. Millets nederigheid en engagement om net als zijn boerenonderwerpen te eten, te drinken en te leven – karakteristiek gesymboliseerd door deze *sabots* – had Vincent sterk in gedachten gehad toen hij in 1885 *De aardappeleters* schilderde (hfdst. 1, fig. 47). Dit was het schilderij waarin hij getracht had Millets voorbeeld te volgen, en ondanks de weg naar krachtige, intense kleur die zijn kunst sindsdien was ingeslagen, keek hij er nog steeds als zijn beste werk op terug. Zijn bezorgdheid om kleur had hem afgeleid van het pad dat door zijn eerste meesterwerk was aangekondigd.[64]

De voornaamste onder deze afleidingen waren Japanse gekleurde houtsneden, die Vincent voor het eerst in Antwerpen verzamelde en die hij in Parijs gretig bleef aanschaffen. Zoals hij deed in de jaren '70 met illustraties uit *The Graphic*, zo probeerde hij ook nu Bernard en andere vrienden tot zijn enthousiasme te bekeren. Zelfs in een expositie van Japanse prenten die hij in maart organiseerde in Le Tambourin, een café aan de boulevard de Clichy dat eigendom was van zijn (mogelijk intieme) vriendin Agostina Segatori, klonk een nooit gerealiseerd plan uit Den Haag door om de Engelse illustratoren onder de aandacht te brengen van de kunstenaarsvereniging Pulchri. Maar er was een groot verschil. De afbeeldingen uit *The Graphic* richtten zich op een cultuur en sociale thema's die Vincent begreep, zelf ervoer en waar hij zich om bekommerde. In contrast hiermee was zijn belangstelling voor Japanse prenten vooral formeel – hij werd aangetrokken door hun briljante, effen kleur, eenvoudige vormen, scherpe tekening en compositorische durf. Zijn onwetendheid met hun culturele context hielp hem een geïdealiseerde voorstelling van Japan te cultiveren. Dat leek een bewaarplaats van superieure emotionele, morele en esthetische waarden.[65]

Juist op het moment van de Tambourin-tentoonstelling begon Vincent zich zorgen te maken over de verzameling prenten die hij in Nuenen had achtergelaten.[66] Hij velde een oordeel over zijn leven, waarbij hij een vergelijking maakte (zoals hij aan zijn zuster Wil schreef) tussen een verleden waarin 'ik mij verdiepte in godsdienstige en socialistische zaken en de kunst voor heiliger hield, meer dan nu' met een heden waarin liefdesaangelegenheden, hoe onmogelijk ook, belangrijker leken – en aantoonbaar heiliger – dan kunst en religie. Maar hij was tegelijk vol ambitie ten aanzien van zijn schilderkunst en ontevreden met het huidige bereik van zijn activiteiten; hij voorzag een toekomst waarin, na de kleur te zijn meester geworden, 'ik nog wat anders zoek dan groene landschapjes of bloemen.' Dit belangrijker 'nog wat anders' wat hij hoopte voort te brengen was precies de troostende kunst die ging over de eigentijdse ervaring van 'melancolie en pessimisme.' Dit had hij al van Carlyle geleerd, want de grote waarheden van de christelijke boodschap dienden aan het moderne publiek opnieuw te worden gepresenteerd, teneinde haar oorspronkelijke vermogen om 'de heele oude maatschappij om te wentelen' te herwinnen en het 'licht der wereld' te blijven. Zola had dit bereikt in *Joie de vivre* en *L'assomoir*, evenals Maupassant, Goncourt, Daudet en Richepin, schrijvers van boeken die men in die tijd las: zij 'schilderen 't leven zóó als we 't zelf voelen en voldoen dus aan die behoefte die we hebben, dat men ons de waarheid spreke,' maar doortrokken hun beschrijving van 's levens 'meest navrante dingen' met 'iets zeer rijks en iets zeer vroolijks.'[67] Door vast te houden aan zijn visie op de naturalistische literatuur als een 'treurend, maar altijd verheugd' commentaar op de bijbelse boodschap, gaf Vincent zijn streven aan om de naturalisten – en Millet – na te volgen door een 'handelen in onze tijd.' Het beeld van versleten schoenen laat zien hoe hij zich op dat moment zelf voelde. Net als in een stilleven met arbeidersschoenen dat hij kort na zijn aankomst in Parijs vervaardigde, is het thema als het ware een stedelijke vertaling van Millets houten klompen, een hernieuwing van de belofte die Vincent in Nuenen deed om net zo te leven als Millet. Die beweerde dat: 'omdat ik rondloop op klompen ik het zal redden.' Maar de emblematische inhoud van het motief hing ook samen met van Carlyle. Al vroeg had Vincent versleten kleding beschouwd als 'het stempel van het leven dragend,' en men zegt dat hij zich deze schoenen, net als eerdere kledingstukken voor modellen, verwierf op een vlooienmarkt.[68] De Londense vlooienmarkt heeft een immense aantrekkingskracht voor Carlyle's Teufelsdröckh, die over oude kleren filosofeert in *Sartor Resartus*, die daarheen gaat om 'die Omhulsels en buitenste Schillen van het Lichaam' te bewonderen en die het 'lege kledingstuk met evenveel enthousiasme' vereert 'dan wanneer het de Mens bevatte.' Door Carlyle te lezen was Vincent opmerkzaam gemaakt op de expressiviteit van deze 'voorbije getuigen en werktuigen van Smart en Vreugde.' Versleten schoenen zijn metaforisch verbonden met het beeld van pelgrimage en pionierschap dat Carlyle gebruikte om het ontstaan en de verbreiding van nieuwe, inspirerende kunststromingen te beschrijven: de 'bedenker [...] dichter' worstelt om het 'begin van een "Weg" af te passen'; een 'tweede man volgt natuurlijk in de voetsporen van zijn voorganger, maar met verbeteringen, met veranderingen waar deze goed lijken; [...] met uitbreidingen,' en verbreedt de weg tot deze een brede hoofdweg wordt die anderen kunnen volgen naar de 'Stad of de Schrijn, of [...] de Werkelijkheid,' met aan het eind een glimp van de transcendente waarheid.[69] Schoenen konden in de meest letterlijke zin aanwijzingen zijn voor de moeilijkheden op het pad van de kunstenaar, zoals een anekdote over Vincents avant-gardistische tijdgenoten laat zien. In het late voorjaar van 1887 had Pissarro, die in geldnood zat omdat hij zijn familie moest onderhouden, een poging gedaan de schoenmaker aan het eind van de straat waar de Van Goghs woonden, over te halen in ruil voor een schilderij schoenen voor zijn zoon Lucien te maken. Lucien meldde echter dat terwijl Signac met succes schoenen voor kunst ruilde, de schoenmaker minder fiducie had in Pissarro's werk en het voorstel afsloeg.[70]

Door de schoenen in de fel contrasterende complementairen oranje en blauw te schilderen, zette Van Gogh zijn vroegere monochrome versies van het thema om in krachtige, intense kleur. Deze omzetting wijst erop dat hij overwoog om het pad dat Millet had gebaand, te verbreden, om dus iets transcendents uit te drukken met behulp van een idioom dat gewicht had in zijn eigen tijd. Door zijn gevarieerde techniek, zorgvuldig overwogen kleurharmonie en zwierige details zoals levendige glanzende koppen van schoenspijkers en decoratieve arabesken van veters, was *Een paar schoenen* voor Vincent blijkbaar van bijzondere betekenis. Niet alleen signeerde hij het erg duidelijk, ook ging hij in tegen zijn gebruikelijke gewoonte door het te dateren. Dat deed hij dat jaar ook met andere stukken zoals twee studies van de koppen van gedroogde zonnebloemen, die hij gedurende de zomer schilderde (fig. 49-50).[71] Een van de zonnebloemstudies valt in kleur, compositie en zwierigheid te vergelijken met de schoenen; deze drie stillevens worden door het volgende thema verbonden: de zonnebloem, *tournesol* in het Frans. Hij 'draait naar de zon' en is rijk aan traditionele symboliek. Toen deze plant in de vroege 16de eeuw vanuit de Nieuwe Wereld in Europa werd ingevoerd werd haar reactie op de zonnestand beschouwd als een voorbeeld van de aantrekking van de lagere natuur tot het goddelijke. Emblematisch werd ze vervolgens geassocieerd met de menselijke liefde tot God, vooral tot Christus, het 'licht der wereld' (fig. 51, 55-56). Door connotaties als verering, devotie,

47

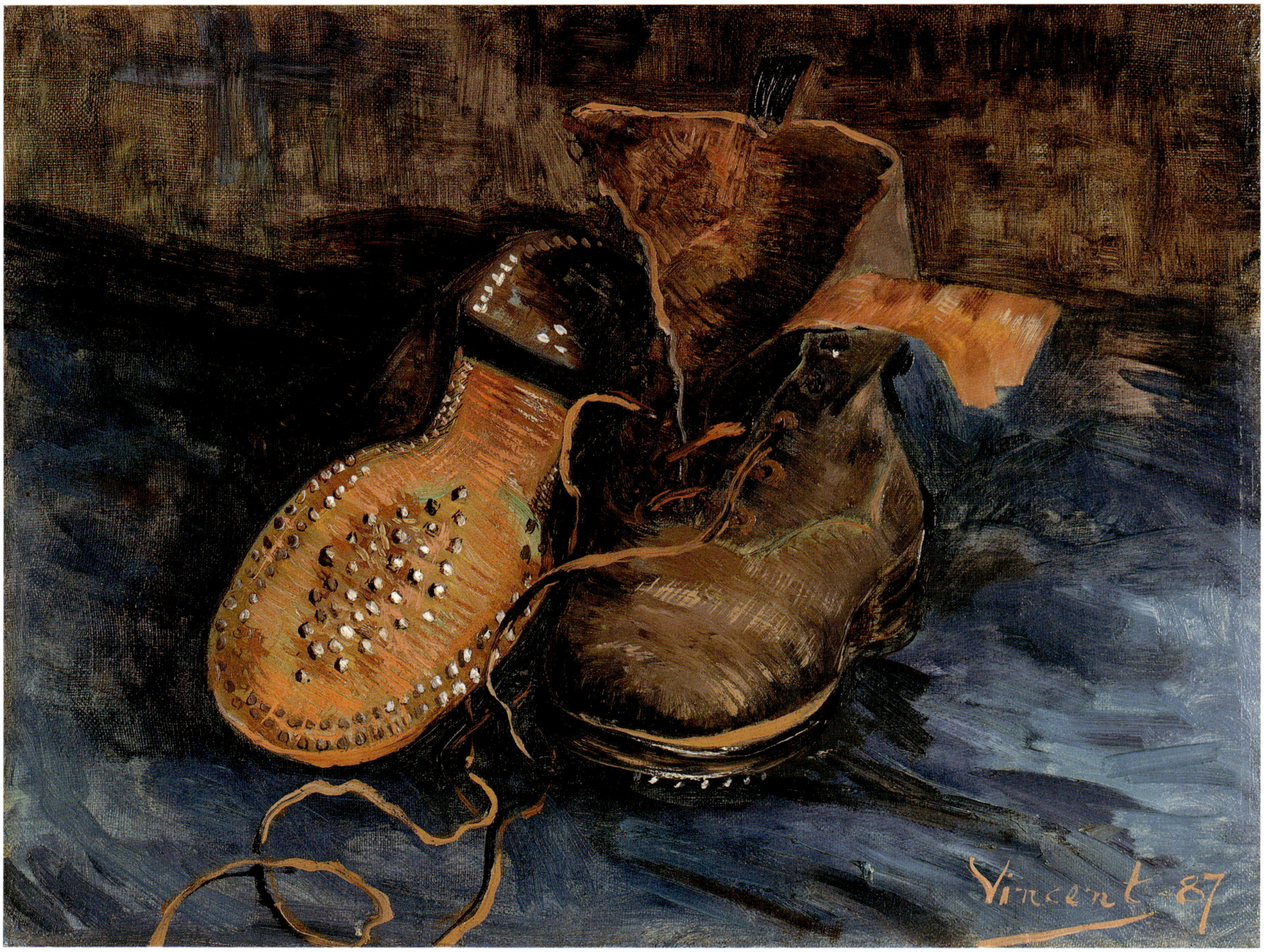

48

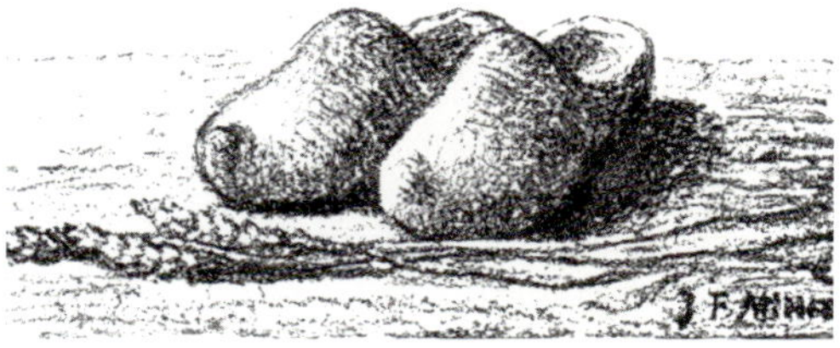



LES SABOTS.

47
Vincent van Gogh
*Een paar schoenen (Les Souliers)*
Zomer 1887
[F 333, JH 1236]
Olieverf op doek
33 × 40,9 cm
The Baltimore Museum of Art, The Cone Collection, samengesteld door Dr. Claribel Cone en Miss Etta Cone uit Baltimore, Maryland
Cat. 21

48
Jean-François Millet (Frankrijk; 1814–1875)
*Klompen* uit Alfred Sensier, *La Vie et l'oeuvre de J.-F. Millet* (Parijs 1881), p. 183

49
Vincent van Gogh
*Twee zonnebloemen*
Zomer 1887
[F 375, JH 1329]
Olieverf op doek
43,2 × 61 cm
The Metropolitan Museum of Art, New York, Rogers Fund, 1949
Cat. 23

ontzag, dankbaarheid en bewondering werd de zonnebloem ook gebruikt om verschillende vormen van wereldlijke liefdesrelaties te verbeelden: die van onderdaan voor vorst, kind voor ouder, minnaar voor beminde, vriend voor vriend. Deze iconografische traditie omvatte ook de liefde van de kunstenaar voor de natuur, zoals uitgedrukt in een gedicht van de 17de-eeuwse dichter Joost van den Vondel, dat Vincent kende en dat de kunstenaarsbroederschap van Sint Lucas huldigde: 'Net zoals de zonnebloem haar ogen in liefde opslaat naar het hemelgewelf, en met haar gelaat het al-voedende zonnelicht volgt [...] zo volgt de Schilderkunst, uit een aangeboren neiging, ontbrand door een heilig vuur, de schoonheid van de Natuur.'[72]

De zonnebloem hield in de 19de eeuw stand als veel gebruikt symbool, vooral in de kunst en geschriften van de Duitse Romantici en tijdens de Victoriaanse herleving van de emblematiek. De heruitgave en vertaling van geïllustreerde teksten als *De sonne-bloeme* (fig. 55) hielp het traditionele christelijke symbolisme van deze bloem te verbreiden en vergemakkelijkte haar verschijnen in de beeldende kunsten, waar deze dankzij haar 'overeenkomst met de God van de Dag en zijn veronderstelde verering voor de rijzende zon' in brede kring werd geduid als een geloofsembleem.[73] Een voorbeeld is James Tissots ontwerp voor een titelblad voor zijn weelderige *Leven van Jezus Christus* (fig. 53).

In de vroege jaren 1880 waren de langdurige verbinding van de zonnebloem met kunst en religie samengegaan. In toenemende mate werd ze gebruikt als een motief in de architectuur en de toegepaste kunsten. In Engeland werd ze het symbool voor de Esthetische Beweging. Oscar Wilde (fig. 54) koos haar uit in zijn poging om 'het Evangelie van het Estheticisme' te verspreiden, de zogenaamde Engelse renaissance van de kunst. Dit evangelie botste met dat van Vincent – omdat het eerder de cultus van het schone en het pure genoegen in esthetische beschouwing vertegenwoordigde dan een troostende poëzie. Door zijn training in de emblematiek was hij volledig vertrouwd met de symboliek van deze bloem. In een kleine maar ontroerende tekening van een paar dat arm in arm gaat te midden van hoge zonnebloemen voor een opgaande zon (fig. 52), bracht Vincent de geijkte symboliek van de bloem samen met de persoonlijke betekenis die hij hechtte aan het liefdespaar als representatie van een ideaal van kameraadschap. Veel later zou hij opmerken dat zonnebloemen 'ook "dankbaarheid" symboliseren.'[74]

Vincents twee zonnebloemstukken zijn studies in decoratieve kleur, vorm en textuur. Het ene (fig. 49) is gebaseerd op contrasten – geel en blauw, voorzijde en achterzijde, pokdalig en glad – en herinnert aan het idee dat Vincent in Nuenen had gehad om de jaargetijden door

49

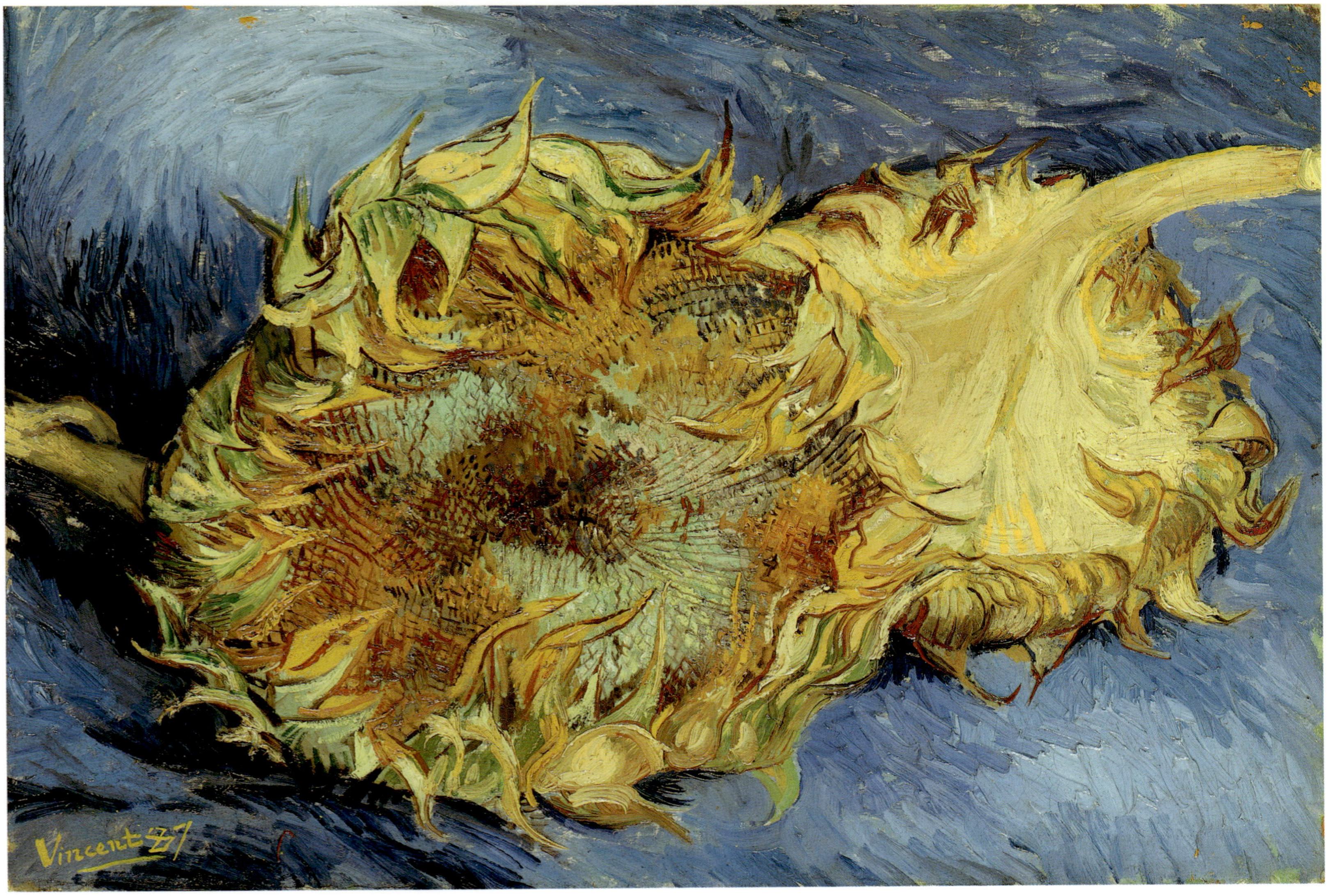

50

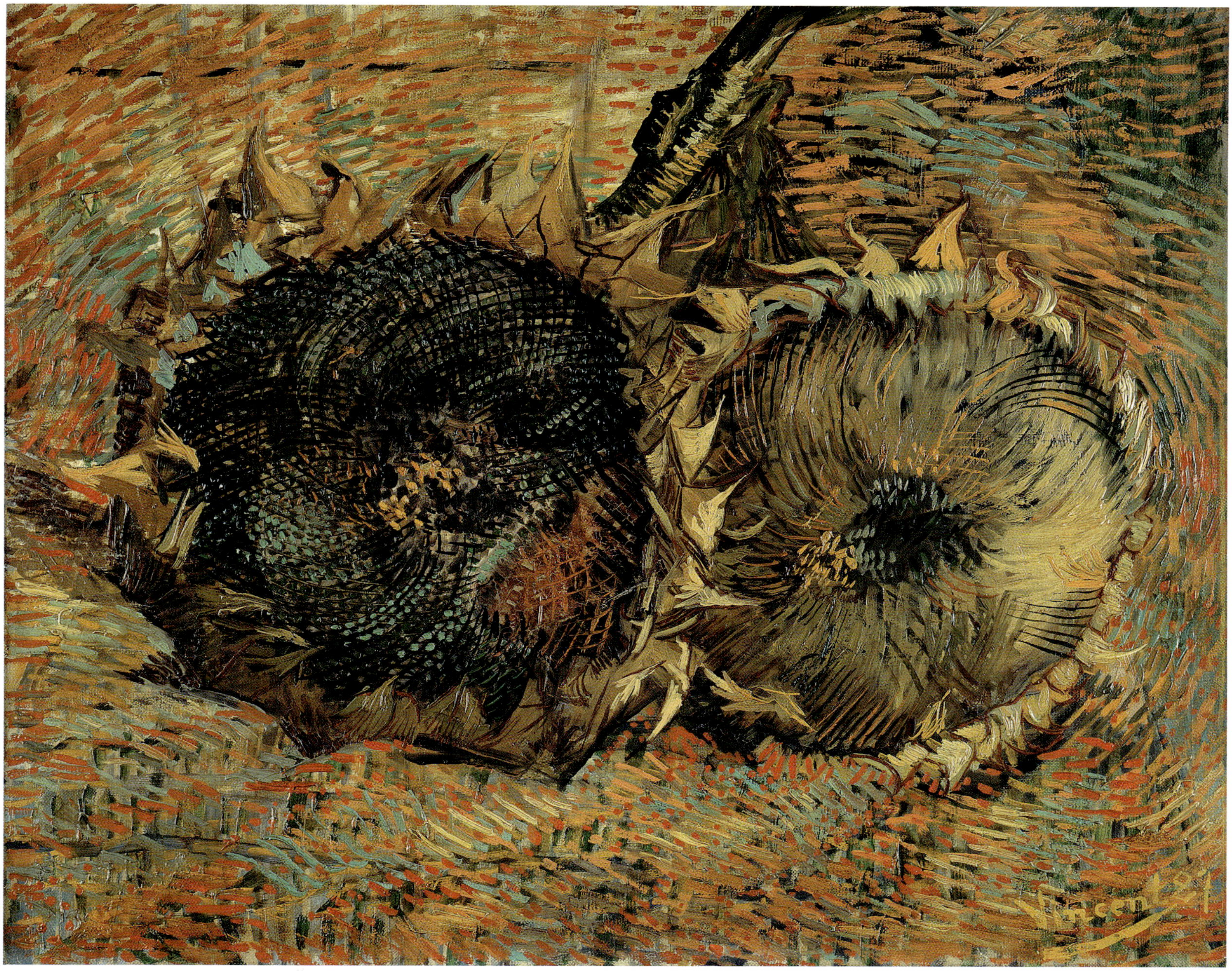

middel van complementaire kleuren weer te geven, met blauw en oranje voor de zomer.[75] Het andere (fig. 50), dat frontaal gewende bloemkoppen afbeeldt in een nauw verbonden gamma van geel, oranje en bruin, onderzoekt verscheidenheid binnen gelijkheid. Op beide zijn de zonnebloemen echter zo nadrukkelijk monumentaal, bezield en decoratief dat ze uit elkaar lijken te spatten van symbolische betekenis en expressieve drang.

De studies van schoenen en zonnebloemen waren kennelijk samen met een derde bloembeeld dat vier bloemen weergaf (1887; Kröller-Müller Museum, Otterlo) opgenomen in een grote tentoonstelling die door Vincent werd georganiseerd en ingericht in het Grand Bouillon, Restaurant du Chalet, avenue de Clichy nr. 43, in november-december 1887.[76] Grand Bouillon lag in Montmartre op enige afstand van de Grands Boulevards en de commerciële topgalerieën als Boussod en Valadon. Dit was een passende ontmoetingsplaats voor de groep die door Vincent betiteld werd als de 'impressionisten van de Petit Boulevard.' Vincent wierf de deelname van Bernard, Anquetin, Lautrec en de Nederlander A.H. Koning om een soort opvolger op poten te zetten van de impressionistische tentoonstellingen. Twee later later zou Bernard de ruimte beschrijven als groot genoeg voor zo'n duizend schilderijen. De inrichting werd beheerst door ongeveer honderd van Vincents recente doeken – een waar retrospectief van zijn Parijse productie – waaronder zijn 'zon-doorstoven' landschappen uit Asnières en een portret van de kunsthandelaar Père Tanguy tegen een achtergrond van Japanse prenten. Vincent en zijn metgezellen werden minder verenigd door stilistische overeenkomst dan door hun marginale positie tegenover de bureaucratische instellingen en de nieuwe galerienetwerken waar oudere impressionisten nu genesteld waren. Deze tentoonstelling van het jonge avant-gardistische talent baande de weg voor nieuwe loyaliteiten en was een uiting van Vincents verlangen naar gemeenschappelijke inspanning.[77]

**Ik ben het licht van de wereld. Wie Mij volgt, gaat zijn weg niet in de duistenis, maar zal het ware levenslicht bezitten. Johannes 8:12**

50
Vincent van Gogh
*Twee zonnebloemen*
Zomer 1887
[F 376, JH 1331]
Olieverf op doek
50 × 60 cm
Kunstmuseum, Bern, donatie van Professor Dr. Hans R. Hahnloser
Cat. 24

51
Uit Zacharias Heyns, *Emblemata: Emblèmes chrestiènes et morales*
(Rotterdam 1625)
Universiteitsbibliotheek Leiden

52
Vincent van Gogh
*Wandelend paar tussen zonnebloemen*
Zomer 1887
Potlood
13,5 × 23,1 cm
Van Gogh Museum, Amsterdam (Vincent van Gogh Stichting)

53
James Tissot (Frankrijk; 1836–1902)
*Zie, Hij Staat achter onze muur*
1886/94
Gouache
14,5 × 17,6 cm
Brooklyn Museum of Art

54
Charles Kendrick (1841–1914)
Omslagontwerp voor *Ye Soul Agonies in ye Life of Oscar Wilde*, 1882

55
Uit Jeremias Drexel, *De sonne-bloeme...* (Antwerpen 1687), illus. t.o. p. 169
Universiteits Bibliotheek Leiden

56
Alfred Bell (Engeland; 1832–1895)
'Vocavi et renuistis' uit Jeremias Drexel, *The Heliotropium* (London 1863), pl. IV

51
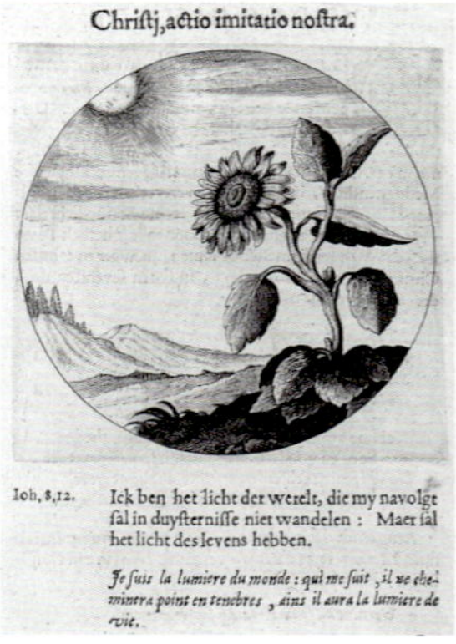


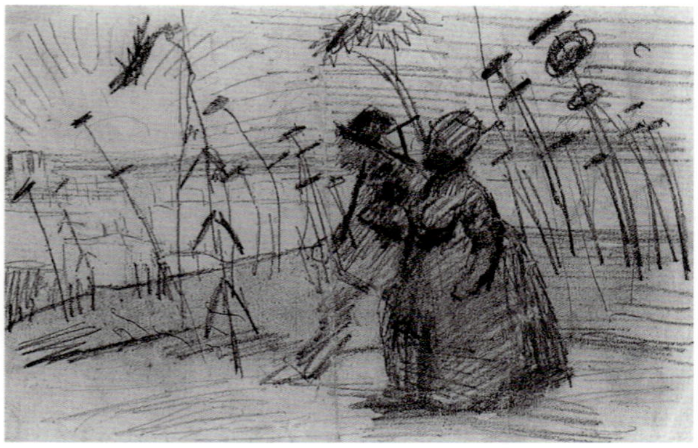
52

53
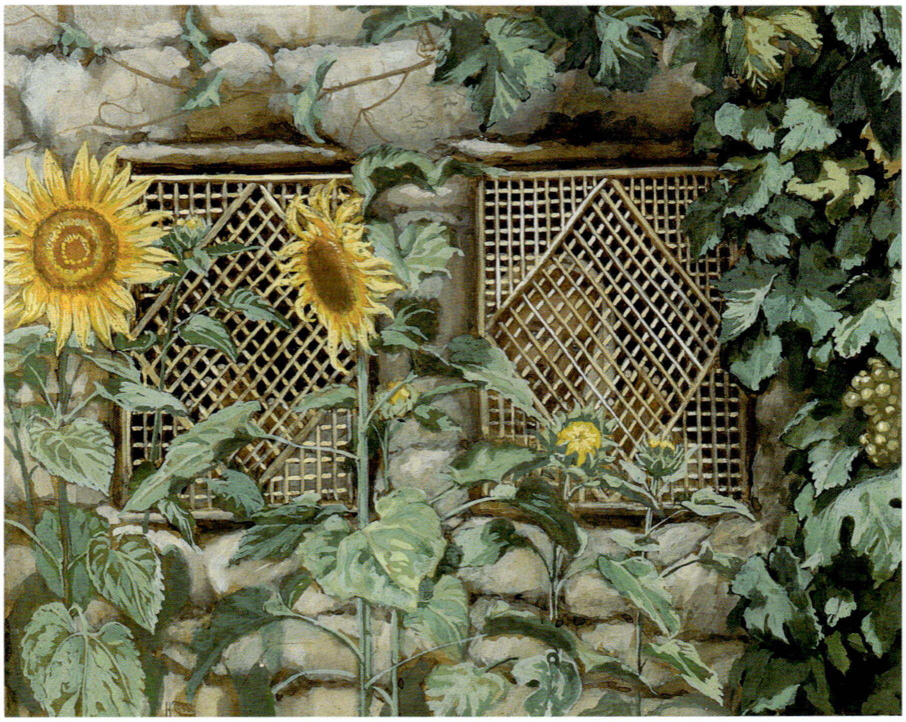

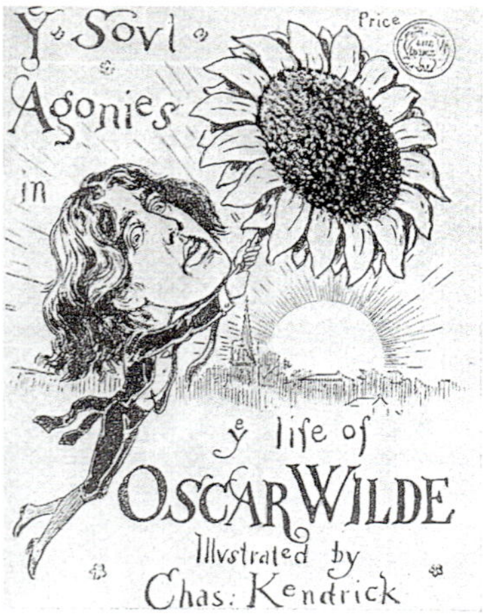

54

55
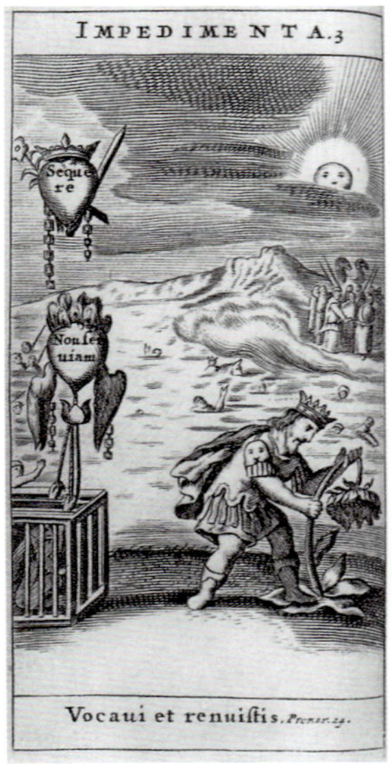


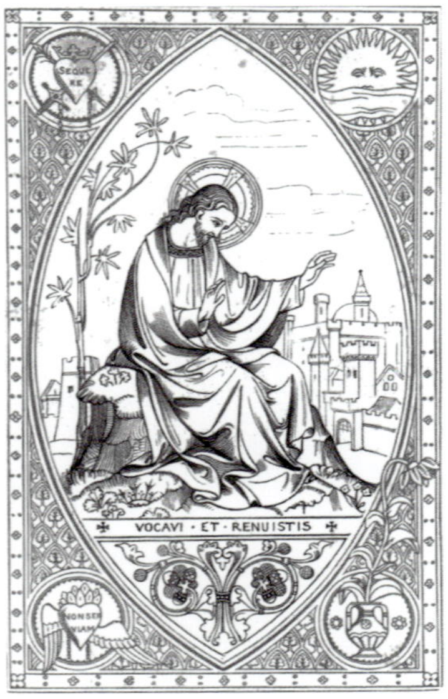

56

**Deze afscheiding van de menselijke wil van de Goddelijke wordt verder voorgesteld doordat de zon van Gods genade verborgen gaat achter een wolk, zodat de stralen niet meer op de heliotroop vallen en die nu het hoofd laat hangen en in elkaar schrompelt. Drexel, *De Heliotroop***

***Le rayon d'en haut* schijnt niet altijd op ons en is wel eens achter de wolken en zonder dat licht kan een mensch niet leven en is niets waard en kan niets goeds doen. Vincent aan Theo, 3 april 1878**

57

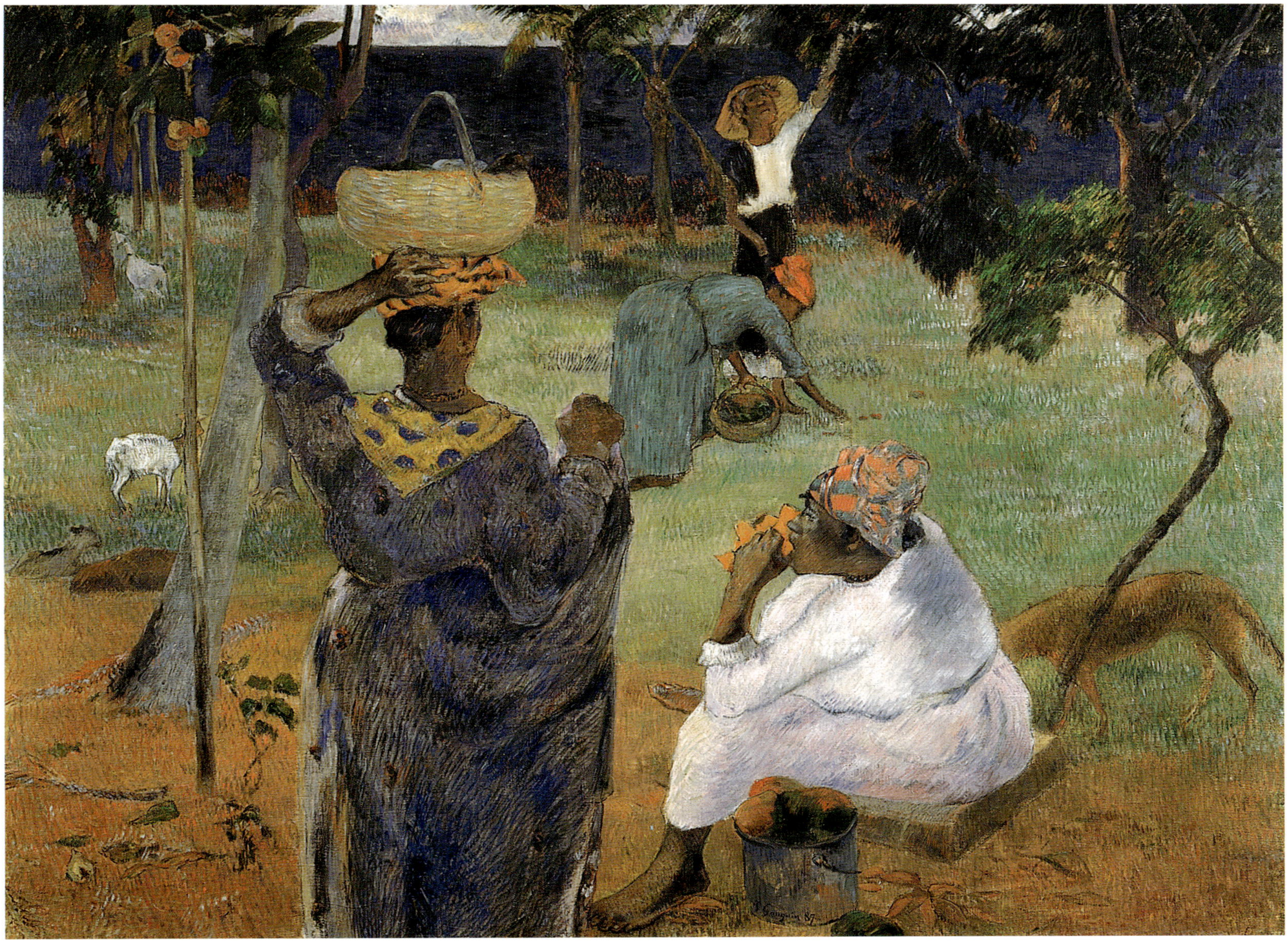

Wat mij het meest vrolijk maakt zijn hun gestalten, en elke dag is er een komen en gaan van in opzichtige kleren toegetakelde negerinnen, die intens gracieus bewegen [...] Ook al dragen ze zware lasten op het hoofd, ze babbelen aan een stuk door. Hun gebaren zijn heel apart en hun handen spelen een belangrijke rol in harmonie met hun wiegende heupen. Gauguin aan Schuffenecker, [begin juli 1887]

Wij hebben nog een tweede schilderij van hem dat hij voor een studie van mij heeft geruild, een uitgedroogde rivier met paarsch slijk en plassen water die het zuiver cobalt blaauw van de lucht spiegelen, groen gras. Een negerjongen met een wit en roode koe, een negerin in blaauw, en wat groen bosch. Vincent aan Wil, [31 juli 1888]

57
Paul Gauguin
*Les Négresses (Onder de mango's)(Aux mangos [Tropiques])*
Zomer 1887 W224]
Olieverf op doek
89 × 116 cm
Van Gogh Museum, Amsterdam
(Vincent van Gogh Stichting)
Cat. 11

58
Paul Gauguin
*Martinique (Aan de rand van de vijver)*
Zomer 1887 [W222]
Olieverf op doek
54 × 56 cm
Van Gogh Museum, Amsterdam
(Vincent van Gogh Stichting)
Cat. 12

## De ontmoeting

Juist op dit moment, half november 1887, keerde Gauguin uit Martinique in Frankrijk terug. Hij verbleef tijdelijk bij Schuffenecker in Parijs, was ziek en had weinig vooruitzichten. Door zijn ruzie met de neo-impressionisten kon hij niet aan avant-gardistische activiteiten deelnemen. Degas, die weliswaar positief stond tegenover Gauguin, bleef hoofdzakelijk afzijdig van de twisten van de jongere generatie; Guillaumin was altijd een volgeling geweest; en hoewel Schuffenecker trachtte als brug te fungeren tussen de partijen, was hij in de ogen van Pissarro en zijn kring een lichtgewicht. Hij werd door Gauguin meer om zijn steun gewaardeerd dan om zijn talent.[78]

Op Martinique had Gauguin bericht ontvangen dat een sympathisant geïnteresseerd was om met Chaplet een grote gezamenlijke keramische onderneming te steunen, maar hier kwam niets van terecht omdat deze pottenbakker inmiddels met pensioen was gegaan. Er was één lichtpuntje aan de Parijse horizon: Boussod en Valadon waren, beweerde Gauguin in een brief naar Mette, het 'middelpunt van de impressionisten' geworden en hadden zich voorgenomen dit werk aan hun conservatieve clientèle op te dringen. Deze ene keer bevatte Gauguins wishful thinking een kern van waarheid. Sinds voorjaar 1886 had Theo het filiaal van de zaak aan de boulevard in Montmartre herschapen, door het belangrijkste artikel – werken uit Barbizon en de favorieten van de Salon – aan te vullen met schilderijen van de impressionisten, onder wie Gauguins vriend Guillaumin, die de gebroeders Van Gogh recent hadden leren kennen.[79]

Gauguin ontmoette Theo en Vincent in november, in de galerie in Montmartre of op de tentoonstelling aan de Petit Boulevard, of op beide plaatsen.[80] In december zochten de gebroeders Gauguin op bij Schuffenecker, waar zij een keuze uit zijn werk zagen. Theo besloot om sommige stukken in commissie te nemen, en later die maand plaatste hij ze in de galerie naast werk van Pissarro en Guillaumin.



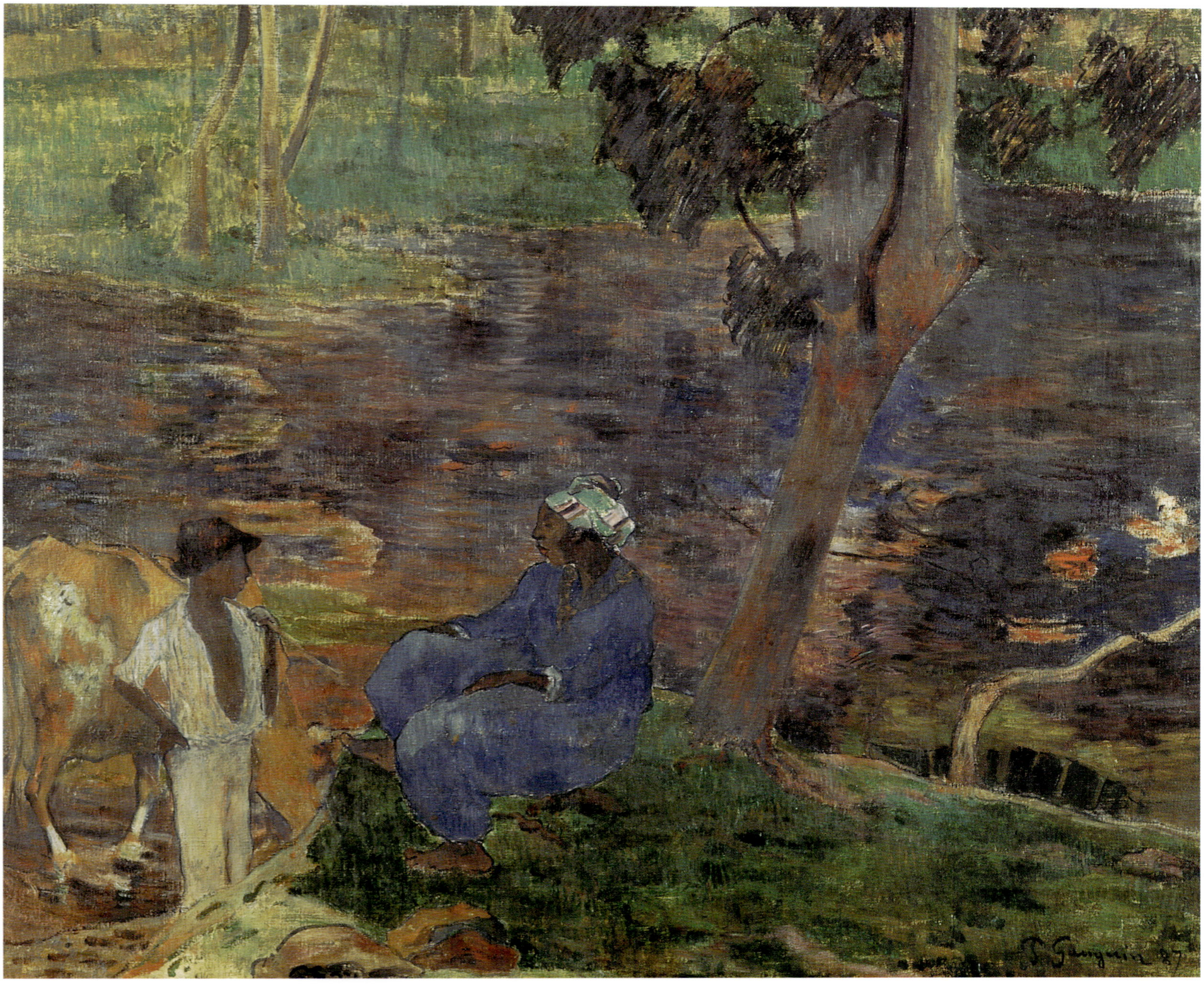

Te zien waren schilderijen van 1885-86 uit Dieppe en Bretagne, waaronder *Jonge Bretonse baders* (fig. 25); een van Gauguins meest recent voltooide doeken uit Martinique (fig. 61) met een overdadig, weelderig geschilderd landschap; en een reeks van vijf keramische werken.

De ontmoeting van Gauguin en Van Gogh zou beslissend zijn voor hun toekomstige carrière, maar had ook – om verschillende redenen – gevolgen op de korte termijn. Voor Gauguin waren de gebroeders Van Gogh een godsgeschenk; Theo, een invloedrijk kunsthandelaar die zijn werk naast dat van gevestigde kunstenaars wilde promoten, leek de verhoring van zijn gebeden. Al binnen enkele weken had Theo Gauguin in totaal 900 franc betaald voor drie werken. Slechts twee daarvan, waaronder *Jonge Bretonse baders*, waren bestemd voor de verkoop; Theo verwierf het derde en meest ambitieuze van Gauguins vier figuurschilderijen van Martinique, *Les Négresses (Aux mangos [Tropiques])* (fig. 57), voor de verzameling die hij samen met Vincent aanlegde. Het was de duurste aanschaf die ze ooit deden, en het kreeg een ereplaats in hun appartement, boven de bank in de zitkamer.[81] Eindelijk scheen de betere toekomst die Gauguin voor zichzelf had voorzien, te zijn aangebroken.

Vincent was van invloed op Theo's duidelijke belangstelling voor Gauguin in wie hij zeer geïnteresseerd was. Omdat hij zich hiervan bewust was, ging Gauguin in op Vincents voorstel – dat deze eerder had gedaan aan kunstenaars die hij bewonderde – om werken uit te wisselen. Gauguin kreeg twee studies van afgesneden zonnebloemen (fig. 49-50) die Vincent had tentoongesteld in de Grand Bouillon. Vincent ontving een doek van Martinique met twee vrouwen in gesprek bij een vijver (fig. 58), wat Gauguin later in een inventaris inbracht als Négresses.[82]

Vincent beschouwde de schilderijen die hij van Gauguin verwierf van zeer groot belang. Hoewel hij tijdgenoten als Bernard en Lautrec bewonderde, wijst niets erop dat hun werk een vergelijkbaar effect op hem had. Gauguins werk bracht blijkbaar een schok van herkenning teweeg, die Vincent vroeger had bevestigd met de simpele uitroep 'Dat is het.' Dit soort kunst raakte de gebroeders Van Gogh ontroerde op een wijze die deed denken aan Millet. Zij werkte bezielend – als een lichtend voorbeeld.

Wat hem bekoorde in de doeken van Martinique, vooral in het grote schilderij dat zij consequent aanduidden als *Négresses*, was wat Vincent aan Bernard hogelijk prees als 'hogere poëzie,' het 'zachtmoedige, verbazingwekkende karakter' in Gauguins werk waarvan hij aannam dat zijn collega het ook aanvoelde. Theo verschafte een vollediger inzicht in de betekenis ervan. Uit de onderwijzende brieven aan zijn zuster en aan zijn toekomstige vrouw die hij begin 1889 schreef en die het cumulatieve effect van de schilderijen van Martinique, Pont-Aven en Arles weerspiegelen, blijkt duidelijk en beknopt de esthetische positie en hoge waardering voor Gauguin. Zijn broer dacht er ook zo over. Na jaren van discussie was Theo net als Vincent een bewonderaar van Zola en Carlyle en van hun gewoonte om de kunst door deze bril te bekijken. Beide broers geloofden dat kunst meer moest zijn dan een optische illusie: oprechte eerlijkheid telde meer dan uitwerking, vorm telde minder dan wat de 'levensfilosofie' uitdrukte, en noties van schoonheid waren ondergeschikt aan de 'wereld der ideeën die het thema toegankelijk maakt.' Zola's romans voldeden aan de eis dat kunst het publiek een basis zou geven om op te bouwen, een 'symbool van wat menselijk is' door de uitbeelding van de trieste realiteit van toen. Hoe ver de lezer er ook van af stond, toch raakte het zijn ziel. 'Dat,' beweerde Theo alsof het om godsdienst ging, 'is kunst.'[83]

Naar Theo's inzicht tracht een grote kunstenaar niet om de natuur te imiteren of te overstijgen, maar deelt hij mee wat de wereld hem openbaart op een wijze die ons ontroert en ons 'een blik in ons zelf' doet slaan, dus existentieel bewustzijn. Net als Vincent geloofde hij namelijk dat 'de hoogste poesie [...] geboren [wordt] uit lijden.' Het menselijk bestaan is het grote thema van de kunst, en het is de grote uitdaging voor de kunstenaar om het leven dat we leiden uit te beelden en de zorgen en vreugden zo echt over te dragen dat het hoop biedt.[84]

Beide broers waren het erover eens dat Millet dit voor zijn generatie had bereikt; voor hen bleef het werk van de meester van Barbizon een maatstaf.[85] Echter wanneer zij hun tijdgenoten beoordeelden, waren ze het niet altijd eens. Vincent deelde Theo's overtuiging van de 'genialiteit' van Degas, de onbetwiste meester van de figuur onder de impressionisten kennelijk niet. Theo meende dat Degas het leven begreep 'in zijn volheid' – dat hij een 'grote dichter' was op het niveau van Millet en een 'krachtiger geest' was, vergelijkbaar met Carlyle en Zola. Vincent dacht daar anders over, ondanks zijn waardering voor Degas' talent. Wat Seurat betrof, erkende Vincent zijn vernieuwingen, maar kwam hij tot de conclusie dat het neo-impressionisme er niet in geslaagd was kunst voort te brengen die hij persoonlijk of oorspronkelijk kon noemen.[86]

Over Monet waren Vincent en Theo het meestal eens: zij bewonderden zijn briljant uitgewerkte landschappen vanwege (zoals Theo het formuleerde) 'de gave om in dezen pessimistischen tijd een lichtstraal te werpen die velen helderheid & bemoediging zal geven, al vonden zij de schilder niet zoo ingrijpend [...] als Degas & andere geniën.' Zoals Zola zo scherpzinnig naar voren had gebracht in *L'Oeuvre*, wachtte de eigentijdse kunst nog steeds op de kunstenaar die haar tot grootheid zou brengen, die voor de 'figuurschilderkunst [zou zijn] wat Monet is voor het landschap.'[87]

Door Monet als contrast te nemen zou Theo later het sterke effect uitleggen dat Gauguins 'vreemde poëzie' op hen had:

> Monet [...] schilderde heerlijke natuurtaferelen, maar je moet zelf gelukkig en gezond zijn om ervan te genieten, want anders zou af en toe de gedachte op kunnen komen: "O, ik zou gelukkiger zijn als ik daar maar was." Gauguin fluistert daarentegen als het ware woorden van vertroosting aan hen die niet gelukkig of gezond zijn. Bij hem spreekt de natuur zelf, terwijl wij bij Monet de maker van de schilderijen horen spreken.[88]

Monets virtuoze, opgewekte visie van een glimlachende natuur, die een periode van rust van de problemen des levens opriep, kon wreed onverschillig lijken en plagerig ontoegankelijk voor hen die buitengesloten waren. In contrast daarmee leken Gauguins schilderijen emotioneel complexer en genuanceerder. Die gaven wisselende stemmingen van de kunstenaar weer. Terwijl Monets schilderijen in het gunstigste geval de 'gevoelens waartoe de natuur zelf zou inspireren' opriepen, was Gauguin in staat om het effect dat de natuur op hemzelf had, over te dragen en zo weer te geven aan degenen die niet in staat waren voor zichzelf de poëzie te distilleren. Hij voedde wat Theo noemde 'ons innerlijk leven.'[89]

Gauguins talent beloofde een grote toekomst – misschien de allergrootste. 'Het zou met hem kunnen gaan,' overpeinsde Theo aan zijn zuster, 'zoals het Millet verging. Die wordt nu door allen vanwege de poëzie die hij predikte begrepen. Die is zo krachtig is dat allen, zowel jong als oud, er genoegen aan beleven.'[90] Voor de gebroeders Van Gogh bestonden er nauwelijks grotere lofbetuigingen. Ondanks het recente inzicht dat Millets schilderijen sentimenteel waren, was hun overtuiging van de diepzinnigheid van zijn denken ongebroken, en hun zoeken naar een opvolger die een 'nieuwe richting' zou kunnen aanvoeren, ging voort. Op zoek naar het beeld van zijn kunstenaar-held en doortrokken van gevoel, een haast Messiaans verlangen, dacht Theo na over het onvermogen van de wetenschappelijke vooruitgang. Die kon niet bemiddelen tussen de onverenigbare menselijke hartstochten. Hij dacht over de rol van de kunst: 'Ééns, wanneer een enorm groot man op zal staan, [zal] hij daaruit het groote mouvement [...] kunnen scheppen wat dan weer voor eeuwen eene vooruitgang zal zijn.'[91]

Omdat hij Carlyle's visie op de geschiedenis als de geschiedenis van grote individuen deelde, bleef Vincent volledig overtuigd van het model van het auteurschap dat leven en werk van de kunstenaar samenvoegde. Zijn voorbeelden waren Sensiers biografie van Millet en de retrospectieven die de individuele expressie bejubelden. Hij en Theo verschilden van veel van hun avant-gardistische tijdgenoten die zich eerder voor politieke of formele zaken interesseerden, door hun belangstelling om het werk van de kunstenaar te bezien door de bril van zijn leven. Op die manier ontdekte Theo existentiële betekenis in Gauguins landschappen: 'Over het algemeen [...] vervult kalmte zijn diepste zelf met berusting, maar soms ook is er de wilde opwelling van al zijn pijn en strijd, die hij uitspreekt met de diepste, krachtigste tinten.'[92]

Toen hij kennis nam van de hoofdlijnen van Gauguins biografie, ontdekte hij dat deze tot het gezelschap van de 'ware dichters' behoorde. Hij had onbegrip en geldelijke misère moeten verduren, ontberingen die de harde kern vormden van het martelaarschap, de strijd om trouw te blijven aan je eigen natuur die ook voorkwam in de monografieën over de school van Barbizon en, meer recent, in *L'Oeuvre*.[93] Maar het waren de bijkomende emblematische associaties die hij Gauguin toeschreef, die Vincent zo boeiden. Vincents Parijse episode had de essentie van de beeldtaal die hem leidde niet beïnvloed. Hij omschreef zichzelf nog steeds als 'een avonturier [niet] uit keuze maar door het lot,' een 'vreemdeling' zelfs voor zijn familie en in zijn vaderland; en hij zou zich blijven voelen een figuur uit Bunyan of uit Carlyle, 'een *wanderer*, die ergens naartoe ging en naar een [mogelijk niet bestaande] bestemming.'[94]

Maar Vincent verlangde vaak naar metgezellen op zijn reis door het leven. Dat blijkt uit de aard van de banden die hij trachttte aan te gaan met mannen als Harry Gladwell en Anthon van Rappard en vrouwen als Kee Vos en Sien Hoornik en – het meest duurzaam – met zijn broer Theo. Geen van deze personen had een leven geleid dat zozeer aan zijn verwachtingen voldeed als Gauguin, die Vincent voorkwam als een lid van de broederschap van *wanderers*, waartoe ook Bunyans Christen, Carlyle's Teufelsdröckh en Vincent zelf behoorden. Gauguin had over de wereld gereisd zonder zijn bestemming te bereiken; hij was een pelgrim die vrouw en kinderen had achtergelaten om aan zijn queeste te beginnen, een onbevreesd avonturier die de reis had uitgebeeld waarin Vincent op zoek naar een nieuw soort artistieke expressie had geprobeerd Rappard te betrekken; iemand die net als de *Pilgrim Fathers*, de onderdrukking in zijn eigen land was ontvlucht om de waarheid te zoeken.

De verhalen over zijn ervaring in Midden-Amerika die Gauguin deelde met Vincent en Theo – ongetwijfeld verfraaide versies van de verslagen die hij in brieven aan zijn vrouw en vrienden schreef – cultiveerden dit mythische begrip van zijn leven en karakter. Zoals hij het zelf zei was Gauguin 'een stomvervelend en futloos leven' ontvlucht in de 'woestijn' Parijs om zich 'ver van de mensheid weer op te laden' in een gezonder klimaat, te genezen van de kwalen die hem waren overkomen door 'tegenslag, gebrek aan liefde, een gebroken leven zonder hoop.' Hij en Laval hadden 'een gemakkelijk en goedkoop bestaan' voor ogen, een leven 'als wilden.'[95] Na aanvankelijke teleurstellingen en ontberingen in Panama City ontdekten zij op Martinique een eiland 'paradijs' waar de natuur weldadig was en de Europeanen door de plaatselijke bevolking werden gekoesterd – vooral door de vrouwen. Ze aten vis en fruit, lagen behaaglijk genesteld in een 'negerhut,' zwommen aan een zandstrand, en zagen op naar 'kokospalmen en andere vruchtbomen die verrukkelijk zijn voor de landschapsschilder.' Ze geloofden dat ze een nieuwe ader voor kunstthematiek hadden aangeboord: 'De inboorlingen verschaffen de meest onbegrensde schilderachtigheid die we maar konden wensen. Er is genoeg om waar te nemen en te scheppen, in een nog niet onderzochte richting, voor vele generaties kunstenaars.' Slechts het 'martelaarschap' van koorts, pijn en spanning dwong hen dit ogenschijnlijk Arcadië te verlaten en terug te keren naar de beschaving.[96]

Gauguins interesse voor een andere cultuur beantwoordde aan Vincents opvatting dat het meest ontroerende dat uit de penselen van de oude meesters kwam, geworteld was 'in 't leven en de werkelijkheid zelf.'[97] Toen hijzelf in 1885 had geprobeerd om de Brabantse boerenstand weer te geven, had hij het wezenlijk gevonden zich met zijn onderwerp te verbinden en hun huisjes op te zoeken. Evenzo had Gauguin kunst voortgebracht vanuit eigen ervaring door tussen de inboorlingen te leven in een hut op een plantage. Bovendien deed de ambiance die Gauguin portretteerde, samen met zijn thematiek – zwarte inboorlingen aan de arbeid – Vincent denken aan het klassieke boek van Harriet Beecher Stowe, *De negerhut van oom Tom*, dat hij vereerde omdat het 'een van de sterkste bewijzen' gaf van het bestaan van '"quelque chose là-haut" waarin Millet geloofde, in 't bestaan van een God en een eeuwigheid nl.,' en de troost dat de mens 'niet voor de wormen bestemd kan zijn.'[98] Voor Stowe's slaven was godsdienst de troost geweest; voor Vincent was het de kunst. Hij en Theo zagen Gauguin als een prediker, maar in een nieuwe beeldtaal voor een nieuwe tijd.

De fantasieën over een vlucht uit de beschaving en een terugkeer naar de natuur die zo centraal stonden in Gauguins interpretatie, waren sinds de 18de eeuw de grondbeginselen van het primitivisme geweest. In de 19de eeuw leidde de industrialisatie tot nog meer heimwee naar de intuïtieve verbeelding. Men nam aan dat die verloren was gegaan door de evolutie van de Westerse beschaving en hoopte dat deze hervonden kon worden bij kinderen en bij culturen die geacht werden nog in hun kinderschoenen te staan. In Frankrijk nam de droom mythische vorm aan door de 'ontdekking' van Tahiti kort na 1760; nadat deze droom vervolgens was ingepalmd door voorstanders van koloniale expansie, werd ze ideologisch gearticuleerd door de militaire nederlaag van de natie tijdens de Frans-Pruisische Oorlog van 1870-71. Door dit verlies toe te schrijven aan 'décadence momentanée' en isolationisme, verbonden voorstanders van expansie het koloniaal bezit met de belofte van een nationale economische en morele herstichting en verjonging. Gauguins bleek, door zijn montere gebruik van het begrip 'heldendaad' deze ideologie gemakkelijk over te nemen zonder zich te bekommeren om de politieke implicaties ervan. Pissarro was geschokt omdat hij zo naïef was – hij was beslist enthousiast over het makkelijke leven in de Franse kolonies.[99]

Gauguins escapisme vond weerklank bij beide broers Van Gogh, die zijn diepgewortelde ambivalentie over het stadsleven deelden. Sinds hij zich in Parijs vestigde, had Theo herhaaldelijk aan zijn familie in Nederland geschreven over de vervreemding die hij ervoer in die turbulente metropool, waar de mensenmassa zijn hevige gevoelens van eenzaamheid versterkten. Hij verlangde naar de onaangetaste levenslust en intieme harmonie met de natuur van het platteland.[100] Hoewel Vincent de intellectuele prikkel die de stad bood toegaf, vermoedde hij dat de stedelijke vooruitgang en verfijning onecht en verworden waren; op schilderijen en in mensen vond hij het naïeve dat verbonden is met kinderen en de 'natuurmensch' (waarmee hij de boerenstand verbond) oprecht waarheidslievend en eerlijk.[101] Vincent en Gauguin ontdekten een punt van overeenkomst in hun heimwee naar een mythisch, preïndustrieel verleden in de klaarblijkelijke gelijkenissen in hun levenservaringen die deze gevoed hadden. Beiden kregen pas vrij laat een artistieke roeping en waren er nog niet in geslaagd zichzelf te onderhouden; beiden waren gewond door gebrek aan medeleven van hun familie die hen niet begreep; beiden stelden vast dat zij leden onder de conventies, partijdigheid en grofheid van het publieke debat; van beiden vonden de mensen dat ze ruw optraden, ruwe karakters hadden. Gauguins avontuur op Martinique voldeed bovendien aan Vincents maatstaven voor creatieve echtheid: dit was niets anders dan een dramatisering van het geloof dat Vincent al lang aanhing, dat om trouw te blijven aan zijn wortels 'en het vuur in zijne ziel nooit laten uitgaan maar het onderhouden,' de kunstenaar iets 'van den oorspronkelijken aard van een Robinson Crusoe of van een natuurmensch' moet behouden.[102] Andere recente voorbeelden van authenticiteit versterkten Vincents oude associaties nog. Gauguins 'negerinnen in rose, blaauw, oranje, geel katoen gekleed onder de tamarinde, kokos- en banaan boomen, met de zee in 't verschiet,' van het stuk *Négresses (Aux mangoes)* deden Vincent denken aan Pierre Loti's evocatie van het tropische decor in *Le Mariage de Loti* (eerste uitgave in 1880 als *Rarahu*), een taboe doorbrekende, pseudo-autobiografische roman die op Tahiti speelt.[103] Het boek vertelt over de relatie tussen de schrijver (fig. 59), een marineofficier met verlof in het Franse

59

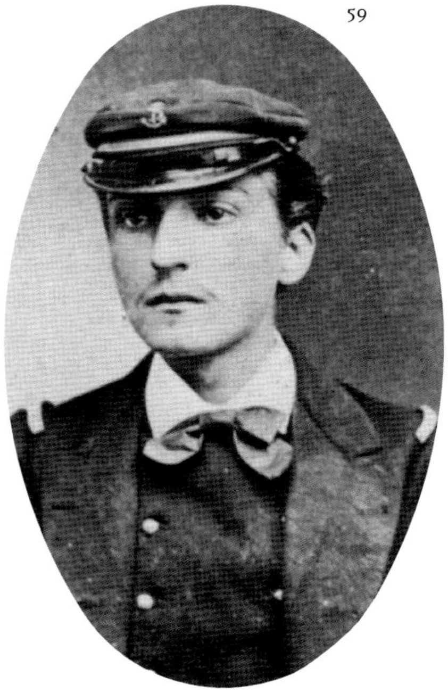

60

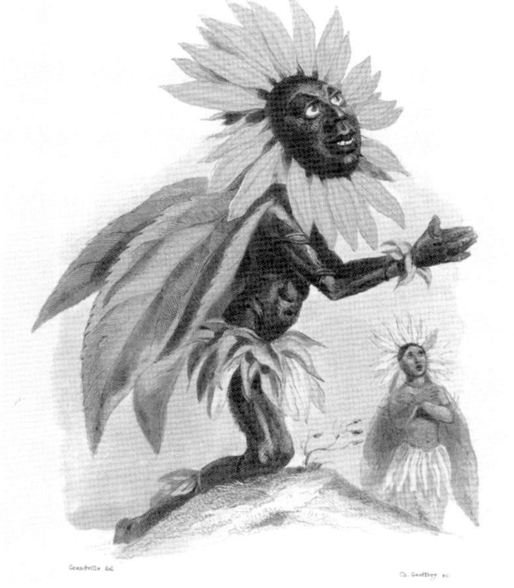

protectoraat, en een veertienjarig inheems Polynesisch meisje, Rarahu – het gemakkelijk maar kostbaar gearrangeerde kortstondige 'huwelijk' waar in de gewijzigde titel op gezinspeeld wordt. Omdat hij over een vreemd en ver land schreef, kon Loti nauwkeurig avonturen beschrijven die anders moreel verwerpelijk, onsmakelijk of obsceen zouden hebben geleken. Voor de meeste lezers – waaronder Vincent en Theo – werden de donkere kant van Loti's sekstoerisme en de ideologische onderbouwing in feite gemaskeerd door zijn kleurrijke evocatie van de Polynesische cultuur en zijn 'verfijnde gevoel.' Het boek werd daarom door critici geprezen, voor vorm en inhoud van de roman, zijn 'frisheid,' zijn schijnbaar ongekunstelde echtheid en geloofwaardige evocatie van Tahiti. Door *Mariage de Loti* was de reputatie van de dertig jaar oude schrijver in één klap gevestigd. Loti begon in feite met een nieuw literair genre, dat hielp om een van een suikerlaagje voorzien beeld van de koloniale onderneming bij het grote publiek aan te kweken.[104]

Vincents associatie van Gauguin met Loti was deels gebaseerd op hun klaarblijkelijke overeenkomst als zeelieden die uit eigen ervaring hun romantische koloniale verhaal deden. Mogelijk was Vincent zich ook bewust van een andere overeenkomst, die niet voorkomt in Gauguins brieven uit Martinique maar wellicht wel bleek tijdens hun gesprekken. Het schijnt dat Gauguin, hoewel hij aan Mette zijn deugdzaamheid ten overstaan van verleiding bezwoer, een relatie was aangegaan met een inheemse vrouw van Indiaanse afkomst, die in het voorjaar na zijn vertrek zijn zoon ter wereld bracht.[105] Het bespreken van deze episode met Vincent kon het verband tussen artistieke en seksuele potentie op de voorgrond hebben geplaatst. Dit thema zou prominent aanwezig zijn in hun toekomstige samenwerking.

Gauguins aanvankelijke mening over het werk van zijn nieuwe vriend is niet gedocumenteerd; zijn verwijzing enige maanden later naar Vincents 'scherpe blik' is duister genoeg om speculatie te ontmoedigen.[106] Maar Vincents twee zonnebloemdoeken betekenden een eerbetoon en verschaften inspiratie. Hoewel het niet duidelijk is wie de werken selecteerde die werden uitgewisseld, spreekt de *Zonnebloemen* de emblematische taal waarin Vincent zeer bedreven was. Naast de symboliek ervan vormde zijn aanbod van twee 'studies' (*études*) voor Gauguins ene doek – dat hij duidelijk als een 'schilderij' (*tableau*) beschouwde – een teken van eerbied, verbonden met de traditionele betekenis van de zonnebloem.[107]

Door een aspect van deze traditie weer op te vatten, beschouwden Vincent en Theo de zonnebloem als metafoor voor 's kunstenaars noodzakelijke maar in potentie gevaarlijke toewijding aan de natuur. 'Er is voor mij,' zou Theo later opmerken,

> in het idé van vooruitgang iets als van de bloemen die zich naar de zon keeren. Onmogelijk om hen ervan te weerhouden & waarom? Zij verwelken er misschien iets spoediger door! Doch, beter een kleine daad [...] dan een lange preek. [...] het nuttig zijn in de onmiddellijke omgeving [is] het eenige [...] wat wij doen kunnen.[108]

Toen hij dit in januari 1889 schreef dacht Theo met name aan Vincents bijdrage aan het tot stand brengen van 'het groote mouvement.'[109] Maar een jaar daarvoor, toen zijn beroemde zonnebloemdoeken (hfdst. 3, fig. 55-58; hfdst. 4, fig. 113 en hfdst. 5, fig. 13, 15) en de gebeurtenissen daaromheen nog in de toekomst besloten lagen, schenen de Parijse zonnebloemstudies een gepaste hommage aan de belofte die beide broers bij Gauguin bespeurden. Toen Vincent ze schilderde, ging het hem op de eerste plaats om kleuronderzoek, net als bij de bloemstillevens die eraan vooraf gingen. In zekere zin maakte het uitkiezen en aanbieden van de studies aan Gauguin Vincent meer opmerkzaam op de taal van de bloemen, ontketende het een symbolisch potentieel dat in hun kronkelende vormen besloten leek te liggen.

Gezien Vincents behoefte om zijn passies en overtuigingen kenbaar te maken, kan men zich haast niet indenken dat hij met Gauguin niet over de associaties die nauw verbonden waren aan hun uitwisseling van schilderijen sprak. Vincent kon zich goed uiten en dacht al bijna tien jaar na over kunst en de taak van een kunstenaar. Hij voerde Gauguin binnen in zijn unieke, rijk ontwikkelde, dubbelzinnige manier van denken. De dialoog werkte als katalysator, zoals wordt aangegeven door het gelijktijdig opduiken in Gauguins brieven van de kenmerken van een nieuw mythische personage, verbonden met de zonnebloem. Vanaf het begin van de 16de eeuw onderscheidden botanici dit lid van de composietenfamilie van andere soorten. Naar zijn land van herkomst werd deze om beurten 'Chrysanthemum Peruvianum,' 'solis flos Peruvianus,' 'Helianthemon Peruvianum,' en 'Peruviaanse goudsbloem' genoemd. In de 19de -eeuwse Franse encyclopedieën en woordenboeken wordt Peru het thuisland van de zonnebloem genoemd. Die associatie was zo gangbaar dat de populaire illustrator Jean-Jacques Grandville in zijn wijd verbreide serie van fantastische bloemschetsen de zonnebloem kon personifiëren als een Amerikaanse Indiaan die de zon aanbad (fig. 60). Vincent had ongetwijfeld over de Peruviaanse oorsprong van de zonnebloem gelezen in een van zijn lievelingsboeken, Alphonse Karrs *Voyage autour de mon jardin*.[110] Gauguin was bijzonder ontvankelijk voor dergelijke associaties – de zonnebloem, Peru, de zon die onder Spaans bewind de vlag had gedomineerd – aangezien hij opgroeide in het Lima van de Spaanse onderkoning.

In het kader van Vincents *Zonnebloemen* maakte Gauguin voor het eerst duidelijk aanspraak op een Peruviaanse afkomst. Half januari 1888 vermaande hij Mette om toch te bedenken dat hij een man was die 'twee naturen [...] de Indiaanse en de zachtmoedige – de wilde en de geciviliseerde' – in zich droeg, en dat deze

59
Foto van Pierre Loti, 22 jaar oud
1872

60
Charles Geoffroy (Frankrijk; 1819–1882)
*Zonaanbidder* naar Jean-Jacques Grandville (1803–1847)
'Zon' uit *Les Fleurs animées* (Parijs 1846–47)
Staalgravure, versterkt met waterverf. Grandville's afbeelding populariseert de wetenschappelijke vereenzelviging van de Inca's met 'Kinderen van de Zon.'

Afgezien van *Jonge Bretonse baders* toont Paul Gauguin – wiens stijl zonder helderder of lichter te worden, krachtig gearticuleerde lijnen heeft verworven – een weids Bretons landschap dat lijkt op een landschap op Martinique dat – met zijn roze kreupelhout, zijn dichtbegroeide boom waar pal onder enkele vrouwen sluimeren, zijn okerkleurige weg met twee zwarte mannen die grote manden dragen – de oude gravures van de Eilanden oproept; temidden van het zware groen, is er de rode schreeuw van een dak, zoals in alle echte Gauguins. Barbaars en zwartgallig van karakter, weinig sfeervol, gekleurd door diagonale penseelstreken die van rechts naar links scheren, vatten deze trotse schilderijen het oeuvre van Paul Gauguin samen, ware het niet dat deze venijnige kunstenaar vooral pottenbakker is. Hij houdt van eerlijke pottenbakkersklei, rampzalig en hard: woeste gezichten, met forse glabellae, met kleine spleetogen, met platte neus – twee vazen; een derde: kop van een langregerend vorst, een zekere Atahualpa die men verdreef, de mond stukgereten als een afgrond; twee andere van een abnormale, gebochelde geometrie.
Félix Fénéon, 'Vitrines des marchands de tableaux,' *La Revue indépendante*, januari 1888

61

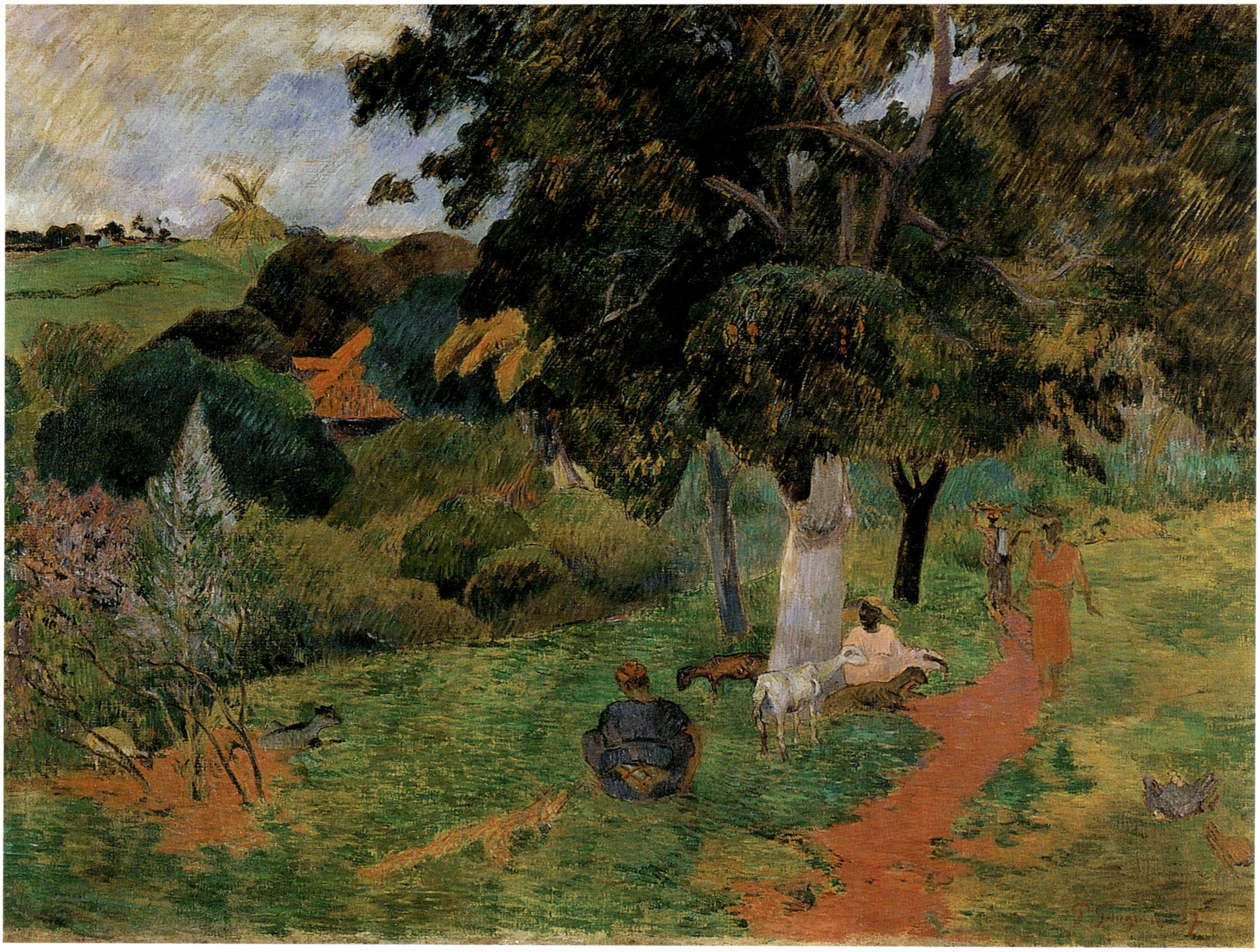

62a

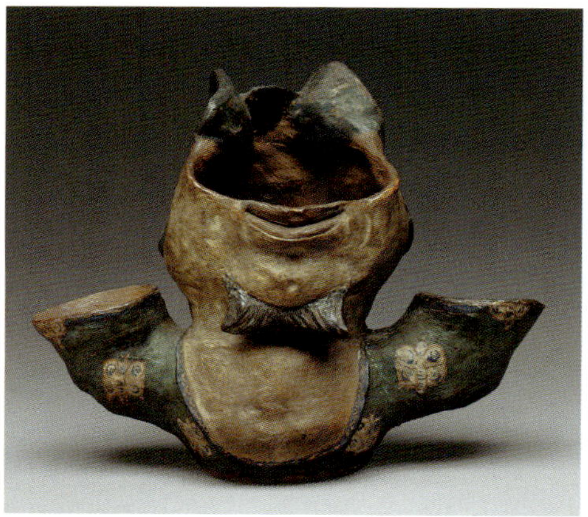

62b

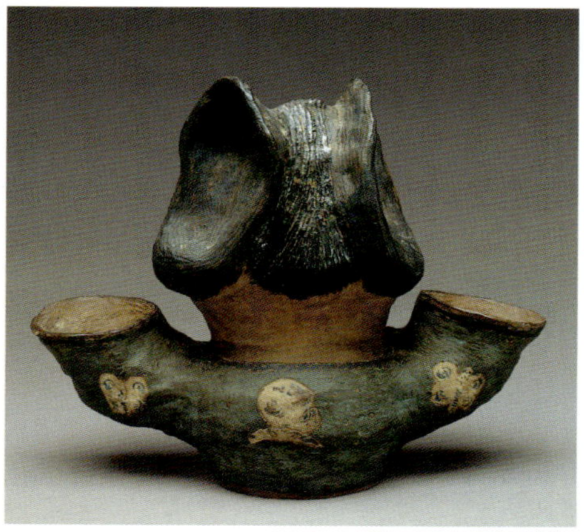

63

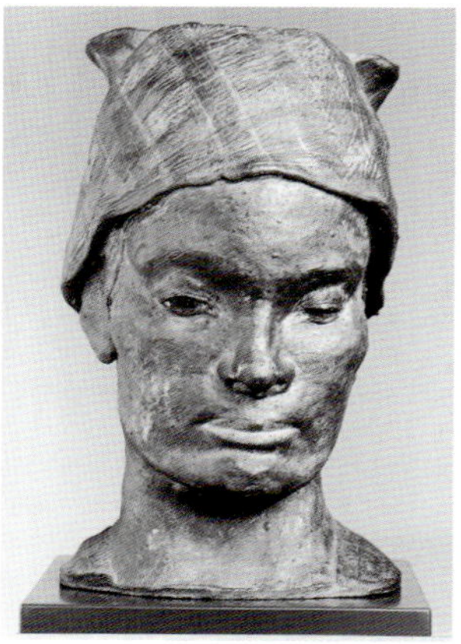

64a

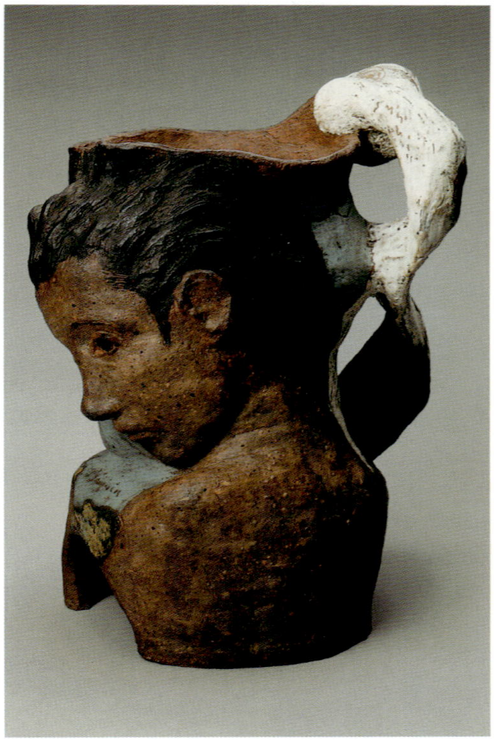

64b

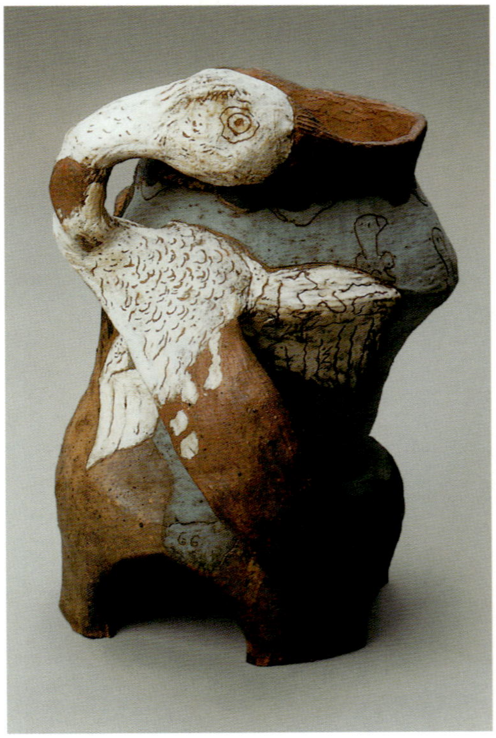

eerste in toenemende mate de overhand kreeg.[111] Op hetzelfde moment publiceerde Fénéon een recensie van de Boussod et Valodon tentoonstelling, waarin hij een van Gauguins keramieken (fig. 62) interpreteerde als een portret van de legendarische laatste Incavorst Atahualpa, die in 1532 door de Spaanse conquistador Francisco Pizarro werd afgezet en vermoord.[112] Deze vereenzelviging had misschien een ironische ondertoon, en verwees dan naar Gauguins conflict met Pissarro, die met hem in de galerie was vertegenwoordigd. Het eigenaardige 'grièche artiste' van de criticus (een 'pie-grièche' is een klauwier, die zijn prooi op doornen spiest voordat hij hem verslindt) duidde bovendien op de agressieve houding van Gauguin jegens Pissarro en de neo-impressionisten. Gauguins karakter speelde voor Fénéon wel degelijk een rol, en kleurde diens interpretatie van zijn werk. Hij vond de schilderingen uit Bretagne en Martinique 'barbaars en zwartgallig,' gebrekkig in atmosfeer en (een oordeel herhalend uit 1886) saai van kleur. Maar de eigenschappen die hij in de schilderijen – en in de kunstenaar – niet kon waarderen, waren naar zijn idee wèl goed benut in het aardewerk. Fénéon was de eerste criticus die oog had voor Gauguins aardewerk, en het is mogelijk dat zijn aanroepen van Atahualpa een reactie was op een interpretatie van de potten door de kunstenaar of zijn kunsthandelaar. Hoe het ook zij, in de maanden die volgden betuigde Gauguin openlijk zijn vereenzelviging met de Peruviaanse Indianen. Gelet op het Spaans-koloniale, hoge bourgeoismilieu van zijn vroege jaren in Lima, was Gauguin door de aanspraak op een Peruviaanse afstamming ongeloofwaardig, zo niet opportunistisch. Hij realiseerde zich dat deze niet zou worden betwist in Europa, waar een algemene onwetendheid betreffende de sterk gelaagde structuur van de Peruviaanse samenleving een stereotiep beeld in stand hield van het land met zijn 'wilde' inheemse bevolking (zie hfdst. 1). Deze vereenzelviging zou het strategisch middelpunt van zijn gemengd-bloed-mythe worden. Die trachtte hij aan zijn kunst te verbinden, en Gauguins huidige positie cultiveerde de expressie ervan in het aardewerk.

Gauguin modelleerde zijn *Atahualpa* portret, net als dat van een andere vrouw op Martinique (fig. 63) dat ook te zien was bij Boussod en Valadon, gedurende de enkele weken die verstreken waren sinds zijn terugkeer, half november, uit het Caribisch gebied. Die uitbarsting van creatieve energie was ongetwijfeld aangewakkerd door het vooruitzicht van de tentoonstelling in Theo's galerie. Vincents notie van de authentieke kunstenaar als een soort Robinson Crusoe of 'natuurmensch" die 'in het vuur van het leven [moet] worden beproefd' om 'bevestigd te worden in hetgeen [hij] door Gods genade van nature [is],' was wellicht een extra aansporing, omdat dit precies paste in Gauguins recente plaatsbepaling als buitenstaander.[113] Zo droeg Vincent er dus toe bij om in Gauguins fantasie de kiem te leggen van nieuwe ideeën voor zijn artistieke identiteit waardoor hij zich van anderen onderscheidde.

Terwijl zijn personage vorm aannam, produceerde Gauguin ambitieus nieuw aardewerk dat speelde met het 'primitieve' vocabulair dat hij eerder had aangewend in de stukken die hij modelleerde vòòr zijn vertrek naar het Caribisch gebied (fig. 38-39). Maar nu voltrok hij een stilistische wisseling van het rustieke naar een exotisme dat putte uit een nog verder verwijderde plaats en tijd, waarmee hij beantwoordde aan de verwachtingen die bijvoorbeeld Fénéon had aangevoeld. In het fantastische en openlijk exotische *Atahualpa* en in andere 'portret' vazen, maakte Gauguin een eclectische verscheidenheid aan bronnen (fig. 66-67) ondergeschikt aan het onderwerp: motief en vaas werden één. De *Atahualpa* pot gaf zijn 'Peruviaanse' oorsprong aan door fysionomische overdrijvingen, die Fénéon kennelijk las als sporen van macrocefalie die men karakteristiek achtte voor Peruviaanse inboorlingen.[114]

61
Paul Gauguin
*Komen en gaan, Martinique*
Zomer 1887
[niet in W]
Olieverf op doek
72,6 × 92 cm
Carmen Thyssen-Bornemisza Collectie, Madrid
Cat. 13

62a
Paul Gauguin
*Vaas ('Atahualpa')*
Winter 1887/88
[niet in B of G]
Steengoed
H 23 cm
Particuliere verzameling

62b
Achterzijde van fig. 62a

63
Paul Gauguin
*Vrouw op Martinique met hoofddoek*
Winter 1887/88
[B 36, G 52]
Ongeglazuurd steengoed, gedecoreerd met kleisuspensie
H. 21,1 cm
Ny Carlsberg Glyptotek, Kopenhagen

64a
Paul Gauguin
*Leda en de zwaan*
Winter 1887/88
[B 34, G 63]
Ongeglazuurd steengoed, versierd met kleisuspensie
H 20 cm
Privé-collectie
Cat. 17

64b
Achterzijde van fig. 64a

In de eerste plaats is het werk echter komisch, geïnspireerd door een traditie van het groteske in Engels aardewerk (fig. 68). Gauguin putte dus zowel uit eigentijdse volkscultuur als uit die van verre landen om zijn primitivisme te modelleren, een impuls die Seurat ook had, maar geheel anders uitwerkte. Het openstaan van beide kunstenaars voor de volkscultuur is te verdedigen als zijnde democratisch en anti-hiërarchisch, maar voor Gauguin was die nivellering eerder een artistieke uitingsvorm dan iets sociaals.[115]

Gauguin probeerde nog steeds zijn 'gepruts' te gelde te maken – de term die Pissarro had gebruikt om zijn kunst af te doen – met een reeks potten die (naast andere bronnen) verwezen naar de decoraties van Japans keramiek en Chinees bronsgietwerk. Degene die hij *Cleopatra* noemde (fig. 69) is een van de meest sprekende voorbeelden. Dit is een achterwaarts leunende naaktfiguur, geïnspireerd door Martinique, die een shawlachtige hoofdtooi draagt. Haar gelaatstrekken brengen haar misschien in verband met de eilandbevolking van plantagewerkers die uit het Indische subcontinent waren overgebracht.[116] Door zich schaamteloos te tonen aan de beschouwer behoort deze Noord-Afrikaanse koningin tot een reeks van gekleurde *femmes fatales* die Gauguin in de komende twee jaar in klei en hout zou beeldhouwen. Een aantal van deze, waaronder de *Cleopatra*-pot, belichamen qua beeld en opbouw een vermenging van het Europese en het primitieve, en geven daarmee een verwijzing naar de gemengde creatieve afstamming waar Gauguin aanspraak op maakte.

Cleopatra's directe Europese voorloper is Pierre Puvis de Chavannes' beroemde schilderij *Hoop*, vooral de naakte versie (fig. 70) die voor het eerst werd tentoongesteld tijdens Puvis' grote retrospectief, die opende in Durand-Ruels galerie op 11 november 1887, het moment van Gauguins terugkeer naar Parijs. Puvis was Frankrijks beroemdste nog levende kunstenaar, een wandschilder die bijval kreeg van zowel radicalen als conservatieven. De jonge Parijse avant-garde bewonderde zijn anti-naturalistische, 'poëtische' esthetiek, die gekenmerkt werd door eenvoudige contouren en vlakke vormen: een imitatie-klassiek beeld, geïnspireerd door een 'element van primitivisme.'[117] Fénéon vermoedde dat Puvis de schilderkunst zag 'vanuit het belangrijke decoratieve gezichtspunt,' en de critici bejubelden Seurat in 1886 'als een modernistische Puvis' . Ze zinspeelden op de vereenvoudigde, hiëratische figuren en evocatieve, bijna

65

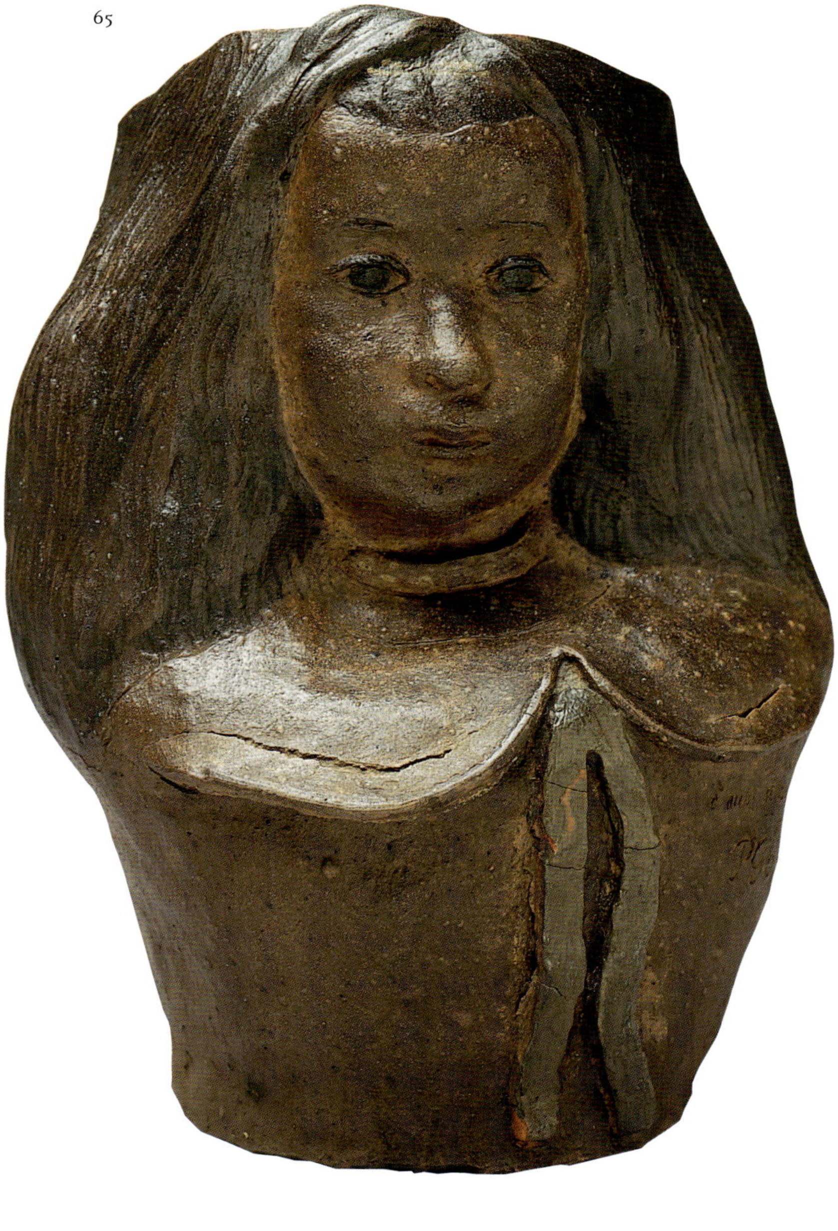

66

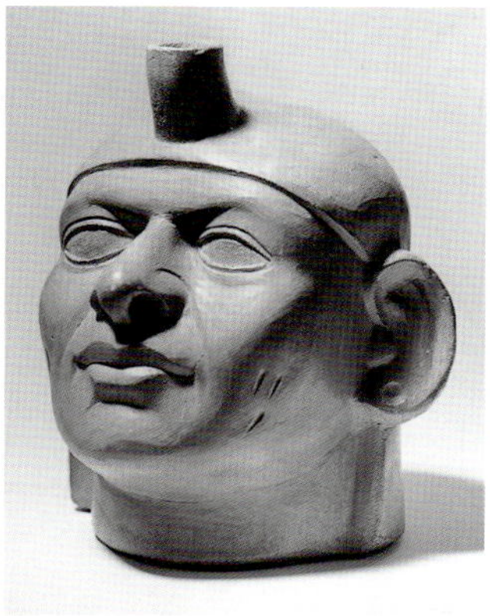

67

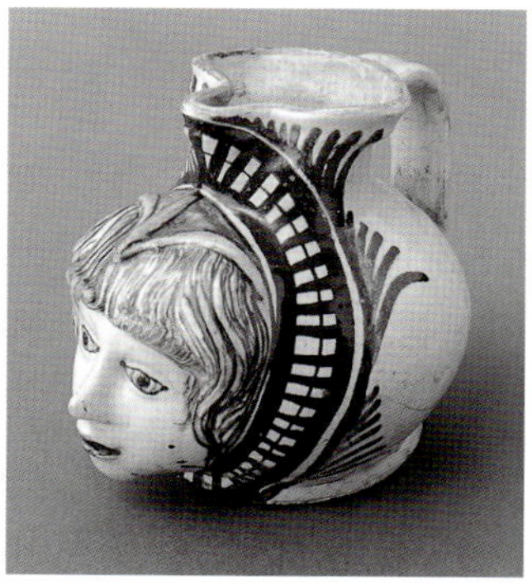

68

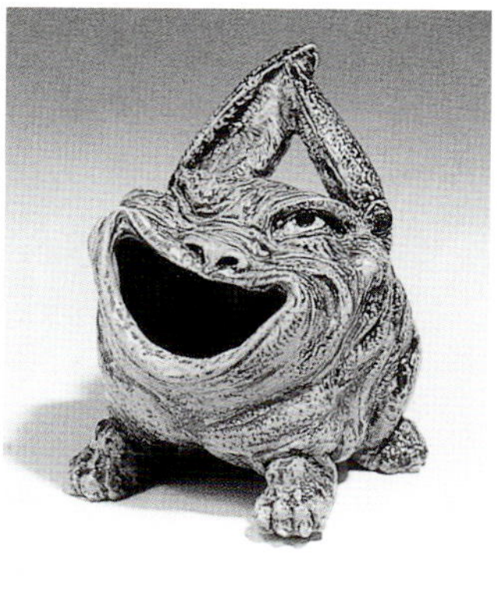

69

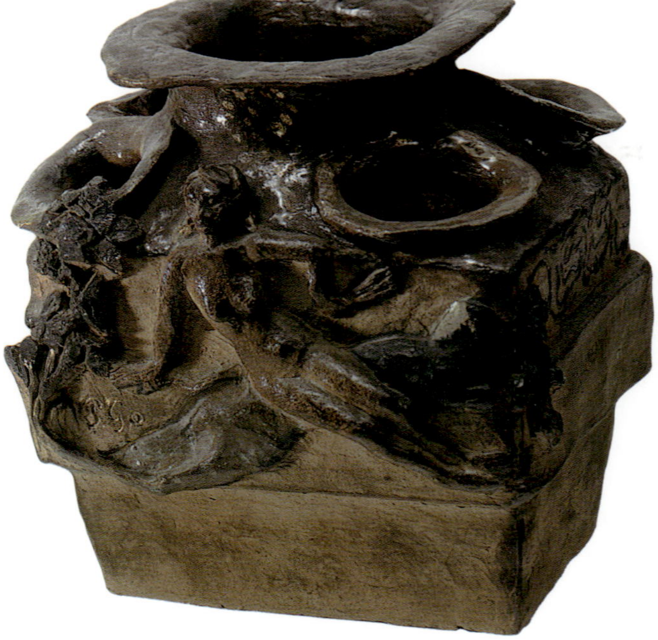

70

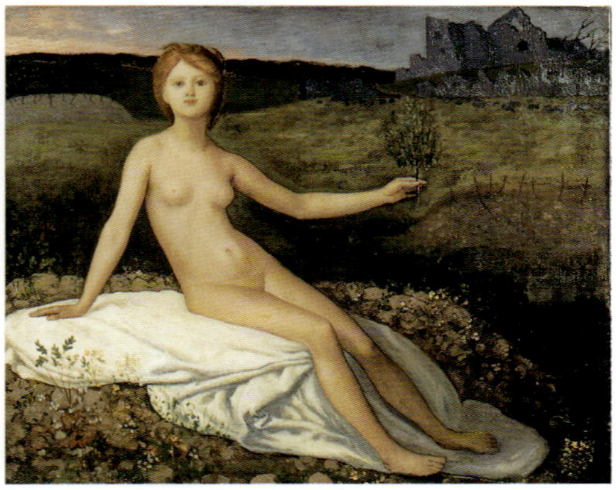

ritualistische verstilling die sommige critici deed denken aan Egyptische kunst.[118]

Met *Cleopatra* koos Gauguin een andere richting om Puvis te moderniseren, daarbij munt slaand uit de iconografie en speciale status van *Hoop* in diens werk. *Hoop* werd ontworpen tijdens de nasleep van de Frans-Pruisische Oorlog en laat zien dat Puvis sterk leunde op een traditionele allegorische taal om de boodschap van vernieuwde en herboren hoop over te brengen. Een maagdelijke jonge vrouw zit in een voorjaarslandschap dat de wedergeboorte van de natuur aangeeft. Haar ongedwongen naaktheid is een symbool voor Waarheid, de olijftak in haar hand voor de Vrede.[119] Door het beslag leggen op deze figuur bracht Gauguin nadrukkelijke veranderingen aan, transformeerde hij onschuld in ervaring, maagdelijkheid in bewuste verleiding: haar borsten zijn zwaarder, haar bekken is gekanteld naar de beschouwer, de uitbottende tak is vervangen door de waaier van de courtisane. De wroetende varkens op de andere zijde van de pot onderstrepen het thema: lichamelijkheid. Zoals hij later in zijn carrière nog uitgesprokener zou doen, speelde Gauguin hier, om het verschil aan te geven, Puvis' *Hoop* uit met brutale eerbied, wat de boodschap ambivalent maakt. In Gauguins handen kon het motief hoop betekenen of het misbruik van hoop, een nieuwe richting of verval.

De 'pre-geciviliseerde' energie die *Cleopatra* bezielt, verschijnt ook (heimelijker maar gevaarlijker) in *Leda en de zwaan* (fig. 64). Dit is in formeel en iconografisch opzicht de meest complexe van Gauguins portretvazen. De kunstenaar putte uit de klassieke mythe – Zeus die de gedaante van een zwaan aanneemt om Leda te naderen en te overweldigen – en zette het om in een fascinerend beeld van een opkomend bewustzijn van verlangen. Terwijl Cleopatra een gehaaide, verleidelijke vrouw is, is Leda een jong meisje met een onschuldige, vragende blik. Achter haar rijst een zwaan met lange nek op, een slangachtig, fallisch wezen dat zij niet openlijk herkent maar wel schijnt te vermoeden. Dit beeld van ontwakende seksualiteit wordt gecompliceerd door de gelijkenis van de figuur met Gauguins dochtertje, Aline.[120] Verscheidene taboes worden ontketend: de schimmen van verkrachting, bestialiteit en incest. In zowel *Cleopatra* als *Leda* paste Gauguin conventionele artistieke thema's – en zijn eigen artistieke identiteit – aan tot iets dat maatschappelijk en seksueel grensverleggend was. Hij modelleerde nu zijn leven en zijn kunst op basis van hetzelfde patroon, door een methode die niet slechts leent maar ook inpalmt, herschept en vereenzelvigt. In de *Cleopatra*-pot gaf hij Puvis' boodschap weer maar veranderde de vorm. Hij suggereerde dat vernieuwing tot stand kon komen door oude waarheid in nieuwe vormen te gieten – vormen buiten de Westerse traditie na de Renaissance. Deze aanpak paste bij de denkwijze van de gebroeders Van Gogh, en Gauguin verbond dit werk kennelijk met hen, verzocht dat het direct na zijn aankomst naar Arles verzonden zou worden en gaf het later aan Theo ten geschenke.[121] Naar vorm en inhoud drukte dit de avant-gardistische missie uit die Theo in februari 1888 kort samenvatte toen hij Vincent beschreef als 'een van de pleitbezorgers voor nieuwe ideeën.' En daarmee doelde hij op iets specifieks: 'Dat wil zeggen, er is niets nieuws onder de zon en het zou beter geformuleerd kunnen worden: [pleitbezorger] voor het herstel van de oude ideeën die door routine zijn verwaterd en uitgeput.'[122] Deze bewering is zuiver Carlyle – een metafoor van hoop voor de toekomst, nu opgepakt als rode draad van Vincents verstandhouding met Gauguin.

65
Paul Gauguin
*Portretvaas van Jeanne Schuffenecker*
Winter 1887/88
[B 32, G 62]
Ongeglazuurd aardewerk
H 19 cm
Privé-collectie
Cat. 15

66
Anoniem
*Portretvaas, Mochica*
100 v.Chr.– 600 n.Chr.
H 18 cm
Musée de l'Homme, Parijs

67
Anoniem
*Faience-kan met het gelaat van een jongeling in reliëf*
Late 15de eeuw
Aardewerk
Musée du Louvre, Parijs

68
de Martin Brothers (Engeland; werkzaam 1873–1914)
*Groteske figuratieve lepelwarmer.*
1887
Aardewerk met zoutglazuur
H 16,5 cm
Privé-collectie

69
Paul Gauguin
*Cleopatra Pot*
Winter 1887/88
[B 17, G 37]
Deels geglazuurd aardewerk
H 13,6 cm
Van Gogh Museum, Amsterdam (Vincent van Gogh Stichting)
Cat. 16

70
Pierre Puvis de Chavannes (Frankrijk; 1824–1898)
*Hoop*
1872
Olieverf op doek
70,7 × 80,2 cm
Musée d'Orsay, Parijs

Ook Vincent reageerde op Puvis tijdens de nasleep van het retrospectief. Misschien dat ze door de waardering van een andere kunstenaar de kans kregen hun beginnende dialoog binnen hun kunst te trekken. Hoewel de les van Puvis aktueel was, was deze voor beiden, zij het om verschillende redenen, uiteindelijk onbevredigend. Vincent reageerde zeer letterlijk op Puvis' *Hoop* door een vrouw af te beelden (waarschijnlijk Agostina Segatori) die een bloemtwijgje vasthield (1887; Musée d'Orsay, Parijs).[123] Maar het schilderij dat hij betitelde als *Parijse romans* (fig. 71), waarop de rozen verwijzen naar Vincents foutieve herinnering van een detail in Puvis' portret van een vriend (fig. 72) is veelzeggend. Portretten zijn zeldzaam in Puvis' werk, maar door dit stuk, een samengaan van raffinement en eenvoud, zou Vincent een van zijn meest levendige herinneringen aan het retrospectief houden, omdat het voldeed aan zijn ideaal van figuurtekenen. Hoewel hij kennelijk Puvis' geïdealiseerde visie van de klassieke droomwereld veel te afstandelijk vond, verwelkomde Vincent het portret als bewijs van de bereidheid van de kunstenaar om (al was het maar tijdelijk) de 'Elyseïsche velden' te verlaten voor 'de intimiteit van onze tijd'. Het stuk was 'iets vertroostends' dat bewees dat men 'het moderne leven als iets helders [kon zien], ondanks zijn onvermijdelijke ellende.'[124]

Vincent baseerde dit oordeel niet op de stijl van de kunstenaar noch op de identiteit van zijn model, maar op het algemene thema van het werk, 'de serene oude man [...] lezend in een boek met een gele kaft.' De opvallende gele omslag van het boek duidt op een naturalistische roman en, bij uitbreiding naar Vincents gedachten is de oude man blijkbaar ontvankelijk voor nieuwe ideeën.[125] Puvis' lezer was de ideale vaderfiguur die Vincents eigen vader niet was geweest – en een herinnering aan zijn voornemen om de naturalisten te overtreffen en '[te] handelen in onze eigen tijd.' Toen hij dit voornemen voor het eerst had genoemd in de brief aan Wil die hij schreef, kort na zijn aankomst in Parijs, had hij slechts gerept van de vage mogelijkheid om ooit werken te scheppen waarin 'wat jeugd en frisch-heid zit,' om 'een goed portret' te schilderen.[126] Gedurende de winter van 1887/88 produceerde hij verscheidene portretten die van deze ambitie getuigen, maar *Parijse romans* is zijn programmatische verklaring. Deze hommage verbindt Puvis' werk met de naturalistische literatuur die sinds lang Vincents toetssteen was geweest. Hoewel Vincents interpretatie van Puvis ongebruikelijk was, was dit schilderij uit de 'reeks van zeven Parijse romans' een statement over het concept van het 'oeuvre'. Dat hing samen met het populaire genre van de artistieke biografie en de opkomende mode van retrospectie. Vincent bleef krachtig vasthouden aan de overtuiging dat 'men schrijvers als [...] Zola kent als men ze in zijn geheel min of meer overzien kan.' Dus vond hij ook dat figuurschilders (hijzelf inbegrepen) het verdienden om *in hun geheel* beschouwd te worden.[127] Op één niveau vertegenwoordigt *Parijse romans* Vincents idee van wat Puvis' oeuvre had kunnen zijn, een mogelijkheid waarvan in één a-typisch portret een glimp werd opgevangen. Maar net als zijn eerdere stilleven met Zola's gele omslag van *Joie de vivre* (hfdst. 1, fig. 3) is het een manifestschilderij dat Vincents hoop betreffende zijn eigen oeuvre uitdrukte.

De twee werken verschillen duidelijk wat hun beeld betreft. Door zijn lichte palet, gevarieerd penseelwerk en blauwe schaduwen, getuigt het latere doek van de lessen die Vincent geleerd had van een avant-gardistische tijdgenoot als Signac (fig. 73). *Parijse romans* is een schildering van overdadige wanorde. De fel gele, rose, blauwe en groene stofomslagen steken af tegen het bont geschakeerde wit van het tafelblad en het rijke patroon van de muurbedekkingen; de toepassing van kleurige kruisarceringen, parallelle groeven, en pointillé verhoogt het koloriet.[128] Maar vernieuwde formele beeldtaal toont een voortdurende ambitie om van de schilderkunst een evangelie te maken van hetzelfde niveau als de naturalistische literatuur. Zoals hun reactie op het Millet retrospectief al deed vermoeden deelde geen van Vincents nieuwe kennissen deze zendingsdrang. Pas toen hij Gauguin en zijn werk was tegengekomen, begon Vincent echt te hopen dat datgene uit het verleden van de kunst wat hij bewonderde, in de toekomst tot stand kon worden gebracht. Al stond Gauguin afwijzend tegenover de naturalistische literatuur, toch verbond Vincent hem met de ambitie van zijn stilleven met boeken, zoals de titel die hij eraan meegaf aangeeft. *Roman parisien* was de ondertitel van *Braves Gens* (1886), een roman van Jean Richepin die de beproevingen van het Parijse kunstenaarsleven onder de loep nam aan de hand van twee uitvoerende kunstenaars, een musicus en een mimespeler, elk toegewijd aan de 'cultus van zijn kunst' ten overstaan van een onverschillig publiek.[129] De musicus, Yves, heeft het geluk een beschaafde muze en zielsverwant te vinden; hij verruilt Parijs voor het Bretagne van zijn geboorte, waar hij in vrede met zijn kunst doorgaat en zijn talent volledig benut. De mimespeler Tombre blijft daarentegen in de stad, waar zijn revolutionaire kunst onbegrepen blijft. Hij lijdt bittere armoe, valt ten prooi aan wanhoop en alcoholisme, en sterft.

Vincent had Richepins boek, compleet met ondertitel, al opgenomen in een klein stilleven over naturalistische romans dat hij schilderde in het voorjaar, ongeveer ten tijde van zijn brief aan Wil.[130] Tegen het eind van 1887 had de geschiedenis van Yves en Tombre een nieuwe weerklank gekregen. Gauguin maakte al plannen om Parijs voor Bretagne te verruilen, nadat hij amper drie maanden in de hoofdstad had doorgebracht. In de overtuiging dat hij 'op het punt stond te worden gelanceerd' door Theo, achtte hij het noodzakelijk voor een half jaar te verhuizen naar Pont-Aven, waar hij een 'uiterste krachtsinspanning voor [zijn] schilderkunst' zou doen. Eind januari had hij zijn intrek genomen in Pension Gloanec.[131]

Ondanks het feit dat hij sinds zijn aankomst in Parijs had gesproken over een vertrek naar het platteland, had Vincent hiertoe geen stappen ondernomen. Maar het ongezonde stadsleven en wat hij omschreef als de 'rampzalige burgeroorlogen' onder avantgardistische kunstenaars hadden hem dicht gebracht bij de trieste toestand van Tombre; hij was, zoals hij later aan Gauguin bekende, 'behoorlijk ziek en bijna aan de drank, doordat ik te veel van mezelf had gevergd terwijl mijn krachten me in de steek lieten – en ik vervolgens mij in mijzelf terugtrok, zonder nog te durven hopen.'[132] Theo herinnerde

71

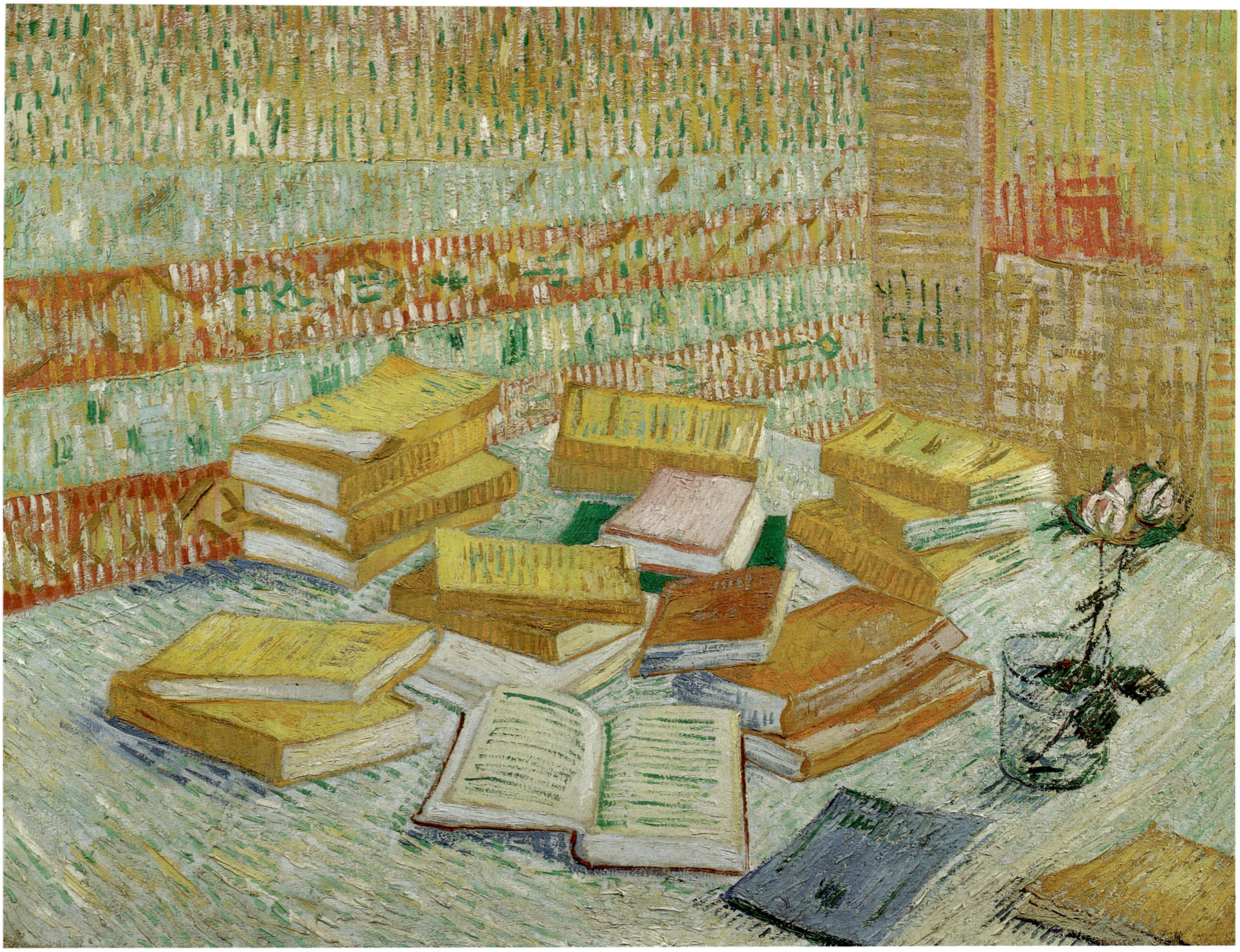

72

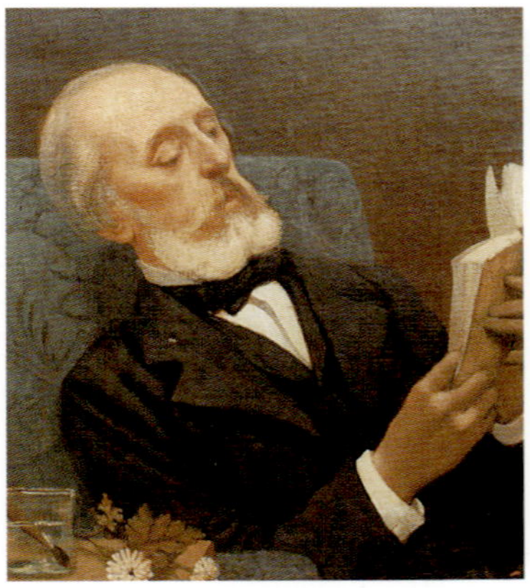

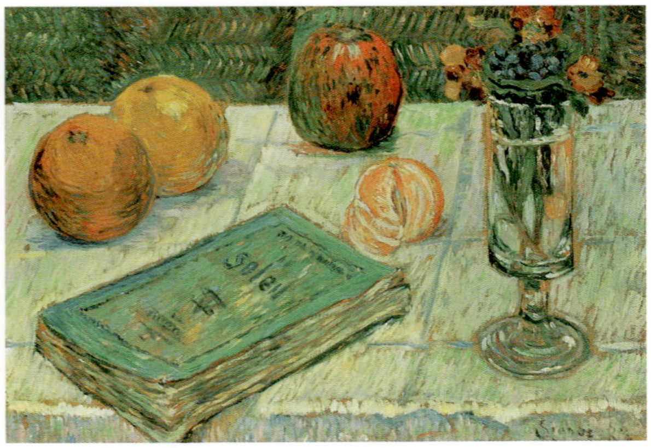

73

71
Vincent van Gogh
*Parijse romans*
*(Romans parisiens)*
Eind 1887
[F 359, JH 1332]
Olieverf op doek
73 × 93 cm
Privé-collectie
Cat. 25

72
Pierre Puvis
de Chavannes
*Portret van*
*Eugène Benon*
1882
Olieverf op doek
60,5 × 54,5 cm
Privé-collectie,
Zwitserland

73
Paul Signac
(Frankrijk; 1863–1935)
*Stilleven:*
*Sinaasappelen, Appel,*
*en De Maupassants*
*'Au soleil'*
1885
Olieverf op doek
32,5 × 46,5 cm
Staatliche Museen,
Preussischer
Kulturbesitz,
Nationalgalerie,
Berlijn

74

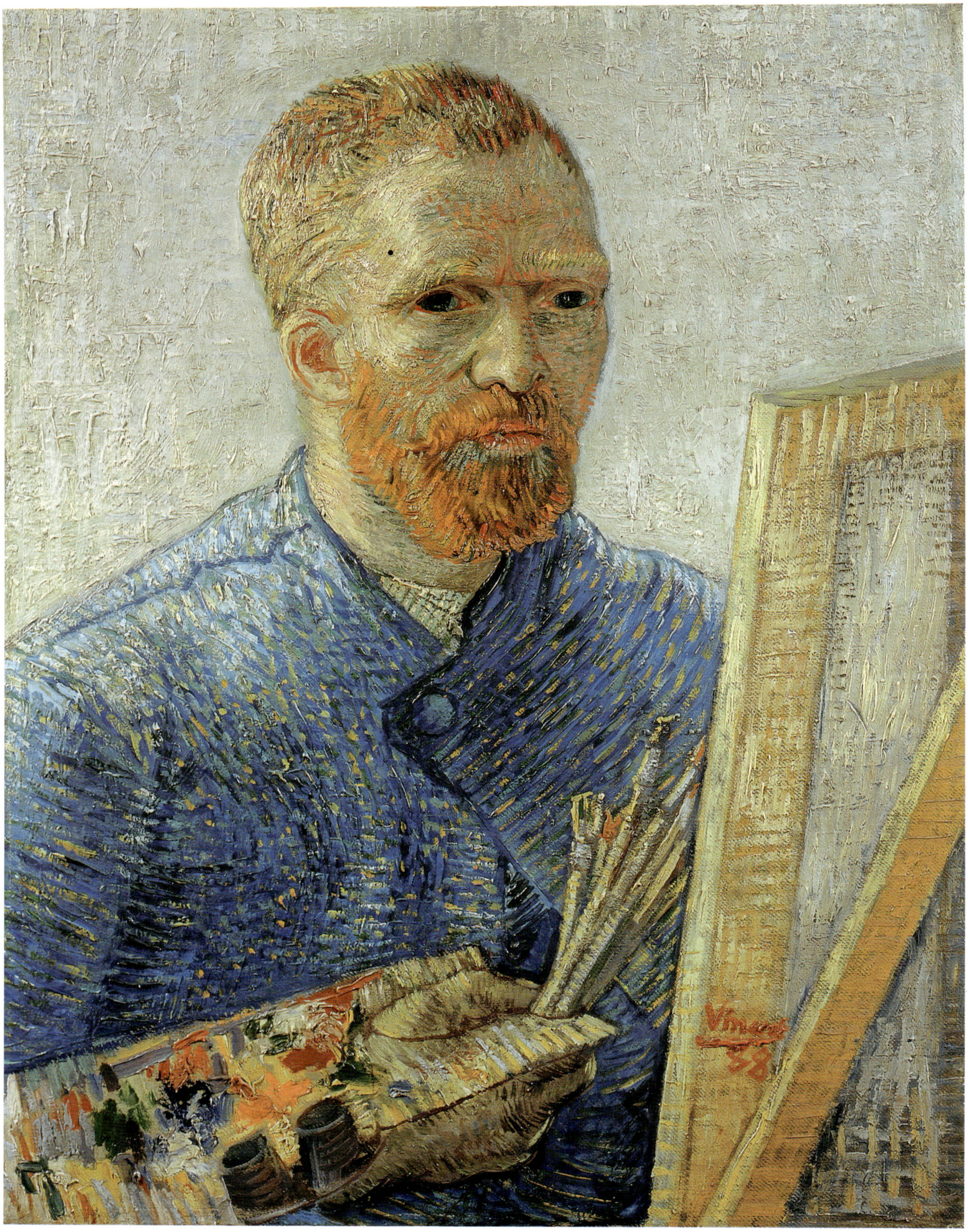


Een roze grijs gelaat met groene oogen, aschkleurig haar, rimpels in voorhoofd en om den mond, stijf houterig, een zeer rooden baard, vrij ongeredderd en triest, maar de lippen zijn vol, een blaauwe kiel van grof linnen en een palet met citroengeel, vermilloen, veroneesgroen, Cobaltblaauw, enfin alle kleuren, behalve den oranje baard, op het palet, de eenige heele kleuren echter. De figuur tegen een graauwwitten muur. Vincent aan Wil, [22 juni 1888]

zich de situatie vanuit een ander perspectief. Aangezien 'hij sedert lang gebroken [had] met wat men *convenances* noemt,' was Vincent lastig in de omgang. De tijd die zij samenwoonden was 'zeer moeielijk' geweest, vooral in het begin. Ook voor andere mensen gold dat men 'of heel veel van hem houdt, of hem niet dulden kan [...] Modellen wilden niet voor hem poseeren, op straat werd hem verboden te zitten werken & met zijn prikkelbaar humeur waren daardoor telkens scènes, die hem zoo irriteerden dat hij voor ieder ongenaakbaar was & op slot van zaken kolossaal het land heeft gekregen aan Parijs.'[133]

Die gemoedsstemming trachtte Vincent uit te drukken in een zelfportret, in januari of begin februari 1888 geschilderd in een peinzende stemming terwijl hij nadacht over de twee jaar die hij in Parijs had doorgebracht (fig. 74). Het voornemen om een meesterwerk tot stand te brengen blijkt uit de uitwerking, die gevarieerd en vrij is maar zeer zorgvuldig; uit de toepassing van een kleurtheorie; en uit de signatuur en de datering, die prominent zijn weergegeven op de achterkant van het spanraam.[134] Deze reprise van het zelfportret dat refereerde aan Rembrandt en dat zijn aankomst in Parijs markeerde (fig. 7) toont zijn hervonden trefzekerheid. De meest opvallende veranderingen zijn chromatisch: Vincent zette het sombere clair-obscur van het eerdere doek om in heldere kleuren, en toonde zo aan dat hij zich had ontwikkeld van 'harmonist' tot 'kolorist.' Helder, ongemengd pigment, toegepast volgens de theorie van complementaire kleuren – groen en rood in het gelaat, oranje en blauw in het jasje – verdrijft de somberheid van het vroegere werk.

Maar ondanks alle helderheid drukt het portret een onbehaaglijk gevoel uit: de figuur is zwaarmoedig en verstard: gelaatstrekken als van een masker, de ogen duister en ondoorgrondelijk. Het is juist met deze dissonantie tussen het vrolijke en het troosteloze dat Vincent trachtte om een 'sterkere gelijkenis' te bereiken dan die de fotografische precisie kon verschaffen. Maar wat hij echt bedoelde wordt pas duidelijk door een verwijzing die hij gaf toen hij aan Wil enkele maanden later het schilderen uit het geheugen beschreef. Hij nam zijn toevlucht tot een eerder literaire dan picturale vergelijking en schreef: 'Gij zult zeggen dat dit ietwat lijkt op b.v. het gezigt van – de dood – in het boek van v. Ede.'[135]

Het boek waarnaar hij verwees – hij wist zeker dat zijn zuster het kende – is Frederik van Eedens *De kleine Johannes*. Die fantastische, quasi-symbolistische *bildungsroman*, beschijft de geestelijke pelgrimage van de sleutelfiguur vanuit het onschuldige paradijs van de kindertijd. Via jeugdige bevlieging en het najagen van kennis naar een periode van vervreemding, twijfel, en wanhoop; naar het herwonnen paradijs, een visioen van goddelijkheid die niet uit de Bijbel wordt ontwaard maar eerder uit de natuur. *De kleine Johannes* was zoals *Sartor Resartus* schatplichtig aan Carlyle's opvattingen over versleten spirituele vormen. Het boek was geschreven voor een tijdperk, verlamd door ongeloof en desillusie over de vooruitgang van de wetenschap en beschrijft een mythische reis van licht naar duisternis en weer terug. Vincents blijvende genegenheid voor het verhaal is begrijpelijk. Van Eedens beschrijving van Johannes' prille jaren als eenzaam kind die tevreden door de golvende duinen van het Hollandse landschap zwerft, moet levendige herinneringen aan zijn eigen jongensjaren hebben wakker geroepen. Johannes' hevig verlangen naar vriendschap, vervolgens zijn speurtocht naar 'het Boek' der zekerheden, zijn verwerping van de Bijbel, en zijn bijkomende existentiële angst hield gelijke tred met Vincents vroege jaren; Van Eedens voorstelling van de metropolis als een duistere, ellendige, bedrieglijke plaats herinnerde hem ook aan iets. Het is in 'de grote stad,' op het dieptepunt van zijn bestaan, dat hij de figuur van de Dood ontmoet. Met zijn 'knokige voorhoofd en diepliggende ogen [...] ernstig en duister, maar niet wreed, niet kwaad,' is Van Eedens Dood, hoewel 'een beetje onaantrekkelijk,' niet traditioneel macaber of afschrikwekkend, en heeft zelfs iconografische voorlopers in de Hollandse emblematische traditie (fig. 75).[136] De wijze aanwezigheid van de Dood is de sleutel tot de les die Johannes leert wanneer hij terugkeert naar het land: nadat hij gegaan is van de vreugde van de onschuld naar het verdriet van de ervaring, moet hij een staat van genade bereiken waarin hij beide delen van het leven verzoent en aanvaardt. Het laatste beeld van het boek is van een boot op de zee des levens, de stralende figuur van de Natuur op de ene kant van het vaartuig en de donkere figuur van de Dood op de andere. Vincent probeerde de boodschap van het leven met beide facetten, zoals in Zola's *Joie de vivre* en nu weer in *De kleine Johannes*, in zijn zelfportret uit te drukken door het voorkomen van de Dood, in vrolijke kleuren te tonen. De kleine Johannes herbevestigde zijn oude overtuiging over hoe extremen in evenwicht kunnen komen. Tot dan weerspiegelde zijn reis in zekere zin die van Johannes van platteland naar stad; nu zette hij de volgende stap.

In februari, volgend op Gauguins vertrek naar Bretagne, handelde Vincent plotseling naar zijn veelvuldig geuite voornemen om zuidwaarts te gaan. Op 18 februari versierde hij, met hulp van Bernard, Theo's appartement met Japanse prenten en enkele van zijn eigen schilderijen. De volgende dag bezochten hij en Theo Seurats atelier voor de eerste keer. Een paar uur later stapte Van Gogh op het Gare de Lyon op een trein naar Arles.

75

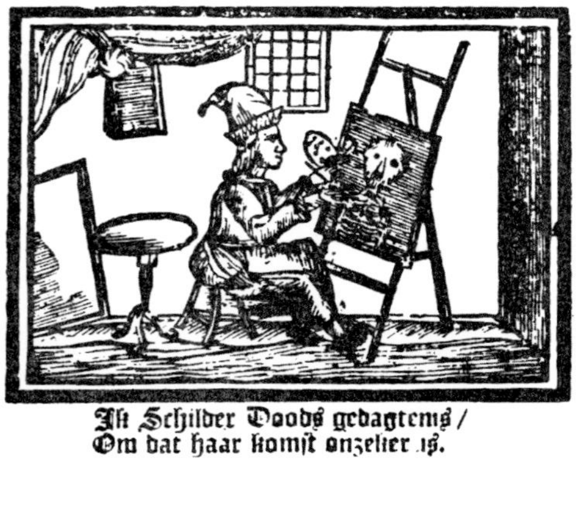


74
Vincent van Gogh
*Zelfportret als schilder*
februari 1888
[F 522, JH 1356]
Olieverf op doek
65 × 50,5 cm
Van Gogh Museum, Amsterdam
(Vincent van Gogh Stichting)
Cat. 54

75
Anoniem
Houtsnede
'Ik schilder Doods gedagtenis om dat haar komst onzeker is'uit een 19e-eeuws pamflet getiteld
'Die 't Sterven in zijn Leven heeft geleerd / Die vind de bitterheijd des Doods geweerd.'

# ZUID VERSUS NOORD

## FEBRUARI - OKTOBER 1888

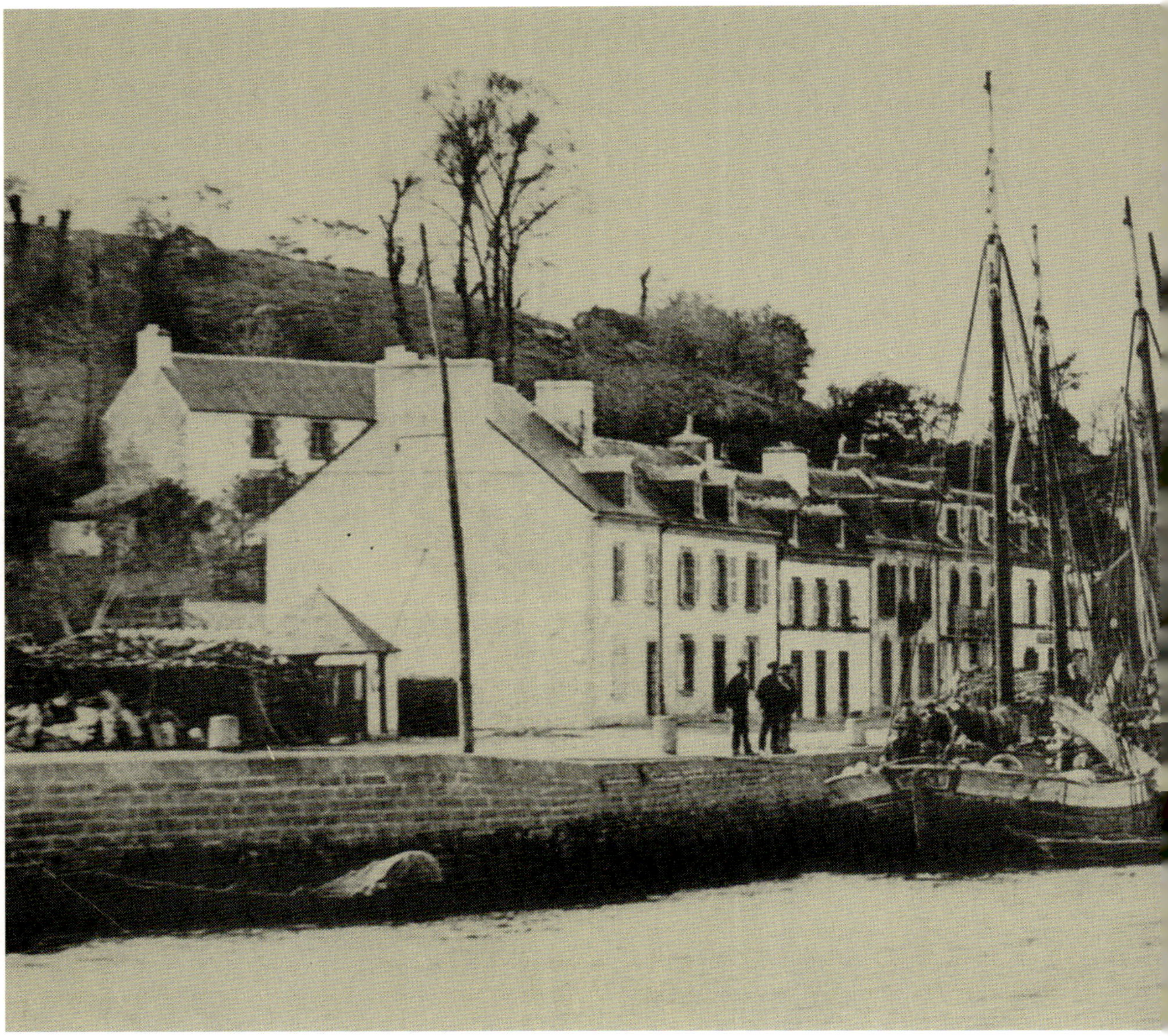

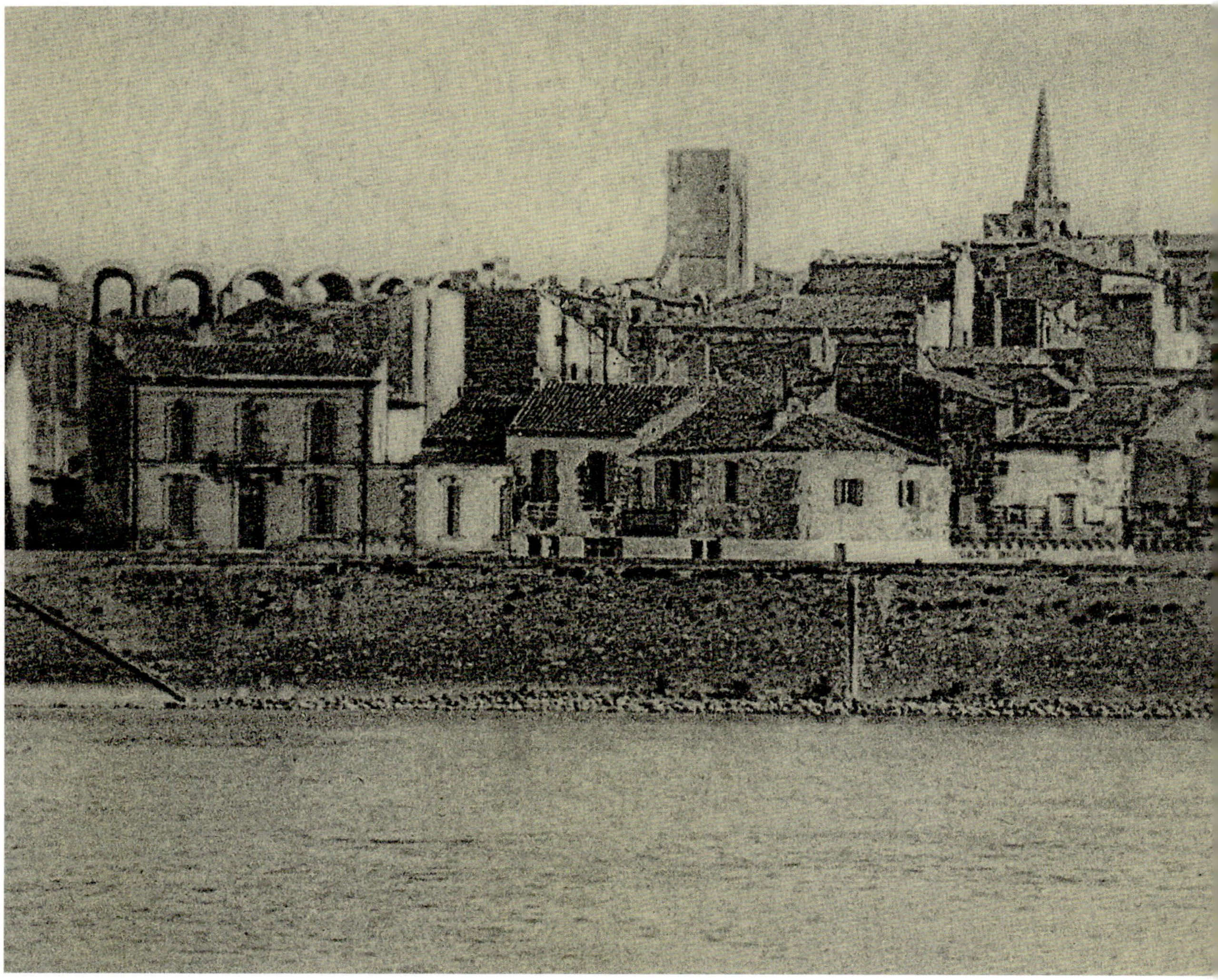

1a

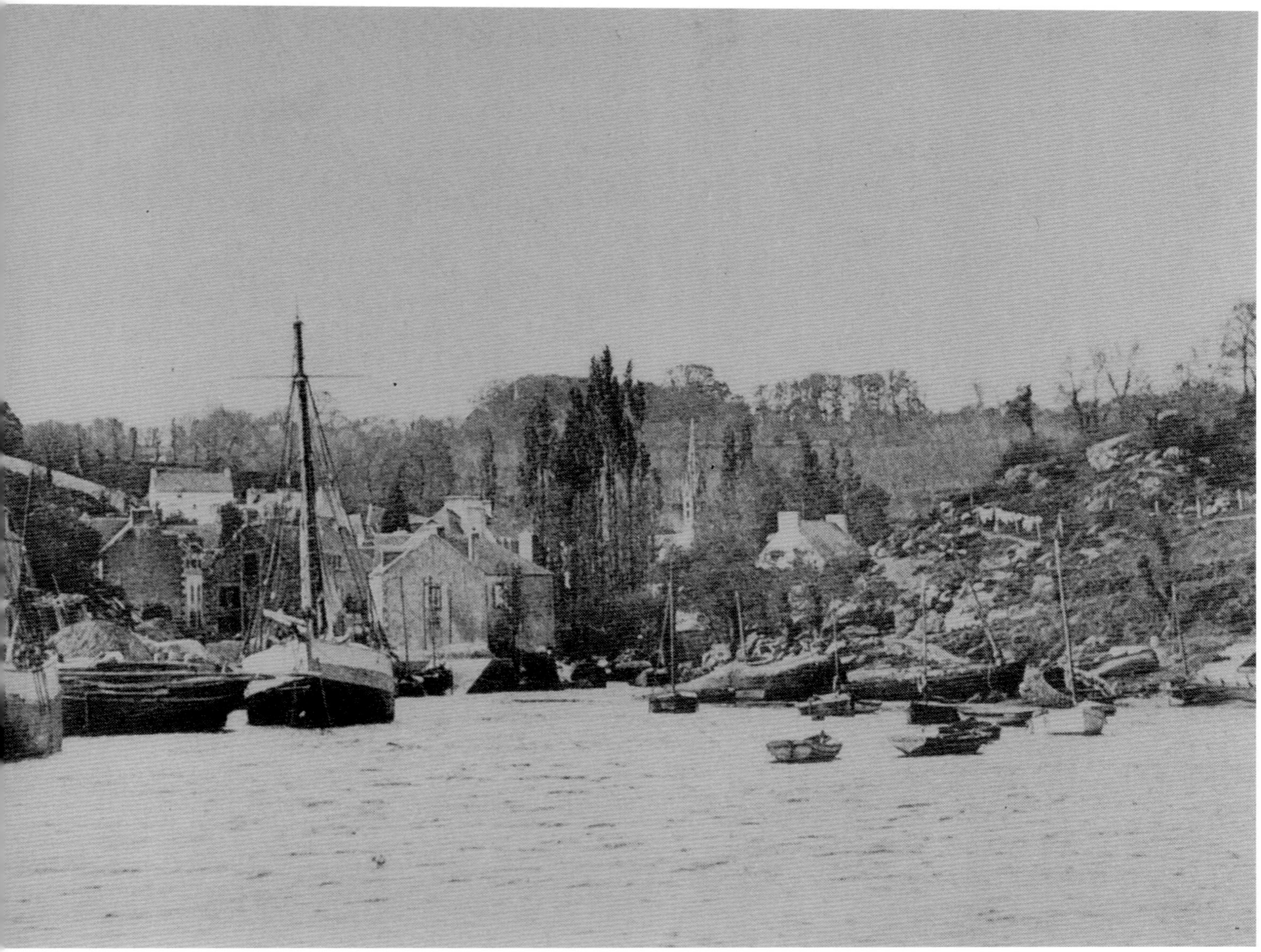

1b

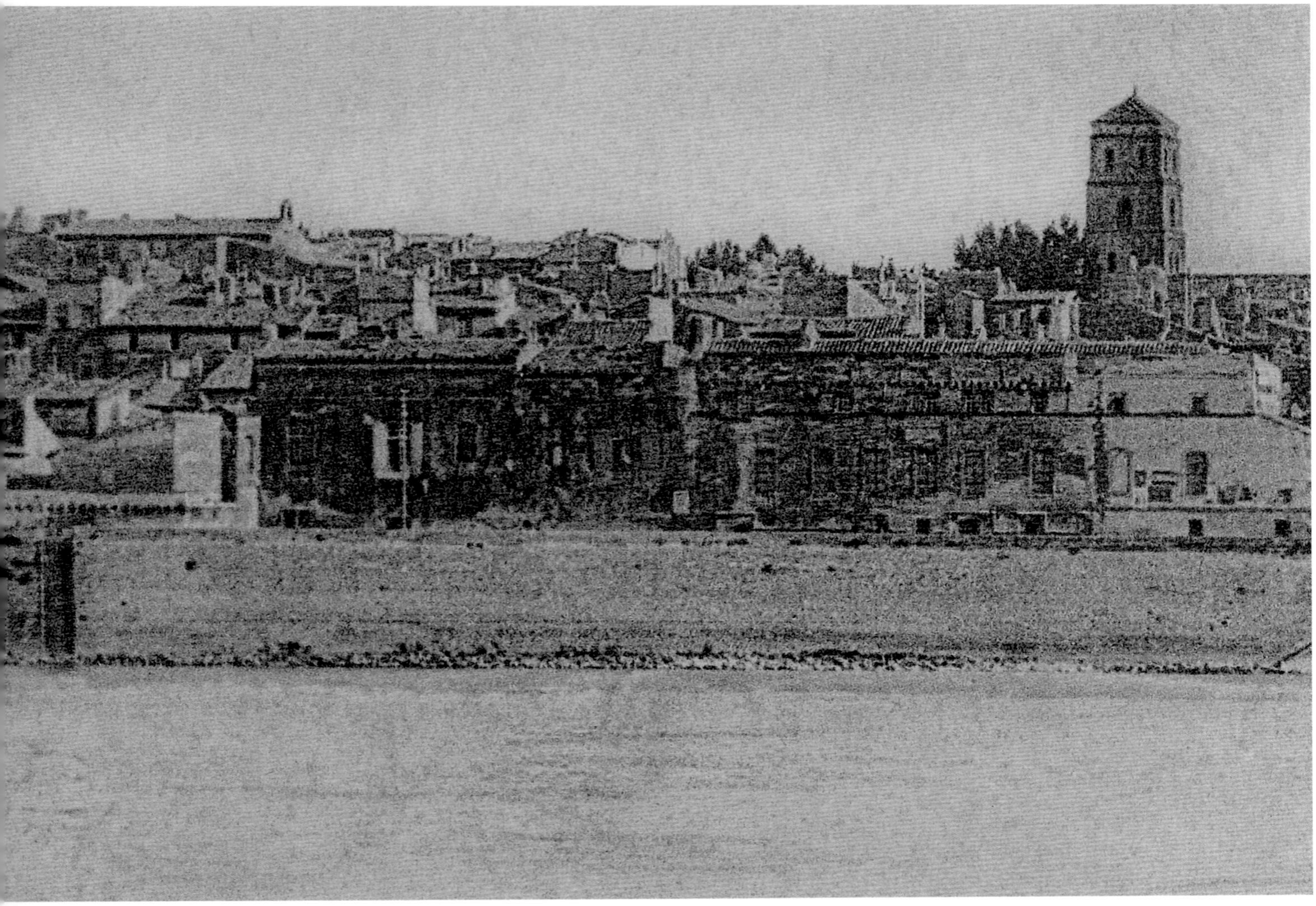

1
Gauguin en Van Gogh brachten de zomer van 1888 door in respectievelijk Bretagne en de Provence

a De haven van Pont-Aven, ca. 1880
b Arles vanuit het Trinquetaille-kwartier, ca. 1900/10

## Primitief Bretagne

Toen Van Gogh en Gauguin begin 1888 Parijs verlieten, hadden beiden een mythische voorstelling van hun reisdoel, bepaald door de denkbeelden van toen. De invloed van hun onderlinge contact dat met het verstrijken van de maanden steeds intenser zou worden, was echter nog sterker.

In 1886 had het vooruitzicht goedkoop te kunnen leven en werken Gauguin naar Bretagne gevoerd. Nu zocht hij een mythische plek om zijn ontluikende persoonlijke en professionele identiteit te cultiveren. Na een maand in Pont-Aven probeerde Gauguin zijn nieuwe 'voorkomen' uit op Schuffenecker. Per brief vroeg Gauguin zijn vriend of hij zijn schilderij van stedelijke wegwerkers voltooid had. Een vraag die de weg bereidde voor een ogenschijnlijk losse en nu vaak aangehaalde opmerking:

Ik hou van Bretagne. Er is hier een soort wilde primitiefheid. Wanneer mijn klompen neerkomen op de granieten bodem hoor ik de doffe, holle, krachtige toon waar ik naar zoek in mijn schilderen.[1]

In werkelijkheid was deze wijze om zichzelf te typeren zorgvuldig voorbereid.
Een spraakgebruik van tegenstellingen – stad tegenover platteland, beschaafd tegenover primitief – was een gemeenplaats, maar Gauguins woordgebruik heeft een precieze bron: *Mon frère Yves* (1883) van Pierre Loti. Deze eerste van drie pseudo-autobiografische romans over de levens van Bretonse zeelieden was tegen 1887 zo populair geworden dat het al zijn twintigste druk beleefde. Het Bretagne van Loti is een 'duistere, primitieve' plek met gehuchten van granieten huisjes die even oud zijn als de bewoners, met hun 'uitdrukkingen uit primitieve tijden' (zie fig. 2). Loti roept deze sfeer hoorbaar op, door het voortdurende geluid te beschrijven van 'hamerende houten klompen op het harde granieten *pavé*.' Parijs diende uiteraard als contrast voor zijn voortdurende beschrijving van de Bretonse zeelui als naïef, kinderlijk en eenvoudig – in cultureel opzicht achterlijk en anti-stedelijk. 'Parijzenaar,' merkt Loti op, is een in Bretagne gebezigd scheldwoord voor 'slappeling, ziekelijk en geen zeeman.' Een onvriendelijke benaming die bij de minste geringste aanwijzing voor knoeierij en verwording in de mond genomen werd. daarentegen bleven de zeelieden door hun geboortegrond en beroep nauw verbonden met hun primitieve afstamming. Volgens Loti was de 'verborgen wilde' in de mens het duidelijkst bij degenen die de primitieve wereld van de zee bewonen.[2]

Loti's thema van de 'wilde in ieder van ons' vormt de inspiratie tot de 'twee naturen' brief die Gauguin half januari aan Mette schreef vlak voor zijn vertrek uit Parijs. Uitgaande van zijn overtuiging dat de 'indiaan' in hem bezig was het te winnen van zijn meer 'teerhartige' zelf, vatte hij het plan op om zeven of acht maanden te gaan werken in Bretagne om zo 'doortrokken te raken met het temperament van de plaatselijke bevolking en van hun streek, een belangrijke factor voor het produceren van goede kunst.' Dit was netuurlijk een formule om te ontsnappen aan de beperkingen van een culturele achtergrond door het 'andere' tegemoet te treden. Voor Loti is Yves interessant omdat hij een soort nobele wilde is en hij neemt hem dan ook aan als zijn broer. Hun relatie vormt de herhaling van een koloniaal model: de verfijnde Parijse schrijver ziet zichzelf als veel 'eenvoudiger' dankzij zijn contact met Yves. Als Yves echter door Loti's nabijheid 'complexer' wordt, is hij minder fascinerend.[3]

Op die manier hoopte Gauguin een atavistische gemoedstoestand te bereiken als tegenwicht voor het wetenschappelijke, rationele Neo-Impressionisme. Dit vereiste van Gauguin, net als van Loti, een bewuste keuze tot bijziendheid, geconfronteerd met de realiteit dat 'het oude Bretagne van vroeger bijna dood [is].'[4] In een werk als *Bretonnes et vau* (fig. 3) probeert hij door te schilderen de kwaliteiten uit te drukken die hij in zijn brief aan Schuffenecker beschrijft. De compositie is niet hiëratisch, het kleurenpalet dof en mat en de gezichten van de figuren uitdrukkingsloos. Ze lijken aan de grond

2
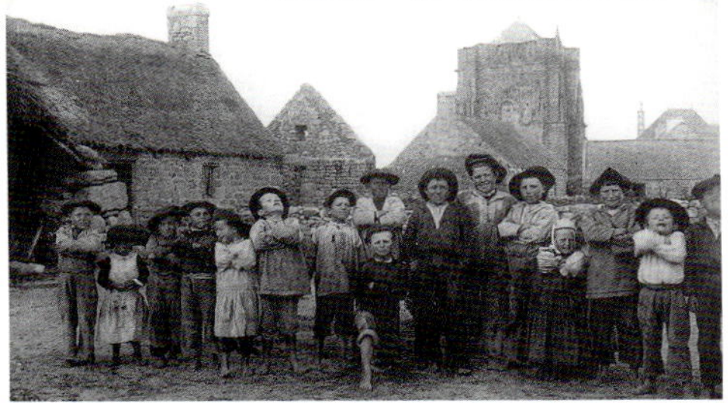


3
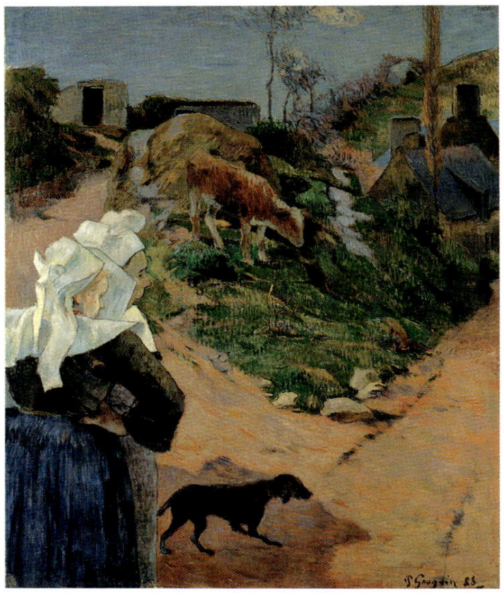

genageld, hun blik strak gericht op iets dat voor de toeschouwer onzichtbaar blijft. De tijd lijkt stil te staan en de sfeer van het schilderij is mysterieus en bovennatuurlijk

Gauguins manier van lezen verschilde van die van Vincent omdat hij zich de dingen liever eigen maakte dan associatief te werk te gaan. In zijn latere leven leek Gauguin door herhaaldelijke ironische verwijzingen naar de 'slappe en blasé' auteur van *Mon frère Yves*, *Le Mariage de Loti* en *Madame Chrysanthème* zijn schaamte over het gebruik van Loti's boeken bij het construeren van zijn plaatsgebonden identiteit, eerst in Bretagne en later op Tahiti, te willen verbergen.[5] Deze afwijzing vormde de eerste zet om zijn werk te distantiëren van de verbanden die als eerste door Vincent werden aangegeven. Deze zag onmiddellijk dat Gauguins leven en werk een eenheid vormden, zoiets als Loti's strategische identiteit. Gauguins verhalen over Bretagne en zijn eigen zeemansachtergrond hebben Vincent er zonder twijfel toe gebracht om op Loti's Bretonse romans in te gaan, net zoals de schilderijen van Martinique hebben geleid tot een vergelijking met *Le Mariage*. In dezelfde geest zou Vincent spoedig zijn ervaringen met het Zuiden gaan verrijken via *Madame Chrysanthème*.

2
Ansichtkaart van scheepsjongens in Saint-Guénole, Bretagne
Ca. 1900/10

3
Paul Gauguin
*Bretonse vrouwen en een kalf (Bretonnes et vau)*
1888 [W252]
Olieverf op doek
91 × 72 cm
Ny Carlsberg Glyptothek, Kopenhagen

## Het sprankelende Zuiden

Theo gaf een wat prozaïsche verklaring voor zijn broeders vertrek naar het zuiden van Frankrijk, toen hij aan Wil schreef dat Vincent de koude, grijze Parijse winters wilde ontvluchten en ook om 'zonlicht in [zijn] schilderijen te krijgen.' Maar Vincents beslissing om naar de zon te gaan was zowel symbolisch als praktisch van aard en verbonden met de zonnebloem-schilderijen die hij al aan Gauguin had getoond. Vincents latere bewering dat 'Gauguin [...] zijn superioriteit te danken heeft aan de Midi' – waarbij de term Midi een warm klimaat in het algemeen aanduidt – was een bevestiging van de wijd verbreide ideeën over het creatieve potentieel van het Zuiden.[6] Vanaf het moment van aankomst in Parijs had Vincent, wellicht al gespeeld met de gedachte om te vertrekken. Zijn vertrek werd bespoedigd door zijn ontmoeting met Gauguin.

In de nazomer van 1886 had Vincent aan Livens toevertrouwd dat hij komend voorjaar, zo niet eerder, hoopte te vertrekken naar het zuiden van Frankrijk, 'het land van *blauwe* tonen en vrolijke kleuren.' Hij was van plan hierdoor zijn kleurgevoel te ontwikkelen en hij stelde aan Livens voor dat indien deze 'dezelfde wens had we samen zouden kunnen gaan.'[7] In het najaar van 1887 kreeg hij weer plannen om naar het zuiden te gaan, nu vanuit een andere optiek. Theo's eerste huwelijksaanzoek aan Jo Bonger, de zuster van zijn vriend Andries Bonger, verhevigde Vincents depressiviteit die mogelijk te maken had met de breuk tussen hem en Agostina Segatori en met zijn naderende vijfendertigste verjaardag. Hij voelde zijn jeugd wegglijden en voelde zich onder druk gezet om te beslissen waar zijn ambities lagen: op het persoonlijke vlak (een vrouw en kinderen) of alleen op het kunstzinnige vlak. Hij vermoedde al dat er voor hem weinig kans was om het eerste tot stand te brengen, en vroeg zich af of hij wel opgewassen was tegen het laatste. Hij was teleurgesteld over de voortdurende jaloezie tussen de facties in de Parijse kunstwereld en zei dat hij zich terug wilde trekken 'ergens in het diepe Zuiden [...] om niet al die schilders te hoeven zien die mij als mens tegenstaan.'[8] Maar op andere momenten vocht Vincent wèl tegen melancholie en bitterheid. Jo's eerste afwijzing van Theo's aanzoek verminderde de angst dat zijn broer zijn werk minder zou kunnen ondersteunen. Voor een optimist was het Zuiden niet slechts een vlucht voor het heden maar ook een plaats waar hij 'jeugd en frischheid' voor zichzelf en zijn schilderkunst zou kunnen hervinden. Vincents verlangen om zijn schilderijen te doordrenken met zonlicht was spiritueel, een weerwoord op wat de avantgardistische schilderkunst wilde, 'vrolijke' kleur als het equivalent voor 'eens goed door te lagchen' waar de literatuur van het Naturalisme mee doortrokken was.[9] Het droombeeld van het Zuiden bevredigde volgens Guy de Maupassant in *Au soleil* (1884) de heimwee naar het onbekende. Maupassants boek, een verslag van zijn vlucht van Parijs naar Noord-Afrika, kwam voor op één van de heldere stillevens van Vincents nieuwe vriend Signac (hfdst. 2, fig. 73).

De aloude emblematische associaties van de zon met spirituele vernieuwing waren in Vincents geest onlangs nog verder versterkt door het lezen van *De kleine Johannes*. Van Eeden beeldde de openbaring die de vermoeide stedeling Johannes ondergaat bij het terugvinden van het Hollandse platteland uit als een 'consecratie van licht.' Op zoek naar een net zo vernieuwende ervaring zette Vincent koers naar het Zuiden in de hoop een warmer – en aangenamer – Noorden te vinden.
Het mediterrane klimaat had in zowel geestelijk als lichamelijk opzicht genezende krachten. Theo sprak over de worsteling met de depressies die hij gemeen had met zijn broer als een 'nevelgevecht' en gebruikte de zon die de mist kan doen oplossen als een metafoor voor geluk.[10] Een gedeelte van de aantrekkingskracht van het Zuiden school eenvoudig in het verschil met het Noorden, zoals Vincent aan Wil schreef:

Ik verzeker U dat de menschen bij ons blind zijn als mollen en schuldig dom dat zij er niet meer werk van maken naar Indië of ergens anders waar de zon schijnt te gaan. Het is niet goed maar één ding te weten – men raakt daar verstompd van. Men moet niet rusten voor men ook het tegenovergestelde weet.[11]

De romans van Alphonse Daudet over het temperament van zijn geboortegrond de Provence waren een belangrijke bron voor Vincents geografie van de contrasten. Hij kende de humoristische avonturen van de held Tartarin – *Tartarin de Tarascon* (1872) en *Tartarin sur les Alpes* (1885) (zie fig.5) – en ook *Numa Roumestan* (1881), een satirisch verhaal over een hoofdpersoon uit de Provence die zich in Parijs vestigt. Dat had Vincent nog in Nederland gelezen. Vincent bewonderde Tartarin om zijn goede humeur, goede bedoelingen en energie, eigenschappen die als tegengif dienden tegen melancholie, typisch een ziekte van het Noorden.[12]

Uitgaande van de gangbare wetenschappelijke ideeën over de rol van de fysieke omgeving als bepalend voor de psyche, beeldde Daudet in *Numa Roumestan* het Noorden en het Zuiden uit als elkaars tegenpolen. Parijs vertegenwoordigt in zijn algemeenheid het Noorden. De Parijzenaars waren verwend, ambitieus, verslaafd aan modegrillen, amoreel en gedegenereerd. Hun koelheid is het gevolg van de voortdurende mistige, duistere winternacht waarin ze leven. Als contrast dient het felle en intense zonlicht van het Zuiden, de 'echt Afrikaanse hitte' en de enerverende mistralwinden – zo extreem dat ze een ander soort mens hebben voortgebracht: onpraktisch, wispelturig en nerveus. Door hun neiging om alles te overdrijven zijn de zuiderlingen van nature karikaturaal. Daudets 'sprankelende Zuiden, beweeglijk en woelig als een zee met vele stromingen' was opwekkend voor zijn bewoners. De mistral verschafte een 'vlaag van gezondheid en opgewektheid' naast de onvermijdelijke ontberingen van het leven. Dit 'Zuiden van de winden, de zon, de luchtspiegelingen, van alles dat een mens poëzie geeft en zijn leven verruimt' was euforisch op een natuurlijke manier.[13]

Daudet was toen niet de enige schrijver die de Provence ophemelde. Rond 1850 was door het dichtersgenootschap Félibrige een concrete beweging op gang gebracht die zich wijdde aan de herleving van de Provençaalse taal, literatuur en gebruiken. Hoewel het niet duidelijk is hoeveel Vincent precies wist van de Félibres voor zijn vertrek naar Arles, zat de meest actieve afdeling van deze vereniging in Parijs. Die was hier in 1879 opgericht en hield zich bezig met diverse activiteiten op het gebied van publicaties en propaganda.[14] Door veel publiciteit voor een 'Fête du soleil' in december 1886 ten bate van de slachtoffers van een overstroming van de Rhône nam de bekendheid van de Provence in Parijs aanzienlijk toe (zie fig. 4). Dit festival werd gehouden in het enorme Palais de l'Industrie en was een soort themapark met windmolens en woningen uit de streek, voorstellingen van de farandole en andere regionale dansen, en met de vrouwen uit Arles – de Arlésiennes – in hun typische klederdracht. Een gigantische elektrische zon verlichtte het geheel.

De zon en de zonnebloem die zich naar de zon toedraait zijn symbolen voor de aspiraties van de Félibrige en de bekoorlijkheid van het Zuiden (zie fig. 7). De volmaakte gelijkenis tussen de bloem en het hemellichaam werd nog linguïstisch versterkt doordat *soleil* in het Frans zowel 'zon' als 'zonnebloem' betekent. In de hoop een wedergeboorte in de schilderkunst te kunnen bevorderen die parallel liep mer die in de literatuur, voorspelden regionale propagandisten dat de zon van de Midi 'het palet van de zuidelijke schilders zonder twijfel schitterender' zou maken dan dat van hun Parijse tegenhangers.[15]

Deze meteorologie van de geest vond veel weerklank. Vincent omarmde de principes van Daudets visie op het Zuiden en maakte deze zich eigen door er twee andere concepten aan toe te voegen. De eerste was Vincents herziene interpretatie van leven en werk van Monticelli (zie fig. 6). Volgens hem evenaarde Monticelli in zijn kleurgebruik Delacroix. Ook zijn gebruik van dikke lagen verf sprak Vincent aan.
Hij meende dat er een persoonlijke verwantschap tussen hen beiden bestond en hij voelde zich zelfs 'zijn zoon of broeder.'
Deze overtuiging verklaart Vincents intense preoccupatie met Monticelli tijdens zijn eerste maanden in Arles. Hij legde duidelijk verband tussen zijn eigen zware alcoholgebruik in Parijs en de verhalen over Monticelli's uitspattingen en trieste einde en hij zette zich persoonlijk in om aan te tonen hoe onwaar deze verhalen waren. Hij stelde nadrukkelijk een diagnose waarin hij Monticelli's zenuwtoestand aan twee oorzaken toeschreef. Zijn inspanningen in het uitwerken van gecompliceerde kleurencombinaties en de natuurlijke geestvervoering als gevolg van het zuidelijke klimaat en het leven buiten in plaats van binnen.[16] In Arles werd deze theorie op Vincent zelf van toepassing. Net zoals volgens Daudet de zon 'een verschrikkelijk soort natuurlijke alcohol' liet gisten zodat de inwoners al dronken werden van een paar flessen limonade, merkte Vincent dat een klein glas cognac meteen naar zijn hoofd steeg.[17] Deze interpretatie van het Zuiden vormde de verklaring voor Monticelli's excentrieke gedrag. Vincent was op zoek naar een plek om zijn persoonlijkheid te normaliseren.

Vincent omarmde de principes van Daudets exuberante visie op het Zuiden, waar Monticelli zo mooi in paste, en breidde al associërend dit gebied uit tot aan Japan. In zijn fantasiedenkbeelden was de 'Japanse vrolijkheid' precies hetzelfde als de 'goedmoedigheid van Tartarin' – wortels van het optimisme dat zo'n cruciaal onderdeel uitmaakte van een troostende kunst. Het Zuiden zien betekende 'de Japanners beter begrijpen.' De Japanners hadden net als Daudets zuiderlingen (of Loti's vissers) een kinderlijker temperament en een intensere liefde voor de natuur dan de Parijzenaars. Dat Vincent de 'eenvoudige' Japanners onderbracht in de meer algemene categorie van 'primitieven' viel samen met de wijze waarop in Franse intellectuele kringen in die periode Japan gezien werd. Dit denkbeeld werd gekenmerkt door een zelfvoldaan gevoel van culturele en technologische superioriteit aan de ene kant en anderzijds een nostalgisch verlangen naar een gouden tijdperk van onschuld.[18]

Vincent vormde zich een idee van een Japanse kunstenaarsgemeenschap als contrast met zijn ervaringen in Parijs. Uit het volgens hem grote belang van onderlinge uitwisselingen tussen Japanse kunstenaars, leidde hij er een atmosfeer van onderlinge steun en harmonie uit af. Hij zag dat zij 'een soort broederlijk leven leidden, en niet een leven vol intriges', 'levend in de natuur', 'als eenvoudige arbeiders.'[19] Maar Vincents fantasieën speelden zich niet af in Japan maar in Frankrijk, zoals blijkt uit zijn opmerking dat 'ook al komen de Japanners in eigen land niet vooruit, er bestaat geen twijfel over dat hun kunst in Frankrijk voortleeft.' Hier komt de schaduwzijde van de primitivistische interpretatie duidelijk naar voren. Voor Vincent waren de impressionisten de 'Japanners van Frankrijk'. Ze brachten hier tot stand wat de Japanners ooit voor hun eigen land hadden gedaan, door in feite een kunstuiting die in het land van oorsprong tot decadentie vervallen was, over te planten en weer tot leven te wekken.[20]
In overeenstemming met dit beeld, een culturele reddingsactie, was Frankrijks 'missie tot beschaving' gerechtigd tot een expansie in Zuidoost-Azië en het zich toe-ëigenen van culturele objecten. Het uitvoeren van een

4

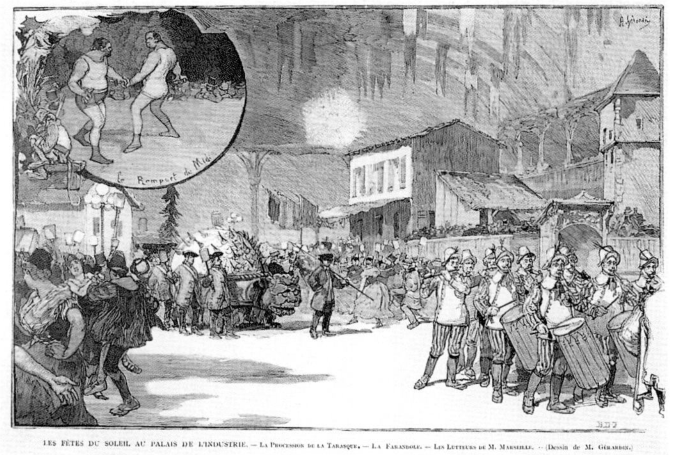


LES FÊTES DU SOLEIL AU PALAIS DE L'INDUSTRIE. – La Procession de la Tarasque. – La Farandole. – Les Lutteurs de M. Marseille. – (Dessin de M. Gérardin.)

5

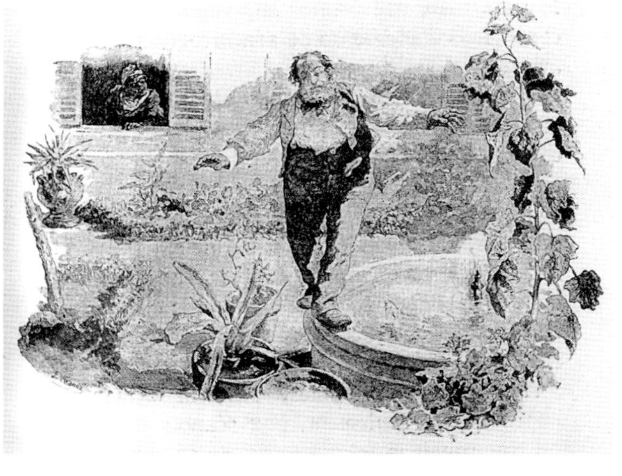

4
Naar Auguste Gerardin (Frankrijk; geb. 1849)
*Les fêtes du soleil au Palais de l'Industrie*
uit *Le Monde illustré*, 1 jan. 1887, p. 5

5
*Tartarin de Tarascon* van Alphonse Daudet (1840–1897)
*Tartarin sur les Alpes*, Paris 1885, p. 43
Bibliothèque Nationale, Parijs

6
Jules Monge (Frankrijk; 19[de] eeuw)
*Adolphe Monticelli*
uit *La Provence* 1, nr. 19 (aug. 1881)
Bibliothèque Nationale, Parijs

7
Victor Maziès (Frankrijk; 1836–1895)
Detail voor uitnodiging Félibrige 1889
Ets
Bibliothèque Nationale, Parijs
Het embleem is gebaseerd op een prototype uit de Renaissance (zie hfdst. 2, fig. 51).

6

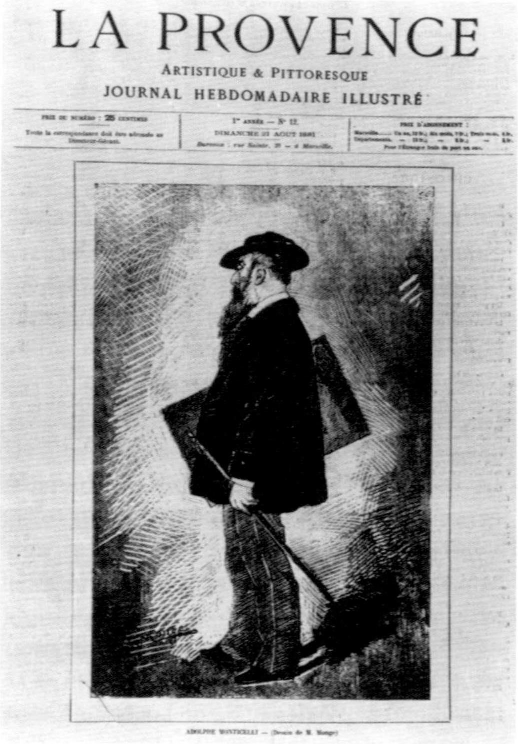


7

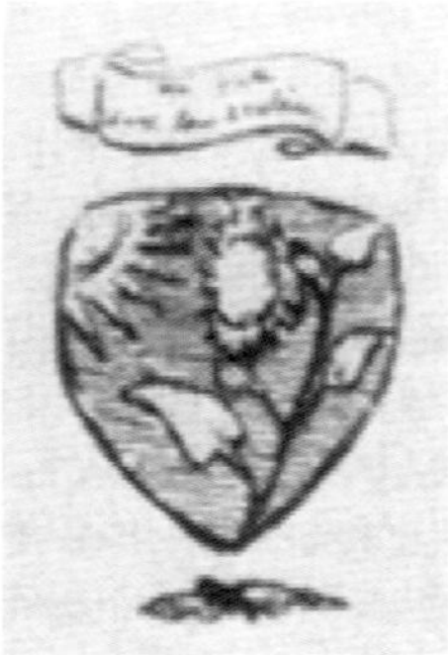

## Arles: heden en verleden

reddingsoperatie in het buitenland was tegengif voor de decadentie in Frankrijk.[21] Deze ideologie leidde tot de artistieke strategie om het zuiden van Frankrijk te zien als de concrete achtergrond voor een Carlyle-achtige wederopleving van de kunst, door een nieuw licht te werpen op oude waarheden. Deze ideeën zouden, wat anders en meer verfijnd, verder uitgewerkt worden tot het concept van een 'Atelier van het Zuiden.'

En uiteindelijk voor een Atelier van de Tropen. Gauguin speelde een prominente rol in dit denkproces. Op grond van zijn ervaringen in Martinique had Gauguin het idee dat de geest van een al lang verdwenen gouden tijdperk in exotische streken teruggevonden kon worden. Dit bracht Vincent ertoe om eind maart 1888 te voorspellen dat een 'eigentijdse schilder iets zou moeten doen wat men aantreft in Pierre Loti's boek *Le Mariage de Loti*, waarin de natuur van Otaheite (Tahiti) wordt beschreven.'[22] Hij was erop uit om de mogelijkheden voor zijn schilderkunst in Arles te gaan uitproberen en was gefascineerd door het idee van een verkennende ondernemingslust richting Marseille.

In Arles zou Vincent zich, zo vertelde Theo aan Wil, 'oriënteren,' waarna hij waarschijnlijk zou verhuizen naar Marseille dat zo'n 90 kilometer naar het zuidoosten lag. Marseille was een belangrijke havenstad met ongeveer 400.000 inwoners en hoofdstad van het departement Bouches-du-Rhône, maar voor Vincent had het nog een andere bijzondere aantrekkingskracht. Als woonplaats van Monticelli vertegenwoordigde het mogelijkheden die in Parijs niet aanwezig waren. Vincent dacht vooral dat hij hier een overvloed aan werken van Monticelli goedkoop kon kopen voordat er een grotere vraag zou ontstaan. Binnen enkele uren na aankomst in Arles bezocht Vincent, ondanks de vermoeidheid van een bijna zestien uur durende treinreis, een antiekhandelaar in de hoop een Monticelli op het spoor te komen – zoals blijkt uit zijn directe verslag aan Theo.[23] De broers geloofden dat de schilder uit Marseille na zijn dood hetzelfde lot zou ondergaan als de Generatie van 1830: naarmate de leden daarvan in de jaren '60 en '70 stierven, buitten handelaars als Durand-Ruel, die een voorraad van hun werk hadden aangelegd, met succes hun reputatie uit en verdienden aanzienlijk aan deze speculatie. De Van Goghs wisten dat ook hun nieuwe kennis Alexander Reid een vergelijkbare bedoeling had. Deze zoon van een handelaar uit Glasgow was naar Parijs gekomen om kunst te bestuderen, op contract in Theo's bedrijf te werken en voor de galerie van zijn vader schilderijen te verwerven. Door Reids interesse in Monticelli was de prijs van diens werken al gestegen, waarbij tegelijkertijd ook de waarde van de vijf schilderijen die Vincent en Theo bezaten was toegenomen. Vincent hoopte Reid in het Zuiden te vlug af te zijn en de gedachte aan deze rivaliteit leidde bij hem tot een soort opgewonden wedstrijdsfeer. Niet voor niets was hij vroeger leerling-kunsthandelaar geweest. Ondanks een eerdere ruzie met Reid over diens gebrek aan belangstelling voor hedendaagse kunst begon Vincent zich toch zorgen te maken dat de man uit Glasgow misschien ook aanspraak zou gaan maken op de impressionisten. Hij stelde daarom voor een overeenkomst te sluiten: hij bood Reid de 'vrije hand wat betreft de Monticelli's in Marseille' mits deze de broers met rust zou laten bij hun zoektocht naar nieuwe markten voor het Impressionisme.[24]

Vincent veronderstelde dat hij lastig moest manoeuvreren, waarbij hij en Theo Reid zouden uitspelen tegen Vincents oude aartsvijand H.G.

overdrijven en [...] een mooiere, eenvoudiger en troostrijker wereld te scheppen dan de onze en hij legt [Flauberts stelling] uit *dat Talent gelijk is aan geduld en originaliteit aan wilskracht en intense waarneming.'*[36] Volgens Maupassant was vertroosting slechts één van vele dingen die het publiek verwezenlijkt wilde zien door de kunstenaar. Hij was bedreven in fotografisch illusionisme en het opkomende symbolisme in de literatuur en was voorstander van het subjectief realisme. Hij vond namelijk dat grote kunstenaars 'hun eigen karakteristieke illusie' van de wereld 'opleggen aan de mensheid.'[37]

Vincent begon nu zijn 'eigen illusie' te creëren, hetgeen inhield dat hij zich moest beraden op de situatie in Arles. In zijn kunst vermeed hij, op enkele uitzonderingen na, het centrum van de stad volledig. De eerste tekeningen die hij maakte op zijn verkenningstocht door zijn nieuwe omgeving vertonen, net als in Den Haag en Parijs, een voorkeur voor de randen. Daar waar de stad overgaat in het platteland: het gebied net ten noorden van de place Lamartine, inclusief de velden langs de weg naar Tarascon (het verlengde van de avenue de Montmajour). De vlakten naar het noordoosten, doorsneden door het noordelijke gedeelte van het Vigueirat-kanaal en het gebied grenzend aan het kanaal van Arles naar Bouc in het zuiden.

Maar zelfs wanneer hij verkoos op enige afstand van de stad te werken, liet Vincent vaak merken zich bewust te zijn van haar aanwezigheid. In het begin was het bevroren platteland rond Arles met de lilakleurige Alpilles in de verte voor hem 'net als de winterlandschappen die de Japanners hebben geschilderd.' Maar toen voor hij de eerste keer de sneeuwwitte buitenvelden introk om te schilderen draaide hij de bergen de rug toe en schetste in grote lijnen het op dat moment nog onbekende silhouet van Arles tegen de horizon (zie fig. 11 en kaart, hfdst. 4, fig. 3). Ook doorbrak hij de illusie van het platteland door zwaar rokende schoorstenen toe te voegen aan twee werken uit een reeks over kanaalbruggen buiten de stad en aan één van zijn schilderijen van bloeiende boomgaarden. Op de voorgrond van een gezicht op de boomrijke avenue de la Gare dichtbij het station staat een rook spuwende stoommachine (fig. 12 en kaart, fig. 19). Met tussenpozen zouden dergelijke sporen van Arles' industriële ontwikkeling hun weg vinden naar Vincents weergave van de stad en haar omgeving.[38]

Deze elementen deden voor Vincent echter geen afbreuk aan de intrinsieke schilderachtigheid van de streek. Ongetwijfeld werd hij in beslag genomen door het idee dat het Zuiden aan typisch noordelijke onderwerpen de vereiste vrolijke noot zou geven die ook te vinden was in het werk van Zola, Maupassant en in de Japanse kunst. De eerste van zijn vele schilderijen van de brug van Langlois (fig.13), waaraan hij half maart begon laat de voordelen zien van het werken met een landschap dat lijkt op het Nederlandse maar 'rijker en kleuriger als onderwerp en gegeven.'[39]

Deze ophaalbrug bevond zich ten zuiden van de stad aan het kanaal van Arles naar Bouc en leek wel op de Nederlandse bruggen. Het waren dan ook Nederlandse ingenieurs die in de 17de eeuw betrokken waren geweest bij de ontwikkeling van het systeem van kanalen rond Arles. Vincent was zich er terdege van bewust dat dergelijke bouwwerken ook een prominente plaats innemen op de typisch Hollandse voorstellingen van de Haagse School (zie fig. 14).[40] Vincent was duidelijk schatplichtig aan deze voorbeelden en goot de brug en het omringende landschap in een nieuwe vorm met behulp van wat hij aan Wil beschreef als 'het palet van vandaag': fel oranje, geel, groen en blauw. Bovendien maakte hij gebruik van de stevige contouren en brede kleurvlakken die hij bewonderde van Japanse prenten en liet hij zijn vloeiende losse penseelvoering varen voor een meer gestileerde wijze van schilderen.[41]

Vincent mikte ook op 'verbluffende vrolijkheid' in zijn volgende onderneming, een in stilistisch en technisch opzicht gevarieerde groep van veertien schilderijen van bloeiende boomgaarden. Deze keer associeerde hij zowel het onderwerp als de vrolijke sfeer met Japan. In Parijs had Vincent een kopie geschilderd van Hiroshige's *Bloeiende pruimeboom* (fig. 15).

10

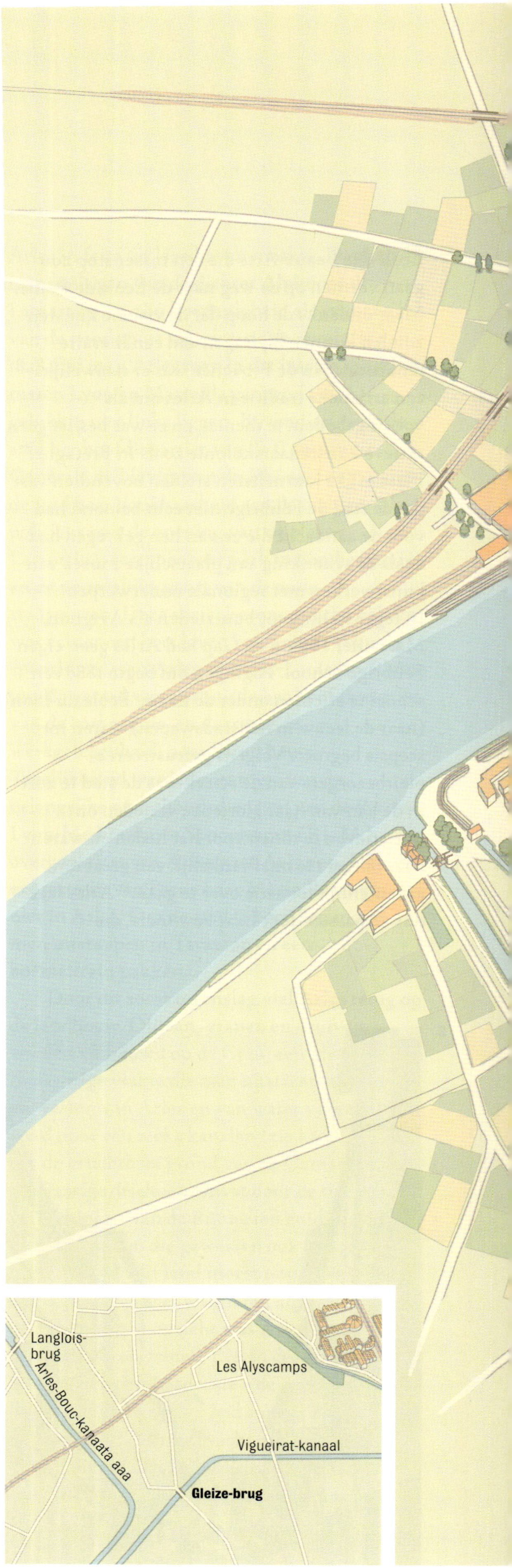


10
Kaart van Arles en omgeving

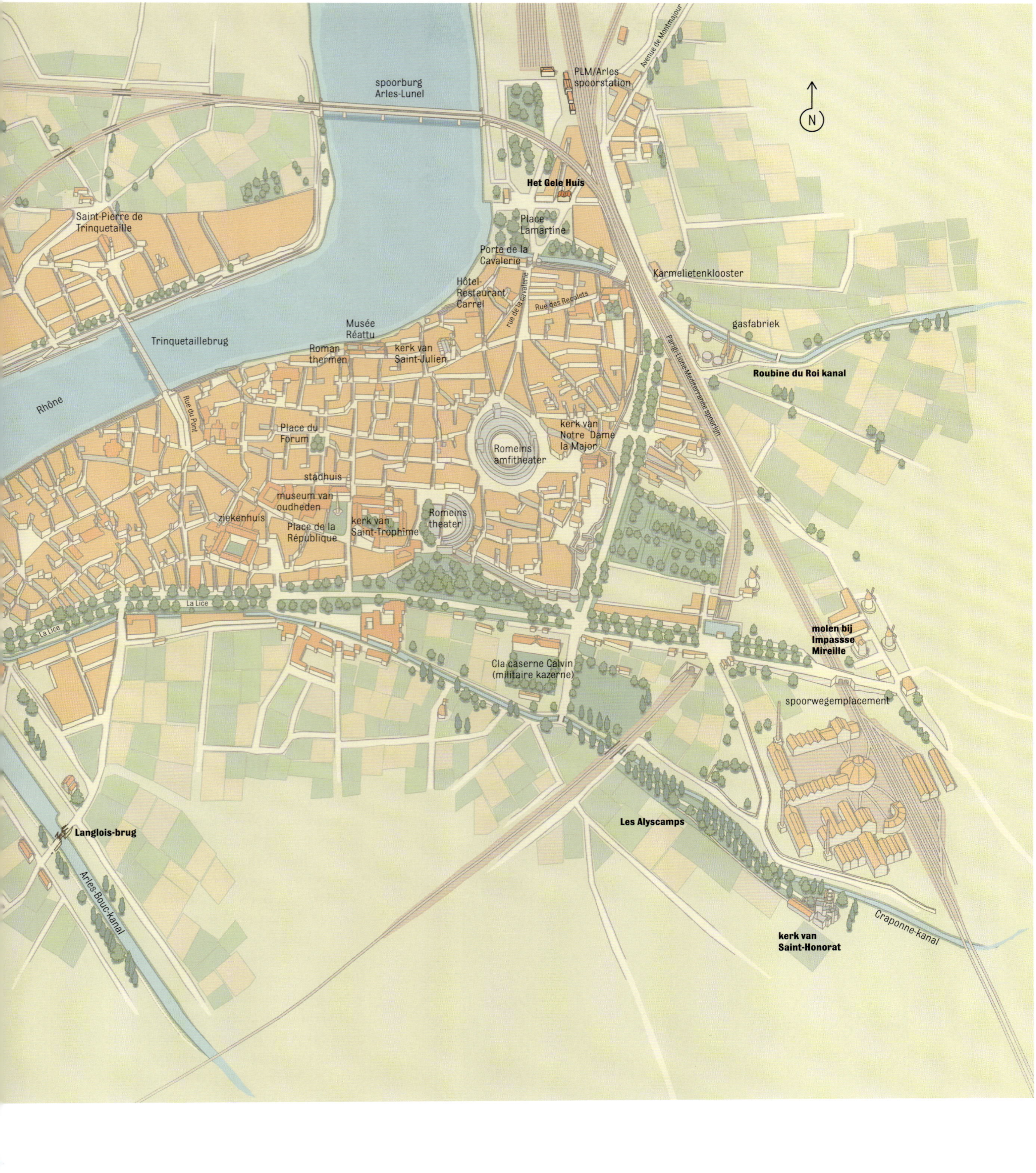
spoorburg
Arles-Lunel
PLM/Arles
spoorstation
Avenue de Montmajour
Het Gele Huis
Place
Lamartine
Porte de la
Cavalerie
Karmelietenklooster
Hôtel-
Restaurant
Carrel
rue de la Cavalerie
Rue des Recolets
gasfabriek
Saint-Pierre de
Trinquetaille
Musée
Réattu
Trinquetaillebrug
Roman
thermen
kerk van
Saint-Julien
Roubine du Roi kanal
Rhône
Rue du Pont
Place du
Forum
kerk van
Notre Dame
la Major
Romeins
amfitheater
stadhuis
museum van
oudheden
ziekenhuis
Place de la
République
kerk van
Saint-Trophime
Romeins
theater
La Lice
La Lice
molen bij
Impassse
Mireille
Cla caserne Calvin
(militaire kazerne)
spoorwegemplacement
Langlois-brug
Les Alyscamps
Arles-Bouc-Kanal
kerk van
Saint-Honorat
Craponne-kanal
N

11
Vincent van Gogh
*Arles vanaf de besneeuwde vlakten van La Crau*
ca. 24 feb. 1888
[F 391, JH 1358]
Olieverf op doek
50 × 60 cm
Privé-collectie

12
Vincent van Gogh
*Avenue de la Gare met platanen*
Begin maart 1888
[F 398, JH 1366]
Olieverf op doek
45 × 49 cm
Musée Rodin, Parijs

13
Vincent van Gogh
*De brug van Langlois*
10 april 1888
[F 571, JH 1392]
Olieverf op doek
54 × 65 cm
Rijksmuseum Kröller-Müller, Otterlo

14
Jacob Maris
(1837–1899)
*Ophaalbrug*
1875
Aquarel
28 × 21,5 cm
Rijksprentenkabinet, Rijksmuseum, Amsterdam

Nu keerde hij terug naar dat onderwerp in een werk (fig. 16) dat het hoge standpunt van de toeschouwer van de prent, de nadrukkelijke verticale indeling, de puntige vormen en het broze ritme samenbrengt. Hij stelde zich dit nieuwe schilderij voor als het centrale doek van één of twee decoratieve drieluiken die hij met zijn boomgaard-schilderijen wilde maken.[42]

De bloeiende boomgaarden waren een eerste stap in een voorgenomen reeks waarin de seizoenen afgebeeld werden. Ze symboliseerden de geestelijke wedergeboorte die Vincent nastreefde door oude ideeën – onderwerpen waarvan hij wist dat men ze overal kon tegenkomen – te vertalen in een nieuwe kleurentaal.[43] De vlinder die middenin de *Bloeiende pereboom* rondfladdert suggereert de diepere betekenis van dit project. De vlinder komt niet voor op de prent van Hiroshige en is het symbool van een persoonlijke en spirituele metamorfose die een prominente rol speelt in Van Eedens *De kleine Johannes*, die in deze periode sterk leefde bij Vincent.[44] Eind februari had hem namelijk het nieuws van de dood van zijn voormalige vriend en mentor Anton Mauve bereikt. Dit had hem eraan herinnerd dat zelfs zij die 'doordringen tot de kern des levens' – en de heldendaad volbrengen door toegang te verkrijgen tot de werkelijkheid onder de oppervlakte – uit dit leven kunnen wegvallen. Gedachten over het tot niets vergaan deden oude overpeinzingen over een mogelijk leven na de dood weer opleven, maar ditmaal in de beeldtaal die Van Eeden gebruikte om het zinloze van een dergelijk streven weer te geven.[45] Maar Vincent ging door met het fantaseren over een leven na de dood, over het 'schilderen in een beter en anders bestaan,' over de dood als metamorfose, zoals die van de rups in de vlinder en over een postuum voortleven als een 'schilder-vlinder.' Ongetwijfeld vroeg hij zich af 'waar ik de larf van ben' terwijl hij probeerde in het Zuiden de koude en somberheid van zijn noordelijke vaderland te overstijgen en aan de critici van zijn jaren in Holland te laten zien wat hij waard was.[46]

De slag die Tersteeg en Mauve hadden toegebracht aan zijn gevoel van eigenwaarde

11
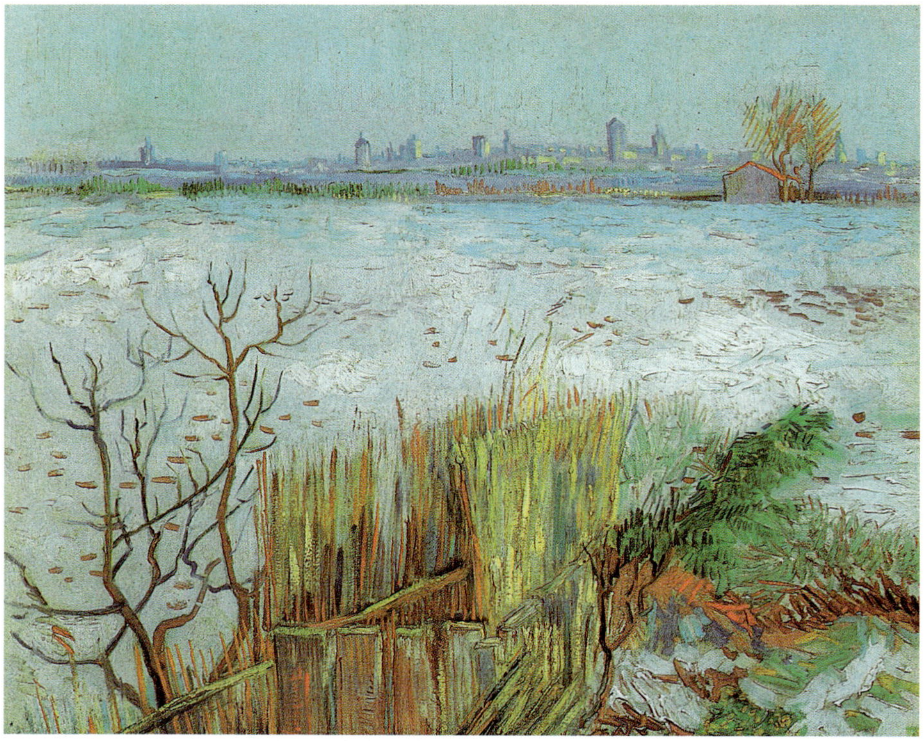

12
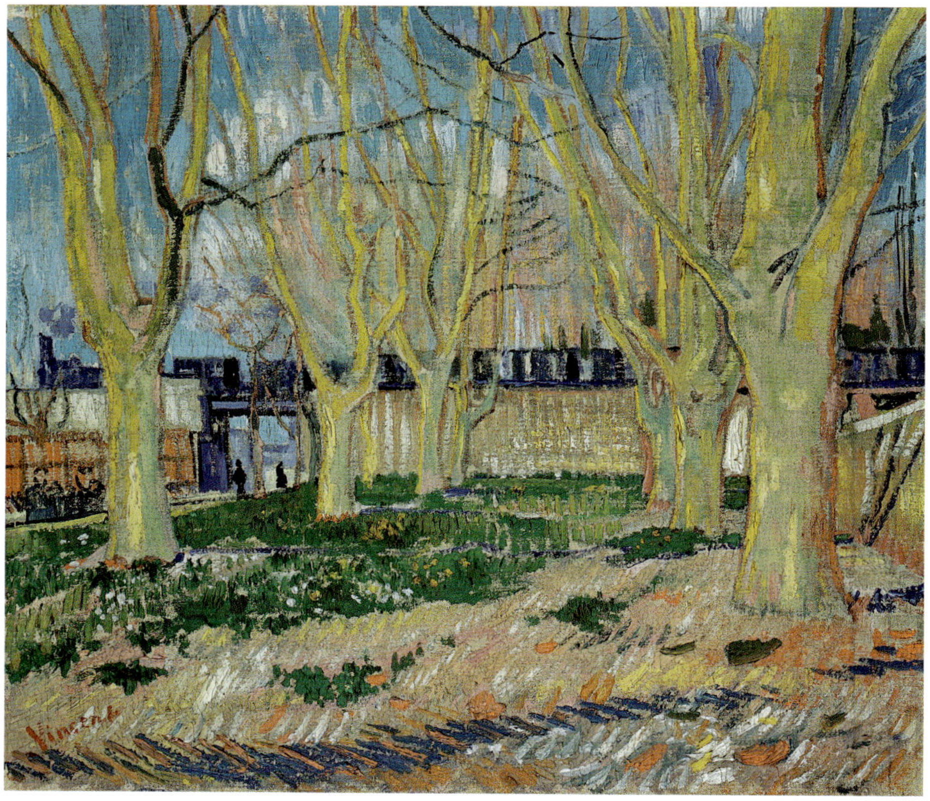

13

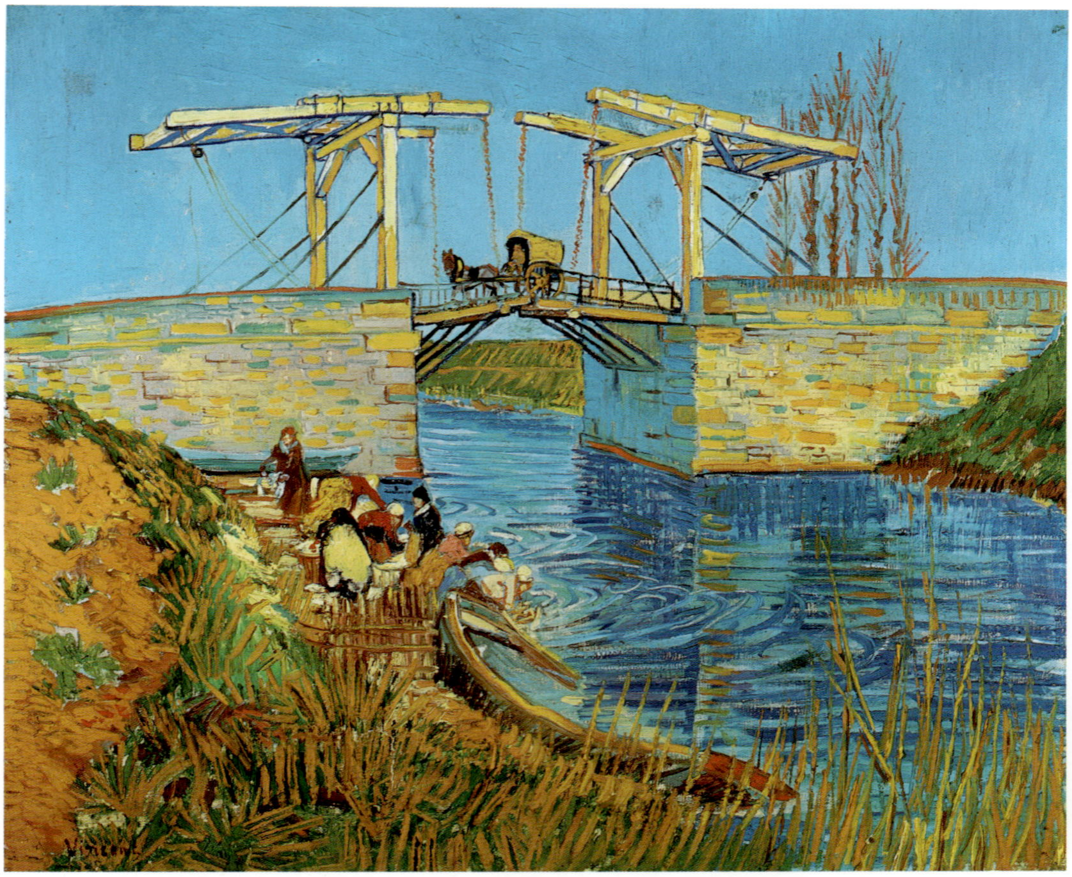

14

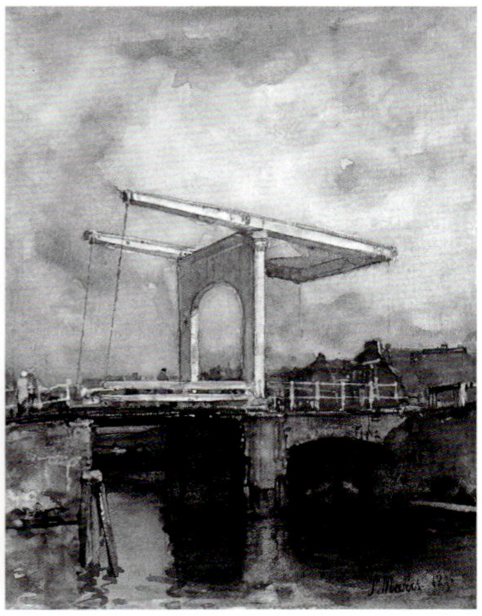

was nog steeds voelbaar en zijn eerdere hoop om zichzelf te bewijzen door een voortreffelijke kleurbeheersing – '*Kleur* zal hen overtuigen' – kwam in Arles weer naar boven.[47] Onmiddellijk na zijn aankomst begon Vincent Theo ertoe te bewegen Tersteeg in te schakelen om de impressionisten van de Grand en Petit Boulevards in Nederland en London te promoten. Toen Theo's voorstellen aan Tersteeg onbeantwoord bleven raakte Vincent alleen maar gefixeerder op het plan en laaide ook zijn oude verontwaardiging weer op over het 'behandeld worden alsof we dood zijn.' Het nieuws van Mauve's ontijdige dood gaf zijn oude obsessie nieuwe kracht en was tevens aanleiding tot een nieuwe strategie. Vincent stelde voor om Mauve's weduwe (zijn nicht Jet Carbentus) een schilderij te sturen ter herinnering aan haar echtgenoot, samen met een brief die een antwoord zou uitlokken van Tersteeg, met wie zij op goede voet stond. Vincent koesterde de hoop dat de kunsthandelaar in zijn werk zou herkennen wat hij in zijn brieven aan Wil herhaaldelijk geschreven had: dat Mauve's grijze noordelijke kleurenpalet niet beantwoordde aan de gangbare marktvraag naar intense en gevarieerde kleuren. En dat zijn eigen studies van de Midi, geschilderd met kleuren die Maris, Mauve of Israëls niet gebruikten, de Nederlandse verzamelaars zouden aanspreken en 'het ijs in Holland wellicht definitief gebroken kan worden.'[48] Ook al had Vincent de mond vol over markten, de achterliggende reden was toch de kans om eindelijk af te rekenen met de spoken uit het Noorden:

[I]k [wil] een paar studies [...] maken die bestemd zijn voor Holland om daarna Holland voor altijd te laten rusten.
Door aan Mauve, [...] aan Tersteeg, aan Moe en aan Wil te denken heb ik dezer dagen meer emoties doorstaan dan wellicht verstandig is, en het geeft me rust als ik tot mezelf zeg dat er een paar schilderijen voor daarginds gemaakt gaan worden. Daarna zal ik ze vergeten en waarschijnlijk alleen nog aan de Petit Boulevard denken.[49]

Ettelijke dagen nadat Vincent dit plan ontvouwd had ontving Theo eindelijk een bemoedigend antwoord van Tersteeg en zond hij hem onmiddellijk een selectie van tien schilderijen waaronder een Degas en een Gauguin uit 1885.[50] Theo ging niet in op de suggestie van zijn broer om het werk van andere vertegenwoordigers van de Petit Boulevard zoals Bernard en Russell te promoten. Wel voegde hij één van Vincents Montmartre taferelen toe ondanks het feit dat Tersteeg in zijn brief Vincents naam niet genoemd had. Vincent feliciteerde zijn broer met de heropleving van diens zakenrelaties met Holland en breidde met hetzelfde doel voor ogen zijn eigen plan uit. Behalve dat hij aan Jet Mauve een schilderij van een boomgaard stuurde dat naar zijn eigen idee één van de betere was, besloot hij om *De brug van Langlois* (fig. 13) met opdracht aan Tersteeg te zenden. In essentie toonde dit de picturale strategie om het Noorden te schilderen als het Zuiden.

De kist met schilderijen die Theo begin april met zulke hooggespannen verwachtingen naar Den Haag stuurde, zou twee maanden later naar Parijs worden geretourneerd zonder dat ook maar één schilderij verkocht was.[51] Tegen die tijd was het optimisme al als een zeepbel uiteengespat. Aan het eind van april schreef Theo dat zijn superieuren hadden geklaagd over zijn inzet voor de impressionisten die volgens hen ten koste ging van hun eigen groep meer winstgevende kunstenaars. Vincent zag aankomen dat hij de gevolgen van Theo's economische tegenslagen

15
Vincent van Gogh
*Bloeiende pruimeboom (naar Hiroshige)*
Zomer 1887
[F 371, JH 1296]
Olieverf op doek
55 × 46 cm
Van Gogh Museum, Amsterdam (Vincent van Gogh Stichting)
Cat. 22

16
Vincent van Gogh
*Bloeiende pereboom*
April 1888
[F 405, JH 1394]
Olieverf op doek
73 × 46 cm
Van Gogh Museum, Amsterdam (Vincent van Gogh Stichting)
Cat. 55

17
Vincent van Gogh
*Stadspark op Place Lamartine met het Gele Huis*
Mei 1888
[F 1513, JH 1412]
Potlood en rietpen met bruine inkt
31,5 × 49,5 cm
Van Gogh Museum, Amsterdam (Vincent van Gogh Stichting)

18
Vincent van Gogh
Schets van het Gele Huis in een brief aan Theo
[1 mei 1888]
(brief 604/480)
Van Gogh Museum, Amsterdam (Vincent van Gogh Stichting)

15
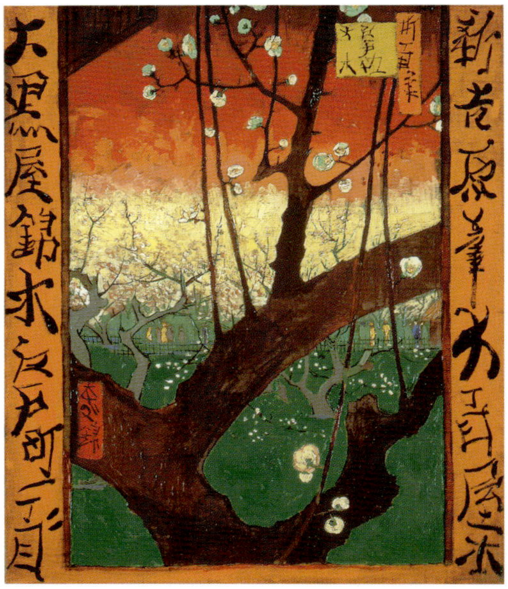

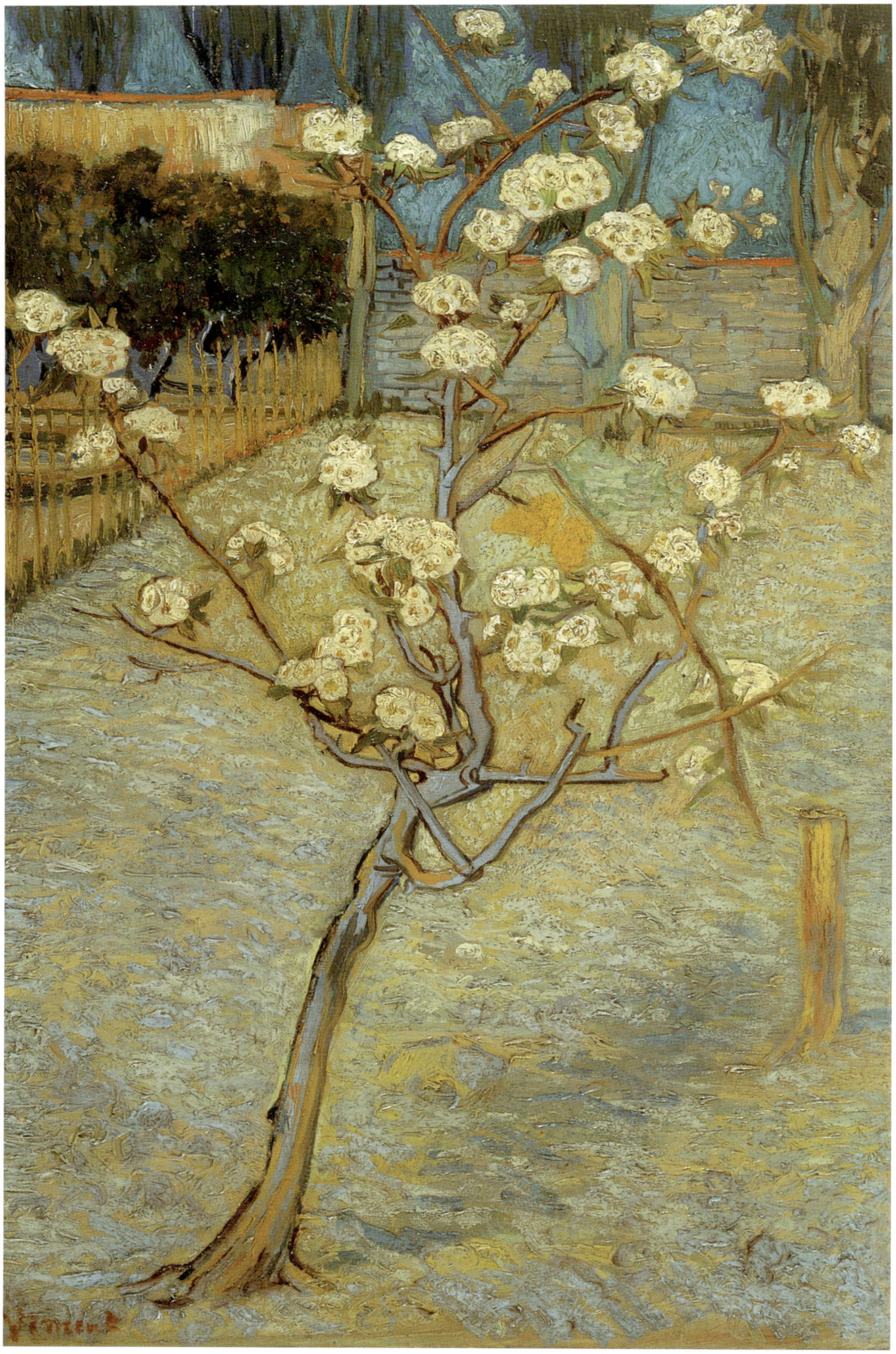
16

zou gaan voelen en trachtte zo goed hij kon zuinig te leven. In plaats van schilderen zette hij zich tijdelijk aan tekenen met pen en inkt, maar het langdurige verblijf in het Hôtel-Restaurant Carrel (zie fig. 8) was de belangrijkste kostenpost. De eigenaar eiste van Vincent een toeslag onder het voorwendsel dat zijn doeken extra ruimte innamen, en de maaltijden waren duur en slecht van kwaliteit. Geïrriteerd door wat hij uitbuiting noemde, tekende Vincent op 1 mei een huurcontract van vijf maanden voor de rechtervleugel van een gebouw op de place Lamartine. Dit bevond zich aan 'een grasveld op het plein als je de stad binnenkomt,' dat wil zeggen, bij het betreden van de stad na aankomst op het station ten noorden van het oude centrum (zie kaart, fig. 19).[52] Het was gelegen aan de zonzijde van de place Lamartine, keek op het zuiden uit over het stadspark en verder richting porte de la Cavalerie, de noordelijke stadspoort. Vincent naderde het gebouw vanuit het zuiden, komende vanaf zijn hotel in de rue de la Cavalerie, zoals een tekening laat zien die hij aan Theo zond. Daarop is het huis vaag te zien is aan de overkant van de ronde vijver in het park (fig. 17). Naast het huis bevond zich een kruidenier. De buitenmuren waren geel geschilderd en het zonnige, witgekalkte interieur bevatte twee kamers met rode vloertegels op de begane grond en twee op de verdieping daarboven (zie fig. 18 en hfdst. 4, fig. 2). Sanitaire voorzieningen bevonden zich in het hotel direct achter het huis aan de avenue de Montmajour. Vincent was van plan om met het oog op zijn verblijf in het Zuiden het huis langzaam in te richten voor zover zijn financiële middelen dat toestonden; mettertijd wilde hij de ruimte op de begane grond gaan gebruiken als keuken, atelier en opslagruimte en de bovenverdieping als woonruimte.[53]

Een twist over zijn hotelrekening dwong hem ertoe eerder te handelen. Op 7 mei verwisselde Vincent van hotel en nam hij een kamer voor één franc per nacht in het Café de la Gare, een etablissement van Joseph Ginoux op de place Lamartine 30, een paar straten verwijderd van het Gele Huis.[54] Pas half september lukte het hem om met een minimum aan meubels in het huis te trekken. Tegen die tijd was het huis zowel van buiten als van binnen opnieuw geschilderd en waren de muren behangen met een serie prenten uit Vincents verzameling en met zijn eigen schilderijen. Door deze metamorfose werd het Gele Huis zowel een plaats van bestemming als een abstract idee.

Dit proces van symbolische verfraaiing begon op de dag dat Vincent het contract tekende. Het vooruitzicht van een eigen huis deed hem terugdenken aan oude ambities en teleurstellingen. Vooral de herinneringen aan Den Haag waar zijn pogingen om een huis en een 'echt schildersatelier' te realiseren zo slecht afgelopen waren, kwamen weer boven. Hij nam zich voor om niet opnieuw in een toestand zoals met Sien, die hij nu luchtig afdeed als een 'vrouwencrisis,' te raken. In plaats daarvan greep hij terug naar een ander aspect van zijn vroegere dromen, om 'meer schilders samen te zien werken als soldaten.' Hij nam zich voor om wat hij consequent in militaire termen deze 'campagne' noemde in te wijden door een Spartaans leven te leiden – koud water, frisse lucht, gezond eten, simpele kleding, een goed bed en geen vrouwen.[55]

Als onderdeel van deze strategie overwoog Vincent om Bernard en andere schilders uit te nodigen hem hun werk te sturen zodat hij een tentoonstelling kon organiseren in Marseille, als uitbreiding van zijn plannen uit het vroege voorjaar.[56] Naast dit project voor verkoop en marketing bracht het huren van het huis hem het verwante idee van een echt werkverband tussen kunstenaars op een specifieke plek. Hij had Bernard al in maart voorgesteld om zich met 'meerdere kunstenaars die van zon en kleuren houden te vestigen in het Zuiden.' Hier klinkt zijn aanbod aan Van Rappard uit 1885 in door: 'Welke schilder...[hier] ook maar zou komen zou ik met plezier in mijn huis uitnodigen en wegwijs maken.' Vincents zendelingsschap en zijn behoefte aan gezelschap – de ideale gezelligheid van wapenbroeders onder elkaar – waren in de tussentijd niet verminderd. 'Alleen

17

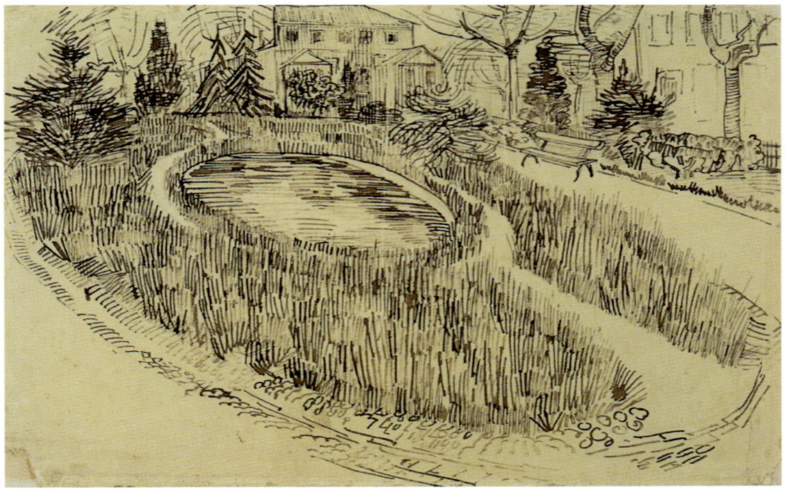

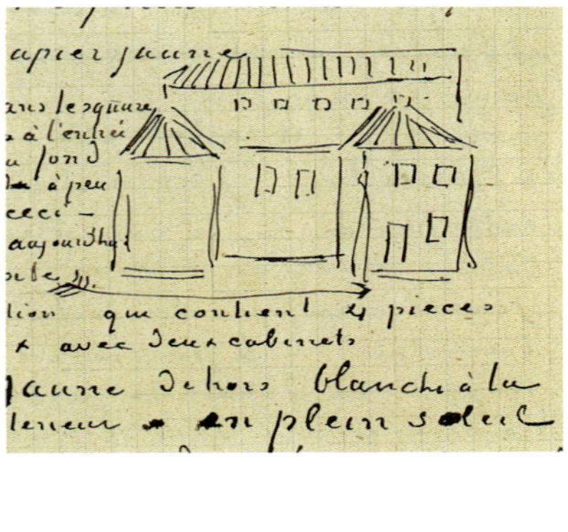


18

een huis te nemen,' had hij opgemerkt in Den Haag, 'is zo melancholiek en kil. Er moet leven in de brouwerij zijn om alles gaande te houden en stagnatie te vermijden.' De inkt van het contract was nog niet droog of Vincent verklaarde aan Theo: 'Ik zou het nieuwe atelier goed kunnen delen met iemand en ik zou het ook graag willen. Komt Gauguin misschien naar het Zuiden?'[57]

Vincents suggestie leek heel praktisch en achteloos onder woorden gebracht. Twee mensen zouden samen goedkoper het huishouden kunnen voeren dan ieder afzonderlijk en een recent verworven kennis (een vriend van Russell die in het nabije Fontvielle woonde) zou misschien ook wel geïnteresseerd zijn in een dergelijk plan. In de loop van de daaropvolgende weken transformeerde Vincent de prozaïsche realiteit van een contract voor korte duur, een ongemeubileerd gebouw en een mogelijke huisgenoot, tot een volwassen plan om een permanent atelier in het Zuiden op te zetten, met Gauguin aan het roer. Vincent was zich bewust van Theo's problemen op het werk en was daarom in het begin voorzichtig met het schrijven over zijn plan. In zijn brieven van mei en juni vertelde hij de kosten van zijn levensonderhoud omlaag te willen brengen en verzekerde hij het vaste voornemen te hebben om lange tijd in Arles blijven. Hoewel Vincent zich erover beklaagde dat hij zich niet zo goedkoop kon redden als Bernard en Gauguin in Pont-Aven, hoopte hij dat zich in Arles net zoals in Bretagne meer kunstenaars zouden vestigen, met de bedoeling het voorbeeld van de Japanners na te volgen. Begin mei verstuurde hij zijn eerste lading schilderijen naar Theo met de toelichting dat deze de betaling vormden van zijn schulden aan hem. Tegelijkertijd bracht hij zijn bedoelingen duidelijk naar voren voor de vestiging van 'een permanent atelier hier, waar ik indien nodig een andere schilder onderdak kan bieden.' Voor het geval Theo het niet zou begrijpen, herhaalde Vincent zijn boodschap diezelfde dag in een tweede brief: 'Daarom ben ik bezig om een atelier op te zetten dat tegelijkertijd gebruikt kan worden door anderen, mocht er iemand langskomen of als er schilders hier zouden zijn.' Tien dagen later rechtvaardigde hij zijn bedoeling om in Arles te blijven door te verwijzen naar de vorderingen in zijn werk. De natuur en de schilderkunst bleken een effectief tegengif tegen een anders zekere neerslachtigheid. Terwijl hij heel goed wist hoe ellendig hij zich kon voelen door 'eenzaamheid, zorgen, problemen en een onvervuld verlangen naar vriendelijkheid en sympathie,' betrapte hij zich nu op de eerste gedachten aan een mogelijk succes.[58] Vincent waakte ervoor om deze ambities aan Bernard te melden toen hij hem inlichtte over de gebeurtenissen van de laatste tijd en hij vatte het nieuws van de huur van het huis in een enkele zin samen.[59] Aangezien Theo voortdurend melding maakte van zijn moeilijkheden bij Boussod et Valadon, haalde Vincent de oude fantasie van de broeders-schilders weer tevoorschijn die hem in Drenthe zo had bezig gehouden. Hij erkende enigszins manisch te zijn en te lijden aan 'onwillekeurige emoties of soms een aanval van lusteloosheid' waarvan hij hoopte dat ze zouden overgaan naarmate hij 'kalmer' werd. Hij stelde Theo voor om de firma te verlaten en een onafhankelijke kunsthandelaar van de impressionisten te worden. Ook stelde hij voor dat Theo aan Boussod et Valadon zou vragen om hem in dienst te nemen om zijn broer te helpen, wat heel irreëel was. Solidariteit was het belangrijkste. Op zichzelf lieten schilderijen als voorwerpen hem koud: 'De reden waarom ik ze probeer te maken is omdat ik onder kunstenaars wil zijn.'[60] In zijn optiek won het proces het van het produkt en overtrof broederschap isolement.

Later op dezelfde dag schreef Vincent opnieuw en ging ditmaal frontaal in de aanval:

Ik heb aan Gauguin gedacht en kijk, als Gauguin hierheen wil komen, dan zitten we met de reis van Gauguin en met de twee bedden of de twee matrassen die we dan absoluut moeten kopen. Maar aangezien Gauguin zeeman is, lukt het waarschijnlijk wel om thuis ons potje te koken. En van hetzelfde bedrag dat ik alleen uitgeef, kunnen we met z'n tweeën leven. Je weet dat ik het altijd dwaas heb gevonden dat schilders alleen leven &c. Het is altijd nadelig om alleen te leven. [...] Maar je kunt er wellicht mee instemmen dat we delen en een bedrag vaststellen van, laten we zeggen, 250 per maand, als je bovendien elke maand, afgezien van mijn werk, een Gauguin zou krijgen. Zou dat, mits we het bedrag niet overschrijden, zelfs geen voordeel opleveren? Het is trouwens mijn bedoeling om samen met anderen iets te beginnen. [...] Dat zou dan het begin zijn van een vereniging. Bernard, die ook naar het Zuiden gaat, zal zich bij ons voegen en, begrijp dat goed, ik zie je nog altijd *in Frankrijk* aan het hoofd staan van een vereniging van impressionisten.[61]

Terwijl Vincent zich ambivalent toonde ten opzichte van het vooruitzicht dat Bernard naar Arles zou komen, bleef zijn wens dat Gauguin zich bij hem zou voegen stevig overeind. Popelend om verder te gaan sloot hij het concept van een brief aan Gauguin bij, in afwachting van Theo's goedkeuring:

Wilde je nu schrijven dat ik hier in Arles pas een huis heb gehuurd met 4 kamers. En dat ik denk dat als ik een andere schilder vind die zin heeft om het Zuiden te verkennen en die, net als ik, zo opgaat in zijn werk dat hij er genoegen mee neemt om te leven als een monnik die eens in de veertien dagen naar het bordeel gaat, voor de rest vast zit aan zijn werk en weinig zin heeft om zijn tijd te verspillen, dat zoiets een goede zaak zou zijn. Helemaal in mijn eentje kan ik dit isolement niet zo goed aan. Ik heb er dus heel vaak over gedacht dit ronduit met je te bespreken. Je weet dat mijn broer en ik je schilderwerk zeer waarderen en dat we maar al te graag zouden willen dat je wat minder zorgen had.[62]

Vincent was te opgewonden om op zijn broeders fiat te wachten en schreef meteen aan Gauguin. Om de basis te leggen voor een directe uitnodiging sprak hij zijn teleurstelling uit over het feit dat ze zo ver uit elkaar aan het werk waren en hoopte hij dat verschillende schilders hun krachten zouden kunnen verenigen voor één 'campagne.' Zijn eigen campagne om Theo over te halen ging onverdroten voort, net zoals vroeger in Drenthe. Op 29 mei, de dag nadat hij

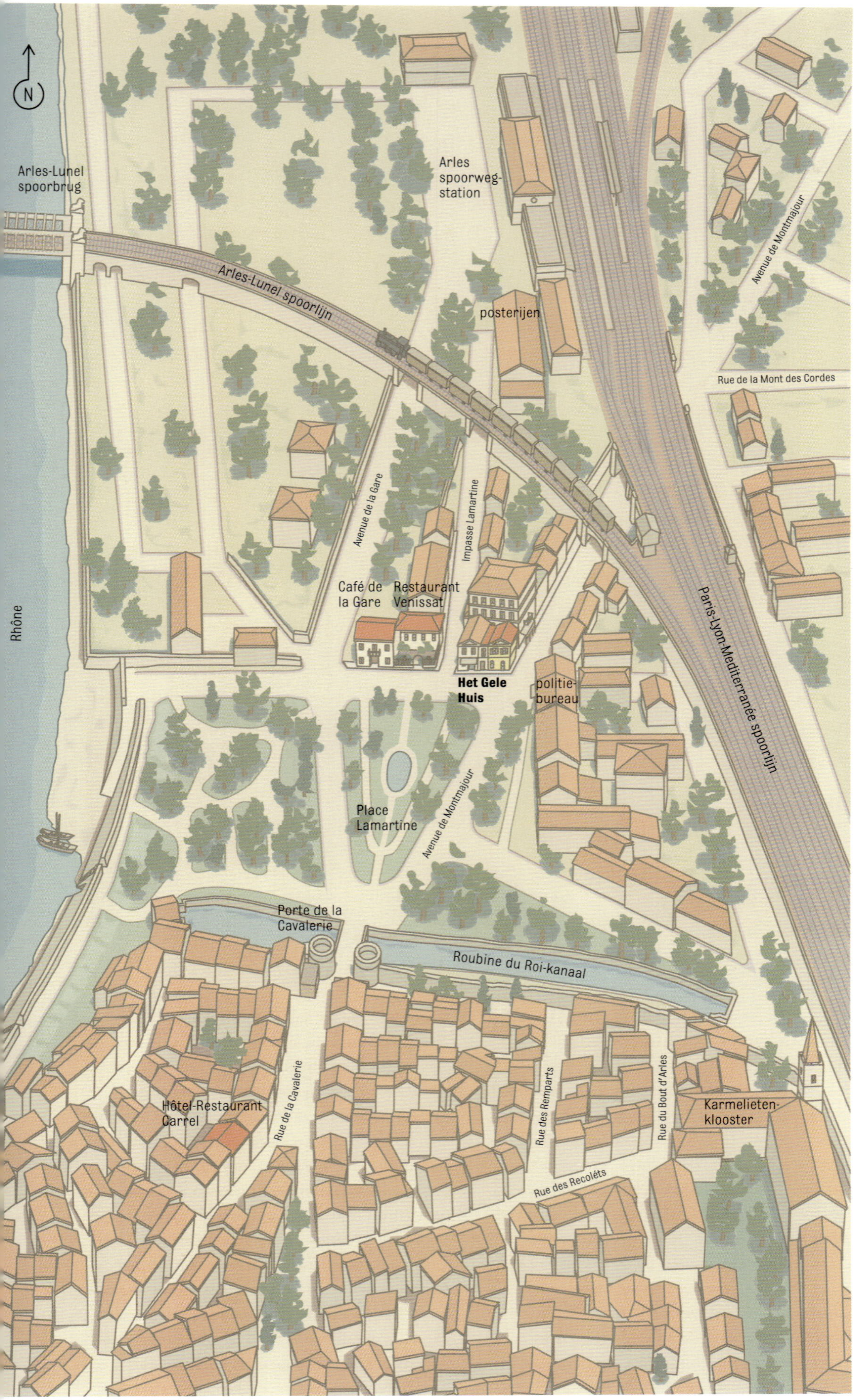


19
Plattegrond van place Lamartine, Arles

zijn eerste voorstel en de conceptbrief verzonden had, schreef Vincent dat hij werk zou gaan maken waarmee Theo de andere handelaars zou kunnen overhalen om mensen naar hem in Arles te sturen. 'In dat geval denk ik dat Gauguin zeker komt.' Als naschrift voegde hij toe: 'Het zou zeer riskant zijn om Gauguin te nemen maar we moeten er toch op aansturen en ik hoop dat Tersteeg zal helpen.'[63]

De volgende dag vertrok Vincent richting zee. Hij reisde vijf uur door de Camargue naar het kleine vissersplaatsje Saintes-Maries aan de kust van de Middellandse Zee. Het was een pelgrimstocht die zowel het heden als het verleden opriep. De zee herinnerde hem aan zijn oom Jan die schout-bij-nacht in de Nederlandse marine was toen hij in de kost was in Amsterdam, toen hij voor dominee studeerde. De lage huizen leken op die van Drenthe. Zijn eerste indruk van de Middellandse Zee versterkte zijn overtuiging dat het Zuiden een weerspiegeling van Japan was en dat hij al een 'meer Japans oog' gekregen had. Dit betekende dat hij kleuren anders ervoer, sneller tekende, simpeler voelde – wat behulpzaam was om zijn kleuren te versterken, zoals hij al enige tijd voor ogen had. Hij voelde de drang en de mogelijheid om '[zijn eigen] identiteit uit te laten komen,' zelfs wanneer dit zou leiden tot afkeuring door collega's als Anquetin en Lautrec. Hij zonderde zich af van zijn tijdgenoten in Parijs en herhaalde dat het erg onverstandig was voor hem om alleen te zijn. 'Desondanks moet er aan Gauguin geschreven worden,' legde hij Theo op, en dreigde dit desnoods zelf te doen. Er stond veel op het spel: 'de toekomst van de nieuwe kunst ligt in het Zuiden.'[64]

Kenmerkend voor de symboliek die Vincent aan de onderneming verbond was zijn schijnbaar achteloze eerdere verwijzing naar Gauguins zeemansverleden, die gevolgd was door zijn eigen expeditie naar de kust. Vincent had door zijn eigen literaire manier van denken zijn leven dikwijls ervaren als een gevaarlijke zeereis en zijn wederwaardigheden vertaald in een maritieme beeldspraak. De kamer in Parijs waar hij met Harry Gladwell de Bijbel bestudeerd had was een scheepshut; in zijn preken was het schip

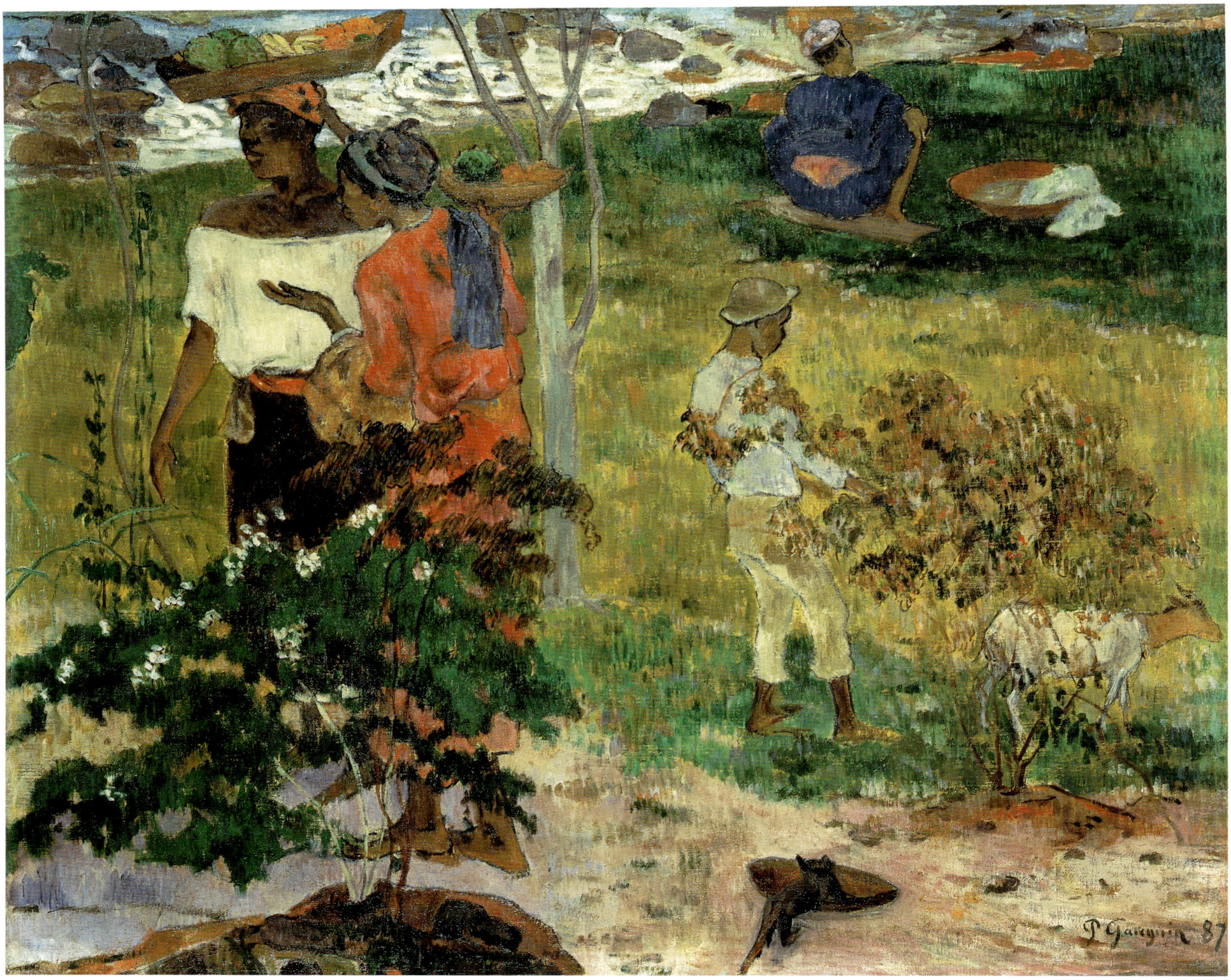


een terugkerend leidmotief; zijn najagen van Kee Vos was een soort uitvaren; Van Rappard uitnodigen om bij hem in Drenthe te komen was 'zichzelf op volle zee in de waagschaal stellen'; het inrichten van zijn vertrekken in Den Haag als atelier en woonruimte voor zichzelf en Sien was het te water laten van een schip. Vincent riep Bernard op tot eenheid ten opzichte van de factiestrijd in Parijs: 'Wij varen', zo schreef hij, 'in onze kleine en gevaarlijke bootjes op de volle zee, helemaal alleen op de hoge golven van onze tijd.'[65] Gauguins levensloop maakte hem tot de volmaakte medereiziger. Juist op dit moment kregen de voortdurende metaforen over zeevaart in Vincents geest versterking uit een nieuwe bron: een recent boek (1887) over Richard Wagner. In dit werk trachtte de auteur, Camille Benoit, de kunst en opvattingen van die Duitse componist bekendheid te geven bij het Franse publiek. Hij gaf een kritisch overzicht, aangevuld met vertalingen van Wagners geschriften en brieven uit zijn privé-correspondentie. Benoit omschreef Wagners bereidheid persoonlijke en creatieve risico's te lopen bij het smeden van 'de nieuwe kunst' als het loslaten van het vasteland 'zoals zijn Hollander' – een verwijzing naar Wagners opera uit 1840/41 *De Vliegende Hollander*, in het Frans *Le Vaisseau fantôme*, ofwel "Het Spookschip" – 'over de oceanen zwerft, overgeleverd aam de wind en de golven, op zoek naar een eenzame schuilplaats.' In Benoits beeldtaal klinken opzettelijk de woorden door waarmee Wagner zelf Beethovens gedurfde Negende Symfonie had omschreven als een gevaarlijke oceaanreis, ondernomen *'om als eerste het land van de mensen van de toekomst te ontdekken.'*[66] Het was dit taalgebruik dat Vincent zich nu eigen maakte om daarmee het Zuiden als een thuisbasis voor een 'nieuwe kunst' te bestempelen. In een parafrase van Wagners pamflet uit 1850, *Das Kunstwerk der Zukunft* (*Het kunstwerk van de toekomst*) vereenzelvigde Vincent de kunstenaar van de toekomst met de schilder – een 'kolorist zoals nog nooit bestaan heeft.' Hij koesterde zijn eigen ambities maar vond het moeilijk om zichzelf voor te stellen – 'levend in kleine restaurants, werkend met verschillende valse tanden en op bezoek in de bordelen van de Zoeaven zoals ik nu doe' – terwijl hij op heldhaftige wijze de 'revolutie' aanvoerde als nieuwste fase van wat Wagner een 'eeuwigdurend gevecht tegen het onmogelijke' noemde, een 'oorlog zonder genade.' Zelfs zijn geliefde Monticelli had hiervoor niet het vereiste karakter. Wat de situatie naar zijn idee vereiste was een 'Bel-Ami du Midi,' waarmee verwezen werd naar de hoofdpersoon van Maupassants roman *Bel-Ami* (1885), een energieke journalist zonder scrupules die de vrouwen die hij verleidt gebruikt om zijn carrière vooruit te helpen.[67]

Deze cynische figuur lijkt niet de aangewezen persoon om bewonderd te worden door Vincent, maar Bel-Ami kwam goed van pas in zijn preoccupatie met ambitie. Niets en niemand ontziende toewijding aan een ideaal was een leidmotief in Wagners credo. Wagner had een grote bewondering voor de 'bijna woeste onafhankelijkheid' en ferme overtuiging die Beethoven had moeten tonen om te weg te bereiden voor 'de taal van het kunstwerk van de toekomst.'[68] Vanuit dit gezichtspunt kon Vincent het pointillisme beschouwen als iets dat dogmatisch, nog niet volledig 'persoonlijk' en 'origineel' was. Kort daarna zou hij zijn verblijf van twee jaar in Parijs gaan zien als een onderdrukking van zijn individualiteit. Vandaar dat hij de afwijzende reacties van Anquetin en Lautrec verwachtte. Hij schijnt tot de slotsom te zijn gekomen dat hoewel zijn neo-impressionisme enerzijds zijn persoonlijkheid onderdrukt had, Gauguin, vanuit diens vergelijkbare positie buiten de heersende avant-garde, deze weer zou doen opleven. Daardoor zou het werk van de beide kunstenaars 'meer en meer individueel' worden. Door de mythes van identiteit en plaats met elkaar te verbinden probeerde Vincent Gauguin aan te sporen tot het 'ontginnen van het Zuiden.' Hierbij koos hij het koloniale jargon van het opportunisme dat door Gauguin en Laval gebezigd was ten opzichte van Martinique en de 'onontgonnen' schilderkundige rijkdommen aldaar (zie hfdst. 2). Evenzo stelde hij zich voor dat het drietal bestaande uit hemzelf, Theo en Gauguin er zich met recht van voorkoop zou vestigen, als 'ontginners van de Midi.'[69]

## Toenadering tot Gauguin

Rond 5 juni schreef Theo aan Gauguin met het voorstel om zich bij Vincent in Arles te voegen. Vincents hevige offensief had succes gehad en Theo was oprecht van plan om Gauguin te helpen. In zijn brieven aan de broers Van Gogh had Gauguin zijn moeilijke situatie in Bretagne op dramatische wijze beschreven. Sinds januari was hij de helft van de tijd aan bed gekluisterd geweest vanwege de naweeën van de malaria en dysenterie die hij in Martinique had opgelopen. Aangezien hij niet wist dat Vincent naar het zuiden was vertrokken schreef Gauguin eind februari eerst naar Parijs. Het geld dat hij verdiende met de laatste verkoop van zijn schilderijen had hij opgemaakt en zijn slechte gezondheid en armoedige vooruitzichten belemmerden zijn 'manie voor schilderen.' Omdat hij niet rechtstreeks druk wilde uitoefenen op Theo vroeg hij Vincent om een goed woordje voor hem te doen. Hij wachtte, zo schreef hij, op een bemoedigend antwoord.[70] Vincent schreef bezorgd en vol medeleven terug. Met groot enthousiasme schetste hij het zonnige zuiden maar maakte niet rechtstreeks melding van financiële steun. Half maart deed Gauguin verslag van het aanhoudend natte en winderige weer in Pont-Aven en beschreef opnieuw de voortdurende ellende waarin hij verkeerde vanwege zijn financiële problemen. Gezien de huidige situatie van de kunstmarkt was er volgens hem geen oplossing in zicht.[71] Schuffenecker was hem onmiddellijk te hulp geschoten maar op de lange termijn bleven de problemen onveranderd. Terwijl Gauguins gezondheid langzaam verbeterde, bleef het weer nog slecht. Hij kon noch buitenshuis schilderen noch modellen gaan zoeken om in het atelier te werken. De berichten uit Parijs stemden hem niet beter. Toen Gauguin eindelijk Fénéons recensie ontving over zijn eerste tentoonstelling in Theo's galerie was hij redelijk tevreden met de beoordeling van zijn werk maar geïrriteerd over de lasterlijke opmerkingen betreffende zijn karakter. Deze frustratie werd in april alleen maar groter toen Gauguin een zelfgenoegzaam artikel van Signac las over de 'uitvinding' van het neo-impressionisme.[72] In dezelfde maand exposeerde Theo *Gesprek (Tropen)* (fig. 20), een op Martinique gemaakt werk dat Vincent niet gezien had, en de reacties van de kritiek waren spaarzaam maar positief. Dit schilderij overtuigde Fénéon dat uit een expositie van Gauguins werk zou blijken 'wat een krachtige en aardse kunstenaar hij is.'[73] Maar het schilderij werd niet verkocht, ondanks Gauguins melding van een geïnteresseerde verzamelaar, en Vincents latere poging om Russell te interesseren in aankoop leidde tot niets. Toen Vincent op 1 mei zijn huurcontract tekende, wachtte Gauguin nog steeds op het geld en de zonneschijn waar hij al een maand eerder op gehoopt had.[74] Ook had hij kennelijk al weken geen contact gehad met Theo, noch met Vincent. De 22e schreef hij opnieuw naar Theo over zijn financiële ellende, met een verwijzing naar de reële hoop op een bescheiden bestaan in Parijs die Theo eerder gevoed had. Ook vroeg hij zich af of Theo hem geen klein voorschot kon geven. Hij hoopte nog altijd dat Theo hem te hulp zou komen – zodat hij zijn geliefde stilleven van Cézanne niet hoefde te verkopen (zie hfdst. 1, fig. 57) – toen hij de uitnodiging ontving om zich bij Vincent in Arles te voegen, samen met 50 franc.[75] Dit alles gebeurde op een kritiek moment. Op 7 juni werd Gauguin veertig en zijn verjaardag ging voorbij zonder enig bericht van zijn familie. Hij voelde zich door zijn wanhopige situatie oud en uitgeput. Maar nu ontving hij naast Theo's brief ook een schrijven van Vincent, vol met ideeën over 'kunst en zaken' die hem deden geloven dat Vincent de plannen deelde die hij de laatste maanden had ontwikkeld om avantgardeschilderijen op de markt te brengen.[76] Dit gaf Gauguin nieuwe moed en vervulde hem met nieuwe energie, zij het niet zo volledig als Vincent had gehoopt. Gauguin was het ermee eens dat het voordelen opleverde voor kunstenaars om samen te wonen en verwees naar zijn ervaringen met Laval op Martinique. Hij voegde daar nog als anekdote aan toe dat wanneer zeelieden hun krachten verzamelen om een groot gewicht te verplaatsen ze 'samen zingen om elkaar te ondersteunen en moed in te spreken.' Opmerkingen waar de ontvanger van de brief zeker verheugd over zou zijn. 'Dit,' mijmerde Vincent, 'is precies wat kunstenaars missen.'[77] Vincent zou echter nu een schokkende ontdekking doen met betrekking tot zijn

20
Paul Gauguin
*Gesprek (Tropen)*
*(Conversation*
*[Tropiques])*
Zomer 1887 [W227]
Olieverf op doek
61,5 × 76 cm
Privé-collectie
Cat. 14

25
Vincent van Gogh
*Boerenhuis in de Provence (Un Mas de Provence)*
Half juni 1888
[F 565, JH 1443]
Olieverf op doek
46 × 61 cm
National Gallery of Art, Washington, D.C., Ailsa Mellon Bruce Collection, 1970.17.34
Cat. 56

26
Vincent van Gogh
*De zaaier*
Half juni 1888
[F 422, JH 1470]
Olieverf op doek
64 × 80,5 cm
Rijksmuseum Kröller-Müller, Otterlo
Cat. 57

27
Vincent van Gogh
Schets naar Millets *Zaaier*
1887
Grafiet
In schetsboek nr. 2, p. 60
Van Gogh Museum (Vincent van Gogh Stichting)

28
Vincent van Gogh
Schets van *De zaaier* in brief aan Bernard [18 juni 1888] (brief 630/B 7)
Van Gogh Museum, Amsterdam (Vincent van Gogh Stichting)

25

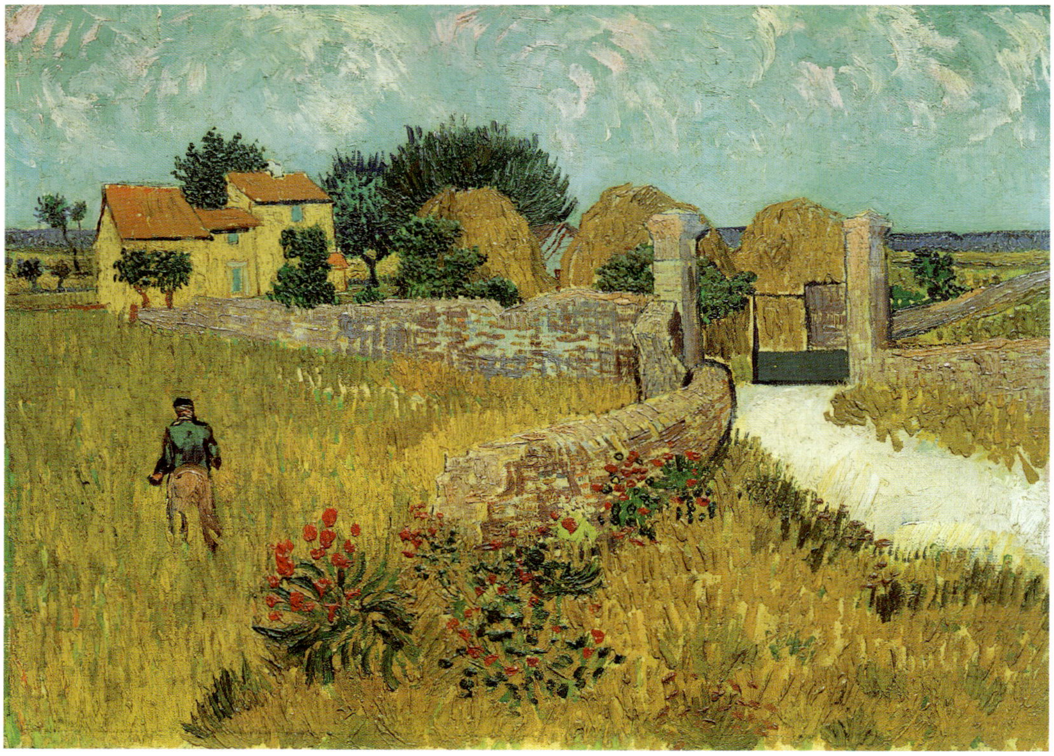

Desalniettemin bleef Gauguins bewuste 'originaliteit' in zeker opzicht achter bij de prestatie van het belangrijkste schilderij uit zijn eerste verblijf, *Pratende Bretonse vrouwen* (hfdst. 2, fig. 34). Het betrekkelijke naturalisme van Gauguins gebruik van ruimte in *Dansende Bretonse meisjes* komt aan het licht na vergelijking met het sterk afgeplatte, tweedimensionale ontwerp van het eerdere werk. Hoe surrealistisch de dans ook is, deze wordt uiteindelijk uitgevoerd tegen een relatief conventionele achtergrond. Het is de vraag hoelang Gauguin zelf volhield dit schilderij te beschouwen als een bevredigende graadmeter in zijn streven tot een succesvol samengaan van een persoonlijke en professionele stijl. Later dat jaar, in Arles, stelde hij vast dat zijn keramische objecten, zij het 'erg wild,' 'beter uitdrukten wie ik ben' dan zijn schilderijen.[83] Het bleef een worsteling om een vergelijkbare stilistische eenheid in zijn schilderwerk tot stand te brengen.

## Vincents *Zaaier*

Precies op het moment dat Gauguin Theo op de hoogte bracht van zijn *Dansende Bretonse meisjes* kondigde Vincent aan dat hij bezig was met een nieuw stuk. Zoals uit de uitvoerige opmerkingen aan zijn broer en vrienden blijkt, betekende dit werk tegelijkertijd een koersverlegging en een bevestiging van zijn artistieke identiteit. Het onderwerp is een eenzame zaaier in een veld (fig. 26).

Vincent wilde zijn plan om seizoensgebonden reeksen van afbeeldingen te produceren voortzetten en had zich na de bloeiende boomgaarden gericht op een serie tekeningen en doeken met oogstscènes. Er waren invloedrijke precedenten van dit thema: de uitgestrekte velden van de Crau deden zeker denken aan het werk van Rembrandts leerling Philip de Koninck, evenals aan dat van Georges Michel en Jules Dupré. Op een meer directe wijze deden handeling en plaats denken aan landschappen van Cézanne, wiens *Oogst* (fig. 33) Vincent in Parijs zag bij de kunsthandelaar Portier. Toen hij met zijn eigen oogstscènes begon, greep Vincent terug op de wijze waarop de kunstenaar uit Aix de 'ruige' aanblik van de Provence had vastgelegd. In zijn weergave van het thema trachtte hij een alles omvattende harmonie te bewerkstelligen uit geelgouden, bronzen en koperen tinten – 'de tinten van de oude Cézanne zelf.' Sommige van de schilderijen zijn ingetogen van opbouw, met enkele eenvoudige boerderijen, of *mas*, op grondniveau (zie fig. 25). Bij andere toonde Vincent letterlijk zijn grote ambities door vol vertrouwen het panoramisch bereik en het gebruik van diep perspectief van de traditionele Hollandse prototypen in stelling te brengen en onderwerpen aan te pakken op de grotere schaal van een maat 30 doek (92 × 73 cm).[84]

*De zaaier* zet deze reeks voort en neemt er tegelijkertijd afstand van. Bij zijn eerste verkenning van het oogstthema werd de gesuggereerde symboliek van de jaarlijkse kringloop van verbouw en vernieuwing door Vincent niet nog beladener gemaakt. Hij schilderde deze landschappen in feite als het ware 'tegen zijn wil,' terwijl hij eigenlijk iets ambitieuzers wilde maken om uitdrukking te geven aan wat hij definieerde als zijn 'verlangen naar het oneindige waar de zaaier en de schoof de symbolen van zijn.'[85] Door zijn zaaier te plaatsen in een 'groot en helemaal paars veld, met een zeer gele hemel en zon' en met rijpe tarwe op de achtergrond, worstelde Vincent met de diepere achtergrond van de twijfel die hij geprobeerd had op afstand te houden sinds de dood van Mauve. De behoefte om in iets buitenzintuiglijks te geloven deed hem onvermijdelijk denken aan Millet. Diens *Zaaier* (hfdst. 1, fig. 35) – een standaardbeeld van dood en wedergeboorte – lag na het retrospectief van de Barbizon-schilder in 1887 nog vers in Vincents geheugen. Mogelijk had hij daar de schets gemaakt die te vinden is in één van zijn aantekenboekjes (fig. 27). De zweem van gelijkenis tussen de schets en zelfportretten van

Hierbij een krabbel van een zaaier: een groot stuk land met omgeploegde kluiten aarde, voor het grootste deel uitgesproken violet. Veld met rijp koren, in een okergele toon, met een beetje karmijn. De lucht chromaatgeel, bijna even fel als de zon zelf, die chromaatgeel 1 is met een beetje wit, terwijl de rest van de lucht een mengsel is van chromaatgeel 1 en 2, erg geel dus.[...] In het stuk land komt het geel herhaaldelijk terug, neutrale tonen die ontstaan zijn door het mengen van het violet met het geel; maar het kon me weinig schelen hoe de kleuren in werkelijkheid waren.    Vincent aan Bernard, [18 juni 1888]

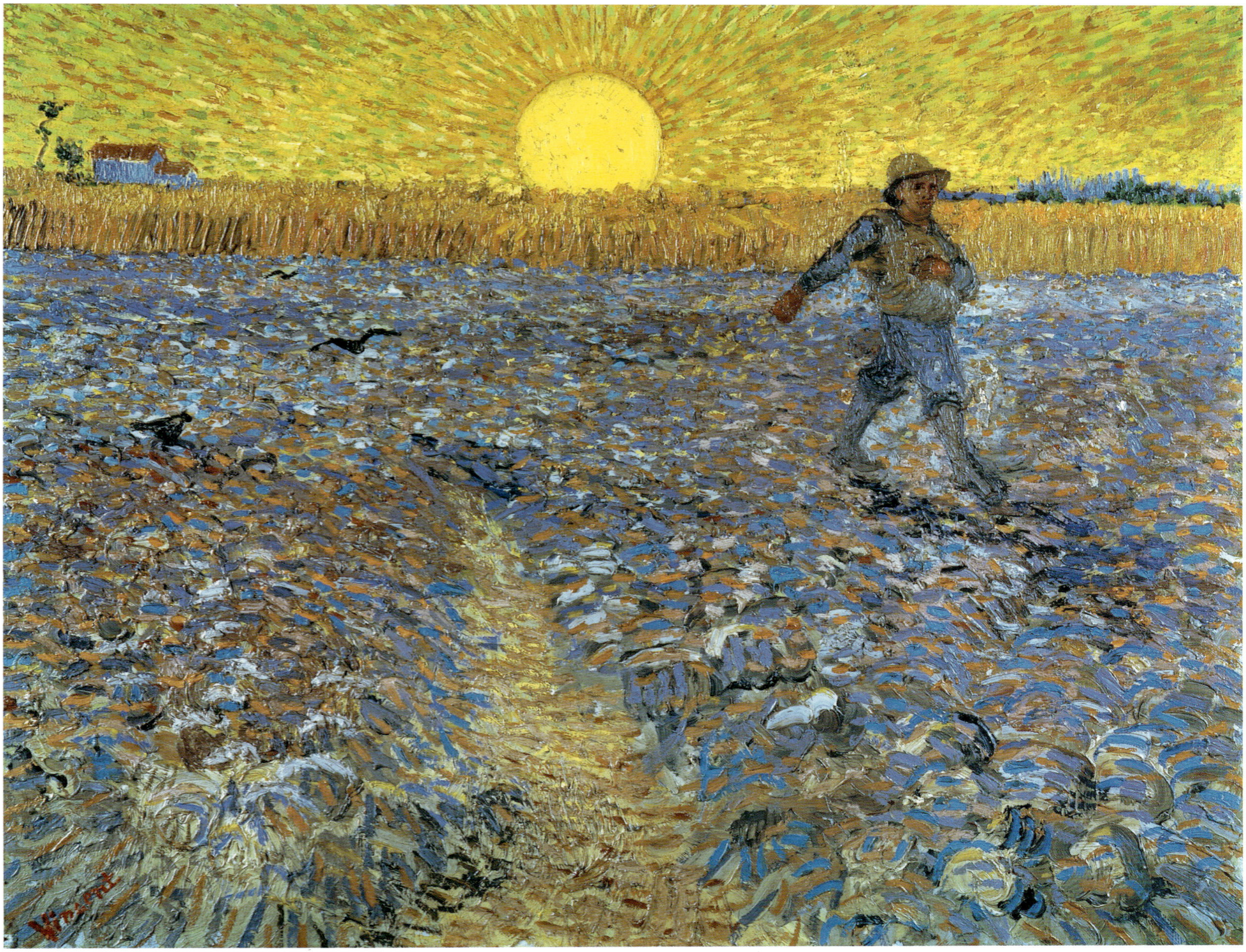

26

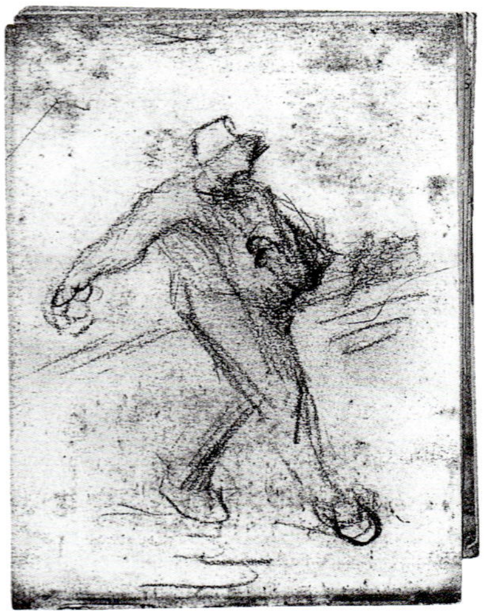

27

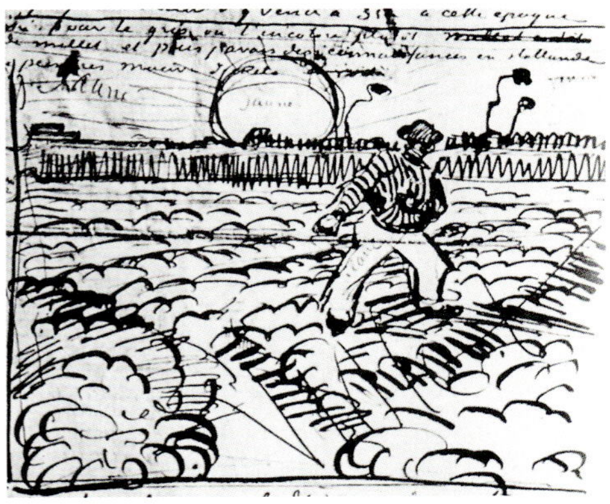

28

29
Vincent van Gogh
*Weg naar Tarascon*
Juli 1888
Olieverf op doek
48 × 44 cm
Vernietigd

30
Jean-François Millet
(1814–1875)
*Op weg naar de velden*
1863
Ets
38,4 × 30,7 cm
The Art Institute of Chicago, geschenk van of Alice H. Brown ter herinnering aan Cyrus Hall McCormick, 1944.119

31
Vincent van Gogh
*Op weg*
Januari 1881
Grafiet, pen en penseel en bruine en zwarte inkt
9,8 × 5,8 cm
Van Gogh Museum, Amsterdam (Vincent van Gogh Stichting)

32
Rembrandt van Rijn
(1606–1669)
*Vlucht naar Egypte: een nachtstuk*
1651
Ets, zesde afdruk
12,7 × 11 cm
British Museum, Londen

33
Paul Cézanne
(1839–1906)
*De oogst*
1875–77
Olieverf op doek
45,7 × 55,2 cm
Privé-collectie

34
Eugène Delacroix
(1798–1863)
*Christus op het Meer van Galilea*
ca. 1853
Olieverf op doek
50,8 × 61 cm
The Metropolitan Museum of Art, New York, H. O. Havemeyer Collection, donatie van Mrs. H. O. Havemeyer, 1929

Vincent met baard en hoed (zie hfdst. 2, fig. 46) uit dezelfde periode suggereert dat Vincent zichzelf identificeerde met Millets zaaier. Een identificatie die hij nog verder onderstreepte met zijn beschrijving van een 'zware week van hard werken in de korenvelden onder de brandende zon.'[86] Dit concept van de boer-schilder verwijst naar ideeën die hij op zijn schilderijen voor het eerst uitbeeldde in het stilleven van zijn schoenen (hfdst.2, fig. 47), dat wemelt van kwesties als erfgoed, continuïteit en verandering. Met de eenzame figuur van een zaaier onder de brandende zon van de Provence drukte Vincent symbolisch zijn bedoeling uit om in Millets voetsporen te treden en diens pad te verbreden.

De reikwijdte van zijn ambities komt naar voren uit de manier waarop hij deze onderneming opzette: verwijzend naar Millets gebrek aan kleur stelde hij Theo voor dat de maatstaf voor avant-gardistische ambities – wat 'na Millet [...] nog gedaan moet worden' – bestond uit een 'zaaier, in kleur en groot van formaat.' Anders gezegd: hij stelde zich ten doel om Millets '*grijs*, zonder kleuren' te vertalen met gebruikmaking van een 'gelijktijdig contrast van geel en paars' dat hij associeerde met Delacroix' Apollo-plafond in het Louvre en nog meer met diens *Christus op het Meer van Galilea* (fig. 34), waarin Delacroix volgens hem een 'symbolische taal door kleur alleen' sprak.[87] Het beeld van Christus op de roerige golven, een parabel van de noodzaak om geloof te hebben, en dat van de zaaier, die de verspreiding van het woord vertegenwoordigt, had Vincent lang beziggehouden, zoals blijkt uit zijn vroege preken.[88] Hij zag zijn project nu niet alleen als het slaan van een brug tussen de tradities van harmonie en de koloriet maar ook in het combineren van de spirituele beeldtaal van Millet met de symbolische kracht van Delacroix' kleurgebruik.

Vincent had al 'enige tijd' een zaaier willen maken, 'maar de dingen die ik al lange tijd wilde doen, lukken niet altijd.' Zijn schilderij vormt een positieve bevestiging van zijn ideeën tegenover Gauguins dubbelzinnige houding en Tersteegs afwijzing. Hoewel hij verklaarde niet de bedoeling te hebben om 'door samenwerking iemands originaliteit te smoren' – daarmee vooruitlopend op wat als Gauguins bedenkingen beschouwde – suggereert de iconografie van de zaaier toch de wegbereidende rol die Vincent voor zichzelf zag weggelegd.[89] Ook bevestigt het zijn hardnekkig vasthouden aan een geïdealiseerd beeld van de kunstenaar, parallel aan een minder openlijk symbolische afbeelding van zichzelf op weg naar het werk in de velden van de Crau (fig. 29). Zijn houding, hoed en schilderspullen weerspiegelen de landarbeider met de hooivork in Millets *Op weg naar de velden* (fig. 30). Maar naast 'vader Millet' was er nog iemand anders waarmee Vincent wedijverde, gelet op de plaats die *De weg naar Tarascon* inneemt in associatief perspectief. Het doet denken aan een zeer vroege tekening, *Op weg* (fig. 31), die gerelateerd kan worden aan het beeld, opgeroepen in de brieven, van dominee Van Gogh die 's nachts met een lantaarn op weg is om de stervenden te troosten door Gods Woord. Een scenario dat weer geassocieerd kan worden met Rembrandts nachtelijke vlucht van de heilige familie naar Egypte (fig. 32).[90] Vincent was nog voordat hij besloot Rembrandt en Millet na te volgen in zijn vaders voetsporen getreden.

De schilder als zendeling – zaaier van het woord, verlichter van de duisternis – had altijd centraal gestaan in Vincents gedachten over kunst. Tijdens zijn verblijf in Parijs was dit idee wat verstomd door zijn fixatie op stijl, een paar uitzonderingen daargelaten, maar nu was het weer volop aanwezig, mede dankzij Wagner. Deze componist zag zijn werk als een manier om zijn bezorgdheid te uiten over de heersende religieuze dorheid en de behoefte aan spirituele vernieuwing. Dezelfde terminologie weerklinkt bij Benoit waar deze Wagner beschrijft als een 'prediker' die een verlossende, 'troostende' kunst aankondigt als 'menselijk evangelie van de kunst

29
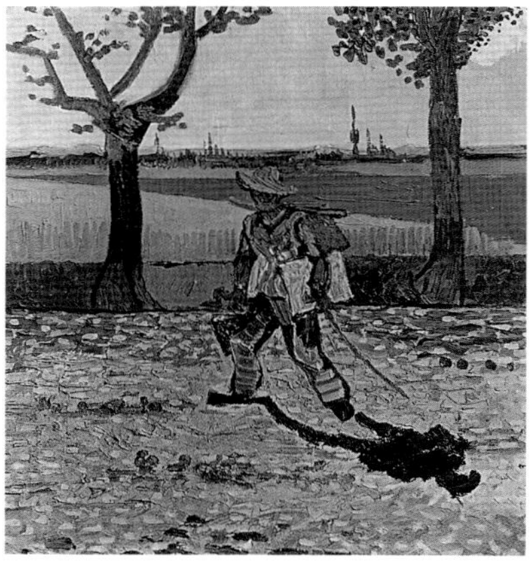

30
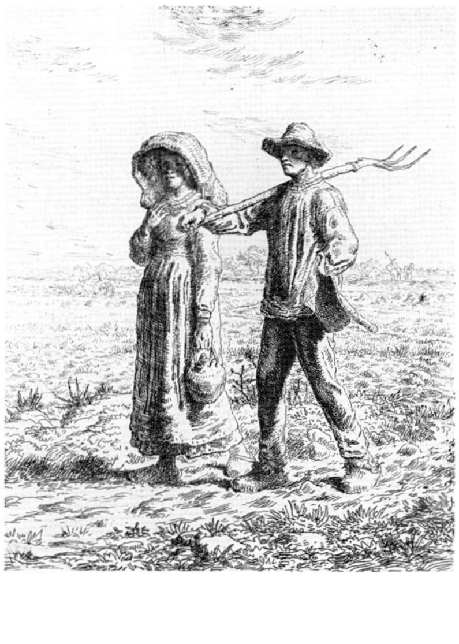

31
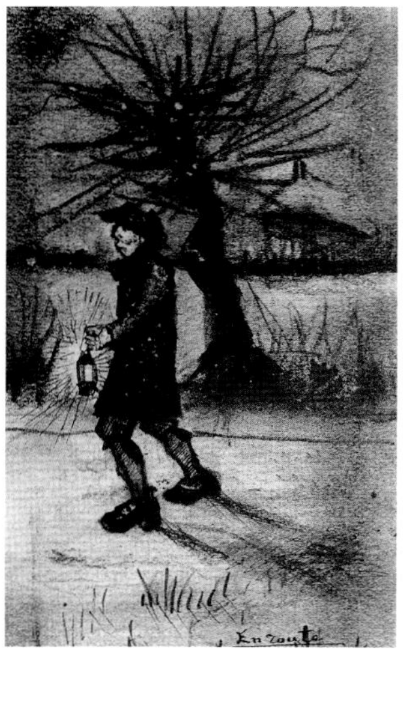

32
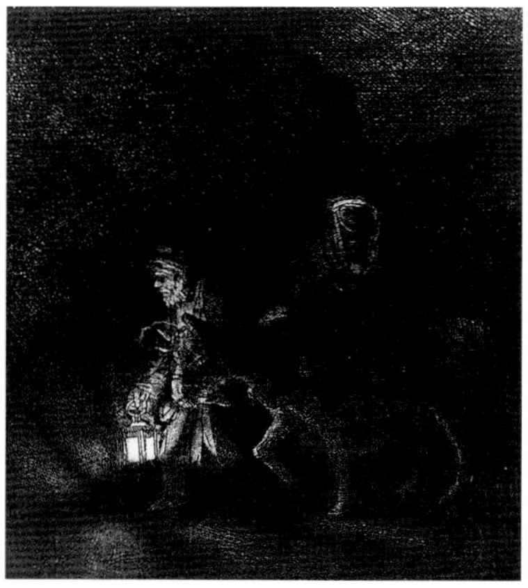

33

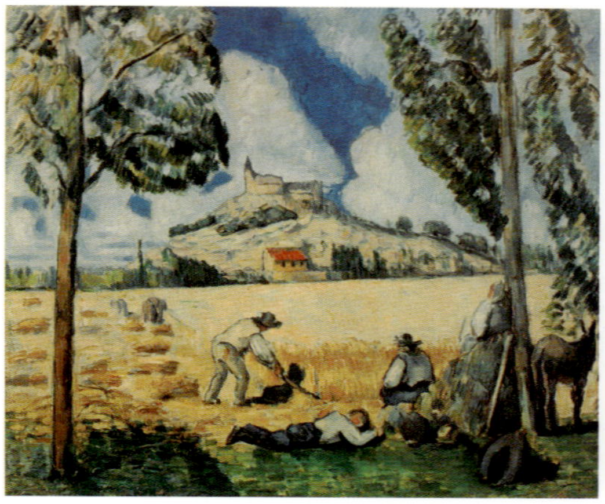

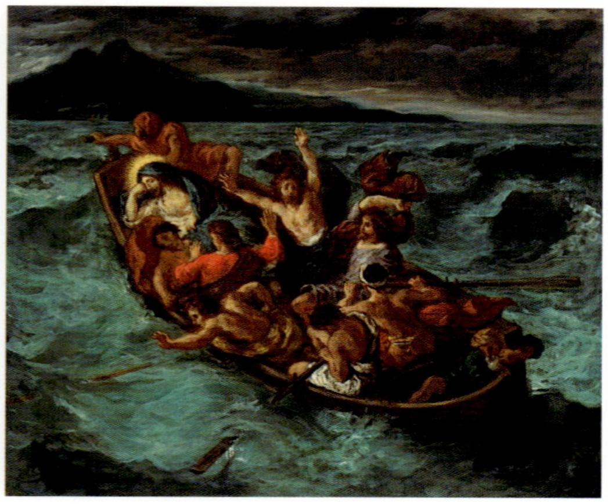

34



van de toekomst.'[91] *De zaaier* is niets anders dan het beeld van de kunst van de toekomst en van haar evangelie. *De zaaier* was duidelijk bedoeld als 'meesterwerk,' Vincents meest ambitieuze onderneming sinds zijn studiejaren in Parijs. De opeengestapelde betekenis en de sinds lang bestaande status van conceptuele maatstaf maakte dit thema voor hem cruciaal. Vanaf het eerste begin voelde hij zich angstig en door twijfels overmand. Hij begon het doek als een schets (*esquisse*), maar vroeg zich onmiddellijk af of hij het niet 'serieus zou moeten nemen en er een geweldig schilderij [*tableau*] van maken.'[92] Telkens wanneer hij het wegzette begon hij er toch weer opnieuw aan. Met een voor hem onkarakteristieke aarzeling bracht hij talrijke veranderingen aan. Hij maakte het spel van de paars-gele complementaire kleuren ingewikkelder door groen en geel aan de lucht toe te voegen en oranje aan de velden. Hij liet de originele houding van de zaaier meer gelijken op die van Millet, wijzigde de positie van de figuur ten opzichte van het schildervlak, veranderde de kleur van zijn kleding en verwijderde afleidende vormen en kleuren aan de horizon. Het stroeve oppervlak van het schilderij getuigt van deze worsteling die voor het grootste deel plaatsvond in de rust van het atelier en niet in een open strijd met de elementen, wat bijzonder was.[93]

Op 28 juni verklaarde hij dat hij het schilderij nu geheel had omgewerkt, maar het karwei nog steeds niet voltooid. 'Zonder twijfel kan er een *tableau* gemaakt worden met dit geweldige onderwerp en ik hoop dat het op een dag gebeuren zal, door mij of door iemand anders.' Een dag later ontving hij een bericht van Theo dat hem afleiding bezorgde van de worsteling. 'Je brief brengt groot nieuws,' antwoordde Vincent, 'namelijk dat Gauguin instemt met het plan.'[94]

Kennelijk had Gauguin de brief gestuurd waarin hij formeel het aanbod aannam dat de broers hem enkele dagen tevoren hadden gedaan. Hij begon nerveus te worden omdat Theo nog niet gereageerd had op zijn eerste antwoord. Hoewel hij zijn marketingproject nog niet losgelaten had, wilde hij zijn kans niet laten schieten.[95] Opnieuw was Theo traag met antwoorden, mogelijk omdat Vincent in zijn ijver om zo snel mogelijk de krachten de bundelen de situatie ingewikkelder had gemaakt met zijn voorstel om zich bij Gauguin in Pont-Aven te voegen. Waarschijnlijker was de achterliggende reden dat Gauguin geen geld had om zijn schulden af te betalen en de reis te bekostigen en dat Theo niet in staat was om dat geld op te brengen. Gauguin was van zijn stuk gebracht door Theo's stilzwijgen en op 8 juli schreef hij opnieuw, met het verzoek om een bevestigend antwoord.[96]

Ondertussen was Gauguin aan een nieuw schilderij begonnen dat, zoals hij aan Schuffenecker vertelde, 'totaal geen Degas [was] [...] Een worstelpartij [*une lutte*] tussen twee jongens bij de rivier, absoluut in de Japanse stijl door een ~~Franse~~ Peruviaanse wilde' (fig. 39).[97] Twee weken later schreef hij Vincent dat hij zijn 'Lutte bretonne' voltooid had en voegde een schets bij (fig. 35) samen met een beschrijving:

Twee jongens, waarvan één met een vermiljoenkleurige broek en de ander met een blauwe. Bovenaan rechts een jongen die uit het water klautert – groen gras – zuiver smaragdgroen, geleidelijk afnemend tot chroomaatgeel: *niet verfijnd* zoals bij Japanse *crépons*. Ook daarboven, een kolkende waterval in rozeachtig wit met een regenboog aan de rand van het doek net naast de lijst. Eronder een witte vlek, een zwarte hoed en een kiel.[98]

Gauguin was er zeker van dat Vincent zijn schilderij mooi zou vinden, niet in de laatste plaats omdat *Jonge worstelaars – Bretagne* een dialoog aangaat met *De zaaier* in algehele opzet en specifieke details. Gauguin had een opvallende 'witte vlek' aangebracht op de voorgrond, geïnspireerd door het oorspronkelijke idee van Vincent om zijn zaaier met een witte broek af te beelden. Niet om het geheel realistischer te laten zijn maar om 'het oog tot rust te laten komen en af te leiden' van de overdadige kleurcontrasten die het doek domineerden. Dit gebruik van wit is direct af te leiden uit Charles Blancs *Grammaire des arts du dessin* (1867), een verhandeling over esthetiek waar Seurat en de neo-impressionisten en ook Gauguin mee bekend waren.[99] Vincents oorspronkelijke nadruk op het verdelen van de compositie in twee zones van fel geel en paars was ook gebaseerd op een theorie. Hoewel Vincent de regels van het neo-impressionisme in acht nam door de rand met complementaire kleuren te schilderen, vergeleek hij *De zaaier* in een brief aan Bernard met de 'geheel primitieve schilderwijze' in oude almanakken, die met zoveel succes het vorige jaar door Anquetin was vastgelegd in een oogststuk. In een aankondiging van hetzelfde schilderij aan Russell bestempelde hij dergelijke ingrepen als 'abstracties' en koppelde zijn betrokkenheid met het 'stijlvolle' aan de Italiaanse primitieven.[100]

Gauguin nam Vincents uitgebreide exegese van *De zaaier* geheel in zich op en betoonde zich 'helemaal met je eens hoe weinig exactheid ertoe doet in de kunst.' Hij bracht zijn eigen schilderij naar voren – dat ogenschijnlijk betrekking heeft op een traditioneel Bretons onderwerp, de worstelwedstrijden die nog steeds gehouden worden op jaarmarkten en feestdagen (zie fig. 38) – en speelde de bal terug: 'Kunst is een abstractie en helaas begrijpt men ons steeds minder. Ik zou heel graag ons doel

35

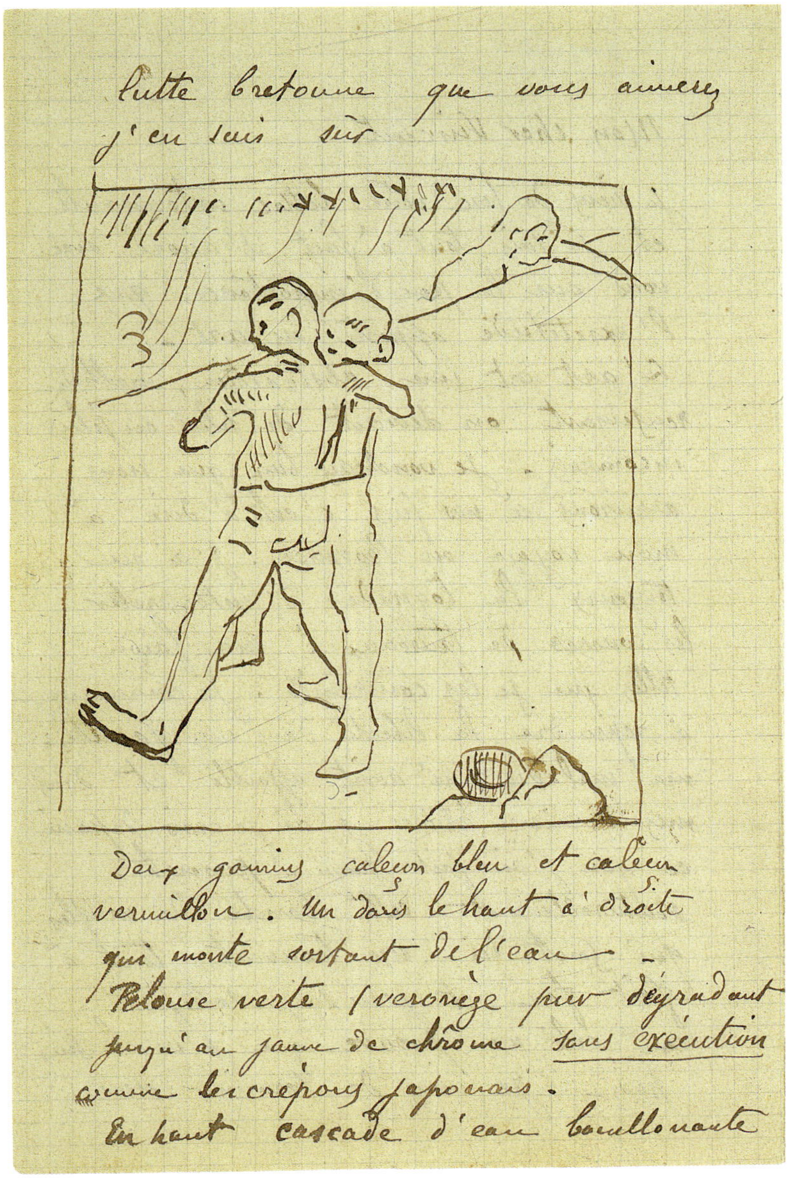
lutte bretonne que vous aimerez
j'en suis sûr
Deux gamins caleçon bleu et caleçon
vermillon. Un dans le haut à droite
qui monte sortant de l'eau.
Pelouse verte (veronèse pur dégradant
jusqu'au jaune de chrome sans exécution
comme les crépons japonais.
En haut cascade d'eau bouillonnante

36

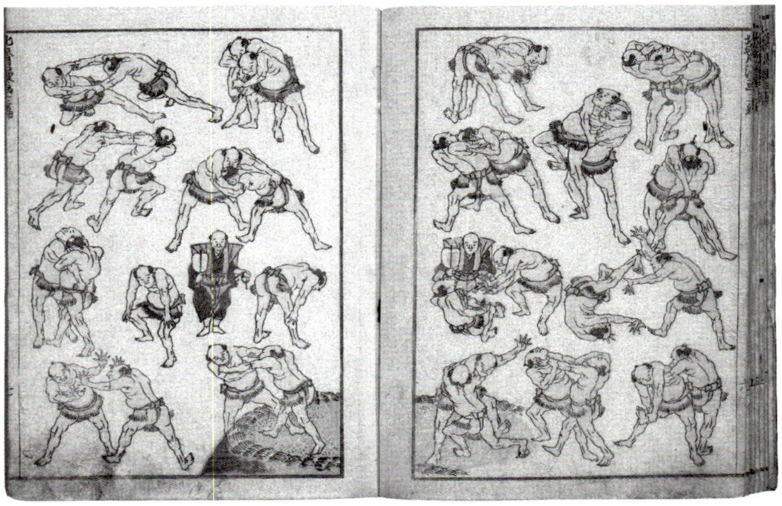

37

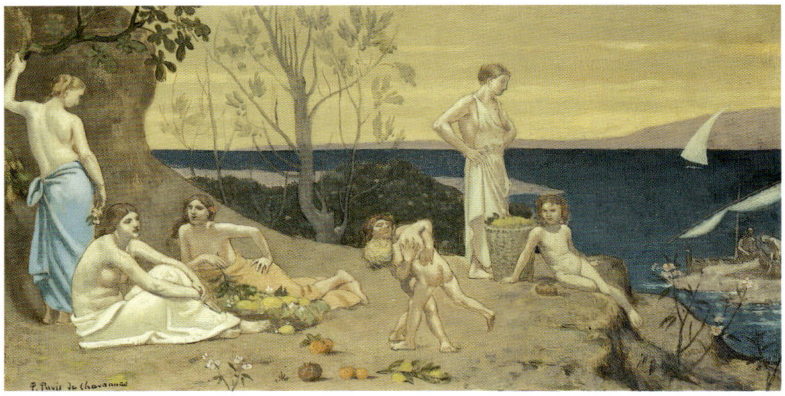

38

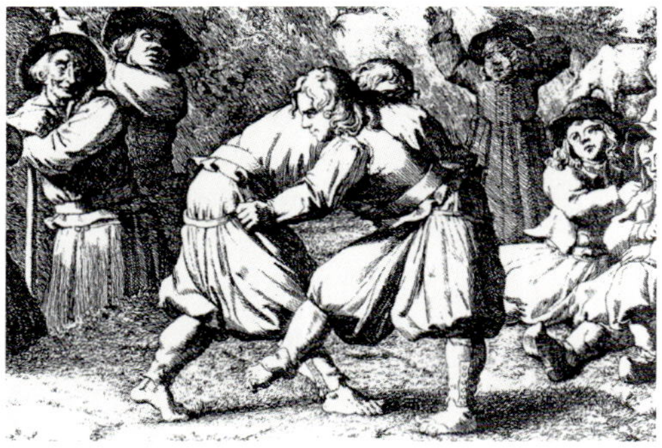

35
Paul Gauguin
Schets van *Jonge worstelaars – Bretagne* in een brief aan Vincent
[ca. 24/25 juli 1888]
(M 1984, brief 158)
Van Gogh Museum, Amsterdam (Vincent van Gogh Stichting)
Cat. 30

36
Katsushika Hokusei (1760–1849)
*Worstelaars* uit *De schetsen van Hokusai* (Nagoya/Edo 1816), dl. 3, pp. 6 verso, 7 recto
The Art Institute of Chicago, Martin Ryerson Collection, 2577
Cat. 147

37
Pierre Puvis de Chavannes (1824–1898)
*Bekoorlijk land*
1882
Olieverf op doek
25,8 × 47,3 cm
Yale University Art Gallery, New Haven, Connecticut, The Mary Gertrude Abbey Fund

38
O. Perrin (Frankrijk; 1761–1832)
*Bretonse spelen* uit *Galerie des Moeurs: Usages et costumes des Bretons* (Paris 1808)
Bibliothèque Nationale, Parijs

39
Paul Gauguin
*Jonge worstelaars – Bretagne (Jeunes Lutteurs – Bretagne)*
Juli 1888 [W273]
Olieverf op doek
93 × 73 cm
Privé-collectie
Cat. 29

willen bereiken, dat wil zeggen mijn reis naar de Provence.'[101] Er school waarheid in Gauguins bewering dat zijn laatste werk 'dat wat ik tot nu toe heb gedaan overtreft.' Uit een vergelijking tussen *Jonge worstelaars – Bretagne* en *Jonge Bretonse baders* uit 1886 (hfdst. 2, fig. 25) blijkt hoezeer hij was opgeschoven van impressionistische modellen naar wat hij nu een abstracte, synthetische stijl noemde. Maar er is ook een verschil met recente schilderijen zoals *Bretonse dans* van slechts enkele weken daarvoor, dat Gauguins bewuste distantie nog verder onderstreept en zijn defensieve houding verklaart bij zijn bewering tegenover Schuffenecker dat het werk niet leek op Degas.[102] Wat de *Worstelaars* tot een regelrechte doorbraak maakt – een soort stilistisch exorcisme dat Gauguin wel met zijn keramiek had bereikt maar nog niet in zijn schilderkunst – is het opzettelijk opnemen van een door Vincents enthousiasme voor Japan beïnvloed primitivisme.

Vincent had Bernard en Theo al overtuigd van de praktische betekenis van Japanse prenten voor kunstenaars. Gauguin, op zijn beurt, was reeds lang op de hoogte van de Japanse kunst (in een vroeg stilleven komt een karakteristiek album voor, mogelijk behorend tot Hokusei's *manga*-reeks uit 1815) maar nooit tevoren had hij zich zo duidelijk deze stijlkenmerken eigen gemaakt.[103] Wellicht raadpleegde hij een bladzijde van de *manga* (zie fig. 36) voor de figuren van de worstelaars. Hij keek wellicht nauwkeurig naar de compositorische principes van Japanse houtsneden voor de vereenvoudigde ruimte waarin hij de

39

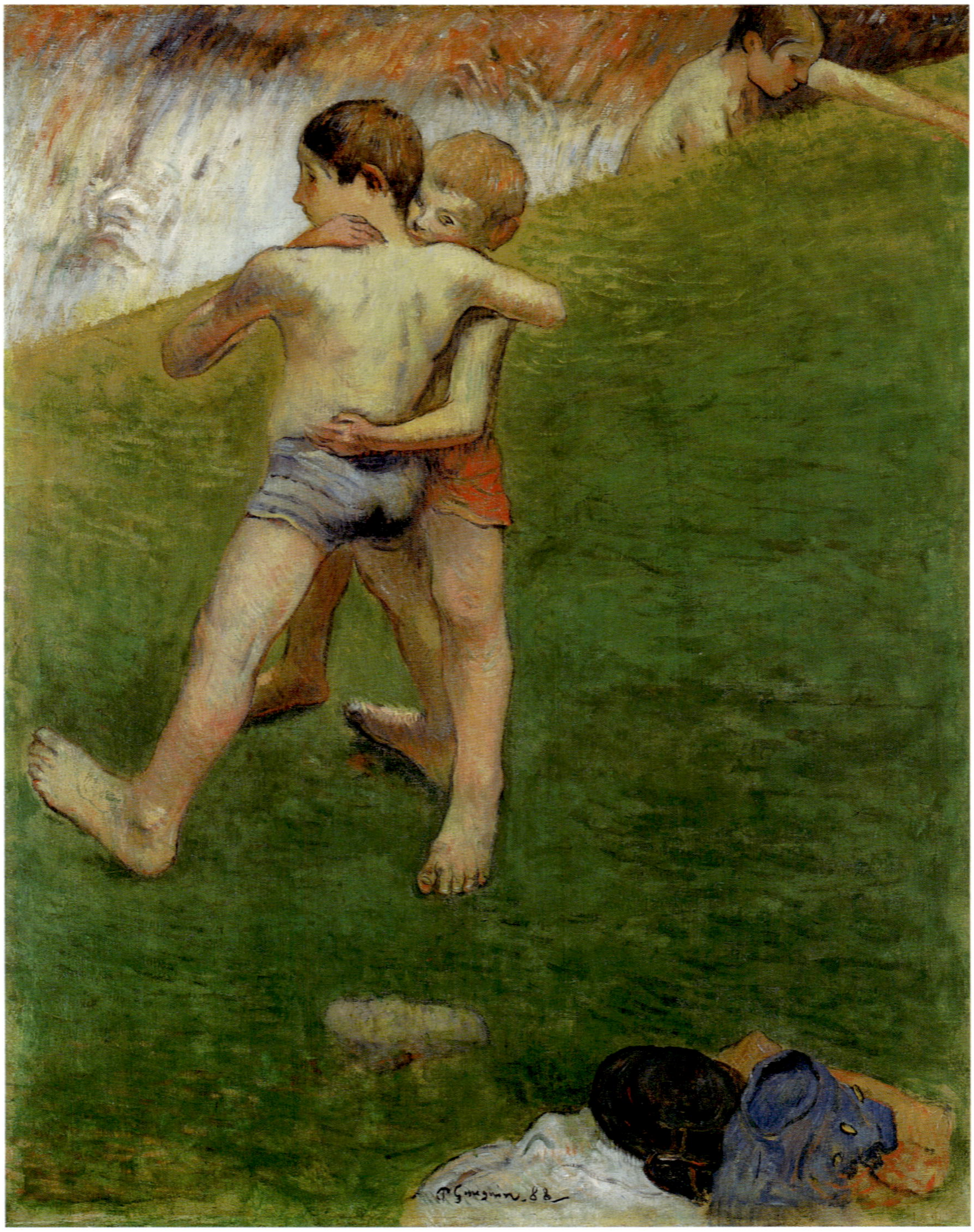

57

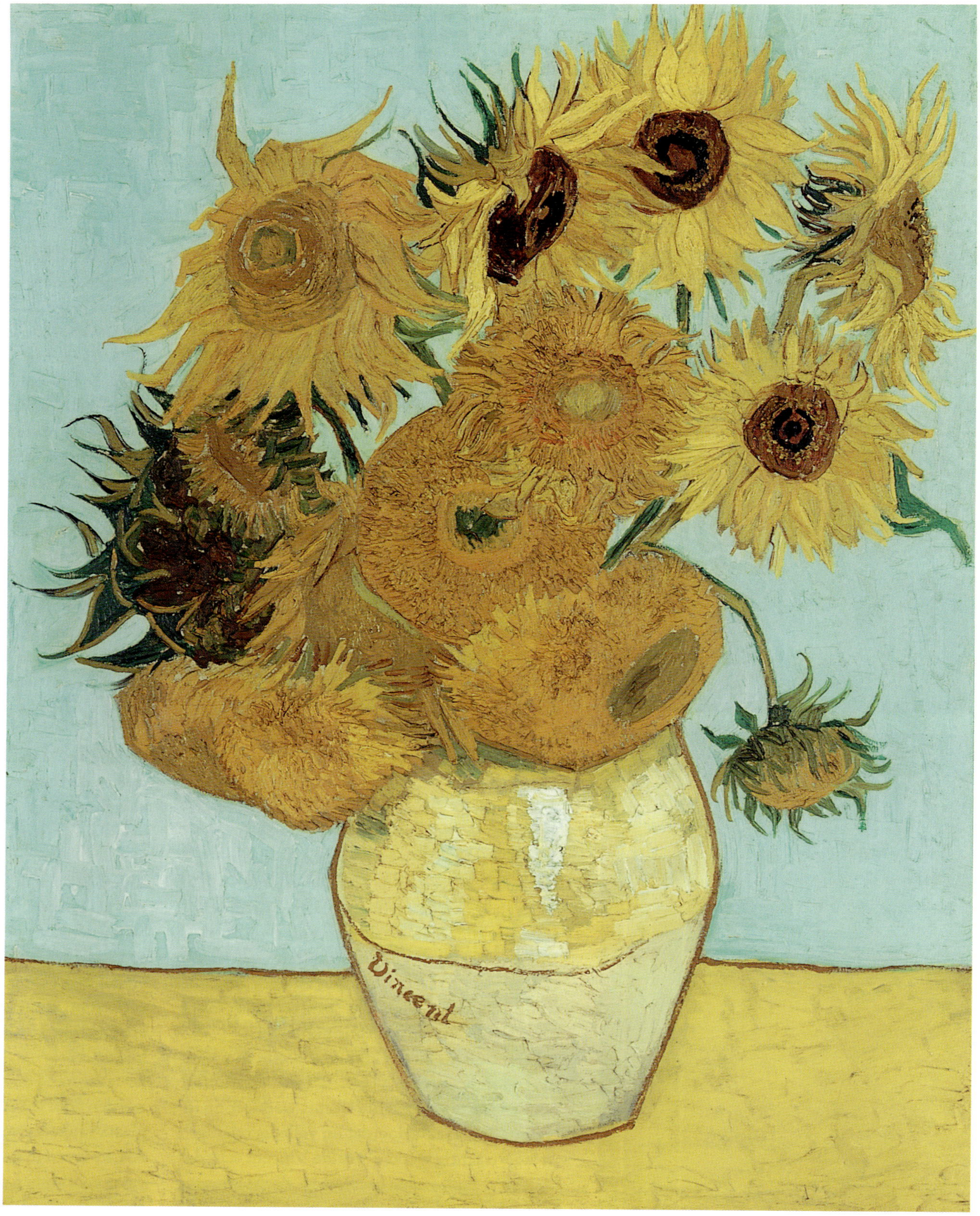


57
Vincent van Gogh
*Zonnebloemen*
Eind aug. 1888
[F 456, JH 1561]
Olieverf op doek
91 × 71 cm
Neue Pinakothek,
München

58
Vincent van Gogh
*Zonnebloemen*
Eind aug. 1888
[F 454, JH 1562]
Olieverf op doek
93 × 73 cm
The National
Gallery, Londen
Cat. 61

58

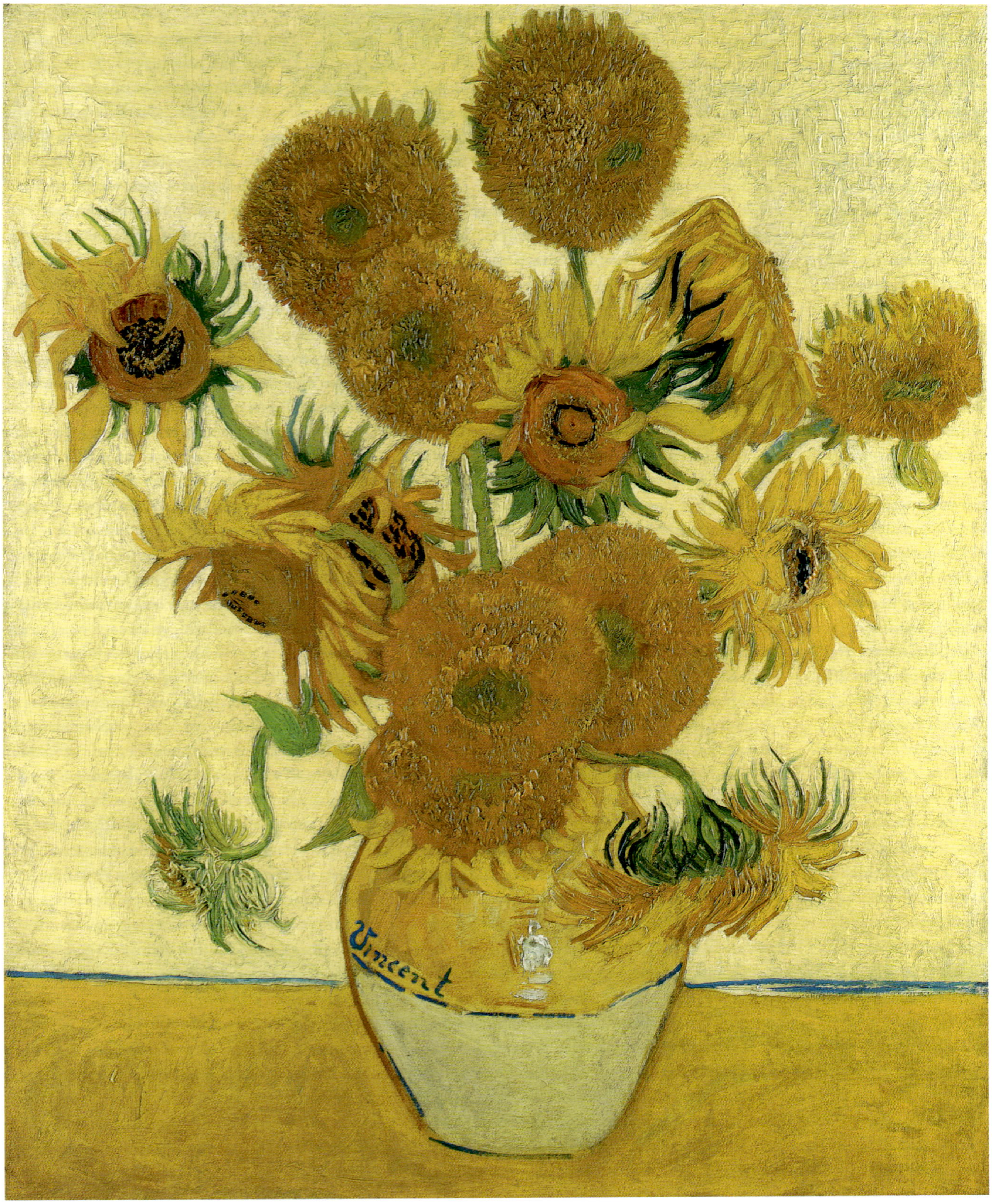

werkwijze van toeëigening meer tot uiting in Gauguins kunst dan in zijn geschriften. Het meest spectaculaire voorbeeld hiervan vormt het schilderij dat nu gezien wordt als een doorbraak in de ontwikkeling van de moderne kunst. Gauguin begon na Bernards aankomst te werken aan *Visioen van de preek* (fig. 59) en voltooide het doek, zoals hij Vincent meedeelde, in de laatste week van september.[172]

Over de originaliteit van het *Visioen* wordt al sinds 1891 gediscussieerd, toen criticus Albert Aurier zich op dit werk beriep om aan Gauguin de uitvinding van het visuele symbolisme toe te schrijven. Volgens Aurier geeft deze stijl de voorkeur aan de ideeënwereld boven een naturalistische weergave. Bernard maakte eveneens aanspraak op die toeschrijving, vanwege een doek dat hij eerst *Bretonse vrouwen in de weide* (fig. 60) noemde. Ergens voor 1892 voegde Bernard de omschrijving *De pardon in Pont-Aven* toe, waarmee hij aangaf dat het gaat om deelnemers aan het jaarlijkse religieuze festival van het stadje.[173]

Bernard bleef lang geboeid door dit soort 'rustieke' schouwspelen. Dat was op zich geen bewijs van originaliteit, aangezien ook mensen als Dagnan-Bouveret (zie hfdst. 2, fig. 33) deze voorliefde deelden. *Bretonse vrouwen* onderscheidt zich daarentegen door de wijze van schilderen. Het werk draagt een duidelijk stempel van de 'émail-cloisonné' stijl die Bernard en Anquetin kort daarvoor in Parijs hadden uitgeprobeerd: strakke contouren en matte tinten die doen denken aan middeleeuws email, het maaswerk van glas-in-loodramen, evenals recentere bronnen die 'primitief' geacht werden zoals Japanse houtsneden en prenten uit Epinal.[174] Gauguin maakte bij het *Visioen* gebruik van vergelijkbare cloisonné en compositorische werkwijzen. Hij maakte een egale achtergrond zonder horizon, liet de voorgrond scherp hellen om verwarrende schaalverhoudingen te creëren, gaf nadrukkelijk scherpe contouren aan de figuren en legde nadruk op het decoratieve aspect van de Bretonse kapjes. Ondanks deze stilistische overeenkomsten verschilt het algehele effect van het *Visioen* van de *Bretonse vrouwen*. Dit verschil wordt duidelijker door een nader onderzoek van de manier waarop de twee kunstenaars in hun werk naar Japanse prenten verwezen. Gauguins compositie wordt in tweeën gedeeld door een Hiroshige-achtige boomstam waardoor een grotere dieptewerking en een complexer gebruik van de ruimte onstaat. De boomstam heeft ook een conceptuele functie

59

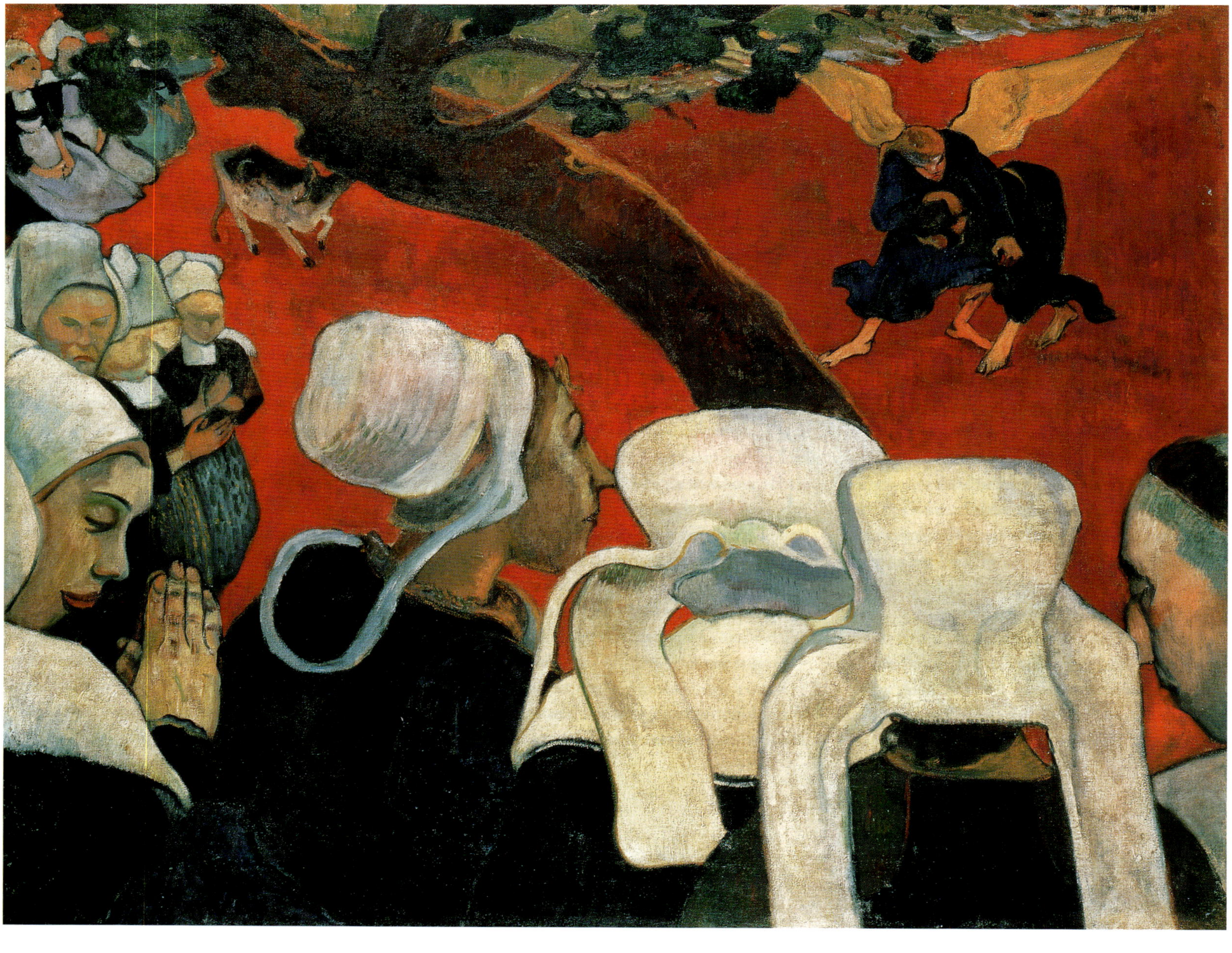

60

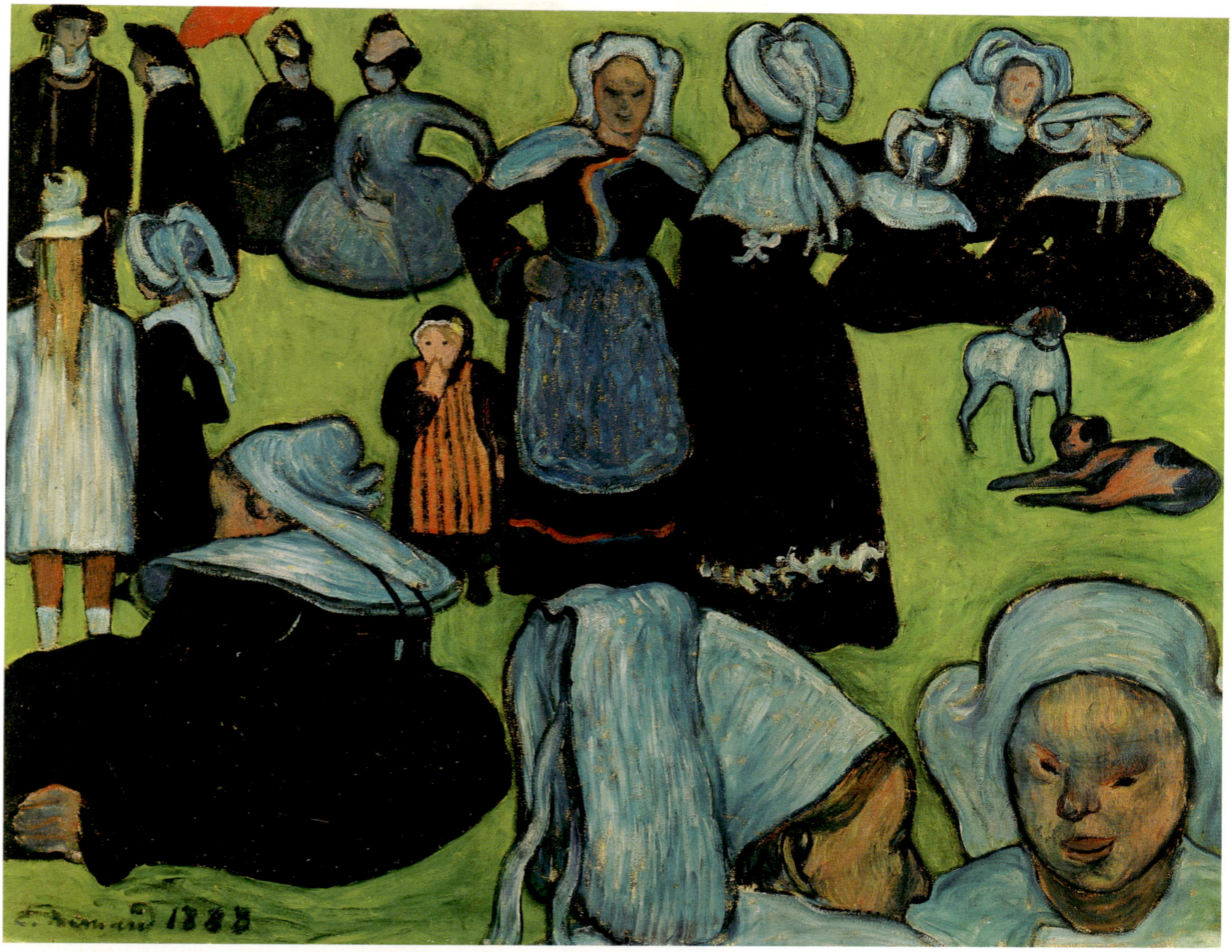

61

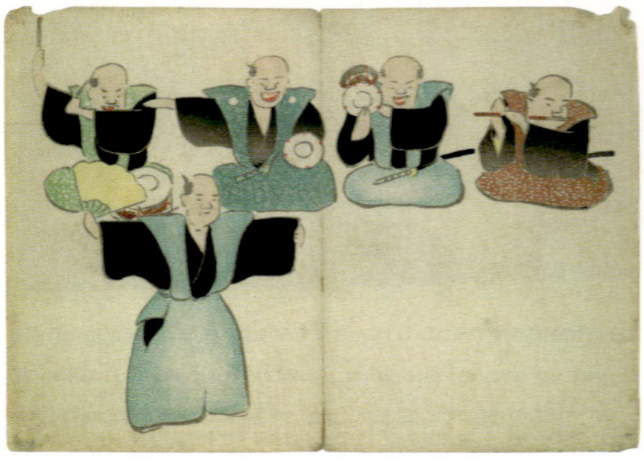

59
Paul Gauguin
*Visioen van de preek*
*(Vision du sermon)*
Half aug. – half
sept. 1888
[W 245]
Olieverf op doek
73 × 92 cm
National Gallery of
Scotland, Edinburgh
Cat. 31

60
Émile Bernard
*Bretonse vrouwen in de weide (De Pardon in Pont-Aven)*
*(Les Bretonnes dans la prairie [Bretonnes au pardon])*
Aug. 1888
Olieverf op doek
74 × 92 cm
Privé-collectie
Cat. 26

61
Ogata Kōrin
(Japan; 1658–1716)
*Muzikanten* uit *Het schilderboek van Kōrin*
(Edo 1802),
dl. 1, pp. 9 verso,
10 recto
The Art Institute of
Chicago, Martin
Ryerson Collection,
31292–95
Cat. 146

beschreef als de 'straat van de lieve vrouwtjes,' de hoerenbuurt van de Rue du Bout d'Arles, aan de andere kant van de stadsmuren (zie kaart, fig. 19).[210] Hij zette zijn ezel op naar het zuidwesten met de lichtblauwe klokkentoren van Saint-Trophîme net zichtbaar links aan de horizon. In juli schilderde hij een vergelijkbaar gezicht op het park (fig. 67) ter ere van een klein stukje bedwongen natuur in de geest van Alphonse Karrs *Voyage autour de mon jardin* (1845) (zie fig. 68), een overpeinzing over de wonderen van het alledaagse die hij sinds lang bewonderde. Hoewel het dezelfde scène betreft was Vincents gezichtspunt veranderd. Hij had heel beslist te kennen gegeven dat zijn aspiraties als een rode draad vorm moesten geven aan het Gele Huis: 'Als men met wat men aan het doen is een glimp van de eeuwigheid kan opvangen en als men ziet dat zijn een eigen bestaansreden heeft en nog verder gaat dan dat, dan werkt men veel rustiger.' Met of zonder Gauguin zou hij aan het nageslacht een atelier-schuiloord nalaten waar een 'opvolger' zou kunnen wonen. Die visie op de toekomst kwam geloofwaardig over vanwege het bestaan van voorlopers.[211]

Vincent probeerde bewust om in zijn schilderij te zinspelen op de vroege 14de -eeuwse renaissance ter plaatse, en meer specifiek op één van de grondleggers, de dichter Petrarca, die tussen 1351 en 1361 in Avignon gewoond had. Vincent was erg onder de indruk geraakt door een recent artikel over Petrarca en zijn jongere vriend en protégé Boccaccio, die beiden de taak op zich hadden genomen om de traditie van Virgilius weer tot leven te brengen.[212] In de geïdealiseerde bewoordingen van de auteur vormde hun verstandhouding een gepassioneerde geestelijke en intellectuele band tussen twee zeer verschillende persoonlijkheden waarbij de lichamelijke liefde geheel overstegen werd. De joviale en sociaal voelende Petrarca was de enige echte vriend van de meer eenzelvige Boccaccio die de oudere man als zijn mentor en gids zag. Zelf oefende Boccaccio ook een positieve invloed uit op zijn vriend door hem ertoe te bewegen zijn langgekoesterde angst voor Dante's invloed te overwinnen en de *Divina Commedia (Goddelijke Komedie)* te gaan lezen. Beiden vonden de Kerk in hun tijd decadent en bewonderden de zuiverheid van het kloosterleven. Maar bovenal werd hun vriendschap gevoed door hun gemeenschappelijke overtuiging van de verheven positie van de dichter en hun geloof in de openbarende kracht van de poëzie. Hun verstandhouding was ondanks lange periodes van scheiding zeer hecht. In Padua brachten ze na het werk hun vrije avonden door in Petrarca's kleine tuin; wanneer Petrarca naar Avignon ging en Boccaccio in Italië bleef, voerden ze een continue briefwisseling waarbij de ideeën vrijelijk over en weer gingen en verschillen van mening getolereerd werden.[213] Ze hielpen elkaar als artistieke pioniers in het realiseren van hun talent.

Met Vincents voorkeur in gedachten is het duidelijk waarom het hem zo aantrekkelijk leek om zijn plannen voor een zuidelijke renaissance symbolisch te koppelen aan een eerdere renaissance die gevoed was door vriendschap en samenwerking. In zijn poging om dit voorbeeld op te roepen door het thema van de tuin te gebruiken, ging hij voorbij aan het feit dat de Provence een zeer marginale rol speelt in de geschiedenis van Petrarca en Boccaccio en dat de situering in een tuin bijkomstig is. Hij voelde zich sterk verbonden met Petrarca door de gedeelde ervaring met het landschap van de Provence en hij was zich bewust van de symbolische lading die tuinen vanaf de middeleeuwen tot aan Zola's Paradou hadden gehad.[214] Hij plantte er zijn eigen symbolen in, te beginnen met een bloeiende oleanderstruik.

Vincent verbond zijn eigen associatie van deze bloem met de *mousmé* en haar Franse collega-prostituees in de buurt met Boccaccio's bekende voorliefde voor deze vrouwenschaar. Zo meende hij een 'vleugje Boccaccio' in zijn tuin te hebben geïntroduceerd.[215] De meer metaforische betekenis van dit werk hield verband met zijn bedoeling om het Gele Huis te veranderen in een 'kunstenaarshuis.' Dit idee was gedeeltelijk gebaseerd op Edmond de Goncourts *La maison d'un artiste* (1881), waarin gesproken werd over een *jardin de peintre*, een plaats om te schuilen wanneer dromen kapot zijn of de moed je in de schoenen zinkt. Een vergelijkbare symbolische betekenis beïnvloedde Vincents schilderijen van wat hij beschreef als de '*jardin d'un poète*.'[216]

In werkelijkheid was hij niet zeker van die ideale verhouding van leraar en leerling waar de schilderijen op doelen. Naast de oleander die voor Boccaccio stond (de rol waarin hij zichzelf herkende) doorbrak Vincent de zonnige sfeer van het doek door een 'treurboom' toe te voegen – net als de cipres een teken van rouw en dood – waardoor een bang voorgevoel gesuggereerd wordt.[217] Zijn groeiende verdenking dat Gauguin niet vanwege financiële problemen zijn vertrek had uitgesteld maar omdat hij een 'andere combinatie in gedachten' had vormde een bedreiging voor de gemoedsrust die hij hoopte te voelen en te laten zien.[218] Dit toverde een andere tuin tevoorschijn, vol met wanhoop en verraad. Binnen enkele dagen na de

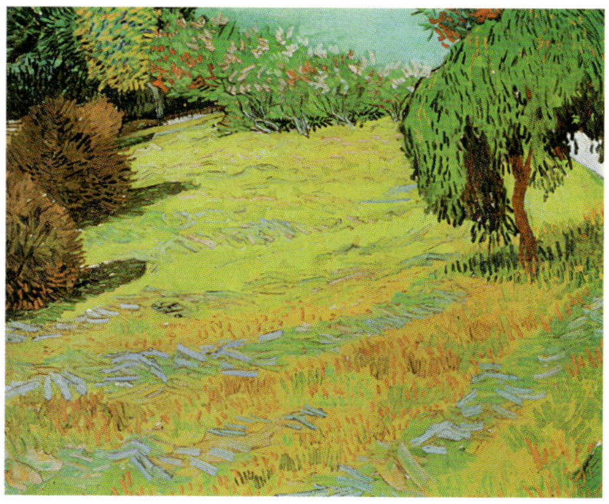
67

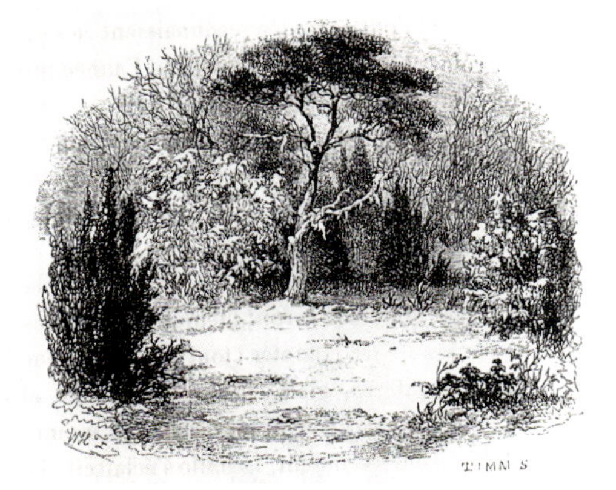

68

69

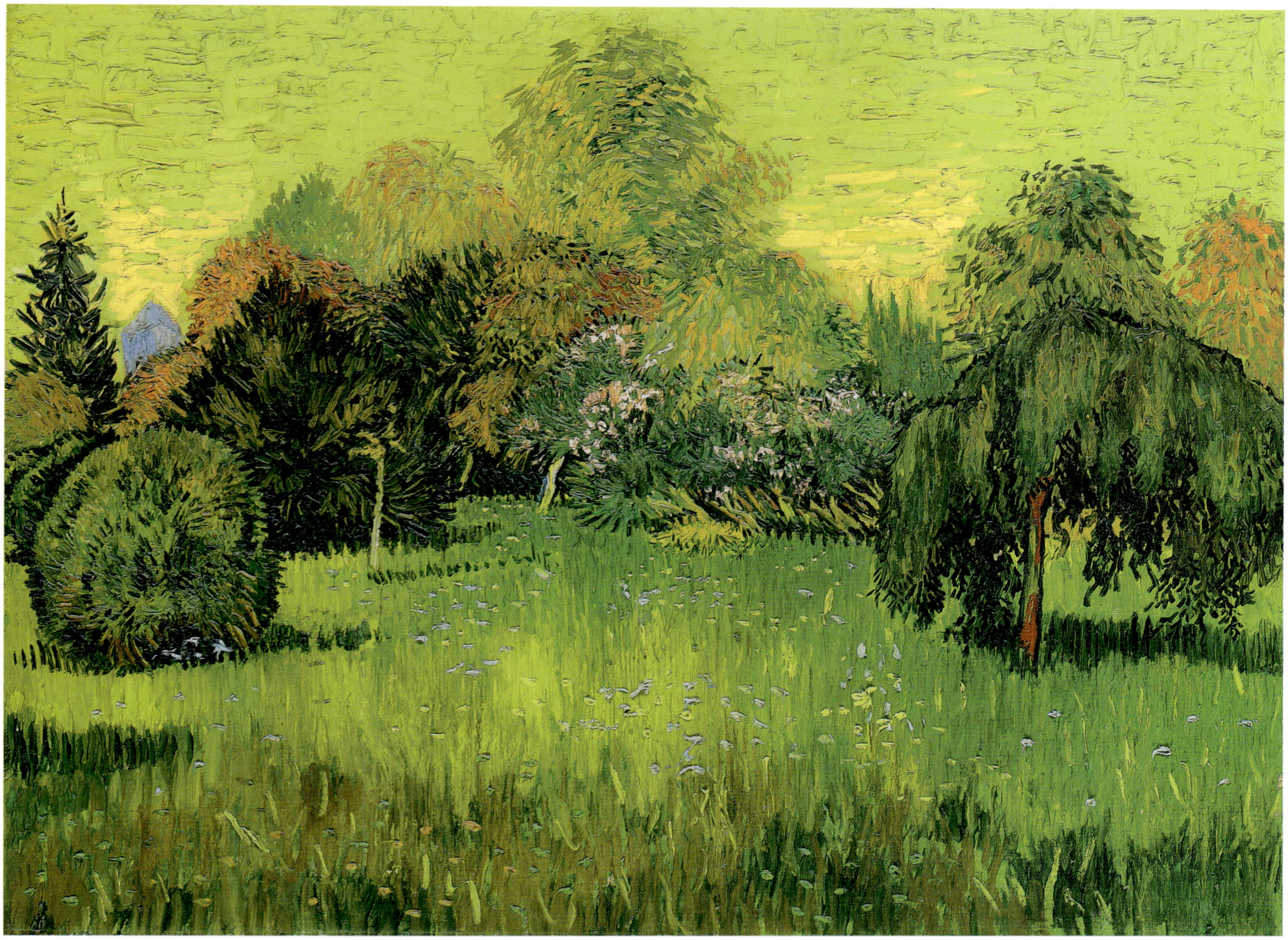

voltooiing van *De tuin van de dichter* schreef Vincent:

Ik heb voor de tweede keer een studie van een Christus met de engel in de Hof van olijven afgekrabd – omdat ik hier echte olijfbomen zie. Maar ik kan, of liever gezegd, ik wil het niet schilderen zonder modellen, maar ik heb dat in mijn hoofd met kleur, de sterrennacht, de figuur van Christus in blauw – de krachtigste blauwe tinten – en de engel in gebroken citroengeel. En in het landschap alle violette tinten van bloedrood purper tot askleur.[219]

Net als eerst ging Vincent de diepere betekenis van zijn onderneming uit de weg, door alleen te wijzen op de problemen die hij ondervond bij het schilderen van figuren zonder een model.

Kort daarna begon hij de ontbrekende puzzelstukjes in te vullen door te verklaren dat hij niemand zou smeken om voor hem te poseren omdat hij zich niet wilde gedragen 'zoals Zola's aardige schilder in *L'Oeuvre*.' Dit verwees naar een vroege episode in de roman waarin Claude de vrouw die later zijn metgezellin zal worden letterlijk smeekt om voor hem te poseren. Het resultaat hiervan is een mislukt meesterwerk: een realistisch stadstafereel met in het midden een vrouwelijk naakt dat de Stad voorstelt. Bij de toeschouwers roept het verbijsterde en zelfs woedende reacties op. Overduidelijk had Vincent deze episode in gedachten toen hij op Claude's model een andere verwijzing naar diens meesterwerk liet volgen: 'In zijn boek schrijft Zola niet hoe de mensen die niets bovennatuurlijks in het schilderij zagen zich gedroegen. Maar we moeten geen kritiek hebben op Zola's boek.' In *L'Oeuvre* wordt het werk door Sandoz bekritiseerd vanwege de vermenging van realisme en 'wilde, fantastische symboliek.' Het vormt een bewijs voor de benarde toestand van hedendaagse kunstenaars: in hun pogingen om het overdreven navelstaren van de romantici van zich af te schudden omarmden ze een wetenschappelijk beïnvloed realisme. Maar door hun pessimisme kwamen geleidelijk 'oude godsdienstige angsten' weer bovendrijven, die hen in de richting van zweverige 'mystieke en bovennatuurlijke zaken' dreven. Uiteindelijk verviel Claude tot waanzin omdat hij vergat dat wetenschappelijk gebaseerde 'waarheden en de natuur zelf de enig mogelijke peilers en de werkelijk sturende factoren in de kunst zijn.'[220] Voor Vincent was de overeenkomst tussen

67
Vincent van Gogh
*Park met treurboom*
5 juli 1888
[F 428, JH 1499]
Olieverf op doek
60,5 × 73,5 cm
Privé-collectie

68
Vignet van Alphonse Karr,
*Voyage autour de mon jardin*, Paris, 1851 ed.

69
Vincent van Gogh
*De tuin van de dichter (Le Jardin du poète)*
Half september 1888
[F 468, JH 1578]
Olieverf op doek
73 × 92,1 cm
The Art Institute of Chicago, Mr. en Mrs. Lewis Larned Coburn Memorial Collection, 1933.433
Cat. 63

Claude's mislukte meesterwerk en zijn eigen twee mislukte *Gethsemane's* overduidelijk, maar hij was het oneens met twee van Zola's uitgangspunten. Hij geloofde dat liefde en religie – zij het niet in hun traditionele vorm – een noodzakelijk tegengif vormden tegen scepsis en het 'vreselijke lijden dat tot wanhoop voert.'[221] Hoewel hij volmondig instemde met de gevaren van het schilderen van figuren zonder een model, had hij dat ondertussen tweemaal gedaan, zonder succes. In wezen klonk in Zola's woorden de beroemde uitspraak van Gustave Courbet door: 'Ik kan geen engel schilderen want ik heb er nooit een gezien.' Courbet gaf eens een leerling het advies om geen Christus te schilderen tenzij hij Hem persoonlijk kende.[222] Vincent bleef volhouden dat het mogelijk moest zijn voor de moderne kunst om religieuze onderwerpen te behandelen in een realistische stijl. Hij suggereerde dat er toeschouwers geweest moesten zijn 'die niets bovennatuurlijks' in Claudes schilderij hadden gezien. Tevens betoogde hij dat 'Rembrandt niets bedacht en die engel en die vreemde Christus [zie fig. 45] kwamen tot stand omdat hij ze kende en voelde dat ze er waren.' Natuurlijk was Rembrandt een buitengewoon visionair mens. Op zijn eigen zoektocht naar een hogere werkelijkheid durfde Vincent het aan om een vergelijkbaar scenario te bedenken waarin hij zijn dromen zo intens beleefde dat er een werkelijkheid uit voortkwam, klaar om geschilderd te worden. Hij sprak over de 'verschrikkelijke helderheid' die hij ervoer tijdens het schilderen en dat hij 'alle besef van zichzelf verloor' zodat 'het schilderij tot mij komt als in een droom.'[223]

Zijn *Gethsemane* was een droom over kunstzinnig martelaarschap, dat Christus en Monticelli omvatte en bij uitbreiding ook hemzelf. Het geldt als een immens belangrijk experiment kort na de tuin-schilderijen die Vincents symbolische realisme illustreren door de aanwezigheid van persoonlijke en conventionele symbolen om een diepere betekenis over te brengen. Ofschoon het zijn bedoeling was dat zijn schilderijen onmiddellijk begrepen werden, zoals hij uitlegde bij de *Zonnebloemen*, zou de duidelijk aanwezige symboliek van een schilderij als *De tuin van de dichter* onbegrijpelijk blijven zonder de informatie in zijn brieven over zijn privé-leven. Een onderwerp als Gethsemane was zo aanlokkelijk vanwege de eenvoudige wijze waarop het in beelden vertaald kon worden en omdat het makkelijk zielesmart kon uitdragen.

Hoe Vincents droom van een Gethsemane zich verhoudt tot Gauguins *Visioen* is onduidelijk. Pas begin oktober deelde Vincent Bernard mee dat hij dit 'belangrijke doek' meedogenloos had vernietigd samen met een compositie van een 'dichter tegen een sterrenhemel' die hij eveneens zonder model geschilderd had.[224] Het lijkt er dus op dat Gauguin niet op de hoogte was van Vincents meest recente poging om een religieus onderwerp aan te pakken toen hij in de laatste week van september de voltooiing van zijn eigen *Visioen van de preek* aankondigde. In beide schilderijen werden niettemin vragen gesteld bij de kenmerken van het Realisme. Zola's beeld van Claude die worstelde met 'de Werkelijkheid,' zoals Jacob met de engel, vond weerklank in Gauguins idee van een 'lutte contradictoire' en in Vincents opmerkingen uit zijn Hollandse jaren over het 'lang genoeg worstelen met de natuur om haar haar geheim te ontfutselen.'[225] Het geheim waar het hier nu om draaide was niets minder dan 'het grote mysterie van het leven' dat de kunstenaars in opdracht van Carlyle moesten ontsluieren door 'naakt te worstelen met de waarheid der dingen.' Gauguin maakte een suggestie in deze richting door te berichten dat bij het maken van het *Visioen* 'alle mogelijke manieren van vechten' te pas waren gekomen en dat hij nu aan het uitrusten was.[226]

In dezelfde brief reageerde Gauguin op Vincents eindelijk geuite verdenking dat hij van plan zou zijn om een rivaliserende onderneming te beginnen, een 'Atelier van het Noorden.' Na deze gedachte te hebben verworpen, veegde Gauguin Vincent stevig de mantel uit over het feit dat deze maar bleef aandringen op een vertrek naar Arles terwijl Gauguin in feite geen geld had. Had hij zich niet reeds plechtig verbonden met het project? Hij kon toch niet overwegen, zoals Vincent schijnbaar suggereerde, om de mensen die hem zo vriendelijk krediet hadden verleend te laten zitten en daarom zou hij in Pont-Aven moeten blijven totdat hij het zich kon veroorloven om te vertrekken.[227] Tegenover Vincents bezorgde aandringen betoonde hij zich kalm doch standvastig. Als Vincent niet kon wachten en het project wilde laten varen moest hij hem dat zo snel mogelijk laten weten. Wel stelde hij aan Theo voor om de prijs van zijn schilderijen te laten zakken om kopers aan te trekken. Hij was bereid om offers te brengen.

Op even standvastige wijze handelde Gauguin een andere zaak af die Vincent sterk bezig hield: de portretten die hij wilde hebben voor het Gele Huis bij afwezigheid van de personen in kwestie – 'het portret van Bernard door Gauguin en dat van G. door B.' Vincent liet duidelijk weten ervan uit te gaan dat zulke portretten al bestonden, aangezien dat een bewijs zou vormen voor de serieuze bedoelingen van zijn vriend. Toen hij van Bernard hoorde dat dit echter niet het geval was reageerde hij verontwaardigd: 'Dat noemt zich portretschilders! Dat leeft al zolang in elkaars nabijheid, dat wil niet voor elkaar poseren en dat gaat uit elkaar zonder elkaar geportretteerd te hebben!'[228] Bij lezing van deze brief was Gauguin zwaar gepikeerd over het feit dat hij van luiheid werd beschuldigd. *Vrienden*, zo tierde hij, worden niet kwaad op elkaar. Hij zou het portret dat Vincent verlangde gaan maken, 'maar *nog* niet.' Wat hem voor de geest stond was geen kopie van de gelaatstrekken van zijn model maar een diepzinniger gelijkenis gebaseerd op zijn kennis van het onderwerp. Voorlopig 'ben ik kleine Bernard aan het bestuderen en heb ik hem nog niet te pakken.' Hij verbeeldde zich dat het idee voor een portret hem ineens te binnen zou schieten en dat hij het waarschijnlijk uit zijn geheugen zou schilderen. Het resultaat zou in ieder geval 'een abstractie' zijn.[229]

Gauguins brief stelde Vincent gerust. Hij was er nu van overtuigd dat Gauguin naar Arles zou komen en, mijmerde hij tegen Theo, zelfs om daar 'wortel te schieten.' Vincent schatte dat Gauguins medewerking 'met 100 procent' het belang zou verhogen van 'deze poging om in het Zuiden te schilderen.' Zijn hervonden optimisme kwam ook tot uiting in de pas voltooide schilderijen waarvan hij in dezelfde brief melding maakte. Eén doek behelsde een sterrenhemel boven de Rhône en was

70

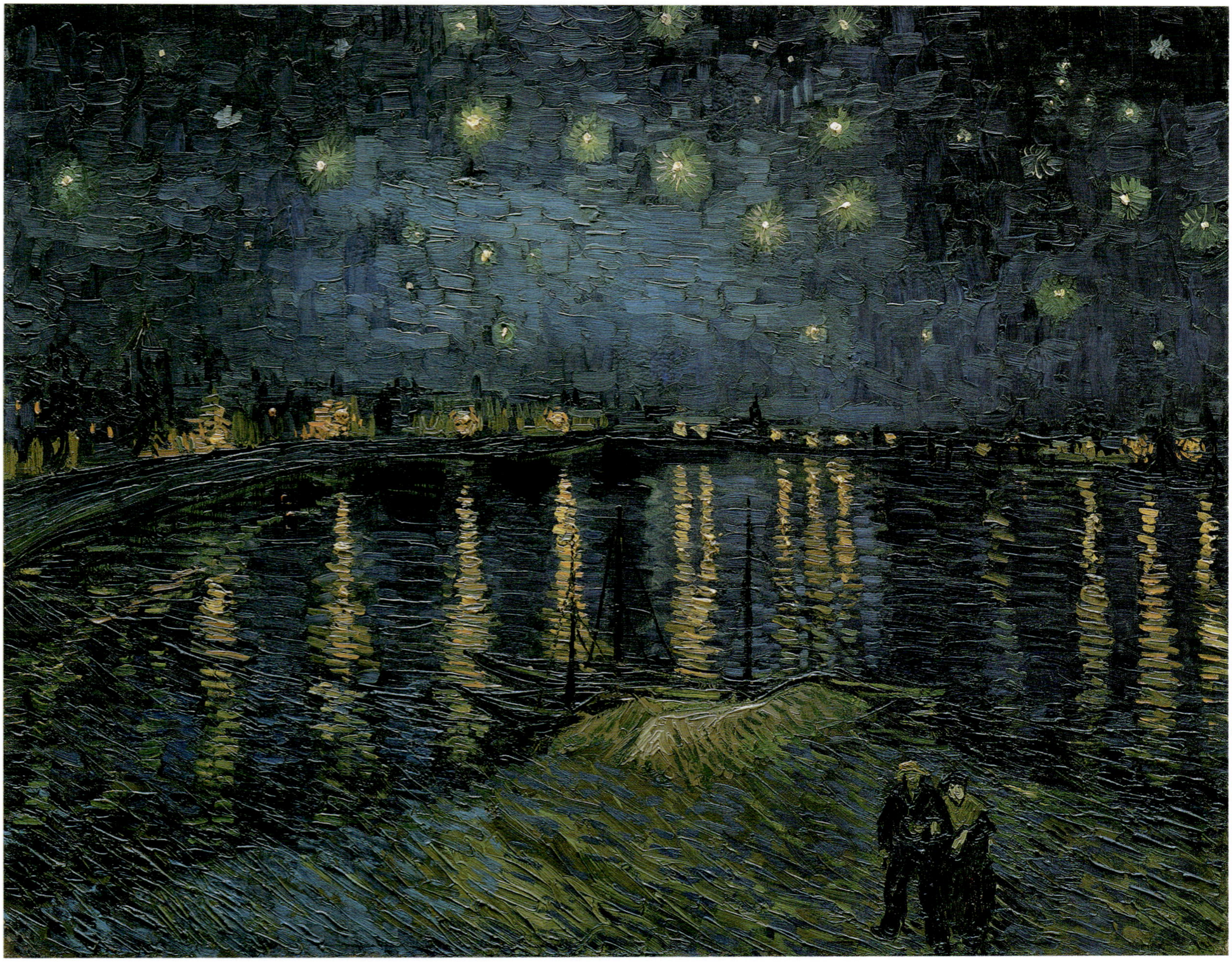

[...] een krabbeltje van een doek van 30 vierkant – eindelijk dan de sterrenhemel, 's nachts bij een gaslamp geschilderd. De lucht is groenblauw, het water is koningsblauw, de bodem paars. De stad is blauw en violet, het gaslicht is geel en de weerschijn ervan is rood-goud, afnemend tot bronsgroen. Op het groenblauwe vlak van de lucht krijgt de Grote Beer een groene en roze schittering, waarvan het zacht-bleke afsteekt tegen het harde goud van het gaslicht. Vincent aan Theo, [29 september 1888]

70
Vincent van Gogh
*Sterrennacht boven de Rhône*
*(La Nuit étoilée)*
28 sept. 1888
[F 474, JH 1592]
Olieverf op doek
72,5 × 92 cm

Musée d'Orsay, Parijs, donatie van M. and Mme Robert Kahn-Sriberen in herinnering aan de heer en mevrouw Fernand Moch, 1975, in de collectie sinds 1995
Cat. 65

71

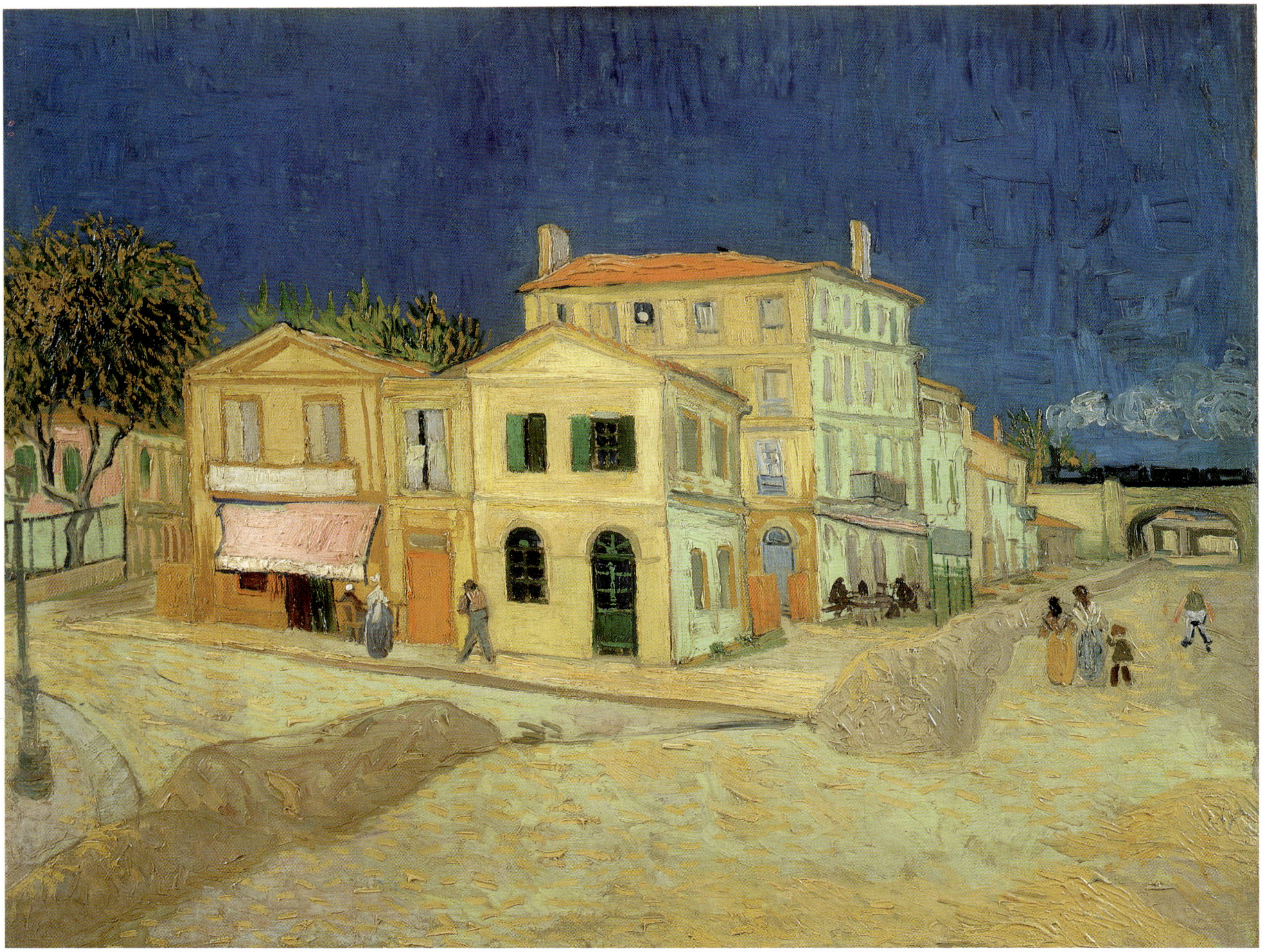

**Het motief is zo moeilijk! Maar juist daarom wil ik het onder de knie krijgen. Want het is machtig, die gele huizen in de zon en dan de onvergelijkelijke helderheid van het blauw. Heel de bodem is ook geel. [...] Het huis links, in de schaduw van een boom, is roze met groene luiken, dat is het restaurant waar ik elke dag ga eten. [...] Het nachtcafé dat ik heb geschilderd, staat niet op het schilderij, het ligt links van het restaurant. Vincent aan Theo, [29 september 1888]**

geschilderd vanaf een plek dichtbij het Gele Huis. De ander was een gezicht op het huis zelf (fig. 70-71). In zekere zin vulden deze schilderijen elkaar aan.[230]

Vincent had maandenlang gepraat over zijn verlangen om een nachtelijke sterrenhemel te schilderen. Hij had het aangedurfd als achtergrond voor twee geïdealiseerde kunstenaarsportretten. Het eerste portret staat bekend als *De dichter* en toont een 'kunstbroeder die grote dromen droomt' (hfdst. 4, fig. 32). Blijkbaar zag Vincent Gauguin als een Carlyle-achtige held tegen een achtergrond van 'oneindigheid.'[231] Bij afwezigheid van Gauguin gebruikte Vincent de jonge Belgische schilder Eugène Boch als zijn vervanger en plaatste hem voor een sterrenhemel verwijzend naar Vincents eigen aspiraties om het oneindige te bereiken. In *De dichter* komt zijn doelstelling om mensen met zijn kunst te troosten naar voren. Portretkunst die door 'stralend' kleurgebruik de suggestie geeft 'in contact te zijn met het eeuwige,' terwijl dat in de traditionele religieuze schilderkunst verduidelijkt wordt met een aureool.[232] Juist deze traditie werd door Vincent aangehaald bij zijn andere afbeelding van de creatieve kunstenaar tegen een sterrenhemel, zijn tweede poging om Christus in de hof van Gethsemane weer te geven.

*Sterrennacht boven de Rhône* behandelt hetzelfde diepe verlangen als *De Dichter* en *Gethsemane* – de immense behoefte aan religie die Vincent trachtte te bevredigen door ' 's nachts naar buiten te gaan om de sterren te schilderen.' Hiermee wordt het drama van Gethsemane teruggebracht tot een rustig alledaags tafereel: twee geliefden die naar de sterren staren.[233] De in

71
Vincent van Gogh
*Het Gele Huis*
28 sept. 1888
[F 464, JH 1589]
Olieverf op doek
76 × 94 cm
Van Gogh Museum, Amsterdam
(Vincent van Gogh Stichting)
Cat. 66

72
Ansichtkaart van avenue de Montmajour, Arles, afgestempeld in 1906

dit schilderij aanwezige associaties, die terug te voeren zijn op de leeshonger die Vincent sinds lang bezielde, lijken even talrijk als de sterren die erop voorkomen. Onder de meer opvallende sterren bevindt zich Walt Whitman met zijn visoen van de sterrenhemel als een openbaring van de eeuwigheid. Daarnaast Thomas Carlyle die de sterren beschreef als het 'open geheim' van de mysteries van het heelal en als aanwijzingen voor een 'aanwezige God.' Voor Heinrich Heine hadden de sterren antwoorden te bieden over 'Vraagstukken' als 'Wat is de betekenis van de Mens? Waar komt hij vandaan? Waar gaat hij heen?' In *De kleine Johannes* wordt de hoofdpersoon geholpen door het aanschouwen van de pracht van de natuur wanneer hij zich afvraagt tot wie hij moet bidden. Als hij getuige is van weer een andere schitterende lichtshow van de natuur, een zonsondergang over de oneindige vertes van de oceaan, vangt Johannes een glimp op van de eeuwigheid. 'Dat,' zo leert hij, 'is de manier om te bidden!'[234]

Vincents schilderij van het 'huis met zijn omgeving in een zwavelkleurig zonlicht onder een hemel van zuiver kobaltblauw' (fig. 71) is evenals *Sterrennacht boven de Rhône* een alledaags tafereel met verwijzingen naar het bovennatuurlijke. Het drukt tevens een nog persoonlijker symboliek uit. Door het contrasterende gebruik van diepblauw en heldergeel plaatste Vincent het schilderij in een historische traditie die van Vermeer doorliep naar Delacroix. Hij strekte dit idee uit tot in de toekomst door middel van het perspectief van de Avenue de Montmajour langs de spoorlijn die Gauguin zuidwaarts zou voeren en nog verder – tot de 'hoop' die nu 'zichtbaar was aan de horizon' en naar het 'nieuwe tijdperk' dat zou worden ingeluid door Gauguins komst.[235] Claude Lantier zou er misschien een grote, Puvis-achtige naaktfiguur aan hebben toegevoegd om zijn bedoeling duidelijk te maken. Door het intense kleurgebruik onderging deze straatscène een metamorfose en was het belang ervan sterk voelbaar. Dat klopte met Vincents droom dat het huis een centrum van de 'kunst van de toekomst' zou worden. Het zou zelfs de kerk van de 'religie van de toekomst' zijn of tenminste een soort klooster waar de voorschriften van deze religie werden nageleefd. Er waren duidelijk regels voor de gemeenschap waar Vincent ook Bernard en Laval toe rekende. Gauguin moest als eerst aangekomene de 'baas van het atelier' worden en als penningmeester en 'abt' de orde handhaven. Theo, die zich met 'hart en ziel' aan Gauguin had verbonden, zou dienst doen als de 'eerste handelaar-apostel.' Uit respect voor de man die door Bernard geprezen werd als een 'zeer groot meester [...] absoluut superieur in karakter en intelligentie' zou Vincent een ondergeschikte rol vervullen en met zijn voorbeeld zijn medekunstenaars aansporen tot grotere produktiviteit.[236]

## De uitwisseling van zelfportretten

Toen Vincent aan Bernard en Gauguin om portretten vroeg, had hij die rol eigenlijk al verduidelijkt door een zelfportet dat hij twee weken eerder had geschilderd (fig. 73). Aanvankelijk vertelde hij weinig over dit doek en vermeldde hij slechts terloops iets aan Theo over het kleurenschema van zijn 'asgrauwe' gezicht tegen een veronees groene achtergrond. Aan zijn zuster vertelde hij dat hij zichzelf had afgebeeld 'als een Japanner.'[237] Hij stelde de discussie over de programmatische bedoelingen van het zelfportret uit tot hij begin oktober het Gele Huis geschilderd had en zich in grote lijnen een idee had gevormd van de structuur van de gemeenschap. Gauguins brief van 1 oktober, waarin deze hem meedeelde samen met Bernard tegemoet te zijn gekomen aan zijn wensen en de gevraagde portretten te hebben vervaardigd (fig. 74 en 76) gaf hem veel inspiratie.[238] Dat het allebei zelfportretten waren (zij het met vluchtig geschetste afbeeldingen van elkaar op de achtergrond) zou Vincent zeker niet verbaasd hebben. Bernard had al toegegeven dat hij het een onmogelijke opgave vond om Gauguin te schilderen. Hij had zo'n grote bewondering voor Gauguin en achtte zijn werk dermate superieur dat hij in bang was met hem in de buurt. Hoewel Vincent dit gedrag in een brief aan Bernard als nonsens afdeed, gaf hij aan Theo toe dat hij het heel goed begreep omdat hij net zo 'neurotisch' was.[239] De genialiteit waar Bernard voor Gauguin

72
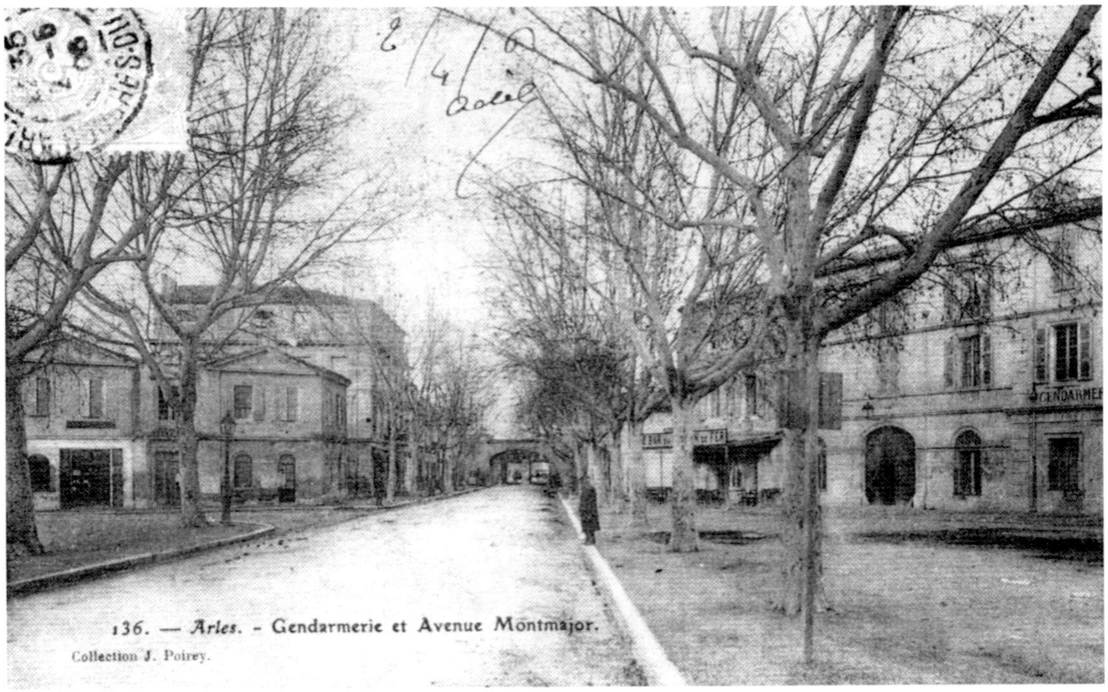

73

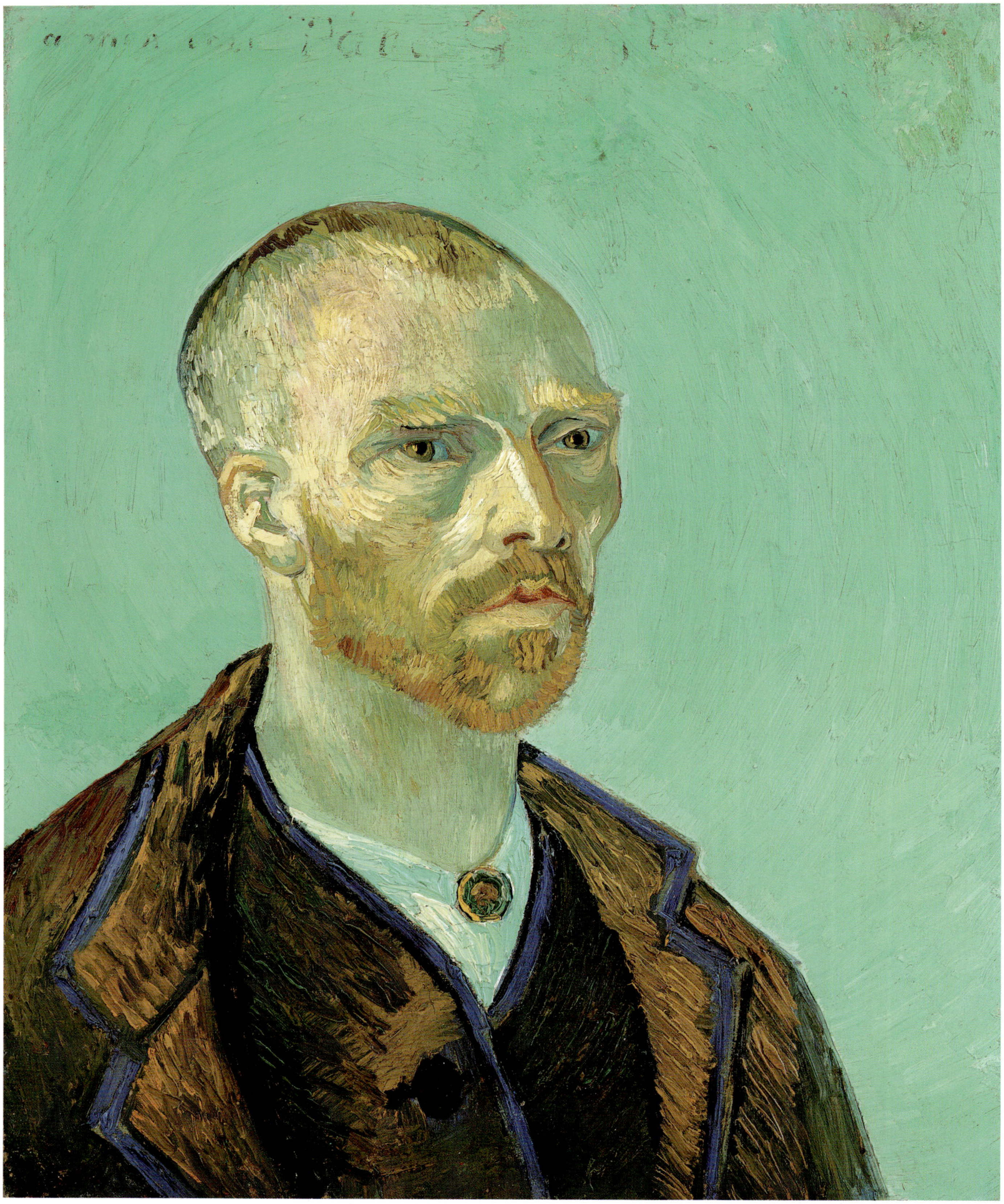

74

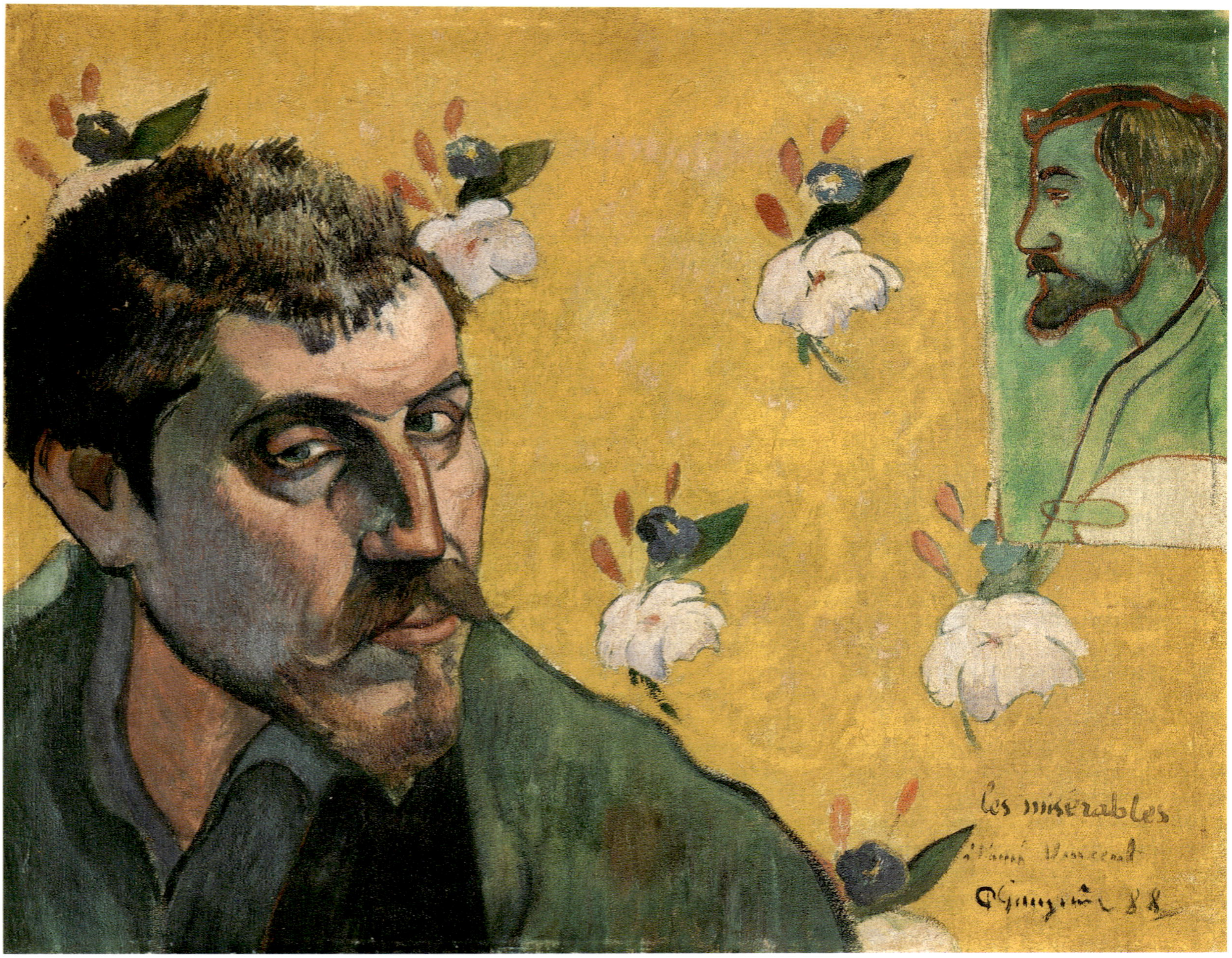


73
Vincent van Gogh
*Zelfportret opgedragen aan Paul Gauguin (Bonze)*
Ca. 16 sept. 1888
[F 476, JH 1581]
Olieverf op doek
61 × 50 cm
Fogg Art Museum, Harvard University Art Museums, schenking uit de Collection of Maurice Wertheim, Class of 1906
Cat. 64

74
Paul Gauguin
*Zelfportret opgedragen aan Vincent van Gogh (Les Misérables)*
Eind sept. 1888
[W 239]
Olieverf op doek
45 × 55 cm
Van Gogh Museum, Amsterdam (Vincent van Gogh Stichting)
Cat. 33

# ARLES

23 OKTOBER - 23 DECEMBER 1888

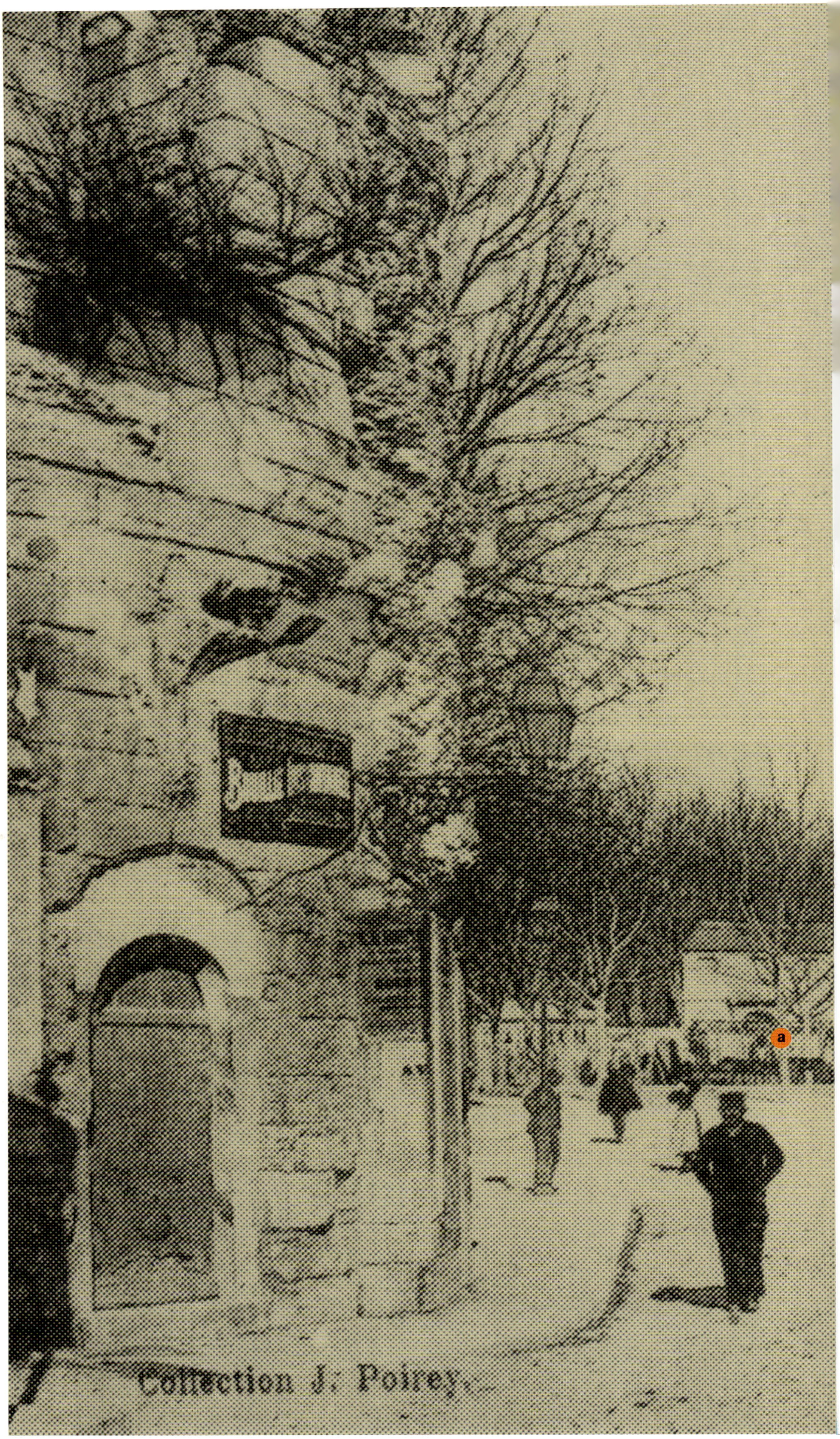

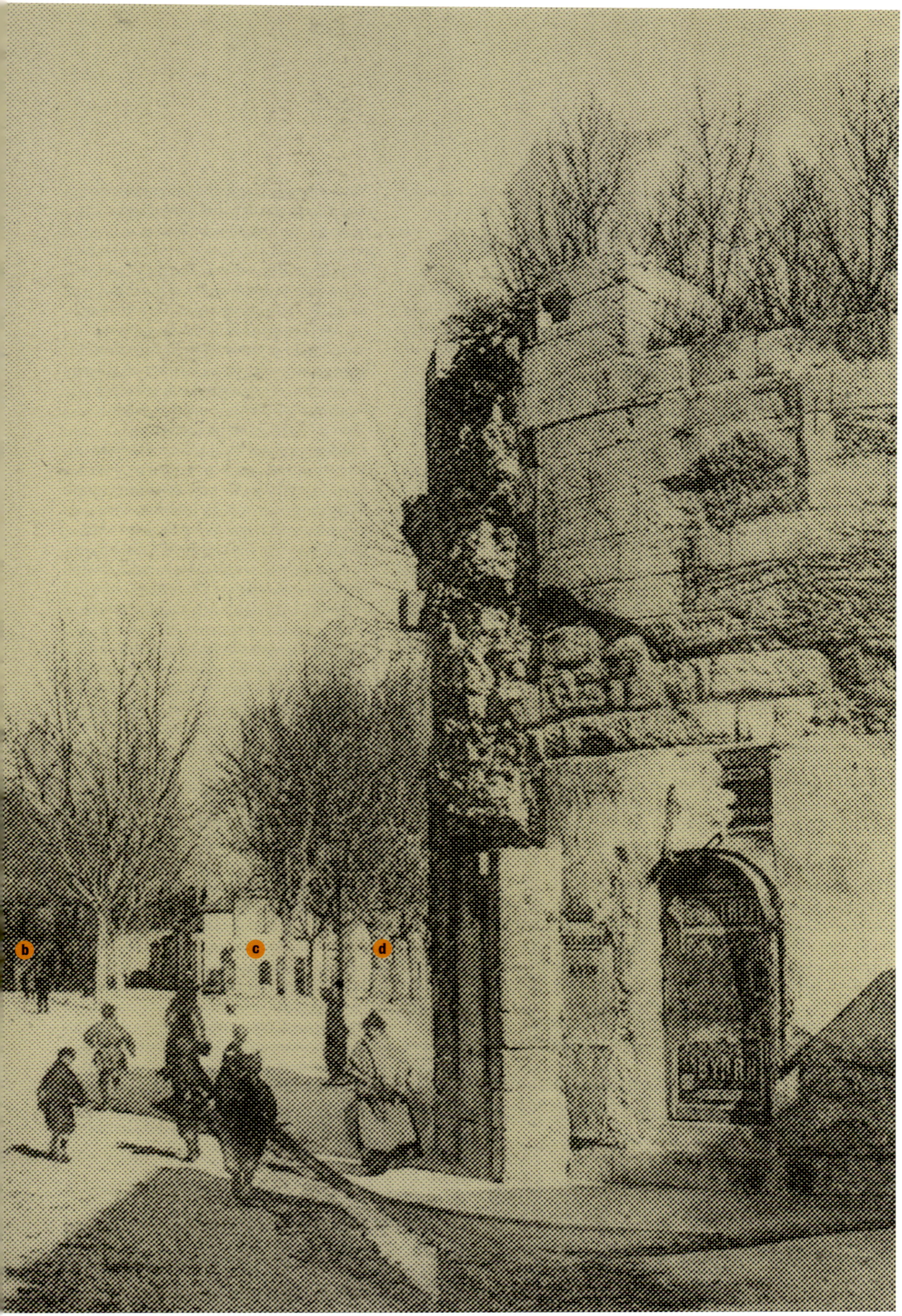


1
Place Lamartine gezien door de Porte de la Cavalerie, Arles, ca. 1906

a Café de la Gare
b Restaurant Venissac
c Kruidenierswinkel
d Het Gele Huis

context waarbinnen zij werkzaam waren, over de relatie tussen techniek en betekenis en nieuwe of herziene uitgaves van hun brieven en geschriften, ook inbegrepen. Ter aanvulling van deze publicaties zijn nieuwe technische gegevens verzameld met de specifieke bedoeling hun samenwerking nader onder de loep te nemen. Microscopisch onderzoek van de oppervlakte van de schilderijen, röntgenonderzoek, infrarode reflectografie, weefselonderzoek, een chemische analyse en een onderzoek naar deeltjes van basismaterialen zijn uitgevoerd op zoveel mogelijk werken die konden worden toegeschreven aan deze periode. De resultaten van dit onderzoek, hebben in combinatie met de informatie uit de brieven bijgedragen tot een grotere zekerheid bij het vaststellen van de bedoeling en de chronologie van de in Arles gemaakte werken.

De overvloed aan basismateriaal gemaakt door de kunstenaars zelf is misleidend; op sommige punten worden dieper liggende patronen overschaduwd door oppervlaktedetails. Deze patronen worden aan het licht gebracht door een consequent volgehouden bestudering van Vincents en Gauguins geschriften, niet slechts van de laatste maanden van 1888 maar ook alles dat door hen daarvoor en daarna geschreven werd. Deze manier van werken, vol van contrapunt, wordt gestuurd door de verschillen in gemoedstoestand. Die komen duidelijk naar voren uit het relaas van beide mannen, ondanks hun steeds wisselende bedoelingen en aandachtspunten. Er wordt van uitgegaan dat Vincent zijn enorme behoefte aan communicatie gericht heeft op het aangaan van gesprekken met Gauguin. Daarbij zette hij zijn hoogst persoonlijke maar op zichzelf zeer samenhangende ideologie uiteen met behulp van verwijzingen naar de talloze visuele en tekstuele voorbeelden die in zijn wonderbaarlijk goede geheugen lagen opgeslagen. Hij was in staat zijn conversatie op te fleuren met citaten of levendige beschrijvingen van frasen of schilderijen die hij tien tot vijftien jaar eerder was tegengekomen. Gauguins opmerking over een 'hoop gepraat' is ongetwijfeld op te vatten als een understatement.[11] Gauguins ontvankelijke reactie wijst erop dat de vooronderstelling dat Vincent en Gauguin elkaar deelgenoot maakten van hun diepste wensen en verlangens, juist is. Dit blijkt niet alleen uit zijn schilderijen maar klinkt ook door in zijn brieven en latere geschriften, in het bijzonder in de verschillende beschrijvingen die hij gaf van zijn periode met Vincent. Gauguin overleefde Vincent dertien jaar. Hij nam al schrijvend geleidelijk aan meer afstand van de eigenlijke gebeurtenissen, naarmate zijn eigen plannen en ideeën vastere vorm aannamen. Hij stelde zijn latere kunstwerken samen uit onderdelen afkomstig van foto's, reprodukties en tekeningen die hij in 1888 al in zijn bezit had. Op diezelfde manier construeerde hij zijn beschrijvingen van Vincent op basis van aantekeningen, gedachten en stellingnames die in die periode ontstaan waren. De ongekende overdaad aan informatie en ideeën die Vincent over Gauguin uitstortte kwam ten goede aan de assimilerende werkwijze die zo kenmerkend was voor Gauguins manier van denken.

Hun uitwisseling werd bepaald door hoge verwachtingen en intense ambities. Toen Gauguin terugdacht aan hun eerste schildercampagne – met Vincent die 'doorging' terwijl Gauguin 'iets nieuws begon' – raakte hij zonder te willen een essentieel punt van hun gedrevenheid. Achter hun uitwisseling lagen doelstellingen die niet gemakkelijk te verenigen waren met de rolverdeling die ze in het begin hadden afgesproken en ook niet met de nieuwe rollen die in de weken daarop aangenomen zouden worden. Vincent, die zichzelf als mindere van de twee bestempeld had, was er reeds in geslaagd voor zichzelf een samenhangende, allesomvattende artistieke persoonlijkheid te creëren. Hij hoopte dat Gauguin hem hierin zou willen volgen en hem zou helpen een vooruitstrevende, troostgevende moderne kunst te verwezenlijken. Vincent had Gauguin de rol van mentor toebedeeld omdat de laatste ouder en meer ervaren was. In tegenstelling tot zijn vriend was hij nog volop bezig om de volledig geïntegreerde persoonlijkheid te verwerven waar Vincent al over beschikte.

Bij deze wisselwerking bracht ieder van hen zijn eigen zelfbewustzijn in. De omstandigheden zorgden ervoor dat de uitwisseling alleen maar intenser werd. Als ze in Parijs hadden geleefd hadden ze aan elkaars gezelschap kunnen ontkomen door erop uit te gaan of andere kunstenaars te ontmoeten, zelfs al hadden ze samen een huis gedeeld. Maar in Arles bestond geen kunstenaarsgemeenschap en er was weinig sociale afleiding. Door de slechte weersomstandigheden zouden ze gedwongen worden binnen te blijven, verschanst in de beperkte ruimte van het Gele Huis, zonder privacy (fig. 2). Gauguin kon zijn slaapkamertje met het hoge plafond alleen betreden wanneer hij door Vincents kamer liep en beide ruimtes waren waarschijnlijk volledig behangen met Vincents doeken. Hoewel Vincent in het begin de keuken had willen gebruiken als tweede atelier bleek dit niet haalbaar, mogelijk vanwege de wanordelijke manier van huishouden waarmee hij zijn kieskeurige gast choqueerde.[12] Dus waren ze altijd samen op de begane grond, in de voorkamer van krap 25 vierkante meter, ieder met zijn eigen ezel. Voor Vincent betekende deze nauwe samenwerking de vervulling van zijn oude droomwens van 'gezelligheid'. Voor Gauguin, die zijn onafhankelijkheid koesterde, was het een situatie waarop zelfs Vincents gepassioneerde brieven hem niet hadden kunnen voorbereiden. Deze schriftelijke mededelingen kon hij naar believen oppakken en weer wegleggen, maar de ervaring om zij aan zij met Vincent in een atelier samen te werken zou een voortdurende blootstelling betekenen aan een mondeling herhaalde inhoud van zijn brieven. Misschienwas dat een opwekkende ervaring, maar zeker ook afmattend.

## 25 - 28 OKTOBER: SCHAAKOPENINGEN

| Zondag | Maandag | Dinsdag | Woensdag | Donderdag | Vrijdag | Zaterdag |
|---|---|---|---|---|---|---|
| | | **23** Okt | **24** | **25** | **26** | **27** |
| | | Theo aan Vincent | Vincent aan Theo | Gauguin aan Schuffenecker | | Theo aan Vincent; Gauguin aan Theo |
| **28** | | | | | | |
| Vincent aan Theo (2 brieven) | | | | | | |

6
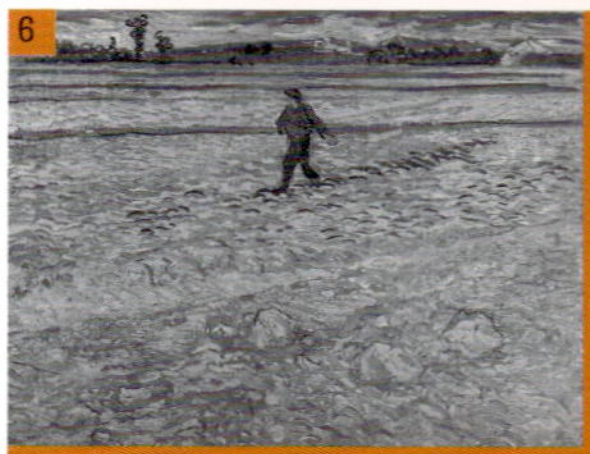
9
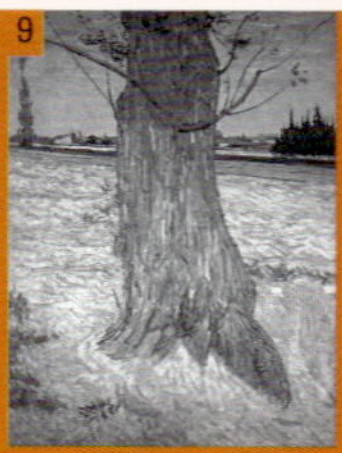
11
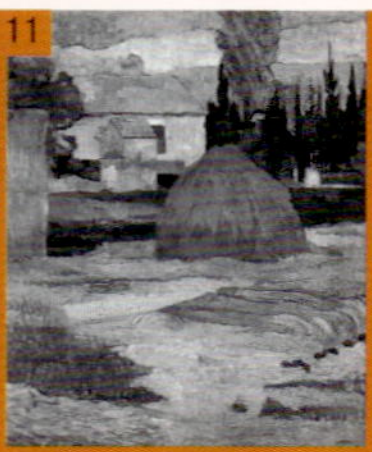

Gauguin, *Une Négresse*, verdwenen

Enveloppen geven bij benadering de data weer waarop Vincent en Gauguin brieven verzonden of ontvingen.

De nummers links boven-aan de afbeeldingen corresponderen met die van de illustraties.

Voor alle schilderijen zijn de dateringen bij benadering, zoals behandeld in de tekst.

Op hun eerste excursie gingen de twee kunstenaars vanuit het Gele Huis op weg naar één van Vincents favoriete plekken, de vlakte van de Crau (zie kaart, fig. 3). Rond zondag 28 oktober zond Vincent aan Theo schetsen van zijn nieuwe studies, één van een zaaier en een andere van een oude boom (fig. 7). Hij vermeldde tegelijkertijd dat Gauguin ook met twee schilderijen bezig was: 'een negerin [...] en een groot lokaal landschap.'[13] Deze reeks suggestieve onderwerpen geeft aan dat hun gecompliceerde dialoog al in volle gang was.

Vincents schilderijen geven beide uiting aan zijn hoop op het welslagen van het project. Hij greep terug naar de in juni gemaakte compositie van de *Zaaier* (hfdst. 3, fig. 26), die Gauguin goed kende uit brieven en tekeningen, en maakte ditmaal een aantal andere keuzes (fig. 6). Het landschap heeft meer diepte en is realistischer doordat de Alpilles en de ruïnes van de abdij van Montmajour op de achtergrond te herkennen zijn. De zaaier is, om met Vincent te spreken, 'klein en onopvallend' en de kleuren zijn beschrijvend, overeenkomstig de natuur.[14] Het schilderij mist het arbitraire kleurgebruik, de symbolische ondertoon en de doorwrochte kwaliteit doordat de prominent op de eerdere versie aanwezige figuur schittert door afwezigheid. Om meteen aan te geven dat hij de impressionistische manier van werken goed beheerste, voltooide Vincent het schilderij snel en secuur in de buitenlucht. Met zijn zekere hand toonde hij zijn optimisme en ambitie. Met krachtige, ritmische halen, vergelijkbaar met de vlugge manier van schetsen die hij gebruikte voor de kleine tekening van de compositie, gaf hij de beploegde aarde weer met korte, schuine streepjes die niet het hele witte oppervlakte van het kant en klaar gekochte linnen doek beslaan. *De zaaier* getuigt van Vincents toewijding aan het *plein-air* schilderen, van zijn zeer snelle werkwijze en van zijn vast e voornemen zijn touche volledig te beheersen. Het doek laat aspecten van zijn werkwijze zien waarover hij verwachtte dat Gauguin met hem in discussie zou gaan. Het diende als een schot voor de boeg, een demonstratie van Vincents

Okt

| | | | | | | |
|---|---|---|---|---|---|---|
| | 1 | 2 | 3 | 4 | 5 | 6 |
| 7 | 8 | 9 | 10 | 11 | 12 | 13 |
| 14 | 15 | 16 | 17 | 18 | 19 | 20 |
| 21 | 22 | **23** | **24** | **25** | **26** | **27** |
| **28** | 29 | 30 | 31 | | | |

Nov

| | | | | | | |
|---|---|---|---|---|---|---|
| | | | | 1 | 2 | 3 |
| 4 | 5 | 6 | 7 | 8 | 9 | 10 |
| 11 | 12 | 13 | 14 | 15 | 16 | 17 |
| 18 | 19 | 20 | 21 | 22 | 23 | 24 |
| 25 | 26 | 27 | 28 | 29 | 30 | |

Dec

| | | | | | | |
|---|---|---|---|---|---|---|
| | | | | | | 1 |
| 2 | 3 | 4 | 5 | 6 | 7 | 8 |
| 9 | 10 | 11 | 12 | 13 | 14 | 15 |
| 16 | 17 | 18 | 19 | 20 | 21 | 22 |
| 23 | 24 | 25 | 26 | 27 | 28 | 29 |
| 30 | 31 | | | | | |

vakmanschap. Zoals uit het andere doek blijkt had hij nog geen afstand genomen van openlijke symboliek. We zien een oude boomstam, die afsteekt tegen een pas geploegd veld, waar nieuwe spruiten uit groeien. De stroken gele en blauwe verf langs de randen van het veld stellen mogelijk het Viguerat-kanaal en de weg ernaast voor (zie kaart, fig. 3). In de verte zijn boerderijen en het silhouet van Arles te zien. Ondanks deze realistische elementen had het schilderij, dat door Vincent *De oude taxusboom* (*Le vieil if*) genoemd werd, in de eerste plaats een symbolische lading (fig. 9). De taxusboom wordt al eeuwenlang geassocieerd met de dood, maar is desondanks in staat om nieuwe scheuten te laten voortspruiten uit schijnbaar dode takken. Vincent veranderde een traditioneel symbool van spirituele wedergeboorte (fig. 8) in een weergave van Carlyle's opvatting dat nieuwe ideeën uit oude voortkomen. Enkele maanden eerder had Vincent zijn verlangen naar een artistieke wedergeboorte verwoord als een 'groene loot, ontsproten aan de wortels van de oude afgezaagde stam.'[15]

*De oude taxusboom* is duidelijk programmatischer dan *De zaaier* en ook ingewikkelder van uitvoering door het over elkaar heen schilderen van vele gemengde tinten. In beide werken is het rode pigment van de paarse verf vervaagd, waardoor het bedoelde contrast tussen roze en geel gewijzigd is. Maar dit contrast was nooit zo sterk geweest als in *De zaaier* van juni, door toedoen van Vincents verspreide penseelstreken in *De zaaier* en de valere tinten van *De oude taxusboom*.[16]

Vincent wilde met deze wellicht zijn persoonlijke stellingname, uitdragen. Gauguin antwoordde klaarblijkelijk met een paar eigen symbolische gebaren. Op zijn derde dag in Arles schreef hij Schuffenecker met het verzoek om hem de *Cleopatra*-pot (hfdst. 2, fig. 69) en enig ander aardewerk te sturen. Misschien wilde hij eenvoudigweg een persoonlijk element toevoegen, naast zijn zelfportret, aan een omgeving die gedomineerd werd door Vincents vele decoraties. Het is waarschijnlijker dat de

3

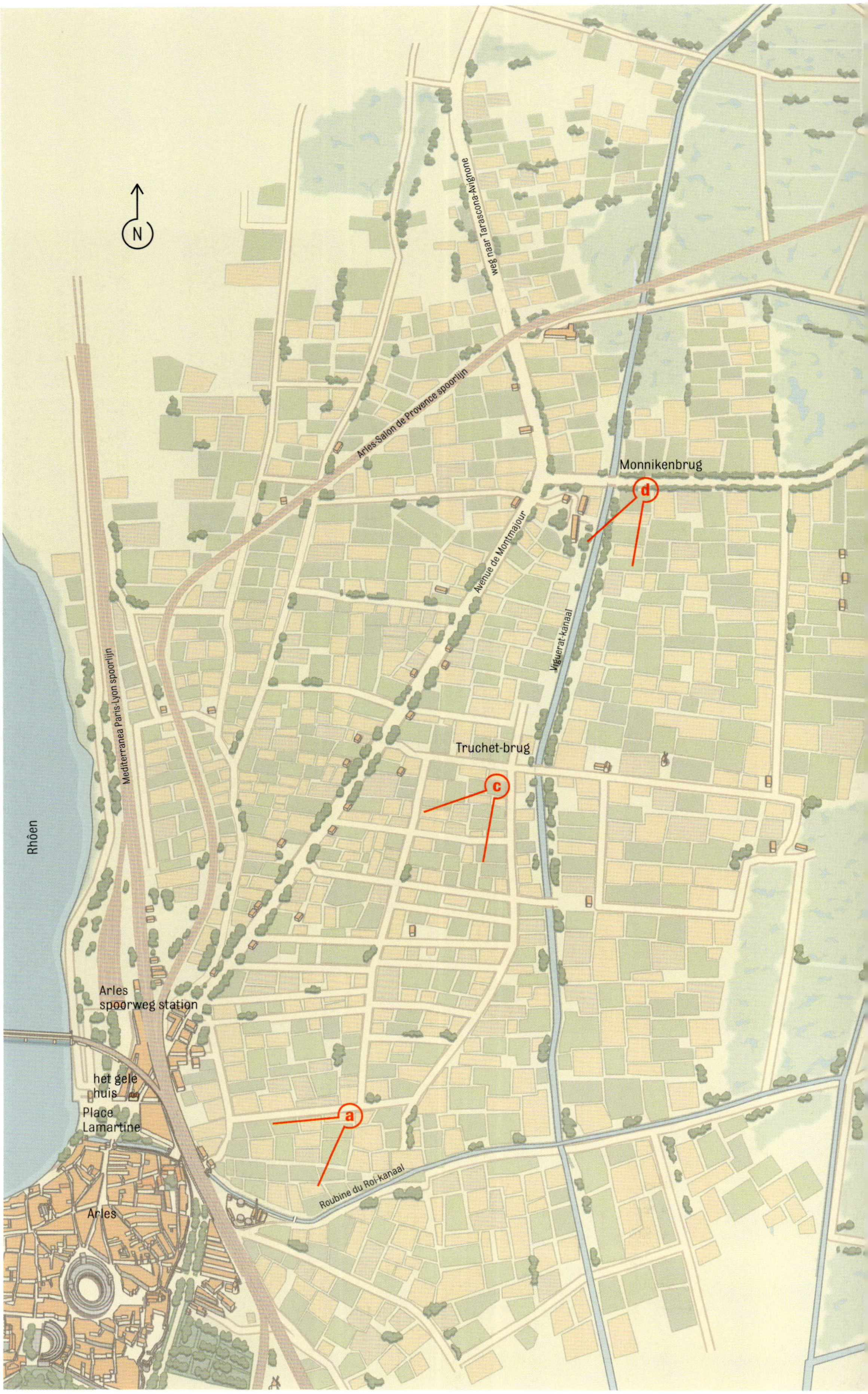


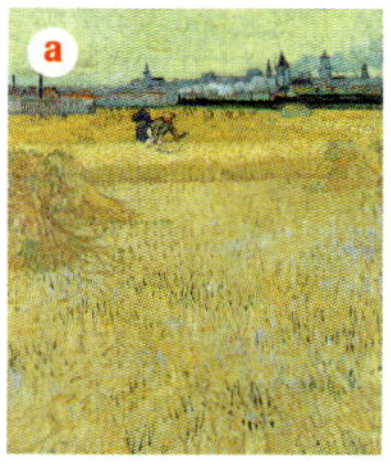

Hfdst. 5, fig. 49

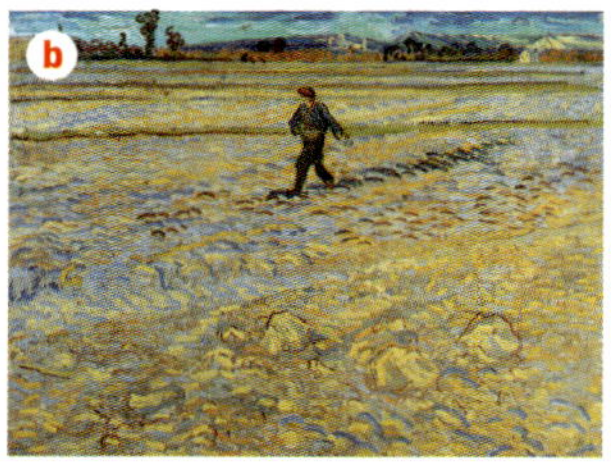

fig. 6

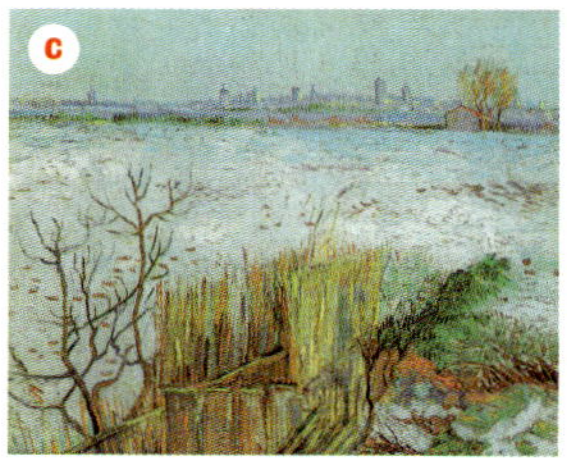

Hfdst. 3, fig. 11

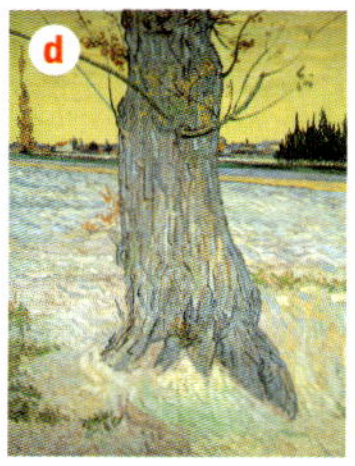

fig. 9

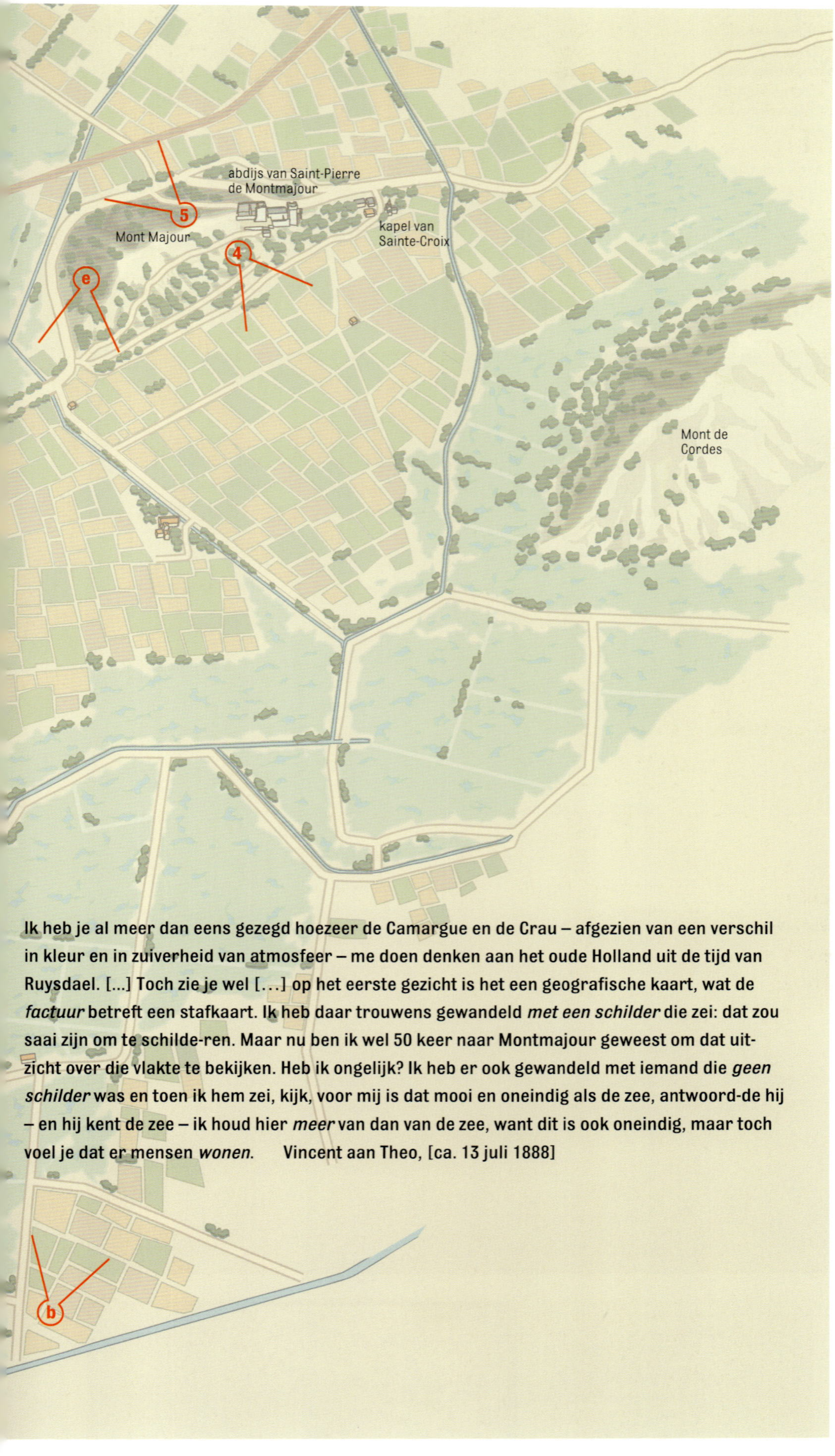


Ik heb je al meer dan eens gezegd hoezeer de Camargue en de Crau – afgezien van een verschil in kleur en in zuiverheid van atmosfeer – me doen denken aan het oude Holland uit de tijd van Ruysdael. [...] Toch zie je wel [...] op het eerste gezicht is het een geografische kaart, wat de *factuur* betreft een stafkaart. Ik heb daar trouwens gewandeld *met een schilder* die zei: dat zou saai zijn om te schilde-ren. Maar nu ben ik wel 50 keer naar Montmajour geweest om dat uit-zicht over die vlakte te bekijken. Heb ik ongelijk? Ik heb er ook gewandeld met iemand die *geen schilder* was en toen ik hem zei, kijk, voor mij is dat mooi en oneindig als de zee, antwoord-de hij – en hij kent de zee – ik houd hier *meer* van dan van de zee, want dit is ook oneindig, maar toch voel je dat er mensen *wonen*. Vincent aan Theo, [ca. 13 juli 1888]

4

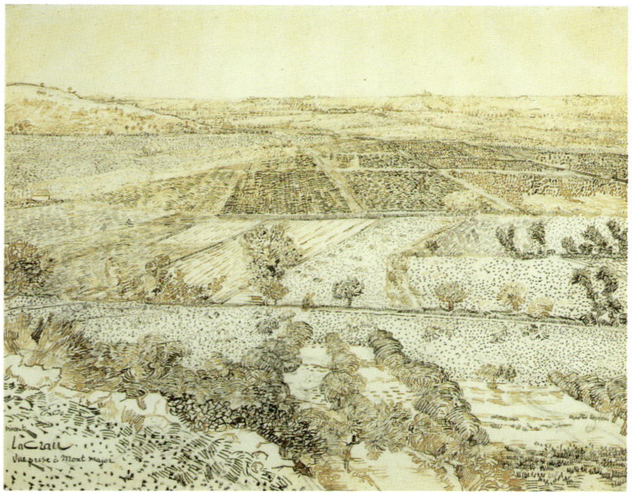

5

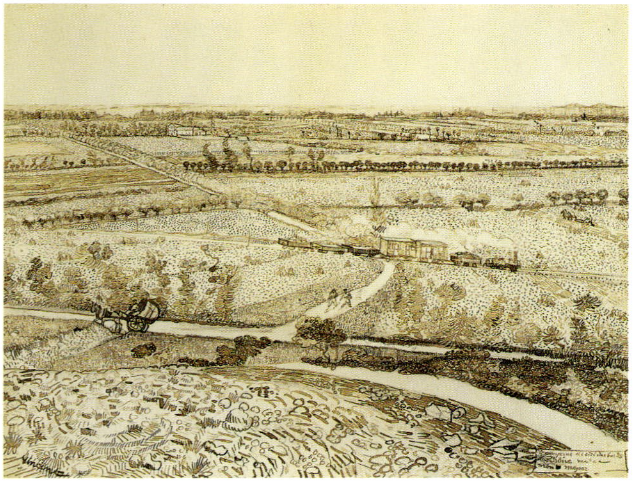

3
Kaart van La Crau

4
Vincent van Gogh
*La Crau gezien vanuit Montmajour*
ca. 13 juli 1888
[F 1420, JH 1501]
Zwart krijt, pen en rietpen en bruine en zwarte inkt
49 × 61 cm
Van Gogh Museum, Amsterdam
(Vincent van Gogh Stichting)

5
Vincent van Gogh
*Landschap bij Montmajour met trein*
ca. 13 juli 1888
[F 1424, JH 1502]
Potlood, rietpen, ganzepen en bruine inkt
49 × 61 cm
British Museum, Londen

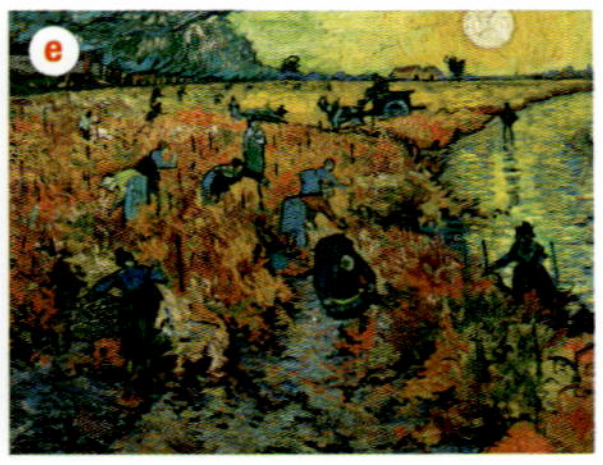


Fig. 43

6
Vincent van Gogh
*De zaaier*
28 oktober 1888
[F 494, JH 1617]
Olieverf op doek
72 × 91 cm
Hahnloser/Jäggli Stiftung, Villa Flora, Winterthur, Zwitserland
Cat. 69

7
Vincent van Gogh
Schets van *De zaaier* en *De oude taxusboom* in brief aan Theo
28 oktober 1888
(brief 719/558b; JH 1619)
Van Gogh Museum, Amsterdam (Vincent van Gogh Stichting)
Cat. 71

8
'De wilg' uit Jan Luyken, *De bykorf des gemoeds*, Amsterdam 1711.
'Mettertijd wordt de afgeknotte, holle, aangevreten en verrotte oude wilg gewekt door een kroor. van nieuwe scheuten, omdat heimelijk de deugd zijn stam bewoont.'

9
Vincent van Gogh
*De oude taxusboom (Le vieil If)*
28 oktober 1888
[F 573, JH 1618]
Olieverf op doek
91 × 71 cm
Privé-collectie, met dank aan Christie's Images New York

6

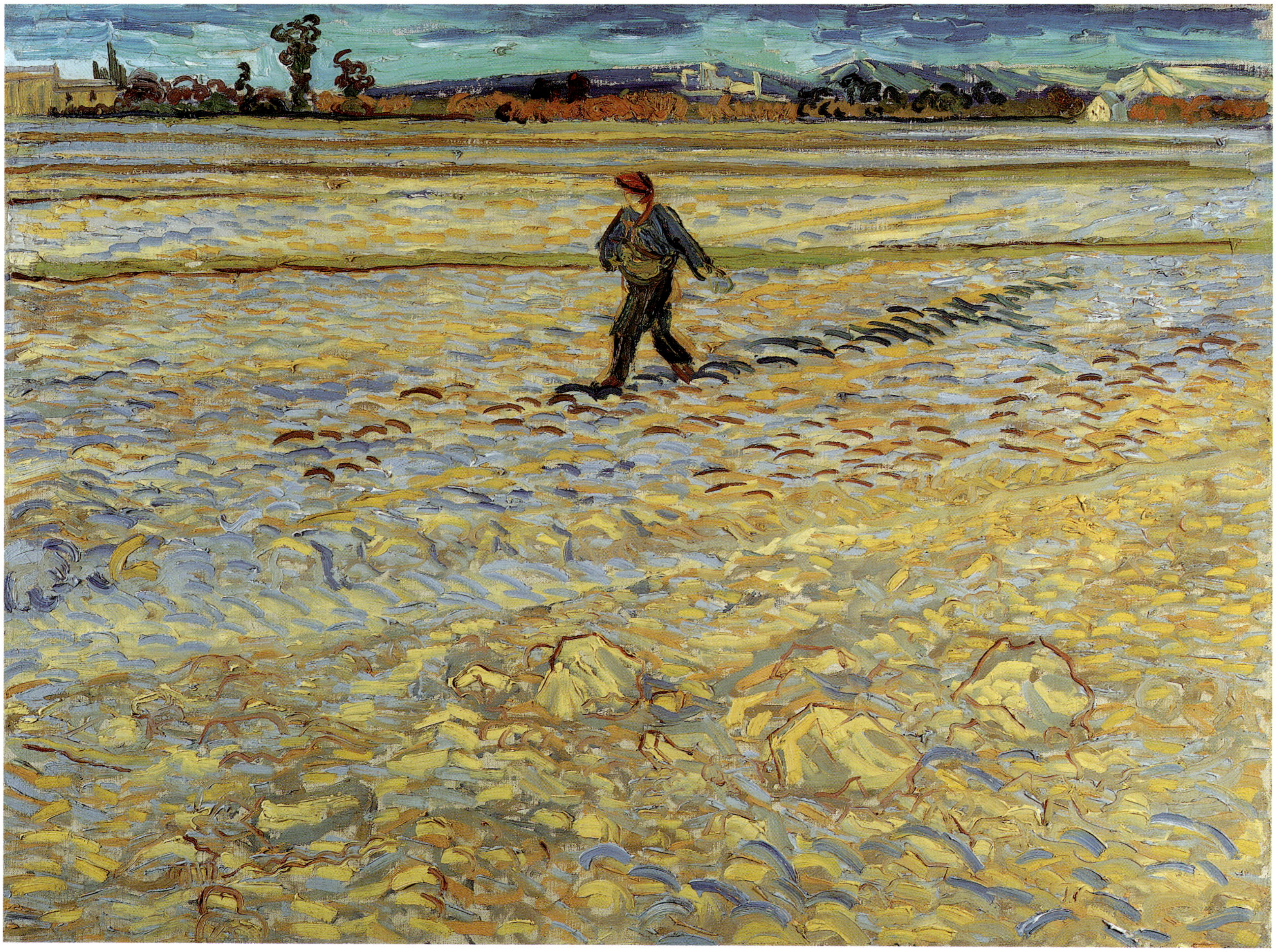

7

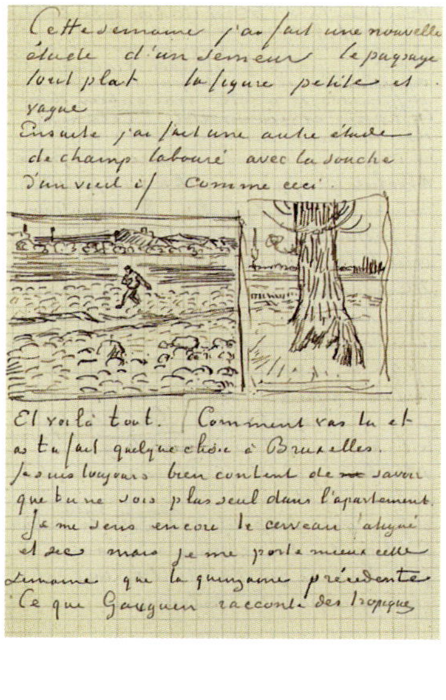

Cette semaine j'ai fait une nouvelle étude d'un semeur le paysage tout plat la figure petite et vague
Ensuite j'ai fait une autre étude de champ labouré avec la souche d'un vieil if comme ceci.

Et voilà tout. Comment vas tu et as tu fait quelque chose à Bruxelles.
Je suis toujours bien content de savoir que tu ne sois plus seul dans l'apartement.
Je me sens encore le cerveau fatigué et sec mais je me porte mieux cette semaine que la quinzaine précédente
Ce que Gauguin raconte des tropiques

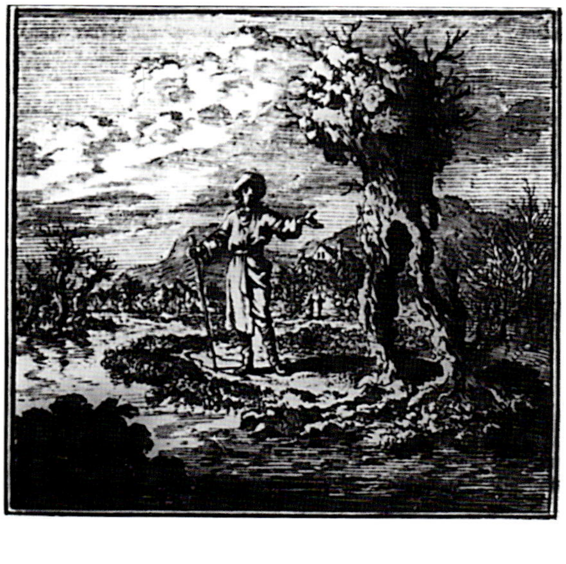

8

9

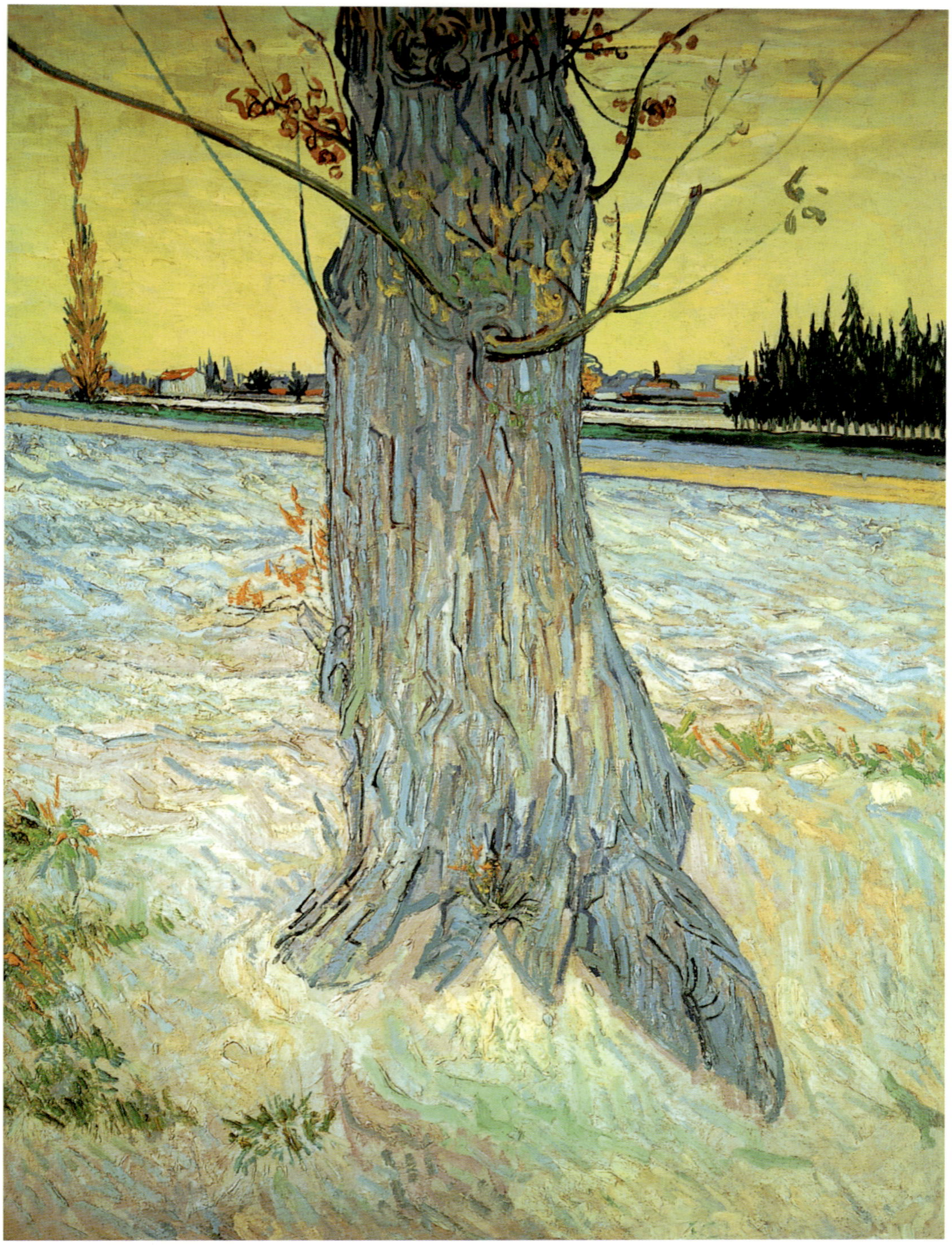

*Cleopatra*-pot relevant leek te zijn voor hun eerdere discussies waarin Vincent de hoop uitsprak voor een 'nieuwe groei' in hun werk zoals in Puvis de Chavanne's karakteristieke schilderij (hfdst. 2, fig. 70). Gauguin bracht toen zijn vereenvoudigde citaat van deze afbeelding naar voren als reactie op zijn vriends verhalen over het schilderen in de tropen.[17]

In het licht van dit soort gesprekken wordt Vincents bericht dat Gauguin meteen aan de slag was gegaan met '*une négresse*' begrijpelijker. Een dergelijk schilderij van Gauguin is niet bewaard gebleven. Waarschijnlijk heeft hij het idee weer snel laten varen en het doek vernietigd of overgeschilderd. Maar het feit dat Gauguin als eerste teruggreep op een onderwerp uit Martinique suggereert dat hij zich, net als Vincent, gedwongen voelde om een bewijs van zijn kunnen te leveren. Gauguin wist dat de gebroeders Van Gogh hem waardeerden om deze schilderijen en dat Vincents verwachtingen geschokt waren door zijn *Zelfportret (Les Misérables)*. Zijn eerste inspanningen in Arles kunnen derhalve gezien worden als een wat cynische bevestiging dat hij nog steeds de 'rijkere Gauguin van de Négresses' was.[18] Maar hun lopende gesprekken over een wedergeboorte in de tropen suggereren een subtielere opzet. Gauguin reageerde op de herhaalde pogingen van zijn vriend om in hem een Loti-achtige held te zien door zijn exotische beeldtaal naast Vincents symboliek te plaatsen. Het schilderij werd zonder model geschilderd en wierp daarmee de vraag op welke rol het geheugen en de verbeeldingskracht spelen bij het scheppen van een kunstwerk. Een kwestie die al was aangestipt in hun correspondentie en die in de weken erna alleen maar urgenter zou worden.

Het andere schilderij waar Gauguin op dat moment aan werkte is van een geheel andere orde. Technisch onderzoek heeft bevestigd dat het tot nu toe ongrijpbare 'grote lokale landschap,' dat door Vincent beschreven werd, *Boerderij in Arles* (fig. 11) betreft; een typische *mas* uit de Provence van het soort dat op de Crau te vinden was, met een net zichtbare rij karakteristieke cipressen rechts op de achtergrond, zoals in Vincents *Oude taxusboom*. Röntgenonderzoek heeft laten zien dat Gauguin op een soort doek schilderde dat hij op geen enkel ander moment in zijn werk gebruikte, namelijk op kant en klaar linnendoek – hetzelfde is als het doek van Vincents *Zaaier*.[19]

Naast het doek was ook het onderwerp van Vincent afkomstig. Tijdens de oogstperiode in juni had hij twee schilderijen gemaakt van tarwehopen op een boerenerf (zie hfdst. 3, fig. 25). Gauguin kende ongetwijfeld de grote tekening (fig. 12) van de meer ambitieuze van de twee werken, die door Vincent aan Bernard was gestuurd. Uit dit vel papier vol met snel en systematisch aangebrachte pennestreken was Gauguin echter nauwelijks wijzer geworden over Vincents schilderijen, die juist opvielen door het weelderige gebruik van dikke verf. Uit de studies van de landschappen die Vincent tegelijk met zijn relatief sobere *Zelfportret (Bonze)* op 4 oktober naar Pont-Aven verzond, had Gauguin misschien nog wel meer af kunnen leiden.[20] Gauguin was geneigd iemands karakter af te lezen uit zijn handschrift of werkwijze. Wat zijn ideeën over Vincents eerdere schilderijen ook geweest mogen zijn, nu zou hij ongetwijfeld diens jachtige manier van werken met geheel andere ogen bekijken en de wanordelijke penseelvoering samen met het chaotische atelier in verband brengen met Vincents opgewonden staat. Zijn eigen *Boerderij in Arles* straalde rust uit tegenover Vincents koortsachtigheid. Vincents tarwehopen lijken te vibreren in de hitte, trillend op een oplopende grondlijn, terwijl Gauguins eenzame hoop stevig aan de grond verankerd is en alleen maar aan stabiliteit lijkt te winnen door de strikt geometrische opzet van de boerderij. Zoals gewoonlijk schetste hij eerst met penseel en blauwe verf de belangrijkste onderdelen van de compositie en werkte hij daarna met een kleinere penseel het oppervlak uit in licht opgebrachte korte, parallellopende streken. De streken werden consequent verticaal opgebracht zodat ze niet los van elkaar te onderscheiden zijn. Door lijnen en tonaliteit bij te stellen schoof Gauguin voortdurend zijn vormen heen en weer in hun ruimtelijke vlak om ze zo van elkaar te scheiden of weer samen te voegen. Hij speelde met de contouren door ze eerst met blauwe lijnen aan te zetten en er daarna weer overheen te arceren. Hij speelde ook met kleuren door platte vlakken te moduleren met afwisselende penseelstreken of door lagen met verschillende kleurschakeringen over elkaar heen aan te brengen. Het schilderij is knap, kundig en verfijnd. Gauguin hield zichzelf verre van Vincents beladen beeldtaal en was daarmee Cézanne nog nooit zo dicht genaderd als nu. En dat was nu juist het probleem.

Het was immers een geheel andere kunstenaar uit de Provence die Vincent met zijn expressieve werkwijze probeerde op te roepen. In de afgelopen weken had hij zich veel met Monticelli beziggehouden. Hij verbeeldde zich dat hij weldra samen met Gauguin de meester uit Marseille (zie hfdst. 3) weer tot leven zou wekken. Hij meende iets van Monticelli's karakter te herkennen in de uitbundige aard en meeslepende retoriek van zijn vriend Roulin. Nu de oproep van de Félibrige tot een culturele renaissance in het zuiden hem nog vers in het geheugen lag, dacht Vincent er zelfs over om met Gauguin een artikel te schrijven voor een lokale krant met de bedoeling de kunstenaars uit Marseille aan te sporen om 'voort te zetten wat hun [stadgenoot] Monticelli begonnen was.' Tot slot had hij zijn spectaculaire eebewijs aan zijn held, *De groene wijngaard* (fig. 10), in het Gele Huis opgehangen ter illustratie van het koloristische programma dat hij ten uitvoer wilde brengen. De voorgrond van dit werk vormt een wirwar van sappig, kalligrafisch penseelwerk in navolging van Monticelli's late, kenmerkende stijl van dikke verflagen.[21]

Vanwege zijn enorme verering voor Monticelli kostte het Vincent moeite om bewondering op te brengen voor Cézanne met zijn totaal verschillende zuidelijke temperament. De inspanning die het hem kostte is tussen de regels door te lezen in de briefwisseling met Bernard, waarin vanaf juni een discussie woedde over Cézanne's kwaliteiten. Omdat hij wist dat Bernard de meester uit Aix bewonderde (en Gauguin ook) had Vincent verschillende malen geprobeerd hem tot onderwerp van zijn gedachten en gesprekken te maken. Hij stelde vast dat het landschap van de Crau bij Arles hem herinnerde aan een vroeg schilderij van Cézanne met een oogstscène (hfdst. 3, fig. 33). Waarschijnlijk wist hij dat Gauguin dit doek ooit in zijn bezit gehad had en daarom diende het als een gedeeld referentiepunt voor alle drie de kunstenaars.[22] De 'schetsen van de Provence' (waaronder de *Tarwehopen*; fig. 12), die Vincent in juli aan Bernard zond, bevestigen zijn verwantschap met Cézanne, of in ieder geval zijn interesse voor vergelijkbare onderwerpen. Hij gaf toe dat zijn tekenstijl niets gemeen had met die van Cézanne, maar dat was evenmin zo in het geval van Monticelli. Blijkbaar wilde Vincent laten zien dat hij net zo enthousiast was voor Cézanne als voor Monticelli. Daarom verklaarde hij dat hij van hetzelfde land hield als zij, en omwille van 'dezelfde redenen, kleuren en logische compositie.'[23]

Deze geclaimde affiniteit betekende een forse krachtsinpanning voor Vincent, maar misschien wilde hij zijn eerdere, enigszins kritische opmerkingen over Cézanne wat ontkrachten:

Als je mijn doeken zag, wat zou je er dan van zeggen? Je zou er niet de bijna schuchtere en nauwgezette penseelstreek van Cézanne in aantreffen. Maar nu ik immers hetzelfde landschap schilder [...] zouden er toch wel bepaalde kleurovereenkomsten in kunnen zitten. [...] Onwillekeurig heb ik van tijd tot tijd aan Cézanne gedacht, juist toen ik me bewust werd van zijn onhandige penseelvoering in sommige studies – vergeef me het woord onhandig – aangezien hij de genoemde studies waarschijnlijk tijdens de mistral heeft gemaakt. Omdat ik de helft van de tijd met dezelfde moeilijkheid te kampen heb, begrijp ik waarom de penseelvoering van Cézanne nu eens trefzeker is en dan weer onbeholpen lijkt. Dat komt door zijn ezel die staat te wankelen. Soms heb ik ontzettend snel gewerkt. Is dat verkeerd? Ik kan er niets aan doen. Zo heb ik een doek [...] in één sessie geschilderd. [...] Ik ben expres in de volle mistral naar buiten gegaan om dat te maken! Is het niet veeleer de intensiteit van de gedachte dan de beheersing van de penseelvoering waar we naar streven?[24]

In zijn bezorgdheid over mogelijke reacties op werk dat zo 'snel, snel, snel en in haast' geschilderd was haalde Vincent een heel leger kunstenaars aan om te bewijzen dat 'snel werken niet minder serieus werken betekent': de Japanners, Monet, Millet, Daumier, Corot, Daubigny en, natuurlijk, Monticelli.[25] Vincent duidde zijn verwantschap met Cézanne dus op indirecte wijze aan. Hoewel hij zich kon vinden in Cézanne's incidentele onhandigheid was Vincent niet gevoelig voor zijn allesoverheersende rationaliteit en voor de zelfbeheersing die hij in zijn touche zag.

Vincent had de expressieve kracht waarmee een kunstenaar zich onderscheidt hoog in het vaandel: het overbrengen van het direct intuïtieve dat alleen bereikt kon worden in een toestand van uiterste vervoering. Vandaar zijn dilemma. De meeste doeken die hij in één ruk schilderde waren *études* (studies), maar het was zijn streven om *tableaux* (schilderijen) te maken. Hij begon eraan te twijfelen of hij ooit in staat zou zijn om op een rustige manier een werk uit te voeren.[26] Niettemin had hij gedacht dat het gezelschap van de schilder van de *Négresses* – een schoolvoorbeeld van een *tableau* – hem zou kunnen helpen om zijn doel dichter te benaderen.

Gauguin begon zijn *Boerderij in Arles*, (dat hij niet signeerde en misschien niet voltooide), als een soort 'oefening' met een duidelijke opzet. Hij wilde laten zien hoe Cézanne-achtig hij een onderwerp kon behandelen dat specifiek geassocieerd werd met de schilder uit Aix. Vincents pogingen van die zomer om iets in de stijl van Cézanne's te schilderen waren nauwelijks het vermelden waard geweest. Gauguin nam daarentegen eerbiedig Cézanne's stijl in zijn nieuwe versie van het oogstmotief over. Niet de dikke verflagen van *De oogst* (een relatief vroeg werk dat Vincent vermoedelijk erg aan zou spreken), maar eerder de zogeheten constructieve stijl van Cézanne's latere werken. Verschillende van deze werken waren ooit onderdeel geweest van Gauguins verzameling. In *Boerderij in Arles* gebruikte hij dezelfde benadering als bij de doeken uit Bretagne die nu op weg waren naar Theo's galerie (fig. 76). Hoewel misschien 'minimaal uitgevoerd' waren ze 'diep doordacht' en 'intentioneel.' Dat waren

10

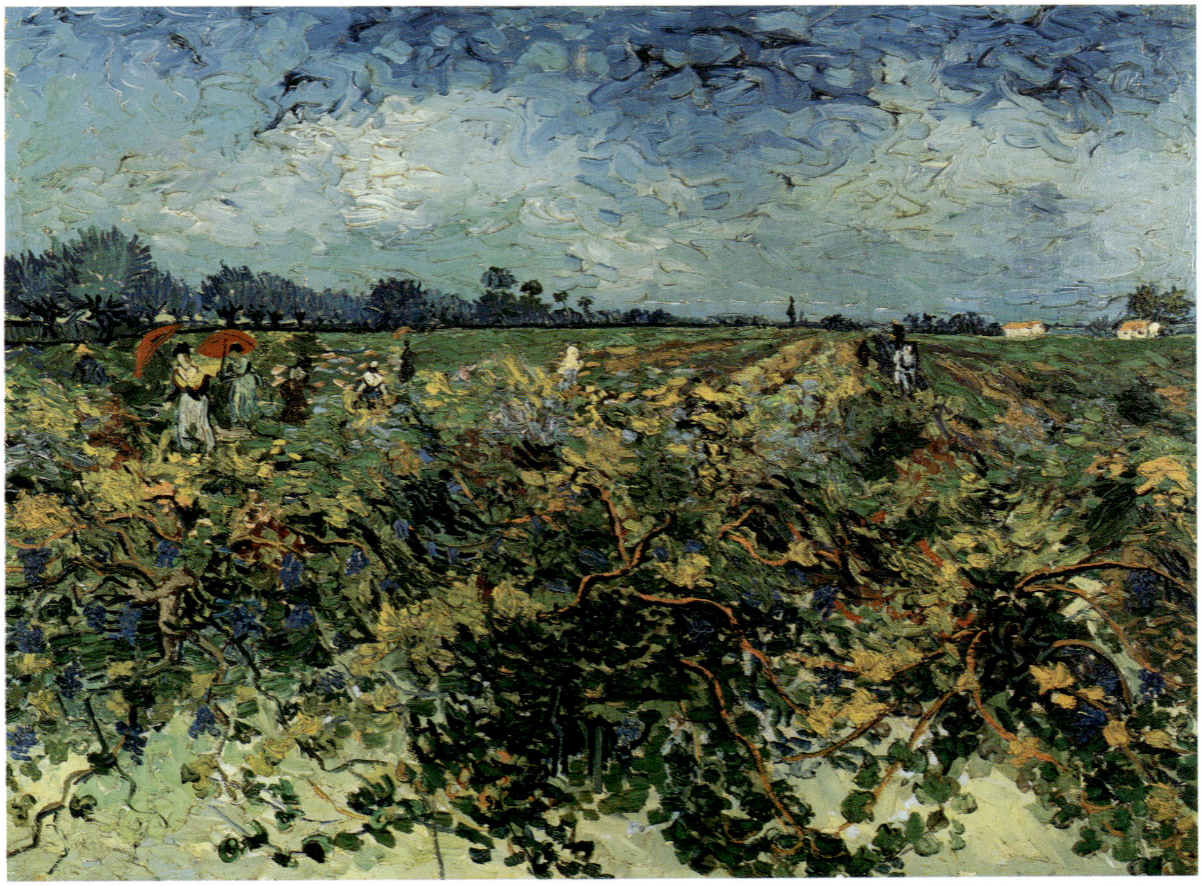

10
Vincent van Gogh
*De groene wijngaard*
ca. 3 oktober 1888
[F 474, JH 1595]
Olieverf op doek
72 × 92 cm
Kröller-Müller Museum, Otterlo
Cat. 67

**Momenteel worstel ik met een landschap met blauwe lucht boven een enorme groene, purperen, gele wijngaard met zwarte en oranje wijnranken. Figuurtjes van dames met rode parasols, figuurtjes van druiven-plukkers met hun karretje maken het nog vrolijker. Voorgrond van grijs zand. Weer een doek van 30 vierkant voor de decoratie van het huis. Vincent aan Gauguin, [3 okt. 1888]**

11

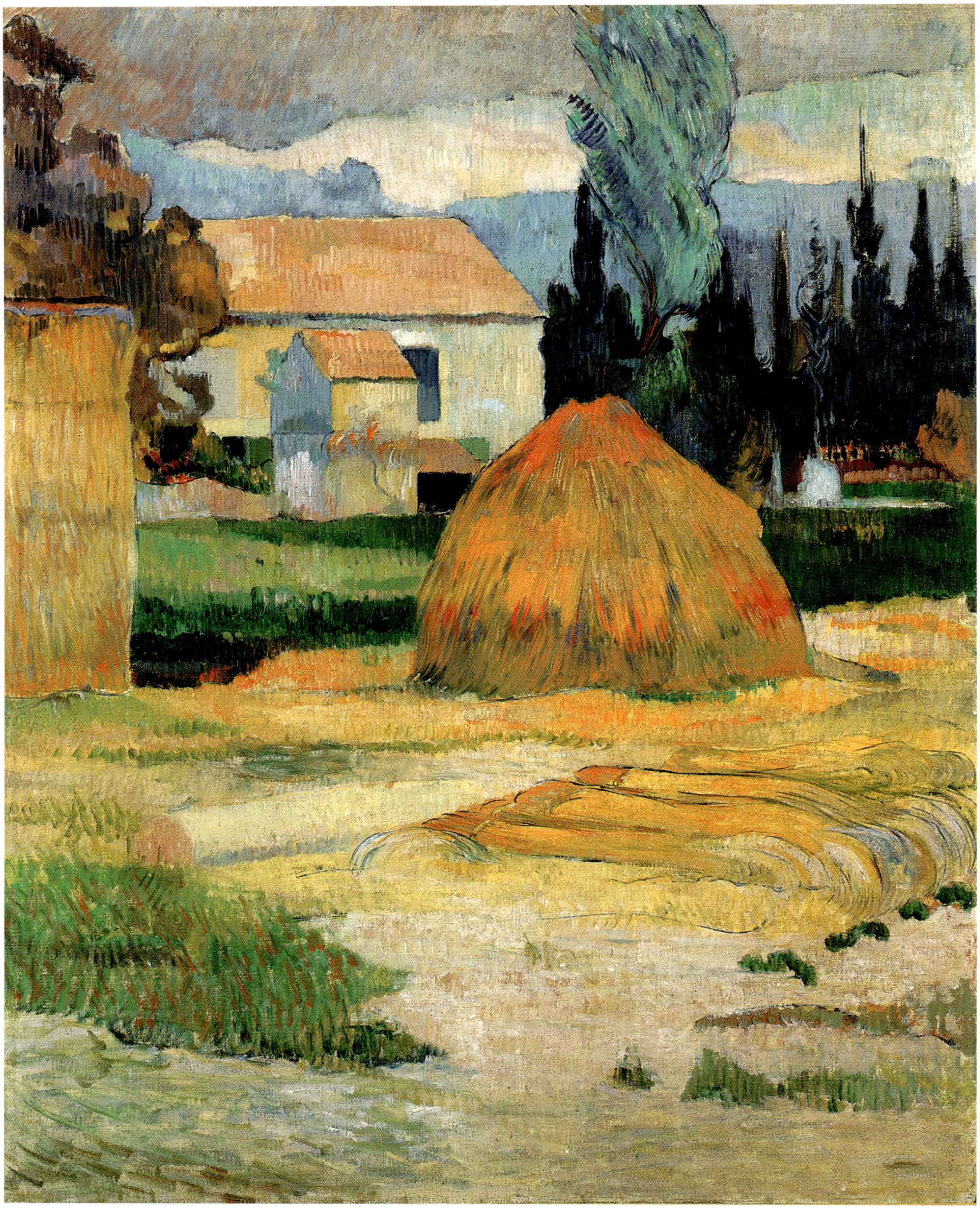

12

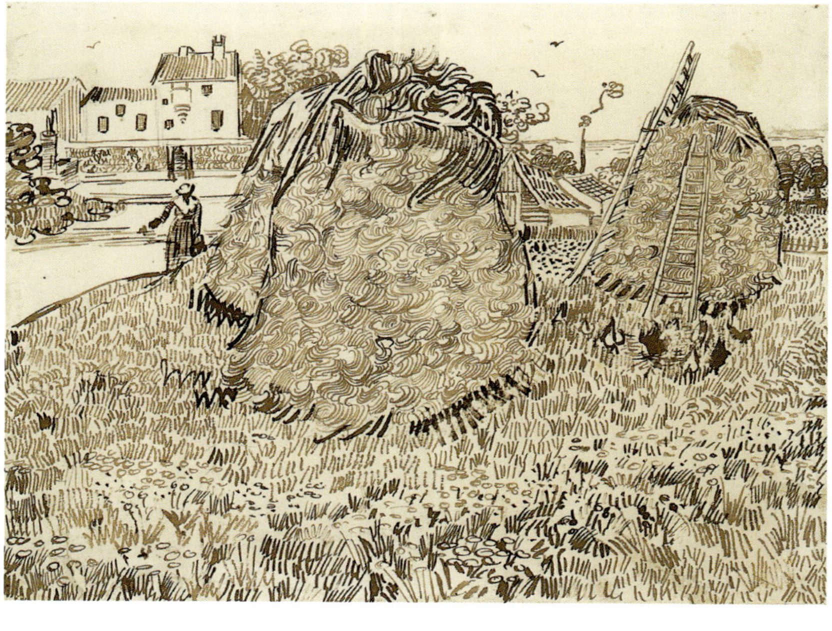

11
Paul Gauguin
*Boerderij in Arles (Mas d'Arles)*
ca. 28 oktober 1888
[W 308]
Olieverf op doek
91 × 72 cm
Indianapolis Museum of Art, geschenk ter nagedachtenis aan William Ray Adams
Cat. 35

12
Vincent van Gogh
*Tarwehopen bij een boerderij*
ca. 17 juli 1888
[F 1426, JH 1514]
Potlood, ganzepen en rietpen en bruine inkt op velijnpapier
24 × 31.5 cm
Szépmüvészeti Múzeum, Boedapest
Cat. 58

13
Detail van fig. 6

14
Detail van fig. 11

eigenschappen van Cézanne die Vincent interpreteerde als verlegen, consciëntieus en kalm.[27]

Vincent had veel respect voor Gauguins terughoudendheid, zijn vermogen om 'zich niet mee te laten slepen' en zijn tijd af te wachten. *Boerderij in Arles* is ervan doordrenkt, al is dit schilderij meer dan alleen maar een poging van Gauguin om zijn kalmte te tonen. Tegenover Vincents vurige overtuigingen over het soort kunst dat in het Atelier van het Zuiden gemaakt moest worden voelde Gauguin zich gedwongen zijn eigen positie af te bakenen. Hij had Cézanne lang bewonderd als de grote 'man van het Zuiden.' Hij ontwaarde een oosterse mystiek in zijn 'intense kalmte' en in de mysterieuze ambivalentie van zijn vormen die lijken samen te smelten uit de afzonderlijke penseelstreken. Gauguin zag in de ondefinieerbaarheid van Cézanne's schilderijen – zijn het beschrijvende of abstracte vormen? – de mogelijkheid om ideeën over te brengen met niet-literaire middelen.[28] Dit was echter een opvatting over symboliek die duidelijk afweek van die van Vincent. Deze eerste schilderijen – Vincents *Zaaier* en *Oude taxusboom* en Gauguins 'négresse' en zijn *Boerderij in Arles* – doen geloven dat ieder vrijwel onmiddellijk de rol op zich nam overeenkomstig Vincents model van monnik en abt of Boccaccio en Petrarca. Ondanks zijn bewondering voor Gauguin had Vincent zich vast voorgenomen zijn eigen individualiteit te bewaren ten opzichte van de invloed die hij zelf had binnengehaald maar waar hij ook bang voor was. Gauguin wilde graag voldoen aan de verwachtingen van de beide broers met wie zijn lot nu zo innig verbonden leek en was bereid om zich voorbeeldig te gedragen. Maar hij aarzelde om Vincents programma tot het zijne te maken, nu hij de implicaties ervan begrepen had. Misschien komen de diepe verschillen die ze nu net bezig waren te ontdekken eerder naar voren in hun schilderijen dan in hun woorden.

De twee brieven die Vincent aan Theo stuurde op 28 oktober bruisen niettemin van optimisme. Zijn zorgen over geld en de verkoop van schilderijen waren snel verminderd door de opwinding die Gauguins aanwezigheid met zich mee bracht en het vooruitzicht de kosten van levensonderhoud te kunnen delen, zelf verf en doeken te kunnen prepareren. Hoewel Gauguin niet zo positief was geweest over Vincents doeken als deze laatste gehoopt had, had hij zich wel goedkeurend uitgelaten over de *Zonnebloemen*, *De slaapkamer* en (verassend genoeg maar wellicht toch begrijpelijk gezien zijn positie als net gearriveerde gast) de onlangs voltooide *Zaaier*. Vol vertrouwen en gevoel voor avontuur vertelde Vincent over de vooruitzichten op lange termijn van het 'kleine atelier.'[29]

13
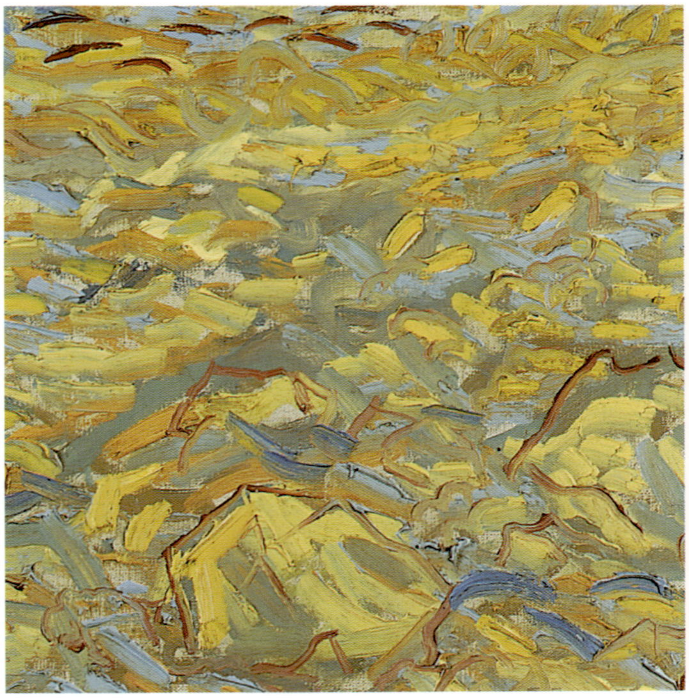

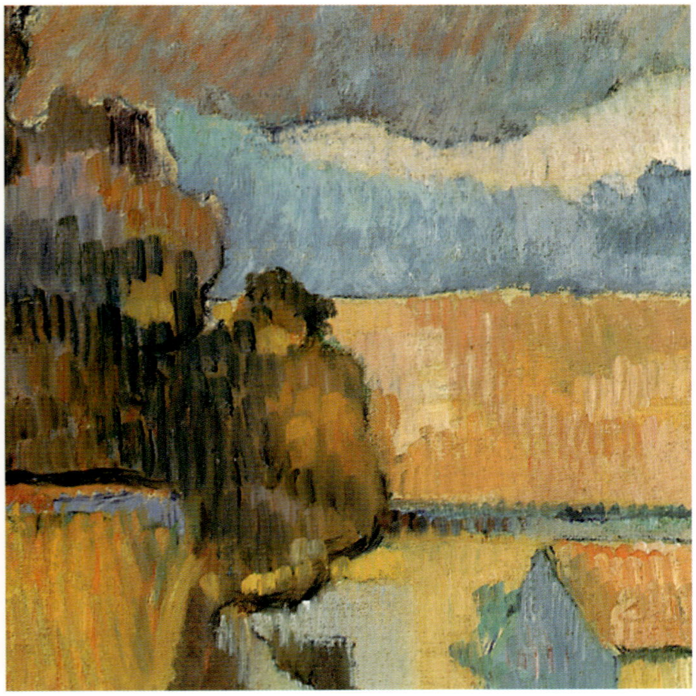
14

## 29 OKTOBER -3 NOVEMBER: ZICH THUIS GAAN VOELEN

| Zondag | Maandag | Dinsdag | Woensdag | Donderdag | Vrijdag | Zaterdag |
|---|---|---|---|---|---|---|
| | **29** Okt | **30** | **31** | **1** Nov | **2** | **3** |
| | zon | zon | zon | regen | regen | bewolkt |
| | | | | ✉ Gauguin aan Bernard | ✉ Vincent aan Bernard | Zaterdag of zondag poseert Madame Ginoux voor de schilders |

20
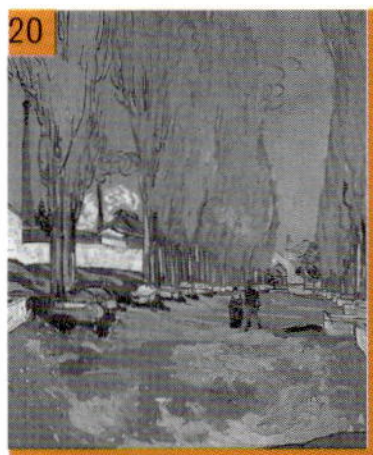
21
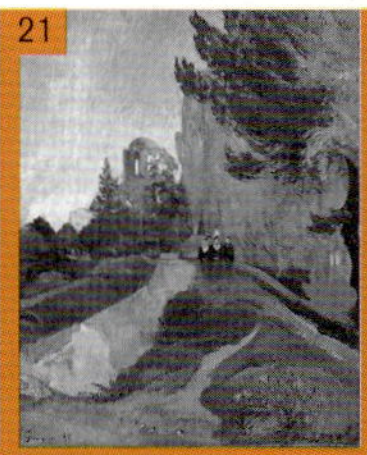
24
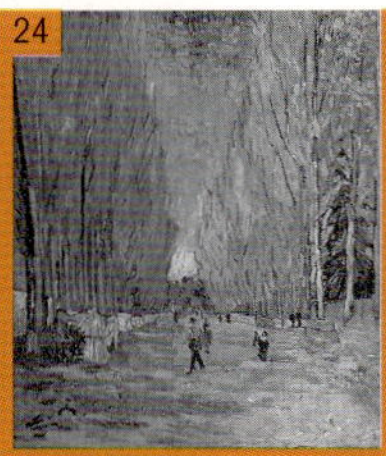
26
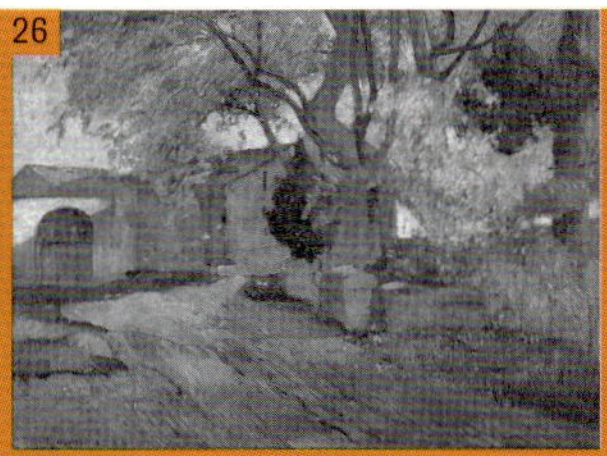
27
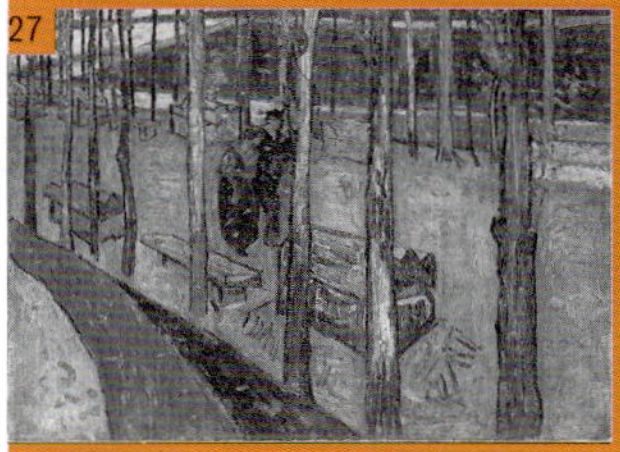
28
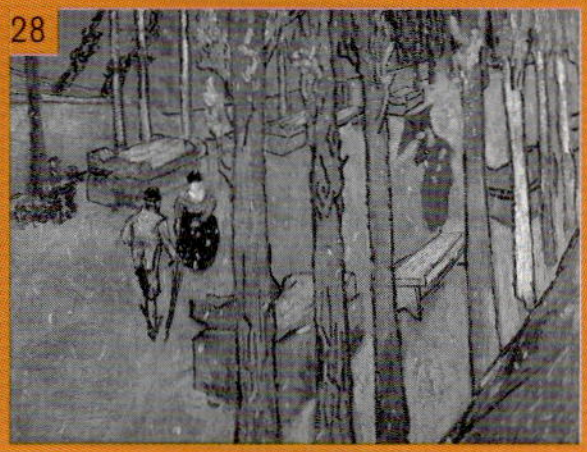

Het goede weer in de eerste week – voornamelijk helder en warm met weinig wind – zette zich in de tweede week voort.[30] Vincent en Gauguin maakten hier gebruik van door veel buitenshuis te zijn. Ze verplaatsten zich van de Crau naar een beroemde plek in de buurt, het oude kerkhof van Les Alyscamps (de Elyseïsche Velden), ten zuidoosten van de oude stadsmuren (zie kaart, fig. 19). Voordat de regen van de donderdag het werk onderbrak, voltooide Vincent binnen ongeveer vier dagen drie van zijn in totaal vier gezichten op deze plek (fig. 20, 24, 27-28), terwijl Gauguin er twee produceerde (fig. 21, 26).

Nu voerden ze hun plan uit om hun eigen materiaal te prepareren. Gauguin had volgens Vincents beschrijving '20 meter heel stevig doek' gekocht, een ruw en grof soort jute. Ze gebruikten dit grof geweven materiaal voor al hun schilderijen van de Alyscamps, met uitzondering van de eerste, en wijzigden de grofheid ervan slechts minimaal door een dunne grondlaag aan te brengen. Mogelijk gaf dit materiaal Gauguin het idee om iets van de ruwheid van zijn aardewerk in zijn schilderijen te gaan leggen.[31] De jute introduceerde een nieuw en uitdagend element binnen hun werkwijze, evenals het feit dat ze zij aan zij hetzelfde onderwerp behandelden. Door hun verschillende aanpak gaven Vincent en Gauguin samen uiting aan de voortzetting van hun dialoog. Waren ze aan de hand van hun voorgangers – Monticelli en Cézanne – begonnen met het stellen van de vraag 'wiens zuiden' bedoeld werd, nu waren ze vast van plan daar op geheel eigen wijze een antwoord op te geven.

Voor Vincent was het kerkhof van de Alyscamps een nieuw thema. Tijdens zijn verblijf in Arles had hij zich verre gehouden van de Romeinse overblijfselen die de voornaamste toeristische attractie van de stad vormden. In de lente had hij overwogen om de kleurige, roerige stierengevechten te schilderen maar hij was er nog niet toe gekomen. Deze werden met grote regelmaat tussen Pasen en oktober gehouden in het amfitheater te Arles, dat uit de eerste eeuw na Christus stamt en het grootste van Frankrijk is (fig. 15). Door de stierengevechten aan Gauguin te beschrijven hoopte Vincent wellicht dat zijn

Okt

| | | | | | | |
|---|---|---|---|---|---|---|
| | 1 | 2 | 3 | 4 | 5 | 6 |
| 7 | 8 | 9 | 10 | 11 | 12 | 13 |
| 14 | 15 | 16 | 17 | 18 | 19 | 20 |
| 21 | 22 | 23 | 24 | 25 | 26 | 27 |
| 28 | **29** | **30** | **31** | | | |

Nov

| | | | | | | |
|---|---|---|---|---|---|---|
| | | | | **1** | **2** | **3** |
| 4 | 5 | 6 | 7 | 8 | 9 | 10 |
| 11 | 12 | 13 | 14 | 15 | 16 | 17 |
| 18 | 19 | 20 | 21 | 22 | 23 | 24 |
| 25 | 26 | 27 | 28 | 29 | 30 | |

Dec

| | | | | | | |
|---|---|---|---|---|---|---|
| | | | | | | 1 |
| 2 | 3 | 4 | 5 | 6 | 7 | 8 |
| 9 | 10 | 11 | 12 | 13 | 14 | 15 |
| 16 | 17 | 18 | 19 | 20 | 21 | 22 |
| 23 | 24 | 25 | 26 | 27 | 28 | 29 |
| 30 | 31 | | | | | |

vriend nieuwsgierig zou worden naar de couleur locale en de unieke onderwerpen die Arles te bieden had. Blijkbaar met succes, want het enige onderwerp waar Gauguin specifiek op terugkwam toen hij in juli zijn ideeën voor het schilderen in de Provence op papier zette was het stierengevecht.[32]

Tegen de tijd dat Gauguin eindelijk arriveerde was het seizoen van de stierengevechten al afgelopen. De beslissing om op de Alyscamps te gaan schilderen kwam eveneens voort uit verwachtingen die Vincent gewekt had. Vincent was bezorgd dat Gauguin teleurgesteld zou zijn over Arles en had zijn best gedaan om het huidige creatieve potentieel van de streek te koppelen aan haar roemrijke verleden: 'Deze streken hier hebben al kennis gemaakt met de cultus van Venus – die in Griekenland voornamelijk kunstzinnig is – en vervolgens met de dichters en de kunstenaars van de renaissance. Daar waar die dingen tot bloei konden komen, kan het impressionisme het ook.'[33] In deze geest had Vincent de *Tuin van de dichter*-serie uitgevoerd die in Gauguins slaapkamer hing. Het antieke karakter van de stad was zeker onderwerp van gesprek tijdens hun eerste dagen samen.

Gauguin zou zich herinneren dat ze op de dag van zijn aankomst 'rondwandelden zodat ik de schoonheid van Arles en de Arlésiennes kon bewonderen.' Later zou hij beweren niet onder de indruk te zijn geweest, maar uit zijn brieven uit die tijd blijkt het tegendeel. Vincent schreef dat Gauguin 'vooral geboeid was door de Arlésiennes.' Maar Gauguin zelf drukte zich tegenover Bernard ook in bewoordingen uit die doen denken aan een beschrijving uit een toeristische gids. Met hun Griekse schoonheid, elegante haarstijl en wijde sjaals deden de vrouwen van Arles (fig. 18) hem denken aan antieke vazen en beelden. Het leek hem afdoende bewijs te vormen voor het feit dat deze nieuwe omgeving hem de middelen zou bieden om de weg te bereiden voor wat hij een 'fraaie *moderne* stijl' noemde.[34]

Deze belangstelling was nauwelijks origineel te noemen. In vrijwel alle literatuur over de stad werd lovend gesproken over de vrouwen, in wier

15
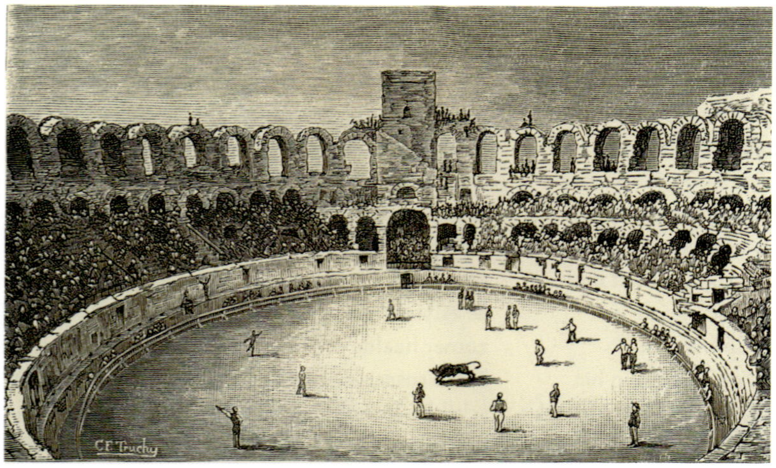

16
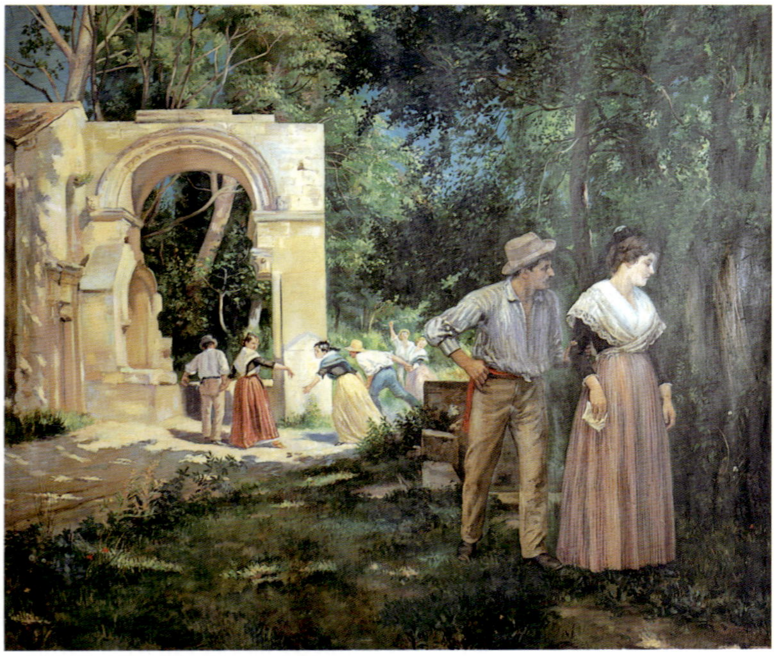

17
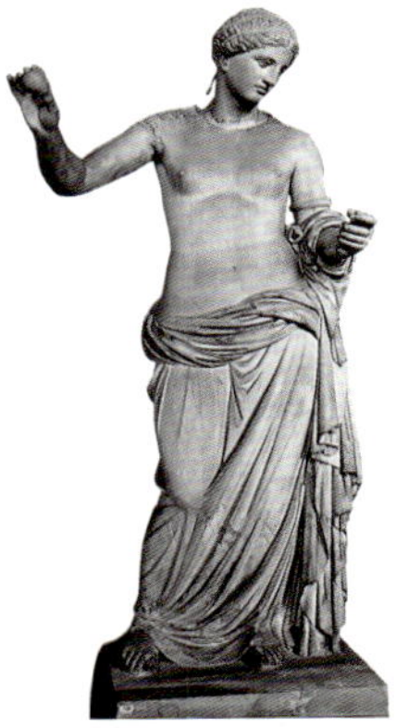

18
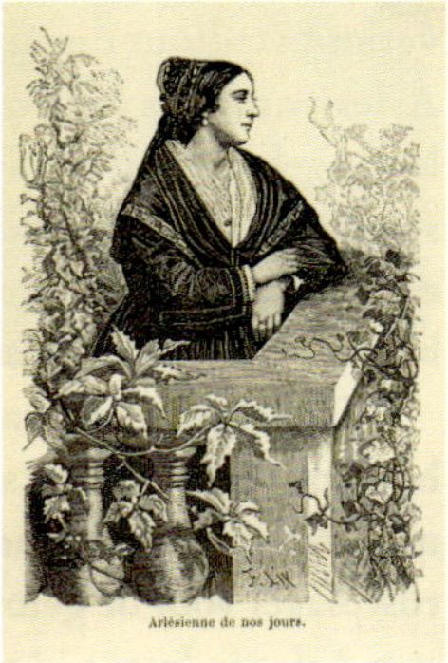

**De jonge dame is een Arlésienne en een echte. De boog, zo moeilijk om weer te geven, is perfect. Het kostuum gereproduceerd in al zijn elegante details. De houding onderscheidt zich door het gemak en de gratie waarmee de Arlésienne zo dikwijls indruk maakt; het gezicht, met delicate trekken.** Anoniem, ***Le Forum républicain***, **9 sept. 1888, p. 2**

15
C.W. Turchy (Frankrijk; 19de eeuw)
*Amfitheater [Romeinse arena]*
uit Fernand Beissier, *Les étappes d'un touriste en France: Le Pays d'Arles*, Paris 1889, p. 33

16
Joseph Belon (Frankrijk; gest. 1927)
*Jaloux! (Jaloers!)*
1888
Olieverf op doek
180 × 200 cm
Muséon Arlaten, Arles

17
Naar Praxiteles
ca. 360 v. chr.
*Venus van Arles*
Marmer
H 194 cm
Musée du Louvre, Parijs

18
Frédéric Théodore Lix (Frankrijk; 1830-1897)
*Arlésienne de nos jours*
uit Fernand Beissier, *Les étappes d'un touriste en France: Le Pays d'Arles*, Paris 1889, p. 119

20

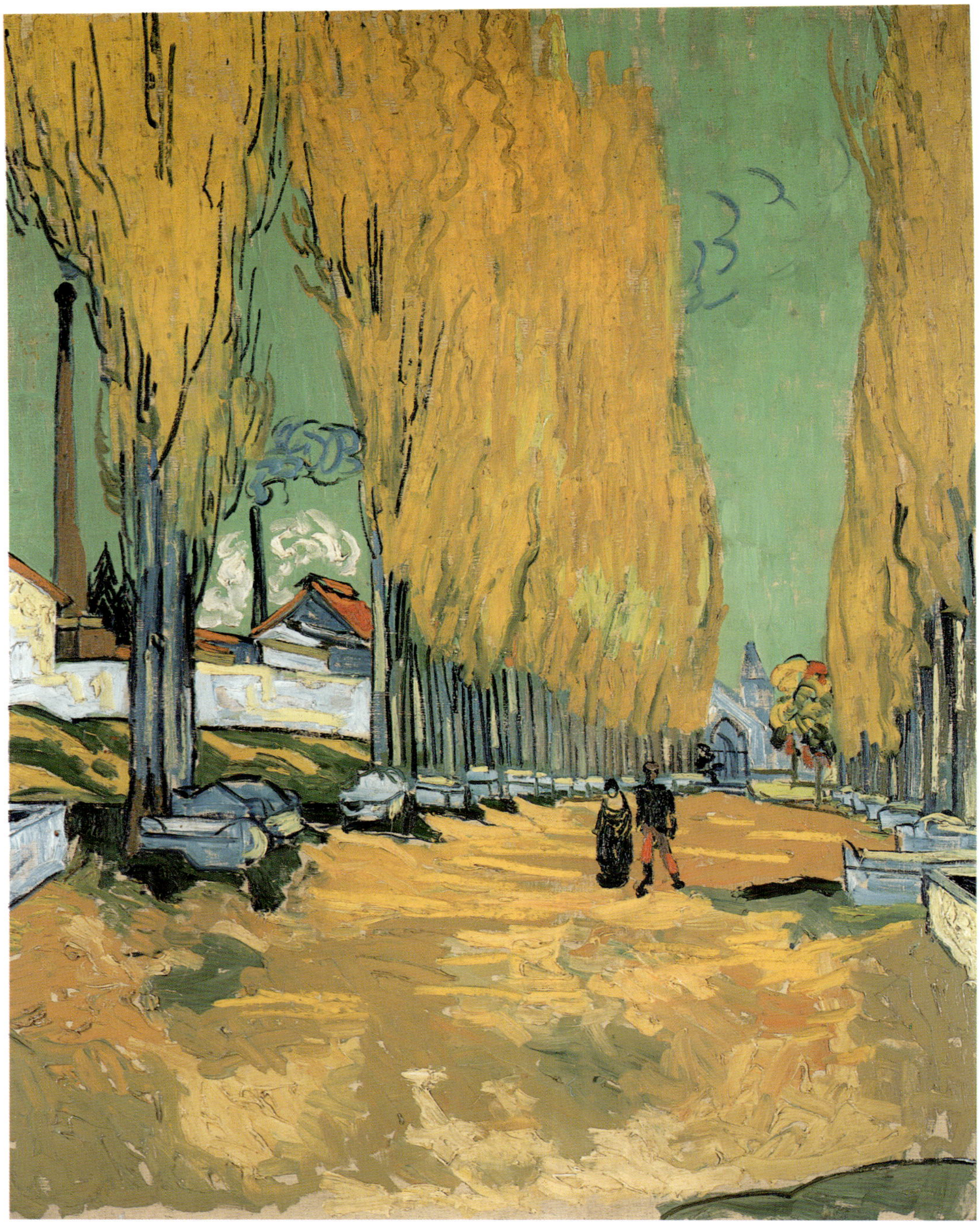

alleen of grotendeels van formele aard. Evenmin is het gemakkelijk te definiëren. Vincents fixatie op Daumier was complexer dan Gauguin wilde begrijpen en in zijn ideeën over het Zuiden sloot hij Puvis in het geheel niet uit, eerder het tegendeel. In september legde hij Theo uit dat men zich een voorstelling van de Provence kon maken met behulp van Puvis' *Bekoorlijk land* (hfdst. 3, fig. 37). Hij gaf toe hoe belangrijk het klassieke verleden, gesymboliseerd door de Venus van Arles, was. Hij erkende echter met grote nadruk 'het Tartarin- en Daumier-achtige van dit zo koddige land.' In Vincents gecondenseerde en associërende manier van uitdrukken stond 'puur Daumier' voor warmte, humor, passie en het vermogen poëzie te ontdekken in gewone dagelijkse dingen. In zijn karakteristieke werken verkoos deze karikaturist het uitdrukken van een dieperliggende waarheid boven een letterlijke weergave. Tijdens zijn eerste maand in Arles moest Vincent voortdurend denken aan Daumier, wiens 'verheerlijking van de ellende' hem bijstond bij het verwerken van vele tegenstellingen die hij in het zuiden tegenkwam: adeldom en belachelijkheid, schoonheid en lelijkheid, vreugde en leed. Het lukte hem niet om in zijn gedachten de wijk rondom de Place Lamartine te verzoenen met Millets nobele visie. In plaats daarvan beschreef hij deze als 'helemaal Daumier, Zola.'[45]

Gauguin arriveerde in het Gele Huis en ontdekte dat Daumiers invloed tot goddelijke proporties was uitgegroeid. Zijn lithografieën hingen naast Japanse houtsnedes en Vincents eigen doeken. In zijn vermengingsdrift nam Vincent Daumier ook op in zijn identificatie met Japan. Net als Hokusei zette Daumier zijn figuren snel en scherp neer, op de wijze die Vincent zelf ook hanteerde. (In augustus had hij 'ter plekke zoals Daumier' een portret geschilderd van Joseph Roulin; fig. 102.) Vincent plaatste Daumier in dezelfde context van

21

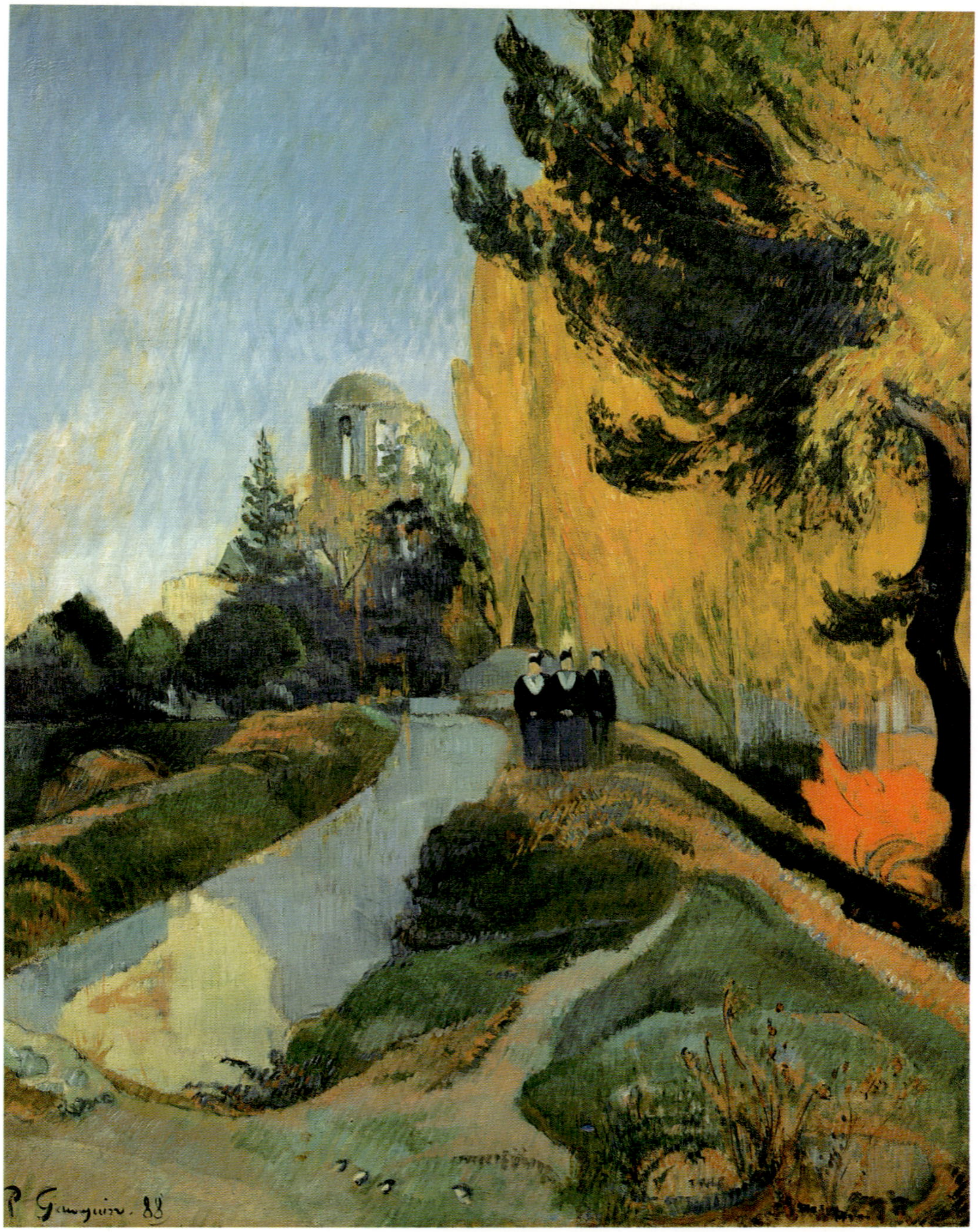


22

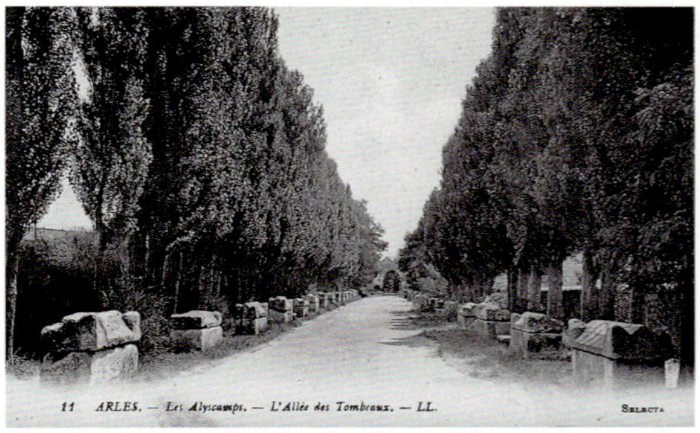


23

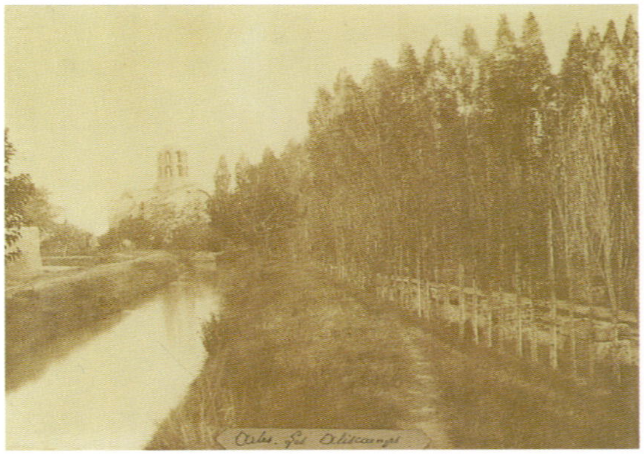

20
Vincent van Gogh
*Allée des tombeaux (Les Alyscamps)*
ca. 29 oktober 1888
[F 568, JH 1622]
Olieverf op doek
89 × 72 cm
Privé-collectie
Cat. 72

21
Paul Gauguin
*Les Alyscamps*
*(De drie gratiën bij de tempel van Venus)*
*(Paysage* of *Les trois grâces au temple du Vénus)*
ca. 29 oktober 1888
[W 307]
Olieverf op doek
92 × 73 cm
Musée d'Orsay, Parijs, donatie van de comtesse Vitali, ter nagedachtenis van haar broer de vicomte de Cholet, 1923
Cat. 36

22
Ansichtkaart van de Alyscamps, Allée des Tombeaux, Arles, ca. 1910/30

23
Dominique Roman (Frankrijk; 1824-1911)
Foto van de Alyscamps, Arles uit *Panorama d'Arles et sa région, Arles, Montmajour, Les Baux*
1862/80
Muséon Arlaten, Arles

harmonieuze onderlinge verhoudingen die hij zich voorstelde bij de Japanse kunstenaarsgemeenschap, aangezien het gerucht rondging dat Corot Daumier gered had uit een zeer penibele situatie en hem een eenvoudig onderkomen had bezorgd. Deze episode van grote solidariteit viel goed te rijmen met Vincents eigen hoop om een 'kunstenaarshuis' te stichten in de geest van Daumier.[46] Kort gezegd werd Daumier een synoniem voor de methodes en doelstellingen van het Atelier van het Zuiden.

Na een week samen met Vincent zal Gauguin volledig doordrongen zijn geweest van dit idee. Hij reageerde erop door een model te opperen dat zijn eigen afwijkende aspiraties verraadt. In zijn visie verkoos Puvis (ondanks zijn gebruik van traditionele symbolen) stijl boven inhoud en vermeed hij een beschrijvende manier van schilderen door sfeer te scheppen met behulp van kleur, lijn en compositie, zoals de Japanners. De combinatie van Puvis en Japan die Gauguin in Arles beweerde te zien toont zijn voortdurende inspanningen om boven alles 'stijl' na te streven. Terwijl Cézanne de mogelijkheid bood tot een zuiver picturaal taalgebruik, verstrekte de anti-naturalistische tendens en de voorkeur voor 'ontwerp boven effect' van Puvis en de Japanners een bruikbaar model voor de vorming van een 'moderne stijl' in Arles. Op deze wijze verschilden de referentiepunten die de twee kunstenaars verwerkten in hun schilderijen van de Alyscamps.

In zijn eerste schilderij (fig. 20) bleef Vincent zijn belangrijkste principes standvastig trouw. Om te beginnen werkte hij snel, zelfs nog sneller dan op de Crau de week daarvoor. Zijn brede penseelstreken, met gemak opgebracht door de vloeibaarheid van de dikke verf en de gladde witte ondergrond van een al voorgeprepareerd gekocht doek, laten een bijna manische uitbundigheid zien. Dit rommelige en chaotische oppervlak doelt, samen met de aanwezigheid van de moderne industrie, op het niet-geïdealiseerde 'Daumier'-gedeelte van de mix die het Zuiden vormt, precies zoals het paartje dat minuscuul geschilderd is al wandelend over de Allée des Tombeaux. Door in zijn persoonlijke beeldtaal de 'geliefden' te bestempelen als een Arlésienne en een Zoeaaf zinspeelde Vincent op de betwistte kuisheid van deze dochters van de Venus van Arles.[47] Hun reputatie van witmarmeren zedigheid ging hand in hand met hun gevaarlijk flirterig gedrag, zoals tot uiting komt in Daudets beroemde verhaal '*L'Arlésienne,*' waarin de toevallige ontmoeting tussen een jongeman en een vrouw uit Arles tot grote passie leidt en uiteindelijk uitmondt in de dood.

Wat voor relatie de voortschrijdende mannelijke figuur op Vincents schilderij ook moge hebben met de in klederdracht gestoken

24
Vincent van Gogh
*Les Alyscamps*
ca. 1 november 1888
[F 569, JH 1623]
Olieverf op doek
92 × 73,5 cm
Privé-collectie

25
Ansichtkaart van de kapel van de Porcelets en de kerk van Saint-Honorat, Alyscamps, Arles
ca. 1910/30

26
Paul Gauguin
*Les Alyscamps*
ca. 1 november 1888
[W 306]
Olieverf op jute
72,5 × 91,5 cm
Seiji Togo Memorial Yasuda Kasai Museum of Art, Tokio
Cat. 37

24
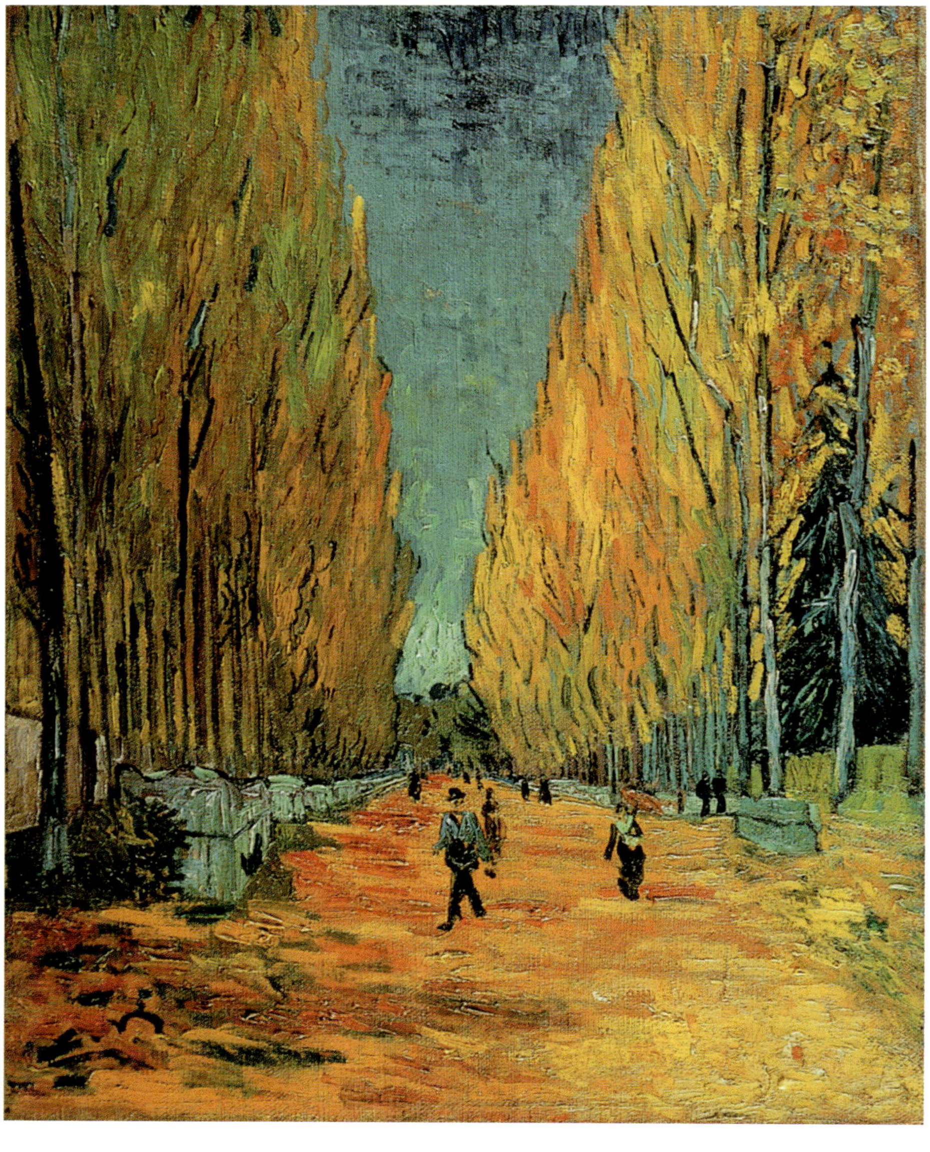

25

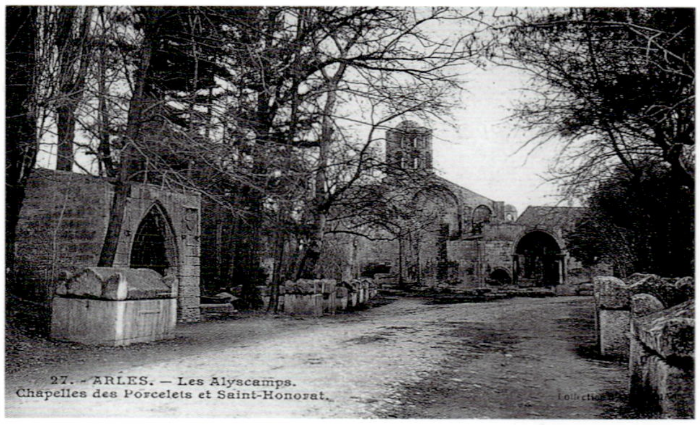
27. - ARLES. — Les Alyscamps.
Chapelles des Porcelets et Saint-Honorat.

26

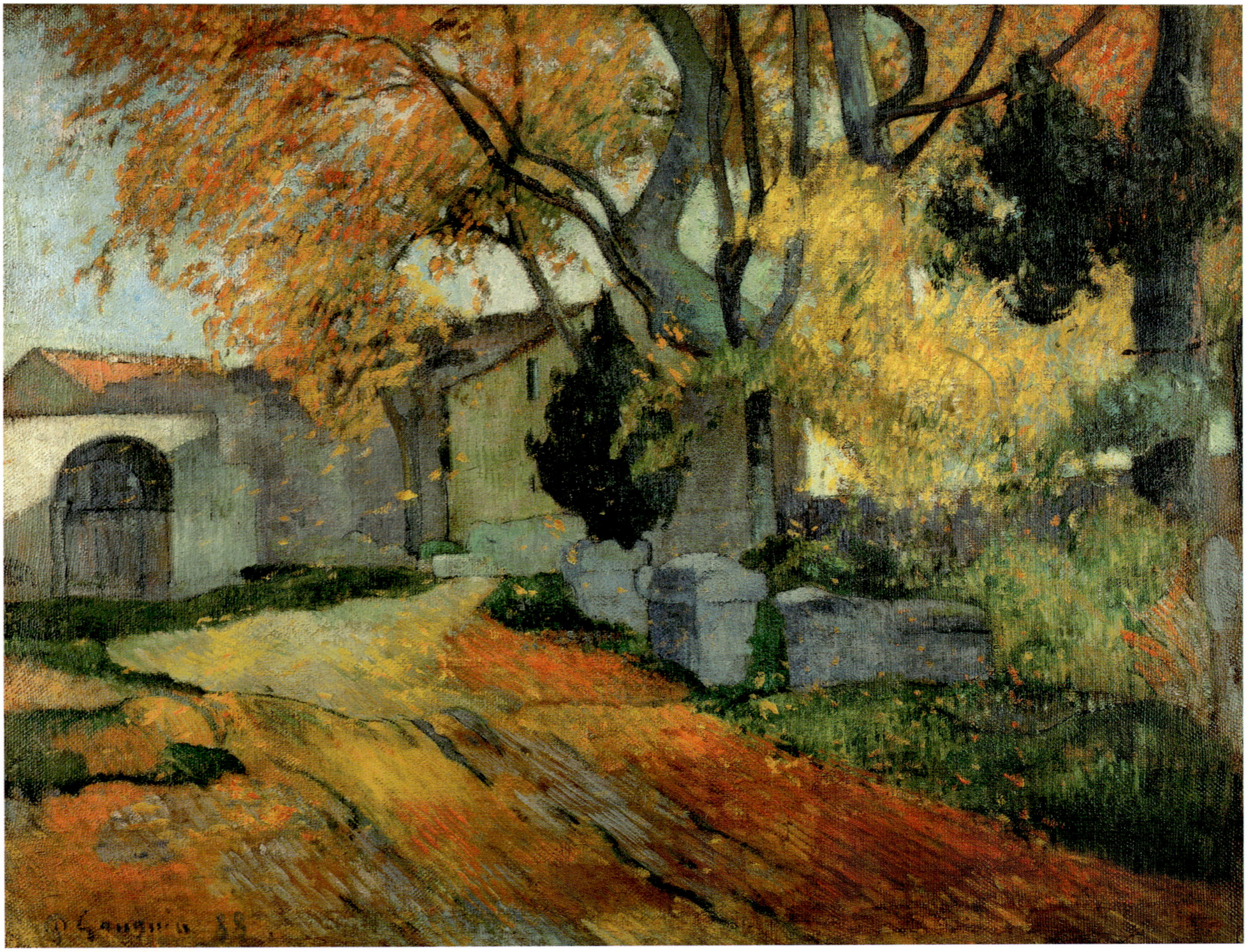

27 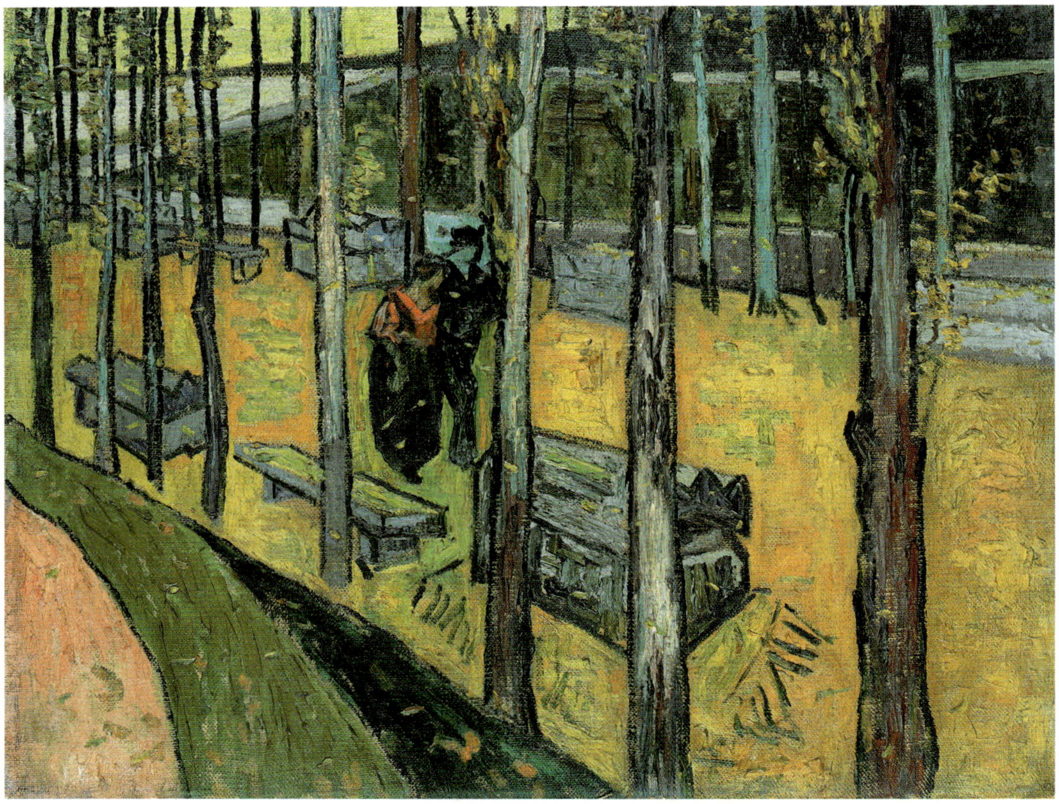

**Die boomstammen staan als pilaren langs een laan met links en rechts een rij oude Romeinse graftombes in blauw lila. De bodem is bedekt met een dikke laag oranje en gele gevallen bladeren, net een tapijt. Ze vallen nog steeds als sneeuwvlokken. En in de laan zwarte figuurtjes van verliefde paren. Boven aan het schilderij een fel groene wei en geen lucht of bijna geen.     Vincent aan Theo, [ca. 5 nov. 1888]**

vrouw, het opvallende militaire uniform van de man geeft de vergankelijke aard van hun samenzijn aan. Want de Zoeaven, ingekwartierd in de nabije Calvin-kazerne (zie kaart, hfdst. 3, fig. 10), waren niet permanent gelegerd in Arles maar slechts op doortocht, zoals Vincents vriend Milliet die op weg was vanuit Frans Indo-China (Tonkin, Noord-Vietnam) naar Noord-Afrika. De lokale bevolking bewonderde de soldaten en zag hun banden met de georganiseerde prostitutie voor het grootste deel als behorende bij hun leeftijd en situatie.[48] Vincent bestempelde met zijn afbeelding de Alyscamps als een eigentijds vrijerslaantje, een plek voor vluchtige ontmoetingen in de sociale context van Arles. Dit is de Alyscamps uit de lokale kranteberichten in de geest van Zola en Daumier en niet volgens Belon, Puvis of de reisgidsen voor toeristen. Een ontmoetingsplaats voor geliefden en een plek waar wanhopige jonge vrouwen zichzelf of hun ongewenste baby's in het Craponne-kanaal verdronken.[49]

Ook Gauguin was zich goed bewust van de moderne spanningen die de Alyscamps opriepen en in het bijzonder van de Arlésienne als tegelijk geïdealiseerde en menselijke figuur: 'Dit meisje van de straat is net zo goed een dame als ieder ander en ziet er zo maagdelijk uit als Juno,' was zijn commentaar tijdens het schilderen. Op zijn doek beeldde hij een drietal van deze hedendaagse Juno's af op het pad langs het kanaal. Twee van hen dragen het voor de Arlésiennes typerende lijfje. De duidelijke aangebrachte wijzigingen in de rechterfiguur suggereren dat Gauguin wellicht eerst een man met een broek had willen afbeelden. Hoe het ook zij, deze stille, uitdrukkingsloze groep is ver verwijderd van Vincents geliefden met hun oorsprong in de narratieve kunst van Daumier en de geschriften van Zola. Alleen uit de titel blijkt iets van Gauguins gevoel voor ironie: 'de drie gratiën bij de tempel van Venus.'[50]

Door zijn compositie, uitvoering en inhoud presenteerde Gauguin een alternatief voor het naturalistische karakter van Vincents schilderij. Hij volgde een nog complexere procedure dan bij *Boerderij in Arles*. Hij koos een stuk fijngeweven katoen uit en bracht daarop met krijt een dunne witte ondergrond aan.[51] Na de contouren met

27
Vincent van Gogh
*Vallende bladeren (Les Alyscamps)*
ca. 1 november 1888
[F 487, JH 1621]
Olieverf op jute
72 × 91 cm
Privé-collectie
Cat. 73

28
Vincent van Gogh
*Vallende bladeren (Les Alyscamps)*
ca. 1 november 1888
[F 486, JH 1620]
Olieverf op jute
73 × 92 cm
Kröller-Müller Museum, Otterlo

29
Émile Bernard
(Frankrijk; 1868-1941)
*Laan met bomen in Bretagne met figuren*
1888
Pen en inkt en aquarel
30,7 × 20,2 cm
Van Gogh Museum, Amsterdam (Vincent van Gogh Stichting)

30
Honoré Daumier
(Frankrijk; 1808-1879)
*Ratapoil*
Gegoten brons
H. 43.5 cm
The Art Institute of Chicago, geschenk van Samuel en Marie Louise Rosenthal, Rosenthal-Daumier Collection, 1998.777

31
Katsushika Hokusei
(Japan; 1760-1849)
*Mensen in de regen* uit *The form of painting of Hokusai*, Edo/Osaka/Nagoya 1819, p. 18 verso
The Art Institute of Chicago, Martin Ryerson Collection, 1103
Cat. 148

28

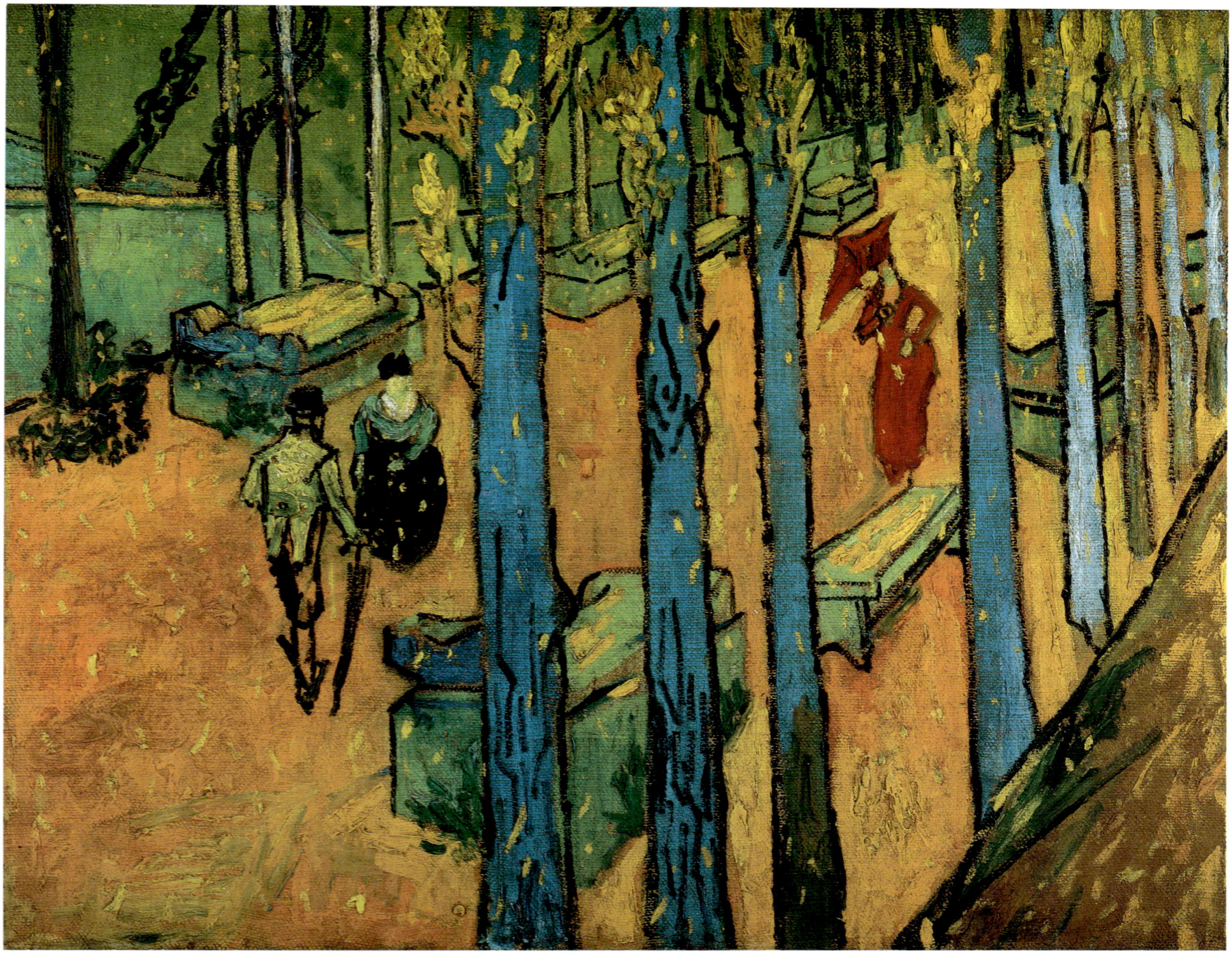

29

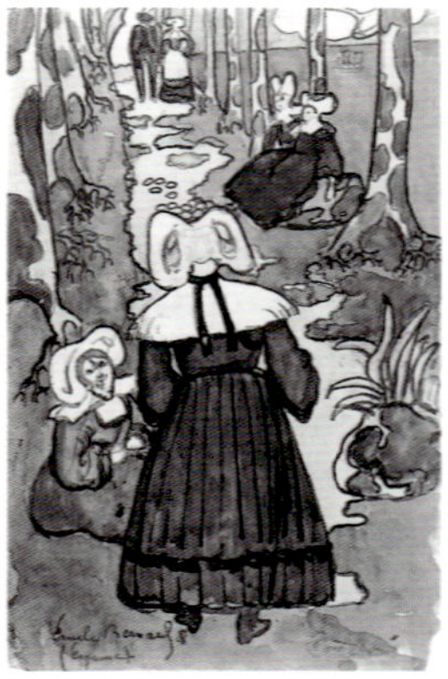

30

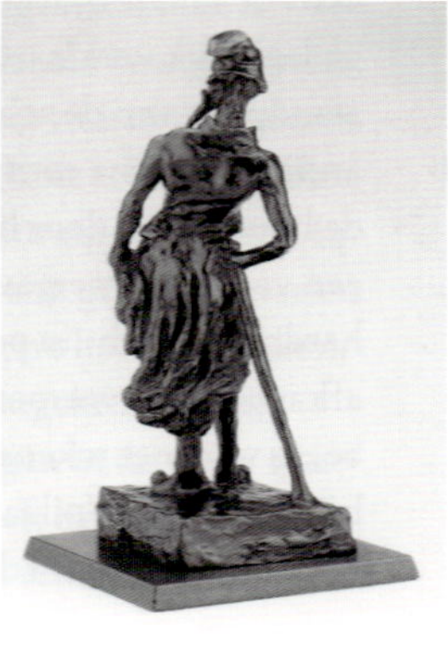

31

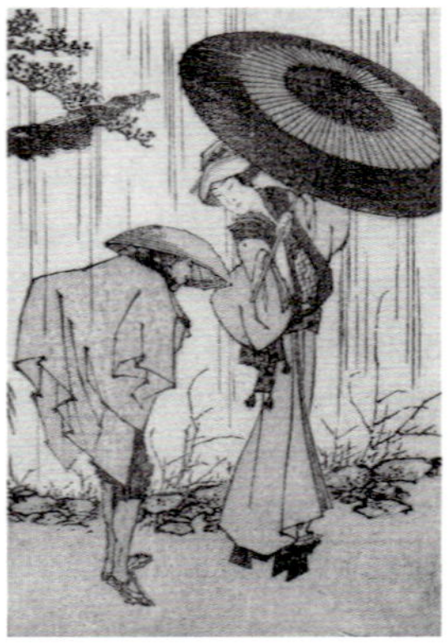

## 4 - 10 NOVEMBER: ROLVERDELING

| Zondag | Maandag | Dinsdag | Woensdag | Donderdag | Vrijdag | Zaterdag |
|---|---|---|---|---|---|---|
| **4** Nov | **5** | **6** | **7** | **8** | **9** | **10** |
| Zaterdag of zondag poseert Madame Ginoux voor de schilders<br>Zij zien 'een rode wijngaard' | Vincent aan Theo | | | | Gauguin aan Bernard | |

37
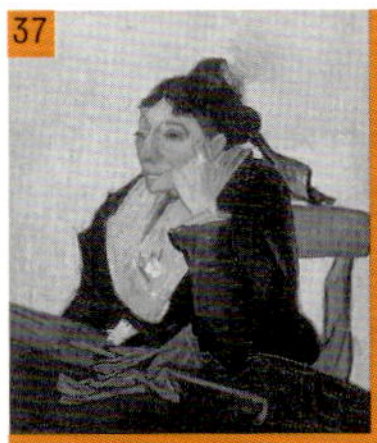
36
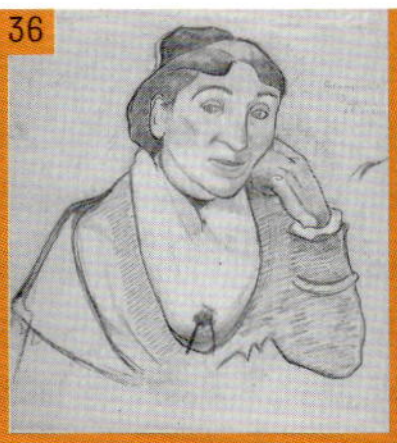
41
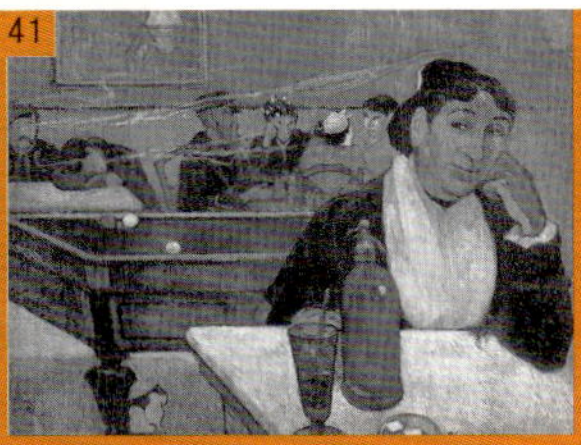
49
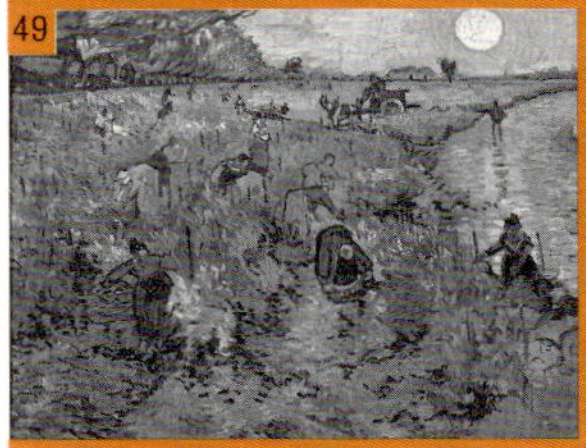
50
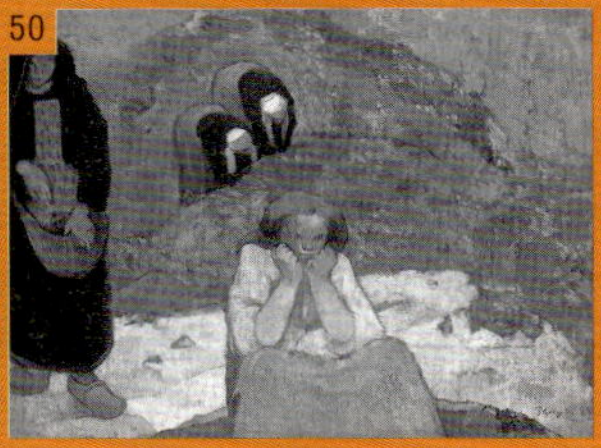
53
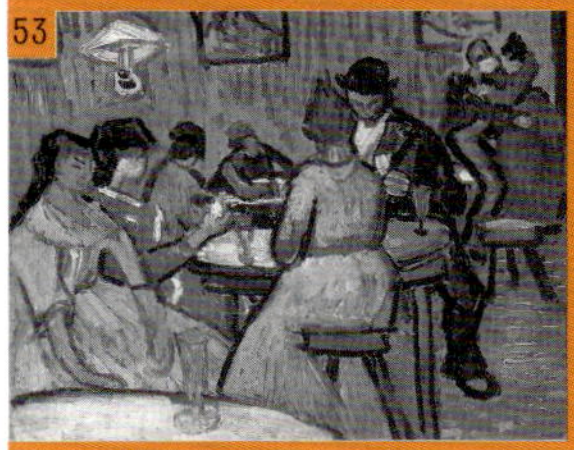

De twee kunstenaars genoten nog steeds van een gelukzalige beginperiode. Hun onderlinge verschillen leken fascinerend en vol belofte te zijn. Vincent zwolg in een droom die waarheid geworden scheen, terwijl Gauguin energie haalde uit Vincents intense verwachtingen. Hun interactie werd gestimuleerd door een wederzijdse bewondering die alle proporties te buiten ging. Het zou aflopen op een manier die de grenzen tussen het persoonlijke en het professionele zou doen vervagen. Vincent gaf een belangrijke aanwijzing voor deze dynamiek toen hij, rond 2 november, tegenover Bernard de volgende opmerking plaatste:

Welnu, zonder enige twijfel zijn we hier in de aanwezigheid van een maagdelijk wezen met de instincten van een wild dier. Bij Gauguin winnen bloed en seks het van ambitie.[61]

Deze typering, geschreven in de wetenschap dat Gauguin de brief zou lezen alvorens zijn postscriptum toe te voegen, werd door beide partijen zonder ook maar een vleugje ironie gedeeld. In feite werd hier als een vaststaand feit Gauguins geromantiseerde toelichting op zijn *Zelfportret (Les Misérables)* herhaald, een doek dat ongetwijfeld een prominente plaats innam in het Gele Huis. Net zoals Gauguin het zelfportret gemaakt had in reactie opVincents wensen en verlangens, leek hij nu het verfraaien van zijn macho-identiteit aan te moedigen of in ieder geval te accepteren.

Vanaf het begin omvatten Vincents ideeën voor zichzelf en Gauguin ook een geregeld bezoek aan de bordelen in en rond de Rue des Ricolets (zie kaart, hfdst. 3, fig. 19). Vòòr eind oktober berichtte hij over verschillende uitstapjes naar deze etablissementen en over hun plannen om deze met regelmaat te herhalen voor recreatieve doeleinden en werk. Vincent praatte de eigentijdse ideeën over de mannelijke seksualiteit na door dit plan te rechtvaardigen vanuit hygiënische motieven. Hij was ervan overtuigd dat deze uitlaatklep hen zou behoeden voor amoureuze verbintenissen, en de produktiviteit zou bevorderen.[62] Met een

Okt

| | | | | | | |
|---|---|---|---|---|---|---|
| | 1 | 2 | 3 | 4 | 5 | 6 |
| 7 | 8 | 9 | 10 | 11 | 12 | 13 |
| 14 | 15 | 16 | 17 | 18 | 19 | 20 |
| 21 | 22 | 23 | 24 | 25 | 26 | 27 |
| 28 | 29 | 30 | 31 | | | |

Nov

| | | | | | | |
|---|---|---|---|---|---|---|
| | | | | 1 | 2 | 3 |
| **4** | **5** | **6** | **7** | **8** | **9** | **10** |
| 11 | 12 | 13 | 14 | 15 | 16 | 17 |
| 18 | 19 | 20 | 21 | 22 | 23 | 24 |
| 25 | 26 | 27 | 28 | 29 | 30 | |

Dec

| | | | | | | |
|---|---|---|---|---|---|---|
| | | | | | | 1 |
| 2 | 3 | 4 | 5 | 6 | 7 | 8 |
| 9 | 10 | 11 | 12 | 13 | 14 | 15 |
| 16 | 17 | 18 | 19 | 20 | 21 | 22 |
| 23 | 24 | 25 | 26 | 27 | 28 | 29 |
| 30 | 31 | | | | | |

32
Vincent van Gogh
*De dichter (Eugène Boch)*
3 september 1888
[F 462, JH 1574]
Olieverf op doek
60 × 45 cm
Musée d'Orsay, Parijs

33
Vincent van Gogh
*De minnaar*
*(Luitenant Milliet)*
ca. 25 september 1888
[F 473, JH 1588]
Olieverf op doek
Kröller-Müller Museum, Otterlo

34
Félicien de Myrbach-Rheinfeld (Oostenrijk; 1853-1940)
*Bonzes aan het hoofd van een begrafenisstoet* uit Pierre Loti, *Madame Chrysanthème*, Paris 1888, p. 126

enigszins puberaal idee van broederschap, uitgedrukt in het samen delen en bepraten van hun seksuele avonturen, hield Vincent het wezenlijke verschil in stand tussen het artistieke en het echte leven, twee elkaar wederzijds uitsluitende ervaringswerelden.

Vincent had zelfs portretten geschilderd van de helden van beide werelden: *De dichter* (fig. 32), met Eugène Boch als surrogaat voor Gauguin, en *De minnaar* (fig. 33), een afbeelding van zijn soldatenvriend Milliet in uniform. (Beide portretten hingen boven zijn bed; zie hfdst. 3, fig. 77-78). Deze pendanten vertegenwoordigden beide kanten – artistiek en seksueel – van een ideaal van mannelijke creatieve bekwaamheid en lieten zien dat beide aspecten slechts zeer zelden te vinden waren in één en dezelfde persoon. Volgens Vincent moest er zuinig met seksuele en emotionele energie omgegaan worden, wanneer de doorgaans 'zwakke, ontvankelijke kunstenaarshersenen zich hoofdzakelijk wijden aan het maken van onze schilderijen.' Immers, zo bracht hij naar voren, Degas' schilderkunst dankte haar viriliteit aan het feit dat deze kunstenaar afzag van een privé-leven en ook Delacroix' grootheid was verbonden aan relatieve onthouding. Vincent gaf toe dat er twee spectaculaire uitzonderingen waren op deze beproefde regel: Rubens en Courbet. Die twee genieën waren allebei een 'knappe man en goede neuker' geweest en tevens een groot schilder, dankzij een uitzonderlijke energie en evenwicht in lichaam en geest die voor Vincent onder de categorie van een goede gezondheid vielen.[63]

Al snel werd duidelijk dat Gauguin zich onder hun gelederen mocht scharen. Hij was een groot kunstenaar met een wonderbaarlijke gemoedsrust en een verrassend goede gezondheid en kon trots zijn op zijn prestaties 'als man,' inclusief succes bij de vrouwen.[64] Vincents eigen amoreuze avonturen in Arles waren beperkt gebleven tot bezoekjes aan het bordeel. Hij kon de seksuele escapades van de Zoeaaf Milliet zonder jaloezie bewonderen door er een soort creativiteitsanalyse van te maken: 'Milliet boft. Hij heeft zoveel Arlésiennes als hij wil, maar hij kan ze niet schilderen en als hij een schilder was, dan zou hij ze niet hebben.'[65] Het was een problematische vergelijking. De hele zomer vond Vincent het moeilijk om de lokale vrouwen zover te krijgen voor hem te poseren. In augustus werd hij voor gek gezet toen hij probeerde om een 'kleine Arlésienne' te betalen voor het poseren. Na een eerste sessie had ze hem om het hele bedrag gevraagd dat hij haar van tevoren had beloofd, had het geld in haar zak gestoken en was verdwenen. Gauguin had daarentegen helemaal geen last van dergelijke problemen bij het aantrekken van vrouwen om voor hem als model of muze te dienen. Hoewel hij getrouwd was, merkte Vincent op dat hij zich daar niet naar gedroeg.[66]

Vincent betreurde het dat hij minder handig was met de Arlésiennes dan zijn vriend.[67] Zijn ontdekking dat de man die hij beschouwd had als een 'dichter' ook een 'minnaar' was – een meester zowel in de kunst als in het leven – deed Gauguins aanzien groeien en vormde een gevaar voor zijn eigen gemoedsrust. Maar aangezien hem een zuidelijke renaissance voor ogen stond, geleid door een meesterlijke 'Bel-Ami du Midi' (zie hfdst. 3), koesterde hij deze identiteit door voor Gauguin een heldenrol te bedenken die hij wel moest spelen. Ook Milliet had een rol in het scenario dat Vincent, enigszins onopzettelijk, in scène zette.

Omdat de Zoeaaf aan het begin van november Arles zou gaan verlaten om in Algerije te gaan dienen, stelde Vincent hem onmiddellijk voor aan Gauguin. Hij vroeg Milliets advies inzake Bernards mogelijke militaire dienst in Noord-Afrika en bracht het onderwerp van de creatieve mogelijkheden van het Zuiden ter sprake. Vanaf dit punt begon het plan van een Atelier van het Zuiden meteen uit te groeien tot een discussie over een nevenproject in de tropen, een idee dat volgens Gauguin van Vincent afkomstig was.[68] Het is niet moeilijk voor te stellen hoe dit idee in Vincents gedachten vaste vorm kreeg bij het luisteren naar Gauguins en Milliets verhalen over hun wederwaardigheden in de Franse kolonies van het Caraïbisch Gebied, in Noord-Afrika en Zuidoost-Azië, terwijl Loti's exotische verhalen hem ook door het hoofd

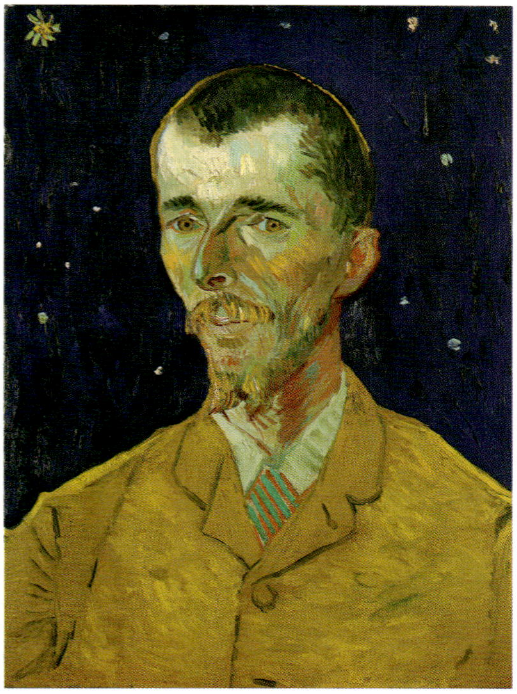
32

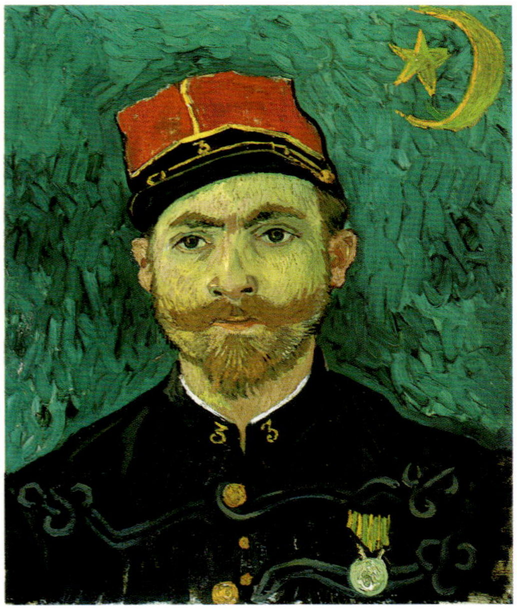
33

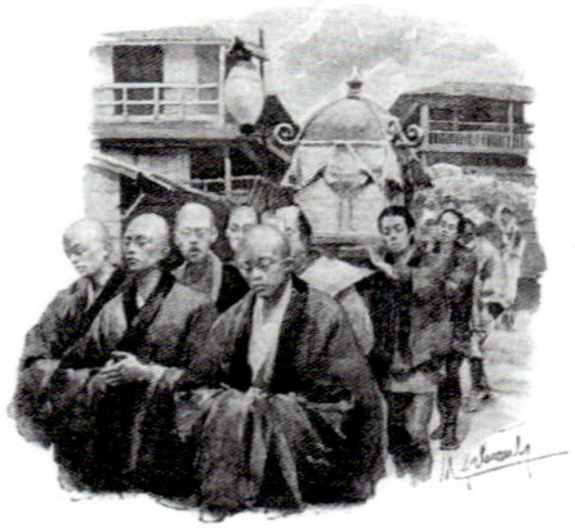
34

35

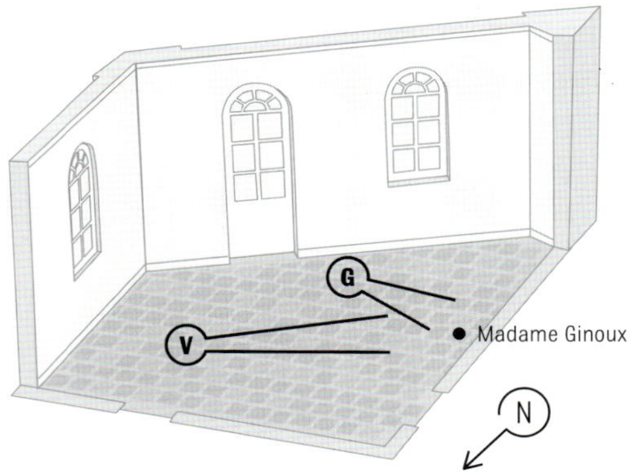


speelden. Een dergelijke wisselwerking verklaart ook waarom Gauguin zijn verblijf in Arles begon met het schilderen van een 'négresse' uit Martinique. Als onderwerp appelleerde het aan Loti's liefdesavontuur op Tahiti met Raharu en vormde het een symbolisch antwoord op Vincents heel andere symbool van een scheppingsdaad, *De zaaier*. Ook sloot het naadloos aan op hun bespreking van *Madame Chrysanthème*, Loti's Japanse variant van *Le Mariage*.

Gauguin had *Madame Chrysanthème* nooit eerder gelezen, maar nu kreeg hij Milliets exemplaar van de geïllustreerde uitgave in handen in ruil voor een niet nader geïdentificeerde tekening. Vermoedelijk had Vincent hetzelfde boek in juni gelezen, aangezien hij in zijn *Zelfportret (Bonze)* (hfdst. 3, fig. 73) verwees naar een illustratie van een begrafenisstoet van bonzen en *mousmés* (fig. 34).[69] Bij zijn identificatie met Loti's verhalen gaf Vincent zichzelf een bijrol. Hoewel hij verklaarde dat hij 'zijn *mousmé* gehad' had (zie hfdst. 3), hield dit bezittelijk voornaamwoord naast de rol van dichter niet die van minnaar in, zoals wel het geval was bij Loti – en bij Gauguin. Toen Vincent op 28 oktober schreef dat Gauguin, na minder dan een week, 'al bijna zijn Arlésienne gevonden' had (terwijl Vincent zichzelf troostte met zijn 'bescheiden werk' aan een landschap), doelde hij impliciet op de vrouw als trofee, zoals Raharu en Madame Chrysanthème, wier verovering toegang verleende tot de cultuur waar zij voor stond. Hiermee werd een literaire verklaring die bij Loti aansloot gegeven voor Gauguins standaardbehoefte om het karakter van een lokale vrouw in zich op te nemen alvorens haar te schilderen. Ook droeg het bij tot zijn besluit om op het plaatselijke liefdeslaantje van de Alyscamps te gaan werken. Op deze manier kan Vincents opgewonden mededeling rond 5 november in een context geplaatst worden:

Ik heb eindelijk een Arlésienne, een figuur (doek van 30) dat er in *één* uur opgehouwen was [*sabrée*], licht citroengele achtergrond, het gezicht grijs, de kleding zwart, zwart, zwart, heel hard pruisisch-blauw. Ze leunt op een groene tafel en zit in een leunstoel van oranje hout.[70]

36

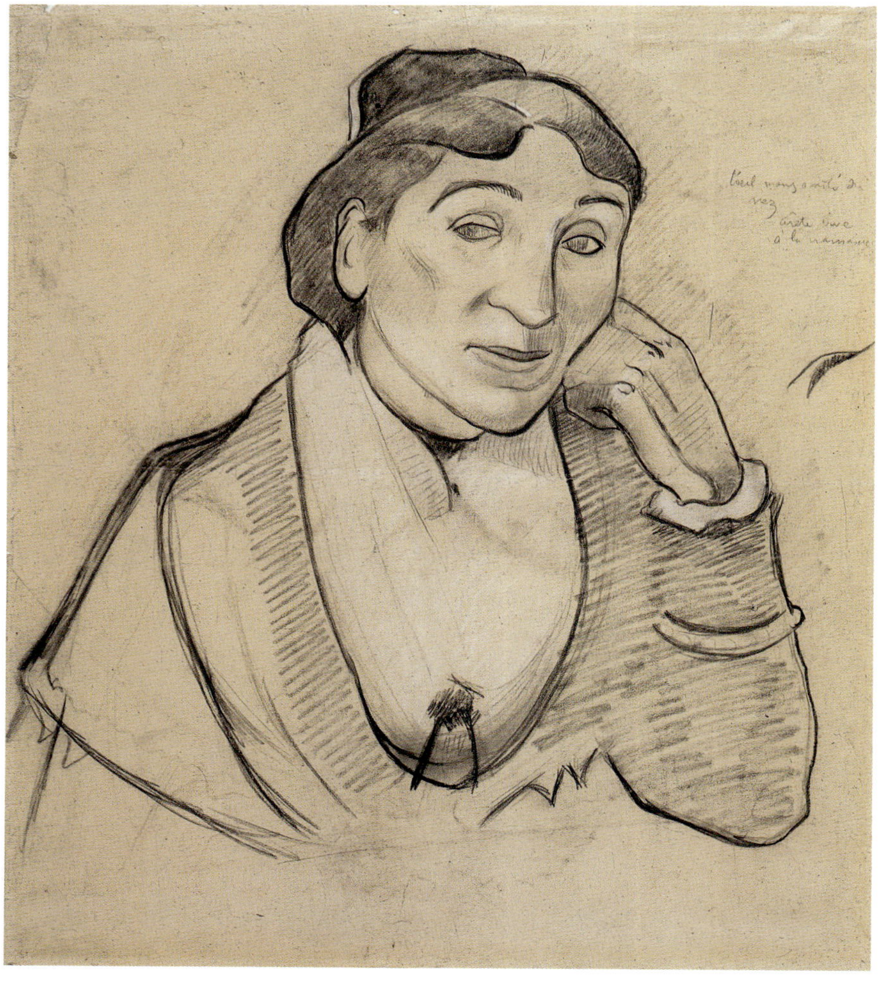

37

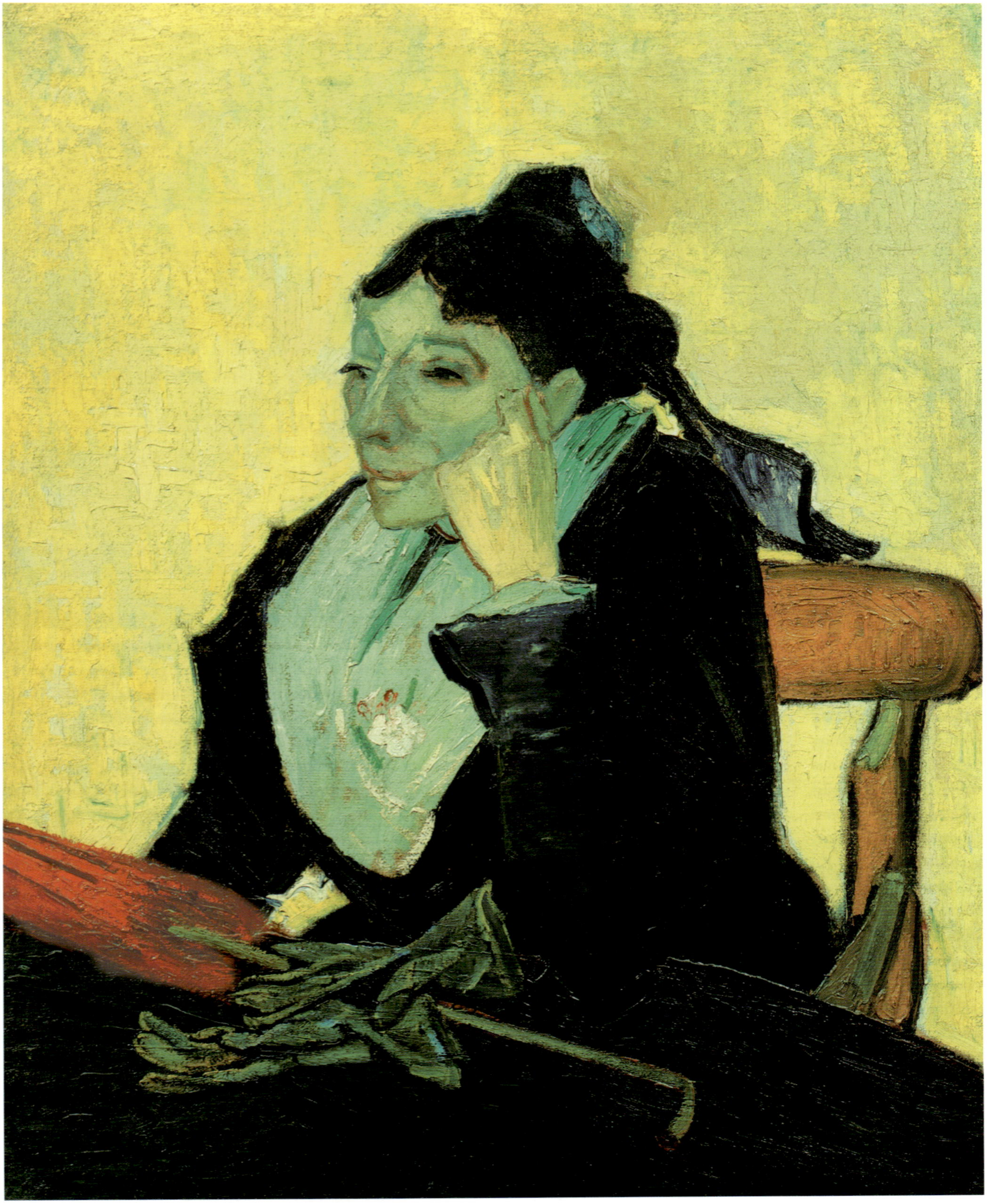

35
Diagram van het atelier voor het poseren van Madame Ginoux

36
Paul Gauguin
*Madame Ginoux* (studie voor *Nachtcafé*)
ca. 4 november 1888
Wit en gekleurd krijt en houtskool op velijnpapier
56,1 × 49,2 cm
Fine Arts Museum of San Francisco, geschenk van Dr. T. Edward en Tullah Hanley, Bradford, Pennsylvania
Cat. 38

37
Vincent van Gogh
*De Arlésienne* (*Madame Ginoux*)
ca. 5 november 1888
[F 489, JH 1625]
Olieverf op jute
93 × 74 cm
Musée d'Orsay, Parijs, geschenk van Mme R. de Goldschmidt-Rothschild, aangekondigd op 25 augustus 1944, bevrijding van Parijs, en in de collectie opgenomen in 1974
Cat. 74

40
Vincent van Gogh
*Het nachtcafé*
*(Le Café de nuit)*
ca. 8 september 1888
[F 463, JH 1575]
Olieverf op doek
70 × 89 cm
Yale University Art Gallery, New Haven, Connecticut
Cat. 62

41
Paul Gauguin
*Nachtcafé*
*(Un Café de nuit)*
4-12 november 1888
[W 305]
Olieverf op jute
72 × 92 cm
Poesjkin Staatsmuseum voor beeldende kunst, Moskou
Cat. 39

beschrijving van het doek geïnterpreteerd vanuit de context van hun plannen om bordeelscènes te schilderen. Vincent had grote moeite om hem dit idee uit het hoofd te praten en antwoordde uiteindelijk begin oktober geïrriteerd: 'Ik heb je al duizend keer geschreven dat mijn 'Nachtcafé' geen bordeel is maar een café.' Wel gaf hij toe dat het een plek was waar een prostituee haar minnaar mee naar toe zou kunnen nemen.[83]

Gauguins plan om *Het Nachtcafé* opnieuw te interpreteren lijkt meer te beantwoorden aan Bernards verwachtingen. Ginoux' etablissement is gevuld met mensen die door de schilders geobserveerd waren tijdens hun uitstapjes naar de *maisons de tolérance*. Naar Vincents idee zou het 'een mooi ding' gaan worden en hij had alle reden om enthousiast te zijn.[84] Overkomstig zijn plannen had het bordeelbezoek een schilderij opgeleverd. Nog bevredigender was het feit dat Gauguin zijn visie van Arles leek te hebben overgenomen, gebaseerd op de observaties van Daumier en de geschriften van Zola.

Gauguin begon inderdaad aan zijn *Nachtcafé* (fig. 41) in een atelier dat gonsde van het gepraat over Zola. Vincent was bezig *Le Rêve* te lezen, het nieuwste boek van de schrijver van *L'Oeuvre* en *La Joie de vivre*. Hij hield ervan te praten bij het schilderen – hij vond dat hij geanimeerder' werkte – en voor de eerste keer in zijn leven had hij een gretig publiek. Gauguins gebrek aan enthousiasme voor Zola zou Vincent niet tot stilte manen, maar hem juist aansporen om wat 'wrijving' tussen hen te creëren; voor Vincent een teken van een ware, niet zelfingenomen vriendschap.[85] Ongetwijfeld hield hij een donderpreek over al zijn ideeën met betrekking tot Zola en de diepere betekenis van de troostende kunst van deze naturalistische schrijver.

Vincent was groots en meeslepend. Gauguins belangstelling was duidelijk gewekt en zo ook met zijn aangeboren gevoel voor competitie. In zekere zin is zijn *Nachtcafé* 'meer Daumier-achtig' dan dat van Vincent. Terwijl Vincents werk duidelijk een sfeer opriep – een spookachtige atmosfeer van vervreemding – beschreef Gauguin op een meer letterlijke manier het alledaagse karakter van de omgeving.
Zijn scène lijkt rechtstreeks voort te komen uit de boeken van Zola, Maupassant en Goncourt en maakt deel uit van een schildergenre dat beoefend werd door Degas, Bernard (zie hfdst. 3, fig. 42) en

40
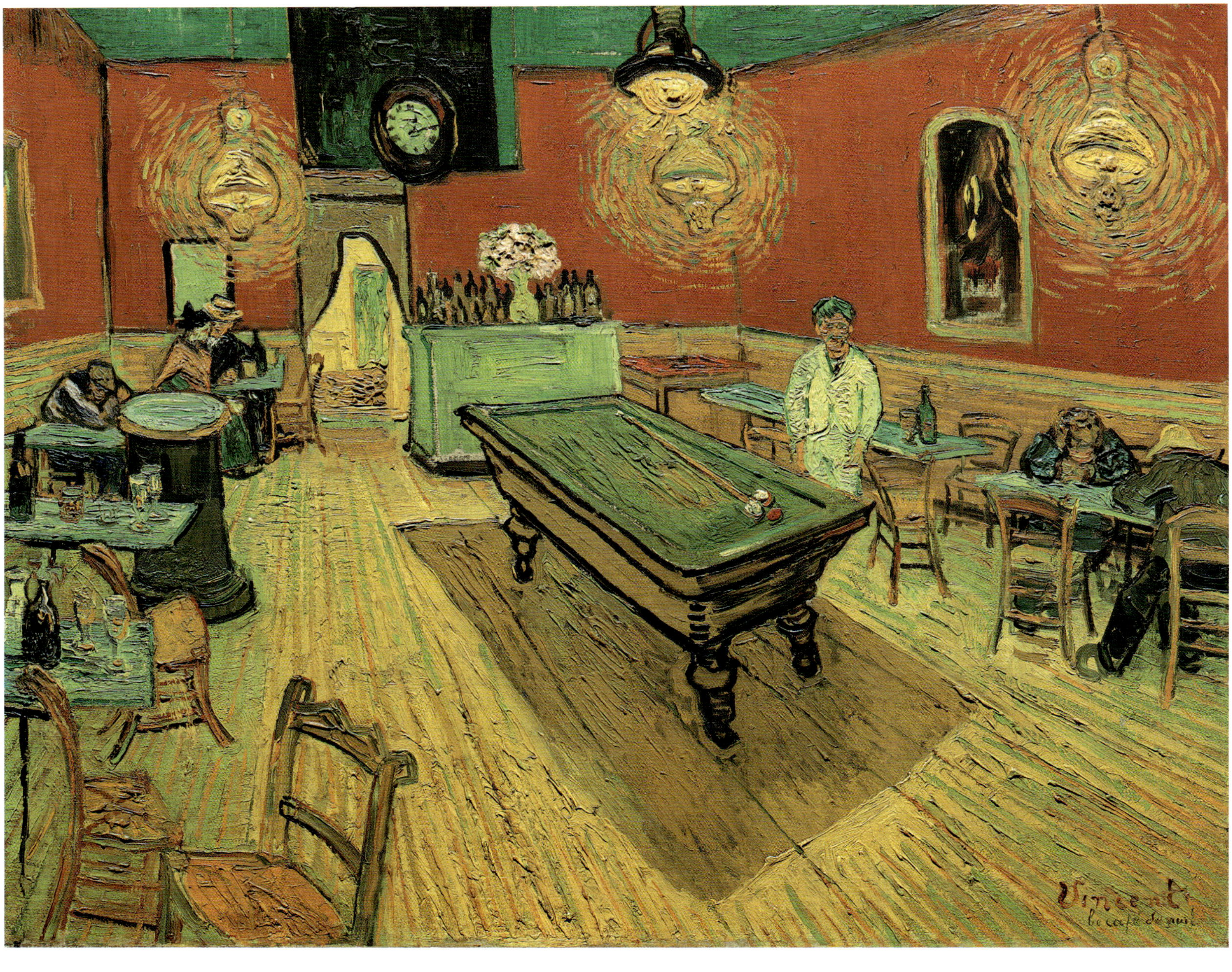

41

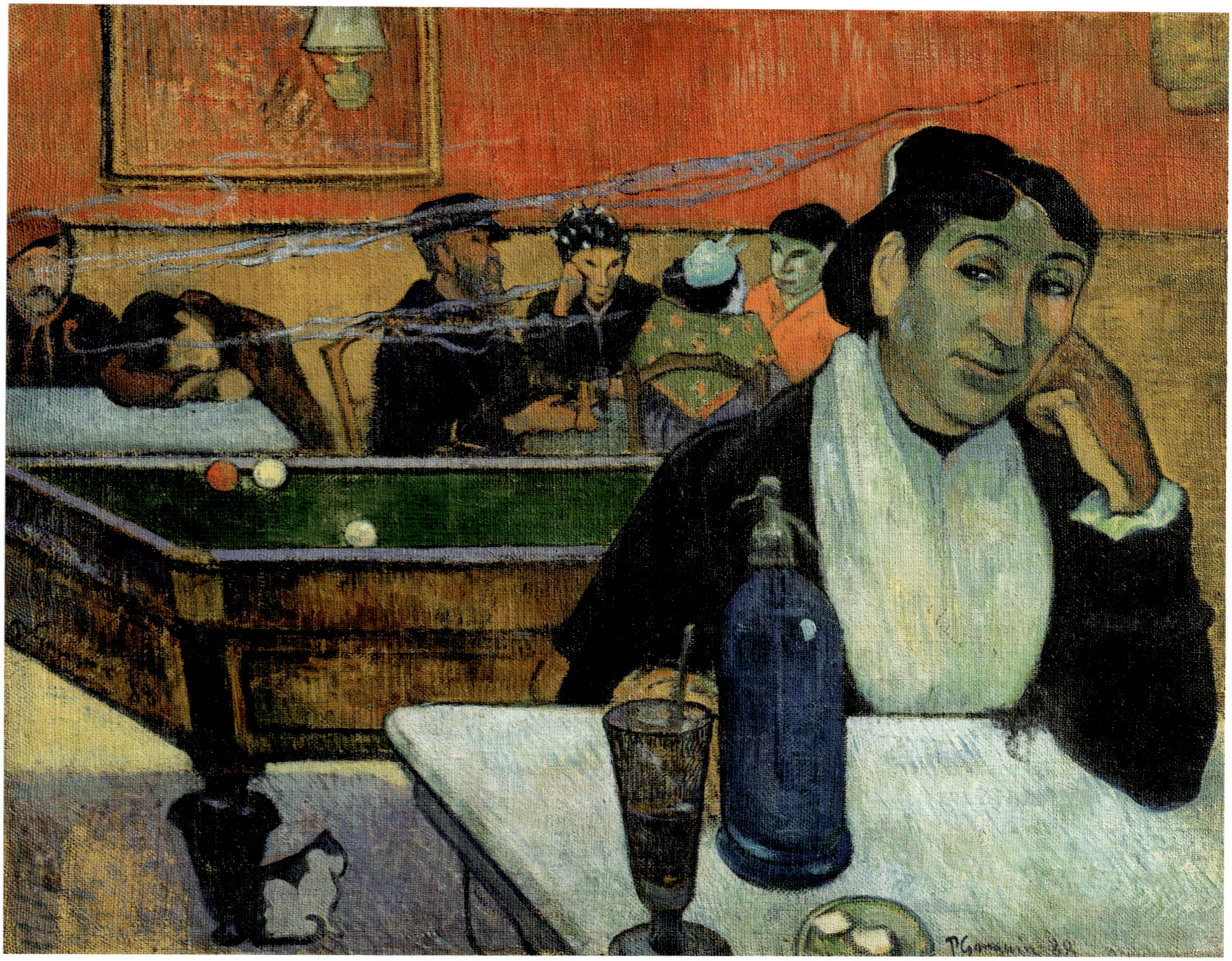


kort daarna ook door Vincent (fig. 53) en vele anderen. Evenals Degas en Bernard viel Gauguin terug op enigszins karikaturale types: de Zoeaaf, de slapende dronkaard en de drie eenvoudige prostituees met hun kerels op de achtergrond. De *patronne*, gezeten aan een tafel met een marmeren blad, is de dominerende figuur op de voorgrond. Door een paar subtiele wijzigingen aan zijn tekening veranderde Gauguin Marie Ginoux' uitdrukking in een masker van sluwe medeplichtigheid. Zij heeft de leiding over alles wat er achter haar gebeurt en vraagt om de aandacht van de toeschouwer door hem op een samenzweerderige manier een glas absint aan te bieden, de drank die synoniem is voor losbandig gedrag.

Marie Ginoux is niet de enige herkenbare persoon hier. De man in uniform achteraan links vertoont een vage gelijkenis met Milliet (die naast een snor ook een puntbaardje droeg; fig. 33) en de bebaarde figuur en profil in gesprek met de vrouwen is Vincents vriend Roulin. Gauguins *tableau à clef* bevat een stille hint naar een controverse die rond 1890 in Arles woedde. Er was veel beroering over de illegale prostitutie buiten de bordelen die officieel door de regering waren toegestaan. Zoals de lokale pers voortdurend benadrukte lag de verantwoordelijkheid voor het toenmalig zedelijk verval bij de cafés (in het Provençaalse dialect *cafetons* genaamd), die prostituees toestonden of zelfs inhuurden om daar hun beroep uit te oefenen en uitgebreid alcohol schonken ter aanmoediging. De politie viel de journalisten bij door oorlog te verklaren aan de *cafetons* en de eigenaars te arresteren.[86] Toen Gauguin op zijn schilderij prostituees uit de lokale bordelen afbeeldde zette hij daarmee het echtpaar Ginoux en hun klandizie in een kwaad daglicht. In een geschreven tekst van bijna tien jaar later zou de schilder opnieuw het beeld van Madame Ginoux als hoerenmadam oproepen (zie Besluit).

Op den duur heeft Vincent misschien wel moeten toegeven dat zijn vriendin Madame Ginoux en Arles op een bepaalde manier door Gauguins schilderij belasterd werden. De wijzigingen die hij na Gauguins vertrek aanbracht in zijn eigen portret van haar zouden zo uitgelegd kunnen worden als een verdedigingsactie. Hij voegde een parasol en handschoenen toe, nadat de verf van de tafel al volledig was opgedroogd.[87] Deze keurige vrouwelijke attributen verlenen het model een aura van fatsoen als tegenwicht voor de twijfelachtige moraal die Gauguins doek suggereerde. Op het moment dat Gauguin aan zijn schilderij werkte, was Vincent echter overduidelijk tevreden over het feit dat zijn vriend duidelijk open stond voor zijn ideeën.

Gauguin had echter zijn twijfels. Hij had zijn interesse in formele kwesties zeker niet laten varen. Dit blijkt uit de ferm neergezette en vereenvoudigde vormen, de gestileerde slierten blauwe rook en de geometrische vormen van de rechthoeken en de herhaalde horizontale lijnen. Deze doen de dieptewerking op Vincents café-schilderij inzakken tot een reeks opeengestapelde chromatische vlakken. Maar het lukt een dergelijke elegante verpakking niet om het naturalistische uitgangspunt of de geforceerde opbouw van het schilderij te maskeren.

Het kostte Gauguin ongeveer een week om het geheel tot in de details uit te werken. Vooral in de voorbereidende fase was hij buitengewoon zorgvuldig. Na de figuur van Marie Ginoux te hebben overgetrokken van de tekening en te hebben overgebracht op het doek, maakte hij met donkerblauwe verf een gedetailleerde schets en werkte hij het grootste deel van de compositie uit in blauwe en groene tinten.[88] Hij overwoog om felgeel te gebruiken voor de muur, zoals blijkt uit een paar penseelstreken naast het gezicht van Marie Ginoux, maar koos uiteindelijk voor rood. Al improviserend bracht hij een zeer dikke horizontale lijn als verdelend element aan op de achtergrond. In een later stadium voegde hij een kat toe als traditionele iconografische verwijzing naar vrouwelijke wellust. Zijn gebruik van kleurvlakken en het naast elkaar zetten van een imposante en hoofdzakelijk monochrome figuur op de voorgrond en een meer lugubere achtergrondscène zijn terug te voeren op het concept van het *Visioen*. Hier lijdt het effect van de compositie echter onder de toevoeging van een groot aantal beschrijvende onderdelen binnen een ondiepe ruimte. Gauguin vond het eindresultaat gekunsteld en zijn grote figuur 'veel te stijf en netjes.' Uiteindelijk erkende hij dat zijn *Nachtcafé* inderdaad meer op een schilderij van Vincent leek dan op zijn eigen werk. Tegenover Bernard liet hij dit min of meer doorschemeren toen hij hem een schets, een beschrijving en de onderstaande beoordeling stuurde:

Ik heb [...] een café gemaakt dat Vincent erg mooi vindt en ik veel minder. Eigenlijk is het niet naar mijn zin en de grove couleur locale past niet bij me. Ik vind het best mooi in andermans schilderijen, maar voor mezelf ben ik altijd op mijn hoede. Het is een kwestie van opvoeding: je kunt jezelf niet opnieuw uitvinden.[89]

Hij had Vincents idee uitgeprobeerd over het Zuiden-als-Daumier/Zola en was tot de conclusie gekomen dat het bij hem niet werkte. Maar hij ging wel verder met onderzoeken hoe hij Vincents ideeën geschikt zou kunnen maken voor zijn eigen doeleinden. Na zijn lauwe beoordeling van het *Nachtcafé* ging hij verder met het aankondigen van wat hij trots zijn 'beste schilderij van het jaar' noemde.[90] Hij had het geschilderd na een wandeling die ze samen, in de vroege avond van zondag 4 november, hadden gemaakt naar de wijngaarden bij Montmajour (zie kaart, fig. 3). Voor beide mannen was deze gebeurtenis van een bijzondere betekenis.

Waarschijnlijk stelde Vincent het uitstapje voor, als herinnering aan een tocht naar dezelfde plek die hij begin oktober alleen had ondernomen. Toen had hij *De groene wijngaard* (fig. 10) gemaakt, een doek dat bedoeld was als een pendant voor het eerste schilderij van de *Tuin van de dichter*-groep (hfdst. 3, fig. 69).[91] Op beide doeken gaf Vincent uiting aan zijn fantasieën over een voorbije en toekomstige renaissance en over zijn bedoeling om Monticelli weer onder de belangstelling te brengen.

Nu zijn Petrarca gearriveerd was, wilde Vincent de situatie beleven waar hij zich zo'n levendige voorstelling van had gemaakt. Terwijl hij en Gauguin samen voortliepen als twee Renaissance-dichters aan het eind van de dag zagen ze de zon ondergaan boven 'een rode wijngaard, helemaal rood als rode wijn':

In de verte werd het geel en verder een groene lucht met een zon, stukken grond, na de regen, violet en fonkelend geel hier en daar waar de ondergaande zon weerkaatste.[92]

In dezelfde brief vertelde Vincent dat hij bezig was met een schilderij van een wijngaard (fig. 49). Evenals bij *De groene wijngaard* vormt het oppervlak een rijk reliëf van dik opgebrachte penseelstreken, sterk genoeg, geloofde Vincent, om de vergelijking met Monticelli's landschappen aan te kunnen gaan.[93]

Hoewel uit de verwijzing naar Monticelli blijkt dat Vincent vasthield aan zijn eerder vastgelegde doelstellingen, had hij in feite een grote concessie gedaan. Hij schilderde *De rode wijngaard* met zijn druivenplukkers in het atelier in plaats van in de natuur zelf. Gauguin was ook begonnen aan een stuk met 'vrouwen in een wijngaard' en was bezig het 'volledig *de tête* [uit het hoofd]' te schilderen. Ze hadden het niet op een andere manier kunnen doen. Dankzij het prachtige weer had het jaar 1888 een zeer overdadige druivenoogst gekend waarin op het hoogtepunt, vanaf half september tot in de maand oktober, ongeveer 6000 mensen ingezet waren om te plukken. Tegen de tijd echter dat Gauguin op 23 oktober arriveerde was de oogst alweer grotendeels voorbij. In Arles was het kouder geworden en in de wijngaarden liepen houtsprokkelaars in plaats van druivenplukkers. Deze laatsten, met hun grote, gesteven hoeden van stof tegen de zon, waren net als de sprokkelaars die na zonsondergang de wijngaarden niet meer mochten betreden, niet aanwezig op de avond van 4 november. In Vincents beschrijving wordt geen melding gemaakt van enig soort werkvolk.[94] Indien de schilders een oogstscène hadden willen zien, hadden ze de nabijgelegen olijfgaarden moeten bezoeken waar de oogst net begonnen was. Het was niet de bedoeling om couleur locale op te gaan snuiven, tenminste zeker niet voor Gauguin. Zo groot was zijn minachting voor 'exactheid' dat hij tegen Bernard erover opschepte de mensen in de wijngaard van Arles te hebben

43

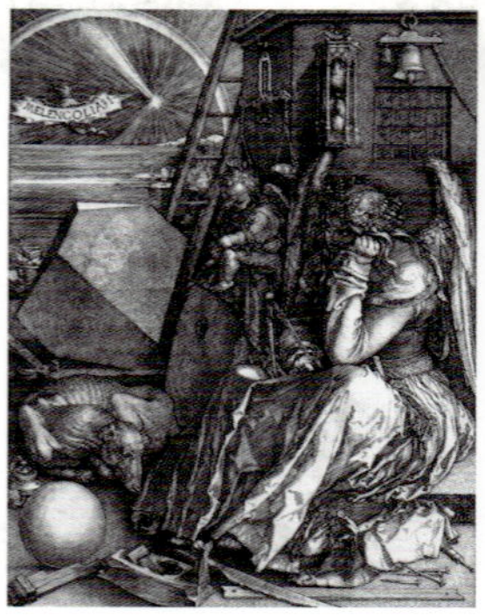

44

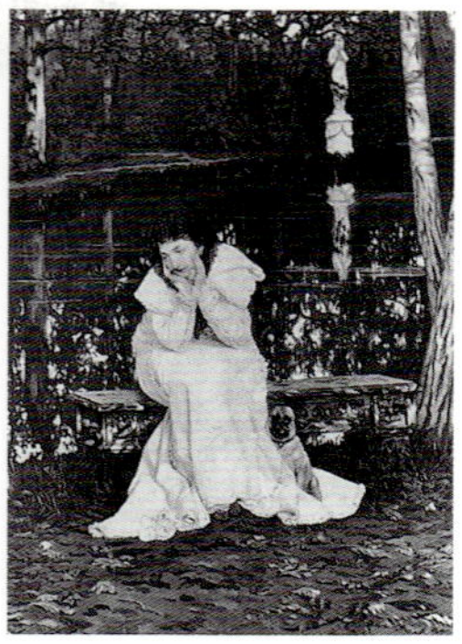

42

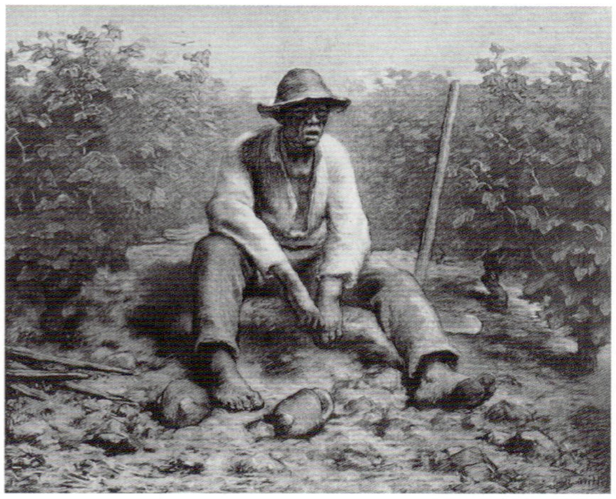

45

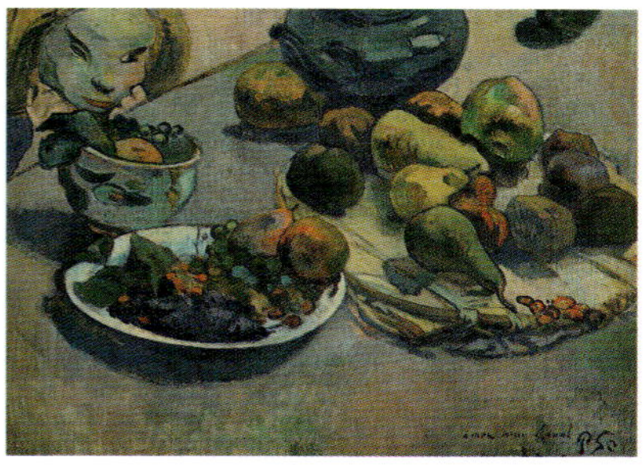

48

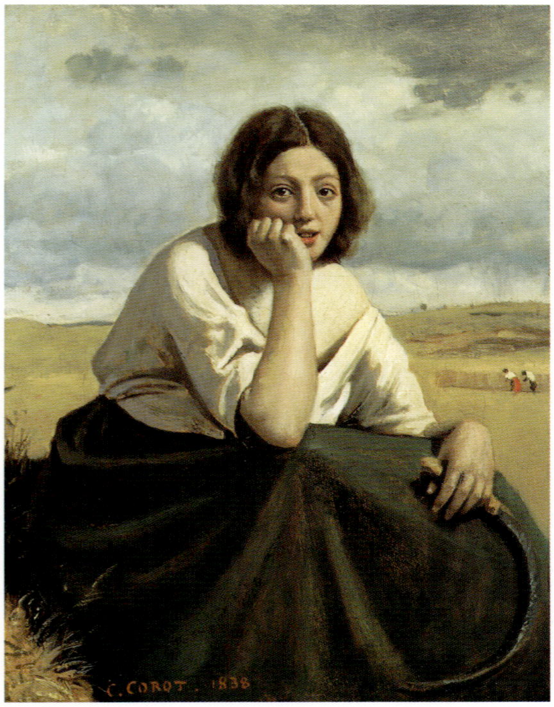


46

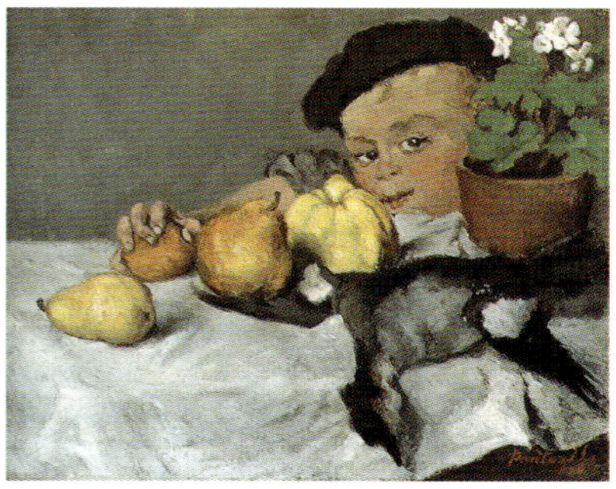

47

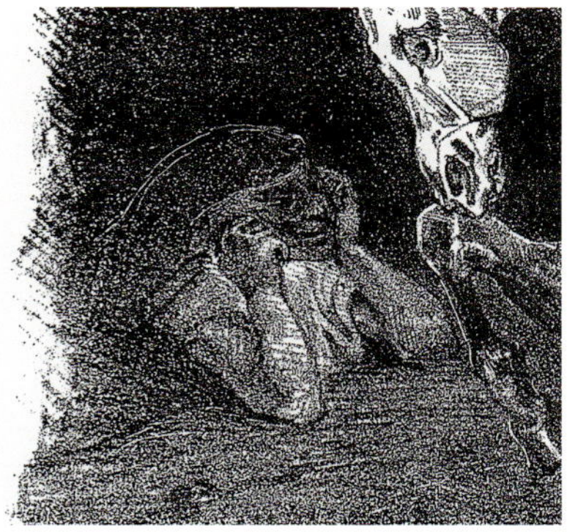

geschilderd als Bretonse boeren (fig. 50). Hij bestempelde de staande figuur aan de linkerkant zelfs als een vrouw uit Le Pouldu, waar haar donkere kleding met kap – een mogelijke verwijzing naar de druivenplukkers uit Arles – eerder algemene associaties met dood en rouw zou oproepen.[95] Zijn achterliggende symbolische bedoeling komt impliciet tot uiting in de titel die hij het doek gaf toen hij het enige weken later naar Parijs zond: *Druivenoogst* of *Armoede (Les Vendanges* of *La Pauvresse)*. Gauguins afbeelding zet geen kanttekeningen bij het lot van de landarbeiders. Eerder toont het een allegorische centrale figuur, een personificatie uit de traditie met als meest beroemde voobeeld de *Melancholia I* (fig. 43) van Albrecht Dürer die zich voortzette in de modegevoelige kunst van de late 19de eeuw (fig. 44). Het schilderij doet, met andere woorden, eerder een uitspraak over een existentieel dan een over een sociaal vraagstuk. In zoverre betekent het een keerpunt in Gauguins werk in de richting van Vincents belangstelling voor duidelijke symboliek, zoals die tot uiting kwam in vroege karakteristieke werken als *Sorrow* (hfdst. 1, fig. 42). Gauguin erkende een mijlpaal bereikt te hebben op een weg die Vincent en hij nu samen aflegden. Hij bracht dit nog duidelijker naar voren in de suggestieve titel waarmee hij het werk tentoonstelde: *Misères humaines (Menselijke ellende)*, nu de meest gebruikte titel van het werk.[96] Natuurlijk had Gauguin het voorbereidende werk voor deze prestatie in Bretagne verricht. Tegen het einde van de zomer had hij een doek gemaakt en opgedragen aan Laval (fig. 45), waarop een glimp

42
Jean-François Millet (Frankrijk; 1814-1875)
*De rustende druivenplukker*
1869/70
Pasteltekening
70,5 × 84 cm
Heliografische reproduktie uit Alfred Sensier, *La Vie et l'oeuvre de J.-F. Millet*, Paris 1881, g.p.

43
Albrecht Dürer (Duitsland; 1471-1528)
*Melancholia I*
1514
Gravure
24 × 18,7 cm
The Art Institute of Chicago, Clarence Buckingham Collection, 1938.1452

44
James Tissot (Frankrijk; 1836-1902)
*Melancholia*
ca. 1868
Foto op kaart
12 × 8,9 cm
Uit *Galerie Photographie*, Goupil et Cie
Witt Library, Courtauld Institute, Londen

45
Paul Gauguin
*Stilleven met fruit*
1888
[W 288]
Olieverf op doek
43 × 58 cm
Poesjkin Staatsmuseum voor beeldende kunst, Moskou

46
Pericles Pantazis (Griekenland; 1849-1884)
*De kleine dief*
Olieverf op doek
45,5 × 55,2 cm
Privé-collectie

47
Eugène Delacroix (Frankrijk; 1798-1863)
*Faust en Mefistofeles galopperend door de nacht van de heksensabbat* (detail)
1828
Lithografie
The Art Institute of Chicago, John H. Wrenn Memorial Collection

48
Jean-Baptiste-Camille Corot (Frankrijk; 1796-1875)
*De maaier met de sikkel*
1838
Olieverf op doek
35,3 × 27 cm
Museum of Fine Arts, Boston, donatie van William A. Coolidge

49
Vincent van Gogh
*De rode wijngaard*
ca. 12 november 1888
[F 495, JH 1626]
Olieverf op doek
75 × 93 cm
Poesjkin Staats-museum voor beeldende kunst, Moskou

50
Paul Gauguin
*Misères humaines (Les Vendanges of La Pauvresse)*
*(Menselijke ellende)*
*[De druivenoogst in Arles])*
4-11 november 1888
[W 304]
Olieverf op jute
73 × 93 cm
Ordrupgaard, Kopenhagen
Cat. 40

valt op te vangen van een kind dat begerig naar wat uitgestald fruit kijkt. Met haar steelse blik en haar hoofd tussen haar handen lijkt het meisje op Gauguins figuur van Armoede. Ook doet ze denken aan de *Faust* van Delacroix die hij zo bewonderde (fig. 47). In de genreschilderkunst zijn precedenten te vinden voor dit onderwerp. Misschien was Gauguins werk wel direct afgeleid van een afbeelding van schalkse begerigheid die de in Brussel wonende Griek Pericles Pantazis schilderde(fig. 46). De criticus Joris-Karl Huysmans moest aan deze schilder denken toen hij in 1882 Gauguins afbeeldingen van kinderen zag.[97] Maar door de gelaatstrekken van de figuur te overdrijven, de vormen sterk in te korten en de ruimte ver te laten kantelen nam Gauguin op strategische wijze afstand van het prototype van Pantazis en deed hij de narratieve betekenis van het schilderij vervagen. Wat helder en direct was is nu dubbelzinnig geworden – op een bijna opzettelijk provocerende manier – en suggereert een achterliggende diepere betekenis die hardnekkig verborgen blijft. Met *Misères humaines* trachtte Gauguin deze poëtische visuele stijl nog verder door te voeren, terwijl hij tegelijkertijd experimenteerde met de verhalende nuchterheid van zijn *Nachtcafé*. Vincents ideeën, die zo belangrijk waren voor het schilderij van het café, zijn ook in de afbeelding van de wijngaard terug te vinden. De gesprekken die bijdroegen aan het ontstaan van *Misères humaines* zijn te reconstrueren uit de typisch fragmentarische manier waarmee Gauguin ze in zijn brieven aan Schuffenecker liet terugkomen. In een brief uit december haalde Gauguin dit schilderij aan ter illustratie van zijn voornemen om een niet 'beschrijvende' kunstvorm te scheppen die de toeschouwer aanspoorde om zich iets daarbuiten (*au-delà*) voor te stellen. Hij beperkte de verhalende elementenom zodoende bepaalde emoties op te roepen met behulp van kleuren en vormen waardoor het schilderij de functie vervulde van een 'parabel in plaats van een roman uitgedrukt in verf.' Mocht het werk hierdoor voor sommige toeschouwers onbegrijpelijk worden, dan hadden ze pech. De taak van de schilder was niet om uit te leggen maar om te suggereren.[98]

Gauguin leek hiermee een voor hem originele uitspraak te doen, ware het niet dat hij in dezelfde context verwees naar de spirituele lading die in de landschappen van Corot besloten

49

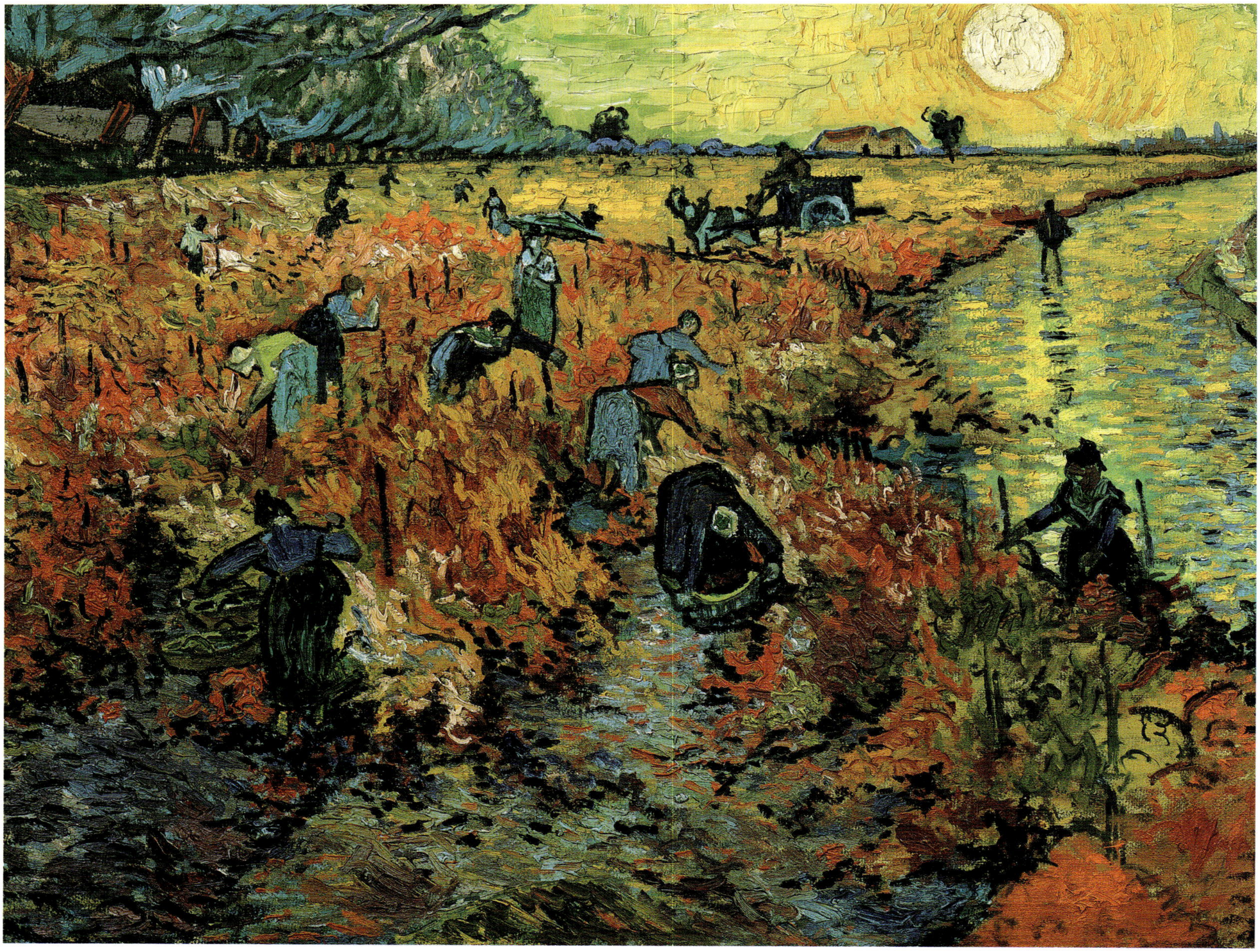

50

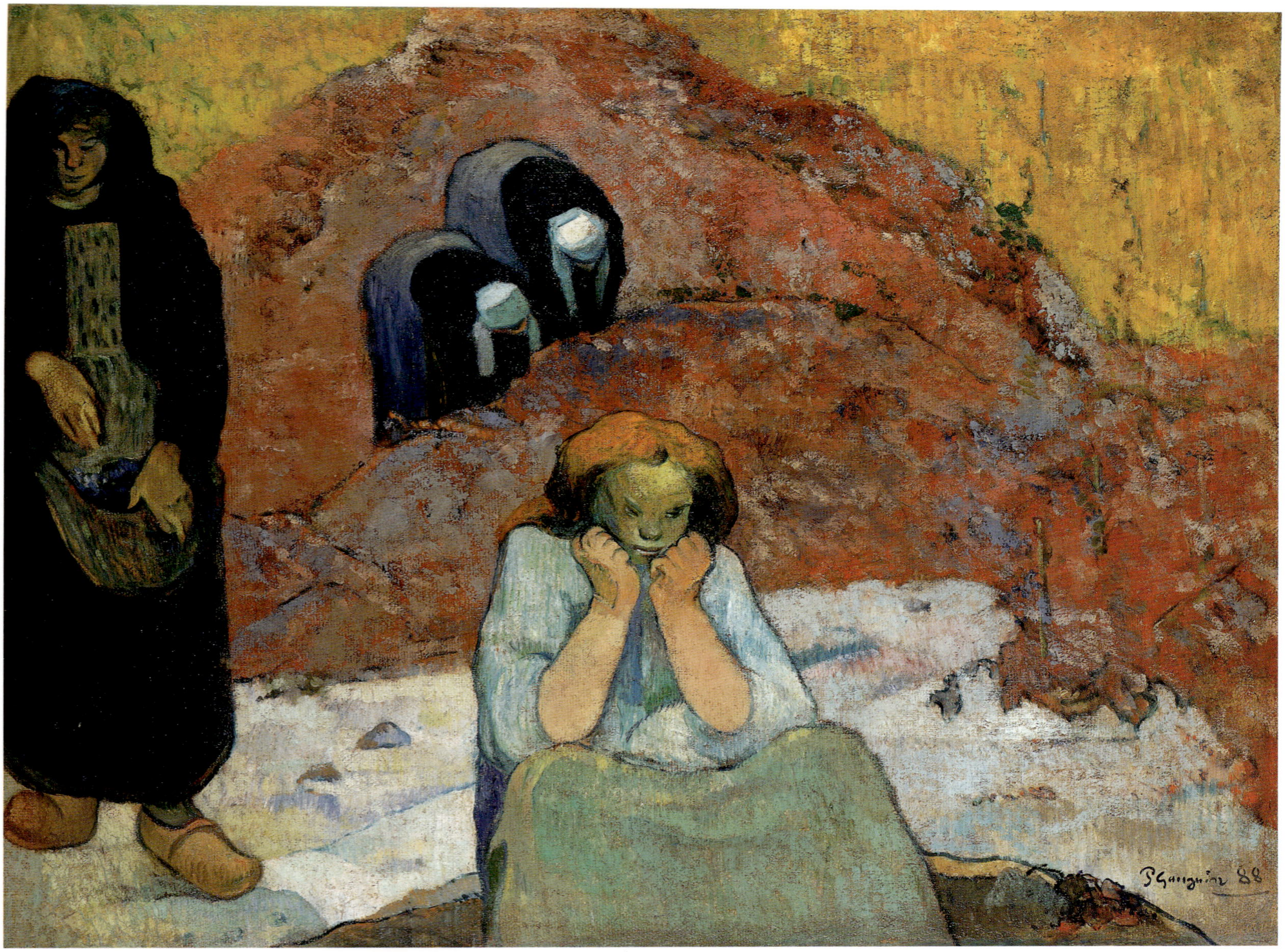


was. Gauguins bewondering voor Corot – gecultiveerd door Arosa en Pissarro – ging terug tot de jaren '70. Deze verklarende uitleg was echter nieuw. Verschillende van Vincents diepste overtuigingen en zorgvuldige geformuleerde ideeën klinken erin door: zijn visioen van een symbolisch realisme, voorbeeldig geïllustreerd door het werk van Corot, Millet en Rembrandt; ontzag voor de intuïtie die deze kunstenaars weliswaar vaag hadden weten over te brengen, maar niettemin veel overtuigender dan de expliciete preken van dominee Van Gogh; tenslotte zijn bewondering voor de parabels, het mooiste wat de kunstenaar bij uitstek, Christus zelf, gemaakt had.[99] Gauguins *Misères humaines* staat in een meer directe relatie tot Corot door de verwantschap met een vroeg werk van deze Barbizon-meester (verkocht in januari 1887 bij een openbare veiling in Parijs) van een oogstende vrouw met een landschap op de achtergrond (fig. 48). Hoewel Gauguins figuur een zekere gelijkenis vertoont met die van Corot – vooral wat betreft de houding en positie op de voorgrond – ademen beide schilderijen een volstrekt andere sfeer uit. Op dit punt is misschien ook een andere weergave van een landarbeider in een wijngaard bij het geheel betrokken geweest: Millets beeld van fysieke uitputting, *De rustende druivenplukker* (fig. 42). Wellicht was het niet Gauguin die zich de pasteltekening van de verkoop van Millets werken door Gavet in 1875 herinnerde, noch de paginagrote reproduktie in de monografie van Sensier uit 1881 en evenmin het aan deze schilder gewijde retrospectief van 1887. Vincent daarentegen ongetwijfeld wel. Zelfs al had Gauguin het doek van Millet nooit gezien, dan zou Vincent met behulp van zijn wonderbaarlijk scherpe geheugen en beschrijvend vermogen de compositie hebben kunnen oproepen; met de hoge horizon, in het midden geplaatste figuur en piramidale opbouw. Eveneens had hij Gauguin deelgenoot kunnen maken van Sensiers scherpe typering van de afgestompte arbeider 'niet in staat om aan iets anders te denken dan aan zijn wijngaard die zo'n grote inspanning van hem vraagt.'[100] Mogelijkerwijs nam Vincent die zondag Gauguin mee naar de wijngaarden en kreeg Gauguin van hem het idee om hetzelfde thema te gebruiken. Vincent beschouwde de relatie die hij had helpen ontstaan tussen Theo en Gauguin immers als een duidelijke parallel van de relatie tussen Millet en zijn zakelijke agent Sensier, die de schilder composities suggereerde, zijn werk tentoon liet stellen en zijn reputatie vorm gaf.[101] Gauguin had nooit eerder een speciale bewondering voor Millet laten blijken (en zou dat ook nooit doen). Zijn schilderij van de wijngaard lijkt echter het doek van Millet te kopiëren, net zoals zijn interpretatie van het werk doet denken aan Sensiers beschrijving van een zware en geestdodende inspanning:

Valt je tijdens de druivenoogst een arm troosteloos wezen op; het betreft geen ziel behept met intelligentie, sierlijkheid en alle gaven van de natuur. Het is een vrouw. Ze steunt met haar kin op beide handen, denkt vrijwel nergens aan, maar voelt de troost van deze grond (niets anders dan de grond) die in de wijngaard overvloedig beschenen wordt door de zon met zijn rode driehoek. En een vrouw in het zwart komt voorbij en kijkt naar haar als een zuster.[102]

In deze woorden is Vincents invloed onmiskenbaar aanwezig. Gauguins verwijzing naar vertroosting die alleen de natuur kan bieden grijpt terug op het thema van Zola's *Joie de vivre*. Hij haalde een andere titel voor dit schilderij, *Pracht en ellende (Splendeurs et misères)*, uit een roman van Balzac over courtisanes en onderstreepte daarmee nog verder de dynamische tegenstelling – treurend maar altijd verheugd – die centraal stond in Vincents ideeën over de boodschap die de kunst zou moeten overbrengen.[103] Gauguins opmerking over de vrouw in het zwart brengt een ander thema ter sprake dat Vincent bezighield: de eenzaamheid als essentie van de kunstenaar. Op 21-jarige leeftijd was Vincent diep onder de indruk geraakt van Alfred de Mussets romantische beeld van de Eenzaamheid als levensgezel van de dichter in '*Nuit de décembre*.' Hij schreef de meer prikkelende verzen over in één van de albums die geïnterpreteerd mogen worden als zelfportretten (zie hfdst. 1):

Partout où j'ai voulu dormir
Partout où j'ai voulu pleurer
Partout où j'ai touché la terre
Un malheureux vêtu du noir
Auprès de moi venait s'asseoir
Qui me regardait comme un frère.[104]

Vincents transcriptie uit 1875 bevat twee fouten of wijzigingen ten opzichte van het origineel. In de tweede regel schreef hij 'huilen' (*pleurer*) in plaats van Mussets 'sterven' (*mourir*) en in de laatste 'keek naar' (*regardait*) in plaats van 'leek op' (*ressemblait*). Dertien jaar later herinnerde hij zich deze verzen en bracht hij dezelfde verandering aan in de laatste regel. Deze regel werd door Gauguin geparafraseerd in zijn beschrijving van de figuur in het zwart, waarbij hij 'broer' (*frère*) verving door 'zuster' (*soeur*), maar vasthield aan het door Vincent gekozen werkwoord. Op deze wijze bestempelde hij de figuur aan de linkerkant als Eenzaamheid en maakte hij duidelijk hoezeer Vincent bij dit schilderij betrokken was geweest.[105]

Terwijl hij samen met Vincent in het Gele Huis woonde en werkte kwam Gauguin in aanraking met zaken die Vincent al zijn hele leven bezig hielden. Met sommige daarvan stemde hij in, zoals de bewondering van Vincent voor Delacroix, naar wie Gauguin zijdelings verwees in een brief aan Theo door zijn zittende figuur te omschrijven als 'een arme, volledig behekste vrouw' (fig. 47). Andere interesses waren overduidelijk nieuw voor hem. Uit *Misères humaines* valt af te leiden dat Gauguin op een scherpe, selectieve en creatieve manier luisterde en dat hij ook goed keek naar waar Vincent mee bezig was. Bij het maken van dit schilderij veranderde hij zijn gebruikelijke werkwijze. Hoewel hij net als altijd begon met een donkerblauwe contourschets, schilderde hij meteen daarna op directere wijze verder. In plaats van afzonderlijke delen uit te werken met korte, gearceerde penseelstreken smeerde hij grote klodders effen kleuren uit en bewerkte die ruw met een paletmes. Hij manipuleerde het beschilderde oppervlak zoals nooit tevoren, zich bewust van het type materiaal maar ermee werkend alsof het klei was: hij veegde, borstelde, stak er met een mes in, trok het omhoog tot een punt, streek het weer glad en gaf er opnieuw structuur aan. Het resultaat was een beschilderd vlak dat helemaal niet leek op wat zijn eerdere werk toonde: rijk en op een originele manier zeer tastbaar. Uit zijn beschrijving van deze werkwijze komt een concept naar voren

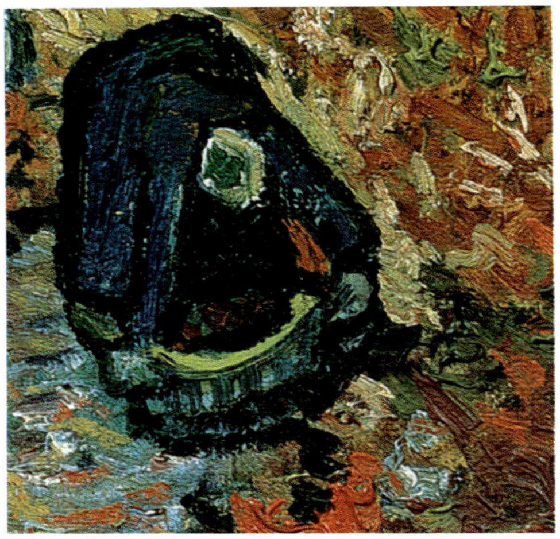

51

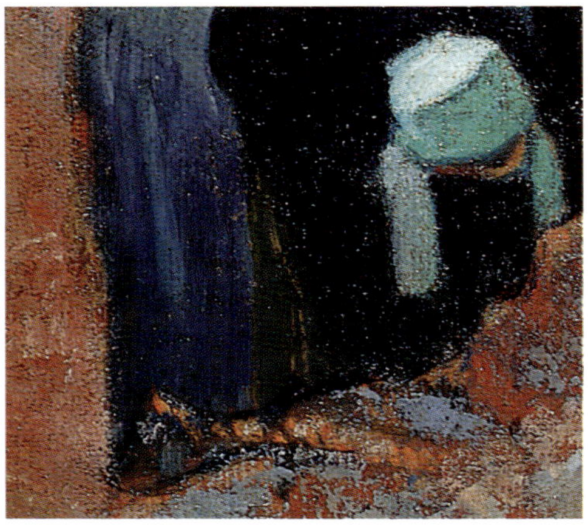

52

gebaseerd op afgebakende zones van onvermengde tinten. In een later stadium bracht de schilder streken van verschillende tinten, verspreid over de kleurvlakken aan en verzachtte hij de contouren die hij eerder aangezet had. Bovendien deden zijn inspanningen voor een goede conservatie de textuur later verzachten.[107]

Gauguin en Vincent erkenden dat *Misères humaines* een belangrijke prestatie was. Voor Gauguin betekende het een stap in de richting van een niet-literaire manier om iets symbolisch uit te drukken. In tegenstelling tot het *Visioen*, waarvan de gecompliceerde compositie uitleg nodig had om begrepen te kunnen worden, straalt *Misères humaines* met eenvoudige middelen een wanhopige en mysterieuze sfeer uit. De figuren zijn suggestief naast elkaar gezet in plaats van binnen een narratieve context. Ze roepen eerder

51
Detail van fig. 49

52
Detail van Fig. 50

53
Vincent van Gogh
*Bordeelscène*
Begin november 1888
[F 478, JH 1599]
Olieverf op doek
33 × 41 cm
Barnes Foundation, Merion, Pennsylvania

het hortende ritme van een gedicht op dan de lineaire starheid van een verhaal. Droom en werkelijkheid, zo scherp gescheiden in het *Visioen*, zijn hier op raadselachtige wijze vermengd: verbeeldt de zittende figuur zich haar staande gezellin, zoals Mussets dichter, of is deze werkelijk aanwezig? Vincent bewonderde het schilderij om redenen die ietsje anders waren. Ten eerste was het feit dat Gauguin het niet verprutst of onvoltooid gelaten had – zoals bij andere doeken in Arles – een welkom teken van produktiviteit. Bovendien liet het in betekenis en uitvoering het ideaal van samenwerking zien waar hij van gedroomd had. Hij vroeg Theo nadrukkelijk te letten op het oppervlak van 'stevige, dikke verf' en voorspelde dat het Gauguins recente Bretonse werk in de schaduw zou zetten. De indrukwekkende techniek maakte het schilderij tot een nog grotere prestatie en ontlokte aan Vincent oprechte lof: 'Het is zo mooi als de *Négresses*.'[108]

Het is maar de vraag of Vincent vond dat zijn eigen werk dankzij hun samenwerking ook zulke vorderingen maakte. Toen hij zijn *Rode wijngaard* aan Theo beschreef, maakte hij melding van de Monticelli-achtige kenmerken van het werk. Dit kalligrafisch penseelwerk met dikke verf, was ook te vinden op zijn vorige doek uit september, *De groene wijngaard*. Maar hij vermeldde niet dat hij, zoals Gauguin, *de tête* werkte, hoewel hij al vaak verklaard had dit van plan te zijn. De verschillen die deze methode met zich meebracht zijn duidelijk te zien. Door in het atelier te werken, zonder de druk van mogelijk veranderende weersomstandigheden, ging Vincent methodischer te werk, zoals blijkt uit de zorgvuldig getekende bomen bovenaan links en de figuren die over het landschap verspreid zijn. Deze zijn talrijker en nadrukkelijker aangezet dan zijn gewoonte was en lijken eerder toegevoegd aan de natuurlijke omgeving dan dat ze er daadwerkelijk deel van uitmaken. (Vincent schilderde de figuren inderdaad bovenop de lagen die het landschap vormen). Net zoals Gauguin zijn wijngaard bevolkte met mensen uit Bretagne, introduceerde Vincent in zijn schilderij figuren van korte of langere tijd geleden. Op het van regen glimmende pad rechts loopt een Arlésienne, paard en wagen komen voor op eerdere landschappen in Arles en de vooroverbuigende figuren zijn rechtstreeks afkomstig uit tekeningen en schilderijen van Brabantse boeren die zich bukken om hun voedsel uit de grond te trekken (fig. 64). Hoe beter men *De rode wijngaard* bestudeert, des te meer ziet men Vincent bezig met kijken naar andere schilderijen. Naar *De groene wijngaard* voor de natuurlijke ligging van het gebied en de rijen bomen, en naar de *Wasvrouwen bij het Roubine du Roi-kanaal* (hfdst. 3, fig. 54) voor het glanzende pad dat bijna op een waterweg lijkt. Hier betekende *de tête* werken het maken van afbeeldingen die slechts één stap verwijderd waren van de rechtstreekse ervaring, met een verwijzing naar eerdere doeken die naar het leven zelf geschilderd waren. In een vroeg stadium bevatte *De rode wijngaard* duidelijk meer violet en geel in een reflectie van Gauguins chromatiek in *Misères humaines*. Maar terwijl Gauguin fletsere tinten aanbracht over een roodachtig paarse laag, krikte Vincent de intensiteit van zijn wijngaard op door felrood, oranje en geel te gebruiken en daarme een glinsterend kleureffect te creëren van hetzelfde niveau als Gauguins heldere tinten.[109] Al is het een soort assemblage, toch is *De rode wijngaard* in visueel opzicht betoverend.

Bij de kleine bordeelschets die hij later in dezelfde week maakte (fig. 53), imiteerde Vincent Gauguins werkwijze nog sterker – en vrijer. Tijdens het schilderen schetste hij de figuren opnieuw en deed hij ze van plaats veranderen. Hij gebruikte eerst een grove blauwe laag om de witheid van het doek te doorbreken en de dreigende sfeer van de scène neer te zetten. Tot op een bepaalde hoogte doet de opstelling van de figuren denken aan de achtergrond van Gauguins *Nachtcafé*. Als compositie is Vincents *Bordeelscène* deels verzonnen en deels gebaseerd op Gauguins voorbeeld. Het heeft iets heterogeens, een aarzelende poging met opzettelijk laag gehouden verwachtingen. De schilder zelf noemde het een *pochade* en gaf het daarmee een nog bescheidener plaats dan een *étude* of *esquisse*, ver verwijderd van het *tableau* dat hij nog steeds van dit onderwerp wilde maken. Vincent weigerde opnieuw te vermelden dat hij de schets, die hij negatief beoordeelde, in het atelier gemaakt had in plaats van op de plek zelf, al gaf hij wel duidelijk te kennen 'het niet zou gaan' om op deze manier te werken als Gauguin niet bij hem was.[110] Het was duidelijk dat hij gefascineerd werd door, maar slecht op zijn gemak was bij die werkwijze waarvan hij goed wist (na zijn experimenten in de zomer) dat hij ze niet alleen moest proberen.

53
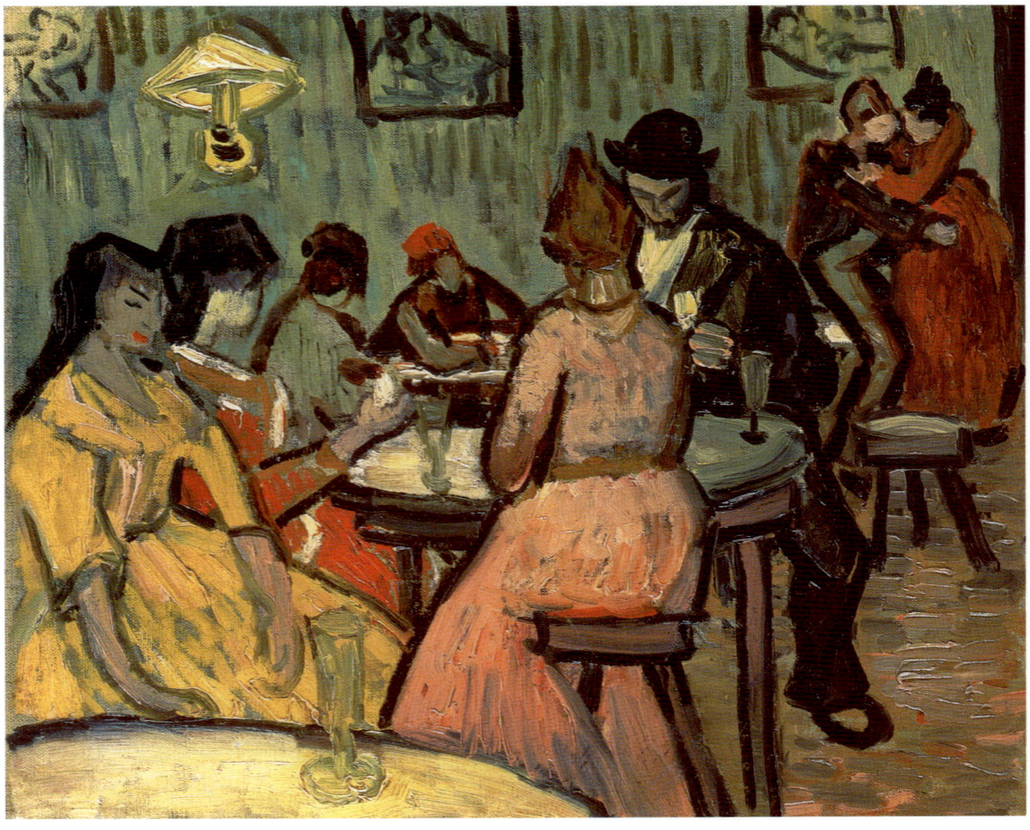

# 11 - 17 NOVEMBER: HERINNERING

| Zondag | Maandag | Dinsdag | Woensdag | Donderdag | Vrijdag | Zaterdag |
|---|---|---|---|---|---|---|
| **11** Nov | **12** | **13** | **14** | **15** | **16** | **17** |
| | ✉ Vincent aan Theo | ✉ Gauguin aan Schuffenecker ✉ Theo aan Gauguin | ✉ Gauguin aan Bernard ✉ Gauguin aan Theo | | ✉ Vincent aan Theo | Bal bij de Folies-Arlésiennes |

55
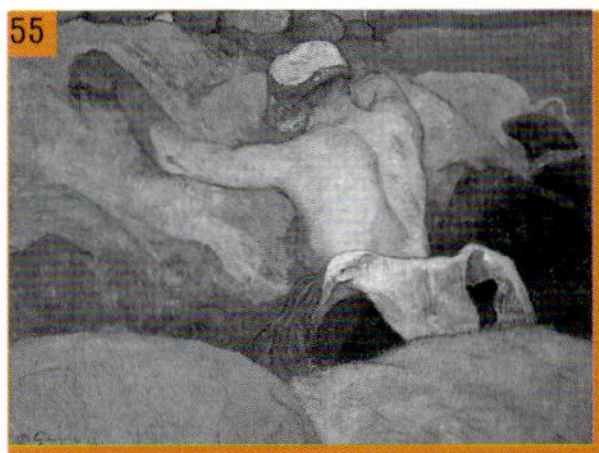

54
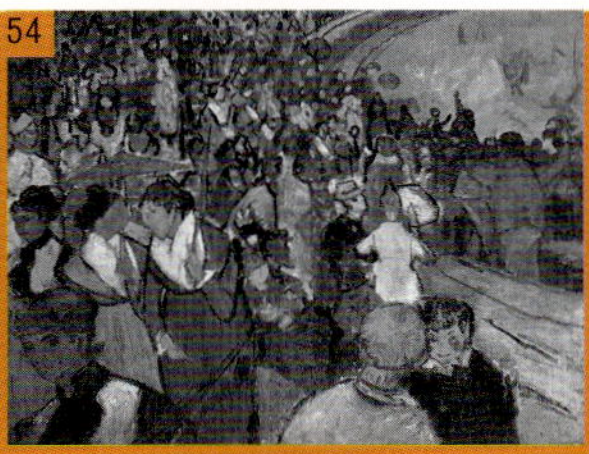

60
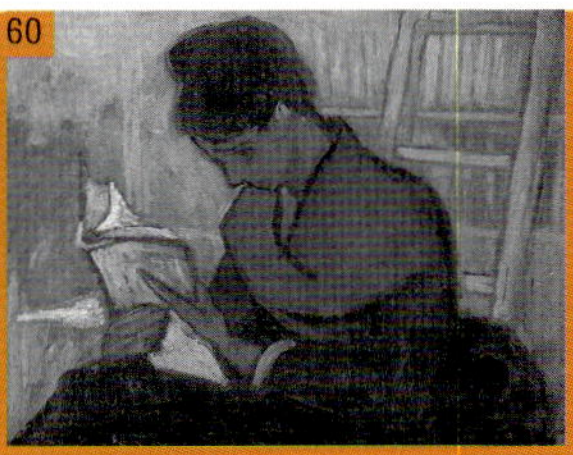

67
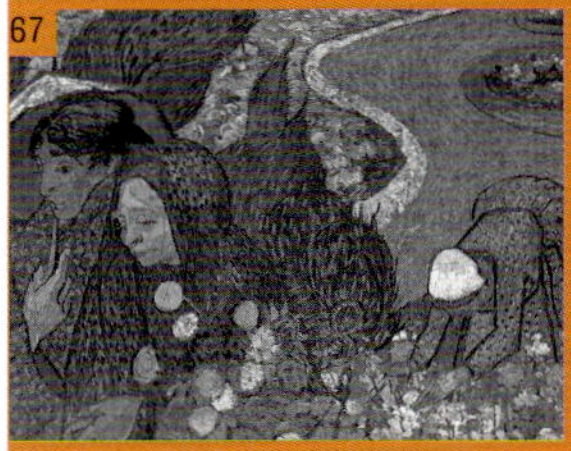

Rond 5 november had Vincent aan Theo bericht dat 'ons leven samen heel goed gaat.' Dit was nog steeds het geval toen hij en Gauguin samen hun vierde week ingingen. Ze waren bezig om het huis op orde te krijgen en hun draai te vinden in de dagelijkse gang van zaken. Gauguin vertelde Bernard dat hij de financiële kant op zich genomen had, maar ging verder niet in op het wanordelijke huishouden dat hij bij zijn aankomst aangetroffen had.[111] Vincent maakte melding van de huishoudelijke en culinaire talenten van Gauguin, en zijn hoop van hem te kunnen leren. (Gauguin herinnerde zich hoe Vincents enige poging om soep te maken uitdraaide op een ramp). Middenin de week verzekerde Gauguin Theo dat 'de goede Vincent en de *grièche* Gauguin gelukkig samenleefden en thuis hun eenvoudige maaltijd aten die ze zelf klaarmaakten.' Hij klaagde alleen over de verschrikkelijke regenval waardoor ze niet buitenshuis konden werken en beiden gedwongen waren zich over te geven aan, wat hij noemde, 'la peinture de chic' – het schilderen zonder model.[112]

Gauguin had *Nachtcafé* en *Misères humaines* op die wijze voltooid. Hij berichtte Theo op 14 november dat Vincent nu 'een mooie Hollandse tuinscène [...] met zijn familie' had gemaakt.[113] *Herinnering aan de tuin (Etten en Nuenen)* (fig. 67) betekende een keerpunt in Vincents werkrelatie met Gauguin. Toen hij aan dit schilderij begon moest Vincent wel zijn angst voor het uit zijn geheugen schilderen onder ogen zien. Begin oktober had hij die angst tegenover Bernard geuit na op deze manier een 'klein doek' te hebben gemaakt om zijn vriend een plezier te doen, dat nu verdwenen is. Hij was er zelf zo ontevreden over dat hij spijt had het gemaakt te hebben en hij weigerde het te signeren, want 'ik werk nooit *de tête*.'[114] Deze bewering ging vergezeld door de volgende verklaring:

Ik kan niet werken zonder model. Ik zeg niet dat ik de natuur niet ronduit de rug toekeer om een studie uit te werken tot een schilderij door de kleur aan te passen, door te vergroten, door te vereenvoudigen; maar ik ben zo bang om wat de vorm betreft af te wijken van wat mogelijk is en

Okt

| | | | | | | |
|---|---|---|---|---|---|---|
| | 1 | 2 | 3 | 4 | 5 | 6 |
| 7 | 8 | 9 | 10 | 11 | 12 | 13 |
| 14 | 15 | 16 | 17 | 18 | 19 | 20 |
| 21 | 22 | 23 | 24 | 25 | 26 | 27 |
| 28 | 29 | 30 | 31 | | | |

Nov

| | | | | | | |
|---|---|---|---|---|---|---|
| | | | | 1 | 2 | 3 |
| 4 | 5 | 6 | 7 | 8 | 9 | 10 |
| **11** | **12** | **13** | **14** | **15** | **16** | **17** |
| 18 | 19 | 20 | 21 | 22 | 23 | 24 |
| 25 | 26 | 27 | 28 | 29 | 30 | |

Dec

| | | | | | | |
|---|---|---|---|---|---|---|
| | | | | | | 1 |
| 2 | 3 | 4 | 5 | 6 | 7 | 8 |
| 9 | 10 | 11 | 12 | 13 | 14 | 15 |
| 16 | 17 | 18 | 19 | 20 | 21 | 22 |
| 23 | 24 | 25 | 26 | 27 | 28 | 29 |
| 30 | 31 | | | | | |

juist. Later misschien, na nog tien jaar van studies maken, wie weet? Maar eerlijk, ik ben zo nieuwsgierig naar wat mogelijk is en naar wat werkelijk bestaat dat ik nauwelijks het verlangen en de moed heb om te streven naar het ideaal van mijn studies zoals dat uit mijn abstracte studies kan ontstaan. Anderen hebben misschien meer gevoel voor abstracte studies dan ik, en wellicht ben jij er een van, net als Gauguin [...] en wellicht ikzelf, als ik oud ben. Maar totdat het zover is, werp ik mij altijd op de natuur. Ik overdrijf [...] maar uiteindelijk bedenk ik niet het hele schilderij [...][115]

Vincent had dit besluit gekoppeld aan het verslag van een nog belangwekkender mislukking, -het tweede *Gethsemane*-schilderij. In de weken voorafgaande aan Gauguins komst was hij twee keer teruggekomen van het afbeelden van iets bovennatuurlijks, een inspanning die hij associeerde met het verhaal van Zola's *L'Oeuvre*. Hoewel hij Claude Lantiers ten ondergang gedoemde ambitie verdedigd had (zie hfdst. 3), was hij door zijn eigen ervaringen ernstig van zijn stuk gebracht. Zijn weigering tegenover Bernard, verpakt in het taalgebruik van de realisten, betekende een verdere stap terug in de ontwikkeling die hem gevoerd had van *Gethsemane* tot *Sterrennacht boven de Rhone* (hfdst. 3, fig. 70).

Vincent draaide half november de rollen om met *Herinnering aan de tuin* en andere op vergelijkbare wijze ontstane schilderijen waarin hij zelfverzekerder Gauguins lijn navolgde. Deze inspanningen getuigen van het groeiende vertrouwen dat hij in zijn vriend had, wiens vaardigheden – variërend van koken en schermen tot de 'uitvinding' van de witte lijst van de impressionisten – Vincent voortdurend met ontzag vervulden en Gauguins positie als de bewonderde oudere partner in hun broederschap alleen maar versterkte.[116] Hierdoor werd Gauguins opschepperige gedrag nog meer aangemoedigd. Een glimp hiervan is op te vangen in het schilderij (fig. 55) dat hij maakte terwijl Vincent aan *Herinnering aan de tuin* werkte. Vincent beschreef de compositie als een 'hoogst originele naakte vrouw in het hooi met enkele varkens.'[117] De verschillende onderdelen van de compositie zijn echter moeilijk te onderscheiden en te interpreteren. In wat lijkt op een omheining (door een onregelmatige stenen muur begrensd tegen de bovenkant van het doek) is een vrouw met ontbloot bovenlijf van achteren te zien. De bleke huid van haar naakte rug en schouders steekt scherp af tegen haar gebruinde onderarmen en handen die gewoonlijk wel aan de zon zijn blootgesteld. Ze houdt haar linkerarm uitgestrekt en buigt haar rechterarm om haar hoofd te ondersteunen. De andere scherp omlijnde vormen die de beperkte ruimte vullen lijken stapels hooi te zijn, recht vòòr de vrouw en rechts op de voorgrond. Links de gekromde rug van een oranje-roze varken, als zodanig te herkennen aan het afhangende oor, bovenaan rechts de staart van een ander varken, een rode hooivork in het midden en (mogelijk) een houten klomp rechts.

Het is onduidelijk waar de vrouw mee bezig is. Zit ze of staat ze, schopt ze om een varken weg te jagen, zeeft ze, werpt ze hooi op of zakt ze uitgeput voorover? De tekeningen die Gauguin enkele weken tevoren in Bretagne had gemaakt als basis voor deze compositie bieden geen uitkomst (fig. 56-57). Misschien moet de houding van het model op één van de tekeningen en op het uiteindelijke schilderij het wannen van graan voorstellen. In haar linkerhand houdt de vrouw de rand of handgreep vast van een wan, een voorwerp dat door Millet was afgebeeld als een attribuut van Ceres, godin van de landbouw en symbool van de zomer (fig. 59). Misschien is deze visuele aanwijzing in werkelijkheid een afleidingsmanoeuvre, suggestief maar niet behulpzaam bij een compositie die de beschouwer nimmer toestaat om tot een definitieve interpretatie te komen. In ieder geval is Gauguins figuur geen geïdealiseerde personificatie, noch een overtuigende landarbeidster. Misschien wordt in de afbeelding gespeeld met de dubbele betekenis van het Franse werkwoord *vanner* – wannen of uitputten – en de uitdrukking *être vanné(e)* die afgemat of uitgeput zijn betekent. Uitgeput van inspanning en bevangen door de hitte heeft de vrouw haar lijfje afgedaan en zakt doodmoe voorover op een berg hooi. Gauguin heeft hier in iconografisch (en letterlijk) opzicht de keerzijde weergegeven van Millets triomfantelijke zwangere Ceres met haar ontblote boezem.

Gauguin zou het doek later tentoonstellen onder de titel *En pleine chaleur (In de volle hitte)*, daarbij suggererend dat het hier om zwaar lichamelijk werk gaat. Door echter de gekromde rug van de vrouw nadrukkelijk te herhalen in de ruggen van de varkens gaf Gauguin blijk van weinig empathie. In verschillende eerdere schilderijen (hfdst. 2, fig. 34; hfdst. 3, fig. 3) duidde hij in bedekte termen op een vergelijkbare overeenkomst tussen de Bretonse vrouwen en de ganzen, varkens of koeien die zij hoedden. Nu wees hij echter iedere vorm van twijfel over zijn bedoelingen resoluut van de hand door het doek naar Theo in Parijs te sturen onder de titel *Les cochons (De varkens)*.[118] Dit gaat veel verder dan de oeroude en immer voortdurende minachting van de stedelingen voor het achtergebleven Bretagne waardoor de heel bijgelovige boeren geïdentificeerd werden met hun eigen beesten (zie hfdst. 5, fig. 59).

Gauguins schilderij valt op door de vrouwenhaat die het uitstraalt, maar is evenzeer opmerkelijk door het stilistisch gedurfde gebruik van geringe picturale diepte en abstracte vormen. Deze paralel lopende overdrijving, zowel in karakter als in vorm, getuigt van de dynamische situatie die zich afspeelde in het Gele Huis. Als Gauguin Vincents langgekoesterde wens in vervulling bracht om een vriend te vinden van wie hij zeggen kon 'dat is het,' dan was het vanwege zijn tweevoudige bekwaamheid. 'Ik houd zo van onze vriend Gauguin,' zou Vincent zeggen, 'omdat hij kans gezien heeft om tegelijk kinderen en schilderijen te maken.' Gauguin was nu het lijdend voorwerp van intense bewondering en hoge verwachtingen. Hij werd aangespoord om zijn kunnen te tonen en zijn dubbele Courbet-achtige meesterschap te laten zien. Met *En pleine chaleur* vervulde hij deze rol door zijn gedurfde picturale benadering – Vincent erkende de opmerkelijk 'grootse stijl' van het doek – en door het seksueel geladen thema dat impliciet tot uiting komt in zijn tekeningen van het Bretonse model.[119] Op één daarvan is ze met ontbloot bovenlijf te zien (op verzoek van de schilder) en blijkt haar verlegenheid uit de hand waarmee ze de rugleuning van de stoel vastgrijpt. Op de andere tekening wordt de suggestie van overheersing gewekt door de sterke gelijkenis van de voorovergebogen figuur op één van de concubines uit Delacroix' *Dood van Sardanapalus* (fig. 58). Tijdens de laatste, bloedige momenten van zijn leven liet deze oosterse potentaat zijn vrouwen ter dood brengen omdat hij ze zijn vijanden niet gunde als oorlogsbuit.[120] Gauguin maakte de vrouw tot een object en zette dit voort in zijn schilderij, waarbij het effect nog versterkt wordt door de bruuske toevoeging van de dieren. *En pleine chaleur* sluit derhalve naadloos aan op de gesprekken over de Arlésienne en over verovering. Uit de taal waarin de schilder aan Theo schreef over dit doek (en over *Misères humaines*), toen hij rond 22 november een hoeveelheid recent werk per schip naar Parijs verzond, blijkt zijn dikdoenerij: 'Deze twee [...] doeken zijn, denk ik, viriel genoeg, maar een beetje grof, zou je kunnen zeggen. Is het de zon hier in het zuiden die ons zo bronstig maakt?' Vincent ging volledig in deze houding mee en voelde zich steeds meer op zijn gemak in het gezelschap van de man die hij nu zag als een groot kunstenaar en vriend. Ze waren 'erg gelukkig samen' en hij was klaar om Gauguins voorbeeld te volgen.[121]

Gauguin gaf hem de moed om zonder model te werken en leende hem de woorden waarmee hij zijn poging rechtvaardigen kon: 'Doeken die *de tête* zijn gemaakt, zijn altijd minder onbeholpen en ogen kunstzinniger dan de studies naar de natuur, vooral als je werkt bij mistral.'[122] Het ging hier om kwesties die eerder in hun briefwisseling en nu in de praktijk aan de orde kwamen: vol vervoering en snel schilderen tegenover bedachtzaam en weloverwogen te werk gaan. *Plein-air* tegenover atelierwerk, de *étude* tegenover het *tableau*. Indien Vincent gehoopt had dat het delen van een atelier hem zou helpen om deze kwesties aan te roeren, zorgde het slechte weer in Arles in die periode voor de gelegenheid. Hij maakte melding van twee schilderijen en maakte er schetsen van – *Herinnering aan de tuin* en *Een romanlezeres* (fig. 67, 60) – maar vermoedelijk werden deze voorafgegaan door een afbeelding van een stierengevecht (fig. 54).[123] Vincent had nooit zijn ambitie vervuld om dit lokale spektakel te schilderen, ongetwijfeld vanwege de onmogelijkheid om zijn ezel in het midden van

54

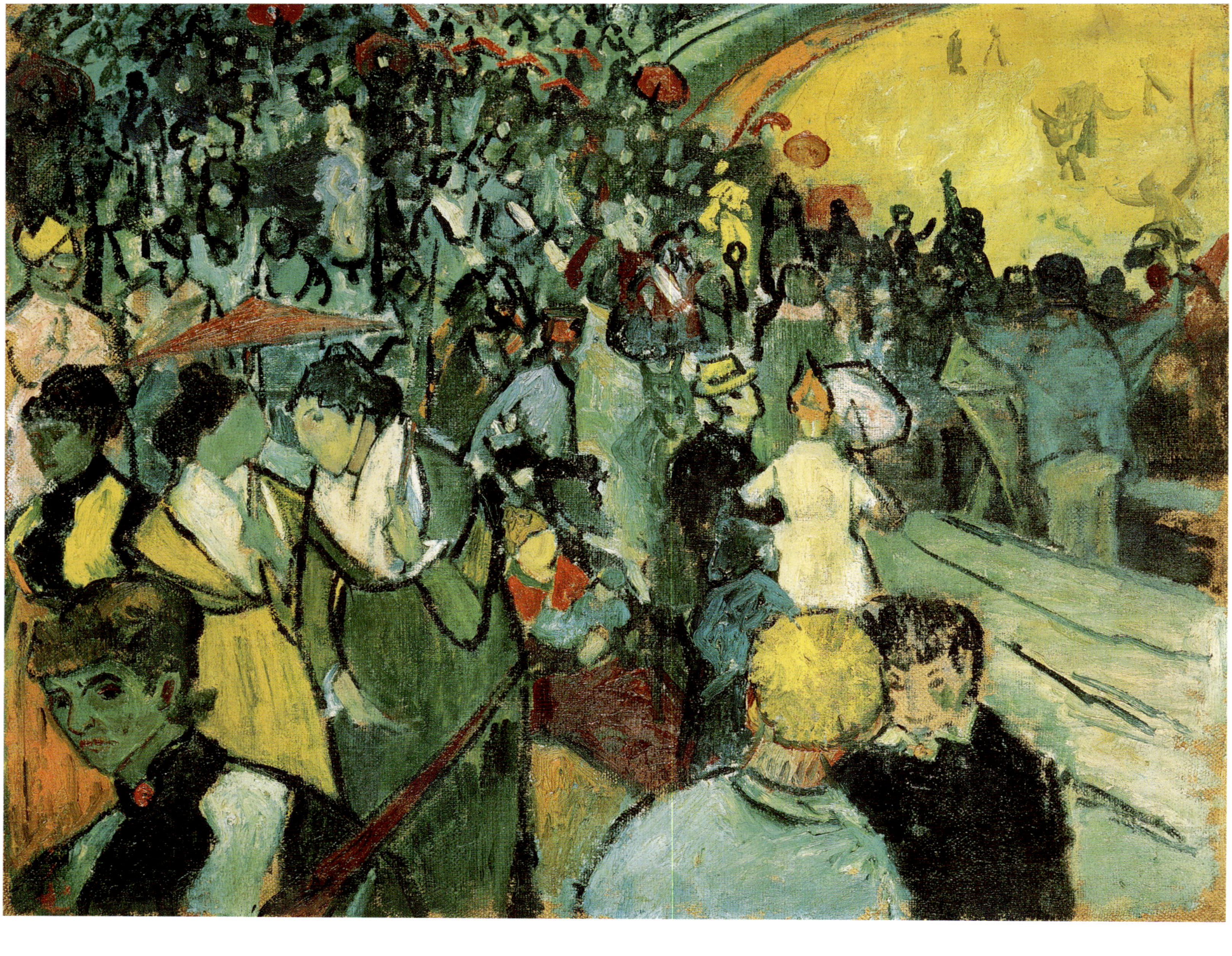

54
Vincent van Gogh
*Toeschouwers in de Arena*
December 1888
[F 548, JH 1653]
Olieverf op doek
73 × 92 cm
Staatsmuseum Hermitage, St. Petersburg

55
Paul Gauguin
*Les Cochons (En pleine chaleur)*
*Vrouw in het hooi (In de volle hitte)*
November 1888
[W 301]
Olieverf op doek
73 × 92 cm
Privé-collectie

56
Paul Gauguin
*Zittend model, achteraanzicht*
Houtskool en lichaamskleur/gouache
26,3 × 40 cm
Van Gogh Museum, Amsterdam (Vincent van Gogh Stichting)

57
Paul Gauguin
*Zittend model, vooraanzicht*
1888
Houtskool en lichaamskleur/gouache
26,3 × 40 cm
Privé-collectie

55

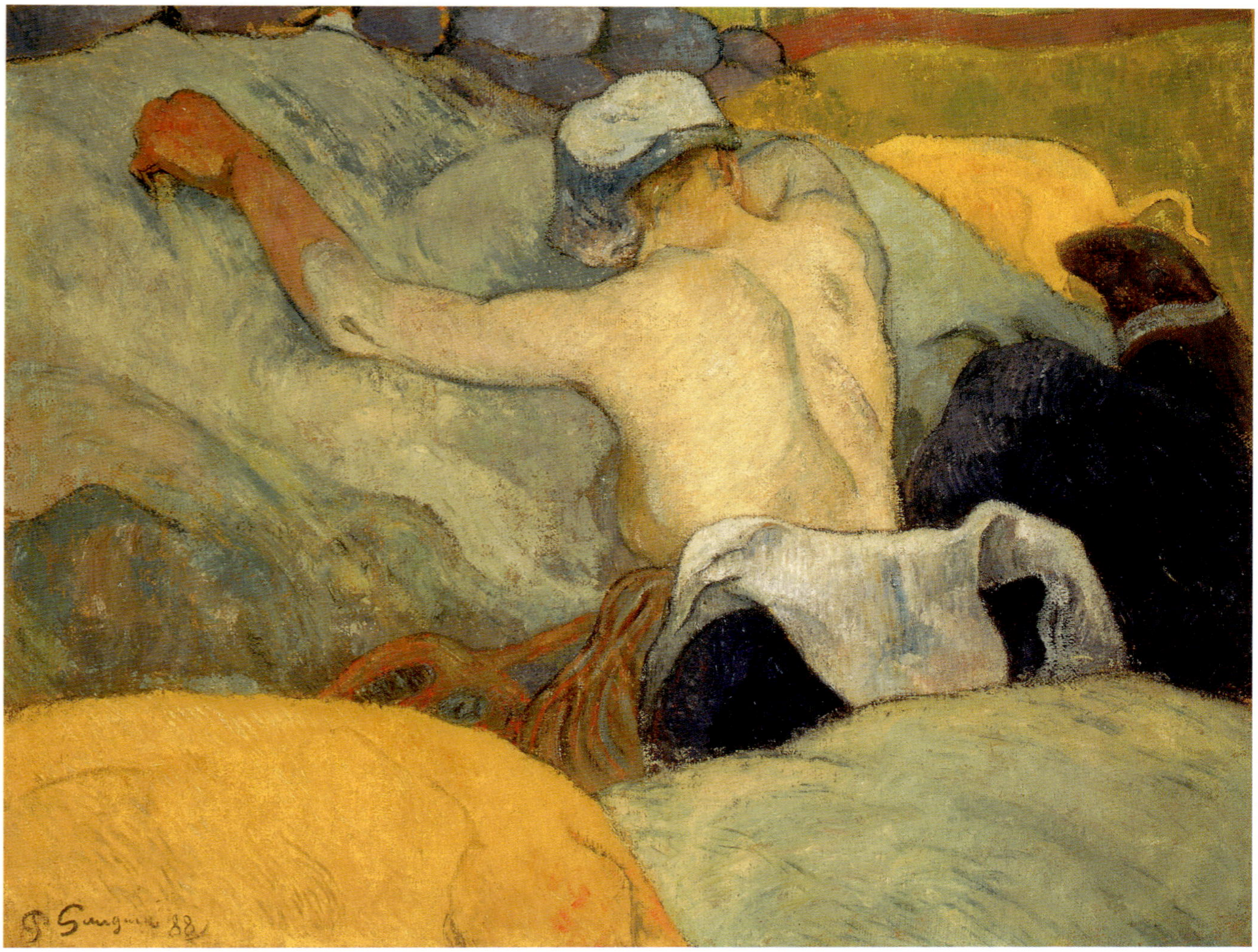


56

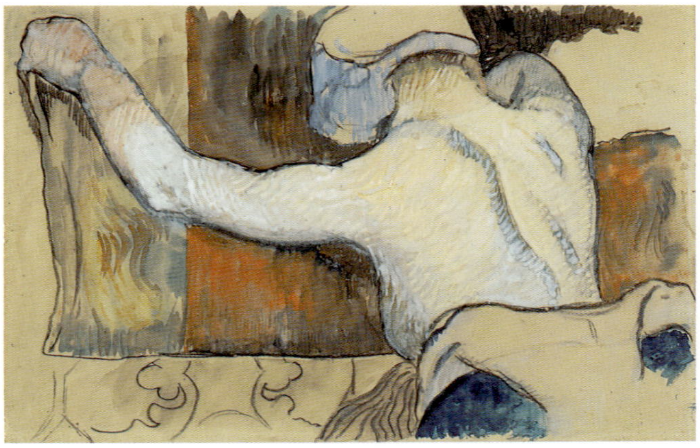

57

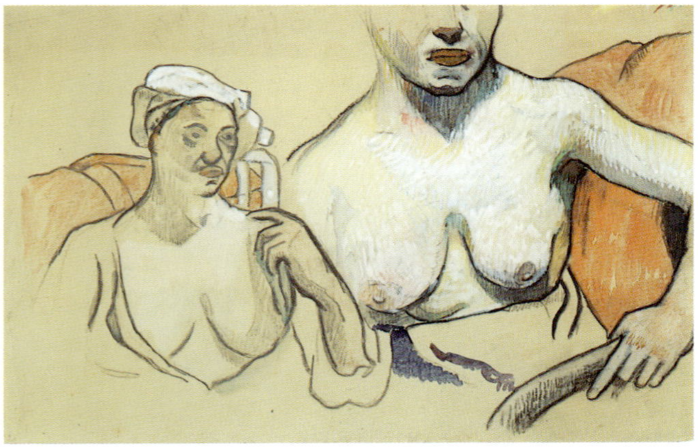

de mensenmassa op te zetten. Gauguin had zijn belangstelling laten blijken voor dit onderwerp maar arriveerde toen het seizoen al was afgelopen. Nu, op een sombere dag in november, schilderde Vincent in het atelier een kleurige, bruisende menigte die baadde in het zonlicht en riep voor zijn vriend een ervaring op die zich pas in de lente weer zou herhalen.

Bij *Toeschouwers in de arena* maakte Vincent met meer zelfvertrouwen gebruik van de losse, indirecte techniek en karikaturale stijl van zijn *Bordeelscène*. Hij begon met het opzetten van brede, abstracte delen in groen, blauw en wit zonder eerst een getekende of geschilderde schets te maken die gewoonlijk de basis vormde voor zijn composities. Hij werkte vanuit het vormeloze en algemene naar het specifieke door felgekleurde kostuums toe te voegen en die te verfraaien met parasols, hoeden, vlinderdassen en broches, terwijl hij de abstracte onderlagen een actieve rol liet spelen. Hij zag af van de gebruikelijke dikke verf, veegde de lagen eraf en bewerkte de verschillende passages. Voor de vloer van de arena bracht hij met een paletmes gele verf op en smeerde die vervolgens uit met een penseel. Het schilderij wordt bij elkaar gehouden door zwierige blauwe contouren rond een reeks prototypes opgefleurd met lokale personages: in het midden een Arlésienne die op Madame Ginoux lijkt, pal rechts naast haar en profil de postbeambte Joseph Roulin met zijn karakteristieke baard, zijn vrouw Augustine met een rode sjaal en hun jongste dochter Marcelle, die op 31 juli geboren was.[124] De bevrijdende kracht van deze nieuwe techniek verleent het doek een gevoel van opwinding en maakt het tot een soort meesterwerk, maar Vincent sprak er in zijn brieven nooit over. Toegegeven, hij schreef onregelmatig in deze periode, maar zijn stilzwijgen zou ook kunnen betekenen dat *Toeschouwers in de arena* minder belangrijk voor hem was dan de twee andere schilderijen die hij daarna uit zijn geheugen schilderde en waarop minder maar wel imposantere figuren voorkomen. *Een romanlezeres* (fig. 60) is een vertolking van een belangrijk onderwerp uit de huiselijke genreschilderkunst. Het heeft iets van de grillige stilering van het beeld, zoals in *Toeschouwers*, maar is doordrongen van een diepere persoonlijke betekenis. Zoals Vincent toelichtte in een brief aan Wil 'houdt [de figuur] een geel boek in haar handen.'[125] Dat wil zeggen, ze leest een in geel leder gebonden naturalistische roman, uitgegeven door Charpentier (zie hfdst. 2), precies zoals Vincent zijn zuster herhaaldelijk aangeraden had. Het gele boek was een persoonlijk symbool van het potentieel van de moderne kunstenaar om voor het eigentijdse leven een nieuw en bijpassend evangelie te verwezenlijken. Het was de sleutel geweest tot Vincents bewondering voor Puvis' 'troostgevende' portret van een lezende oude man en hij had al soortgelijke boeken in verschillende van zijn symbolische stillevens opgenomen (hfdst. 1, fig. 2; hfdst. 2, fig. 71; hfdst. 3, fig. 52).

Met *Een romanlezeres* 'vertaalde' Vincent iets op een manier die vergelijkbaar is met de wijze waarop hij in 1885 het gele boek en de bijbel naast elkaar plaatste. Zijn uitgangspunt was Rembrandts *Heilige familie*, ook bekend als *De bijbellezing* (fig. 61), dat voor hem al lang een belangrijk referentiepunt was. In 1875 hing een reproduktie van dit schilderij aan de muur van zijn slaapkamer in Parijs. Zeven jaar later hing hij deze plaat aan de wand van het atelier dat hij met Sien Hoornik in Den Haag deelde. Ook gaf hij kopieën ervan aan Theo en aan zijn zuster Anna. De afbeelding stond volgens hem voor de geneugten en het bijna gewijde karakter van het gezinsleven. Maar hoewel hij het werk bleef bewonderen vanwege de tijdloosheid en aktualiteit ervan had hij het gevoel gekregen dat het iets van de 'persoonlijke en intieme' kenmerken miste die van de moderne kunst gevraagd werden.[126] Door een roman in plaats van een bijbel in de handen van zijn lezeres te leggen, maakte Vincent niet alleen Rembrandts schilderij van huiselijk geluk aktueel, maar liet hij ook zijn aanhoudend tweeslachtige houding doorschemeren met betrekking tot zijn religieuze opvoeding en zijn relatie met zijn familie die eerder het onderliggende motief waren geweest van *Stilleven met bijbel* en Zola's *Joie de vivre* (hfdst. 1, fig. 3).

Indien Vincent nu 'meer aan Rembrandt [dacht] dan uit mijn studies blijkt,' maakte dit deel uit van een meer algemene beschouwing van het verleden. *Herinnering aan de tuin* roept, zoals hij half november meerdere malen schreef, het beeld op van de stukken land die in Etten en Nuenen verbonden waren aan de domineeswoningen waar het gezin Van Gogh achtereenvolgens tussen 1875 en het jaar van het overlijden van dominee Van Gogh in 1885 gewoond had.[127] In deze tien jaar verloor Vincent

58

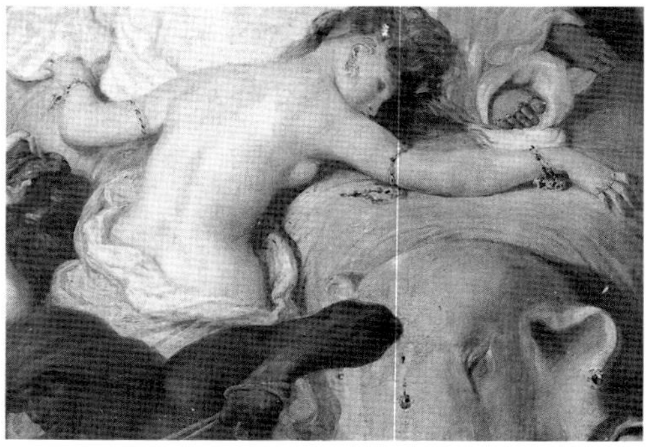

59

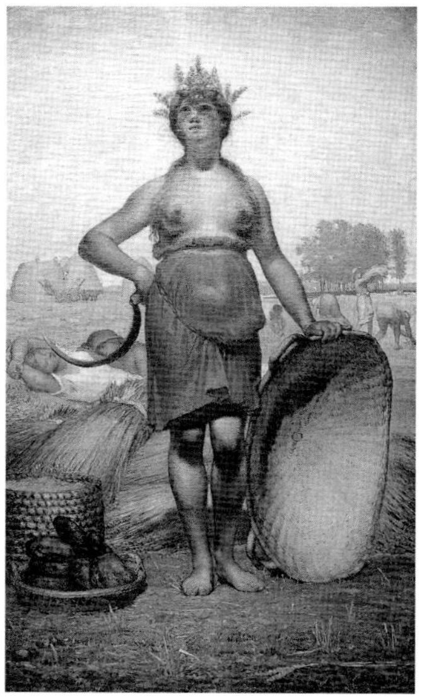

58
Eugène Delacroix
*Dood van Sardanapalus* (detail)
1827
Olieverf op doek
Musée du Louvre, Parijs

59
Jean-François Millet
*Ceres (Zomer)*
1864/65
Olieverf op doek
266 × 134 cm
Musée des Beaux Arts, Bordeaux

60
Vincent van Gogh
*Een romanlezeres (Une liseuse de romans)*
ca. 16 november 1888
[F 497, JH 1632]
Olieverf op jute
73 × 92 cm
Sagawa Express Co., Ltd., Kyoto, Japan
Cat. 75

61
Rembrandt van Rijn (1606-1669)
*De heilige familie*
1638/40
Olieverf op hout
60 × 77 cm
Rijksmuseum, Amsterdam

60

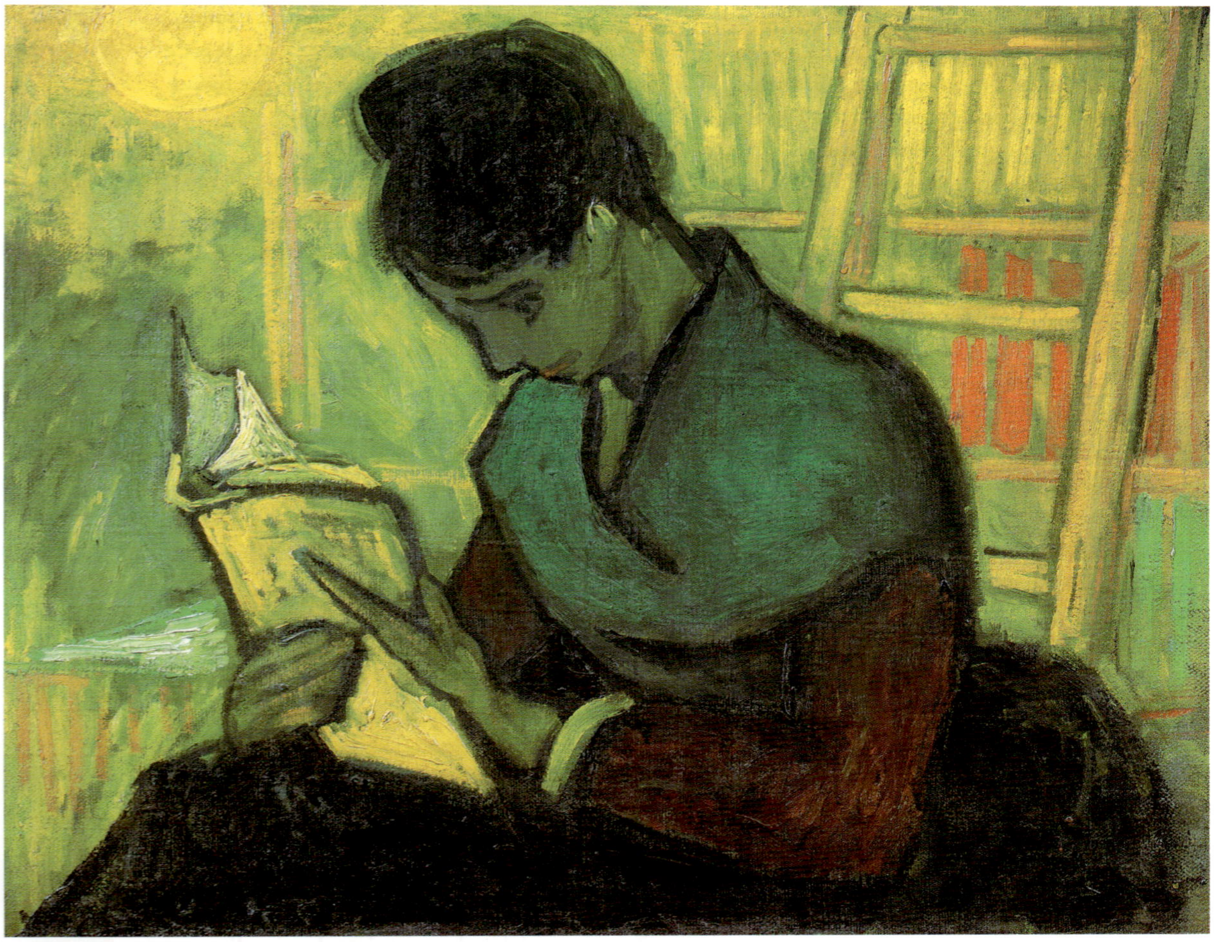

61

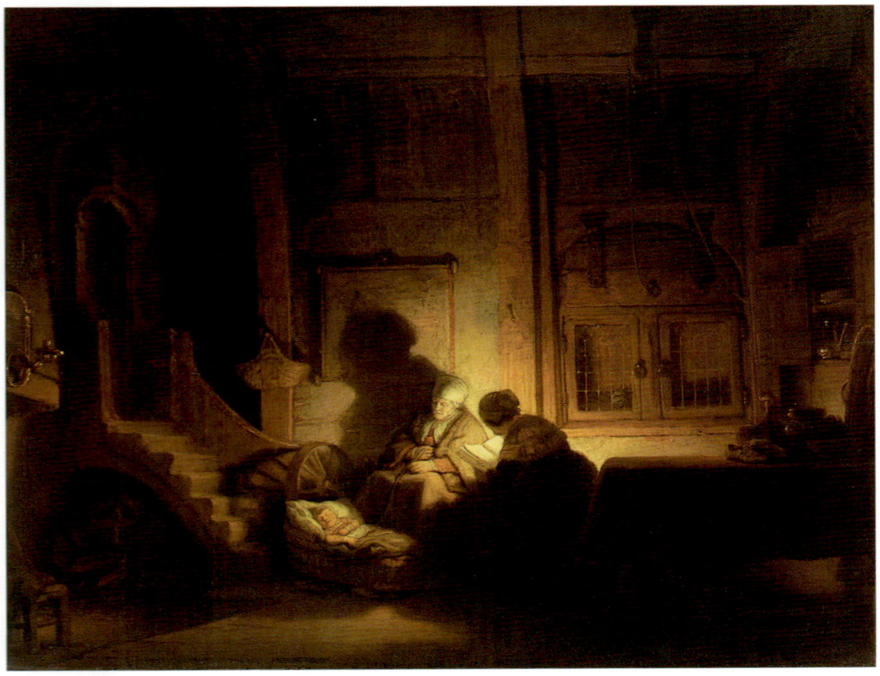

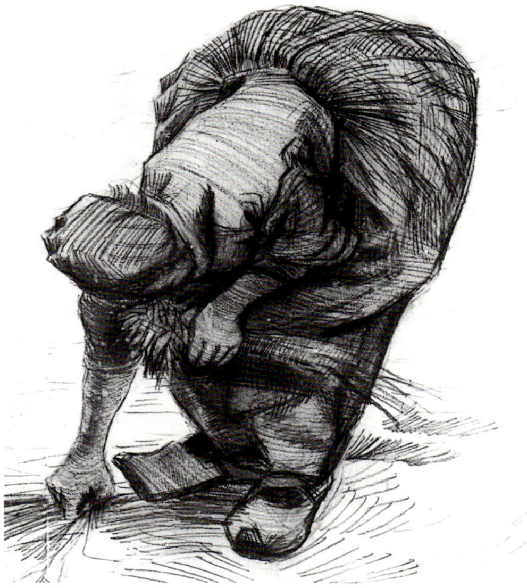

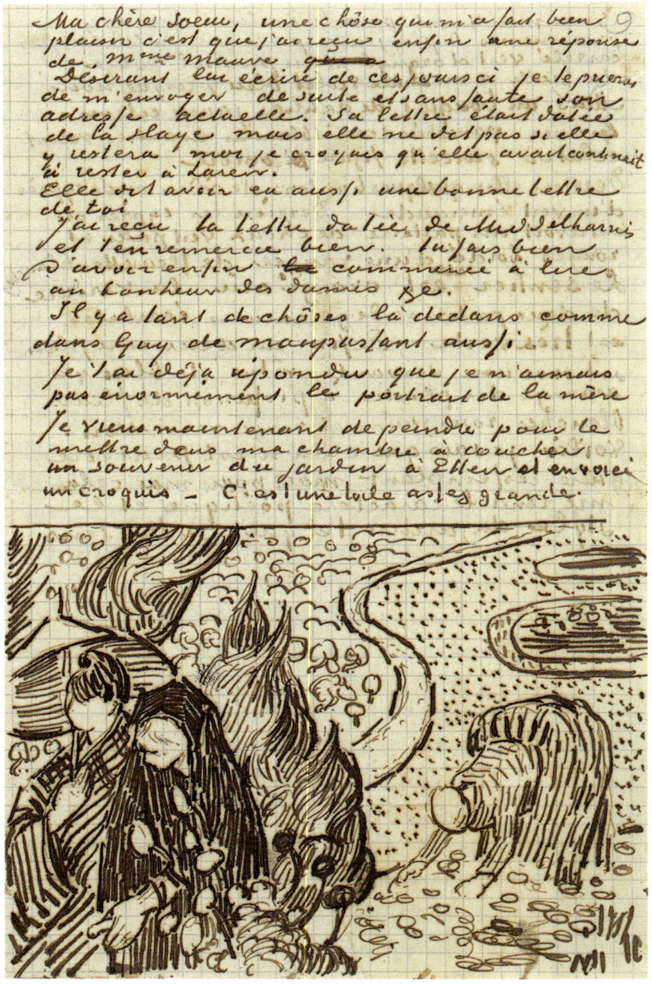

Ma chère soeur, une chose qui m'a fait bien plaisir c'est que j'ai reçu enfin une réponse de Mme Mauve.
Désirant lui écrire de ces jours ci je te prierais de m'envoyer de suite et sans faute son adresse actuelle. Sa lettre était datée de La Haye mais elle ne dit pas si elle y restera mais je crois qu'elle avait continué à rester à Laren.
Elle doit avoir eu aussi une bonne lettre de toi.
J'ai reçu ta lettre datée de Middelharnis et t'en remercie bien. Tu fais bien d'avoir enfin commencé à lire Au bonheur des dames &c.
Il y a tant de choses là dedans comme dans Guy de Maupassant aussi.
Je t'ai déjà répondu que je n'aimais pas énormément le portrait de la mère.
Je viens maintenant de peindre pour le mettre dans ma chambre à coucher un souvenir du jardin à Etten et en voici un croquis – C'est une toile assez grande.

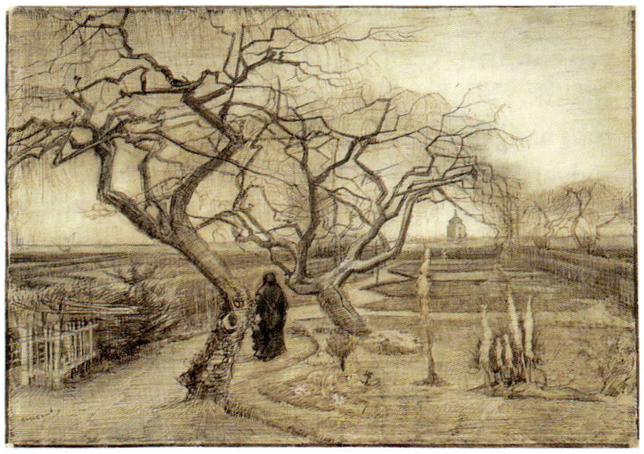

64
Vincent van Gogh
*Een arenleester*
*Juli 1885*
[F 1279, JH 836]
Zwart krijt
51,5 × 45 cm
Museum Folkwang, Essen

65
Vincent van Gogh
Schets van *Herinnering aan de tuin (Etten en Nuenen)* in brief aan Wil, [ca. 16 november 1888], (brief 725/W 9, JH 1631)
Van Gogh Museum, Amsterdam (Vincent van Gogh Stichting)
Cat. 76

66
Vincent van Gogh
*Tuin van de pastorie in Nuenen*
Maart 1884
[F 1128, JH 466]
Grafiet, pen en bruine inkt
40,3 × 54,6 cm
Van Gogh Museum, Amsterdam (Vincent van Gogh Stichting)

67
Vincent van Gogh
*Herinnering aan de tuin (Etten en Nuenen)*
ca. 16 november 1888
[F 496, JH 1630]
Olieverf op doek
73,5 × 92,5 cm
Staatsmuseum Hermitage, St. Petersburg

68
Detail van fig. 67

67

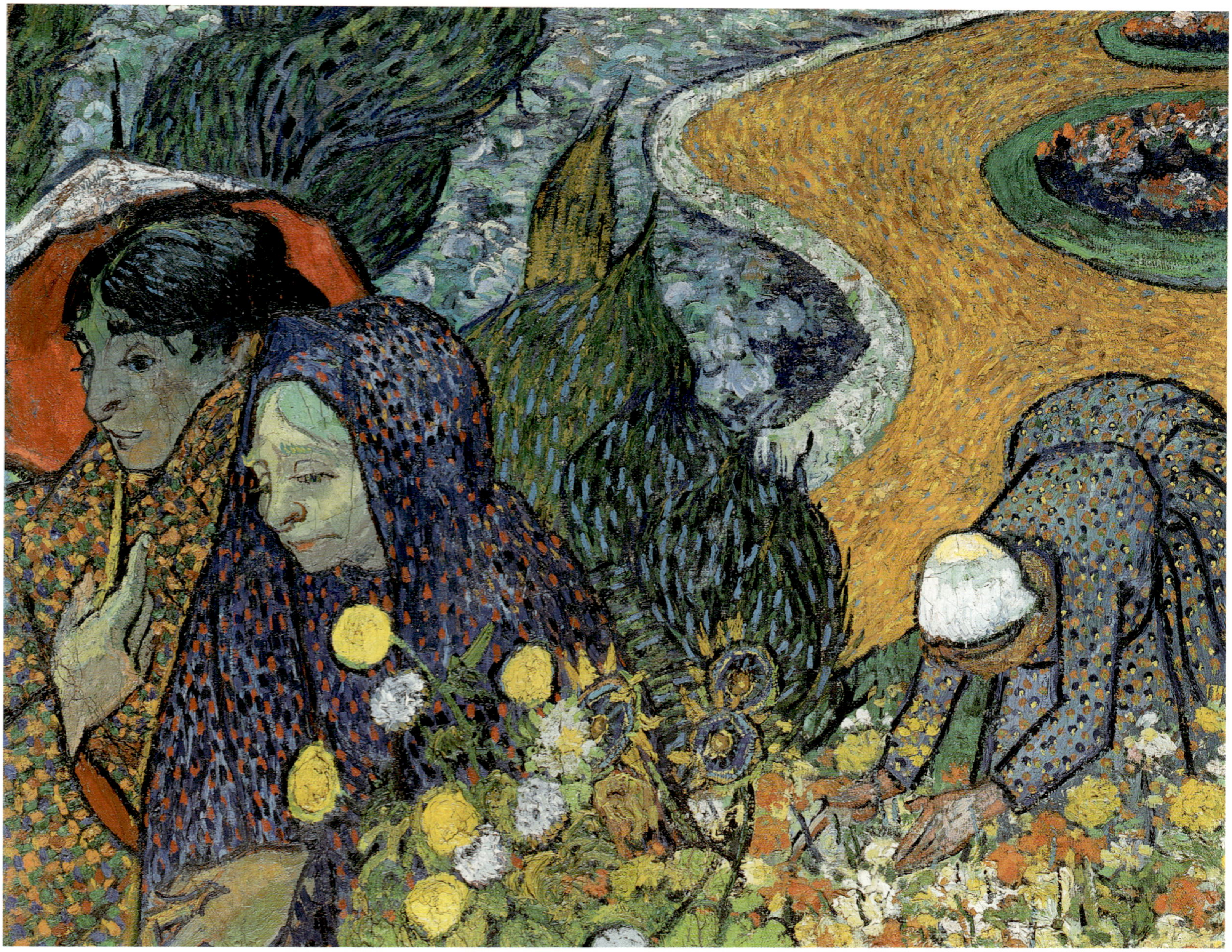

68

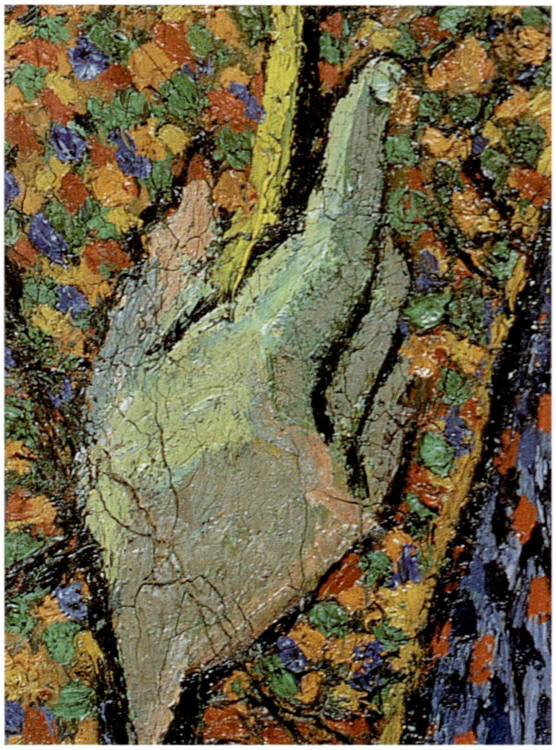

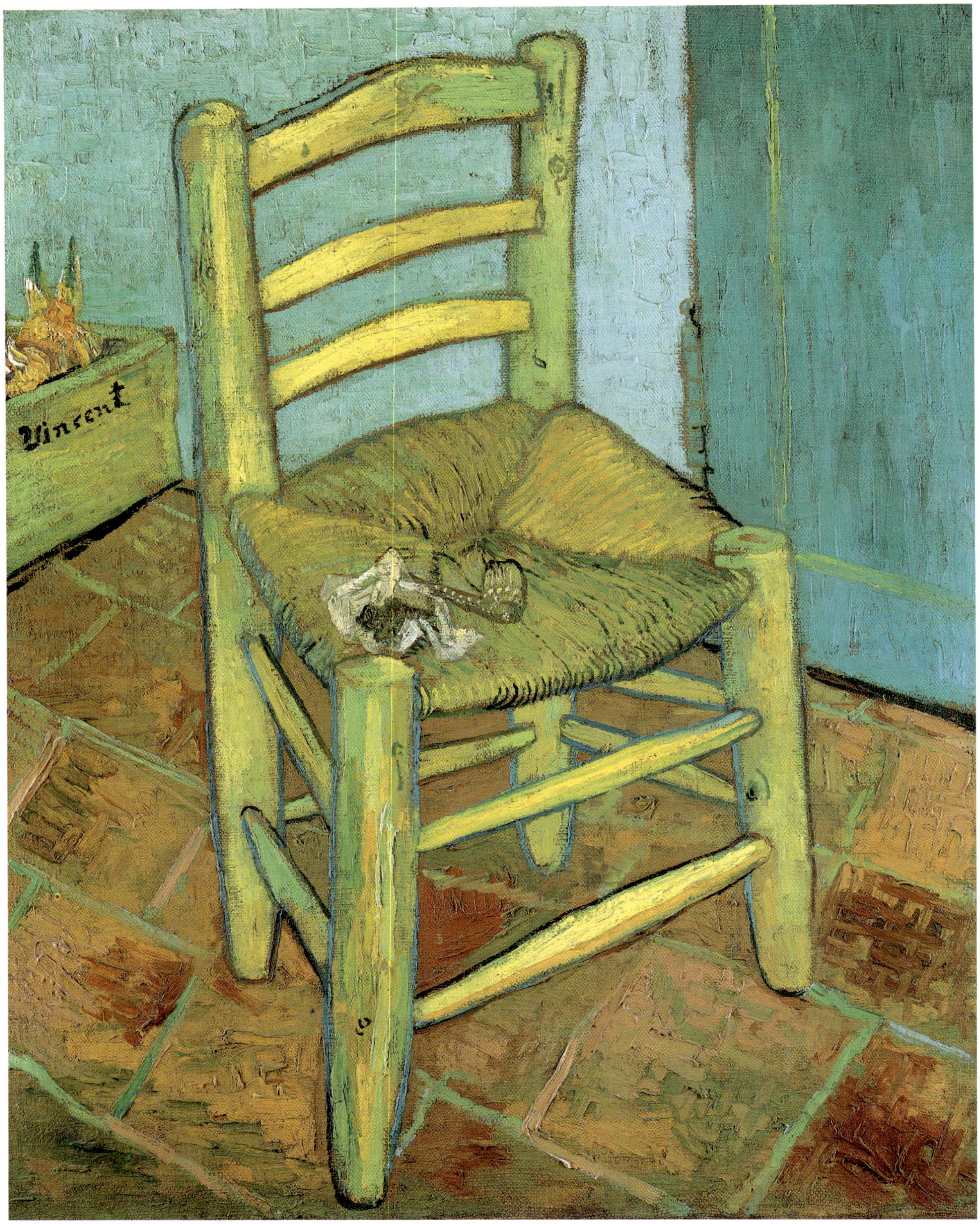

69

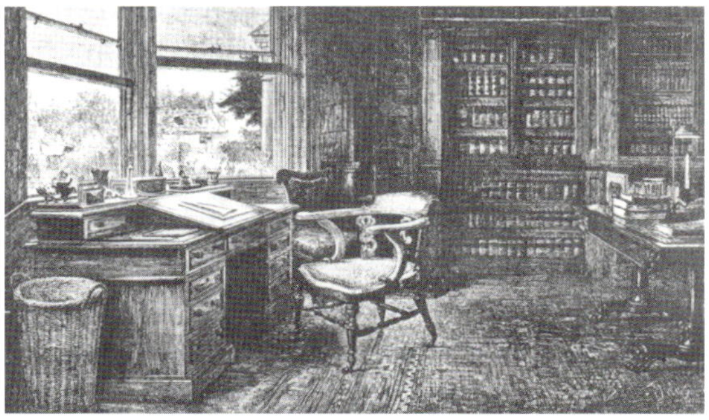

70

69
Vincent van Gogh
*De stoel van Van Gogh*
ca. 20 november 1888
[F 498, JH 1635]
Olieverf op jute
93 × 73,5 cm
The National Gallery, Londen
Cat. 77

70
S. Luke Fildes (Engeland; 1844-1927)
*De lege stoel, Gad's Hill – Negen juni 1870*
uit *The Graphic* (Kerst 1870)

71
Vincent van Gogh
*De stoel van Gauguin*
ca. 20 november 1888
[F 499, JH 1636]
Olieverf op jute
90,5 × 72 cm
Van Gogh Museum, Amsterdam (Vincent van Gogh Stichting)

verbrak, uitte hij nu zijn weerstand tegenover zijn vriends kritiek in een paar schilderijen die betrekking hadden op hun onderlinge verhouding. Hij was zekerder van zichzelf en vervuld van een grotere bewondering voor Gauguin. Een van die stukken toont *'een stoel* van hout en met een rieten zitting, helemaal geel van kleur en staande op rode plavuizen tegen een muur (bij daglicht)' (fig. 69). De ander betreft 'Gauguins armstoel in rood en groen, nachteffect, muren en vloer ook rood en groen, op de stoel twee romans en een kandelaar' (fig. 71).[146] Deze werken kunnen beschouwd worden als een soort portretten en vormen in iconografisch opzicht elkaars tegenpolen (terwijl ze elkaar in chromatisch opzicht juist aanvullen). De stoel met rieten zitting was een van de twaalf die Vincent in september had gekocht (zie hfdst. 3). Uit de prominent aanwezige naam op de zijkant van de houten doos naast de stoel blijkt wie er gewoonlijk op zat. In het begin waren de stoel en de doos zonder toevoegingen, maar later voegde Vincent de uien en de pijp met tabak toe.[147] Met een paar voorwerpen in een gelijkmatig, natuurlijk licht bereikte Vincent een algeheel 'Daumier'-effect van eenvoud. De harmonie tussen het geel en blauw komt overeen met die van het Gele Huis (hfdst. 3, fig. 71), het symbool van alle ambities rondom het Atelier van het Zuiden. In vergelijking hiermee hebben het rood-groene palet en de gasverlichting, gebruikt voor Gauguins stoel, het tegenovergestelde effect: dat van Vincents *Nachtcafé* (hfdst. 3, fig. 66), als weergave van de complexe nachtelijke wereld der hartstochten.

De portretten van de stoelen zijn tegen de achtergrond van het atelier gemaakt, maar Vincent gebruikte voor beide een verschillende compositie en uitvoering. Hij zette zijn eigen stoel bij de deur van de voorkamer naar de keuken en deed zijn best op de schaduwen, details en nuances van het penseelwerk. In sommige delen rondom de randen van de vormen liet hij echter de jute doorschijnen. De ruwheid van de stof bleef door een vrijwel onzichtbare grondlaag van bariumsulfaat onveranderd en droeg bij tot een rustiek effect. Vincent schilderde Gauguins stoel daarentegen breed uitgemeten op de dikkere ondergrond van loodwit waarmee beide kunstenaars nu begonnen te experimenteren. De vormen lijken synthetischer en de ruimte is minder herkenbaar. Vincent overdreef de manier waarop het gaslicht weerspiegelde op de oneffen rode tegels van de vloer, die daardoor bijna de aanblik van een oosters tapijt krijgt. Hij verlaagde lamp en houder voor het evenwicht in de compositie en maakte de witgekalkte muur donkergroen om het complementaire contrast aan te brengen dat fundamenteel was voor de betekenis van het schilderij.[148] Vincent had deze leunstoel samen met de andere twaalf speciaal voor de gastenkamer aangeschaft, waarbij het al vroeg duidelijk was dat Gauguin die kamer zou gaan gebruiken. De gewelfde lijnen van de stoel pasten bij de kamer die Vincent wilde inrichten als een 'echt artistiek vrouwenboudoir' (zie hfdst. 3). De stoel waarop Madame Ginoux voor haar portretten poseerde werd dus geassocieerd met verfijning en verlangen. In feite behoorde de dertiende stoel symbolisch toe aan de abt als hoofd van het atelier, en de voorwerpen die Vincent er vanaf het begin op zette – een 'brandende kaars en een paar moderne romans' – symboliseren op heldere wijze de geïdealiseerde status van de man die erop zat. Vincent had sinds zijn stilleven uit 1885 (zie hfdst. 1, fig. 3) geen roman met gele omslag (inmiddels een vertrouwd symbool van zijn artistieke ambities) aan een kaars gekoppeld. Op dat vroege manifest-schilderij werd de gedoofde kaars op een directe en oppositionele wijze geassocieerd met zijn vader die kort tevoren

71
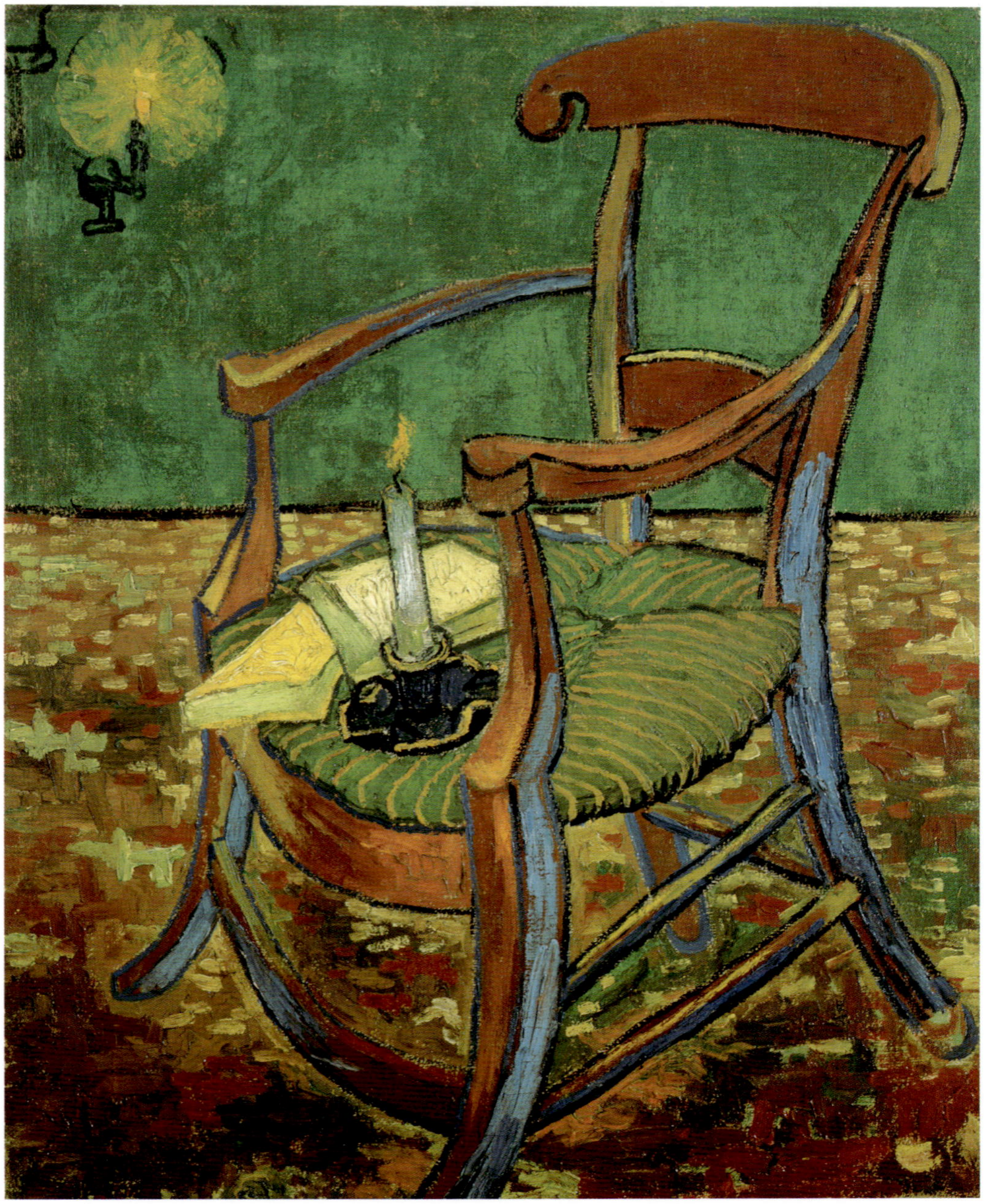

72
Overzichtskaart van het
Roubine du Roi-kanaal

gestorven was. Ook werd de suggestie gewekt dat diens geloof niet in staat was om licht te werpen op het moderne leven. Hier wordt de symbolische betekenis van de brandende kaars als bron van verlichting – de kunst biedt wat zijn vaders kerk niet kon – nog verder onderstreept door de nutteloosheid van kaarslicht in een kamer die baadt in het gaslicht.[149]

Deze verwijzende portretten zijn op overtuigende wijze gekoppeld aan Vincents oude enthousiasme voor *De lege stoel* (fig. 70), het eerbewijs aan Dickens dat Luke Fildes kort na het overlijden van de schrijver in 1870 in *The Graphic* gepubliceerd had. Vincent kocht in Den Haag een kopie van de prent. Het zien van het bureau waar de schrijver nooit meer plaats zou nemen versterkte zijn idee dat de oorspronkelijke illustratoren van dit blad een soort broederschap vormden en een gemeenschappelijk sociaal doel nastreefden. Toen '*The Graphic* sterk genoeg was om op eigen benen te staan, huurde men een huis' als zetel van een onderneming die hij als 'heilig [...], edel [...], subliem [...]' beschouwde. Zelfs in 1882, toen Vincent er nog steeds van droomde om tot de gelederen van deze helden te mogen toetreden, zag hij het ideaal in het niets verdwijnen: '*Empty chairs* – er zijn er velen, er zullen er nog meer komen en vroeger of later zullen in plaats van Herkomer, Luke Fildes [...] etc. slechts blijven *Empty chairs*.' Hun opvolgers bij *The Graphic* hadden de 'smallen weg' al verlaten.[150]

Fildes' prent kreeg daarom de status van een geloofsartikel. Vincent probeerde aan kopieën ervan te komen voor Van Rappard en anderen met wie hij nauw wenste om te gaan.[151] Zes jaar later, in Arles, was de droom van het bezetten van nieuwe stoelen in een nieuw huis nog altijd ongewijzigd en verkeerde alles nu letterlijk in staat van gereedheid. Daarom lijkt zijn beslissing om stoelen zonder mensen erop te schilderen opmerkelijk, vooral gezien zijn eerdere berisping van Gauguin en Bernard vanwege het feit dat zij in Pont-Aven elkaars portretten niet geschilderd hadden. Bernard had toegegeven niet in staat te zijn om Gauguins portret te schilderen omdat hij zich geïntimideerd voelde door diens talent. Vincents schilderij van *De stoel van Gauguin* zonder Gauguin zelf roept deze dynamiek in herinnering. Door het maken van de pendanten wordt de identiteit van de schilder bevestigd. Hun ikonografie vertelt iets over de twijfel met betrekking tot zijn eigen manier van werken. Hier wordt in feite het eerdere zelfbeklag herhaald waarmee hij zijn eigen lompe eenvoud afzette tegen Gauguins verfijndheid (zie hfdst. 3).

Deze voelbare contrasten deden van zich spreken in Vincents antwoord op een uitnodiging voor een expositie van zijn werk in het hoofdgebouw van het avant-gardistische tijdschrift *La Revue indépendante*. Deze uitnodiging had hem via Theo bereikt en begin september had hij er positief op gereageerd, maar nu deelde hij zijn broer mee van gedachten veranderd te zijn en er niet aan te moeten denken om zijn schilderijen te laten zien in wat hij een donker hol noemde dat beheerd werd door schoften. Hij durfde te beweren dat Gauguin het met hem eens was maar vermeldde met nadruk dat zijn vriend hem geenszins trachtte te beïnvloeden. Uiteraard was Vincent zich er volledig van bewust dat Gauguin het tijdschrift, dat een spreekbuis was van het neo-impressionisme haatte. Die geloofde dat het ieder moment een lastercampagne zou kunnen beginnen tegen 'ons, de anderen': Degas, Gauguin zelf, Bernard, en zo verder.[152] Gauguin genoot met volle teugen van dit aspect van de strijd binnen de kunstwereld en had daar ook ruime ervaring mee. Vrolijk vertelde hij zijn vrienden hoe hij de uitnodiging van de *Revue indépendante* voor zijn Martinique-schilderijen had afgeslagen. Fénéon had hem een 'grièche artiste' genoemd en hij besloot deze benaming na te leven door de *Revue* brutaal met haar eigen woorden van repliek te dienen. Vol sarcasme verklaarde hij de uitnodiging te moeten afslaan, aangezien zijn werk niet voldoende beantwoordde aan de neo-impressionistische eisen van toenemende moderniteit. Het miste immers de vereiste helderheid en scherpe observatie. Hoewel Vincent een hekel had aan een dergelijke vorm van factiestrijd viel hij Gauguin bij toen hij deze operatie zwart maakte en gaf hij Theo, die duidelijk achter de uitnodiging zat, de opdracht om deze af te slaan.[153]

Door Gauguins voorbeeld te volgen had Vincent in dit geval zijn eigen bezorgdheid kunnen temperen. Vanaf het allereerste begin had het vooruitzicht van een tentoonstelling hem schichtig gemaakt. Weliswaar had hij zijn werk eerder aan het publiek getoond, met name op de Petit Boulevard-tentoonstelling die hij eind 1887 had georganiseerd, en opnieuw in het voorjaar van 1888, toen Theo met zijn toestemming *Parijse romans* (hfdst. 2, fig. 71) en twee landschappen van Montmartre naar de vierde Indépendants-tentoonstelling had gezonden. De critici hadden nauwelijks enige reactie geuit, maar in een recensie van de Indépendants had Gustave Kahn bezwaar gemaakt tegen het stilleven: het onderwerp was zeer geschikt voor een 'studie' maar nauwelijks een waardig voorwendsel te noemen voor een 'schilderij.' Om die reden drong Vincent er in september bij Theo op aan om de organisatoren bij *La Revue indépendante* duidelijk te maken dat hij alleen maar *études* in kon sturen. Het zou een jaar duren voordat hij volwassen composities of *tableaux* zou kunnen laten zien.[154] Na twee maanden met Gauguin had zijn terughoudendheid zich ontwikkeld tot regelrechte plankenkoorts.

Ondanks – of liever dankzij – het feit dat hij in het atelier samen met Gauguin geoefend had in het maken van *tableaux*, voelde hij zich onzekerder dan ooit. Hij raakte in paniek bij de gedachte dat Theo misschien één van zijn schilderijen van boomgaarden uit die lente aan de bazen van zijn galerie zou laten zien. Hij drong zo fel als hij durfde gezien zijn schulden en zijn eerdere obsessie over de verkoop van zijn werk, er bij Theo op aan: 'dat je daarvan nu niets verkoopt.' Hij vroeg zijn broer om hem de *études* terug te sturen – vooral de 'slechte' – zodat hij ze kon gebruiken als voer voor ambitieuzere werken. Sinds augustus had hij niets meer naar Parijs gezonden en hoewel hij een kamer vol met doeken gemaakt had, speet het hem dat hij nog steeds niets van zijn eigen werk kon meesturen met de lading van vijf schilderijen die Gauguin tegen het einde van de week per schip verzond (*Dansende Bretonse meisjes, De Alyscamps (De drie gratiën), Nachtcafé, Misères humaines* en *En pleine chaleur*). Vincent had zijn bedenkingen over het exposeren van zijn werk in de hoofdstad. Het kon immers wel twee jaar duren voordat hij de dertig doeken in maat 30 zou hebben, wat nodig was voor een tentoonstelling. Hij stelde zich eveneens voor dat het wel heel lang duren zou voordat hij erkenning zou krijgen. Voor het geval Theo mocht

72

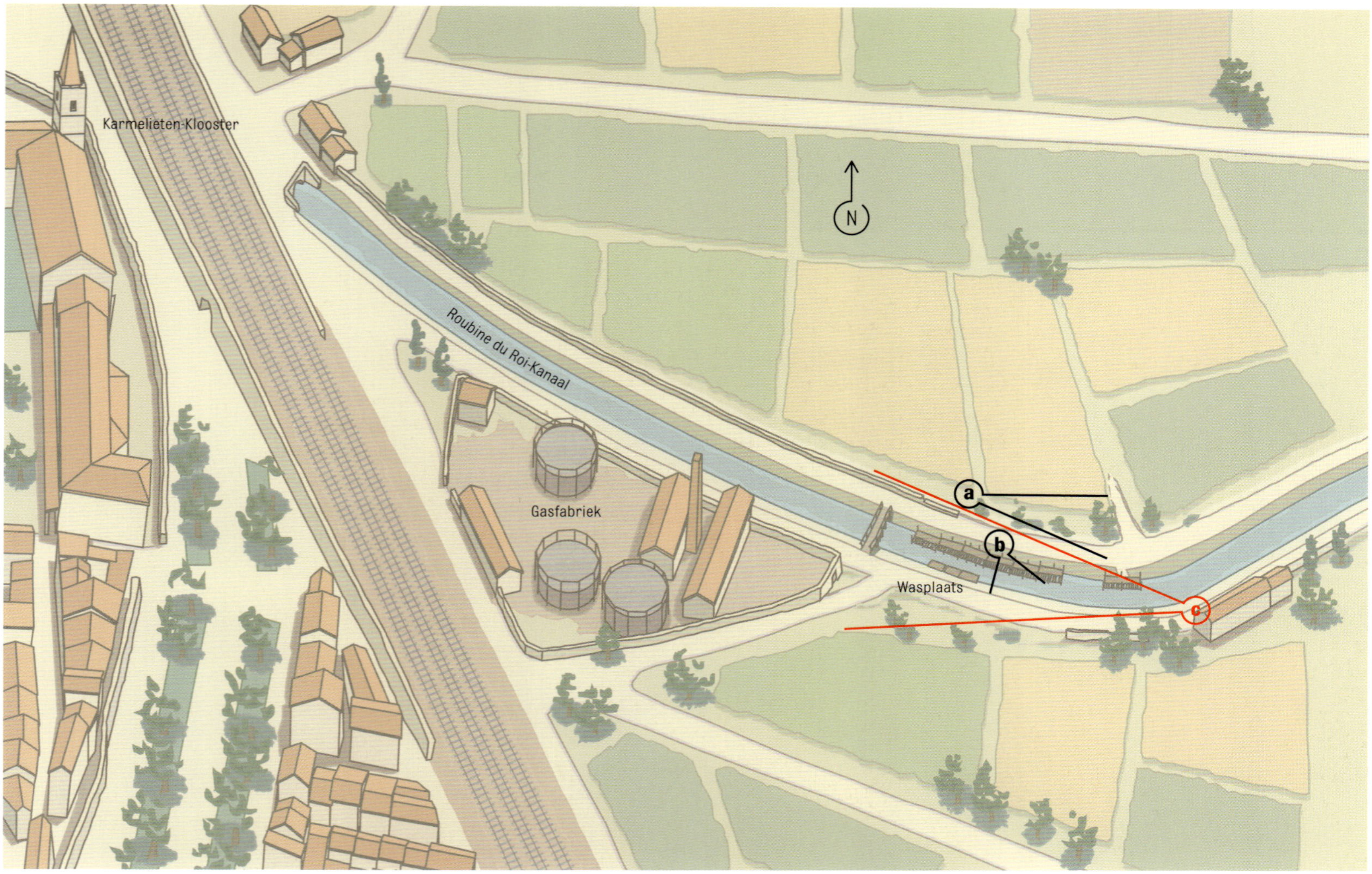


denken dat zijn voornemen om portretten te schilderen ondermijnd was door Gauguins lovende bewoordingen voor de *Zonnebloemen*, benadrukte Vincent nog eens krachtig zijn ambities op dit vlak. Hij had alleen zijn streefdatum gewijzigd: 'Als ik met m'n veertigste een figuurstuk maak zoals de bloemen waarover Gauguin sprak, dan zal ik me als kunstenaar met wie dan ook kunnen meten.'[155]

Deze 'wie' was Gauguin die onlangs 40 geworden was. Op 35-jarige leeftijd had Vincent nog vijf jaar om de hemelsbrede verschillen tussen hen goed te maken. 'Op 40-jarige leeftijd,' zou hij expressieve figuratieve schilderijen gemaakt hebben die 'meer waard zouden zijn dan een min of meer serieus succes op dit moment.' Het succes van Gauguins recente werk droeg zeker bij aan Vincents onzekerheid. Gauguin was goed op gang gekomen en pakte nu een onderwerp aan dat hij kende uit Vincents tekeningen (fig. 73): de wasvrouwen bij het Roubine du Roi-kanaal (fig. 75).[156] Gauguin gebruikte in tegenstelling tot Vincent vrijwel geen perspectief, maar creëerde een ondiepe, claustrofobische ruimte. Hij rangschikte zijn penseelstreken in patronen en tekende figuren die in verhouding tot het visuele vlak onevenredig belangrijk lijken. Zelfs wanneer het schilderij vergeleken wordt met andere afbeeldingen en foto's van de plek (fig. 74 en kaart, fig. 72) blijft Gauguins doek nogal moeilijk te ontcijferen. We kijken naar beneden vanaf de steile oever van het kanaal naar een platform dat uitsteekt in het water. Aan de rechterkant gaat dit verborgen achter iets dat op een vuurrode struik lijkt. De witte en groene patronen op de voorgrond zijn te herkennen als wasgoed dat op het gras te drogen is gelegd. Door de nadrukkelijke asymmetrische compositie en de volumetrische vormen, afgeplat tot decoratieve patronen, was *wasvrouwen* Gauguins meest gedurfde compositie tot op dat moment. Aan de ene kant gaf hij de figuren een prominente positie die inderdaad doet denken aan de *Négresses* en vervulde daarmee Vincents verwachtingen. Anderszins gaf hij een duidelijke demonstratie van zijn eigen vorderingen om tot een verdere abstractie te komen.

Ondertussen had Theo eerder in november een lading schilderijen uit Pont-Aven ontvangen die door Gauguin naar Parijs gezonden was vòòr zijn vertrek naar Arles. Hij sprak er openlijk zijn bewondering over uit en verklaarde dat de doeken weerklonken van dezelfde 'vreemde poëzie' als de *Négresses* en, vanwege de onderwerpskeuze, zelfs toegankelijker waren. Uit Theo's pogingen om zijn familie en vrienden duidelijk te maken hoe en waarom Gauguins werk hem zo diep raakte (citaat, fig. 76) blijkt hoezeer hij open stond voor de symbolische bedoelingen van de schilder. Theo beschreef Gauguins suggestieve kunst door een vergelijking te trekken tussen de taal der schilderkunst en die der muziek – het oproepen van reacties op de natuur in plaats van een beschrijving van de natuur zelf. Voor Theo overtrof Gauguin Monet in zoverre zijn kunst over troost ging. Hij beloofde zoals Millet te zijn en de volgende grote kunstenaar-prediker te worden (zie hfdst. 2).[157]

Theo stond niet alleen in zijn bewondering. Na enkele doeken opnieuw te hebben laten opspannen en inlijsten liet hij ze tentoonstellen bij Boussod et Valadon. Op 13 november schreef hij

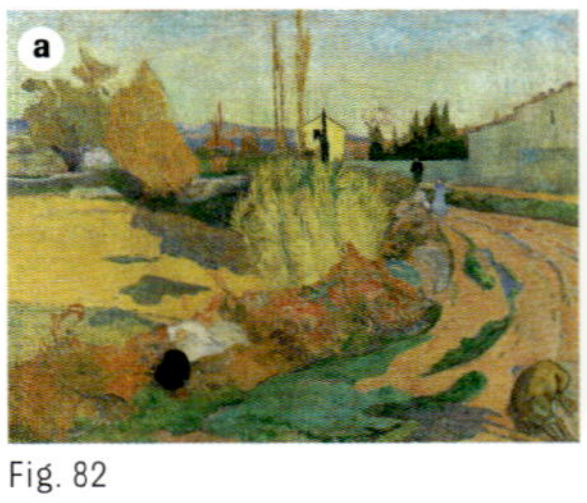

Fig. 82

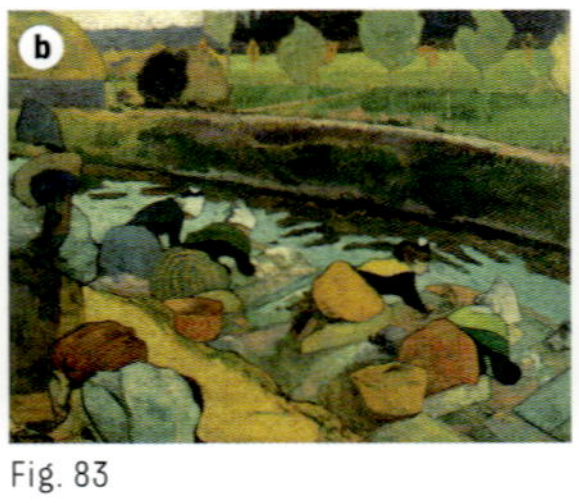

Fig. 83

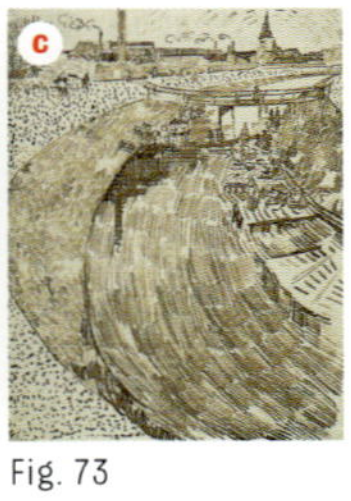

Fig. 73

73

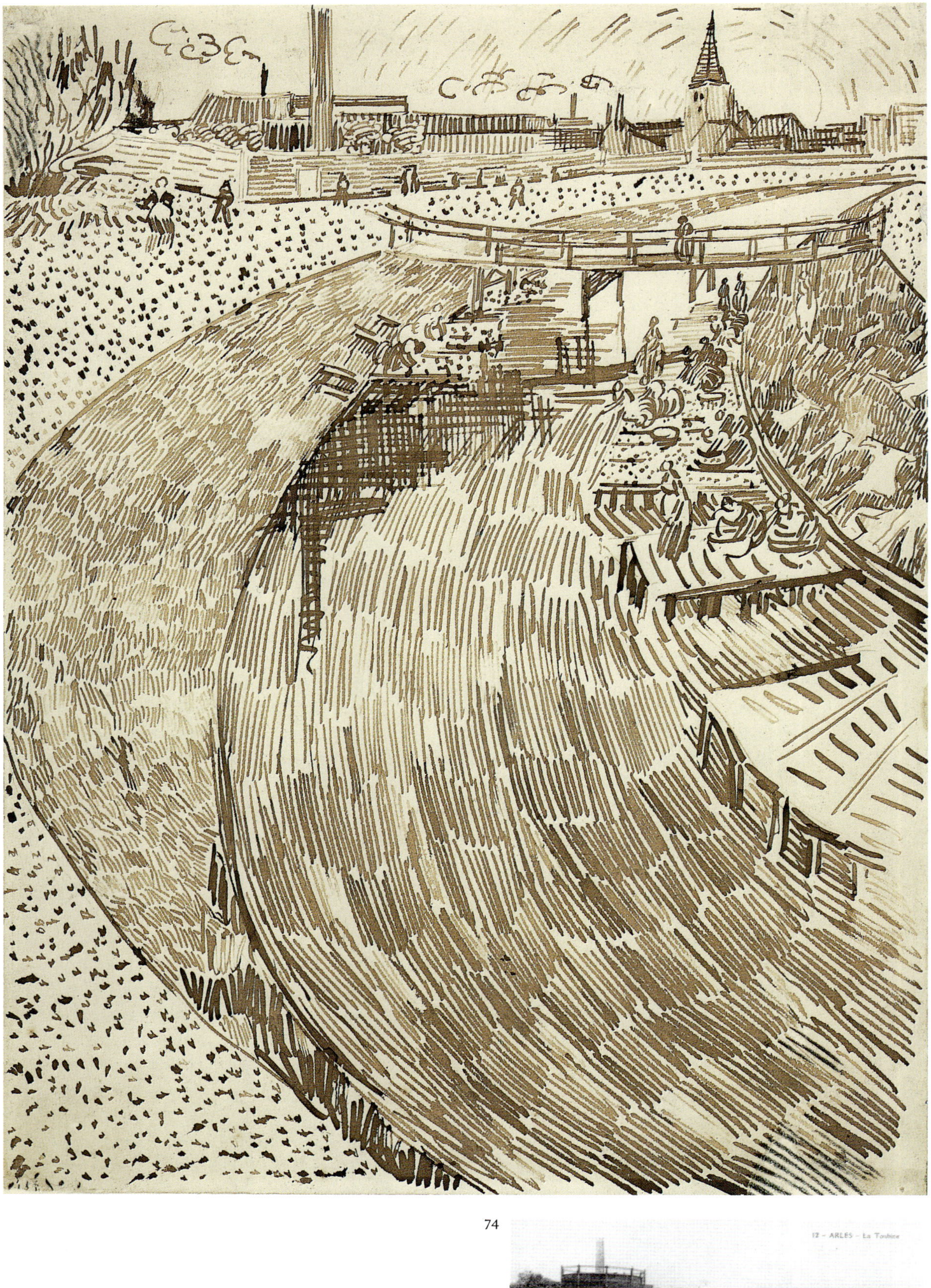

74

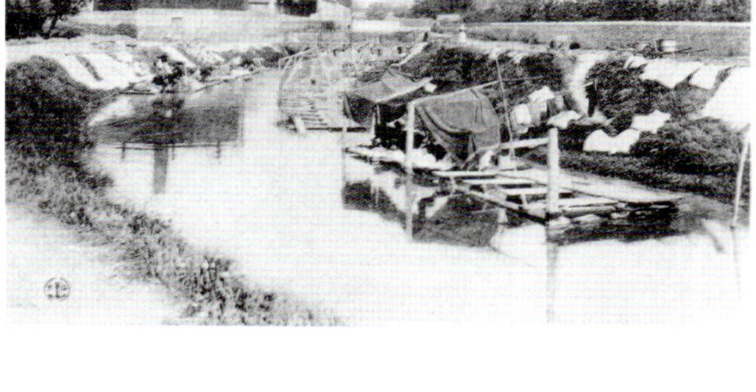

75

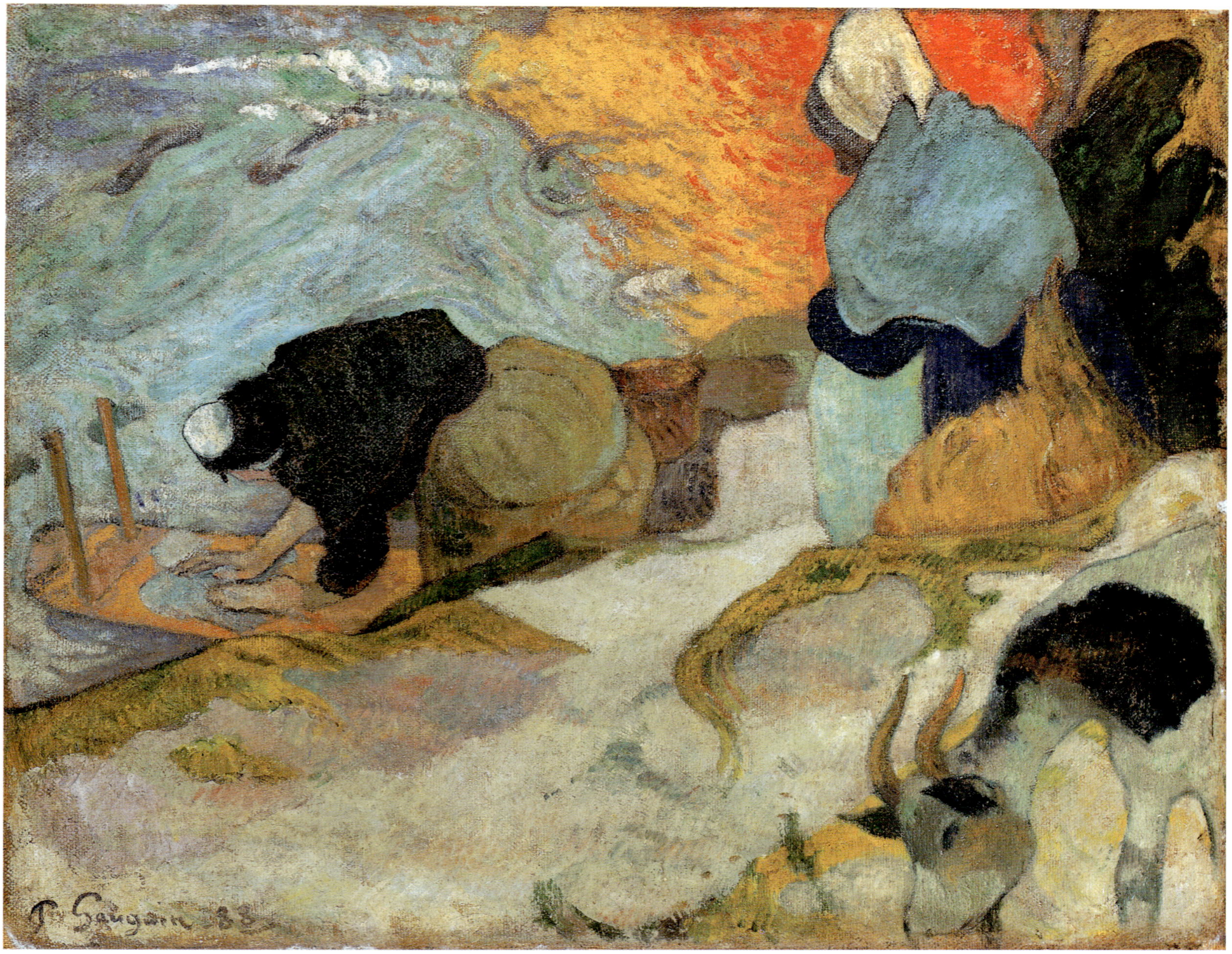

Gauguin dat hij twee schilderijen verkocht had en de kunstenaar daarmee ongeveer 600 franc rijker had gemaakt. Hij bracht ook een nog grotere lofbetuiging over. De 'grote Degas,' aan wiens mening Theo duidelijk grote waarde toekende, 'is zo'n grote bewonderaar van je werk dat hij er met iedereen over praat.' Degas was van plan om één van de in de lente gemaakte schilderijen te kopen.[158]

Gauguin kon zijn geluk niet op. Hij vertelde trots aan Bernard dat het vooruitzicht van Degas' aankoop de 'grootste vleierij' vormde. Hij had immers altijd 'het volste vertrouwen [gehad] in Degas' oordeel.' Als getuige van deze feeststemming bracht Vincent misschien zijn bedenkingen naar voren – Gauguin had al opgemerkt hoezeer hij Degas 'verafschuwde' – maar dit nam Gauguin de wind niet uit de zeilen. De belangstelling van de meester van het impressionisme hielp hem de herinnering aan vroegere vernederingen te verjagen en een vooruitzicht op een zonniger toekomst te creëren. Hij schreef Schuffenecker om hem zijn twee etsen van Degas te zenden (zie Besluit, fig. 27) en vroeg aan Theo om Degas mee te delen hoezeer hij zich gevleid voelde door diens lovende woorden. Hij wilde naam en adres weten van de andere kopers en begon een lijst aan te leggen van de eigenaars van zijn werk.[159] In de week van 18 november werd Gauguins ego nog verder gestreeld door een uitnodiging van Octave Maus, de oprichter en secretaris van de internationale tentoonstellingsvereniging Les Vingt (De Twintig) uit Brussel, om deel te nemen aan hun volgende expositie. Zoals Gauguin tegenover Schuffenecker opmerkte, hadden Les Vingt bij twee gelegenheden werken van neo-impressionisten opgenomen (Seurat en Pissarro in 1887 en Albert Dubois-Pillet in 1888), maar hadden ze voorgewend alsof hij niet bestond. Bovendien was Maus eveneens mederedacteur van het invloedrijke tijdschrift *L'Art moderne* en als zodanig één van de recensenten die in 1886 Gauguin valselijk omschreven hadden als een nieuwkomer en een leerling-impressionist (zie hfdst. 2). Gauguin genoot van zijn op handen zijnde rehabilitatie en beloofde plechtig om 'een

73
Vincent van Gogh
*Wasvrouwen bij het Roubine du Roi-kanaal*
ca. 17 juli 1888
[F 1444, JH 1507]
Rietpen en inkt op velijnpapier
31,5 × 24 cm
Kröller-Müller Museum, Otterlo
Cat. 59

74
Ansichtkaart van wasplaatsen langs het Roubine du Roi-kanaal, ca. 1895/1925

75
Paul Gauguin
*Wasvrouwen bij het Roubine du Roi-kanaal*
*Eind november 1888*
[W 303]
Olieverf op jute
73 × 92 cm
Museo de Bellas Artes de Bilbao
Cat. 41

serieuze expositie [te organiseren] tegen het gepriegel.' Hij vroeg zich af of zijn zuster Marie, die hem steeds afkeurde, al lucht gekregen had van zijn succes.[160]

Gauguin barstte van optimisme en was vol vertrouwen en vechtlust. Hij bereidde zich voor op 'het grote gevecht' en wachtte af tot hij de financiële middelen zou hebben voor zijn aanval op 'Signac en Co.' Van de schilderijen die door hem vanuit Arles naar Theo gezonden waren beschouwde hij *Misères humaines* en *En pleine chaleur* als krachtige munitie en hij gaf Schuffenecker de opdracht ze te gaan bekijken. Alsof hij iedereen op de hoogte wilde brengen wie de ware artistieke persoonlijkheid achter deze prestaties was, stuurde hij een recente foto van zijn 'woeste uiterlijk' (fig. 105) zijn vriendenkring rond. Hij gaf zelf zijn arrogantie toe bij het uitstippelen van zijn campagne. Voorlopig zou hij een strak regime aanhouden: 'Hygiëne en coïtus – wanneer die dingen op orde zijn en er onafhankelijk gewerkt wordt, kan een man zich redden.' Aan de zwaarmoedige Schuffenecker, die er zelfs niet in geslaagd was om een uitnodiging te krijgen voor de tentoonstelling bij *La Revue indépendante,* gaf Gauguin het volgende advies: 'Kalmeer jezelf, eet goed, neuk lekker, idem wat je werk betreft en je zult gelukkig sterven.'[161] Deze ruwe vertaling van zijn eigen leefregels had Vincent tevreden kunnen stemmen, ware het niet dat Gauguin overduidelijk op de lange termijn plannen koesterde die onverenigbaar waren met de zijne.

Stijfjes verklaarde Vincent aan Theo: 'Ben heel blij met Gauguins succes aangaande de voortgang van zijn verkoop.' Maar naarmate Gauguins fortuin groeide, nam Vincents zelfvertrouwen af. Toch hield hij vast aan zijn hoop op de toekomst. Zelfs terwijl hij zich, door de beoordeling van zijn werk op te schorten tot zijn veertigste, verschanste in zijn eerder ingenomen positie bedacht hij een nieuwe strategie waarin Gauguins succes hem in staat zou stellen oude rekeningen te vereffenen met zijn aartsvijand Tersteeg. Hij ontvouwde Theo zijn plan om Jet Mauve een brief te sturen vol met schetsen en nieuws over Gauguins recente prestaties. Hij rekende erop dat het nieuws Tersteeg ter ore zou komen en dat deze eindelijk de onderneming van het Atelier van het Zuiden op waarde zou schatten. Interessant genoeg zag Vincent het niet als een directe tegenspraak om in dezelfde brief te verklaren dat indien Gauguin 'erin zou slagen om een atelier in de tropen te stichten, dit magnifiek zou zijn.'[162]

Vincent was uiteraard enthousiast over een 'Atelier van de Tropen,' aangezien het idee van hem kwam en gecultiveerd werd door zijn fantasievolle reactie op Gauguin. Diens beschrijvingen van de exotische streken rond de evenaar stimuleerden Vincent om zijn fantasie van een grote wedergeboorte van de schilderkunst in het zuiden nog meer te verfraaien en in geografisch opzicht verder uit te bouwen. Hij ging zelfs zover dat hij een daadwerkelijke locatie op het oog had: de Nederlandse koloniale bezittingen in West- en Oost-Indië (een grove parallel met Gauguins interesse voor de door Frankrijk bestuurde gebieden). Hij stelde zich voor hoe jonge Nederlandse schilders als Jacob Meyer de Haan en J.J. Isaacson, die allebei bevriend waren met Theo in Parijs, een 'school van koloristen' op Java zouden stichten. Hij was er zeker van dat ze onmiddellijk zouden willen vertrekken als ze Gauguins verhalen zouden horen. Vincent achtte zichzelf te oud om de zee op te gaan en zou in het 'gele huisje' blijven dat zou dienen 'als een tussenstation tussen Afrika en de tropen, en de mensen uit het noorden.'[163] Voor Vincent was een Atelier van de Tropen in wezen meer een metafoor dan een plaats:

> Wij hebben nog geen enkel resultaat bereikt en nog helemaal geen voet n nieuw continent bereikt. Welnu, ik, die een nieuwe wereld voorvoel, ik, die stellig geloof in de mogelijkheid van een geweldige wedergeboorte van de kunst, die geloof dat die nieuwe kunst de tropen tot vaderland zal hebben, ik denk dat wij zelf slechts als tussenpersonen dienen. En dat pas een volgende generatie erin zal slagen in vrede te leven.[164]

Die fantasie had mythische kenmerken: net zoals Johannes de Doper zou Vincent een nieuw kunstzinnig testament aankondigen en net als Mozes zou hij de weg leiden naar het Beloofde Land dat hij zelf niet kon betreden.

Met zijn verhalen over een Atelier van de Tropen trachtte Vincent Gauguin te interesseren voor zijn idee van een vereniging van schilders met gedeelde ideologische overtuigingen en commerciële belangen. Gauguins eigen levensloop bood stof voor een dergelijk scenario en hij leek de juiste persoon om het uit te voeren. En Vincents uitleg sprak wel degelijk tot zijn vriends verbeelding. Vanaf het begin was Gauguin evenzeer gefascineerd door Vincents schildering van de toekomst (gebaseerd op Gauguins verhalen over zijn eigen verleden) als door de schilderijen op zijn ezel. Maar Vincents woorden, zijn pogingen om Gauguin in te lijven in zijn eigen manier van denken, hadden een averechts effect.

De twee mannen vormden zich een idee over het Atelier van de Tropen vanuit elkaar overlappende maar uiteindelijk verschillende doelstellingen. Ze luisterden naar elkaar op een selectieve en egoïstische manier en in sommige opzichten zonder elkaar te begrijpen. In Vincents geval veronderstelde de voor hem zo stimulerende 'wrijving' gemeenschappelijke predisposities. Zijn culturele achtergrond, persoonlijke geschiedenis en temperament – zijn visie op de wereld, danig gekleurd door enorme verwachtingen, ondersteunende overtuigingen en bijbehorende idealisering – maakten hem doof voor de toon van Gauguins woorden en bedoelingen. Gauguin was op zijn beurt verbijsterd over wat hij zou beschrijven als de 'volstrekte tegenspraak tussen [Vincents] schilderkunst en zijn kritische uitlatingen.' Ondanks hun meningsverschillen vond Gauguin Vincents werk zeker veel fascinerender dan dat van de schilders bij wie Vincent aansluiting zocht. Terugkijkend op de feiten was het maar al te zelfzuchtig van Gauguin om Vincents passie voor Monticelli en zijn afwijzing van Degas en Cézanne toe te schrijven aan een 'verwarde geest' en een 'ontbreken van logisch denken.'[165] In werkelijkheid had Vincent langer en dieper nagedacht over kunst dan Gauguin en was hij tot veel vaster omlijnde ideeën gekomen.

Gauguin voelde de kracht, zo niet de essentie van Vincents overtuigingen. Zijn onvermogen om de samenhang van deze ideeën te doorzien is begrijpelijk door hun complexe aard. Nu, na jaren van meestal eenzame overdenkingen, liet Vincent

76
Paul Gauguin
*De Aven bij Pont-Aven*
Herfst 1888
[W 253]
Olieverf op doek
72 × 93 cm
Privé-collectie
Cat. 34

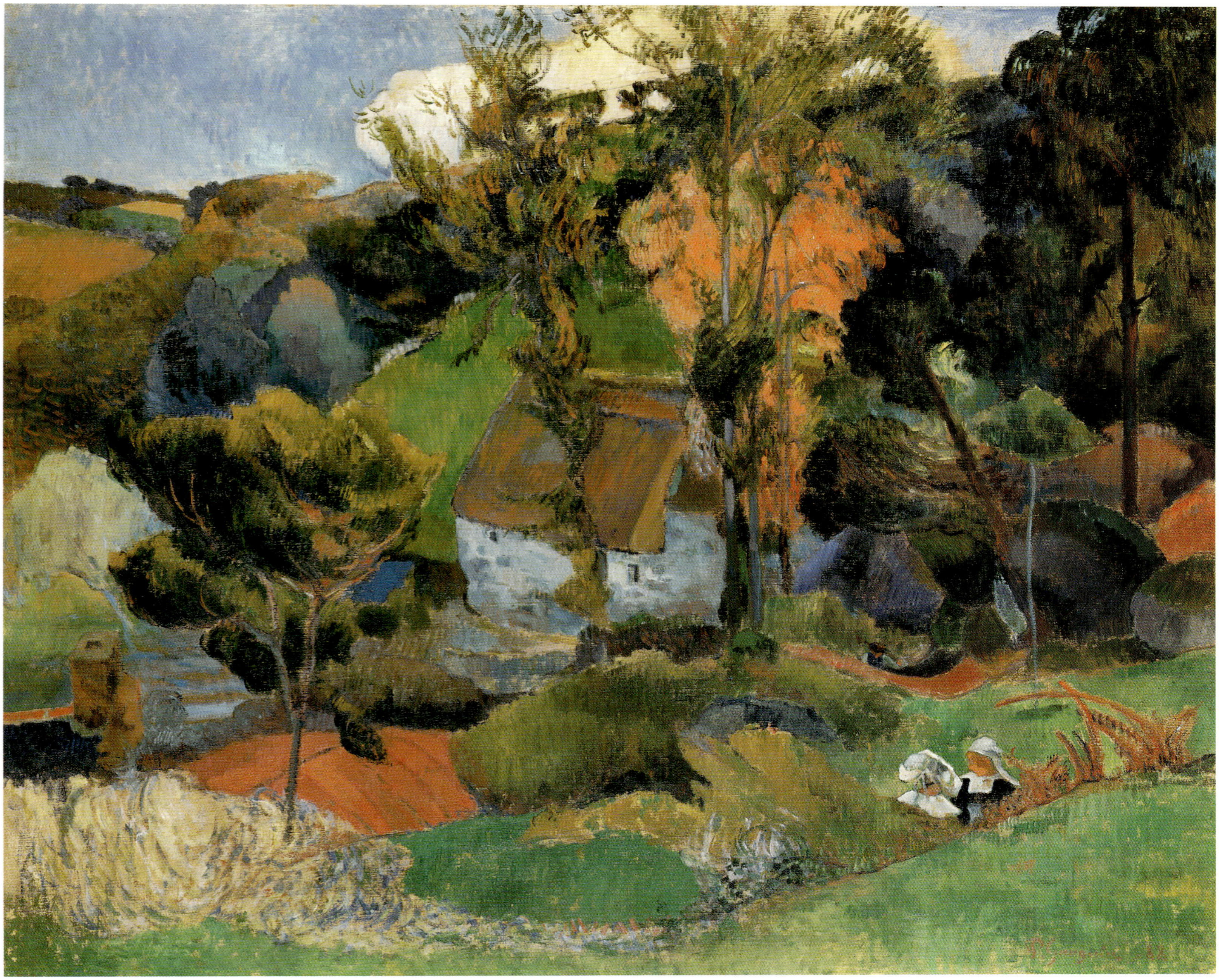

Kan je je voorstellen dat er schilderijen zijn, die zeer dicht bij muziek komen. Er is bij mij op de zaak een Gauguin [fig. 76] die mij aandoet als eene prachtige symphonie. In een heuvelachtig landschap vol boomen in hun vollen bladerdosch staat een doode beuk waarvan de bladen vóór den tijd oranjerood geworden zijn, die boom staat in het midden van het schilderij naast een met mos bedekt hutje & vormt als het ware een prachtige pluim; door het kontrast van het oranje komen de diepe blauwachtige en violette schaduwen van het geboomte aan het spreeken & het is of die twee harmoniën tegen elkaar in werken. Het oranje vind zijn harmonie door bruinen, havanna's & alle mogelijke variaties daarvan in omwoelde akkers, harde wegen die het bosch doorsnijden en zich in de verte verliezen in de heuvels die tegen de lucht uitkomen. De blauwen & violetten vinden hun weerklank in vreemde nuances van groen & hier & daar gaan op in het blauw van de lucht die er boven staat. Een wit wolkje, een paar boerinnetjes in een licht blauw costuum, een frisch weitje op den voorgrond zijn enkele uitspringende toonen die als kleine melodien het tegen elkaar inwerken van de instrumenten afwisselen.

Een musikus die dit schilderij zou gevoelen zooals ik, zou aan elke kleur den naam van een instrument kunnen geven & eene musikale compositie ervan kunnen maken. Er is niets materieels in het schilderij, maar men voelt er in het moment waarop alles in de natuur met een onuitsprekelijke weelde groeit & leeft. Dien dooden boom is door een vreemde combinatie van kleuren het lichtpunt geworden & waar het leven het meest intens is vind men de diepstdroevige rouwkleuren. Theo aan Jo, [27 januari 1889]

ze de vrije loop in een stortvloed van woorden. In Arles leerde Gauguin Vincents associatieve manier van denken begrijpen. Hij was gedwongen om zijn eigen standpunten te verdedigen en werkte deze verder uit. Vincents uitbreiding van hun missie naar ver weg gelegen landen hielp hem zijn identiteit als 'wilde' gemakkelijker te ontwikkelen in een richting die hem wegvoerde van de gangbare Parijse ideeën over primitivisme. Gauguin voelde zich sterk betrokken bij, maar wel enigszins van zijn stuk gebracht door Vincents krachtige persoonlijkheid. Hij benaderde hem behoedzaam, zoals hij bij een onberekenbare tegenstander in een schermwedstrijd zou doen: 'Je moet zeer onregelmatige en onverwachte bewegingen maken om je tegenstander te laten denken dat je iets heel anders gaat doen dan je van plan bent.'[166] En daarom was Gauguin het met Vincent eens toen deze zijn droom van een 'genootschap van bepaalde schilders' koppelde aan fantasieën over een wedergeboorte van de kunst in de tropen. Hij ging akkoord, zij het slechts gedeeltelijk en dan ook nog alleen voor zichzelf:

[Vincents] idee over de toekomst van een nieuwe generatie schilders in de tropen lijkt volledig juist en ik denk er nog steeds over om terug te gaan wanneer ik geld genoeg heb.Wie weet, met een beetje geluk?[167]

Vol enthousiasme besprak Vincent de plannen om Gauguin terug te laten keren naar Martinique. Indien de verkoop goed zou lopen zou dit mogelijk kunnen zijn in 'zeg een jaar.'[168] Maar de mogelijkheid dat Gauguin daadwerkelijk zou vertrekken scheen Vincent net zo min waarachtig toe als het vooruitzicht dat De Haan en Isaacson – die hij beiden nooit had ontmoet – op zijn advies naar Java zouden gaan.

Vincents ideeën waren besmettelijk. Tegen de tweede week van november had Gauguin ze duidelijk overgenomen:

[Theo] van Gogh hoopt al mijn schilderijen te kunnen verkopen. Als dat echt lukken zal, ga ik naar Martinique; ik ben ervan overtuigd dat ik daar nu mooie dingen zal schilderen. En als ik een grote som geld krijg zal ik daar zelfs een huis kopen en er een atelier in maken waar mijn vrienden voor een habbekrats een gemakkelijk leven kunnen leiden.[169]

Gauguin onderschreef het plan om terug te keren naar de tropen op zijn eigen voorwaarden. Dat plan berustte niet zozeer op een ideologische basis, maar meer op de commerciële vooruitzichten van een nieuwe reeks onderwerpen. 'Ik ben het een beetje met Vincent eens,' schreef hij aan Bernard, 'de toekomst behoort aan schilders die de tropen afbeelden, iets dat nog niet gedaan is, en we kunnen best wat nieuwe onderwerpen gebruiken voor het stomme koperspubliek.'[170]

Op korte termijn deed de verkoop van zijn werk het enthousiasme alleen maar hoger oplaaien. Gauguin was sinds zijn aankomst in Arles 1100 franc rijker geworden, meer geld dan hij ooit bij elkaar had gezien sinds zijn tijd bij de Bourse. Door de belofte dat er meer geld onderweg was overwoog hij onmiddellijk om weer te vertrekken. Hij stippelde samen met Theo zijn plannen zo uit dat hij zich verzekerd zou weten van diens voortdurende steun als handelaar. Om de kort tevoren beklonken afspraken over Arles niet in gevaar te brengen vertelde Gauguin van zijn plan om genoeg opzij te zetten zodat hij over een jaar kon vertrekken. Hij omschreef zijn ambities (om 'naakte en geklede *négresses* te schilderen, etc.') in dezelfde bewoordingen als waarin de broers Van Gogh hun bewondering hadden uitgedrukt. En hij praatte Vincents opvatting van het Zuiden-als-Daudet verder na door zijn verlangen toe te schrijven aan het feit dat 'deze helse zuidelijke zon je altijd dwingt om plannen te smeden.' Tegen Schuffenecker wond hij er minder doekjes om, door te voorspellen dat hij het volgend jaar de behoefte van de markt aan nieuwe onderwerpen zou gaan uitbuiten. Hij sprak zijn overtuiging uit dat 'deze zet zijn toekomst veilig zou stellen.'[171] Precies op dit punt sprak hij tegenover Bernard zijn ontevredenheid uit over Arles, en over Vincent.

Naarmate Gauguins plan van een reis naar de tropen vastere vorm aannam, groeide Vincents malaise. Zijn luchtige verwijzing naar de stoel-portretten als 'tamelijk vermakelijk' logenstrafte de enorme emotie die hij erin geïnvesteerd had. Juist op het moment dat Vincent de stoelen schilderde, voelde hij intuïtief aan dat Gauguin wellicht zou vertrekken. Om die reden sprak hij tegen Theo de hoop uit dat in het geval Gauguin erin zou slagen een atelier in de tropen op te zetten, de broers altijd door vriendschap en zaken met hem verbonden zouden blijven. Alsof hij Gauguin op de proef wilde stellen, pinde Vincent zich nu vast op de financiële aspecten en zette vraagtekens bij zijn vriends begroting van de kosten. Gauguin rekende uit dat hij al de helft bij elkaar had van de 2000 franc die nodig waren om aan het avontuur te beginnen. Vincent drong echter aan op een minimum van 5000 franc om zijn eigen versie van het plan te kunnen verwezenlijken en andere schilders mee te nemen om 'een permanent atelier' te vestigen.[172]. Voor Gauguin was het goedkeuren van zijn missie één ding, maar het daadwerkelijk vertrekken iets heel anders. Vincent voelde dat zijn dromen gevaar liepen en liet de zaak niet meer met rust. Om de lieve vrede te herstellen veinsde Gauguin berusting met de woorden 'Sergeant, u hebt gelijk,' afkomstig uit een populair deuntje waarin een jonge agent lippendienst bewijst aan alles wat zijn superieur zegt. Deze sussende opmerking moet Vincent, die een vriendschap voorstond op basis van oprechte communicatie, tot razernij gebracht hebben.

Hoewel de schilderijen van de stoelen verwijzen naar een ideaal van een gemeenschappelijk doel beschrijven ze tevens Vincents persoonlijke ervaringen. Door zijn poging om zijn identiteit ter discussie te stellen binnen een verstandhouding met iemand die hij idealiseerde, wiens goedkeuring hij zocht en van wie hij instructies kreeg die hem tegen de borst stuitten, werden pijnlijke herinneringen naar boven gehaald. Hoe hij getracht had om zijn vader te behagen door een studie te beginnen waar hij het juiste temperament niet voor had, hoe hij zich gesteld zag voor examens die hem beangstigden en hoe de dominee een korte reis naar Amsterdam had ondernomen om hem te helpen bij de voorbereiding. Vincent had het kortstondige gezelschap bemoedigend gevonden maar was na zijn vaders vertrek enorm ontroerd geraakt door, wat hij later noemde, het teken van de 'afwezige persoon' (zie de stoel-schilderijen):

Na Pa naar 't station te hebben gebragt en den trein te hebben nagezien zoolang die in het gezigt was of ook zelfs maar den rook, weer terug kwam op mijn kamer en daar Pa's stoel nog stond bij het tafeltje waarop de boeken en schriften nog lagen van den vorigen dag, al is het ook dat ik weet wij elkander toch betrekkelijk spoedig zullen weerzien, ik kreeg het kwaad als een kind.[173]

Net als toen volhardde Vincent nu in een soort evenwichtsoefening tussen volgzaamheid en weerstand, toewijding en verloochening. In één adem sprak hij over Gauguins vertrek en vroeg hij Theo om een schatting te geven van hun gemeenschappelijke financiële situatie over een jaar. Hij gaf blijk van zijn nieuwsgierigheid over wat De Haan en Isaacson van Monticelli vonden, zonder Gauguins negatieve oordeel over deze schilder te vermelden, omdat hij nog steeds vasthield aan 'de bedoeling het werk voort te zetten dat Monticelli hier begon.'[174] Het feit dat hij nu aanstalten maakte om met een nieuwe *Zaaier* te beginnen lijkt deze verklaring van eigen individualiteit te bevestigen, maar de schets die zich bij de brief bevond (fig. 78) werpt een geheel ander licht op de zaak: Vincent trachtte opnieuw om Gauguins lessen in zich op te nemen en een eigen draai te geven.

Net als *De rode wijngaard* is dit schilderij een vertaling van de ervaringen opgedaan tijdens een avondwandeling, toen Vincent een 'ziekelijk citroengele zonsondergang, mysterieus en buitengewoon mooi – pruisisch-blauwe cipressen, bomen met dode bladeren in allerlei gebroken tinten' had gezien. En wederom bevat het schilderij, evenals zijn voorganger, elementen die in strijd zijn met het beschreven tafereel. Vincent had de twee onderwerpen waarmee hij eind oktober zijn partnerschap met Gauguin had ingeluid willekeurig samengevoegd: de zaaier (fig. 6) en de oude boom met de jonge scheuten (fig. 9).[175] Terwijl deze koppeling opnieuw laat zien hoezeer Vincent Monticelli was toegedaan, blijkt uit andere aspecten van de compositie zijn achting voor Gauguin. De nadrukkelijk diagonale beweging van de boomstam herinnert niet alleen aan de Japanse houtsnede die Vincent in Parijs had nagetekend (zie hfdst. 3, fig. 15), maar ook aan Gauguins *Visioen van de preek*. En Vincent deed duidelijk zijn best om er iets van de openlijk symbolische lading van Gauguins werk in te verwerken. Als tussenstap op weg naar het eindontwerp schilderde hij klaarblijkelijk een versie van het onderwerp halverwege de week van 18 november (fig. 80). Hoewel aan dit werk verschillende dateringen zijn toegeschreven kan uit de analyse van de grondlaag worden afgeleid dat Vincent wellicht het doek uit hetzelfde stuk voorgeprepareerde linnen gesneden heeft dat hij gebruikte voor de kleinste van de twee schilderijen onmiddellijk daarna.[176] Een op Arles gebaseerd gezicht op een industriestad dient als achtergrond voor een zaaier die naar rechts loopt en een ploegende boer met paard die zich in de tegenovergestelde richting beweegt; de basiselementen van Millets prototype (hfdst. 1, fig. 35). In navolging van Gauguins werkwijze gebruikte Vincent rijkere kleuren en verdeelde hij de ruimte in brede, schematische vlakken. De nadrukkelijke, donkere contouren en de maniëristische versimpeling van de figuur zijn weliswaar zeer treffend qua stijl, maar bevorderen nauwelijks de leesbaarheid van het symbolische onderwerp van wedergeboorte waar de afbeelding op doelt. Met de wijzigingen die hij aanbracht op de twee doeken van enkele dagen later zette Vincent een stap in die richting.

Uit het feit dat er van de definitieve versie van de *Zaaier* twee verschillende exemplaren bestaan – één in maat 30 (fig. 77) en de andere in een kleiner formaat (fig. 79) – zou men kunnen afleiden dat de schilder bedachtzamer te werk ging dan gewoonlijk, door eerst een kleine schets in olieverf te maken alvorens te beginnen aan het grotere doek dat te zien is op de schets uit de brief (fig. 78). Hij had dit al een keer in april gedaan[177] en Gauguin had deze werkwijze zeker in het verleden toegepast. Technisch onderzoek wijst echter op een omgekeerde volgorde. Het grotere, op jute gemaakte schilderij heeft kenmerken die men zou verwachten bij een eerste versie: Vincent schilderde de boom *over* de lucht, de wolken en delen van het veld *heen* en bracht wijzigingen aan (duidelijk *pentimenti*) aan het linkerbeen van de zaaier. Daarentegen werd de kleinere versie niet op jute maar op voorgeprepareerd linnen uitgevoerd en wist Vincent vanaf het begin precies wat hij deed door de boomstam tot het laatst te bewaren. Het verschil in benadering tussen beide werken blijkt eveneens uit de kleur van de tak die voor de zon langs loopt. In de grotere versie schilderde hij die tak in blauw over de nog natte verf van de gele zon. Door de vermenging van deze primaire kleuren ontstond de groenige tint aan de punt van de tak. Nadat hij in de kleinere versie zonder succes geprobeerd had dit effect te herhalen, nam hij zijn toevlucht tot het aanbrengen van een groene penseelstreek bovenop het blauw. Subtiele verschillen in compositie suggereren eveneens dat de kleinere versie een reprise is waarin de schilder zijn concept verder verfijnde. Hoewel de onderdelen van het schilderij gecomprimeerd worden door een systematische reductie en veranderende proporties, is het eerlijk gezegd monumentaal. Er is minder diepte, de boom is breder en nadrukkelijker aanwezig, de hand van de zaaier onevenredig groot en zijn hoofd dieper gevat in de gele schijf van de zon.

Dramatischer van aard zijn de verschillen waarmee deze twee doeken zich onderscheiden van de eerdere schilderijen uit juni en oktober. Uit de nieuwe compositie blijkt dat Vincent, in een stoutmoedige poging om de openlijke heroïek van Millets prototype te combineren met de zwaar opgelegde symboliek van Gauguins *Misères humaines*, radicaal afstand had genomen van de bedekte symboliek van de eerdere doeken. Vincent zette, met Millet als voorbeeld de zaaier direct op de voorgrond. Deze doemt op, van achteren verlicht en in schaduwen gehuld, als een krachtige, compacte vorm, gereduceerd tot de essentie van zijn uiteindelijke handeling: de sterke hand die open en uitgestrekt de zaadjes uitstrooit over de vruchtbare grond. In de versie die hij slechts enkele dagen daarvoor had geschilderd (fig. 80) experimenteerde Vincent met een fel gouden figuur tegen een donkerder veld; hier zette hij de landarbeider in donkere tinten tegen een lichtere achtergrond. De stam van de grote boom vormt een parallel met de voortschrijdende zaaier en brengt nieuwe scheuten voort als een levende getuigenis van de afgebeelde kringloop der natuur. Vincent laat geen twijfel bestaan over de metafysische betekenis van het ritueel dat zich voor onze ogen afspeelt door de grote gele schijf van de zon als een soort natuurlijk aureool neer te zetten.

De *Zaaier* uit november (fig. 77, 79) neemt afstand van de wijze waarop de intuïtieve betekenis in de emblematische traditie van het alledaagse gesuggereerd wordt. Het stuk richt zich op een assertievere vorm van symbolische comunicatie. Vincent was zich goed bewust van het belang van zijn nieuwe schilderij. 'Af en toe,' zo vertelde hij Theo, 'is er een doek dat voor *tableau* door kan gaan zoals de "Zaaier," die ik zelf ook beter vind dan de eerste [versie uit juni].'[178] Zijn beslissing om er een kopie van te maken onderstreept deze bewering. De twee schilderijen van de stoelen brachten nadrukkelijk een idee van onverenigbaarheid of

77

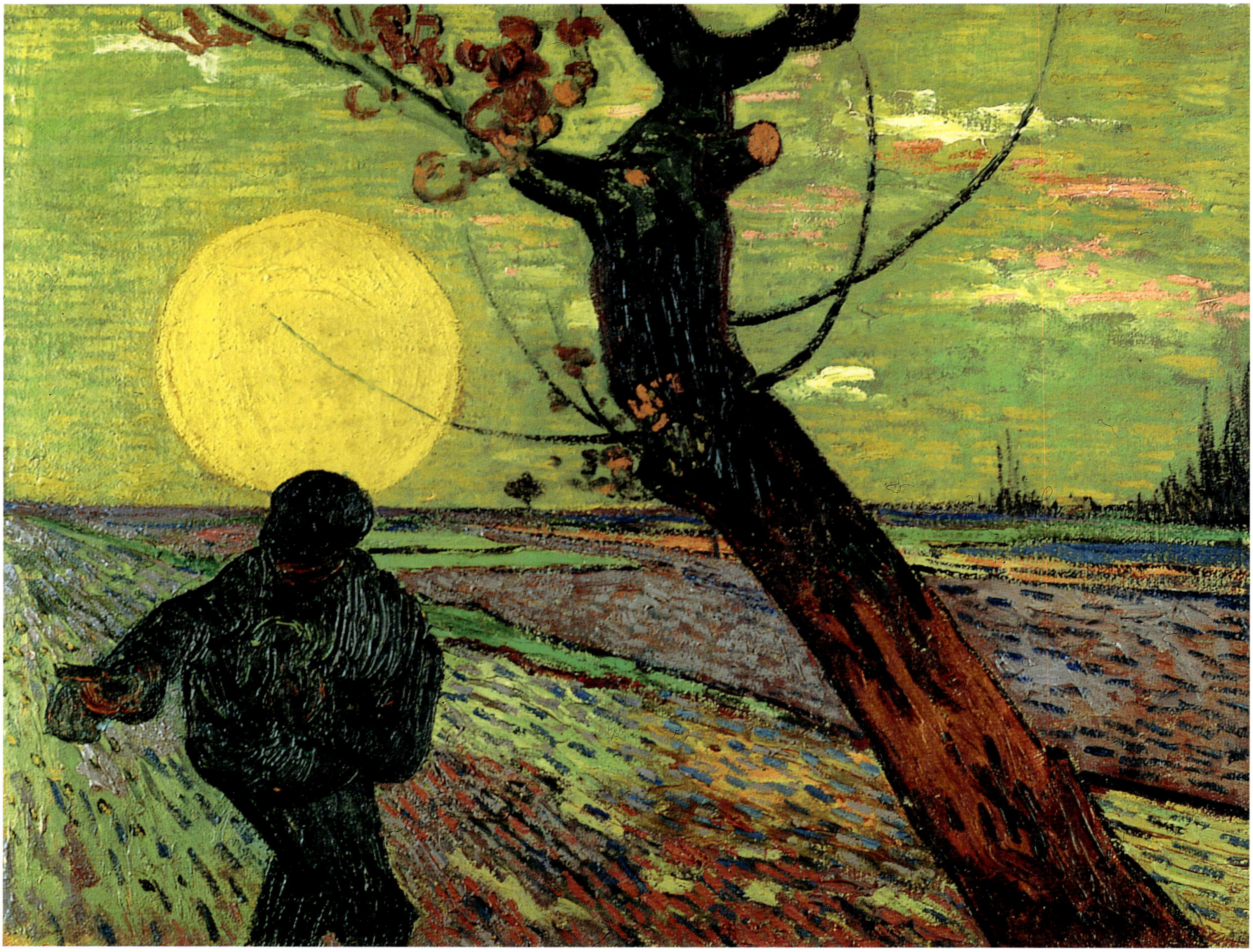

78

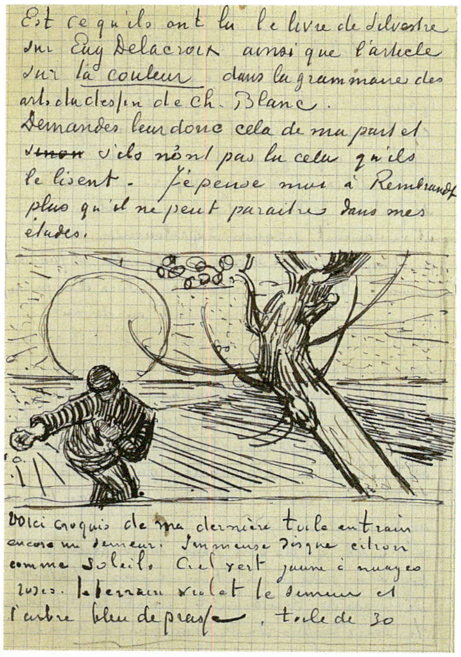

Est ce qu'ils ont lu le livre de Silvestre
sur Eug Delacroix ainsi que l'article
sur la couleur dans la grammaire des
arts du dessin de Ch. Blanc.
Demandez leur donc cela de ma part et
~~sinon~~ s'ils n'ont pas lu cela qu'ils
le lisent. Je pense moi à Rembrandt
plus qu'il ne peut paraître dans mes
études.

Voici croquis de ma dernière toile en train
encore un semeur. Immense disque citron
comme soleil. Ciel vert jaune à nuages
roses. le terrain violet le semeur et
l'arbre bleu de prusse. toile de 30

77
Vincent van Gogh
*De zaaier*
ca. 25 november 1888
[F 450, JH 1627]
Olieverf op jute
73,5 × 93 cm
Collectie E.G. Bührle, Zürich

78
Vincent van Gogh
Schets van *De zaaier* in brief aan Theo, [ca. 25 november 1888] (brief 727/558a; JH 1628)
Van Gogh Museum Amsterdam (Vincent van Gogh Stichting)
Cat. 81

79
Vincent van Gogh
*De zaaier*
ca. 25 november 1888
[F 451, JH 1629]
Olieverf op doek
32 × 40 cm
Van Gogh Museum Amsterdam (Vincent van Gogh Stichting)
Cat. 80

79

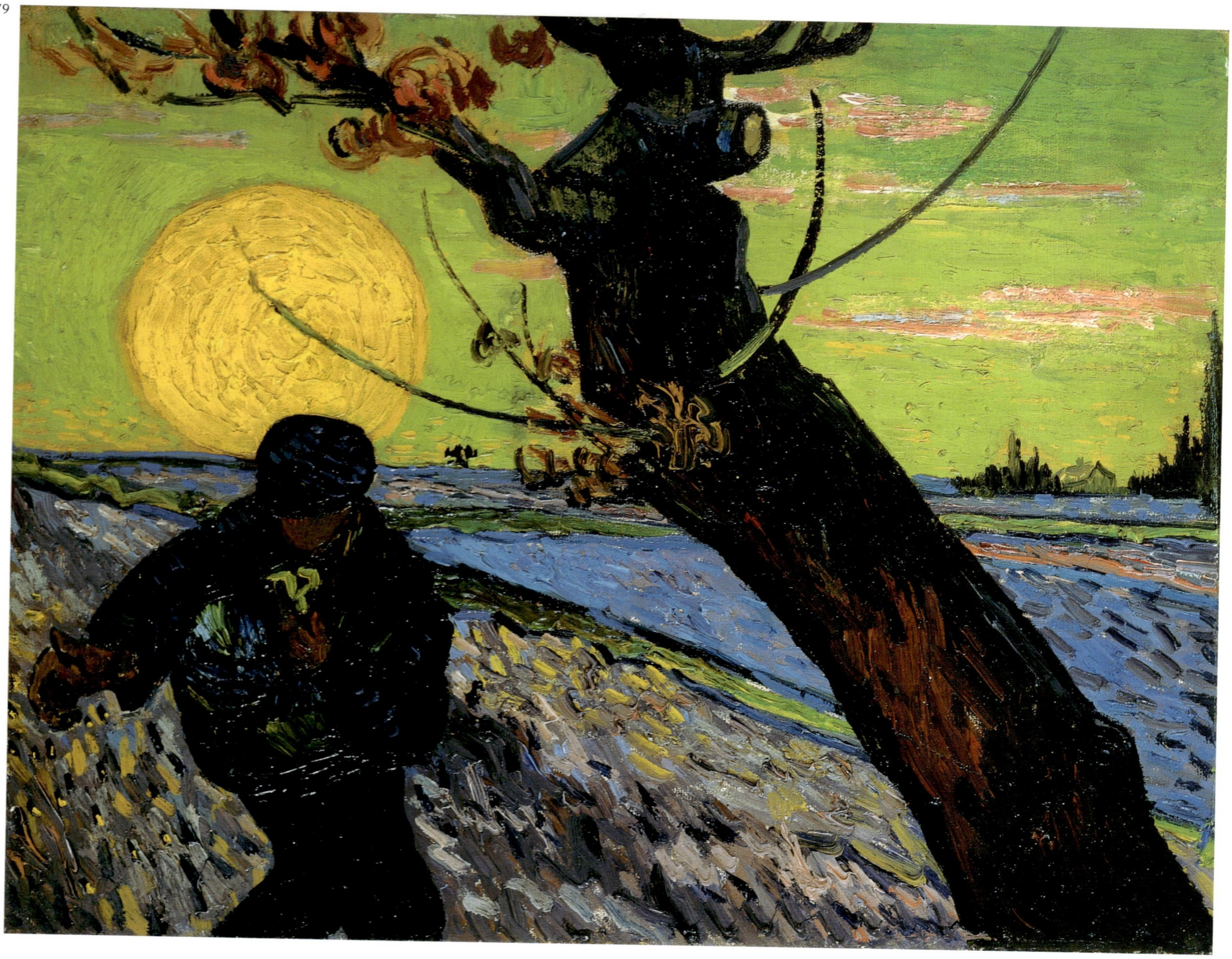

over een dergelijke samenwerking geluisterd hebben, maar hij toonde zich wel geïnteresseerd in gesprekken over Seurats verdiensten en tekortkomingen. Zijn vaste voornemen om het neo-impressionisme uit te dagen hield noodzakerlijkwijs een verwijzing in naar het doek dat feitelijk het beginpunt vormde van alle pointilistische schilderijen. Bepaalde aspecten van zijn landschappen van eind november verwijzen naar de *Grande Jatte*: door positie en houding is het in het blauw geklede huppelende meisje in *Landschap bij Arles* verwant met het rennende kind op Seurats schilderij. De hierboven beschreven eigenaardigheden in de compositie komen overeen met kunstgrepen die Seurat gebruikte bij het creëren van het perspectief voor de achtergrond met het eiland. Gauguin benadrukte de eigenzinnige formele beweging van zijn compositie door deze cirkelsgewijs te laten uitvloeien vanuit de verder onbelangrijke vorm van de gele struik in het midden.

De verticale compositie met hoge, golvende blauwe bomen die doen denken aan de elegante rij boomstammen waarmee Seurat op ritmische wijze het gebied achter het belangrijkste paar van de *Grande Jatte* ontleedde, is duidelijk van een meer dramatisch gehalte (fig. 87). Gauguin voegde een vergelijkbaar vormgegeven paar toe – een vrouw en profil en een man die gedeeltelijk schuilgaat achter een overlappende vorm – maar de dramatische lading botst stevig met de onverbiddelijke rust van Seurats meesterwerk. Er gaat iets dreigends uit van deze gedeeltelijk verborgen interactie tussen de man met zijn blauwe arbeidershemd en pet, zijn benen wijd uit elkaar, zijn handen in zijn zakken en zijn hoofd weggedraaid, en de vrouw naar wie hij kijkt, de kleine, licht voorovergebogen figuur van een Arlésienne. Gauguin laat de dreigende sfeer terugkomen in de titel: *'Vous y passerez, la belle!'* (*'Jouw beurt komt nog, mooie dame!'*).[190]

Gauguins *Blauwe bomen* neemt het indirect op tegen Seurat maar bindt nog directer de strijd aan met Vincent. De achtergrond doet denken aan de omgeving van Montmajour, met een weg die omhoog kronkelt naar de abdij waarvan in de rechter bovenhoek nog net een glimp te zien is. Onderzoek met infraroodreflectografie toont een vage onderliggende schets van een gebouw met een toren op de top van de heuvel, mogelijk een

82

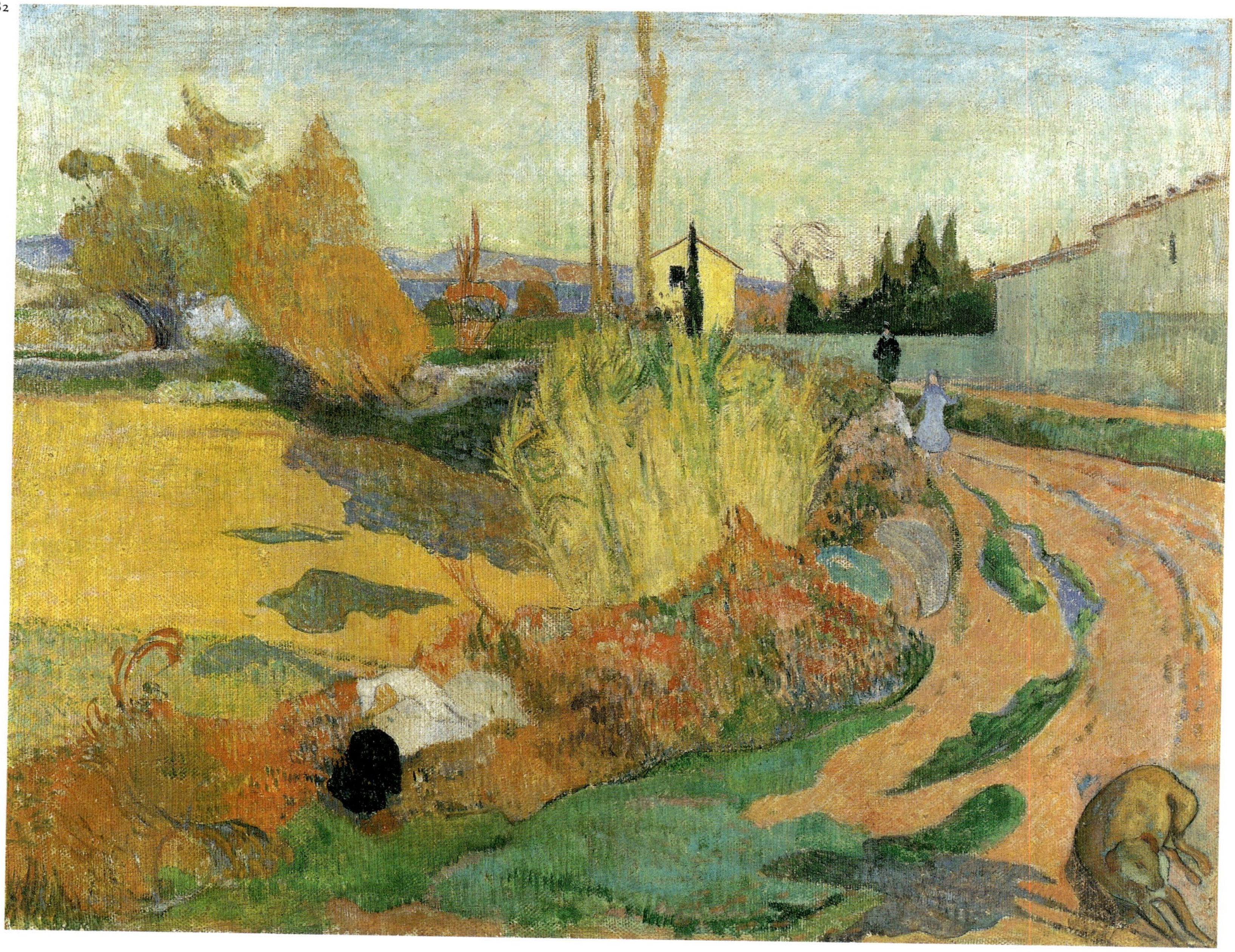

83

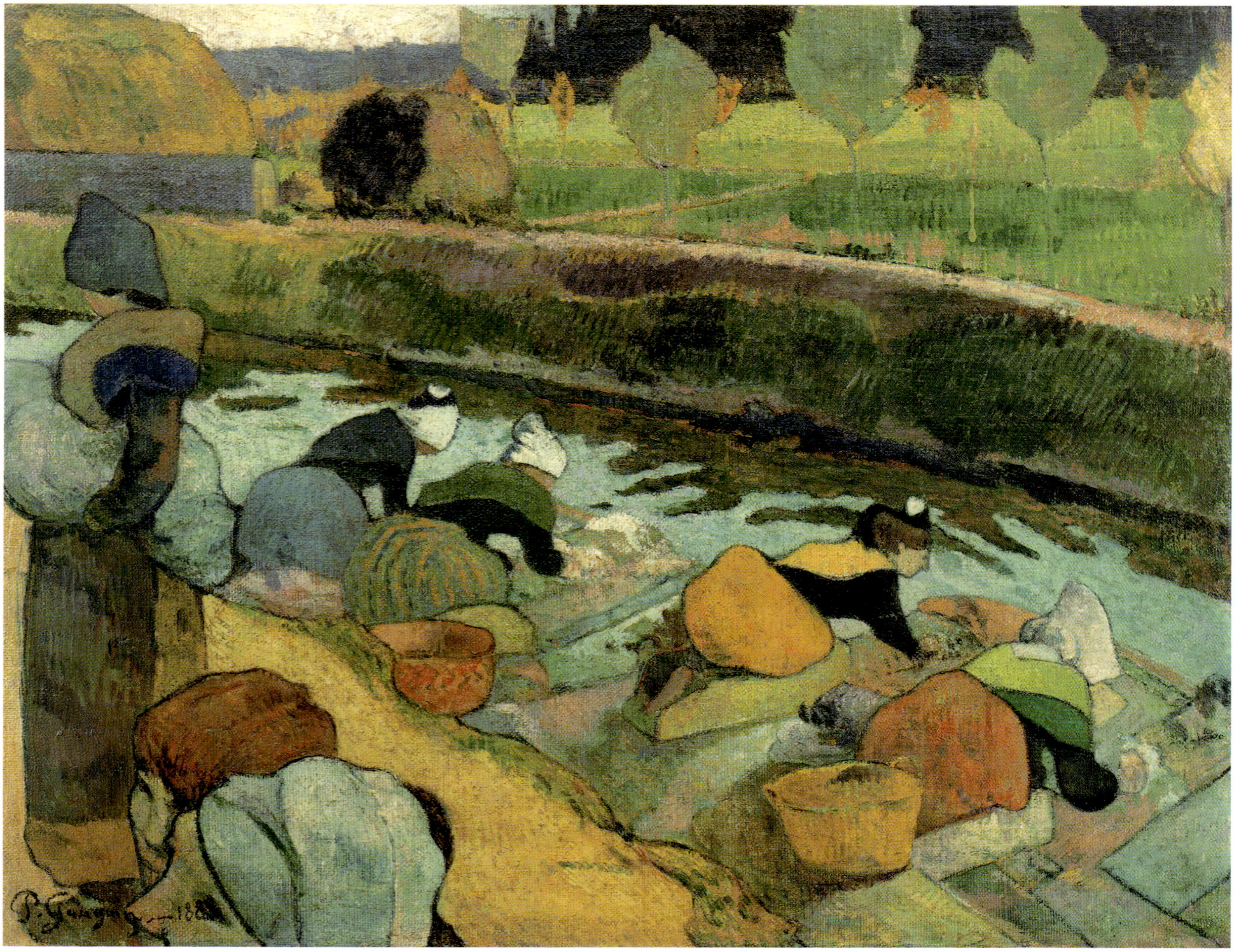

84

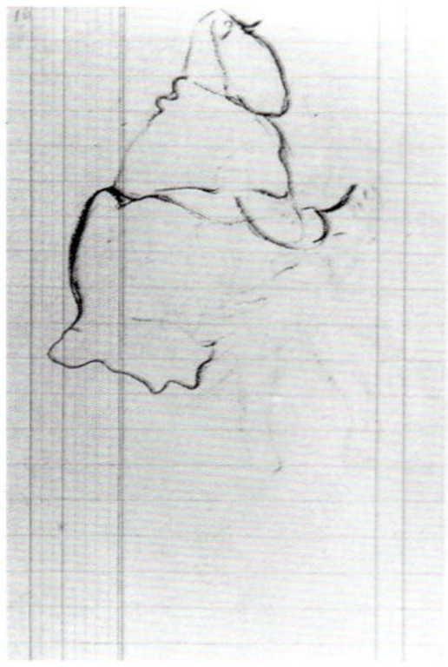

85

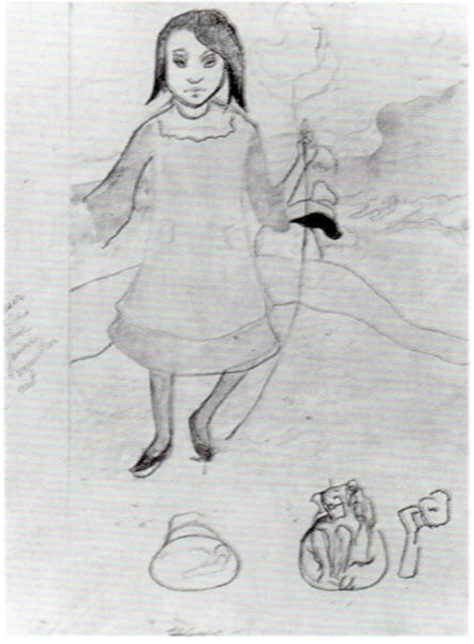

82
Paul Gauguin
*Landschap bij Arles (Pad bij het Roubine du Roi-kanaal)*
Begin december 1888
[W 309]
Olieverf op jute
72,5 × 92 cm
Nationalmuseum, Stockholm
Cat. 45

83
Paul Gauguin
*Wasvrouwen bij het Roubine du Roi-kanaal*
Begin december 1888
[W 302]
Olieverf op jute
75,9 × 92,1 cm
The Museum of Modern Art, New York, The William S. Paley Collection
Cat. 44

84
Paul Gauguin
Schets voor *Wasvrouwen* (fig. 83)
Herfst 1888
In schetsboek uit Arles en Bretagne
The Israel Museum Collection, Jeruzalem, geschenk van Sam Salz, New York, aan de America-Israel Cultural Foundation, 1972

85
Paul Gauguin
Schets van een meisje dat touwtjespringt met op de achtergrond het Roubine du Roi-kanaal
1888
Grafiet en aquarel
50 × 36 cm
Dickinson Roundell Inc., New York

weergave van de ruïnes van de abdij. Langs het oranje pad op de voorgrond strekken zich wijngaarden uit. Door de gele lucht en blauwe bomen vormt het werk in chromatisch opzicht een citaat van Vincents eerste *Vallende bladeren (Les Alyscamps)* (fig. 27), die toen in Gauguins slaapkamer hingen. Maar terwijl Vincent een scherm van bomen gebruikte om een paar 'geliefden' aan elkaar te koppelen, nam Gauguin deze kunstgreep over om een onduidelijke en schijnbaar ongemakkelijke relatie nog problematischer te maken.[191] De nadrukkelijke, zij het raadselachtige episode is op een dissonante manier tegen een resoluut anti-naturalistisch decor gezet.

In het atelier zelf waren vergelijkbare spanningen ontstaan. Vincents portretten van het gezin Roulin gaven een terugkeer aan tot meer naturalistische ambities en eveneens tot het gebruik van kant en klaar gekochte doeken. Wellicht was de verandering in materiaalkeuze ingegeven door praktische redenen: de twintig meter jute die Gauguin eind oktober gekocht had waren bijna op. Bovendien kon het voorgeprepareerde doek binnen een paar minuten geknipt en op maat opgespannen worden, terwijl de jute van tevoren opgespannen, geprepareerd en gedroogd moest worden. Maar het is ook mogelijk dat Vincent ontevreden was over het ruwe effect van zijn eerste poging om deze ondergrond voor portretten te gebruiken, *L'Arlésienne (Madame Ginoux)* (fig. 37). Hij vond dit genre zo belangrijk en had zo zelden de



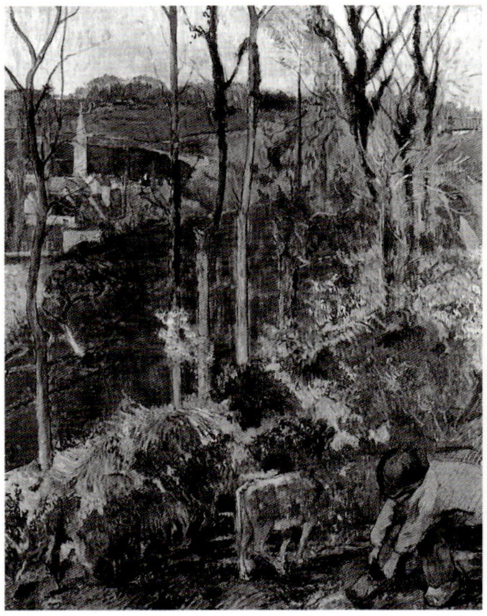



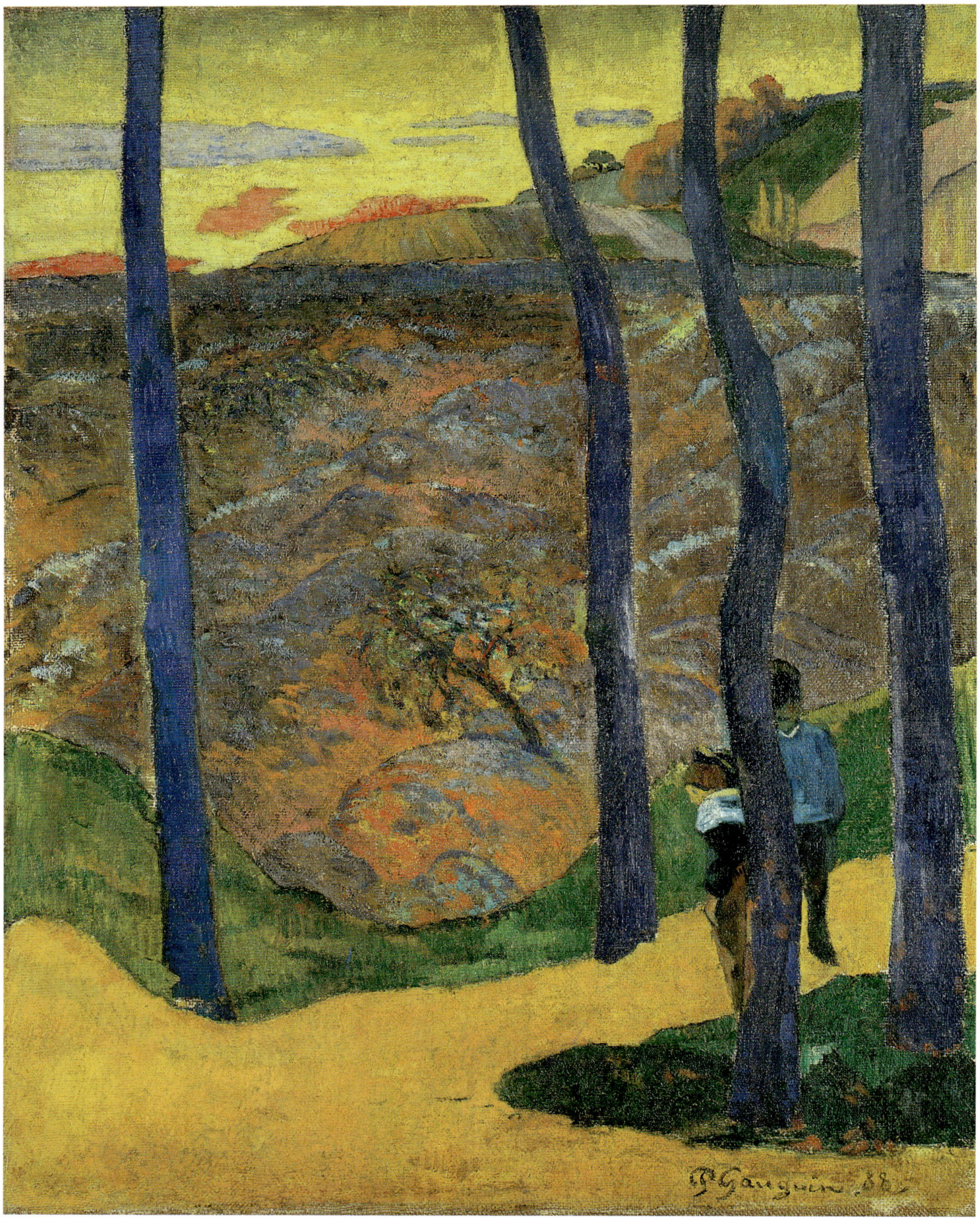

88

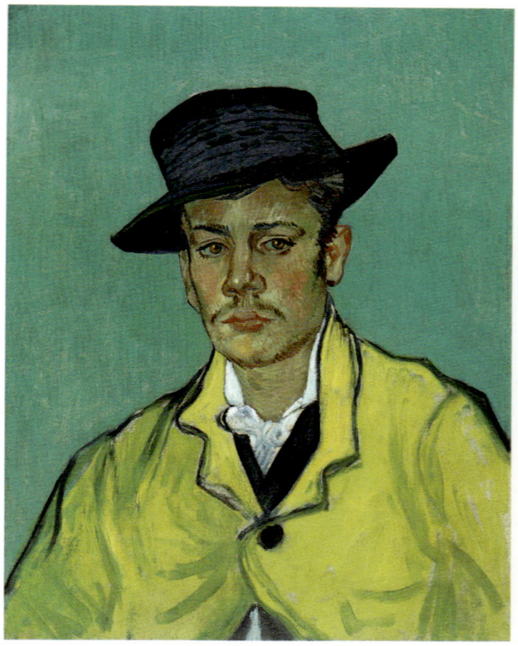

89

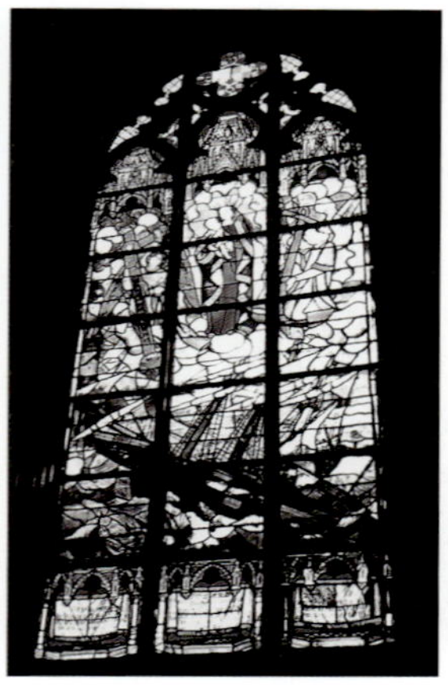

90

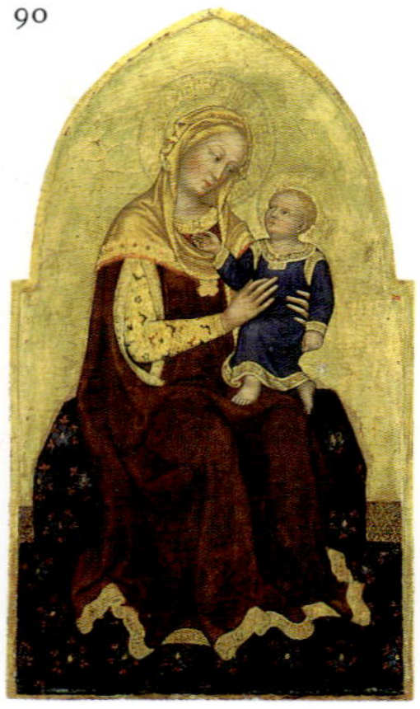

91

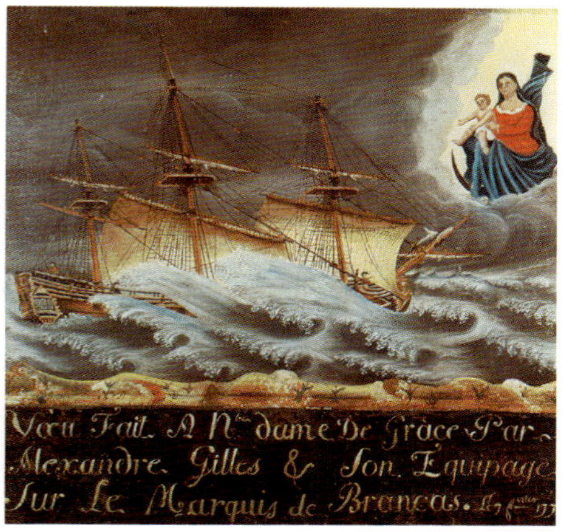


gelegenheid om zich er op deze manier aan te wijden dat hij een ondergrond wenste die hij beter kende dan jute, en die ook makkelijker in het gebruik was.

Vincents idee om 'een heel gezin' af te beelden houdt verband met zijn bezorgdheid vanwege Gauguins familieverplichtingen en met zijn preoccupaties over zijn eigen keus om liever ideeën en schilderijen voort te brengen dan kinderen. Onmiddellijk na de geboorte van Marcelle Roulin eind juli had Vincent twee portretten geschilderd van de trotse vader (fig. 102) en de hoop uitgesproken dat hij later de baby zou mogen schilderen in haar wieg. 'Een kind in de wieg,' schreef hij aan Theo, 'heeft ook, als je het op je gemak bekijkt, de oneindigheid in de ogen.' Bijna zes jaar tevoren had hij dezelfde opmerking gemaakt, toen Sien Hoornik haar pasgeboren zoon het Haagse atelier binnenbracht. Toen beschreef hij hoe hij bij het zien van de kleine wieg volgeschoten was van emotie en het gevoel gekregen had deel uit te maken van de natuurlijke orde. Eindelijk begreep hij de waarheid van Michelets woorden: 'Vrouwen zijn een religie.'[192] Hij hing een reproduktie van Rembrandts *Heilige familie* (fig. 61) boven de wieg om het atelier echt huiselijk te maken en tekende het onderwerp meerdere malen. Vincents droom dat '*een atelier met een wieg*' hem voldoende bescherming zou bieden om de stormen des levens te doorstaan was in rook opgegegaan, maar in de daaropvolgende jaren bleef de wieg een complex, persoonlijk symbool van verlies dat ook geruststelling en rust beloofde. Tegen de tijd dat Marcelle Roulin ter wereld kwam had hij zijn ideeën over een huwelijk met tegenzin beperkt tot de wereld der kunst en het koppelen van complementaire kleuren.[193] Maar hoewel zijn enige religie nu de kunst was, bleef Vincent strak vasthouden aan zijn voornemen om een thuis te creëren – niet met een vrouw en kinderen, maar met een familie van kunstenaars.

Vincent had in Gauguin de ideale partner gezien voor deze onderneming, die hij vanaf zijn jeugd omschreven had als een gevaarlijke overtocht over de oceaan. 'Mijn God, bescherm me, mijn boot is zo klein en Uw zee zo groot!' Dit Bretonse zeemansgebed had hij in 1875 opgetekend in een album en later in tijden van crisis aangehaald. Nu leek het beantwoord te zijn in de persoon van Gauguin. Door zijn vriend te identificeren met de mannen die de verraderlijke zeeën bij IJsland bevisten in Loti's *Pêcheur d'Islande* (1886), fantaseerde Vincent dat ze samen een verwoestende schipbreuk zoals die plaatsvindt aan het slot van de roman, konden voorkomen. Deze metafoor won op tragische wijze aan aktualiteit op het moment van Gauguins aankomst, toen de kranten berichtten dat door zware aprilstormen 165 vissers op zee vermist waren.[194] Gauguins plannen om te vertrekken deden een storm opsteken waartegen Vincent zich zou moeten trachten te beschermen.

Het maken van de Roulin-portretten, schreef hij, 'troostte [hem] tot op zekere hoogte dat hij geen dokter was.'[195] In werkelijkheid had hij nooit arts willen worden, maar hij had wel getracht om lichaam en ziel te dienen tijdens zijn verblijf in de Borinage, een ervaring waarover hij nu gedetailleerd verslag deed aan Gauguin. Na jarenlange afwijzing van deze diep religieuze activiteiten als bekeerling verschaffen zijn herinneringen een verhelderend inzicht in de achtergronden van de reeks Roulin-portretten.

Mogelijk begon Vincent de serie met twee afbeeldingen van Roulins oudste zoon Armand (fig. 88).[196] Op beide doeken laat de schilder een vloeiende en ontspannen werkwijze zien. Met dunne verf en een meesterlijke touche gebruikte hij een palet van verschillende types groen en geel dat hij zou voortzetten, (terwijl hij zichzelf met dikkere verf en een krachtige penseelvoering een veel grotere vrijheid toestond), in de schilderijen die de kern van de reeks vormen; Augustine Roulin alleen en samen met haar baby Marcelle.

Kort tevoren had Vincent gesproken over het maken van portretten van gewone mensen waarin kleur 'iets van het eeuwige' verschafte dat traditioneel weergegeven werd met een aureool. De eerste van de twee afbeeldingen van Augustine Roulin met haar baby (fig. 93) vertoont sporen van een meer traditionele iconografie, in het bijzonder van primitieve schilderingen waarin Maria het Christuskindje aan de priester in de tempel of aan de toeschouwer aanbiedt. De glanzende gele achtergrond doet denken aan de gouden vlakken die bij deze prototypes gebruikt werden om heilige ruimte of spiritualiteit uit te drukken (fig. 90).[197] Door wit tegen geel af te

86
Paul Gauguin
*Winter (Kind dat zijn klomp rechttrekt)*
1888
[W 258]
Olie op doek
90 × 71 cm
Ny Carlsberg Glyptotek, Kopenhagen

87
Paul Gauguin
*Blauwe bomen ('Vous y passerez, la belle!') (Les arbres bleus)*
Eind november 1888
[W 311]
Olieverf op jute
92 × 73 cm
Ordrupgaard, Kopenhagen
Cat. 42

88
Vincent van Gogh
*Armand Roulin*
1888
[F 492, JH 1642]
Olieverf op doek
66 × 55 cm
Museum Folkwang, Essen

89
Henri Dobbelaere (België; gest. 1885)
*Stella Maris*
1866
Glas-in-loodraam
St. Andrieskerk, Antwerpen

90
Gentile da Fabriano (Italië; ca. 1370-1427)
*Madonna met kind*
Tempera op paneel
95,9 × 56,5 cm
National Gallery of Art, Washington D.C., Samuel H. Kress Collection

91
*Gelofte gemaakt aan Notre-Dame de Grâce door Alexandre Gilles en zijn bemanning op de Marquis de Brancas, 7 februari 1770*
Olieverf op paneel
Notre-Dame de Grâce, Honfleur, Calvados
Direction Régional des Affaires Culturelles de Basse-Normandie

92 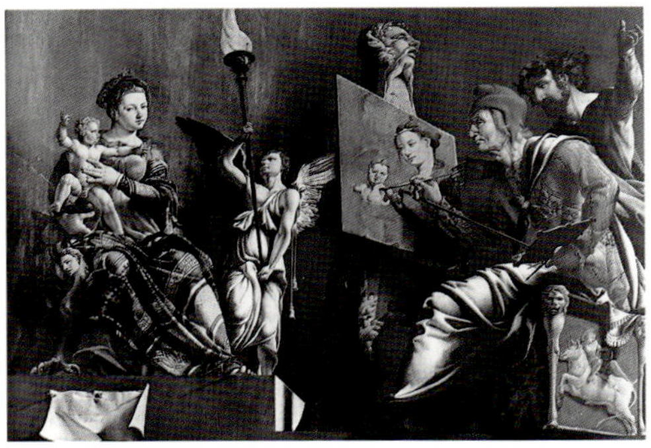

zetten en te complementeren met Augustine Roulins goudgele haar, verwees Vincent naar een specifieke afbeelding van het Chistuskind en de 'Heilige Maagd, hooggeel, wit, oranje,' die hij bij toeval in Antwerpen in de kerk van Sint-Andries had gezien (fig. 89). Het betrof een glas-in-loodraam van Maria in de rol van 'stella maris' of sterre der zee, de beschermster van de zeelieden. Maria en haar Kind vormen, geflankeerd door een kruis en een anker – symbolen van geloof en hoop –een spiritueel equivalent van een lichtbaken dat de zeelieden door een storm leidt in een 'enorme driemaster, grillig en fantastisch.'[198] Uit Vincents taalgebruik valt af te leiden dat hij het raam vergeleek met talismanachtige plaatjes, te vinden op populaire prenten en exvotoschilderijen (fig. 91). Het was een eenvoudig teken van geloof dat hem ontroerde, bezorgd als hij in die tijd was vanwege problemen in zijn familie en de onduidelijkheid of zijn broer hem zou blijven steunen. Hij zag zich gesteld voor een onzekere toekomst en zijn gedachten keerden terug naar de 'goddelijke Maagd die de arme matrozen beschermt.' Zij stond voor de geruststelling en hoop die Vincent voor zichzelf wenste en verlangde te geven aan anderen.[199] Met deze tweevoudige bedoeling gaf hij vorm aan zijn portretten van Augustine Roulin met Marcelle (fig. 93-94). Na het eerste portret volgde begin december een grotere compositie.

Door de portretsessies werd het atelier gevuld met een nieuwe reeks personages, een andere sfeer van gezelligheid en (tenminste in figuurlijk opzicht) een wieg. Toen hij niet aan zijn landschap werkte maakte Gauguin twee schetsen van Marcelle (fig. 96) die een liefdevol inzicht geven in de talrijke tekeningen die hij van zijn eigen kinderen had gemaakt. Naar het schijnt brachten gesprekken over hun beider familie, later in december, Gauguin ertoe om in de voetsporen van zijn vriend te treden met een portret van zijn eigen moeder. Hij voerde het op dezelfde schaal uit als Vincents portret en maakte eveneens gebruik van een foto. Met zijn opzettelijk vereenvoudigde schetsen van de baby moedigde Gauguin Vincent aan om stijl voorrang te geven boven gevoel. In een reactie hierop maakte Vincent vervolgens drie verwante portretten van Marcelle (fig. 95), die, in verschillende gradaties even nadrukkelijke contouren en kunstmatige gelaatstrekken vertonen.[200] Deze kleine doeken ontstonden echter pas na het voltooien van de eerste Roulin-reeks. Ze kwamen blijkbaar voort uit de omstandigheden en discussies rond de meer ambitieuze portretten die Vincent en Gauguin schilderden van de moeder van Marcelle (fig. 97, 100).

Gauguins schilderij geeft verschillende aanwijzingen over de opstelling van het atelier (fig. 99). Madame Roulin zit in de leunstoel. Met donkerblauwe vierkanten worden de glazen panelen van de deur, links van haar, aangegeven. Achter haar hangt *Blauwe bomen* dat vrijwel geheel het kleine stuk muur tussen de deur en de zuidoost-hoek van de kamer vult.

92
Maerten van Heemskerck (1498-1574)
*Lucas schildert de Heilige Maagd*
1532
Olieverf op eikehouten paneel
Frans Halsmuseum, Haarlem
Vincent kende deze afbeelding uit het stadhuis van Haarlem samen met de werken van Hals die hij bewonderde.

93
Vincent van Gogh
*Madame Roulin met haar baby Marcelle*
Eind november 1888
[F 491, JH 1638]
Olieverf op doek
63,5 × 51 cm
The Metropolitan Museum of Art, New York, Robert Lehman Collection, 1975

94
Vincent van Gogh
*Madame Roulin met haar baby Marcelle*
December 1888
[F 490, JH 1637]
Olieverf op doek
92,4 × 73,3 cm
Philadelphia Museum of Art, donatie van Lisa Norris Elkins
Cat. 82

95
Vincent van Gogh
*Marcelle Roulin*
December 1888
[F 441, JH 1641]
Olieverf op doek
35,5 × 24,5 cm
Van Gogh Museum, Amsterdam (Vincent van Gogh Stichting)

96
Paul Gauguin
Schetsen van Marcelle Roulin
Herft 1888
In schetsboek uit Arles en Bretagne
The Israel Museum Collection, Jeruzalem, geschenk van Sam Salz, New York, aan de America-Israel Cultural Foundation, 1972

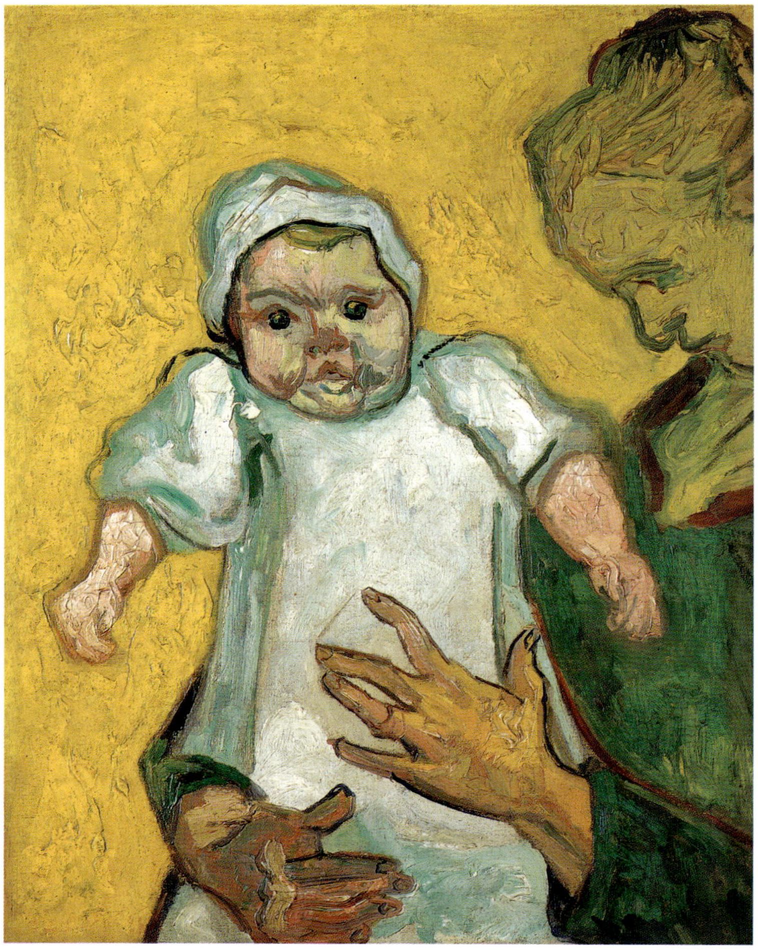 93

94

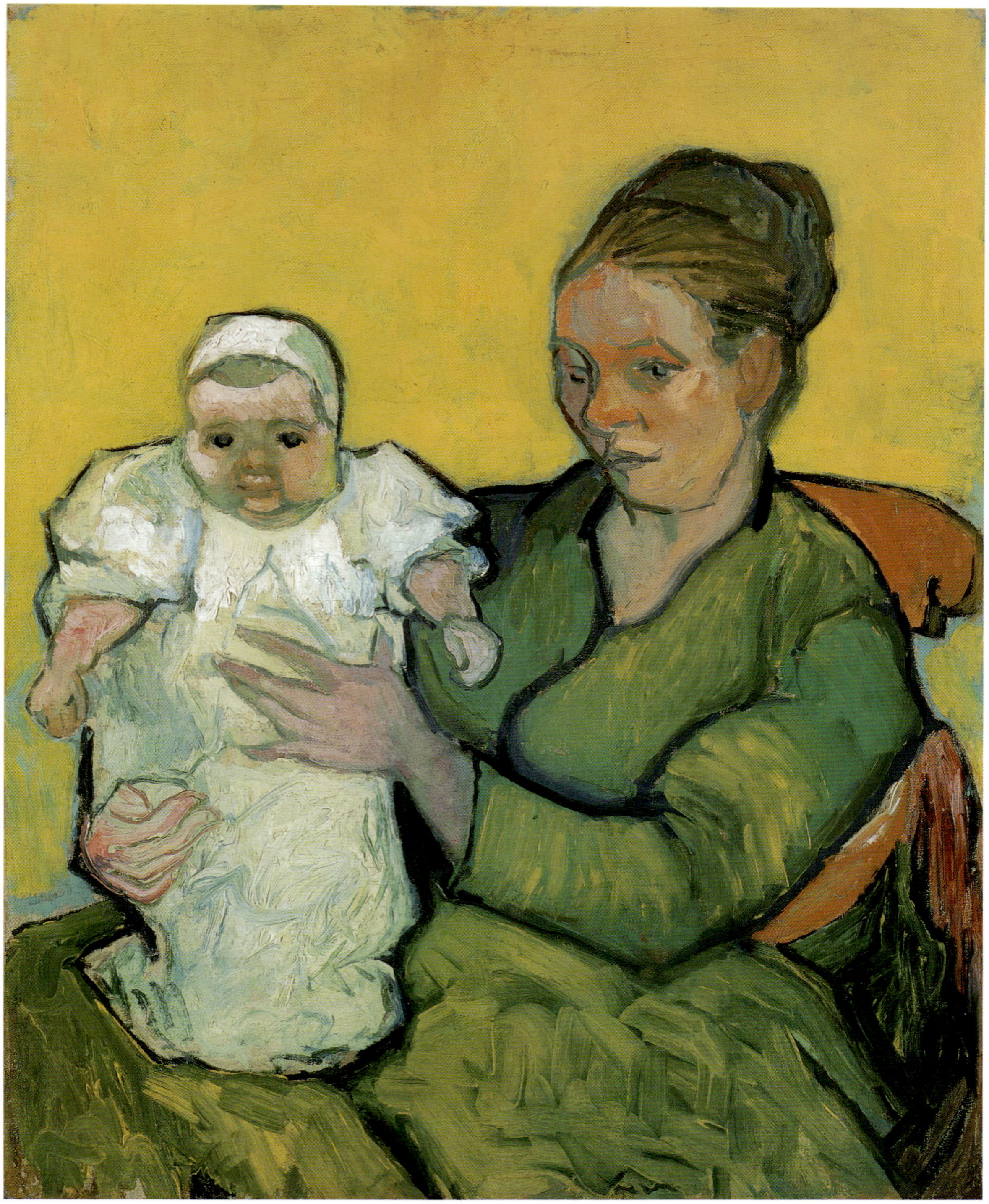

95

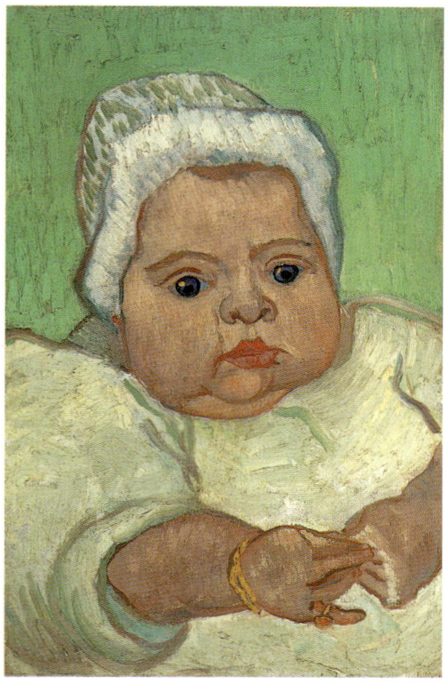

96

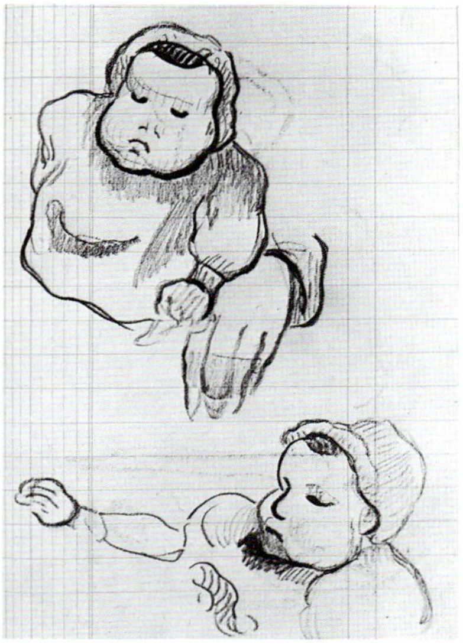

Het is herkenbaar door de gele weg, terwijl de bomen en de twee mensen waarschijnlijk door de schilder zijn weggelaten om zo min mogelijk afleiding te creëren op de achtergrond van het portret. Daarom lijkt Gauguin zijn ezel te hebben opgezet bij de noordmuur, waar hij gebruik kon maken van de gaslamp. Vincent bezette een gedeelte in de zuidwesthoek, dat belicht werd door een gaslamp vanaf de westmuur, of door de namiddagzon die binnenviel door het raam aan de zuidkant. Vanaf dit standpunt ziet men het oostelijke raam links van de vrouw, die zich recht tegenover de ruimte tussen beide schilders bevond. Vincent en Gauguin waren hier veel directer uit op een onderlinge vergelijking dan ze vier weken eerder waren geweest met hun portretten van Marie Ginoux. Ze werkten vanuit verwante gezichtspunten en op dezelfde schaal, met hetzelfde medium en op een vergelijkbare ondergrond. Maar door de algemene compositionele overeenkomsten krijgen de verschillen in uitvoering en expressiviteit nog meer nadruk. Op de voor hem karakteristieke manier maakte Vincent zijn portret in één ruk af, terwijl Gauguin verschillende malen het penseel ter hand nam en vermoedelijk het model ook meer dan eens liet poseren. Een volgende avondsessie kan een mogelijke verklaring zijn voor de schijnbaar donkerder ruiten en de sterke schaduw van de stoel op het schilderij van Gauguin. Deze elementen kunnen echter ook zogeheten noodzakelijke vormen zijn in plaats van een letterlijke beschrijving van de omgeving.

Bovendien zou een tweede sessie ook een verklaring kunnen vormen voor de verschillen in de kleding van het model op beide schilderijen. Bij Vincent heeft haar jurk een V-hals en bij Gauguin een hoge ronde kraag waaronder een klein stukje van haar witte onderjurk zichtbaar is (die weer opduikt bij Vincents nieuwe versie van het doek eind december; fig. 141). Aangezien dit laatste werk, wat de kraag, onderjurk en de vorm

97

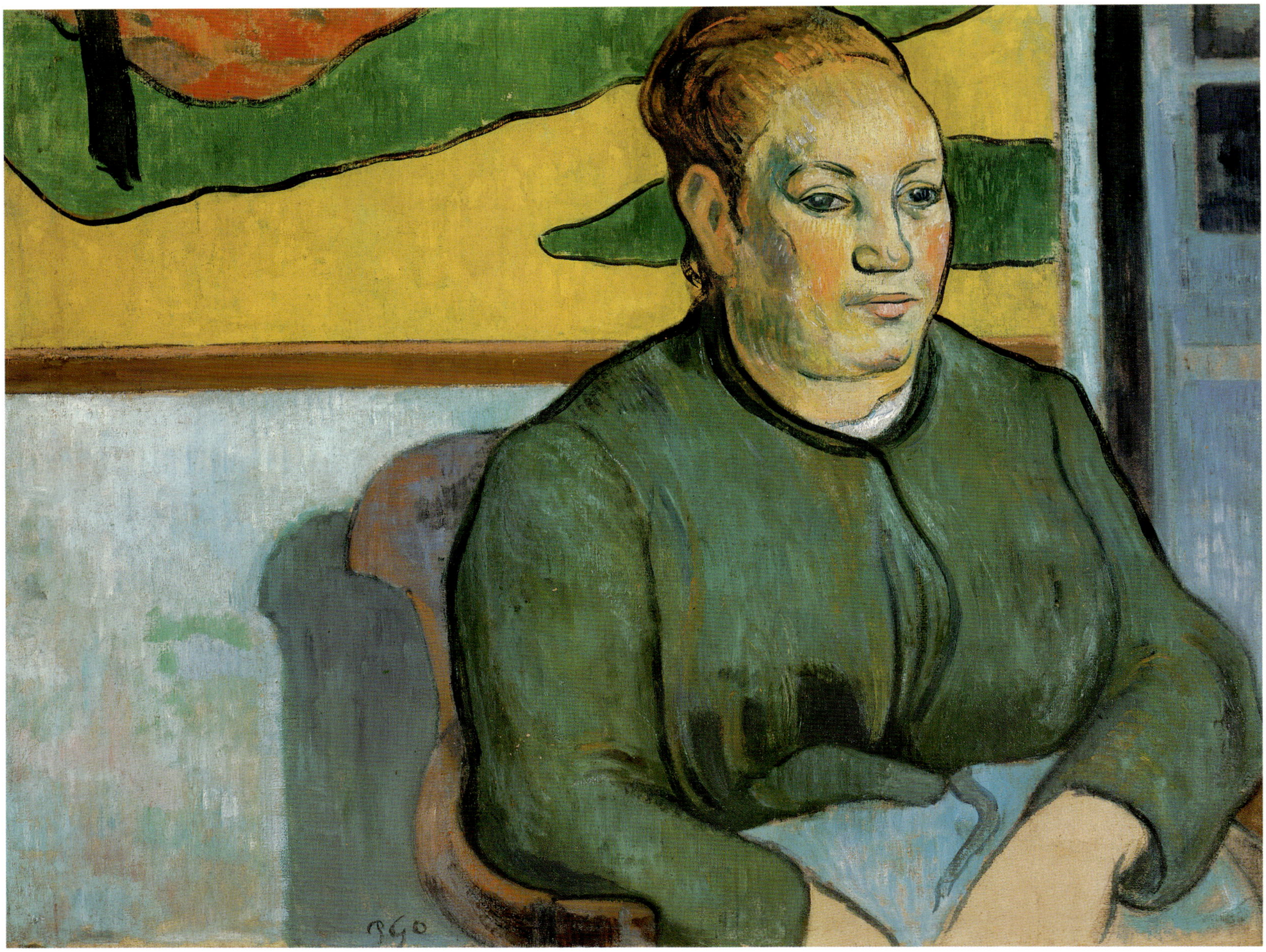

98

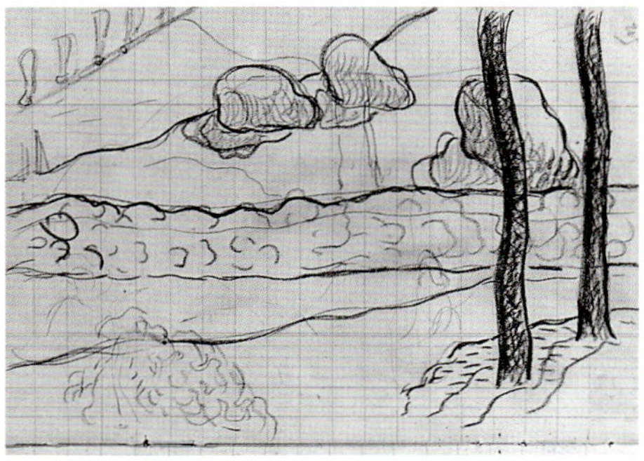

99

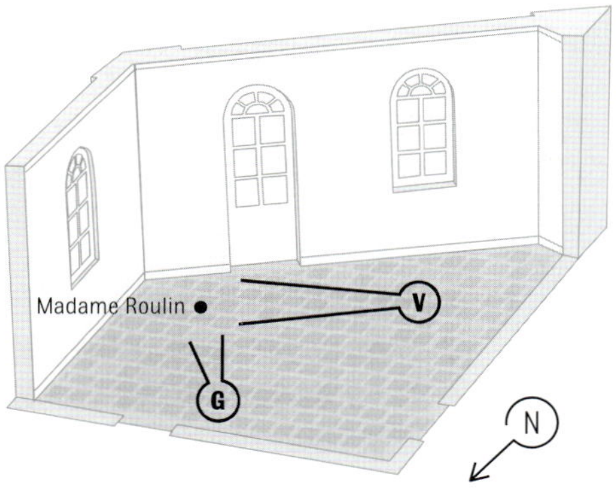


97
Paul Gauguin
*Madame Roulin*
Eind november 1888
[W 298]
Olieverf op doek
50 × 63 cm
The Saint Louis Art Museum, gefinancierd door Mrs. Mark C. Steinberg
Cat. 43

98
Paul Gauguin
Schets van landschap
Herft 1888
In schetsboek uit Arles en Bretagne
The Israel Museum Collection, Jeruzalem, geschenk van Sam Salz, New York, aan de America-Israel Cultural Foundation, 1972

99
Diagram van het atelier voor het poseren van Madame Roulin

100
Vincent van Gogh
*Madame Roulin*
1888
[F 503, JH 1646]
Olieverf op doek
55 × 65 cm
Oskar Reinhart Collectie, Winterthur, Zwitserland

van de linkermouw bij de pols betreft, duidelijk gebaseerd is op Gauguins doek is het aan de andere kant ook mogelijk dat Gauguin door zijn tragere manier van werken deze details bedacht en uitwerkte tijdens het voltooien van zijn portret na het poseren.

Vincent zou zijn vriend later herinneren aan de gesprekken waardoor de portretten beïnvloed waren: de stelling dat kunst op een abstracte wijze door kleurharmonieën 'troost biedt aan bedroefde harten' zoals de muziek van Wagner.[201] Hoewel dit geen nieuwe ideeën waren binnen hun gesprekken, was hun schijnbare eensgezindheid dat wel. Eerder had Gauguin geen missionaris-achtige neigingen vertoond en was Vincent nooit ver afgeweken van zijn overwegend literaire modellen. Blijkbaar verzekerde Vincent zich van Gauguins belangstelling door de kern van zijn, aan Carlyle ontleende, overtuigingen door te laten sijpelen via Wagner, wiens geschriften hij bij de hand had. Gauguin legde beslag op Vincents exemplaar van Benoit om daaruit lange passages over te schrijven. Die betroffen de ideeën die vanaf dat moment een prominente plaats in zouden nemen in zijn stellingnames op het gebied van esthetiek. Gezien zijn recente streven naar een persoonlijke en professionele identiteit stond hij open voor Benoits typering van Wagner als een kunstenaar die zijn eigen intellectuele onafhankelijkheid krachtig verdedigde. Wagner reageerde alleen op 'innerlijke noodzaak' en voerde strijd met 'het gepeupel' in plaats van naar vrede te streven. Hij had eveneens een vergelijking getrokken tussen de muziek en de anti-materialistische, mysterieuze kunst die hij trachtte te scheppen.[202] Maar toen Gauguin stukken overschreef uit Wagners credo was er een nieuwe benadering van de missie van de kunstenaar aan de orde:

Ik geloof in God, in Mozart en in Beethoven; ik geloof ook in hun discipelen en apostelen [...] ik geloof in de heiligheid van de geest en in de waarheid van de kunst [...] ik geloof dat deze kunst een goddelijke oosprong heeft.[203]

Juist deze regels hadden Vincent diep geraakt toen hij ze in mei/juni gelezen had. Gauguin zou later vertellen dat Vincent midden in hun discussies zijn penseel in de gele verf doopte en op



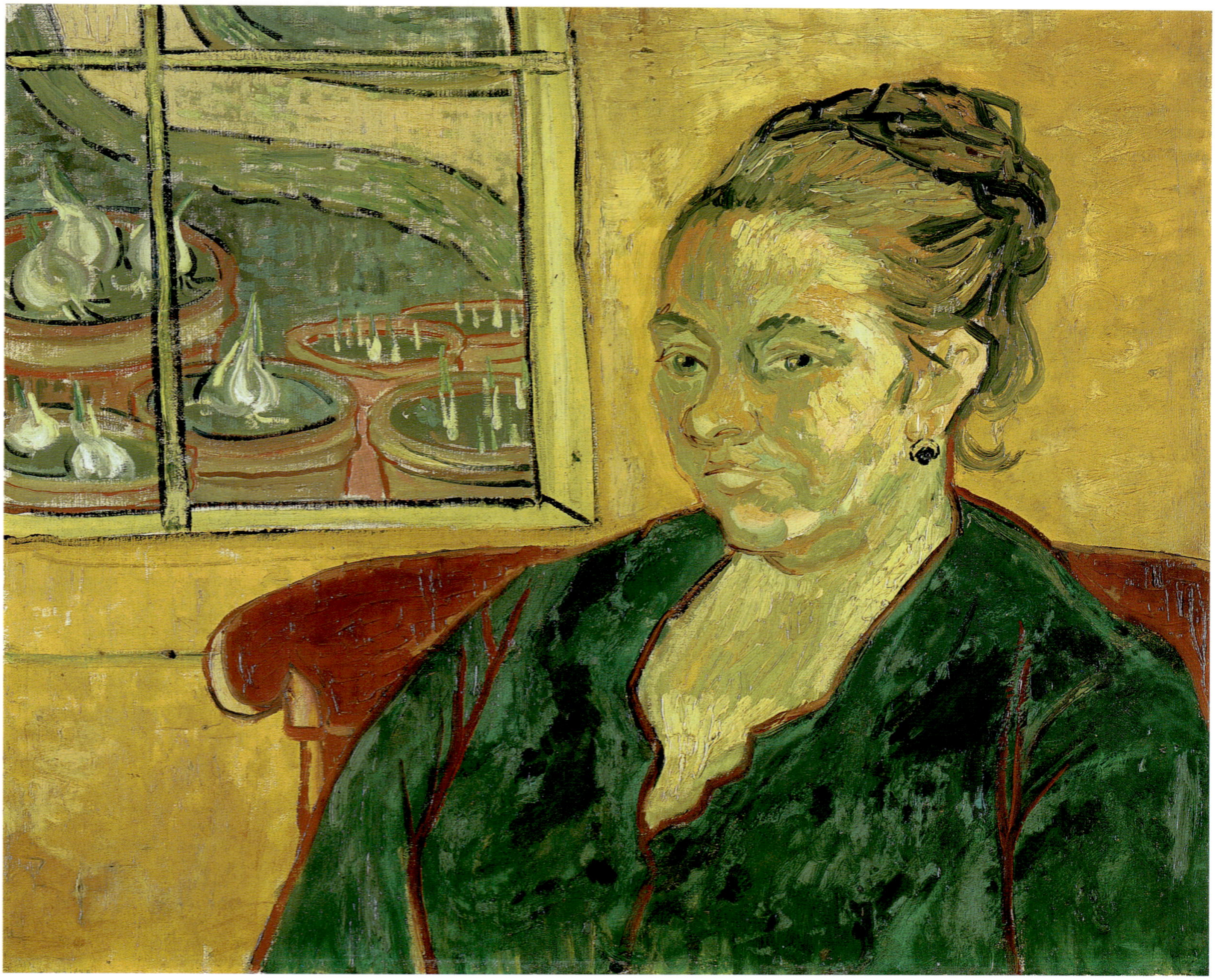

(*Les Misérables*) immers al gelijkgesteld met de leeuwen van Dieulafoy (hfdst. 3, fig. 74, 80) en zou zijn vriend spoedig de 'kleine Bonaparte-tijger van het impressionisme' noemen. Ongetwijfeld had hij hem ook getrakteerd op een rake anekdote over Delacroix: tijdens een wandeling met een vriend gaf de meester toe dat het noodzakelijk was om studies naar de natuur te maken maar hield vol dat 'het *eigentlijke schilderij* gemaakt moet worden *vanuit het hoofd* [*par coeur*].' Bij het afscheid deed Delacroix, om zijn standpunt kracht bij te zetten, de omstanders schrikken door zijn vriend als een leeuw toe te brullen: 'Par coeur! Par coeur!' Bovendien verdedigde Vincent in zijn correspondentie met Van Rappard uit 1882 zijn originaliteit met het spreekwoord '*Entre lions on ne singe pas* (leeuwen apen elkaar niet na).'[234]

En dat was nu precies wat Gauguin bedoelde. Terwijl hij van de schets naar het portret het komische aspect van de gelijkenis afzwakte, roerde hij niettemin het probleem van imitatie en creatie aan – kopiëren naar het leven tegenover componeren vanuit de eigen fantasie. Hij beeldt de zonnebloemen af zoals ze geschikt zijn op Vincents eigen *Zonnebloemen* uit augustus (hfdst. 3, fig. 55-58).[235] De twee volle bloemhoofden (dubbels genoemd) zijn op een vergelijkbare wijze gerangschikt als op de geel-op-geel-versie. De bovenste bloesem (bloemschijf en lintbloemen) op Gauguins doek correspondeert met de gehavende bloem linksboven op Vincents schilderij. Gauguin imiteerde Vincent door de contouren van de lintbloemen sterk aan te zetten en donkere karmijnrode lagen in het midden van de bloemschijven te gebruiken (minder intens op Gauguins schilderij vanwege slijtage). In feite krijgt het door Vincent bestudeerde motief door Gauguins werkwijze dezelfde aanblik als op Vincents schilderij zelf en wordt op slinkse wijze gesuggereerd dat Vincents uitvoering eerder een kopie dan een creatie is. Door Gauguins compositie (inzakkende bloemen, doek en penseel samenkomend op één punt) wordt zelfs de mogelijkheid geopperd dat Vincent in werkelijkheid verf aanbrengt op de bloemen die voor hem staan. Tenslotte slot impliceert Vincents enigszins versufte uitdrukking dat zijn handeling wellicht gedachteloos is, uitgevoerd zonder acht te slaan op het contrasterende voorbeeld van zijn vriends doek op de achtergrond, een verzonnen constructie van brede vlakken met effen kleuren.

*De zonnebloemenschilder* illustreert Gauguins kritiek op Vincents werkmethoden en hun beperkingen, in dezelfde trant als de grotere aanklacht die hij later zou toevoegen aan één van zijn beschrijvingen van hun periode samen. Gauguin zou, al terug kijkend, betogen dat hoewel de 19de-eeuwse kunstenaars het tekenen beheersten als een rechtstreeks communicatiemiddel, niemand – zelfs Delacroix niet – daadwerkelijk de potentiële expressieve mogelijkheden van kleur had begrepen. Gauguin beschuldigde de erfenamen van de romantische schilders ervan zich vast te houden aan schijnwaarheden en aan een wetenschappelijke manier van redeneren, zelfs diegenen die zich uitsluitend aan chromatiek wijdden. Hij wees op hun onvermogen om 'het gedroomde landschap' te begrijpen. 'Ze zochten naar dingen die het oog kan vatten,' beweerde hij, 'en niet naar die dingen die gevonden kunnen worden in het mysterieuze centrum van de gedachten.' Onder degenen die hij ervan beschuldigde zo sterk gehecht te zijn aan de fysieke werkelijkheid dat ze blind waren voor de metafysische, bevonden zich de impressionisten – en Vincent.[236]

Zoals *De zonnebloemenschilder* echter laat zien, waren Gauguins ideeën over Vincent niet op zo'n definitieve en laatdunkende manier samen te vatten. Wanneer men Gauguins latere beschuldigingen in aanmerking neemt geeft het portret een tweeslachtig beeld van de schilder en van wat volgens beide kunstenaars een typisch persoonlijke creatie was. Vincents kopiërende handeling is verzonnen; in december kon hij geen echte zonnebloemen hebben geschilderd, aangezien die er toen niet meer waren. Door het stilleven op een Vincent-achtige manier weer te geven, suggereerde Gauguin dat zij geen van beiden het onderwerp direct observeerden, maar ernaar keken terwijl het al door de fantasie van Vincent van vorm was veranderd. Met andere woorden, ze werkten al verwijzende naar eerdere *Zonnebloem*-schilderijen en niet naar daadwerkelijke zonnebloemen. Voor een dergelijke werkwijze bestond al een feitelijke basis. Hoogstwaarschijnlijk nam Vincent begin december dit onderwerp, de zonnebloemen tegen een gele achtergrond, weer op waarbij hij (net zoals Gauguin voor zijn portret deed) gebruik maakte van een doek uit het overgebleven stuk jute, voorgeprepareerd met een loodwitte ondergrond. (fig. 113).

Wanneer men deze versie van de *Zonnebloemen* bekijkt als een produkt van deze precieze situatie en binnen de context van Gauguins *Zonnebloemenschilder*, is het mogelijk om verschillende ogenschijnlijke eigenaardigheden te verklaren. Vincent noemde het doek niet in zijn brieven, maar na 4 december maakte hij van geen enkel schilderij meer melding. Hij signeerde het niet, maar in feite signeerde hij slechts twee werken op jute (fig. 69, 77). Stilistisch gezien verschilt het schilderij tot op zekere hoogte van de eerder in augustus gemaakte doeken. Het komt echter overeen met andere werken uit november en december en, net zoals bij verscheidene Roulin-portretten, gebruikte Vincent overgetrokken contouren van zijn eerdere stuk om de compositie over te brengen op het nieuwe doek.

Vincents stilzwijgen ten opzichte van de tweede geel-op-geel geschilderde *Zonnebloemen* en het kleine portret van Gauguin wijzen op een uiterst moeilijk moment in hun verstandhouding. Uit verschillende technische aspecten van de nieuwe *Zonnebloemen* blijkt Vincents weerstand tegen Gauguin. Hij bracht het pigment over het gehele werk zeer dik op, terwijl hij bij de stillevens uit augustus vele delen dun geschilderd had. Het aanbrengen van de verf is hier directer en de manier van schilderen ruwer (tot op zekere hoogte het gevolg van de grove jute). Doorgaans zijn Vincents tweede versies van eerdere composities beduidend schematischer dan hun prototypes, maar hier maakte hij een getrouwe kopie van het origineel waarbij hij enkele details vereenvoudigde, maar vele nuances in vorm en penseelwerk met grote zorgvuldigheid overnam.[237]

Ondanks hun diepe meningsverschillen verschafte de voortdurende wederzijdse bewondering beide kunstenaars de noodzakelijke impuls om met elkaar te blijven wedijveren. Gauguin bleef gefascineerd, zij het ook zwaar

113

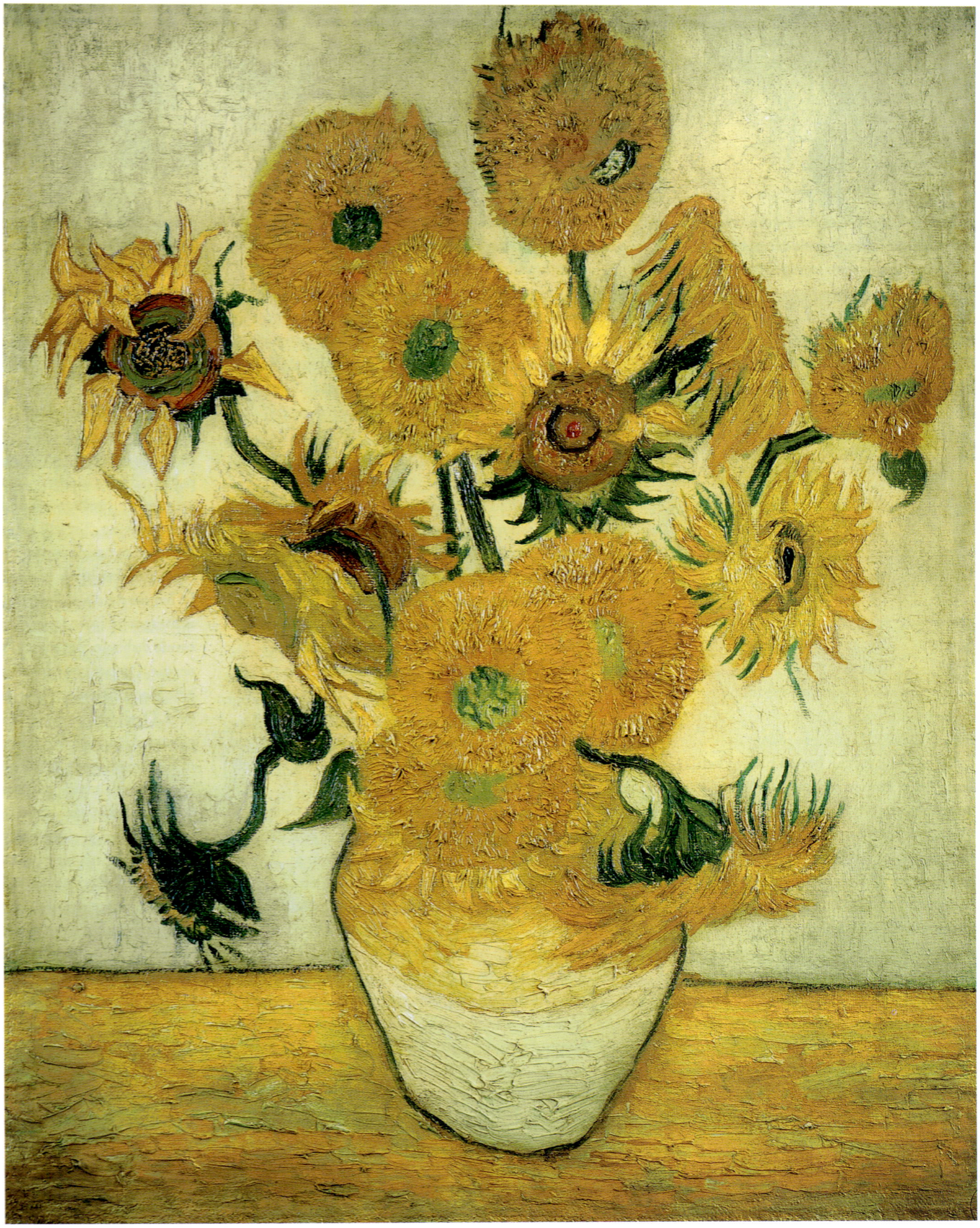

113
Vincent van Gogh
*Zonnebloemen*
ca. 1 december 1888
[F 457, JH 1666]
100 × 76 cm
Seiji Togo Memorial
Yasuda Kasai
Museum of Art,
Tokio
Cat. 84

120

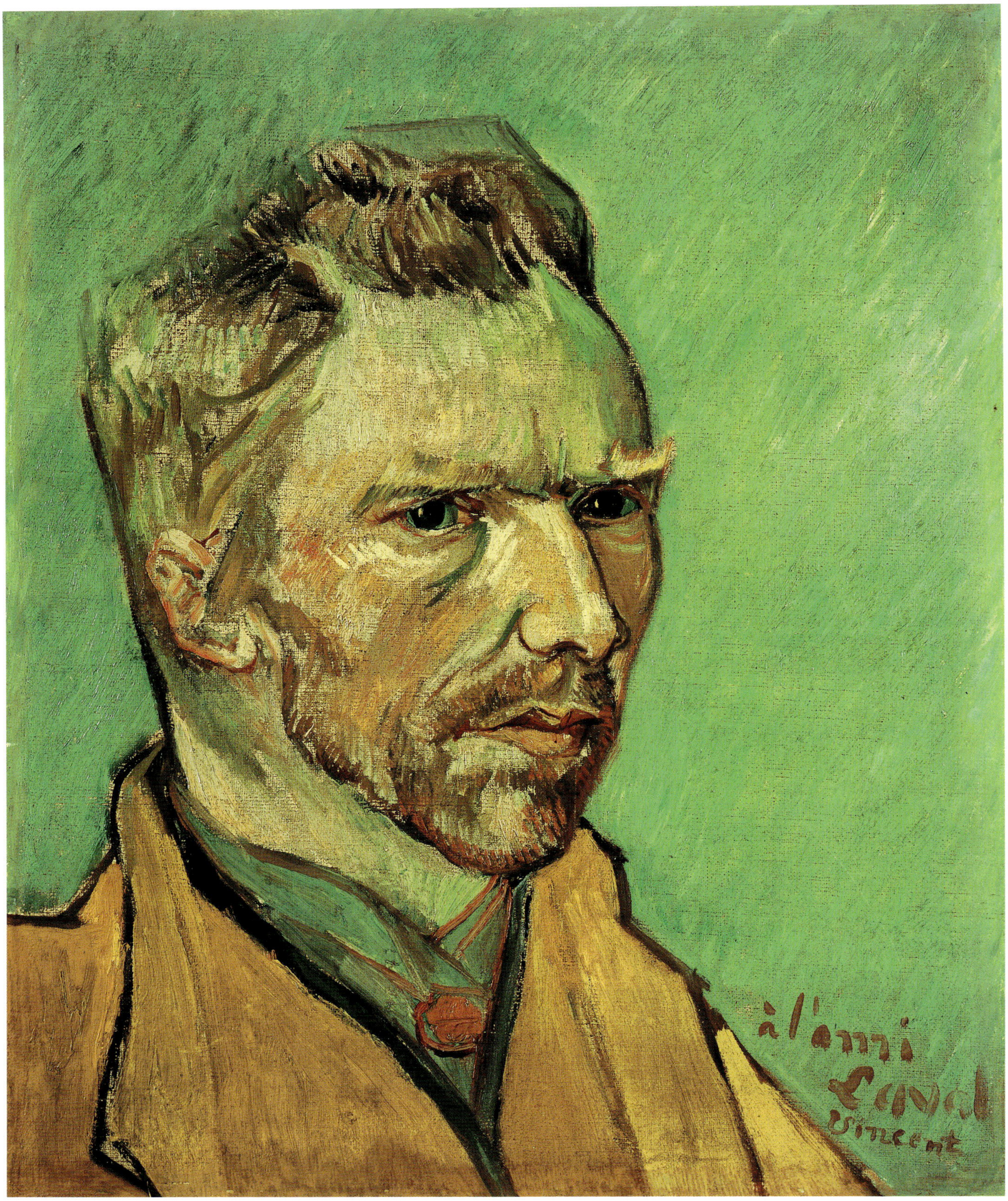


120
Vincent van Gogh
*Zelfportret opgedragen aan Charles Laval*
December 1888
[F 501, JH 1634]
Olieverf op doek
46 × 38 cm
Met dank aan Christie's

121
Paul Gauguin
*Zelfportret opgedragen aan Charles Laval (later aan Eugène Carrière)*
December 1888
[W 384]
Olieverf op jute
46,5 × 38,6 cm
National Gallery of Art, Washington D.C., Collection of Mr. and Mrs. Paul Mellon
Cat. 48

121

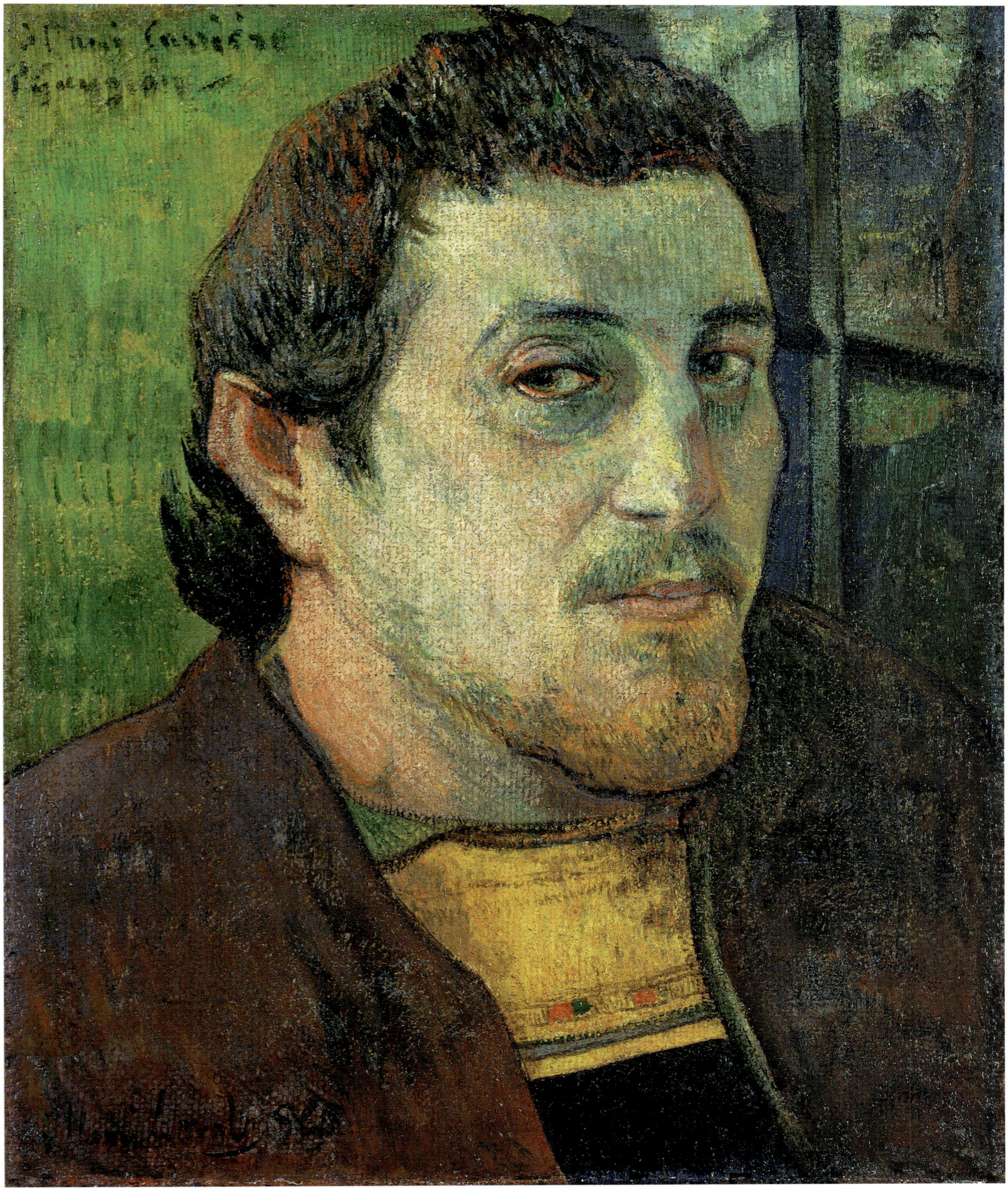

122
Vincent van Gogh
*Patience Escalier met wandelstok*
ca. 29 augustus 1888
[F 444, JH 1563]
Olieverf op doek
69 × 56 cm
Privé-collectie

123
Paul Gauguin
*Oude man met stok*
December 1888
[W 318]
Olieverf op jute
70 × 45 cm
Petit Palais – Musée des Beaux-Arts de la Ville de Paris
Cat. 49

124
Vincent van Gogh
*De balzaal*
Half december 1888
[F 547, JH 1652]
Olieverf op doek
65 × 81 cm
Musée d'Orsay, Parijs, geschenk van M. en Mme André Meyer, 1950, opgenomen in de collectie in 1975
Cat. 87

Beste Theo,
Ik dank je hartelijk voor je brief, voor het ingesloten biljet van 100 franc en ook voor de postwissel van 50 franc. Ik geloof dat Gauguin een beetje teleurgesteld is in de mooie stad Arles, in het gele huisje waar wij werken en vooral in mij. Er zijn hier zowel voor hem als voor mij immers nog ernstige moeilijkheden te overwinnen. Maar die moeilijkheden liggen veeleer in onszelf dan elders. Kort gezegd denk ik dat hij ofwel gewoon vertrekken zal ofwel gewoon zal blijven. Alvorens iets te ondernemen, zo heb ik hem gezegd, moet hij nadenken en zijn zaken nog eens op een rij zetten. Gauguin is heel sterk, heel creatief, maar juist daardoor heeft hij behoefte aan rust. Zal hij die elders vinden als hij die hier niet vindt? In volstrekte berusting wacht ik zijn beslissing af.
Met een stevige handdruk,
Vincent.[259]

Ondanks hun creatieve wedijver en jaloezie bleef in Vincents gedachten één doel boven alle andere uitsteken: het in stand houden van zijn droom van een Atelier van het Zuiden. Hoe meer Gauguin aanstalten maakte te willen vertrekken, des te bezorgder werd Vincent en des te energieker drong hij er bij zijn vriend op aan om te blijven. Deze situatie had zich in het verleden al eens eerder afgespeeld, toen Vincent, tijdens de nasleep van zijn mislukte poging om samen te wonen in Den Haag, getracht had om Theo als broeder-schilder in te lijven (zie hfdst.1). De vele pagina's die Vincent aan deze mislukking wijdde geven een goed inzicht in de omstandigheden die Gauguin er nu toe brachten om ertussenuit te knijpen en zo bijna Theo's steun te verliezen.

Vincent was in staat om onophoudelijk op zijn standpunten te blijven hameren door meedogenloos argumenten aan te voeren in zijn voordeel, en achterdochtig en verbitterd te worden wanneer hij zich afgewezen voelde. Een maand later erkende hij vol spijt dat hij 'onopzettelijk' Gauguin last had bezorgd: 'Tot aan de laatste dagen zag ik maar één ding, dat hij aan het werk was terwijl zijn hart heen en weer geslingerd werd tussen zijn verlangen om naar Parijs te gaan en zijn plannen uit te voeren, en zijn leven in Arles.'[260] Op korte termijn besloot hij om zich rustiger te gedragen en in geduldige berusting, zoals hij zei, Gauguins beslissing af te wachten – een belofte waar hij zich steeds moeilijker aan kon houden. Maar hij deed zijn best en gedurende korte tijd schijnt in het atelier een wat ontspannener sfeer te hebben geheerst, waardoor de kunstenaars hun werk konden voortzetten.

Vincents doek dat bekend staat als *De balzaal* (fig. 124) is op een nog veel minder onverbloemde wijze dan de tweede *Arlésienne* een oefening in volgzaamheid. Het betreft een compositie met vele figuren, geschilderd in het atelier, waarschijnlijk van een scène in de Folies Arlésiennes, het theater aan de zuidzijde van de Boulevard des Lices. Klaarblijkelijk gingen beide mannen naar het bal dat daar op 1 december door een muziekvereniging uit Arles gehouden was.

122
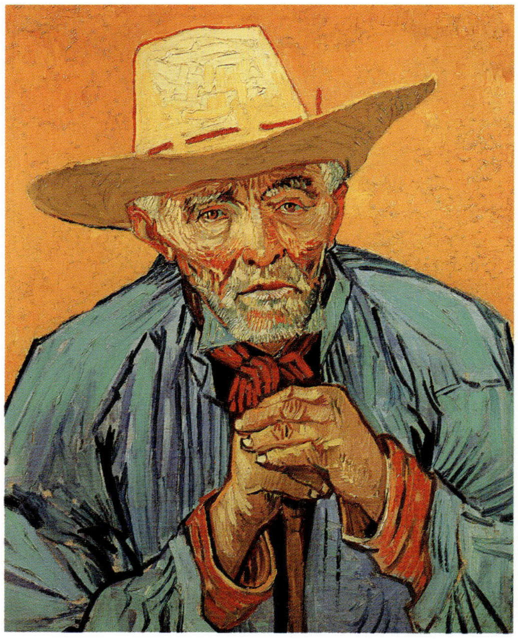

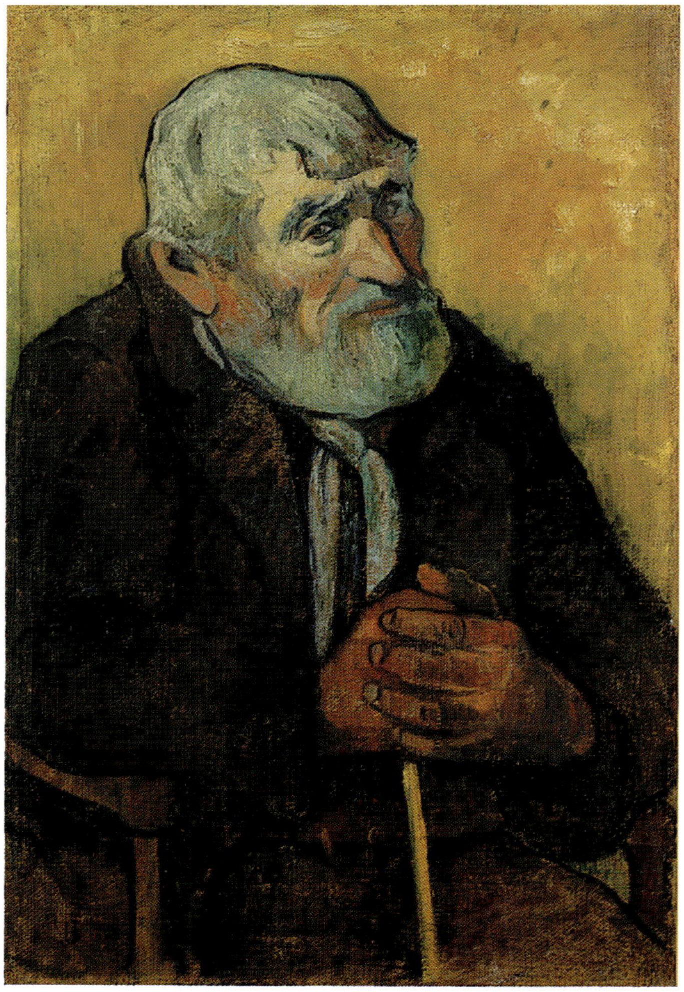
123

124

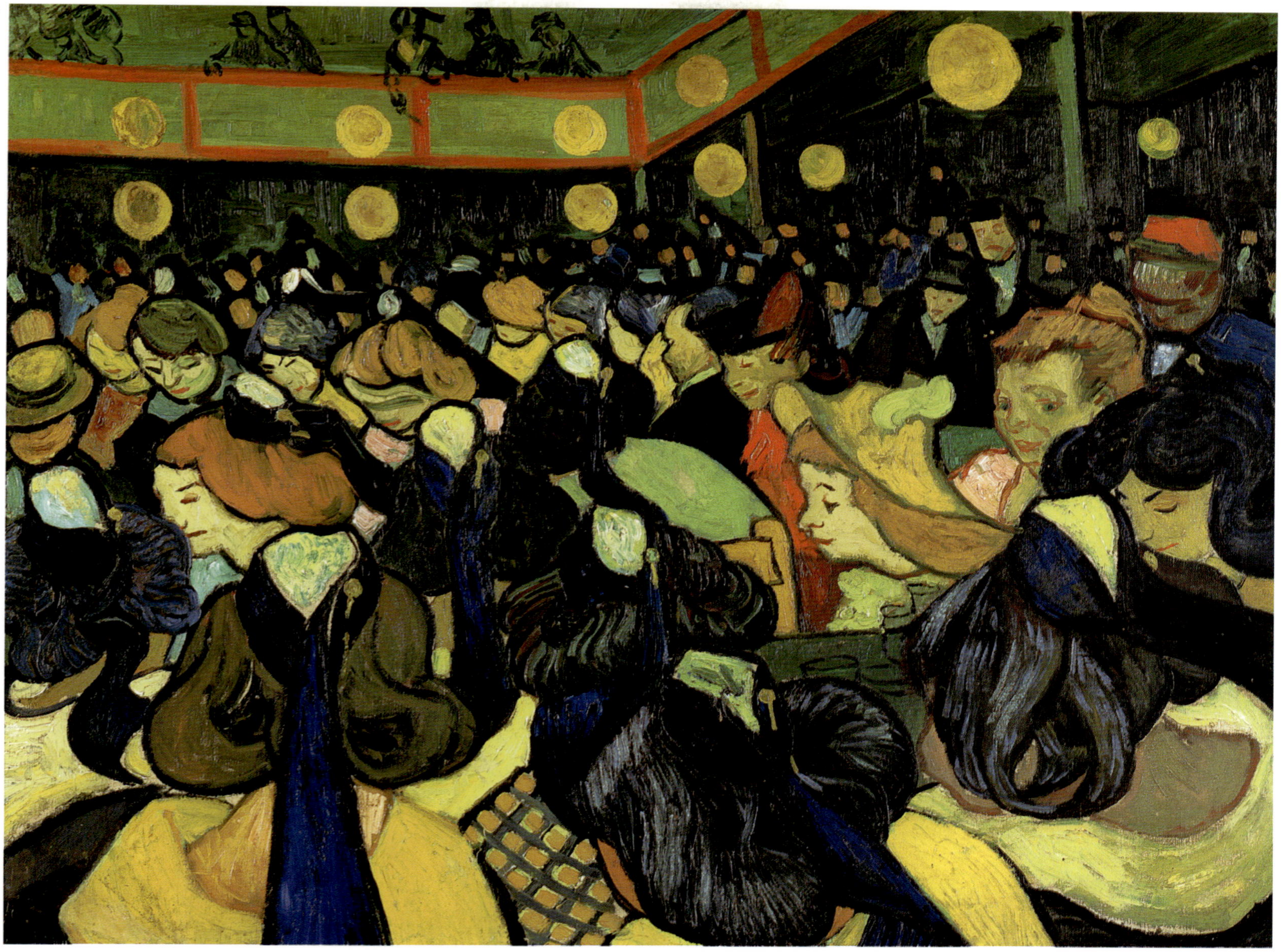

Het bal was een groot succes en de zaal was tegen half tien in de avond zo volgepakt geweest dat men nog nauwelijks ruimte had om te dansen. Het feest had tot vier uur in de ochtend geduurd.[261] Op Vincents schilderij lijken de mensen van Arles op elkaar geperst als sardientjes. Sommige vrouwen dragen de traditionele hoofdtooi en andere een modieuze hoed. Weer anderen zijn blootshoofds evenals sommigen van de mannen. Een aantal Zoeaven draagt de opvallende pet van hun regiment. Madame Roulin is de enige afzonderlijk herkenbare figuur in een zee van types en is te zien rechts in het middenveld van het doek.

Het onderwerp van het werk is de mensenmenigte zelf. *De balzaal* ademt een opmerkelijk bedompte en bekrompen sfeer uit. De kunstenaar behandelde ieder onderdeel – gezichten, hoeden, kostuums – van iedere nadrukkelijk getekende figuur als steentjes in een mozaïek. Op een bepaalde manier is dit de ultieme synthetische compositie, waarmee expliciet en kundig eer betuigd wordt aan Gauguin. De voorste rij Arlésiennes wordt op de rug gezien en doet dienst als een decoratief fries van kapsels en hoofdtooien. Een vergelijkbare kunstgreep is terug te vinden op Gauguins *Visioen van de preek* (hfdst. 3, fig. 59). Maar door de opeenstapeling van figuren is het, al dan niet opzettelijk, ook een nachtmerrie voor mensen met pleinvrees.

Gauguin lijkt Vincent tegemoet gekomen te zijn door een schilderij van een oude man, gezeten in de inmiddels bekende leunstoel en met zijn handen gevouwen om een wandelstok (fig. 123).[262] In meerdere opzichten is dit werkatypisch voor Gauguin. Het onderwerp verwijst naar Vincents portret van Patience Escalier uit augustus (fig. 122) dat nog in het atelier aanwezig was. Het lange, smalle formaat lijkt aan te geven dat de jute ondergrond een coupon was van de oorspronkelijk twintig meter lange reep stof, een soort van late inval. Gauguin werkte zeer snel en direct door nat-op-nat te schilderen (op het hoofd en op de achtergrond is de verf ongebruikelijk dik en weelderig). Net als het portret van Joseph Ginoux bleef ook *Oude man met stok* onvoltooid en ongesigneerd. Niettemin geeft het een oprechte poging weer om, naar Vincents gewoonte, een relatief groot doek in een enkele sessie te schilderen.

Gaugfuin trachtte door een groter en ambitieuzer schilderij, dat hij *Arlésiennes* (*Mistral*) (fig. 125) noemde, op een doordachtere wijze op Vincent te reageren en bracht hij een soort eerbewijs aan hun samenwerking. Hij koos een stuk opgespannen jute van maat 30 uit met de bedoeling weer een nieuw landschap te maken dat doordrongen zou zijn van zijn herinneringen aan Bretagne.[263] Uit infrarood reflectografisch

125

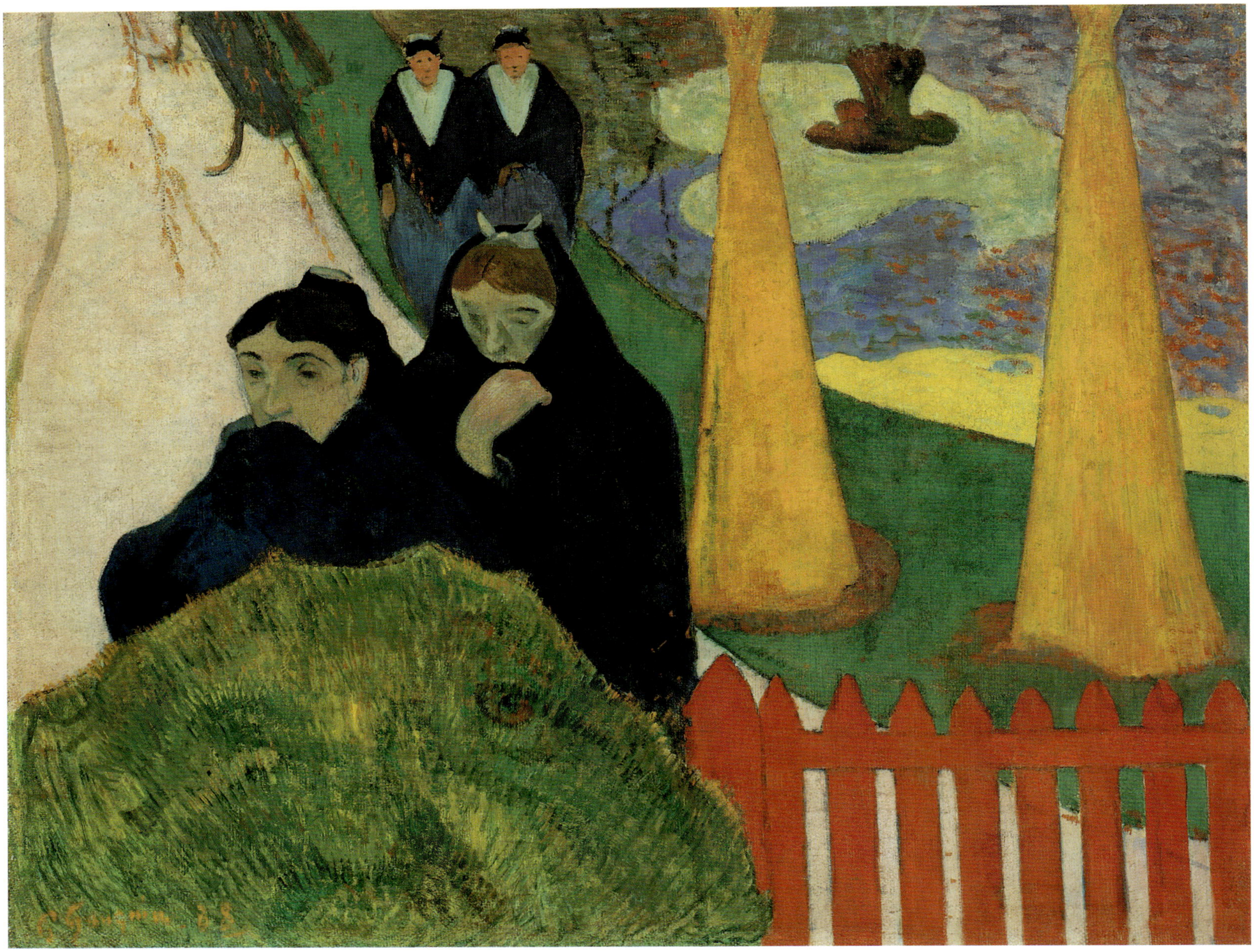

126

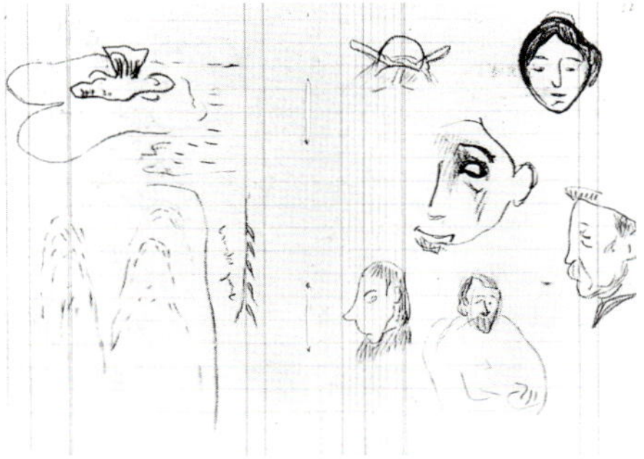

127

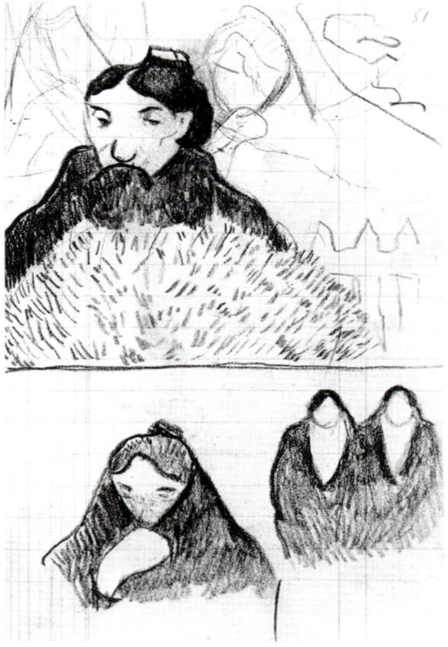

125
Paul Gauguin
*Arlésiennes (Mistral)*
Half december 1888
[W 300]
Olieverf op jute
73 × 92 cm
The Art Institute of Chicago, Mr. and Mrs. Lewis Larned Coburn Memorial Collection, 1934.391
Cat. 50

126
Paul Gauguin
*Schetsen met betrekking tot Arlésiennes (Mistral) (fig. 125)*
Herfst 1888
In Schetsboek uit Arles en Bretagne
The Israel Museum Collection, Jeruzalem, geschenk van Sam Salz, New York, aan de America-Israel Cultural Foundation, 1972

127
Paul Gauguin
Schetsen met betrekking tot *Arlésiennes (Mistral)* (fig. 125)
Herfst 1888
In Schetsboek uit Arles en Bretagne
The Israel Museum Collection, Jeruzalem, geschenk van Sam Salz, New York, aan de America-Israel Cultural Foundation, 1972

128
Infrarood foto van *Arlésiennes (Mistral)* (fig. 125)

129
Paul Gauguin
Schetsen van schapen
1886
Pen en bruine inkt en grafiet op velijnpapier
16,9 × 22,6 cm
National Gallery of Art, Washington D.C., The Armand Hammer Collection

onderzoek blijkt dat hij begon aan een verticale compositie, geschetst met penseel en blauwe verf (fig. 128), waarbij hij enkele dierstudies opnam (fig. 129) die hij in 1886 gemaakt had voor schilderijen als de *Bretonse herderin* (zie hfdst. 2, fig. 28). Maar hij veranderde van gedachten, draaide het doek op zijn kant en ging verder met een volstrekt lokaal onderwerp.

Gauguin tekende de belangrijkste figuren in zijn Arles-schetsboek uit, samen met de details van hun hoofdtooien (fig. 127) en hun groepsgewijze opstelling. Ook schetste hij de fontein (fig. 126), de bank en de kegelvormige struiken, bekleed met rijp van het park aan de overkant van de straat, die hij allemaal vanuit zijn slaapkamer kon observeren. Door de keuze van zijn onderwerp en de algehele compositie reageerde Gauguin rechtstreeks op Vincents *Herinnering aan de tuin* (fig. 67). Op beide schilderijen loopt een schuin wandelpad omhoog door het beeldvlak, staat een vrouw (lijkend op Madame Ginoux) aan de linkerkant en wordt de voorgrond ingenomen door een struik. In deze struik nam Vincent een zonnebloem op en schilderde Gauguin (in navolging van wat hij in *De zonnebloemenschilder* had gedaan) een oogachtige vorm.[264] Gauguins schilderij straalt een sombere, bedachtzame sfeer uit en is door de uitdrukkingen en gebaren van de figuren en hun onderlinge opstelling vol van mysterieuze plechtigheid. Madame Ginoux houdt haar sjaal voor haar mond om zich te beschermen tegen de koude mistral. Samen met de uitdrukkingsloze blik in haar ogen wekt dit gebaar de indruk van ingehouden verdriet en wordt het gevoel versterkt dat ze een plechtige stoet voorgaat. Ook het schilderij grijpt terug op het verleden: het doet denken aan Gauguins beginperiode toen hij enthousiast de Arlésiennes vergeleek met de statige figuren op Griekse vazen. Ook komen er twee van de drie 'gratiën' uit zijn Alyscamps-compositie van eind oktober op voor (fig. 21). Maar nu wordt de schilder door een barrière van de vrouwen gescheiden en is het fel gekleurde maar kille december-landschap doortrokken van een begrafenisachtige sfeer. Door Vincent te citeren gaf Gauguin ook vorm aan een herinnering aan een tuin. Hij sloot zich bij zijn vriend aan om opnieuw de Arlésienne te verheerlijken – maar nu in de vorm van een treurdicht. Ondanks deze uitbarsting van nieuwe bedrijvigheid schilderden de kunstenaars met steeds minder gemak. 'Het werken gaat niet altijd gemakkelijk,' vertelde Vincent op een voor hem ongebruikelijk ingehouden toon. Om de spanning wat te laten temperen doorbraken ze hun gewone dagritme en brachten een bezoek aan het Musée Fabre in Montpellier, vanaf Arles een reis van viereneenhalf uur met de trein. (Dit uitstapje vond op 16 of 17 december plaats, aangezien het museum alleen op zondag en maandag zowel in de ochtend als in de middag voor het publiek geopend was.)[265]

Gauguin stelde het uitstapje voor. Hij kende het museum van jaren tevoren, toen hij het had bezocht toen hij zich met een politieke opdracht voor de Spaanse republikeinen in het gebied bevond.[266] Zoals hij Vincent vertelde, was hij zeer getroffen geraakt door de schilderijen van Delacroix – waaronder *Daniël in de leeuwenkuil* – en door de belangrijke werken van Courbet, die in een speciale ruimte ondergebracht waren (fig. 130) als onderdeel van de collectie van de lokale verzamelaar Alfred Bruyas. Aan het begin van de jaren '50 ging Bruyas als jongeman naar Parijs waar hij de nog controversiële Delacroix financieel steunde en voor hem poseerde. Vervolgens begon hij belangstelling te tonen voor

128

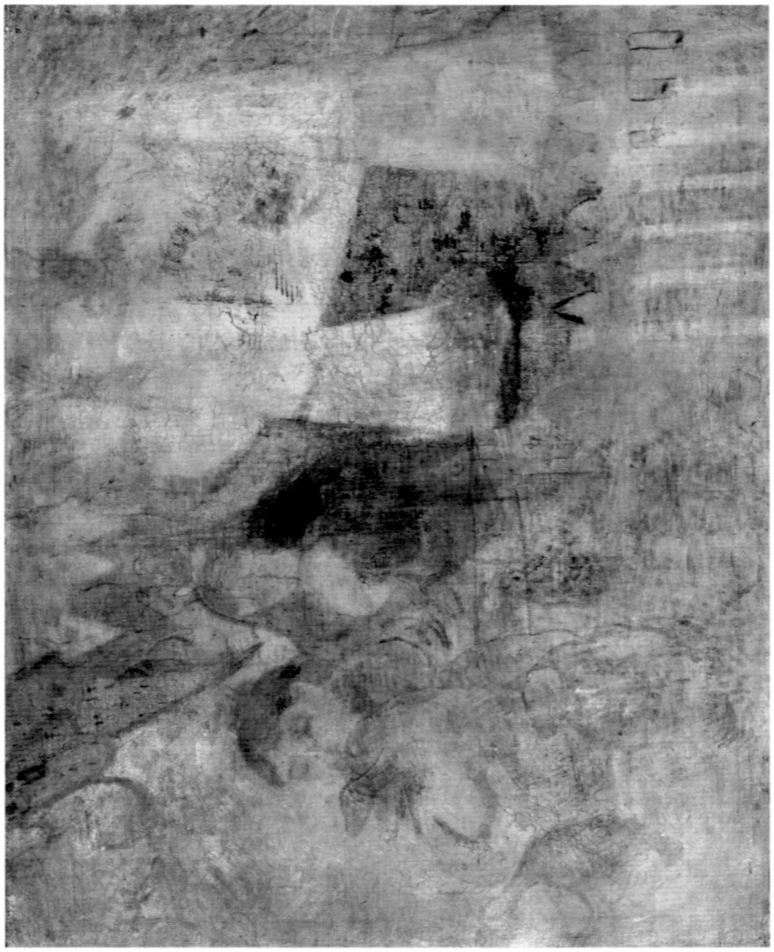

129

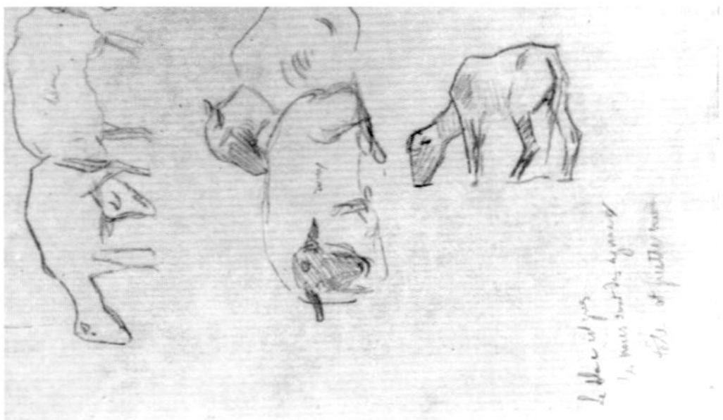

137

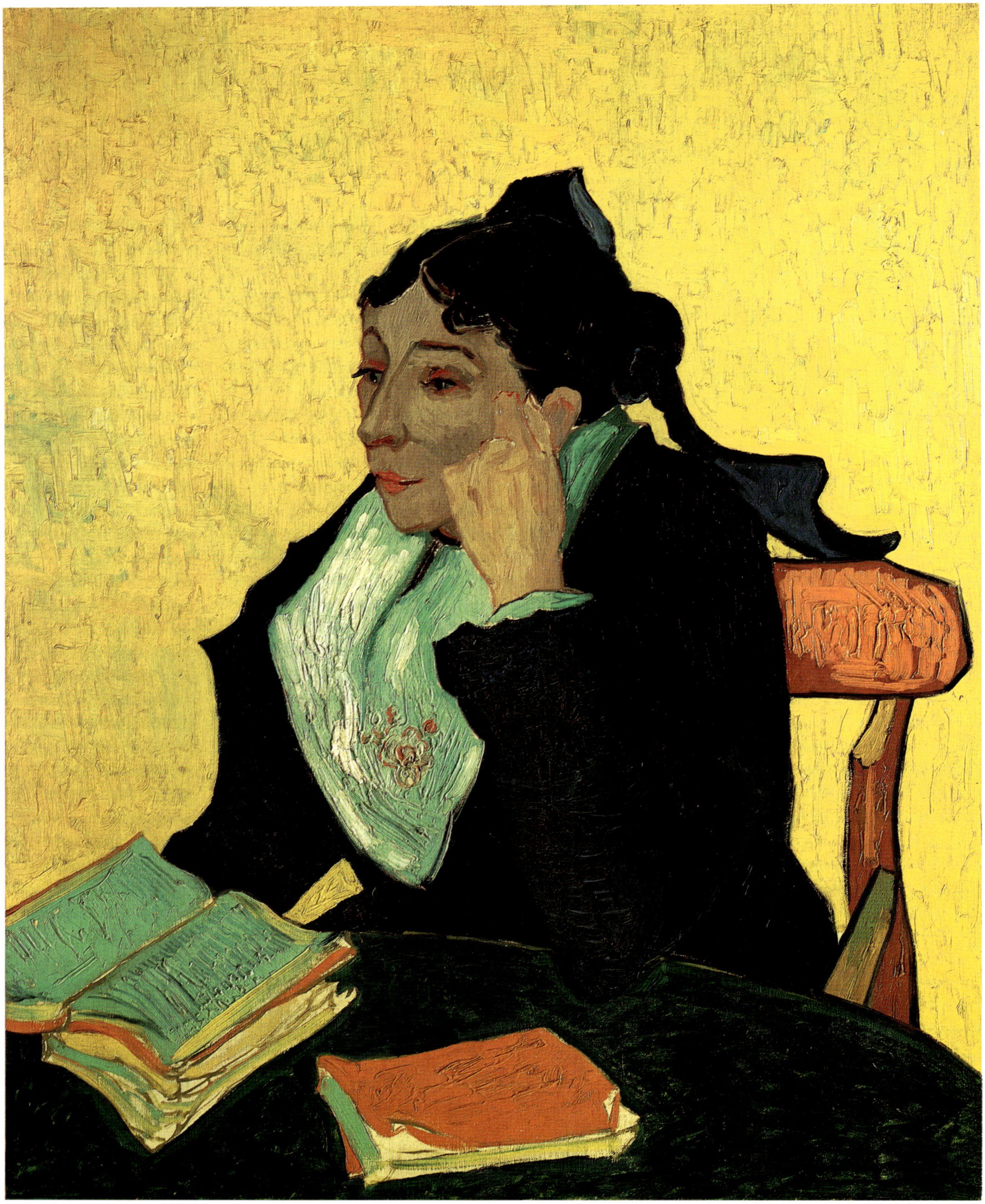

137
Vincent van Gogh
*L'Arlésienne (Madame Ginoux)*
Begin december 1888
[F 488, JH 1624]
Olieverf op doek
91,4 × 73,7 cm
The Metropolitan Museum of Art, New York, donatie van Sam A. Lewisohn, 1951
Cat. 86

138
Paul Gauguin
*De moeder van de kunstenaar (Aline-Marie Gauguin)*
December 1888
[W 385]
Olieverf op doek
41 × 33 cm
Staatsgalerie Stuttgart
Cat. 51

139
Foto van Aline Gauguin
ca. 1840
Privé-collectie

onderwereld en de verdachte bewoners daarvan hem vanaf juli inspiratie gegeven voor zijn afbeelding uit september van een nachtcafé, een plaats waar men 'gek kan worden of misdaden kan begaan' (fig. 40). De geprekken die ertoe leidden dat Gauguin hetzelfde onderwerp oppakte lijken gevoed te zijn doordat Vincents en Prado's wereld met elkaar vermengd waren geraakt. In de kranten werden vergelijkingen getrokken tussen Prado's handigheid met het scheermes en de vaardigheden van een andere bekende van hem, de beruchte Henri Pranzini, een voormalige agent uit de Parijse kunsthandel die in 1887 wegens moord veroordeeld en terechtgesteld was. Pranzini was zoals Prado een liefhebber van vrouwen en had een verhouding gehad met Agostina Segatori – tenminste volgens Vincent, die aan Gauguin overbriefde wat hij in vertrouwen van de eigenaar van café Le Tambourin in Parijs gehoord had. Naar zijn overtuiging hadden Prado en Pranzini daar hun snode plannen gesmeed.[286]

De veelzeggende overeenkomsten tussen de ervaringen van de moordenaars en de kunstenaars kreeg een diepere respons in de nasleep van Prado's proces half november. Prado hield vol onschuldig te zijn en deed zich in deze zaak voor als een martelaar (hij bekende schuld in andere moordzaken), maar werd toch schuldig bevonden en ter dood veroordeeld. Door dit soort rechtspraak en het vonnis dat duidelijk beïnvloed was door het eigenbelang van de getuigen, werd het debat over de doodstraf weer opnieuw leven ingeblazen. Bij de discussies over dit thema werden nu de gangbare theorieën over criminele antropologie betrokken, waarin moordenaars werden gepresenteerd als aangeboren misdadigers, moord als een sociale 'wet' en de analyse ervan als zowel kunst en wetenschap. Onder de toenmalige publikaties over dit onderwerp bevond zich de vertaling (verzorgd door één van de leiders van de symbolistische beweging) van Thomas de Quincey's *On murder considered as one of the fine arts* (*Over moord beschouwd als één der schone kunsten*) (1827).

138

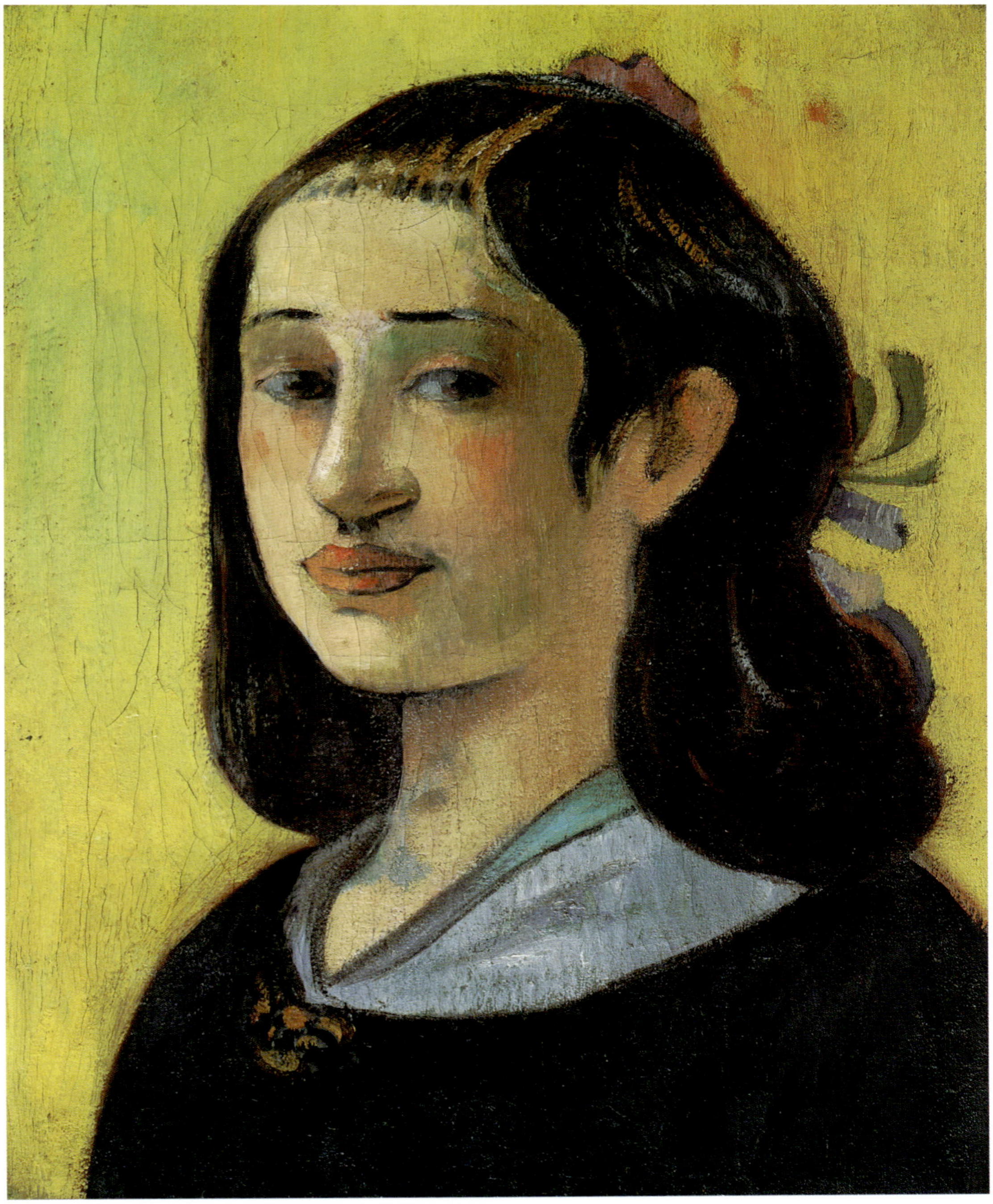

139

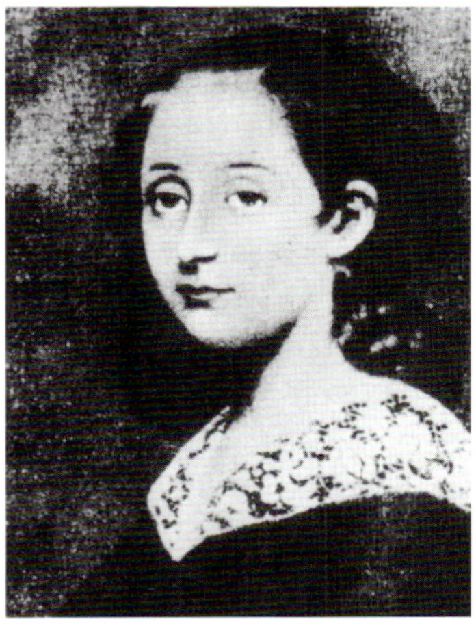

Deze verscheen in het literaire supplement van *Le Figaro* samen met recensies van nieuwe studies met titels als *Le manuel du parfait assassin* (*Handboek van de perfecte moordenaar*). In een recensie die Aurier schreef over dit laatste boek toen de kranten vol stonden met berichten over de Prado-Affaire, werd de heersende obsessie met wat de recensent aanduidde als 'sympathieke moordenaars' nog verder onderstreept.[287] Dit gebeurde precies op het moment dat Gauguin besloot zichzelf voor te stellen als Jean Valjean. En nu werd de schepper van Jean Valjean, Victor Hugo, opnieuw een referentiepunt voor Gauguin en Vincent. De kranten berichtten dat Prado in de gevangenis Hugo's boeken las en beschreven het aanhoudende verzoek om gratie van de misdadiger in artikelen die deden denken aan Hugo's krachtige verklaring tegen de doodstraf, *Le dernier jour d'un condamné* (*De laatste dag van een veroordeelde*) (1829), een verhaal dat geschreven was vanuit het standpunt van de veroordeelde.

Vincent was jaren eerder diep geraakt door Hugo's geromantiseerde verslag. Naar het schijnt leefde hij nu zeer mee met het levensechte verslag van Prado's kwellende onzekerheid in *L'Intransigeant*. In de dagen voor Kerstmis 1888 werd zijn eigen onzekerheid eveneens steeds ondraaglijker. Op 22 december was de uitslag van het beroep op handen en berichtte *L'Intransigeant* dat Prado niet langer in staat was om zijn heldhaftige gedrag vol te houden. Hij was een wrak. Hij was overdag zwaar gespannen en werd 's nachts in zijn slaap achtervolgd door 'Horla'-achtige nachtmerries. Ook Vincents pogingen om zijn gemoedsrust te behouden werden gedwarsboomd door uitputting. Zijn gedrag werd steeds labieler. Gauguin vermeldde dat hij het ene moment ruw en lawaaierig was en het volgende moment heel stil.[288] Gauguin stond klaar om te vertrekken en Vincent wist dat. Bij het doorlezen van *L'Intransigeant* op zondag de 23ste viel Vincents oog op een klein bericht (fig. 140): de avond tevoren was een 19-jarige jongeman op weg naar huis aangevallen door iemand met een mes, die hem een diepe wond in de linkerzij had toegebracht. Het zwaargewonde slachtoffer was in levensgevaar naar het ziekenhuis gebracht en het bericht eindigde zakelijk met de woorden: 'De moordenaar is op de vlucht geslagen' ('*Le meurtrier a pris la fuite*').[289] Vincent scheurde het bericht uit de krant.

'De moordenaar is op de vlucht geslagen' ('*Le meurtrier a pris la fuite*') is het meest provocerende onderdeel op de index-achtige lijst die Gauguin uit zijn gesprekken met Vincent in de december haalde (fig. 104). Enkele dagen daarna deed Gauguin verslag van wat er die avond gebeurde aan Bernard, die het als volgt doorvertelde aan Aurier:

De dag voor mijn vertrek [...] rende Vincent achter me aan (hij ging uit, het was nacht) en ik draaide me om omdat hij zich al een tijd vreemd gedroeg. Maar ik vertrouwde hem niet. Toen zei hij tegen me: 'Je bent zwijgzaam, maar ik zal het ook zijn.'

Vanaf het moment [dat het duidelijk was] dat ik Arles zou moeten verlaten, deed hij zo raar dat ik er niet tegen kon. Hij zei zelfs tegen me: 'Ga je vertrekken?' En toen ik 'Ja' zei scheurde hij deze zin uit de krant en stopte die in mijn hand: 'de moordenaar is op de vlucht geslagen.'

Ik bracht de nacht in een hotel door en toen ik terugkwam stond heel Arles voor ons huis. Vervolgens werd ik door de politie gearresteerd omdat het huis onder het bloed zat. Dit is wat er gebeurd was.

Vincent was na mijn vertrek weer naar huis gegaan, had een scheermes gepakt en zijn oor dwars doorgesneden. Daarna had hij een grote baret op zijn hoofd gezet en was naar een bordeel gegaan om het oor aan een of ander arm meisje te geven, met de woorden: 'Je zult je mij herinneren, voorwaar dat zeg ik je.' Het meisje viel onmiddellijk flauw. De politie werd gebeld en kwam meteen naar het huis.

Vincent werd opgenomen in het ziekenhuis. Hij is er nog slechter aan toe, hij wil met de patiënten slapen, zit de verpleegsters achterna en wast zichzelf in de kolenkit. Dat wil zeggen, hij gaat maar door met bijbelse zelfkastijdingen. Ze hebben hem in een kamer moeten opsluiten.[290]

De lokale kranten bevestigen de kern van de gebeurtenissen. Vincent verscheen om half twaalf in de avond in het bordeel, vroeg naar een zekere Rachel en sprak met haar. Daarna ging hij naar huis en naar bed. Daar werd hij de volgende ochtend door de politie gevonden 'bijna zonder teken van leven.'[291] Hij werd naar het plaatselijke ziekenhuis overgebracht.

Nadat Gauguin ondervraagd was door de politie zond hij een telegram naar Theo in Parijs. Deze nam de nachttrein en kwam in Arles aan op de ochtend van Eerste Kerstdag. Hij hoorde dat Vincent al dagenlang tekenen van waanzin had vertoond. In het ziekenhuis trof hij zijn broer aan terwijl deze heen en weer slingerde tussen momenten van helderheid en 'zijn getob over philosophie en theologie.' Tijdens de enkele dag die Theo in Arles doorbracht, zag hij op één van Vincents heldere momenten kans om het nieuws te vertellen dat hij vier dagen tevoren aan zijn moeder had meegedeeld. Hij had opnieuw Jo Bongers hand gevraagd en dit keer had ze ja gezegd. Vincent slaagde erin zijn zegen te geven, maar waarschuwde Theo ervoor dat het huwelijk niet beschouwd mocht worden als het belangrijkste doel van het leven.[292]

Gauguin ging niet naar het ziekenhuis, ook al vroeg Vincent herhaaldelijk speciaal om hem. Waarschijnlijk nam hij op 25 december samen met Theo de nachttrein naar Parijs. Het experiment van het Atelier van het Zuiden was ten einde en het naspel ervan net begonnen.

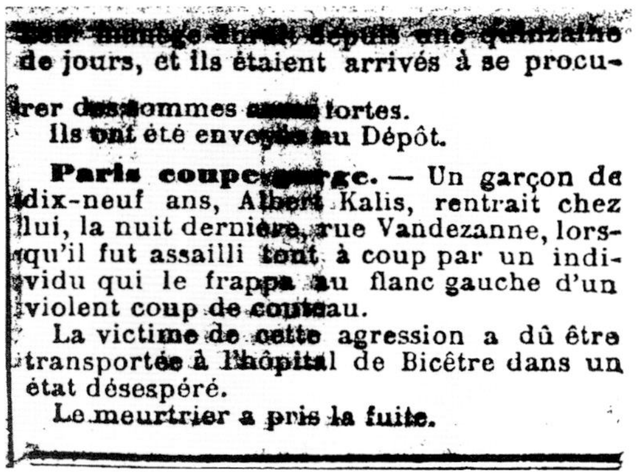
leur manège durait depuis une quinzaine de jours, et ils étaient arrivés à se procurer des sommes assez fortes.
Ils ont été envoyés au Dépôt.

**Paris coupe-gorge.** — Un garçon de dix-neuf ans, Albert Kalis, rentrait chez lui, la nuit dernière, rue Vandezanne, lorsqu'il fut assailli tout à coup par un individu qui le frappa au flanc gauche d'un violent coup de couteau.

La victime de cette agression a dû être transportée à l'hôpital de Bicêtre dans un état désespéré.

Le meurtrier a pris la fuite.

140

141

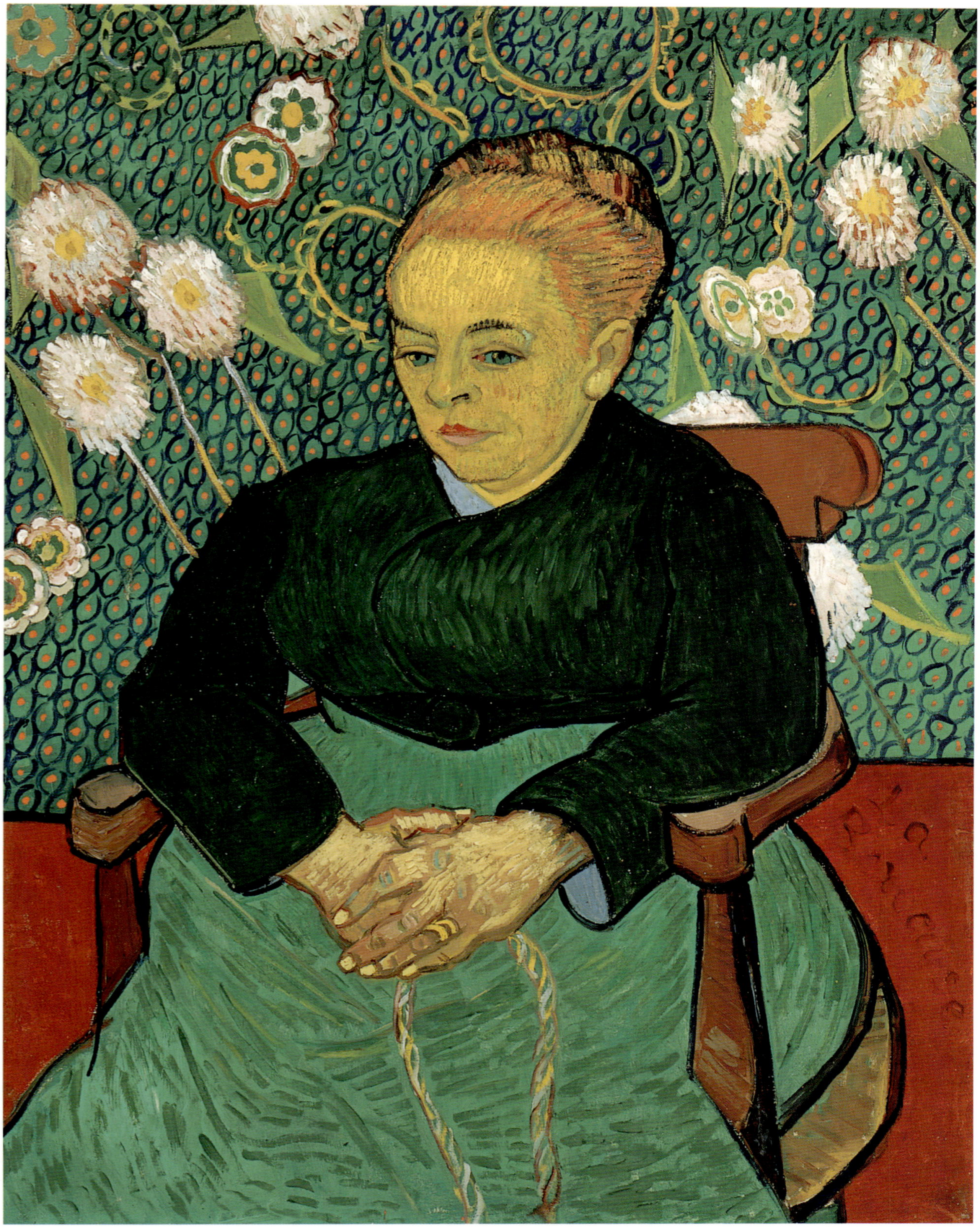

140
'Faits divers,'
*L'Intransigeant*,
23 december 1888

141
Vincent van Gogh
*La Berceuse, portret van Madame Roulin*
Eind december 1888-ca. 22 januari 1889
[F 508, JH 1671]
Olieverf op doek
92,7 × 72,8 cm
Museum of Fine Arts, Boston, donatie van John T. Spaulding
Cat. 89

# BRIEFWISSELING

**24 DECEMBER 1888 - 29 JULI 1890**

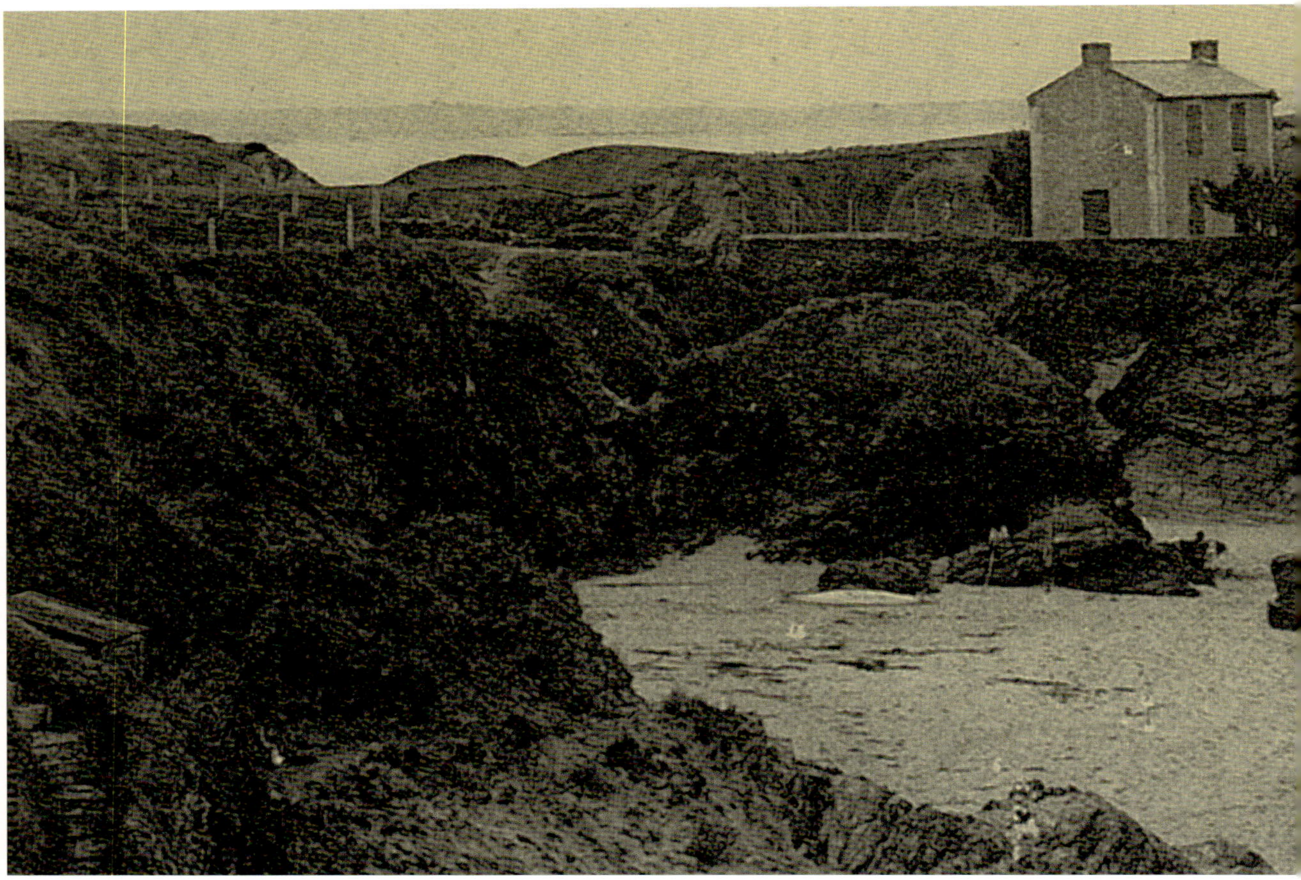

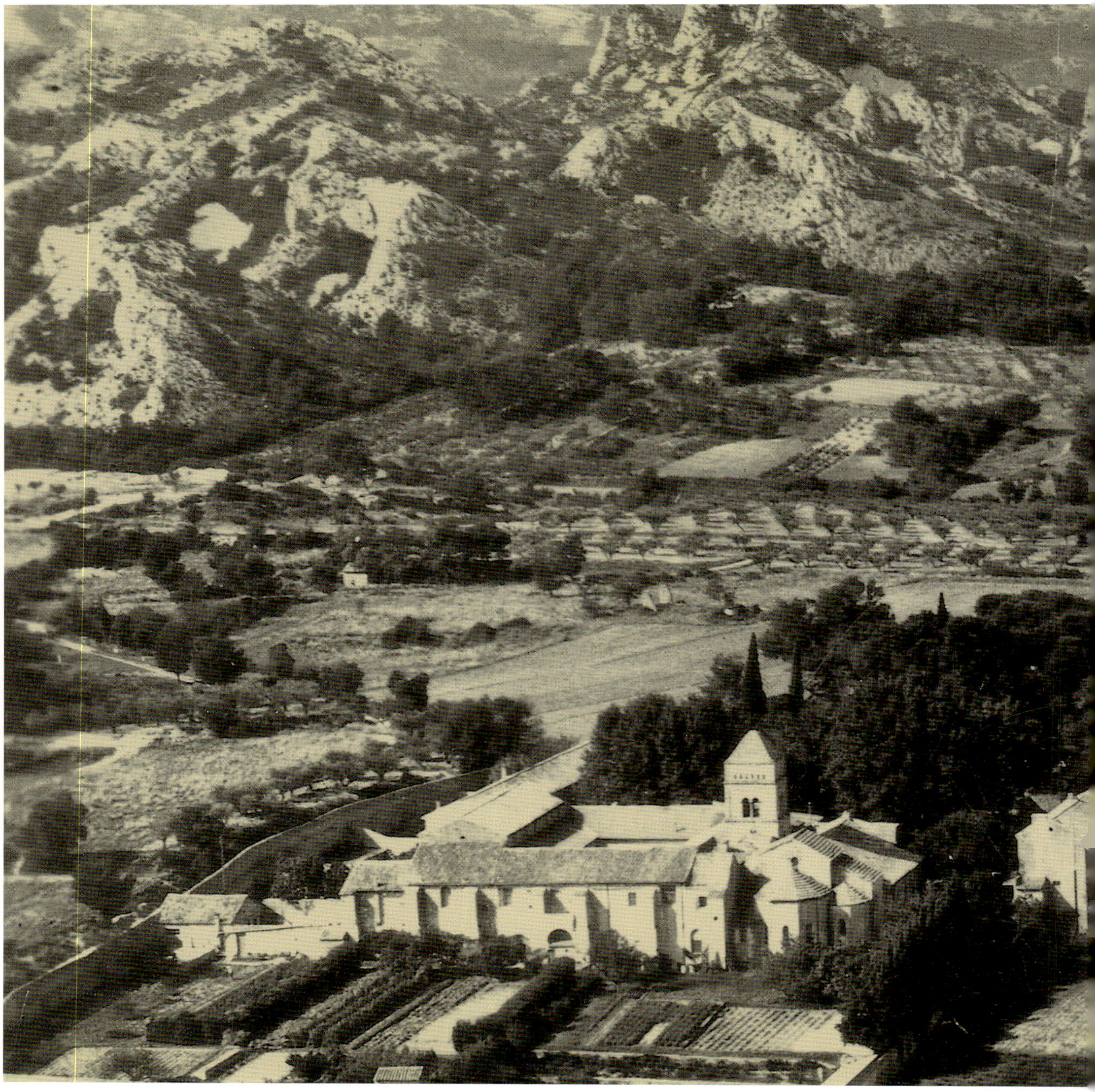

1

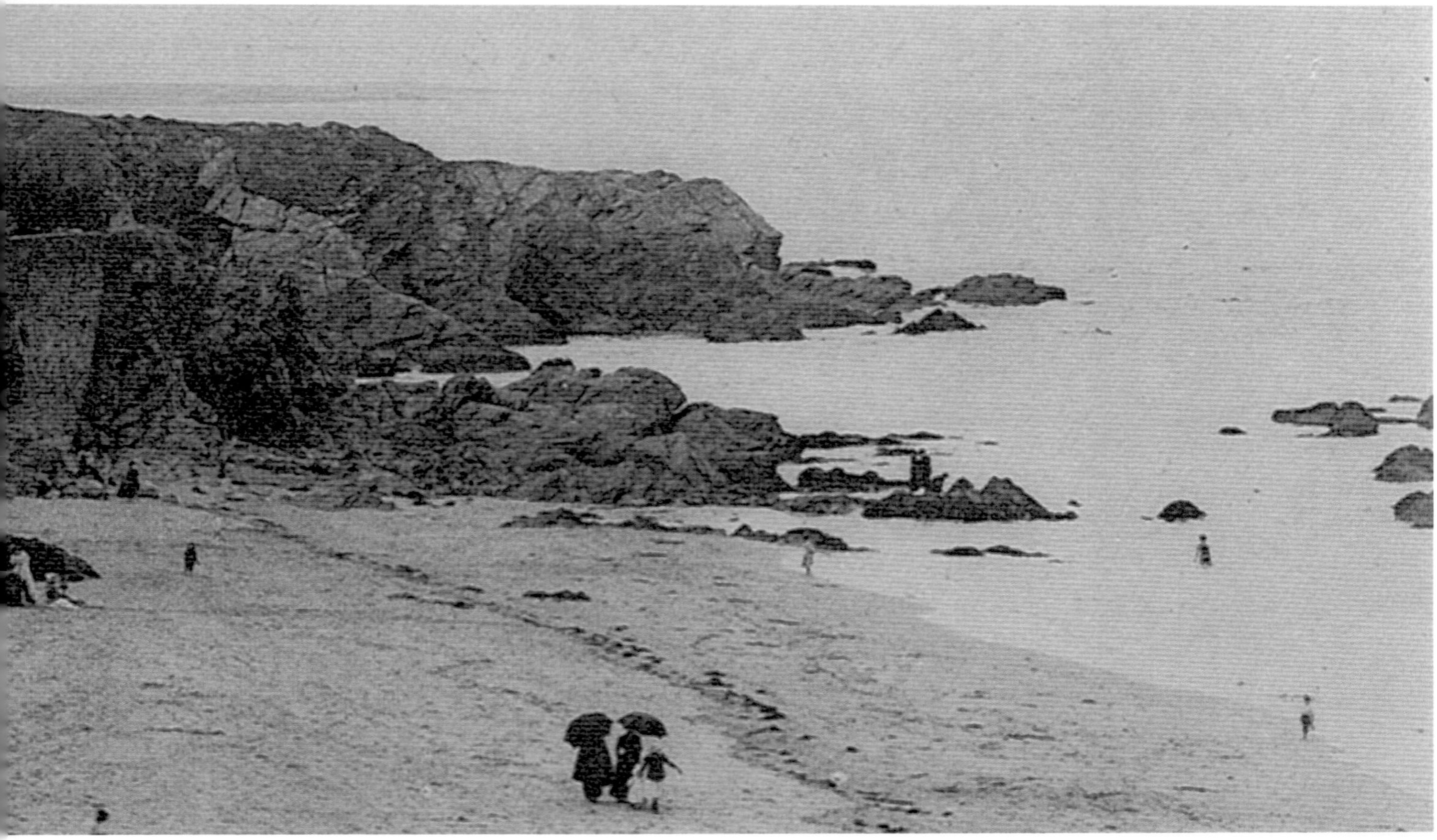

2

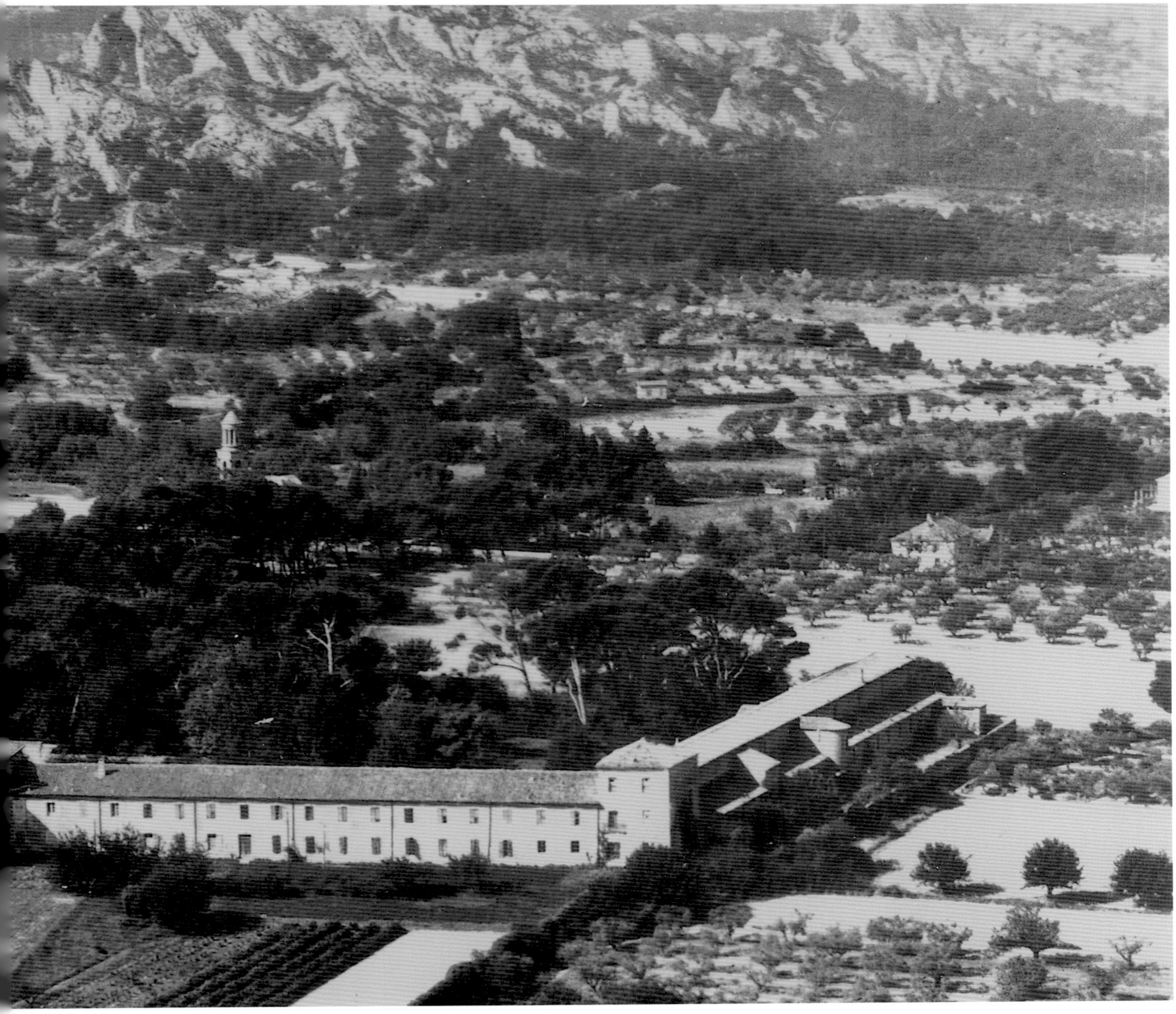

1
Ansichtkaart van La Pointe Pen'Mane, Gands Sables-baai, Le Pouldu, ca. 1900

2
Luchtfoto van de inrichting in Saint-Paul-de-Mausole, Saint-Rémy, met de uitlopers van de Alpilles op de achtergrond, ca. 1940
Van Gogh Museum, Amsterdam (Vincent van Gogh Stichting)

De verstandhouding tussen Vincent en Gauguin overleefde de gebeurtenissen van december 1888 in zoverre, dat ze hun dialoog voortzetten tot Vincents dood, negentien maanden later. Ondanks herhaalde voorstellen van Vincent om hun krachten nog éénmaal te bundelen, ontmoetten ze elkaar nooit meer. Net als in de maanden voor Gauguins reis naar het zuiden voerden ze een gesprek op grote afstand, via derden, brieven en af en toe kunstwerken. Daarbij vertrouwden ze op de tijdens hun samenzijn ontworpen, gemeenschappelijke, ongeschreven regels. Tegelijk vond Vincents al lang bestaand idee van de rol van de kunstenaar – gebaseerd op Carlyle en recentelijk op Wagner – nu ingang bij jonge symbolistische schrijvers en kunstenaars. Op die manier plaveiden de discussies in Arles, ook al bewoog hun kunst zich in nieuwe richtingen, voor zowel Vincent als Gauguin de weg om een grotere stem te krijgen in de wijdere avant-gardistische context. Maar ondanks de gewijzigde omstandigheden bleven beiden zich gedragen alsof de ander schitterde door afwezigheid.

Vincent zat in het nogal geïsoleerde Zuiden en ontdekte dat hij in staat was om doeken te maken die voor hem kenmerkender en waarachtiger expressief waren (net als de werken die hij maakte in afwachting van Gauguins komst), dan vele die hij gemaakt had in aanwezigheid van zijn vriend. Gauguins sterke aanwezigheid was problematisch geweest, doordat deze in hem een verlammende reactie, een combinatie van bewondering en weerstand, opriep die een enorme angst voor Gauguins afkeuring en overmatige invloed veroorzaakte. Nu Gauguin fysieke afwezig was kon Vincent hun discussies vrijelijk doen herleven en op kritische wijze interpreteren, zonder zich te laten afremmen door hun onenigheden. Nu kon hij in zijn fantasie een blauwdruk maken van de ideale omgang met historische figuren als Delacroix, Millet en Monticelli. Hoe wankel of vertekend deze voorgenomen gesprekken ook waren, zij vormden de stimulans waar Vincent op dreef. Hij was nu in de gelegenheid om stijlkwesties te overdenken, zonder pressie om zijn wezenlijke technische en expressieve voorkeuren voor snel schilderen los te hoeven laten. Zelfs wanneer strijdige werkelijkheden deze dialoog onder druk zetten slaagde Vincent er meesterlijk in om de ontsporingen onder controle te krijgen door het missionaire vuur waarmee hij zijn kunst bedreef aan te wakkeren. Vincents laatste levensjaren stonden in het teken van perioden van ziekte, wanhoop, herstel en hoop. Hij werd tevens heen en weer geslingerd tussen het nastreven en het opgeven van zijn ambities. Maar juist tijdens problemen groeide zijn betrokkenheid tot het idee van de kunst als een modern evangelie.

Gauguin bleef eveneens trouw aan het prediken van zijn boodschap, zij het om meer pragmatische dan psychologische redenen. Het model van de ultieme kunstenaar ontketende in hem nooit het intense geloof dat bij Vincent kon voeren tot een te sterke identificatie; in plaats daarvan diende het als masker dat hij naar believen op kon zetten. Na Arles had hij daar behoefte aan. Gauguin bevond zich in een broeinest van nieuwe ideeën, persoonlijkheden, uitdagingen en invloeden. Hij deed een verwoede poging om een perfect samenspel van leven en kunst te creëren, waardoor hij een leidende positie zou krijgen. Eigentijdse symbolististische intellectuele stromingen, gecombineerd met de erfenis van zijn werk met Vincent, gaven nieuwe richting en sanctie aan de strategie die hij zich toe-ëigende. Maar Vincent had in meer dan alleen een creatieve stimulans voor Gauguin voorzien, omdat hij ook dienst deed als ondervragend en voortstuwend artistiek geweten. Gauguins nieuwe kennissen, die zowel intellectueel als emotioneel minder eisten, waren niet bij machte zijn neiging tot zelfvergroting in te perken, die slechts incidenteel door twijfel aan zichzelf werd ingetoomd. Net als in de maanden voorafgaande aan zijn verblijf in Arles, konden Vincents periodieke aansporingen Gauguin helpen om vorm en uitdrukking te geven aan ideeën die opkwamen uit nieuwe ervaringen. Herinneringen aan de ambities die geïnvesteerd waren in het Atelier van het Zuiden en de ondergang daarvan obsedeerde het leven van beide kunstenaars, en gaven voedsel aan de bestaande preoccupatie met martelaarschap en verraad.

## Parijs, winter 1889

'Heeft Gauguin dit aan zien komen?' vroeg Wil in een verontruste brief aan Theo.[1] Dit was de vraag waarvan Gauguin wist dat die hem gesteld zou worden nadat de Parijse kunstenaarsgemeenschap ter ore was gekomen wat er zich in Arles had afgespeeld. Bewust van het feit dat hij bekend stond (op z'n minst in sommige kringen) om zijn wrede karakter, was hij duidelijk bezorgd hoe anderen deze gebeurtenissen en zijn rol daarin zouden interpreteren. In een poging zijn handelingen te rechtvaardigen, paste hij zijn relaas aan bij zijn publiek en bij de situatie zoals die zich verder ontwikkelde.

Aanvankelijk leek het erop dat alleen Gauguin getuigenissen uit de eerste hand zou kunnen verschaffen, want Vincents genezing leek erg onwaarschijnlijk. In een brief aan Aurier (zie hfdst. 4) liet Bernard doorschemeren dat Vincents dood naderde en Theo bereidde zichzelf en zijn familieleden voor op het feit dat Vincent voor zijn verdere leven in een inrichting opgenomen zou moeten worden of zelfs zou bezwijken. Totaal gebroken bij het vooruitzicht zijn broer te verliezen, moest Theo ook nog eens worstelen met de gedachte dat weinigen verbaasd waren. Zelfs familieleden (met uitzondering van Wil) konden hun mening niet verbergen dat hij altijd al gestoord was geweest. Zijn moeder zei het ronduit en merkte scherp op: 'Zijn lijden en dat van ons was er het gevolg van.' Alle Parijse kennissen van Theo deelden deze mening, behalve de drie mannen die hem bijstonden gedurende deze beproeving: Degas, Gauguin en zijn toekomstige zwager, Andries Bonger.[2]

Natuurlijk had Gauguin nog steeds Theo's hulp nodig, zeker toen de voorspelling van succes in november veel te optimistisch bleek te zijn geweest: Degas had van een aankoop afgezien en Theo had nog geen andere werken verkocht. Om zich van de blijvende steun van de kunsthandelaar te verzekeren, stelde Gauguin hem gerust dat zijn broer in goede geestelijke gezondheid verkeerde, terwijl hij tegenover Bernard het tegendeel beweerde. Gauguin was zich bewust van de religiositeit van de jongere kunstenaar en diepte verhalen op over Vincents vroegere domineeschap in de Borinage. Bernard beschreef op zijn beurt Vincents 'heiligenleven,' voorzien van het vereiste wonder: na een mijnontploffing redde hij het leven van een man wiens littekens leken op 'de sporen van een doornenkroon'. Overmand door een hagiografische opwelling, vertrouwde Bernard Aurier toe dat Vincents 'leven van lijden en martelaarschap' hem ruimschoots kwalificeerde voor de staat van heiligheid.[3]

Bernards interpretatie grijpt terug op Zola's *L'Oeuvre,* waarin Claude Lantier, het mislukte genie, blijk geeft van een mengeling van heroïsche krankzinnigheid en religieuze hartstocht die, zoals zijn collega's inzien, zijn martelaarschap onvermijdelijk maken. Dit was het scenario waarmee Vincent na zijn dood in het openbaar geassocieerd zou worden.[4] Een ander personage uit deze roman – Fagerolles, de uitgekookte plunderaar van andermans talent, die succes had verworven door Claude van zijn ideeën te beroven – had Pissarro en zijn omgeving al voorzien van een kort-door-de-bocht identificatie met Gauguin (zie hfdst. 2). In het licht van de recente gebeurtenissen deed Gauguin zijn uiterste best om deze visie te bestrijden door in feite Fagerolle's ware talent te evenaren. Hij probeerde de nieuwe marktdynamiek uit te buiten waarin naar roem en rijkdom hunkerende kunstenaars samenzwoeren met kunsthandelaars en critici om in de gunst te komen bij een wispelturig publiek dat gefascineerd werd door beroemdheid en nieuwigheid. Gauguin werkte nu met evenveel inzet voor dit imago als voor zijn werk, in een poging deze gedeeltelijk te laten samenvallen.

Deze poging hield in dat er in Gauguins recente biografie wat gewijzigd moest worden. In een opmerkelijke brief van januari, gericht aan een onbekende ontvanger (mogelijk een potentiële koper) voerde hij aan dat hij zich ongemakkelijk voelde bij Vincents heiligverklaring, waaraan hij zelf klaarblijkelijk bijgedragen had. Hij legde zijn correspondent uit dat hij net was teruggekomen uit het Zuiden, waar hij van plan was geweest een jaar samen te werken met een bevriend kunstenaar. Maar zijn vriend was volslagen gek geworden en gedurende een maand had Gauguin geleefd met de angst voor een verschrikkelijk ongeluk. Door dit voor te stellen als de laatste in een serie van tegenslagen, vergeleek Gauguin zijn beproevingen rond geld en onwetende kunstverzamelaars met die van Delacroix. Vervolgens haalde hij, zonder enige aanleiding, Fromentin aan in het kader van Rembrandt en het licht van Noord-Afrika, waarbij hij teruggreep op zijn gesprekken in Montpellier met Vincent:

Steen brokkelt af, het woord houdt stand. Wij zijn verre van de tijd toen Christus, de kunstenaar die boetseerde met levend vlees, vriendelijk sprak en overreedde, Nu [...] moet je om de zogenaamde waarheid te zeggen deze als een storm afdwingen [...] Ik weet wat me te wachten staat, en ik ga rustig van ramp naar ramp, tot het einde – maar ik weet ook dat steen afbrokkelt en mijn werk niet.[5]

De oorsprong van de eerste en laatste zin zijn bekend. 'Steen brokkelt af, het woord houdt stand' ('Le pierre périra, la parole restera') was een van Vincents favoriete gezegden, zoals Gauguin later zou opmerken in zijn condoleancebrief aan Theo.[6] Door het erbij te halen, samen met de stijlfiguur van Jezus-als-kunstenaar, beeldde Gauguin zichzelf af als een Christus, die leed door het verbreiden van zijn woord, en alleen overeind bleef door de belofte van de eeuwige nalatenschap van zijn boodschap.

Het beheersen van die boodschap werd van het allergrootste belang. In Gauguins eerste verslag aan Bernard, was Vincents overhandiging aan hem van het krantebericht over de steekpartij (zie hfdst. 4) een beschuldiging, waarmee hij insinueerde dat Gauguin verantwoordelijk was voor de pijn die hij voelde en die hij vervolgens symbolisch uitte door zijn zelfverminking. In het aanbieden van een stuk van zijn oor aan de prostituee Rachel, klinkt de betekenis van een sacrament door. Het gebaar en de woorden die hij erbij sprak zijn een afspiegeling van Jezus' woorden tegen zijn discipelen tijdens het Laatste Avondmaal voor zijn gang naar Gethsemane. Daar werd hij verraden door Judas. Terwijl Jezus door de soldaten werd gearresteerd, sneed Simon Petrus een oor af van de dienstknecht van de hogepriester. (In het ene evangelie geneest Jezus de wond met zijn aanraking, terwijl hij in een ander Simon Petrus' tussenkomst in voorbeschikte gebeurtenissen afkeurt.)[7] In dit scenario kon Gauguin dus worden vergeleken met Judas tegenover Vincents Christusfiguur. Later veranderde Gauguin zijn oorspronkelijke verslag, zodat hij het doelwit werd van Vincents aggressie. Hij liet het detail van het kranteknipsel achterwege en beweerde dat Vincent hem van achteren benaderd had met een uitgeklapt scheermes. Vincent aarzelde door Gauguins afwerende blik en haastte zich terug naar het Gele Huis waar hij zijn hevige woede op zichzelf richtte. Deze versie gaf Gauguin de gelegenheid om te vraag op te werpen – van zich af te werpen – van een mogelijke schuld aan iets geringers: 'Was ik nalatig...? Had ik hem van zijn wapen afhandig moeten maken en proberen hem tot kalmte te brengen? Ik heb mijn geweten vaak om antwoord gevraagd, maar ik heb mijzelf niets te verwijten.'[8]

Hoewel hij zichzelf schijnbaar vrijsprak, bleef Gauguin in beslag genomen door onderwerpen als schuld, onschuld, verraad, gerechtigheid en moord, wat blijkt uit zijn aanhoudende fascinatie voor de ontknoping van de 'Prado-Affaire'. Prado's verzoek om clementie werd op 27 december door de rechter verworpen. Twee dagen later begaf Gauguin zich, gewapend met zijn schetsboek, geattendeerd door een vriend bij de stadswacht, naar de place de la Roquette. Daar voegde hij zich bij de bonte mengeling van genodigden, verslaggevers, nieuwsgierige voorbijgangers en straatschooiers, die zich vanaf twee uur in de ochtend verzamelde om het schouwspel te bekijken (zie fig. 3). Wat Gauguin zich van Prado's verschijning bij zonsopkomst en het gedrang in de menigte om een glimp van het tafereel op te vangen herinnerde, komt overeen met de krantenberichten. Gauguin ontweek de politiebarricades en haastte zich naar de andere kant van het plein om de slotscène beter te kunnen gadeslaan. Ondanks het feit dat hij verschillende keren door de menigte werd weggeduwd, slaagde hij erin om de guillotine te zien vallen en de beul het afgehakte hoofd uit het mandje te zien optillen. Het was een gruwelijke aanblik omdat Prado tijdens de executie niet de juiste positie had aangenomen waardoor een deel van zijn kin was weggeslagen. Deze verminking liet het maken van een wasafdruk niet toe. Zo'n wasafdruk werd gewoonlijk tentoongesteld en verleende onsterfelijkheid aan beruchte misdadigers zoals Pranzini, Prado's criminele compaan (fig. 4).[9] In tegenstelling tot andere

om hem in het ziekenhuis te komen opzoeken en hij was ook zonder taal of teken vertrokken. Nu had hij in Parijs zijn vertrouwen beschaamd. Vincent vergeleek deze desertie met het beslissende voorval dat beschreven wordt in Daudets *Tartarin sur les Alpes* (1885), waarin Tartarin en zijn dwaze, opschepperige compagnon Bompard een angstig moment beleven tijdens een gevaarlijke klimpartij. Zij hebben gezworen om elkaar niet in de steek te laten, maar beiden raken in paniek, zij snijden het touw door dat de één aan de ander verbindt en dalen ieder langs verschillende routes af, in de veronderstelling dat de ander het niet gehaald heeft. Beiden verzinnen ze uitvluchten om hun eigen lafheid en wederzijds verraad te verbergen, maar de vondst van het aan twee kanten afgesneden touw bewijst wat er zich werkelijk had afgespeeld (zie fig. 12). Vincent raadde Theo aan om deze episode in gedachte te houden als hij zich een idee wilde vormen wie Gauguin werkelijk was, een vals maar typisch Zuidelijk karakter.

Gauguin werd volgens Vincent gedreven door onverenigbare verlangens. Hij verweet hem hoogdravende plannen voor de oprichting van een kunstenaarscollectief, en hij stelde dat hij er goed aan zou doen zich door een psychiater te laten onderzoeken. Gauguin weigerde in te zien dat het voor hem het beste zou zijn om zijn plannen omtrent het vertrek naar het Noorden of naar de tropen te laten varen en naar Arles terug te keren.Vincent bevestigde dat ze goed genoeg met elkaar overweg konden om het opnieuw te proberen, maar geleidelijk begon hij te spreken van 'zijn' in plaats van 'hun' Gele Huis.[15]

Deze tegenstrijdige gevoelens komen tot uiting in de werken waaraan Vincent begon na zijn ontslag uit het ziekenhuis op 7 januari. Hij begon met stillevens, inclusief het werk dat dienst deed als zelfportret (fig. 8) Door bepaalde elementen van de stoelpendanten bij elkaar te brengen (hfdst. 4, fig. 69, 71) – de brandende kaars, de laag-bij-de-grondse uien – benadrukte Vincent voorwerpen die lichamelijke en geestelijke troost brachten, zoals een pijp met tabak, een fles wijn en een brief. Op dezelfde

7

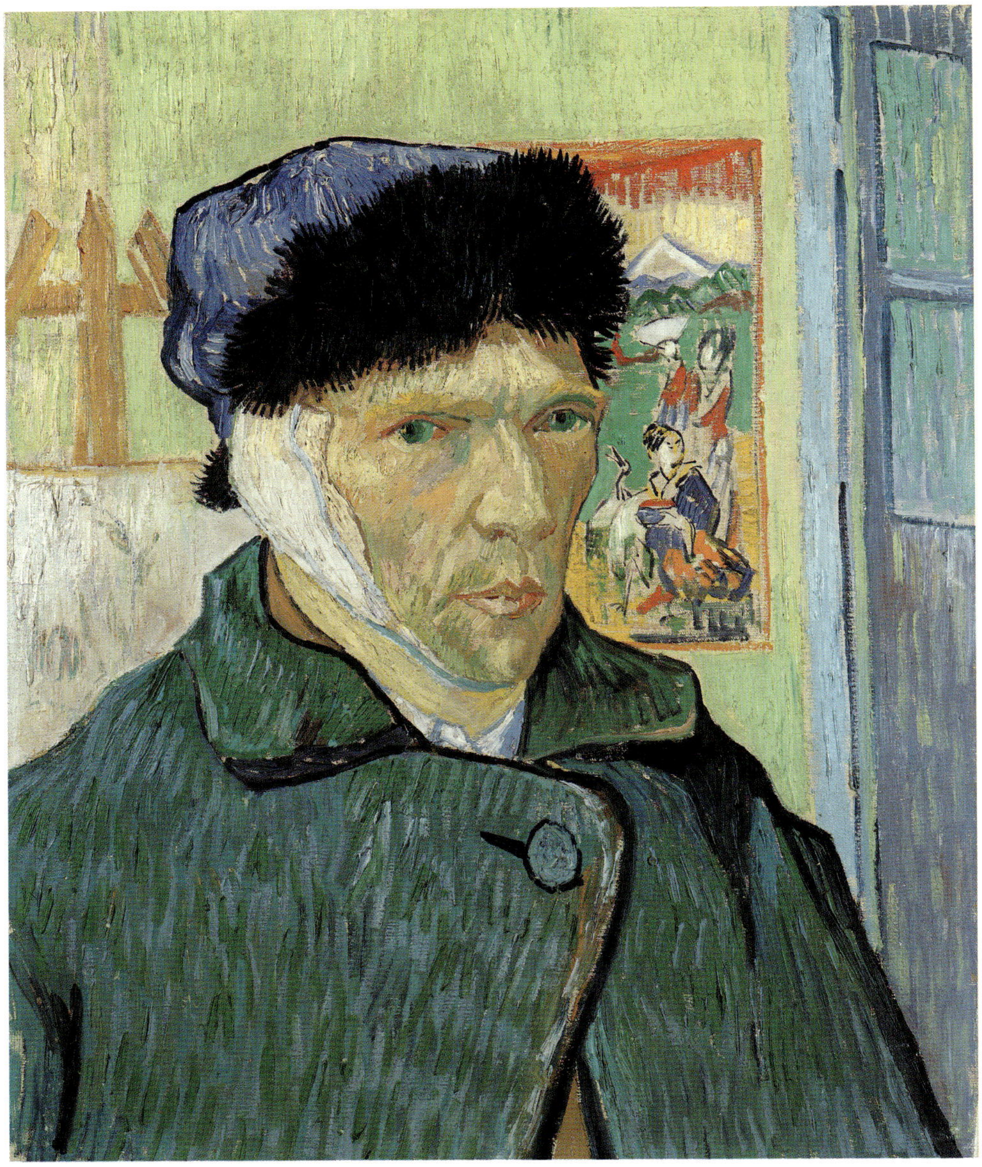

8

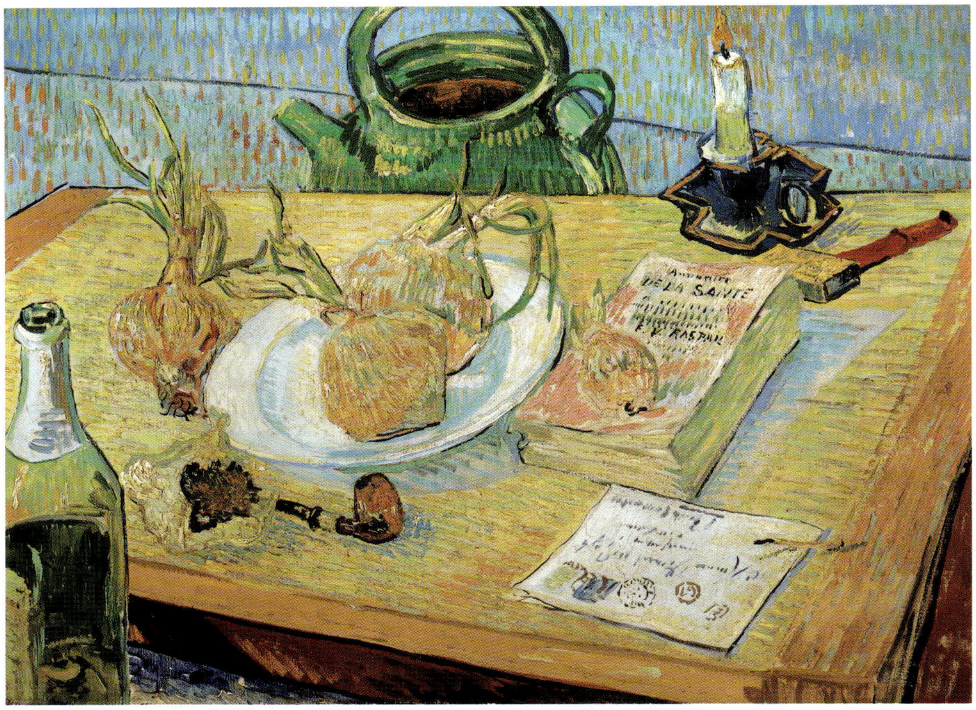

**Ik neem elke dag het geneesmiddel dat de weergaloze Dickens voorschrijft tegen zelfmoord. Dat bestaat uit een glas wijn, een stuk brood en kaas en een pijp tabak. Vincent aan Wil, [30 april 1889]**

7
Vincent van Gogh
*Zelfportret met verbonden oor*
Begin januari 1889
[F 527, JH 1657]
Olieverf op doek
60 × 49 cm
Courtauld Institute Galleries, Londen

8
Vincent van Gogh
*Bord met uien, 'Annuaire de la Santé' en andere voorwerpen*
Begin januari 1889
[F 604, JH 1656]
Olieverf op doek
50 × 64 cm
Kröller-Müller Museum, Otterlo

9
Vincent van Gogh
*Zelfportret met verbonden oor*
Begin januari 1889
[F 529, JH 1658]
Olieverf op doek
64 × 50 cm
Privé-collectie
Cat. 109

9

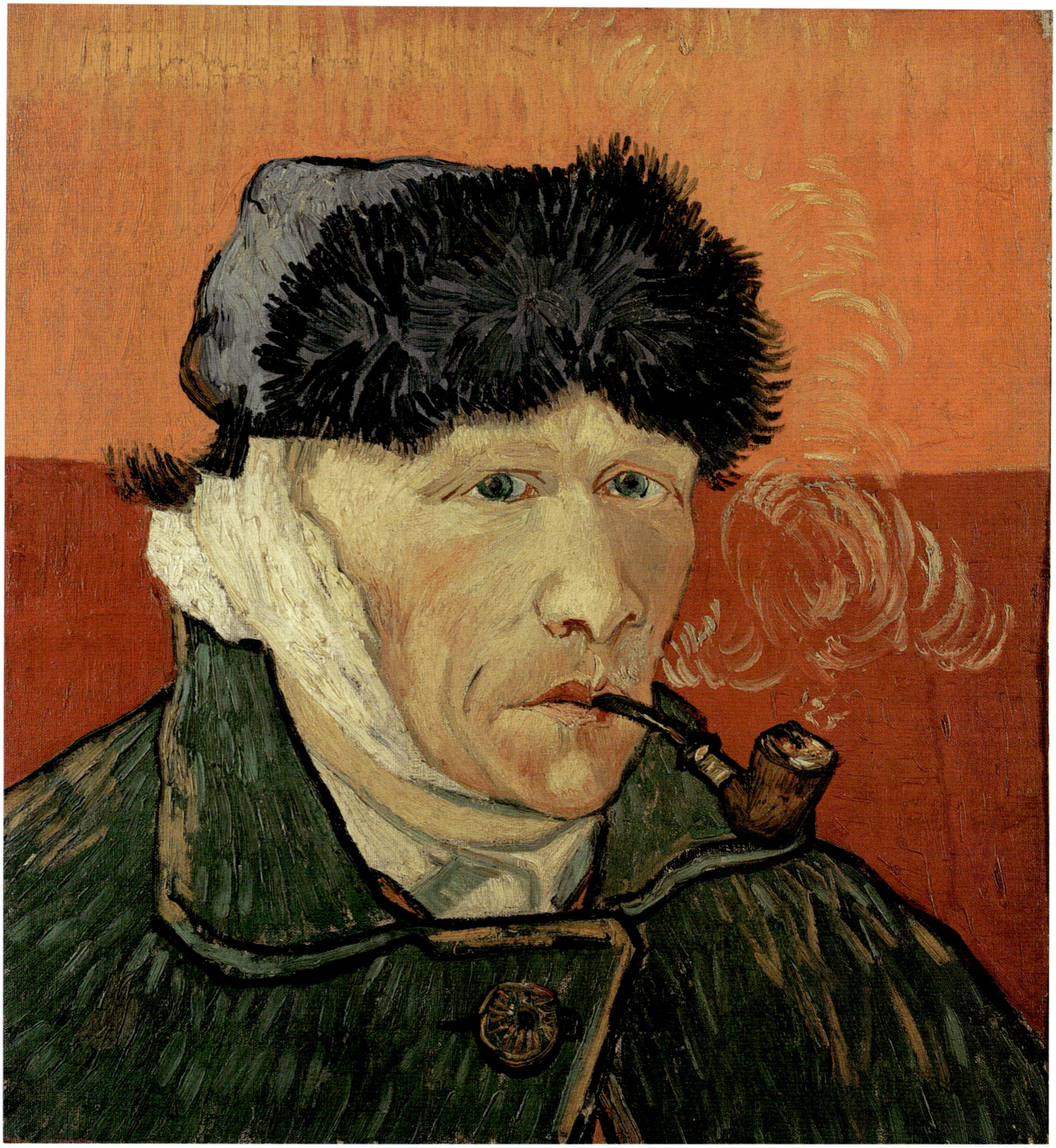

10
Jan van Eyck
(Vlaanderen; ca. 1395-1441)
*Madonna van kanunnik Van der Paele met heiligen Donatianus en Joris* (detail)
1434-36
Olieverf op paneel
Groeningemuseum, Brugge

11
Anoniem
*Calvaire de Sainte-Anne-d'Auray en Bretagne*, ed. Pellerin, Epinal
Houtgravure
62,2 × 37,5 cm
Musée du Faouët, Morbihan, Bretagne

12
Vignet uit Alphonse Daudet, *Tartarin sur les Alpes* (Parijs 1885), p. 348

12
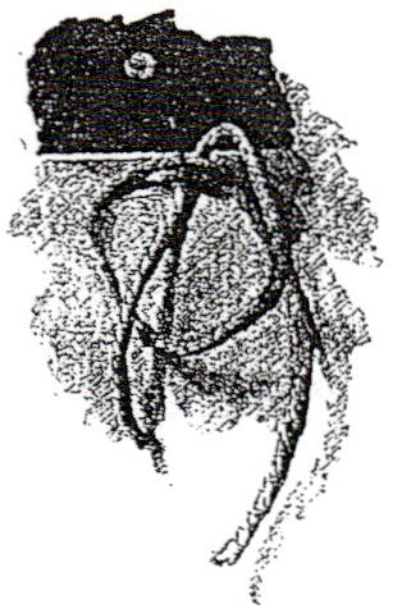

wijze liet hij een paar zelfportretten dat volgde (fig. 7, 9) grote kalmte uitstralen. Op beide is hij gekleed om naar buiten te gaan, met overjas en bonthoed. Zoals hij gewoon was bij dit genre bekeek hij zichzelf in de spiegel, zijn hoofd enigszins naar rechts, zodat zijn verbonden linkeroor duidelijk zichtbaar is. Met deze doeken wilde hij duidelijk bewijzen dat hij onmogelijk gestoord kon zijn als hij in staat was om te werken en wilde hij zich verweren tegen de schade aan zijn reputatie die door Gauguins praatjes veroorzaakt was. Vincent is warm aangekleed, verbonden en kalm. Hij kijkt de toeschouwer met stoïcijnse berusting aan.[16]

In het *zelfportret met pijp* citeert Vincent het complementaire kleurgebruik van beide stoel schilderijen: de in oranje en rood opgesplitste achtergrond fungeert hier als contrast met de blauwe hoed en de groene jas. Het andere voorbeeld biedt een meer beschrijvende entourage en meer pregnante verwijzingen. Vincent beeldde zichzelf af op dezelfde plek waar beide schilders eind november Augustine Roulin hadden geportretteerd, links van de voordeur (zie hfdst. 4, fig. 99). Maar op de achtergrond zien we in plaats van een landschap van Gauguin Vincents eigen schildersezel en aan de muur een Japanse prent die staat voor de esthetische, sociale en spirituele idealen waaraan hij het Gele Huis had gewijd.[17] Zoals Vincent aan Theo verkondigde, kon het huis niet langer dienen als toevluchtsoord voor kunstenaars omdat 'iedereen bang zal zijn van mij.' Gauguin en de groep kunstenaars die hij dubbelhartig om zich verzameld had in Pont-Aven, terwijl hij zijn reis zuidwaarts uitstelde, waren egoïstische samenzweerders en blind voor Vincents werken en lijden ten behoeve van de gemeenschap.[18] Hoewel het portret de belichaming is van martelaarschap voor een nobel doel, komt het ingehouden karakter overeen met de toon die Vincent trachtte aan te houden tegenover Gauguin, toen hij hem rond 22 januari confronteerde met wat er gebeurd was. Vincent erkende dat zijn sterke hameren op Gauguins blijven misschien had bijgedragen tot zijn besluit om te vertrekken – 'tenzij dit vertrek vooraf al overwogen was?' Vincent durfde er niet verder op doorgaan, maar raadde hem wel aan de verhalen van Tartarin zorgvuldig te lezen. Hoewel hij naliet om Gauguin te wijzen op de episode van het doorgesneden touw, beschuldigde hij hem wel van een onvergeeflijke fout voor een zeeman: het verlaten van zijn schip. Gauguin, de kapitein, wiens plicht het was om als laatste het schip te verlaten, had Vincent verlaten 'alleen aan boord van mijn kleine gele huisje.' De gebeurtenissen in december vormden de schipbreuk die Vincent wanhopig had proberen te vermijden. Hij vertelde Gauguin dat zijn geest tijdens de hallucinaties vele zeeën had bevaren en zowel Wagners spookschip alsook 'Le Horla' was tegengekomen, maar dat hij troost had gevonden in de wijsjes die 'de vrouw zong die de zeelieden in slaap wiegde.' Tijdens zijn delirium zong hij luidkeels oude kinderliedjes.[19] Deze beelden zijn nauw verbonden met de afbeelding van Augustine Roulin waarop ze een wiegekoord vasthoudt, het schilderij dat Vincent bijna klaar had nèt toen hun schip op de rotsen te pletter liep (hfdst. 4, fig. 141) en dat hij nu, vertelde hij Gauguin, in de kalmte na de storm zojuist weer had opgepakt. Het enige wat nog moest worden voltooid, merkte hij op, waren de handen en hoogstwaarschijnlijk de laatste lagen van de rok, de stoel en het koord. Door het schilderij te beoordelen in termen van Gauguins stilistische interesse, verklaarde Vincent dat dit werk de beste 'impressionistische kleurenschikking' vertoonde van alles wat hij tot nu toe vervaardigd had. 'En als dit doek zo in een vissersboot, ja zelfs in een schip van de IJslandvaarders, werd gehangen, geloof ik dat er zouden zijn die daarin de wiegster zouden herkennen.' Dit fantasiescenario geeft, samen met Vincents herhaalde doelstelling om kunst te maken als troost voor de diepbedroefden, aan hoe het thema van dit picturale 'wiegenlied in kleuren' nieuwe associaties en betekenislagen had gekweekt in de nasleep van de twist met Gauguin, het nieuws van Theo's verloving en de overplaatsing van Roulin naar Marseille.[20]

Vanaf het begin had Vincent het werk als een 'stella maris' bedoeld, kennelijk geïnspireerd door Loti's beschrijving van een felgekleurde porseleinen Mariabeeld, midscheeps geplaatst en geflankeerd door takken met kunstbloemen, bij wie zeelieden met een simpel geloof troost zochten op de ruwe zee. Om zijn bedoeling een

10
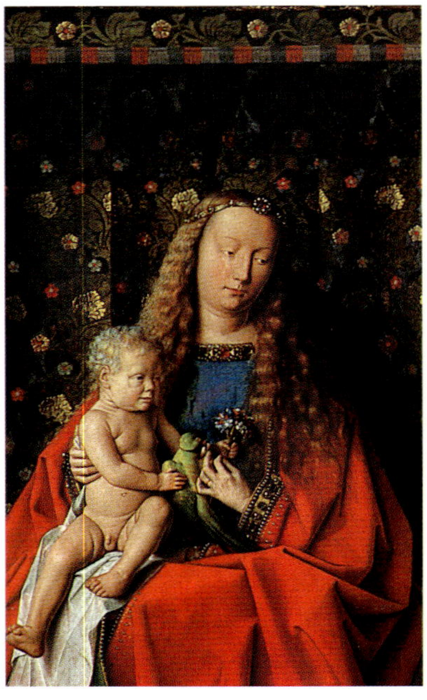

11
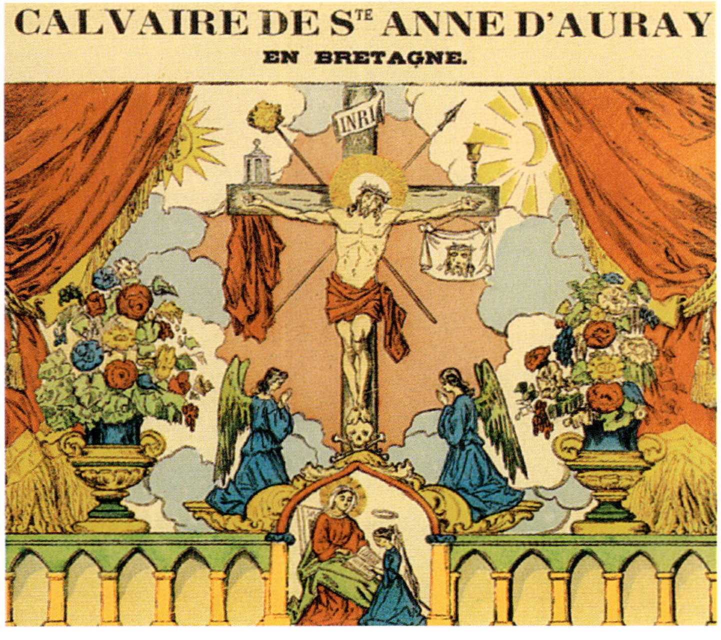

13
Vincent van Gogh
*Zonnebloemen*
Eind januari 1889
[F 455, JH 1668]
Olieverf op doek
92 × 72,5 cm
Philadelphia Museum of Art, The Mr. and Mrs. Carroll S. Tyson, Jr. Collection, 1963

14
Vincent van Gogh
*La Berceuse, portret van Madame Roulin*
29 januari 1889
[F 505, JH 1670]
Olieverf op doek
92,7 × 73,8 cm
The Art Institute of Chicago, Helen Birch Bartlett Memorial Collection, 1926.200
Cat. 112

15
Vincent van Gogh
*Zonnebloemen*
Eind januari 1889
[F 458, JH 1667]
Olieverf op doek
95 × 73 cm
Van Gogh Museum, Amsterdam (Vincent van Gogh Stichting)
Cat. 110

troostende afbeelding te maken verder te onderstrepen, besloot hij nu zijn portret van Augustine Roulin de titel *La Berceuse* te geven, wat zowel staat voor de vrouw die het ledikantje wiegt als voor het wiegelied dat ze zingt. Deze titel, die hij over de dikke, al droge verflaag van de rode vloer aanbracht, herinnert aan Vincents gehechtheid aan dit thema. Hij trof dit thema aan bij Loti en andere favoriete schrijvers, die clichématige metaforen gaven van de zee als kindermeisje, waarvan de wiegende bewegingen en klotsende geluiden de genoegens van de kinderjaren weer opriepen.[21]

Herinneringen aan de domineeswoning in Zundert en aan zijn leven toen hij nog moeders enig kind was, waren weer naar boven gekomen tijdens zijn recente ziekte. Hij gaf in *La Berceuse* blijk van deze regressieve opwellingen door zich niet alleen te laten inspireren door Loti's *Pêcheur d'Islande*, maar ook door een andere literaire toetssteen: *De kleine Johannes* van Van Eeden. In het bijzonder deed hij de kinderkamer van Johannes herleven, die gedecoreerd was met een patroon van 'grote [...] opzichtig gekleurde bloemen.' Dit bont geschakeerde, rijkversierde behang lag waarschijnlijk niet in het financiële bereik van mensen als Roulin, maar het was ook niet Vincents doel om de huiselijke omgeving weer te geven, eerder de symbolische aanwezigheid van de persoon. De decoratieve achtergrond zinspeelt op het erekleed dat vroege Vlaamse meesters achter Maria afbeeldden (zie fig. 10).[22] Vincent trachtte opzettelijk Van Eedens schrijfstijl visueel te evenaren, door de effecten van zijn schilderij te vergelijken met goedkope, eenvoudige kleurenprenten die bestemd waren voor het grote publiek (zie fig. 11). Deze brachten hun boodschap direct over, net als muziek, en met de 'kinderlijke eenvoud' die hij en Theo zo waardeerden. Hij verbeeldde zich dat zijn schilderij bij een publiek van zeelieden (die hij zag als zowel kinderen als martelaars) 'het oude gevoel gewiegd te worden' zou veroorzaken. Om de gewijde dimensie van deze vertroosting uit te drukken, stelde hij zich *La Berceuse* voor omringd door bloemen, met name door de *Zonnebloemen* waar Gauguin zijn oog op had laten vallen, als in een compositie van Loti's porseleinen Mariabeeld omgeven door religieuze iconen van het volk, altaarstukken en gebrandschilderde ramen (zie fig. 13-16).[23]

Vincent was aan de slag gegaan, wederom vanuit de diepe overtuiging dat de schilderkunst 'het vlot' kon zijn 'dat ons na de schipbreuk veilig aan land zal brengen.'[24] Bij het vervaardigen van zijn eigen reddingsboot schilderde hij twee stukken die verwijzen naar de noodlottige ervaring met Gauguin. Ze geven aan dat hij hoopte om de vertrouwde haven van het Atelier van het Zuiden opnieuw te bereiken. Gauguins vrijmoedigheid om te hengelen naar de geel-op-gele *Zonnebloemen* irriteerde Vincent enigszins. Maar het was nog belangrijker dat de symbolische functie van dit motief binnen hun vriendschap bevestigd werd, dat zijn gevoel van identiteit versterkt werd. Hij beloofde Gauguins wens te vervullen door exacte kopieën te maken van de schilderijen die hij in augustus vervaardigd had. Op die manier eigende hij zich een kenmerkend onderwerp toe, zoals ook andere kunstenaars dat deden.[25] Vincent was blij dat hij in staat was om het Gauguin naar de zin te maken. Hij gaf Theo toestemming de twee zonnebloemdoeken bij Boussod en Valadon te exposeren en ze ieder voor de prijs van 500 franc te verhandelen. Dit was hetzelfde bedrag dat hij toekende aan de Monticelli (hfdst. 2, fig. 10) die de twee broers in bezit hadden, en daarmee een blijk van vertrouwen in eigen kunnen.

Bij het kopiëren van de *Zonnebloemen* voor zijn vriend (fig. 13, 15), ging Vincent anders te werk dan bij de geel-op-gele decemberversie op jute (hfdst. 4, fig. 113). Bij die gelegenheid probeerde hij klaarblijkelijk het in augustus vervaardigde prototype krachtiger weer te geven, door dikkere verflagen en fellere kleuren te gebruiken, en toch rekening te houden met de meeste details in vorm en penseelwerk. Deze keer vereenvoudigde hij iedere vorm tot zijn schematische essentie. Opnieuw ging hij ertoe over om de eerste versies over te trekken. Hij maakte hij het patroon van de lintbloemen regelmatiger en liet de bloemblad-achtige vorm duidelijker uitkomen (zie fig. 17-18). Daardoor werden ze ritmisch met elkaar gegroepeerd en contrasteerden ze met de systematisch opgebrachte dikke verf van de dubbele bloemen. Hij nam nog meer afstand van het naturalisme door ieder idee van een natuurlijke belichting

13
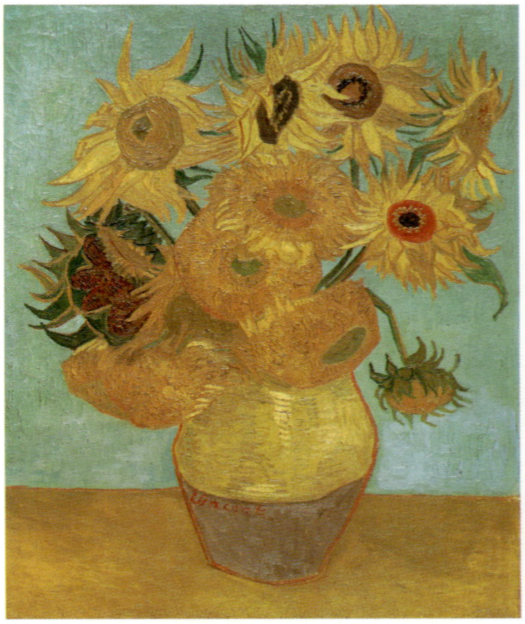

14
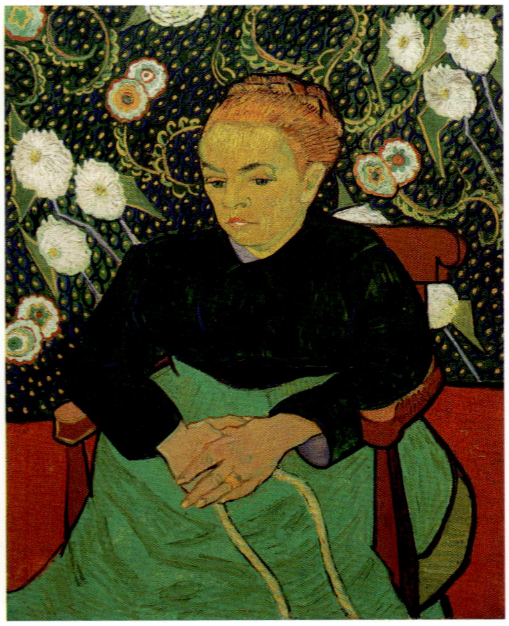

15
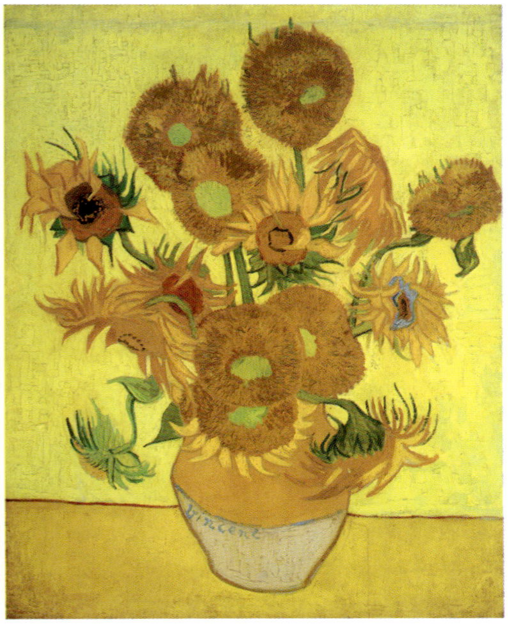

17

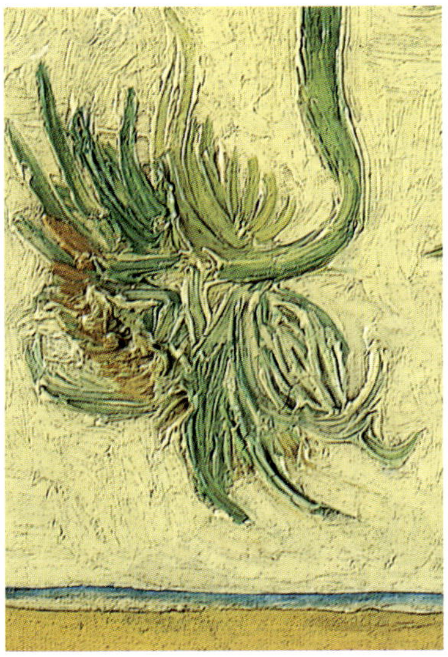

18

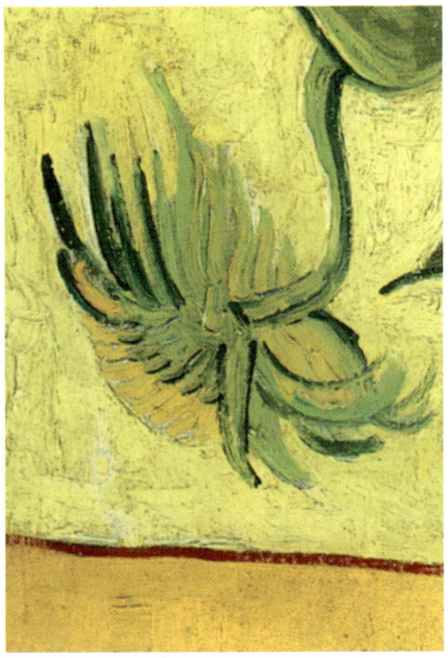

16

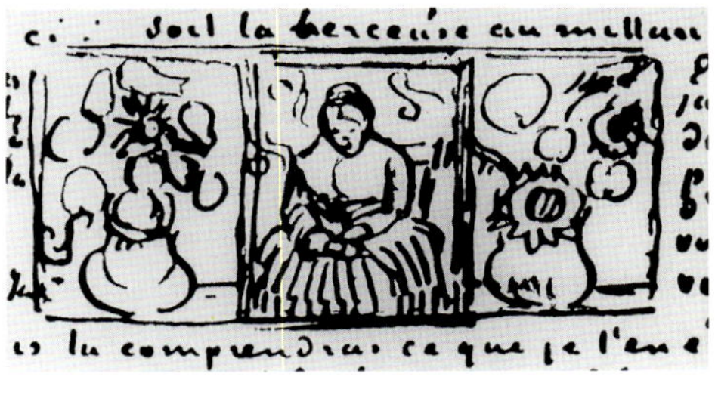

weg te nemen en puur kunstmatige kleuren zoals kilblauw, felrood en gifgroen te gebruiken voor de bloemenharten. Deze revisies eerbiedigen de vormprincipes van Gauguin, en alsof Vincent zijn bewondering weer wilde doen oplaaien, zijn de geel-op-gele *Zonnebloemen* de geelste van allemaal.

De *Berceuse-Zonnebloemen* cluster, die zowel stilistisch als thematisch verbonden was aan Gauguin, herdacht hun verstandhouding. Het touw in de handen van Augustine Roulin, een wat obscure pars pro toto voor de afwezige wieg, vormde waarschijnlijk ook een heimelijke, Tartarineske verwijzing naar het verraad dat zijn behoefte aan een troostrijke afbeelding (zie fig. 12) had geprikkeld. Tevens lijkt het of Vincent tijdens het schilderen van *La Berceuse* – met Gauguins *Madame Roulin* (hfdst. 4, fig. 97) nog in het atelier – zich al een voortzetting van hun dialoog kon voorstellen. Hoe kan anders de daaropvolgende uitbarsting van energie worden verklaard?

Op 23 januari hoopte Vincent dat Augustine Roulin, in afwezigheid van haar echtgenoot die onlangs naar Marseille was overgeplaatst, zich nog steeds voldoende op haar gemak zou voelen om te poseren voor de handen. Vijf dagen later berichtte Vincent dat hij het schilderij niet alleen voltooid had – dat inderdaad een tweede verflaag onder de handen blijkt te vertonen – maar ook een tweede versie ervan had vervaardigd (fig. 14). Op de 30ste schreef hij dat hij aan Roulin, die in Arles zijn familie was komen opzoeken, de twee portretten van zijn vrouw met aan weerszijden de vier *Zonnebloemen* had laten zien. Tevens liet hij weten dat hij aan een derde *Berceuse* werkte (fig. 19). Toen hij tegen 3 februari deze versie voltooide, kondigde hij aan dat er een vierde onderweg was (fig. 20).[26]

Hoewel Vincent incidenteel een tweede versie van zijn schilderijen verwezenlijkte, was hij nog nooit zo obsessief in herhaling vervallen. Zijn verklaring hiervoor was dat hij één versie maakte voor Nederland, één voor de familie Roulin en, allerbelangrijkst, één voor Gauguin. Vincent had namelijk bedacht dat laatstgenoemde één exemplaar uit de *Berceuse* 'editie' zou willen hebben ter aanvulling op de *Zonnebloemen* die hij zo bewonderde. Hij dacht dat hij door deze produktiviteit zijn mentale competentie kon bewijzen. Hij beweerde dat hij gekalmeerd was door toedoen van de herhalingen, maar de latent rituele betekenis van deze activiteit bleek gevaarlijk stimulerend te werken. Eind januari viel Vincent weer terug in de obsessies van december, verwees hij naar de weg van Monticelli, naar Bruyas' zuidelijke school, naar kunstenaars en kunsthandelaars als apostelen. En ook naar zijn overtuiging dat hijzelf (en bij implicatie Gauguin) beter in Arles konden blijven en de tropen aan anderen overlaten. Terwijl hij beweerde dat hij en Gauguin elkaar door en door begrepen, normaliseerde hij zijn eigen gedrag dat volgens hem overeenkwam met dat van veel andere kunstenaars, en dat spoedig door iedereen zou worden ervaren. Zijn tegengif voor deze spokende 'horla' was de vertroosting van een werk van Delacroix of Wagner, uitgebeeld in Puvis' *Hoop*.[27]

Zijn reddingssloep was een speedboot geworden. Vincent voelde zelf een grote opwinding aankomen zoals hij een maand tevoren ook had ervaren. Terwijl hij (net als in de zomer) zijn onrust probeerde toe te schrijven aan het Zuiden, erkende hij dat er momenten waren waarop hij zich voelde als 'gedreven door enthousiasme, waanzin of profetie, als een Grieks orakel op zijn driepoot'. Aan de ene kant was Vincent ervan overtuigd dat het behouden van het Gele Huis van groot belang was voor zijn herstel, maar andere andere kant leek hij in de mislukking ervan te berusten en weigerde hij de rol van valse profeet te spelen. Aldus de gebeurtenissen van 3 februari, de dag waarop hij aankondigde dat hij aan een vierde *Berceuse* begonnen was. Enkele dagen later kwam het Theo ter ore dat Vincent weer in het ziekenhuis was opgenomen omdat hij stemmen hoorde en aan paranoïde waanbeelden leed dat hij werd vergiftigd.[28]

Deze tweede episode bracht verandering in Vincents vooruitzichten. Binnen korte tijd kon hij op voorlopige basis weer naar huis (hij bleef in het ziekenhuis slapen), maar al snel circuleerde er bij de buurtbewoners een petitie aan de burgemeester, waarin Vincent als een gevaar voor de samenleving werd beschouwd en zijn overmatig drankgebruik en ongewenste intimiteiten tegenover vrouwen werden genoemd. Rond de 25ste liet de politie hem op verordening van de burgemeester in het ziekenhuis opnemen en sloot het Gele Huis. De hoofdinspecteur van politie legde in zijn verslag van 3 maart vast dat Vincent geestelijk gestoord was en adviseerde opname in een inrichting.[29]

Hoewel hij gekrenkt was over het feit dat men hem met een mengeling van angst en

19

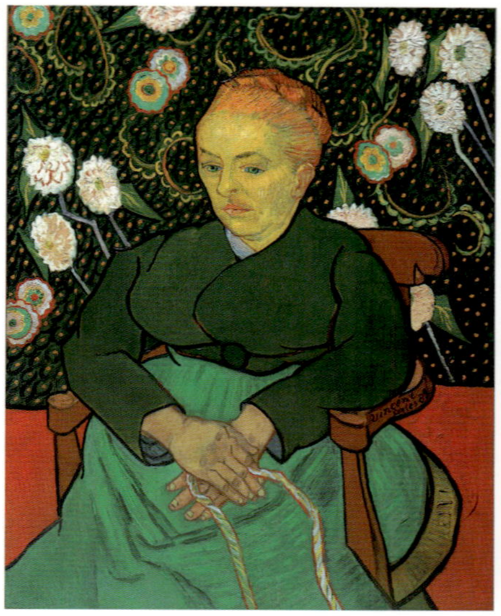

20

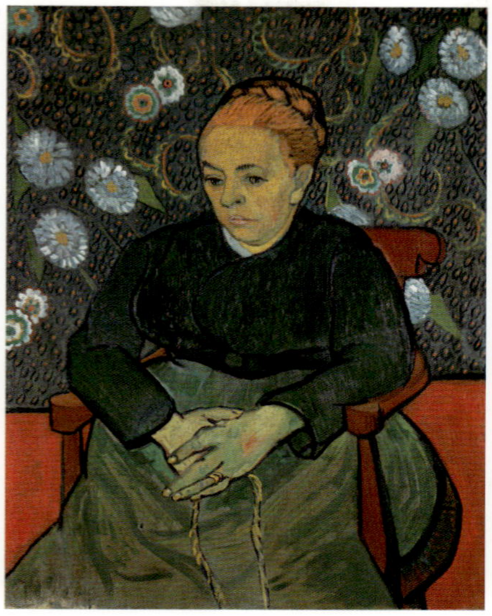

21

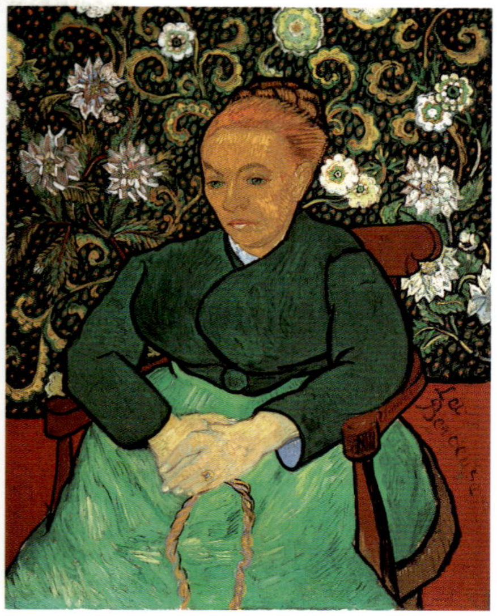

nieuwsgierigheid benaderde, voelde Vincent zich gelouterd. Hij zwoer het idee af om bevriende schilders als De Haan of Koning in Arles uit te nodigen, opdat zij niet zoals hijzelf hun verstand zouden verliezen. Aanvankelijk zocht hij schuld bij Arles en het Zuiden (had Gauguin niet exact dezelfde 'overdreven gevoeligheid' in de tropen ondervonden?) en viel hij terug op de rationalisering dat alle schilders een beetje gek waren. Toen hij zijn werk weer opnam, voerde hij een vijfde *Berceuse* uit (fig. 21), naturalistischer dan haar voorgangsters en ogenschijnlijk minder geïnspireerd op Gauguins voorschriften wat betreft het ontwerp. Een kort bezoek dat Paul Signac hem eind maart bracht, op weg van Parijs naar de kust van de Middellandse Zee, was opwekkend. Vincent leek zijn ziekte beter te aanvaarden. Hij erkende dat hij deze voor lange tijd verborgen had gehouden en hij oordeelde minder hard over de personen, zijn ouders in het bijzonder, die de symptomen opgemerkt hadden. Hij werd overvallen door een diep schuldgevoel.[30]

In dit licht dacht hij na over het verleden en keek vooruit naar de toekomst. Na weken van discussie en debat over de noodzaak van een opname in een gesticht, ging hij ermee akkoord het Gele Huis te verlaten en zich in een andere buurt te vestigen. Half april sloeg hij zijn meubels op bij de familie Ginoux en maakte afspraken voor het huren van een appartement. Uiteindelijk voelde hij zich echter niet in staat om alleen te gaan wonen. Hij liep met het idee om bij het Franse vreemdelingenlegioen te gaan, om zo Theo niet langer te belasten, die op in Amsterdam 17 april met Jo Bonger was getrouwd. Er werd een beter uitvoerbaar plan gemaakt, met Vincents instemming: hij zou enkele maanden gaan doorbrengen in een privé-inrichting, die onderdak gaf aan 45 patiënten. Dat was in Saint-Rémy-de-Provence, een dorp op 25 kilometer ten noordoosten van Arles.[31]

In april en begin mei, voor zijn vertrek uit Arles, vervaardigde Vincent een aantal indrukwekkende schilderijen, waaronder een gezicht op de slaapzaal van het ziekenhuis en de tuin.[32] Dit intieme schilderij met een stuk gras naast een pad en fladderende vlinders (fig. 22) is misschien persoonlijker en zegt meer over Vincents kunde. Technisch gezien vormt dit werk een toonbeeld van beheersing. De vormen zijn opgebouwd uit lange, doelgerichte streken die samengaan als strengen draad in een rijkgeborduurd, veelkleurig patroon. De witte ondergrond, die de kunstenaar zelf aanbracht, schemert tussen de dikke penseelstreken door; de zwarte halen brengen harmonie in de helderheid.

Met dit bescheiden onderwerp bracht Vincent hulde aan de Japanse kunst. De 'enkele grasspriet' – die hij had opgemerkt in een geliefd stuk waarvan hij een reproduktie in zijn kamer had hangen – illustreerde de filosofische wijsheid van de kunstenaars die de grootheid van de natuur in haar nederigste verschijning waarnamen. *Vlinders en bloemen* getuigt van Vincents loslaten van het grootse. Dat zei hij ook – dat hij heldendom noch martelaarschap najoeg. Dit verwees natuurlijk naar zijn ambities voor het Atelier van het Zuiden, geïnspireerd door de gemeenschapszin waarvan hij dacht dat deze de Japanse kunstenaars verenigde. De vlinders, een van de thema's van Van Eeden, grijpen duidelijk terug op Vincents aanname, nog maar enkele maanden tevoren, van zijn toekomstige metamorfose en leven na de dood als 'schilder-vlinder' (zie hfdst. 3). Fladderend in de wolk van witte insecten, wijst een enkele vlinder met Gauguins felrode signatuur op diens voortdurende aanwezigheid. Maar Vincent liet zijn project om een vereniging van schilders te huisvesten nu varen.[33]

Ondanks beweringen dat dit niet zo was werd Vincent tijdens het pakken van zijn bezittingen nog steeds in beslag genomen door de vraag wat er van zijn 'nu gestrande atelier terecht zou zijn gekomen.' Gedachten over Renans kunstenaar-Christus, olijfbomen en Gethsemane bleven hem bezighouden en in één van de laatste werken voor zijn vertrek uit Arles (fig. 23) herhaalde Vincent het tuin-thema – *De tuin van de dichter* (hfdst. 3, fig. 69) – met in plaats van glanzende olieverf nu een rietpen en bruine inkt. Hij schreef op 3 mei dat 'de tekening erg zwart en melancholiek is geworden voor een lentetekening.'[34] Het meesterlijke blad met de treurboom – een overlijdensbericht van het Atelier van het Zuiden in beeldvorm – zette de reeks grote, onafhankelijke tekeningen die hij in juli maakte voort. Dit stuk was bedachtzamer in aanpak dan de voorgangers, de belijning was atypisch puntig en bereidde in zijn somberheid de weg voor een reeks waarin Vincent, nog voortdurend denkend aan Gauguin, afscheid nam van vroegere thema's en deze opnieuw uitwerkte. Hij werkte hieraan gedurende de maanden die volgden op zijn opname in het gesticht van Saint-Paul-de-Mausole op 8 mei.

16
Vincent van Gogh
Schets van *La Berceuse* met aan weerszijden de *Zonnebloemen* in brief aan Theo
[22 mei 1889]
(brief 778/592)
Van Gogh Museum, Amsterdam
(Vincent van Gogh Stichting)

17
Detail van hfdst. 3, fig. 58

18
Detail van fig. 15

19
Vincent van Gogh
*La Berceuse, portret van Madame Roulin*
29 januari 1889
[F 506, JH 1669]
Olieverf op doek
93 × 74 cm
The Metropolitan Museum of Art, New York, The Walter H. and Leonore Annenberg Collection, gedeeltelijk geschonken door Walter H. en Leonore Annenberg

20
Vincent van Gogh
*La Berceuse, portret van Madame Roulin*
ca. 22 februari 1889
[F 507, JH 1672]
Olieverf op doek
92 × 72,5 cm
Stedelijk Museum, Amsterdam
Cat. 113

21
Vincent van Gogh
*La Berceuse, portret van Madame Roulin*
29 maart 1889
[F 504, JH 1655]
Olieverf op doek
92 × 73 cm
Kröller-Müller Museum, Otterlo

22

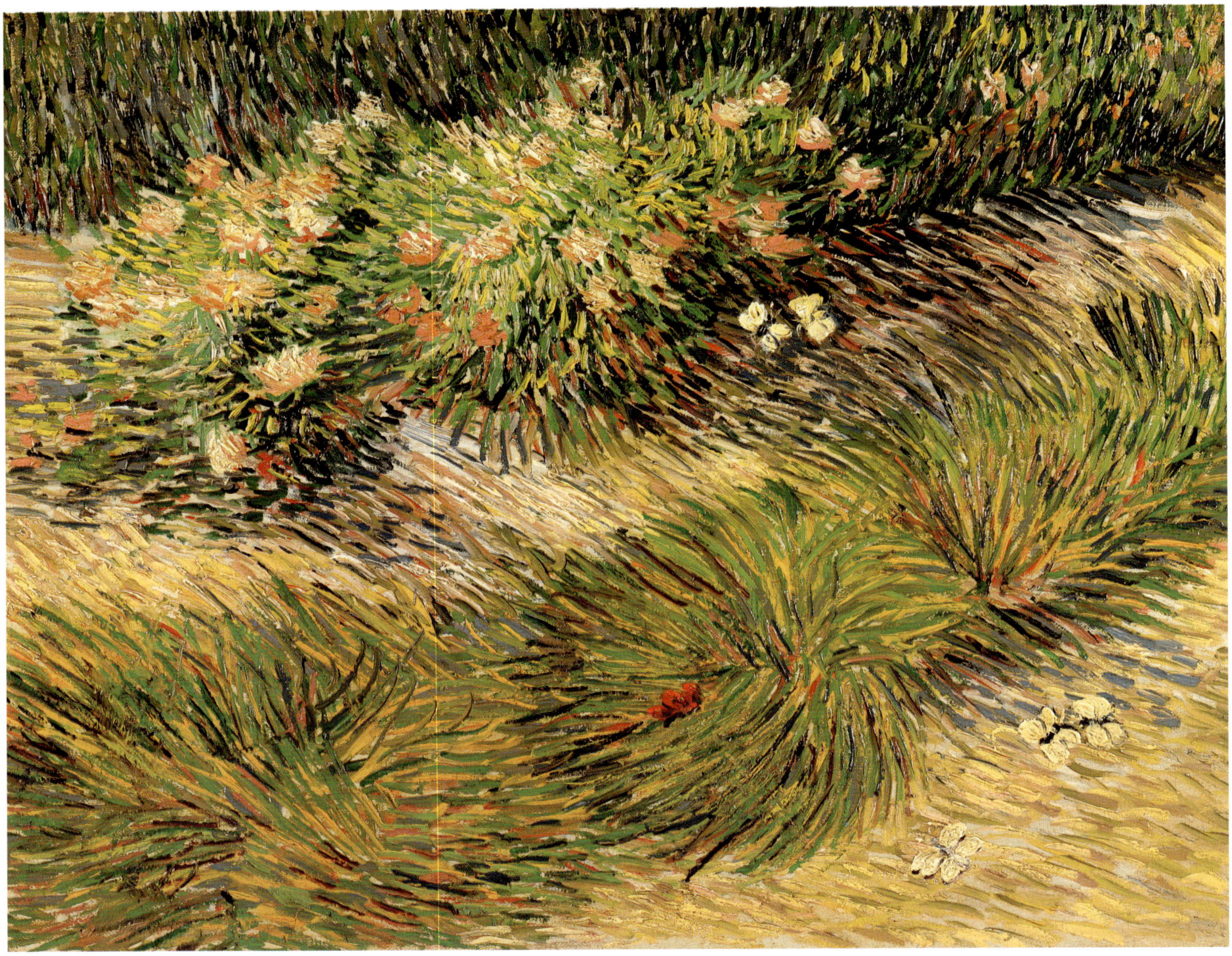

23

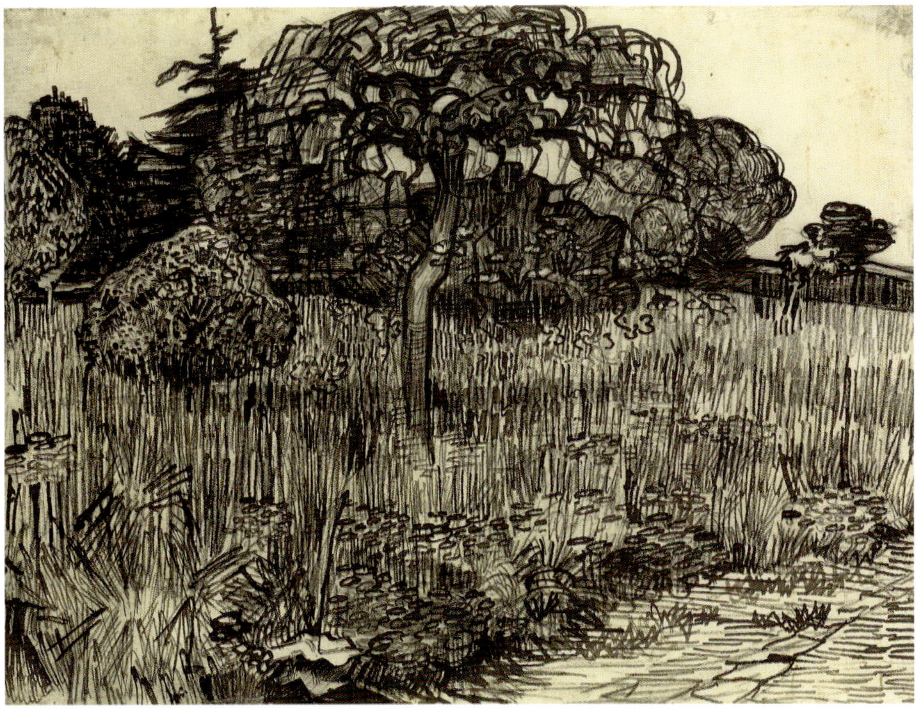

22
Vincent van Gogh
*Vlinders en bloemen*
ca. 1 mei 1889
[F 460, JH 1676]
Olieverf op doek
51 × 61 cm
Privé-collectie
Cat. 114

23
Vincent van Gogh
*Treurboom in het gras*
*(L'Arbre pleureur dans l'herbe)*
3 mei 1889
Zwart krijt, rietpen en bruine inkt op velijnpapier
49,8 × 61,3 cm
The Art Institute of Chicago, geschenk van Tiffany en Margaret Day Black, 1945.31
Cat. 115

Gauguin, voorjaar 1889

Ongeveer drie weken later, tegen eind mei, verhuisde ook Gauguin. Hij verruilde Parijs voor Pont-Aven na een ononderbroken en veelbewogen verblijf van vijf maanden in de hoofdstad.[35] In februari waren twaalf van zijn werken tentoongesteld bij Les Vingt in Brussel, waaronder twee doeken uit Martinique (*Les Négresses* en *Conversation [Tropiques]*; hfdst. 2, fig. 57 en hfdst. 3, fig. 20); zes uit Bretagne, inclusief *Jonge worstelaars-Bretagne* (hfdst. 3, fig. 39) en *Visioen van de preek* (hfdst. 3, fig. 59); en drie uit Arles (*En pleine chaleur*, *Misères humaines*, en *Blauwe bomen*; hfdst. 4, fig. 55, 50, 87). De kritiek was gemengd geweest. Uiteraard maakten enkele critici bezwaar tegen Gauguins eigenzinnig kleurgebruik, met name tegen het blauw van de bomen in het schilderij dat hij tentoonstelde onder de titel *'Vous y passerez, la belle!'* Een wat ontvankelijker recensent loofde de originele toepassing van de principes van de Japanse kunst in composities die hij zelf niet bij machte was te ontcijferen (mogelijkerwijs een verwijzing naar *De varkens*, hier getoond onder de beschaafdere titel *In de volle hitte [En pleine chaleur]*. De organisator van de tentoonstelling, Octave Maus, schreef een belangrijke beoordeling voor het Franse symbolistische tijdschrift *La Cravache*. Terwijl Maus de invloed van Cézanne en Guillaumin op Gauguins eerdere werk al had opgemerkt, gaven volgens hem zijn recente werken een evolutie aan, te weten een bevrijding van deze afhankelijkheid. Gauguin trof hem nu als 'een van de meest geraffineerde koloristen die ik ken, en de schilder die het meest van allen gespeend is van de gebruikelijke trucjes'. Hij haalde Degas' positieve oordeel aan en voegde er zelf aan toe: 'Ik word aangetrokken door het primitieve van zijn schilderijen'.[36]

De recensie van Maus plaatste Gauguin in een gunstige positie voor de bespreking van vroegere, huidige en toekomstige kunststromingen die enkele weken later in hetzelfde tijdschrift gepubliceerd werd onder de titel 'L'Art symboliste.' De romanschrijver Paul Adam paste een evolutionair en gemedicaliseerd model toe op de esthetische bewegingen van de 19de eeuw – van de romantiek tot het naturalisme – en voorspelde dat kunst zich in haar volgende fase zou herstellen van het krachteloze pessimisme dat hij verbond met het naturalisme. In zijn taal wijst hij op de cruciale zorgen van het moment:

Het tijdperk dat komt zal mystiek zijn. Mystiek en theïstisch. Het zal het wonder inluiden van de mens die verdriet veracht; die opgesloten is in fantastische dromen, in gebruikelijke hallucinaties; die teruggekeerd is naar de primitieve, goddelijke essentie; en die ook schepper is geworden, schepper van zijn vervoeringen en van zijn paradijzen.[37]

Adam en de andere leden van de opkomende symbolistische literaire avant-garde, die Gauguin nu leerde kennen, stelden het spirituele en subjectieve boven het materiële; zij raakten gefascineerd door het syncretisme, ofwel de versmelting van verschillende religieuze stromingen en rituelen; en zij verkondigden de invoering van een evangelisch tijdperk. Een belangrijke nieuwe schakel was Charles Morice, een 27-jarige schrijver, wiens overzicht uit 1889 van de literaire theorieën één van de hoekstenen van de beweging werd. Morice herinnerde zich dat hij Gauguin voor het eerst ontmoette in een restaurant dat populair was bij jonge schrijvers; de kunstenaar hield een betoog voor een groep waar Jean Moréas deel van uitmaakte, de dichter die in de herfst van 1886 een symbolistisch manifest had gepubliceerd.[38]

Hoewel Gauguin nu pas direct in aanraking kwam met de belangrijkste symbolisten, had hij hun ideeën al voldoende in zich opgenomen (en met Vincent geoefend) om deze zelfverzekerd tegenover hen te kunnen vertolken. Hij verwierp net als zij het naturalisme, maar in tegenover de classicistische neiging van zijn nieuwe publiek, deed hij het voorstel tot wat Morice kenschetste als een doctrine van rationeel primitivisme, belichaamd in de 'cerebrale' kunst van Egypte, als alternatief voor het moderne materialisme. Natuurlijk had alles wat Egyptisch was al een grote populariteit verworven, onder de enthousiasten bevond zich de eeuwige trendsetter Loti (zie fig. 30). Gauguins uitspraken riepen gemengde reacties op, evenals zijn arrogante manier van doen en zijn provocerend bezigen van kunstenaars- en zeemanstaal. Morice vond zijn formuleringen echter boeiend, voor zover deze overeenkwamen met zijn eigen stellingen en deze verduidelijkten.[39] Gauguin had natuurlijk op gelijke wijze profijt getrokken van de gedachtenwisselingen met Vincent. Door de ideeën toe te passen die in Arles ontwikkeld waren, trachtte hij zich een plaats te geven in het gewijzigde avant-gardistische klimaat van Parijs. Bij Gauguins interactie met symbolistische kringen fungeerde Vincent als een soort van stille vennoot, net zoals Gauguin in de Provence Vincents gedachten beheerste. Beiden verwezen naar het recente verleden van hun kunst en zij bleven energie halen uit de dialoog die direct in briefwisseling en indirect door Theo in stand werd gehouden.

De litho van Vincents *Aardappeleters* (hfdst. 1, fig. 46), een cadeau van Theo, wakkerde zijn interesse in het maken van afdrukken weer aan (zie hfdst. 3). Theo, die net bezig was een portfolio te publiceren met vijftien litho's naar schilderijen en pasteltekeningen van Degas, overtuigde Gauguin ervan dat hij op dezelfde manier grotere bekendheid kon krijgen. De markt was namelijk geïnteresseerd in litho's van de hand van schilders. Gauguin ging (in samenwerking met Bernard) enthousiast op dit plan in en realiseerde een reeks van 50 portfolio's met tien onderwerpen die gebaseerd waren op schilderingen die hij had gemaakt in Martinique, Bretagne en Arles. Gauguin ging – uiteraard haast – in tegen de aard van de traditie. Hij gebruikte niet de Beierse kalksteen, die een gladde oppervlaktestructuur opleverde en daarom zo gewaardeerd werd door lithografie-liefhebbers. In plaats daarvan verkoos hij te werken op zinkplaten, die gewoonlijk werden gebruikt voor commerciële drukken en waarvan hij het grofkorrelige resultaat benutte. Deze beslissing was geheel in overeenkomst met zijn keuze om op jute te schilderen, wat resulteerde in vergelijkbaar grof gestructureerde oppervlakken. Nog extremer was het papier dat hij voor de druk gebruikte. Gauguin liet het witte en crème-kleurige papier dat normaal gebruikt werd voor kunstdrukken terzijde en koos daarentegen voor grote vellen verbazingwekkend kanarie-geel papier. Het effect van de zwarte inkt op een knalgeel vlak deed denken aan goedkope reclameaffiches uit de jaren '70 en '80.[40]

De kunstenaar zette de grensverleggende uitstraling door van de materialen tot de

24
Paul Gauguin
*Leda* omslag voor de *Volpini Suite* (*Dessins lithographiques*)
Januari-februari 1889
[Gu 1, K 1]
Zinkografie opgekleurd met penseel en aquarelverf op geel velijnpapier
Bladformaat:
30,4 × 26 cm

The Art Institute of The William McCallin McKee Memorial Collection, 1943.1021a

25
Paul Gauguin
*Zeedrama's* (*Les Drames de la mer*) uit de *Volpini Suite*
Januari-februari 1889
[Gu 7, K 2]
Zinkografie op geel velijnpapier
Bladformaat:
49,8 × 64,9 cm

The Art Institute of Chicago, The William McCallin McKee Memorial Collection, 1943.1026
Cat. 90

26
Paul Gauguin
*Zeedrama's – Bretagne* (*Les Drames de la mer – Bretagne*) uit de *Volpini Suite*
Januari-februari 1889
[Gu 8, K 3]
Zinkografie op geel velijnpapier
Papierformaat:
49,8 × 64,9 cm

The Art Institute of Chicago, uit The William McCallin McKee Memorial Collection, 1943.1024
Cat. 90

24
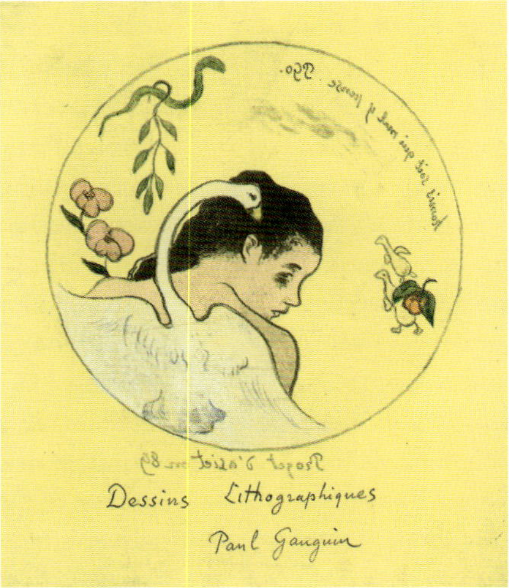


25
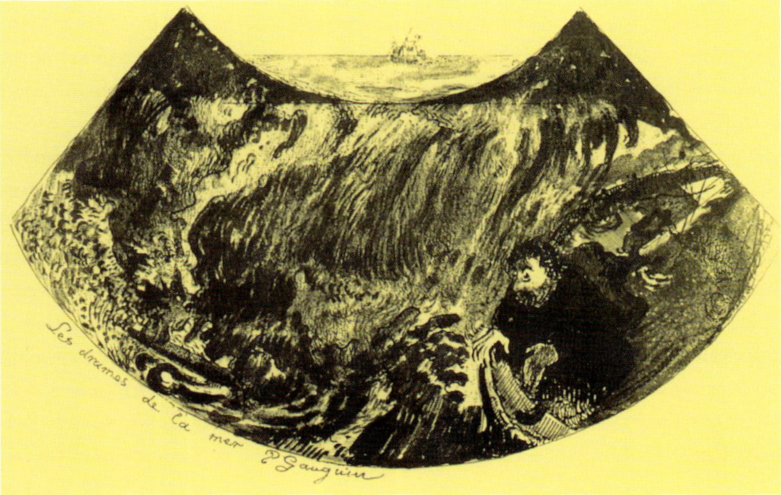


26
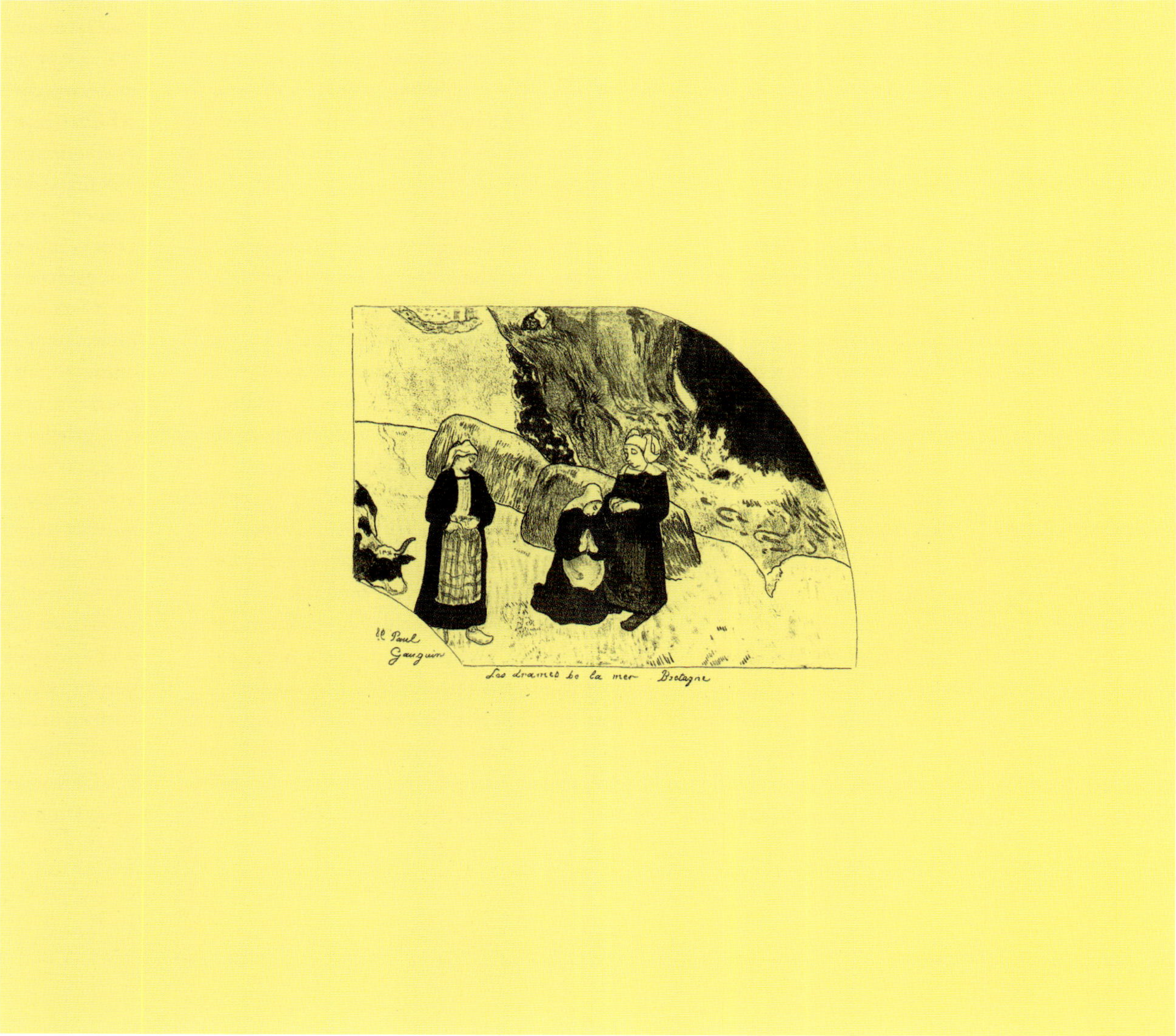

afbeelding. Voor de omslag van de portfolio (fig. 24) gebruikte hij een compositie die gebaseerd was op zijn keramiek *Leda en de zwaan* (hfdst. 2, fig. 64), waarbij hij de seksuele lading vergrootte door niet alleen twee gansjes toe te voegen, die staan voor Castor en Pollux, de vruchten van Leda's en Zeus' vereniging, maar ook een appel en een slang die wijzen op een bijbelse tegenhanger van het mythische verhaal over een zondeval middels lust. Het motto van de Engelse Orde van de Kouseband – 'homis [*sic*] soit qui mal y pense' ('schande over hem die er kwaad van denkt') is in gebogen schrift linksboven afgebeeld. Ergens anders in deze reeks schreef Gauguin deze zin in spiegelschrift, zodat deze in normaal schrift zou worden gedrukt, maar hier verschijnt deze cryptische boodschap in spiegelbeeld. Deze moreel dubbelzinnige en mysterieuze afbeelding op de omslag, is een voorproefje op de tien prenten die het bevat. Deze roeren thema's aan als seksualiteit, goed en kwaad, onschuld en schuld.[41]

Vincent wordt hier in kleursymbolen door het opvallende gele vlak waar Gauguins ontwerpen op drijven. Iconografisch is hij aanwezig in twee prenten met de titel *Zeedrama's (Les drames de la mer)*. Het beeld van Bretonse vrouwen aan wal die bidden voor de veilige terugkomst van hun man (fig. 26) herhaalt het thema van de wake in Loti's *Pêcheur d'Islande*. De tweede prent (fig. 25), de enige van de reeks die niet op een schilderij gebaseerd is, bevat meer complexe zinspelingen. Bovenaan de merkwaardig gevormde compositie, vaart een boot over kalm water. Eronder woedt een storm; een ander vaartuig dreigt hevig slingerend om te slaan en de wanhopige, eenzame passagier lijkt gereed om het schip te verlaten.[42] Gauguin plaatste zichzelf in het drama door zijn handtekening te laten versmelten met de titel van de afbeelding. In zekere zin vormde de ets een antwoord op Vincents figuratieve voorstelling van recente gebeurtenissen. Het duidelijke contrast tussen rustige wateren en roerige diepten suggereert de verdediging die Gauguin aan het opstellen was. Tijdens de maanden die volgden bleef Gauguin bezig met het gemeenschappelijke en verborgen plot van de zee. Hij bestudeerde in het Louvre twee schilderijen van Delacroix die beide boten in woelige wateren afbeeldden: *De bark van Dante* (1822) en *De schipbreuk van Don Juan* (1840). Gedurende de winter en lente verkende hij in zijn eigen werk de constrasterende associaties van de zee met dood en herstel.[43]

Tijdens de nasleep van Vincents zenuwinstorting van begin februari gaf Gauguin een verhelderende getuigenis in de vorm van een aardewerken *Zelfportret-kan* (fig. 6). Hij liet zich hier, net als bij zijn eerdere portretvazen, inspireren door Peruviaanse, vroeg-Italiaanse en Engelse modellen van vazen in de vorm van een hoofd (zie hfdst. 2, fig. 66-68). Gauguin bouwde in zijn keramiek verder aan zijn identifcatie met Jean Valjean in dezelfde kunstvorm die hij op metaforische wijze had opgeroepen om het doek uit 1888 (hfdst. 3, fig. 74) te omschrijven. Hier ging hij nog verder in zijn vereenzelviging met de misdadiger-slachtoffer: de gesloten ogen en de bloedplas vanuit de neus in de nek, herinneren zowel aan de onthoofding van Prado en Pranzini als aan de marteldood van Johannes de Doper. Gauguin putte uit de nieuwe tendens die symbolisten als Redon intrroduceerden: het afgehakte hoofd als het zinnebeeld van mystieke spiritualiteit en artistiek martelaarschap (zie fig. 27). De dubbele identiteit die hij hiermee cultiveerde, werd door Schuffenecker samengevat als 'een oplichter ... maar wel een heilige'. In zijn schetsboek gaf hij bedekt te kennen dat zijn enige misdaad originaliteit was. Maar het feit dat de kan geen oren heeft, duidt er op dat de gedachte aan Vincents zelfverminking hem niet losliet.[44]

Gauguin wedijverde zowel met Vincents recente zelfportretten met verbonden oor (waarvan hij het bestaan kende, maar die hij blijkbaar nog niet gezien had), als met de voorstellingen die anderen van hem maakten. Vooral Theo ontdekte de gelijkenis tussen zijn broer en het marmeren hoofd van Johannes de Doper door Rodin, dat te zien was bij Boussod et Valadon (zie citaat, fig. 28). De associatie berustte op het idee van de Van Goghs over de moderne kunst als een soort religie, een denkbeeld dat nu vervuld was van een nieuwe persoonlijke betekenis en maatschappelijk erg in zwang was geraakt.[45] Gauguins kan is een reactie op Theo's commentaar, waarbij hij putte uit de van Wagner vervulde gesprekken met Vincent over hun mogelijke rol in de kunst van de toekomst: zouden zij de profeten zijn, zoals Johannes de Doper, of de vervulling ervan, zoals Christus? De bloedsporen ter hoogte van de haargrens van Gauguins hoofd van aarderwerk doen denken aan een doornenkroon. Ze verwijzen direct naar Vincents anekdote van de gewonde mijnwerker in de Borinage en met Verdiers portret van Bruyas (hfdst. 4, fig. 132) dat ze samen in Montpeillier hadden gezien – naast Vincents uiteindelijke eigen offerdaad.

Hoewel de *Zelfportret-kan* in dit opzicht retrospectief was, maakte hij deze ter illustratie van zijn bestemming, die hij samen met Vincent vorm gaf, als leider van degenen 'die hem bewonderden en begrepen.' Er moesten nieuwe discipelen gerecruteerd worden onder de jonge avant-gardistische kunstenaars met gelijke esoterische en mystieke interesses. In de herfst van 1888 had Gauguin, vlak voor zijn vertrek uit Pont-Aven naar Arles, via Bernard de 23-jarige Paul Sérusier ontmoet en hem in grote lijnen ingevoerd in zijn theorieën van dat moment. Sérusier had de vrucht van deze les – een klein, zeer abstract landschap dat bekend staat als *De talisman* (1888; Musée d'Orsay, Parijs) mee teruggenomen naar Parijs. Hij had zijn medestudenten aan de Académie Julian verteld dat hij een 'genie genaamd Gauguin' had ontmoet, 'die mij onthuld heeft wat echt schilderen is.'[46] Deze jonge kunstenaars met een symbolistische voorliefde begonnen het filiaal van Boussod et Valadon in Montmartre te bezoeken, waar Theo hen werken van Vincent en Gauguin liet zien. Toen Gauguin tegen het eind van dat jaar naar Parijs terugkeerde, had hij zijn theorieën aangescherpt en ingekleed met metaforen met een godsdienstige boodschap, ontleend aan Carlyle en Wagner. Het evangelie dat hij nu uiteenzette weerklinkt in de naam die de ingewijden rond Sérusier aannamen in het voorjaar van 1889: 'Nabis', het Hebreeuwse woord voor 'profeten'. Zij beschouwden zichzelf als kunstbroeders en, in toenemende mate, als 'discipelen' van 'le nabi Gauguin.'[47]

Syncretisme sloot heel goed aan bij Gauguins strategieën van toeëigenen en bij het door Vincent gestimuleerde associatieve denken, wat blijkt uit de grote aquarel van eind januari of begin februari (fig. 29). Tot op zekere hoogte komt deze afbeelding overeen met Vincents brief van 22 januari, waarin hij binnen het vissensymbool het woord 'Ictus' schreef, alsof hij zijn aanhoudend

27

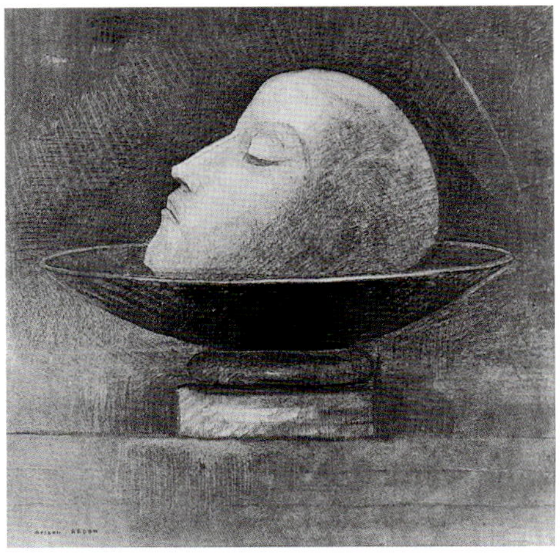

28

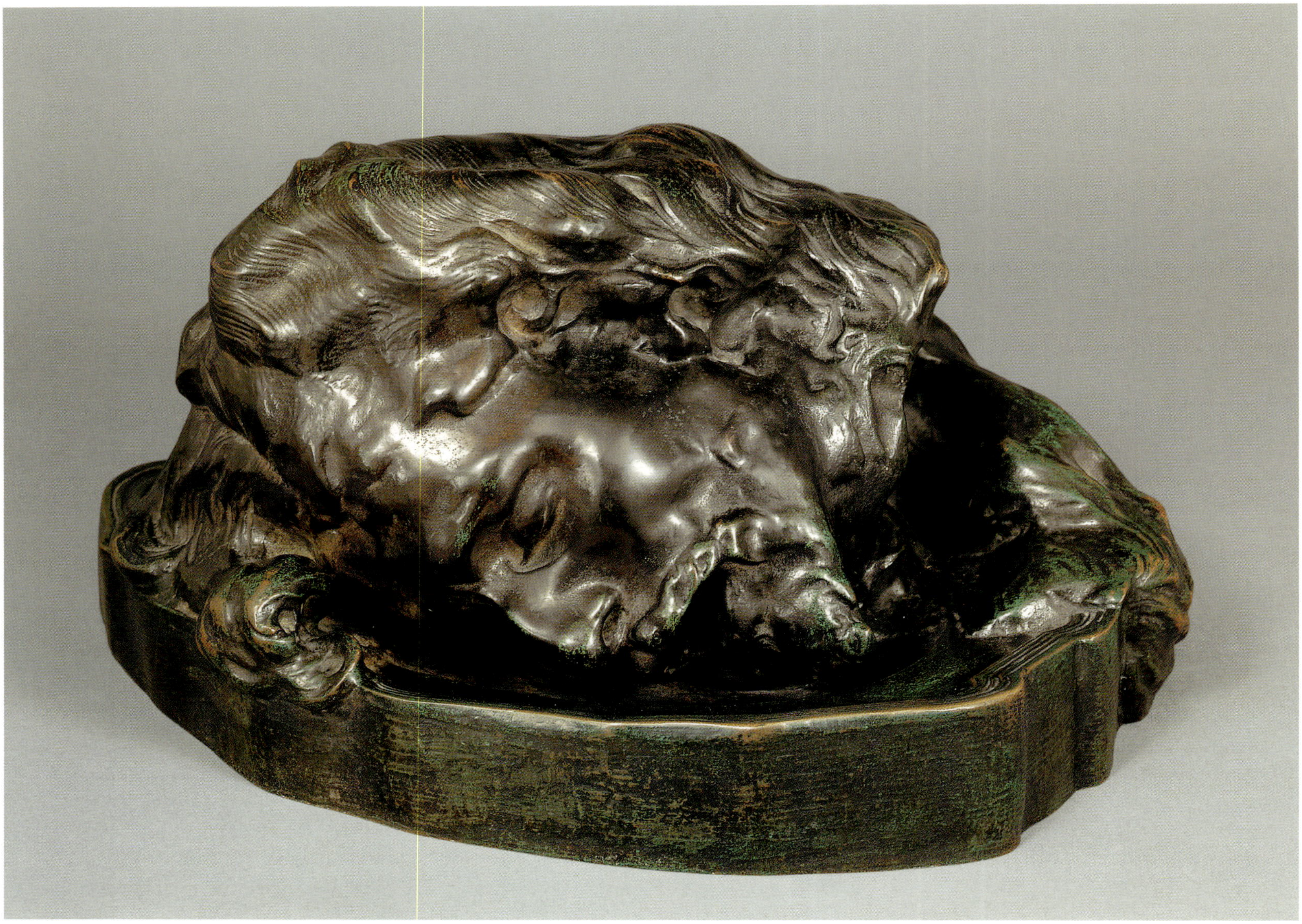

[Rodin] heeft zich een figuur van den voorlooper van de Christus gezocht dat frappant gelijkt op Vincent. Toch zag hij hem nooit. Die expressie van lijden, dat met vooren en bulten verwrongen voorhoofd waarop denken en voor zichzelf streng zijn op te lezen staat is van hem, al is het voorhoofd van Vincent wat meer geïnclineerd. Vorm van neus en structuur van kop is hetzelfde. De mond is half oopen en heeft die expressie alsof het laatste geluid wat eruit kwam een zucht was. Geen verwildering heeft den dood op dat hoofd gebracht en ook niet de expressie van eeuwige rust. Men ziet dat het lichaam dood is maar de expressie van kalm en toch energiek denken aan de toekomst levendig is gebleven. Theo aan Jo, 9-10 februari 1889

27
Odilon Redon
(Frankrijk; 1840-1916)
*Hoofd van een martelaar*
1877
Houtskool en zwart krijt op papier
37 × 26 cm
Kröller-Müller Museum, Otterlo

28
Auguste Rodin
(Frankrijk; 1840-1917)
*Hoofd van Johannes de Doper*
1887
Brons
H 19,1 cm
Musée Rodin, Parijs
Dit is een afgietsel van het origineel in marmer.

29
Paul Gauguin
*Ictus*
1889
Papiercollage, aquarel en olieverf op papier
41,6 × 56 cm
Collection Daniel Malingue

30
Foto van Pierre Loti als de Egyptische godheid Osiris, 1887

31
Contourtekening van in reliëf gesneden edelsteen met afbeelding van gnostisch symbool

vertrouwen in een kunstbroederschap wilde verwoorden. In Gauguins aquarel komen zowel pictogram als acrostichon voor, schijnbaar afgebeeld op een wand achter de androgyne jongeling, wiens wereld niet die van Arles is. De zithouding is een mengsel van beeldhouwkunst van Egyptische, Griekse en Aziatische oorsprong, terwijl de voorstelling bepaald wordt door beelden die Christus en de Egyptische god Horus samenvoegen (zie fig. 31), zoals Gauguin die later opnam in een uiteenzetting over godsdienst.[48]

Door deze ineengestrengelde en raadselachtige verwijzingen naar westerse en niet-westerse iconografieën, toont *Ictus* Gauguins actieve poging om een syncretische, beeldende stijl te creëren, gevoed door een alles omvattende hang naar kunst uit verre oorden en voorbije tijden, die hij aantrof in musea en optekende in schetsboeken. Deze interculturele zoektocht bracht hem van het Louvre, met de collectie Italiaans aardewerk (zie fig. 32 and hfdst. 2, fig. 67), Egyptische en Assyrische beelden en 15de-eeuwse Italiaanse schilderkunst, naar het Museum voor Vergelijkende Beeldhouwkunst in het pasgeopende Trocadéro-complex. Hier was een gipsafgietsel van het hoofd van Christus uit de kathedraal van Beauvais te bezichtigen (fig. 33), waarmee zijn *Zelfportret-kan* kan worden vergeleken. Hij bezocht ook het pas geopende Khmer Museum, dat opgericht was om beelden en gipsafgietsels uit Angkor Wat en andere plaatsen in het nieuwe Franse protectoraat in Cambodja onder de aandacht te brengen. Voorts het Etnografisch Museum, waar hij een Peruviaanse mummie zag (fig. 34) wiens houding die van de persoon op de voorgrond in *Misères humaines* verdrong als symbool van existentiële nood.[49]

Wat Gauguin boeide in enkele van deze werken was de wijze waarop antieke beeldhouwers bij het weergeven van de menselijke anatomie meer rekening hielden met formele aspecten dan met getrouwheid.
Bij anderen werd hij aangetrokken door hun directe effect op het gemoed. Zijn *Zelfportret-kan* onthulde slechts een enkel aspect van zijn identiteit als 'buitenstaander': vandaar zijn beslissing om een tweede aardewerken zelfportret (fig. 35) te vervaardigen dat verschillende primitieve kenmerken in zich verenigt. Het nieuwe werk, dat hij beschreef als 'het hoofd van Gauguin de wilde,' kan rechtstreeks worden herleid naar een uit zijn verzameling afkomstige foto van Javaanse beelden en naar een terracotta masker uit Klein-Azië in het Louvre (fig. 36-37). In 1889 kreeg het tweede werk een bijzondere expressieve functie toen de neuroloog Jean-Martin Charcot het omschreef als een voorbeeld van een antieke voorstelling van een geestesziekte.[50] Gauguin daarentegen wees iedere mogelijke verwijzing naar Vincents kwellingen af, door de identiteit van het werk te onderstrepen als zelfportret, als belichaming van zijn 'primaire natuur'. De schepping ervan moest op symbolische wijze de betekenis ervan toelichten: zowel het object als de uitgebeelde figuur zijn 'verzengd in het hellevuur' – Gauguins imitatie van Vincents beschrijving van de onafhankelijke denker van toen als een Robinson Crusoë-achtige overlevende van het levensvuur (zie hfdst. 1, 2). Gauguin roerde ook aspecten uit Vincents recente werk aan: het duimzuigende gebaar roept ironisch een regressieve impuls voor de geest op, die misschien opgewekt werd door Vincents bespreking van *La Berceuse*. Het thema van orale bevrediging komt terug in de functie van de kan als tabaksdoos, het verdovende middel waarvan Vincent het gebruik aanduidde met het stoken van 'de smeltoven van de geest.'[51]

Gauguins aardewerken zelfportretten staan samen voor de twee naturen, teerhartig en

29
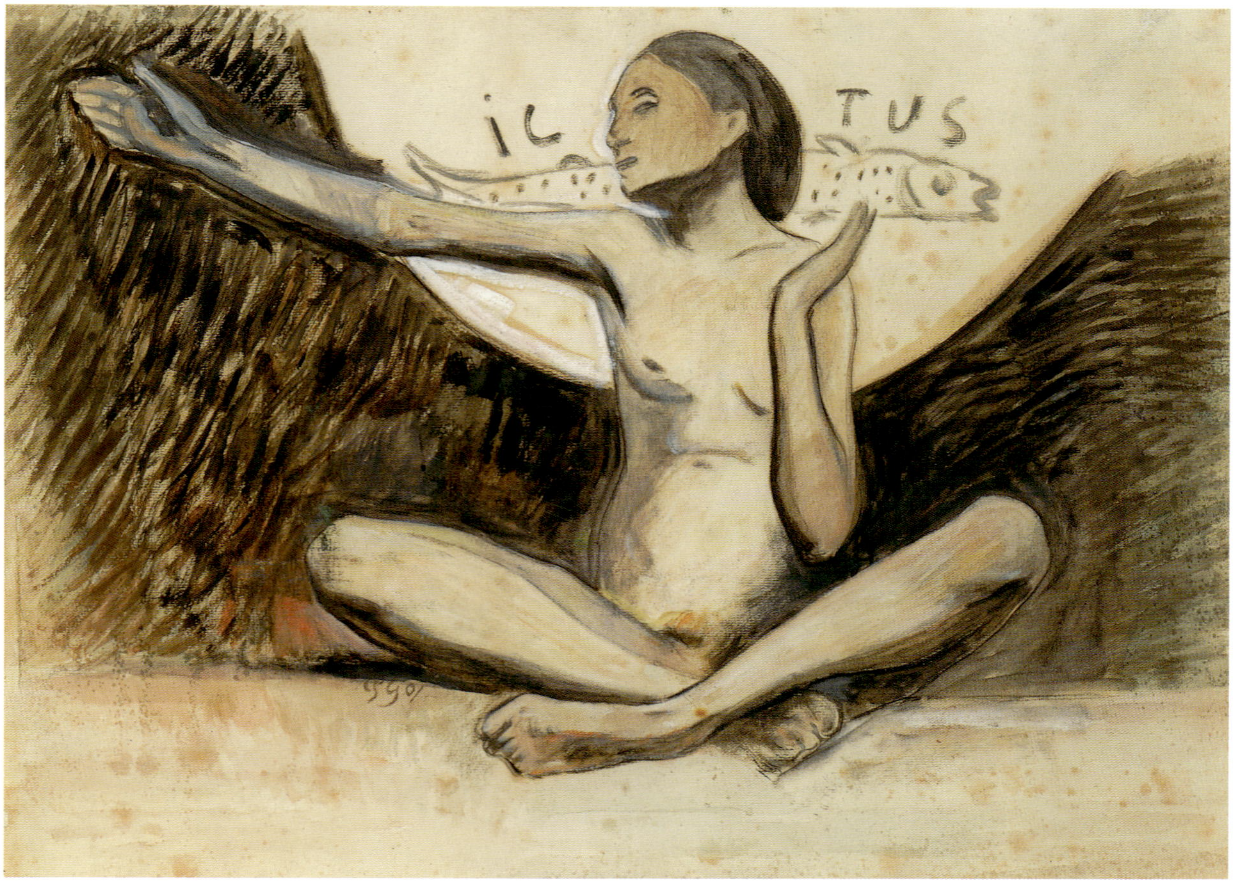


30
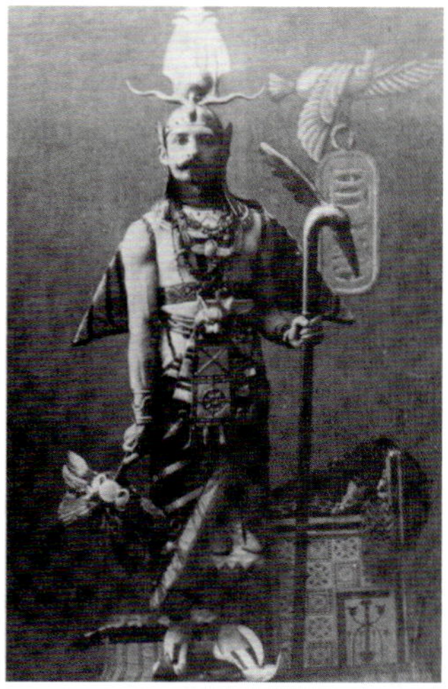

31
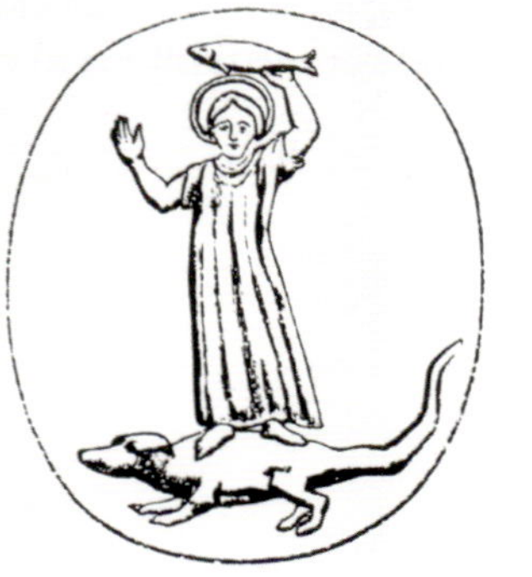

38
Isidore van Kinsbergen
Onbekende zittende figuur met vier armen (Wonosobo), Bagelen (Vishnoe), Midden-Java, uit *Oudheden van Java* (Batavia 1872), afb. 154
Afdruk op albuminepapier
Instituut Kern, Leiden

39
Paul Gauguin
*Salome* (bekend als *Zwarte Venus*)
Lente/zomer 1889
[B 49, G 91]
Geglazuurd steengoed
H 50 cm
Naussau County Division of Museums in Sands Point Preserve, Port Washington, New York
Cat. 93

40
Paul Gauguin
*Apsara uit Angkor Wat* en schets naar Botticelli's *Lorenzo Tornabuoni*
1889
Grafiet en aquarel op papier
Privé-collectie

41
Twee Javaanse dansers in het kampong-complex op de Wereldtentoonstelling van 1889, Parijs
Roger-Viollet, Parijs

42
Hoofdingang van het Cambodjaanse paviljoen op de Wereldtentoonstelling van 1889, Parijs, met gipsbeelden van de *devatas* uit Angkor Wat. Uit het *Album de l'exposition de 1889*, deel 2 (Parijs 1889), afb. 52

38
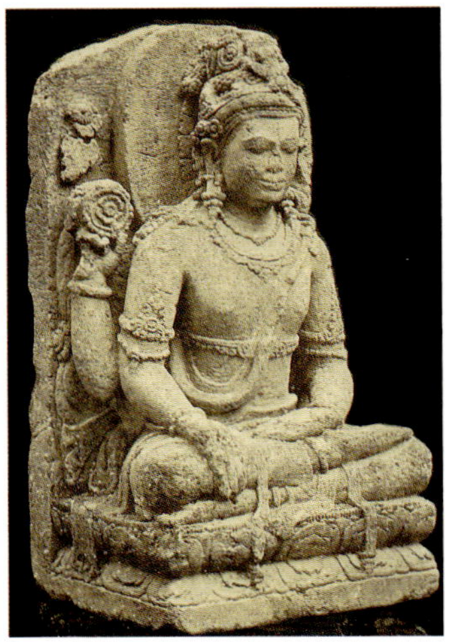

39
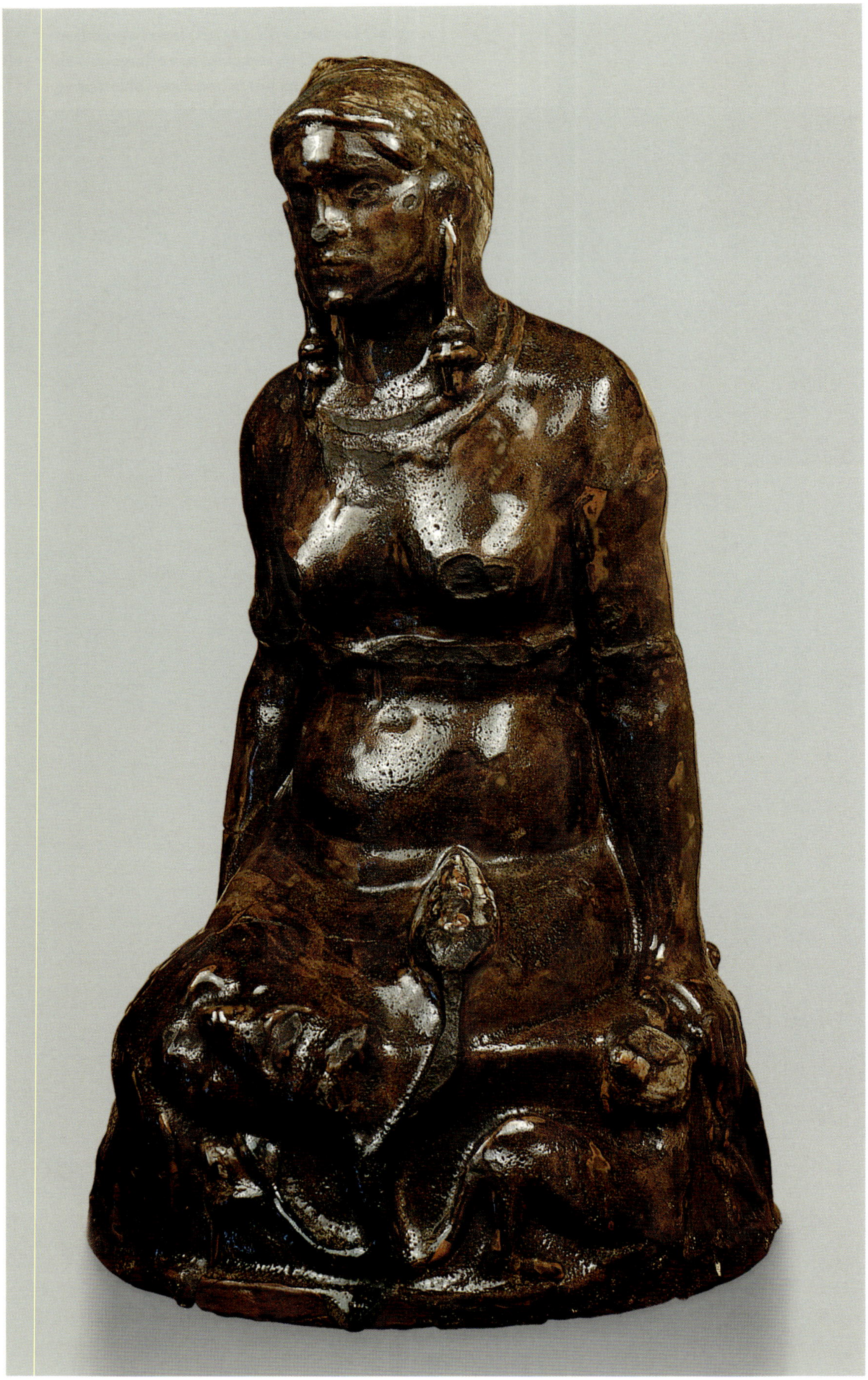

40

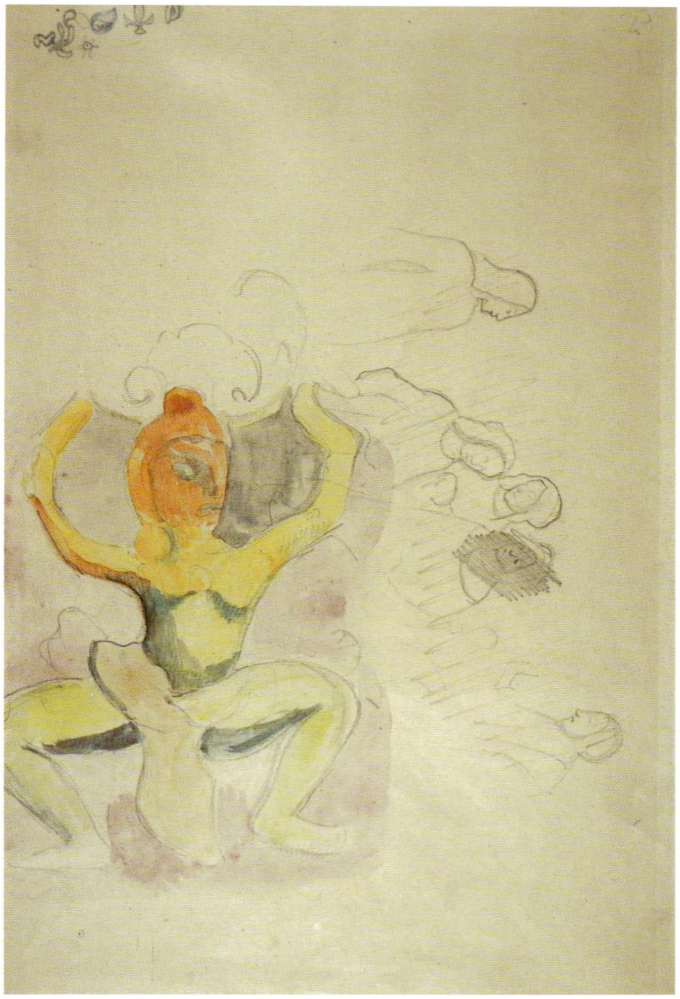

41

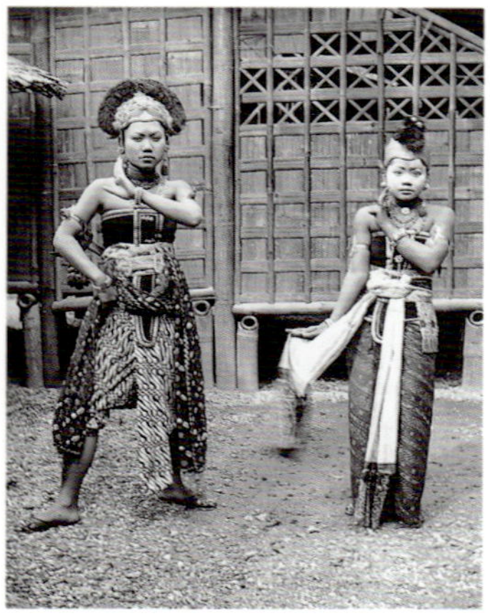

42

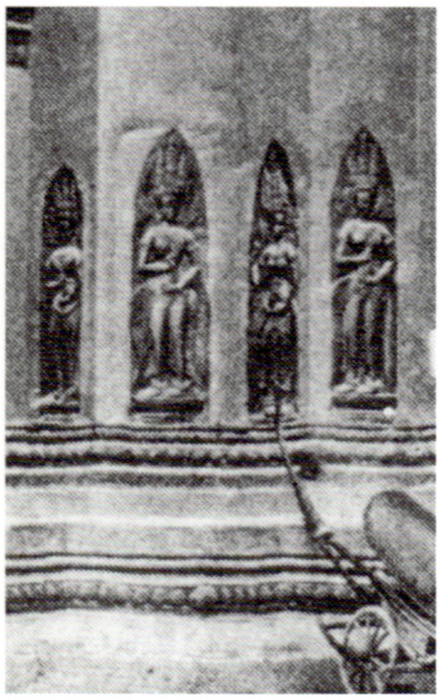

De afdelingen van de Wereldtentoonstelling die gewijd waren aan primitieve samenlevingen – van de Koloniale tentoonstelling tot Buffalo Bill Cody's 'Wild West Show' – gaven aan de brochures die op het tentoonstellingsterrein werden uitgedeeld en waarin emigratie naar de Franse kolonies gepropageerd werd een uitstraling van ware mogelijkheden. Dat gold ook voor de ideeën van wedergeboorte en herstel die centraal stonden in het concept van het Atelier van het Zuiden. De mengeling in de tentoonstelling van leven en kunst, verleden en heden, dichtbij en ver weg wettigde als het ware Gauguins syncretische neigingen in zijn beeldentaal, zoals zijn tekening van één van de gipsen reliëfs van de pagode suggereert (fig. 40). Door de *apsara* (hemelse danser) over een schets van een fresco van de hand van de Italiaanse meester Sandro Botticelli uit het Louvre heen te schilderen, stelde Gauguin Cambodjaanse en vroege-Renaissance kunst op suggestieve wijze gelijk. Hierbij volgde hij de beoordeling uit zijn tijd, die de twee op grond van kwaliteit en zuiverheid met elkaar vergeleek. Toen Gauguin begin juni naar Bretagne vertrok, nam hij dit Cambodjaanse gipsen detail, dat hij naar hij zei gevonden had op het tentoonstellingterrein, blijkbaar met zich mee, als een soort talisman voor nieuwe ideeën en benaderingswijzen. Hij begon met de gedachte te spelen naar Zuidoost-Azië te gaan, en sprak al snel de wens uit om zich een makkelijk baantje te verwerven bij het Koloniale Bestuur in Tonkin.[56] Maar uit een stilleven dat hij schilderde voor zijn vertrek uit Parijs (fig. 5) blijkt dat, hoewel hij serieus nadacht over het Atelier van de Tropen, het Atelier van het Zuiden sterk in zijn gedachten bleef. In mei waren Vincents meest recente werken in Parijs aangekomen en op één of andere manier was Gauguin zich bewust van de zelfportretten die Vincent vervaardigd had, kort na zijn vertrek uit Arles. Gauguins werk speelt direct in op beide. Van het ene (fig. 8) nam hij de in geel en rood verdeelde achtergrond ter hoogte van de neusrug over; van het andere (fig. 7) een Japanse prent die symbool staat voor de ideologie die als basis diende voor beide ateliers. Het opnemen van zijn *Zelfportret-kan* stelt echter zijn eigen creatieve inbreng voor.[57]

### Vincent in Saint-Rémy, mei-half juli 1889

Om de andere brief die Vincent aan zijn broer schreef voordat hij op 8 mei van Arles naar Saint-Rémy vertrok, vroeg hij naar nieuws over Gauguin. Hoewel hij zeer nieuwsgierig was naar de activiteiten van zijn vriend had Vincent besloten om geen contact met hem op te nemen totdat hij zich weer helemaal de oude voelde. Hij zag het vooruitzicht van zijn verblijf in Saint-Paul-de-Mausole als een aftocht na de mislukte veldtocht die het jaar daarvoor vanuit het Gele Huis in gang was gezet. Hoewel hij zich begon te verzoenen met zijn toestand -- de artsen in Saint-Rémy stelden vast dat hij aan epilepsie leed – beschreef hij zichzelf alsof hij achteruitging, bergafwaarts in plaats van bergopwaarts.[58] Zijn werk gaf hem nog steeds het gevoel een produktief lid van de samenleving te zijn, maar zijn vroegere ambities en verwachtingen waren tot bedaren gekomen.

Achter het vrolijke oppervlak van de doeken die Vincent meteen na zijn aankomst in het 12de-eeuwse klooster vervaardigde, gingen sombere gedachten schuil (fig. 2). Hier had hij de beschikking over zowel een atelier als een slaapkamer. Verschil en isolement vormen de begeleidende woorden bij *Irissen* (fig. 43), het eerste schilderij dat hij maakte in de tuin waar hij veel van zijn tijd zou doorbrengen. Net als *Vlinders en bloemen* is ook *Irissen* een detailopname van een klein stukje vegetatie – de natuur in microkosmos –, maar hier gebruikte de schilder het grote maat 30-formaat dat hij al eerder gekozen had voor zijn vergezichten op de Crau. Ondanks het uitgestrekte formaat van de *Irissen*, roepen de kronkelige, overlappende bloemvormen een gevoel van claustrofobie en begrenzing op. Dit gevoel krijgt bepaald een symbolisch karakter door de enkele witte iris, afgebeeld met dunne, gelijkmatige verfstreken, rechtop temidden van de massa vrolijke, zeer gedetailleerde en in dikke lagen geschilderde soortgenoten. Vincents gebruik van donkere en lichte contrasterende kleuren om onderscheid aan te brengen in de gelijkheid, doet denken aan vroegere kunsthistorische voorbeelden van Christus' lijden, waarop Jezus soms bleek en sereen wordt afgebeeld omringd door duistere, grimassen trekkende folteraars. In de *Irissen* staat het thema van het alleen-in-de-menigte los van de biografische feiten van zijn opname in de inrichting en zijn weigering om zijn vrienden, die zijn gedachten bleven beheersen, te ontmoeten.[59]

Hoewel hij geen zin had om zich weer aan te sluiten bij de Parijse kunstwereld, stond Vincent niet onverschillig tegenover nieuws uit de hoofdstad. Op 21 mei vertelde Theo hem dat Gauguin met sculptuur in de weer was en zich binnenkort naar De Haan in Pont-Aven zou gaan. In dezelfde brief vroeg hij aan Vincent om te overwegen werk voor te leggen aan de tentoonstelling van de *Indépendants* (die op 3 september geopend zou worden) en gaf hij zijn eerste reactie op de werken die hij uit Arles ontvangen had. Hij vond de 'kleine Zaaier met de boom, de Baby, de Sterrennacht, de Zonnebloemen en de Stoel met de pijp en de tabak' het mooist (hfdst. 4, fig. 77, 95; hfdst. 3, fig. 70, 57-58) en lichtte *La Berceuse* en het grote portret van Joseph Roulin (hfdst. 4, fig. 102) eruit vanwege hun krachtige onconventionele schoonheid. Theo's positieve reactie gaf Vincent de moed zijn broer te vragen een kopie van *La Berceuse* aan Gauguin (en tevens aan Bernard) aan te bieden.[60] Theo had Vincent het nieuws bespaard dat Gauguin en zijn vrienden een privé-tentoonstelling aan het organiseren waren voor begin juni en ze aanvankelijk ook op Vincents deelname gerekend hadden. Toen Vincent een artikel onder ogen kreeg dat de tentoonstelling aankondigde, veinsde hij defensief onverschilligheid: 'Ben geneigd te denken dat er weer een nieuwe sekte is gevormd die niet minder onfeilbaar is dan de andere, reeds bestaande sekten.'[61] Door te spreken van een nieuwe sekte dacht hij onvermijdelijk terug aan zijn ambities met het Gele Huis, en via een typische uitgebreide reeks associaties stapte hij over op het thema van een Egyptische woning uit de oudheid die op de Wereldtentoonstelling was nagebouwd, en vandaar naar een uitspraak over de 'eeuwige bewerkers van de aarde, de zonaanbidders' wat zijn voortdurende obsessie met het recente verleden verraadt:

[...] de Egyptische kunstenaars dus, die een *geloof* hadden, op hun gevoel en instinct werkten, drukken met een paar weloverwogen kromme lijnen en prachtige verhoudingen al die ongrijpbare dingen uit: goedheid, oneindig geduld, wijsheid, sereniteit. Dit om nogmaals te zeggen: als het voorgestelde object en de wijze van voorstellen met elkaar overeenstemmen, dan heeft het stijl en kwaliteit.[62]

Wat zo opmerkelijk is aan deze uitspraak, is de evolutie in Vincents denken die eruit valt af te leiden. Zijn verwijzingen naar Egyptische kunst vóór Gauguin komst in Arles waren ambivalent geweest. De zelfportret-uitwisseling in augustus had hem er inderdaad toe gebracht zich te onderscheiden van Gauguin door zijn eigen voorkeur voor Griekse en Japanse kunst af te zetten tegen die van de Perzen en de Egyptenaren (zie hfdst. 3): Vincent was gevoelig voor het vergoddelijkte idee van de natuur dat hij in de eerstgenoemde vermoedde, terwijl Gauguin werd aangetrokken door de synoptische stileringen van de laatste.

Tijdens de twee maanden die ze samen doorbrachten, probeerde Vincent, met wisselend succes, Gauguins ideeën in zich op te nemen; zijn brieven en schilderijen verraden eerder een ongemakkelijke meegaandheid dan een ware ontvankelijkheid, alsof hij de ideeën wel had *aan*genomen maar niet echt had *over*genomen. Maar deze nieuwe opvatting over de Egyptische kunst geeft aan dat hij in de maanden na Gauguins vertrek kennelijk tot een waarachtige verzoening van hun ideeën was gekomen. Door hun dialoog als innerlijke monoloog op te roepen, kreeg Vincent de kans om de Egyptenaren te idealiseren op zijn eigen voorwaarden, zoals hij ook deed met de Japanners, maar met een nadruk op stijl waarin onmiskenbaar Gauguins interesse weerklinkt. Ook Vincents schilderijen getuigen van deze ontwikkeling.

Theo zag de verbinding tussen de opmerkingen van zijn broer over Gauguins tentoonstelling en zijn preoccupatie met stijl, en hij reageerde overeenkomstig. Nu hij meer tijd had gehad om Vincents meest recente werk te beschouwen, gaf hij zijn oordeel:

Ze hebben allemaal een kleurenkracht die je nog niet eerder had bereikt, wat al een zeldzame kwaliteit is, maar je bent verder gegaan & terwijl anderen het symbool nastreven door de vorm geweld aan te doen, zie ik dat bij veel van jouw schilderijen in de samenvatting die je daarin geeft van je gedachten over de natuur en de levende wezens, die voor jouw gevoel zo nauw daarmee verbonden zijn.[63]

Theo's terughoudendheid tegenover expressieve vervorming was duidelijk verbonden met de risico's die hij bespeurde in Vincents aftasten van wat hij zelf de mysterieuze gebieden van de diepere gevoelswereld noemde. Daarentegen leverde hij kritiek op Gauguin wegens zijn bekrompenheid. De tentoonstelling die Gauguin samen met Schuffenecker en Bernard had opgezet, was enkele dagen tevoren geopend in M. Volpini's *Café des Arts*, in de zuilengalerij onder het dak van het Palais des Beaux Arts, waar het exposeren van de officiële kunst van de tentoonstelling plaatsvond (met onder meer, naast honderden werken van academische meesters, voorbeelden van Degas, Monet en Pissarro). Voor Theo was deze keuze een poging om de Wereldtentoonstelling binnen te dringen via de achterdeur. Wat hem nog meer ergerde – en wat hem ervan had weerhouden om Vincents

43
Vincent van Gogh
*Irissen*
10-15 mei 1889
Olieverf op doek
71 × 93 cm
J. Paul Getty
Museum, Los
Angeles

43

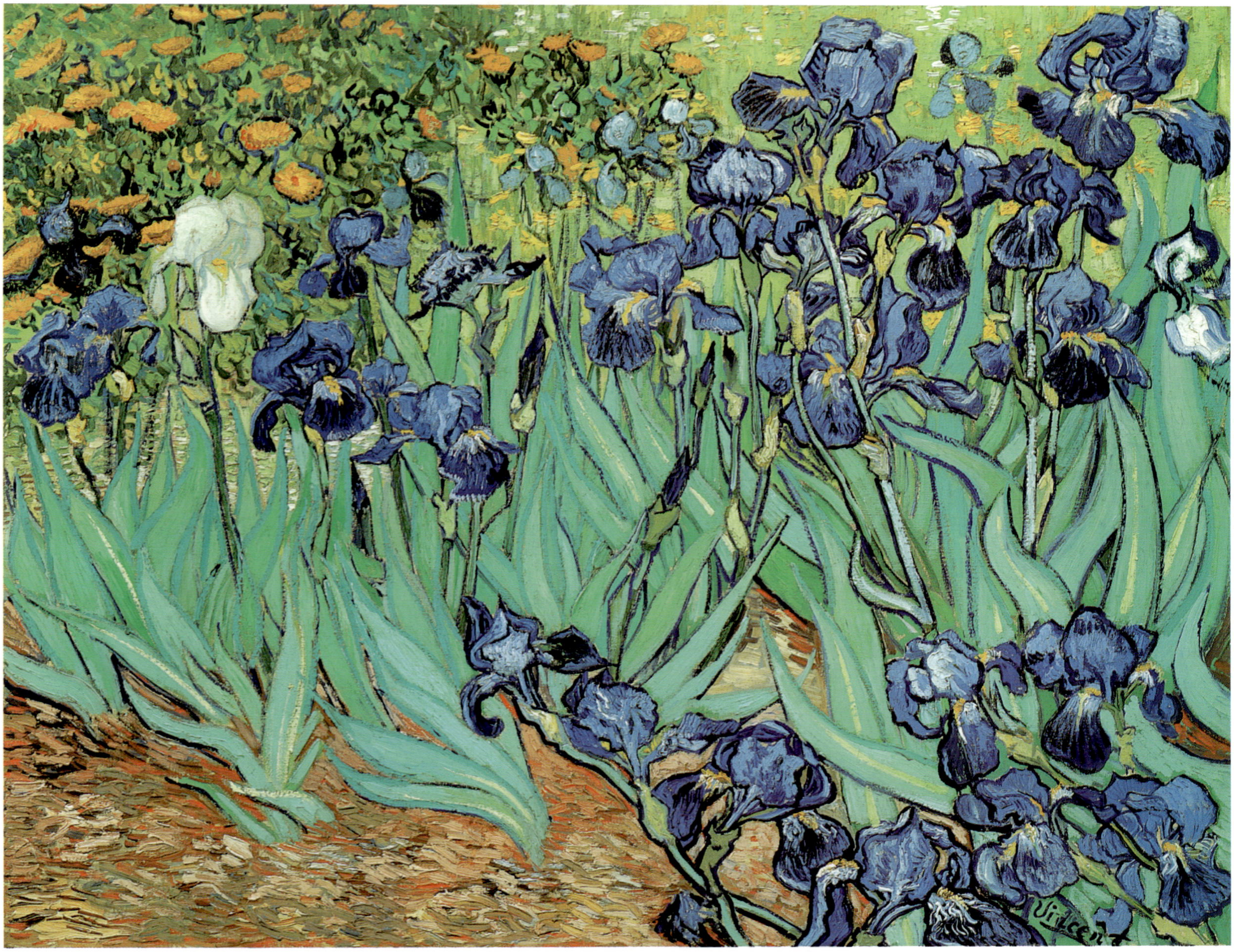


werken te lenen voor deze onderneming – was de walgelijke eigendunk van de organisatoren, die een beleid van exclusiviteit propageerden dat deed denken aan het sectarisme dat de impressionisten had geteisterd.[64]

Theo's kritiek overschaduwde Vincents wrok en versnelde een verdediging van Gauguin en zijn jongere partner Bernard. Vincent schreef de situatie toe aan een begrijpelijke behoefte om hun werk te tonen, en ook aan de diepgewortelde avantgardistische verdeeldheid. Vincent werd aangespoord om zijn ideaal van groepssolidariteit te tonen. Hij nam Gauguin (en Bernard) in gedachten op in een dialoog door twee schilderijen te vervaardigen die 'qua sentiment overeenstemmen' met hun recente werken: een landschap met de Alpilles op de achtergrond (fig. 44) en een 'nieuwe studie van een sterrennacht' (fig. 45).[65] Op beide stukken wordt de nadruk gelegd op stijl met behulp van een overheersende, willekeurige lijnvoering. Ze zijn het sprekende bewijs van Vincents verlangen om nauwer in contact te komen met Gauguin. Weliswaar had Vincent, zoals de formele ritmes van *Irissen* die op art nouveau vooruitliepen en de golvende patronen van het penseelwerk in andere schilderijen uit juni laten zien, recentelijk stilistische principes onderzocht die hij classificeerde als Egyptisch. Maar de dwingende, dynamische ritmes die deze nieuwe werken bezielen zijn ongekend. Vincent schilderde *Olijfbomen in een berglandschap* naar de natuur. Terwijl de golvende vormen van de Alpilles teruggaan op de werkelijkheid, wordt door de golvende lijn beneden en de overheersende wolk die erboven hangt als een opgeheven vuist in de lucht, een anti-naturalisme onthuld dat een breuk betekent met de vergelijkbare doeken die hij samen met Gauguin schilderde. Het werk is, zoals Vincent erkende, 'spontaner' dan zijn meest ambitieuze van deze oefeningen uit Arles en het gebruikt vrijelijk Gauguins opvattingen over stijl, maar door middel van technieken en met een expressief oogmerk die van Vincent zelf waren.

*Sterrennacht* vertegenwoordigt zelfs een nog duidelijker en persoonlijker reactie op Gauguins voorschriften. De compositie is gebaseerd op het landschap in de omgeving van Saint-Paul-de-Mausole met zijn bergachtige omlijsting, pannendaken en prominente torenspits (zie fig. 46). Toch is deze verzonnen. Hij doet aan een hallucinatie denken – van de als golven deinende vormen van de Alpilles op de achtergrond tot de

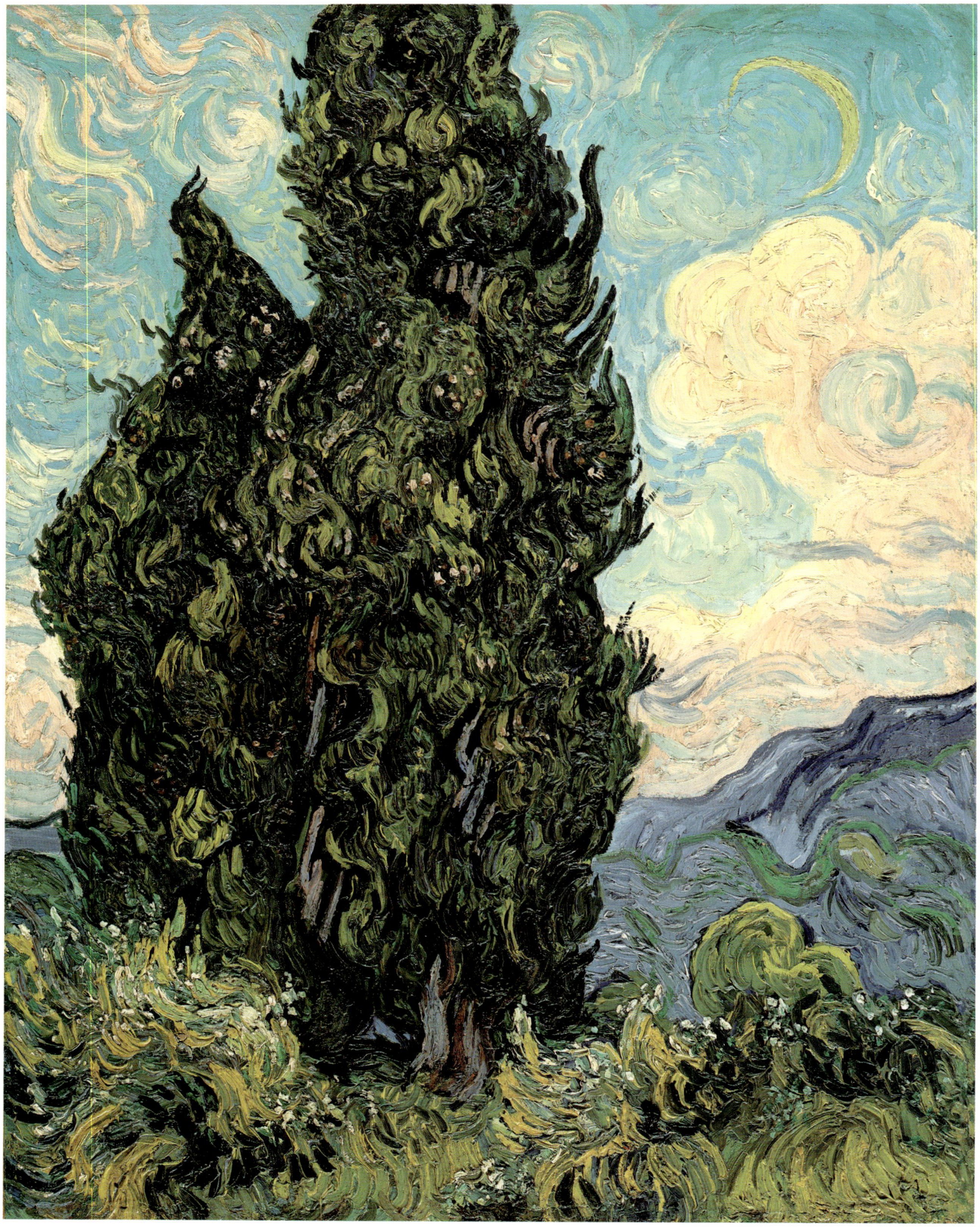

De cypressen houden me nog steeds bezig; ik zou er iets van willen maken zoals de doeken met de zonnebloemen, want het verbaast me dat ze nog niet zijn geschilderd zoals ik ze zie. Het is qua lijnen, qua verhoudingen zo mooi als een Egyptische obelisk. En het groen is zo uitzonderlijk. Het is de zwarte vlek in een zonnig landschap, maar het is een van de interessantste zwarte noten, voor zover ik me kan voorstellen een van de moeilijkste om goed op het doek te krijgen. Vincent aan Theo, [25 juni 1889]

De studie is helemaal geel, in vreselijk dikke verflagen, maar het motief was mooi en eenvoudig. In die maaier [...] zag ik toen het beeld van de dood, in die zin dat de mensheid het koren voorstelt dat wordt gemaaid. Zo je wilt, is het dus het tegenovergestelde van die zaaier die ik al eerder heb geprobeerd [hfdst. 3, fig. 26]. Maar in die dood schuilt niets droevigs, het speelt zich af in het volle licht, bij een zon die alles onderdompelt in een fijn gouden licht. Vincent aan Theo, [5/6 september 1889]

47
Vincent van Gogh
*Cipressen*
25 juni 1889
[F 613, JH 1746]
Olieverf op doek
93,3 × 74 cm
The Metropolitan Museum of Art, New York, Rogers Fund, 1949
Cat. 117

48
Vincent van Gogh
*De maaier*
Juni 1889
[F 617, JH 1753]
Olieverf op doek
72 × 92 cm
Kröller-Müller Museum, Otterlo

49
Vincent van Gogh
*Arles: Gezicht vanaf de korenvelden*
Juni 1889
[F 545, JH 1477]
Olieverf op doek
73 × 54 cm
Musée Rodin, Parijs

worden. Misschien zijn wij niet geschapen voor het een noch voor het ander, omdat wij er zijn om te troosten en de weg te bereiden voor een troostrijkere schilderkunst.[69]

Hij had een dialoog hervat, waarop hij nu bijna geheel greep had. 'Het doet me goed,' merkte hij op toen hij de briefwisseling met Gauguin hervatte, 'om weer eens met de vrienden te praten, zij het op afstand.' Vincent had lange tijd zijn voordeel gedaan met zijn denkbeeldige ontmoetingen met meesters uit het verleden, zoals Rembrandt, Millet en Monticelli; nu richtte hij zich evenzo op zijn tijdgenoten. Gauguin was in levende lijve overweldigend geweest. Op afstand, door zijn denkbeeldige aanwezigheid, was hij een soort van toeziend voogd, die zijn pupil vrijliet in het naar eigen wil interpreteren, toepassen en aan elkaar verbinden van de lessen. Vincent had Gauguin vele malen gezegd dat ze niet moesten vergeten dat Monticelli en de schilders van Barbizon al vòòr hen deze weg waren ingeslagen; dit kon hij nu opnieuw zeggen zonder tegengesproken te worden.[70] Eindelijk kon Vincent Gauguin betrekken bij het weer tot leven wekken van zijn held uit Marseille. Het resultaat van deze verplaatste uitwisseling, *Cipressen* uit eind juni (fig. 47), getuigt van het stijlexperiment dat Vincent zichzelf toestond. Bij de voorbereiding en totstandkoming van deze werken, ging hij expres te werk zoals Monticelli gedaan had: in dikke verflagen schilderen. De wervelende penseelstreken en Vincents vergelijking van de boomvorm met een Egyptische obelisk kwamen echter overeen met gesprekken van dat moment. Terwijl Vincent al in eerdere doeken de 'sombere, geheel zwarte' cipres had afgebeeld, benadrukte hij hier dat de cypres een symbool van de dood is. Bovendien beschouwde hij de boom duidelijk als 'gelijkwaardig' en 'tegenovergesteld' aan de zonnebloem, symbool voor de hoop die hij in Gauguin en in het Atelier van het Zuiden had geïnvesteerd.[71]

*De maaier* (fig. 48), geschilderd in dezelfde periode, giet op vergelijkbare wijze een waarmerk van toekomstverwachtingen – de zaaier – in het tegenovergestelde daarvan. Hier brengt een metaforische donkere noot tegen een zonnig landschap een 'beeld van de dood als het grote boek der natuur' voort, beschreven in de bijbel en in emblematische teksten (zie hfdst. 1, fig. 14). Eerder had Vincent gesproken van het zaaien van studies om schilderijen te oogsten en, op andere punten, van de kunstenaar als zaaier van de oogst die derden (handelaars, verzamelaars, medekunstenaars) zouden binnenhalen. Als Vincent nu door het tralievenster van zijn kamer in het klooster een maaier zag werken binnen de omheining van de inrichting, beschouwde hij dit onderwerp als het einde van zijn poging om Delacroix te doen herrijzen door het zaad van een renaissance te zaaien vanuit zijn Arles *bonzerie*. In *De maaier* lag het, net als in *Cipressen*, in Vincents bedoeling om met het spel tussen donker en licht, 'dood op het randje van een glimlach'[72], zoals hij het omschreef, op te roepen. Deze uitdrukking – een echo van de oude toetssteen 'treurende maar altijd verheugd' – verwees ook naar een favoriet beeld van het aanvaarden van het onvermijdelijke, te vinden aan het eind van Silvestre's biografie van Delacroix: 'Zo stierf – bijna glimlachend – Delacroix, een schilder [...] die de zon in zijn hoofd en een onweersbui in zijn hart had.' Een ideaal dat Vincent deelde met Bernard en dat ook ter sprake gekomen was bij de gedachtenwisseling met Gauguin over die romantische schilder in Montpellier.[73]

Naast het herdenken van de mislukte renaissance ging *De maaier* ook voort met een ander gesprek. Ondanks Vincents statement, via de technieken van Monticelli, verwijst het doek eerder naar Gauguin, aangezien het een nieuwe

48

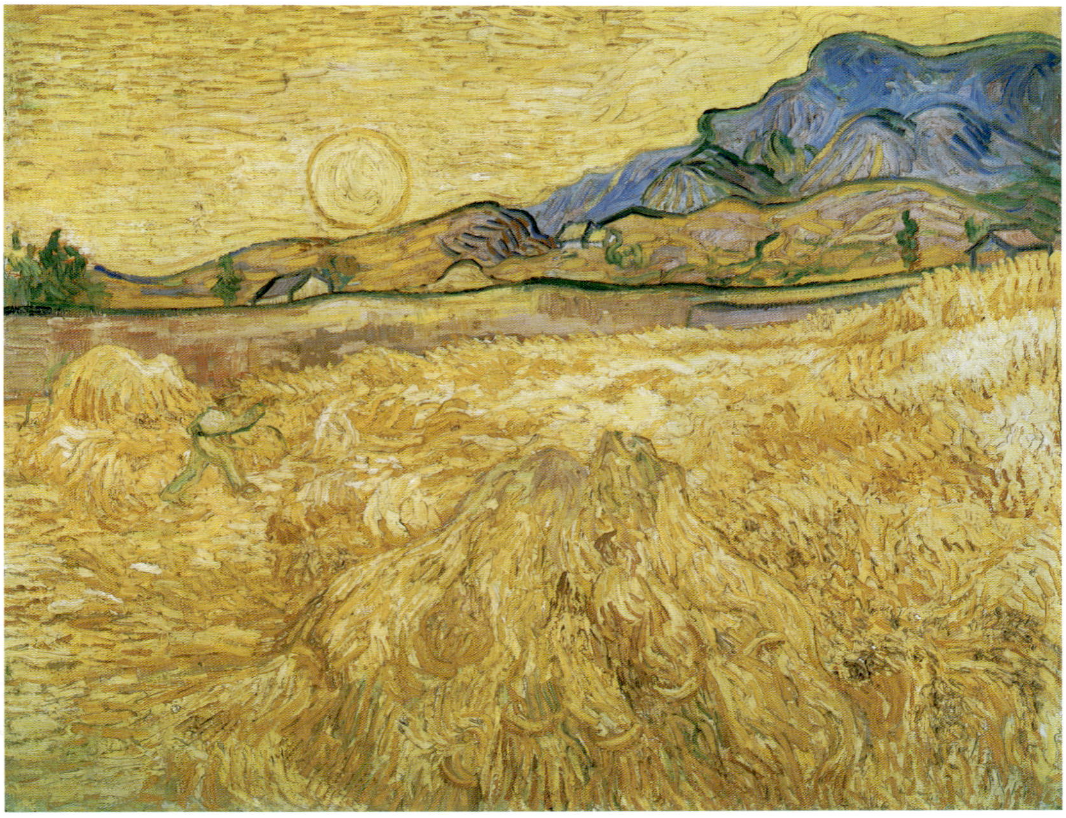

49

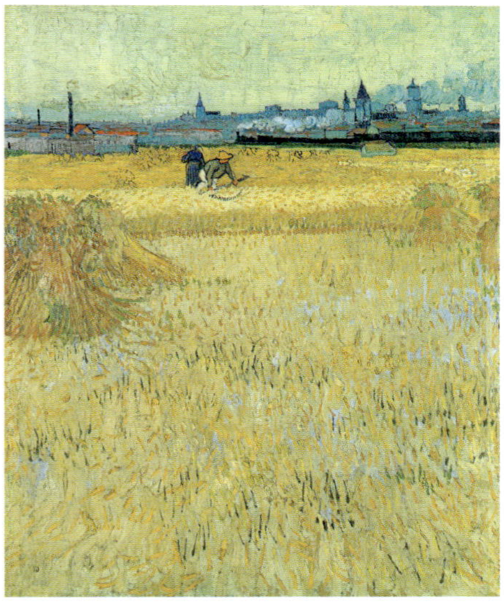

50

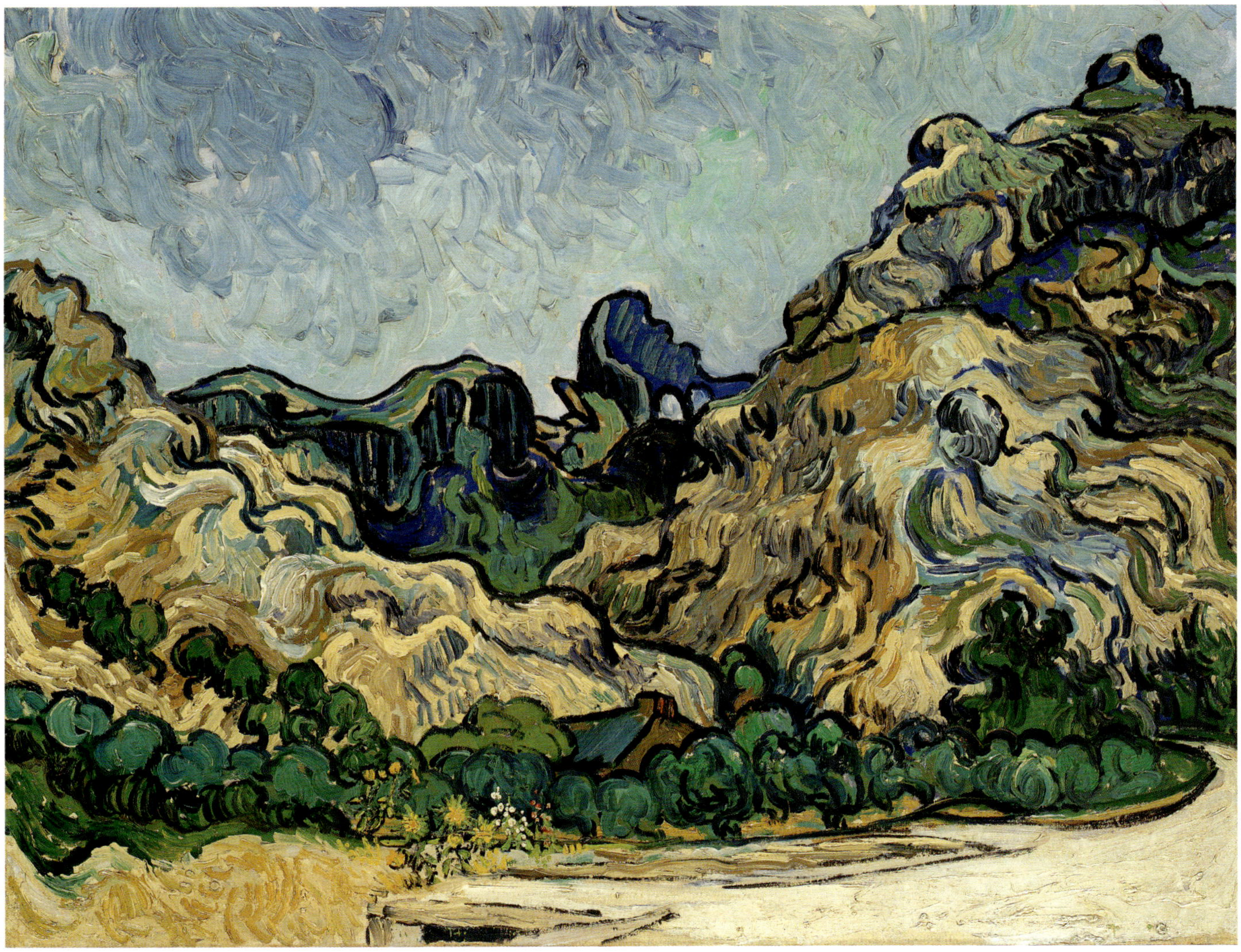

studie in geel is. Misschien had Vincent de door hem zo bewonderde *Maaier* van Anquetin voor ogen die hij een jaar tevoren vrij had weergegeven toen hij zijn eerste belangrijke *Zaaier* (hfdst. 3, fig. 26) en zijn oogstscènes (zie fig. 49) schilderde.[74] Hij dacht ook aan zowel Zola's *Rêve* als Theo's enthousiaste beschrijving van Rembrandts afbeelding van een engel (zie fig. 62), die hij onlangs op een veiling gezien had. Daarvan dacht hij dat deze oorspronkelijk geheel geel was geweest. Maar zijn dialoog met Gauguin schijnt de belangrijkste drijfveer te zijn geweest. Nadat hij rond 6 juli *De maaier* had voltooid voelde Vincent zich duidelijk zelfverzekerd genoeg om zijn ideeën op papier te zetten. Hij verbrak de stilte die hij sinds januari bewaard had en stuurde zijn vriend een brief en een (nu zoekgeraakte) schets. Hierin beloofde hij Gauguin wellicht zijn nieuwste geel-op-geel studie, die deze dan ook vervolgens met succes bij de familie Van Gogh opeiste.[75]

Direct na het verzenden van de brief, begon Vincent met een ander werk dat vol stond met verwijzingen naar heden en verleden, *Bergen* (fig. 50). Vincent beschreef het als het uitzicht vanaf de drempel van het klooster op de bergen: de Alpilles, of 'Tartarins Alpen' zoals hij ze betitelde. Aan de voet ervan, staat de donkere hut van een geitenhoeder tussen de olijfbomen, met daarvoor enkele bloeiende zonnebloemen. Het werk, dat nauwkeurig aan de werkelijkheid beantwoordt, vormt ook een zeer persoonlijke en indirecte reactie op een boek van de Zwitserse schrijver Edouard Rod, dat Vincents zus Wil hem toestuurde, en waarin een man na een lange zoektocht zijn geluk vindt in een gewoon burgerlijk bestaan. Vincent vond de titel *Le Sens de la vie* (*De betekenis van het leven*) aanmatigend en de inhoud niet verhelderend; hij verwees slechts naar enkele willekeurige passages die het eenvoudige, zware bestaan beschrijft van de boeren in de bergen, die groenten verbouwden in kleine tuintjes waar af en toe een zonnebloem bloeide. Vincents bewering dat hij *Bergen* onder invloed van Rods boek vervaardigde, onthult veel over de ontvankelijke – en hoogst selectieve – wijze waarop hij invloed onderging. In dit geval haalde hij slechts enkele regels uit een honderd pagina's lange tekst, maar in feite was er iets minder oppervlakkigs en letterlijks aan de hand. De invloed die Vincent zich voorstelde en tot realiteit maakte in zijn bewuste poging om de overdreven, nadrukkelijke lineaire ritmes te vullen met een individuele bedoeling en gevoel, kwam van Gauguin. Door zijn kleurkeuze waarbij de sombere tinten het vrolijke geel van de uitgevallen zonnebloemen overweldigen, was hij van plan een gezonde droefheid over te brengen die paste bij die van de schilder zelf.[76]

Na *Bergen* te hebben voltooid, reisde Vincent naar Arles om zijn bij de verhuizing in mei achtergebleven schilderijen op te halen. Rond 16 juli, na zijn terugkeer in Saint-Rémy, begon hij met een schilderij van de ingang van een steengroeve en maakte gebruik van een evenzeer beperkt palet dat hij nu als Noordelijk typeerde.[77] Terwijl hij werkte aan dit doek, kreeg hij een nieuwe aanval die hem het werken tot begin september zou beletten.

## Gauguin, zomer 1889

Gauguin was al een maand in Pont-Aven toen hij Vincents brief met de schets van *De maaier* ontving. Hij was daar rond 2 juni aangekomen. Hij had Schuffenecker in Parijs achtergelaten om daar de laatste voorbereidingen te treffen voor de groepstentoonstelling. Gauguin heeft zelf de opstelling van de werken van de 'Impressionistische en Synthetische Groep' die op 8 juni in Volpini's café werd geopend, in een enigszins gewijzigde bezetting dan oorspronkelijk de bedoeling was geweest, nooit gezien. Hijzelf werd vertegenwoordigd door een serie van 12 schilderijen die, net zoals de portfolio met zinkgravures die op verzoek te bekijken was, een overzicht gaven van zijn werk in Bretagne, Martinique en Arles. Gauguin hoorde via Schuffenecker al snel van Theo's ongenoegen en schreef meteen een verdedigende brief naar de kunsthandelaar, waarin hij zijn daden rechtvaardigde als zelfbehoud tegenover het gemis aan solidariteit onder de avant-gardisten, het najagen van eigenbelang door de oudere impressionisten en Theo's halfslachtige steun.[78]

Gauguin zette zijn woorden luister bij met een doek dat hij dezelfde dag aan Schuffenecker aankondigde (fig. 51): 'Ik ben met een ~~Christus~~ Jezus in de Hof van Olijven begonnen die, denk ik, wel iets moois zal worden [...] het is een soort geabstraheerde droefheid en, zoals je weet ben ik één en al droefheid.' Gauguin verzuimde op te merken dat dit werk ook een zelfportret is. Het is de volledige uitwerking van zijn kort daarvóór aangenomen identiteit als leider van een groep gelovige discipelen. Op het schilderij behandelde hij ook verwante thema's zoals verraad en verlating. Hij omschreef zichzelf, binnen de context van de Volpini-expositie, als het hoofd van een kunstzinnige broederschap. Hij vond dat zijn positie overeen kwam met die van Degas bij de impressionisten, en liet dat zien door de regels te bepalen voor wie deel mocht nemen. Ook veroordeelde hij Guillaumins terugtreden en Pisarro's verraderlijke overloperij naar officiële expositieruimtes.[79]

Ondanks dergelijke aktuele beweegredenen, ontleende Gauguin de voornaamste elementen voor zijn Gethsemane aan zijn ervaringen in Arles. Hij gaf zijn donkere haar een felrode tint, een kenmerk dat (samen met de magere hand die het witte doek vasthoudt) Delacroix' portret van Bruyas voor de geest haalt (hfdst. 4, fig. 135). Door zichzelf af te beelden als een lid van de roodharige Van Gogh-familie met een onderwerp dat Vincent twee keer zonder succes had getracht te verwezenlijken, verhulde Gauguin zijn opzet nauwelijks. Hij erkende dat Vincents vernietigde *Gethsemane*-doeken zelfportretten waren – in ieder geval bedekt, vanwege de persoonlijke lading die het Gethsemane-thema voor de kunstenaar had, zo niet op een meer letterlijke manier, aangezien Vincent heel goed een Christus kan hebben afgebeeld die enigszins op hem leek. Door Gauguins *Christus in de hof van olijven* wordt deze identiteit tegelijk ontmaskerd en losgewrikt, en door hem toe-geëigend samen met het bijbehorende vergeestelijkte ideaal van een groep schilders als discipelen.

Door de tentoonstelling bij Volpini nam Gauguins bescheiden aantal volgelingen toe. Aurier steunde de expositie als een tegengif van zwervers tegen de officieel goedgekeurde kunst en juichte het vindingrijke, de durf van Gauguin, Bernard en Anquetin toe. Hun oefeningen in vereenvoudiging lieten een 'synthetisering' van lijn, vorm en kleur zien.[80] Begin juli verscheen een beter beargumenteerde recensie van een minder goedgezinde criticus, Félix Fénéon. Hij begon ermee, Gauguin een plaats te geven binnen de context van de avant-gardistische ontwikkelingen na de algehele verwerping van de losse penseelvoering der impressionisten. Vervolgens gaf Fénéon toe dat hij tot een synthetische kunst was gekomen door een richting in te slaan die verschilde van, maar ook analoog was met, die van Seurat en consorten:

De werkelijkheid was voor hem slechts een voorwendsel om tot verstrekkende creaties te komen: hij herschikt het materiaal dat de realiteit te bieden heeft, hij veracht illusionistische effecten, zelfs atmosferische, benadrukt lijnen, beperkt hun aantal, maakt ze hiëratisch en in iedere ruimtelijk vlak dat ontstaat door hun verstrengeling zit een weelderige en wulpse kleur op een sombere troon, zonder zijn buren aan te vallen en zonder zijn eigen toon af te staan.[81]

Hoewel Fénéon de mogelijkheid van Anquetins invloed overwoog, beschouwde hij die als zuiver formeel, omdat zijn werk het gevoel miste dat zo duidelijk aanwezig was bij Gauguin. Bovendien meende hij Gauguins sterke invloed te herkennen op de aan Bretagne en Martinique gerelateerde onderwerpen van Bernard en Laval en stelde hij vast dat Gauguins 'bijzondere spirituele gesteldheid' rivaliteit uitsloot. Ofschoon hij ambivalent bleef ten opzichte van het werk dat bij Volpini tentoongesteld werd, wees Fénéon impliciet op het ontstaan van een nieuwe avant-garde, met Gauguin als leider, parallel lopend aan het neo-impressionisme (waarvan de voornaamste vertegenwoordigers opvallend genoeg uitgesloten waren van deelname). Hoewel de tentoonstelling qua verkoop niets opleverde de organisatoren met een overschot aan catalogi bleven zitten, was deze toch enigszins succesvol, wat wel een belangrijke stap betekende.[82]

De Volpini-expositie overtuigde de in die periode wat aarzelende Sérusier ervan dat hij meer begrip had moeten opbrengen voor 'Gauguin de meester.' Tegen eind juni verruilde hij Parijs voor Bretagne om vergiffenis te vragen. Bernard was niet aanwezig; zijn vader had hem verboden om zich aan te sluiten bij Gauguin in Pont-Aven en nu verbleef hij in Saint-Briac. Tot de groep behoorden echter zowel Laval als De Haan, met wie Gauguin het grootste deel van de zomer doorbracht, eerst in Pont-Aven en later vanaf juli, bij twee verschillende gelegenheden, in het meer afgelegen dorp Le Pouldu aan de Atlantische kust. Gauguins nieuwe Nederlandse metgezel had net als Vincent rood haar. Hij bleek een ideale discipel: leergierig en in het bezit van voldoende financiële middelen om Gauguins levensonderhoud te bekostigen. Ondanks hun beider ontkenningen daarvan bleef De Haans werk in grote mate afhankelijk van dat van Gauguin. Sérusier ontpopte zich als een minder plooibare volgeling. Hij was het oneens met Gauguin op het gebied van theoretische zaken. Bovendien begon hij in zijn werk een gemis aan *délicatesse* te bespeuren, een 'onlogische geaffecteerdheid in het tekenen [...] een zoeken naar originaliteit dat grenst aan het fraudulente.'[83] Hoewel Sérusier snel weer van gedachten zou

50
Vincent van Gogh
*Bergen*
(Saint-Rémy)
Ca. 9 juli 1889
[F 622, JH 1766]
Olieverf op doek
71,8 × 90,8 cm
Solomon R. Guggenheim Museum, New York, Thannhauser-collectie, geschenk van Justin K. Thannhauser, 1978
Cat. 118

51

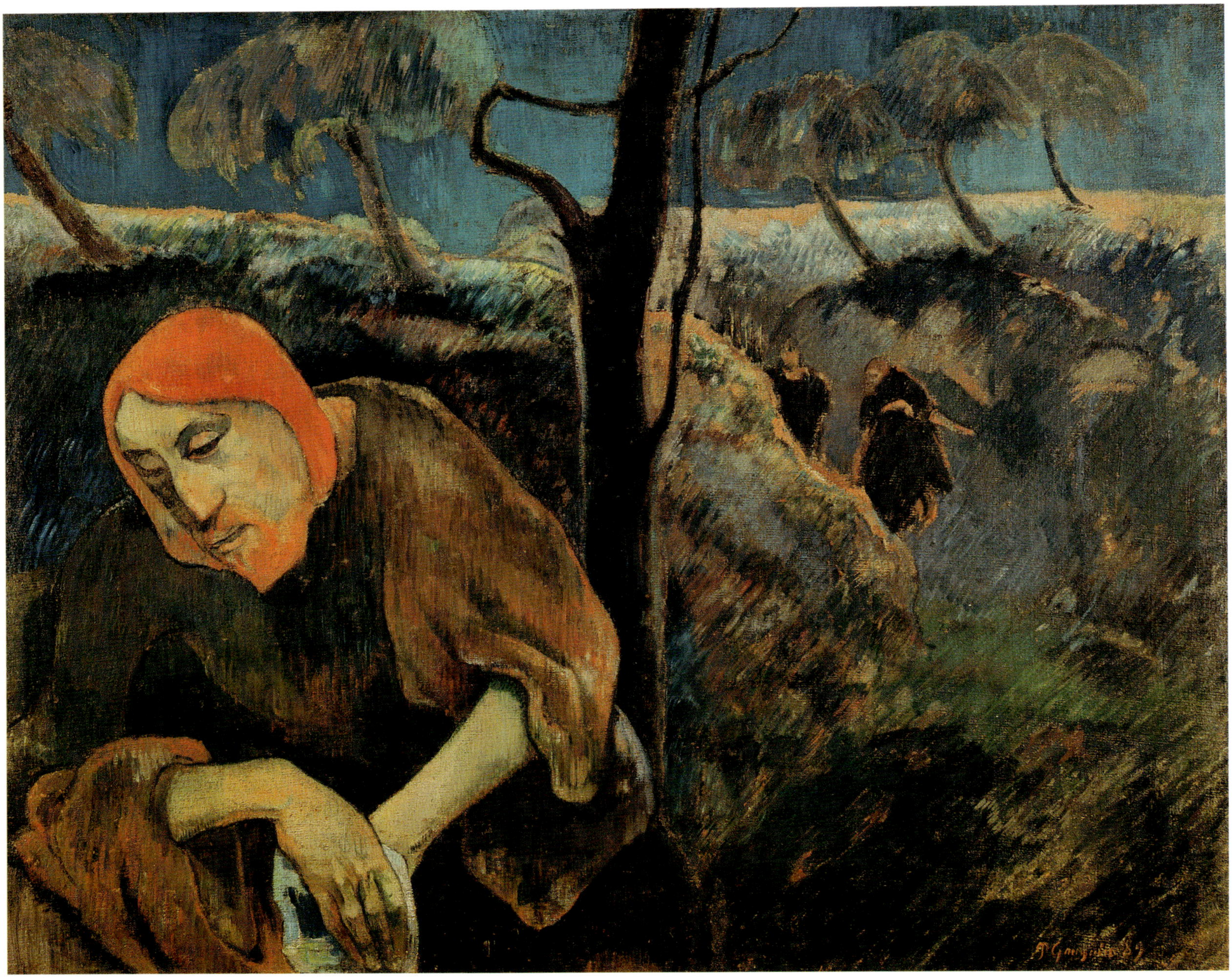

**Het is Christus in de Hof van Olijven. Groen-blauwe lucht bij de avondscheme-ring, allemaal vooro-ver gebogen bomen in purperen vlakken, paarse bodem en Christus gehuld in een donkerokeren kleed en met vermiljoen-kleurig haar. Omdat dat doek niet voorbestemd is om begrepen te wor-den, houd ik het lang hier.** Gauguin aan Vincent, [eind oktober/begin november 1889]

51
Paul Gauguin
*Christus in de hof van olijven (Christ dans le jardin des oliviers)*
Juni 1889 [W 326]
Olieverf op doek
73 × 92 cm
Norton Museum of Art, West Palm Beach, Florida
Cat. 95

52
Paul Gauguin
*La Belle Angèle*
1889 [W 315]
Olieverf op doek
92 × 72 cm
Musée d'Orsay, Parijs

veranderen, had hij wel relevante kwesties aan de orde gesteld. Gauguin was zichzelf op een agressieve manier 'nog verder in een richting aan het drijven' – zo vertelde hij Bernard in augustus – 'die ik al uitgezet had, maar met de bedoeling om nog iets meer te vinden.' Ook al zou hij ontkennen pretenties te hebben om iets nieuws te vinden, hij erkende wel zijn ongeduld om zichzelf te herontdekken, om toegang te krijgen tot 'een tot nu toe nog onbekende hoek in mijn wezen.' Hij kon er naar hartelust een glimp van opvangen, maar hij had het gevoel nog niet in staat te zijn om er uitdrukking aan te geven. Gauguin beschreef zijn laatste werken aan Bernard als klungelige, onnozele experimenten. In antwoord op Theo's vezoek in juli om zijn meest recente schilderijen, omschreef hij deze op vergelijkbare wijze als 'werk *ter voorbereiding voor* iets anders' Toch beloofde hij het werk na zijn terugkeer in Pont-Aven op te sturen. Daar kwam hij tegen het einde van augustus aan.[84]

Theo was teleurgesteld toen de laatste zending van mindere kwaliteit bleek dan de schilderijen uit Bretagne van de vorige herfst. Het enige doek, zo vertelde hij zijn broer, dat hij bewonderde als een echte goede Gauguin, was *La belle Angèle* (fig. 52), het schilderij van een zittende Bretonse vrouw in klederdracht, 'de handen gevouwen [...] het kader is grijs en de achtergrond van een mooi lila-blauw met roze en rode bloemen.' Theo prees de frisse, landelijke eigenschappen van het werk en de eenvoud die hij ook bewonderde in *La Berceuse*, waarvan Gauguin begin juli een kopie als geschenk had aanvaard.

52

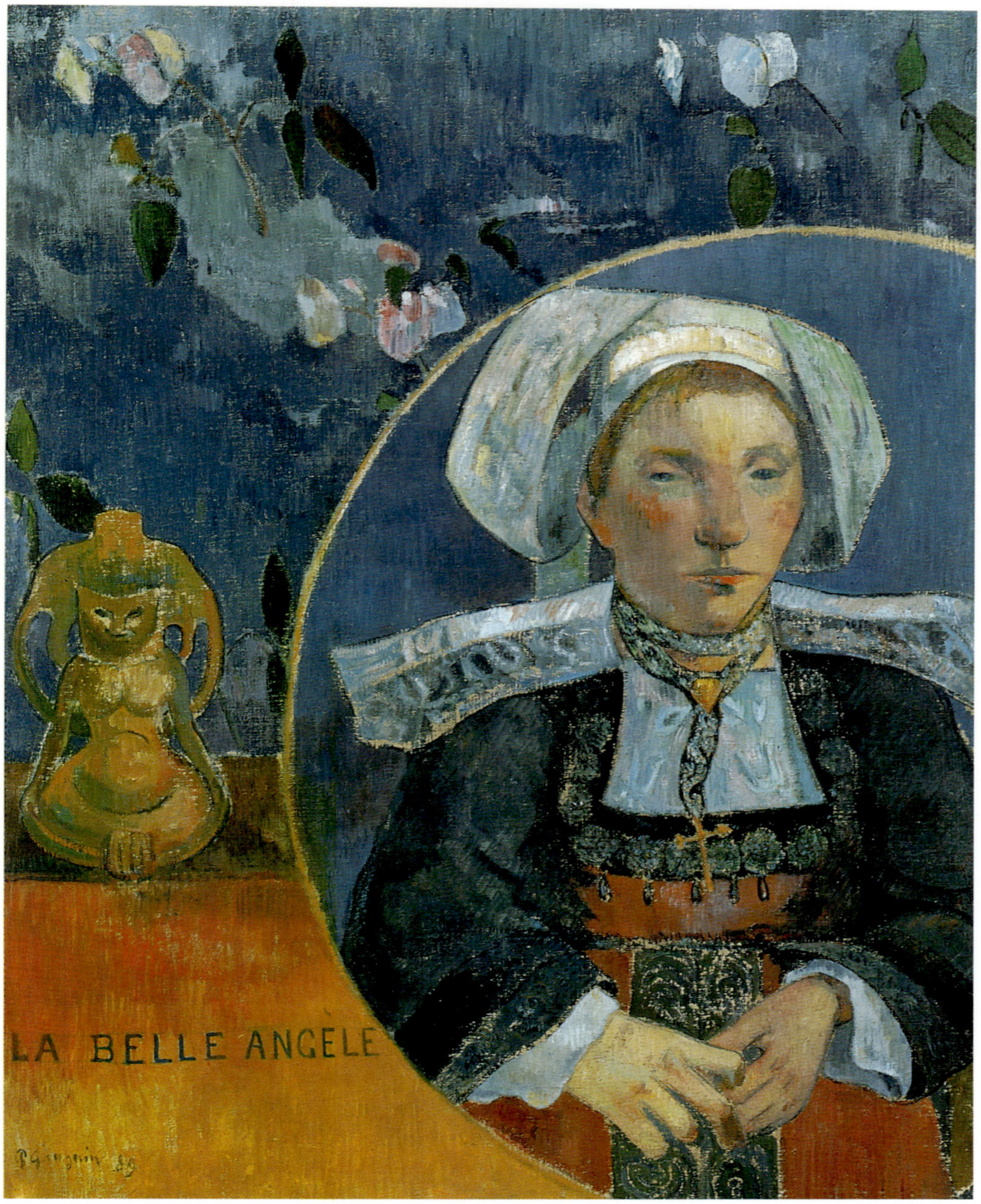


Gauguins *Belle Angèle* vormt op meer dan één punt een erkenning van *La Berceuse*, ondanks elementen die het werk een primitief aanzicht moesten geven, zoals het Japanse formaat van de compositie (opgemerkt door Theo) en het opnemen van een stuk aardewerk dat op fantasievolle wijze Indiaanse en Egyptische bronnen met elkaar vermengt (waar Theo geen melding van maakte). Andere elementen waren de vermelding van de titel op het schilderij, het verdelen van de achtergrond in vlakken met in het bovenste vlak een bloemetjesbehang, de logge onbeweeglijkheid van de sterk omlijnde figuur en de stevige, elkaar vastgrijpende handen.[85]

Theo bespeurde in Gauguins buitengewoon heterogene verzameling schilderijen, die blijk geeft van de pogingen van de kunstenaar om op verschillende fronten vooruitgang te boeken, weinig ander werk dat leek op *La belle Angèle*. Een goed voorbeeld van een poging om een vervolg te bieden aan de werken die hij met Vincent had uitgevoerd is een schitterend doek met een boerenechtpaar op een smal pad bovenop de duizelingwekkend hoge kliffen van Le Pouldu (fig. 53). Gauguin greep hier terug op zijn eerste *Wasvrouwen* uit Arles (hfdst. 4, fig. 75), door elementen van dichtbij en veraf samen te weven tot een gedetailleerder bewerkt en qua kleurstellingen oogverblindend tapijt. Tegelijkertijd construeerde hij een ingewikkelde, maar begrijpelijke ruimte, met een dubbel vergezicht dat zowel naar beneden, richting zee, voert als in de verte, recht vooruit. *Flageoletspeler op de klif* is een tour de force om het evenwicht te bewaren tussen abstractie en weergave, een moeilijke oefening in lineaire stilering. Dit is vergelijkbaar met Vincents eigen 'overdrijvingen,' die door hem vergeleken werden met de gedraaide lijnen van oud hout – onmiddellijk moet men hier denken aan *Sterrennacht* (fig. 45), waar Gauguin over had gehoord, voordat hij in juli naar Le Pouldu vertrok.[86]

Gauguin sloeg met het landschap dat bekend staat als de *De rode koe* (fig. 54), waarop de kleurvlakken minder in aantal en minder gevariëerd zijn en de lineaire beweging zorgvuldig aan regels is gebonden, een andere richting in. Gauguins moeizaame voorbereiding voor dit schilderij blijkt uit verwante schetsen uit

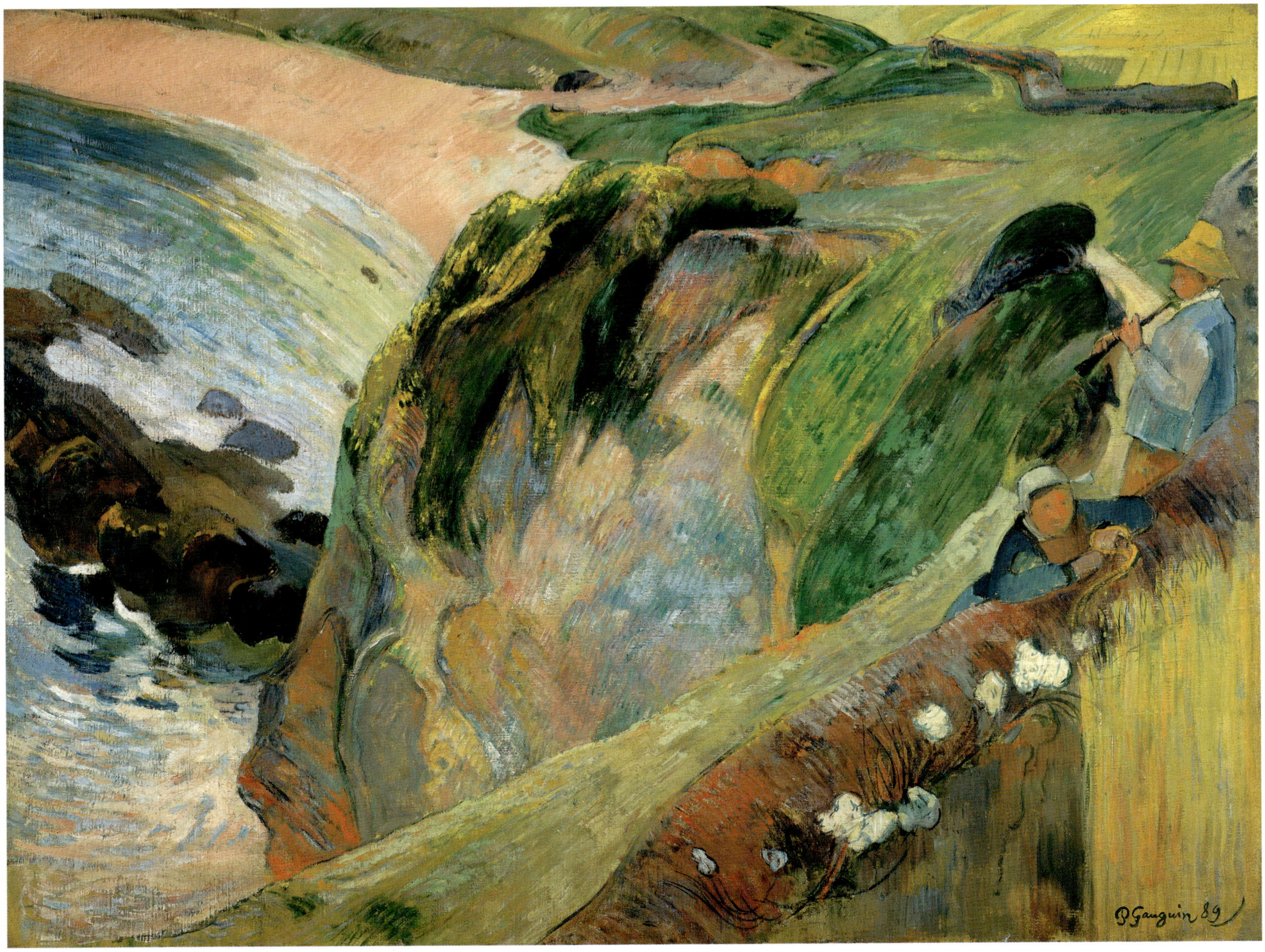


zijn schetsboek. De weloverwogen stilering van bomen en wolken wijst op een behoedzame opzet, net als de verdeling van de compositie in scherpomlijnde kleurige stroken.[87] De in het oog springende vorm van de koe – met haar kop half afgesneden en haar rug op gelijke hoogte met de bovenste balk van het hek – belichaamt de algehele statische toestand en het nadrukkelijke formalisme, waardoor dit werk in een creatief universum geplaatst wordt dat ver verwijderd is van de wereld van Vincents *Cipressen*. Voor Gauguin bracht het toepassen van een stijl met zich mee dat de natuurlijke omgeving ondergeschikt gemaakt moest worden aan de principes van het beeldmotief. Voor Vincent was de natuur het belangrijkst en hij maakte gebruik van overdrijving om de vitale kracht ervan over te brengen.

In hun uitwisseling, door Gauguin omschreven als een nog altijd voortdurende dialoog, praatten ze in dit opzicht volledig langs elkaar heen. Dat kwam door de invloed die aan beide zijden werd uitgeoefend door verschillende omstandigheden en de bijkomende druk om werk te creëren. Vincent bleef de competitieve sfeer waarin Gauguin werkte bespaard. Hij kampte echter in Saint-Rémy met zijn ziekte. J.J. Isaacson, een goede vriend van De Haan (en van Theo), bracht de bijna Messiaanse hoop die aan de schilderkunst gekoppeld was onder woorden, toen hij, in zijn verslag van half augustus aan een Nederlands tijdschrift vanuit Parijs, de vraag stelde: 'Waar is de man die onze [...] aarde opnieuw onthult [...] die het geluk doet wederkeren door het goddelijke in de materie te openbaren [...] Waar is de heropwekker die ons dat laat zien?' Hij antwoordde met: Vincent, een 'unieke pionier.'[88] De pas ontdekte held, wie dat ook mocht zijn, moest blijk geven van ware originaliteit. Indien hij aan zou geven iemands discipel te willen zijn, had dat diskwalificatie tot gevolg. Door de druk om iets nieuws uit te vinden kwam de rivaliteit bovendrijven. Isaacson zou weldra het bericht rondstrooien dat Gauguins recente doeken bij Bernard in het krijt stonden, terwijl hij De Haan ervoor waarschuwde dat de oudere kunstenaar hem op het slechte pad zou brengen. Gauguin trad in discussie met Fénéon over diens toespeling dat hij beïnvloed zou zijn door Anquetin. En tegen september raakte Bernard – door Fénéon afgeschilderd als een volgeling van Gauguin – in een persoonlijke en professionele crisis.Bernard was tot de conclusie gekomen dat schilderkunst meer moest zijn dan 'een resultaat van tot een synthese teruggebrachte gewaarwordingen,' en dat technische vaardigheden, waarin hij meende zwaar tekort te schieten, belangrijker waren dan Gauguin toegaf. Hij geloofde, schreef hij, in Gauguins weg, maar hij moest er vanaf wijken, al was het alleen maar

53
Paul Gauguin
*Flageolet-speler op de klif, Bretagne*
Zomer 1889
[W 361]
Olieverf op doek
73 × 92 cm
Indianapolis Museum of Art, Samuel Josefowitz Collection van de School van Pont-Aven, met dank aan Lilly Endowment Inc., de familie Josefowitz, Mr. en Mrs. James M. Cornelius, Mr. en Mrs Leonard J. Betley en Dan Efroymson en andere Vrienden van het Museum
Cat. 96

54
Paul Gauguin
*De rode koe*
Zomer 1889 [W 365]
Olieverf op doek
92 × 73 cm
Los Angeles County Museum of Art, Mr. en Mrs. George Gard De Sylva Collection
Cat. 97

54
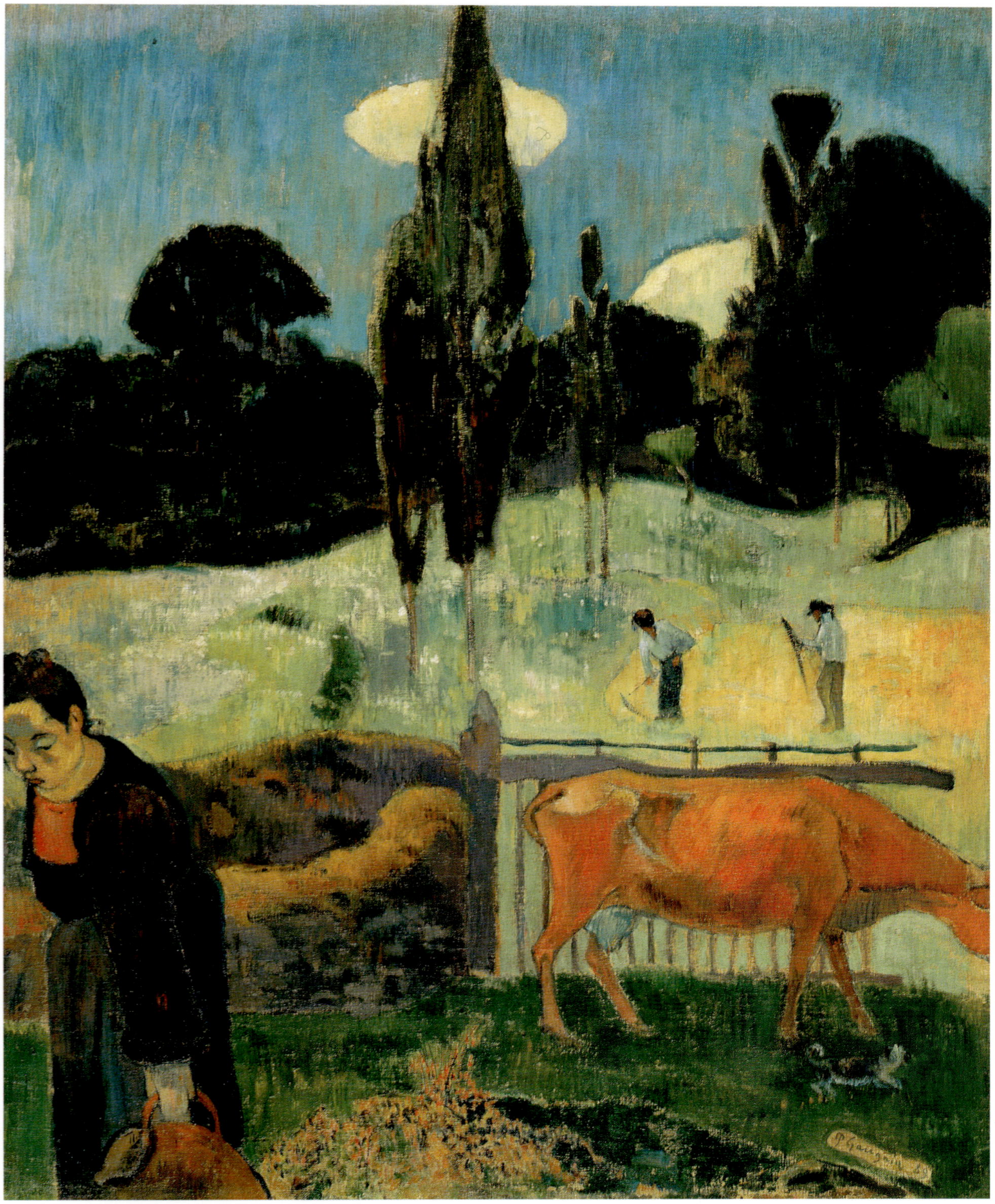

55

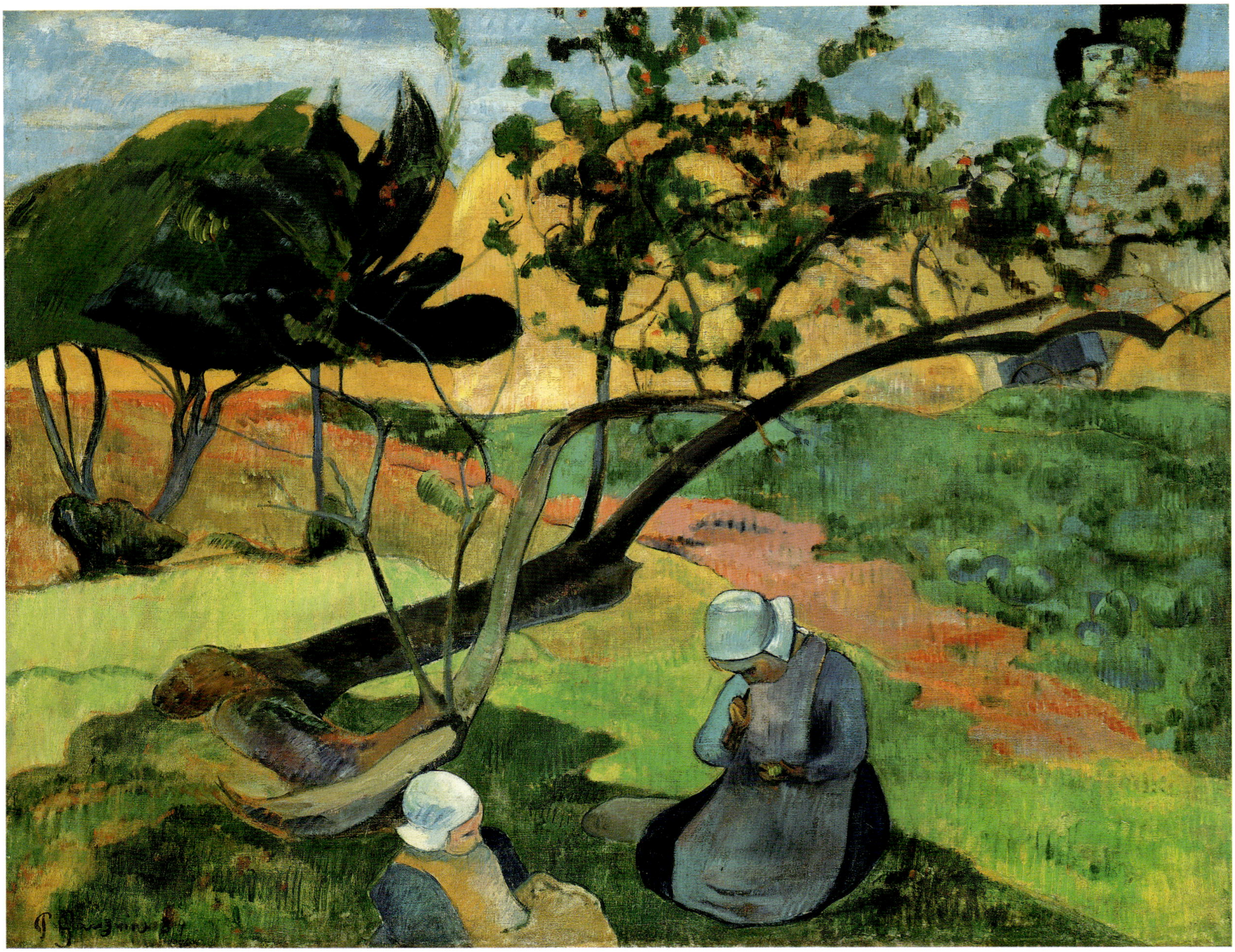

55
Paul Gauguin
*Landschap met twee Bretonse vrouwen*
Zomer 1889
[niet in W]
Olieverf op doek
72,4 × 91,4 cm
Museum of Fine Arts, Boston, geschenk van Harry en Mildred Remis
Cat. 98

vanwege 'tegendraadsheid.'[89] Toen Gauguin weer Pont-Aven was gaf hij onmiddellijk antwoord en uitte hij zich sceptisch over Bernards hervonden geloof in de techniek. Hij was wel met hem eens dat kunst meer moest zijn dan een harmonieus visueel geheel en hij beloofde zich te zullen inspannen om met zijn eigen werk een buitenzintuiglijke boodschap over te brengen. Misschien, zo besloot hij, had Bernard teveel gezien en naar teveel mensen geluisterd; een kunstenaar heeft diepe overtuigingen en zelfkennis nodig. Zelf streefde hij ernaar om 'meer en meer onbegrijpelijk' te worden.[90]

Gauguins verlangen om zijn experimenten in de schilderkunst te doordrenken met spiritualiteit en dubbelzinnigheid komt tot uiting in *Landschap met twee Bretonse vrouwen* (fig. 55), een sterk gekunstelde scène die uitgestrekte, omlijnde kleurvlakken bevat en een sierlijke, slanke boom waarnaast twee Bretonse vrouwen zitten. Wanneer men de meer in het oog springende figuur beter bekijkt, blijkt deze te eten, maar bij de eerste, en tevens blijvende, indruk lijkt ze met gebogen hoofd geknield en in gebed verzonken. Dit soort zelfbewust zoeken naar effect, samen met het uitgesproken lineaire karakter van de voorstelling, lokte kritiek uit van de kant van Sérusier – en uiteindelijk ook van Theo.

Hoe oprecht Gauguins uitingen van twijfel over zijn eigen recente werk ook geweest mogen zijn, eind augustus bereikte hij schijnbaar min of meer een doorbraak. Toen hij een zending schilderijen naar Theo stuurde, voegde hij eraan toe dat hij een nieuw doek had, dat nog te nat was om mee te kunnen zenden, en dat hij geslaagder vond dan de rest. In een brief aan Bernard schreef hij in de toekomst van plan te zijn een houten beeld te vervaardigen met een monsterlijk zelfportret, een vrouw en een 'vos, een Indiaans symbool van tegendraadsheid.' In dit laatste woord klonk venijnig Bernards omschrijving van zijn eigen afvalligheid door. Hij eindigde met het noemen van niet één, maar twee schilderijen waar hij tevreden mee was: waarschijnlijk de schilderijen die later bekend zijn geworden als *Groene Christus* (fig. 57) en *Gele Christus* (fig. 58).[91]

Beide doeken stellen *calvaires* voor, de opvallende, uit hout gesneden kruisbeelden die in heel Bretagne op pleinen, kruispunten en kerkhoven te vinden zijn. Schrijvers en illustrators met interesse voor de primitieve aspecten van deze streek haalden deze objecten aan als bewijs voor het sterke bijgeloof onder de Bretonse bevolking (zie fig. 59). Gauguins *Groene Christus* brengt Loti's karakteristieke beschrijving van een kust-*calvaire* op het doek over, met Christus' zwarte stenen armen 'uitgestrekt [...] als [die van] echte mannen die gemarteld worden; in de verte het Kanaal [...] helder en kalm [...] onder de al schemerende hemel en met schaduwen beladen horizon.'[92]

Gauguin baseerde zijn voorstelling op de *pietà*-groep aan de voet van de *calvaire* bij de kerk in Nizon, een gehucht op loopafstand van Pont-Aven (fig. 56). In zijn verbeelding verplaatste hij deze naar de kust van Le Pouldu (hoewel hij het werk schijnbaar schilderde na zijn terugkeer in Pont-Aven eind augustus). Zoals hij aan Theo vertelde, 'trachtte [hij] in zijn schilderij alles te laten uitschreeuwen van geloof, passief lijden, primitief religieuze stijl en de kracht van de natuur.'[93] Ovale wolken aan de loodgrijze hemel fungeren als een natuurlijk aureool voor de drie vrouwen die het lichaam van Christus ondersteunen. Zijn rechterarm hangt door de zwaartekracht in een rechte verticale lijn omlaag in de verstijving van Zijn dood. Onder invloed van zijn gebeeldhouwde voorbeeld gaf Gauguin de groep figuren groene tinten die doen denken aan mettertijd gegroeide lagen mos en korstmos. Door het gebruik van een soortgelijke geelgroene tint voor het gezicht van de boerin die voor de *calvaire* gehurkt zit, en door de kromming van haar bovenlichaam die parallel loopt met het lichaam van Christus, wordt haar verbondenheid met de groep gesuggereerd. Het schaap dat ze hoedt (zo merkte Gauguin op) doelt op haar passiviteit. Door het weergeven van een christelijk kunstvoorwerp, verbonden met een geloofscultuur, probeerde Gauguin zijn stelling een bredere betekenis mee te geven. Hij suggereerde de continuïteit van het menselijk lijden van verleden naar heden en tot in de toekomst. Want het stuk touw in de hand van de boerenvrouw verwijst naar Vincents *Berceuse* en dient mogelijk als vervanging voor een wieg en, bij uitbreiding, voor de volgende generatie. Zonder twijfel wordt de bredere artistieke ambitie die de twee mannen deelden erdoor benadrukt. Hoewel Gauguin zijn *calvaire*-doeken niet per se als religieuze afbeeldingen beschouwde, zijn hun wederzijdse versterkende iconografische en chromatische strategiëen wel degelijk verwant aan de troostende bedoeling van *La Berceuse*. Ze bevatten eveneens een hoofzakelijk spirituele boodschap. In de *Groene Christus*, zo legde Gauguin aan Aurier uit, probeerde hij het verband te suggereren tussen het menselijk lijden en de kracht van de natuur door het grijs-groen van de beeldengroep in harmonie te brengen met de donkere lucht.[94] Maar hij compenseerde de naargeestige sfeer door een contrast te creëren en het kustlandschap af te beelden in de weelderige reeks kleurschakeringen van roze, groen en oranje-geel die hij had gebruikt voor de *Flageoletspeler op de klif, Bretagne* (fig. 53).

Aan de *Gele Christus* ligt een geheel ander spel van plechtstatigheid en helderheid ten grondslag. Gauguin baseerde het centrale motief op een polychroom kruisbeeld in een kapel in Trémalo, dichtbij Pont-Aven. Op de achtergrond schilderde hij het dorp half verscholen tussen de omringende heuvels. Maar, zoals Gauguin de hem goed gezinde critici meedeelde, en via hen een groter publiek, de kleurverdeling was belangrijker dan de geografische achtergrond, zoals gesuggereerd wordt door een voorstudie op een stuk kanariegeel papier. (fig. 60) In navolging van het commentaar van de kunstenaar, beschreef Octave Mirbeau het onderwerp als 'een beklagenswaardige en barbaarse Christus [...] met geel besmeurd' in een 'geheel geel landschap, pijnlijk geel.' Morice zag de gele Christus 'op de gele heide' als een symbool van opoffering, van een eeuwigdurende dood die geen invloed heeft op het leven of troost kan bieden aan de levenden. Dit is de traditionele religie, zoals voorgesteld door Zola in *La joie de vivre* en begrepen door Vincent, zonder de troost die hetzij door de natuur geboden kan worden, hetzij door een kunst die elementen uit de natuur kan distilleren en overbrengen. Gauguins *Gele Christus* speelt in op Vincents *Maaier*, aangezien beide werken gebruik maken van een traditioneel symbool van sterfelijkheid (katholiek in het ene geval, emblematisch in het andere) en een palet van gele tinten om de eeuwigdurende kringloop van vreugde en verdriet, leven en dood, te suggereren.[95]

56
*Calvaire*
uitgehouwen in zandsteen, Nizon, Bretagne

57
Paul Gauguin
*Groene Christus (Bretonse Calvaire)*
September 1889
[W 328]
Olieverf op doek
92 × 73,5 cm
Musées Royaux des Beaux-Arts de Belgique, Brussel
Cat. 99

58
Paul Gauguin
*Gele Christus (Le Christ jaune)*
September 1889
[W 327]
Olieverf op doek
92 × 73 cm
Albright-Knox Art Gallery, Buffalo, New York, Algemeen Aankoopfonds, 1946
Cat. 100

59
Henri Gustave Jossot (Frankrijk; 1866-1951)
'Ze gaan allen naar het paradijs!'
('Ils iront tous au paradis!')
uit *L'Ymagier*, n. 3 (april 1895), p. 187

60
Paul Gauguin
*Christus*
1889
Grafiet op geel papier
24 × 15 cm
Met dank aan Christie's Images New York

56

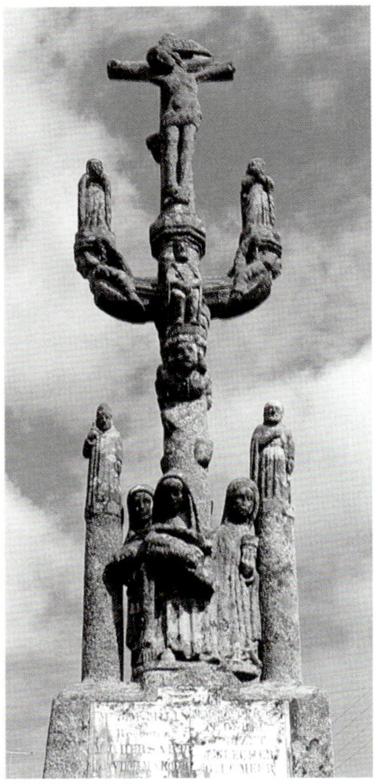

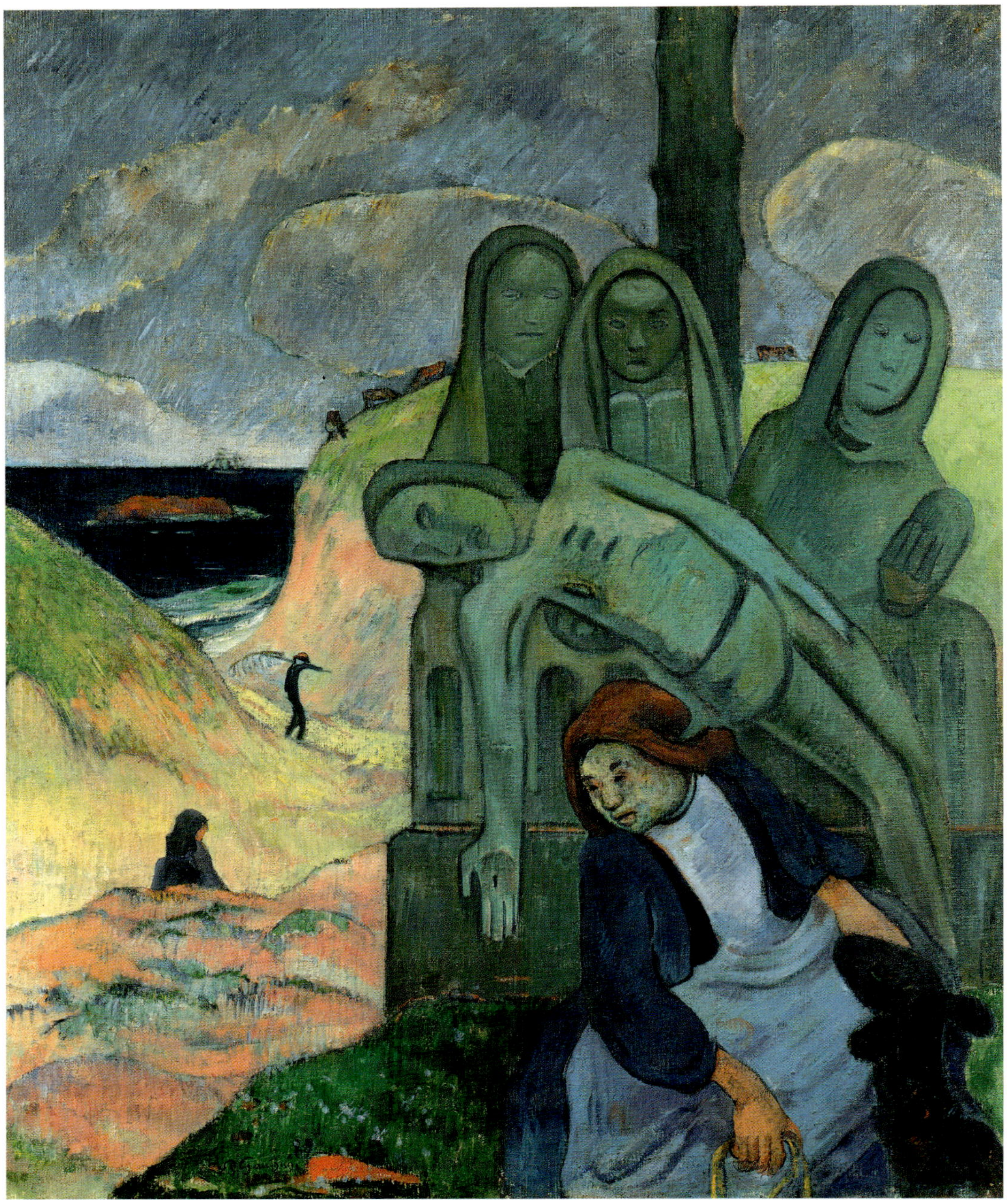

57

58

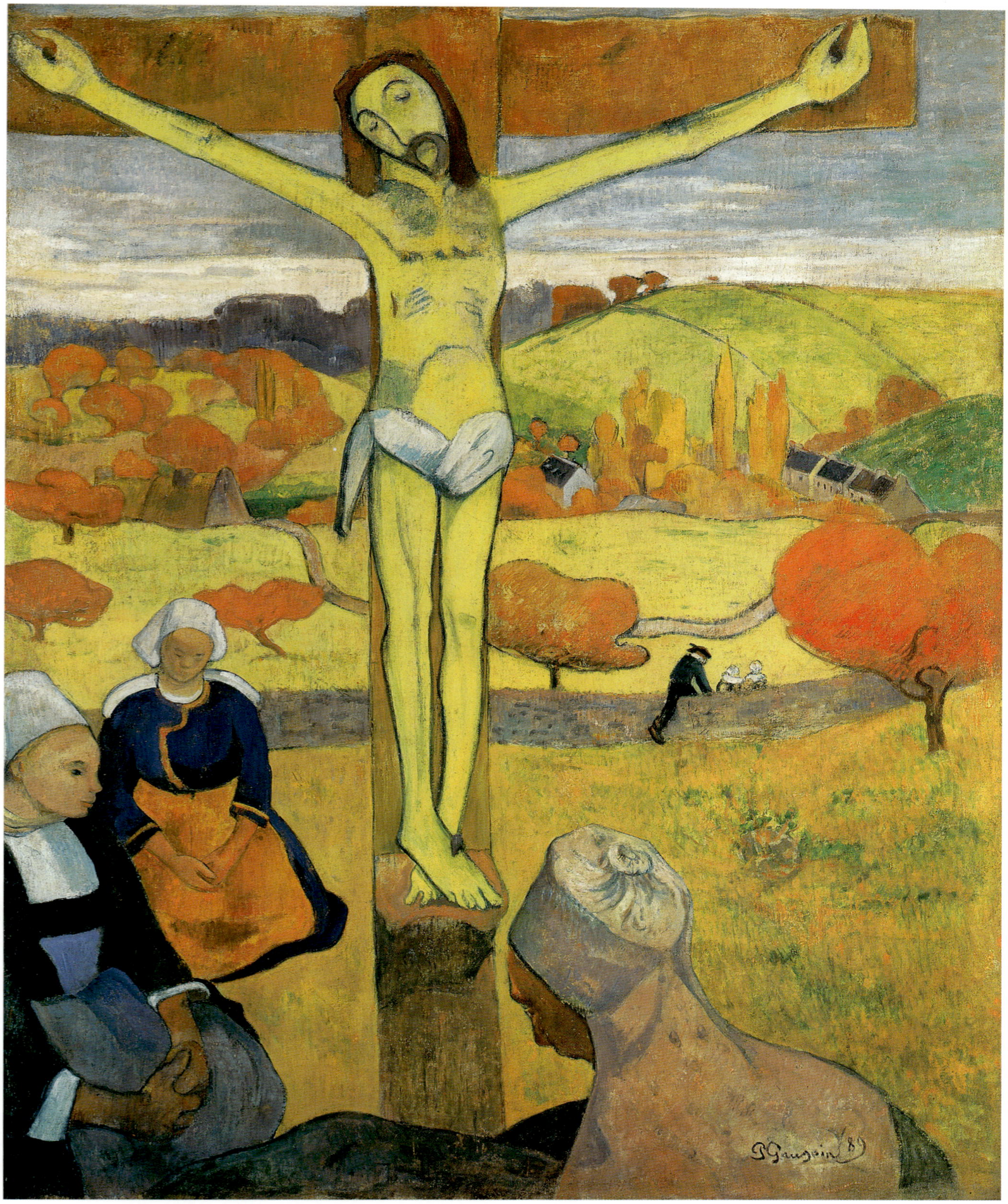

59

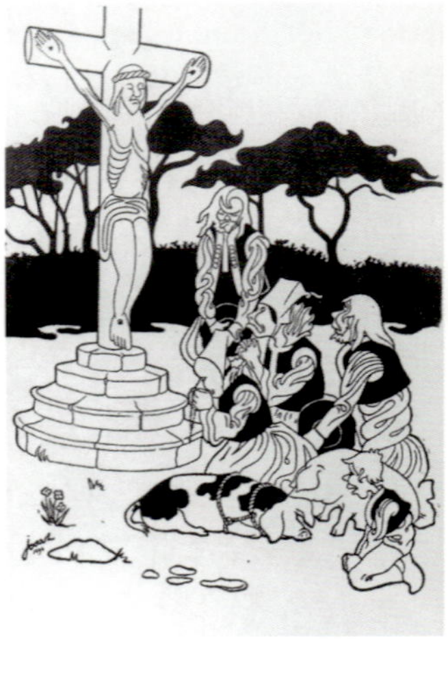

60

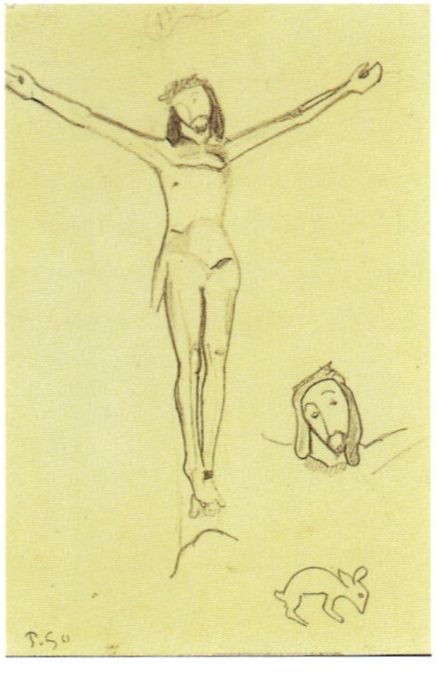

## Vincent, augustus-november 1889

Tegen de derde week van augustus was Vincent voldoende opgeknapt van zijn aanval van half juli om Theo een kort briefje te kunnen schrijven, waarin hij vertelde een vriendelijk schrijven en een catalogus van Volpini van Gauguin te hebben ontvangen. Ook bedankte hij zijn broer voor het versturen van de wonderbaarlijke ets naar Rembrandts aartsengel Rafaël (fig. 62), die ze samen besproken hadden. De prent bracht de oude kwestie van het schilderen van het bovennatuurlijke weer ter sprake, een scenario dat door Vincent consequent was verbonden met zijn idee over Rembrandt die engelen schilderde door weg te dromen uit de natuurlijke werkelijkheid (zie hfdst. 3). Via een andere associatie deed de *Engel* Vincent denken aan Rembrandts portret van de 'man met de stok in de Lacaze-galerie' (hfdst. 4, fig. 136), die hij identificeerde met de schilder-reiziger Gauguin. 'Als je me een heel, heel groot genoegen wilt doen,' gaf hij Theo te kennen, 'stuur dan een exemplaar [van de ets] naar Gauguin.'[96]

Tegen begin september had Vincent het schilderen weer opgepakt, maar Rembrandts *Engel* liet hem niet los en, in het verlengde daarvan, ook de Lacaze 'reiziger' en de 'andere vrienden in Bretagne' niet. Hij stelde zich voor dat ze druk bezig waren werk te maken dat veel beter was dan het zijne. Als hij alles overnieuw zou moeten doen, bedacht hij, zou hij misschien niet naar het Zuiden zijn gekomen, dat hij nu beschouwde als de plek waar Bruyas een leven lang geleden had voor een verloren zaak. Hij begon te praten over een terugkeer naar het noorden, naar Parijs of Bretagne, indien zijn gezondheidstoestand zou verbeteren. Door Theo's dubbelzinnige reactie op Gauguins recente doeken, die hij rond 6 september ontving, werd deze denkwijze verder gevoed: Gauguin moest gerustgesteld worden opdat hij beter werk zou kunnen maken. 'En ik zeg nog altijd tegen mezelf dat Gauguin en ik wellicht nog eens samen zullen werken.'[97]

Net als in januari plaveide Vincent in september met troostende afbeeldingen en zelfportretten de weg terug naar het schilderen. Hij keerde terug naar zijn *Slaapkamer* (hfdst. 3, fig. 78), door een tweede versie te vervaardigen op dezelfde schaal als de eerste, maar met een aantal kleine variaties (The Art Institute of Chicago). Zijn eerste zelfportret was een zorgvuldig opgebouwde voorstelling van hemzelf als een praktiserende professionele schilder, gekleed in een schilderskiel (fig. 61). Vincent plaatste zichzelf zó voor een spiegel dat de toeschouwer niet zijn linkeroor – het teken van zijn ziekte – maar zijn rechter te zien krijgt. Vanuit dit gezichtspunt zou het in de spiegel lijken alsof hij het palet in zijn rechterhand hield en niet in zijn linker, aan de andere kant van zijn lichaam. Maar in zijn vastbeslotenheid om de werktuigen van zijn ambacht te benadrukken nam Vincent zijn toevlucht tot fictie: om in deze houding te verschijnen in het spiegelbeeld dat hij als model gebruikte, heeft hij het palet in zijn rechterhand (waarmee hij schilderde) moeten houden. Het schilderij geeft blijk van grote vastbeslotenheid. Vincent liet op briljante wijze zien dat door zijn ziekte niets afgedaan was aan zijn technische of expressieve talenten. In tegenstelling tot de voorbeelden uit januari die gekenmerkt worden door opvallende zwachtels, is hier slechts een minimale verwijzing terug te vinden naar zijn beproevingen in het aureooleffect van de gerichte penseelstreken op de achtergrond.[98]

Vincents interesse voor het portretschilderen stond volgend hem in direct verband met de discussies met Gauguin over dit onderwerp en andere verwante kwesties tijdens hun laatste explosieve weken samen. Hoewel de hevige gesprekken van toen hun zelfbeheersing – en vriendschap – zwaar onder druk gezet hadden, tot het breekpunt toe, hoopte Vincent dat ze toch hun belangrijkste doel zouden bereiken: 'Daaruit moeten wel enkele goede schilderijen voortkomen.'[99] Vincent was onder indruk van de weer opgefriste herinneringen aan de werken van Delacroix uit Montpeillier, de portretten van Bruyas, en de gesprekken waartoe deze aanleiding hadden gegeven. Hij schilderde een *Pietà*, geïnspireerd op een zwart-wit reproduktie van een doek van Delacroix. Kort daarna maakte hij ook een kopie van de ets van Rembrandts *Engel* (fig. 62-65). Beide studies behandelden een heet hangijzer: de kwestie van de uitvoerbaarheid van traditioneel religieuze onderwerpen in de moderne tijd. Wie, behalve deze twee meesters en de evangelisten, konden met gevoel het gezicht van Christus schilderen (zie hfdst.3)?

Het Lijden van Christus nam in de nasleep van zijn laatste aanval een prominente plaats in in Vincents gedachten. Zoals bij de aanval die hij had gehad tijdens de laatste dagen met Gauguin hadden die een absurde godsdienstige wending genomen, zoals hij zelf ook had erkend. Nu zag hij in dat hij jarenlang een angst voor religie had gekoesterd, juist vanwege de sterke aantrekkingskracht die ervan uitging en die zich om kon vormen tot vereenzelviging. Toch was hij verbijsterd toen hij bedacht dat zijn aanvaarding van een evangelie van kunst geworteld in de natuur – Zola's *Joie de vivre* in plaats van de bijbel – hem niet had behoed voor de 'verwarde en afschuwelijke godsdienstige gedachten' die hem gekweld hadden tijdens aanvallen die hij vergeleek met die van een bijgelovige. Vincent was geneigd zijn 'ziekelijke godsdienstige afwijkingen' te wijten aan de katholieke sfeer in de ziekenhuizen van Arles en Saint-Rémy (beide voormalige kloosters). Ook had hij zijn bedenkingen tegen de invloed van het al te fantasievolle Zuiden, ondanks het feit dat zijn ervaringen in de Borinage zijn bewering tegenspraken dat hij soortgelijke gedachten in het Noorden nooit gehad had. De tegenstrijdigheden lagen diep verankerd. Want terwijl hij zijn angst voor een dergelijk soort overdrijving uitprak, erkende Vincent ook dat godsdienstige gedachten hem soms, in recente periodes van intens lijden, tot grote troost waren.[100]

Zo haalde hij troost uit zijn reproduktie van de *Pietà* van Delacroix, die hij per ongeluk tijdens zijn laatste aanval beschadigd had. Vincent had diepe bewondering voor de manier waarop Delacroix het bovennatuurlijke en het historische vervuld had met de kracht van de hedendaagse realiteit. Naar zijn idee had de meester van de Romantiek ingezien dat de bijbelse figuren echte mensen geweest waren. Vincent bekende nu dat hij een soortgelijke ambitie gekoesterd had, hoewel zijn verwoede poging in deze richting, *La Berceuse*, emoties had losgemaakt die hij niet onder controle had kunnen krijgen. Als dit niet het geval was geweest, had hij portretten kunnen maken van 'heilige mannen en vrouwen die eruit gezien

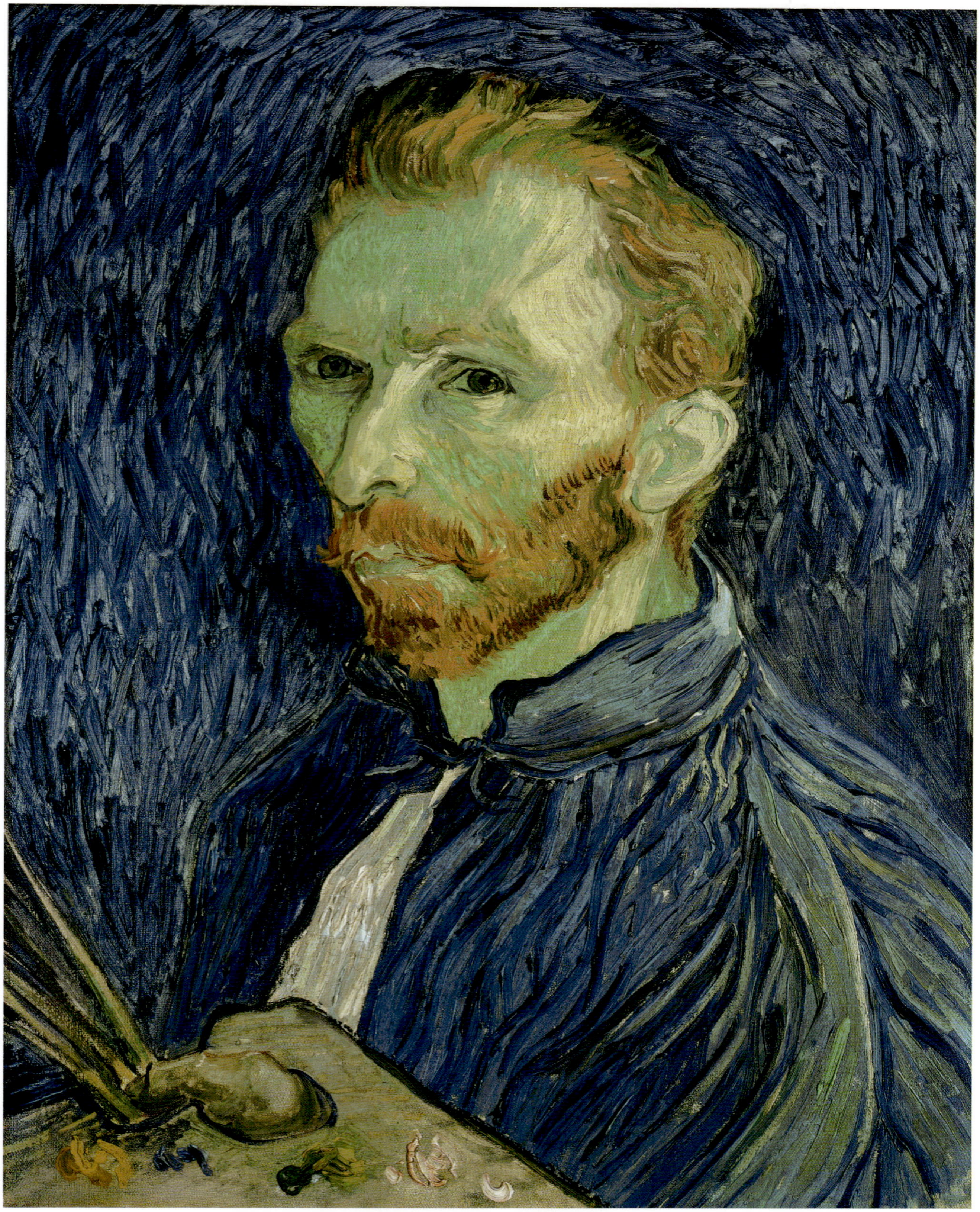

61
Vincent van Gogh
*Zelfportret met palet*
ca. 1 september 1889
[F 626, JH 1770]
Olieverf op doek
57 × 43,5 cm
National Gallery of Art, Washington, D.C., collectie van Mr. en Mrs. Paul Mellon
Cat. 119

zouden hebben alsof ze uit een andere eeuw stamden, maar het zouden burgers van nu zijn geweest die toch iets gemeen gehad zouden hebben met de allereerste christenen.'[101] Dit was het ideaal dat Vincent – samen met het verlangen naar een broederschap in het teken van het geloof – in het acrostichon codeerde dat hij toevoegde aan zowel zijn eigen als Gauguins vocabulaire.

In een poging om wat hij religieuze geestvervoering noemde te vermijden, nam Vincent zich voor om de gekoesterde afbeelding van Delacroix te kopiëren. Bij de weergave van het monochrome schilderij in olieverf gaf Vincent het haar van Christus een rossige kleur (zoals hij ook zou doen met het haar van de engel bij zijn eigen weergave van Rembrandt), terwijl hij bijna als in een reflex een element uitbeeldde dat hoorde bij een zelfportret dat wellicht uitgelokt werd door de algemene uiterlijke gelijkenis van de lithografie. Gezien zijn huidige angsten en zijn vroegere ambitie om Delacroix te doen herleven door middel van het Atelier van het Zuiden, was die poging natuurlijk symbolisch. Door de beschadigde en vereerde afbeelding te restaureren, vernieuwde en veranderde Vincent deze in figuratief opzicht in zijn eigen gelijkenis. Zo gaf hij er een nog persoonlijker karakter aan met wat beschreven is als een 'wonderlijk palet van diepblauwe, rozebruine en naargeestig groene tinten, waarvan vele doordrenkt zijn met een spookachtige zweem van dof citroengeel.'[102] Vincent trok de parallel tussen twee scenario's van creatieve samenwerking en vergeleek zichzelf met een musicus die het werk van een beroemde componist interpreteert en met een schilder die kleurimprovisaties maakt op meesterwerken die hij bewondert, die als model fungeren.

Het was Vincents ambitie geweest bij het scheppen van *De zaaier* in juni 1888 het verleden naar het heden over te brengen door middel van kleur (hfdst. 3, fig. 26), een reprise van Millet in het jargon van de avant-garde. Het wekt dus ook geen verbazing dat Vincent meteen na zijn kopieën naar Delacroix en Rembrandt een reeks interpretaties ondernam die gebaseerd waren op zwart-wit reprodukties van Millet. Vincent zag dat hij bij toeval op een bezigheid gestuit was die hem veel troost bracht, doordat hij zich één voelde met de meesters die hij bewonderde en tegelijk van hen kon leren. Tegelijkertijd sprak hij ook van een andere samenwerking en een andere leermeester, Gauguin, die, hoewel vaak 'geniaal' genoeg, problemen had met het overbrengen van zijn ware 'genialiteit.'[103] Vincent legde zichzelf nu toe op de les in expressieve overdrijving, op afstand van zijn mentor en in overeenstemming met zijn eigen prioriteiten. Door het werk van Delacroix te kopiëren besefte Vincent opnieuw wat die meester te bieden had. Bij een soortgelijke oefening gebruikte hij zijn herinneringen aan Gauguins woorden en schilderijen om daaruit lessen af te leiden zonder verdere pedagogische inmenging. Hij verwerkte de twee dialogen – met Gauguin en met Delacroix – in een paar opmerkelijke schilderijen die hij begin oktober vervaardigde toen hij weer begon te schilderen buiten de kloostermuren. In het eerste schilderij herhaalde hij het thema waaraan hij gewerkt had (en dat hij had kunnen afmaken) ten tijde van zijn aanval in juli: 'een ingang van een steengroeve.' Terwijl hij tevoren een close-up beeld had gebruikt, waarbij de ingang van de steengroeve grotendeels met gebladerte werd overschaduwd, benadrukte hij in het doek uit oktober (fig. 67) de architectonische pracht van de dubbele toegang en gebruikte hij de figuur van een man om de verhoudingen aan te geven.[104] Ondanks het feit dat *Ingang van een steengroeve* een specifieke lokatie betreft, heeft het doek een religieuze bijbetekenis vanwege de connectie met het decor van de *Pietà* van Delacroix. Vincent had opgemerkt dat deze zich bevond voor de ingang van een grot, in overeenstemming met de traditionele afbeeldingen van het graf van Christus (zie fig. 66). *Ingang van een steengroeve* kan beschouwd worden als het soort studie dat Delacroix volgens Vincent maakte ter voorbereiding van zijn *Pietà*. Zo beweerde hij ook dat de meester voorafgaande aan zijn *Christus in de Hof van Olijven*) (zie hfdst.3, fig. 47) studies van olijfgaarden had uitgevoerd.

Vincent voerde de lessen die hij ontleende aan Delacroix uit op een manier die voor hem op één lijn stond met die van Gauguins en Bernards huidige werkwijze in Pont-Aven. Hij zette een in elkaar grijpend ontwerp van grote kleurvlakken begrensd met krachtige contouren neer. Dit vergde enige inspanning, want Vincent bekende

62

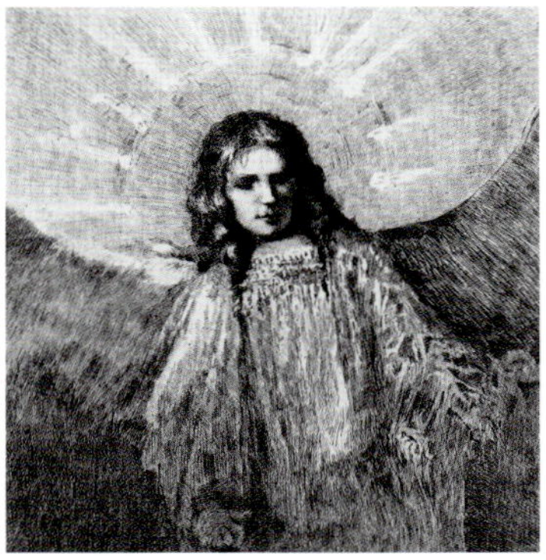

63

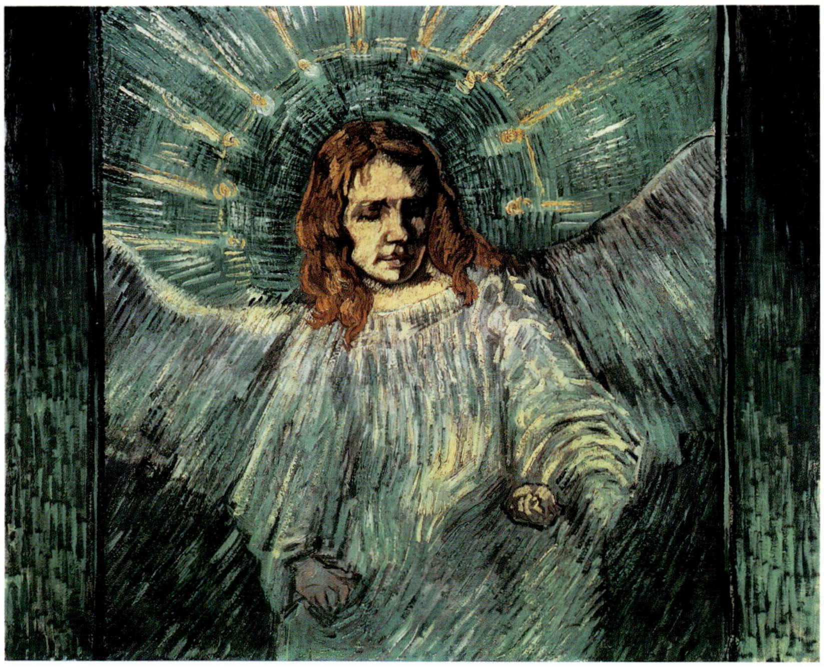

64

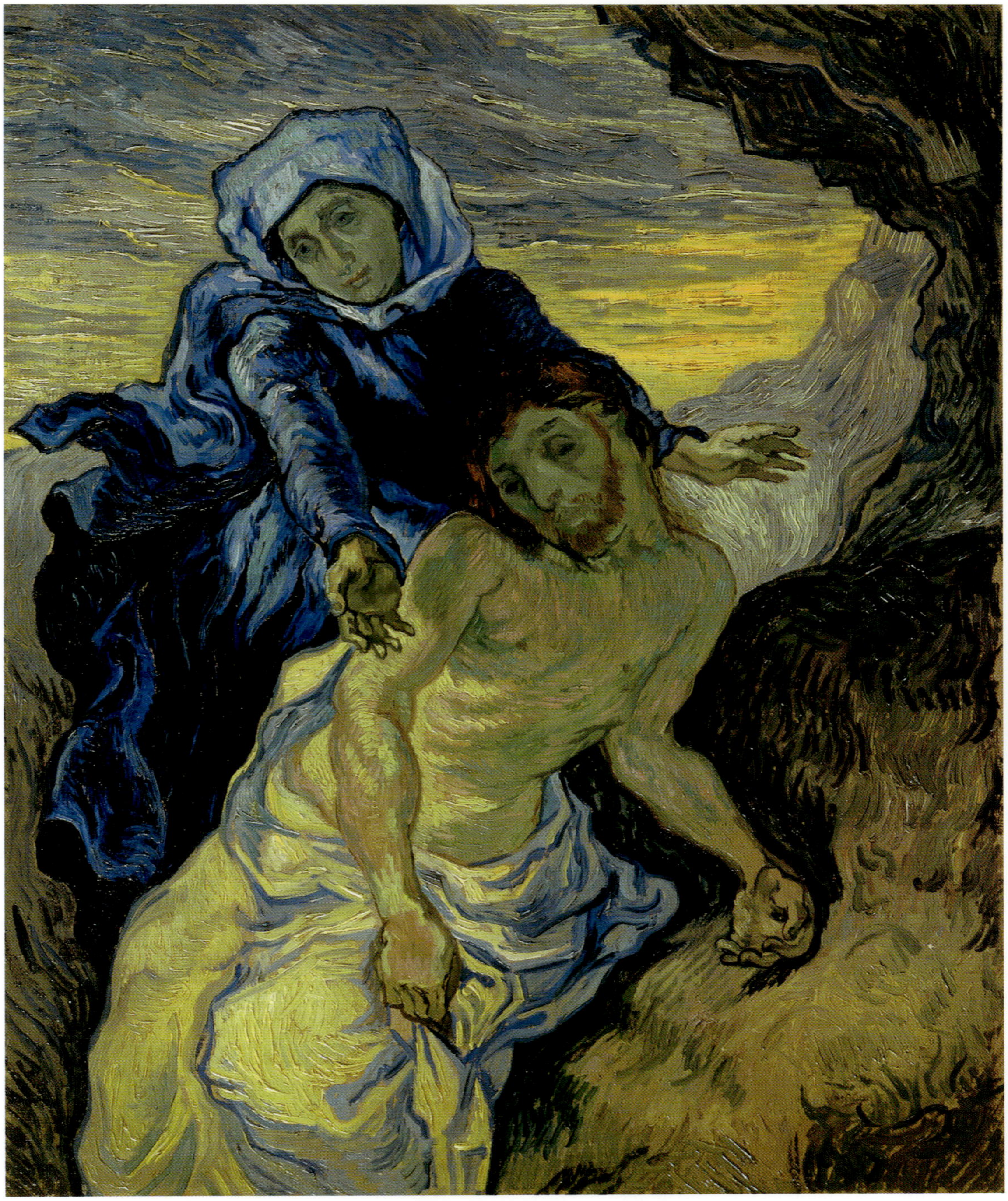

65

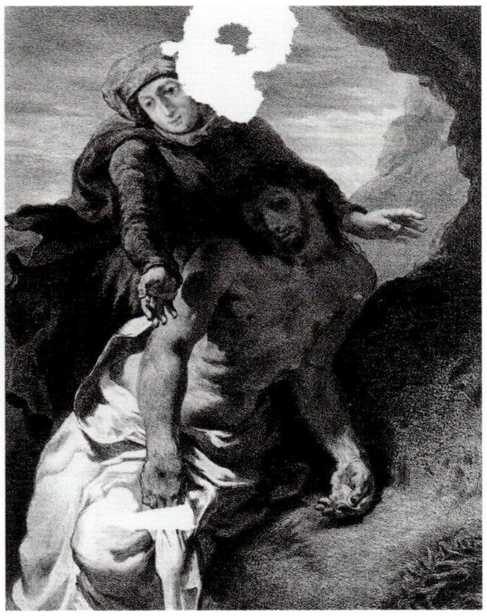

66

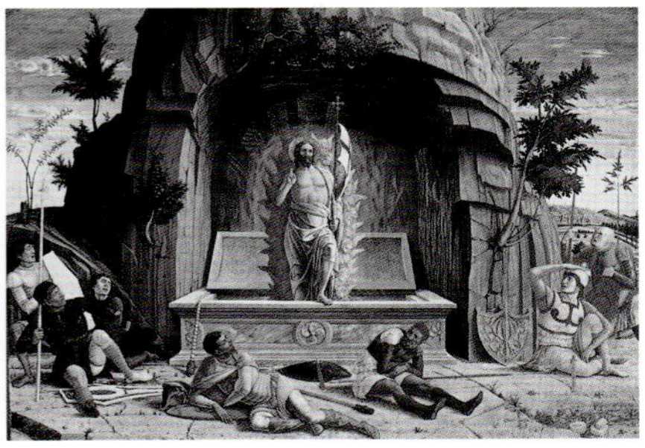

**De Delacroix is een 'Pietà,' dat wil zeggen een gestorven Christus met de Mater Dolorosa. Aan de ingang van een grot ligt afhangend, de handen naar voren, op de linkerzij het uitgeputte lijk, met daarachter de vrouw. Het is een avond na de storm [...] En omdat het gezicht van de dode in de schaduw ligt, steekt het bleke hoofd van de vrouw helder af tegen een wolk – een tegen-stelling die ervoor zorgt dat deze twee hoofden doen denken aan een donkere bloem en een lichte bloem, opzettelijk zo gerang-schikt om ze beter uit te laten komen.**
**Vincent aan Wil, [19 september 1889]**

62
Charles Louis Courtry (Frankrijk; 1846-1897)
*De engel Rafaël*
1889
Ets
19,8 × 18,8 cm
Van Gogh Museum, Amsterdam (Vincent van Gogh Stichting)

63
Vincent van Gogh
*Engel (naar Rembrandt)*
1889
Olieverf op doek
54 × 64 cm
Lokatie onbekend

64
Vincent van Gogh
*Pietà (naar Eugène Delacroix)*
Ca. 7 september 1889
[F 630, JH 1775]
Olieverf op doek
73 × 60,5 cm
Van Gogh Museum, Amsterdam (Vincent van Gogh Stichting)
Cat. 122

65
Celestin Nanteuil (Frankrijk; 1813-1873) naar Delacroix
*Pietà*
Lithografie
21,7 × 16,7 cm
Van Gogh Museum, Amsterdam (Vincent van Gogh Stichting)

66
Andrea Mantegna (Italië; 1430/1-1506)
*De wederopstanding van Christus*
1456-59
Olieverf op hout
71 × 94 cm
Musée des Beaux-Arts, Tours

67

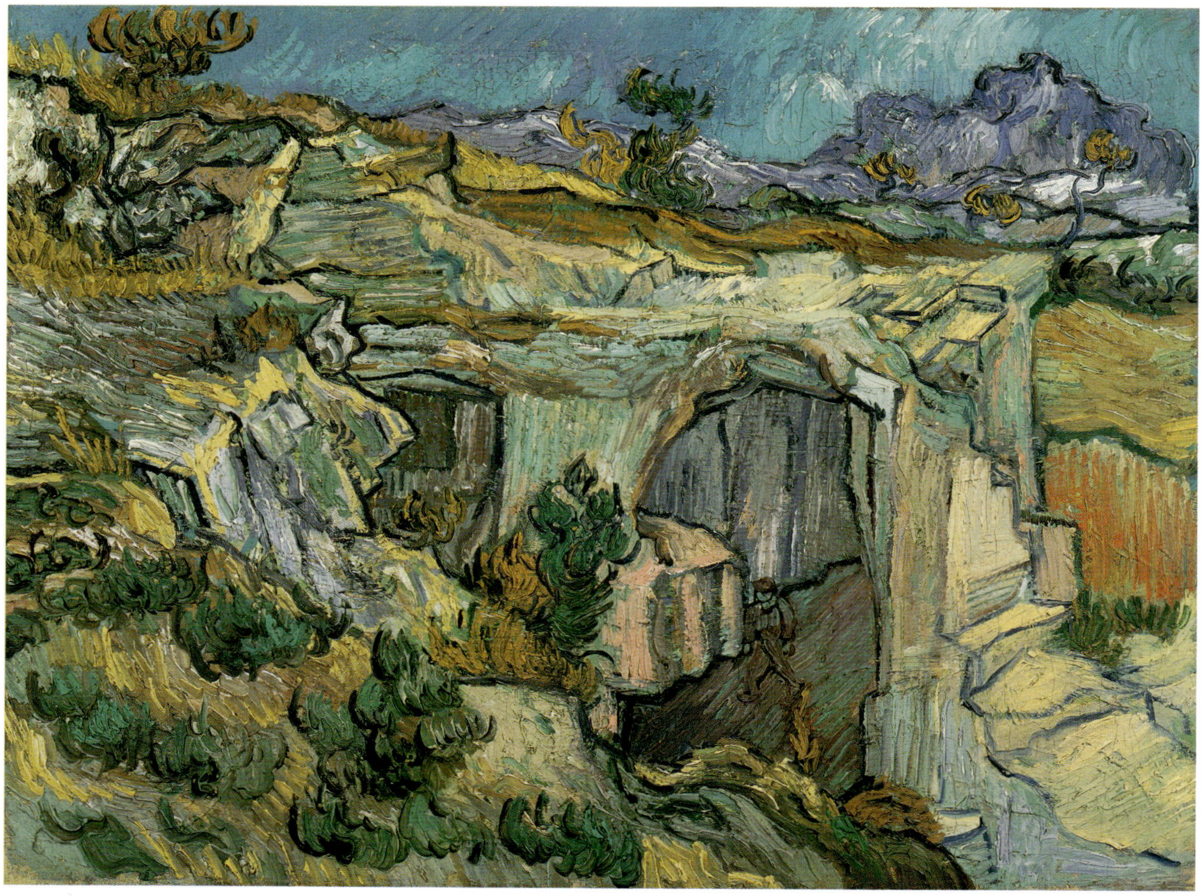

**'Ingang van een steengroeve' [heeft] bleek-lila rotsen op roodachtige stukken land, zoals op sommige Japanse tekeningen. Qua tekening en ordening van de kleuren in grote vlakken heeft het nogal wat gemeen met wat jullie in Pont-Aven maken.**
**Vincent aan Bernard, [ca. 8 oktober 1889]**

aan zijn vrienden dat hij 'grote leegte' voelde, omdat ik helemaal niet meer op de hoogte ben van al wat [...] u en anderen maken.' In dit opzicht was *Ingang van een steengroeve*, evenals een ander werk, *Het ravijn* (fig. 68) dat hij in dezelfde periode vervaardigde een dialoog-schilderij. Hij beschreef beide werken als 'een beetje abstract,' in overeenstemming met zijn inspanningen om de essentie van Provençaalse bodem te ontwarren. Vincent beschreef het *Ravijn* aan Bernard (en waarschijnlijk tevens aan Gauguin) als 'twee enorm zware rotspartijen waar een beekje tussendoor stroomt, en een derde berg die het ravijn afsluit.' Hoewel hij het werk geschilderd had in de geest van hun gesprekken over stijl, verzuimde hij op te merken dat hij het had uitgevoerd onder typische 'Vincent omstandigheden': in de mistral, en op een met zware stenen verankerde ezel. Waarschijnlijk vertelde hij verder niets meer over het onderwerp. Hij zinspeelde slechts op de 'prachtige melancholie' ervan, maar hij zou toch niet verder hebben hoeven uitwijden. Gauguin was voldoende bekend met Vincents emblematische benadering van het schilderen naar de natuur en had geen verdere aanwijzingen nodig gehad om de symbolische weerklank te herkennen in de twee figuren die op het smalle pad lopen langs de rand van de afgrond. Bij het zien van *Het ravijn* bij de *Indépendants* in maart 1890 (zie fig. 69), begreep Gauguin onmiddelijk de 'ingehouden hartstocht' die Vincent aan Theo had beschreven. Hij voelde intuïtief aan dat het berglandschap in feite de spirituele zoektocht uitbeeldde waar zij zich mee hadden beziggehouden. 'Twee hele kleine rezigers lijken daar op zoek te gaan naar het onbekende' schreef Gauguin. 'Er zit een gevoel in als bij Delacroix, met een heel suggestieve kleur. Hier en daar rode noten als lichtpunten, alles in een paarse noot. Het is mooi en grandioos.'[105]

## Stijlcrisis

In de zes maanden tussen de voltooiing van *Het ravijn* en het moment waarop het tentoongesteld werd, kwam de dialoog die Vincent en Gauguin hadden opgezet met hun correspondentie abrupt ten einde. Theo was daar – onbedoeld – de oorzaak van. Door zijn kritiek op wat hij zag als vergelijkbare neigingen in hun werk hielp hij in werkelijkheid de wezenlijke verschillen die er nog steeds waren te benadrukken.

Begin oktober had Theo enkele exemplaren uit Vincents meest recente zending van schilderijen geprezen om hun expressieve lijnvoering. Isaacson, zo voegde hij eraan toe, had gevraagd of hij bepaalde doeken, waaronder *Bergen* (fig. 50), enige tijd mee naar huis mocht nemen om een voorgenomen artikel over Vincent te schrijven. Maar in antwoord op de vraag of Vincent misschien terug zou komen naar het noorden, liet Theo somber doorschemeren dat zijn broer een nieuwe dosis van godsdienstige uitwassen zou

68

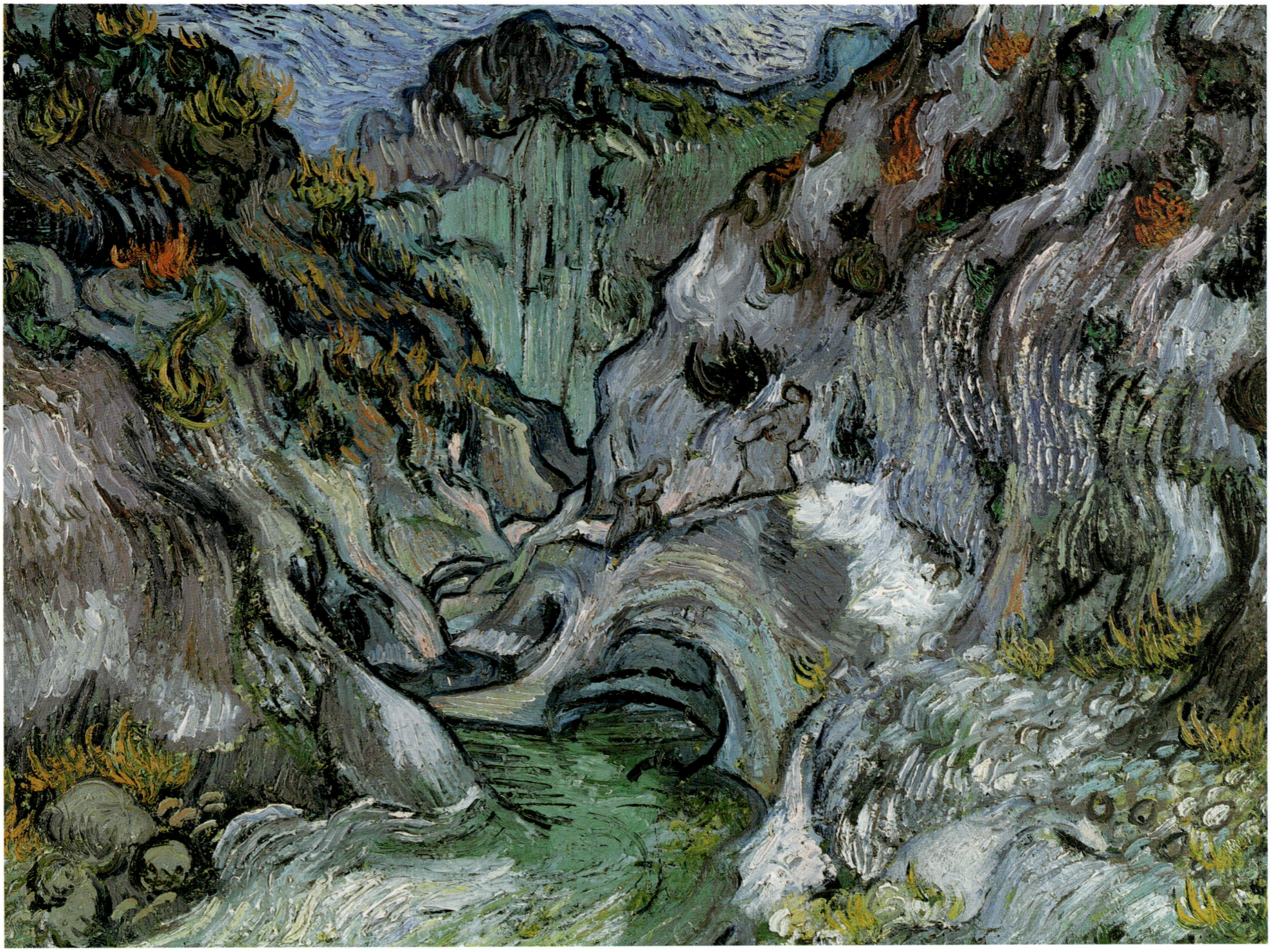

69

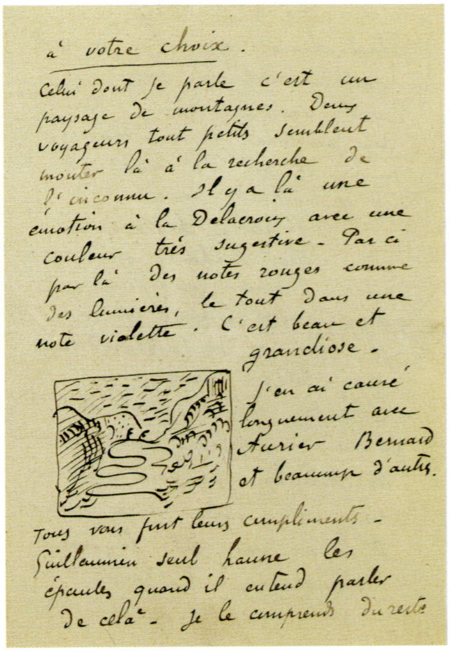

à votre choix.

Celui dont je parle c'est un
paysage de montagnes. Deux
voyageurs tout petits semblent
monter là à la recherche de
l'inconnu. Il y a là une
émotion à la Delacroix avec une
couleur très sugestive. Par ci
par là des notes rouges comme
des lumières, le tout dans une
note violette. C'est beau et
grandiose.

J'en ai causé
longuement avec
Aurier Bernard
et beaucoup d'autres.

Tous vous font leurs compliments.
Guillaumin seul hausse les
épaules quand il entend parler
de cela. Je le comprends du reste

67
Vincent van Gogh
*Ingang van een steengroeve (L'entrée d'une carrière)*
ca. 5 oktober 1889
[F 635, JH 1767]
Olieverf op doek
52 × 64 cm
Monaco Partners, L.P.
Cat. 123

68
Vincent van Gogh
*Het ravijn*
Oktober 1889
[F 662, JH 1804]
Olieverf op doek
73 × 92 cm
Museum of Fine Arts, Boston, geschenk van Keith McLeod

69
Paul Gauguin
*Schets van Van Goghs Ravijn* in brief aan Vincent [20 maart 1890] (Cooper 1983, GAC 40, M 1991, brief 158)
Van Gogh Museum, Amsterdam (Vincent van Gogh Stichting)

riskeren wanneer hij zich opnieuw in Pont-Aven zou vestigen, 'want ik geloof dat Bretagne ook die kloostersfeer heeft en zelfs in de laatste Gauguins merk je dat heel goed, vind ik.' Vincent ging hier niet op door, maar hij gaf wel zijn wens te kennen om Isaacson het artikel te laten uitstellen. Hij drukte zijn verlangen uit om het meest recente werk van Gauguin en Bernard te kunnen zien en sprak over zijn behoefte om door te gaan met 'tekenen en een stijl [te] zoeken.'[106] Het resultaat waren werken als *Ingang van een steengroeve* en *Het ravijn*.

Tegen het eind van de maand werd stijl een geschilpunt. Theo had Gauguins tweede partij recente schilderijen ontvangen die *Groene Christus*, *Gele Christus* en mogelijk ook *De rode koe* bevatte.[107] Een andere zending van Vincent met *De maaier*, *Sterrennacht* en de *Cipressen* kwam bijna tegelijkertijd aan. Theo werd verontrust door het cumulatieve effect van deze doeken. Hij onderscheidde er een gedeelde tendens in die volgens hem schadelijk was. Hij schreef Vincent:

Ik vind dat je beter bent als je echte dingen maakt, zoals [de Irissen] [...] Ik voel wel aan waar je naar toe wilt in die nieuwe doeken, zoals het dorp bij maanlicht [*Sterrennacht*] of de *Bergen*, maar ik vind dat het zoeken naar stijl ten koste gaat van het echte sentiment van de dingen. In de laatste zending van Gauguin schuilt hetzelfde streven als bij jou.[108]

Deze kritiek had tot gevolg dat Vincents gevoel van solidariteit met zijn vrienden werd versterkt. Hoewel hij toegaf dat de 'grote, kronkelige lijnen' in zijn recente werk misschien niet waren wat ze zouden moeten zijn, bleef hij bij zijn standpunt om 'de dingen massa te geven door middel van een tekening die de verstrengeling van de componenten probeert weer te geven':

Want ondanks wat jij in je vorige brief zegt, dat het zoeken naar stijl vaak ten koste gaat van andere kwaliteiten, probeer ik desondanks uit alle macht, zo je wilt, naar stijl te zoeken, maar daarmee bedoel ik dan een mannelijker en krachtiger tekening. Als ik daardoor meer op Bernard of Gauguin ga lijken, kan ik daar niets aan doen.[109]

Theo uitte tegenover Gauguin nog veel hardere kritiek en bekritiseerde zijn werk omdat 'het veel meer doet denken aan de Japanners, de Egyptenaren enz.' Hij onderstreepte dit standpunt door over het figuratieve maniërisme van de kunstenaar op te merken: 'ik voor mij zie liever een echte Bretonse dan een Bretonse met de gebaren van een Japanse.' Deze negatieve kritiek – die Degas deelde, zo kwam Gauguin te weten – deed de kunstenaar versteld staan. Gezien het feit dat de laatste tijd weinig werken verkocht waren en dan alleen nog oudere schilderijen, beschouwde hij dit als een fiasco.[110]

In een brief aan Bernard sprak hij zijn ontsteltenis uit en trachtte hij zijn vertrouwen in zichzelf te herstellen. Gauguin beschuldigde Degas ervan dat hij teveel door realisme in beslag genomen werd om werkelijk origineel te kunnen zijn. Om het verschil te benadrukken tussen de prioriteiten van de oudere impressionisten en die van henzelf, verwees hij naar berichten omtrent de 'fraaie mystieke kwaliteiten' van Bernards recente werk en verdedigde zijn eigen bedoeling om uiting te geven aan zijn 'gelaten lijden.' In deze stemming vroeg hij Bernard het boek – ongetwijfeld *Omzwervingen van een paria* – van zijn grootmoeder Flora Tristan op te sturen.[111]

Door alle beroering werd Gauguin gedwongen zijn standpunt onder woorden te brengen, wat hij deed in een lange brief aan Theo. Hij presenteerde het werk dat hij in verschillende kunstvormen had vervaardigd als een geheel:

Ik tracht liever een algemene toestand uit te drukken dan een losse gedachte, en probeer tegelijkertijd een andere persoon de visuele ervaring geven van een onbepaalde en nooit eindigende indruk. Het *suggereren* van lijden betekent niet dat het soort lijden specifieke omschreven moet worden: zuiverheid in het algemeen is wat ik tracht uit te drukken, niet een bepaald soort zuiverheid. Literatuur is iets (en schilderkunst iets anders). Dientengevolge wordt de gedachte gesuggereerd maar niet verklaard.[112]

Suggestie – oproepen liever dan beschrijven – was het basiskenmerk van de symbolistische esthetiek.[113] Gauguin haalde voorbeelden aan, waaronder *Groene Christus* met zijn Bretonse aura van 'bijgeloof en troosteloosheid.' Hij deed de negatieve reacties af als het persoonlijk belang van de voormalige avant-gardisten, die uitgedaagd werden door de innovaties die door jongere kunstenaars doorgevoerd werden ten behoeve van de kunst in plaats van de kunsthandel. Degas en de anderen wisten maar al te goed dat Gauguin en Bernard die zomer baanbrekende stappen op een nieuwe weg hadden gezet. Hoewel hij erkende dat er duidelijke overeenkomsten waren tussen zijn werk en dat van Bernard, hield Gauguin vol dat ze verschillende wegen bewandelden op weg naar hetzelfde doel, een doel waar hij lange tijd over had nagedacht, maar dat hij pas kortgeleden onder woorden had gebracht. Op grond van zijn origine maakte hij aanspraak op originaliteit:

Je weet dat ik een Indiaans, een Inca-geboorterecht heb, en de gevolgen daarvan zijn te zien in alles wat ik doe. Het is de basis van mijn persoonlijkheid. Ik tracht me te verzetten tegen de verrotte maatschappij met iets dat natuurlijker is en dat iets wilds in zich heeft.[114]

Aan het slot deed Gauguin een beroep op Vincent. Als hij dichter in de buurt zou zijn, zou hij zijn broer, die nu blootgesteld werd aan te veel meningen, kunnen bijstaan om zijn nieuwe kunst te begrijpen. Gauguins verwijzing naar de overeenkomsten met

70a
Émile Bernard
(Frankrijk; 1868-1941)
*Christus in de Hof van Olijven (Gethsemane)*
1889
Olieverf op doek
Locatie onbekend

70b
Detail van 70a

Bernards werk had betrekking op het feit dat de jongere kunstenaar die zomer ook het thema van Christus in Gethsemane (fig. 70a) had geschilderd en hiervan een foto liet rondgaan. Gauguin vond deze samenloop van omstandigheden eigenaardig en het was voor hem evenzeer vreemd om in de compositie een gelijkenis van zichzelf terug te vinden, niet als Christus, maar als Judas (zie fig. 70b). Hoe dan ook, Gauguin prees het werk en liet de evidente aantijging aan zich voorbij gaan. Bernard had zeker gehoord van Gauguins *Christus in de hof van olijven* en had de opzet en associaties met Vincent ervan begrepen. Terwijl hij Gauguin de rol van verrader toebedeelde, gaf hij zijn verlosser rood haar en voegde bovendien een gele engel toe, zoals de engel waarvan Vincent hem verteld had dat hij deze in zijn eigen mislukte *Gethsemane* had opgenomen (zie hfdst. 3).[115]

Bernards schilderij werd onder vuur genomen in Theo's volgende brief aan Vincent. Bernard was sterk beïnvloed door de Italiaanse primitieven. Zijn zoektocht leidde naar een eigen stijl resulterend in figuren die belachelijk leken. Theo liet zijn afkeur van de mystieke neigingen van het werk doorschemeren door zijn voorkeur voor 'ware, gezonde zaken', de eigenschappen die hij zo waardeerde op de doeken die Vincent naar het leven schilderde. Gauguin verwachtte een dergelijke reactie en had Theo zijn *Christus in de hof van olijven* niet opgestuurd. Maar in een brief aan Vincent gaf hij twee schetsen: een van een nieuwe houtsnede die Theo zeer goed uitgevoerd vond, met een gek onderwerp, maar een fraai lijnenspel. De andere schets was van het schilderij dat, naar hij aannam, Vincents waardering en goedkeuring zou opwekken.[116]

Net als Vincent verbeeldde Gauguin zich dat ze samen, in een soort samenspraak, werkten. Vincents brieven gaven voedsel aan deze veronderstelling, evenals de berichten uit Parijs dat het werk uit Saint-Remy aan verbeeldingskracht had gewonnen. Hij prees Vincent omdat die was blijven denken aan hun gesprekken over *dessin* (met inbegrip van de dubbele betekenis van tekenen en ontwerp). Om zijn eigen experimenten te beschrijven gebruikte hij een aan beiden bekende referentie die hij duidelijk nog steeds voor zichzelf als maatstaf zag, *Misères humaines* (hfdst. 4, fig. 50). Dit schilderij, dat hij in Arles naast Vincent maakte, was nog altijd het beste voorbeeld van zijn poging om een transcendente betekenis te suggereren en een kunst van abstracte ideeën te creëren.[117]

Hoewel hij de creatieve prestaties van Arles erkende, beschreef Gauguin zijn huidige levensomstandigheden met De Haan in Le Pouldu alsof die heel anders waren. Ze woonden in een groot huurhuis met uitzicht op zee, dineerden iedere avond in een nabije taveerne en hadden een constante aanvoer van goedkope modellen onder de mensen die op het strand zeewier verzamelden. Bovendien was De Haan een modelstudent die Gauguins raad ter harte nam en vooruitgang boekte 'zonder zijn individualiteit te verliezen'. Beiden waren ze ingericht – en dit werd door Gauguin benadrukt – op *'werk en rust.'* Gauguin verzachtte zijn toespeling op het comfort waar in het Gele Huis een groot gebrek aan was geweest door toe te geven dat hij hun gesprekken over Rembrandt voortzette met het bestuderen van reprodukties (inclusief de *Engel* die hij door Vincents bemoeienis had gekregen), als onderdeel van een verwoede poging om na Arles te kunnen werken en na te denken. In deze context vertelde hij Vincent over het schilderij dat zijn creatieve inspanningen belichaamde, een werk dat hij voor zichzelf gehouden had, omdat het waarschijnlijk niet begrepen zou worden. Hij dacht dat het Vincent wel zou bevallen: 'Het is Christus in de hof van olijven.[118]

Misschien was Gauguin in een balorige bui. Misschien moest hij, ondanks zijn inzicht in Vincents doelstellingen, hun ideologische basis nog volledig op waarde leren schatten. In ieder geval kon hij zijn vriends reactie niet verkeerder hebben ingeschat. Gauguins *imitatio Christi* maakte Vincent razend, omdat hij in het werk onvermijdelijk vele verwijzingen herkende naar hun gesprekken en naar zijn eigen overtuigingen, die door Gauguin in zijn

70a
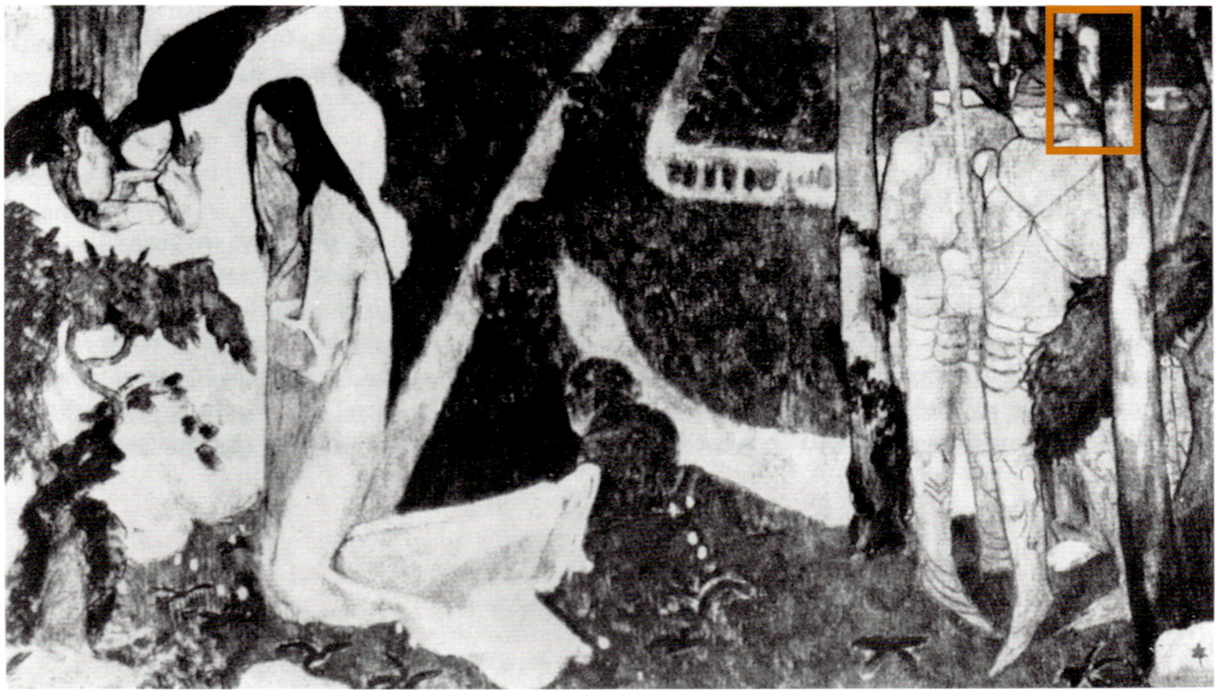

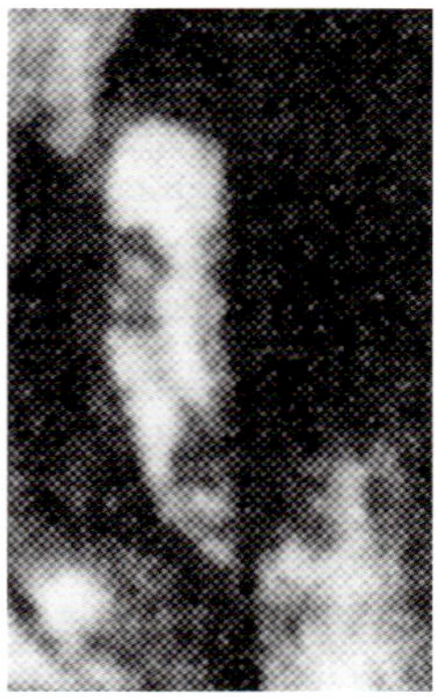
70b

mogelijkheden volledig kunnen verwezenlijken. Maar hoezeer *Paradise Lost* ook een groot meesterwerk moge zijn, het behandelt wat Carlyle omschreef als de verouderde Mythe van het Christelijke Religie. *Sartor Resartus* vraagt om een schepper die de oude waarheiden in een nieuwe mythische vorm zal gieten die bij het heden past.[129] In Gauguins schilderij bedekt Carlyle's boek gedeeltelijk dat van Milton en verbergt het woord '*Paradis*,' zodat alleen '*Perdu*' (verloren) zichtbaar blijft. Deze compositionele truc impliceert dat Carlyle's evangelie relevanter was en doet denken aan Vincents afbeelding van de bijbel naast Zola's *Joie de vivre*. Deze verwijzingen hebben een ironische ondertoon. In een op het oog vergelijkbare gemoedsgesteldheid had De Haan die zomer een voorliefde gehad voor het neuriën van de mars uit Bizets *L'Arlésienne* en had Gauguin Schumanns *berceuse* ten gehore gebracht. Deze spottende verwijzingen naar Gauguins tijd met Vincent wijzen op de daadwerkelijke betekenis die de in Arles geformuleerde ideeën aannamen voor de kunstenaars die in de taveerne van Marie Henry bijeen zaten. Daar was Sérusier nu ook bij. Hij had berouw getoond over zijn eerdere afvalligheid en Pont-Aven verlaten om zich op 30 september bij Gauguin in Le Pouldu te voegen. Hij was geheel in de ban van zijn droom over een broederschap van gelijkgestemde schilders en aanvaardde Gauguins leiderschap. Hij nam zich voor de principes die door de oudere kunstenaar omarmd werden in praktijk te brengen en van een juiste vorm te voorzien. Hij bracht onmiddellijk verslag uit naar Parijs over de inhoud van een tekst die hij op de muur van de eetzaal had aangebracht. 'Ons *Credo*,' zoals Sérusier het noemde, bleek niets anders te zijn dan Wagners geloofsbelijdenis binnen een groep uitverkoren discipelen die zich wijdden aan grote kunst, dezelfde woorden die zo'n prominente plaats hadden ingenomen in de gespekken in het Gele

72

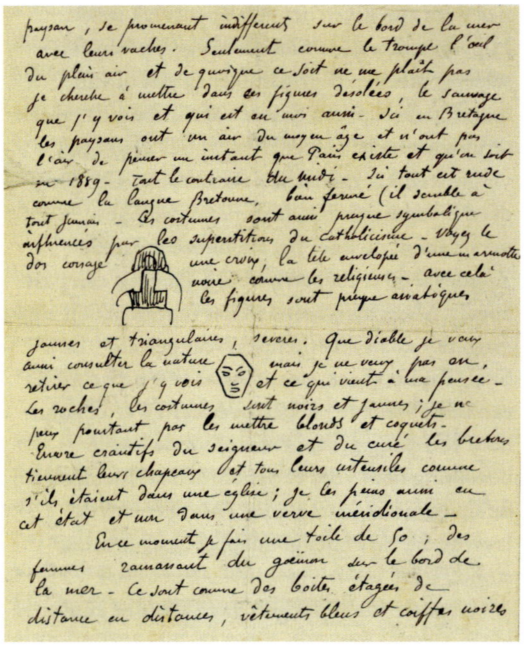
paysan, se promenant indifferents sur le bord de la mer
avec leurs vaches. Seulement comme le trompe l'oeil
du plein air et de quoique ce soit ne me plaît pas
je cherche à mettre dans ces figures désolées, le sauvage
que j'y vois et qui est en moi aussi. Ici en Bretagne
les paysans ont un air du moyen âge et n'ont pas
l'air de penser un instant que Paris existe et qu'on soit
en 1889. Tout le contraire du midi. Ici tout est rude
comme la langue Bretonne, bien fermé (il semble à
tout jamais. Les costumes sont aussi presque symbolique
influencés par les superstitions du catholicisme. Voyez le
dos corsage une croix, la tête enveloppée d'une marmotte
noire comme les religieuses. Avec cela
les figures sont presque asiatiques
jaunes et triangulaires, sévères. Que diable je veux
aussi consulter la nature mais je ne veux pas ou
retirer ce que j'y vois et ce qui vient à ma pensée.
Les roches, les costumes sont noirs et jaunes; je ne
peux pourtant pas les mettre blonds et coquets.
Encore craintifs du seigneur et du curé les bretons
tiennent leurs chapeaux et tous leurs ustensiles comme
s'ils étaient dans une église; je les peins aussi en
cet état et non dans une verve méridionale.
En ce moment je fais une toile de 50; des
femmes ramassant du goëmon sur le bord de
la mer. Ce sont comme des boîtes étagées de
distance en distances, vêtements bleus et coiffes noires

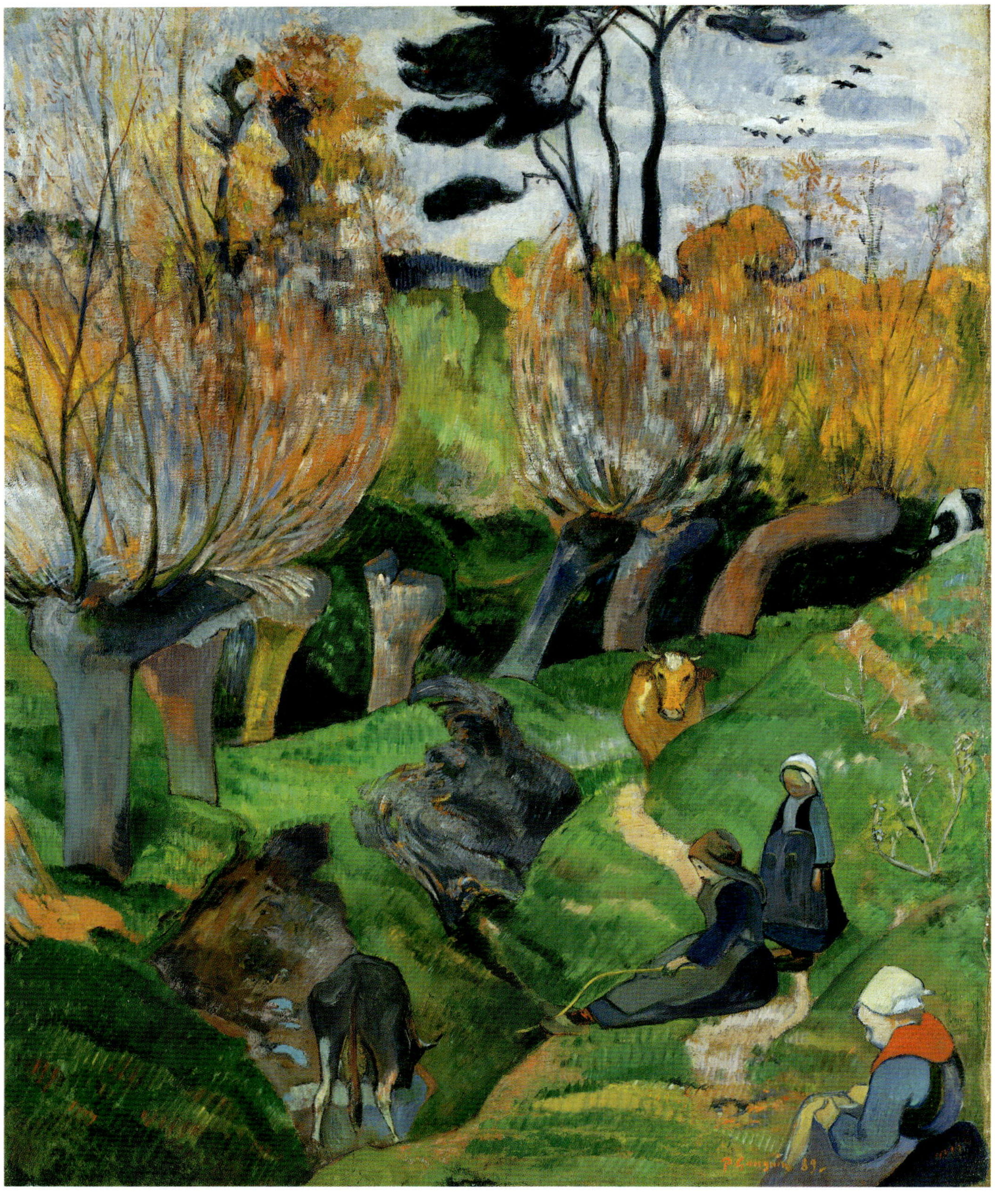

73

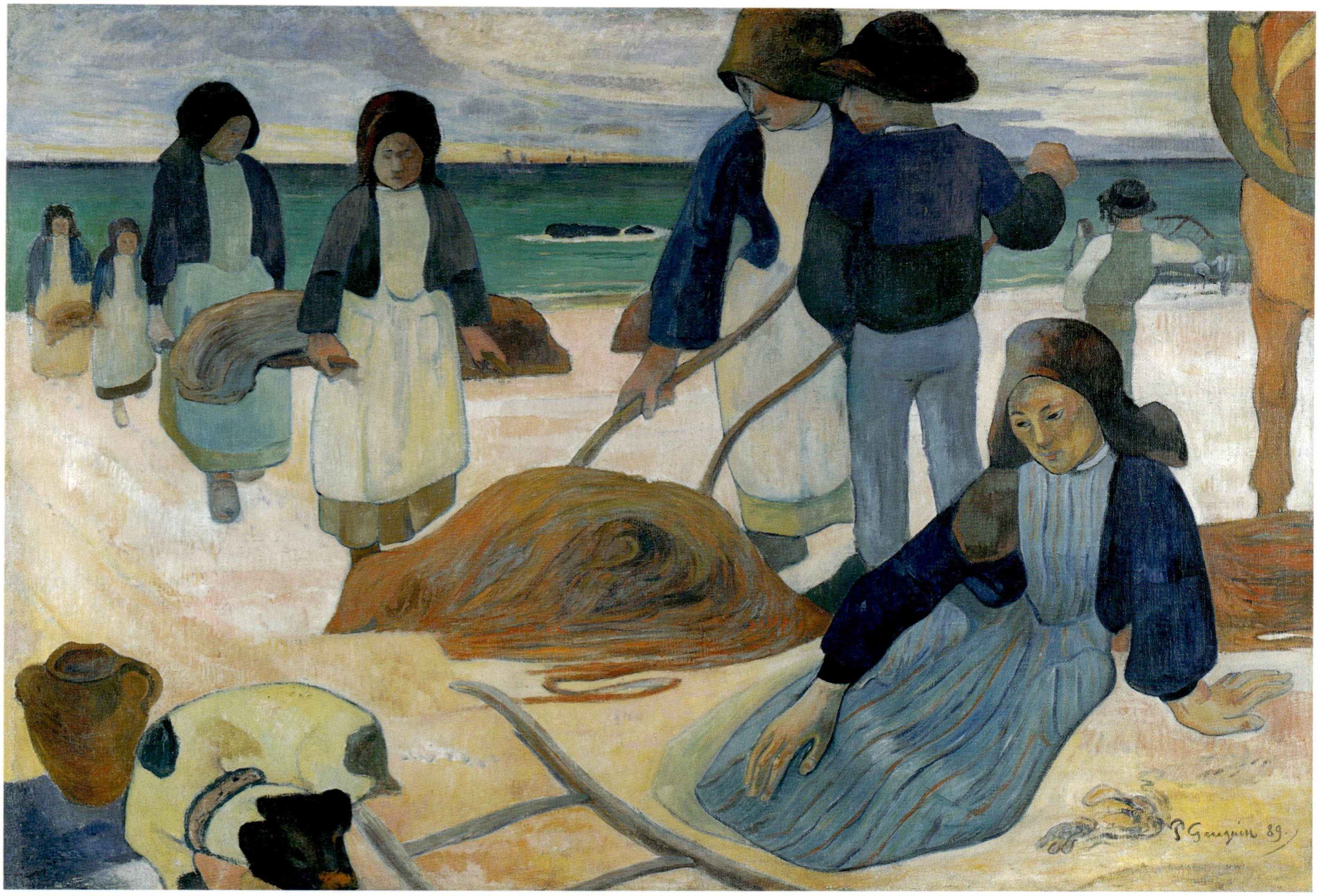

Ze lijken op dozen die op regelmatige afstanden van elkaar oprijzen, met blauwe kleren en zwarte kapjes ondanks de bijtende kou. Het zeewier dat ze verzamelen om hun land vruchtbaar te maken is okerkleurig, met geelbruine details. Het zand is *roze* en niet geel, waarschijnlijk omdat het nat is, en de zee is donker van kleur. Ik zie dit tafereel iedere dag en het is als een windvlaag, een plotseling besef van de strijd om het bestaan, van het verdriet en onze gehoorzaamheid aan de harde wetten van de natuur. Ik heb getracht om dit besef op het doek te krijgen, niet op een lukrake manier, maar door methodisch te werk te gaan, misschien met overdrijving van de stijve houding van sommige vrouwen en van de donkere elementen van sommige kleuren, etc. Dit mag allemaal tot op een bepaalde hoogte *gemaniëreerd* zijn, maar bestaat er iets in de schilderkunst dat we echt natuurlijk kunnen noemen?
Gauguin aan Vincent, [ca. 8-10 december 1889]

72
Paul Gauguin
Schetsen van Bretons kostuum en gezicht in brief aan Vincent [ca. 8-10 december 1889]
(Cooper 1983, GAC 36)
Van Gogh Museum, Amsterdam
(Vincent van Gogh Stichting)
Cat. 103

73
Paul Gauguin
*Bretons landschap met wilgen*
Herfst 1889 [W 357]
Olieverf op doek
92 × 74,5 cm
Nasjonalgalleriet, Oslo
Cat. 101

74
Paul Gauguin
*De zeewierraapsters II (Ramasseusses de varech II)*
Oktober/december 1889 [W 349]
Olieverf op doek
87 × 123,1 cm
Museum Folkwang, Essen
Cat. 102

Huis afgelopen december. Het schrijven zelf op de muur herinnert aan de 'sain d'esprit/saint-esprit'-episode.[130]

Indien het credo van Wagner was dan kwamen de middelen uit Carlyles these van het nieuwe evangelie als de waarheid van de ouden, gestoken in een nieuw jasje. Gauguin paste dit idee tamelijk letterlijk toe in het schilderij dat hij aan Vincent omschreef als een Bretons boerenmeisje dat in gezelschap van haar hond en koe aan de kust zit te spinnen (fig. 80). Hij liet na te vermelden dat in een gele wolk een engel aanwezig was met een zwaard in de hand, waardoor de suggestie wordt gewekt dat de afbeelding Jeanne d' Arc moet voorstellen. Volgens de legende was de tot martelares verheven bevrijdster van het 15de-eeuwse Frankrijk een schapenhoedster van dertien jaar oud, toen de aartsengel Michaël haar in een visioen verscheen en haar missie aankondigde. Vierhonderd jaar later was de Maagd van Orléans (waar Gauguin als kind acht jaar woonde) een symbool van vaderlandsliefde. Ze was onderwerp van boeken, artikelen, de visuele kunsten en zelfs van een tijdelijk museum dat ingericht was aan de rand van de Wereldtentoonstelling. Gauguins weergave, was uitgevoerd in een aangepaste fresco-techniek voor het schilderen op pleisterkalk en lijkt te mikken op het 'hoge' naturalisme van de officieel goedgekeurde kunst. Het model hiervoor was de muurschildering, gewijd aan Jeanne's visioen, kort tevoren onthuld in het Panthéon in Parijs (zie fig. 78).[131]
Het uiterlijk van Gauguins resoluut anti-naturalistische Jeanne betekent niet 'Frankrijk'; in plaats daarvan is zij de wezenlijk 'Aziatische' Bretonse vrouw die Theo zo betreurde. De grote voeten van de figuur (zichtbaar en profil) zijn ontleend aan de *devatas* of godheden die de *pagode* (zie fig. 84) versierden. De houding van de rechterarm doet denken aan een ander *devata*-beeld in het Khmer-museum (fig. 79), met een spinklos in plaats van de lotusbloem van de Zuidoost-Aziatische godin. De lotus was weer als een symbolisch motief van eenheid opgenomen in het gehele decoratieve schema van het schilderij.[132] Door het toepassen van dergelijke openlijk Aziatische maniërismes, deed Gauguin meer dan een lange neus trekken tegen Theo's kritiek. Aangemoedigd door de afwijzing van de

75

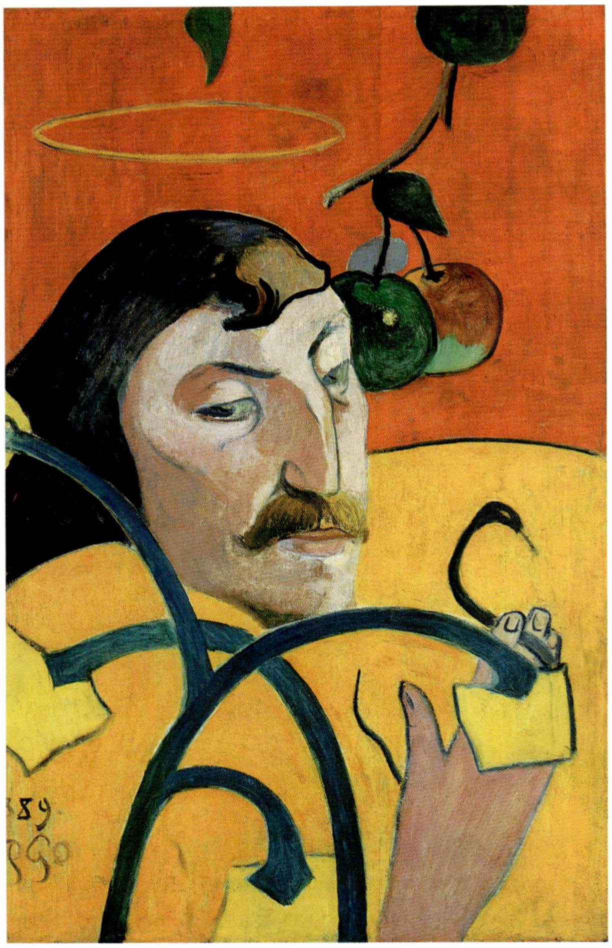


76

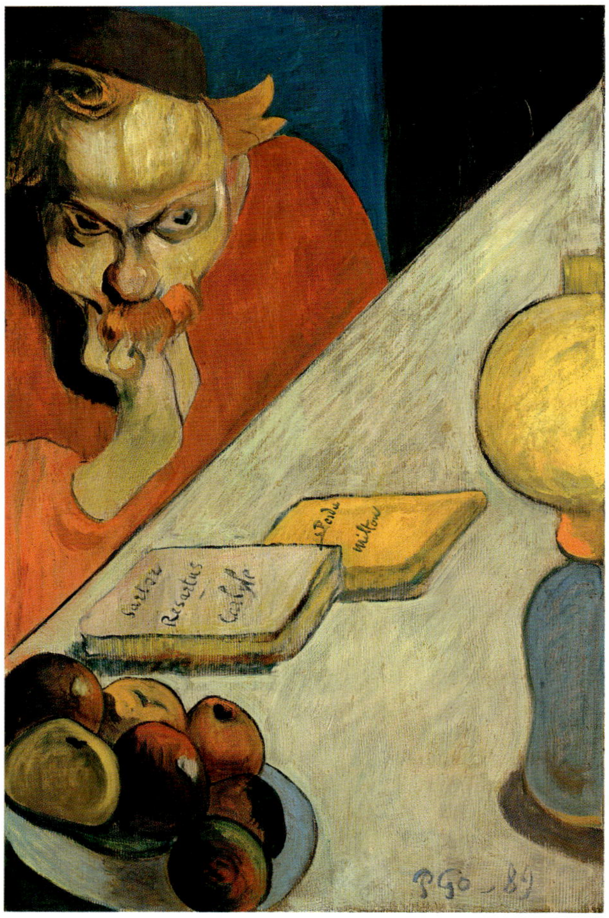

75
Paul Gauguin
*Zelfportret*
1889 [W 323]
Olieverf op hout
79.2 × 51,3 cm
National Gallery of Art, Washington, D.C., Chester Dale Collection

76
Paul Gauguin
*Meyer de Haan*
1889 [W 317]
Olieverf op hout
80 × 52 cm
Privé-collectie

77
Reconstructie van de eetzaal in de Buvette de la Plage, Le Pouldu (Marie Henry's taveerne)
Met dank aan de Association des amis de la Maison Marie Henry, Le Pouldu

77

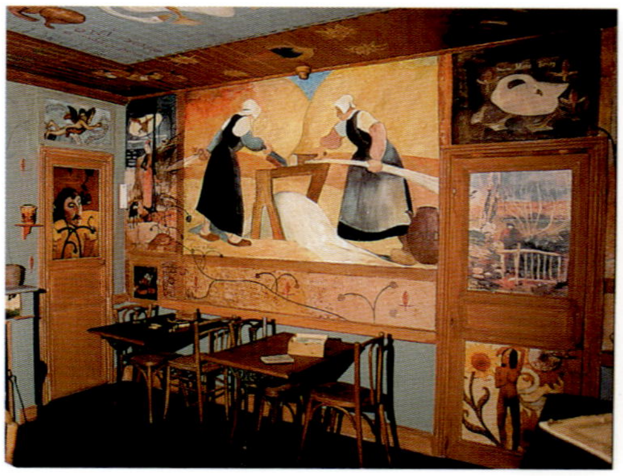

kunsthandelaar maakte hij bij het schilderen gebruik van een ongegeneerd experimentele benadering die hij ook had toegepast in zijn recente keramiek en in kleinschalige gouaches. Daarbij bekeek hij opzettelijk de ene primitieve cultuur door de stilistische bril van de andere. Terwijl Theo schijnbaar dit meerijden op andermans schouders belachelijk geforceerd vond, was Gauguin in alle ernst aan het proberen om de 'zoekende, denkende kunstenaar' te zijn die hij dacht te moeten worden. Het projecteren van Jeanne d'Arc op het beeld van een Bretonse boerin roept het thema op van opoffering om het verzwakte Frankrijk nieuw leven in te blazen. Op een ander niveau drukt de samensmelting van primitivismes Gauguins ambitie uit om de corrupte cultuur van het Westen te bestrijden door zijn visie buiten de grenzen van nieuwe levenskracht te voorzien.[133]

Vanaf augustus had hij geprobeerd om zijn fantasieën, die geprikkeld waren door de Koloniale Tentoonstelling, te verwezenlijken. Hij spoorde Theo aan om te gaan praten met contactpersonen die hem misschien konden helpen een lucratieve, weinig inspannende baan te vinden (zoals die van vice-resident) in Tonkin (Noord-Viëtnam). Tegen november waren de vooruitzichten somber – de mislukte verkoop van eerder werk in combinatie met de negatieve reactie van zijn handelaar op de nieuwe doeken – en terwijl zijn schulden zich ophoopten, begon emigratie hem de enige redelijke oplossing toe te schijnen. Hoewel zijn persoonlijke ervaringen hem beter hadden moeten laten weten, nam Gauguin, eeuwig en altijd een naïeve optimist, klakkeloos de Franse kolonialistische propaganda over. In zijn brieven aan Bernard (geschreven toen hij aan de decoratie van de taveerne begon) klinkt de kolonialistische ideologie van wedergeboorte en herstel door. Hij somde de psychische, professionele en financiële voordelen op die hij in Tonkin verwachtte te behalen alvorens in triomf terug naar huis te keren.[134]

'Steen brokkelt af, het woord houdt stand,' reciteerde hij aan Bernard – daarbij ons nogmaals op Vincents aanwezigheid attent makend. Gauguins aanpassing van het expansionistische model om het geschikt te maken voor een kunstzinnig programma leunde zwaar op het concept van het Atelier van de Tropen, net zoals zijn identiteit als zoeker geworteld was in de ideeën en de voorstellingswereld waar Vincent hem deelgenoot van had gemaakt. Dit complex in zich opzuigen van ideeën wordt gesuggereerd (zo niet openlijk erkend) in de laatste decoraties die Gauguin in de taveerne aanbracht. *Bonjour, Monsieur Gauguin* (fig. 85) verwijst openlijk naar Courbets meesterwerk uit Montpellier (hfdst. 4, fig. 131), terwijl het op meer subtiele wijze de gesprekken oproept waarvoor het doek als bliksemafleider diende. Gauguin ontwrichtte hier enkele hoofdkenmerken van Courbets oorspronkelijke schilderij. Er is geen mecenas die de kunstenaar welkom heet en het kille herfstlandschap onder een dreigende hemel lijkt al evenzeer onuitnodigend. Gauguin is gekleed in een bruine overjas en zwarte baret, met een wandelstok in de hand en in gezelschap van zijn hond, net als de Lacaze 'Reiziger,' Vincents 'man die van ver komt en ver zal gaan.' Deze identiteit werkte hij nog verder uit door toevoeging van elementen uit Vincents pelgrimssymboliek.

De gesloten poort waarvoor de kunstenaar-zoeker staat doet denken aan een soortgelijke afbeelding uit *Pilgrim's Progress* (*Christenreis naar de eeuwigheid*) (hfdst. 1, fig. 11) van Bunyan. Aan het begin van het verhaal wordt de held Christen, na het verlaten van de Stad van Verderf, door Evangelist naar de poort verwezen. Hij komt daar aan, nadat hij de poel Mistrouwen en het betoog van de edelman Wereldwijze, die de verpersoonlijking is van een negatief sociaal conformisme, doorstaan heeft. Om de poort door te komen en verder te gaan op zijn weg moet hij de vraag van de poortwachter beantwoorden: 'Wie was daar? Vanwaar kwam hij? En wat begeerde hij?' In Bunyans verhaal heet de statige poortwachter Goede Wil. Op Gauguins schilderij wordt deze rol gespeeld door een mysterieuze, donkergeklede Bretonse vrouw die de reiziger vanaf een afstand zwijgend bekijkt. Als symbolische aanwezigheid is ze net zoals de figuur van Eenzaamheid in *Misères humaines*, waarschijnlijk ontleend aan een klassieke vermenging van beeld en tekst uit Vincents jeugd, waar hij Gauguin over had verteld. In de jaren '70 had de afbeelding van een ontmoeting op een schilderij van George Boughton (hfdst. 1, fig. 21) Vincent doen denken aan Bunyans klassieker. Hij maakte zich een voorstelling van Boughtons personages en citeerde een gedicht van Christina Rossetti dat hij zich verkeerd herinnerde als een gesprek tussen een vertrekkende pelgrim en een in het zwart geklede vrouw. Vincent voegde nog een ander associatieniveau toe door deze zwartgeklede gestalte te identificeren met Paulus' uitspraak 'Als treurenden die altijd verheugd zijn,' een boodschap die een centrale plaats innam binnen troostende kunst. Dit alles – als een geheimtaal die slechts door twee toeschouwers kon worden ontcijferd – ligt besloten in Gauguins combinatie van een pelgrim met een vrouw gehuld in een donkere mantel.[135]

Gauguin liet de boodschap op een verschillende manier doorsijpelen in een andere decoratie, die klaarblijkelijk bedacht was als een soort van symbolisch uithangbord waarmee reclame gemaakt kon worden voor de mythische ambitie van de reiziger (fig. 82). Voor een achtergrond van reusachtige zonnebloemen staat een naakte vrouw met een donkere huidskleur. Haar houding is verwant met met die van de spinnende boerin (zie fig. 80), maar ze heeft een meer rechtstreekse voorgangster in een figuurtje van klei (fig. 83). Gauguin had dit gemaakt als reactie op de hiëratische Cambodjaanse *devatas* met hun gestileerde gebaren: met de rechterhand recht tussen de borsten en de linkerarm gebogen bovenop het hoofd (zie fig. 84). Door deze geabstraheerde afbeelding op het onderste paneel van één van de deuren van de eetzaal, pal onder *Bonjour, Monsieur Gauguin* herinnerde Gauguin aan de eerste uitwisseling van schilderijen tussen Vincent en hemzelf – *Zonnebloemen* voor de *Négresses* (zie hfdst. 2) – en deed hij hun individuele symbolen voor een kunst van de

78
Jule-Eugène Lenepveu
(Frankrijk; 1819-1898)
*Het visioen van Jeanne d'Arc*
1889
Olieverf op doek
460 × 220 cm
Panthéon, Parijs

79
Gravure van een Cambodjaanse *devata* door Smeeton Tilly uit Comte de Croizier, *L'Art khmer* (Parijs 1875), p. 72

80
Paul Gauguin
*Spinnend Bretons meisje (Jeanne d'Arc)*
November 1889
[W 329]
Olieverf (?) op pleisterkalk
116 × 58 cm
Privé-collectie
Cat. 105

78
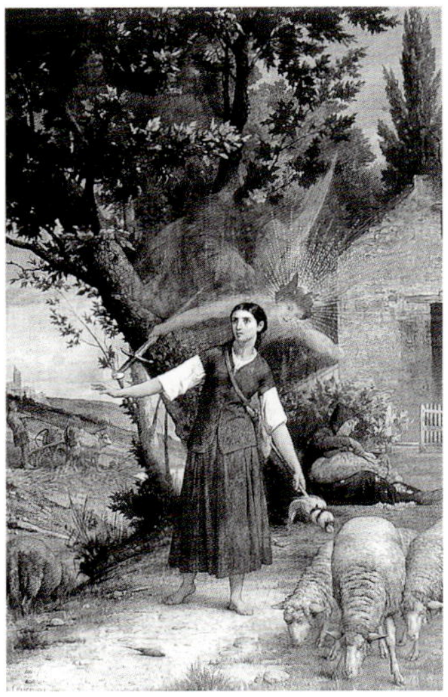

79
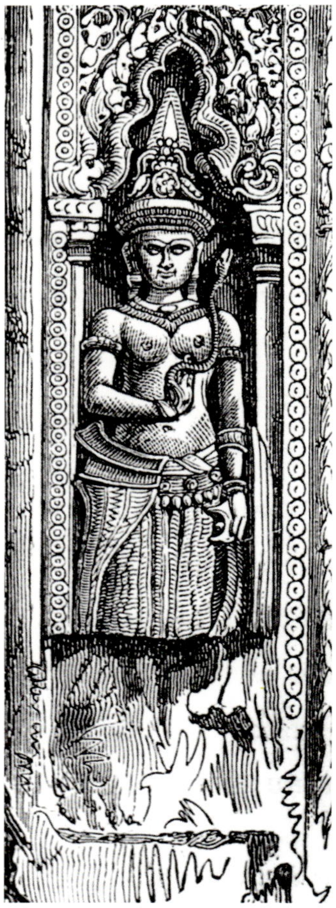

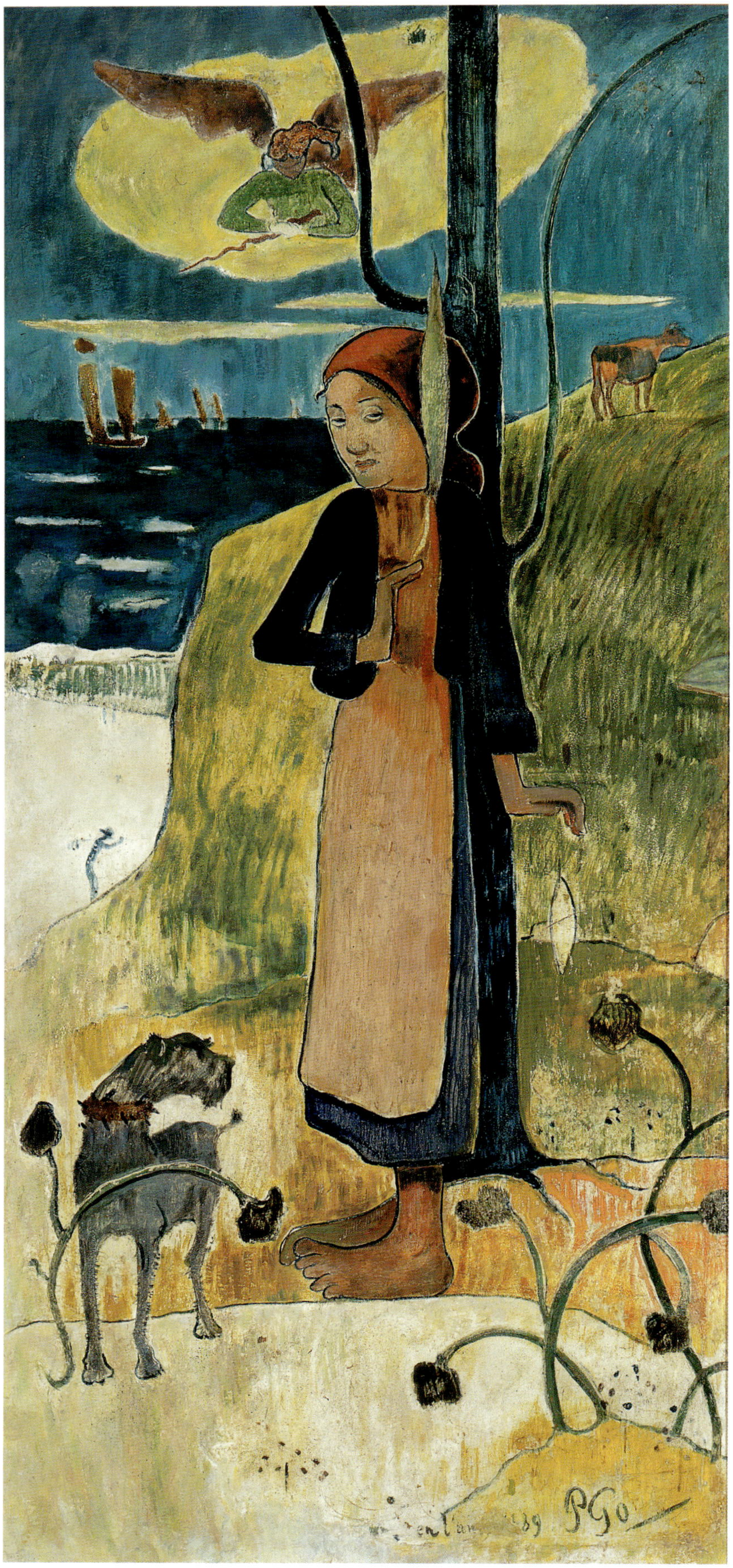
80

81
Paul Gauguin
*Vrouwelijk naakt met bloem*
(bekend als *Lust*)
Eind 1889/1890
[G 88]
Gedeeltelijk geschilderd en verguld hout en metaal
H 70 cm
J.F. Willumsens Museum, Frederikssund, Denemarken
Cat. 130

82
Paul Gauguin
*Vrouwelijk naakt met zonnebloemen*
(bekend als *Caraïbische vrouw*)
November 1889
[W 330]
Olieverf op hout
64 × 54 cm
Privé-collectie
Cat. 107

83
Paul Gauguin
*Vrouwelijk naakt*
Klei
Locatie onbekend

84
Detail van een gipsafgietsel van Cambodjaanse *devatas* uit Angkor Wat, uit *Le Musée indo-chinois* (Parijs 1916), afb. 4

81
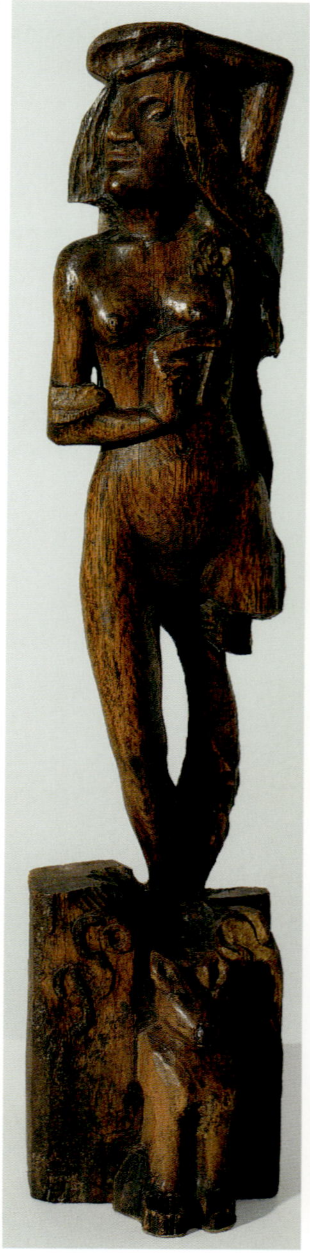

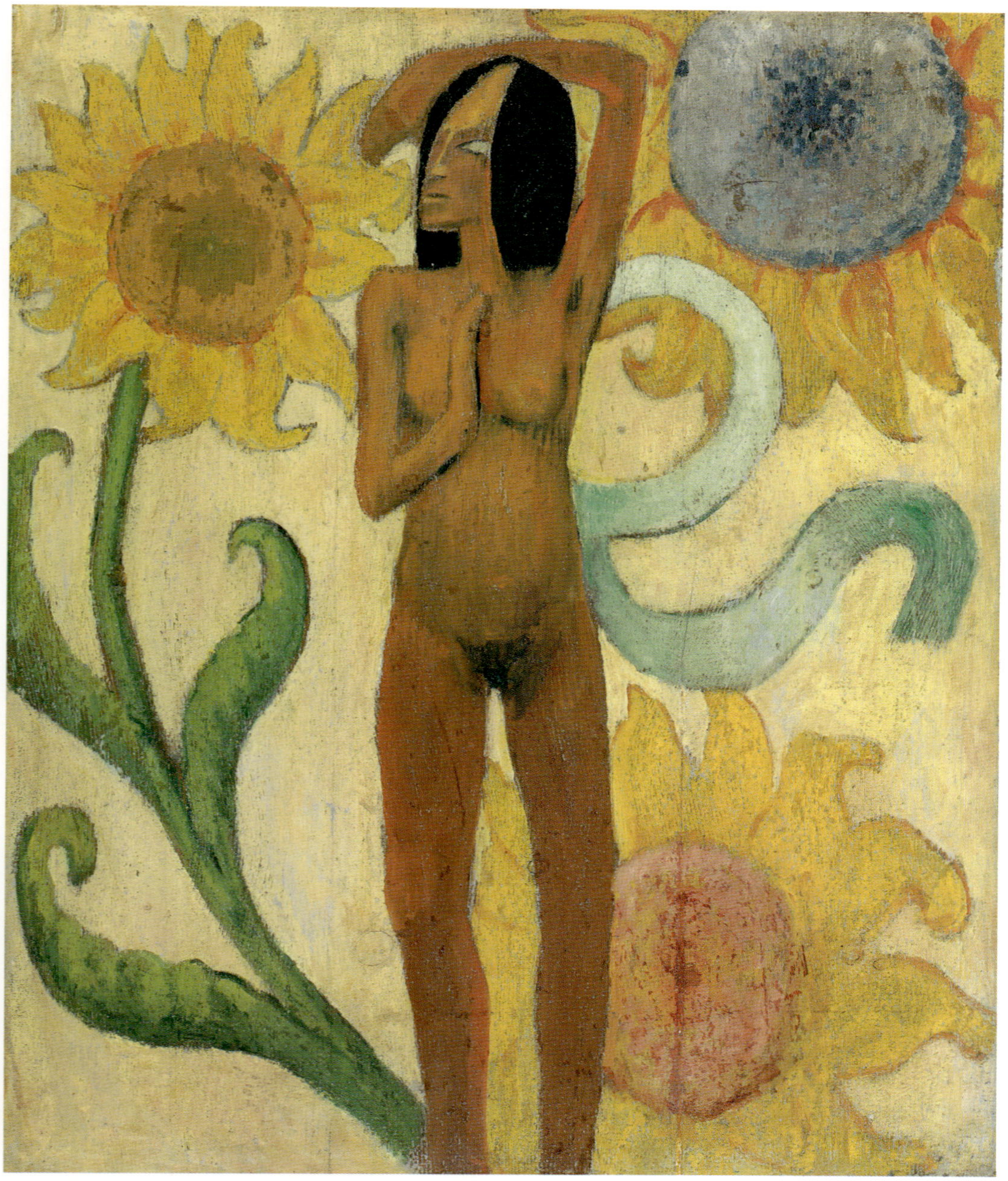
82

83
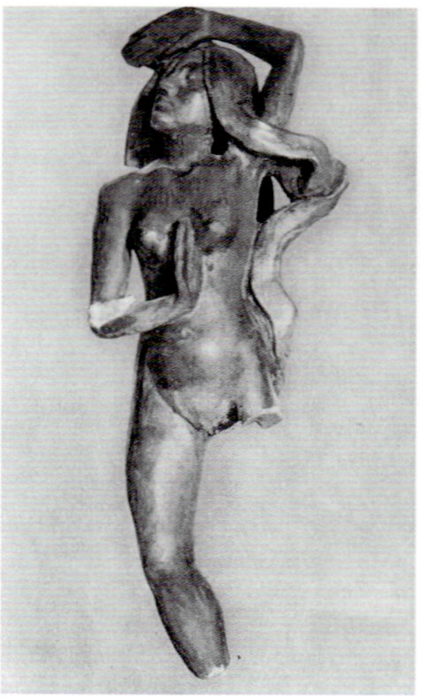

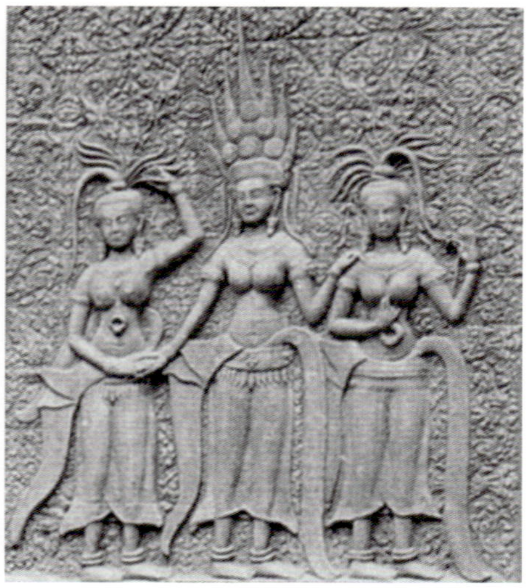
84

85
Paul Gauguin
*Bonjour, Monsieur Gauguin*
November 1889
[W 321]
Olieverf op doek vastgemaakt op hout
75 × 55 cm
Armand Hammer-collectie, UCLA Hammer Museum, Los Angeles
Cat. 106

86
Vincent van Gogh
*Tuin van het hospitaal (Saint-Paul-de-Mausole, Saint-Rémy)*
ca. 1 november 1889
[F 660, JH 1849]
Olieverf op doek
73,5 × 92 cm
Museum Folkwang, Essen
Cat. 124

toekomst samensmelten.[136] De dominante verwijzing naar de kunst uit Zuidoost-Azië en, bij uitbreiding, naar de ervaring in Tonkin die hem weer op zou moeten laden, waren een voorbode voor Gauguins aanspraken op het leiderschap van het Atelier van de Tropen. Als een heiligdom voor de kunst, gewijd aan een Wagneriaans credo dat met behulp van Carlyle geïnterpreteerd werd, verving de taveerne van Marie Henry het Gele Huis, zoals het Atelier van de Tropen de plaats van het Atelier van het Zuiden moest gaan innemen.

## Vertrek uit het Zuiden

Gauguins *Christus in de hof van olijven* had het directe resultaat dat het gevoel van solidariteit dat Vincent gekoesterd had, werd kapotgemaakt. Terwijl hij nu afstand nam van Gauguin, herinnerde Vincent zich de gelijkstelling van hemzelf (en van Theo) van een abstracte stijl met ongezonde abstracte denkbeelden. Door spijt uit de drukken dat hij misleid was geweest door een bedrieglijk credo en valse creatieve beloften, gaf hij zijn dwaling openlijk toe. In het bijzonder verloochende hij *La Berceuse* – dat vervuld was van associaties met Gauguin – en nam het besluit om in de toekomst de zaken zonder omwegen aan te pakken.[137] Vincent was op deze positie vooruitgelopen in een schilderij dat hij voltooide vlak voordat hij vernam van de Gethsemane-taferelen van zijn vriend. Die beeldde ook een tuin af, die van de inrichting (fig. 86), en deze werd gedecoreerd met een vergelijkbare betekenis: de voor de hand liggende emblematische verwijzing naar zichzelf. Die duikt op in het op de voorgrond plaatsen van een aangetaste boomstronk – door hem analogisch verklaard als een gevelde melancholieke reus. Hij stelde vervolgens

85
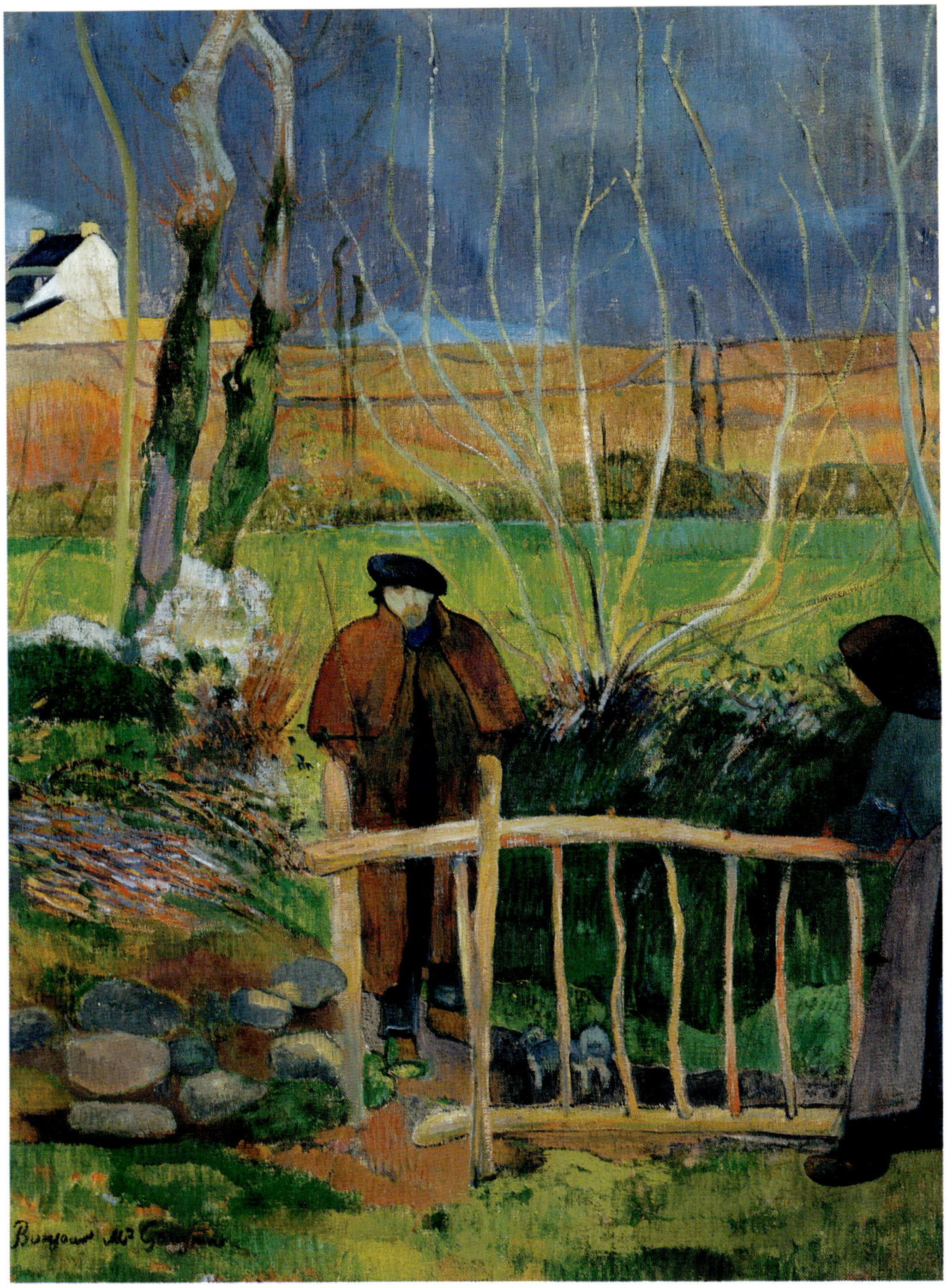

86

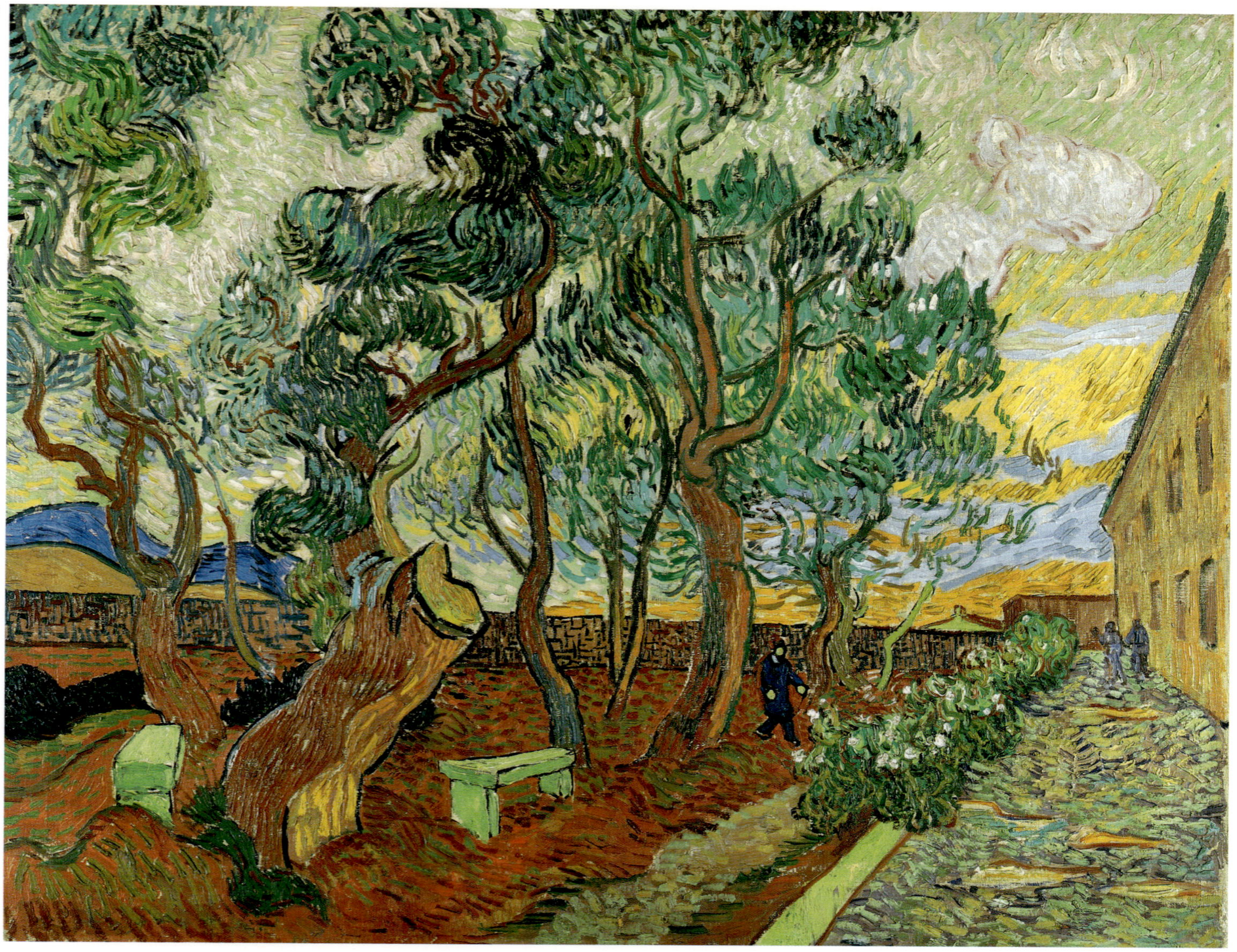

**De eerste boom heeft een enorme stam, maar is door de bliksem getroffen en afgezaagd. Een zijtak steekt echter nog heel ver omhoog en er valt een regen van donkergroene naalden. Die sombere reus – in zijn trots gekrenkt – staat, als je hem het karakter van een menselijk wezen geeft, in contrast met de vale glimlach van een laatste roos aan de bijna uitgebloeide struik ertegenover. Onder de bomen lege stenen banken, donkere buks-boompjes, de lucht wordt na de regen – geel – weerspiegeld in een plas. Een zonnestraal doet zelfs met zijn laatste weerschijn het donkere oker oplichten tot oranje.  Vincent aan Bernard, [ca. 20 november 1889]**

expliciet voor om het schilderij op te vatten als bewijs voor de mogelijkheid om 'angst [uit te drukken] zonder rechtstreeks te verwijzen naar het echte Gethsemane.' Om dit te bewijzen keerde Vincent terug naar zijn oude maatstaf Millet, die het religieuze in bedekte termen had laten doorschemeren, uit respect voor de moderne overgevoeligheid. Om te voorkomen dat Delacroix' openlijk bijbelse thema's naar voren gebracht zouden worden als repliek, sprak Vincent van de immense voorbereidende studie die nodig was voordat je er alleen maar aan kon denken het tegen de meester op te nemen.[138] Door deze geïrriteerde reactie op Gauguin en Bernard volgde Vincent zijn eigen inzicht, en maakte hij een energiek begin met een aantal doeken over olijfgaarden, waarin hij zich verwijderde van de dwingende, verbonden ritmiek die recentelijk zo prominent was. Hij koos hij een meer beheerste en relatief onpersoonlijke penseelvoering. Vincent streefde ernaar het aardse als tegengif te gebruiken voor de kunstmatigheid die hij waarnam in de werken van Gauguin en Bernard. Hij maakte vijf schilderijen van olijfgaarden voor het sanatorium, op diverse tijden, onder verschillende omstandigheden. Dit is een reeks die te vergelijken is met de korenschoven van Monet die juist tentoongesteld waren geweest bij Georges Petit. En net als bij Monet kregen de gevarieerde natuureffecten een aanzienlijke expressieve resonantie: de versie met een zondoorstraalde ochtendhemel breekt open met een exuberant gevoel van belofte en hoop (fig. 87), terwijl de versie met zonsovergang even suggestief een ontroerende, bespiegelende stemming overbrengt (fig. 90).[139]

Deze doeken dienden als studies voor de vier *tableaux* die volgden over olijvenplukkende vrouwen. In drie daarvan nam Vincent de ladders op die de vrouwen gebruikten om de

87

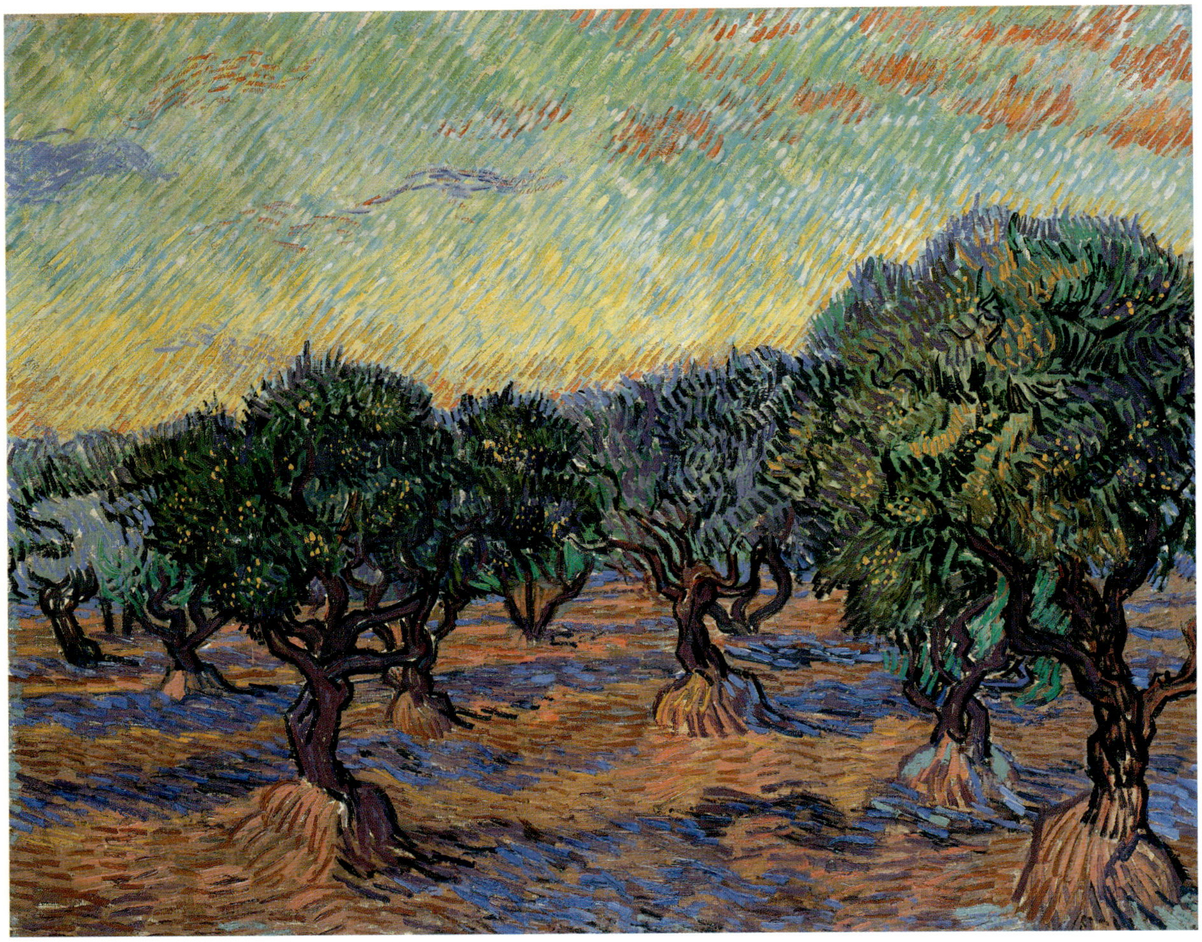

88

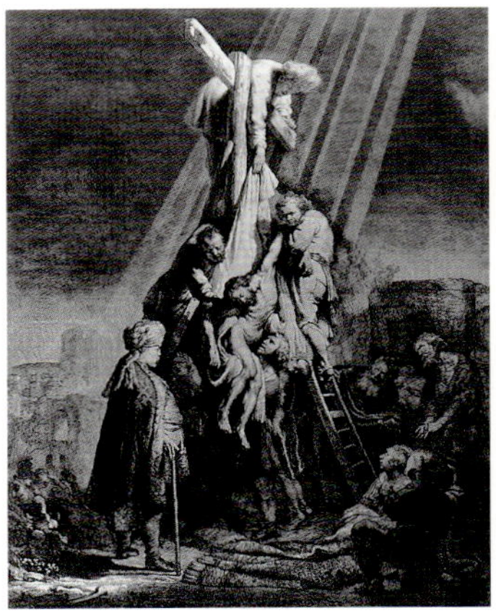

89

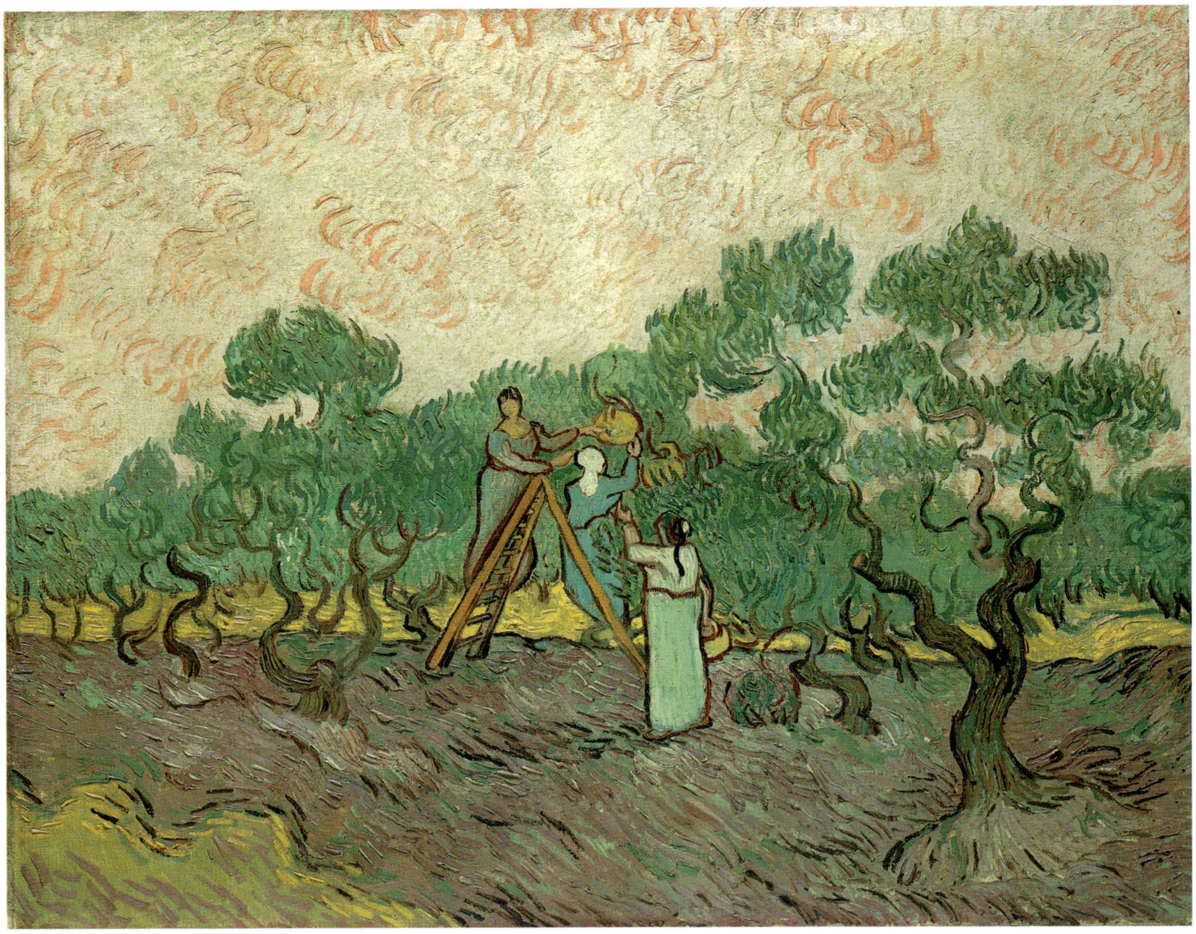

87
Vincent van Gogh
*Olijfgaard*
November 1889
[F 586, JH 1854]
Olieverf op doek
74 × 93 cm
Göteborg
Kunstmuseum
Cat. 126

88
Rembrandt van Rijn
(1609-1669)
*Kruisafneming*
1633
Ets
53 × 41 cm
British Museum,
Londen

89
Vincent van Gogh
*De olijvenpluksters*
ca. 20 december 1889
[F 655, JH 1869]
Olieverf op doek
72,4 × 89,9 cm
The Metropolitan
Museum of Art,
New York (te leen,
aangekondigd
geschenk van Walter
H. Annenberg)

90
Vincent van Gogh
*Olijfgaard*
November 1889
[F 710, JH 1856]
Olieverf op doek
74 × 93 cm
The Minneapolis
Institute of Arts,
The William Hood
Dunwoody Fund
Cat. 125

**Ik heb deze maand in de olijfgaarden gewerkt, want [Gauguin en Bernard] hadden me tot razernij gebracht met hun *Christus in de Hof*, die gespeend is van elke waarneming. Uiteraard is er bij mij geen sprake van iets uit de Bijbel te willen maken en ik heb aan Bernard en ook aan Gauguin geschreven dat ik vond dat het onze plicht was te denken en niet te dromen.**
**Vincent aan Theo, [ca. 21 november 1889]**

90

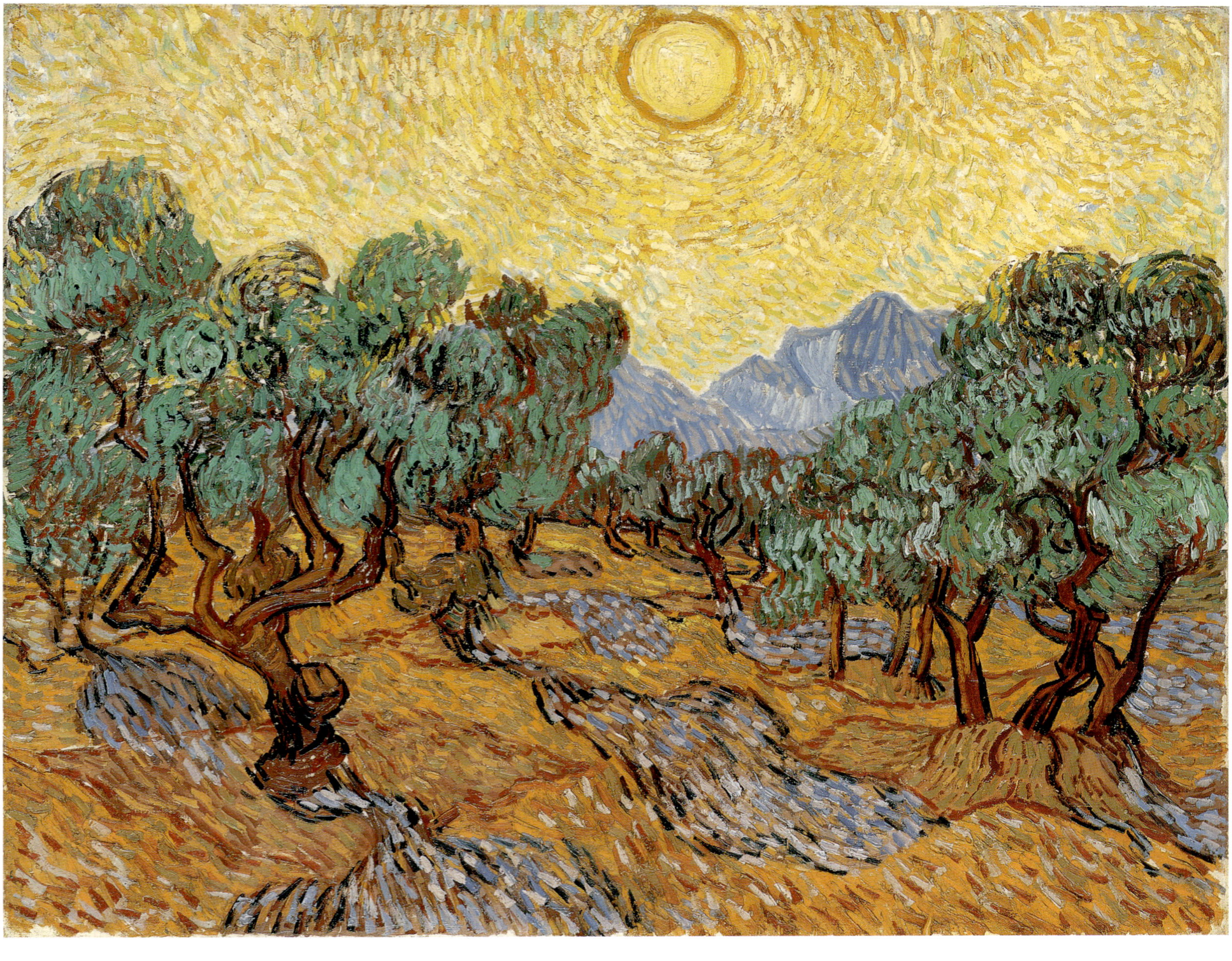

91

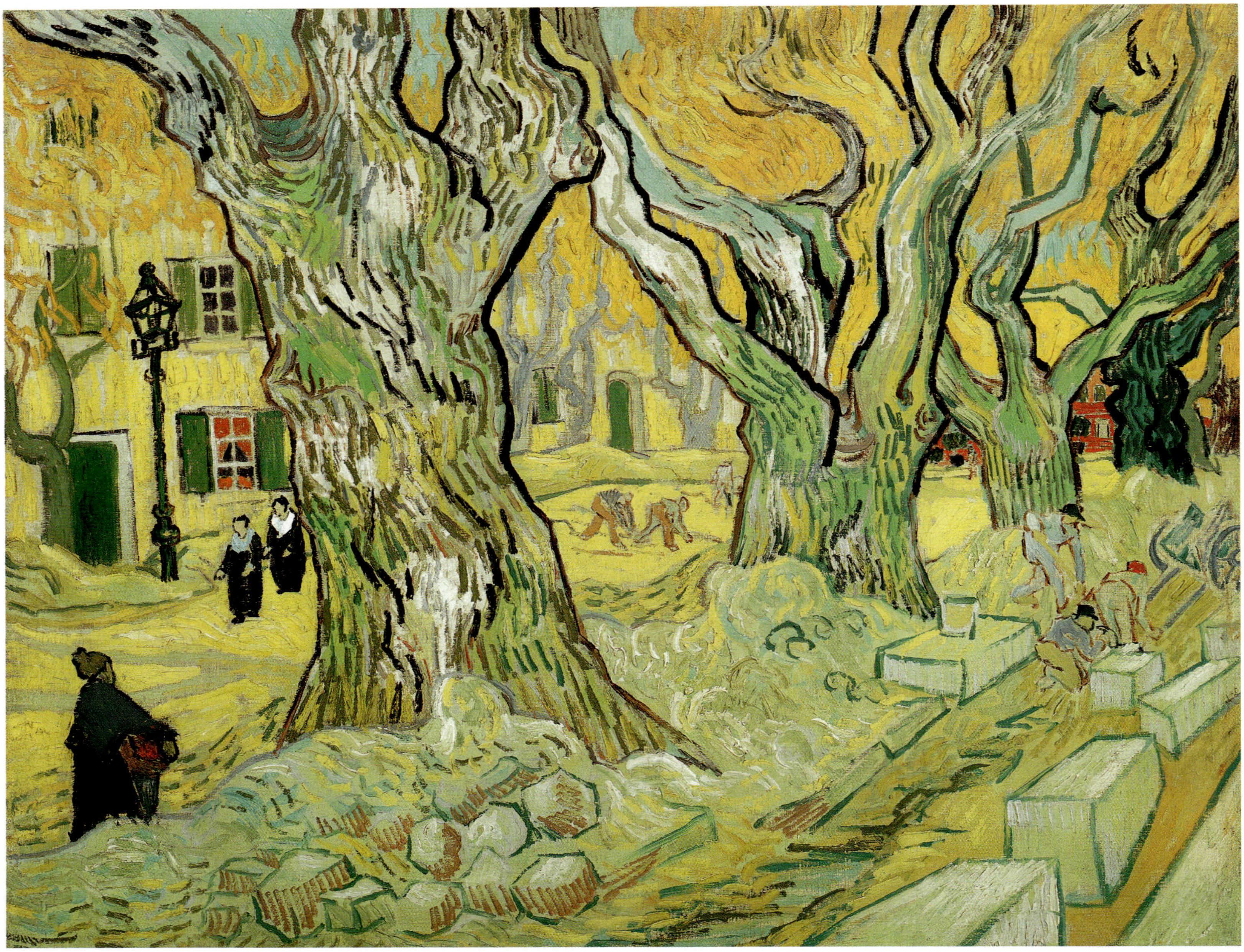

hoogste takken van de bomen te bereiken, een realistisch detail dat, samen met het gebruik door de kunstenaar van de figuren, ook doet denken aan afbeeldingen van Christus' lijden door, onder meer, Rubens en Rembrandt (zie fig. 88). In januari stuurde Vincent nadrukkelijk aan Gauguin een tekening naar de versie die hij had geschilderd voor zijn moeder en zuster.

Toen hij omstreeks 20 december aan zijn moeder en Wil schreef, maakte Vincent een toespeling op de verbinding van het thema en zijn persoonlijke Gethsemane met de opmerking dat zijn eerste aanval precies een jaar geleden was. Hoewel hij verkondigde zich beter te voelen, gaf hij toe met de angst te leven voor een mogelijke herhaling. Het thema van ontwrichting en herstel is uitgewerkt op twee doeken (een studie en een meer afgeronde versie) die hij enkele dagen daarvoor had uitgevoerd, over stratemakers aan het werk aan de door bomen omzoomde hoofdboulevard van Saint-Rémy (fig. 91). Het thema van mannen die een straat opbreken herhaalt de meest ambitieuze van Vincents schetsen met veel figuren uit Den Haag, maar een recentere herinnering verschafte de compositie en de details.[140] Het onduidelijke perspectief, gemaakt door rijen platanen, herinnert aan het tweetal schilderijen *Vallende bladeren (Les Alyscamps)* (hfdst. 4, fig. 27-28) dat Vincent schilderde met Gauguin naast zich, en onder diens invloed. De rij grote, rechthoekige steenblokken doet denken herinnert aan de tombes langs Arles' eerbiedwaardige Allée, een visueel verband dat onze interpretatie van de activiteit van de werklieden subtiel doet verschuiven van straatherstel naar grafgraven met een suggestie die weifelt tussen dood en vernieuwing.

Enkele dagen nadat hij Wil schreef, kreeg Vincent onder het schilderen een nieuwe aanval. De effecten duurden niet lang, en begin januari was hij voldoende hersteld om aan een hervatting van het werk te denken. Maar inmiddels was hij tot het inzicht gekomen dat hij naar het Noorden moest terugkeren. Hij informeerde bij Theo over inrichtingen in Holland die voor je zorgden en die het je toestonden om te werken. Theo noemde Geel, in België, onwetend van de pijnlijke associaties daarmee. Maar Vincent had iets anders in gedachten: hij schreef aan Gauguin om te informeren hoe lang hij en De Haan van plan waren in Bretagne te blijven, of zij wilden dat hij het huisraad dat hij in Arles had opgeslagen, opstuurde, en of ook hij welkom zou zijn.[141]

Gauguin antwoordde onmiddellijk op deze brief, die kennelijk ook Vincents tekening naar *Olijvenpluksters* bevatte. Hij prees de schets en wenste zijn vriend geluk dat diens werk was opgenomen in de tentoonstelling van Les Vingt, die net was geopend (in het voorgaande jaar had hij zelf aan de expositie deelgenomen).[142] Maar Gauguin negeerde Vincents vraag over de komst naar Bretagne, in plaats daarvan stelde hijzelf een vraag, gewikkeld in geleende metaforen: wanneer zouden zij de oogst binnenhalen voor de zware arbeid en de ideeën die zij gezaaid hadden? Daarmee gaf hij aan dat het leven in Le Pouldu moeilijk was en dat hij zich concentreerde op plannen voor Tonkin. Nadat hij Vincent hierdoor had afgeschrikt veranderde Gauguin aan het eind van de maand van toon. De Haan was niet langer in de positie om hem in Le Pouldu te ondersteunen, en dus schreef Gauguin met de mededeling dat een leven samen met Vincent mogelijk was, zij het onder de goede voorwaarden. Hij stelde Antwerpen voor, waar drie van hen (hij, Vincent, en De Haan) misschien 'een atelier op mijn naam konden vinden'; na verloop van tijd zou Theo er een dependance van zijn galerie kunnen opzetten. Dit schaamteloos egoïstische tegenvoorstel berustte op Gauguins overtuiging dat de enige manier om in Frankrijk succes te hebben eruit bestond om eerst weg te gaan en daarna een grootse terugkeer op te zetten, op kolonialistische wijze. Antwerpen was als bestemming natuurlijk een noodgreep; Vincent moest bedenken dat Tonkin het brandpunt van zijn energie was.[143]

Gauguins positieve oordeel betekende heel veel voor Vincent, die zich vastklampte aan de terloopse goedkeuring van *Olijvenpluksters* als bewijs voor de waarde ervan. Ten gevolge van een nieuwe crisis op 21 januari reageerde Vincent aanvankelijk niet op Theo's verslag van de positieve commentaren die zijn werk bij Les Vingt hadden uitgelokt. Toen hij de briefwisseling weer opnam aan het eind van de maand, scheen Vincent meer in beslag genomen door de brief die hij zojuist van Gauguin over Antwerpen had ontvangen dan door zijn eigen succes.[144] In een brief aan zijn oude vriend John Russell gaf hij nieuws door over Gauguins huidige situatie, drukte zijn grote bewondering en zijn gevoel van erkentelijkeid uit, en legde uit dat zijn ziekte de oorzaak van het uit elkaar gaan was geweest.

Terloops maakte Vincent melding van een recent artikel over zijn werk en sloot een kopie bij, Auriers 'Les isolés: Vincent van Gogh,' dat in januari in belangrijke Franse en Belgische tijdschriften verscheen. De schijnbare nonchalance van de kunstenaar verhulde het feit dat deze publikatie een keerpunt markeerde in het oordeel van de kritiek, omdat hij daarin als grote nieuwe ster aan het avant-gardistische firmament werd betiteld. Zoals de titel suggereert presenteerde Aurier Vincent als een geïsoleerd genie, bij wie kunst en leven naadloos verbonden waren, en die zowel een groot schilder was als een hartstochtelijk gelovige. Auriers Vincent was een neoromantisch, gekweld schepper die verkeerde op de rand van het pathologische, en die zich een persoonlijk realisme voorstelde dat, gevoed door een naturalistische drijfveer en geïnspireerd door idealistische neigingen, een eerlijkheid overbracht die tegelijk kinderlijk en neurotisch was. De criticus maakte gewag van de 'nachtmerrie-achtige' cipressen, zijn 'bergen die hun ruggen krommen als mammoeten,' en van zijn obsessieve hartstocht voor de zonneschijf en voor 'die andere zon, die vegetatie-ster, de weelderige zonnebloem.' De kunst van Vincent was buitensporig – sterk en geagiteerd, krachtig mannelijk en hysterisch vrouwelijk Vincent zelf werd, net als de zaaier waarop hij leek, gedreven door een idée fixe over de 'noodwendige komst van een mens, een messias, een zaaier van waarheid,' die de kunst nieuw leven zou inblazen. Met dit voor ogen, meende Aurier, stelde Vincent zich voor om 'het middelpunt van de beschaving te verleggen en een kunst van de tropische gebieden [te scheppen].'[145]

Vincents reactie was ambivalent. Enerzijds had Aurier een spiegel omhoog gehouden waarin hij zichzelf niet zag – of niet wilde zien. 'Overbodig je te zeggen,' schreef hij aan Theo, 'dat ik hoop te blijven geloven dat ik zo niet schilder.' Hij was bang dat de criticus hem eigenlijk aanraadde zich verder te verwijderen van de realiteit, terwijl hij zelf juist had besloten zich in tegenovergestelde richting te begeven. Anderzijds was hij duidelijk gevleid door de aandacht, want niet alleen vermeldde hij het artikel aan vrienden, maar hij overwoog ook om een kopie te sturen naar vroegere tegenstanders zoals Reid en Tersteeg. Maar hij maakte zich zorgen, niet gewoon uit bescheidenheid, dat de lof hem als alcohol naar het hoofd zou stijgen en zijn rust zou verstoren, oude ambities zou opwekken waardoor hij na de opgewekte grandioosheid bedroefd zou achterblijven.[146]

Hij meende ook dat Aurier hem overdreven had geprezen voor denkbeelden die aan anderen moesten worden toegeschreven, met name aan Gauguin, die immers de eerste was geweest die daadwerkelijk in de tropen had geschilderd. In zijn dankbrief aan Aurier probeerde Vincent de ware toedracht te geven. Hij erkende verplicht te zijn aan Monticelli en speciaal aan Gauguin, die 'vreemdeling' die hij in gelijkenis vereenzelvigde met Rembrandts portret van een man in de Lacaze-galerij (hfdst. 4, fig. 136). Met betreft tot kleur en het vraagstuk van 'de toekomst van "tropische schilderkunst",' opperde Vincent dat Aurier de voorrang had moeten geven aan Monticelli en Gauguin. Hij, Vincent, speelde slechts een ondergeschikte rol.[147]

Omdat hij bang was dat Gauguin het artikel zou lezen en beledigd zou raken, stuurde Vincent hem snel een kopie van zijn brief aan Aurier. Gauguins vermelden van Antwerpen en een Atelier van de Tropen door Aurier gaven, in combinatie met elkaar, voedsel aan oude dromen en oud zeer. Opnieuw uitte Vincent zijn teleurstelling dat Gauguin niet

91
Vincent van Gogh
*De grote platanen (De wegwerkers) (Les grandes platanes)*
December 1889
[F 658, JH 1861]
Olieverf op doek
73,7 × 92,8 cm
Phillips Collection, Washington, D.C.
Cat. 127
Dit is de tweede, meer voltooide versie van de compositie.

92
Paul Gauguin
*Madame Ginoux (studie voor Nachtcafé)*
ca. 4 november 1888
Wit en gekleurd krijt en houtskool op velijnpapier
56,1 × 49,2 cm
Fine Arts Museums of San Francisco, herinneringsgeschenk van Dr. T. Edward en Tullah Hanley, Bradford, Pennsylvania
Cat. 38

93
Vincent van Gogh
*De Arlésienne (naar Paul Gauguin)*
Februari 1890
[F 540, JH 1892]
Olieverf op doek
60 × 50 cm
Galleria Nazionale d'Arte Moderna e Contemporanea, Rome
Cat. 132

94
Vincent van Gogh
*De Arlésienne (naar Paul Gauguin)*
Februari 1890
[F 543, JH 1895]
Olieverf op doek
60 × 54 cm
Privé-collectie
Cat. 133

95
Paul Gauguin
*Portret van een vrouw met stilleven van Cézanne*
1890 [W 387]
Olieverf op doek
65,3 × 54,9 cm
The Art Institute of Chicago, Joseph Winterbotham Collection, 1925.753
Cat. 129

93
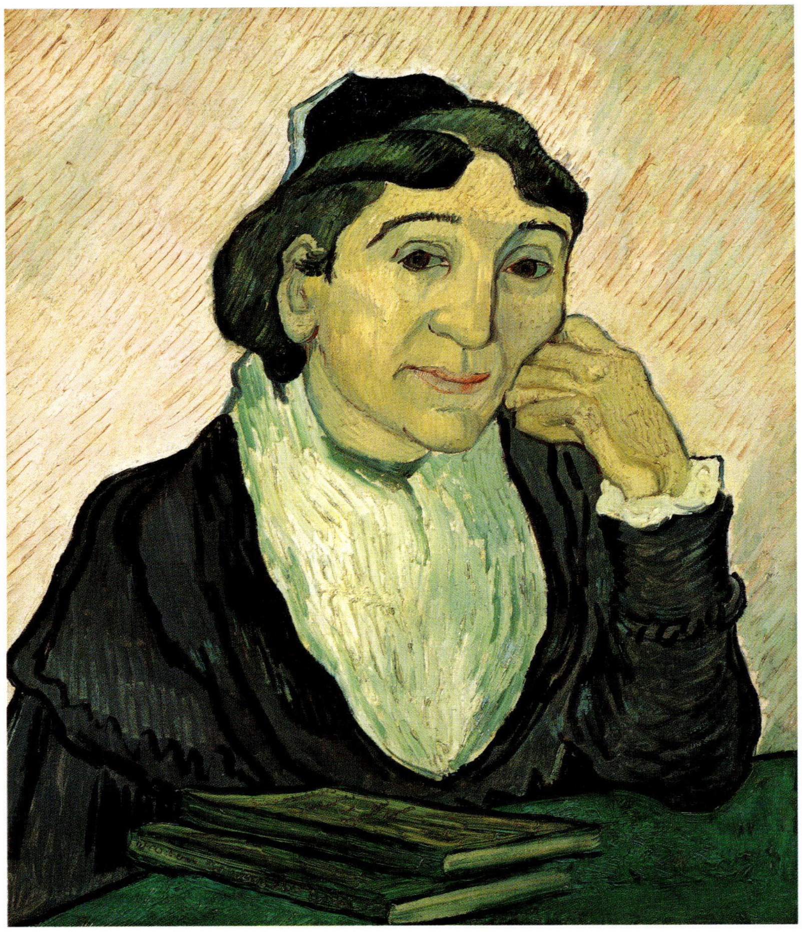

92
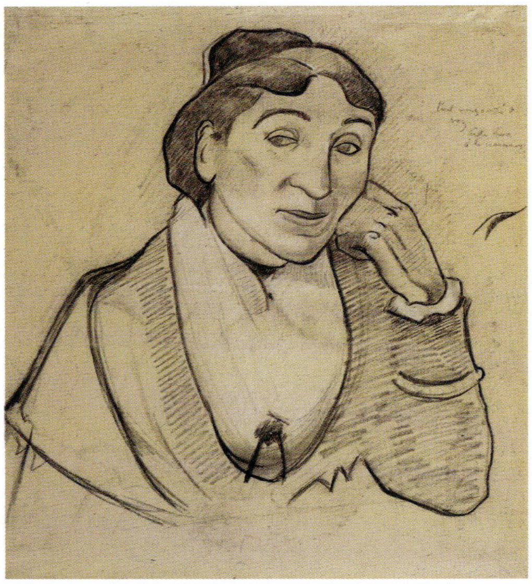

94
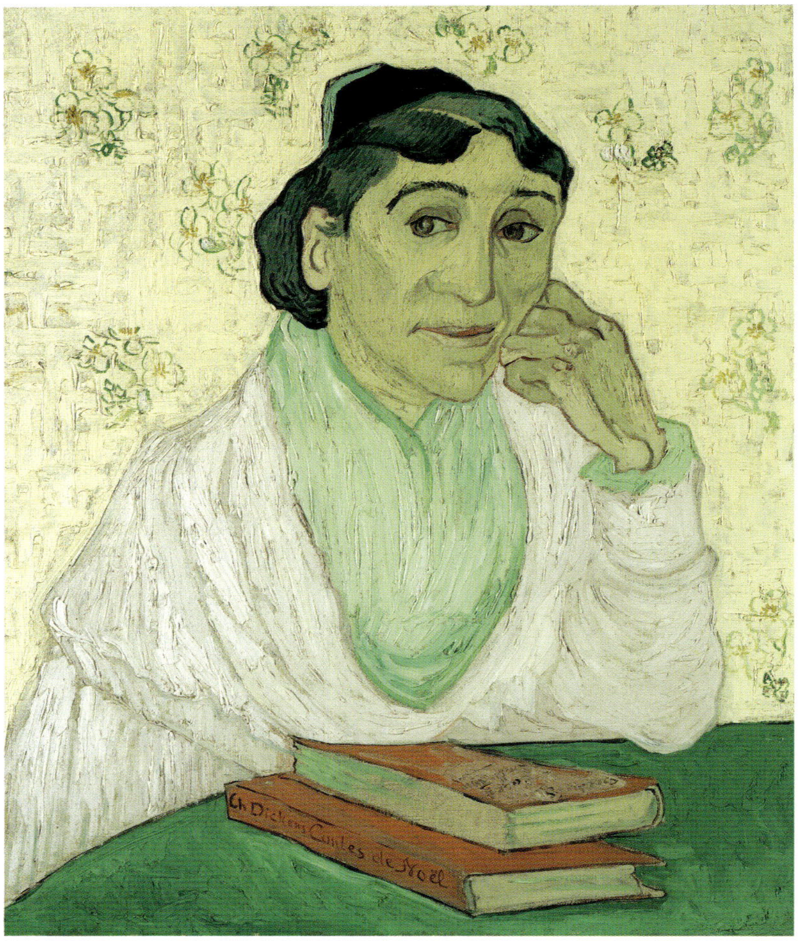

**En het doet me enorm veel genoegen dat u zegt dat u in uw schik was met het portret van een Arlésienne, waarbij ik strikt van uw tekening ben uitgegaan. Ik heb geprobeerd uw tekening heel getrouw na te volgen en toch de vrijheid te nemen om te interpreteren door middel van een kleur die past bij het sobere karakter en de stijl van de tekening in kwestie. Het is, zo u wilt, een synthese van een Arlésienne en aangezien syntheses van Arlésiennes zeldzaam zijn, moet u het nemen als een werk van u en van mij, als een samenvatting van de maanden dat wij hebben samengewerkt.** **Vincent aan Gauguin, [ca. 17 juni 1890]**

wat langer in Arles was gebleven en hij gaf toe aan de fantasie dat 'wij met z'n tweeën dit jaar beter zouden hebben gewerkt dan ik alleen. En dan hadden we nu een eigen huisje om in te wonen en te werken en dan zouden we zelfs anderen onderdak kunnen geven.' Zij konden zelfs opnieuw samenwerken in het Zuiden. In deze geest van gelaten introspectie, verbonden met een hoopvol verlangen om zichzelf te veranderen, voerde Vincent een reeks schilderijen uit gebaseerd op de tekening van Madame Ginoux die Gauguin had achtergelaten (fig. 92), waarvan hij zijn vriend er nu één aanbood. Het feit dat het model ziekelijk bleef na een ziekte die in december 1888 was begonnen, verscherpte de nostalgische verwijzing.[148]

De vijf nieuwe *Arlésiennes* – die in aantal de *Berceuses* evenaarden – zijn een huldeblijk aan de dynamiek van hun gedeelde verleden, geformaliseerd in Vincents uitwerking van doek na doek waarbij hij beoogde om 'heel getrouw' te zijn aan Gauguins prototype, terwijl hij zichzelf tegelijk interpreterende vrijheden toestond. Hij zag het als een oefening in samenwerking. Afgezien van subtiele verschillen in uitdrukking en details, zijn drie van de vier nog bestaande versies in essentie gelijk (zie fig. 93), met Madame Giroux in zwart gekleed tegen een roze, fijn gestreepte achtergond, zittend aan een groene tafel die twee boeken draagt met duidelijk leesbare titels: *Uncle Tom's cabin* van Harriet Beecher Stowe en Charles Dickens' *Christmas stories*. De versie die speciaal voor Gauguin werd geschilderd, vormt de uitzondering: de jurk is roze, het lijfje 'wit dat overhelt naar groen,' en de achtergrond roze, met bloemen gedecoreerd behang. Dit meer vrouwelijke ontwerp verwijst naar de symboliek van het bloemetjesbehang in Gauguins *Zelfportret (Les misérables)* (hfdst. 3, fig. 74), en straalt grotere verfijning van zijn vriend uit, wat Vincent ook had uitgedrukt in de inrichting van de gastenkamer van het Gele Huis en in het schilderij *De stoel van Gauguin* (hfdst. 4, fig. 71). Vincent beoogde met *De Arlésienne* een symbolische samenvatting van datgene waar zij volgens hem voor hadden samengewerkt: een gedistilleerd humanistisch beeld, in de geest van Millet, Delacroix en schrijvers waar deze naar verwezen, veelzeggend voor het verlichte, moderne bewustzijn, dat hij nu omschreef als 'zo triest, zo geroerd [...] *bijna met een glimlach*.'[149] Dit essentiële geloof was door de jaren heen onveranderd: de leer van Paulus, 'als treurende maar altijd verheugd.'

Op 22 februari, toen hij Arles bezocht om een (nu zoekgeraakte) kopie van *De Arlésienne* bij Madame Ginoux te bezorgen, overkwam Vincent een zenuwinstorting die hem gedurende twee maanden invalide maakte en uiteindelijk fataal bleek. Slechts twee dagen daarvoor had hij aan zijn moeder bekend dat hij was opgevrolijkt door het artikel van Aurier en door het nieuws dat Theo één van de in Brussel geëxposeerde schilderijen had verkocht voor 400 franc. Hij zag de aanval als straf voor het succes en als prijs voor de opwinding van de *Arlésienne*-reeks. In maart waren de schilderijen te zien die Theo had toegelaten tot de expositie van de Indépendants en deze riepen positieve commentaren op van medeschilders – Monet en Gauguin (die al in Parijs was sinds begin februari) riepen ze uit tot de beste van de tentoonstelling – maar Vincent bleef onaangedaan. Rond 2 mei was hij genoeg hersteld om voor eens en altijd toe te geven dat de reis die die hij hardnekkig opvatte als een zeereis echt ten einde liep. Hij stemde in met Theo's voorstel om naar het noorden te komen, waar hij zijn evenwicht hoopte te herwinnen.[150]

Het kleine schilderij dat Vincent de volgende dag maakte belichaamt ogenschijnlijk dergelijke gevoelens (fig. 97). Hij werkte met een reproduktie van Rembrandts ets *De opwekking van Lazarus* (fig. 96) . Vincent richtte zich op de groep in het midden, waarbij hij de man met de opgeheven armen en de gebogen figuur op de voorgrond eruit haalde en zichzelf veelbetekenend portretteerde als de opgewekte Lazarus en de twee Maria's verbeeldde als de dames Ginoux en Roulin. De grote opkomende zon die over het tafereel heerst is wel uitgelegd als een uitdrukking van Vincents verlangen om het bijbelse te naturaliseren, in die zin dat de zonneschijf de goddelijke, weer tot leven wekkende hand vervangt.[151] Maar in Vincents nauwkeurige beeld is ook de schilder een vervanger voor Christus, die zijn hand opheft net als Rembrandts figuur, voor het doek waarop hij leven schept. Vincent had de schilderkunst altijd beschouwd als het middel om zichzelf tot nieuw leven te wekken en degenen die voor hem kwamen te doen herleven. Oude vereenzelvingen werden niet opgegeven.

Van de voorgenomen grotere versie van *De opwekking van Lazarus* kwam niets terecht. Maar Vincent wilde het Zuiden niet verlaten voordat hij, zoals hij aan Gauguin zou karakteriseren, een 'laatste poging' (fig. 98) had ondernomen. Hiermee bedoelde hij een laatste poging om het soort kunst tot stand te brengen dat zij hadden besproken: schilderen *de tête*, abstract, zoals Gauguin bepleitte. Waarom wilde Vincent zich andermaal op deze gevaarlijke baren begeven? Een eerste motivatie schijnt de door Gauguin geuite belangstelling om een ruil te doen voor het *Het ravijn* (fig. 68) te zijn geweest, een gebaar dat bewees dat 'onze smaak steeds meer dezelfde wordt.' Vincents

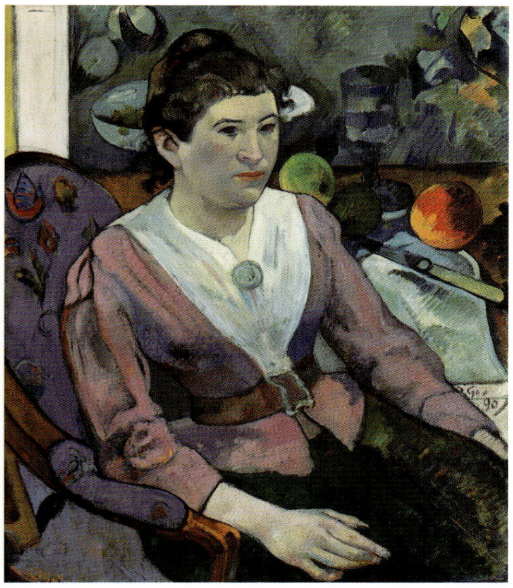

95

nieuwe schilderij is een verdichting, waardoor de typische zuidelijke cipres uit zijn schilderijen van juni en het huisje en de wagen tot één geheel verenigd worden, motieven uit meer recente tekeningen die Vincent had herkend als herinneringen aan het Noorden. De prominente nachthemel, met stralende ster en opkomende maan, doet denken aan *Sterrennacht* (fig. 45), evenal de stijl van deze evenzeer verheven visie op de werkelijkheid. In een schets van de compositie voor Gauguin (fig. 90), benadrukte Vincent de gelijkenis van de twee 'late wandelaars' die met hun wandelstokken voorwaarts gaan in een samenvallende beweging. Voor de laatste keer sloot Vincent zich bij Gauguin in zijn fantasie aan met een schilderij dat hun zuidelijke pelgrimage herdenkt.[152]

In het laatste stadium van zijn reis vertrok Vincent uit Saint-Rémy naar Parijs. Bij zijn aankomst daar op zondag 17 mei ontmoette hij zijn schoonzuster en zijn drieënhalf-jarig neefje en naamgenoot voor de eerste keer. Gedurende zijn drie dagen in de hoofdstad zag hij noch Gauguin, noch iets van diens recente werk omdat, zoals hij later uitlegde, de stad hem zo van zijn stuk bracht. Ook een nieuwe hoop vormde aanleiding voor zijn overhaaste vlucht uit Parijs. Eind maart had Theo geschreven over iemand die mogelijk behulpzaam kon zijn, een arts genaamd Gachet in het nabije Auvers, die toevallig een fysieke gelijkenis vertoonde met Vincent. Omdat zijn verlangens nog intact waren, was Vincent hoop gaan koesteren over een 'blijvende vriendschap,' waarbij hij Gachet uitkoos als 'onze toekomstige vriend.'[153] Vincent kwam op 20 mei in Auvers aan. Aanvankelijk vond hij Gachet excentriek,. Blijkbaar leed de man zelf nog meer dan Vincent aan een nerveuze storing, dus viel op hem niet te rekenen. Maar begin juni meldde hij dat hij en de dokter grote vrienden waren geworden, verenigd door meer dan de ziekte die zij naar hij aannam deelden. Gachet, zelf een amateurkunstenaar en verzamelaar, bewonderde zowel de *Pièta* en de versie van de recente *Arlésienne* die Vincent had meegebracht. Bovendien vond Vincent het fascinerend te horen dat Gachet niet alleen Bruyas had gekend, maar dat hij ook Vincents denkbeelden over de martelaar-mecenas van Montpellier deelde. In een herhaling van idealiseringen uit het verleden sprak Vincent over de dokter als een 'ware vriend,' beschouwde hem als 'een nieuwe broer,' en verwees naar hem als 'vader Gachet'.[154] Gachets mentale en fysieke kenmerken typeerde hem als de meest recente rekruut in Vincents familie van roodharigen. Begin juni schilderde Vincent deze verwante ziel (fig. 100) met een 'door verdriet verharde' uitdrukking die verwijst naar de protretten van Bruyas uit Montpellier (zie hfdst. 4, fig. 132, 135). Die maken gebruik van het traditionele vertoon van Melancholie in Delacroix' *Tasso in het gekkenhuis* (hfdst. 4, fig. 134). Als hier een element van zelfportrettering is, dan verwees Vincent ook naar zijn voormalige vriend Gauguin, voor zover *Doctor Gachet* rechtstreeks kritiek levert op Gauguins voorstelling van zichzelf, à la Bruyas, als Christus (fig. 51).

Toen hij Gauguin in juni schreef, legde Vincent uit dat hij het model had geschonken

die trieste uitdrukking van onze tijd. *Zo u wilt*, zoiets als wat u zei van uw Christus in de hof van olijven, niet bestemd om te worden begrepen, maar goed, tot daartoe kan ik u volgen en mijn broer begrijpt die nuance goed.[155]

96

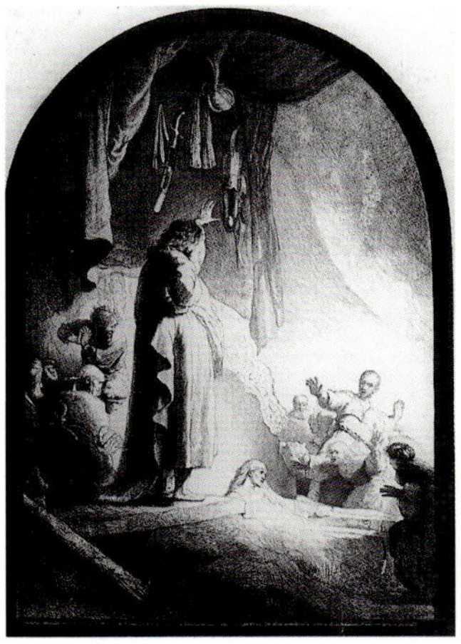

97

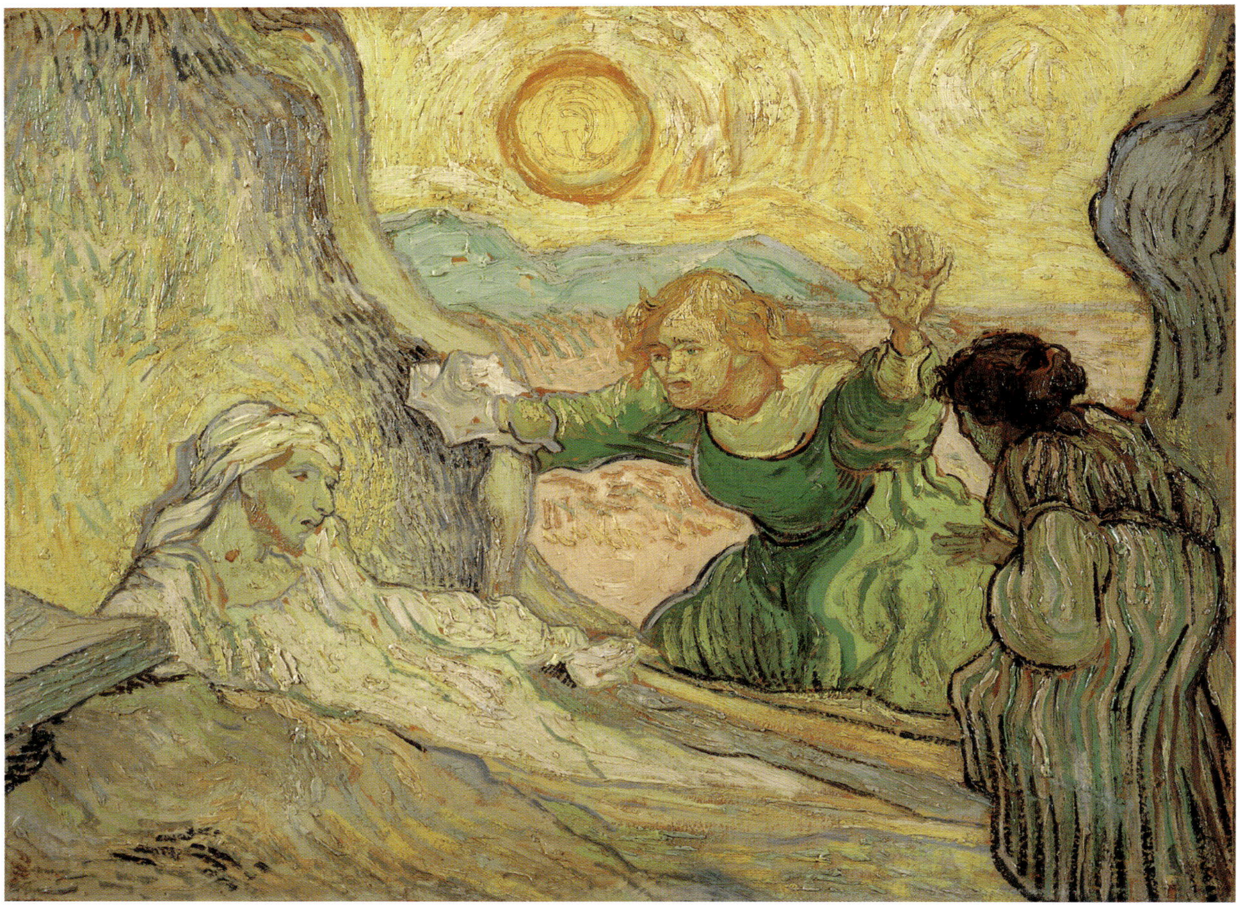

98

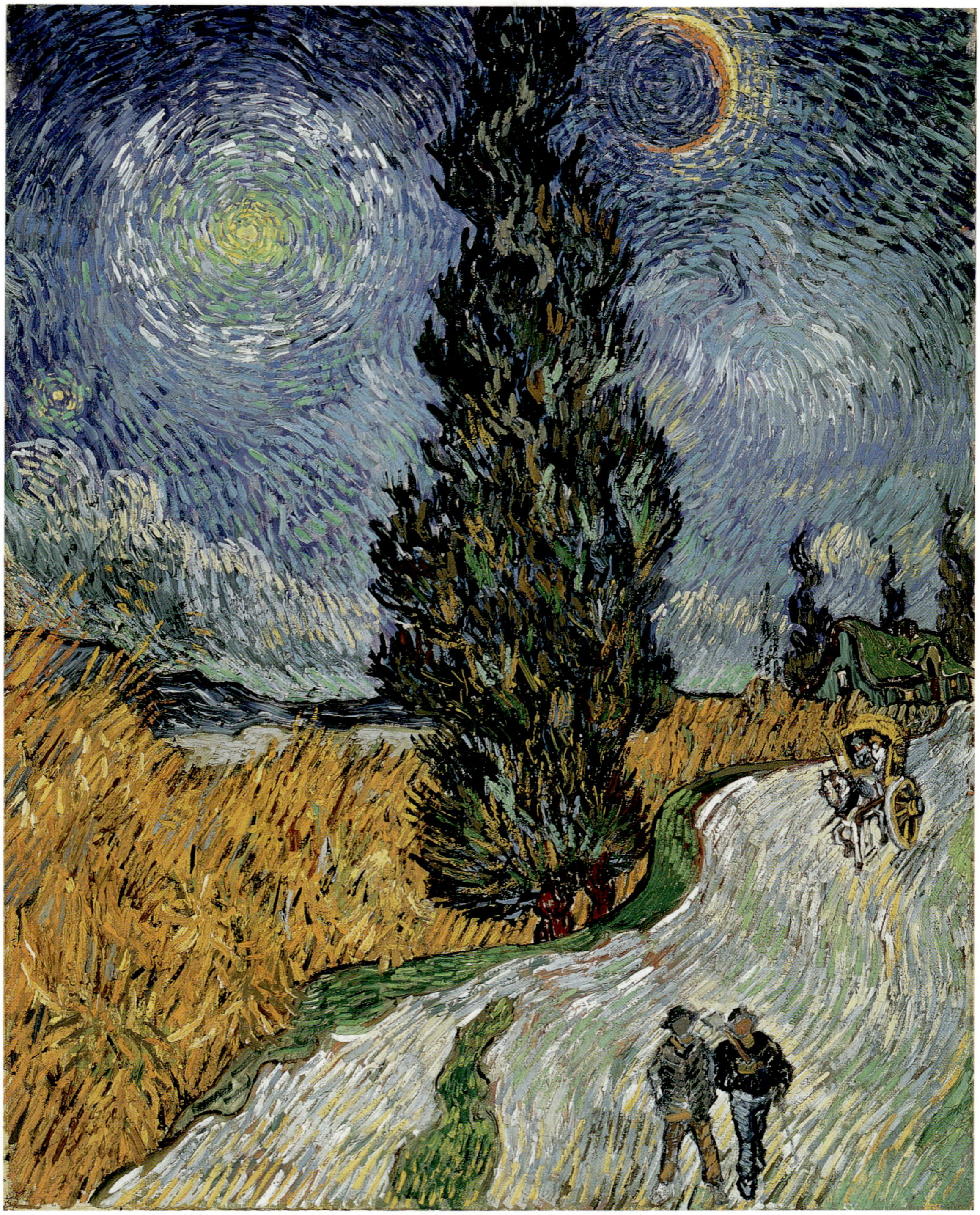

99

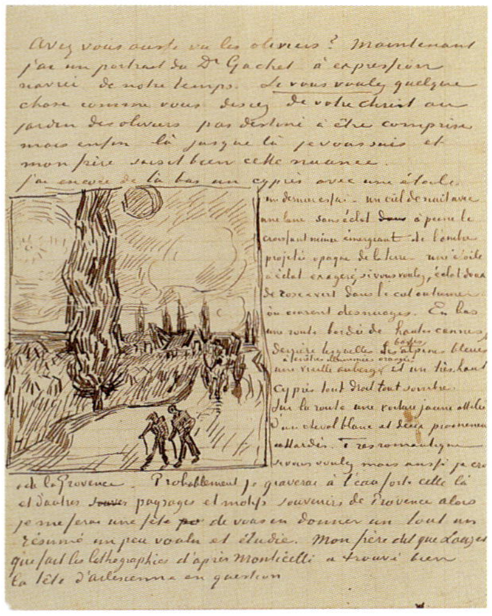

Avez vous aussi vu les oliviers? Maintenant j'ai un portrait du Dr Gachet à expression navrée de notre temps. Si vous voulez quelque chose comme vous disiez de votre Christ au jardin des oliviers pas destiné à être compris mais enfin là jusque là je vous suis et mon frère saisit bien cette nuance.
J'ai encore de là bas un cyprès avec une étoile, un dernier essai – un ciel de nuit avec une lune sans éclat à peine le croissant mince émergeant de l'ombre projetée opaque de la terre une étoile à éclat exagéré, si vous voulez, éclat doux de rose et vert dans le ciel outremer où courent des nuages. En bas une route bordée de hautes cannes jaunes derrière lesquelles les basses alpines bleues une vieille auberge à fenêtres illuminées orangé et un très haut cyprès tout droit tout sombre. Sur la route une voiture jaune attelée d'un cheval blanc et deux promeneurs attardés. Très romantique si vous voulez mais aussi je crois de la Provence. Probablement je graverai à l'eau forte celle là et d'autres paysages et motifs souvenirs de Provence alors je me ferai une fête de vous en donner un tout un résumé un peu voulu et étudié. Mon frère dit que Lauzet qui fait les lithographies d'après Monticelli a trouvé bien la tête d'Arlésienne en question

96
Rembrandt van Rijn
*De opwekking van Lazarus*
1632
Ets
36,5 × 25,7 cm
Van Gogh Museum, Amsterdam (Vincent van Gogh Stichting)

97
Vincent van Gogh
*De opwekking van Lazarus (naar Rembrandt)*
3 mei 1890
[F 677, JH 1972]
Olieverf op dik papier, opgebracht op doek
50 × 65 cm
Van Gogh Museum, Amsterdam (Vincent van Gogh Stichting)
Cat. 134

98
Vincent van Gogh
*Cipres met een ster*
ca. 12-15 mei 1890
[F 683, JH 1982]
Olieverf op doek
92 × 73 cm
Kröller-Müller Museum, Otterlo
Cat. 135

99
Vincent van Gogh
Schets van *Cipres met een ster*
in brief aan Gauguin
[ca. 17 juni 1890]
(brief 893/643; JH 1983)
Van Gogh Museum, Amsterdam (Vincent van Gogh Stichting)
Cat. 136

100

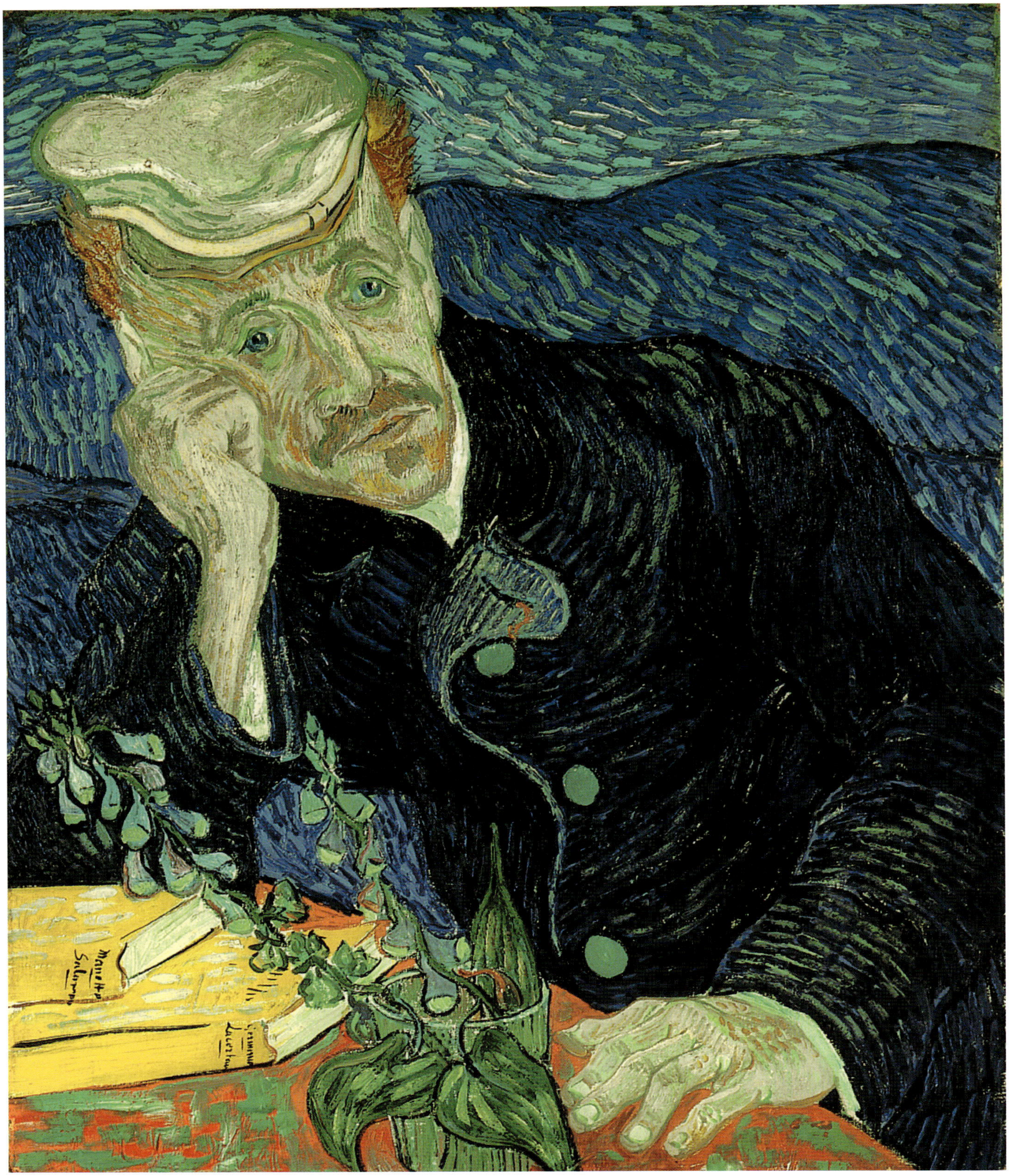

100
Vincent van Gogh
*Dokter Gachet*
3 juni 1890
[F 753, JH 2007]
Olieverf op doek
66 × 57 cm
Privé-collectie

Vincent deed bovenstaande uitspraak – waarin een kenmerkende zweem van verbetering zijn kennelijk genoegen in de doorgaande dialoog moduleert – als antwoord op Gauguins vleiende beoordeling van zijn mooie, 'zeer bijzondere' *Arlésienne* (fig. 94). Gauguin hield vol dat hij deze de voorkeur gaf boven zijn eigen tekening en prees de directe, beheerste hartstocht ervan, en het '*evenwicht*' dat Vincents gezondheidstoestand weersprak. Maar uit het stuk spreekt een evident verschillend soort evenwicht inspireert. Het kan beschouwd worden als Gauguins picturale antwoord op Vincents eerbetoon (fig. 95). Ook dit is een openlijke hulde – maar dan aan Cézanne. De compositie is lastig te plaatsen in de produktie van de kunstenaar uit de jaren 1890. Hij vertoont een ongeïdentificeerd vrouwelijk model wier houding en koude manier van doen verwijzen naar Cézanne's portretten van zijn vrouw, gezeten voor een getrouw weergegeven, iets vergroot stilleven van de meester uit Aix dat het topstuk was van Gauguins verzameling (hfdst.1, fig. 57).[156] Net als in Arles maakte Gauguin hier schijnbaar een gebaar naar Vincent – door een vrouw te schilderen met donkere trekken en overwegend roze-en-witte kleding – terwijl hij sterk verschillende loyaliteiten verkondigde. Het opnemen van het stilleven plaatst een zuiver picturale weergave veelbetekenend tegenover Vincents steeds terugkerende voorkeur voor literaire teksten.

De retrospectieve uitstraling die Vincents *Arlésiennes* en Gauguins *Portret van een vrouw* kenmerkt was echter fundamenteel in tegenspraak met de visie van laatstgenoemde op dat moment. Aan het einde van het voorjaar van 1890 werd Gauguin volledig in beslag genomen door het idee om het Atelier van de Tropen op te richten, smeedde hij plannen om geld bij elkaar te krijgen, smeekte hij Theo om een belofte van steun, en haalde hij Bernard en De Haan over om met hem mee te doen. Van zijn pogingen ten opzichte van Tonkin was niets terechtgekomen. Daarom had Gauguin verschillende meningen grondig onderzocht en tenslotte zijn oog laten vallen op het eiland Madagaskar, een Frans gebiedsdeel voor de zuidoostkust van het Afrikaanse continent. Gauguin deed of hij vergeten was dat het idee van Vincent afkomstig was en vroeg aan zijn vriend of deze zich hun gesprekken in Arles over het stichten van een dergelijk atelier herinnerde. Hij was nu gereed, kondigde hij Vincent aan, om het plan uit te voeren – 'mijn droom' – in naar het scheen een aards paradijs:

Degenen die daar naartoe willen komen zullen alles wat ze voor hun werk nodig hebben voor weinig kosten aantreffen. En misschien zal het Atelier van de Tropen de Heilige Johannes de Doper van de kunst van de toekomst voortbrengen, die daar door een natuurlijker, primitiever en vooral minder corrupt leven opnieuw gedoopt wordt.[157]

Als reactie op Gauguins claim stemde Vincent er eenvoudig mee in dat de toekomst van de schilderkunst eerder in de tropen lag dan in Europa, terwijl hij durfde te beweren dat Tonkin een verstandiger en aanlokkelijker bestemming was geweest dan Madagaskar. Maar zijn bedenkingen gingen dieper. Hoewel hij beweerde in staat te zijn om Gauguin naar Madagaskar te volgen – 'want je moet daar met twee of drie man heen gaan' – meende hij dat noch Gauguin noch hijzelf, of ook Theo, degene was om die toekomst uit te voeren. Hij ging door met naar het verleden te kijken, probeerde Gauguin te betrekken in de dialogen die aangeduid werden door het Gachet portret, *De Arlésienne*, en zijn laatste poging tot abstractie; het enige toekomstige project dat hij besprak was een retrospectieve serie prenten van 'Herinneringen aan de Provence,' volgens de regels van de Volpini-reeks, waar zijn vriend naar hij hoopte aan mee zou doen. Vincents resterende hoop was gevestigd op Gauguin. Hij gaf toe dat hij na het vertrek uit het Zuiden dagelijks aan hem gedacht had, en hij sneed opnieuw het thema aan om zich deze zomer bij hem te voegen in Bretagne. Toen hij zich hun hernieuwde samenwerking voorstelde, kon Vincent het niet laten toe te voegen: 'Dan zullen we proberen iets doorvoelds en ernstigs te maken, zoals dat waarschijnlijk gebeurd zou zijn als we daarginds [in het Zuiden] door hadden kunnen gaan.'[158] Gauguin bracht zijn vreugde onder woorden over het vooruitzicht om Vincent bij zich te hebben, maar in één adem scheepte hij hem af: Le Pouldu was te afgelegen voor iemand in Vincents toestand; bovendien was Vincent zelf van plan om tegen september te zijn vertrokken. Hij was een 'gedoemd man,' een 'pariah,' die zijn weg naar het nieuwe paradijs *alleen* moest afleggen: 'De wilde zal terugkeren naar de wilde staat.'[159] Deze handige opeenstapeling van identiteiten als buitenstaander, inclusief nu een verwijzing naar de zwerftochten waarmee zijn grootmoeder van moeders kant, Flora Tristan, beroemd was geworden, geeft Gauguins toenemende gemak aan met de identiteit die hij sinds zijn vertrek uit Arles, gebaseerd op het patroon dat hij daar had aangegeven, strategisch in elkaar had gezet. Een belofte voor de toekomst vormt de onderliggende structuur van een stilleven in een van zijn eigen sculpturen (dat een vrouw van Martinique samensmelt met de gebaren van de Cambodjaanse *devatas*) dat op een tafel staat naast een vaas rozen en tegen de muur van Marie Henry's taveerne, met zijn gestileerde gele bloemen (fig. 101). Gauguin gaf aan zijn vooruitzichten zo uitgebreid vorm dat zijn feitelijke bestemming een openstaande vraag was, hoezeer Vincent ook het Noorden op het Zuiden had geprojecteerd. Vandaar de moeiteloze overgang van Tonkin naar Madagaskar. Op gelijke wijze kon in de kunst het ene primitieve filter dienst doen als het andere: Lucas Cranachs afbeelding van de antieke godin Diana (fig. 103) verdrong de Cambodjaanse *devatas* in een tropische fantasie die Gauguin hakte uit een houtblok (fig. 102). De terugkeer van de gele bloem met het donkerhuidige naakt (zoals in *Vrouwelijk naakt met zonnebloemen*; fig. 82) geeft hier aan dat de versmelting zonnebloem/*négresse* symbolisch was geworden voor de reis waarop voor Vincent geen plaats was besproken. In deze context is de bloem nauwelijks het symbool van dankbaarheid dat Vincent onlangs aan zijn zuster en aan Aurier had beschreven. Het zou te ver gaan om in Gauguins opnemen van de vos – symbool van perversiteit – aan de voet van de vrijstaande houten sculptuur (fig. 81), dat dezelfde elementen voor gelijke doeleinden combineert, te duiden als een erkenning van

101
Paul Gauguin
*Rozen en beeldje*
Lente/zomer 1890
[W 407]
Olieverf op doek
73,2 × 54,5 cm
Musée des Beaux-Arts de Reims, Reims
Cat. 128

102
Paul Gauguin
*Liggende vrouw met waaier in tropisch landschap*
Eind 1889/begin 1890
[G 74]
Geverfd eikehout
35 × 45 cm
Ny Carlsberg Glyptotek, Kopenhagen
Cat. 108

103
Lucas Cranach (Duitsland; 1472-1553)
*Liggende Diana*
ca. 1537
Olieverf op hout
48,5 × 74,2 cm
Musée des Beaux-Arts et d'Archéologie, Besançon

101

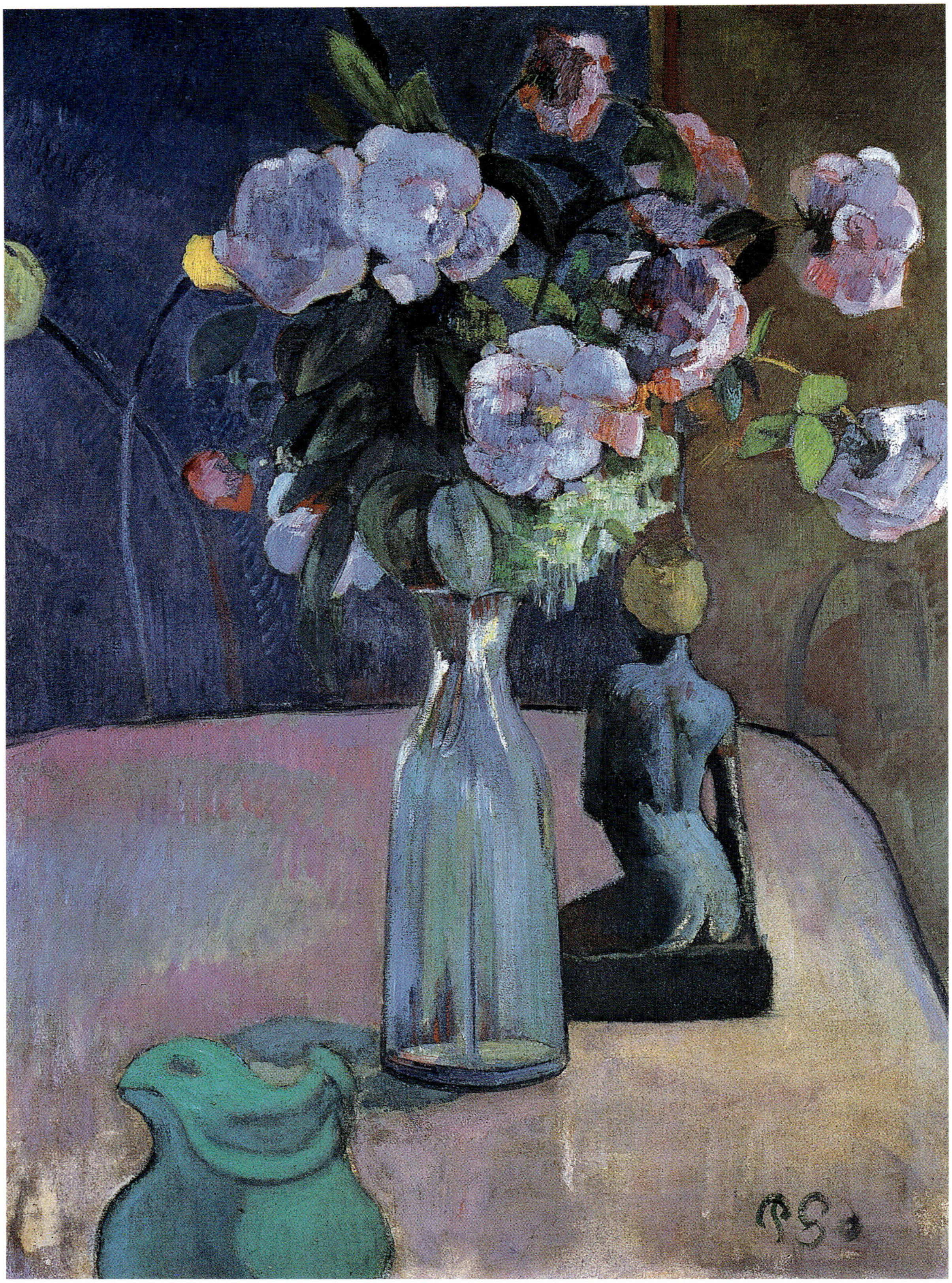

102

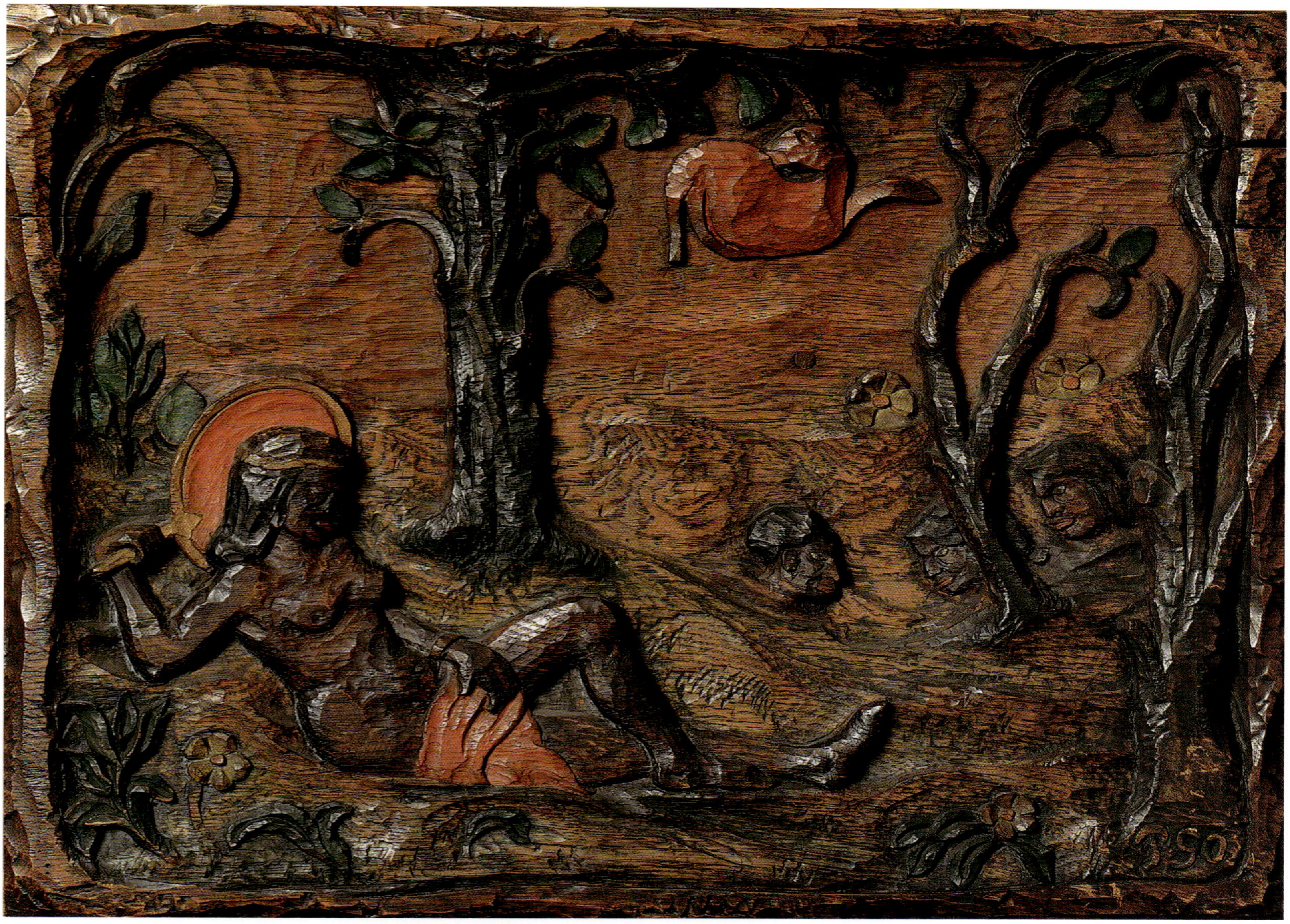

103

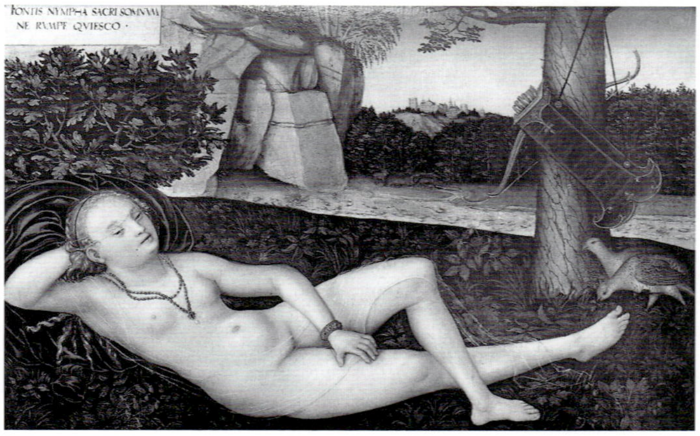

# HET ATELIER VAN DE TROPEN

1890 - 1903

I

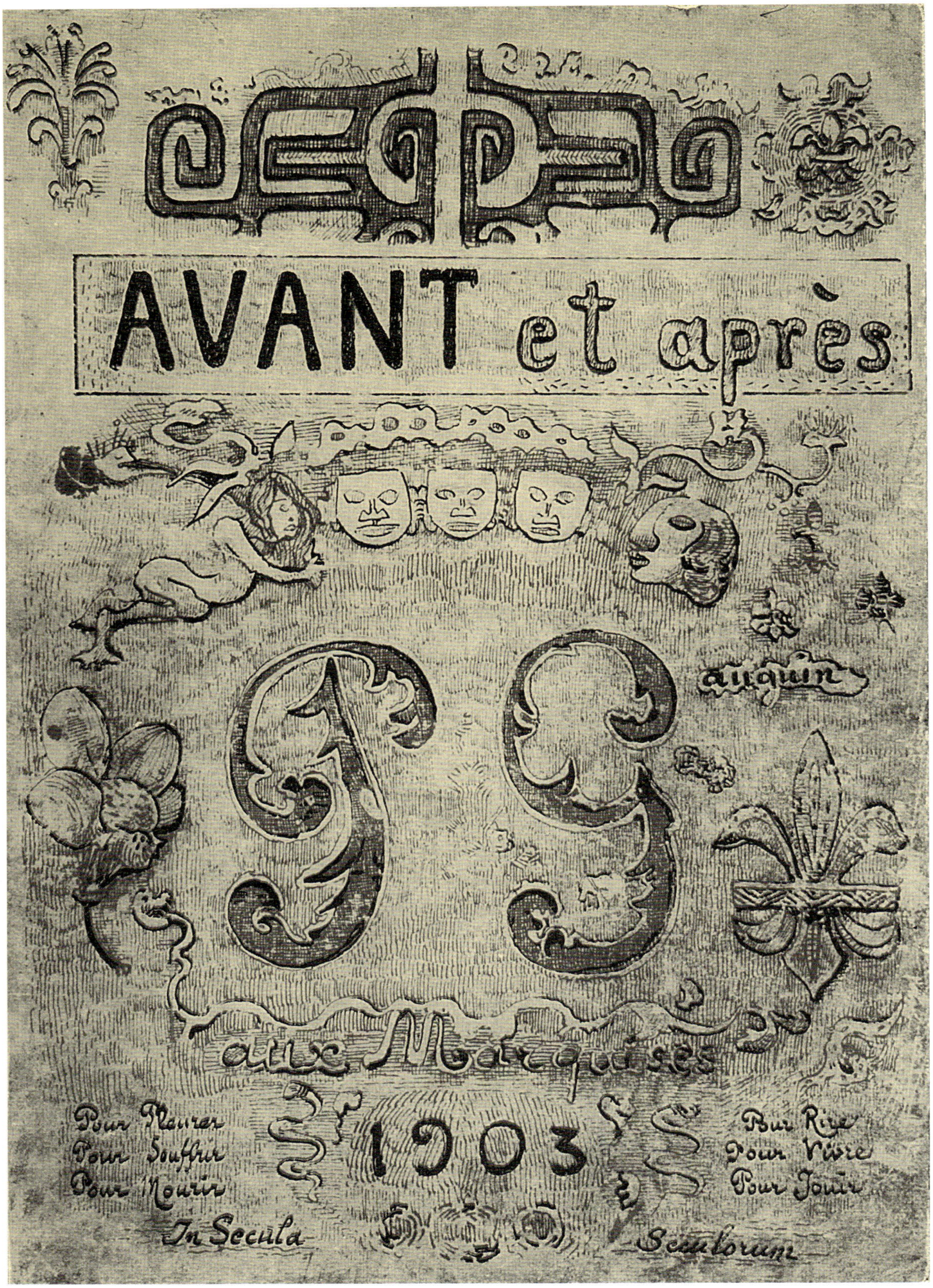

1
Paul Gauguin
Omslag van
*Avant et après*,
1903
Privé-collectie

Gauguin overleefde Vincent bijna dertien jaar. In deze periode stond hij open voor vele nieuwe invloeden. Zijn leven en kunst veranderden sterk. Gauguins zogenaamde mythische zoektocht en het werk dat hij in Polynesië produceerde zijn te complex om in één enkele beschrijving gevat te kunnen worden. Zijn eigen verslag is al helemaal niet geschikt daarvoor.[1] De enorme moeite die Gauguin deed om Vincent uit zijn verleden te schrijven wijst in feite op zijn centrale positie daarin. Voor Gauguin werd de dode Vincent een grotere kracht om rekening mee te houden dan de levende, omdat in de periode van 1890 tot 1903 een duurzaam, heroïsch beeld van de Nederlandse kunstenaar als genie geschapen werd. Een verhaal waar Gauguin ook bij betrokken was, of hij het nu leuk vond of niet. Vincent ging beslist een bedreiging voor zijn reputatie vormen, maar op een andere manier dan hij had verwacht. Gauguins verlangen om zich te distantiëren van Vincent kan tevens geplaatst worden in het historisch proces waarin 'Van Gogh' een pion werd binnen de felle factiestrijd van de Parijse kunstwereld in de jaren '90.[2] Dat verlangen wijst ook in de richting van Gauguins eigen ambities, het sluimerende besef dat hij bij Vincent in de schuld stond. Hij had een angstig voorgevoel dat de geschiedenis van de moderne kunst nog in een handgeschreven stadium verkeerde, nog geen definitieve vorm gekregen had. Bij het creëren van de mythe van 'Van Gogh' werd intensief gebruik gemaakt van de brieven van de kunstenaar, vol ideeën en gepassioneerde overtuigingen die Gauguin zo geboeid hadden. Ook nu hij letterlijk aan een reis begon om de heldenrol die hij samen met Vincent voor zichzelf bedacht had in vervulling te doen gaan, zou Gauguin er voortdurend aan herinnerd worden dat wat hij zelf voortdurend actief nastreefde, postuum aan zijn vriend werd toegekend.

## De voorbereiding van de expeditie naar Tahiti

In de maanden na Vincents dood richtte Gauguin zijn aandacht volledig op de voorbereiding van een Atelier van de Tropen. In juli had hij Bernards voorstel afgewezen om het eiland Tahiti in de Stille Oceaan als bestemming te kiezen. In plaats daarvan had hij Madagaskar voorgesteld dat dichterbij lag en veelbelovender leek. Naast een rijkere variatie aan volkeren en godsdiensten zou het ook vrouwen bieden die net zo volgzaam zouden zijn als op het Tahiti van Loti. Tegen september was Gauguin echter van mening veranderd. Madagaskar, zo deelde hij Odilon Redon mee, bevond zich *te* dicht bij beschaving en hij had zijn zinnen op Tahiti gezet, waar hij de primitieve en wilde aspecten van zijn kunst zou bevorderen en zijn gedachten van de dood op het eeuwig leven zou richten. Hij liet zijn egoïsme de vrije teugel en liet Wagners credo doorgaan voor het zijne: de 'discipelen van een grote kunst' zou ultieme glorie te wachten staan.[3]

Anderen versterkten Gauguins uitingen van ijdelheid alleen maar verder. In de weken na Vincents begrafenis schreef Bernard dat hij al voor zich zag hoe hij met zijn discipelen over het strand van Le Pouldu wandelde als een 'zogenaamde Jezus Christus.' Gauguin was het niet eens met de letterlijke inhoud van deze beschuldiging – De Haan en Filiger waren ergens anders in Le Pouldu aan het werk – en stelde een ander soort identiteit voor: inderdaad schuimde hij het strand af, maar als een wilde, met lang haar als een soort Buffalo Bill, hout snijdend en pijlen afschietend.[4] Maar Bernard had het vermoeden opgevat dat Gauguins groeiende neiging om toneel te spelen te maken had met andermans ideeën.

Het idee van een Atelier van de Tropen leek op dat moment van alle kanten als intellectueel eigendom opgeëist te worden. Naarmate Gauguins plannen vastere vorm aannamen, keerden ze weer terug tot de bron. Ze lieten immers het idee in vervulling gaan dat Vincent kort na zijn ontmoeting met Gauguin had opgevat: een moderne schilder zou er goed aan doen om 'iets te maken als 't geen men vindt beschreven in 't boek van Pierre Loti, *Le mariage de Loti*, waar de natuur van Otaheite [Tahiti] wordt beschreven.' Gauguin eigende zich deze ideeën echter meer en meer toe en overtuigde met zijn krachtige persoonlijkheid schilders als De Haan, die in een condoleancebrief aan Theo zelfs zijn spijt uitsprak de kans gemist te hebben om met Vincent te werken 'aan Gauguins project in een ver en vreemd land.' Sérusier en de Nabis gaven toe dat Bernard, samen met Gauguin, zich verdienstelijk gemaakt had met het bedenken van 'een kolonie van estheten,' waar zij in alle eenzaamheid, 'zoals de oude Nabis,' een kunst zouden kunnen voortbrengen die de wereld nieuwe inzichten zou bijbrengen. Doch Gauguin eiste botweg de leidende rol voor zichzelf op door in brieven aan Bernard naar het project te verwijzen als 'La Société P. Go et C$^{o}$' en hem op te dragen al zijn energie te wijden aan de succesvolle verwezenlijking van het plan. Op verschillende manieren schetste hij zijn motivatie voor het project. In een brief aan Schuffenecker omschreef hij zichzelf als een martelaar die het corrupte Europa ontvluchtte om zijn 'geloof in de kunst' vrijer te kunnen belijden. Een week later klonk hij als een zakenman, door erop vooruit te lopen dat hij een vraag zou kunnen creëren vanwege zijn afwezigheid en het niet beschikbaar zijn van zijn werk.[5] Kortom, zijn taal bewoog zich op vloeiende wijze heen en weer tussen het idealistische woordgebruik van Vincent (en Wagner) en de meer nuchtere taal die hij voor het idee gebezigd had vanaf het moment dat het door Vincent aan hem was voorgesteld.

Gauguin lanceerde in 1890, misschien als reactie op een artikel van Aurier waarin het Atelier van de Tropen aan Vincent werd toegeschreven, een campagne om zichzelf te profileren en steun te verwerven voor zijn onderneming. Hij oogstte een aanzienlijk succes, zo veel dat sommigen van Vincents aanhangers het nodig achtten om na Gauguins veelbesproken vertrek naar de Stille Oceaan in april 1891 opnieuw de Nederlandse schilder naar voren te schuiven als de bedenker van het plan. Bernard was één van hen en verdedigde het genie van zijn vriend in een kort, waarderend artikel in *La Plume*. Niet alleen richtte hij de aandacht op Vincents droom om een kunstenaarskolonie in de Midi en daarbuiten te stichten, maar hij betoogde ook dat, hoewel Vincent de schilderijen van Monticelli, Gauguin en anderen bestudeerd had, hij in zijn werk op niemand van hen leek – en 'persoonlijker' was dan

2
Paul Gauguin
*Verlies van maagdelijkheid*
[W 412]
November 1890/april 1891

Olieverf op doek
90 × 130 cm
The Chrysler Museum of Art, Norfolk, Virginia, geschenk van Walter P. Chrysler jr.
Cat. 131

3
Hans Holbein de jongere (Duitsland, ca. 1497-1543)
*Jezus Christus in het graf*
1521

Tempera op paneel van lindehout
30,5 × 200 cm
Kunstmuseum Basel

ieder van hen.[6] Bernard had overduidelijk zijn lidmaatschap van 'La Société P.Go et C°' opgezegd. De redenen gaf hij, verborgen onder een dun vernisje, in een meer uitgesproken karakterschets van Vincent die hij in ongeveer dezelfde periode in een ander tijdschrift publiceerde. Hierin zette hij Vincents onbaatzuchtige inspanningen ten behoeve van Gauguin en anderen af tegen het avantgardistisch 'wij' van afschuwelijke egoïsten die overdrijving verhieven tot doel van de kunst. Hij had het om meerdere redenen op Gauguin voorzien. Gauguins gedrag in de herfst van 1890 had Bernard diep geschokt. In september had Theo besloten, na vergeefse pogingen om Durand-Ruel te interesseren in het tentoonstellen van Vincents schilderijen, om een privé-expositie te organiseren in zijn nieuwe appartement aan de Cité Pigalle nummer 8. Bernard was betrokken geweest bij de voorbereiding van de ruimte en de inrichting van de expositie. Maar begin oktober werd Theo ziek. Hij begon tekenen van dementie te vertonen – in feite de symptomen van derdegraads syfilis. Na een maand in een ziekenhuis in Parijs te hebben gelegen werd Theo naar Nederland overgebracht, waar hij in januari 1891 stierf. Gauguin reageerde op deze trieste gebeurtenis met zelfbeklag over zijn eigen ongeluk en begon zich zelfs af te vragen of deze tegenslag hem enig voordeel kon opleveren. Bovendien trachtte hij Bernard ervan te overtuigen af te zien van het promoten van Vincents reputatie, met als argument dat het vanuit strategisch opzicht rampzalig zou zijn om te herinneren aan Vincent en 'zijn waanzin' op het moment dat zijn broer aan dezelfde ziekte leed. Dit niet alleen voor 'vriend Vincent,' maar ook voor henzelf, aangezien het zeker de heersende mening zou versterken dat 'onze schilderkunst gek is.'[7]

Gauguins bezorgdheid op dit punt was niet geheel misplaatst. Aurier had Vincents leven en werk immers als een naadloos verweven geheel geïnterpreteerd door zijn genialiteit te erkennen met inbegrip van zijn waanzin. Na Vincents dood werd de kritische beoordeling van zijn werk door deze interpretatie gedomineerd – of men dit nu leuk vond of niet. Opeens was Vincents werk op meerdere plaatsen te zien: eerst bij Theo's privé-tentoonstelling van eind september tot eind december 1890; daarna, vanaf februari 1891, bij Les Vingt in Brussel en een maand later bij de Indépendants in Parijs. Sommige critici vergeleken Vincent expliciet met Claude Lantier uit *L'Oeuvre* vanwege zijn nerveuze karakter en zijn fanatieke verering van de kunst. Eind 1890 beantwoordde Frederik van Eeden Vincents diepe bewondering voor zijn boek *De kleine Johannes* door grote waardering uit te spreken over de symbolische kracht van de schilderijen van de overleden kunstenaar. Tevens versterkte hij Vincents onmiddellijke status van *isolé* door te suggereren dat hij door andere schilders niet als één van hen beschouwd werd, omdat hij, strikt genomen, geen schilder was maar eerder een heilige. Vincents presentatie bij Les Vingts was echter geenszins die van een *isolé*: zijn schilderijen en tekeningen werden in dezelfde ruimte tentoongesteld als Gauguins sculpturen. Deze opstelling en het besef dat hun beider levensloop verbonden was, brachten de critici ertoe hen aan elkaar te koppelen. Vijandig gezinde recensenten noemden hen 'losgeslagen.' Apologeten begroetten hen als onbegrepen helden en martelaars. In ieder geval werd de status van *isolé* als meervoudig opgevat.[8]

Terwijl Vincent van de herfst van 1890 tot de lente van 1891 in de aandacht van de critici stond werd Gauguins oorspronkelijke tegenzin om met zijn vroegere vriend in verband te worden gebracht wellicht gekleurd door een zekere verbolgenheid. Bij de Indépendants, waar Gauguin niet van de partij was, werden Vincent en Seurat door sommigen beschouwd als de leiders van de twee duidelijk verschillende, daar vertegenwoordigde stromingen. Hoewel Gauguin samen met Vincent vermeld werd als de beoefenaar van een kunst van ideeën, kreeg een behoorlijk aantal eigenschappen waar Gauguin zijn zinnen op had gezet al snel een centrale plaats binnen het woordgebruik waarmee Vincents postume reputatie vorm gegeven werd: zijn rol als apostel en profeet; zijn eigenschappen als oprechtheid, instintief gedrag en (het hoogste eerbewijs) zijn 'genialiteit.' Gauguin wilde erkenning voor zijn eigen genialiteit vanuit een belangrijker hoek dan de betrouwbare Schuffenecker.[9] Om dit te bereiken zocht hij brutaal de medewerking van een ieder die hem hierbij behulpzaam zou kunnen zijn. Onder degenen die zich het meest afzijdig hielden bevond zich Pissarro, die zich in mei 1891 zou beklagen over Gauguins handigheid om 'zichzelf te laten uitkiezen (zo moet het gezegd worden) als een geniaal man [...] Er was geen andere manier om een dergelijke sociale promotie voor elkaar te krijgen dan er zelf een handje bij te helpen.' Maar ondanks de negatieve geluiden die Pissarro en Bernard privé lieten horen, droegen zij toch bij tot Gauguins erkenning als zodanig. Hartgrondiger bewonderaars als Charles Morice, De Haan en anderen deden dat ook. Op verschillende manieren ondersteunden zij Gauguin binnen de invloedrijke kring waar de symbolistische dichter Stéphan Mallarmé en de schrijver Octave Mirbeau deel van uitmaakten. Hierdoor werd Gauguin toegejuicht als de leider van de symbolistische stroming in de schilderkunst. Aurier erkende dit in maart 1891 met een essay waardoor Gauguins reputatie bij de critici aanzienlijk versterkt werd. Mirbeau hielp hem in februari met twee artikelen om zijn positie binnen de kunstmarkt te verbeteren. Hiermee gaf hij ruchtbaarheid aan een tentoonstelling van dertig werken die aan het eind van die maand geveild zouden worden om geld bijeen te brengen voor de reisplannen van de kunstenaar. Mirbeau stelde Gauguin voor als een dichter-apostel en een duivel, verfijnd en barbaars tegelijk; een man die door zijn nostalgisch verlangen naar de tropische landen van zijn mythische herkomst naar Tahiti gedreven werd. Daar zou hij weer tot zichzelf komen en herstellen van de kwellingen veroorzaakt door het verlies van 'een teerbeminde, zoet bewonderde vriend, de arme Vincent van Gogh, één van de meest magnifieke temperamenten in de schilderkunst, één van de mooiste zielen onder de kunstenaars, op wie onze hoop was gevestigd.' Mirbeau was zeker vol hoop en bewondering, zoals duidelijk werd in een artikel dat hij enige weken later over Vincent schreef en waarin hij zijn verdriet uitsprak over het uitdoven van het geniale vuur van de kunstenaar-apostel.[10] Gauguin speelde zijn troeven dienovereenkomstig uit.

Maar temidden van zijn oude vrienden had zijn gekonkel minder succes. In januari opperde Bernard tegenover Schuffenecker en andere

2

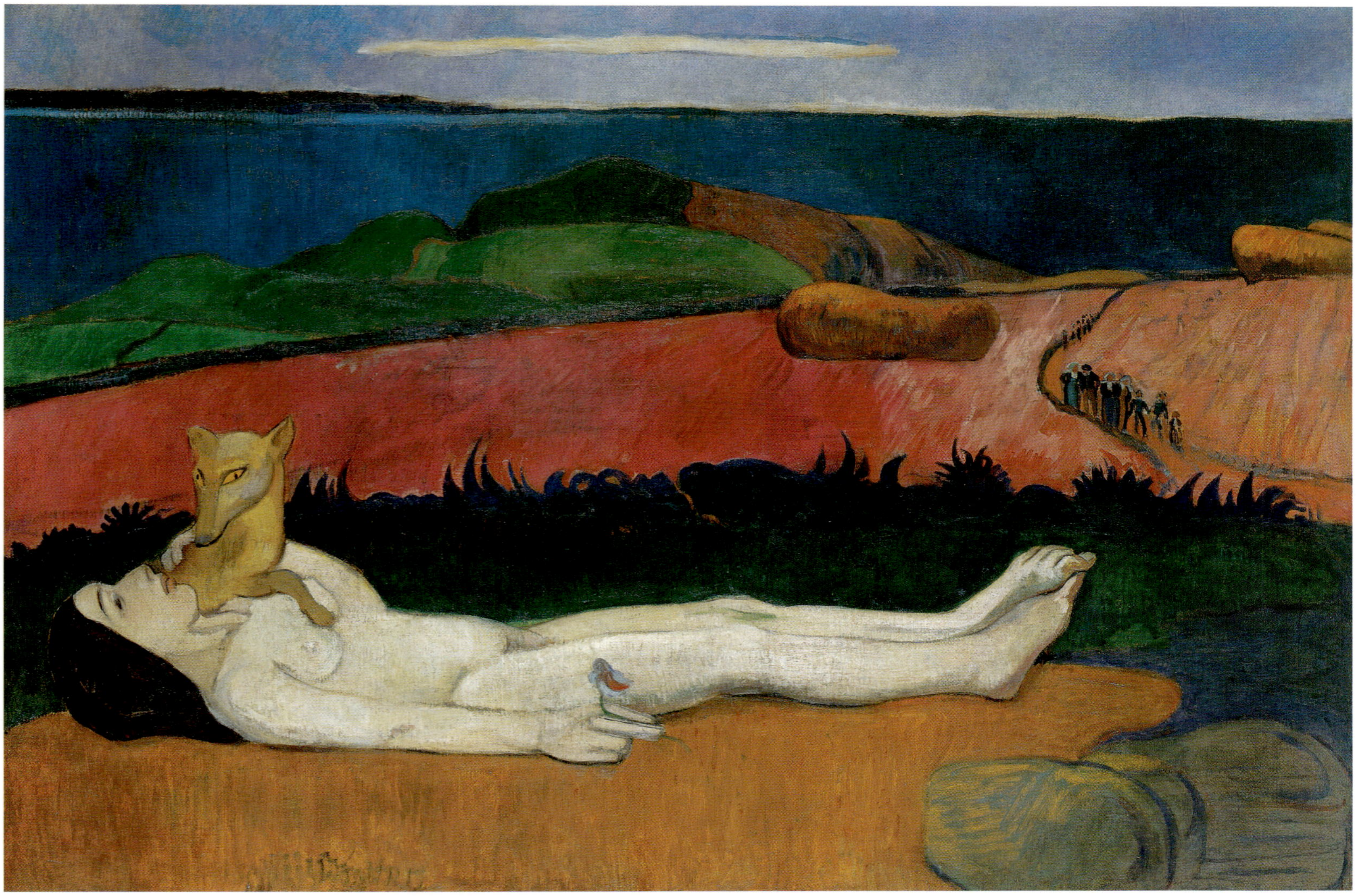

collega's om een 'Vereniging van onbekenden' ('Société des anonymes') te gaan vormen, een groep die zich zou gaan verenigen tegen de persoonlijkheidscultus, het najagen van populariteit, intriges en 'oneerlijk plagiaat' – kortom, tegen alles waar Gauguin voor stond. Toen Gauguin hiervan hoorde, verklaarde hij plechtig een zuiver geweten te hebben, maar moest hij zich desondanks verweren tegen Schuffeneckers aanklacht dat hij de belangen van niemand anders dan zichzelf behartigde. Na bijna twintig jaar Gauguins trouwe aanhanger te zijn geweest, had Schuffenecker duidelijk zijn grens bereikt. Begin februari schreef hij Gauguin dat ze ieder hun eigen weg moesten gaan: 'Jij bent gemaakt voor dominantie, ik voor onafhankelijkheid.' De vriendschap zou zich nooit meer volledig herstellen. In dezelfde maand brak Bernard met Gauguin op de vooravond van diens veiling. Hij was van streek omdat Gauguins algemene erkenning als leidende symbolistische schilder een erkenning van zijn eigen bijdrage uitsloot. Bernard bekende altijd Gauguins *Christus in de hof van olijven* (hfdst. 5, fig. 51) al te hebben verafschuwd als niets meer dan een idolate egotrip vol zelfbeklag.[11] In het literaire kamp van de symbolisten, daarentegen, sprak Mallarmé over Gauguin als een man met een 'sympathiek karakter [...] gekweld door de pijnen van de kunst.' Aurier vond de *Christus* een sublieme uitdrukking van transcendentie. Jules Huret publiceerde een vraaggesprek met Gauguin waarin hij de identificatie van Gauguin met zijn afbeelding van Christus zonder kritiek accepteerde, net als zijn verklaring dat het schilderij 'bedoeld was om het verpletteren van een ideaal over te brengen, een pijn die goddelijk en tegelijk menselijk is.' Mirbeau schafte het doek voor zichzelf aan.[12]

Maar buiten het beschermde kamp van deze intellectuele kringen ondervond Gauguin grotere skepsis. Sommige recensenten van zijn keramiek bij Les Vingts zagen de afbeelding van de kunstenaar zelf als een 'bohémien-achtig *kijk eens naar me*,' terwijl ze zijn Bretonse uitrusting en lange haar afdeden als een simpel kunstje om aandacht te vragen voor een zogenaamde 'naïeve, oprechte kunst.' 'Gauguin heeft het Gauguinisme uitgevonden,' merkte een andere criticus hatelijk op bij het bespreken van de neiging van de kunstenaar om zichzelf primitiever dan de primitieven voor te stellen. Deze visie deed ook opgang bij de interpretatie van Gauguins keramiek als het oproepen van 'weer tot leven gewekte hindoeïstische, Tibetaanse, Javaanse en middeleeuwse' elementen, tot één geheel geweven door een 'kleermaker van afbeeldingen.'[13] In sommige gevallen kwam de op de man gerichte negatieve reactie voort uit de kunst zelf. Het was voor een aantal critici die de avant-garde vijandig gezind waren, een gewoonte geworden hun zwartmakerij uit tot de makers ervan uit te breiden. In andere gevallen lijkt de waardering voor Gauguins prestaties duidelijk gekleurd te zijn door zijn aggresieve persoonlijkheid.

Vincents kunst werd eveneens gezien als een 'bevestiging van zijn persoonlijkheid,' om Mirbeau's woorden te gebruiken. Maar het zoeken naar een bevestiging van de artistieke waarde in

3

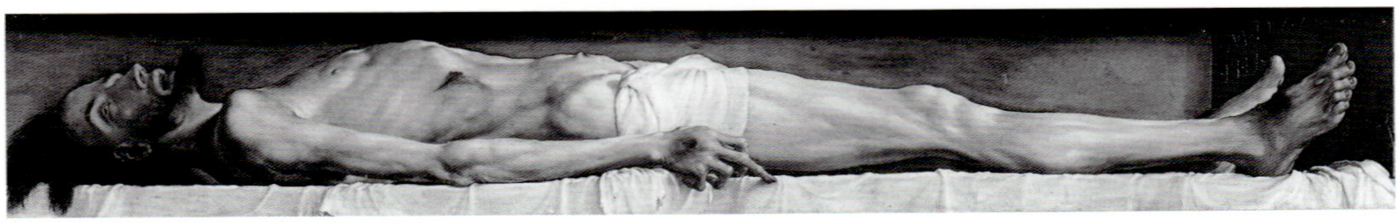

4
Émile Bernard
(Frankrijk, 1868-1941)
*Madeleine Bernard in het Bois d'amour, Pont-Aven*
1888
Olieverf op doek
138 × 163 cm
Musée d'Orsay, Parijs

5
Kaart van Tahiti en Hiva Oa, Marquesas-eilanden

het karakter van de kunstenaar bewees Vincent een goede dienst. Zijn authenticiteit, oprechtheid en integriteit waren vrijwel boven alle twijfel verheven, en zijn ziekte zorgde er in feite voor dat zijn beweegredenen boven elke twijfel verheven waren. Bij Gauguin was dat heel anders. Zijn gedraai en gekonkel uit die tijd gaven voedsel aan zijn dubieuze reputatie: opportunist, *grièche* in zijn omgang met mensen en een *pasticheur* in zijn gebruik van kunstzinnig bronnenmateriaal (zie hfdst. 2). Félix Fénéon, die zijn werk positief ontvangen had bij de Volpini-expositie van 1889, was ontstemd door de hoge vlucht die Gauguins reputatie genomen had. Hij suggereerde dat zijn progressie afhankelijk was van anderen, te weten Bernard. Volgens de criticus had Bernard zijn oudere collega ingewijd in een nieuwe stijl, in nieuwe onderwerpen en een nieuwe belangstelling voor het lezen van boeken (tot dan toe opvallend afwezig). Door dit alles op een slimme wijze te assimileren in een doelbewust primitivisme had Gauguin inderdaad de rollen omgedraaid en was in plaats van leerling Bernards leraar geworden. In het werk, dat voorafgaande aan de veiling tentoongesteld werd, onderscheidde Fénéon andere invloeden: Monet, Cézanne en, in de recente schilderijen uit Arles, Vincent.[14] Bernard had duidelijk de hand gehad in dit verslag van Gauguins neiging om zich andermans ideeën toe te eigenen. Voor hem zouden wraakgevoelens tegenober Gauguin een gestage voedingsbron blijven bij het vormgeven van Vincents postume reputatie.

In hun correspondentie uit 1889 had Gauguin Bernard geassocieerd met tegendraads gedrag, in zijn beeldtaal gesymboliseerd door de vos (zie hfdst. 5). Door deze symboliek wordt de suggestie gewekt dat, op een bepaald niveau, het raadselachtige schilderij dat bekend staat als *Verlies van maagdelijkheid* (fig. 2) verwijst naar de intermenselijke conflicten en wisselende allianties die plaatsvonden in de maanden voorafgaande aan Gauguins vertrek naar Tahiti. De doodstil liggende naaktfiguur is beschouwd als een verwijzing naar Bernards kuise schilderij van zijn zuster Madeleine uit 1888, waarop zij volledig gekleed in de bossen van Pont-Aven ligt (fig. 4). Gezien het feit dat Madeleine Gauguins avances had afgewezen (en daarbij zijn ijdelheid nog erger had verwond door de jonge Laval te prefereren), zou de associatie van vos en vrouw een toeschrijving van trouweloosheid kunnen betekenen aan zowel broer als zus. Als we het beeld interpreteren als afbeelding van verraad wordt de boodschap ingewikkelder, omdat voor de naaktfiguur wellicht de naaister Juliette Huret model stond, die bij Gauguins vertrek naar Tahiti zwanger was van hem. De persoonlijke referenties gaan schuil onder meer openlijk ikonografische. Door een naakt af te beelden met een bloem in de hand in een landschap bracht Gauguin opnieuw Puvis' *Hoop* tot leven (hfdst. 2, fig. 70). Maar dit is een plat uitgestrekt liggende Hoop – als prostituee (*horizontale*) of martelares. Gauguins figuur ligt ingeklemd door de band met donker gras die over de hele breedte van het schilderij loopt. Ze doet vooral denken aan Holbeins beroemde *Dode Christus* (fig. 3). Verdere verwijzingen naar een religieuze beeldtaal worden gevormd door de over elkaar gekruiste voeten, zoals op afbeeldingen van Christus aan het kruis, en de cyclaam in haar hand, die traditioneel associaties oproept met het verdriet van Maria.[15]

Tegendraadsheid, verloren onschuld, martelaarschap en wanhoop: de thema's die in Gauguins schilderij samenkomen roepen gesprekken op met Vincent waarin Puvis' *Hoop* nadrukkelijk als maatstaf diende. In het licht van zijn recente decoraties voor Marie Henry's taveerne (zie hfdst. 5) kan Gauguins doek gezien worden als het loslaten van de hoop die verbonden was met het Atelier van het Zuiden. Dat werd afgebeeld volgens de culturele maatstaven van het decadente Westen, hier gesymboliseerd door een uitgestrekt, bleek lichaam – ten behoeve van een nieuwe hoop, ontsproten aan Gauguins fantasie. Zoals hij zelfs eerder had laten doorschemeren in de *Cleopatra*-pot uit 1887/1888 (hfdst. 2, fig. 69), zag hij de hoop als een vrouw met een donkere huidskleur uit de exotistische verbeeldingswereld.

Noch Gauguin, noch zijn symbolistische aanhangers schenen te merken dat deze seksueel beladen droom van een creatieve wedergeboorte in de tropen in de tien jaar na de publikatie van Loti's *Le Mariage* veel aan frisheid had ingeboet. De escapistische fantasie was nu zo'n enorm cliché geworden dat Daudet het in zijn laatste verhaal over Tartarin, *Port Tarascon* (1890) op de

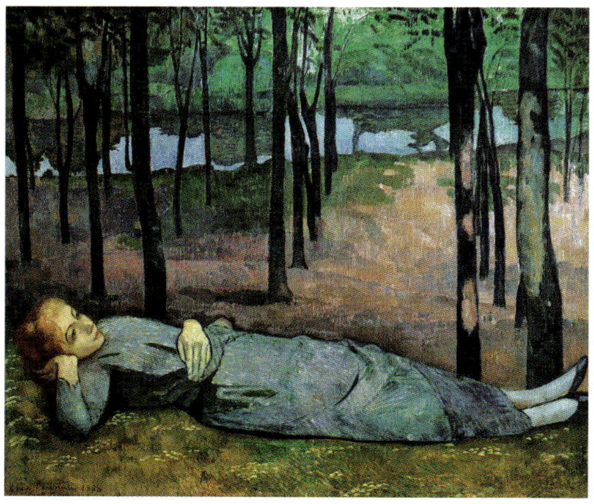
4

hak nam. In deze roman leidt Tartarin, uit onvrede over de stand van zaken in Frankrijk en zijn hoofd vol verhalen van ontdekkingsreizigers en kolonialistische propaganda, zijn stadgenoten vanuit de Provence naar Oceanië. Gewapend met een geschreven toestemming van de Franse overheid, neemt de 60-jarige Tartarin de post van Goeverneur van de Vrije en Onafhankelijke Kolonie van Port Tarascon op zich. Na sterke drank en tabak voor land te hebben geruild met de lokale koning, 'huwt' hij vervolgens diens twaalfjarige dochter (nadat ze keurig is gedoopt door de katholieke priester).[16]

Gauguin had Vincents enthousiasme voor Daudet nooit gedeeld en het is daarom onwaarschijnlijk dat hij bekend was met Tartarins laatste avontuur – en de mislukking en dodelijke afloop ervan – toen hij zichzelf in een vergelijkbaar avontuur stortte. Bovendien leek Gauguin, in de lente van 1891, meegevoerd te worden op een stroom van successen die een Tartarin-achtige blindheid voor de realiteit in de hand werkte. Zijn werk werd op 23 februari in het Hôtel Drouot geveild en bracht bijna 10.000 franc op. Na een kort (en naar blijken zou, laatste) bezoek aan zijn gezin in Kopenhagen schreef hij het Ministerie van Onderwijs en Kunst met een verzoek om financiële ondersteuning voor een kunstzinnige expeditie naar Tahiti. Dankzij zijn invloedrijke connecties kreeg Gauguin geld om op Tahiti 'de gewoontes en de landschappen te bestuderen en uiteindelijk te schilderen.'[17] Op 23 maart was Gauguin de eregast op een banket dat Mallarmé organiseerde. 1 april 1891 vertrok hij vanuit Marseille aan boord van de *Océanien*.

## Eerste reis naar Tahiti: april 1891-juli 1893

In juni 1891, slechts enkele dagen vòòr het overlijden van de laatste inheemse bestuurder van Tahiti, koning Pomare V, kwam Gauguin aan in Papeete, de hoofdstad van Tahiti (zie kaart, fig. 5). Deze gebeurtenis was symbolisch voor de kunstenaar wat betreft het bereiken van zijn bestemming: hij kwam te laat. Hoewel sommige aspecten van de begrafenis van de koning blijk gaven van een krachtige inheemse cultuur was de corrumperende invloed van de kolonisatie overal duidelijk zichtbaar. 'Tahiti is bezig helemaal Frans te worden,' klaagde Gauguin tegen Mette. 'Beetje bij beetje zullen alle oude gebruiken verdwijnen. Onze missionarissen hebben al veel gehuichel geïmporteerd en zijn bezig een deel van de poëzie weg te vegen.'[18] Hij nam zich voor om uit de poëzie te distilleren wat er nog over was.

Zoals zijn gewoonte was, begon hij met een soort incubatietijd om het inheemse landschap en de bewoners te bestuderen. Deze onderneming verschilde echter van Gauguins eerdere confrontaties met andere werkelijkheden (in Bretagne, op Martinique en in Arles) door het sterke besef dat hij nu bezig was met een officiële artistieke expeditie. Zijn onderzoek bestond uit 'documenten' – talrijke tekeningen en enkele geschilderde studies – die hij vol enthousiasme verzamelde. Zoals hij uiteen had gezet in zijn verzoek tot financiering, was hij van plan schilderijen te maken die het karakter en het licht van het land vast zouden leggen. In zijn woordkeuze klinkt het taalgebruik door van door de regering gefinancierde 'wetenschappelijke expedities' (*missions scientifiques*), onderzoekingstochten voor het verzamelen van feiten die opgehemeld werden als de intellectuele neveneffecten van de kolonialistische expansie.[19] Uit een landschap dat Gauguin in de maanden na zijn aankomst schilderde, blijkt het documentaire karakter van deze eerste verkenningstocht (fig. 6). Op *De grote boom* (*Te raau rahi*) zijn nauwkeurige afbeeldingen van hibiscus-struiken, mango's, kokosbomen, en bananenbomen te zien, die de belangrijkste bronnen van voedsel vormen. Ook zien we een tropische amandelboom, gebruikt voor het maken van geneesmiddelen, en een inheemse man die bezig is een kokosnoot open te maken voor, zo te zien, de figuren om hem heen die geïnterpreteerd kunnen worden als zijn gezinsleden. Hoewel het een pittoreske scène is, besteedde Gauguin duidelijk aandacht aan de lokale gewoontes en gebruiken. Dat hij deze doelstelling wijzigde blijkt uit een schilderij uit de lente of herfst van het volgende jaar. Het betreft een purau-boom (zoals de titel in verkeerd gespeld Tahitiaans aangeeft), een soort hibiscus (fig. 7). Hier nam Gauguin de vrijheid om zijn eigen visie van de werkelijkheid op te leggen. Hij vergeleek de pandanusbladeren die her en der op de kust lagen later op beeldende wijze met een 'volledig oosters vocabulaire – letters (zo leek het mij) van een onbekende, mysterieuze taal.' Hij kreeg een vrijbrief van de natuur voor de zweepslag-achtige gestileerde vormen die de voorgrond van het schilderij verlevendigen. De bladeren dienden tegelijk als verwijzing en als vertrekpunt voor meer zuiver formele experimenten.[20]

Terwijl het landschap inderdaad een rol speelde in Gauguins officiële Tahiti-project, bestond een ander doel uit het bedenken van een revisionistisch exotisme om de inheemse bevolking en haar cultuur weer te kunnen geven. Hiervoor was een grotere sprong nodig van *étude* naar *tableau*. Hij vatte het plan op om zijn verbeelding te laten wortelen in het werkelijke leven van Tahiti, met de bedoeling mensen te schilderen die zich als waarachtige 'Maori's' zouden presenteren, niet als modellen uit de ateliers van Parijs. Daarom trachtte hij opzettelijk een radicale verandering teweeg te brengen in de overal aanwezige westere manier van doen, van illustraties in reisgidsen tot hoge kunst. Hierin werd de inheemse bevolking uit verre landen voor de Europeanen aantrekkelijk gemaakt door het opleggen van klassieke schoonheidsidealen.
In wezen werden de inheemsen zo omgevormd tot Minerva- en Pallas Athena-beelden.

5

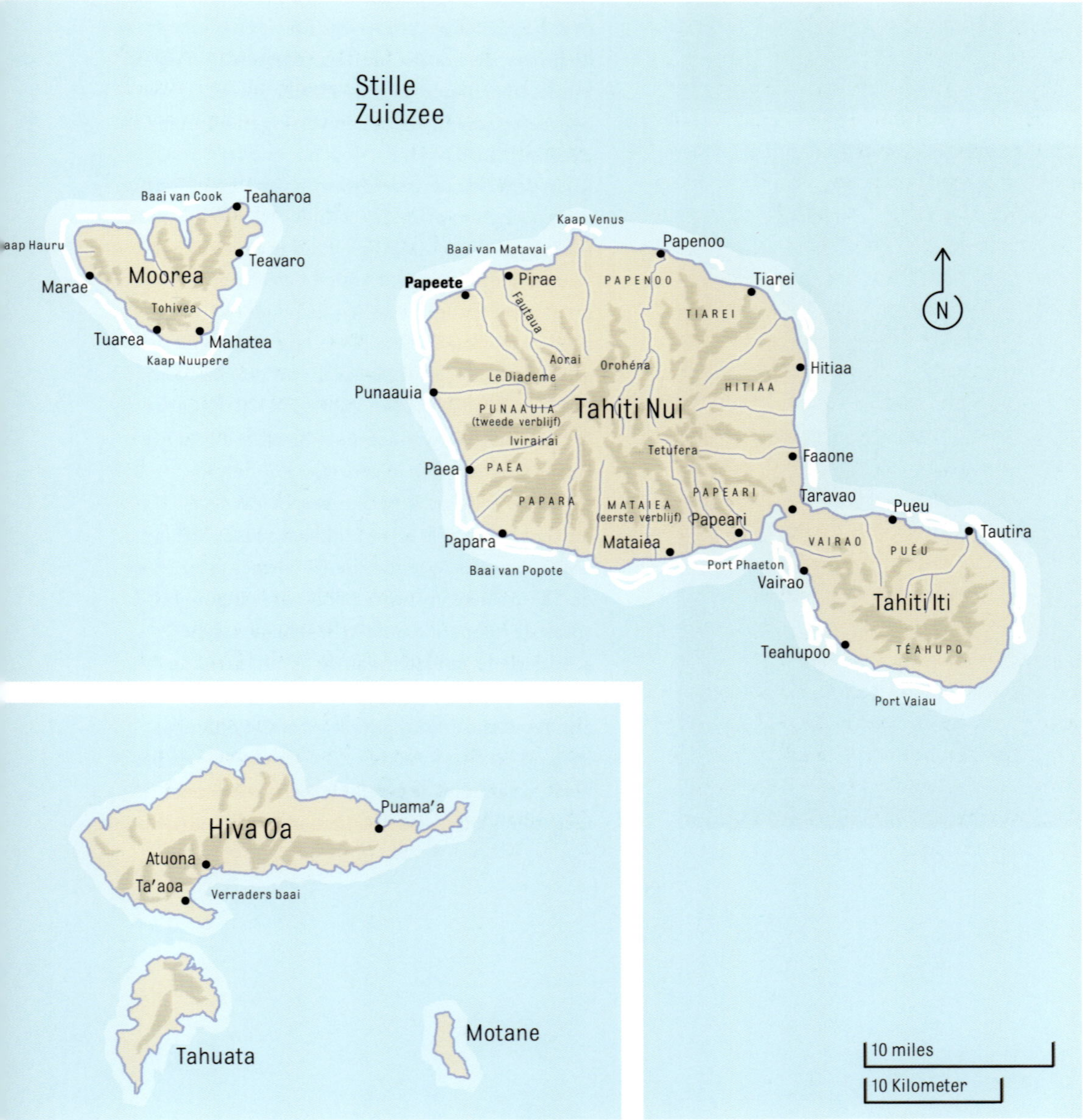

6

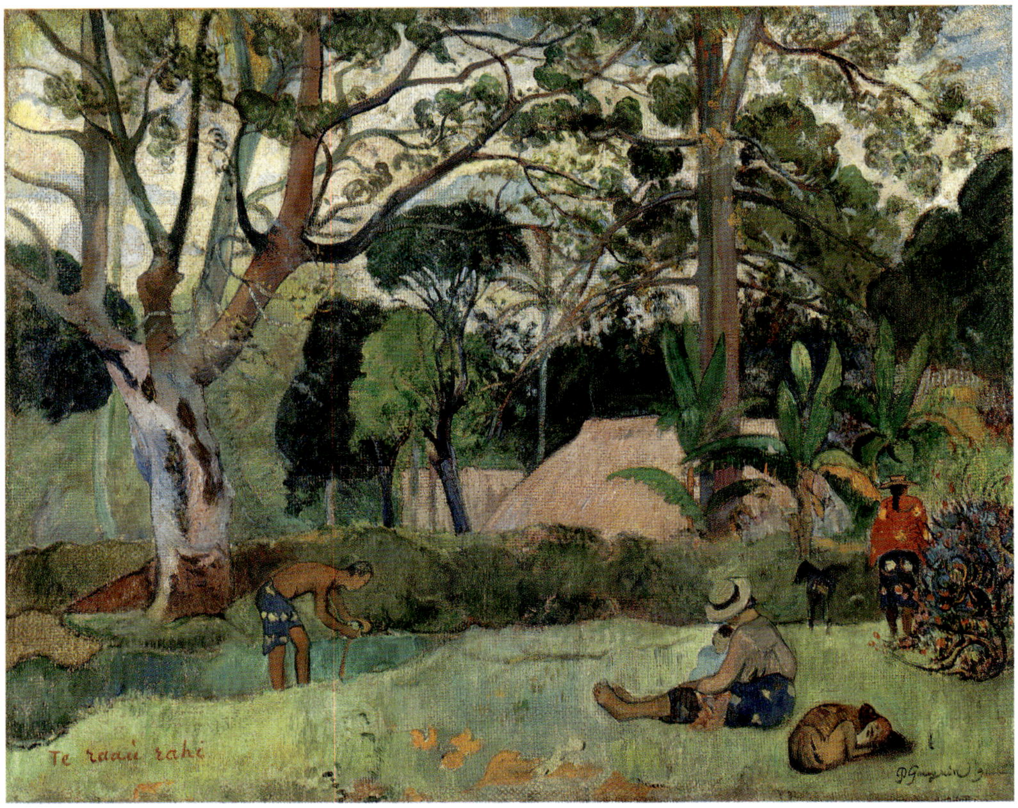


7

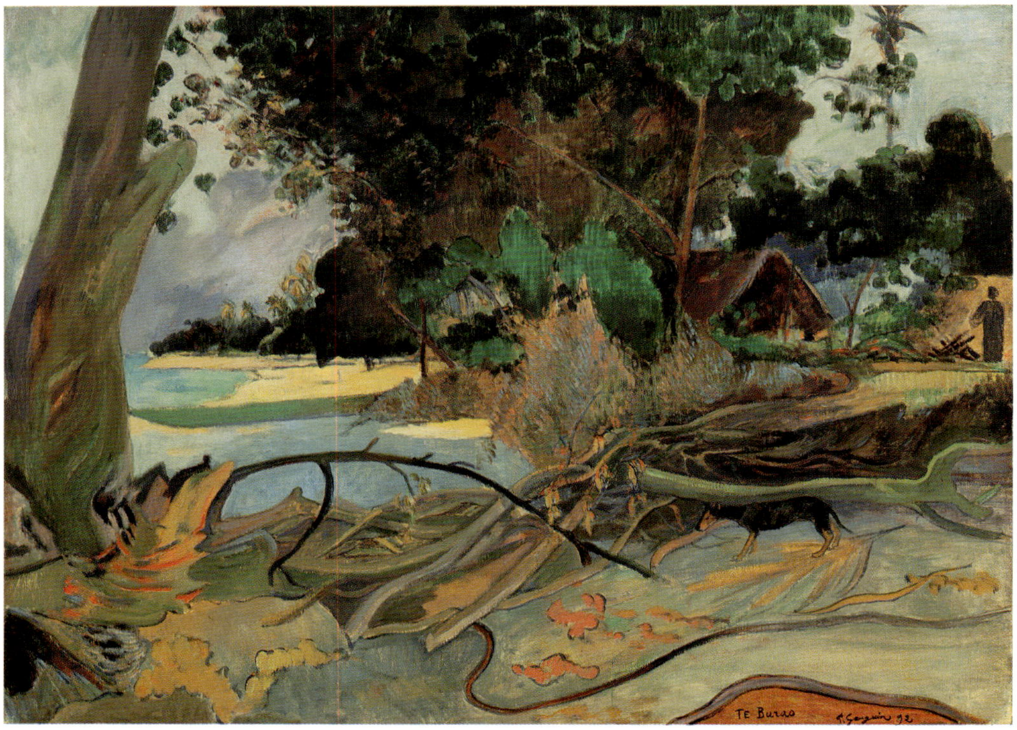


Gauguins brieven en schilderijen geven blijk van zijn poging om het 'vrouwelijke type van het land' te bevrijden van dit representatieve keurslijf. Net als eerder in Arles en zoals in Loti's *Mariage*, ging hij zich bezighouden met seksueel getint veldwerk. Kort na zijn aankomst op het eiland kreeg hij een verhouding met een inheemse vrouw, die hij verbrak omdat ze 'half blank [en] glimmend [was] door het contact met al die Europeanen,' en daarom niet in staat zou zijn om hem 'het doel dat ik mij gesteld had' te laten bereiken. Gauguins volgende metgezellin was de dertienjarige Tehamana, die hij in zijn latere memoires Tehura noemde en die beter tegemoet kwam aan zijn behoeften. Ze was van Polynesische afkomst, had minder ervaring en was 'ondoorgrondelijker' voor Gauguin. Door middel van hun gearrangeerde 'huwelijk' werd zij de muze die hij nodig had en nam ze in feite de rol van Raharu aan tegenover Gauguin als Loti. In de herfst van 1892 berichtte Gauguin aan een vriend over haar zwangerschap als zijn eigen bijdrage aan de inheemse cultuur (de Tahitianen waren dol op kinderen en lieten ze gemeenschappelijk opgroeien) en als een teken van eigen kunnen ('ik zaai mijn zaad overal'). Tegenover Mette maakte hij in dezelfde periode melding van deze potentie door te pochen over zijn schilderijenproduktie van maar liefst 44 schilderijen in elf maanden.[21]

Een 'opstapje naar ander, beter werk': zo omschreef Gauguin de 'studie [*étude*] van een inheemse vrouw' die hij kort na zijn aankomst schilderde (fig. 8). In de lente van 1892 zond hij het werk naar Parijs als een voorbeeld van het oeuvre dat hij van plan was achter te houden totdat hij er een speciale expositie voor zou kunnen organiseren. Ondanks zijn bescheiden omschrijving was hij er blijkbaar van overtuigd de onconventionele schoonheid en het mysterie van de Tahitiaanse vrouw te hebben gevangen. Hij sprak de hoop uit dat de 'nieuwheid' van het schilderij de aandacht van de handelaars zou weten te trekken. Nog ambitieuzer bedacht hij dat zijn reputatie erdoor gevestigd zou worden als iemand die 'het karakter van Oceanië in zijn bezit' heeft, onbetwist de eerste die een soort kunst toegankelijk maakte dat niemand in Frankrijk ooit

6
Paul Gauguin
*De grote boom*
*(Te raau rahi)*
1891
[W 439]
Olieverf op doek
73 × 91,4 cm
The Art Institute of Chicago, geschenk van Kate L. Brewster, 1949.513

7
Paul Gauguin
*De hibiscus*
*(Te burao)*
1892
[W 486]
Olieverf op doek
68 × 90,7 cm
The Art Institute of Chicago, Joseph Winterbotham Collection, 1923.308
Cat. 140

8
Paul Gauguin
*Vrouw met bloem*
*(Vahine no te tiare)*
1891
[W 420]
Olieverf op doek
70 × 46 cm
Ny Carlsberg Glyptothek, Kopenhagen

9
Vincent van Gogh
*Patience Escalier*
Ca. 29 augustus 1888
[F 1461, JH 1564]
Rietpen en inkt op papier
14 × 13 cm
Privé-collectie

10
Paul Gauguin
*Hoofd van een Tahitiaanse vrouw*
1891
Pen en inkt en aquarel over potlood op velijnpapier
31,8 × 24,2 cm
Privé-collectie

eerder had gezien. 'Weet je,' grapte hij stekelig tegenover zijn nieuwe vertrouweling, de schilder Georges-Daniel de Monfreid, 'ze is van mij en niet van Bernard' – daarbij met het vrouwelijk persoonlijk voornaamwoord doelend op zowel de kunst als de vrouw zelf.[22]

Door *Vrouw met bloem* een *étude* te noemen erkende Gauguin wellicht de duidelijke directheid waarmee hij zijn knappe onderwerp had weergegeven in de vormeloze soepjurk die inheemse vrouwen van de missionarissen moesten dragen. Hoewel hij zo de alom aanwezige Europese invloed aangaf, suggereerde Gauguin met behulp van de kleurrijke achtergrond echter dat deze geen vat had op de innerlijke wereld achter de uitdrukkingsloze verschijning van de vrouw. Boven een rode strook dient een geel vlak als decor voor een patroon van bloemen die abrupt tot leven lijken te komen, alsof ze zich losmaken en in haar hand vallen. De bloesem in haar kapsel dreigt onderdeel te worden van de achtergrond en het haarlint gaat een eigen leven leiden, al kronkelend door het gele veld.

Er is een heel scala aan persoonlijke symbolische betekenissen te herkennen. De achtergrond is een omgekeerde weergave van de achtergrond op het zelfportret dat hij voor Marie Henry's taveerne schilderde. De bloemen doen denken aan zijn eerdere *Zelfportret* (*Les Misérables*) en het donkere lint dat tegen een gele achtergrond kronkelt verwijst naar het portret van zijn moeder (hfdst. 5, fig. 75; hfdst. 3, fig. 74; hfdst. 4, fig. 138). Deze bronnen lijken op hun beurt Vincent erbij te betrekken. Gauguins 'Tahitienne' brengt hun gesprekken over de Arlésienne in herinnering en, specifieker nog, Vincents belichaming van de Zuiden-als-Japan-fantasie, die eveneens doordrenkt was met verwijzingen naar Loti: *De mousmé* met een tak oleanders in haar hand (hfdst. 3, fig. 48), een vroeg symbool van hoop in het Atelier van het Zuiden.

De tekening van *De mousmé* die Vincent in 1888 aan Gauguin gestuurd had (fig. 23) behoorde blijkbaar tot de 'kleine kring kameraden' – de verzameling foto's, prenten en tekeningen – die Gauguin op zijn reis vergezelde. Wellicht was dit niet de enige tekening van Vincent die Gauguin een instrument verschafte waarmee hij de Tahitianen kon afbeelden. Er is een duidelijke verwantschap tussen Vincents schets, in oostindische inkt, naar zijn portret van Patience Escalier (fig. 9) en Gauguins tekening van een Tahitiaanse vrouw met een zwart kapsel uit 1891 wat betreft de benadering van het onderwerp en de grafische stilering (fig. 10).[23]

Gauguin maakte als hulpmiddel bij een uitdaging die hem in Parijs wachtte en die gesuggereerd werd door Schuffeneckers reactie op het zien van *Vrouw met bloem*: 'Maar dit is toch geen Symbolisme?' gebruik van dergelijke bronnen. Deze reactie werd – behalve door wat Gauguin Schuffeneckers stompzinnigheid en Bernards dubbelheid noemde – ook gekleurd door de afwezigheid van mythische signalen als bewijs van cultuurverschillen.[24] Gauguin had zelf een heel scala aan dergelijke tekens verwacht en had ook dit soort teleurstelling ervaren. Bij zijn tochten over het eiland zag hij opmerkelijk weinig bewijzen (in de vorm van artefacten of overtuigingen) van Tahiti's prekoloniale verleden. Hij probeerde een verloren gegane kunst, architectuur en cultuur weer tot leven te wekken en het schamele overblijfsel van wat de missionarissen zo effectief hadden vernietigd weer van een omhulsel te voorzien. Daarbij maakte hij zich meester van wat hij aan voorwerpen tegenkwam. Verder had hij zijn boeken en picturale kameraden. De hoop die hij vanuit Arles had meegebracht bleef de leidraad van Gauguins onderneming, al werd in zijn proces van mythische verbeelding Vincents rol misschien overschaduwd door een leger van andere formele referenties, variërend van Java tot Egypte en tot het antieke Griekenland.

Gedurende zijn gehele eerste verbijf op Tahiti werd Gauguin geplaagd door fysieke en financiële problemen, ontberingen die hem ertoe brachten om na een periode van slechts negen maanden op het eiland te overwegen weer terug te keren naar Frankrijk. De lamlendigheid van degenen van wie hij nu afhankelijk was en Boussod et Valadons verzuim om hem effectief te promoten deden hem dikwijls denken aan de onverzettelijke wijze waarop Theo hem gesteund had. Maar hoewel hij bleef herhalen dat zijn eigen persoonlijke ellende was veroorzaakt door Theo's dood, bleef hij

8

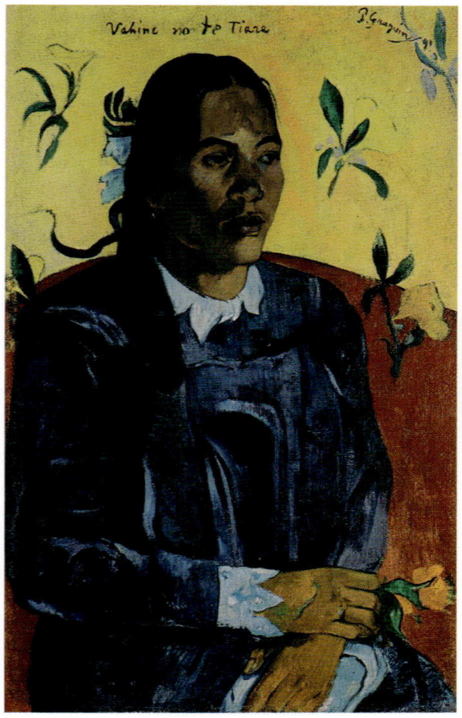


9

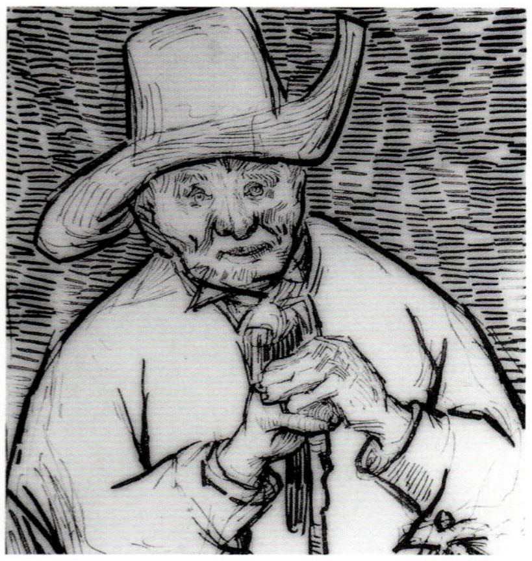

10

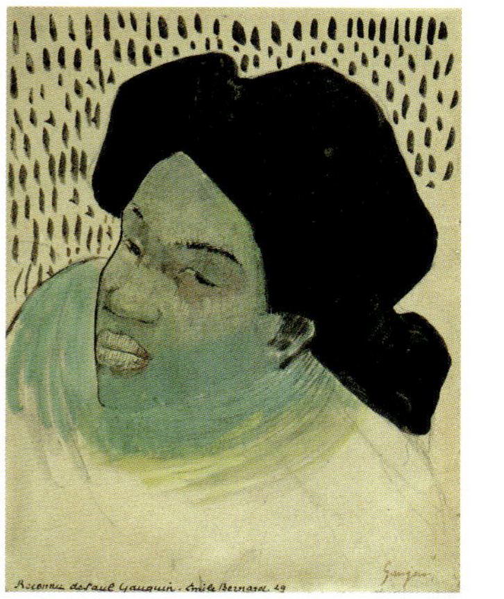

11
Paul Gauguin
Schets van *Haar naam is Vairaumati* in een brief aan Sérusier
[23 maart 1892]
Privé-collectie

12
Paul Gauguin
*Haar naam is Vairaumati (Son nom est Vairaumati)*
1892
[W 450]
Olieverf op doek
91 × 68 cm
Poesjkin Staatsmuseum voor beeldende kunst, Moskou
Cat. 138

13
Paul Gauguin
*Het zaad van de Arioi (Tee aa no areois)*
1892
[W 451]
Olieverf op jute
92,1 × 72,1 cm
The Museum of Modern Art, New York, The William S. Paley Collection
Cat. 139

14
Paul Gauguin
*Tehamana heeft veel ouders (Merahi metua no Tehamana) (De voorouders van Tehamana [Les Aïeux de Tehamana]*
1893
[W 497]
Olieverf op doek
76,3 × 54,3 cm
The Art Institute of Chicago, geschenk van Mr. en Mrs. Charles Deering McCormick, 1980.613
Cat. 141

11

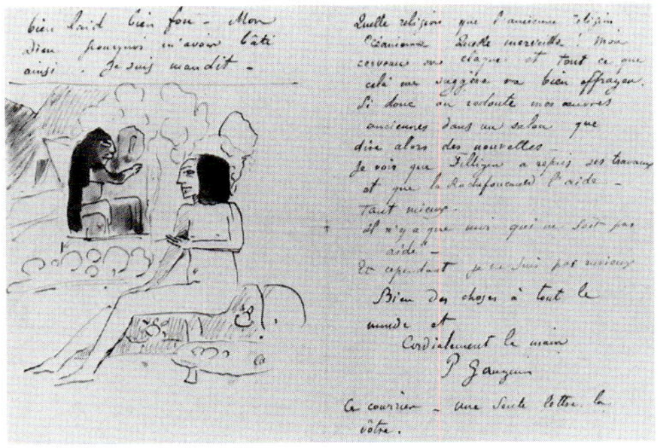
bien laid bien fou - Mon Dieu pourquoi m'avoir bâti ainsi. Je suis maudit -

Quelle religion que l'ancienne religion Océanienne. Quelle merveille! Mon cerveau en claque et tout ce que cela me suggère va bien effrayer. Si donc on redoute mes œuvres anciennes dans un salon que dira alors des nouvelles -
Je vois que Filliger a repris ses travaux et que la Rochefoucauld l'aide -
Tant mieux.
Il n'y a que moi qui ne soit pas aidé -
Et cependant je ne suis pas mieux
Bien des choses à tout le monde et
Cordialement la main
P Gauguin
Ce courrier - une seule lettre la vôtre.

geloven in een veelbelovende toekomst. 'Hopen,' hield hij Mette voor, 'is in wezen leven. Ik moet leven om mijn werk te doen, tot het eind toe, en dat kan ik alleen door mijn illusies tot het uiterste te drijven, door voor mijzelf een droom van hoop te scheppen.'[25]

Dit is de ondertiteling bij het schilderij dat Gauguin voor Sérusier (fig. 11-12) schetste in een brief uit maart 1892. In deze brief gaf hij te kennen dat hij vanwege geldgebrek snel gedwongen zou worden terug te keren, maar het toegevoegde commentaar over zijn toenmalige schilderijen (waarvan Sérusier weldra een voorbeeld [fig. 8] in Parijs zou kunnen bekijken) toont dat hij, zoals altijd, trachtte zijn vriends waardering te sturen. Het werk was, zo riep hij uit, 'behoorlijk lelijk en gek. Lieve God, waarom heb je me zo gemaakt? Ik ben vervloekt. Wat een religie is de oude godsdienst van Oceanië. Wat een wonder! Mijn hersenen zijn uitgeput en alles wat me hierdoor ingegeven wordt maakt me bang.' Door zijn luchtige retoriek blijft zijn werkelijke situatie verborgen, evenals door het doek dat hij aanhaalde. Daarop is een felgekleurd landschap te zien, en een groot, door Gauguin verzonnen beeld van een Polynesische god (tiki), als decor voor een naaktfiguur op een heldere plaid van Engelse makelij. De aangebrachte titel identificeert haar als Vairaumati, een figuur uit de antieke Polynesische mythologie. Volgens de teksten die Gauguin las, was Vairaumati een mooie, sterfelijke vrouw die de scheppende godheid huwde, een godin werd en de Arioi voortbracht, een geheim religieus genootschap met culturele praktijken die in Gauguins ogen de vitale kracht waren geweest achter Tahiti's roemrijke verre verleden. Noch de exotische accessoires, noch de weergave en profil en de aangestoken, met de hand gerolde sigaret verbergen de verwantschap tussen Vairaumati en Puvis' talisman-achtige *Hoop*. Door die legendarische schoonheid met een sigaret af te beelden, het attribuut van een Parijse snol, verwees Gauguin vermoedelijk naar de wijdverbreide prostitutie binnen de moderne maatschappij van de Arioi, terwijl hij op suggestieve wijze het thema van de geprostitueerde hoop van *verlies van maagdelijkheid* van een nieuwe vorm voorzag. In een variatie op deze compositie, *Het zaad van de Arioi* (fig. 13), gaf Gauguin een meer rechtstreekse vertaling van het prototype van Puvis, door opnieuw een ontspruitende zaailing in de hand van het donkere

12

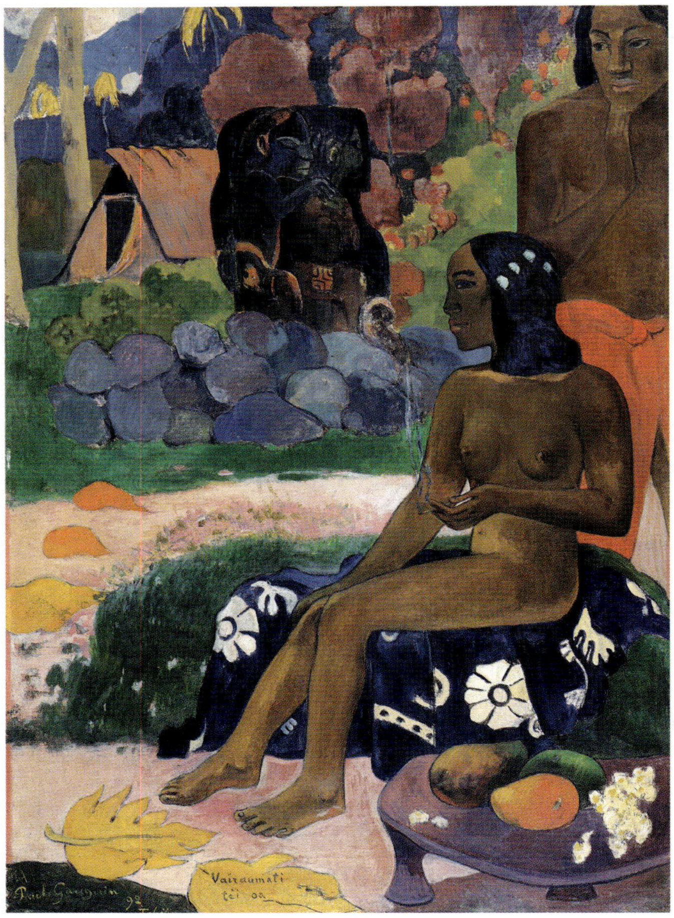


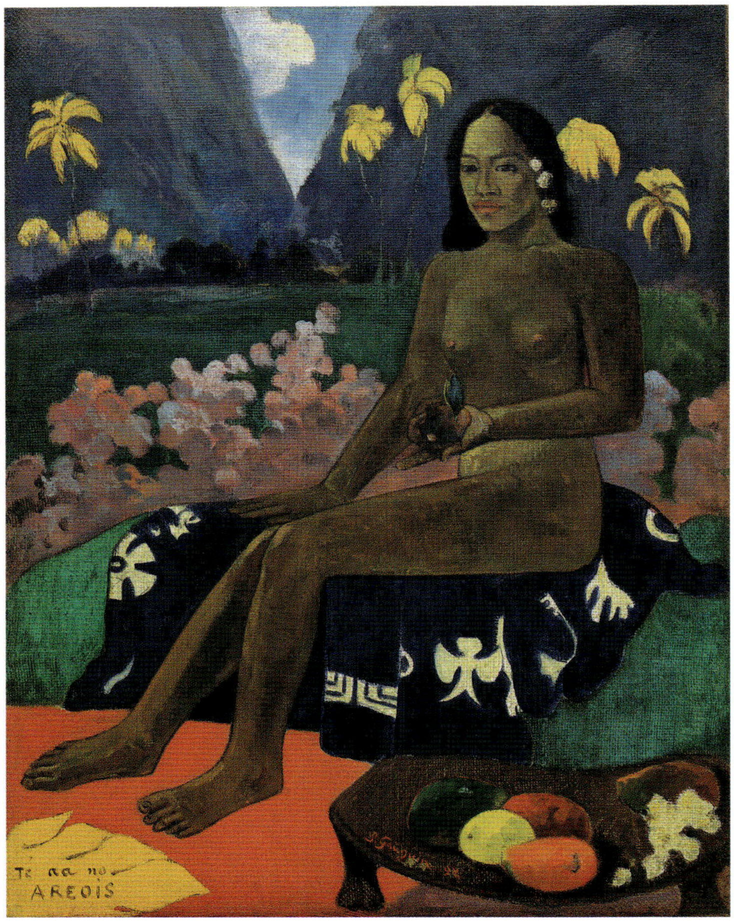


13

14

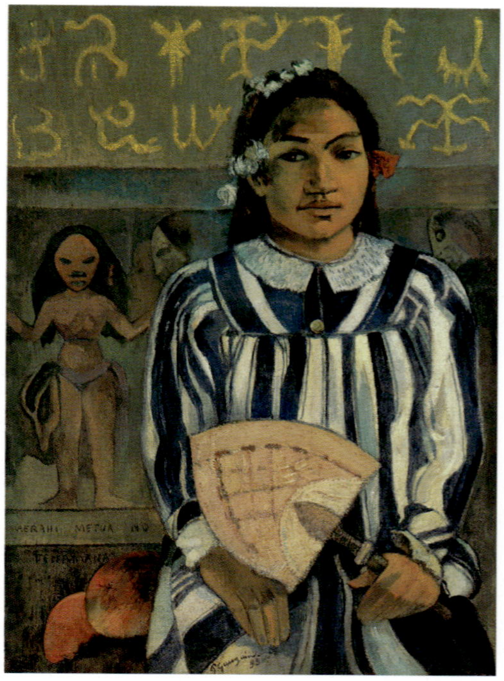

model te plaatsen en een felgekleurde, weelderige achtergrond te creëren die een levendig contrast vormt met het kille decor van *Hoop*.[26]

Gauguin maakte door zich deze beeldtaal zo openlijk toe te eigenen aanspraak op de picturale vernieuwing die centraal stond in het concept van het Atelier van de Tropen. Bovendien gaf hij, door het omvormen van zijn model, blijk van zijn onderdompeling in de Tahitiaanse cultuur. De titels die hij in gebroken Tahitiaans op dit schilderij en andere aanbracht, maakten deel uit van dezelfde rechtvaardigende strategie om te suggereren dat hij bezig was een levende traditie te schilderen. (Gauguin zou zijn kennis van de legendes van de Maori's, die hij uit boeken van Europese schrijvers gehaald had, toeschrijven aan zijn *vahine*, Tehamana). Hoe bewust deze opzet was blijkt uit de vergelijking van deze twee werken met een ander doek dat hij schilderde aan het begin van zijn verblijf, een spectaculaire kruising die een Tahitiaanse Madonna en kind voorstelt, voorzien van aureool, aan wie door een gele engel met gevolg de lokale groet 'Io Orana' gebracht wordt. Nadat hij zich met veel inspanning de Polynesische kosmologie eigen had gemaakt, kon hij veel uiterlijke franje van de christelijke ikonografie opzij zetten. Maar zoals blijkt uit een portret van Tehamana dat hij in de laatste maanden op het eiland schilderde (fig. 14), was het mythische Tahiti onvermijdelijk een breekbare constructie. Het werk draagt de titel *Tehamana heeft veel ouders* (*Merahi metua no Tehamana*) en beeldt zijn jonge metgezellin frontaal af, met een missionarissenjurk tegen een achtergrond die naar haar culturele wortels verwijst. Gauguin sprak slechts gebrekkig Tahitiaans en bedacht zelf Tehamana's banden met haar voorouders. De gele schrifttekens en het op het Hindoeïsme geïnspireerde beeldje, gekopieerd uit andere bronnen en tot een geheel in elkaar geflanst, hebben binnen deze context geen samenhangende betekenis – evenmin zou het publiek dat Gauguin voor ogen had er iets van begrijpen, met uitzondering van de sfeer die erdoor opgeroepen werd.[27] Terwijl *Tehamana heeft veel ouders* de complexe natuur van de Tahitiaanse geschiedenis en identiteit oproept, getuigt het ook van het authentieke karakter van Gauguins eigen ervaringen op een manier die onvermijdelijk doet denken aan Loti's Raharu.

Het feit dat Gauguin afhankelijk was van niet-Tahitiaanse bronnen zou alleen een probleem gaan vormen wanneer hij geconfronteerd werd met zijn voorgewende etnografische nauwkeurigheid. Over het algemeen kon hij niet op de proef gesteld worden. Gauguins composities met Tahitiaanse culturele gebruiken zijn voor een aanzienlijk deel prachtige verzinsels, escapistische projecties op een cultureel verarmd maar in natuurlijk opzicht weelderig Tahiti, een proces dat op hetzelfde niveau staat als Vincents keuze om in de Provence Japan en Holland te zien. Tegen maart 1893 had Gauguin, naar eigen zeggen, ongeveer 66 schilderijen voltooid (figuren, naakten en landschappen), naast een aantal 'superwilde' sculpturen. Hoewel hij tegenover zijn vrouw met klem volhield dat hij bezig was zich te assimileren met de inheemse cultuur, kreeg hij in juni eindelijk de garantie van de overheid voor zijn terugreis naar Frankrijk, altijd de eindbestemming van het Atelier van de Tropen.[28]

Gauguin rekende op een triomfantelijke terugkeer: niet alleen had hij vertrouwen gekregen in zijn Stille Zuidzee-strategie en het idee iets te hebben gepresteerd, maar hij had ook bemoedigende signalen uit Parijs ontvangen. In een artikel uit april 1892 over het Symbolisme had Aurier zonder omhaal Gauguin aangewezen als de leidende figuur van deze beweging en hiermee zijn gevoel van almacht verder aangewakkerd. Gauguin gaf toe dat jongere aanhangers van het Symbolisme 'niet zonder talent' waren, maar hij vond nog steeds dat ze alles aan hem te danken hadden: 'Ik ben het die hen gevormd heeft. Van wat ze doen komt niets van henzelf: het komt van mij.' Bovendien had hij bericht gehad van Theo's opvolger bij Boussod et Valadon, Maurice Joyant, dat de critici de kunstenaars die met hem geassocieerd werden nu gunstig gezind waren. Hoewel Sérusier bijvoorbeeld loyaal genoeg was om zijn afwezige, voormalige leermeester als 'de deken van de Nabis' te betitelen, maakte Gauguin zich zorgen, gezien zijn leeftijd, of hij niet door zijn volgelingen verstikt zou zijn, wanneer hij niet ontegenzeggelijk een andere richting in was geslagen door naar Tahiti te gaan. Hierdoor had hij in een letterlijk en esthetisch opzicht wat afstand genomen van de jongere kunstenaars die nog steeds zijn ideeën uit Bretagne propageerden. 'Het zal nog enige tijd duren voordat ze me op deze weg zullen volgen,' verklaarde hij voldaan.[29]

Gauguins sterke hang naar strategisch handelen kwam gedeeltelijk voort uit zijn besef dat mensen als Schuffenecker een grote wrok jegens hem koesterden, maar hij wist dat het 'jonge serpent' Bernard een veel serieuzere tegenstander was. Bernards rancuneuze beschuldigingen van intellectuele diefstal doken voortdurend op in de avant-gardistische pers. Bernard belasterde Gauguin zeer effectief door ogenschijnlijk belangeloos Vincents postume reputatie te verdedigen. In april 1892 organiseerde hij een tentoonstelling van Vincents werk bij de kunsthandelaar Le Barc de Boutteville, een bolwerk van het Symbolisme, waardoor zelfs een twijfelaar als de cynische, jonge criticus Camille Mauclair tot de verklaring gebracht werd dat Vincent een 'groot maar onvolledig kunstenaar' was, een komeet-achtige verschijning die veel te snel verdwenen was, zoals Monticelli en Seurat.[30]

15
Georges Manzana Pissarro (Frankrijk, 1871-1961)
*Paul Gauguin*
November 1893
Houtskool op papier
26,5 × 21 cm
Privé-collectie

Een jaar later sloeg Bernard een grotere slag met duurzamere gevolgen, toen hij de invloedrijke *Mercure de France* wist te overreden om een uitgebreide selectie van Vincents correspondentie te publiceren.

Deze passages uit de brieven verschenen met regelmaat over het jaar 1893, en daarna met onderbrekingen tot 1897. Deze manuscripten werden geïllustreerd met voorbeelden van reprodukties van het originele manuscript en met paginagrote schetsen en onafhankelijke tekeningen en gaven een nooit eerder vertoonde, intieme kijk op Vincents leven, zijn artistieke doelstellingen en zijn relaties met anderen. Gezien de beperkte zichtbaarheid van zijn schilderijen, die nu voor het grootste deel bij Theo's weduwe in Nederland waren, raakte Vincents levensgeschiedenis door middel van zijn geschriften bekender dan zijn kunst. En als redacteur hielp Bernard Vincents reputatie – en die van hemzelf – vorm te geven met zijn selecties en commentaar. In zijn voorwoord bij de eerste reeks, waarin ook brieven aan hem voorkwamen, beweerde Bernard dat Vincents geschriften net als zijn schilderijen bewezen dat hij over een verheven visie had beschikt en vrij was geweest van 'ieder mogelijk egoïsme en ambitie.' Met dit aura van heiligheid wordt impliciet verwezen naar zijn tegenpool – Gauguin natuurlijk – die opvallend afwezig is in Bernard bijschriften, zo niet in Vincents correspondentie. Aan het begin van de vijfde aflevering werden brieven aan Theo gepubliceerd. Deze werd gedrukt in augustus en viel samen met Gauguins terugkeer naar Frankrijk. Bernard richtte hier de aandacht op de toewijding van de broers aan de zaak van het Impressionisme en de steun die zij gegeven hadden aan kunstenaars als Degas, Monet, Pissarro, Renoir en Seurat. Wederom kwam Gauguins naam (die niet altijd volledig werd uitgeschreven in de transcripties van de *Mercure*, maar vaak als 'G' werd gecodeerd) alleen voor in Vincents brieven, als onderwerp van diens onbaatzuchtige bewondering en aandacht, en niet in die van Bernard.[31]

Gauguin liet zijn plannen om Parijs stormenderhand te veroveren niet dwarsbomen door de koele ontvangst bij Boussod et Valadon (waar Theo's opvolger alweer vertrokken was). Hij begon onmiddellijk met de voorbereidingen, met hulp van Degas, voor een expositie bij Durand-Ruel in november. Tegen oktober was hij bezig met een 'boek over Tahiti,' bedoeld om zijn schilderijen begrijpelijker te maken. Bij zijn inspanningen om te bewijzen dat zijn reis naar de tropen geen 'dwaasheid' was geweest, gedroeg hij zich zo volstrekt egoïstisch dat Mette nu eindelijk besloot om alle hoop te laten varen. In de voorafgaande lente, toen Gauguin nog op Tahiti was, had ze meegeholpen om een aantal van Gauguins recente schilderijen te laten exposeren op een groepstentoonstelling van eigentijdse Franse kunst in Kopenhagen. Gestreeld door de bewondering die de kunstenaars uit haar vriendenkring getoond hadden voor Gauguins prestaties, vermeldde Mette hun lovende woorden in haar brieven aan Schuffenecker, met wie ze contact bleef houden. Naar duidelijk werd had Gauguins werk een ruimte gedeeld met schilderijen van Vincent, die door Theo's weduwe Jo waren uitgeleend omdat ze het passend en ontroerend vond de twee vrienden zo te herenigen.[32] Het was een fijngevoeligheid die Gauguin nu tentoonspreidde bij het cultiveren van de steun van de literaire en kunstzinnige avant-garde.

Wellicht zag hij in dat het beter zou zijn om zijn overdreven manier van doen wat te temperen (zie fig. 15). Dit zou een verklaring kunnen zijn voor het feit dat hij in oktober-november bij Le Barc de Boutteville zijn kopie van Manets *Olympia* tentoonstelde. Dit stuk was kort voor zijn vertrek uit Tahiti geschilderd en kan beschouwd worden als een eerbewijs, een erkenning van de creatieve invloed die anderen op hem uitgeoefend hadden. In dezelfde kunsthandel was kort tevoren een expositie georganiseerd onder de titel 'Portretten van de volgende eeuw' ('*Portraits du prochain siècle*'), met onder andere zelfportretten van zowel Gauguin als Vincent. Waarschijnlijk was de afbeelding van Vincent het portret dat Gauguin zelf in zijn bezit had, *Zelfportret* (*Bonze*) (hfdst. 3, fig. 73; Gauguins portret is niet geïdentificeerd). Gauguin liet zich duidelijk in met een verwante onderneming die door het tijdschrift *Essais d'art libre* werd georganiseerd, dat in dezelfde maand bekendmaakte een serie 'synthetische' geschreven portretten te willen publiceren, van vijftien tot twintig regels, gewijd aan eigentijdse uitblinkers op het gebied van kunst

15

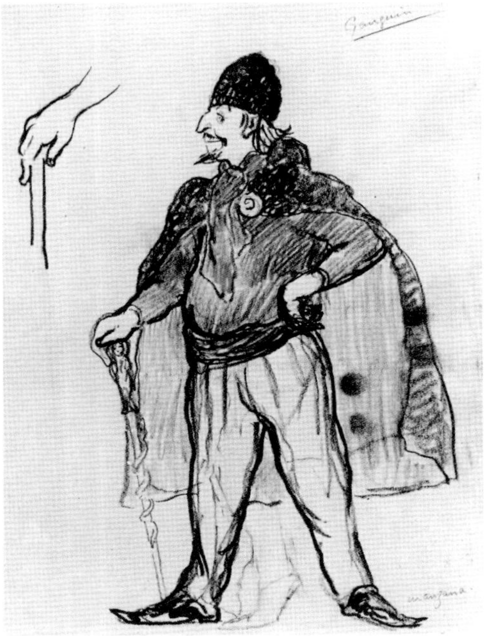

en wetenschap. Op een eerste lijst van kandidaten stonden Mallarmé, Verlaine, Anquetin, Bernard en Gauguin, wiens karakterschets verzorgd zou worden door de schrijver Jean Dolent. Toen de aankondiging in het daaropvolgende nummer herhaald werd, was de lijst van te portretteren kunstenaars uitgebreid met Puvis, Manet, Monet, Renoir en Vincent van Gogh – wiens literaire portret door niemand minder dan Paul Gauguin zou worden gemaakt.[33]

Als enige schilder-schrijver van het geplande programma hoopte Gauguin mogelijk op een kans zijn reputatie meer glans te geven in de kringen rond Mallarmé (en om de weg te bereiden voor een goede ontvangst van zijn grotere literaire inspanning van dat moment, zijn verslag over Tahiti). De mogelijkheid om controle uit te oefenen op de manier waarop tegen zijn verstandhouding met Vincent werd aangekeken was wellicht net zo'n sterke motivatie. Zou Bernard (die misschien als schrijver van gedichten een aannemelijker kandidaat zou zijn) deze opdracht gekregen hebben dan, dan had het resulterende portret zeker geleken op de beschrijvingen in zijn inleidingen op de in de *Mercure* gepubliceerde correspondentie, waarin Gauguin als een negatief contrast diende voor Vincents deugdzaamheid. En Bernard was niet de enige van Gauguins kritikasters die dit contrast uitbuitte. In zijn recensie van de portrettententoonstelling koppelde Mauclair Gauguins en Vincents zelfportretten aan elkaar. Hoewel hij zijn bewondering uitsprak voor Gauguins werk en zijn verlangen kenbaar maakte om de 'négresses' te zien die Gauguin in Oceanië gemaakt had, vond Mauclair het zelfportret niettemin lachwekkend en hij deed de pose van de kunstenaar in één adem af met zijn kunst. 'Ik zal zijn gezicht gemakkelijk vergeten,' schreef hij en verklaarde vervolgens dat hij niet hetzelfde kon zeggen van Vincents zelfportret, een persoonlijke getuigenis, net zoals zijn andere schilderijen, waarin zijn edele persoonlijkheid doorschemerde – herkenbaar als waarlijk origineel, zelfs al was het niet gesigneerd.[34] De weinig vleiende vergelijking laat zien hoe moeilijk het voor Gauguin was om te ontsnappen aan kwesties als karakter en originaliteit.

Naar later bleek, werden de geschreven portretten nooit door *Essais d'art libre* gedrukt. Deze zouden een tamelijk verschillend koppel hebben laten zien, waarover Gauguin in feite controle zou hebben gehad. Bij zijn beschrijving van Gauguin zou Dolent waarschijnlijk de nadruk hebben gelegd op het diepe respect voor Vincent dat hij in een later gepubliceerde profielschets opnam: 'Wanneer Gauguin "Vincent" zegt, krijgt zijn stem een warme klank.'[35] En Gauguin begon bij zijn beschrijving van Vincent zijn verhaal als volgt: 'Bij een kunsthandelaar ligt een stilleven voor vijf franc: roze garnalen [...] op roze papier; en Zola's gele boek.' (*La joie de vivre*)[36]

Hier riep Gauguin het beeld op van het Parijs van december 1886, toen Vincent nog vrijwel onbekend was. Het stilleven is op het oog een samenvoeging van twee composities: een klaarblijkelijk verloren gegane studie van garnalen en *Stilleven met bijbel en Zola's 'Joie de vivre'* (hfdst. 1, fig. 3). De gelaatstrekken van de maker werden door Gauguin neergezet met de snelle halen die in feite terug te vinden zijn in Vincents zelfportretten. Eerst lijkt hij op een koeherder, met zijn oude jas en hoed van konijnebont (zie hfdst. 5, fig. 7,9); van dichterbij bekeken vallen zijn blauwe ogen op, met hun kinderlijke onschuld in een door de zon verbrand gezicht, een gezicht met de glimlach van een martelaar. Gauguins Vincent is een schilder van bergbeken, bloemen en tuinen: doeken die gemaakt zijn 'op gepassioneerde wijze, bedacht in een flits van helderheid – gekleurd chroom – te haastig uitgevoerd, zou je kunnen zeggen.' Het koortsachtige gevoel van haast gaat terug op het voorgevoel dat hij jong zal sterven.[37]

Met een bondigheid die veronderstelt dat het bedoelde publiek bekend is met zijn onderwerp behandelde Gauguin de korte loopbaan van de schilder-martelaar en besloot met een suggestieve reeks droombeelden:

Ik zie hem nog steeds, Hem [...]; hij is op de vlakten, hij wandelt voort. Ik weet niet of hij een palet in zijn hand houdt, maar hij gebaart als een zaaier. Aan de gloed van de horizon verliest de enorme zon snel zijn vorm en scheert tegen de glinsterende lijn: hij schiet zijn gouden pijlen door de velden en zinkt tenslotte, als een spookschip [*vaisseau fantôme*] in het kolossale element. Dan is het nacht – de zaaier verdwijnt: ik zie Vincent niet meer.

Met de toespelingen op de zaaier, de zon en Wagner verwijst deze passage naar de tijd die ze samen hadden doorgebracht in Arles, met Gauguin eerder in de rol van treurdichter dan van direct betrokkene of verantwoordelijke.

Gauguin had deze tekst waarschijnlijk nog niet geschreven toen de november-aflevering van Vincents correspondentie in de *Mercure* verscheen. Het waren brieven aan Theo met aan het eind een lange paragraaf waarin Vincent, bezorgd om Gauguins benarde financiële situatie, probeerde Theo's steun te verkrijgen om hem naar het Zuiden te laten komen. Deze korte glimp van de relatie tussen Gauguin en de broers Van Gogh vormde een soort decor voor de tentoonstelling van de 41 schilderijen uit Tahiti die op 10 november in Durand-Ruels galerie geopend werd. De inzet was hoog en het eindresultaat gemengd. Financieel gezien was de expositie een regelrechte ramp. Tegen de tijd dat de tentoonstelling op de 25ste sloot waren slechts elf schilderijen verkocht. Dit hield in dat Gauguin een gedeelte van het recente erfenisje van zijn oom Zizi, dat hij had moeten gebruiken om de kosten te dekken, niet terug zou krijgen. Wat de critici aanging was de uitkomst beter, aangezien de tentoonstelling veel aandacht kreeg, zij het niet allemaal zo lovend als Gauguin aan Mette liet weten.[38]

Eigenlijk varieerde de algemene reactie net als de recensies van enthousiasme tot verontwaardiging en afwijzing, tenminste volgens een meer objectieve waarnemer zoals Pissarro. De schrijvers waren voor het grootste deel diep onder de indruk, de verzamelaars stonden versteld en de schilders waren verdeeld. Pissarro zelf nam een zeer ambivalente houding aan en liet zich niet overtuigen door Gauguins theoretische aanstellerij waarmee hij onzelfzuchtig de weg zou bereiden voor jonge kunstenaars, zodat zij zich net als hij zouden hervinden via het contact met primitieve culturen. Pissarro concludeerde dat zijn vroegere protegé weliswaar talent had, maar 'altijd aan het stropen is op andermans terrein; nu is hij de inboorlingen van Oceanië aan het plunderen.'[39]

De felle reacties van Pissarro en anderen wijzen op de gevaren die schuil gingen in het gelijktijdig scheppen van kunst en van een bijpassende identiteit. Zelfs wanneer dit met succes gebeurde, werd het werk hierdoor op een gevaarlijke manier afhankelijk van zijn schepper. Door zijn theatrale voorkomen en zijn neiging om theoretische rechtvaardigingen te verzinnen stond Gauguin een diepere waardering van zijn kunst in de weg, doordat hij een schaduw van 'quasi-beroemdheid' vooruitwierp die volgens sommigen blijk gaf van een sterk karakter, maar op anderen alleen maar overkwam als 'aanstelleritis.' Vandaar de gemengde reacties op Charles Morices voorwoord in de tentoonstellingscatalogus. Morice bleef standvastig in zijn loyaliteit tegenover Gauguin en verdedigde a priori de originaliteit van de schilder. Hij beweerde dat Gauguin zijn reis naar Tahiti niet alleen ondernomen had om zichzelf te weer op te laden met nieuwe onderwerpen, maar ook om ideologische en persoonlijke redenen die te maken hadden met zijn Inca-achtergrond. Gauguins visie van Tahiti nam afstand, volgens Morice, van de 'geparfumeerde verpakkingen van Pierre Loti,' en liet in plaats daarvan een Tahiti zien zoals het was vòòr het contact met 'onze vreselijke zeelui.'[40]

Sommige commentatoren haalden kritiekloos het voorwoord aan en begroetten juichend een prachtige avonturier wiens wapenfeiten deden denken aan de 'Europese veroveraars van voorheen.' Anderen spraken vol lof over zijn etnografische precisie. Mirbeau nam Morice's woorden in de mond door Gauguins werk verre te houden van de smetten van

16
Paul Gauguin
*Dag van de god*
*(Mahana no atua)*
1894
[W 513]
Olieverf op doek
68.3 × 91.5 cm
The Art Institute of Chicago, Helen Birch Bartlett Memorial Collection, 1926.198
Cat. 142

17
Paul Gauguin
*Jong christelijk meisje*
1894
[W 518]
Olieverf op doek
65 × 46 cm
Sterling and Francine Clark Art Institute, Williamstown, Massachusetts, aangeschaft ter ere van Harding F. Bancroft, trustee Institute 1970-87, voorzitter 1977-87

speculatie en de 'verdachte geuren' van *Le mariage de Loti*. Maar weer anderen zagen echter geen enkel onderscheid en de identificatie van Gauguin met Loti kon op twee geheel verschillende manieren gezien worden. Vanuit het politiek conservatieve gezichtspunt van een letterknecht was Gauguins weergave van het 'land van de kleine Raharu' volkomen acceptabel. De anarchistische pers, daarentegen, veroordeelde zowel de kunstenaar als de romanschrijver vanwege hun egoïstische jacht op plezier en hun medeplichtigheid aan de imperialistische onderdrukking.[41]

Het was cruciaal dat veel critici liever hun pijlen richtten op Gauguins pretenties dan op de politieke kant van de zaak, evenzeer op de persoon als op de creativiteit, en bezwaar maakten tegen het strategische voorwoord, de belachelijke titels en de pompeuze uitleg. Gedurende de daaropvolgende anderhalf jaar was Gauguin het middelpunt van deze controverse. Uit de pagina's van de *Mercure* valt een leerzame casus te reconstrueren. In december wierp Morice zich in de strijd, door opnieuw Gauguins genialiteit te verdedigen en het oprechte verdriet van deze heroïsche kunstenaar, die zich na zijn terugkeer geconfronteerd zag met een hechte oppositie, te beschrijven. Onder zijn opponenten bevonden zich leugenaars en dieven die, tijdens zijn afwezigheid, zijn ontdekkingen hadden uitgebuit en voor zichzelf hadden opgeëist, terwijl ze de publieke opinie tegen hem hadden opgehitst. In 1892 had Gauguin, toen nog in Tahiti, door het overlijden van Aurier een aanhanger verloren. De *Mercure* gaf Auriers baan aan Maurier, die een hekel had aan het werk uit Tahiti en het op één hoop gooide met het Oriëntalisme dat al tientallen jaren lang populair was. Hij noemde het 'koloniale kunst,' terwijl hij de hele tijd flink zijn best deed om te benadrukken dat de kunstenaar desondanks 'eerlijk' was, daarmee zinspelend op de kwestie van toeëigening.[42]

Gauguin deed een poging om voor zichzelf op te komen door een essay waarin hij door Wagner te citeren trachtte het ware genie eerder als een onderzoeker dan als een profeet voor te stellen, als een slachtoffer van die eigentijdse 'plagen': plagiaat en middelmatigheid. Gauguins nieuwe voorvechters, in het bijzonder de dichter Julien Leclerq, dienden Maurier op een veel directere en heldere manier van repliek. In een nummer van de *Mercure* waarin opnieuw een van Mauriers sluwe aanvallen stond, rechtvaardigde Leclerq Gauguins manier van toeëigenen en herscheppen als onderdeel van het artistieke proces. Ook beweerde hij dat Gauguin bezig was een cultuur te vereeuwigen die op het punt stond uit te sterven, in plaats te zwelgen in een goedkoop Oriëntalisme. Tenslotte verwees hij naar Vincents correspondentie, die op precies hetzelfde moment gepubliceerd werd. Hij riep hij de kunstenaar aan die zó heftig gereageerd had op Gauguins Martinique-schilderijen dat hij diens latere werk beoordeelde met de wens dat zijn vriend weer 'de rijkere Gauguin van de *négresses* zou worden' (zie hfdst. 2 en 3). Na deze 'kostbare' getuigenis uit onverdachte bron te hebben aangehaald, stelde Leclerq zich voor wat Vincent geschreven zou hebben over de Tahiti-schilderijen als hij nog zou leven: 'Ach! De rijke Gauguin van de *négresses*, wat is hij snel teruggekeerd!'[43]

Op deze wijze had Leclerq openlijk gebruik gemaakt van een connectie die Gauguin overduidelijk graag opnieuw wenste te verkondigen (en te controleren) in de directe nasleep van zijn expositie bij Durand-Ruel. Zijn tweede literaire portret van Vincent werd in het januari-nummer van *Essais d'art libre* van 1894 gepubliceerd onder de titel 'Natures mortes' (in de Nederlandse vertaling 'Stillevens' valt de associatie met de dood weg). Gauguin begon met een beschrijving van een schilderij met gele zonnebloemen tegen een gele achtergrond in een gele pot op een gele tafel, gesigneerd met Vincent, dat 'in mijn gele kamer' met gele gordijnen hing. Dit betrof eigenlijk, zoals insiders zouden hebben geweten, het atelier dat Gauguin in de rue Vercingétorix had gehuurd. Hij had de muren chroomgeel geschilderd en versierd met Tahitiaanse schilderijen. Hij had de lijsten opnieuw in bijpassende kleuren beschilderd (voor de tentoonstelling waren deze wit geweest), en met schilderijen van Cézanne en Vincent.[44] Na te hebben aangegeven hoezeer Vincent verbonden was geweest met de kleur geel en hoe ook hijzelf deze kleur overgenomen had, richtte Gauguin zich op hun tijd samen in Arles. Daar hadden ze 'als twee gekken,' 'een voortdurende strijd' gevoerd over kleur: Vincent met zijn obsessie voor geel en Gauguin voor een contrasterend rood. Gauguin wijdde de rest van 'Natures mortes' niet aan Vincents schilderijen maar aan zijn navolging van Christus: zijn pogingen om in zijn vaders voetsporen als dominee te treden, het incident rond de mijnramp van de Borinage, de daaropvolgende dreiging van opname in een gesticht en uiteindelijk de episode in Arles, toen hij met felgele verf 'Je suis sain d'Esprit/Je suis Saint-Esprit' op de wanden van hun atelier had geschreven. Ogenschijnlijk had Gauguins voortdurende herhaling van het woord 'gek' in verband met Vincent tot doel om een prijzenswaardige, zij het abnormale onbaatzuchtigheid te suggereren. Het effect benadert echter op verdachte wijze Mauriers gebruik van het woord 'eerlijk' ten opzichte van Gauguin. Ongetwijfeld gaf Gauguin een beeld van zijn vriend dat gebaseerd was op zijn daden, waardoor een levenslange toewijding werd getoond aan de rol van prediker-vertrooster en hij afgeschilderd werd als een man die, zoals Van Eeden had gesuggereerd, niet zozeer een schilder alswel een heilige was. Deze Vincent kon tot steun zijn zonder een bedreiging te vormen. En Gauguin wikkelde zichzelf in zijn chromatische aura.[45]

'Gauguin schijnt de rol van een suggestieve achtergrond beter begrepen te hebben dan wie dan ook, tot nu toe.' Dit merkte van een recensent op, die het Tahitiaanse werk beschreef als een droom van een paradijselijk, vrij bestaan. In plaats van een simpele reproductie te zijn overtrof het de tropische werkelijkheid die als omlijsting diende.[46] Gauguin had waardering voor deze beoordeling en paste de interpretatie toe op zijn leven in Parijs. Op het toneel van zijn 'knalgele atelier' presenteerde Gauguin zich als een exotische bohémien, zowel door zijn manier van kleden als door het gezelschap waarmee hij zich omringde: met een gilet en een hoed van astrakan wandelde hij rond met een tam aapje en een dertienjarige vervangster voor Tehamana, een meisje uit Ceylon dat de bijnaam Annah la Javanaise droeg. Hij ontving vier met ontzag vervulde leerlingen die hij korte tijd les gaf in zijn rol van professor aan de zogeheten Fiji Academie. In het atelier aan de rue Vercingétorix speelde hij de rol van gastheer tijdens wekelijkse ontmoetingen tussen schilders, schrijvers en musici. Hij las dan stukken voor uit het gestaag vorderende manuscript over zijn ervaringen op Tahiti. Gauguins 'boek' is een verslag van zijn spirituele en kunstzinnige verjonging door toedoen van het contact met het primitieve Anderszijn belichaamd door Tehamana/Tehura. Gauguin beschrijft een tocht buiten de grenzen van de westerse beschaving, die weliswaar afgebroken wordt door verplichtingen aan het thuisfront, maar de hoofdrolspeler toch dieper in contact brengt met zijn primitieve zelf en hem tegelijk jonger en wijzer maakt. Qua structuur heeft het boek veel te danken aan Loti en kan het beschouwd worden, zij het met wat meer nuances, als een symbolistische *Mariage de Gauguin*. De titel, *Noa noa*, dat in het Tahitiaans 'parfum' betekent, suggereert Gauguins vaste overtuiging dat hij op afdoende wijze Loti's 'verdachte geuren' in een authentiek idioom kon vertalen, ondanks de kritiek die hij op dit vlak gekregen had. Ter aanvulling van de tekst maakte hij tekeningen en houtsneden, die deel zouden moeten uitmaken van een eventuele publikatie samen met Morice. In dezelfde periode zette Gauguin zich aan het maken van een schilderij met als titel *Dag van de god* (*Mahana no atua*) (fig. 16). Deze letterlijk briljante constructie is samengesteld uit elementen afkomstig uit boeken over de Stille Zuidzee, uit foto's en uit zijn eigen recente grafische werk. Het overtreft alles wat hij in Tahiti getracht had te doen in verband met zijn mythische ambitie. Ondanks het geringe formaat heeft het doek een monumentale uitwerking. Het dient als een soort compendium van de Polynesiche kosmologie dat doet denken aan de muurschilderingen van Puvis de Chavannes.[47]

Het bleek moeilijk om deze ambitie op hetzelfde niveau te houden. Van april tot november 1894 was Gauguin in Bretagne, waar hij door een gebroken enkel beperkt werd in het schilderen en zich gedwongen voelde zijn energie te richten op experimentele prenten. Uit de doeken die hij wel maakte blijkt dat het hem moeilijk viel om zich weer met Bretonse onderwerpen bezig te houden. Het is goed mogelijk dat hij zich zowel belemmerd voelde door het voorbeeld van zijn eigen verleden als door de toenmalige manier van werken van de zogeheten School van Pont-Aven. Gauguin werd bekritiseerd omdat hij onnodig veel invloed zou uitoefenen op deze volgelingen. In hun werk zag men inderdaad de stilistische maniërismen die zijn eigen Bretonse werk in de periode van zijn eerste vertrek naar de Stille Zuidzee duidelijk had laten zien. Gauguin deed wel opmerkelijk zijn best om Bretagne weer te geven in een schilderij van een vrouwenfiguur met een Tahitiaanse missionarissenjurk tegen het landschap van Pont-Aven (fig. 17). De vrome houding van haar handen is geïnspireerd door de Boroboedoer-foto's en door vroege Vlaamse religieuze schilderijen, die Gauguin gezien had tijdens een reis naar België met Leclerq. Mogelijk heeft echter nog een ander ingrediënt bijgedragen tot het totstandkoming van deze afbeelding. Het rijke geel van de jurk van het meisje en de vleugelachtige vormen links en rechts naast haar (duidelijk zichtbaar op het verfoppervlak), grijsblauw van kleur en met een tekening zoals bij pauweveren, zouden een verwijzing kunnen vormen naar de zwart-wit reproduktie van Rembrandts 'gele' engel die Vincent door Theo aan Gauguin had laten geven (hfdst. 5, fig. 62).[48]

De projectie van Tahiti op Bretagne geeft te kennen dat tegen het eind van de zomer van 1894 Gauguins gedachten elders verkeerden. Hij begon inderdaad plannen te beramen om, met twee nieuwe schildervrienden uit de groep van Pont-Aven, weer terug te keren naar de Stille Zuidzee.[49] In november ging Gauguin weer naar Parijs om fondsen te werven voor deze tweede reis en in de daaropvolgende maand stelde hij zijn atelier open voor een expositie. Dit was de gelegenheid waarbij Leclerq veronderstelde dat Vincent hoogstwaarschijnlijk Gauguins Tahitiaanse werk bewonderd zou hebben.

Het thema van de hoop deed nu opnieuw zijn intrede in Gauguins werk op twee zeer verschillende, maar allebei ondoorgrondelijke wijzen van expressie. Eén daarvan is een nu verloren gegane monotype van een donkerharig,

16
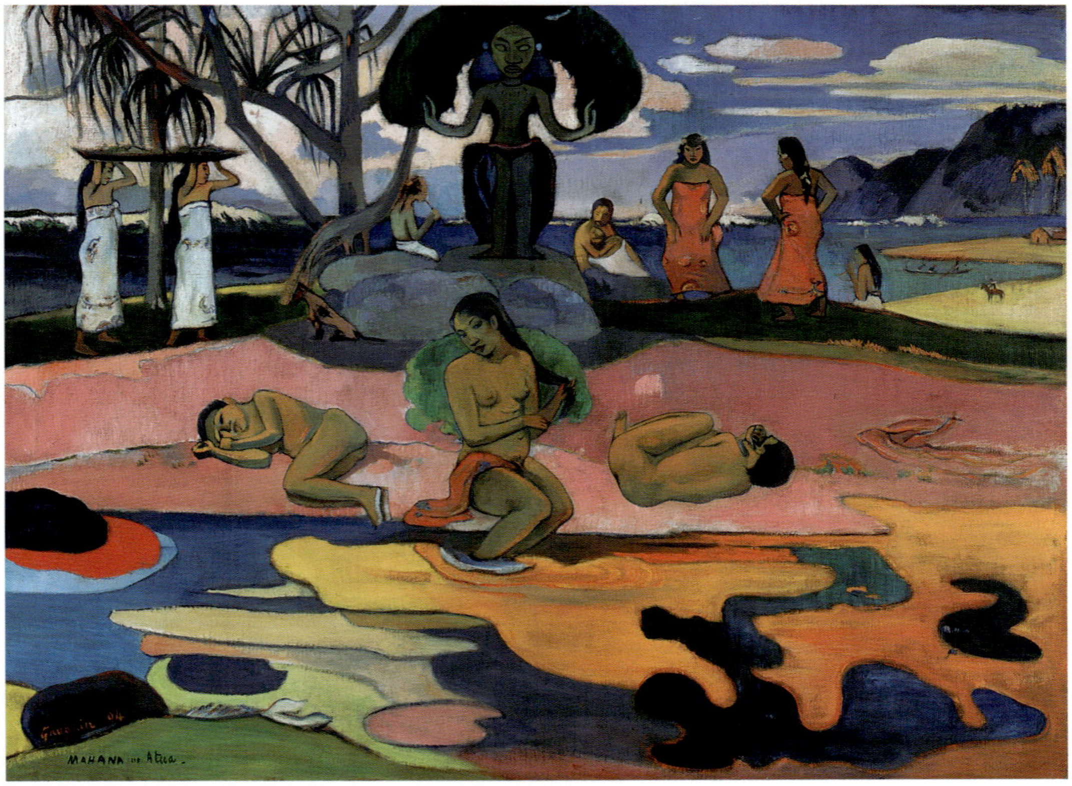

17
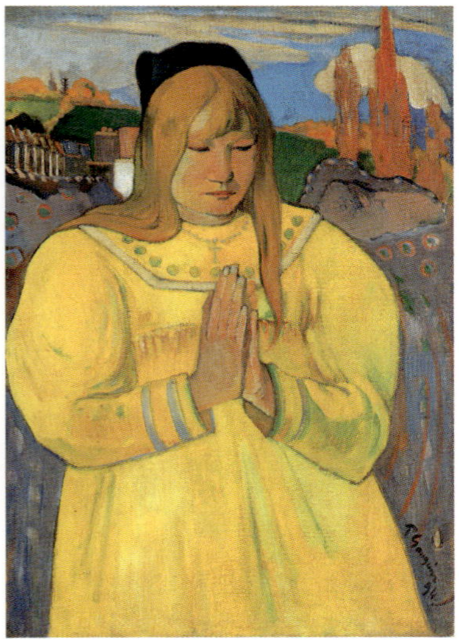

18
Paul Gauguin
Zittende figuur, geïnspireerd op Puvis' de Chavannes' *Hoop*
1894/5
Aquarel monotype op papier
Locatie onbekend
[Vizzavona 41428]

19
Pierre Puvis de Chavannes
(Frankrijk, 1824-1898)
*De arme visser*
1881
Olieverf op doek
155,5 × 192,5 cm
Musée d'Orsay, Parijs

20
Paul Gauguin
Tekening naar Puvis' de Chavannes' *Hoop* bij een gedicht van Charles Morice uit *Mercure de France* (feb. 1895), pp. 128-29

21
Paul Gauguin
*Boomstamkano (Te vaa) (De arme visser [Le pauvre pêcheur])*
1896
[W 544]
Olieverf op doek
96 × 130 cm
Staatsmuseum Hermitage, St. Petersburg
Cat. 143

humeurig vrouwelijk naakt tegen een tropische achtergrond (fig. 18). Ze reikt de beschouwer geen teken van vernieuwing aan in de vorm van een bloem, maar haar ronde onderbuik geeft mogelijk een zwangerschap aan. De andere is een tekening naast een gedicht waarmee Morice hulde bracht aan Puvis (fig. 20) en dat een paar weken na een banket ter ere van diens 70ste verjaardag in de *Mercure* werd gepubliceerd. Zowel Morice als Gauguin waren bij het banket aanwezig. In het bloemrijke eerbewijs van de dichter wordt de loftrompet gestoken over Puvis' capaciteit om het goddelijke en het eeuwige in de werkelijkheid te ontsluieren. Hoewel Gauguins tekening een rechtstreekse verwijzing vormt naar Puvis' ikoonachtige *Hoop*, is de boodschap ervan dubbelzinniger. Hier kijkt de Hoop niet met een directe en heldere blik voor zich uit naar de toeschouwer, maar wendt ze eerder haar ogen af, terwijl ze zich niet alleen afkeert van de twijg in haar uitgestrekte hand maar ook van de vage vormen daarnaast – de benen en voeten van de gekruisigde Christus. De afbeelding was een stellingname. De hoop staat, aan de voet van het kruis, voor een berouwvolle Maria Magdalena. Daardoor wordt een terugkeer gesuggereerd naar de thematiek van *Verlies van maagdelijkheid* (fig. 2) en de bijbehorende kritiek op de westerse cultuur. Hoops letterlijke afkeer van het Lijden van Christus heeft een parallel in Gauguins toenmalige dialoog met de toneelschrijver August Strindberg, die door Gauguin gevraagd was om een voorwoord te schrijven voor de catalogus van de veiling die hij op 18 februari 1895 wilde houden. Strindberg weigerde, maar Gauguin liet als inleidend essay de brief afdrukken waarin Strindberg zijn redenen uiteenzette voor deze beslissing. Na zijn verklaring dat hij niets begreep van Gauguins verontrustende visie schreef Strindberg dat hij naar een museum was gegaan om een bekendere creatie te bestuderen, Puvis' *Arme visser* (fig. 19) – enkel en alleen om te ontdekken dat hij van streek raakte door de sfeer van berusting en lijden die het doek uitstraalde. Vervolgens creëerde hij een tegenstelling waarin hij tot in het extreme de tegenstrijdigheden doorvoerde die Vincent had opgeworpen door de bijbel en Zola's *Joie de vivre* naast elkaar te leggen (hfdst. 1, fig. 3). Door de passieve God van de westere traditie te verwerpen ten gunste van de woeste goden van de vrijheidslievende kunstenaar, gaf Strindberg in feite indirect een rechtvaardiging voor Gauguin en zijn expeditie.[50]

In Parijs waren de zaken niet gegaan zoals Gauguin verwacht had en verbitterd vertrok hij wederom alleen, en wederom naar Tahiti. Hij bood zijn lasteraars het hoofd door in een vraaggesprek te verklaren dat hij door de critici verkeerd begrepen werd juist omdat hij niemand anders had nagevolgd: 'Ik zou liever een *misérable* zijn dan iemand die plagiaat pleegt.' Morice beschreef zijn vertrek niet zozeer als een weggaan maar als een ballingschap, 'zonder hoop op terugkeer,' waarbij zijn beslissing was ingegeven door zijn afschuw van de verrotte sfeer van het Westen. Gauguin maakte zijn interviewer attent op zijn kort daarop te verschijnen boek en verwachtte troost te vinden in het vrije land dat door hem met het geurige *Noa noa* werd geïdentificeerd.[51]

19
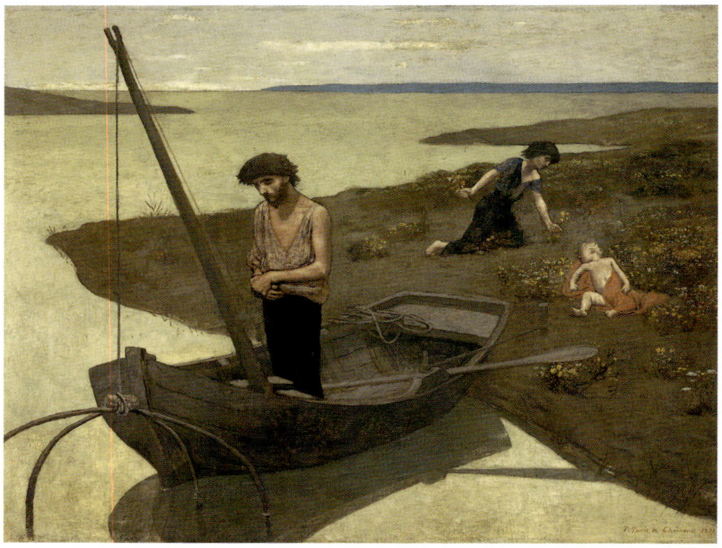

18
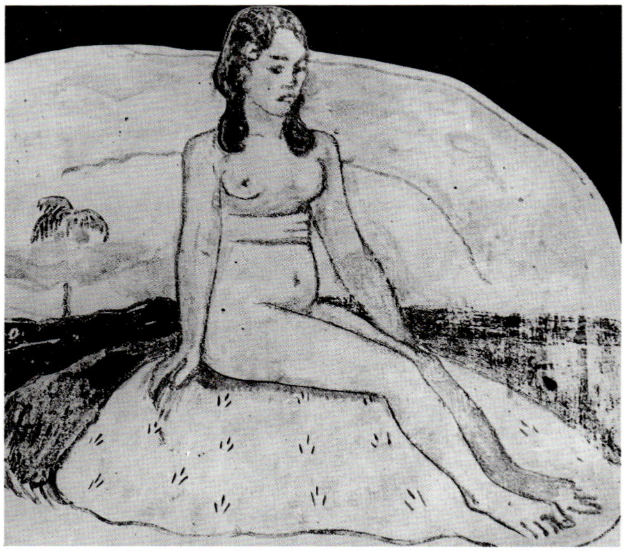

20
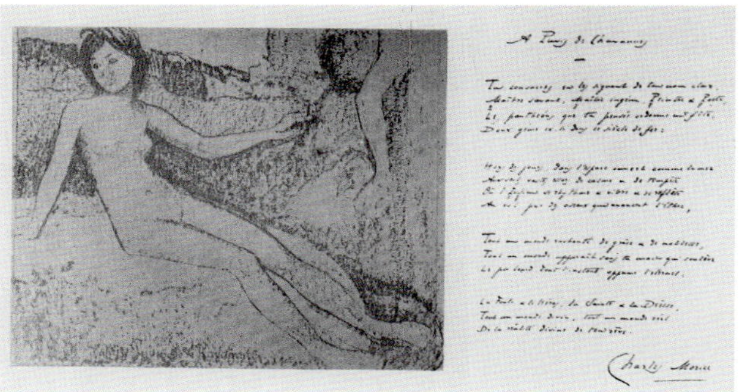

21

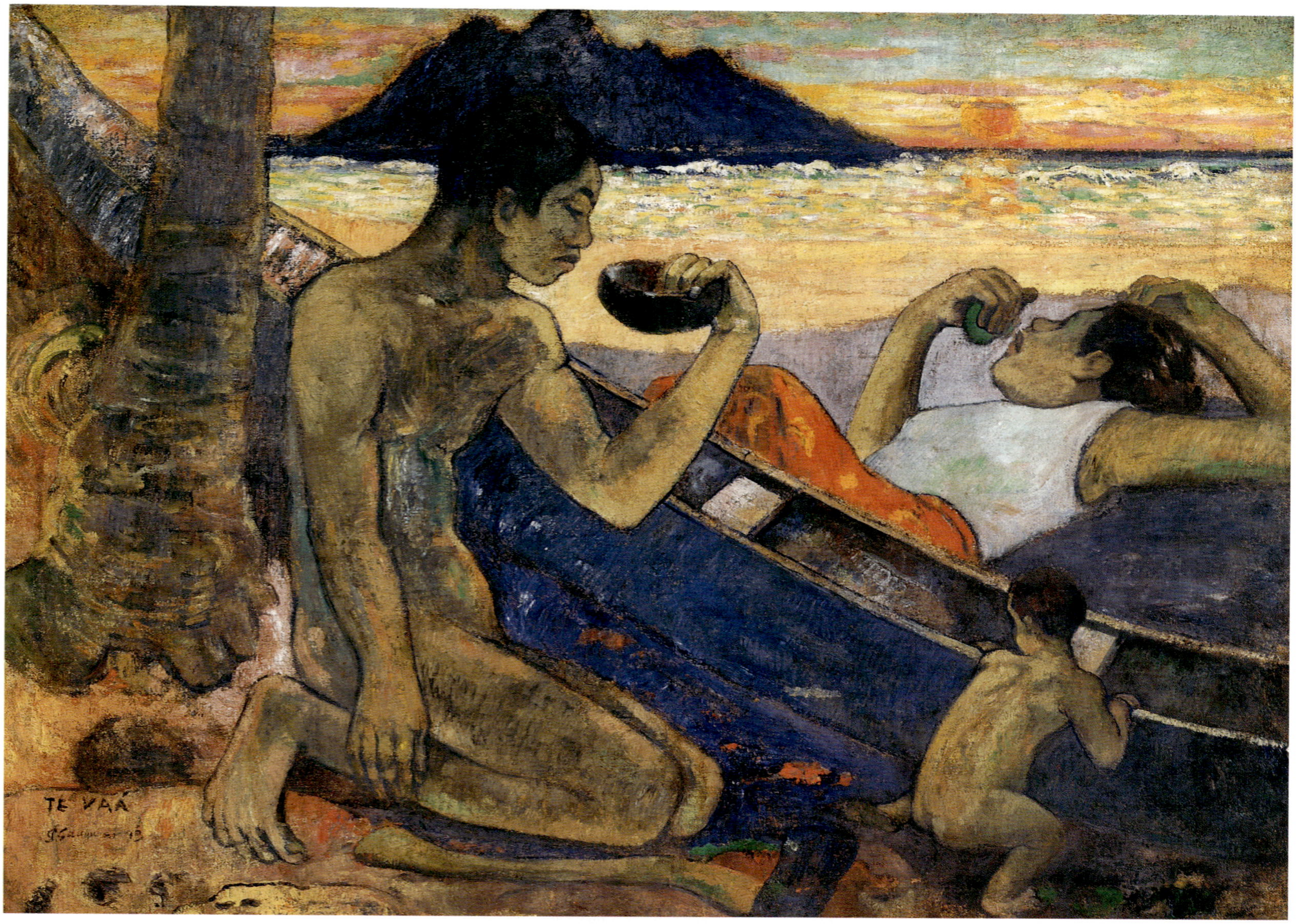


Terugkeer naar Tahiti,
toevluchtsoord op de Marquesas-eilanden

Bij zijn terugkeer in Papeete in september 1895 trof Gauguin gedeeltes van de hoofdstad aan voorzien van elektrisch verlichting. Ontsteld dat dit gedroomde Paradijs zo snel aan het verdwijnen was, kondigde hij zijn plannen aan om de Europese besmetting te ontvluchten door naar de Marquesas-eilanden te verhuizen, de afgelegen eilandengroep die 1208 km ten noordoosten van Tahiti ligt (zie kaart, fig. 5). Maar het zou zes jaar duren voordat hij daadwerkelijk vertrok.

Na dit onfortuinlijke begin ging het van kwaad tot erger. Gauguin worstelde met constante financiële zorgen en steeds ernstiger gezondheidsproblemen. Hij verhuisde naar Punaauia, een dorp op 24 km afstand ten zuiden van Papeete, waar hij zich vestigde met zijn nieuwste tiener-vriendin. Tegen 1896 beschreef hij zichzelf als iemand zonder hoop, een levenslange *misérable*, bezig om gek te worden, veroordeeld tot het martelaarschap en nadenkend over mogelijke zelfmoord. Terwijl dit soort karakterschetsen een voortzetting was van zijn vroegere theatrale manier van doen, begonnen zijn zienswijze en zijn kunst gekleurd te raken door een dieper gevoel van wanhoop. Hij drukte zijn groeiende pessimisme uit in een schilderij van een Tahitiaanse visser met zijn gezin op de kust bij Punaauia, met het eiland van Moorea en de ondergaande zon als achtergrond (fig. 21). Uitgevoerd in een rijk palet van paarsachtig blauw en -roze, is het een weelderig maar melancholiek doek, en raakt het een snaar die verwant is aan de titel die Gauguin aanbracht op een andere versie: '*Le Pauvre Pêcheur* (*De arme visser*). De uitwisseling met Strindberg klinkt er nog in door en het schilderij verplaatst Puvis' thema van berusting en lijden naar Tahiti. Met het tastbaar rijke oppervlak en het gevoel van verdwazing en verlies, is dit een *Misères humaines* die zich afspeelt in een tropisch paradijs.[52]

De stemming is op een zelfportret dat Gauguin schilderde na zijn opname in juli 1896 in het ziekenhuis van Papeete nog grimmiger (fig. 22). De kunstenaar draagt een tuniekachtig hemd dat doet denken aan ziekenhuiskleding. Hij staat met een vermoeide en verwijtende uitdrukking op zijn gezicht tegenover de toeschouwer. De vormen naast hem in de afgesloten, duistere ruimte zijn nauwelijks te onderscheiden: rechts ogenschijnlijk twee Polynesische gebeeldhouwde hoofden en links de voet van het kruis van Christus. De titel – 'Dichtbij Golgotha P. Gauguin - 96' – geeft een

25
Paul Gauguin
*Zonnebloemen op leunstoel*
1901
[W 603]
Olieverf op doek
73 × 92,3 cm
Staatsmuseum Hermitage, St. Petersburg
Cat. 144

26
Paul Gauguin
*Zonnebloemen en mango's*
1901
[W 606]
Olieverf op doek
93 × 73 cm
Privé-collectie

een 'perfide aantekening' volgens Gauguin – waarin hij uitlegde dat deze vooraanstaande rol louter en alleen door Vincent was voorgesteld en geaccepteerd en dat hij, door Gauguin zo tot leider te verheffen, alle ellende in gang had gezet.[59]

Naar het schijnt voltooide Gauguin 'Diverses Choses' aan het eind van 1897. In december van hetzelfde jaar begon hij met het meest ambitieuze schilderij van zijn loopbaan. Dit stuk steekt Seurats *Grande Jatte* (hfdst. 2, fig. 3) in afmetingen naar de kroon, maar overtreft het qua thematische reikwijdte. Gauguin gaf de filosofische funderingen voor dit werk te kennen in de titel die hij bovenaan links aanbracht, op een chroomgeel gedeelte dat hij de aanblik van een muur gaf: *Waar komen we vandaan? Wat zijn we? Waar gaan we naar toe? (D'Où venons-nous, que sommes nous, où allons-nous?)* (fig. 24). Dit is niets minder dan de reeks grote existentiële vragen die mensen als Heine, Carlyle, Vincent en nu Gauguin zich stelden. In visueel opzicht bestaat er een immense afstand tussen deze compositie en Vincent, maar de invloed van Arles klinkt door in Gauguins typering van het werk als een evangelie, een gelijkenis, zoals *Misères humaines* (hdfst. 4, fig. 50). Op een bepaalde manier is het een voortzetting op heroïsche schaal van de *Dag van de God*, de Polynesische *summa theologica* die hij in Parijs had gemaakt, maar de sfeer is hier somberder en dreigender. Gauguin beschouwde *Waar komen we vandaan?* als een testament dat hij wilde maken alvorens te sterven en beweerde zelfs dat hij bij het signeren van het werk getracht had zelfmoord te plegen.[60]

Voor zijn dood in 1903 zou hij nog méér testamenten maken, waarvan sommige geïnspireerd door zijn frustaties over de politieke situatie op het eiland en andere door de intriges binnen de Parijse kunstwereld. Eind 1898 werd zijn meesterwerk verzonden naar Frankrijk en met acht andere schilderijen tentoongesteld in Vollards galerie. Via Monfreid kocht de kunsthandelaar de hele groep, maar tot woede van de kunstenaar voor een lage prijs. Ook was Gauguin niet tevreden over Fontainas' recensie in de *Mercure*, waarin hij door de criticus met halfhartige loftuitingen afgekraakt werd. Na onmiddellijk te hebben toegegeven dat hij Gauguins werk nooit mooi gevonden had, ging Fontainas verder Gauguins vertrek te prijzen, omdat hij daarmee zichzelf losgebroken had van de geaffecteerde eenvoud van de Pont-Aven-stijl en opgehouden was om roem na te jagen temidden van de literaire kringen. Niettemin vond hij het Tahitiaanse werk problematisch en bekritiseerde hij *Waar komen we vandaan?* vanwege de onduidelijke allegorische betekenis. Het werk slaagde er niet in – waar Puvis dat wel deed – om aan de toeschouwer de betekenis over te brengen van de droom van de schilder, behalve dan met behulp van de titel. Wat de artistieke verdiensten ervan betrof, waagde Fontainas te beweren dat Gauguin 'misschien zijn *dessin* had uitgevonden, hoewel het wel dicht aanleunt tegen dat van Van Gogh of zelfs Cézanne.' Dit stak Gauguin verschrikkelijk. 'Ik kom voort uit "Cézanne, Van Gogh en Bernard"! – wat ben ik een onhandige *pasticheur*!,' klonk zijn zwaar ironische jammerklacht tegenover Monfreid. Gauguin schreef een reactie aan Fontainas en slaagde erin hem te beledigen en zichzelf tegelijkertijd te verdedigen. Daarna schreef hij opnieuw om te betogen dat zijn werk functioneerde als een bijbelse gelijkenis en daardoor tegelijk letterlijk en mysterieus was. Sommige mensen konden dat niet zien, verklaarde hij, precies zoals hij tegen zijn vriend Puvis had gezegd toen *De arme visser* vol onbegrip werd ontvangen. Op deze manier lijfde Gauguin zijn bekende tijdgenoot in als sympathisant en zelfs in bepaald opzicht als degene die hij met zijn wijsheid begunstigde, terwijl hij hem privé ervan beschuldigde een grotere begrijpelijkheid te bereiken door gebruik te maken van clichématige symbolen.[61]

Klaarblijkelijk bleef *Hoop* echter een persoonlijke talisman, vanwege de associaties die het werk had met Vincent en met het Atelier van het Zuiden. Gauguins groeiende wanhoop nam nostalgische trekken aan. Zo vroeg hij Monfreid, hem zaadjes voor zijn tuin te zenden, waaronder een verscheidenheid aan zonnebloemen. Deze bloemen, zo schreef hij, verschaften hem wat plezier bij gebrek aan hoop. (Vincent had in zijn laatste weken een vergelijkbaar gevoel geuit). De bloemen deden Gauguin denken aan Frankrijk en gaven hem ook onderwerpen voor een aantal stillevens waar hij in 1899, naar het schijnt op Vollards verzoek, mee begon.[62] Maar in 1901 – na een jaar waarin hij blijkbaar ophield met schilderen en zich toelegde op het schrijven en tekenen – pakte Gauguin dit genre weer op met eigen motieven. Hij maakte vier opvallende schilderijen van zonnebloemen, opmerkelijk door zowel hun retrospectieve aard vol zinspelingen, als hun overweldigende schoonheid. Twee ervan laten zonnebloemen zien in een gevlochten mand, geplaatst op een leunstoel die bedekt is met een kleed (zie fig. 25), een compositie die teruggrijpt op het begin van zijn loopbaan, vooral op het schilderij *Pour faire un bouquet* (hfdst. 1, fig. 53) uit 1880. Op het vroegere schilderij is door een deur een glimp op te vangen van de tuin van het gezin. Hier dient het raam ter omlijsting van het gezicht van een jonge Tahitiaanse voorbijgangster, een erkenning van de privéomstandigheden van de kunstenaar die gedurende de laatste twintig jaar veranderd waren. Zijn gezin is afwezig, maar Vincent is nadrukkelijk aanwezig gezien de rangschikking van de voorwerpen op de stoel die doet denken aan de opstelling ervan in Gauguins *Zonnebloemenschilder*. Het oog op de bloem (hfdst. 4, fig. 114) dat daar gesuggereerd werd, wordt nu vastomlijnder weergegeven en maakt zich los van het boeket door erboven te zweven als een doffe bronzen zon aan een donkere hemel of als een monstrans met het Heilig Sacrament. De vorm doet ook denken aan Auriers bespreking van Gauguin als iemand die het 'innerlijk oog' van een mysticus of een ziener bezit.[63]

Terwijl dit stilleven door de meevoudige verwijzingen als een soort dubbelportret functioneert, laat een ander doek van de serie Gauguins rol bij het overplanten van het Atelier van het Zuiden naar de Stille Zuidzee doorschemeren (fig. 26). Hier staan de bloemen, die hun uitwisseling en ambities symboliseren, in een versierde Maori-vaas van hout. Maar het tropische atelier heeft het voorafgaande atelier niet geheel geabsorbeerd: rechts ligt een enkel bloemhoofdje als een blind omhoogstarend oog in een kom van Nagoya-aardewerk. De Japanse oorsprong van de kom roept Vincents fantasie op van het Gele Huis als *bonzerie*.[64] De samenwerking te Arles komt nog veel letterlijker naar voren in het zonnebloem-schilderij dat in iconografisch opzicht het meest is uitgewerkt (fig. 28). Op de muur achter de bloemen en boven de contrasterende vormen van de Maori- en de Japanse potten zijn twee afbeeldingen te zien. De onderste is Gauguins ets van Degas van een bordeelinterieur met een naakte vrouwenfiguur die zich voorover buigt boven een toilettafel (fig. 27). Misschien wordt Degas' naaktfiguur hier

25

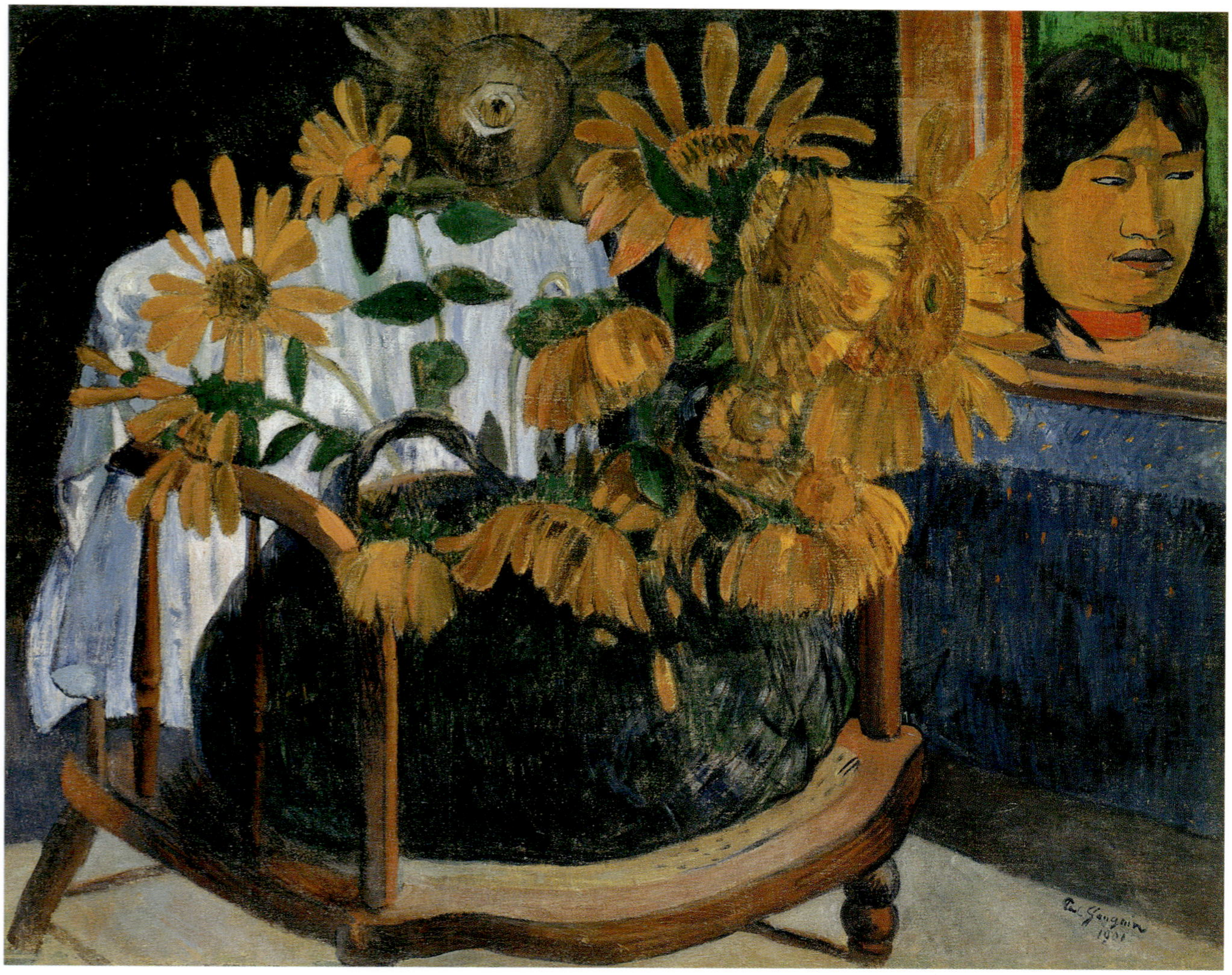

26

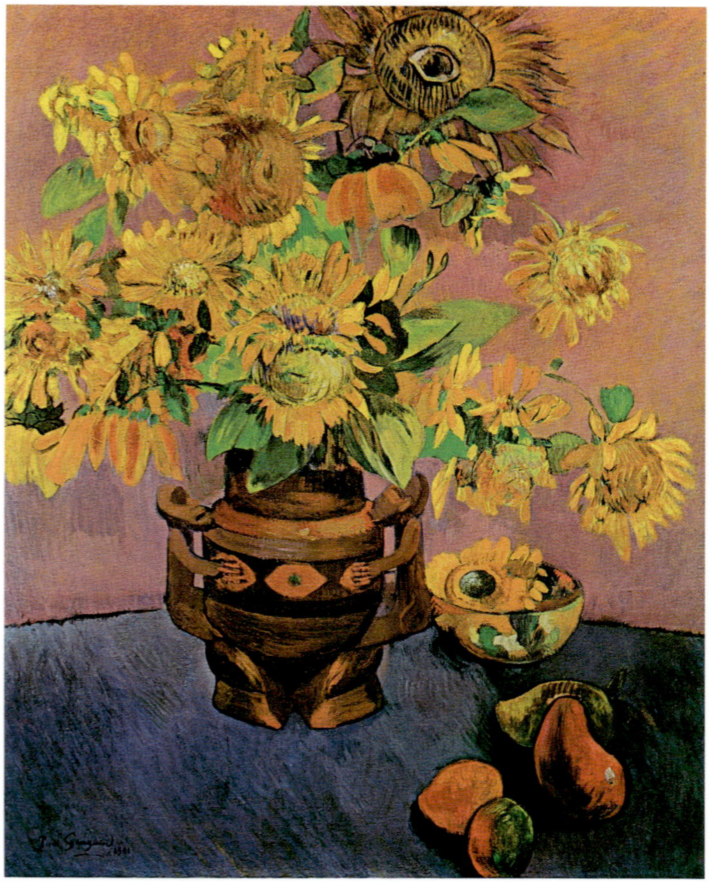

27

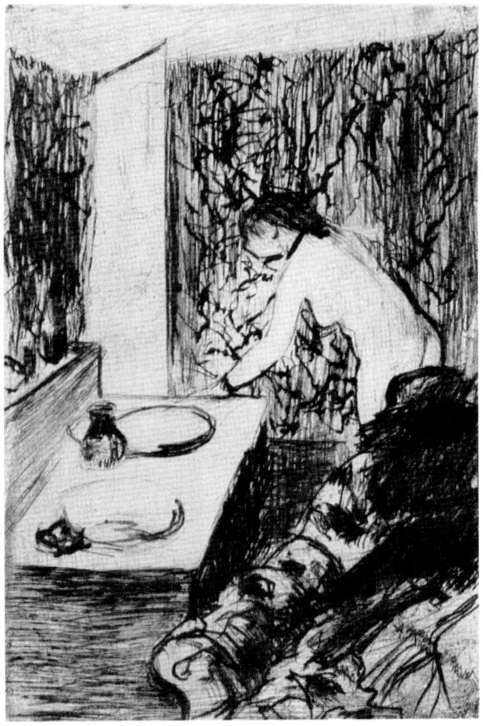

uitgespeeld tegen de naakte vrouw op de afbeelding van Puvis' *Hoop* erboven, verwijzen ze naar de rol van het bordeelbezoek binnen de broederschap in Arles. Door deze afbeeldingen naast elkaar te zetten suggereerde Gauguin een besmette onschuld. Doordat hij haar afbeeldde met haar ogen geheel afgekeerd van de toeschouwer – dus ook van de kunstenaar – veranderde hij haar in een symbool van zijn eigen pessimistische gevoelens.

Deze persoonlijke symboliek wordt in de schikking van de bloemen verder voortgezet. De twee bloemhoofdjes rechts onderaan op de tafel brengen één van de twee zonnebloem-schilderijen in herinnering (hfdst. 2, fig. 49) die Vincent aan Gauguin gaf in ruil voor de *Négresses*. Maar Vincents schilderijen hoorden niet bij de picturale reisgenoten die Gauguin met zich mee terug nam naar het tropische eiland. Hij had ze samen met andere kostbare werken achtergelaten in Parijs en binnen enkele maanden na zijn aankomst aan Schuffenecker gevraagd ze te verkopen. Ironisch genoeg zou het jaren duren voordat hij vernam wat er met de doeken gebeurd was en hij enig financieel voordeel kon halen uit het offer dat hij gebracht had.[65] *Zonnebloemen met Puvis de Chavannes' 'Hoop'* brengt dus een eerbewijs aan twee mannen wier hoop vals is gebleken.

Dit stuk werd geschilderd aan de vooravond van de laatste zoektocht om de wedergeboorte te bereiken die de fantasie van het Atelier van de Tropen beloofde – de reis naar het Hiva Oa in de Marquesas-eilanden. Gauguin ging er tenslotte heen in september 1901. De zonnebloem-reeks is een persoonlijke erkenning van Vincents rol die Gauguin die nooit in het openbaar zou uitspreken. Het dichtste kwam hij in de buurt van een dergelijke erkenning met een manuscript dat hij in september 1901 vanuit Atuona op het eiland Hiva Oa naar Fontainas zond in de hoop dat het in de *Mercure* gepubliceerd zou worden. Zoals uit de titel blijkt, 'Racontars de rapin' ('Roddelpraat van een kladschilder'), betrof dit de blik van een insider op de kunstwereld en stelde het de auteur in de gelegenheid zijn recente verleden vorm te geven, zijn verplichtingen te erkennen en oude rekeningen te vereffenen. Vooral de critici waren een geliefd doelwit; Gauguin nam hen flink te grazen vanwege hun voortdurende zoektocht naar het stilistische 'vaderschap' van een werk. Hierdoor werd de toenmalige rage onder de kunstenaars aangewakkerd om zich te fixeren op hun originaliteit, terwijl in feite niemand kant-en-klaar ter wereld komt, maar juist een schakel vormt in een keten.

Gauguin bekende zich zorgen te maken over 'alle vaders die men mij heeft toegeschreven.' Hij erkende Pissarro als één van zijn leermeesters en verleende Cézanne een bijzondere status *sui generis*. Deze schijnbare bescheidenheid kon amper zijn ambitie om de geschiedenis van de moderne kunst, die nog steeds in de maak was, naar zich toe te trekken, weg van de vereende krachten van bureaucratie, pers en kunsthandel, verbergen. Daarom besloot Gauguin zijn 'Racontars' met een lijst van 'belangrijkste' kunstenaars, waarbij hij begon met de generatie volgend op de Romantiek, vervolgens de impressionisten en neo-impressionisten behandelde en eindigde met een naamloze groep die varieerde van Anquetin tot Van Gogh.[66]

Terwijl Gauguin Bernard niet in deze gelederen opnam, toonde hij zich wel in staat om diegenen te erkennen die van hem verschilden of niet zijn gelijken waren (Seurat en Signac; Anquetin en Sérusier). Maar Vincent was duidelijk een zo groot probleem dat hij zelfs doordrong tot in de brief aan Fontainas die bij het manuscript was ingesloten. Koppig refererend aan de opmerking van de criticus uit 1897 dat zijn werk veel verschuldigd was aan Vincent, produceerde Gauguin als ontlastend bewijs de gepubliceerde brief van Vincent aan Theo uit de zomer van 1888, waarin deze de kracht van Gauguins invloed al voorzag vóór zijn aankomst in Arles. Ook produceerde hij Vincents brief aan Aurier waarin deze verklaarde veel te danken te hebben aan Gauguin. En hij verzocht Fontainas ook nauwkeurig naar de schilderijen te kijken die Vincent voor en na – *avant et après* – Gauguins verblijf in Arles had geschilderd.[67]

En toen kwam het verraad. Niet bij machte de verleiding te weerstaan Fontainas' interpretatie verder te sturen, legde Gauguin vervolgens uit hoe hij Vincent gered had van de invloed van de neo-impressionistische theorieën over kleurgebruik. Onder Gauguins vleugels waren de geel/violette complementaire kleuren verdwenen en was Vincent, 'in navolging van mijn advies en onderricht [...], op geheel andere wijze doorgegaan. Hij schilderde gele zonnebloemen op een gele ondergrond, etc.' Uiteraard, vertrouwde Gauguin Fontainas toe, schreef hij dit allemaal '*volledig onder ons*, om u te laten weten dat ik Van Gogh niets af wil nemen.' Hij had zijn gebruikelijk stilzwijgen over zijn edele vriend alleen maar doorbroken om de zaken recht te zetten. Hij was er niet op uit om roem voor zichzelf te behalen.

Maar dat deed hij uiteindelijk wel, en de angst dat dit hem niet zou lukken leidde tot verder verraad. De mythe van Vincent – gevoed door zijn leven, brieven en werken, en door hun weergave en interpretatie – nam vlak voor zijn ogen steeds vastere vormen aan. Gauguin had de kritische pers niet nodig om dat te beseffen. Hij verkreeg er zelfs informatie over van een belangrijke nieuwe verzamelaar van zijn eigen werk, Gustave Fayet. In deze collectie werden Gauguins schilderijen bij die van Cézanne, Degas en Renoir gevoegd, maar de verzamelaar koppelde hem zonder enige aarzeling aan Vincent, wiens *Toeschouwers in de arena* (hfdst. 4, fig. 54) hij ook in zijn bezit had. Fayet schreef aan Gauguin over zijn bewondering voor de Vincent die tevoorschijn kwam uit de gepubliceerde correspondentie en over zijn belangstelling voor de verwijzingen naar Gauguin die daarin te vinden waren.[68] Gauguin kon niet anders dan hier een tweeslachtig gevoel over

27
Edgar Degas
(Frankrijk, 1834-1917)
*Bordeelscène*
Ets op vel papier
30,3 × 21,8 cm
The Art Institute of Chicago, William McCalin McKee Fund, 1951.213

28
Paul Gauguin
*Zonnebloemen met Puvis de Chavannes' 'Hoop'*
1901
[W 604]
Olieverf op doek
65 × 77 cm
Privé-collectie

hebben: het gaf bevrediging om zich onder de gelederen te kunnen scharen van de schilders die hij zolang bewonderd had, maar het was minder aangenaam om over één kam te worden geschoren met de man die hij wenste te beschouwen als zijn voormalige leerling.

Toen Gauguin in februari bericht kreeg dat de *Mercure* zijn 'Racontars' had afgewezen, zei hij dat het zo beter was. Hij had kort tevoren een langer manuscript voltooid over de gehele spanwijdte van zijn bestaan – zijn vroege herinneringen en intellectuele vorming, zijn eigen kunst en die van anderen, zijn liefdes en zijn vijandschappen. Vastbesloten om het te laten publiceren, vroeg hij opnieuw aan Fontainas om zijn invloed te laten gelden. Dit stuk, met de titel *Avant et après* (zie fig. 1) bevat de episode die Gauguin eerder alleen had toevertrouwd aan een vertrouwelijk begeleidend schrijven: het ervoor-en-erna-verhaal van zijn tijd in Arles bij Vincent, verfraaid met enige opmerkingen over de waanzin van de laatste dagen. Elders in de autobiografie klinken de chronologische begin- en eindpunten van de titel opnieuw door, wederom met betrekking tot Vincent. 'Avant' houdt in de derde keer dat het verhaal van het garnalen-stilleven verteld wordt, 'après' markeert het verslag van het financiële succes van het doek wanneer Vincent er al niets meer aan heeft.[69] Dit 'ervoor en erna' omvat de volledige duur van hun verstandhouding en voorspelt kort en bondig welk lot Gauguin met Vincent zou delen.

Vincent had Gauguin geholpen bij het onderscheiden van de mythische trekken waarmee hij, vanaf 1888, zijn koers had uitgestippeld. Maar Gauguin had zijn familie en vrienden opgeofferd om zijn doelstellingen op nietsontziende wijze te bevorderen. In ballingschap had hij de prijs betaald voor een succes dat hem eeuwig onthouden scheen te worden. Ziek en vol heimwee bekende hij in 1902 vanuit Hiva Oa aan zijn vriend Monfreid dat hij overwoog naar Frankrijk terug te keren. Monfreid raadde het hem echter af. Tijdens Gauguins afwezigheid was een legendevorming aan het ontstaan rond zijn persoon en rond de schilderijen die als vanuit een mysterieuze leegte leken te arriveren in Parijs. 'Doordat hij de onschendbaarheid genoot van de grootheden die zijn heengegaan' was Gauguin al 'deel uit gaan maken van *de geschiedenis van de kunst*' – zoals de niet-genoemde Vincent. Toch hoopte Gauguin dit lot te kunnen ontlopen en speelde hij begin 1903 met de gedachte om Frankrijk binnen te glippen. Alleen zijn vrienden hoefden het te weten en hij zou doorreizen naar Spanje om daar te verdwijnen. Maar hij bleef waar hij was op de Marquesas-eilanden waar hij stierf op 8 mei 1903. Toen het bericht van zijn overlijden drieënhalve maand later Frankrijk bereikte, ging Morice meteen aan het werk om de mythe vaste vorm te geven. In een eerbetoon in de *Mercure* in oktober riep hij het beeld op van de emblematische reiziger van *Bonjour, Monsieur Gauguin* (hfdst. 5, fig. 85). Hij citeerde Gauguins meest recente – en zichzelf rechtvaardigende – tekst die op gedetailleerde wijze zijn tijd met Vincent in Arles beschreef. Hij vervulde dus Gauguins wens om alles nog eens goed op een rijtje te zetten. Morice verzachtte het negatieve effect van dit verslag door het 'ontroerende' verhaal over het lot van Vincents vijf franc-stilleven ook op te nemen. Maar de tijd voor dit soort defensieve strategieën was bijna voorbij. In een geschreven eerbewijs dat Morice in november in elkaar zette, prees Signac de man die door hem en door zijn neo-impressionistische collega's ooit als een ruwe zeebonk was afgedaan, door te verklaren dat Gauguin als een moderne Odysseus de wereld met zijn reis verrijkt had.[70]

Tijdens het schrijven van de ontwikkelingsgeschiedenis van de moderne kunst aan het begin van de 20ste eeuw zouden kwesties als beïnvloeding en overdracht erg op de voorgrond treden. Maar Gauguins getuigenissen van zijn eigen belang boven dat van Vincent bleken onnodig te zijn. Het schiftingsproces dat het opstellen van het grote verhaal over het Modernisme met zich meebracht, leidde tot een inperking van het terrein en een verwijdering van strijdende beweringen die uiteindelijk het naast elkaar bestaan toestonden van twee mythische personages – beiden zo onomstotelijk origineel en onafhankelijk dat zelfs hun tijd sámen werd verwezen naar de marges van beider biografie. Ieder van hen had op effectieve wijze zijn eigen mythe geschapen: Vincent met zijn brieven, die hij begon te schrijven lang vòòr zijn ontmoeting met Gauguin; Gauguin door het herschrijven van het scenario dat zij samen hadden bedacht. Op zeer concrete wijze deed ieder deze mythes in vervulling gaan met verwijzing naar de ander en naar het Atelier van het Zuiden – een blijvende, maar uiteindelijk ongrijpbare stimulans.

28
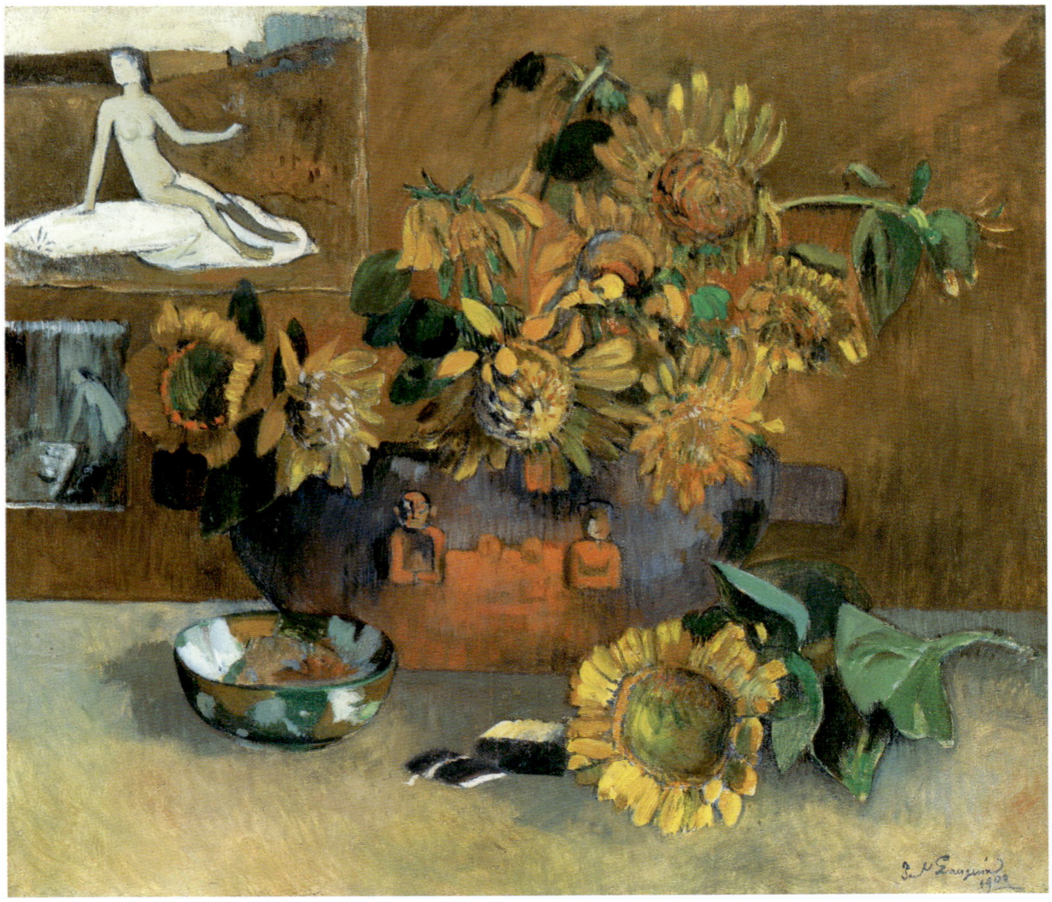

# NOTEN

Alle citaten uit brieven bevatten de namen van de correspondenten, de datum (binnen vierkante haakjes waar deze niet door de schrijver in de brief is vermeld), de bron en het referentienummer. Volledige verwijzingen naar verkort weergegeven bronnen zijn te vinden in de Beknopte Bibliografie. Voor Van Goghs brieven zijn de nummers gebruikt zoals vastgesteld in de eerste volledige Engelse en Franse uitgave (1958 en 1960), in afwachting van de herziene uitgave die op dit moment door het Van Gogh Museum wordt voorbereid en die voor een nieuwe nummering zal zorgen. Deze nummers worden voorafgegaan door de nummers uit de Nederlandse uitgave van de brieven uit 1990. Voor Gauguins brieven worden de nummers uit Merlhès' uitgave (1984) gebruikt, waar nodig herzien door middel van latere publikaties van dezelfde auteur (1989 en 1991). Brieven die binnen een andere context zijn gepubliceerd (zoals Theo van Goghs verzamelde correspondentie in *Kort geluk*) en andere geschriften (zoals Gauguins verhandeling *Avant et après*) worden aangegeven met een afgekorte bibliografische verwijzing en het nummer van de pagina en/of het nummersysteem gebruikt in de desbetreffende bron. Ongepubliceerd materiaal wordt geciteerd met toestemming van en in overeenstemming met het referentiesysteem dat gehanteerd wordt door de bezitters ervan.

Op plaatsen waar wij een nieuwe datering van een brief voorstellen wordt in de bijbehorende noot een korte motivatie gegeven. Over het algemeen wordt voor Van Goghs brieven de chronologie aangehouden van de Nederlandse uitgave uit 1990, in combinatie met Pickvance 1984, en voor Gauguins brieven die van Merlhès 1984. Verder onderzoek heeft reeds bepaalde wijzigingen opgeleverd en zal dat ook in de toekomst blijven doen. Wij hebben waar mogelijk rekening gehouden met de meest recente informatie en deze ook zo mogelijk bij name genoemd.

Wij hebben getracht het primaire documentatiemateriaal, indien mogelijk, in de oorspronkelijke taal te lezen: Nederlands, Frans en bij gelegenheid Engels. Onze dank gaat uit naar Victor Merlhès, onderzoeker bij het Centre National de la Recherche Scientifique in Frankrijk, voor zijn bereidheid om zijn kennis uit de eerste hand van Gauguins geschriften met ons te willen delen en naar Leo Jansen van het Van Gogh Museum voor het controleren van aangehaalde citaten in de originele manuscripten van Van Gogh. Wij hebben achtereenvolgens gebruik gemaakt van een aantal gemakkelijk toegankelijke Engelse vertalingen, waaronder Thomson 1993, Washington 1988, Van Gogh 1958 en Van Gogh 1996. In overleg met de taalkundigen Leo Jansen en Silvia Tokatlian hebben wij een aantal nuances aangebracht in eerder gepubliceerde vertalingen. In het Engelstalige origineel van dit boek worden vele passages voor de eerste keer in het Engels weergegeven.

## PROLOOG

*Bronnen voor vet gedrukte citaten: p. 2 Vincent aan Wil, [ca. 22 juni 1888], 633/W 4; p. 3 Gauguin, Avant et après, p. 203.*

1. Roskill 1970a; zie ook Roskill 1979.
2. Zie Druick/Zegers 1991.
3. Zie Van Uitert 1977, 1978-79, 1980, 1981-82; Pollock 1980a, 1980b, 1988, 1992; en Silverman 1992, 1994, 1995; Naomi Margolis Mauers vergelijkende studie, *The pursuit of spiritual wisdom: The thought and art of Vincent van Gogh and Paul Gauguin* (Maurer 1998) verdient in deze context ook vermelding. Het lijkt een bijzonder vruchtbare tijd te zijn voor studies over Van Gogh en Gauguin. *Van Gogh and Gauguin: Electric arguments and utopian dreams*, door Bradley Collins jr. staat op het punt te verschijnen. Deborah Silvermans belangrijke *Van Gogh and Gauguin: The search for sacred art* (Silverman 2000) verscheen kort voor de voltooiing van dit boek. Hoewel we om die reden niet in staat waren om haar bevindingen integraal in onze tekst op te nemen, besteden we (in noten) aandacht aan haar werk op punten waar zij dezelfde aandachtspunten behandelt. Ook hebben we gebruik gemaakt van Silvermans eerder gepubliceerde werk over de beide kunstenaars. *The search for sacred art* is het resultaat van een diepgravend onderzoek, is scherpzinnig beargumenteerd en voorzien van een scala aan vergelijkende illustraties. Dit boek geeft aanleiding tot vele discussiepunten die hier niet aan de orde komen en biedt vele mogelijkheden voor nieuw onderzoek.
4. Zie 'Brieven' in de Beknopte Bibliografie. Wij hebben bij ons onderzoek veel steun gehad aan recent onderzoek over de correspondentie van beide kunstenaars. In 1984 behandelde Ronald Pickvance de chronologie van Van Goghs brieven uit Arles en stelde belangrijke wijzigingen in de datering voor (Pickvance 1984). De Nederlandse uitgave van Van Goghs brieven uit 1990 zorgt voor een belangrijke herziening van de standaardeditie uit 1958 en de Engelse en Franse uitgaven uit 1960. Ze bevat nieuwe brieven en passages die eerder weggelaten waren. Jan Hulsker heeft correcties gepubliceerd met betrekking tot de datering en de vertaling van vele brieven uit het gehele spectrum van de correspondentie (Hulsker 1993). Op dit moment zijn het Van Gogh Museum te Amsterdam en het Constantijn Huygens Instituut voor tekstedities en intellectuele geschiedenis uit Den Haag bezig met een grondige evaluatie en vertaling van de correspondentie van Van Gogh; zie Hans Luijten, '"As it came into my pen": A new edition of the correspondence of Vincent van Gogh,' *Van Gogh Museum Journal* (1997-98), pp. 58-67. Victor Merlhès, onderzoeker bij het Centre National de la Recherche Scientifique in Frankrijk en expert op het gebied van Gauguins correspondentie, heeft bij zijn bestudering van de complexe briefwisseling tussen de broers Van Gogh en Gauguin het bestaan geopperd van verloren gegane brieven en de inhoud daarvan weten te reconstrueren. Deze brieven maken ongeveer de helft uit van het totaal van de correspondentie (Merlhès 1991 en 1996). Ook heeft hij talrijke andere primaire documenten gepubliceerd die betrekking hebben op Gauguins leven en werk (M 1984, M 1989 en M 1995).
5. Van Uitert 1977; Pollock 1992, p. 16.
6. De verschillende consequenties van deze beslissing – Vincents identificatie met zijn held Rembrandt, zijn voornemen om zichzelf een verkoopbare identiteit aan de meten, zijn verlangen om afstand te nemen van zijn familie en zich tegelijkertijd op één lijn te stellen met de 'gewone man' – komen in de volgende hoofdstukken aan de orde.

# HOOFDSTUK 1: AFKOMST

*Bronnen voor vet gedrukte citaten: p. 12: Vincent aan Theo, [ca. 21-28 mrt. 1883], 334/276; p. 14: Vincent aan Theo [23 jan. 1889], 744/573; p. 17: Vincent aan Theo, 8 apr. 1877, 111/91.*

1. Over *vanitas*stillevens met boeken, zie Sam Segal, 'Natures mortes aux livres', in ten. cat. *Sébastien Stoskopf*, Strasbourg (Musée de l'Oeuvre Nôtre-Dame),1997, pp. 86-93. Onder de bronnen geraadpleegd voor emblemata Conrad Busken Huet, 'Letterkunde – Kronijk en Kritiek', *De Gids* 27, (1863), nr. 4, pp. 99-128; Hendrik Smilde, 'Cats onder de menschen', in *Jacob Cats in Dordrecht*, Groningen/Batavia 1938, pp. 278-305; P. Minderaa, *Aandacht voor Cats bij zijn 300-ste Sterfdag*, Zwolle 1962; B.A. van Es, *Zedenkundig vermaan voor jong en oud*, Culemborg 1977; N.F. Noordam, 'Cats als volksopvoeder', in Bernard Kruithof *et al.*, *Geschiedenis van opvoeding en onderwijs*, Nijmegen 1982, pp. 307-17; Marie van Dijk, 'Spel- en speelkultuur in de negentiende eeuw', *Volkskundig Bulletin* 9 (1983), pp. 73-78; A.S.Q. Visser *et al.*, *Emblem books in Leiden*, Leiden 1999; Michael Bath, 'English emblem books post-1700', in *Speaking pictures: English emblem books and Renaissance culture*, London/New York 1994, pp. 255-81; en Karl Jozef Höltgen, 'The Victorian Emblematic Revival', in *Aspects of the emblem*, Kassel 1986, pp. 141-96.
2. Émile Zola, *Joie de vivre*. In het Engels vert. door Jean Stewart als *Zest for life*, met voorwoord van August Wilson, London 1955 (herdr. 1986). Over dit schilderij, zie Joan Greer, 'Een man van smerten ende versocht in Krankheyt: Het christologische beeld van de kunstenaar in Van Goghs stilleven met open bijbel', *Jong Holland* 13 (1997), nr. 3, pp. 30-42. Zie Hope B. Werness, 'Some observations on van Gogh and the *Vanitas* tradition', *Studies in Iconography* 6 (1980), pp. 123- 36; Roskill 1979, p. 157; Amsterdam 1990, cat. 10, pp. 54-55; Maurer 1998, pp. 51-53; Sund 1992, pp. 109-13; Pollock 1980b, dl. 1, pp. 222-28; Jean Seznec, 'Literary inspiration in van Gogh', *Magazine of Art* 48, (1950), nr. 8, pp. 282-88; en Carl Nordenfalk, 'Van Gogh and literature,' *Journal of the Warburg and Courtauld Institutes* 10 (1947), pp. 132-47.
3. Zola, *Joie de vivre*, p. 174.
4. Voor deze en andere opmerkingen over dit schilderij, zie Pickvance 1998, cat. 18, p. 263. Voor Gauguin in Kopenhagen, zie M 1984, brieven 56-79 en de bijbehorende noten.
5. Johannes Paulus Stricker, 'Het geloof in Jesus Christus de eenige weg tot zaligheid', in *Christelijk Album*, Amsterdam 1858, p. 196; geciteerd in Kathleen Powers Erickson, *At eternity's gate: The spiritual vision of Vincent van Gogh*, Grand Rapids, Michigan 1998, p. 29. Over de Groninger leerstellingen, zie ibid. (waar de familie Van Gogh verkeerd omschreven wordt als calvinistisch); Tsukasa Kōdera, 'Van Gogh and the Dutch theological culture of the nineteenth century', in *Vincent van Gogh International Symposium, Tokyo, October 17-19, 1985*, Tokio 1988, pp. 141-70; Silverman 1994; en Cliff Edwards, *Van Gogh and God: A creative spiritual quest*, Chicago 1989, pp. 41, 193 noot 7.
6. Over de culturele achtergronden van de *dominocratie* en de implicaties ervan voor Vincents vorming, zie het uitmuntende verslag en analyse in Silverman 1994; en voor de bijschriften-poëzie, zie Kōdera 1990, pp. 14-26. Drie in Kōdera 1990 geciteerde voorbeelden zijn: J.J.L. ten Kate, *Nieuwe belooning, Kindergedichtjes*, Amsterdam 1850; Eliza Laurillard, *Kunst-juweeltjes voor de salon-tafel met bijschriften van E. Laurillard*, 2 vols. Haarlem 1871; idem, *Klimop, gedachten en beelden des geloofs, proza en poëzy*, Amsterdam 1871.
7. Over de in de 19de eeuw gebruikte typologie, vooral met betrekking tot de visuele kunsten, zie George P. Landow, *Victorian types, Victorian shadows: Biblical typology in Victorian literature, art and thought*, Boston 1980. Over het lezen van emblemata in deze periode, zie B.F. Scholz, 'Jacob Cats' *Silenus Alcibiadis* in 1618 and 1862: Changes in word-image relations from the seventeenth to the nineteenth century,' *Word and Image* 4 (jan.-mrt. 1988) nr. 1, pp. 67-80. Scholz merkt op (p. 69) dat emblematische interpretaties beschouwd werden als universeel geldend en met een vaste betekenis.
8. Voor de afbeelding van Van der Maaten in de dominee's studeerkamer, zie Vincent aan Theo, 29 juni 1875, 36/29; voor zijn gebruik ervan in een preek, zie Vincent aan Theo, 27 aug. 1877, 127/107.
9. Na het Verdrag van Munster in 1648, waarmee de Republiek der Verenigde Provinciën officieel onafhankelijk werd van Spanje en van de zuidelijke provincies die onder Spaans bestuur bleven, werd het katholicisme slechts oogluikend toegestaan in het noorden, waar de regering nauwe banden had met de Nederlands Hervormde Kerk. Pas in het kielzog van de Franse Revolutie kwam de vrijheid van eredienst, toen Frankrijk de oorlog verklaarde aan de Verenigde Provinciën en deze bezette. In 1795 werd de Republiek naar Frans model omgedoopt tot Bataafse Republiek. Twintig jaar later werd door het Congres van Wenen het Verenigde Koninkrijk der Nederlanden gesticht, een geopolitieke hereniging van de katholieke Spaans-Oostenrijkse zuidelijke provincies met die van het protestantse noorden onder een autocratische calvinistische koning. De unilaterale onafhankelijkheidsverklaring van de zuidelijke provincies (waardoor België ontstond) werd door de Nederlanders met militair optreden begroet (1831-33). Pas in 1839 vond de officiële bekrachtiging van de nieuwe nationale grenzen plaats, die grotendeels overeenkwamen met de grenzen van de Hollandse Republiek tijdens de Gouden Eeuw.
10. Deze instantie – de Maatschappij tot bevordering van Welstand, voornamelijk onder Landlieden – werd in 1822 opgericht en was gevestigd in Breda. Theodorus' vader, dominee Vincent van Gogh, was er 40 jaar boekhouder geweest. Zie Frank Kools, *Als een boer van Zundert: Vincent van Gogh en zijn geboorteplaats*, Zutphen 1990.
11. 'Verbanning': Vincent aan Theo, [begin sept. 1876], 90/82a-I. Vincent en zijn broer dachten dat hij aan epilepsie leed, zoals Dr. Peyron later vast zou stellen in een diagnose (zie Peyron aan Theo, 26 mei 1889, Hulsker 1971, brief VIII). Sinds zijn dood is veel gespeculeerd over Vincents ziekte. Voor een analyse, zie Pollock 1990a, pp. 69ff. Voor een samenvatting van de diagnoses zie Elmyra van Dooren, 'Van Gogh: illness and creativity', in Tsukasa Kōdera en Yvette Rosenberg (red.), *The mythology of Vincent van Gogh*, Tokio/Amsterdam 1993, pp. 325-45. Het blijkt even moeilijk om Vincents van school gaan toe te schrijven aan financiële redenen als aan problemen van disciplinaire of leerkundige aard. Zie Anne Stiles Wylie, 'Vincent's childhood and adolescence', in *Vincent: Bulletin of the Rijksmuseum Vincent van Gogh* 4 (1975), nr. 2, pp. 13-15.
12. Vader aan Theo, jan. 1873, VGM FR, inv. b2596 V/1982; Vincent aan Theo, 28 jan. 1873, 4/4; Vincent aan Theo, 17 mrt. 1873, 5/5; Moeder aan Theo, 31 mei 1873, VGM FR, inv. b2630 V/1982; Vincent aan Theo, 20 juli 1873, 11/10; Vincent aan de familie Stockum-Haanbeek, 7 aug. 1873, 12/10a; Vincent aan Theo, 30 apr. 1874, 22/16; Moeder aan Theo, 28 okt. 1874, VGM FR, inv. b2729 V/1982, geciteerd in Hulsker 1990, p. 22; Vader aan Theo, 28 okt. 1874, VGM FR, inv. b2728 V/1982; Anna aan Theo, 25 apr. 1875, geciteerd in Hulsker 1990, pp. 23-24; Vincent aan Theo, 8 mei 1875, 33/26. Voor meer correspondentie van de familie Van Gogh, zie Jan Hulsker, ' The elusive van Gogh, and what his parents really thought of him', *Simiolus* 19 (1989), nr. 4, pp. 243-55.
13. Vincent aan Theo, 12 nov. 1881, 181/157. Hij breidde de metafoor verder uit: 'De hartstogten zijn de zeilen van 't scheepje [...] En iemand die op zijn 20ste jaar zich geheel overgeeft aan zijn gevoel vangt te veel wind en zijn boot loopt vol water.' Zie Hulsker 1990 voor een vollediger overzicht van Vincents leven in deze tijd. Algemeen wordt aangenomen dat Vincent verliefd werd op de dochter van zijn hospita, Eugenie Loyer. Voor een recentere interpretatie van de feiten, zie Elly Cassee, 'In Love: Vincent van Gogh's first true love', *The Van Gogh Museum Journal* (1996), pp. 109-17.
14. Thoré's boek werd in twee delen uitgebracht, *Les musées de la Hollande, Amsterdam, et La Haye*, Paris 1858; en *Les musées de la Hollande, Musée van der Hoop à Amsterdam, et Musée de Rotterdam*, Paris 1860. Zie Frances Suymann Jowell, *Thoré-Bürger and the art of the past* (diss. Harvard University, 1971), passim en p. 180 voor de betekenis van zijn pseudoniem. Vincent berichtte voor de eerste keer dat hij *Les musées de la Hollande* aan het lezen was in een brief aan Theo, 19 nov. 1873, 15/12. Over Vincents interpretatie, zie Pollock 1980b, dl. 1, pp. 30 ff. en hfdst. 5. Aan Thoré's oproep om een nationaal museum te stichten om de glorie van de Hollandse School beter tentoon te kunnen stellen werd gehoor gegeven met de opening van het Rijksmuseum in 1885. 'Abstracte': Thoré 1858, p. 204.
15. 'Mystieke ideeën'; 'de grote openbaarder': Thoré 1858, p. 323; Thoré 1860, p. 4 (noot 14).
16. 'Revelatie en evangelie': Vincent aan Theo, 31 juli 1874, 27/20.
17. Gekopieerd voor Willem en Caroline van Stockum-Haanebeek, okt. 1873, 14/11a (in zijn geheel opgenomen in de Nederlandse uitgave van 1990); ook gekopieerd in een album voor de vrouw van de dominee voor wie hij werkte in Engeland in begin juli 1876; Pabst 1988, pp. 60-61, 65, 69. Vincent schreef de passage in het Frans.
18. Johannes Paulus Stricker, *Jezus van Nazareth volgens de historie geschetst*, Amsterdam 1868, p. 140; geciteerd in Erickson (noot 5), pp. 30-31.
19. Zie Van Gogh, Albums 1 en 2; facs. in Pabst 1988, p. 9-37. Vincent las Renans *Jésus* (1864), een versie van zijn *Vie de Jésus* waaruit de meer controversiële passages waren verwijderd.
20. Voor Carlyle, zie Album 2, pp. 21-23; facs. in Pabst 1988, p. 25. Voor Renan, zie Album 2, p. 29; facs. in Pabst 1988, p. 27. Vincent raakte bekend met Carlyle via Hippolyte Taine, *L'idéalisme anglais: étude sur Carlyle*, Paris 1864.
21. 'Zijn ziel hem verlaten had': Carlyle, *Past and present*, London 1843, p. 123; door Vincent gekopieerd in Album 2, p. 21; facs. in Pabst 1988, p. 25. Zie ook Taine (noot 20), p. 172.
22. Alfred de Musset, 'La nuit de décembre', Maurice Allen (red.), *Musset: poésies complètes*, Paris 1957, pp. 310-15. Vincent kopieerde het gedicht in Album 1, p. 20; facs. in Pabst 1988, p. 24. Zie ook hfstk. 4, noot 104.
23. 'Wat is de betekenis van de mens' komt uit Heine's *Buch der Lieder*, Hamburg/Paris 1837, Zweiter Cyklus ('Die Nordsee'), nr. 7 ('Fragen'). Vincent kopieerde passages in Albums 2 en 3 (zie Pabst 1988). Taine (noot 20), p. 108, gaf de verwante passage uit Carlyle (uit *Sartor Resartus*, p. 17; en *On heroes*, p. 9) zowel in het Engels – 'But whence? – O Heaven, whither?' – als in een Franse versie: 'D'où venons-nous?

O Dieu, où allons-nous?' Voor Vincents idee van een vaderland (*patrie)* in deze periode, zie brieven 18/13a, 33/26 en 55/43. 'Gevecht': Theo aan Jo, 26 juli 1887, *Kort Geluk*, brief 1. Variaties op 'treurende maar altijd verheugd' zijn te vinden in zestien brieven van Vincent over de periode 1875-78 en in zijn preek.

24. Over geestelijke of lichamelijke kwalen, zie Theo aan Vincent, 7 sept. 1875, 45/36a.
25. Vincent kopieerde de tekst van zijn preek in het Engels voor Theo in brief 96/Preek; de citaten in de volgende paragraaf zijn afkomstig uit deze bron. Voor Vincent in Engeland en voor zijn preek, zie Bailey 1992; over de preek en *Pilgrim's progress*, zie Silverman 1992.
26. Vincents beschrijving van dit schilderij heeft wetenschappers lang versteld doen staan; hij noemt schilder noch titel en zijn herinnering van de scene bevat verschillende elementen die op het schilderij niet thuishoren. Ronald Pickvance (*The English influences on Vincent van Gogh*), ten. cat., Nottingham (University Art Gallery), 1974, p. 19 en Hope B. Werness ('Vincent van Gogh and an Lost Painting by G.H. Boughton', *Gazette des beaux-arts*, [sept. 1985] ser. 6, 106, pp. 71-75) hebben overtuigend aangetoond dat Vincent verwees naar George Boughtons *God speed! Pilgrims setting out for Canterbury, Time of Chaucer*, tentoongesteld in de Royal Academy in 1874. Het blijkt duidelijk uit verwijzingen in de brieven (88/74, 99/82) dat Vincent het schilderij verbond aan Bunyans *Pilgrim's progress*. Voor meer over Vincent en dit schilderij, zie Bailey 1992, pp. 63-67; Ronald de Leeuw, 'George Henry Boughton and the "Beautiful picture" in van Gogh's 1876 Sermon,' *Van Gogh Museum Journal* 1999, pp. 49-61 en Silverman 1992, p. 102. Voor de gangbaarheid van het emblema van de storm op zee, zie fig. 18 uit een 16de eeuwse emblematabundel (Georgette de Montenay, *Emblemes ou devises chrestiennes*, Lyons 1571, heruitgegeven (zonder illustraties) als *Honderd christelijke zinnebeelden naar Georgette de Montenay door Anna Roemers Visscher. Uitgegeven door A.D. Schinkel*, Den Haag 1854, p. 11.
27. De evangeliën verhalen dat Christus, enkele momenten voordat hij door Judas verraden en overgeleverd werd aan zijn beulen, driemaal tot God riep, 'Abba, Vader, alle dingen zijn mogelijk voor U; neem deze beker van Mij weg, maar niet wat Ik wil, maar wat U wilt' (Marcus 14:36). In Vincents brief aan Theo van begin september 1876 (90/82a) haalt hij deze passage aan door driemaal 'Abba, Vader' aan te roepen. 'O Jeruzalem': Vincent aan Theo, [7/8 feb. 1877], 102/85; zie Matteüs 23:37-39 en Lucas 13:34-35. Voor Vincents voorliefde voor het thema van Gethsemane in de schilderkunst, zie Soth 1986.
28. Lies aan Theo, 4 feb. 1877, VGM FR, inv. b2503 V/1982.
29. 'Zware depressie': Vincent aan Theo, [7 mrt. 1877], 106/92. 'Evangeliedienaar [...] en zaaier': 22 mrt. 1877, 109/89 (Vincent herhaalde de latere metafoor op 22 apr. 1877, 112/93 en op vele andere plaatsen).
30. Vincent dacht terug aan zijn studie in Amsterdam in brieven aan Theo; zie [ca. 15 aug. 1879], 153/132. Uit brieven van deze periode komt een beeld naar voren van zijn gedachten en activiteiten: 121/101a, 125/105, 130/110. Over zijn ooms en vader als predikerkunstenaars, zie 19 mei 1877, 114/95. 'Dat is het': Vincent gebruikte deze frase voor het eerst in zijn brief aan Theo, [jan. 1874]. 'ik heb het weer noodig': [7/8 feb. 1877], 102/85.
31. Voor Vincent over *Un jeune citoyen*, zie brieven aan Theo van 21 okt. 1877, 131/111; 19 nov. 1877, 133/113; en 22 juli 1878, 144/123. 'Kent geen *vreugde*': Vader aan Theo, 2 mrt. 1878, geciteerd in Jan Hulsker, '1878, a decisive year in the lives of Theo and Vincent', *Vincent: Bulletin of the Rijksmuseum Vincent van Gogh* 3 (1974), nr. 3, pp. 16-17.
32. Vincent aan Theo, 9 dec. 1877, 136/116.
33. 'Je op te beuren en je innerlijke leven te voeden': Vincent aan Theo, 22 juli 1878, 144/123; 3 apr. 1878, 142/121.
34. Voor Vincents plannen om drie jaar in de Borinage te gaan werken, zie Vincent aan Theo, 15 nov. 1878, 147/126. Zie ook ten. cat. *Van Gogh en Belgique*, Mons (Musée des Beaux-Arts), 1980; en Jan Hulsker, 'The Borinage Episode: The misinterpretation of Van Gogh and the creation of a new myth', in Tsukasa Kōdera en Yvette Rosenberg (red.), *The mythology of Vincent van Gogh*, Tokyo/Amsterdam 1990, pp. 309-23. Over Geel, zie ibid., pp. 314-315. In de 19de eeuw werd de naam van het dorp als Gheel gespeld; de 'h' verdween in de 20ste eeuw. Daarvoor werden beide spellingen door elkaar heen gebruikt (zie bijvoorbeeld Karel van Manders beroemde *Den grondt der edel vry schilder-const*, Amsterdam 1618). De plek was wijd en zijd bekend omdat de schrijn van St. Dympna, patrones der krankzinnigen, in de 13de eeuw een belangrijk pelgrimsoord was geweest. Karl Baedecker, *Belgium and Holland: Handbook for travelers*, Leipzig 1881, pp. 151-51, beschrijft de 'gekkenkolonie' die een gebied van dertig meter bezette en geeft een overzicht van de behandelmethodes. Zie ook *Geel: psychiatrische familiezorg*, pamflet gepubliceerd door het Ministerie van de Vlaamse Gemeenschap (ongedateerd). De auteurs bedanken Wilfried Bogaerts en Willy Andries van de archieven van het Openbaar Psychiatrisch Ziekenhuis in Geel voor de informatie over het ziekenhuis.
35. Vincent aan Theo, juli 1880, 154/133. Voor een gedetailleerde en belangwekkende analyse van de structuur en onderwerpen van deze buitengewoon belangrijke brief, zie Pollock 1980b, dl. 2, App. 3, pp. 624-37. De citaten in de volgende paragrafen zijn afkomstig uit deze brief. Over Vincents verlangen om kunstenaar te worden, zie ook Hulsker, 'The Borinage episode' (noot 34), pp. 314ff.
36. Over Hugo, zie ook Vincent aan Theo, [ca. 12-18 dec. 1882], 295/253. 'Rui': juli 1880, 154/133.
37. Carlyle, *Sartor Resartus*, pp. 123, 42, 129. Over *Sartor* zie Kerry McSweeney en Peter Sabor, inl. bij 1987 ed., pp. vii-xxxvi, vooral p. xxiii; John Rosenberg, *Carlyle and the burden of history*, Cambridge Mass. 1985, p. 12; en Herbert L. Sussmann, *Fact into figure: typology in Carlyle, Ruskin, and the Pre-Raphaelite brotherhood*, Columbus, Ohio, 1979, vooral inl. en hfdst. 1 en 4.
38. Carlyle, *On heroes*, p. 147.
39. 'Know what thou canst': Carlyle, *Sartor resartus*, p. 126. Alle citaten van Vincent komen uit zijn brief aan Theo van juli 1880, 154/133.
40. Gauguin, *Avant et après*, p. 153.
41. Zie Marks-Vandenbroucke 1956, pp. 9-62; M 1984, pp. 320-323; en Isabelle Cahn in Washington 1988, pp. 2-3.
42. Over Clovis Gauguins plannen om in Lima te gaan wonen, zie Gauguin, *Avant et après*, pp. 108-110.
43. Over dit incident en voor een korte geschiedenis van Tristan, zie Marks-Vandenbroucke 1956, pp. 9-23. Zie ook Dominique Desanti, *A woman in revolt: A biography of Flora Tristan*, vert. in het Engels door Elizabeth Zelvin (New York 1976).
44. Over Don Pio en gierigheid, zie Flora Tristan, *Peregrinations of a pariah*, red./vert. in het Engels door Jean Hawkes (Boston 1986), p. 138. Voor dit hoofdstuk over Peru geraadpleegde bronnen zijn onder meer: Clements R. Markham, *A history of Peru*, Chicago 1892; Jose Rufino Echenique, *Memorias para la historia del Peru (1808-1878)*, Lima 1952; Ruben Vargas Ugarte, S.J., *Historia general del Peru*, dl. 9, *La República (1844-1879)*, Lima 1971; Orin Starn et al., red., *The Peru reader: History, culture, politics*, Durham/London 1995; Sweetman 1996, pp. 6-28.
45. Gauguin, *Avant et après*, p. 111.
46. Clements R. Markham, *Cuzco: A journey to the ancient capital of Peru; and Lima: A visit to the capital and provinces of modern Peru*, London 1856, p. 386. Voor beschrijvingen van het Lima van de 19de eeuw, zie Carlos Milla Batres (red.), *Imágen del Perú en el siglo XIX: Léonce Angrand*, Lima 1972; J.J. von Tschudi, *Travels in Peru*, New York 1854; Ernest Grandidier, *Voyage dans l'Amérique du Sud, Pérou et Bolivie*, Paris 1861; Manuel A. Fuentes, *Lima, or sketches of the capital of Peru*, London 1899; E. George Squier, *Peru, Incidents of travel and exploration in the land of the Incas*, New York 1877; Hildegardo Cordova Aguilar, 'La ciudad de Lima: Su evolución y desarrollo metropolitano', *Revista Geográfica*, 110 (juli-dec. 1989), pp. 231-65; Douglas Keith McElroy, *The history of photography in Peru in the nineteenth century, 1839-1976*, Albuquerque 1977; Juan Manuel Ugarte Elespuru, *Lima y lo Limeño*, Lima 1966; Paul Gootenberg, 'Population and ethnicity in early republican Peru: Some revisions', *Latin American Review* 26 (1991), nr. 3, pp. 109-57. Gauguin beschreef zijn moeder terwijl ze deze opvallende kleding droeg tijdens hun verblijf in Lima: 'Hoe mooi en gracieus was mijn moeder wanneer ze haar Lima-kostuum aandeed, de zijden *mantilla* die haar gezicht bedekte en slechts één oog een beetje vrij liet, een oog zo zacht en dwingend, zo puur en liefkozend': Gauguin, *Avant et après*, p. 113.
47. Gauguin, *Avant et après*, pp. 111-12.
48. Manuel Fuentes, *Lima*, London 1886, pp. iv-vi; zie ook Deborah Poole, *Vision, race, modernity*, Princeton, N.J., 1997.
49. 'Puur Spaans bloed': Tristan, *Peregrinations*, geciteerd in Marks-Vandenbroucke 1956, p. 27. Voor Gauguins bewering dat zijn grootmoeder en moeder van adellijke afkomst waren, zie *Avant et après*, pp. 108-111. De inventaris van Aline's bezittingen in haar testament geeft een uitputtend overzicht van de inboedel in haar huis in Saint-Cloud en is op 16 juni 1868 ondertekend door Gustave Arosa. Zie de departementale archieven van het stadhuis van Hauts-de-Seine, '12 juillet 1867, Inventaire après décès de Madame Gauguin, 30 août clôture, 16 juin 1868, Inventaire supplétif.'
50. Over Gauguins Spaanse accent, zie *Avant et après*, p. 183. Guillaume Gauguin stierf op 9 april 1855.
51. 'Theologische studie': Gauguin, *Avant et après*, p. 124. Voor een beschouwing van de invloed op Gauguin van zijn driejarige verblijf op het Petit Séminaire, zie Silverman 1995; Marks-Vandenbroucke 1956, p.30; Amishai-Maisels 1985, pp. 11-12; Sweetman 1996, pp. 30-32; en vooral Silverman 1995. Silvermans opmerking hier over het belang van 'Gauguins receptivity to subjectivist, idealist and antirational definitions of realty and self-expression' (pp. 105-106) is één van de voornaamste stellingen van haar recente boek (Silverman 2000). Onze visie op de dynamiek tussen Van Gogh en Gauguin laat weliswaar de mogelijke invloed van Gauguins verblijf op deze school niet buiten beschouwing, maar stelt de vraag of dit verblijf wel het belangrijkste vormende element geweest is. Gauguin kan niet beschouwd worden als een typisch produkt van deze school aangezien hij er naar verhouding slechts kort verbleef (hij begon drie jaar later aan de opleiding en beëindigde die vier jaar eerder dan de meeste leerlingen); zie Émile Huet, *Histoire du petit séminaire de la Chapelle-Saint-Mesmin*, Orléans 1913, pp. 285ff. Of Gauguin, net als de filosoof Ernest Renan (1823-1892) een kwart eeuw eerder, of zijn bijna tijdgenoot Gabriel Monod (1844-1912) (zie Silverman 2000, p. 435 noot 8) in een

nauwe relatie stonden tot de fascinerende stichter van de school en toenmalige aartsbisschop van Orléans staat nog steeds ter discussie. In Gauguins tijd stond Dupanloup niet op de lijst van vaste leraren (ibid., p. 193). Zonder twijfel was Dupanloups visie van invloed op de grondregels van de vorming die Gauguin onderging, hoe ongeïnteresseerd hij ook geweest mag zijn als leerling. Silverman toont uitvoerig aan dat Gauguins opleiding aan het Petit Séminaire gezien moet worden als één van zijn bepalende jeugdervaringen, samen met de jaren in Lima die eraan voorafgingen; beide waren hem van nut toen hij, in de tijd dat hij met Vincent werkte, probeerde zijn intellectuele uitgangspunten te bepalen.

52. Gauguin, *Avant et après*, p. 183. Dit kan worden afgeleid uit Gauguins bewering dat hij daar 'een beetje van Escobars geest [leerde] – wat hem bij zijn worsteling hielp.' Zie Pierre Larousse, *Grande dictionnaire universel du XIXe siècle*, 1870 ed., s.v. 'Antonio Escobar y Mendoza', voor de gebruikelijke gevoelswaarde van de naam 'Escobar' als iemand die zijn geweten in overeenstemming brengt met zijn passies en belangstellingen.
53. 'Ce mot négoce dans la pensée de ma mère devenait une chose méprisante': Gauguin, *Avant et après*, p. 183. Over de associatie tussen naaisters en kleermaaksters en prostitutie, zie Anthea Callen, *The spectacular body: science, method, and meaning in the work of Degas*, New Haven, Conn. 1995, pp. 5, 59. Voor Aline's waarschuwing aan Gauguin, zie haar testament (noot 49). Over Arosa, zie M 1984, pp. 319ff.; en Marks-Vandenbroucke 1956.
54. Over Gauguins erfenis, zie Washington 1988, p. 4. Over Gauguin en het milieu rond Arosa, zie Marks-Vandenbroucke 1956; en M 1984, pp. 319-20 noot 2.
55. Over deze periode, zie Merete Bodelsen, 'The dating of Gauguin's early paintings,' *Burlington Magazine* 107 (June 1965), nr. 747, pp. 306-13; M 1984, pp. 329-31 noot 20; en Charles Stuckey in Washington 1988, pp. 11-16. Zie ook Bodelsen 1970 voor Gauguin als verzamelaar. Op aanbeveling van Arosa werkte Gauguin van 1872 tot eind 1876 of begin 1877 voor effectenmakelaar Paul Bertin; in 1879 was hij in dienst van bankier André Bourdon en in 1880 van het Thomerau-agentschap (zie Washington 1988, pp. 4-6).
56. Vincent aan Theo, 1 nov. 1880, 159/138 en 2 april 1881, 163/142.
57. Vincent schreef een gedetailleerd verslag van de episode rond Kee Vos in zijn brieven aan Theo uit november 1881. Vijf maanden later beschreef hij in een brief van half mei 1882 het voorval uitgebreider en vertelde hij eveneens dat hij zijn hand in de vlam gehouden had (227/193).
58. 'Vader Michelet': Vincent aan Theo, [18 nov. 1881], 184/159; [19 nov. 1881], 185/160. 'Vader Millet': 23 nov. 1881, 187/161. 'eigentlich ben ik *geen*': [7/8 dec. 1883], 413/345a. Hij signeerde met de naam 'Vincent' vanaf de zomer van 1881. Later gebruikte hij, volgens zijn vriend A.S. Hartrick, zijn voornaam omdat de Fransen 'Van Gogh' niet konden uitspreken; zie Hartrick 1939, p. 40; zie ook Van Uitert 1981-82, pp. 228-29, nrs. 25-26.
59. 'Als ik maar door kan blijven werken': Vincent aan Theo, 7 sept. 1880, 156/135. 'zenuwachtig gestel': [18 juli 1882], 248/216. 'zichzelf uitdrukken': [25 feb. 1882], 206/177. 'de kost verdienen': 15 okt. 1880, 158/137. Over zijn autodidactische activiteiten in deze tijd, zie Pollock 1980b, dl. 1, p. 34 en hfdst. 1, pt. 4, 'A copybook apprenticeship', pp. 51-61; zie ook Silverman 1994, pp. 150ff. 'jullie moeten afwachten': Vincent aan Theo, [ca. 11 mrt. 1882], 209/180.
60. Dergelijke metaforen zijn te vinden in brieven aan Theo waaronder [18 sept. 1882], 266/232 en [30 mrt./1apr. 1883], 335/227. Zie Sund 1988b en Louis van Tilborgh, 'De zaaier', in ten. cat. *Van Gogh en Millet*, Amsterdam (Rijksmuseum Vincent van Gogh), 1988, pp. 156-59 en passim.
61. Over Vincents familiegevoel, zie 2 apr. 1881, 163/142. 'Evangelische toon': 24 sept. 1880, 157/136. 'Apostolisch'; 'toegepast evangelie'; 'het zaaiveld zaaien': Carlyle, *Sartor Resartus*, pp. 141, 140, 132, 151. 'Zaad': Vincent aan Van Rappard, [ca. 21 mrt. 1883], 333/R32. Over de zaaier en de oogster in Vincents symbolische beeldtaal, zie Sund 1988b.
62. 'Sublieme': Vincent aan Theo, 24 sept. 1880, 157/136. Over Millets troostende kunst, zie Vincent aan Theo, [5 nov. 1882], 282/242 en [14 mei 1882], 227/193: 'Als ik eens moedeloos ben dan kijk ik naar *Les bêcheurs* van Millet.' 'Pligt': [26-27 nov. 1882], 290/248. Over Hugo, vooral *Les Misérables*, zie Vincent aan Theo, [30 mrt. -1 apr. 1883], 335/277. 'Afschuwelijke werkelijkheid': Carlyle, *On heroes*, p. 135.
63. 'Zee die wij noemen': Vincent aan Van Rappard, [23 nov. 1881], 188/R6. Voor Vincents gebruik van een timmermanspotlood, zie brief aan Theo, [1 mei 1882], 221/195. Over Jezus als timmerman, zie [27 juli 1883], 371/306. Eind oktober, begin november merkte Vincent op tegen Theo, 'op zijn dertigste jaar *begint* men pas' en citeerde daarbij de levensbeschrijvingen van andere schilders als bewijs (404/339). Over Van Rappard, zie Hans Lutz, 'Anthon van Rappard, klem tussen traditie en moderniteit', *Kerende tijden* 190 (1997), p. 40; en J. Brouwer *et. al.*, *Anthon van Rappard*, Amsterdam 1974 (gerecenseerd door Griselda Pollock, *Burlington Magazine* 117 (nov. 1975), nr. 872, pp. 743-44). Theo kende Van Rappard al uit Parijs.
64. 'Boeken en werkelijkheid en kunst': Vincent aan Theo, [11 feb. 1883], 314/266. 'Bleek gelaat': [ca. 25-29 jan. 1882], 307/262. Over Vincents relatie met Sien en zijn ideeën over geslacht en gezinsleven, zie Zemel 1997, hfdst. 1. Vincents bezorgdheid om Sien wijst vooruit naar wat Pollock (1998, p. 97) zijn 'profoundly displaced and imaginary relations to people' noemt in de periode 1888-89. Deze zouden, naar onze overtuiging, een essentieel onderdeel uitmaken van zijn verstandhouding met Gauguin.
65. 'Goede preek': Vincent aan Theo, [ca. 11 mrt. 1882], 209/180. 'Nulliteit': Vincent aan Theo, [21 juli 1882], 250/218. De tekening is gesigneerd en van de volgende woorden voorzien: 'Comment se fait-il qu'il y ait sur la terre une femme seule-délaissée / Michelet' ('Hoe kan er op aarde een vrouw alleen zijn, in de steek gelaten / Michelet'). Over *Sorrow*, zie Greer (noot 2); Amsterdam 1990, pp. 64 ff.; en Zemel 1997, pp. 26-30. Voor Vincents lithografie naar *Sorrow*, zie Sjraar van Heugten en Fieke Pabst, *The graphic work of Vincent van Gogh: Cahier Vincent 6*, Amsterdam 1995, cat. 2, pp. 38-43.
66. 'Engelse stijl': Vincent aan Theo, [ca. 10 apr. 1882], 215/186. Over Zola in deze context, in het bijzonder over zijn roman *L'Assommoir*, waarin de sociale neergang van een vrouw geweten wordt aan haar omgeving, zie 244/212, 382/317, 339/280. Over de verstrengeling van leven en kunst, zie brief aan Van Rappard, [4 feb. 1883], 309/R 20. Over Vincent en *The Graphic*, zie Ronald Pickvance, ten. cat., *The English influences on Vincent van Gogh*, Nottingham (University Art Gallery), 1974; en Bailey 1992. Linda Nochlin heeft de houding van de figuur uit *Sorrow* in verband gebracht met de iconografie van de 'gevallen vrouw' in '"Lost and *Found*": Once more the fallen woman', *Art Bulletin* 60 (mrt. 1978), nr. 1, pp. 139-53.
67. Voor het testen door Vincent van de 'ware gevoelens over kunst' van anderen, en voor de tegenstelling werkelijk-conventioneel, zie Vincent aan Theo, [11 feb. 1883], 314/266. 'Een hoer respecteren': [okt. 1884], 467/378. Voor de hernieuwde dreiging van Gheel, zie [14 mei 1882, 226/198; en [2/3 juni 1882], 234/201. 'Vriendschap': Vincent aan Van Rappard, [ca. 22-29 okt. 1882], 275/ R 28; zie ook 314/266, 358/295. 'Hut'; 'dat is het': Vincent aan Theo, [jan. 1876], 66/52.
68. 'Zeker vertrouwen': Vincent aan Theo, [11 mrt. 1883], 329/274. Over zijn liefde voor tekenen: [ca. 12-16 jan. 1882], 199/170; over het uitproberen van nieuwe materialen: [3 sept. 1882], 261/228; de loods die vooruit komt: [12/13 mei 1882], 225/197; pijnlijke herinneringen, [22 juni 1882], 239/208; een boot van stapel laten lopen in Den Haag: [5/6 aug. 1882], 255/223; comfortabele sloep: [5 aug. 1882], 254/222; als een zeeman van zijn schip houden: [ca. 3 mrt. 1883], 325/271; haven of toevluchtsoord: [2 apr. 1883], 336/278.
69. 'Ik leef om te schilderen': Vincent aan Van Rappard, [ca. 8 mei 1883], 343/R 34; Van Rappard en *The Graphic*: [2/3 dec. 1882], 292/250; en [ca. 9 feb. 1883], 313/ R 25. Voor Van Rappards herinneringen, zie Lutz (noot 63), p. 40.
70. Voor Vincents meningsverschillen met Tersteeg en Mauve op dit punt, zie brieven aan Theo van maart-mei 1882, vooral 211/182, 213/184, 219/190, 221/195; en aan Van Rappard, 231/R 8.
71. Voor Tersteeg als 'het eeuwigdurende Nee': Vincent aan Theo, [ca. 2 juli 1883], 360/297. Voor Vincents fantasieën over de harmonie tussen schilders, zie 298/256 en 354/292. Voor intriges, zie 231/R 8, 253/221, 278/R 16, 298/256 en 309/R 20. Over het concept van het 'thuisland voor schilders', zie Pollock 1980b, dl. 1, pp. 36-42.
72. Robinson Crusoe: Vincent aan Van Rappard, [18/19 sept. 1882], 267/R 13.
73. 'Gezonde melancholie': Vincent aan Theo, [ca. 15 sept. 1883], 389/324. 'Mijlen en mijlen': [ca. 3 okt. 1883], 395/330.
74. 'Zinkende schip': Vincent aan Theo, [29 okt. 1883], 402/337. Over Vincent en het werkelijke en fictieve Drenthe, zie Pollock 1998, pp. 82-84, 101.
75. Over broeder-schilders, zie Vincent aan Theo, [29 okt./15 nov. 1883], 404/339. 'Rossig haar'; 'in zichzelf opgaan': [29 okt./15 nov. 1883], 403/338. 'Gezinsleven'; 'gehoorzamen'; 'in elkaar vloeien': [28 okt. 1883], 401/336. 'Voelen, denken': [ca. 17 dec. 1883], 416/347.
76. 'Onwrikbaar': Vincent aan Theo, [6/7 dec. 1883], 412/345. Definitief breken: [21 dec. 1883], 417/348. 'Draden in de war': [3 juni 1883], 350/223.
77. Over de symbolische betekenis van de wever in Vincents werk, zie Silverman 1994 en 2000, waar het weven voorgesteld wordt als een metafoor voor Vincents hele carrière. Voor aanvullende overwegingen op de wever-serie, zie Linda Nochlin, 'Van Gogh, Renouard, and the weaver's crisis in Lyon: The status of a social issue in the art of the late nineteenth century', in M. Barasche an L.F. Sandler (red.), *Art, the ape of nature: Studies in honor of H.W. Jansen*, New York 1980, pp. 660-88; Pollock 1980b, dl. 1, hfdst. 4; Zemel 1985; en Zemel 1997, hfdst. 2.
78. Voor de citaten uit Carlyle, zie *Sartor Resartus*, pp. 164, 179. Voor Vincent over Delacroix en Blanc, zie bijvoorbeeld zijn brieven aan Theo, [juni 1884], 452/370, 454/372.
79. Vincent aan Van Rappard, [eind mrt. 1884], 440/R 43.
80. Voor Vincents toewijding aan en Theo's afkeer van Leon Lhermitte, een volgeling van Millet, zie [21 mrt. 1884], 441/362; en [begin apr. 1884], 444/363a. Carlyle bespreek het volgen van een leider in *On heroes*, pp. 154-55. Voor Vincent over Manet, zie zijn brief aan Theo, [24 jan. 1884], 429/355. Zie noot 88.
81. Vincent aan Theo, [okt. 1884], 467/378; nadruk in het origineel. Over Vincents lezen van

*Au bonheur des dames*, zie Sund 1992, pp. 85-88.

82. Voor een voorbeeld van Mouret als een codewoord verwijzend naar iets anders, zie Vincent aan Theo, [tweede helft sept. 1884], 464/379. 'Abstract': Zola, *Joie de vivre*, p. 44. 'Alles is ijdelheid': Vincent aan Theo, [ca. 14-18 mrt. 1882], 211/182; de verwijzing geldt Salomo's weeklacht in het boek Prediker (1:2). In dezelfde geest beschreef Vincent zijn gevecht met de 'nachtmerrie' die hem achtervolgde van 'Nada', een spookbeeld dat hij associeerde met Goya's kunst.
83. De voornaamste onderdelen van het schilderij, de pijp en de bloemen, verdienen nadere uitleg. Vincent schreef aan Theo over een woordenwisseling met hun vader: 'Pa komt [...] voor den dag met [...] "gij vermoort me," terwijl hij doodkalm de courant zit te lezen en zijn pijp rookt': Vincent aan Theo, [7/8 jan. 1882], 198/169. De botanische naam van de plant is *Lunaria annua*; in het Frans ook wel 'médaille de Judas', 'Monnaie du pape', en 'oublie' genaamd. De judaspenningen komen voor op een eerder stilleven (November 1884 [F 76, JH 542]; Van Gogh Museum, Amsterdam). Vincent schilderde zijn *Mand met appels* (sept. 1885 [F 99, JH 930]; Van Gogh Museum, Amsterdam) over zijn tweede stilleven van een vaas met judaspenningen heen; zie Van Tilborgh/Vellekoop 1999, cat. 33, pp. 176-77, 180. Voor een vergelijkbare interpretatie, zie Greer (noot 2), pp. 34-35.
84. 'Mezelf te zijn': Vincent aan Theo, [ca. 13-17 apr. 1885], 497/410. 'La joie (?)': [ca. 11 apr. 1885], 495/399. Vincent betrok Mourets conversatie met Vallagnosc op zichzelf, maar gaf deze verkeerd weer, zie Zola, *Au bonheur des dames*.
85. Over dit schilderij, zie Van Tilborgh/Vellekoop 1999, cat. 7, pp. 66-71.
86. 'Thuis': Vincent aan Theo, [ca. 13 apr. 1885], 496/400. 'Ons – beschaafde menschen': [ca. 30 apr. 1885], 501/404. Zie Pollock 1980b, dl. 1, p. 259-89; idem, 'Van Gogh and the poor slaves: Images of rural labour as modern art', *Art History* 11 (sept. 1988), nr. 3, pp. 408-32; Amsterdam 1990, cat. 7, pp. 48-49; en Van Tilborgh/Vellekoop 1999, cat. 26, pp. 136-45 en de daarin aangehaalde bronnen.
87. Vincent aan Van Rappard, [tweede helft aug. 1885], 528/R 57.
88. 'Echtere waarheid'; 'niet correcte'; 'zoals zij het voelen': Vincent aan Theo, [juli 1885], 522/418. 'Alle realiteit': [4 okt. 1885], 536/425. Vincent was het eens met Zola's vaak herhaalde definitie van kunst ('de natuur gezien door het temperament'), te vinden in Zola's boek over kunstkritiek, *Mes haines* (1866), maar alleen wanneer ook rekening gehouden werd met de openbarende missie van de schilderkunst. Zola had deze missie wel verwezenlijkt in zijn romans, maar tot Vincents ongenoegen niet erkend in de schilderkunst. Ook nam Vincent hem kwalijk dat hij Millet niet behandelde en Manet wel, die in Vincents ogen eerder slim was dan diepgaand; zie [19 aug. 1882], 259/226; [ca. 2 juli 1883], 361/ R 38; en [ca. 11 juli 1883], 363/299.
89. 'Ik zal somberder worden': Vincent aan Theo, [eind okt. 1884], 469/383. Over Vincents 'enorme geheugen aan afbeeldingen' dat hoofdzakelijk uit zwart-wit afbeeldingen bestond, zie Pollock 1980b, dl. 1, p. 38. Voor Vincents beoordeling van 'harmonisten' en 'coloristen', zie Vincent aan Theo, [eind okt. 1885], 539/428.
90. Vincent aan Theo, [begin juni 1885], 510/411. Over dit schilderij, zie Van Tilleborgh/Vellekoop 1999, cat. 28, pp. 152-59.
91. 'Een *geloof*': Vincent aan Theo, [5 apr. 1885], 493/398. 'Iets uitdrukt'; 'De roman en het romantieke is onze tijd, en verbeeldingskracht, sentiment moet men bij 't schilderen hebben. Realisme en naturalisme zijn er niet vrij van gelukkigerwijs. Zola *schept* maar houdt geen *spiegel* voor de dingen, schept ze *verbazend* maar *schept, dicht*, daarom is het zoo mooi.': [eind okt. 1885], 540 429. Vincents stilleven is een typisch voorbeeld van wat Pollock (1998, p. 108) Van Goghs 'idiosyncratische associatieve systeem' noemt. Zie ook Roskill 1979, pp. 157ff.
92. Vincent aan Theo, [ca 15-20 nov. 1885], 545/434.
93. Mogelijk ontmoetten Gauguin en Pissarro elkaar in de winkel voor schildersbenodigdheden van Madame Latouche; zie M 1984, pp. 324ff.; Jirat-Wasiutyński/Newton 2000, p. 34; en Pickvance 1998, p. 37. Zie ook de brieven aan Pissarro van 1879-80, M 1984, brieven 6-12. Over de relatie tussen Gauguin en Pissarro, zie Washington 1988, cat. 2, pp.19-20, Pickvance 1998, cat. 3, p. 258. Over de tentoonstelling van 1879, zie Ronald Pickvance in San Francisco 1984, pp. 243-71. De uitnodiging om mee te doen met de tentoonstelling kwam duidelijk op het laatste moment; Gauguins instemming tegenover Pissarro is gedateerd op 3 april 1879; M 1984, brief 6, en p. 331 noot 22. Voor de werken van Pissarro die Gauguin aan de tentoonstelling uitleende, zie ibid. p. 333 noot 27; en San Francisco 1984, pp. 269-70. Als schilder-mecenas volgde Gauguin in de voetsporen van Henri Rouart, een succesvol ingenieur, amateur-schilder en vriend van Degas die andermans en eigen werk (dat grotendeels door de critici genegeerd werd) uitleende en tijd en geld in de impressionistische tentoonstellingen stak, vanaf het allereerste begin in 1874.
94. Over Gauguins werk in Pontoise, zie Gauguin aan Pissarro, 26 sept. 1879, M 1984, brief 11 en p. 334 noot 30. Voor een vergelijking van Pissarro's en Gauguins werken op dat moment, zie Washington 1988, cat. 2, pp. 19-20; Pickvance 1998, cat. 3, p. 258; en Jirat-Wasiutyński/Newton 2000, p. 42. De laatste biedt een verhelderende discussie over Gauguins technisch taalgebruik en structuur met betrekking tot zijn mentor.
95. Over de ontvangst van Gauguin op de vijfde tentoonstelling, zie San Francisco 1984, pp. 304-305; en M 1984, pp. 338-39 noot 36. Voor Monet, zie Émile Taboureux, 'Claude Monet', *La vie moderne* (12 juni 1880), pp. 380-82.
96. Richard R. Bretell interpreteert Gauguins stilleven als een portret van zijn huwelijk in de vorm van een fabel van Jean de la Fontaine in *Monet to Moore: The millennium gift of Sara Lee Corporation* (New Haven/London), cat. 12, pp. 48-51. Voor meer over de wortelhouten kroes, zie Pickvance 1998, cat. 18, p. 263.
97. In *Avant et après* (p. 183) beweerde Gauguin aan houtsnijden gedaan te hebben in Orléans: 'Korte tijd later was ik op een dag aan het spelen met een mes en heften voor dolken aan het snijden zonder de dolken, allemaal kleine versierselen die volwassenen niet begrijpen. Een aardige oude vrouw, een vriendin van ons, riep vol bewondering uit, "Hij zal een groot beeldhouwer worden."'
98. Voor Degas' invloed op Gauguins beeldhouwwerken, zie Theodore Reff, *Degas: The artist's mind*, New York 1974, pp. 262-64; en Washington 1988, cat. 6, pp. 25-26. Het voorwerp houdt verband met een tekening van Degas, *Project voor portretten op een fries*, tentoongesteld in 1881 en met zijn bekendere beeldhouwwerken *Schoolmeisje* en *Veertienjarig danseresje*. Voor Pissarro's belangstelling voor de primitieven, zie zijn brieven aan Lucien uit de eerste helft van 1883, vooral B-H, dl. 1, brieven 164, 167, 171, 180, 190, 197-98, 202-03.
99. 'Elegante figuren': Henri Trianon, *Le Constitutionnel*, 24 apr. 1881; herdr. In Berson 1996, dl. 1, p. 368. 'Gotisch modern': Joris-Karl Huysmans, 'L'Exposition des Indépendants en 1881', in *L'Art moderne*, Paris 1883; herdr. in ibid., vol 1, p. 353.
100. Over bewegingen en 'ismen', zie Jensen 1994, pp. 40-41, 90-106; over de tentoonstelling van 1881, zie Fronia E. Wissman in San Francisco 1984, pp. 337-52; Gauguin aan Pissarro, [11/12 mei 1883], M 1984, brief 36 en pp. 342-44 noot 46.
101. Zie de brieven van Gauguin aan Pissarro van december 1881 en januari 1882, M 1984, brieven 20-22.
102. Monet was bereid om Caillebotte uit te sluiten als Pissarro af zou zien van één van zijn volgelingen, waarbij hij doelde op Gauguin; Renoir sprak eveneens neerbuigend over de 'combinatie Pissarro-Gauguin.' Zie Joel Isaacson in San Francisco 1984, pp. 373-76. Over Durand-Ruels aankopen, zie Bodelson 1970, p. 593.
103. Zie Jensen 1994, pp. 40-41, 63-67, 90-106; Martha Ward, 'Impressionist installations and private exhibitions', *Art Bulletin* 73 (dec. 1991), nr. 4, pp. 599-622; en Pollock 1992.
104. Voor Gauguin over Cézanne, zie brief aan Pissarro, [25/29 juli 1883], M 1984, brief 38. Voor de werken van Cézanne in Gauguins bezit, zie Merete Bodelsen, 'Gauguins Cézannes', *Burlington Magazine* 104 (mei 1962), nr. 710, pp. 204-11. Voor Gauguins gebrek aan aandacht voor zijn baan, zie brieven aan Pissarro van eind september/begin oktober 1883, M 1984, brieven 40-41.
105. Voor de verhoudingen binnen de groep, zie brieven aan Pissarro van eind juli/begin augustus 1882, M 1984, brieven 26-27. Voor Gauguins erkenning van het belang van zijn deelname aan de impressionistische tentoonstellingen, zie brief aan Pissarro, [jan./feb. 1883], M 1984, brief 32.
106. Zie de brieven uit de herfst van 1883 van Gauguin aan Pissarro, M 1984, brieven 40-42; en van Pissarro aan Lucien en aan Eugène Murer, B-H, dl. 1, brieven 185-86. 'Notes synthétiques' werden voor het eerst gepubliceerd als 'Notes synthétiques de Paul Gauguin', *Vers et prose* (1910), pp. 51-55; facs. in Cogniat/Rewald 1962. Zie Rewalds inleiding op de tekst, pp. 37-53; en Vojtěch Jirat-Wasiutyński, *Paul Gauguin in the context of symbolism*, New York/London 1978, pp. 16-30.
107. Gauguin aan Pissarro, [eind juli 1884], M 1984, brief 50. Voor andere werken waarin de kroes centraal staat, zie ook het gelijktijdige *Slapend kind* (dat Clovis voorstelt, 1884 [W 81]; Josephowitz Collection), dubbelportret van Clovis en Aline (1884 [W 82]; privécollectie), en het iets latere portret van Clovis en Pola (1885 [W 135], privécollectie). Over dit schilderij, zie Washington 1988, cat. 13, pp. 36-37. Voor de kroes, zie noot 96.
108. Gauguin aan Schuffenecker, [eind nov./begin dec. 1884] en [14 jan. 1885], M 1984, brieven 57, 65. Gauguin ontmoette Schuffenecker toen deze laatste in 1872 bij de firma van Bertin ging werken (zie noot 54).
109. Over Durand-Ruels Société de Saint-Luc, zie Gauguin aan Pissarro, [eind dec. 1884/begin jan. 1885], M 1984, brief 61. 'Republikeinse filosofie': Gauguin aan Pissarro, 30 jan. 1885, M 1984, brief 68.
110. Gauguin aan Schuffenecker, 25 mei 1885, M 1984, brief 78; aan Pissarro, [eind mei 1885], brief 79.
111. Het schilderij lijkt een afbeelding van de zolder van het appartement aan de Nørregade 51, waar het gezin in april ging wonen; zie Washington 1988, p. 8.
112. 'Redding': Gauguin aan Pissarro, [mei 1885], M 1984, brief 79. Pickvance heeft het blonde kind dat duidelijk zichtbaar is tegen het raam in *Stilleven in een interieur* (fig. 4) geïdentificeerd als Clovis en stelt een onderlinge samenhang vast tussen Clovis en de Noorse kroes, Pickvance 1998, cat. 18, p. 263.

# HOOFDSTUK 2: ONTMOETINGEN

*Bronnen voor vet gedrukte citaten: p. 79: Vincent aan Theo, 3 apr. 1878, 141/121; p. 80: Gauguin aan Schuffenecker, [begin juli 1887], M 1984, brief 129; Vincent aan Wil, [31 juli 1888], 657/W5; p. 86: Fénéon vert. in Halperin 1988, p. 214; p. 92: Vincent aan Wil, [22 juni 1888], 633/W4.*

1. Over Gauguin in Dieppe, zie Sweetman 1996, pp. 122ff.; en Pickvance 1998, cat. 20-21, pp. 263-64.
2. Gauguin aan Pissarro, [13 aug. 1883], M 1984, brief 39. Over Gauguin en de Spaanse politiek, zie M 1984, pp. 388-89 noot 119; en Sweetman 1996, pp. 103-08, 124-25.
3. Gauguin aan Mette, 29 dec. 1885, M 1984, brief 92.
4. Degas, geciteerd in Ward 1986, p. 423. De volgende discussie over de tentoonstelling van 1886 leunt zwaar op Wards verslag; en voor het verslag over de kunstmarkt en het opkomende kunsthandelaar-galerie systeem danken wij Jensen 1994. Zie ook Nicholas Green, 'Dealing in temperaments: Economic transformation of the artistic field during the second half of the nineteenth century,' *Art History* 10, (mrt. 1987) n.1, pp. 59-78.
5. Voor Pissarro en Seurat in dit verband, zie Ward 1986. Voor Wards beschrijving van de *Grande Jatte* als een 'manifestschilderij' en een 'middelpunt voor de vorming van een nieuwe kritische avant-garde,' zie pp. 427-28.
6. Félix Fénéon, 'Les Impressionnistes,' *La Vogue* (13-20 juni 1886), pp. 261-75; herdruk in Halperin 1970, dl. 1, pp. 29-38. Zie ook Ward 1986, p. 428.
7. Fénéons gebruikte als eerste de term 'néo-impressionnisme' in druk in zijn artikel 'L'Impressionnisme aux Tuileries,' *L'Art moderne de Bruxelles* (19 sept. 1886); herdruk in Halperin 1970, dl. 1, pp. 53-58. *L'Oeuvre* werd voor het eerst in boekvorm uitgegeven in 1886.
8. Zola, *L'Oeuvre*, pp. 419-20.
9. Zie Robert J. Niess, *Zola, Cézanne, and Manet: A Study of 'L'Oeuvre'*, Ann Arbor, Mich., 1968.
10. 'Moderniste impressionniste': Bernard aan zijn ouders, 3 juni 1886, Harscoët-Maire 1997, p. 121. Voor *L'Oeuvre*, zie de brief aan zijn ouders van 11 juli 1886, ibid., p. 133. 'Het moderne'; 'geworteld': Bernard aan zijn ouders, 2 juli 1886, ibid., p. 130.
11. Theo aan Wil, 25 april 1887, VGM FR, inv. b911 V/1962; vert. in Hulsker 1974, p. 12.
12. Gauguin aan Mette, [ca. 22-29 juni 1886], M 1984, brief 101. Mettes vertaling in afleveringen van *L'Oeuvre* – 'Mestervaerket, Pariserroman af Emile Zola' – liep als een 'feuilleton met coupures' in *Politiken* van half mei tot half augustus 1886; vervolgens werd het gehele boek als bonus aan de abonnees aangeboden.
13. Zie de recensies van Jean Ajalbert, Henry Fèvre, Marcel Fouquier, en Octave Maus aangehaald in Berson 1996, dl. 1, pp. 456-57.
14. Fénéon, 'Les Impressionnistes' (noot 6); herdruk in Halperin, dl. 1, p. 33; besproken in Ward 1986, pp. 436-38.
15. Pissarro aan Lucien, 8 mei 1886, B-H, dl. 2, brief 334.
16. Het manuscript wordt weergegeven (met begeleidende uitleg over bestaande en veronderstelde versies) in Herbert 1991, appendix P; Jirat-Wasiutyński/Newton 2000, p. 62, betwist de Perzische toeschrijving: 'Het is goed mogelijk dat Gauguin het uit verschillende bronnen samenstelde als mystificatie en commentaar op een aantal eigentijdse artistieke doctrines.'
17. Mysterieuze *écriture*': Gauguin aan Schuffenecker, 14 jan. 1885, M 1984, brief 65. 'Petit point': [14 augustus 1888], M 1984, brief 159; zie ook M 1984, brieven 178, 184; en M 1995, pp. 39-40. Het betreffende werk uit 1889 is *Stilleven 'Ripipoint'* (1889 [W 376]; privé-collectie, V.S.). De auteurs zijn het eens met Ronald Pickvance (in een gesprek van september 1998) dat een stilleven met paardehoofd, opgenomen in de catalogue raisonné van Gauguin als W 183 in werkelijkheid werd geschilderd door Emile Schuffenecker, wiens gelijktijdige experimenten in de neo-impressionistische stijl (zie Musée de Pont-Aven, *Emile Schuffenecker, 1851-1934*, ten. cat. [1996], m.n. cat. 15) een vergelijkbaar palet en aanpak laten zien. Zie ook Jirat-Wasiutyński/Newton 2000, p. 224 noot 11.
18. Vincent aan Theo, [ca. 28 jan. 1886], 558/447. Voor een overzicht van Vincents leven in Antwerpen, zie Hulsker 1990, pp. 209-21.
19. Vincent aan Theo, [14 feb. 1886], 564/453. Zie ook Vincent aan Theo, [half februari 1886], 563/452.
20. Brief aan Theo die zijn aankomst in Parijs aankondigt: [ca. 1 maart 1886], 570/459. Voor meer diepgaande informatie over Van Goghs artistieke produktie in Parijs, zie Rewald 1956, hfdst. 1; Bogomila Welsh-Ovcharov, *Vincent van Gogh: His Paris Period, 1886-1888*, Utrecht / Den Haag 1976; Welsh-Ovcharov 1988; en George T.M. Shackelford, 'Van Gogh in Paris: Between the past and the future,' in Detroit 2000, pp. 87-125. Van Gogh droeg doorgaans kleren die aan hem waren overgedaan door Theo en door zijn vader; zie Vincent aan Theo, [20 aug. 1882], 260/227; en [20-21 augustus 1883], 380/315. Hoewel hij op zijn Parijse zelfportretten beter en gevarieerder gekleed gaat, trok hij tijdens zijn werk de blauwe kiel van een zinkarbeider aan, zoals Signac en Gustave Coquiot zich herinneren in *Vincent van Gogh* (Paris 1923), p. 140. Over Vincents zelfportretten als mise-en-scène voor zijn beroepsmatige identiteit, zie Zemel 1997, hfdst. 4.
21. *'Fouten'*, *'10 jaar cellulair'*: Vincent aan Theo, [begin feb. 1886], 559/448. 'Te willen produceeren': [eerste helft feb.1886], 561/450. Vincents opgeknapte voorkomen: Theo aan moeder, [juni / juli 1886], VGM FR, inv. b942 V/1962; vert. in Hulsker 1974, p. 8.
22. Vincent aan Theo, [2de helft okt. 1885], 539/428.
23. 'Slordig, leelijk': Vincent aan Wil, [ca. 22 juni 1888], 633/W 4. Alle opmerkingen tegenover Livens komen uit een brief, in het Engels, van [aug./ okt. 1886], 572/459a. Deze brief wordt foutief gedateerd [aug./okt. 1887] in de Engelse editie uit 1958 van de brieven; het betreft echter waarschijnlijk een typografische fout, omdat de brief is opgenomen tussen andere brieven uit 1886.
24. Theo aan moeder, [juni / juli 1886], VGM FR, inv. b942 V/1962; vert. in Hulsker 1974, p. 8. Voor de gesprekken van de broers Van Gogh over Cormon, zie brieven [okt. 1884], 466/381, 559/448 en 560/449. Zie ook Hartrick 1939, pp. 47-48. Voor Vincents ervaringen bij Cormon en een beschrijving van het milieu waarin hij verkeerde, zie Welsh-Ovcharov 1988, pp. 16-20.
25. Vincent aan Livens, [aug./ okt.1886], 572/459a; nadruk in het origineel.
26. Over *Stilleven met zinnia's*, zie Amsterdam 1990, cat. 14, pp. 60-61. Voor Theo's aankopen van werken van Monticelli, zie Amsterdam 1999, p. 157.
27. Theo aan moeder, [juni / juli 1886], VGM FR, inv. b942 V/1962; vert. in Hulsker 1974, p. 8. Over dit schilderij, zie Welsh-Ovcharov 1988, cat. 6, pp. 50-51.
28. Vincent vertelde over zijn perspectiefraam in een brief aan Theo, [5 aug.1882], 254/222. Voor meer informatie over zijn vroege gebruik van het raam, zie Pickvance 1984, pp. 54-55; en Sjraar van Heugten, *Vincent van Gogh: Drawings*, dl. 1, The Early Years, 1880-1883, Amsterdam 1996, pp. 17-25. Debora Silverman onderzocht de symbolische lading van het perspectiefraam in Silverman 1992, pp. 94-105; Silverman 1994; en Silverman 2000, pp. 62-67, 141, en 403-05. Vincent stopte met dit hulpmiddel in mei 1888. 'Er [zijn] kleuren': Vincent aan Wil, [ca. 22 juni 1888] 633/W 4. Zie ook Welsh-Ovcharov 1988, cat. 20, p. 78, en cat. 33, p. 104.
29. Zie Welsh-Ovcharov 1988, pp. 21-22.
30. Signac aan Pissarro en Pissarro aan Signac, [eind juli / begin aug.1886], B-H, dl. 2, nr. 349 noot 1.
31. 'Slecht opgevoed': Gauguin aan Signac, [eerste helft juli 1886], M 1984, brief 103. Zie ook Seurat aan Signac, [16-17 juni 1886], M 1984, brief XXVII. 'Tactloosheid': Seurat (Pissarro citerend) aan Signac, 19 juni 1886, M 1984, brief XXVIII. Over dit incident, zie Herbert 1991, pp. 403-04; Jirat-Wasiutyński / Newton, pp. 61-62; en M 1984, p. 429 noot 199.
32. De afbeelding uit het schetsboek herhaalt een object dat Gauguin opnam in de achtergrond van een pastel portret uit 1882 van Aubé ([W 66]; Musée du Petit Palais, Paris); zie Washington 1988, cat. 10, pp. 32-33. Bracquemond liet prenten zien op de impressionistische tentoonstellingen van 1874, 1879, en 1880. Over Bracquemond en Chaplet, zie M 1984, pp. 426-28 noot 196; over Aubé, zie ibid., pp. 428-29 noot 197. Over Chaplet, zie Jean d'Albis, *Ernest Chaplet, 1835-1909*, Paris 1976, pp. 94-95; en Washington 1988, cat. 10, pp. 32-33.
33. Faunen (alleen of in groepen) behoorden tot de favoriete onderwerpen van decoratieve beeldhouwers van de 18de eeuw, van wie Clodion (Claude Michel; Frankrijk, 1738-1814) de belangrijkste representant is. In de 15-eeuwse Noord-Europese verbeelding werd de 'wilde man' geschaard onder het gevolg van saters, Dionysus, Silenus en Pan; zie ten. cat. Anne Poulet, *Clodion, 1738-1814*, Parijs (Musée du Louvre), 1992, p. 142 passim. Onder de bekendste voorbeelden (zij het in de vorm van reprodukties) in Gauguins tijd behoorden een Romeinse kopie van Praxitiles' *Satyr* (370 v.Chr.; Museo Nazionale Romano) en de openlijker bokachtige *Dansende faun* (ca. 312 v.Chr.; Museo Archeologico Nazionale, Napels), die in 1830 in Pompeji gevonden was.
34. Voor een discussie over de symboliek van de centaur, zie ten. cat. Douglas W. Druick *et al.*, *Odilon Redon: Prince of Dreams*, (The Art Institute of Chicago), 1994, p. 45; en Douglas W. Druick, 'Moreau's Symbolist Ideal,' in ten. cat. Geneviève Lacambre *et al.*, *Gustave Moreau: Between Epic and Dream*, (The Art Institute of Chicago), 1999, pp. 37-38.
35. Gauguin aan Mette, [jan. 1886], M 1894, brief 94. Over Brandes en *Politiken*, zie *Politikens Historie Set Indefra, 1884-1984: En scrapbog samlet og keommenteret af Bo Bramsen*, dl. 1, 1884-89, Kopenhagen 1983. Over Brandes en Gauguin, zie Bodelsen 1970, pp. 601ff.; en M 1984, pp. 425-26 noot 194.
36. Gauguin aan Mette, [ca. 22-29 juni 1886], M 1984, brief 101. Gauguin had kort daarvoor het gedicht gelezen dat gepubliceerd was in *La Vogue* (7-14 juni 1886), pp. 220-21. Zie Gauguin aan Bracquemond, 24 juni 1886, M 1894, brief 100, voor het bakken van *De faun*.
37. Bodelsen 1964, p. 14, gaat de associatie na van de 'P GO' signatuur met Gauguins keramiek. Zie *1811 Dictionary of the Vulgar Tongue: A Dictionary of Buckish Slang, University Wit, and Pickpocket Eloquence*, inl. door Robert Cromie (Northfield, Ill. 1971). s.v. 'pego.' Deze associatie werd voor het eerst opgemerkt door Wayne Andersen, *Gauguin's Paradise Lost* (New York 1971), pp. 186, 255. Zie ook de verwijzing naar Gauguins hond, 'Pegau', in Guillaume Le Bronnec, 'La Vie de Gauguin aux îles Marquises,' *Bulletin de la Société des Etudes Océaniennes*, serie 5, 9 (maart 1954), p. 210. Honden worden vaak opgenomen in Gauguins schilderijen.
38. 'Kunst maken': Gauguin aan Bracquemond, [ca. 8-12 juli 1886], M 1894, brief 105. Zie ook Gauguin aan Mette, [ca. 1-15 juni 1886], M 1894, brief 99. In augustus 1885 had Gauguin melding gemaakt van zijn voornemen om de volgende

zomer naar Bretagne te gaan; Gauguin aan Mette, 19 augustus 1885, M 1894, brief 83.

39. Voor een inleiding op Pont-Aven, zie M 1894, pp.432-36 noot 203. Voor een vollediger beschrijving van Gauguins werk in Bretagne, zie Denise Delouche, *Gauguin et la Bretagne* (Rennes 1996). Zie ook idem, *Peintres de la Bretagne: Découverte d'un province,* Paris 1977. Fred Orton en Gisella Pollock hebben als eersten Gauguins 'primitieve' aanpak van Pont-Aven kritisch onderzocht; zie Orton/Pollock 1980, pp. 314-44. Zie ook Catherine Bertho, 'L'Invention de la Bretagne: Genèse sociale d'un stéréotype,' *Actes de la recherche en sciences sociales* (1980) 35, pp. 45-62. Nina Lübbren werkte de notie van 'place-myth' uit in 'Rural artists' colonies in nineteenth-century Europe' (Ph.D. diss., University of Leeds 1996), hfdst. 8.
40. Bernards wandeltocht door Bretagne duurde van mei tot juli 1886; in zijn route was Pont-Aven kennelijk niet opgenomen. Voor zijn belangstelling voor regionale religieuze festivals, zie zijn brieven naar zijn familie in Harscoët-Maire 1997, pp. 113ff. 'Enkele badende jongens': Hartrick 1939, p. 32. Zie ook Jirat-Wasiutyński / Newton 2000, pp. 63-64, voor herinneringen van medekunstenaar Henri Devallée aan Gauguins *plein-air* en atelier gewoonten.
41. Voor Pissarro's strategie van opzettelijke onbeholpenheid, zie Ward 1996, p. 53. 'Stempel': Pissarro aan Lucien, 30 juli 1886, geciteerd in Herbert 1991, p.179 noot 14. Deze brief wordt weergegeven in B-H, dl. 2, brief 348, hoewel in Herbert 1991 wordt opgemerkt dat belangrijke zinsneden in die publikatie bij ongeluk werden weggelaten.
42. Zie Jirat-Wasiutyński / Newton 2000, pp. 63ff.
43. Zie Hartrick 1939, p. 31; en Gauguin aan Mette, [15 aug. 1886], M 1984, brief 111. 'Beste schilder': Gauguin aan Mette, [eind juli 1886], M 1894, brief 110.
44. 'Romantische impressionisten': Pissarro aan Lucien, [3 nov.? 1886], B-H, dl. 2, brief 360. 'De impressionisten zijn passé': 3 december 1886, B-H, dl. 2, brief 361. Gauguins creatief aanwenden van een vijandige houding wordt besproken in Françoise Cachin, 'Gauguin portrayed by himself and others,' in Washington 1988, p. xxiii.
45. Zie Washington 1988, cat. 24, pp. 69-70. Over het effect van Gauguins keramische werk op zijn ontwikkeling van een synthetische stijl, zie Merete Bodelsen, 'The missing link in Gauguin's Cloisonism,' *Gazette des beaux-arts*, 6e serie, 53 (mei – juni 1959), pp. 329-44. 'Keramisch beeldhouwwerk': Gauguin aan Mette, [ca. 25 juli 1886] en [half sept. 1886], M 1984, brieven 107, 112.
46. Zie Braun 1986.
47. De pagina uit het schetsboek werd gepubliceerd in Gray 1980, fig. 18, p. 27. Het Degas motief wordt aangetroffen in *Vaas gedecoreerd met vrouwenfiguur op halve lengte* (winter 1886 / 87 [B 7, G 16]; Kunstindustrimuseet, Kopenhagen); de Delacroix in *Dubbele pot met handvaten* (winter 1886/97 [B 6, G 16]; privé-verzameling, Parijs).
48. Gauguin aan Bracquemond, M 1984, brief 114. *Le Nouveau Petit Robert,* 1996 ed., s.v. 'colombin, dat als synoniem wordt gegeven voor *étron,* of 'drol.'
49. '55', 'kleine produkten': Gauguin aan Bracquemond, [eind nov. 1886], M 1984, brief 116. 'Artistiek': Gauguin aan Mette, [26 dec.1886], M 1984, brief 115. Over de tentoonstelling van de Union Centrale, zie Gauguin aan Mette, 26 dec.1886, M 1984, brief 115. De tentoonstelling vond plaats van 13 augustus tot 4 december 1887 in het Palais de l'Industrie; zie M 1984, p. 443 noot 212.
50. Over de Salon de la Nationale, zie Debora Silverman, *Art Nouveau in Fin-de-Siècle France,* Berkeley, Calif., 1989, p. 208. Pissarro aan Lucien, [17 sept.1886], B-H, dl. 2, brief 353.
51. Zie Berson 1996, dl. 2, p. 180.
52. Zie Gauguin aan Mette, 6 dec.1887, M 1894, brief 137.
53. Pissarro aan Lucien, 23 jan.1887, B-H, dl. 2, brief 387.
54. Dit was de beschuldiging van Pissarro tegen Charles Toché (Frankrijk; 1851-1916), een schilder van gestileerde, decoratieve afbeeldingen, gebaseerd op zijn reizen, die met succes werd gelanceerd bij Petit in januari 1887 en geprezen door Albert Wolff (in *Le Figaro*, 14 januari 1887, pp. 1-2) om zijn 'oprechte visie'; zie Pissarro aan Lucien, 23 jan.1887, B-H, dl. 2, brief 387. Deze bespreking van Pissarro's primitivisme is geïnspireerd op Ward 1996, pp. 19ff., 33ff.
55. Pissarro aan Lucien, 23 jan.1887, B-H, dl. 2, brief 387.
56. Over Gauguin op Martinique, zie Karen Kristine Rechnitzler Pope, *Gauguin and Martinique* (Ph.D. diss., University of Texas, Austin 1981; Ann Arbor, Mich. 1984). Voor een technische analyse van Gauguins schilderijen op Martinique, zie Jirat-Wasiutyński/Newton 2000, pp. 76-84.
57. Welsh-Ovcharov 1988, cat. 30, p. 98. Seurat begon in 1887 met beschilderde lijsten te experimenteren; zie Herbert 1991, pp. 204-06, appendix A; Ward 1996, pp. 118-22; en Inge Fiedler, 'A technical evaluation of the *Grande Jatte,' The Art Institute of Chicago Museum Studies* 14, no. 2 (1989), pp. 173-79. Voor een algemene bespreking van kunstenaarslijsten, zie Isabelle Cahn, *Cadres de peintres,* ten. cat., Musée d'Orsay, Paris (1989); en Amsterdam, Van Gogh Museum, *In Perfect Harmony: Picture and Frame, 1850-1920,* ten. cat. door Evan Mendgen *et al.* (1995).
58. Theo aan Lies, 15 mei 1887, VGM FR, inv. b912 V/1982; vert. in Hulsker 1974, p. 12. Voor Vincents experiment met en verwerping van de rationele oppervlakken van de neo-impressionisten, zie Ward 1996; en Welsh-Ovcharov 1988, cat. 30, p. 98.
59. 'Geloof aan kleur': Vincent aan Livens, [aug./okt. 1886], 572/459a. Vincent aan Bernard, [zomer 1887], 578/B 1; en Mannheim 1990, p. 108. Voor Bernards (en Anquetins) vijandigheid ten opzichte van Signacs nieuwe werk, zie Pissarro aan Lucien, [13 maart 1887], B-H, dl. 2, brief 403.
60. 'Het impressionisme doorlopen': Vincent aan Theo, 27 aug.1888, 673/528. Vincent aan Wil, [ca. 27 aug.1888], 674/W 8. De vergelijking tussen Vincents werk en Monticelli's portret wordt gemaakt in Welsh-Ovcharov 1988, cat. 39, p. 116. Over de Parijse zelfportretten, zie ook Shackelford (noot 20).
61. 'Raads- en leidsman': Vincent aan Theo, [ca. 13 april 1885], 496/400. 'Nauwelijks kleur': 3 mei 1889, 771/590. Zie hfdst. 1, noot 89.
62. Paul Signac, *D'Eugène Delacroix au néo-impressionnisme*, inl. door Françoise Cachin, 1889; herdr. Paris 1964. Over Seurats tekentechniek, ook beïnvloed door Rembrandt, zie Herbert 1991, p. 54.
63. Pissarro aan Lucien, 16 mei 1887, B-H, dl. 2, brief 424. Over het punt dat Millet wordt verzameld in 'de kringen die het meest tegen de ontwikkelingen in de moderne kunst gekant zijn' en over zijn neergaande reputatie, zie Griselda Pollock, *Millet,* London 1977, p. 6.
64. Over *Een paar schoenen*, zie Amsterdam 1990, cat. 19, p. 70. Zie Vincent aan Theo, [ca. 13 april 1885], 496/400; en Vincent aan Wil, [zomer/herfst 1887], 576/W 1.
65. Voor Vincent en Japanse prenten, zie M.E. Tralbaut, 'Van Gogh's Japanisme,' *Mededelingen van de Dienst voor Schone K.unsten der Gemeente 's Gravenhage* 9, (1954) nr. 1-2, pp. 6-40; Fred Orton, 'Vincent's Interest in Japanese Prints: Vincent van Gogh in Paris, 1886-87,' *Vincent: Bulletin of the Rijksmuseum Vincent van Gogh* 1, nr. 3 (1971), pp. 2-12; ten. cat. *Japanese prints collected by Vincent van Gogh*, Amsterdam, (Van Gogh Museum), 1978, Akiko Mabuchi, 'Van Gogh and Japan,' in ten. cat. *Vincent van Gogh*, Tokio, (Nationaal Museum voor Westerse Kunst), 1985, pp. 154-79; en Kōdera 1990, hfdst. 4; en Kōdera 1991.
66. Theo meldde Vincents wens om de prenten terug te krijgen in een brief aan zijn moeder van 22 maart 1887, VGM FR, inv. b909 V/1962; vert. in Hulsker 1974, p. 12.
67. 'Ik mij verdiepte': Vincent aan Wil, [zomer of herfst 1887], 576/W 1. 'Meest navrante dingen': [30 maart 1888], 593/W 3.
68. 'Omdat ik rondloop': Vincent aan Theo, [ca. 13 apr. 1885], 496/400. Vincent parafraseerde hier Millet, geciteerd door Alfred Sensier, *La Vie et l'oeuvre de J.-F. Millet*, Paris 1881, p. 217. Zie Louis van Tilborgh, 'Van Gogh, Disciple of Millet,' in ten.cat. *Van Gogh and Millet*, in het Engels vert. door Martin Cleaver, Amsterdam (Rijksmuseum Vincent van Gogh), 1988, pp. 30-67. Voor Vincents hekel aan modellen die poseerden in hun beste kleren, 'waar noch knie noch elleboog noch omoplates noch eenig ander ligchaamsdeel zijn karakteristiek deukje of verhevenheid in heeft gemerkt,' zie Vincent aan Theo, [begin aug. 1881], 169/148.
69. Zie Carlyle, *Sartor Resartus*, pp. 181, 183; *On Heroes*, pp. 154-55.
70. Pissarro aan Lucien, [26 mei 1887] en [28 mei 1887], BH, dl. 2, brieven 428, 430; Lucien aan Pissarro, 2 juni 1887, in Ann Thorold, ed., *The Letters of Lucien to Camille Pissarro, 1883-1903*, Cambridge/New York 1993, pp. 94-95. De schoenmaker was gevestigd aan de rue Lepic, nr. 13; de Van Goghs woonden op nummer 54.
71. Over de vergelijking tussen de schoen en de zonnebloemstillevens, zie Pickvance 1984, pp. 35-36. Over de opkomende symboliek van de Parijse *Zonnebloemen*, zie Amsterdam 1990, cat. 18, p. 65; en Welsh-Ovcharov 1988, cat.58, pp. 154-55.
72. Joost van den Vondel, 'Inwyjinge der Schilderkunste, Op Sint Lukas Feest, 1654', in *De Werken van Vondel*, dl. 5, 1645-1656, Amsterdam 1931, p. 820. Voor Vondel en het Sint Lukas Feest, zie Dedalo Carasso, ed., *Helden van het Vaderland: Onze geschiedenis in 19de-eeuwse taferelen verbeeld*, Amsterdam 1991, pp. 27-28.
73. 'Sunflowers,' *Harper's Weekly* (13 mei 1882), p. 301.
74. In 1882 besprak Wilde de betekenis van de zonnebloem in een lezing die hij in New York gaf over de Engelse renaissance van de kunst. Voor 'evangelie,' zie *Ye Soul Agonies in Ye Life of Oscar Wilde*, geïll. door Charles Kendrick, New York 1882, pp. 3, 9. 'Ook symboliseren': Vincent aan Aurier, [10/11 feb. 1890], 854/626a.
75. Vincent aan Theo, [begin juli 1884], 454/372.
76. Over de Petit Boulevard tentoonstelling, zie Welsh-Ovcharov 1988, pp. 33, 155; Pickvance 1984, p. 36; en ten. cat. *Vincent van Gogh and the Painters of the Petit Boulevard,* (Saint Louis Art Museum), 2001.
77. Roland Dorn in Mannheim 1990, pp. 381-83; over gemeenschappelijke inspanning, zie Mannheim 1990, p. 33.
78. Voor Pissarro's lage dunk van Schuffeneckers capaciteiten, zie Pissarro aan Lucien, [8 mei 1886], B-H,dl. 2, brief 334. Signac deed Schuffenecker af als 'Gauguin II': Pissarro aan Signac, [april 1887?], geciteerd in B-H, dl. 2, brief 415 noot 1.
79. Over Chaplet, zie Gauguin aan Schuffenecker, 25 aug.1887, M 1984, brief 131; Gauguin aan Mette, 24 nov.1887, M 1984, brief 136. Over Theo's activiteit als kunsthandelaar, zie Rewald 1973. Zie ook Richard Thomson, 'Theo van Gogh: An Honest Broker,' in Amsterdam 1999, pp. 61-148. 'Middelpunt van de impressionisten': Gauguin aan Mette, 6 dec.1887, M 1984, brief 137.
80. Over de eerste ontmoeting van Gauguin en de gebroeders van Gogh, zie M 1984, pp. 470-71 noot 236; en M 1989, p. 55. Merhlès oppert dat Gauguin, vergezeld door Guillaumin of

Schuffenecker, Theo en mogelijk Vincent ontmoette bij Boussod et Valadon.

81. In deze periode kocht Theo niet rechtstreeks werken voor de firma maar nam ze veeleer in consignatie en betaalde hij Gauguin na iedere verkoop; de kunsthandelaar deed geen rechtstreekse aankopen van Gauguins werken voor de firma vòòr april 1890. Zie Richard Thomson in Amsterdam 1999, p. 139. Over Theo's aanschaf van Gauguins werken, zie M 1984, pp. 471-72 noot 236; en Amsterdam 1999, p. 168. Een ontvangstbewijs op Theo's naam en gedateerd op 4 januari 1888 is afgedrukt in Cooper 1983, GAC 1. Theo beschreef het opstellen van het werk in de zitkamer in Theo aan Wil, 6 dec. 1888, VGM FR, inv. b916 V/1962. In de maanden die volgden nam Theo Gauguin op in een aantal exposities van Boussod et Valadon: tentoonstellingen van het werk van Pissarro, Gauguin en Guillaumin (dec. 1887); pastellen van Degas en werk van Gauguin (jan. 1888); werk van Gauguin, Schuffenecker en Federico Zandomeneghi (apr. 1888); werk van Gauguin (nov. 1888); recent werk van Pissarro en een beeldhouwwerk en keramiek van Gauguin (feb. 1890); zie Amsterdam 1999, pp. 131, 187-88.
82. Huyghe 1952, p. 222. Maanden later verwees Vincent naar deze ruil in de brieven 644/510 en 740/571.
83. 'Hoge poëzie': Vincent aan Bernard, [ca. 20 mei 1888], 614/B 5. Van zijn zusters schreef Theo over kunst het meest aan Wil; nadat hij en Jo Bonger in december 1888 waren verloofd, wisselde het paar veelvuldig brieven uit (gepubliceerd als *Kort geluk*) gedurende de maanden voordat zij trouwden op 18 april 1889. 'Dat is kunst': Theo aan Jo, 1 feb. 1889, *Kort geluk*, brief 35.
84. Theo aan Jo, 1 feb.1889, *Kort geluk*, brief 35.
85. In 1885 berichtte Theo aan zijn moeder dat een Parijse kennis die hij Vincents werk had laten zien, gezegd had dat Vincent 'Millet zou overtreffen'; Theo aan moeder, [ca. 1 juni 1885], VGM FR, inv. b939 V/1962, vert. in Hulsker 1974, p. 5.
86. Voor Theo over Degas, zie Theo aan Wil, 6 dec.1888, VGM FR, inv. b916 V/1982; Theo aan Jo, 24 jan. 1889, *Kort geluk*, brief 26; Theo aan Wil, 27 nov.1889, VGM FR, inv. b926 V/1962; en Theo aan Jo, 1 feb.1889, *Kort geluk*, brief 35. Voor Vincent over Degas, zie Gauguin aan Bernard, [2de helft nov.1888], M 1984, brief 182; en Richard Kendall, '"I kept on thinking about Degas [...]": Vincent van Gogh and the "little lawyer,"' *Van Gogh Museum Journal* (1999), pp. 30-41. Voor Vincent over Seurat, zie Vincent aan Theo, [ca. 27 aug.1888], 673/528.
87. 'De gave om in dezen': Theo aan Jo, 10 feb.1889, *Kort geluk*, brief 41. 'Figuurschilderkunst': Vincent aan Theo, [4 mei 1888], 606/482.
88. Theo aan Wil, 6 dec.1888, VGM FR, inv. b916 V/1962.
89. 'Gevoelens': Theo aan Jo, 10 feb.1889, *Kort geluk*, brief 41.'Ons innerlijk leven': 22 jan. 1889, *Kort geluk*, brief 23.
90. Theo aan Wil, 6 dec.1888, VGM FR, inv. b916 V/1962.
91. 'Eéns': Theo aan Jo, 23 jan.1889, *Kort geluk*, brief 24. 'Nieuwe richting': 16 maart 1889, *Kort geluk*, brief 72.
92. Over de kwestie van het belang van een kunstenaarsleven om werk van de kunstenaar op waarde te kunnen schatten met betrekking tot het neo-impressionisme, zie Ward 1996, pp. 17-18. Over de monografieën van de Barbizon-schilders, zie Christopher Parsons en Neil Mc William, 'Le Paysan de Paris': Alfred Sensier and the Myth of Rural France,' *Oxford Art Journal* 6, nr. 2 (1983), pp. 38-58; Nicholas Green, *The spectacle of nature: landscape and bourgeois culture in nineteenth-century France*, Manchester/New York 1990; en Jensen 1994, pp. 110-11, 119-20. 'Over het algemeen': Theo aan Wil, 6 dec.1888, VGM FR, inv. b916 V/1962.
93. 'Ware dichters': Vincent aan Bernard, [ca. 20 mei 1888], 614/B 5. Vgl. Jensen 1994, pp. 151-54.
94. 'Een avonturier': Vincent aan Livens, [aug./okt.1886], 572/495a. 'Een *wanderer*': Vincent aan Theo, [6 aug. 1888], 660/518. Vincent las Carlyle's *Sartor Resartus* in het Engels. Toen hij dit boek (direct of indirect) in brieven aan Theo besprak, vertaalde hij Carlyle's 'wanderer' als 'voyageur,' net als de eerste Franse vertaler van het boek, Edmond Barthélemy, toen het als feuilleton verscheen in 1895-97 in *Le Mercure de France*.
95. 'Stomvervelend en futloos': Gauguin aan Mette, [half maart 1887], M 1894, brief 121. 'Weer op te laden': [eind maart 1887], M 1894, brief 122. 'Gemakkelijk en goedkoop': Gauguin aan Schuffenecker, [ca. 12 mei 1887], M 1894, brief 125. 'Als wilden': Gauguin aan Mette, [ca. 1 mei 1887], M 1894, brief 124.
96. 'Negerhut': Gauguin aan Schuffenecker, [begin juli 1887], M 1894, brief 129. 'De inboorlingen': Laval aan Ferdinand Loyen du Puigaudeau, [juni 1887], M 1984, brief XXXV. 'Martelaarschap': Gauguin aan Antoine Favre, 25 aug.1887, M 1984, brief 132. Zie ook Gauguin aan Mette, 20 juni 1887, M 1984, brief 12; Gauguin aan Schuffenecker, 25 aug.1887, M 1984, brief 131.
97. 'In 't leven': Vincent aan Theo, [ca. 24 jan.1885], 483/393.
98. Vincent aan Theo, 26-27 nov.1882, 290/248. Pabst/Van Uitert 1987, p. 81, merken op dat Vincent in brieven verwees naar Harriet Beecher Stowe's *Uncle Tom's Cabin* met drie titels: de Nederlandse (*De Negerhut*), in juni 1879, 151/130; de Engelse, op [26/27 nov.1882], 290/248; en de Franse, op [29 maart 1889], 757/582; [30 april 1889], 768/W 11; en [ca. 22 jan.1889], Cooper 1983, VG/PG. In het Frans gebruikte hij de volgende, iets afwijkende omschrijvingen, respectievelijk: *La Case de l'oncle Tom*, *L'Oncle Tom*, en *La Cabane de l'oncle Tom*. Het lijkt waarschijnlijk dat toen Gauguin verwees naar de 'case à nègre' waarin hij op Martinique woonde, Vincent direct moest denken aan dit zeer bewonderde boek.
99. Gauguin aan Mette, 20 juni 1887, M 1984, brief 127. Voor meer over expansionisme en koloniale veroveringen, met name zoals deze tot uiting kwamen op de Wereldtentoonstelling van 1889, zie Druick/Zegers 1991, p. 17. Zie ook Albert Guérard, *France: A Modern History*, Ann Arbor, Mich. 1969.
100. Theo aan Lies, 19 april 1887, VGM FR, inv. b910 V/1982; vert. in Hulsker 1990, p. 242.
101. Voor Vincents gebruik van deze termen, zie bijvoorbeeld in brieven aan Theo, 3 april 1878, 142/121; [ca. 3-5 dec.1882], 293/251; 28 okt.1883, 401/336; en aan Van Rappard, [eind maart 1884], 440/R 43.
102. Vincent aan Theo, 3 april 1878, 142/121.
103. 'Negerinnen in rose': Vincent aan Wil, [31 juli 1888], 657/W 5.
104. Zie Theo aan mevr. Van Stockum-Haanebeck, [10 juli 1887], van Gogh 1958, brief T 1a. Over de ontvangst van *Rarahu*, zie Nicolas Serban, *Pierre Loti, sa vie et son oeuvre*, Paris 1924, pp. 247-52.
105. Zie Maïotte Dauphite, *Paul Gauguin a rencontré l'Inde, en 1887, à la Martinique*, Carbet, Martinique 1995.
106. Gauguin aan Theo, 22 mei 1888, M 1984, brief 146.
107. Op [ca. 21 april 1888], 602/478, beschreef Vincent een twee-tegen-een ruil. In een brief aan Wil, [31 juli 1888], 657/W 5, noemde Vincent Gauguins schilderij een *tableau* (maar verwees naar zijn eigen *étude* in het enkelvoud). In januari 1889, na afloop van hun samenwerking in Arles, noemde hij Gauguins werk een *petit toile* ([17 jan.1889], 740/571). Afgezien van twee verwijzingen terzijde in Vincents brieven aan Theo ([15 juli 1888], 644/510; [17 jan. 1889], 740/571), is er erg weinig geschreven bewijs over het ruilen van werk. Merlhès heeft geopperd dat Gauguin Vincents zonnebloemschilderijen uitkoos en Vincent in ruil een keuze liet maken uit zijn werk (M 1991, p. 12). Het lijkt erop dat Vincent over het algemeen aanbood wat hij klaar had staan voor de verkoop, hoewel hij in andere gevallen misschien de andere kunstenaar een keuze liet maken, zoals in het geval van Russell, in juni 1888 (zie Vincent aan Russell, [ca. 17 juni], 629/501a).
108. Theo aan Jo, 23 jan.1889, *Kort geluk*, brief 24.
109. Ibid.
110. Alphonse Karr, *Voyage autour de mon jardin*, 1845; Paris1851 ed. Vincent stond erop dat Theo het boek kocht, 10 aug.1874, 28/21. Hij verwees opnieuw naar Karr in 1882 ([26-27 nov.1882], 290/248) en in 1889 (25 juni 1889, 785/596). Zie Pierre Larousse, *Grande Dictionnaire universel du XIXe siècle*, 1873 ed., s.v. 'Hélianthe.' Voor andere 19de-eeuwse bronnen over de zonnebloem, zie Debra N. Mancoff, *Sunflowers*, Chicago 2001.
111. 'Twee naturen': Gauguin aan Mette, [ca. 22 jan. - 6 feb.1888], M 1984, brief 139; gedateerd ca. 22 januari 1888 in M 1989, p. 61. Gauguin beweerde hier voor de eerste keer tegenover Mette dat door haar onverschillige houding zijn wilde aard de overhand kreeg over zijn beschaafde natuur.
112. Félix Fénéon, 'Vitrines des marchands de tableaux,' *La Revue indépendante* (januari 1888); herdr. in Halperin 1970, dl. 1, pp. 90-91.
113. Gauguin kerfde in vele van zijn potten getallen waardoor hun plaats in de volgorde van zijn aardewerkproduktie werd aangegeven. Bodelsen 1967, p. 218, stelde vast dat Gauguins keramische produktie na Martinique begint met de pot met het gegraveerde getal 56 (Fonsmark 1996, cat. 8). De pot in de vorm van het hoofd van een vrouw uit Martinique (B 31, G 49; Fonsmark 1996, cat. 9), die duidelijk samenhangt met zijn verblijf in het Caraïbisch gebied, draagt het getal 64. De *Atahualpa*-pot is nauw verbonden in vorm, decoratie en kleur met een pot die het getal 61 draagt (nu Musée du Petit Palais, Parijs) en die noch aan Gray noch aan Bodelsen bekend is; zie Dominique Morel, 'Trois céramiques de Gauguin au Musée du Petit Palais,' *Revue du Louvre* 48, nr. 3 [juni 1998], pp. 70-74, [geïll.]. 'Natuurmensch': Vincent aan Theo, 3 apr. 1878, 142/121. Toen Vincent deze uitspraak deed was dit met een onmiskenbaar religieuze ondertoon. In de brief gaat hij verder met: 'door Gods genade.' Deze overtuiging zou gedurende zijn gehele leven in een meer seculiere betekenis doorwerken.
114. Over dit aspect van de volkse perceptie van de Peruviaanse 'wilde,' zie Douglas Druick en Peter Zegers, 'Scientific Realism, 1873-1881,' in ten. cat. *Degas*, New York (The Metropolitan Museum of Art), 1988, pp. 197-211. Voor voorbeelden van Peruviaanse typen die Gauguins aardewerk beïnvloedden, zie Braun 1986, pp. 37-38. Zie ook het groteske hoofd dat de façade van het huis van Echenique versierde in Lima, waar Gauguin als kind woonde (hfdst. 1, fig. 30).
115. Voor een bespreking van Seurats 'neo-primitivisme,' zie Herbert 1991, pp. 174-75. Hoewel de po-pulaire beeldtaal erin is verwerkt, handhaafde Seurat de traditionele prioriteit van het schilderen met olieverf in de hiërarchie van de kunstvormen.
116. Een schets met betrekking tot deze pot komt voor in het schetsboek dat Gauguin gebruikte in Rouen en Bretagne (Cogiat / Rewald 1962, p. 73), waardoor Bodelsen de pot dateert in de winter van 1886/87 (B 17). De feiten dat Gauguin zijn schetsboek had meegenomen naar Bretagne en Arles in 1888, dat de versie van Puvis' *Hoop* waarnaar de pot kennelijk verwijst voor het eerst voor het publiek werd tentoongesteld op het Durand-Ruel

# HOOFDSTUK 3: ZUID VERSUS NOORD

retrospectief van 1887 en dat het type figuur geïnspireerd is door zijn ervaringen op Martinique, ondersteunen een herdatering naar de winter van 1887-88. Gray baseerde zijn datering van dit werk (G 37) in de winter van 1886/7 op de verwante schets op p. 25 van het zg. Album Briant, een schetsboek uit het Musée du Louvre, Parijs (RF 30273). Hetzelfde schetsboek bevat echter tekeningen die verwant zijn aan *Les Négresses (Onder de mango's [Tropen])* en ook keramiek die dateert van na zijn terugkeer uit Martinique (bijv. *Vrouw op Martinique met hoofddoek* (fig. 63), en *Portretvaas van Jeanne Schuffenecker* [fig. 65]).

117. Voor eigentijdse visies op Puvis als 'poëtisch' en 'primitief,' zie Louise d'Argencourt *et al.* ten. cat., *Puvis de Chavannes, 1824-1898*, Ottawa (National Gallery of Canada), 1977, pp. 112,153. Zie ook Herbert 1991, pp. 6, 139, 174; Richard J. Wattenmaker ten. cat., *Puvis de Chavannes and the Modern Tradition*, Toronto (Art Gallery of Ontario), 1975, p. 21; Robert Herbert, 'Seurat and Puvis de Chavannes,' *Yale University Art Gallery Bulletin* 25, (oktober 1959) nr. 2, p. 23; en Robert Rosenblum, *Nineteenth-century art*, New York 1984, p. 270. Het Puvis-retrospectief liep van 11 november tot 11 december 1888. Daar te zien was ook de grotere en bekendere geklede versie van *Hoop* (1872; Walters Art Gallery, Baltimore), die voor het eerst tentoongesteld werd op de Salon van 1872.
118. 'Comme d'un Puvis modernisant': Fénéon over Puvis in 1883, geciteerd in d'Argencourt *et al.* (noot 117), p. 154. Voor Fénéon over Seurat en Puvis, zie Fénéon (noot 6). Voor Egyptische resonanties in Seurat, zie Mirbeau, 'Exposition de peinture (1, rue Laffitte),' *La France* (21 mei 1886), pp. 1-2, herdr. in Berson 1996, dl. 1, pp. 465-66; 'Half-a-Dozen Enthusiasts,' *The Bat* (25 mei 1886), pp. 185-86, herdr. in Berson 1996, dl. 1, pp. 435-36; Maurice Hermel, 'L'Exposition de peinture de la rue Laffitte,' *La France libre* (28 mei 1886), pp. 1-2, herdr. Berson 1996, dl. 1, pp. 456-57.
119. Voor de symboliek van de olijftak, zie d'Argencourt *et al.* (noot 117), pp. 112-13; voor die van het groene eikeblad, of van de eiketwijg van moed en civiele triomf, zie Aimée Brown Price, *Puvis de Chavannes: A Study of the Easel Paintings and a Catalogue of the Painted Works* (Ph.D. diss., Yale University 1972; Ann Arbor, Mich. 1977), p. 409. Voor een bespreking van *Hoop*, vgl. idem, ten. cat. *Pierre Puvis de Chavannes*, Amsterdam (Van Gogh Museum) 1994, cat. 146, pp. 237-38.
120. Voor foto's van Aline Gauguin, zie Washington 1988, fig. 50, p. 50, en fig. 91, p. 381.
121. Gauguin aan Schuffenecker, 25 okt.1888, M 1984, brief 174 (excerpt); M 1989, pp. 124-25 (volledig).
122. Theo aan Wil, [24-26 feb.1888], VGM FR, inv. b914 V/1962; vert. in Hulsker 1974, p.13.
123. Voor een bespreking van de verschillende dateringen en identificeringen van dit werk, meestal getiteld *L'Italienne*, zie Roland Dorn in Detroit 2000, p. 253 noot 35; en Dorn 1990, p. 248.
124. Over de relatie tussen Vincents werk en het doek van Puvis, zie Amsterdam 1990, cat. 29, p. 88. 'Elyseïsche velden': Vincent aan Bernard, [ca. 4 aug.1888], 659/B14. 'Moderne leven': Vincent aan Theo, [ca. 15 dec.1889], 830/617.
125. 'De serene oude man': Vincent aan Bernard, [ca. 4 aug. 1888], 659/B 14. Over de romans van Charpentier, zie Douglas Druick en Michel Hoog, ten. cat. *Fantin-Latour*, Ottawa (National Gallery of Canada), 1983, cat. 42, p.141.
126. 'Wat jeugd': Vincent aan Wil, [zomer/najaar 1887], 576/W1.
127. Zie Vincent aan Wil, [30 maart 1888], 593/W 3. 'Men schrijvers als': Vincent aan Van Rappard, [ca. 21 mei 1883], 347/R35. Zie ook Vincent aan Theo, [ca. 4-8 aug.1883], 374/309. Over de boekstillevens in dit verband, zie van Uitert 1981-82, pp. 223ff.
128. Zie Vincents beschrijving van het schilderij in zijn brief aan Theo, [17 okt.1888], 712/555.
129. Zie Vincent aan Theo, [10 maart 1888], 586/468; en Amsterdam 1990, cat. 29, p. 88. Over de roman, zie Sund 1992, pp. 142-43.
130. Zie *Stilleven met boeken* (voorjaar 1887 [F 335, JH 1226]; Van Gogh Museum, Amsterdam), waarop o.m. Zola's *Au Bonheur des dames* (1883) en Edmond de Goncourts *Fille Elisa* (1877) zijn afgebeeld. Zie Sund 1992, p. 145.
131. 'Op het punt': Gauguin aan Mette, [ca. 1-7 jan.1888], M 1894, brief 138. Zie ook M 1984, p. 471 noot 239.
132. 'Rampzalige burgeroorlogen': Vincent aan Bernard, [ca. 17 juli 1888], 647/B 11. 'Behoorlijk ziek': Vincent aan Gauguin, [3 okt.1888], 699/544a.
133. Theo aan Jo, 14 februari 1889, *Kort geluk*, brief 46.
134. Zie Amsterdam 1990, cat. 34, p. 98. Verschillende dateringen zijn aan dit werk toegekend; Amsterdam 1990 dateert het januari 1888; Welsh-Ovcharov 1999 geeft aan half februari, net na de opening van de Louvre tentoonstelling van portretten van Oude Meesters (cat. 68, p.174); Shackelford stelt dat het werk 'in hoofdzaak af moet zijn geweest' toen de tentoonstelling opende (Detroit 2000, p. 121); Zemel 1997 beweerde dat het voltooid was 'bijna direct na' de Petit Boulevard tentoonstelling (p.154).
135. Vincent aan Wil, [ca. 22 juni 1888], 633/W 4.
136. Van Eeden, *De kleine Johannes*, pp. 146, 149.

*Bronnen voor vet gedrukte citaten: p. 115: Vincent aan Bernard, [18 juni 1888], 630/B7; p. 121: Vincent aan Theo, [25 juli 1888], 652/514; pp. 145-46: Vincent aan Theo, [29 sept.1888], 695/543.*

1. Gauguin aan Schuffenecker, [eind feb./begin mrt. 1888], M 1984, brief 141 (excerpt); gedateerd op 20 feb. in M 1989, pp. 61-63 (volledig).
2. Loti, *Mon frère Yves*, pp. 63, 85, 109, 158, 161-62. Het verband tussen Gauguins tekst en Loti's roman werd voor het eerst aangetoond door Amishai-Maisels 1985, pp. 16-17.
3. Loti, *Mon frère Yves*, p. 203. 'Doortrokken': Gauguin aan Mette, [ca. 22 jan. - 6 feb. 1888], M 1984, brief 139; gedateerd op ca. 22 jan. in M 1989, p. 61 noot 1.
4. Loti, *Mon frère Yves*, p. 296.
5. Gauguin, *Avant et après*, p. 47.
6. 'Zonlicht': Theo aan Wil, [24-26 Feb. 1888], VGM FR, inv. b914 V/1962; vert. in Hulsker 1974, p. 13. 'Gauguin [...] zijn superioriteit': Vincent aan Bernard, [ca. 18 sept. 1888], 688/B 16. Over het gebruik van het Franse woord 'Midi,' dat ook Noord-Afrika kan omvatten, zie Guy de Maupassant, *Au soleil*, 5de ed., Paris 1884, pp. 74-75.
7. Vincent aan Livens, [aug./okt. 1886], 572/459a. Al in het voorjaar van 1887 had Theo aan de familie bericht dat hij niet 'zoals zijn eerste bedoeling was naar het platteland' was vertrokken: Theo aan zijn moeder, 28 feb.1887, VGM FR, inv. b906 V/1962; vert. in Hulsker 1974, p. 9.
8. Vincent aan Theo, [zomer 1887], 575/462. Voor de 'sectarische' en 'bekrompen' natuur van avant-gardistische schilders en groepen, zie Vincent aan Bernard, [najaar 1887], 578/B 1. Cf. hfdst. 1, noot 71.
9. Vincent aan Wil, [zomer/najaar 1887], 576/W 1.
10. Van Eeden, *De kleine Johannes*, p. 216. Dat Vincent het boek op dit moment las, wordt bevestigd door zijn brief aan de schilder Arnold Hendrik Koning, [ca. 23 jan. 1889], 745/571a, waarin hij schrijft dat hij Koning het boek had gegeven, een gebeurtenis die moet hebben plaatsgevonden toen zij beiden in Parijs waren, d.w.z. tussen sept.1887 en feb.1888; zie Han van Crimpen, 'Inleiding,' *Kort geluk*, p. 54 noot 57. 'Nevelgevecht': Theo aan Lies, 13 okt. 1885, VGM FR, inv. b903 V/1962.
11. Vincent aan Wil, [ca. 22 juni 1888], 633/W 4.
12. Zie Vincent aan Wil, [zomer/najaar 1887], 576/W 1; en Vincent aan Theo, [3 sept. 1888], 677/531, waar hij een verband legt tussen Tartarin en Candide. Over Vincents vereenzelviging met Tartarin, zie Sund 1992, p. 172. Vincent noemde *Tartarin de Tarascon* kort na zijn aankomst in Arles ([ca. 25 feb. 1888], 580/464). In maart meldde hij dat hij 'onlangs' *Tartarin sur les Alpes* had gelezen, 585/467. Tegen 1883 of 1884 had hij *Numa Roumestan* gelezen; zie Sund 1992, p. 84.
13. Zie Alphonse Daudet, *Numa Roumestan*, in de Engelse vertaling van Charles de Kay, Boston 1900. Voor Daudets idee van het Noorden, zie pp. 170, 186, 286, 322, 367, 369; voor het Zuiden, zie pp. 7, 30, 43, 76, 196, 200, 395. Zie ook Thérèse Roqueplo, 'Le Thème du Soleil dans "Numa Roumestan",' *La Revue des sciences humaines*, n.s., facs. 125 (jan. - mrt. 1967), pp. 101-16.
14. Vincent meldde een artikel over de 'Filibres' gelezen te hebben in een brief aan Theo, [14 okt. 1888], 709/553; wellicht een artikel in 3 afleveringen, 26 augustus en 2 en 9 september 1888, in *Le Forum républicain* of een artikel van Paul Mariéton, 'En Provence: Sensations d'un Félibre,' *L'Homme de bronze*, 14 okt. 1888, p. 1; geciteerd in Dorn 1990, p. 279.
15. Voor het gebruik door de Félibrige van de zonnebloem, zie Kōdera 1990, figs. 37-41, pp. 32-33. Voor de verschillende associaties van de zonnebloem in het Frans, zie Émile Littré, *Dictionnaire de la langue française*, 1991 ed., s.v. 'tournesol': 'Plante à grande fleur radiée, dite aussi soleil'; s.v. 'soleil': 'Soleil, ou tournesol, ou grand soleil des jardins, noms vulgaires de *l'helianthus annuus*.' Dezelfde associatie bestaat in het Provençaals, waar *vira-soleu* (zonnebloem) is samengesteld uit de woorden voor 'draaien' (*virar*) and 'zon' (*soleu*). 'Het palet van zuidelijke schilders': 'Choses d'art,' *Le Forum républicain*, 4 nov. 1888, p. 2.
16. 'Zijn zoon': Vincent to Wil, [ca 27 aug. 1888], 674/W 8. Andere uitspraken over Monticelli en het Zuiden komen uit Vincent aan Theo, [ca. 21 apr.1888], 602/478; [ca. 3 mei 1888], 605/481; [29 juni 1888], 638/507; [10 okt.1888], 707/550. Voor een overzicht van Vincents verering van Monticelli, zie Aaron Sheon, 'Monticelli and van Gogh,' *Apollo* 85, (juni 1967) nr. 64, pp. 444-48; en Sheon 1978, pp. 81-90.
17. Zie Daudet, *Numa Roumestan* (noot 13) p. 320; Vincent aan Theo, [9 apr. 1888], 596/474.
18. 'Japanse vrolijkheid'; 'goedmoedigheid': Vincent aan Theo, [9 sept. 1888], 680/524. 'De Japanners beter begrijpen': [4 okt. 1888], 702/B 19. 'Eenvoudige': [ca. 5 juni 1888], 623/500. Zie ook Vincent aan Theo, [24 sept. 1888], 690/542; [18 mrt. 1888], 590/B 2; Vincent aan Bernard, [ca. 23 juli 1888], 651/B 12. Over het thema Vincent en Japan, zie Kōdera 1991; en Elisa Evett, 'The late nineteenth-century European critical response to Japanese art: primitivist leanings,' *Art History* 6, (mrt.1983) nr. 1, pp. 83-106. Voor Vincents indirecte visie van het Zuiden als een mythische constructie – de projectie op het Zuiden (van Japan, Holland, etc.), de verwachtingen gewekt door kunst en literatuur, en het verlangen een denkbeeldig verleden te heroveren, die de sleutel vormden tot zijn project – zie Pollock 1998, die zijn reis naar het Zuiden zowel ziet als een reis door de

tijd als één van plaats tot plaats. Zie ook hfdst. 1, noot 64.

19. 'Een soort broederlijk', 'Als eenvoudige arbeiders': Vincent aan Bernard, [3 okt. 1888], 700/B 18. 'Levend in de natuur': Vincent aan Theo, [ca 22 sept. 1888], 689/540. Volgens Kōdera 1990 (p. 60), ' was het ruilen van werken niet karakteristiek voor Japanse schilders [...] Waarschijnlijk projecteerde hij zijn eigen idealen op Japanse schilders.'
20. 'Ook al komen de Japanners': Vincent aan Bernard, [18 mrt. 1888], 590/B 2. Zie Vincent aan Theo, [7 mei 1888], 607/483; [15 juli 1888], 644/510; en [15 juli 1888], 646/511.
21. Zie Druick/Zegers 1991, pp. 123ff.
22. Vincent aan Wil, [30 mrt. 1888], 593/W 3.
23. 'Oriënteren': Theo aan Wil, [24-26 feb. 1888], VGM FR, inv. b914 V/1962; vert. in Hulsker 1974, p. 13. Vincent aan Theo, [21 feb. 1888], 579/463.
24. Over Reid, de gebroeders Van Gogh, en Monticelli, zie Sheon, 'Monticelli' (noot 16); Sheon 1978, p. 82; en Frances Fowle, 'Vincent's Scottish twin: the Glasgow art dealer Alexander Reid,' *Van Gogh Museum Journal* (2000), pp. 94-96. Door een voorraad aan te leggen van het werk van Rousseau (na zijn dood in 1867) en Millet, had Durand-Ruel in feite een monopolie verkregen waarmee hij de kunstmarkt kon beheersen; zie Jensen 1994, pp. 49ff. 'Vrije hand': Vincent aan Theo, [ca. 25 feb. 1888], 580/464; zie ook [26-28 feb. 1888], 581/465.
25. Over het uitspelen van Reid tegen Tersteeg en Van Wisselingh, zie Vincent aan Theo, [26-28 feb. 1888], 581/465; en [10 mrt. 1888], 586/468.
26. Toen vrienden hem vertelden dat er in Marseille weinig te beleven viel, besloot hij om te wachten tot zijn zenuwen sterk genoeg waren voordat hij zijn nieuwsgierigheid zou gaan bevredigen, omdat hij 'zich niet over de kop wilde werken': Vincent aan Theo, [ca. 4 mei 1888], 606/482; zie ook [5 juli 1888], 639/508. 'Wat betreft een bezoek': Vincent aan Bernard, [9 apr.1888], 597/B 3.
27. Tien brieven aan Theo en aan Bernard maken melding van de militaire dienst van laatstgenoemde in Noord-Afrika; in de eerste drie zegt Vincent dat hij Bernard daar komt opzoeken ([9 apr. 1888], 596/474; [9 apr.1888], 597/B 3; [ca. 5 juni 1888], 623/500); in de overige zeven spoort hij hem aan daarheen te gaan. Zie ook Bernards brief aan zijn ouders, 26 apr.1888, Harscoët-Maire 1997, pp. 162-63.
28. Voor Mistral, zie Arles 1999, p. 72, waar geciteerd wordt uit Mistrals essay uit 1884. Vincent aan Theo, [5 juli 1888], 639/508. 'Schuilplaats'; 'Hevige emoties': J. Autran, 'Preface,' *La vie rurale*, dl. 2 van *Oeuvres complètes*, Paris 1875, p. 45. Vincent citeerde uit dit deel in Album 1, pp. 1-16; facs. in Pabst 1988, pp. 9-12. Voor Carlyle, zie *The French revolution*, ed. K. J. Fielding en David Sorensen, Oxford 1989, dl. 2, hfdst. 3, pp. 20-27.
29. Zie Fernand Beissier, *Les étapes d'un touriste en France: le pays d'Arles*, 2de ed., Paris 1889, pp. 2ff.
30. John Murray, *A handbook for travellers in France*, London 1890, dl. 2, p. 156. 'Schijnbaar weggedommeld': Beissier (noot 29), p. 2.
31. Zie Murray (noot 30): voor de kanalen, pp. 84ff; voor de spoorwegen, pp. 93ff.; voor de lijn Parijs-Lyon-Méditerranée, pp. 134ff.; voor de landbouw, pp. 95ff.
32. Beissier (noot 29), pp. 3-4. 'Choses d'art,' *Le Forum républicain*, 9 sept. 1888, p. 2. Een constatering van Pickvance 1984, p. 12.
33. Zie 'Arles – Questions Félibréennes – L'École d'Arles,' *L'Homme de bronze*, 23 sept. 1888; 'Carnet d'un fantaisiste,' *Le Forum républicain*, 30 sept. 1888, p. 2. Voor een weerlegging, zie 'L'École Félibréenne d'Arles,' *Le Forum républicain*, 21 okt. 1888.
34. 'Ik heb zitten kijken': Vincent aan Gauguin, [17 okt. 1888], 711/B 22. 'Even mooi': Vincent aan Bernard, [18 mrt. 1888], 590/B 2; zie ook Vincent aan Theo, [ca. 14 mrt. 1888], 587/469.
35. Vincent aan Theo, [18 mrt. 1888], 589/470.
36. 'Lokale kleur'; 'gepassioneerde'; 'schitterende': Vincent aan Russell, [ca. 21 apr. 1888], 600/477a. 'Hij legt uit dat de kunstenaar': Vincent aan Theo, [18 mrt. 1888], 589/470.
37. Guy de Maupassant, 'Le Roman,' Voorwoord (1888) van *Pierre et Jean* (Paris 1899). Het Voorwoord werd afgedrukt in het *Supplément littéraire du Figaro* (7 jan. 1888).
38. Zie bijv. *Bloeiende boomgaard* (1888 [F 553, JH 1387]; National Gallery of Scotland, Edinburgh). Gesignaleerd in Pickvance 1984, cat. 8, p. 47. In zijn eerste sneeuwlandschap (fig. 11) tekende Vincent aanvankelijk de contouren van Arles, in een tweede, onvoltooid gebleven *Landschap met sneeuw* (1888 [F 290, JH 1360] nam hij wel in de verte de bergen op; Solomon R. Guggenheim Museum, New York), de bergen in de verte nam hij wel op.
39. Vincent aan Wil, [30 mrt. 1888], 593/W 3. Over de Provence als projectie voor Vincents visie op Holland, zie Pollock 1998.
40. Zie ten. cat. Ronald de Leeuw *et al.*, *The Hague School: Dutch masters of the nineteenth century*, Londen (Royal Academy of Arts) 1983, cat. 53, p. 207, waar wordt opgemerkt hoeveel Vincent (tijdens zijn hele carrière) verschuldigd bleef aan voorbeelden van de Haagse School.
41. 'Het palet van vandaag': Vincent aan Wil, [30 mrt. 1888], 593/W 3. Zie ook Amsterdam 1990, cat. 35, pp. 100-02.
42. Vincent aan Theo, [ca. 2 apr.1888], 594/473. Over Vincents interesse voor het schilderen van boomgaarden, zie Pickvance 1984, pp. 45-53; en Amsterdam 1990, cat. 37-43, pp. 104-17.
43. 'Ik zou heel graag dat geheel van 9 doeken willen maken. Je begrijpt dat we de negen doeken van dit jaar rustig kunnen beschouwen als een aanzet tot een definitieve, veel grotere decoratie (deze bestaat uit doeken van 25 en van 12), die volgend jaar rond dezelfde tijd naar absoluut dezelfde motieven zal worden uitgevoerd.' Vincent aan Theo, [ca. 13 apr.1888], 599/477.
44. Zie Van Eeden, *De kleine Johannes*, pp. 70-71; en Vincent aan Wil, [ca. 28 feb. 1888], 582/W 2. De metaforen met witte aardappel- of slawormen en de gedaantewisseling komt rechtstreeks uit Van Eeden; zie pp. 45-51 (waar vlinders centraal staan) en pp. 71-75.
45. 'Doordringen tot de kern': zie bijv. Carlyle, *On heroes*, p. 135. Vincent aan Wil, [ca. 28 feb. 1888], 582/W 2. Zie Van Eeden, *De kleine Johannes*, pp. 71-75.
46. 'Schilderen', 'Schilder-vlinder': Vincent aan Bernard, [23 juni 1888], 635/B 8. 'Waar ik de larf': [24 juni 1888], 636/B 9.
47. '*Kleur*': Vincent aan Theo, [2de helft nov. 1884], 472/386. Gesignaleerd in Amsterdam 1990, cat. 35-36, pp. 100-01.
48. 'Behandeld worden': Vincent aan Theo, [ca. 9 mrt. 1888], 585/467. 'Het ijs in Holland': [9 apr.1888], 596/474. Zie ook Vincent aan Theo, [26-28 feb. 1888], 581/465; [18 mrt. 1888], 589/470; [ca. 11 apr.1888], 598/476; [24 mrt. 1888], 591/471; [30 mrt.1888], 592/472; [ca. 2 apr.1888], 594/473; en Vincent aan Wil, [ca. 28 feb. 1888], 582/W 2.
49. Vincent aan Theo, [ca. 2 apr.1888], 594/473.
50. Zie Pickvance 1984, p. 42.
51. Ibid.
52. Vincent aan Theo, [1 sept. 1888], 676/530. Over het Hôtel-Restaurant Carrel, zie [ca. 24 apr.1888], 603/479.
53. Vincents plannen voor gebruik en decoratie van zijn huis en atelier zijn te vinden in zijn brieven aan Theo tijdens de zomer en herfst van 1888. Voor zijn aanvankelijke ideeën, zie zijn brief aan Theo, [1 mei 1888], 604/480. Voor een overzicht en analyse, zie Van Uitert 1978-79.
54. Ginoux had dit zojuist in het begin van het jaar verworven. Zie de 'Avis d'acquisition' in *L'Homme de bronze*, 1 jan. 1888, p. 3.
55. 'Echt schildersatelier': Vincent aan Theo, [5/6 aug. 1882], 255/223. 'Vrouwencrisis': [1 mei 1888], 604/480. Vincent verpakte zijn plannen in deze brief (en elders) in militaire termen: 'campagne'; 'eigen krachten niet verspillen'; 'expeditie naar Marseille.' 'Meer schilders': [11 mrt.1883], 329/274; zie ook [ca. 3 mei 1888], 605/481.
56. Vincent aan Theo, [1 mei 1888], 604/480.
57. 'Meerdere kunstenaars': Vincent aan Bernard, [18 mrt.1888], 590/B 2. 'Welke schilder': Vincent aan Van Rappard, [2de helft juni 1885], 513/R 52. 'Alleen een huis te nemen': Vincent aan Theo, [ca. 17 nov. 1883], 408/341. 'Ik zou het nieuwe': Vincent aan Theo, [1 mei 1888], 604/480. In deze brief vervolgde hij: 'Wellicht kan ik met McKnight tot een regeling komen,' daarmee suggererend dat hij nog alternatieven overwoog indien Gauguin zou afhaken. Voor het Gele Huis als Vincents utopische alternatief voor de Parijse kunstmarkt, zie Zemel 1997, pp. 194ff.
58. 'Een permanent atelier': Vincent aan Theo, [ca. 10 mei 1888], 609/485. 'Daarom ben ik bezig': [10 mei 1888], 610/486. 'Eenzaamheid, zorgen': [ca. 20 mei 1888], 613/489. Zie ook Vincent aan Theo, [ca. 7 mei 1888] (twee brieven), 607/483, 608/484. Voor Vincents transport van schilderijen naar Theo, zie Hulsker 1993, p. 59.
59. Vincent aan Bernard, [ca. 20 mei 1888], 614/B 5.
60. Vincent aan Theo, [28 mei 1888], 617/492.
61. Vincent aan Theo, [28 mei 1888], 618/493. Over Vincents visie op het werk van de kunstenaar als zijn geestelijk ambt, zie Sund 1988b, p. 663.
62. Schets van een brief van Vincent aan Gauguin, [28 mei 1888], 619/494a.
63. Vincent aan Theo, [29 mei 1888], 620/495. In dezelfde brief maakte Vincent melding van een later zoekgeraakte brief aan Gauguin, en besprak hij zijn plan voor een samenwerking: 'Ik heb Gauguin geschreven dat het mij speet dat we zo ver van elkaar werkten en dat het jammer was dat een aantal schilders niet samenwerkten voor één campagne.'
64. Vincent aan Theo, [ca. 5 juni 1888], 623/500. Zie ook [ca. 4 juni 1888], 622/499.
65. 'Zichzelf op volle zee': Vincent aan Van Rappard, 21 nov. 1881, 186/R 5. 'We zijn bezig': Vincent aan Bernard, [ca. 17 juli 1888], 647/B 11.
66. Zie Benoit 1887, pp. 163-65, 4, 8. Vincent gaf aan dat hij dit boek las in een brief aan Theo, [ca. 5 juni 1888], 624/494.
67. Voor alle citaten, zie Vincent aan Theo, [ca. 4 mei 1888], 606/482. Vincent bezigde de door Wagner gemoduleerde frase 'nieuwe kunst' ('l'art nouveau') voor het eerst in deze brief. 'Eeuwigdurend gevecht'; 'Oorlog zonder genade': Benoit 1887, pp. 12, 28. Vincent verbindt *Bel-Ami* met *Au bonheur des dames* in zijn brief aan Theo van [ca. 27 aug. 1888], 673/528: '*Au bonheur des dames* en *Bel-Ami* zijn echter niet minder waar. Ze zijn verschillende zienswijzen.' Over *Bel-Ami*, zie Sund 1992, pp. 176-77.
68. Benoit 1887, pp. 134, 167.
69. 'Persoonlijk [en] origineel': Vincent aan Theo, [ca. 27 aug. 1888], 673/528; hij vermeldde in het bijzonder Seurat, Signac, en Anquetin; 'meer en meer individueel', 'ontginners': [12/13 juni 1888], 627/497.
70. Gauguin aan Vincent, [ca. 29 feb. 1888], M 1984, brief 142. Vincent verwees naar de brief op [ca. 9 mrt.1888], 585/467. Zie ook Gauguin aan Schuffenecker, [eind feb./begin mrt.1888], M 1984, brief 141 (excerpt); gedateerd op 20 feb. 1888 in M 1989, pp. 61-63 (volledig).
71. Gauguin aan Vincent, [ca. 14-16 mrt.1888], M 1984, brief 143.
72. Zie Gauguin aan Schuffenecker, 26 mrt.1888, M 1984, brief 144. Zie ook M 1984, brief 145;

nieuw gedateerd op 27 apr.1888 in M 1984, p. 61 noot 1, gebaseerd op het poststempel van de envelop, waarvan eerst werd aangenomen dat deze erbij hoorde. Nu lijkt het erop dat deze envelop behoort bij een zoekgeraakte brief, en dat brief 145 gedateerd moet worden begin april. Voor de verwijzing naar Signac, zie M 1984, p. 479 noot 248.

73. Voor Vincents verwijzing naar dit schilderij, zie zijn brief aan Russell, [ca. 17 juni 1888], 629/501a. Félix Fénéon, 'Aux vitrines dans la rue,' *La Revue indépendante* (mei 1888); herdr. in Halperin 1970, dl. 1, p. 111. *Soilé* is een middeleeuws woord om graan gemengd met rogge aan te geven; zie Halperin 1988, p. 215. Op de expositie bij Boussod et Valadon waren ook een beeldje van Rodin, een neo-impressionistisch stilleven van Schuffenecker en een naakt van Zandomeneghi te zien.
74. Gauguin aan Schuffenecker, [27 apr.1888], M 1984, brief 145 (excerpt); gedateerd begin april in M 1989, p. 64 (volledig). Voor de poging om Gauguins schilderij te verkopen, zie Gauguin aan Theo, [ca. 5-8 juni 1888], M 1984, brief 149. Voor Vincents inspanningen om Russell het werk te laten kopen, zie [17 juni 1888], 629/501a; en Pickvance 1984, p. 253.
75. Voor Gauguins misère, zie Gauguin aan Theo, 22 mei 1888, M 1984, brief 146. Voor Cézanne, zie Gauguin aan Schuffenecker, [begin juni 1888], M 1984, brief 147. Voor de vijftig franc en de uitnodiging, zie de verdwenen brief van Theo aan Gauguin, [begin juni 1888], M 1984, brief XL; M 1984, pp. 283-84 noot 255.
76. Voor Gauguins verjaardag, zie Gauguin aan Schuffenecker, [begin juni 1888], M 1984, brief 147; en Gauguin aan Mette, [ca. 10-30 juni 1888], M 1984, brief 154. 'Kunst en zaken': Gauguin aan Theo, [ca. 5-8 juni 1888], M 1984, brief 149.
77. Vincent aan Theo, 12 juni 1888, 626/496.
78. Gauguin aan Schuffenecker, [ca. 15-18 juni 1888], M 1984, brief 152; gedateerd in de 2de week van juni in M 1989, p. 68. Op 4 juni opende Theo een tentoonstelling van tien van Monets recente schilderijen uit Antibes, die hij onlangs had verworven. Voor de prijzen van Monet, zie Gauguin aan Schuffenecker, [begin juni 1888], M 1984, brief 147; en hfdst. 4, noot 3.
79. 'Ontroerende': Gauguin aan Theo, [ca. 5-8 juni 1888], M 1984, brief 149. 'Met zijn werk': Gauguin aan Schuffenecker, [15/18 juni 1888], M 1984, brief 152; gedateerd in de 2de week van juni in M 1989, p. 68 noot 1.
80. Vincent aan Theo, [12 juni 1888], 626/496; [ca. 15 juni 1888], 628/498; Vincent aan Bernard, [ca. 18 juni 1888], 630/B 7.
81. Voor Gauguins Bretonse landschappen, zie bijv. *Bretonse vrouwen met koe* (fig. 2) en *Heuvellandschap met twee figuren* (1888 [W 256]; The National Museum of Western Art, Tokyo), in Washington 1988, cat. 42, p. 92. Gauguin sloot een schets van deze twee figuren bij in zijn brief aan Schuffenecker van [27 apr.1888], M 1984, brief 145 (excerpt); gedateerd begin april in M 1989, pp. 64-66 (volledig). 'Bretonse gavotte': Gauguin aan Theo, [ca. 15-18 juni 1888], M 1984, brief 151.
82. Zie Washington 1988, cat. 44, pp. 94-96.
83. Gauguin aan Bernard, [2de helft nov. 1888], M 1984, brief 182. Gauguin besprak een op het schilderij gebaseerde pastel.
84. 'De tinten': Vincent aan Theo, [12/13 juni 1888], 627/497; zie ook 626/496. Voor een bespreking van de oogstserie, zie Pickvance 1984, pp. 93-101; en Amsterdam 1990, cat. 46-48, pp. 122-27.
85. Vincent aan Bernard, [ca. 18 juni 1888], 630/B 7.
86. 'Groot en helemaal': Vincent aan Russell, [ca. 17 juli 1888], 629/501a. 'Zware week': Vincent aan Theo, [21 juni 1888], 631/501. Voor Vincents schets naar *De zaaier*, zie Van der Wolk 1987, schetsboek 2, pp. 87, 136, 283-84.
87. 'Na Millet': Vincent aan Theo, [21 juni 1888], 631/501. '*Grijs*'; 'gelijktijdig contrast'; 'symbolische taal': [28 juni 1888], 637/503. Zie ook Vincent aan Bernard, [ca. 18 juni 1888], 630/B 7; en [23 juni 1888], 635/B 8.
88. In zijn preek van 1876 verwees Vincent met de roerige wateren des levens naar de storm in Psalm 107 en het wandelen van Christus over de zee in Marcus 6:17-21. Hij sprak ook over God als een zaaier die 'Zijn zegen geeft door het zaad van Zijn woord dat hij in onze harten heeft geplant'; zie Vincents preek, hfdst. 1, noot 25. Zie ook Sund 1988b, pp. 666ff.; en Silverman 1995, pp. 104ff.
89. Vincent aan Theo, [21 juni 1888], 631/501.
90. Over deze tekening, zie Sjraar van Heugten, *Vincent van Gogh: drawings*, dl. 1, The early years, 1880-1883, Amsterdam 1996, cat. 13, pp. 72-74. De tekening zat bij een brief van [jan. 1881], 161/140; zie Vincent aan Theo, 18 sept. 1877, 130/110, voor de beschrijving van zijn vader en de associatie met Rembrandt (zie hfdst.1, noot 31). Voor Vincents kopieën naar reprodukties van Millet, met name naar Alfred Sensiers monografie *La vie et l'oeuvre de J.-F. Millet*, Paris 1881, zie Van der Wolk 1987, pp. 282-83. Over de zaaier als Vincents 'alter ego,' zie Sund 1988b, p. 668. Over het identificeren door de critici van de zaaier met Vincent, zie Van Uitert 1981-82, pp. 136-37.
91. Benoit 1887, pp. 63-64, 167, 226.
92. 'Meesterwerk': Vincent aan Theo, [28 juni 1888], 637/503. 'Serieus': [21 juni 1888], 631/501. Vincents ambitie om een meesterwerk te maken wordt gesignaleerd in Amsterdam 1990, cat. 49, p. 128.
93. Voor Vincents werk in het atelier, zie Pickvance 1984, p. 103. Voor zijn verschillende wijzigingen aan het werk, zie Amsterdam 1990, cat. 49, pp. 128-29. Voor een lezing van de symboliek van het oppervlak van *De zaaier*, zie Silverman 1995, p. 106; en Silverman 2000, pp. 81-82.
94. 'Zonder twijfel': Vincent aan Theo, [28 juni 1888], 637/503. 'Je brief': [29 juni 1888], 638/507.
95. Voor het accepteren van Gauguin, zie zoekgeraakte brief, Gauguin aan Theo, [ca. 25-27 juni 1888], M 1984, brief 155. Naar het accepteren wordt ook verwezen in Gauguin aan Theo, [ca. 25-27 sept. 1888], M 1984, brief 165, en pp. 488-89 noten 261-62. Zie ook Gauguin aan Schuffenecker, 23 juni 1888, M 1984, brief 153.
96. Zie Vincent aan Theo, [29 juni 1888], 638/507; en Gauguin aan Theo, [7/8 juli 1888], M 1984, brief 157.
97. Gauguin aan Schuffenecker, 8 juli 1888, M 1984, brief 156.
98. Gauguin aan Vincent, [ca. 24-25 juli 1888], M 1984, brief 158.
99. Vincent aan Bernard, [ca. 18 June 1888], 630/B 7. Voor *De zaaier* en Blanc, zie Amsterdam 1990, cat. 49, pp. 128-29. Voor de grote invloed van Blancs *Grammaire*, zie Misook Song, *Art theories of Charles Blanc, 1813-1882*, Ann Arbor, Mich., 1984, hfdst. 3.
100. 'Abstracties'; 'stijlvolle': Vincent aan Russell, [ca 17 juni 1888], 629/501a. 'Geheel primitieve': Vincent aan Bernard, [ca. 18 juni 1888], 630/B 7.
101. Gauguin aan Vincent, [24/25 juli 1888], M 1984, brief 158. Denise Delouche, 'Gauguin et le thème de la lutte,' in *Gauguin: Actes du colloque Gauguin, Musée d'Orsay, 11-13 janvier 1989*, Paris 1991, pp. 157-71.
102. Gauguin aan Vincent, [24/25 juli 1888], M 1984, brief 158. De erfenis van Degas, zichtbaar in *Jonge Bretonse baders*, blijft aanwezig in een doek met hetzelfde onderwerp (zomer 1888 [W 275]; Hamburger Kunsthalle), dat direct voorafging aan *Jonge worstelaars*. Zie Pickvance 1998, cat. 33-34, pp. 266-67; en Washington 1988, cat. 47-48, pp. 98-100.
103. Voor Vincent over Japanse prenten, zie Vincent aan Theo, [15 juli 1888], 644/510; en hfdst. 2, noot 65. Voor Gauguins stilleven, zie *Vaas en omhulsel* (1882 [W 78]; Ny Carlsberg Glyptotek, Kopenhagen). Later zou Gauguin, in zijn manuscript 'Diverses Choses,' bladzijden inplakken van, onder meer, de *Denshin Kaishu-Hokusei Manga*, p. 239.
104. Vincent aan Bernard, [ca. 6-11 juni 1888], 625/B 6. 172. Voor Vincents bewering dat zijn werk ten dele gebaseerd is op de Japanse kunst, zie Vincent aan Theo, [15 juli 1888], 644/510.
105. Zie het *Album Walter*, een schetsboek van 1888-93, Musée du Louvre, Paris, pp. 42 verso, 56 verso. Zie ook Druick/Zegers 1995, fig. 13a-b, pp. 13-14.
106. 'Egyptische rust': Vincent aan Bernard, [ca. 18 juni 1888], 630/B 7. 'Buitengewoon synthetisch': Vincent aan Theo, [15 juli 1888], 646/511.
107. Over Puvis' *Bekoorlijk land* als Provençaals, zie Vincent aan Theo, [ca. 17 sept. 1888], 687/539. Over het redden van de Japanse kunst, zie Vincent aan Theo, [15 juli 1888], 644/510.
108. Gauguin aan Vincent, [24/25 juli 1888], M 1984, brief 158.
109. Voor Seurat, 'toiles de *lutte*,' zie Herbert 1991, p. 5. 'Ons gevecht' ('notre lutte'): zie Pissarro aan Signac, [eind juli/begin aug. 1886], B-H, dl. 2, brief 349; Pissarro aan Lucien, 17 sept. 1886, B-H, dl. 2, brief 353.
110. 'Tegenstrijdig gevecht' ('lutte contradictoire'): Gauguin aan Schuffenecker, 14 aug. 1888, M 1984, brief 159. 'Op volle snelheid': Vincent aan Theo, [ca. 3 mrt.1883], 325/271.
111. Vincent aan Theo, [ca. 21 mrt. 1883], 332/275. De uitdrukking 'creatieve competitie' komt van Van Uitert 1977, m.n. pp. 150-51. Van Uitert bespreekt in dit artikel ook Vincents behoefte aan 'wrijving' (pp. 150-51 noot 13).
112. Gauguin aan Vincent, [ca. 24-25 juli 1888], M 1984, brief 158. Voor Vincent en de verbinding tussen de kunstenaar en de waanzin, zie Pollock 1980a, pp. 69ff.
113. 'Verdoven'; 'verrotte schilderen': Vincent aan Theo, [ca. 22 juli 1888], 650/513. 'Nog steeds geïsoleerd': [ca. 5 juni 1888], 624/494.
114. Vincent aan Theo, [ca. 25 juli 1888], 652/514.
115. Vincent aan Bernard, [ca. 25 juli 1888], 653/B 13. Zie ook Vincent aan Theo, [28 mei 1888], 617/492; [6 aug. 1888], 660/518.
116. Wagner in Benoit 1887, p. 68.
117. 'Artistieke', 'echte leven': Vincent aan Theo, [ca. 20 mei 1888], 613/489. 'Loodzware juk': Vincent aan Bernard, [23 juni 1888], 635/B 8. Over Wagner, zie Benoit 1887, pp. 5, 7.
118. Over Vincent die de weg bereidde, zie voor voorbeeldbrieven aan Theo, [ca 4 mei 1888], 606/482; en aan Wil, [ca. 22 juni 1888], 633/W 4. 'Op dit moment': Wagner in Benoit 1887, p. 43.
119. Zola, *L'Oeuvre*, p. 345.
120. Ibid., p. 405.
121. Vincent aan Theo, [8 aug. 1888], 661/519.
122. 'Als je naar': Vincent aan Bernard, [23 juni 1888], 635/B 8. Bernard stelde dat het de atmosfeer van Bretagne was die hem van atheïsme naar religie voerde; zie ten. cat., *Post-Impressionism: cross-currents in European painting, 1880-1905*, Londen (Royal Academy of Arts), 1979, p. 41. Hoewel Vincent tegenwierp dat hij altijd had nagelaten Bernard aan te raden de bijbel te lezen (zie zijn brief aan Bernard, [23 juni 1888], 635/B 8), kunnen datgene wat Bernard van zijn verleden wist en de toon van zijn recente brieven van invloed zijn geweest.
123. Benoit 1887, pp. 5-6, 29.
124. Vincent aan Bernard, [23 juni 1888], 635/B 8.
125. Ik weet maar al te goed': Vincent aan Bernard, [24 juni 1888], 636/B 9. 'Het gelaat van Christus' [23 juni 1888], 635/B 8.
126. Voor de symboliek van de evangelist Lucas, de os, en de stier, zie Herbert Thurston en Donald Attwater, eds., *Butler's lives of the saints*, dl. 4, Westminster, Md., 1981. Vincent had, zoals hij

Theo in 1883 vertelde, altijd de uitspraak bewonderd van Gustave Doré: 'Ik heb het geduld van een os [*un boeuf*]': 28 okt. 1883, 401/336.

127. Vincent aan Bernard, [ca. 18 juni 1888], 630/B 7.
128. Hij maakte zich zorgen dat 'net zoals een man tijdens zijn leven zijn geilheid verliest,' hij uiteindelijk ook zijn 'vermogen tot artistieke creatie ziet slinken': Vincent aan Theo, [1 sept. 1888], 676/530. Voor het gelijkstellen van seksuele en scheppende energie, zie Zemel 1997, pp. 98-100.
129. Over de ruil met Bernard, zie Vincent aan Bernard, [24 juni 1888], 636/B 9. Over de moord, zie Vincent aan Theo, [ca. 14 mrt.1888], 587/469; *Le Forum républicain*, 18 mrt.1888, pp. 1-2; *L'Homme de bronze*, 18 mrt.1888, pp. 1-2; en *L'Intransigeant*, 16 mrt.1888, p. 2. Voor Vincents geslachtelijke benadering van de Zoeaven, zie Zemel 1997, pp. 94-98.
130. Over Millets seksuele zelfvertrouwen, zie Vincent aan Theo, [ca. 13 aug. 1888], 664/522. Over de tekenlessen, zie Pickvance 1984, cat. 100, p. 172.
131. Vincent aan Theo, [21 juni 1888], 631/501; en Vincent aan Wil, [31 juli 1888], 657/W 5.
132. Vincent aan Theo, [23 juni 1888], 634/502. Zie ook Pickvance 1984, cat. 52-53, p. 106.
133. Vincent aan Theo, [8 juli 1888], 641/505; [ca. 9 juli 1888], 642/506. Voor Vincents hoop dat Theo mede-kunsthandelaar Georges Thomas kon overhalen tot aankoop van zijn pentekeningen, zie zijn brief aan Theo, [ca. 13 juli 1888], 643/509. Zie ook Pickvance 1984, pp. 109ff.
134. Vincent aan Theo, [ca. 9 juli 1888], 642/506.
135. Vincent aan Theo, [ca. 4 sept. 1883], 384/319.
136. Vincent aan Theo, [8 juli 1888], 641/505. Pickvance heeft *Rotsen met bomen. Montmajour* (1888 [JH 1503]; Van Gogh Museum, Amsterdam) en *Olijfbomen, Montmajour* (fig. 46) geïdentificeerd als de 'de twee grote nieuwe' tekeningen waarnaar in deze brief wordt verwezen; zie Pickvance 1984, cat. 54-55, p. 111.
137. Zie Vincent aan Theo, [7/8 sept. 1889], 802/605. Over het belang van de *Gethsemane* pogingen van 1888, zie ook Soth 1986; en Pollock 1998, pp. 103-10. Voor een andere interpretatie, zie Van Uitert 1980, p. 83.
138. Voor de stelregel 'Jij moet het meesterwerk overeind krijgen,' zie Vincent aan Theo, [28 juni 1888], 637/508. Alle andere citaten: [ca. 9 juli 1888], 642/506.
139. Vincent aan Theo, [ca. 20 mei 1888], 613/489.
140. 'Afschuwelijke blanke': Vincent aan Bernard, [ca. 20 mei 1888], 614/B 5. Vincent bespreekt in deze brief een boek dat hij gelezen had 'over de Markiezen eilanden,' misschien Max Radiguets geïllustreerde *Les Derniers Sauvages* (1860; herdr. 1882) of Herman Melville's *Typee* (1846); zie Eisenman 1997, p. 42 and n. 11. 'Een *mousmé*': Vincent aan Theo, [ca. 25 juli 1888], 652/514. Zie ook Sund 1992, p. 171.
141. Vincent aan Theo, [ca 25 juli 1888], 652/514.
142. Over de tekeningen voor Bernard, Gauguin, en Russell, zie Mark Roskill, 'Van Gogh's exchanges of work with Émile Bernard in 1888,' *Oud Holland* 86, (1971) nr. 2-3, pp. 142-79; Charles M. Millard, 'A chronology for Van Gogh's drawings of 1888,' *Master Drawings* 12, (zomer 1974) nr. 2, pp. 156-65; Jan Hulsker, 'The intriguing drawings of Arles,' *Vincent: Bulletin of the Rijksmuseum Vincent van Gogh* 3, (1974) nr. 4, pp. 24-32; en Pickvance 1984, pp. 124ff.
143. Vincent aan Bernard, [ca. 23 juli 1888], 651/B 12.
144. Zie Vincent aan Theo, [ca. 17 sept. 1888], 687/539; en [ca. 25-28 apr.1889], 766/587. Over *Bekoorlijk land* zie Aimée Brown Price, ten. cat. *Pierre Puvis de Chavannes*, Amsterdam (Van Gogh Museum),1994, p. 167; en noot 107. Over de oleander, zie Pierre Larousse, *Grande Dictionnaire universel du XIXe siècle*, 1873 ed., s.v. 'laurier-rose.'
145. Arthur Henkel en Albrecht Schöne, *Emblemata: Handbuch zur Sinnbildkunst des XVI. und XVII. Jahrhunderts*, Stuttgart [1967], pp. 341-42, dat wijst op de connectie met 1 Kor 1:18 en 2 Kor 2:16.
146. Zie Pickvance 1984, cat. 93, pp. 162-63.
147. 'Wat ik in Parijs': Vincent aan Theo, [11 aug. 1888], 663/520. 'Joie de vivre': [ca. 19 juli 1888], 648/512.
148. Voor deze waarneming, zie Pickvance 1984, p. 125. Voor Vincents willekeurige kleurgebruik, zie brieven aan Bernard, [ca. 4 aug. 1888], 659/B 14; en aan Theo, [11 aug. 1888], 663/520. Voor Gauguins mening over Puvis' bloemen symboliek, zie Gauguin aan Morice, juli 1901, Malingue 1949, brief 174.
149. Voor Vincents verwijzingen naar de boeren afgebeeld in zijn *Aardappeleters* (hfdst. 1, fig. 47) en in het werk van Zola en Millet, zie Vincent aan Theo, [ca. 25 juli 1888], 653/B 13; [8 aug. 1888], 661/519; [11 aug. 1888], 663/520; en Vincent aan Bernard, [ca. 18 aug. 1888], 669/B 15. 'Om het beste': Vincent aan Theo, [ca. 3 aug. 1888], 658/517.
150. 'Niveau gelijk': Vincent aan Bernard, [ca. 6-11 juni 1888], 625/B 6. Voor Vincents bezorgdheid tijdens het wachten op Gauguins komst, zie Vincent aan Wil, [31 juli 1888], 657/W 5; en Van Uitert 1978-79.
151. Over dit schilderij en verwante tekeningen, zie Pickvance 1984, cat. 22, pp. 63-64; cat. 50, pp. 104-05. Voor Gauguins financiële problemen, zie Vincent aan Theo, [ca. 3 aug. 1888], 658/517: 'Ik heb een brief van Gauguin ontvangen waarin hij spreekt over de schilderkunst en klaagt nog niet het geld te hebben dat hij nodig heeft om hierheen te komen - maar geen nieuws of veranderingen.' Op [ca. 4 aug. 1888], 659/B 14, vertelde Vincent aan Bernard dat Gauguin zou komen zodra hij of de gebroeders Van Gogh het geld bij elkaar hadden.
152. Vincent aan Theo, [ca. 7 juli 1888], 640/504. Pickvance dateert deze brief op 16 juni (zie Pickvance 1984, pp. 260-63, voor zijn chronologie van de brieven).
153. Vincent aan Theo, [6 aug. 1888], 660/518; [8 aug. 1888], 661/519.
154. Vincent aan Theo, [9 aug. 1888], 662/521.
155. Vincent aan Theo, [ca. 14 aug. 1888], 665/524.
156. 'Hel': Vincent aan Theo, [ca. 13 aug. 1888], 664/522. 'Eeuwig rondzwerven'': [8 sept. 1888], 679/533. 'Ik ben bezig': [ca. 18 aug. 1888], 668/523. Over de noodzaak van permanente behuizing om te kunnen werken, zie [ca. 13 aug. 1888], 664/522; [ca. 18 aug. 1888], 668/523; en [4 sept. 1888], 678/532.
157. Vincent aan Bernard, [ca. 18 aug. 1888], 669/B 15. Vincent herinnerde Theo eraan dat zijn ambitie werd gevoed door de herinnering aan de decoratie met grote zonnebloemen die hij had bewonderd in de etalage van Duvals restaurant, naast de galerie van Theo aan de boulevard Montmartre, zie Vincent aan Theo, [ca. 21 aug. 1888], 670/526, en hfdst. 2, fig. 1.
158. 'Het oneindige': Vincent aan Bernard, [ca. 23 juli 1888], 651/B 12. 'Ah! M'n beste vrienden'; 'hoe graag zou ik': [ca. 18 aug. 1888], 669/B 15.
159. Vincent aan Theo, [ca. 21 aug. 1888], 670/526. In een grondig artikel over Vincents verschillende *Zonnebloemen* (Dorn 1999), stelt Roland Dorn dat Vincent inderdaad eerst twaalf bloemen voor ogen had en later een dertiende toevoegde: degene direct rechts van de groen-en-bruine zaadkroon. Microscopisch onderzoek van het geschilderde oppervlak en technische analyse van de röntgenfoto's geven echter sterk aan dat deze vorm deel uitmaakte van de originele compositie. In de eerste plaats is er geen bewijs van een verflaag eronder. Ten tweede overlappen enkele van de penseelstreken voor de nabije bloemen de 'dertiende', en werden dus aangebracht nadat deze geschilderd was. Ten derde leert nauwkeurig onderzoek van de röntgenfoto's en van de morfologie van de penseelvoering dat er mogelijk twee gele bloesems onderaan links zijn en niet één – wat het totaal brengt op veertien.
160. 'Licht tegen licht': Vincent aan Theo, [ca. 21 aug. 1888], 670/526. 'Helemaal geel': Vincent aan Wil, [ca. 27 aug. 1888], 674/W 8. Zie ook Vincent aan Wil, [ca. 21 aug. 1888], 671/W 6; en Vincent aan Theo, [ca. 27 aug. 1888], 673/528. Over de zonnebloem serie en zijn wijdere bedoeling als 'decoratie,' zie Dorn 1988, pp. 376ff.
161. De contourschets is waarschijnlijk houtskool; voor zover zichtbaar is de geschilderde schets die deze contouren versterkt in de eerste versie groen, maar oranje voor de geel-op-geel *Zonnebloemen*.
162. Later zou hij deze methode vereenvoudigen voor het vervaardigen van kopieën van deze en andere gesigneerde schilderijen, wat leidde tot toenemende schematisering (zie hfdst. 4 en 5).
163. 'Hoop': Vincent aan Theo, [ca. 21 aug. 1888], 670/526. 'Zes maanden': Gauguin aan Mette, [2de helft aug. 1888], M 1984, brief 161.
164. Zie Vincent aan Theo, [ca. 21 aug. 1888], 670/526, voor een vermelding van deze ontmoeting. 'Interessante dingen': Gauguin aan Schuffenecker, 14 aug. 1888, M 1984, brief 159. Over Vincents *Mousmé*-tekening aan Gauguin en de invloed daarvan, zie Merlhès 1996, pp. 101.
165. Verschillende auteurs wijzen terecht op de belangrijke rol van Van Goghs brieven aan Bernard als inspiratiebron voor Gauguin in de zomer van 1886. Zie bijv. Amishai-Maisels 1985, pp. 18-37, m.n. pp. 21-23 en noten. 34-36; M 1984, pp. 498-499 n. 272; en M 1989, pp. 87ff.
166. Gauguin aan Schuffenecker, 14 aug. 1888, M 1984, brief 159.
167. Vincent aan Bernard, [ca. 4 aug. 1888], 659/B 14. Voor het doorklinken in de briefwisseling en de betekenis daarvan voor de ontwikkeling van beide kunstenaars gedurende de zomer van 1888, zie Merlhès 1996, p. 101.
168. 'De beste schilderijen': Vincent aan Bernard, [ca. 18 juni 1888], 630/B 7. Vincent had juist enkele dagen daarvoor een (nu zoekgeraakte) brief gestuurd aan Gauguin ([ca. 14-16 juni 1888], M 1984, brief XLV). 'Je hoeft jezelf': Gauguin aan Schuffenecker, 23 juni 1888, M 1984, brief 153. 'Zo schilderde': Vincent aan Bernard, [ca. 23 juli 1888], 651/B 12.
169. 'Ik hou niet van Salomo': Vincent aan Bernard, [23 juni 1888], 635/B 8. 'Wat een kunstenaar': Gauguin aan Schuffenecker, M 1984, [3de week aug. 1888], brief 162; gedateerd 12 sept. in M 1989, pp. 87-89.
170. Gauguin aan Schuffenecker, M 1984, [3de week aug. 1888], brief 162; gedateerd op 12 sept. in M 1989, pp. 87-89.
171. Over kunst en muziek, zie bijv. Vincent aan Theo, [ca. 27 aug. 1888], 673/528.
172. Gauguin stelde dit schilderij aanvankelijk ten toon als *La Vision du sermon* (*Het visioen van de preek*) in 1889, maar in zijn verkoopcatalogus van feb.1891 staat het vermeld als *La Vision* après *le sermon* (*Het visioen* na *de preek*). Deze discrepantie kan, zoals Merlhès veronderstelde, eenvoudig een vergissing zijn of misschien een poging van Gauguin om het schilderij toegankelijker te maken voor het publiek; zie M 1989, p. 98 noot 2. Zie ook Silverman 2000, pp. 99, 447 n. 31. Over de datum van voltooiing, zie Gauguin aan Vincent, [ca. 25-27 sept. 1888], M 1984, brief 165. Zie ook Washington 1988, cat. 50, pp. 102-05; Merlhès 1996, pp. 105ff.; Silverman 1995, pp. 104ff.; en Silverman 2000, pp. 99ff., 447 n. 31. Waar Silverman het *Visioen* interpreteert met verwijzing naar het onderwijs dat Gauguin

genoten had op het Petit Séminaire, zien wij de wording van het werk eerder als een reactie op de dialoog met Bernard en Vincent en met betrekking tot de katalyserende rol van laatstgenoemde. Zie Amishai-Maisels 1985, pp. 25ff., voor Gauguins aanbieden van het schilderij aan een plaatselijke kerk.

173. Vele geleerden zijn ingegaan op de gronden om Bernard dan wel Gauguin te beschouwen als grondlegger van de émail-cloisonné techniek. Voor een bespreking en korte bibliografie van het debat, zie Roskill 1970b, pp. 109, 290-92. Latere bijdragen aan de literatuur zijn o.a. Mary Anne Stevens, 'Innovation and consolidation in French painting,' in ten. cat. *Post-Impressionism: Cross-currents in European painting, 1880-1905*, Londen (Royal Academy of Arts),1979, pp. 19-25, 41-42; Welsh-Ovcharov 1981, pp. 17-61 en cat. 104; Vojtěch Jirat-Wasiutyński, 'Paul Gauguin's paintings, 1886-91: Cloisonism, synthetism, symbolism,' *RACAR: Revue d'art canadienne. Canadian Art Review* 9, nrs. 1-2 (1982), pp. 35-46; Amishai-Maisels 1985, hfdst. 1, m.n. pp. 17-32; Washington 1988, cat. 50; en Vojtěch Jirat-Wasiutyński in Mannheim 1990, pp. 48-51. De Pardon van Pont-Aven vond plaats op zondag, 16 september 1888. Voor Bernards fascinatie door rustieke onderwerpen, zie brief aan zijn ouders, juni 1887, Harscoët-Maire 1997, p. 146. Voor Auriers definitie van Symbolisme, zie 'Le Symbolisme en peinture: Paul Gauguin,' *Mercure de France* 2 (mrt. 1891), pp. 155-64; vertaald in Prather/Stuckley 1987, pp.150-56.

174. Édouard Dujardin verbreidde als eerste in een artikel over Louis Anquetin de benaming 'cloisonnisme'; zie 'Aux XX et aux Indépendants. Le Cloisonnisme,' *La Revue indépendante*, ser. 3, 6 (mrt.1888), pp. 487-92.

175. Andere bronnen zijn o.m. Degas' vroege theater-schilderijen, waarin dreigend grote toeschouwers op de voorgrond contrasteren met nietige uitvoerenden in de verte (zie Roskill 1970b, p. 105) en Manets stieregevecht-schilderijen (zie ten. cat. *Manet, 1832-1883*, New York [The Metropolitan Museum of Art],1983, m.n.. cat. 33, pp. 110-14). 'Uitheemse' bronnen uit het Nabije en Verre Oosten leverden ideeën over picturale ruimte en syntaxis. Voor Perzische invloeden op Gauguin, zie Fereshteh Daftari, *The influence of Persian art on Gauguin, Matisse, and Kandinsky*, New York/London 1991, hfdst.1.

176. Rewald 1956, p. 196.

177. Gauguin aan Vincent, [ca 25-27 sept. 1888], M 1984, brief 165.

178. Voor interpretaties van de koe, zie Roskill 1970b, pp. 104-05; Mathew Herban III, 'The origin of Paul Gauguin's *Vision after the sermon: Jacob wrestling with the angel* (1888),' *Art Bulletin* 59, (sept. 1977) nr. 3, pp. 417-18; Vojtěch Jirat-Wasiutyński, Letter to the editor, *Art Bulletin* 60, (juni 1978) nr. 2, pp. 397-98; Silverman 1995, p. 110; en Silverman 2000, p. 105.

179. Vincent vermeldde Delacroix' gebruik van geel en blauw in verschillende brieven, aan Theo, o.a. [ca. 11 apr. 1888], 598/476; [28 juni 1888], 637/503; [ca. 26 sept. 1888], 691/541a.

180. Zie Zola, *L'Oeuvre*, pp. 282-83.

181. Zola, *L'Oeuvre*, p. 52. Vincent verwees naar zijn 'neurose' als een 'noodlottige erfenis' in zijn brief aan Theo, [3 mei 1888], 605/481.

182. 'Levend vlees te scheppen': Vincent aan Bernard, [23 juni 1888], 635/B 8. 'De enige weg tot God': Zola, *L'Oeuvre*, p. 86. In een brief aan Schuffenecker die zomer (14 aug. 1888, M 1984, brief 159), spoort Gauguin hem aan 'meer aandacht te besteden aan de scheppingsdaad dan aan het resultaat. Dat is de enige manier om dichter bij God te komen, door onze goddelijke meester te imiteren en te scheppen.'

183. Vincent aan Theo, [ca. 14 aug. 1888], 665/524. Precies op dat moment schreef Vincent aan Gauguin (zie M 1984, brief LXI; M 1991, brief 37). Voor Vincents eerdere advies aan Bernard, zie [23 juni 1888], 635/B 8; [ca. 4 aug. 1888], 659/B 14.

184. Zie Zola, *L'Oeuvre*, pp. 280, 399, 405, 406.

185. 'Zaadachtig': Vincent aan Bernard, [ca. 4 aug. 1888], 659/B 14. Over het kanaliseren van zaad in creativiteit, zie Sund 1992, pp. 139, 293 noot 3. Zie ook Tamar Garb, *Bodies of modernity: Figure and flesh in fin-de-siècle France*, New York 1998, pp. 33-34.

186. Zola, *L'Oeuvre*, p. 419; Wilhelm H. Wackenroder, *Herzensergiessungen eines kunstliebenden Klosterbruders* (Berlin 1797). Belangrijke kunstenaarsgroepen ontstaan langs deze contouren zijn o.m. de Duitse Nazareners (1818-de jaren na 1840) en de Franse Confrérie de Saint Jean L'Evangeliste (1839-40).

187. Zola, *L'Oeuvre*, p. 301.

188. Ibid., pp. 301-02, 373-74.

189. Vincent aan Theo, [6 aug. 1888], 660/518.

190. 'Verschrikkelijke behoefte': Vincent aan Theo, [ca. 29 sept. 1888], 695/543. 'In mijn leven': [3 sept. 1888], 677/531.

191. 'We een levende man': Vincent aan Wil, [ca. 27 aug. 1888], 674/W 8. '*Wederopstanding*': Vincent aan Theo, [ca. 17 sept. 1888], 687/539. Veel van deze gevoelens komen overeen met Tolstois overtuiging (door Vincent beschreven aan Theo, [24 sept. 1888], 690/542) dat de mens volledig sterft, maar dat de levende mensheid eeuwig blijft. De bron van Vincents informatie over Tolstoi was een artikel in *La Revue des deux-mondes*, 15 sept. 1888; zie M 1984, p. 500 noot 276.

192. Vincent aan Wil, [ca. 27 aug. 1888], 674/W 8.

193. Vincent aan Theo, [ca. 29 sept. 1888], 695/543. In deze en in andere brieven aan Theo ([ca. 16 sept. 1888], 685/537; [ca. 22 sept. 1888], 689/540; [28 okt. 1888], 720/558), verwoordde Vincent zijn voornemen om een praktisch en overzichtelijk 'kunstenaarshuis' te scheppen. Vincent was al heel lang nieuwsgierig naar de manier waarop bewonderde kunstenaars gewoond en gewerkt hadden; hij had in maart 1880 een pelgrimage ondernomen om het huis en het atelier te zien van Jules Breton in Courrières, in Noord-Frankrijk (Vincent aan Theo, 24 sept. 1880, 157/136); zie ook Hulsker 1990, p. 84.

194. 'In onze voetsporen': Vincent aan Theo, [26 aug. 1888], 672/527. 'Precies bij de ingang': [ca. 17 sept. 1888], 686/538-538a.

195. Vincent aan Theo, [9 sept. 1888], 680/534; [ca. 15 juni 1888], 628/498. Over het Gele huis als *Gemeinschaftsideal* en de verbinding met de Prerafaëlieten en de twaalf stoelen, zie Kōdera 1990, p. 60.

196. Vincent aan Theo, [24 sept. 1888], 690/542. Zie ook Vincent aan Wil, [ca. 27 aug. 1888], 674/W 8.

197. 'Regelrecht Gethsemane': Vincent aan Wil, [ca. 27 aug. 1888], 674/W 8. 'Lange lijdensweg': Gauguin aan Vincent, [ca. 7-9 sept. 1888], M 1984, brief 163.

198. Vincent verwees naar twee van deze schilderijen, *Twee distels* (1888 [F 447a, JH 1551]; locatie onbekend) en *Distels* (1888 [F 447, JH 1550]; privé-collectie), in brieven aan Theo ([ca. 13 aug. 1888], 664/522; [ca. 21 aug. 1888], 670/526) en aan Bernard ([ca. 18 aug. 1888], 669/B 15). Zie de tekening *Distels langs de weg* (1888 [JH 1552]; Van Gogh Museum, Amsterdam).

199. 'Serieuze betekenis': Vincent aan Theo, [ca. 12 sept. 1888], 684/535. 'Poëtisch onderwerpen': [4 okt. 1888], 701/545—de zinsnede wordt gebruikt a propos *Sterrennacht boven de Rhône* (fig. 70), *De groene wijngaard* (hfdst. 4, fig. 10), en *De tuin van de dichter* (fig. 69).

200. Gauguin aan Vincent, [ca. 7-9 Sept. 1888], M 1984, brief 163.

201. 'Sommigen goed zou doen': Vincent aan Theo, [4 okt. 1888], 701/545. 'Zonder dat ik mijzelf': Gauguin aan Vincent, [ca. 7-9 sept. 1888], M 1984, brief 163.

202. Zie Vincent aan Theo, [1 sept. 1888], 676/530; [3 sept. 1888], 677/531; [4 sept. 1888], 678/532.

203. Vincent aan Theo, [4 sept. 1888], 678/532.

204. Zie Vincent aan Theo, [8 sept. 1888], 679/533; en Gauguins antwoord aan Vincent, [ca. 7-9 sept. 1888], M 1984, brief 163.

205. 'Wanhoopskreet': Vincent aan Theo, [ca. 11 sept. 1888], 683/536. 'Speculant'; 'intrigant': [ca. 17 sept. 1888], 686/538-538a. 'Zo'n groot kunstenaar': [ca. 17 sept. 1888], 687/539. 'Uit het lood geslagen': [ca. 12 sept. 1888], 684/535.

206. Verwante en complementaire': Vincent aan Theo, [ca. 16 sept. 1888], 685/537. 'Atelier-toevluchtsoord': [ca. 18 aug. 1888], 668/523. 'Helse': [ca. 13 aug. 1888], 664/522; zie ook Vincent aan Theo, [ca. 17 sept. 1888], 686/538-538a; [8 sept. 1888], 679/533.

207. 'Zwerver': Vincent aan Theo, [6 aug. 1888], 660/518. 'Vurige hel': [8 sept. 1888], 679/533; [9 sept. 1888], 680/534.

208. Vincent aan Theo, [9 sept. 1888], 680/534. Vincents vermelding van 'de duistere krachten in een café' verwijst waarschijnlijk naar romans van twee auteurs die hij zeer bewonderde, Tolstoi en Zola. Zowel Tolstois *Duistere krachten* en Zola's *L'Assommoir* gaan in op de destructieve effecten van alcohol en beschrijven, aldus Vincent, plaatsen 'waar je jezelf kan vernielen.' Zie Jean Seznec, 'Literary inspiration in Van Gogh,' *Magazine of Art* 43, nr. 8 (1950), p. 286; Kōdera 1990, p. 46; Amsterdam 1990, cat. 58, pp. 148-49; en Ronald Pickvance, 'Van Gogh's *night café*: Synthesis at work,' in *Vincent van Gogh International Symposium: Tokyo, October 17-19, 1985* (Tokio 1988), pp. 343-60.

209. 'Heftige menselijke passies', 'onderzoek': Vincent aan Theo, [8 sept. 1888], 679/533. 'Enige pogingen': [9 sept. 1888], 680/534.

210. 'Straat van de lieve vrouwtjes': Vincent aan Theo, [ca. 17 sept. 1888], 687/539. 'Weldoordacht': [ca. 17 sept. 1888], 686/538-538a.

211. Vincent aan Theo, [ca. 17 sept. 1888], 686/538-538a. De connectie tussen dit schilderij en Karrs book, *Voyage autour de mon jardin*, 1845; Paris 1851 ed., wordt vermeld in Van Uitert 1978-79, p. 195 noot 57. Zie hfdst. 2, noot 110.

212. Zie Vincent aan Theo, [ca. 17 sept. 1888], 687/539; en Van Uitert 1978-79, pp. 192-94. Het betreffende artikel was dat van Henry Cochin, 'Boccacce d'après ses oeuvres et les témoignages contemporains,' *La Revue des deux-mondes* (15 juli 1888), pp. 373-413.

213. Carlyle, in *The French revolution*, ed. K. J. Fielding and David Sorensen, Oxford 1989, dl., p. 20, stelde zich daarentegen Petrarca alleen voor in een tuin in Avignon: 'tokkelend en zingend dichtbij de bron van de Vaucluse, ongetwijfeld uiterst melancholiek. Zo was het vroeger.'

214. Zie A. Bartlett Giamatti, *The earthly paradise and the Renaissance epic*, New York 1989, pp. 126-27.

215. Vincent aan Theo, [ca. 17 sept. 1888], 687/539. Over Boccaccio's sensualiteit, zie Cochin (noot 212).

216. 'Kunstenaarshuis': Vincent aan Theo, [ca. 16 sept. 1888], 685/537. 'Jardin d'un poète': Vincent aan Gauguin, [3 okt. 1888], 699/544a. Zie ook Edmond de Goncourt, *La maison d'un artiste*, Paris 1881; 1898 ed., pp. 372ff; Van Uitert 1978-79, pp. 182-83, stelt vast dat Vincent het boek kende. Goncourts boek wordt opgemerkt in Maurice de Fleury, 'La maison d'un moderniste,' Deel I, *Le Figaro littéraire* (15 sept. 1888), pp. 146-47, een artikel waarnaar Vincent verwees in a letter aan Theo, [ca. 16 sept. 1888], 685/537. Hoewel de

Goncourts misschien Vincents inspiratiebron waren voor het *maison d'un artiste*, was hij verbijsterd over het feit dat ze met hun grote rijkdom hun toevluchtsoord hadden bekostigd: 'Wachten tot je heel rijk bent, dat is een trieste bedoening en dat is wat me niet aanstaat bij de Goncourts, hoewel het de waarheid is – zij kopen ten slotte hun huis en hun rust voor honderdduizend franc': Vincent aan Theo, [ca. 4 sept. 1888], 678/532. Zie ook Dorn 1990, p. 233. Over de 'dichterstuin' serie, zie Jan Hulsker, 'The poet's garden,' *Vincent: Bulletin of the Rijksmuseum Vincent van Gogh* 3, (1974) nr. 1, pp. 22-32; Van Uitert 1978-79, pp. 192-96; Ron Johnson, 'Vincent van Gogh and the vernacular: The poet's garden,' *Arts Magazine* 53, (feb. 1979) nr. 6, pp. 98-104; John House, 'In detail: Van Gogh's poet's garden, Arles,' *Portfolio* (sept. - okt. 1980), pp. 28-33; Pickvance 1984, cat. 104-09, pp. 178-84; Dorn 1988, pp. 378-89; en Amsterdam 1990, cat. 61-63, pp. 156-61.

217. Zie bijv. Karr (note 211), pp. 185ff. 'Treurboom': Vincent aan Theo, [ca. 16 sept. 1888], 685/537.
218. Vincent aan Theo, [ca. 27 sept. 1888], 692/541.
219. Vincent aan Theo, [ca. 22 sept. 1888], 689/540.
220. Vincent aan Theo, [ca. 29 sept. 1888], 695/543. Voor Sandoz' kritiek op Claude's mislukte meesterwerk, zie Zola, *L'Oeuvre*, pp. 407, 419-22.
221. Vincent aan Theo, [ca. 29 Sept. 1888], 695/543. Vincent schrijft deze mening toe aan Tolstoi.
222. Voor Courbet, zie Linda Nochlin, *Realism*, Harmondsworth, England, 1971, p. 83.
223. 'Rembrandt niets bedacht': Vincent aan Bernard, [ca. 23 juli 1888], 651/B 12. 'Verschrikkelijke helderheid': Vincent aan Theo, [ca. 29 sept. 1888], 695/543.
224. Vincent aan Bernard, [4 okt. 1888], 702/B 19.
225. Vincent aan Theo, [ca. 24 jan. 1885], 483/393. 'Worstelend': [ca. 17 dec. 1883], 416/347.
226. Gauguin aan Vincent, [ca. 25-27 sept. 1888], M 1984, brief 165. Zie Carlyle, *On heroes*, pp. 1, 165.
227. Voor Vincents suggestie dat Gauguin aan zijn schuldeisers zou ontsnappen, zie Vincent aan Theo, [ca. 17 sept. 1888], 686/538-538a: 'Nu, als hij zonder zijn schulden te betalen op een dag samen met Laval of Maurin met de noorderzon uit Pont-Aven vertrekt, dan zou hij volgens mij nog gelijk hebben ook, net zo goed als ieder dier dat in het nauw wordt gedreven.' 'Atelier van het Noorden': Gauguin aan Vincent, [ca. 25-27 sept. 1888], M 1984, brief 165.
228. 'Het portret van Bernard': Vincent aan Theo, [ca. 12 sept. 1888], 684/535. 'Dat noemt zich': Vincent aan Bernard, [ca. 18 sept. 1888], 688/B 16.
229. Gauguin aan Vincent, [ca. 25-27 sept. 1888], M 1984, brief 165.
230. Vincent aan Theo, [ca. 29 sept. 1888], 695/543. Vincent sloot twee schetsen in deze brief bij, een van *Sterrennacht boven de Rhône* (JH 1593) en een ruwe van *Het Gele Huis* (JH 1590). Dorn 1990, pp. 92-93, 389, koppelt de twee schilderijen als pendanten binnen het algehele decoratieve schema voor het Gele Huis.
231. Vincent aan Theo, [11 aug. 1888], 663/520. Voor de verbinding van dit idee met Gauguin en Carlyle, zie Van Uitert 1978-79, pp. 188-90; en Amsterdam 1990, cat. 56, pp. 142-43. Voor Vincents eerdere vermelding van het onderwerp, zie Vincent aan Theo, [9 apr. 1888], 596/474; [ca. 22 sept. 1888], 689/540; aan Bernard, [9 apr. 1888], 597/B 3; [ca. 18 juni 1888], 630/B 7; en aan Wil, [9 en 16 sept. 1888], 681/W 7.
232. Vincent aan Theo, [3 sept. 1888], 677/531.
233. Vincent aan Theo, [ca. 29 sept. 1888], 695/543.
234. Carlyle, *Sartor resartus*, pp. 198, 200; Carlyle, *On heroes*, p. 69; Heine, *Buch der Lieder* (Hamburg/Paris, 1837), Zweiter Cyklus ('Die Nordsee'), nr. 7 ('Fragen'); en van Eeden, *De kleine Johannes*, pp. 73-75. Zie Albert Boime, 'Vincent van Gogh's *Starry night*: A history of matter and a matter of history,' *Arts Magazine* 59 (dec. 1984), pp. 86-103.
235. 'Huis met zijn omgeving': Vincent aan Theo, [ca. 29 sept. 1888], 695/543. 'Hoop'; 'zichtbaar'; nieuwe tijdperk': [3 okt. 1888], 698/544; zie ook [ca. 17 sept. 1888], 687/539. Over dit werk, zie Amsterdam 1990, cat. 60, pp. 152-54.
236. Vincent aan Theo, [3 okt. 1888], 698/544; [ca. 29 sept. 1888], 695/543.
237. 'Asgrauwe': Vincent aan Theo, [ca. 22 sept. 1888], 689/540. 'Als een Japanner': Vincent aan Wil, [9 en 16 sept 1888], 681/W 7. Over dit zelfportret, zie Pickvance 1984, cat. 99, p. 171; Merlhès 1996, pp. 107ff.; en Vojtěch Jirat-Wasiutyński *et al.*, *Vincent van Gogh's 'Self-portrait dedicated to Paul Gauguin' an historical and technical study*, Cambridge, Mass., 1984.
238. Gauguin aan Vincent, [1 okt. 1888], M 1984, brief 166.
239. Over Bernards bewondering voor Gauguin, zie Vincent aan Bernard, [ca. 18 sept. 1888], 688/B 16. 'Neurotisch': Vincent aan Theo, [ca. 17 sept. 1888], 687/539.
240. Gauguin aan Vincent, [1 okt. 1888], M 1984, brief 166.
241. Vincent aan Theo, [3 okt. 1888], 698/544.
242. 'Gekken': Vincent aan Theo, [9 aug. 1888], 662/521. 'Maatschappelijk isolement': Vincent aan Theo, [ca. 14 aug. 1888], 665/524.
243. Voor Vincent over *Les misérables*, zie Vincent aan Theo, [30 mrt.-1 apr. 1883], 335/227; en aan Van Rappard, [ca. 25 mei 1883], 348/R 36. Voor het negatieve commentaar van zijn ouders op *Les misérables*, zie hun brief aan Theo, 5 juli 1880; vert. in Hulsker 1990, pp. 85-86: 'Hij stuurde ons een boek van Victor Hugo, maar die man kiest de zijde van de misdadigers en wat echt slecht is noemt hij niet slecht [...] Zelfs met de beste bedoelingen kan dat niet geaccepteerd worden.' Volgens Hulsker is het boek van Hugo 'waarschijnlijk' *Les misérables*, maar de auteurs opperen dat het *Dernier jour* kan zijn. Zie Sund 1992, pp. 40-41, voor de suggestie dat dit het boek is waarnaar Vincent verwees in een brief aan Theo, [juli 1880], 154/133. Voor de invloed van *Les misérables* op Gauguin, zie M 1989, pp. 85-86, 92ff.; en Merlhès 1996, pp. 103ff.
244. 'Scheppingsvuur': Vincent aan Theo, [29 juni 1888], 638/507. 'Maagdelijke hart': [ca. 15 juni 1888], 628/498. Vincent gebruikte laatstegenoemde uitdrukking m.b.t. de Deense kunstenaar Christian Mourier-Petersen (in Vincents brief als Zweeds vermeld). 'Een echt artistiek'; 'witte muren': [9 sept. 1888], 680/534.
245. Zie Vincent aan Bernard, [15 juli 1888], 645/B 10, waarin Vincent verwees naar de tuincompositie *Tuin met treurboom* (1888 [F 1450, JH 1509]; privécollectie, New York).
246. Gauguin aan Vincent, [1 okt. 1888], M 1984, brief 166. Voor Vincents gebruik van chroom geel in zijn *Zonnebloemen*, zie Vincent aan Bernard, [ca. 18 aug. 1888], 669/B 15.
247. Vincent aan Theo, [3 okt.. 1888], 698/544. Zie Zola, *L'Oeuvre*, p. 304.
248. Vincent aan Gauguin, [3 okt. 1888], 699/544a.
249. Ibid. In deze brief ging Vincent in op het waarborgen van de 'produktiemiddelen' (verf, doek) en het veilig stellen van hun 'ware aandeel' in de winst.
250. Ibid.
251. Vincent aan Theo, [4 okt. 1888], 701/545.
252. 'Maagdelijke'; 'de kleur': Pierre Loti, *Madame Chrysanthème*, Paris 1888, p. 220. 'De gele kleur': Vincent aan Wil, [9 and 16 sept. 1888], 681/W 7. Voor het klooster als modelgemeenschap en het idee dat de Japanse kunstenaars vaak werk uitwisselden, zie hfdst. 2, noot 19.
253. Vincent aan Gauguin, [3 okt. 1888], 699/544a.
254. Ibid.
255. 'Zeer kalme abt': Vincent aan Theo, [ca. 25 juli 1888], 652/514. 'Een beetje scheef': [4 okt. 1888], 701/545.
256. Vincent aan Theo, [3 okt. 1888], 698/544.
257. Vincent aan Theo, [4 okt. 1888], 701/545.
258. Voor deze collectie, zie 'Au Louvre: La Salle Dieulafoy,' *L'Intransigeant*, 8 juni 1888, p. 2, dat onder de mooiste dingen o.m. signaleert 'de muurschilderingen van het paleis van Darius, in rode geglazuurde baksteen, met de leeuwen en boogschutters.' Voor Vincents commentaar op Gauguins 'Perzische stijl,' zie Vincent aan Theo, [3 okt. 1888], 698/544.
259. Vincent aan Theo, [4 okt. 1888], 701/545. In zijn inscriptie voor Vincent op het doek gebruikte Bernard de archaïsche vorm van het woord *copain* (vriend, maatje), *compaing* (dat hij foutief spelde als 'copaing'). Deze oudere vorm heeft als bijbetekenis *compagnon* en appelleert sterker aan het gevoel van broederschap. De prent rechtsonder (met net zichtbaar een zeil) lijkt op Hiroshige, maar kan niet met zekerheid geïdentificeerd worden.
260. Vincent aan Theo, [4 okt. 1888], 701/545; cursivering van de auteurs.
261. 'Kwellingen'; 'naargeestig'; 'geen spoor': Vincent aan Theo, [4 okt. 1888], 701/545. Voor de melancholieke kant van Gauguins schilderij, zie [8-9 okt. 1888], 704/547. Voor de kunstenaar als gevangene, zie [3 sept. 1888], 677/531. Zie ook een vroege brief aan Theo over dit thema, [juli 1880], 154/133: 'Weet je wat de gevangenis doet verdwijnen? Elke diepe, oprechte genegenheid. Vrienden zijn, broers zijn, liefhebben, dat opent de gevangenis met soevereine kracht, door een zeer machtige betovering. Wie dat niet heeft, blijft in de dood. Maar daar waar de genegenheid weer opbloeit, daar bloeit het leven weer op. Verder heet de gevangenis soms: vooroordeel, misverstand, noodlottige onbekendheid met het een of het ander, wantrouwen, valse schaamte.'
262. Vincent aan Theo, [8 okt. 1888], 703/546. Deze opvatting, geuit aan Theo, werd mogelijk herhaald tegen Gauguin zelf. Voor Vincents voorstelling van Gauguins wanhoop, zie Vincent aan Theo, [24 sept. 1888], 690/542.
263. Vincent aan Bernard, [3 okt. 1888], 700/B 18.
264. Vincent aan Theo, [8-9 okt. 1888], 704/547.
265. Het is onduidelijk of Theo de keramiek op dit moment aankocht ter verkoop in de galerie, of dat hij de stukken in consignatie nam. Uit een (verdwenen) brief van Theo aan Gauguin, [ca. 4-6 okt. 1888], M 1984, brief LXXVI, vernam Gauguin kennelijk van de verkoop, en in Gauguin aan Theo, [7/8 okt. 1888], M 1984, brief 167, bevestigde Gauguin de verkoop: ' De 300 franc zullen voor een ommekeer zorgen, en ik zal aan het eind van de maand naar Arles vertrekken.' Rewald zegt alleen dat Theo 'aardewerk ter waarde van 300 franc overnam'; Rewald 1973, p. 31. Amsterdam 1999, p. 131, zegt dat Theo, in de overtuiging dat hij het zou kunnen doorverkopen, aardewerk ter waarde van 300 franc kocht in oktober 1888.
266. Vincent aan Theo, [10 okt. 1888], 706/549; citerend uit de (nu zoekgeraakte) brief aan Gauguin, zie M 1984, brief LXXX.
267. Vincent aan Gauguin, [17 okt. 1888], 711/B 22.
268. Vincent aan Theo, [ca. 21 okt. 1888], 714/556.
269. Ibid.
270. '*Speculatieve*': Gauguin aan Theo, [7/8 okt. 1888], M 1984, brief 167. 'Verrukt'; 'hoe gek': Gauguin to Schuffenecker, 16 okt. 1888, M 1984, brief 172.
271. 'Een massa onverdiende': Vincent aan Theo, [10 okt. 1888], 706/549. Vincent verstuurde zijn portret tegelijk met de ontvangst van die van Gauguin en Bernard, zoals hij berichtte in een brief aan Bernard, [4 okt. 1888], 702/B 19. Voor een lijst van de waarschijnlijke inhoud van de verzending, zie hfdst. 4, noot 20.
272. Gauguin aan Theo, [7/8 okt. 1888], M 1984,

brief 167. Voor Vincents brieven als bewijs, zie Gauguin aan Schuffenecker, 8 okt. 1888, M 1984, brief 168.

273. Gauguin aan Schuffenecker, 8 okt. 1888, M 1984, brief 168.
274. Ibid.
275. Voor alle citaten, zie Gauguin aan Schuffenecker, 16 okt. 1888, M 1984, brief 172.
276. Zie Françoise Cachin, 'Gauguin portrayed by himself and others,' in Washington 1988, pp. xx-xxiii.
277. Gauguin aan Schuffenecker, 8 okt. 1888, M 1984, brief 168.

# HOOFDSTUK 4: ARLES

*Bronnen voor vet gedrukte citaten: p.163: Vincent aan Theo, [ca. 13 juli 1888], 643/509; p. 167: Vincent aan Gauguin, [3 okt. 1888], 699/554a; p. 178: Vincent aan Theo, [ca. 5 nov. 1888], 722/559.*

1. Voor Gauguins route, zie M 1984, p. 510 noot 294. Gauguin, *Avant et après*, p. 24.
2. 'Betere gezondheid': Vincent aan Theo, [24 okt. 1888], 717/557. 'Opgewonden': Gauguin aan Theo, [27 okt. 1888], M 1984, brief 175.
3. Voor Gauguins verkoop, zie Theo aan Vincent, [23 okt. 1888], 716/T 2. 'Moreel gebroken': [24 okt. 1888], 717/557. Ter vergelijking had Theo kort tevoren één van Monets Antibes-schilderijen verkocht voor 3000 franc in juni; zie Rewald 1973, p. 23. Zie Gauguin aan Schuffenecker, [begin juni 1888], M 1984, brief 147, waarin Gauguin naar voren bracht, 'het is niet overdreven om 400 franc voor een Gauguin te vragen in vergelijking met 3000 franc voor een Monet.'
4. Theo aan Vincent, [27 okt. 1888], 718/T 3.
5. Over het vergelijken van Pont-Aven en Arles, zie Vincent aan Theo, [28 okt. 1888], 720/558; en [28 okt. 1888], 719/558b. 'Heel erg interessant': [24 okt. 1888], 717/557. Vincent had een soortgelijke vergelijking gemaakt tussen de Deense schilder Christian Mourier-Peterson en Loti, waarbij hij zijn bewondering uitte voor zijn vriends zelfverzekerdheid en vindingrijkheid die hij associeerde met de personages die 'je in Pierre Loti's boeken vindt': Vincent aan Theo, [26 mei 1888], 615/490.
6. Gauguin aan Theo, [27 okt. 1888], M 1984, brief 175.
7. Vincent aan Theo, [28 okt. 1888], 719/558b.
8. Ibid.
9. 'Karakter': Gauguin aan Schuffenecker, [begin juli 1888], M 1984, brief 129 (fragment); gedateerd op 14 juli in M 1989, pp. 39-42 (volledig). Over Bretagne, zie Gauguin aan Mette, [ca. 22 jan.-6 feb. 1888], M 1984, brief 139; gedateerd op ca. 22 januari in M 1989, p. 61. 'zichzelf bekend maken': Gauguin aan Theo, [27 okt. 1888], M 1984, brief 175. 'Uit de trein stappen'; 'doorgaan'; 'iets beginnen': Gauguin, *Avant e après*, pp. 24, 28, 31.
10. Tellingen van de draden op al Gauguins werken na Arles op grof doek zijn niet voorhanden, maar de telling van de draden van de jute uit Arles lijkt, op basis van op de beschikbare informatie, uniek te zijn.
11. Gauguin, *Avant e après*, p. 28.
12. Een gedeelte van Vincents plannen voor de versiering van het Gele Huis omvatte 'tenminste zes hele grote doeken' voor Gauguins slaapkamer ([ca. 9-16 sept. 1888] 681/ W 7). Hierbij horen de twee zonnebloem-schilderijen uit augustus en de serie van vier *Tuin van de dichter*-schilderijen. Kort na zijn aankomst schreef Gauguin in een postscriptum bij een brief van Vincent aan Bernard ([ca. 2 nov 1888], 712/B 19a) dat twee *Alyscamps*-schilderijen van Vincent in zijn slaapkamer hingen. Als deze doeken inderdaad alle acht in Gauguins kleine slaapkamer (ca. 8.80 vierkante meter) werden opgehangen, moeten ze boven elkaar zijn bevestigd – de hoogte van de muur (ongeveer 3.18 m) zou dat mogelijk hebben gemaakt. Zie Jan Hulsker, 'The poet's garden,' *Vincent: Bulletin of the Rijksmuseum Vincent van Gogh* 3 (1974), nr. 4, pp. 24-32; Pickvance 1984, cat. 104-09, pp. 178-84; en Dorn 1990, pp. 117-23, 229 noot 221, 378-85, 394-95, 401-03. Voor Gauguin over Vincents slechte manier van huishouden, zie *Avant e après*, p. 31. Een voorbeeld dat Vincent in de keuken werkte is een tekening, *Zittende Zoeaaf*, die gemaakt lijkt in de keuken vanwege het fornuis achter het model.
13. Vincent aan Theo, [28 okt. 1888], 719/558b.
14. Ibid.
15. Vincent aan Theo, [ca. 25 juli 1888], 652/514. Over de associaties van de taxusboom met dood en begrafenis, zie Pierre Larousse, *Grande Dictionnaire universel du XIXe siècle*, 1873 ed., s.v.'If' en Jeremy Harte, 'How old is that old yew?' *At the edge* 4 (dec. 1996), pp. 1-9.
16. Op beide schilderijen veranderde Vincent de kleur van de bomen aan de horizon van groen en blauw in oranje, ofwel om de verandering der seizoenen te laten zien of om de intensiteit van de kleur te vergroten.
17. Over de *Cleopatra*-pot, zie Gauguin aan Schuffenecker, 25 okt. 1888, M 1984, brief 174 (fragment); M 1989, p. 124 (volledig). Vincent aan Theo, [ca. 20 mei 1888], 613/489.
18. Wildensteins connectie van dit schilderij met de pasteltekening *La Négresse* (1888 [W 299]; Van Gogh Museum, Amsterdam) is niet overtuigend. Er is geen aanwijzing om aan te nemen dat Gauguin in pastel werkte tijdens zijn verblijf in Arles. Bovendien moet *La Négresse* omwille van de materiaalkeuze, techniek en relatie tot andere werken van Gauguin in 1889/90 gedateerd worden. 'Rijkere Gauguin': Vincent aan Theo, [ca. 4-7 okt. 1888], 701/545. Over de datering van deze brief, zie Jan Hulsker, 'De nooit verzonden brieven van Vincent van Gogh. De paradox van de publicatie,' *Jong Holland* 14 (1988), nr. 4, pp. 42-52.
19. Beide doeken hebben identieke aantallen draden (16 × 16 draden per centimeter) en weefdichtheid. Sommige doeken die Vincent in Arles gebruikte hebben hetelfde aantal draden, maar deze zijn niet in de meerderheid. Uit een onderzoek van werken die Gauguin meteen voor en na Arles geschilderd heeft en waarvan de aantallen draden voorhanden waren blijkt dat geen enkel doek dit precieze aantal heeft. Tijdens zijn periode in Arles schilderde Gauguin echter bijna alleen maar op jute en soms op katoen, dat hij zelf prepareerde, met twee uitzonderingen: hij gebruikte voor zijn *Boerderij in Arles* (aan het begin van zijn verblijf) en voor *Monsieur Ginoux* (aan het eind) voorgeprepareerd linnen dat hij van Vincent gekregen had.
20. In een brief aan Bernard, [3 okt. 1888], 700/B 18, stelde Vincent een aantal werken voor dat hij naar Bretagne wilde sturen in ruil voor werken van Bernard en andere kunstenaars in Pont-Aven: *Zelfportret opgedragen aan Paul Gauguin (Bonze)* (F 476, JH 1581), *Kade met mannen die een zandschuit uitladen* (F 449, JH 1558), *Tuin achter een huis* (F 578, JH 1538), *Distels* (F 447, JH 1550), *Een paar schoenen* (F 461, JH 1569) en een ongeïdentificeerd landschap geschilderd 'tijdens het razen van een kwaadaardige mistral.' Zie Mark W. Roskill, 'Van Goghs exchanges of work with Émile Bernard in 1888,' *Oud Holland* 86 (1971), nr. 2-3, pp. 142-79.
21. Vincent beschreef bijvoorbeeld zijn werk *De postkoets naar Tarascon* (1888 [F 478a. JH 1605]; The Henry and Rose Foundation, Inc., New York) als 'geschilderd à la Monticelli met spikkels dik opgelegde verf': Vincent aan Theo, [13 okt. 1888], 708/552. Over Roulin, zie [10 okt. 1888], 707/550. Over de culturele wedergeboorte van het zuiden, zie [17 okt. 1888], 712/555; en [14 okt. 1888], 709/533. Over het verband tussen *De groene wijngaard* en Monticelli, zie Amsterdam 1990, cat. 65, p. 164.
22. Vincent aan Theo, [12/13 juni 1888], 627/497. Kort voordat Vincent deze opmerking maakte, had hij een brief ontvangen van Gauguin waarin deze melding maakte van de schilderijen die hij had moeten verkopen. Zie de verloren gegane brief (M 1984, brief 148) waarnaar verwezen wordt in de brief aan Theo, [12 juni 1888], 626, 496. Het is niet duidelijk of Cézanne's *Oogst* tot deze groep hoort. Gauguin is opgenomen in de herkomst van het schilderij in John Rewald *et. al.*, *The paintings of Paul Cézanne: a catalogue raisonné*, New York 1996, dl. 1, nr. 31; en Bodelsen 1970, cat. 5, beweerde dat Gauguin het 'in zijn bezit zou kunnen hebben gehad.' In M 1984, pp. 386-87, noot 115, wordt gesuggereerd dat dit niet zo was. Hoe het ook zij, Gauguin gebruikte Cézanne als uitgangspunt voor een waaiervormige compositie van een eenzame tarwehoop (1884 [W 116]; privécollectie, Kopenhagen). Hij bracht het motief van Cézanne ook aan op een aardewerken vaas; zie Merete Bodelsen, 'Gauguin's Cézannes,' *Burlington Magazine* 104 (mei 1962), nr. 710, fig. 44-47, p. 211.
23. Vincent aan Bernard, [ca. 17 juli 1888], 647/B 11.
24. Vincent aan Bernard, [24 juni 1888], 636/B 9. Vincent was aan het werk aan het schilderij *Zonsondergang: Korenvelden bij Arles* (1888 [F 465, JH 1473]; Kunstmuseum Winterthur, Zwitserland). Voor een recent onderzoek van de uitvoering en betekenis van een krachtige,

vrije penseelvoering in de 19de-eeuwse schilderkunst, zie Richard K. Bretell, ten. cat. *Impression: Painting quickly in France, 1860-1890*, Williamstown (Mass.) (Sterling and Francine Clark Art Institute), 2000, vooral Coda.

25. 'Vlug, vlug': Vincent aan Bernard, [24 juni 1888], 636/B 9. 'Snel werk': Vincent aan Theo, [23 juni 1888], 634/502. Voor Vincents commentaar over snel schilderen, zie, bijvoorbeeld, 623/500, 638/507, 640/504, 648/512, 667/525, 670/526, 684/535, 685/537 en 693/B 17.
26. Vincent aan Theo, [ca. 19 juli 1888], 648/512.
27. Gauguin aan Theo, [27 okt. 1888], M 1984, brief 175.
28. 'Zich mee te laten slepen': Vincent aan Theo, [28 okt. 1888], 720/558. 'Man van het zuiden'; 'intense'; 'over te brengen': Gauguin aan Schuffenecker, 14 jan. 1885, M 1984, brief 65.
29. Vincent aan Theo, [28 okt. 1888], 720/558.
30. Informatie over het weer in Arles tijdens de herfst van 1888 is vergaard uit het *Bulletin annuel de la Commission météorologique du département des Bouches-du-Rhône* van dat jaar, gepubliceerd in M 1989, App. I, pp. 260-61, en ter beschikking gesteld door de auteur van dat werk. We hebben ons ook gebaseerd op de weerberichten uit de twee weekbladen van Arles, *L'Homme de bronze* en *Le Forum républicain*.
31. Vincent aan Theo, [ca. 5 nov. 1888], 722/559.
32. Over Vincents belangstelling voor stierengevechten, zie brieven aan Theo, [9 apr. 1888], 596/474; aan Bernard, [9 apr.1888], 597/B 3; en aan Koning, [29 mei 1888], 621/498a. Voor Gauguin over stieregevechten, zie brief aan Vincent, [24/25 juli 1888], M 1984, brief 158.
33. Vincent aan Gauguin, [3 okt. 1888], 699/544a.
34. 'Rondwandelden': Gauguin, *Avant e après*, p. 18. 'Vooral': Vincent aan Theo, [28 okt. 1888], 719/558b. 'Fraaie *moderne* stijl': Gauguin aan Bernard, [eind okt. 1888], M 1984, brief 176. Merlhès dateert deze brief eind oktober of begin november en suggereert een datering op ca. 4 november. Gezien het feit dat Gauguin niet schrijft over de Alyscamps-schilderijen die hij wel noemt in zijn postscriptum aan Bernard ([ca. 2 nov. 1888], 721/B 19a) dateren wij deze brief eind oktober.
35. Fernand Beissier, *Les Étappes d'un touriste en France: Le pays d'Arles*. 2de ed., Paris 1889, pp. 114ff. Voor een typische beschrijving uit een gids, zie John Murray, *A handbook for travellers in France*, London 1890, dl. 2, pp. 156-61. Mistral adviseerde degenen die Arlésiennes wilden zien om 'naar de Arena in Arles te gaan voor de stiergevechten of naar de Lices, tijdens het flaneren': Mistral geciteerd in Pierre Pasquini, '"La vraie" Mireille,' in Arles 1999, p. 72. Gustave Flaubert gaf ook hoog op over 'de vrouwen van Arles! [...] met hun rokken [...] hun houding [...] hun ranke en robuuste gestalte, lijken ze op de antieke Muze': geciteerd in ibid., p. 30. Deze publikatie is van invloed op de volgende bespreking.
36. Kort na de ontdekking was de Venus d'Arles aan Lodewijk XIV gegeven om bij hem in de gunst te komen. Voor de Arlésienne als de wedergeboorte van de Venus van Arles, zie Pierre Serna, 'Émile Fassin et les femmes de son moulin...,' in Arles 1999, pp. 28-36.
37. Over de Alyscamps, zie Murray (noot 35), pp. 157-59; Beissier (noot 35), pp. 73-81; en Pierre Larousse, *Grande Dictionnaire universel du XIXe siècle*, 1873 ed., s.v. 'Alyscamps (Les).'
38. Zie de rubriek 'Nos Concerts' in *L'Homme de bronze* van 10 juni, 30 sept. en 7 okt. 1888, waarin werken worden genoemd als 'Un soir de mai aux Alyscamps,' uitgevoerd op de Place de la République. Onder de werken die in de 'Chronique artistique' van de twee weekbladen – *L'Homme de bronze* en *Le Forum républicain* – na Vincents aankomst in Arles werden beschreven zijn te vinden: een portret van een Arlésienne, studies van de ruïnes van Montmajour door twee verschillende kunstenaars en drie werken – een aquarel, een beschilderd stuk porselein en een schilderij – die te maken hebben met de Alyscamps. Het tentoongestelde schilderij van Armand Ronin werd beschreven als een 'page locale pleine de charme,' in 'Chronique artistique, *L'Homme de bronze*, 12 feb. 1888, pp. 1-2. Voor Joseph Félon, die vanaf de jaren '50 van de 19de eeuw dit genre op schilderijen en lithografieën heeft helpen invoeren, zie Arles 1999, cat. 60, pp. 112-13. Zie ook ten. cat. *Dominique Roman (1824-1911): Obejectif Provence*, Arles (Muséon Arlaten), 1997, cat. 138.
39. 'Choses d'art', *Le Forum républicain*, 9 sept. 1888, p. 2.
40. 'Chronique artistique et musicale,' *L'Homme de bronze*, 30 sept. 1888, p. 2; geciteerd in Dorn 1990, p. 387. Deze enigszins ongeloofwaardige verwijzing moet betrekking hebben op Vincents zeer recent karwei om 's nachts bij gaslicht een caféterras op de Place du Forum te schilderen. Vincent verwijst naar de omstandigheden bij het maken van dit werk, *Caféterras op de Place du Forum in Arles, bij nacht* (1888 [F 1519, JH 1580]; Dallas Museum of Art) in zijn brief aan Eugène Boch, [2 okt. 1888], 696/553b.
41. Een voorbeeld van de geïdealiseerde versie van Les Alyscamps, een briefkaart waarop een schoorsteen door de bomen heen te zien is, is opgenomen in Pickvance 1984, fig. 58, p. 200. Tegen deze tijd was het terrein van de plek ook beknot door de aanleg van spoorwegen. Prosper Mérimée leverde, onder anderen, kritiek op het verval van de Alyscamps; zie ten. cat. *Charles Nègre Photographe: 1820-1880*, Arles (Musée Réattu), 1980, cat. 73, p. 173. Zie ook Beissier (noot 35), pp. 78-79; en 'Chronique locale,' *L'Homme de bronze*, 30 sept. 1888, p. 3. 'Oneindig veel roemrijker': Vincent aan Theo, [24 sept. 1888], 690/542. Zie ook Vincent aan Theo, [4 mei 1888], 606/482: 'Deze stad is vies'; Zij [de Arlésiennes] lijden aan decadentie.'
42. Over Vincents Alyscamps-schilderijen, zie Pickvance 1984, cat. 115-17, pp. 198-200.
43. Gauguin aan Bernard, [eind okt. 1888], M 1984, brief 176.
44. Vincent aan Gauguin, [3 okt. 1888], 699/544a.
45. 'Het Tartarin- en Daumier-achtige': Vincent aan Theo, [ca. 17 sept. 1888], 687/539. 'Helemaal Daumier': [ca. 17 sept. 1888], 686/538; zie ook [13 okt. 1888], 708/552. Voor Vincents vroege bewondering voor Daumier, zie 297/255, 298/256, 310/264, 312/165, 314/266, 356/R 37, 358/265 en 522/418.
46. Zie Vincent aan Theo, [11 aug. 1888], 663/520. 'Ter plekke': [15 aug. 1888], 667/525. '*Maison d'artiste*': [9 sept. 1888], 680/534. Over Daumier en de Japanse gemeenschap, zie ook: [29 juni 1888], 638/507; [15 aug. 1888], 667/525; [24 sept. 1888], 690/542; [3 okt. 1888], 698/544. Over het onderwerp van Daumier en de *maison d'artiste*, zie Dorn 1990, pp. 230-31, noot 26.
47. De kwestie werd behandeld in een artikel over de Félibres dat Vincent in een brief vermeldde, [14 okt. 1888], 709/533. Zie hfdst. 3, noot 14.
48. De twee *dépots de zouaves* van Arles bestonden samen met het *bataillon de chasseurs* uit doorgangstroepen. Zie Félix Deretz, 'Deux Zouaves assassinés,' *L'Homme de bronze*, 18 mrt. 1888, pp. 1-3. Voor de reputatie van de Zoeaven, zie Zemel 1997, pp. 94-98.
49. Zie bijvoorbeeld de berichten over de zelfmoord van een 18-jarig meisje in *Le Forum répblicain*, 8 juli 1888, p. 2 en over de ontdekking van een verdronken pasgeboren kind in *L'Homme de bronze*, 30 sept. 1888, p. 3.
50. 'Dit meisje': Gauguin aan Bernard, [eind okt. 1888], M 1984, brief 176. Gauguin lijkt een oorspronkelijk (vermoedelijke mannelijke) figuur met een broek in een vrouw te hebben veranderd met een witte *fichu*, voordat hij uiteindelijk het minder duidelijke, maar absoluut vrouwelijke kostuum op het definitieve schilderij aanbracht. '*Les trois grâces au temple de Venus*': Gauguin aan Theo, [ca. 22 nov. 1888], M 1984, brief 183. In een inventaris die Gauguin in 1890 naar Boussod et Valadon stuurde, omschreef hij dit schilderij als '*Paysage d'Arles avec trois Arlésiennes*'; zie Rewald 1973, P. 49.
51. Gauguin begon vroeg in zijn loopbaan met het gebruik van dunne kalklagen als ondergrond en deed dit na 1886 met een steeds groeiende frequentie; zie Carol Christensen, 'The painting materials and technique of Paul Gauguin,' in *Studies in the history of art: Conservation research* 41, Washington, D.C. 1993, p. 71; en Jirat-Wasiutyński/Newton 2000, p. 75.
52. Vincent aan Bernard, [ca. 2 nov. 1888], 721/B 19a.
53. Vincent aan Theo, [ca. 5 nov. 1888], 722/559. Voor discussies over de plaats waar de twee doeken werden geschilderd, Pickvance 1984, cat. 116-17, pp. 199-200; en Dorn 1990, pp. 405-06. Gezien de omstandigheden en de gelijkenis tussen beide schilderijen lijkt een werkwijze waarbij zowel *plein air* als het atelier betrokken waren waarschijnlijk. Er zijn precedenten voor deze aanpak; zie, bijvoorbeeld, de twee versies van *Boomgaard omringd met cipressen* (F 554 JH 1388; F 523, JH 1389).
54. Over Vincents gewoonte om zijn doeken in het atelier bij te werken om ze 'een zekere eenheid' te geven, zie Vincent aan Theo, [ca. 13 apr. 1888], 599/477; en [7/8 sept. 1889], 802/605.
55. Vincent aan Theo, [ca. 5 nov. 1888], 722/559.
56. Vincent had grote bewondering voor het schilderij van Bernard en verkoos het blijkbaar boven het *Visioen* (dat hij nooit noemde in zijn brieven). Hij zag Bernards werk niet als een religieus schilderij; Pickvance 1984, p. 213.
57. Gauguin aan Bernard, [eind okt. 1888], M 1984, brief 176.
58. Vincent aan Theo, [ca. 5 nov. 1888], 722/559.
59. Het verband tussen de figuur van de oude man en Daumiers personage Ratapoil is gelegd door Pickvance 1984, cat. 117, p. 200. De schilderijen zijn ook gerelateerd aan de metafoor van de voortgang van de pelgrim; zie Amsterdam 1990, cat. 72-73, p. 177.
60. Vincent aan Bernard, [ca. 2 nov. 1888], 721/B 19a.
61. Ibid.
62. Vincent aan Theo, [28 okt. 1888], 720/588. Zie ook zijn brief aan Bernard, [ca. 2 nov. 1888], 721/B 19a; en een klad van een brief van Vincent aan Gauguin, [28 mei 1888], 619/494a waarin hij zijn plan ontvouwde om 'als een monnik te leven die eens per veertien dagen naar het bordeel gaat.' Voor Vincents idee van de kunstenaar-monnik, zie Zemel 1997, p. 100.
63. Vincent aan Bernard, [ca. 4 aug. 1888], 659/B 14.
64. Over Gauguins succes met vrouwen, zie Vincent aan Theo, [ca. 14 mrt. 1888], 587/469.
65. Vincent aan Theo, [24 sept. 1888], 690/542.
66. 'Kleine Arlésienne': Vincent aan Theo, [ca. 29 aug. 1888], 675/529. 'Hij is getrouwd, maar hij ziet er niet erg naar uit dat hij dat is.': [ca. 4 dec. 1888], 728/560.
67. Vincent aan Theo, [ca. 4 dec. 1888], 728/560.
68. Gauguin aan Bernard, postscriptum in Vincent aan Bernard, [ca. 2 nov. 1888], 721/B 19a.
69. Deze tekening werd genoemd in Vincent aan Theo, [ca. 12 nov. 1888], 723/561. Kōdera 1990, p. 56, wees als eerste op het verband tussen de illustratie van de bonzes en de *mousmés* en Vincents *Zelfportret*.
70. Vincent aan Theo, [ca. 5 nov. 1888], 722/559.
71. Voor de details over Marie Ginoux (geboren Marie Julien; 1848-1911) en haar man Joseph-Michel Ginoux (1835-1906), zie Dorn 1990,

pp. 407-08. Vincent aan Bernard, [4 okt. 1888], 702/B 19.

72. Roland Dorns voorstellen voor het aanbrengen van de decoraties in de kamers van het Gele Huis (Dorn 1990, pl. XXII, XXIII) zijn gebaseerd op Léon Ramsers plattegrond van het gebouw uit 1922 (repr. in ibid., pl. XVIII, XIX). Op zijn voorstellen komen de op het oosten uitziende ramen van het atelier of van Gauguins slaapkamer niet voor. Deze zijn wel zichtbaar op Vincents schilderij (hfdst. 3, fig. 71), aquarel (F 1413, JH 1591; Van Gogh Museum, Amsterdam) en op een schets in een brief (F 1453, JH 1591; onbekende lokatie) van de buitenkant van het Gele Huis. In onze studie gaan we uit van het bestaan van de ramen.
73. In een brief van 10 oktober (706/549) schreef Vincent aan Theo dat hij verwachtte dat de gasvoorziening ieder moment aangelegd kon worden; hij was in feite van plan om 'vanavond een nieuw [schilderij] te beginnen, *wanneer het gas aan is.*' Andreas Blühm heeft onlangs geopperd dat de greppels die op Vincents afbeelding van het Gele Huis op straat te zien zijn een bewijs vormen van dit project van de gemeente; zie Blühm en Louise Lippencott, ten. cat. *Light! The industrial age, 1750-1900: art and science. Technology and society*, Amsterdam (Van Gogh Museum), 2001, p. 202. De simulaties met gaslicht in het Van Gogh Museum lieten het groenachtig gele licht zien dat voortgebracht wordt door dit type verlichting. 'Portretten schilderen': [28 okt. 1888], 719/558b.
74. Het is mogelijk dat enkele van de roze schakeringen van het gezicht verdwenen zijn. Vincent maakte hier (en bij *Herinnering aan de tuin*) het grijs door rode en groene verf te mengen; de groene verf is nu overheersend.
75. Vincent aan Theo, [24 sept. 1888], 690/542.
76. Voor Vincents eerdere beschrijving van zijn werk als 'erop gehouwen', zie brief aan Van Rappard, [ca. 31 okt. 1882], 278/R 16. Vincent gebruikte het werkwoord *sabrer* ook in brieven aan Theo, [ca. 25 juli 1888], 652/514 en aan Wil, [ca. 10 dec. 1889], 829/W 16. In zijn eerste schrijven aan Vincent na diens zenuwinstorting van december vroeg Gauguin hem om de schermuitrusting die hij in Arles had achtergelaten ([ca. 9-14 jan. 1889], Van Gogh 1990, brief 739; Cooper 1983, GAC 34). Enkele dagen later schreef Vincent in een voor zijn doen buitengewoon bittere brief spottend over Gauguins verzoek en voegde eraan toe dat hij 'zich haasten zal om hem dat kinderspeelgoed per postpakket te doen toekomen, in de hoop dat hij zich nooit van ergere dingen zal bedienen.' ([17 jan. 1889], 740/571. 'Kalme en beheerste': Vincent aan Bernard, [24 juni 1888], 636/B 9.
77. Zie Ronald Pickvance, *Gauguin and the school of Pont-Aven*, ten. cat., San Diego (San Diego Museum of Art), 1994, cat. 87, p. 121. Gauguins bespreekt bladzijden lang de schermkunst in *Avant et après*, pp. 210-17.
78. Gauguin, *Avant et après*, pp. 217-18; en Loti, *Mon Frère Yves*, p. 98. Over Franse mannelijkheid, zie Tamar Garb, *Bodies of modernity: Figure and flesh in Fin-de-siècle France*, New York 1998, pp. 34-35, 55ff.
79. Zie, bijvoorbeeld, Vincent aan Theo, [ca. 17 dec. 1883], 416/347: 'Ik dacht ook aan het woord van Michelet (die het van een dierkundige heeft), 'Le mâle est très sauvage.' En wegens nu ik in dezen tijd van mijn leven weet van mij zelf dat ik sterke hartstogten heb en ook m.i. moet hebben - zoo zie ik mij zelf er dan ook op aan ik misschien 'très sauvage' ben.'
80. De auteurs zijn Cornelia Peres erkentelijk voor deze observatie. De bloem werd geschilderd op een droge laag witte verf, waardoor deze sneller droogt.
81. Onze dank aan Kristin Lister, Robert Flynn Johnson, Karin Breuer en Debbie Evans voor deze informatie.
82. Vincent aan Bernard, [ca. 2 nov. 1888], 721/B 19a.
83. 'Een doek van hetzelfde': ibid. 'Ik heb je al geschreven': Vincent aan Bernard, [4 okt. 1888], 702/B 19. Hoewel *type* op een man in het algemeen kan slaan, had het in het 19de-eeuwse slang de specifieke bijbetekenis van de minnaar van een prostituee: zie Georges Delesalle, *Dictionnaire Argot-Français & Français-Argot*, 1896; repr. Paris 1998, s.v. 'type.'
84. Vincent aan Bernard, [ca. 2 nov. 1888], 721/B 19a.
85. Vincent vertelde dat hij bezig was *Le Rêve* te lezen op [ca. 2 nov. 1888], 721/B 19a. Zie Sund 1992, pp. 166-67. Zie Vincent aan Theo, [half nov. 1884], 473/387. Over het schilderen in gezelschap van anderen merkte hij op, 'Ik werk geanimeerder wanneer ik kan converseren.' Gauguin vond Zola 'geen beste schilder' en omschreef zijn sombere Naturalisme als een voorliefde voor 'koolzwarte tinten': Gauguin, 'Diverses choses,' p. 264.
86. Zie *Le Forum républicain*, 1 jan. 1888, 4 mrt. 1888 en 21 apr. 1889. En *L'Homme de bronze*, 5 auf. 1888 en 10 feb. 1889.
87. De blauwe handschoenen lijken op die op een stilleven uit januari 1889 [F 502, JH 1664]; Collection Mr. and Mrs. Paul Mellon, Upperville, Verenigde Staten). Misschien voegde Vincent rond die tijd de handschoenen toe aan *L'Arlésienne*.
88. Hoewel Gauguin niet veel tijd besteed had aan deze *ébauche*-achtige stap in sommige van zijn voorafgaande schilderijen (zoals *Les Alyscamps* [fig. 26] en *Boerderij in Arles* [fig. 11]) was dit soort onderschildering een onderdeel van de standaardprocedure in veel schilderijen, onder andere *Zelfportret (Les Misérables)* (hfdst. 3, fig. 74).
89. Gauguin aan Bernard, [2de week nov. 1888], M 1984, brief 179.
90. Ibid.
91. Voor het bezoek in oktober, zie Vincent aan Eugène Boch, [2 okt. 1888], 696/553b en Vincent aan Theo, [3 okt. 1888], 698/544.
92. Vincent aan Theo, [ca. 5 nov. 1888], 722/559.
93. Ibid. Over Monticelli, zie Vincent aan Theo, [ca. 12 nov. 1888], 723/561.
94. '*Vrouwen in een wijngaard*': Vincent aan Theo, [ca. 5 nov. 1888], 722/559. Voor informatie over de druivenoogst in Arles in 1888, zie *L'Homme de bronze* en *Le Forum républicain* van 16 sept., 30 sept. en 7 okt. 1888. Zie ook *L'Homme de bronze*, 21 okt. 1888, waarin vermeld wordt dat het in de twee voorafgaande weken uitzonderlijk koud geweest was voor de tijd van het jaar.
95. Voor de suggestie over rouwkleding, zie Dorra 1978, p. 12. Voor de titel, zie Gauguin aan Theo, [ca. 22 nov. 1888], M 1984, brief 183.
96. Gauguin stelde het werk tentoon als *Misères humaines* bij Les Vingt in Brussel in 1889; zie *Les XX, Bruxelles. Catalogue des dix espositions annuelles*, Bruxelles 1981, p. 184. Hij exposeerde het ook onder dezelfde titel bij de Volpini-tentoonstelling in juni 1889; zie *Catalogue de l'Exposition de peintures du groupe impressioniste et synthétiste*, cat. 43. Voor het verband met Dürer, zie bijvoorbeeld Amishai-Maisels 1985, pp. 147-48; met Vincents *Sorrow*, zie Gösta Svenaeus, 'Gauguin and Van Gogh,' *Vincent: Bulletin of the Rijksmuseum Vincent van Gogh* 4 (1976), nr. 4, p. 31.
97. Joris-Karl Huysmans, 'Appendice (1882),' in *L'Art moderne*, Paris 1883, p. 288. In die tijd schreef Gauguin aan Pissarro dat hij Pantazis' werk niet kende; zie Gauguin aan Pissarro, [11 of 12 mei 1883], M 1984, brief 36. Pantazis woonde en werkte in Brussel en nam deel aan de eerste Les Vingt-tentoonstellling in 1884; zie M 1984, p. 380 noot 104. Gauguins interpretatie van het thema is dermate succesvol dat het schilderij door sommigen geïnterpreteerd is, onafhankelijk van enige mogelijke textuele of visuele bronnen, als een symbool van 'onderdrukte gulzigheid'; zie Pickvance 1984, cat. 188, p. 206.
98. Gauguin aan Schuffenecker, [ca. 20 dec. 1888], M 1984, brief 193 (fragment); gedateerd op 22 dec. in M 1989, pp. 238-43 (volledig).
99. Voor Gauguins bewondering voor Corot, zie brief aan Pissarro, [mei/juni 1882], M 1984, brief 23 en p. 320 noot 2.
100. Over Corots *Maaier met sikkel*, zie ten. cat. Gary Tintorow *et. al.*, *Corot*, New York (Metropolitan Museum of Art), 1996, cat. 70, p. 172. 'Gelaat': Burty zoals geciteerd in Alfred Sensier, *La Vie et l'oeuvre de J.-F. Millet*, Paris 1881, p. 356.
101. Zie Vincent aan Theo, [4 okt. 1888], 701/545: 'Je bent even gelukkig, of minstens zo gelukkig als Sensier, als je Gauguin hebt.'
102. Gauguin aan Schuffenecker, [ca. 20 dec. 1888], M 1984, brief 193 (fragment); gedateerd op 22 dec. in M 1989, pp. 238-43 (volledig). In 1902 nam Gauguin Millet op in zijn lijst van de belangrijkste Franse schilders na Delacroix en Ingres; zie bespreking in Victor Merlhès, *Racontars de Rapin*, Tahiti 1994, register.
103. *Splendeurs et misères des courtisanes* behoort tot de romans die Balzac opnam in zijn *Comédie humaine*. Gauguin noteerde het schilderij onder deze titel in zijn schetsboek van Arles en Bretagne (Huyghe 1952, p. 223). Bodelsen 1964, p. 193, merkte op dat in 'troost van deze grond' Vincents taalgebruikt doorklinkt. Henri Dorra legt het verband tussen 'arm troosteloos wezen' en een regel uit Millet die Vincent aan *Sorrow* toevoegde (hfdst. 1, fig. 42); zie Dorra 1978, pp. 12-17.
104. 'In every land where I would sleep,/ In every land where I would weep,/ In every land where I would die,/ There sat, nor would he make reply,/ My ill-starred brother, clad in gloom./ As though arisen from the tomb': Alfred de Musset, *The complete writings of Alfred de Musset*, New York 1905, p. 343. Zie ook hfdst. 1, noot 22.
105. Vincent citeerde Musset ook in zijn brief aan Theo, [17/18 dec. 1888], 730/564. Het verband is aangetoond door Dorra 1978, p. 15 en Amishai-Maisels 1985, pp. 148, 170 noot 78.
106. Gauguin aan Theo, [14 nov. 1888], M 1984, brief 181.
107. Gauguin beschreef *Misères humaines* tijdens het maken als geschilderd '*simplement sur la grosse toile dans la pâte avec des divisions de couleur*': brief aan Schuffenecker, [laatste week nov. 1888], M 1984, brief 184; gedateerd op 22 november in M 1989, p. 181. Zie Jirat-Wasiutyński/Newton 2000, p. 123. Het geschilderde oppervlak van het schilderij, dat eind 1888 naar Parijs was gezonden, was meteen gaan schilferen. Om dit tegen te gaan had Gauguin na zijn terugkeer in Parijs een procedure gevolgd die hij als volgt beschrijft: 'je plakt kranten op je doek met *plakstijfsel*. Als ze zijn opgedroogd, leg je je doek op een gladde plank en je drukt er *hard* op met hele hete strijkijzers. Alle barsten in je verf blijven erin, maar ze zijn gladgestreken en je hebt een *heel mooi* oppervlak': Gauguin aan Vincent, [ca. 9 jan. 1889], Van Gogh 1990, brief 739; Cooper 1983, GAC 34.
108. Voor Gauguins produktiviteit, zie Vincent aan Theo, [ca. 6 nov. 1888], 722/559. 'Stevige, dikke verf': [ca. 23 nov. 1888], 726/563. 'Het is zo mooi': [ca. 12 nov. 1888], 723/561.
109. Oorspronkelijk was het schilderij nog sprankelender, aangezien alle violette tinten op de voorgrond in de loop der tijd vervaagd zijn.
110. Vincent aan Theo, [ca. 12 nov. 1888], 723/561. Voor de problemen om deze geschilderde bordeelschets te dateren, zie noot 114.
111. 'Ons leven samen': Vincent aan Theo, [ca. 5 nov. 1888], 722/559. Gauguin aan Bernard, [ca. 9-12 nov. 1888], M 1984, brief 178.

112. Over Gauguins culinaire vaardigheden, zie Vincent aan Theo, [ca. 12 nov. 1888], 723/561. 'Hij kan *perfect* koken.' Over Vincents soep, zie Gauguin, *Avant et après*, pp. 31-32. 'De goede Vincent': Gauguin aan Theo, [14 nov. 1888], M 1984, brief 181. Gauguin antwoordde hierin op een brief van Theo ([13 nov. 1888], M 1984, brief XCIII) waarin Theo had laten blijken hoe plezierig hij het vond dat ze zo goed met elkaar konden opschieten.
113. Gauguin aan Theo, [14 nov. 1888], M 1984, brief 181.
114. Vincent aan Bernard, [4 okt. 1888], 702/B 19. De identiteit van dit kleine schilderij is onduidelijk. Roskill heeft beweerd dat Vincent twee afbeeldingen van een bordeel maakte: de *petit toile* die hier aan Bernard beschreven wordt en die later verloren is gegaan, en een tweede versie, *Bordeelscene* (fig. 53) – de *pochade de bordel* beschreven aan Theo in brief 723/561; zie Roskill 1970b, pp. 126-27; en Roskill 1970a, pp. 58-59, 70-71. Hulsker (zie JH 1599, p. 364) is echter van mening dat Vincent in zijn brief aan Bernard sprak over het schilderij van de Barnes Foundation en dateert het werk daarom rond 9 oktober. Wij veronderstellen dat het eerste (verdwenen) schilderij een ontmoeting afbeeldde tussen een prostituee en haar pooier en bedoeld was als een soort uitwisseling met de bordeeltekeningen die Bernard met zijn zelfportret had meegestuurd. Ook wij dateren *Bordeelscene* in november omwille van de technische en stilistische redenen die het verbinden met *Een romanlezeres* (fig. 60) en *Toeschouwers in de arena* (fig. 54), die in die periode geschilderd werden.
115. Vincent aan Bernard, [4 okt. 1888], 702/B 19.
116. Vincent aan Theo, [ca. 12 nov. 1888], 723/561. Isabelle Cahn merkte op dat de impressionisten sinds de jaren '70 de witte omlijsting gebruikten en dat Pissarro's gebruik van deze kunstgreep extra aandacht had gekregen bij de derde groepstentoonstelling in 1877. Daarna werd de lijst nauw verbonden met de nieuwe of 'jonge' stroming in de schilderkunst. Zie Isabelle Cahn, ten. cat., *Cadres de peintres*, Parijs (Musée d'Orsay), 1989, pp. 65-68.
117. Vincent aan Theo, [ca. 16 nov. 1888], 724/562.
118. Gauguin exposeerde in 1889 twaalf schilderijen bij Les Vingt, onder de volgende titels: *Aux Mangos (Tropiques), Conversation (Tropiques), Paysage breton, Breton et veau, Berger et bergère, Lutteurs en herbe, Vision du sermon, En plein chaleur, Misères humaines, Au presbytère, Les Mas* en "*Vous y passerez, la belle!*"; Huyghe 1952, p. 73. '*Les cochons*': zie Gauguin aan Theo, [ca. 22 nov. 1888], M 1984, brief 183; en Huyghe 1952, p. 72. Voor een eerder essay waarin het vrouwelijk naakt in verband gebracht wordt met het varken, zie *Twee badende meisjes* (1887 [W 215]; Museo Nacional de Bellas Artes, Buenos Aires). Jirat-Wasiutyński/Newton 2000, p. 69, heeft erop gewezen dat *Vier Bretonse vrouwen* (1886 [W 201]; Neue Pinakothek, München) niet alleen het nostalgische beeld van plattelandsvrouwen voortzet maar ook een impliciet verband legt tussen de vrouwen en de dieren die zij verzorgen. Ook merkte deze auteur op dat in de traditionele Bretonse maatschappij vrouwen 'behandeld werden als lastdieren.'
119. 'Dat is het': zie hfdst. 1, noten 30 en 67. 'Ik houd zo van': Vincent aan Wil, [20 jan. 1890], 843/W 19. 'Grootse stijl': Vincent aan Theo, [ca. 16 nov. 1888], 724/562.
120. De relatie is aan het licht gebracht in Roskill 1970b, p. 144.
121. 'Deze twee doeken': Gauguin aan Theo, [ca. 22 nov. 1888], M 1984, brief 183. 'Groot kunstenaar en vriend': Vincent aan Theo, [ca. 16 nov. 1888], 724/562. 'Erg gelukkig samen': Vincent aan Wil, [ca. 16 nov. 1888], 725/W 9. Voor de identificatie van plattelandsvrouwen met dieren en voor het inzicht in Vincents inbreng in gesprekken over fallisch meesterschap, zie Griselda Pollock, *Differencing the canon: Feminist desire and the writing of art's histories*, London/New York 1999, hfdst. 3, vooral pp. 50-57.
122. 'Moed': Vincent aan Wil, [ca. 16 nov. 1888], 725/W 9. 'Doeken die *de tête* geschilderd zijn': Vincent aan Theo, [ca. 12 nov. 1888], 723/561.
123. Vincent aan Wil, [ca. 16 nov. 1888], 725/W 9. Al deze drie werken zijn op jute, gesneden op formaat 30.
124. Zie Pickvance 1984, cat. 139, p. 231; Pickvance 2000, cat. 71, p. 305.
125. Vincent aan Wil, [ca. 16 nov. 1888], 725/ W 9.
126. Voor de prent in Vincents slaapkamer, zie Vincent aan Theo, 6 juli 1875, 37/30; in zijn atelier met Sien, [6 juli 1882], 245/213; als kopieën gegeven aan Theo en Anna, 13 aug. 1875, 40/33 en 6 okt. 1875, 53/41. 'Persoonlijk intiem': [21 juli 1882], 250/218. Voor aanvullende verwijzingen naar Rembrandts schilderkunst, zie brieven 42/35, 47/37a en 147/126. Voor Vincent en Rembrandts *Heilige familie*, zie ook Arikawa 1981, pp. 55-56 noot 49.
127. 'Meer aan Rembrandt': Vincent aan Theo, [ca. 25 nov. 1888], 727/558a. Hij identificeerde de tuin als Etten in zijn brieven aan Theo en Wil van [ca. 16 nov. 1888], 724/562, 725/W 9; en als Nuenen in brief aan Theo, [ca. 4 dec. 1888], 728/560.
128. Zie Vincent aan Theo, [ca. 22 sept. 1888], 689/540: 'Wat zou ik graag portretten van onze familie hebben geschilderd.' 'Zoals ik haar zie': [8 okt. 1888], 703/546.
129. Het belang van dit kleurenschema kan afgeleid worden uit de herhaalde verwijzingen ernaar in Vincents brieven. Hij berichtte dat het hem 'verschrikkelijk veel moeite had gekost om een combinatie van asgrijze en grijsroze tinten te krijgen': Vincent aan Theo, [ca. 22 sept. 1888], 689/540. Zie ook Vincent aan Theo, [ca. 16 sept. 1888], 685/537; [ca. 17 sept. 1888], 687/539; Vincent aan Gauguin, [3 okt. 1888], 699/544a en Vincent aan Theo, [4 okt. 1888], 701/545, waarin hij zijn gebruikt van dikke verf beschrijft: 'Het hoofd is gemodelleerd in dikke, heldere verflagen tegen de heldere achtergrond.' Het oorspronkelijke grijsroze (grijze tinten gemaakt door rood en groen te mengen) zien er nu meer geelachtig groen uit door het vervagen van de rode bestanddelen. Voor Vincents verzoek om een afbeelding van zijn vader, zie zijn brief aan Theo, [8 okt. 1888], 703/546.
130. Vincent aan Wil, [ca. 16 nov. 1888], 725/W 9.
131. Ibid.
132. 'Krijgen': Vincent aan Theo, [ca. 16 nov. 1888], 724/562. Voor het 'Turkse traktaat,' zie hfdst. 2, noot 16.
133. Zie Vincent aan Theo, [ca. 2 apr. 1888] 594/473.
134. Vincent aan Theo, [okt. 1884], 467/378.
135. Voor Gauguins voorkeur voor Vincents zonnebloemen boven die van Monet, zie Vincent aan Theo, [ca. 23 nov. 1888], 726/563. Voor *Herinnering aan de tuin*, zie [ca. 4 dec. 1888], 728/560.
136. '*De tête* componeren'; 'intelligent gezelschap'; 'Gauguin heeft': Vincent aan Theo, [ca. 23 nov. 1888], 726/563. 'Documenten': Gauguin aan Pissarro, [mei/juni 1882], M 1984, brief 23.
137. 'Onbeduidend, armzalig'; 'In het algemeen': Gauguin aan Bernard, [2de helft nov. 1888], M 1984, brief 182. Deze vertaling is beïnvloed door die van H. Travers Newton in Peres *et. al.* 1991, p. 107.
138. Félix Fénéon, 'Calendrier de juin [1888],' *La Revue indépendante* (juli 1888); herdr. in Halperin 1970, dl. 1, p. 113.
139. Zie Anthea Callen, *The spectacular body: Science, method and meaning in the work of Degas*, New Haven/London 1995. Voor kleur als vrouwelijk, zie pp. 111-16.
140. Zola, *L'Oeuvre*, pp. 419-20.
141. Over de verkoop en wijzigingen aan *Dansende Bretonse meisjes*, zie Theo aan Gauguin, 13 nov. 1888, M 1984, brief XCIII; en Gauguin aan Theo, [14 nov. 1888], M 1984, brief 181. 'Dertig keer beter'; 'verwijten': Vincent aan Theo, [ca. 23 nov. 1888], 726/563.
142. Vincent aan Theo, [ca. 23 nov. 1888], 726/563.
143. Voor een andere interpretatie van deze opmerking, zie Pickvance 1984, p. 235.
144. Theo aan Jo, [14 feb. 1889], *Kort geluk*, brief 46. Theo ging verder op te merken: 'Het is hem niet mogelijk om op eene onverschillige manier met iemand om te gaan. Het is *of* het een *of* het ander.'
145. 'Ik zou handelen': Vincent aan Theo, [2/3 dec 1882], 292/250. 'Ikzelf': Vincent aan Van Rappard, [tweede helft juni 1885], 515/R 53. 'Het is me soms': [tweede helft aug. 1885], 529/R 57.
146. Vincent aan Theo, [ca. 23 nov. 1888], 726/563. Over deze schilderijen, zie Pickvance 1984, cat. 141, p. 235; Dorn 1990, pp. 425-28; Amsterdam 1987, p. 236; Amsterdam 1990, cat. 76-77, pp. 184-85. Voor een psychoanalytische interpretatie, zie H. Blum, 'Les chaises de Van Gogh,' *Revue française de psychanalyse* 12 (1958), pp. 83-93.
147. De karmijnrode component van de rode en paarse verfsoorten gebruikt in *De stoel van Gauguin* is vervaagd, zodat de schaduwen nu blauw lijken. Vincent signeerde het werk pas later, toen de onderliggende verf van de doos droog was maar nog zacht, zeer waarschijnlijk vòòr Gauguins vertrek. In zijn eerste beschrijving van het werk worden geen elementen van een stilleven op de stoel vermeld. In januari berichtte hij dat hij 'opnieuw [werkte] [...] aan mijn eigen lege stoel met pijp en tabakszak': Vincent aan Theo, [17 januari 1889], 740/571. In dezelfde tijd schilderde hij een stilleven met pijp en tabak (hfdst. 5, fig. 8) en voegde hij de voorwerpen aan *De stoel van Van Gogh* toe op een droge laag verf.
148. Veel wetenschappers hebben melding gemaakt van een tapijt met een patroon in *De stoel van Gauguin*, maar er is geen aanwijzing om aan te nemen dat Vincent een tapijt of kleed kocht voor Gauguins kamer – of voor het atelier, waar hij het schilderij maakte. Het schijnbaar aanwezige patroon was derhalve hoogstwaarschijnlijk een gevolg van het lichtschijnsel op de rode plavuizen.
149. 'Brandende kaars': Vincent aan Aurier, [10 feb. 1890], 854/626a. De kaars en de boeken hoorden bij Vincents oorspronkelijke ontwerp en zijn opgenomen op de ondertekening. Voor een aspect van de symbolische betekenis van het boek, zie Vincent aan Theo, [ca. 21-28 mrt. 1883], 334/276: 'Liefde is iets eeuwigs [...]. En er is 't zelfde onderscheid tusschen iemand die liefheeft en hemzelf vóór die tijd, als tusschen eene lamp die aangestoken is en eene die niet brandt. De lamp was er wel en was eene goede lamp doch nu geeft ze bovendien licht en is in haar eigentlijke functie.'
150. Martin Bailey heeft het verband gelegd tussen deze afbeelding en Vincents schilderijen van lege stoelen; zie Bailey 1992, p. 92. 'Lege stoelen': Vincent aan Theo, [ca. 11 dec. 1882], 294/252.
151. Voor zijn pogingen om kopieën te verzorgen voor Van Rappard en een andere medekunstenaar, H.J. van der Weele, zie [27 feb. 1883], 323/R 29; [ca. 3 mrt. 1883], 325/271; en [ca. 5 mrt. 1883], 327/R 30.
152. Voor Vincent over de *Revue indépendante*-tentoonstelling, zie brieven aan Theo, [9 sept. 1888], 680/534; [ca. 12 nov 1888], 723/561. 'Ons, de anderen': Gauguin aan Bernard, [ca. 9-12 nov. 1888], M 1984, brief 178. Gauguin schreef deze inside informatie toe aan Theo, maar het is niet waarschijnlijk dat de handelaar Seurat of Signac had afgedaan als handelslieden die

gespecialiseerd waren in 'petits points' of gemeld had dat een samenzwering op til was. Zie ook M 1984, p. 512 noot 299; en Gauguin aan Schuffenecker, [laatste week nov. 1888], M 1984, brief 184; gedateerd op 22 november in M 1989, p. 181.

153. Voor Gauguins afwijzing van de uitnodiging van de *Revue indépendante*, zie Gauguin aan Schuffenecker, [eerste helft dec. 1888], M 1984, brief 188 (fragment); gedateerd op 24 november in M 1989, pp. 182-85 (volledig). Voor Vincents afwijzing, zie zijn brief aan Theo, [ca. 12 nov. 1888], 723/561.
154. Gustave Kahn, 'Peinture: Exposition des Indépendants,' *La Revue indépendante* (18 apr. 1888), p. 88; geciteerd in Amsterdam 1990, cat. 29, p. 88. Vincent aan Theo, [9 sept. 1888], 680/534.
155. 'Daarvan niets verkoopt'; 'met m'n veertigste': Vincent aan Theo, [ca. 23 nov. 1888], 726/563. Voor Gauguin verscheping van zijn schilderijen, zie Gauguin aan Theo, [ca. 22 nov. 1888] M 1984, brief 183.
156. 'Met m'n veertigste': Vincent aan Theo, [ca. 25 nov. 1888], 727/558a. Over dit schilderij, zie Pickvance 1984, cat. 131, p. 221.
157. Zie Theo aan Wil, 6 dec. 1888, VGM FR, inv. b916 V/1962 en Theo aan Jo, 28 jan 1889, *Kort geluk*, brief 31.
158. Theo aan Gauguin, 13 nov. 1888, M 1984, brief XCIII. Het landschap dat Degas overwoog te kopen was *Bretons landschap* (1888 [W 249]; privécollectie).
159. 'De grootste vleierij'; 'het volste vertrouwen': Gauguin aan Bernard, [ca. 9-12 nov. 1888], M 1984, brief 178. 'Verafschuwde': Gauguin aan Bernard, [tweede helft nov. 1888], M 1984, brief 182. Voor Gauguins verzoek om de namen van de kopers, zie Gauguin aan Theo, [14 nov. 1888], M 1984, brief 181.
160. 'Een serieuze expositie': Gauguin aan Schuffenecker, [laatste week november], M 1984, brief 184; gedateerd op 22 nov. in M 1989, p. 181. Zie ook Gauguin aan Schuffenecker, [eerste helft nov. 1888], M 1984, brief 188 (fragment); gedateerd op 24 november in M 1989, pp. 182-85 (volledig).
161. 'Het grote gevecht' ('*grande lutte*'): Gauguin aan Schuffenecker, [eerste helft nov. 1888], M 1984, brief 188 (fragment); gedateerd op 24 november in M 1989, pp. 182-85 (volledig). 'Signac en Co.': [2de week nov. 1888], M 1984, brief 180 (fragment); gedateerd op 13 november in M 1989, p. 137 (volledig). 'Woest uiterlijk'; 'hygiëne'; 'kalmeer jezelf': [laatste week nov. 1888], M 1984, brief 184; gedateerd op 22 november in M 1989, p. 181.
162. 'Ben erg blij': Vincent aan Theo, [ca. 25 nov. 1888], 727/558a. 'Erin slagen': [ca. 23 nov. 1888], 726/563. Hij besprak het plan rond Tersteeg in dezelfde brief: 'Gauguin en ik bespreken dikwijls de noodzaak om in Londen te exposeren en misschien gaan we Tersteeg een brief sturen. Als Tersteeg nu een energieke opvolger zou hebben – die dag is nabij – dan zou die alleen met nieuwe schilderijen kunnen werken.'
163. Vincent aan Theo, [28 okt. 1888], 719/558b; zie ook [ca. 5 nov. 1888] 722/559.
164. Vincent aan Bernard, [ca. 2 nov. 1888], 721/B 19a.
165. Gauguin, *Avant et après*, p. 24.
166. Ibid., p. 154. De passage gaat verder: 'Tot slot, als je te maken hebt met een tegenstander die duidelijk te sterk voor je is, pas dan goed op en bied zijn degenpunt je arm aan bij de minste geringste beweging die hij naar voren maakt. Zo is genoegdoening bereikt en kom je er vanaf met een oppervlakkige wond.'
167. Gauguins postscriptum in Vincent en Bernard, [ca. 2 nov. 1888], 721/B 19a.
168. Vincent aan Theo, [28 okt. 1888], 720/558; [ca. 5 nov. 1888], 722/559.
169. Gauguin aan Bernard, [ca. 9-12 nov. 1888], M 1984, brief 178.
170. Ibid.
171. 'Naakte en geklede'; 'deze helse': Gauguin aan Theo, [14 nov. 1888], M 1984, brief 181. 'Deze zet': Gauguin aan Schuffenecker, [2de week nov. 1888], M 1984, brief 180 (fragment), gedateerd op 13 november in M 1989, pp. 137-39 (volledig).
172. Voor Vincents hoop om met Gauguin verbonden te blijven, zie brief aan Theo, [ca. 23 nov. 1888], 726/563. 'Permanent atelier': Vincent aan Theo, [ca. 25 nov. 1888], 727/558a.
173. Vincent aan Theo, 10 feb. 1878, 139/118. Het thema van de lege stoel – symbool van dierbaren die vertrokken zijn – is het onderwerp van het Engelse gedicht 'The three little chairs' dat Vincent overnam in een brief aan Theo (25 nov. 1876, 99/82). Hij zou later verwijzen naar *De stoel van Gauguin* als een schilderij van 'zijn lege plek' en 'de afwezige persoon': Vincent aan Aurier, [10/11 feb. 1890], 854/626a.
174. Vincent aan Theo, [ca. 25 nov. 1888], 727/558a.
175. Ibid. Over de beide versies van dit schilderij, zie Pickvance 1984, cat. 128-29, pp. 218-20. Pickvance legt een verband met de achtergrond in Vincents *Zaaier* uit oktober (fig. 6).
176. Uit een analyse van de ondergrond door SEM/EDX blijkt dat de samenstelling, de afmetingen van de deeltjes en dikte van de monsters van de ondergrond van beide werken (fig. 79-80) zeer nauw verwant zijn, hoewel nader onderzoek nodig zal zijn om het definitieve bewijs te leveren dat beide werken gemaakt zijn van hetzelfde stuk doek.
177. Zie Pickvance 1984, pp. 218-20. Hij beweert dat de kleinere versie voorafging aan de grotere en haalt de boomgaard-schilderijen uit de lente (JH 1388-89) aan als eerdere voorbeelden van het maken van kopieën door Vincent. De kopie van zijn *Slaapkamer* die Vincent voor zijn moeder en Wil maakte (sept. 1889 [F 483, JH 1793]; Musée d'Orsay, Parijs) is echter kleiner dan de eerdere versies.
178. Vincent aan Theo, [ca. 4 dec. 1888], 728/560.
179. 'Groot stilleven': Vincent aan Theo, [ca. 25 nov. 1888], 727/558a. Blijkbaar had Gauguin het stilleven voltooid tegen de tijd dat Vincent het opnieuw vermeldde in een brief aan Theo, [ca. 4 dec. 1888], 728/560.
180. Émile Zola, *Le Rêve* (1888). 'Heel, heel mooi'; 'juist': Vincent aan Theo, [ca. 2 juni 1889], 780/593.
181. Gauguin, *Avant et après*, pp. 27-28.
182. Ibid., p. 28.
183. Vincent aan Theo, [ca. 4 dec. 1888], 728/560.
184. Françoise Cachin, in Wasgington 1988, p. xxiii.
185. Vincent aan Theo, [ca. 4 dec. 1888], 728/560.
186. Vincent berichtte over Gauguins vorderingen in brief aan Theo, [ca. 4 dec. 1888], 728/560.
187. Uit infraroodreflectografisch onderzoek blijkt dat Gauguin vele van de ingewikkelde contourlijnen versimpelde in zijn streven naar grotere eenvoud.
188. Gauguin was kort voordat hij de tweede *Wasvrouwen* schilderde, waarin de dikke onderlaag verf de weerspiegelende werking van de ondergrond maskeert van een ondergrond van bariumsulfaat overgegaan op loodwit. Hij werkte het springende meisje en de hond uit ( uit zijn schetsboek van Arles en Bretagne [Huyghe 1952, pp. 14-15, 18]), alvorens de uiteindelijke kleuren aan te brengen. Ook voegde hij in een laat stadium met dezelfde werkwijze een geit toe aan de eerste *Wasvrouwen*.
189. 'Zondagmiddag'; 'elegante moderne figuren': Vincent aan Wil, [ca. 10 dec. 1889], 829/W 16. Over Vincents kopie, zie Pickvance 1984, cat. 125, p. 213. Voor Vincents hoop om Seurats prestatie te evenaren, zie brief aan Theo, [ca. 22 okt. 1888], 715/551. Hij vertaalde het idee zelfs in een berekening van relatieve waarde, ervan uitgaande dat Seurats *Grande Jatte* en zijn volgende doek *Les Poseuses* (1888; Berggruen Collection, te leen aan de National Gallery, Londen) 'tenminste 5000 [franc] per stuk' waard zouden zijn. Hij rekende uit dat 'als we samen gingen werken, Gauguin en ik in staat moeten zijn tot een inbreng van 10.000 elk nominaal.' Over de betekenis van Seurat voor Vincent, zie Pollock 1998, pp. 98ff.
190. Dit was de titel die gebruikt werd op de Les Vingt-tentoonstelling van 1889. Silva Tokatlian heeft een verband gelegd met de poëzie van Du Bellay.
191. Op één van zijn Bretonse schilderijen (1888 [W 250]; Musées Royaux des Beaux-Arts de Belgique, Brussel) had Gauguin de kunstgreep toegepast van een slanke boomstam die de figuren van een converserende herder en herderin van elkaar scheidt met een suggestief narratieve bedoeling, zij het op minder nadrukkelijke wijze. De auteurs danken Kristin Lister voor deze observatie.
192. 'Een kind': Vincent aan Theo, [6 aug. 1888], 660/518. Zie ook Vincent aan Wil, [31 juli 1888], 657/W 5 en [ca. 21 aug. 1888], 671/W 6. Vincent beschreef Roulin als 'glimmend van tevredenheid': Vincent aan Bernard, [ca. 4 aug. 1888], 659/B 14. 'ik zag iets – dieper – oneindiger – eeuwiger dan een Oceaan in de expressie van de oogjes van een klein kindje – als het s'morgens wakker wordt en kraait – of lacht omdat het 't zonnetje ziet schijnen in zijn wiegje': Vincent aan Theo, 5 nov. 1882, 282/242. Vincent beschreef ook de emoties waartoe de wieg hem inspireerde in de brieven 244/212, 245/213, 247/215 en 250/242. In de herberg waar hij in Drente verbleef, stond een wieg in de keuken. Hij schreef: 'Zo'n open haard met een wieg ernaast is een prachtige plaats om te mediteren. Wanneer ik me melancholiek voel of me zorgen maak om iets, ga ik gewoon een tijdje naar beneden': Vincent aan Theo, [ca. 12 okt. 1883], 397/332. Voor de vrouw als 'religie', zie Vincent aan Theo, [15/16 juli 1882], 247/215; en Jules Michelet, *La Femme*, Paris 1863, p. 355; geciteerd in Amsterdam 1990, p. 196. Voor een psychoanalytisch gezichtspunt over dit thema, zie Jean-Louis Bonnat, 'Les Adresses d'un tableau: *La Berceuse* de Van Gogh,' *Psychanalyse à l'université* 12 (1987), nr. 47, pp. 373-416.
193. Over het samengaan van complementaire kleuren, zie Vincent aan Theo, [3 sept. 1888], 677/531. '*Atelier met een wieg*': [6 juli 1882], 245/213; zie ook [ca. 12 okt. 1883], 397/332.
194. 'Mon Dieu, protégez- moi, mon navire est si petit et votre mer si grande!': Émile Souvestre, *Les Derniers Bretons* (Paris 1843), p. 53, overgeschreven door Vincent in Album 2, pp. 31-32; facs. in Pabst 1988, p. 27. Voor berichten over de calamiteiten die de vissers te beurt vielen, zie bijvoorbeeld *L'Intransigeant*, 28 apr., 2 juni, 9 juni, 21 sept. en 23 okt. 1888.
195. Vincent aan Theo, [ca. 4 dec. 1888], 728/560.
196. Over de portretten van Armand Roulin (fig. 88; en [F 493, JH 1643]; Museum Boymans-Van Beuningen, Rotterdam), zie Pickvance 1984, cat. 133-34, pp. 225-27.
197. 'Iets van het eeuwige': Vincent aan Theo, [3 sept. 1888], 677/531. Zie Sund 1996, p. 209, voor het kind als centraal punt en de moeder als 'samenvallend met de achtergrond.' Over de twee portretten van Madame Roulin met de baby – maat 15 en 30 – zie Hulsker 1992, p. 570.
198. Vincent aan Theo, [begin jan. 1886], 554/443. Vincent zag de vuurtoren voor een kasteel aan.
199. 'Goddelijke maagd': Vincent kopieerde deze frase uit Lammenais' *Amschaspands et Darvands*, Paris 1853, en uit een Bretons zeemansgebed in een brief aan Theo, 12 juni 1877, 120/101. Deze passage komt voor en de Nederlandse uitgave van de brieven van 1990 maar is weggelaten in de Engelse en Franse (1958 en 1960). Het hoofdstuk van *Amschaspands et Darvands* met de geciteerde

tekst is later gepubliceerd als onderdeel van *Paroles d'un croyant*, waaronder het nu bekend staat. Onze dank aan Leo Jansen voor deze nieuwe informatie. Vincent kopieerde dezelfde tekst opnieuw toen hij in Amsterdam voor dominee studeerde.

200. Voor de drie versies van *Marcelle Roulin* (fig. 95 en p. 234, fig a-b), zie Pickvance 2000, cat. 71, p. 306.
201. Vincent aan Gauguin, [ca. 22 jan. 1889], Van Gogh 1990, brief 743; Cooper 1983, brief VG/PG.
202. Over Gauguins interesse voor Benoits boek in Arles, zie M 1989, pp. 198-99. Zie ook Henri Dorra, 'Le "Texte Wagner" de Gauguin,' *Bulletin de la Société de l'histoire de l'art français* (1984), pp. 281-88. 'Innerlijke noodzaak,'; 'het gepeupel': Wagner in Benoit 1887, pp. 17-18, 28-29. Gekopieerd door Gauguin in *'À ma fille Aline'*; zie dl. 1, pp. 50-53.
203. Wagner in Benoit 1887, p. 68; zie Gauguin *'À ma fille Aline'*; dl. 1, pp. 52.
204. Gauguin 1894, p. 274.
205. 'We zullen de kracht vinden': Wagner in Benoit 1887, p. 28-29, gekopieerd door Gauguin in *'À ma fille Aline'*; zie dl. 1, pp. 52-53; zie ook M 1989, p. 199. Later herhaalde hij deze passage in een brief aan J.F. Willumsens (1890, J.F. Willumsens Museum archief, Frederikssund, Denemarken) zonder deze aan Wagner toe te schrijven.
206. 'Ik geloof dat': Wagner in Benoit 1887, p. 28-29. Gauguin citeerde deze passage woordelijk in een brief aan Odilon Redon, [sept. 1890], Bacou 1960, brief 3, p. 193. Gauguins vriend Charles Morice zou een gedeelte van 'Wagners credo' gebruiken aan het eind van zijn artikel 'Paul Gauguin,' *Mercure de France* 9 (dec. 1893), nr. 48, p. 300.
207. Voor de afbeeldingen van Augustine Roulin met baby als een moderne Madonna, zie Arikawa 1981, p. 48; Bonnat (noot 192); Sund 1996, p. 214 en Welsh-Ovcharov 1981, p. 149. Vincent kende Van Heemskercks *Heilige Maagd geschilderd door Lucas* (fig. 92) van zijn bezoeken aan de collectie van het stadhuis van Haarlem.
208. Vincent formuleerde deze ideeën over portretkunst in didactische brieven aan Bernard; zie bijvoorbeeld [ca. 25 juli 1888], 653/B 13, waarin hij Hals vergeleek met Dante, Michelangelo, Raphaël en Zola. Zijn interpretatie van Hollandse meesters was grotendeels gebaseerd op Théophile Thoré (Willem Bürger), Charles Blanc en Eugène Fromentin. Deze zaken komen aan de orde in Griselda Pollocks belangijke dissertatie uit 1980 (Pollock 1980b); zie vooral hfdst. 5. Zie ook Dedalo Carasso, 'Een nieuwbeeld, Duitse en Franse denkers over de zeventiende-eeuwse Nederlandse schilderkunst, 1775-1860,' in Frans Erijzenhout en Henk van der Veen (red.), *De Gouden Eeuw in perspectief. Het beeld van de Nederlandse zeventiende-eeuwse schilderkunst in latertijd*, Nijmegen 1993, pp. 161-92.
209. 'De kwestie': Vincent aan Theo, [17 jan. 1889], 740/571. 'Metafysisch'; 'Rembrandt goud': Vincent aan Bernard, [ca. 25 juli 1888], 653/B 13 en [ca. 23 juli 1888], 651/B 12. 'De magiër': Gauguin, 'Diverses Choses,' pp. 207-08, 223. Dat Gauguin Vincent als bron gebruikte wordt gesuggereerd doordat hij in zijn bespreking Velázquez aan Rembrandt koppelde; Vincent had deze parallel in een brief aan Bernard getrokken ([ca. 25 juli 1888], 653/B 13) die Gauguin gelezen moet hebben. Voor Carlyle's beschrijving van kunstenaars als profeten, zie bijvoorbeeld *On heroes*, p. 126; Vincent kopieerde dergelijke passages in Album 2, p. 21; facs. in Pabst 1988, p. 25.
210. Zie Sund 1996, p. 215; Bonnat (noot 192), p. 382 en Arikawa 1981, p. 40 noot 21. De ruwe aanblik van het oppervlak is deels het resultaat van een hernieuwde bewerking, het verdwijnen van de verf van de groene jurk en een oneffen verkleuring op de gele muur.
211. Gauguin, 'Diverses Choses,' p. 207.
212. Over Vincents schilderijen als zijn nakomelingen, zie zijn brief aan Theo, [ca. 1 mrt. 1884], 434/358. De stilistische verschillen tussen het portret van Roulin en die van de rest van zijn gezin worden opgemerkt in Pickvance 2000, cat. 72, p. 306. Roulins neiging om 'stijfjes' te poseren, waar Vincent zich eerder over had beklaagd, wordt nu in de herhaling positief aangewend; Pickvance 1984, cat. 87, p. 152.
213. Wij zijn ervan overtuigd dat Gauguin de tekening overtrok en, na hootskool te hebben aangebracht aan de achterzijde van het overtreksel, de afbeelding op het doek overbracht door de contouren met een stift door te drukken. Deze visie wordt ondersteund door de exacte overeenkomst tussen de tekening en de geschilderde figuur (bevestigd door het er overheen plaatsen van röntgenfoto's) en door de afwezigheid van enig bewijs dat de tekening van ruitjes of gaatjes is voorzien om overgebracht te worden. Noch zijn er sporen te vinden van een substantie op de achterzijde van de tekening zelf die zou zijn aangebracht om vervolgens met een stift de contouren van de figuur over te trekken. Door röntgenfoto's over elkaar te leggen met overlays van afbeeldingen op schaal hebben wij kunnen vaststellen dat de overeenkomst tussen *Madame Roulin en haar baby Marcelle* (fig 94) en de twee kleinere doeken (F 303, JH 1646 en fig. 93) te precies is om het gevolg te kunnen zijn van een oefening uit de losse pols. Voor een overlay van de overtreksels, zie fig. 103. Voor de portretten van Marcelle en Augustine Roulin in maat 15 zou Vincent dezelfde procedure hebben kunnen gebruiken om zo binnen een paar minuten de contourtekening over te trekken en over te brengen. Omdat Vincent dikwijls moeilijk modellen kon vinden zou het voor hem nuttig geweest zijn om een overgetrokken schets te bewaren voor het maken van nieuwe schilderijen in afwezigheid van het model. Bovendien zouden zijn recente ervaringen met het werken vanuit het geheugen hier een verdere aansporing toe zijn. Ronald Dorn wees er, in Detroit 2000, als eerste op dat Madame Roulin was overgetrokken van het maat 15-schilderij en later ook was overgebracht naar één van de *Berceuse*-schilderijen. Vincent gebruikte dezelfde overgetrokken schets van Marcelle (van fig. 93) voor zijn eerste versie van haar kleine portret (vermoedelijk fig. 95). De baby's armen op het portret zijn het resultaat van een nieuwe sessie of van de fantasie van de schilder. Vincent trok zijn twee andere kleine versies van de baby over van de eerste. Hij had eerder overgetrokken schetsen gebruikt; het overtreksel dat hij in Parijs voor *Japonaiserie: la courtisane* (zomer 1887 [F 373, JH 1298]; Van Gogh Museum, Amsterdam) gebruikte, werd voorzien van ruitjes en opnieuw tweemaal zo groot getekend op een ander stuk papier dat vervolgens op het doek werd geplakt en beschilderd. Ook gebruikte hij waarschijnlijk de overtrek-methode voor de handen van zijn twee portretten van Père Tanguy (beide winter 1887/88 [F 364, JH 1352], Musée Rodin, Parijs en [F 363, JH 1351], privécollectie) en voor de hoofden van zijn twee afbeeldingen van Patience Escalier (augustus 1888 [F 443, JH 1548], Norton Simon Museum, Passadena, Verenigde Staten en fig. 122).
214. 'Incas / Serpent / Mouche [?] sur le chien / Lion noir / Le meurtrier en fuite / Saül Paul. Ictus / Sauver votre honneur (argent toi[le]) / Orla (Maupassant)': Huyghe 1952, pp. 220-21. Over deze geheugensteuntjes, zie Victor Merhlès, 'LABOR: Painters at play in Le Pouldu,' in Hartford 2001, pp. 96-97; zie ook M 1989, pp. 217 ff.
215. Voor Vincents gebruik van het symbool van de vis, zie zijn brief aan Gauguin, [ca. 22 jan. 1889], Van Gogh 1990, brief 743; M 1991, brief 104. Zie ook M 1991, p. 141 noot 184. 'Visschers in de zee': Vincent aan Van Rappard, 23 nov. 1881, 188/R 6. 'Volg mij en ik zal u vissers van mensen maken': Matt. 4:19.
216. Zie Merhlès in Hartford 2001, pp. 96-97.
217. Merhlès heeft gesuggereerd dat Vincent het verhaal van Maupassant had gelezen toen hij nog in Parijs was. Het verhaal verscheen in een boek dat in 1887 gepubliceerd werd; M 1989, pp. 218, 221. De editie van 16 december van *L'Homme de bronze* bevatte reclame voor het optreden van een hypnotiseur, 'Le professeur Scandar, célèbre fascinateur.'
218. 'Fundamenteel': Vincent aan Theo, [ca. 17 sept. 1888], 687/539. 'Hoge gele toon'; 'op de been gehouden': [24 mrt. 1889], 756/581.
219. Vincent aan Theo, [ca. 4 dec. 1888], 728/560.
220. Vincent sprak in zijn brief aan Theo de hoop uit ooit Gauguin te zullen schilderen, [7/8 sept. 1889], 802/605. Dit portret van Gauguin is over het algemeen afgewezen als een werk van Vincent; voor een samenvatting van de toeschrijvingen, zie Roskill 1970a, p. 172. Recentelijk is door wetenschappers de mogelijkheid overwogen dat het toch een autenthiek werk betreft en zowel Martin Bailey als Ronald Dorn accepteren het. Zie Bailey 1996, pp. 51-54 en Dorn, 'The Arles period: Symbolic means, decorative ends,' in Detroit 2000, p. 253, noot 49.
221. Voor het stilleven, zie Bailey 1996, p. 52. Uit een reconstructie van de posities van de kunstenaars in het atelier valt af te leiden dat het portret bij nacht geschilderd werd, met Gauguin dichtbij de gaslamp aan de noordmuur en Vincent achter hem bij de gaslamp aan de westmuur. Met deze opstellingen zou een Japanse prent op de oostmuur dezelfde afmetingen hebben zoals te zien op het schilderij en de lijn van de vloer zou ook overeenkomen. Georges-Daniel de Monfreid baseerde zijn portret van Gauguin (1900; privécollectie, Parijs) op dezelfde foto en beeldde, net zoals Vincent, een rode baret af.
222. Zie Vojtěch Jirat-Wasiutyński in Peres *et. al.* 1991, pp. 90-102. Voor Vincents gewoonte om zijn ogen samen te knijpen tijdens het werk, zie ibid., pp. 99, 102 noot 21. Het is mogelijk dat het schilderij op de achtergrond van *De zonnebloemschilder* een gestileerde versie is van *Blauwe bomen*, een verwijzing die duidelijker is op Gauguins compositietekening (fig. 109) dan op het schilderij zelf.
223. Voor een bespreking van de relatie tussen tekeningen uit het schetsboek en de uiteindelijke compositie, zie H. Travers Newton en Peres *et. al.* 1991, pp. 103-11.
224. 'Voorhoofd te klein': Gauguin, *Avant et après*, p. 27. Vincent vermeldde over Lavater en Gall gelezen te hebben in een brief aan Theo, [1 nov. 1880], 159/138. Het betreft A. Ysabeau, *Lavater et Gall: Physiognomonie (sic) et phrénologie rendues intelligibles pour tout le monde*, Paris 1878; zie Pabst/Van Uitert 1987, p. 79 en Sjraar van Heugten, *Vincent van Gogh: Drawings*, Amsterdam 1997, dl. 2, Nuenen, 1883-1885, p. 110.
225. 'Erg op 't physiek': Vincent aan Van Rappard, 21 nov. 1881, 186/R 5. Voor een inleiding op het gebruik van de kunstenaar van de gelaatskunde, zie Callen (noot 139), vooral pp. 1-31. 'Types': Vincent aan Theo, [ca. 4 dec. 1888], 728/560. 'Fysiognomisch': Carlyle, *On heroes*, p. 80.
226. 'Mysterie': Gauguin aan Pissarro, [eind nov./begin dec. 1884], M 1984, brief 57. Over Gauguins belangstelling voor literatuur over handschriftkunde, zie M 1984, pp. 398-99, noten 151-52. Over Cézanne's manier van schrijven,

zie Gauguin aan Schuffenecker, 14 jan. 1885, M 1984, brief 65. Over Gauguin, Cézanne en handschriftkunde, zie Van Uitert 1977, p. 157 en M 1984, p. 409, noot 163. Merhlès (M 1984, pp. 409-10, noot 163) identificeerde het verband tussen Gauguins beschrijving van Cézanne en J.-H. Michon, *Le Système de graphologie: L'Art de connaître les hommes d'après leur écriture*, Paris 1875, pp. 144-45. Volgens Gauguins model had de grote 'mysticus' Cézanne zijn letters los moeten schrijven; in plaats daarvan schreef hij ze aan elkaar.

227. Voor de schets, zie Gauguin aan Schuffenecker, [ca. 20 dec. 1888], M 1984, brief 193 (fragment); gedateerd op 22 dec. in M 1989, pp. 238-43 (volledig). 'Zuivere lijnvoering': Gauguin, 'Diverses Choses,' pp. 230-31.
228. Gauguin, 'Diverses Choses,' pp. 230-31.
229. Seurats schilderijen uit de jaren '80 hebben iets karikaturaals en zijn beïnvloed door zijn belangstelling voor de historische en recente theorieën over lineaire expressie. Door uitvoerig Charles Blanc te bestuderen leerde Seurat het werk kennen van de Nederlandse kunstenaar en theoreticus David Pierre Humbert de Superville (1770-1849), die de verschillende expressiemogelijkheden van lijnvoering onderzocht. Ook vatte hij interesse op voor het werk van de wiskundige Charles Henry die hij in 1886 had ontmoet. Zie Herbert 1991, App. G-0.
230. Zie Carlyle, *On heroes*, pp. 8-9. Gauguin maakte herhaaldelijk gebruik van analogieën met de muziek om deze manier van begrijpen te verduidelijken. Zo nam hij in zijn discussie over Daumier en Hokusei een verzonnen confrontatie op tussen hemzelf en een 'moderne man, die zijn emoties beredeneert' voor een schilderij van de Italiaanse 'primitief' Giotto. Verbijsterd vraagt de man: "Begrijpt u dat?' Gauguin antwoordt: 'Er valt niets te begrijpen – het is als het luisteren naar muziek'; 'Diverses Choses', p. 231. De anekdote komt, zonder verwijzing naar de muziek, voor in Gauguin, *Avant et après*, pp. 82-83.
231. Voor de fabel 'De leeuw, de aap en de twee ezels,' die betrekking heeft op eigenliefde en eigenwaarde en de aap ziet als 'Meester der Kunsten van het dierenrijk,' zie de fabels van Jean de La Fontaine. Gauguin nam een fabel op over een leeuw en een ezel in *Avant et après*, pp. 223-224. Voor Vincent over Delacroix en Rembrandt, zie brieven aan Van Rappard, [sept. 1885], 533/R 58; aan Theo, [okt. 1885], 538/427; en aan Bernard, [ca. 4 aug. 1888], 659/B 14. In deze laatste brief vertelde Vincent dat Delacroix beweerde zijn stijl pas te hebben gevonden toen hij 'tanden noch adem over had.' In een andere brief aan Bernard, [ca. 18 aug. 1886], 669/B 15 gebruikte hij dit beeld voor Rembrandt ('de tandeloze glimlach van de oude leeuw'). 'Geduchte leeuw'; 'koningstijger': Gauguin aan J.F. Willumsens, 1890, J.F. Willumsens Museum-archief, Frederikssund, Denemarken.
232. Voor de menagerie, zie de advertentie in *L'Homme de bronze*, 2 dec. 1888, p. 4, waarin de opening die dag wordt aangekondigd. Zie Alphonse Daudet, *Tartarin de Tarascon*, Paris 1879.
233. Huyghe 1952, pp. 3-10. Nog vijf andere pagina's bevatten schetsen van de olifant (pp. 44-47, 49).
234. 'Kleine Bonaparte tijger': Vincent aan Theo, [17 jan. 1889], 740/571. 'Het *eigentlijke schilderij*': Vincent aan Van Rappard, [sept. 1885], 533/R 58. 'Leeuwen apen elkaar niet na'" Vincent aan Van Rappard, [eind mrt. 1884], 440/R 43.
235. De parallellen tussen Gauguins en Vincents zonnebloemen worden besproken door Jirat-Wasiutyński in Peres *et. al.* 1991, p. 99. Zie ibid., p. 101, voor een bespreking van Gauguins schilderij als een impliciete kritiek op Vincent.
236. Gauguin, 'Diverses Choses,' pp. 262-63. Gauguins voorliefde voor het gebruik van dit beeld in zijn leerstellingen werd opgetekend door Maurice Denis: "'In plaats van om het oog heen te werken, zochten we het mysterieuze centrum van het denken,' zoals Gauguin placht te zeggen"; zie Denis, 'De Gauguin et de Van Gogh au classicisme,' *L'Occident* (mei 1909), vert. in Stein 1986, p. 178.
237. Toen Vincent de dubbele bloemen van de versie uit augustus schilderde, gebruikte hij een klein penseel om op subtiele wijze de randen uit te laten waaieren door de oranje verf van de bloemblaadjes naar buiten over het geel van de achtergrond en het geel weer terug naar het oranje te vegen. In deze reprise van december is weinig te zien van een dergelijk overbruggen van contouren. Hier vereenvoudigde Vincent zijn vormen door aan minder van de enkele bloemhoofden zaadjes toe te voegen en veel groene bracteën (de dekbladen aan de basis van een bloem) weg te laten. (Nadat de verf opgedroogd was, voegde hij toch sommige hiervan toe met donkergroene penseelstreken). Ondanks deze vereenvoudigingen nemen de *Zonnebloemen* van december niet in synthetisch opzicht afstand van hun prototype, zoals duidelijk te zien is bij een vergelijking van de compositie van de drie zonnebloemen (hfdst. 3, fig. 55) met de daaropvolgende compositie van vijf bloemen (hfdst. 3, fig. 56) of bij een vergelijking tussen de grotere boeketten uit augustus (hfdst. 3, fig. 57-58) met de kopieën uit januari 1889 (hfdst. 5, fig. 13,15). Uit verscheidene technische factoren blijkt dat Vincent de *Zonnebloemen* uit de Yasuda Collectie (hfdst. 4, fig. 113) geschilderd heeft voordat hij de twee versies uit januari maakte. Dit schilderij lijkt veel meer dan de versie uit januari op het geel-op-geel-schilderij uit augustus. Bovendien refereert het aan de andere (geel-op-blauw-groene) compositie uit augustus door de gefacetteerde behandeling van de vaas en de dikke horizontale penseel-streken van de tafel, terwijl deze gebieden in de versies van januari op een veel ongeremdere manier schematisch zijn weergegeven. Ofschoon de geel-op-geel-versie uit januari een overtreksel is van de versie uit augustus en erop teruggrijpt in plaats van voort te bouwen op de tussenliggende versie op jute, paste Vincent enige ontwikkelingen van deze laatste versie toe op zijn volgende geel-op-geel-versie. De *Zonnebloemen* zullen binnenkort uitvoerig aan de orde komen in een artikel van Louis van Tilborgh en Ella Hendriks in het Bulletin van het Van Gogh Museum.
238. 'Helemaal weg': Vincent aan Theo, [3 feb. 1889], 749/576. 'Dat [. . .] dat is': Vincent aan Theo, [23 jan. 1889], 744/573.
239. 'Zonnebloemen met paarse ogen,': Gauguin 1894, p. 273. Zie ten. cat. Douglas W. Druick *et. al., Odilon Redon: Prince of dreams*, Chicago (The Art Institute of Chicago), 1994, p. 452, waarin dit werk genoemd wordt in André Mellerio's *Redon Chronology* onder 1883, nr. 180, *Fleur-cyclope (à Gauguin)* (lokatie onbekend).
240. 'Men moet ontwaren': Gauguin, 'Diverses Choses,' p. 208.
241. 'Leeft in de innerlijke dimensie': Carlyle, *On heroes*, p. 134, gekopieerd door Vincent in Album 2, p. 21; facs. in Pabst 1988, p. 25. Zie ook *On heroes*, p. 10: 'The world which is now divine only to the gifted was then divine to whatsoever would turn his eye upon it.' 'Oosters karakter': Gauguin aan Schuffenecker, 14 jan. 1885, M 1984, brief 65.
242. Gauguin, 'Diverses Choses,' p. 263. Zoals Gauguin het uitdrukte, '*la pensée, la doux mystère n'en furent point le prétexte ni la conclusion*.'
243. Jules Michelet, 'Le Rossignol, l'art et l'infini,' *L'Oiseau*, Paris 1856, pp. 246-53, gekopieerd door Vincent in Album 1, pp. 23-32; facs. in Pabst 1988, pp. 14-16.
244. Omdat de pigmenten op chroombasis (geel en oranje) in beide versies van de geel-op-geel-zonnebloemen verkleurd zijn en door de deklagen de kleuren doffer geworden zijn, is de variatie in de intensiteit van de kleuren veel minder duidelijk dan oorspronkelijk het geval geweest zal zijn. In *De zonnebloemschilder* was het gele gebied op het landschap op de achtergrond in het begin blauw. Dat Gauguin het geel gemaakt heeft, houdt in dat hij, zij het met moeite, erkende dat geel-op-geel aan Vincent 'toebehoorde.' Vincent had, op zijn beurt, zonder problemen Gauguins portret geschilderd (fig. 106), terwijl deze werkte aan een geel-op-geel-schilderij.
245. Gauguin, *Avant et après*, p. 28 (aangepaste vertaling).
246. Op het schilderij neemt de duim een lagere en suggestievere positie in dan op de compositie-schets. Bovendien liet Gauguin, tijdens het schilderen, de top van de duim uitsteken voorbij het punt dat hij op zijn eerste schets met blauwe verf had aangegeven. Voor de andere wijzigingen die Gauguin in de compositie maakte, zie Jirat-Wasiutyński/Newton 2000, pp. 124-31. 'Het stilleven': Gauguin, *Avant et après*, p. 28.
247. 'Geografisch'; 'iets overbrengen': Gauguin aan Theo, [14/15 dec. 1888], M 1984, brief 192. 'Het beste portret': Theo aan Jo, [3-4 jan. 1889], *Kort geluk*, brief 13.
248. 'Mijn gezicht': Vincent aan Theo, [7/8 sept. 1889], 802/605. '*Buitensporig elektrisch*': [17/18 dec. 1888], 730/564. 'Ik ben het zeker': Gauguin, *Avant et après*, p. 29.
249. De meeste brieven uit deze periode zijn ongedateerd en het is moeilijk om een precieze chronologie vast te stellen. Voor de twee verschillende reconstructies, zie Pickvance 1984, App. 1, pp. 260-263 en M 1991, brief 88, noot 135. Verschillen in datering zullen opgemerkt worden indien relevant voor ons onderwerp.
250. Gauguins geschilderde ondertekening is tevoorschijn gekomen met infraroodreflectografie en lijkt meer op Vincents afbeelding dan het uiteindelijke schilderij. Op de ondertekening gaf Gauguin nadrukkelijker de haarlijn op de zijkant van het gezicht aan, evenals de opvallende plooien op de rug van de neus, de kromming van de wenkbrauwen, de diepliggende ogen, de brede, gepunte lippen en de ronde, uitstekende kin met kuiltje. Ook schetste hij in het begin een gekromde oranje vorm achter Joseph Ginoux, schijnbaar de rug van een stoel. Door het doek met infrarode belichting te bekijken komt de structuur en de richting van het penseelwerk in de gele schijf achter Ginoux' hoofd beter tot uiting, zodat het lijkt alsof hij hoorns draagt, maar dit is waarschijnlijk toeval. De combinatie van groen, geel en oranje is te zien op de schilderijen-binnen-schilderijen op Gauguins portret van Madame Roulin (fig. 97) en Vincent (fig. 107). Als een gouden cirkel tegen een donkergroene achtergrond kan deze ook vergeleken worden met de gaslamp aan de groene muur in *De stoel van Gauguin* (fig. 71). Over Vincents portret van Monsieur Ginoux, zie Zemel 1997, pp. 107-08.
251. Over Seurat en affiches, zie Herbert 1991, p. 342; en Ségoline Le Men, *Seurat et Chéret: Le peintre, le cirque et l'affiche*, Paris 1994. Zoals het geval is met andere werken van Vincent, blijkt uit het over elkaar heen leggen van röntgenfoto's dat hij gebruik heeft gemaakt van overtreksels voor de tweede versie van *Madame Ginoux*.
252. Zonder twijfel is het rood van lippen en huid in de eerdere versie (fig. 37) vervaagd, maar het is onwaarschijnlijk dat dit ooit zo fel geweest is als in de tweede. Vincent zelf beschreef het gezicht van het model in de eerste versie als

grijs, kort nadat hij deze geschilderd had; zie zijn brief aan Theo, [ca. 5 nov. 1888], 722/559. Over de tweede versie van *L'Arlésienne*, zie Hulsker 1992, p. 212.

253. Gauguin gebruikte vermoedelijk voor het gemak een voorgeprepareerd doek van Vincent, aangezien hij geen eigen voorraad had waarvan hij een stuk klaar voor gebruik kon afsnijden en opspannen. Gewoonlijk bracht hij zijn eigen ondergrond aan na een stuk jute of katoen te hebben opgespannen. Voor een ondergrond op basis van lijm duurde het drogen verscheidende uren, voor een ondergrond op oliebasis bijna een week. 'Scherpe smaak': Gauguin, *Avant et après*, p. 24. Roskill merkte bijvoorbeeld op dat *Landschap bij Arles met twee honden* (fig. 118) in stilistisch opzicht behoorlijk lijkt op Gauguins recente werken uit Bretagne; hij zet het doek uit Arles naast een *Landschap uit Pont-Aven* (fig. 76). Zie Roskill 1970b, p. 134, en fig. 104 en 106.

254. Schuffenecker aan Gauguin, 11 dec. 1888, M 1984, brief CI.

255. Ibid.

256. Gauguin aan Theo, [ca. 13 dec. 1888], M 1984, brief 191. Zie M 1991, brief 88, noot 135, waar Merlhès twee even waarschijnlijke dateringen voorstelt voor deze brief: ofwel ca. 18 december of 13/14 december. Wij prefereren de laatste datering, aangezien deze brief voorafgaat aan M 1984, brief 192, die volgens ons geschreven werd voordat Vincent en Gauguin naar Montpellier gingen op 16 of 17 december.

257. Voor het arriveren van het portret van Laval, zie Vincent aan Theo, [ca. 16 nov. 1888], 724/562. Gauguins zelfportret is gedateerd van 1886 (Washington 1988, cat. 29, pp. 75-76) tot zelfs 1890 (Welsh-Ovcharov in Hartford 2001, p. 29). Pickvance 1998, cat. 43, pp. 270-71, verbond het als eerste met Gauguins verblijf in Arles en identificeerde dit portret (liever dan het zelfportret in het Staatsmuseum Poesjkin in Moskou [W 297] dat een schilderij uit 1890 in de achtergrond heeft) met een verwijzing van Vincent in diens brief van 9 januari aan Theo (738/570). De jute basis, loden ondergrond en ongebruikelijke laag wit krijt van de versozijde van het *Zelfportret* uit Washington vormen sterke aanwijzingen dat dit doek onderdeel uitmaakt van Gauguins produktie in Arles. Verschillende andere werken van Gauguin uit december hebben deze combinatie van een loden ondergrond aan de voorzijde en een krijtlaag op de achterzijde. Mogelijk was hij bezig jute doeken opnieuw te gebruiken die al met een ondergrond van krijt waren geprepareerd. Uit een eerste onderzoek is gebleken dat hij na zijn vertrek uit Arles de voorkeur gaf aan krijt boven lood. In de inventaris van zijn Arles-Bretagne-schetsboek (Huyghe 1952, p. 223) schreef Gauguin dat hij het portret aan Laval had gegeven. Hij voegde de woorden 'à l'ami Laval' toe en signeerde het in de linker benedenhoek met 'PGo,' over wat toen een blauw jasje was. Later verwijderde hij dit opschrift door het hele jasje over te schilderen met een oranje-achtig paars en voegde hij een opdracht aan Eugène Carrière toe in de rechter bovenhoek. Gauguin begon, voor zijn komst naar Arles, in 1888 zijn minder belangrijke schilderijen te signeren met het monogram 'P Go,' maar gebruikte 'Gauguin' tijdens zijn periode in Arles, met uitzondering van zijn zelfportret en het portret van Madame Roulin (fig. 97). Aangezien het zelfportret geschilderd is tegen het einde van zijn verblijf en de verf droog was toen hij het signeerde, voegde hij zijn naam vermoedelijk toe na zijn vertrek uit Arles en voordat hij het doek aan Laval gaf (die het later weer teruggaf) in de eerste maanden van 1889.

258. Gauguin aan Theo, [14/15 dec. 1888], M 1984, brief 192. Merlhès 1991, p. 113 noot 135, dateert deze brief provisorisch op 19/20 of op 14/15 december. Vermoedelijk werd de brief echter geschreven vòòr het uitstapje van Vincent en Gauguin naar Montpellier (zie noot 256) en moet daarom daaraan voorafgaand gedateerd worden.

259. Vincent aan Theo, [15/16 dec. 1888], 731/565. Deze brief is in M 1991, brief 92, gedateerd op 23 dec. 1888 of op 15/16 dec. 1888; en in Pickvance 1984, p. 263, op 16/17 dec.

260. Vincent aan Theo, [23 jan. 1889], 744/573.

261. Opgemerkt door Pickvance 1984, cat. 138, pp. 139-39. Zie *L'Homme de bronze* voor de aankondiging (18 nov. 1888, p. 3) en het verslag van de avond (9 dec. 1888, p. 2) die georganiseerd was door de Société Arlésienne.

262. Soms wordt *Oude man met stok* gedateerd in 1889 (zie W 318). Op basis van de jute en de ondergrond van bariumsulfaat kan het doek toegeschreven worden aan de periode in Arles. Ook al hield Gauguin in november schijnbaar op met het gebruik van barium als ondergrond, hij gebruikte het mogelijk nog een keer vanwege de praktische korte droogtijd van dit materiaal. In een ander geval lag er wellicht nog een stuk doek,voorgeprepareerd met barium, onder handbereik.

263. *Arlésiennes (Mistral)* is afwijkend: over een eerste ondergrond van krijt heeft Gauguin in twee lagen een mengsel van zink en lood aangebracht. Andere werken uit eind november/begin december – de tweede *Wasvrouwen*, *Zelfportret* en mogelijk *Blauwe bomen* (fig. 83, 121 en 86) – zijn gemaakt op stukken jute met een laag krijt op de achterzijde van het doek en een loodwitte ondergrond op de voorzijde. Debora Silverman (2000, p. 250) schrijft dat *Arlésiennes (Mistral)* geschilderd is op een in de winkel gekocht doek in plaats van op jute. Dit is niet het geval, maar de grove structuur van de jute gaat verborgen achter een dikke ondergrond bestaande uit twee lagen. Uit onderzoek blijkt dat Gauguin geen absorberende krijtlaag gebruikte zoals Silverman en Reinhold Heller vóór haar hebben verondersteld (zie Heller, 'Concerning symbolism and the structure of the surface,' *Art Journal* 45 [zomer 1985], nr. 2, pp. 148-49), maar dat hij tamelijk doelbewust een ondergrond op oliebasis aanbracht op een eerste laag krijt/lijm alvorens te gaan schilderen. Door deze olielaag zou de ondergrond de verf veel minder absorberen. De variatie van Gauguins experimenten met materialen in Arles, die door recent technisch onderzoek aan het licht gebracht is, maant tot grote voorzichtigheid bij het interpreteren van zijn bedoelingen als louter een verlangen om de lichamelijkheid van zijn afbeeldingen te verminderen.

264. De kegelvormen komen voor in Gauguins schetsboek uit Arles en Bretagne (Huyghe, p. 52). Door sommigen is gesuggereerd dat Gauguin zijn schets van de vrouwen (fig. 127) op het schilderij baseerde, toen hij de zinkgravure uit 1889 ontwierp (Gu 11, K 9). Maar deze pagina bevindt zich heel dicht bij de andere, kleinere schetsen die duidelijk ter voorbereiding van andere aspecten van het uiteindelijke schilderij zijn gemaakt. Bovendien bevat het schetsboek inderdaad tekeningen die hij in 1889 in Parijs had gemaakt, maar deze bevinden zich aan het andere eind van het boek aangezien de kunstenaar het heeft omgedraaid om opnieuw te kunnen beginnen. Voor velen doet de oogachtige vorm op de voorgrond de grote struik in een gezicht veranderen, wellicht Gauguins eigen gezicht. Ongetwijfeld heeft hij deze vorm bewust gecreëerd door meerdere lagen blauw en rood rond het donkere middelpunt te schilderen. De lagen die hij aanbracht om de struik te creëren zijn echter gecompliceerd en beginnen bij de boerderijdieren van de oorspronkelijke, verticale compositie. Vervolgens bracht hij lagen roze en oranje op en uiteindelijk trachtte hij het eerdere werk te verbergen met de korte, straalsgewijs uitlopende penseelstreken met verschillende tinten groen voor het gebladerte. Terwijl de oogachtige bloem met opzet op al deze lagen geschilderd was, is het beeld van een heel gezicht wellicht zuiver toevallig of het gevolg van een Rorschach-achtige interpretatie van de onduidelijke vormen in deze opeenvolging van lagen.

265. 'Werk': Vincent aan Theo, [17/18 dec. 1888], 730/564. Voor de openingstijden van het museum, zie Karl Baedecker, *South-Eastern France*, Leipzig 1895, p. 56; zie ook M 1989, pp. 227-28. Voor informatie over hun waarschijnlijke route, zie M 1989, p. 228, noot 1.

266. Voor Gauguin als initiatiefnemer van de tocht naar Montpellier, zie Vincent aan Theo, [7 jan. 1889], 735/568. Gauguin beschreef zijn eerdere bezoek in *Avant et après*, pp. 174-77. In die tijd kopieerde hij *Aline, La Mulâtresse* (W 27), Delacroix' studie van een model met dezelfde naam als Gauguins moeder; Vincent vermeldde deze anekdote in 730/564. Over Bruyas, zie o.a. ten. cat. *'Le Roman d'un collectionneur' Alfred Bruyas (1821-1877)*, Montpellier (Musée Fabre) 1977 en ten. cat. *Courbet à Montpellier*, idem, 1985.

267. Vincent maakt geen melding van Bruyas in zijn correspondentie tot na het bezoek aan het museum met Gauguin, toen hij de behoefte voelde om hem aan Theo te beschrijven: 'Brias [*sic*] was een weldoener voor kunstenaars': zie Vincent aan Theo, [17/18 dec. 1888], 730/564. Vincent zou in al zijn verwijzingen naar de verzamelaar diens naam verkeerd spellen.

268. 'Gezicht zo triest': Vincent aan Theo, [3/4 sept. 1889], 799/602. 'Een meneer': [17/18 dec. 1888], 730/564. Hij sprak opnieuw over deze gelijkenis in [9 jan. 1889], 738/570.

269. Vincent aan Theo, [29 okt./15 nov. 1884], 403/338.

270. Over de vermeende gelijkenis tussen Bruyas en Delacroix' Tasso, zie Vincent aan Theo, [17/18 dec. 1888], 730/564. 'Het bestaan van de *Hoop*': [30 apr. 1889], 767/588.

271. Voor Courbet tegenover Ricard en Delacroix, zie Vincent aan Theo, [5/6 sept. 1889], 801/604; voor zijn lof voor Cabanel, zie [3/4 sept. 1889], 799/602 en 602a. 'Ik haatte': Gauguin, *Avant et après*, p. 174.

272. 'Nous avons été en pleine magie / car comme le dit si bien Fromentin / Rembrandt est surtout magicien et Delacroix / un homme de dieu, de tonnere de Dieu [...]': Vincent aan Theo, [17/18 dec. 1888], 730/564; onvolledig gepubliceerd in de Engelse en Franse uitgaves van 1958 en 1960. Voor Gauguins bezwaren tegen de zakdoek, zie zijn brief aan Schuffenecker, [ca. 20 dec. 1888], M 1984, brief 193 (fragment); gedateerd op 22 december in M 1989, p. 238-43 (volledig).

273. Gauguin, 'Diverses Choses,' pp. 220, 263. Gauguins verwijzing naar Delacroix' *fortuin* heeft in het Frans en het Nederlands de dubbele betekenis van geluk en geld.

274. Volgens Vincent was Fromentin de eerste kunsthistoricus die 'een verband had vastgesteld tussen Rembrandt en het Zuiden': Vincent aan Theo, [7/8 sept. 1889], 802/605. 'Op ons lijkt'; 'een zekere familie-'; 'vreemd'; 'de man': [17/18 dec. 1888], 730/564. Over het belang van de Lacaze Rembrandt voor Vincent, zie bijvoorbeeld 539/428, 555/444, 730/564, 798/601, 799/602-602a en 854/626a.

275. Over dit schilderij, zie Linda Nochlins baanbrekende essay, 'Gustave Courbet's *Meeting*: A portrait of the artist as a Wandering Jew, *Art Bulletin* 49 (sept. 1967), nr. 3, pp. 209-22; en ten. cat. Sarah Faunce en Linda Nochlin, *Courbet reconsidered*, New York (The Brooklyn Museum) 1988, cat. 19, pp. 116-18. Zie ook

*Courbet à Montpellier* (noot 266), cat. 15, pp. 53-55.

276. Vincent aan Theo, [17/18 dec. 1888], 730/564.
277. Gauguin aan Schuffenecker, [ca. 20 dec. 1888], M 1984, brief 193 (fragment); gedateerd op 22 december in M 1989, p. 238-43 (volledig).
278. Victor Merhlès was de eerste die dit in detail naar voren bracht; M 1984, p. 527 noot 320.
279. Gauguin aan Schuffenecker, [ca. 20 dec. 1888], M 1984, brief 193 (fragment); gedateerd op 22 december in M 1989, p. 238-43 (volledig).
280. Naast Carlyle en Wagner klinkt dit ook door in Walt Whitman. Voor het verband tussen Gauguins bewering en *Leaves of Grass* van deze Amerikaanse dichter, en voor de passage uit het gedicht die Vincent aan Wil had geciteerd (674/W 8), zie M 1984, p. 527 noot 320. Over de Inca's als 'Kinderen van de zon,' zie bijvoorbeeld Clements R. Markham, *Cuzco: A journey to the ancient capital of Peru*; en *Lima: A visit to the capital and provinces of modern Peru*, London 1856, p. 386. 'Volgens de legende': Gauguin aan Schuffenecker, [ca. 20 dec. 1888], M 1984, brief 193 (fragment); gedateerd op 22 december in M 1989, p. 238-43 (volledig).
281. Naast de overeenkomsten in afmetingen en onderwerp tussen de beide portretten van de moeders van de kunstenaars zijn er technische redenen om Gauguins schilderij te dateren in zijn periode in Arles. Het is op katoen geschilderd met een aantal draden vergelijkbaar met *Les Alyscamps (De drie gratiën bij de tempel van Venus)* (fig. 21) en met het pre-Arles *Zelfportret (Les Misérables)*. Een dikke laag blauw en groen onder de huidige compositie zouden onderlagen kunnen zijn of een blauw vlak van een vorig schilderij dat vervolgens niet afgemaakt werd. Het is verleidelijk om te speculeren dat deze poging een stuk van de '*négresse*' zou kunnen zijn die Gauguin volgens Vincent schilderde tijdens zijn eerste weekeinde in Arles (zie noten 13 en 18). Er lijkt geen gepigmenteerde grondlaag te zijn, hoewel er mogelijk wel een appret is. Voor zijn portret van Madame Roulin, ook op katoen, experimenteerde Gauguin met een onderlaag die meer op een appret lijkt dan op een gepigmenteerde ondergrond.
282. Vincent aan Theo, [8 sept. 1888], 679/553. Het gebruik van overtrektechnieken is bevestigd door het over elkaar heen leggen van röntgenfoto's en op de oorspronkelijke schaal teruggebrachte afbeeldingen. Voor de wieg als een symbool voor Vincent van het ideale gezinsleven, zie noot 192 en Arikawa 1981, pp. 59-60. Zie ook Sund 1996, pp. 214-15. Overlays van röntgenfoto's laten zien dat Vincent eerder het schilderij uit Philadelphia (fig. 94) overtrok dan het Winterthur portret (fig. 100) bij het ontwerpen van *La Berceuse*. Dit wordt ondersteund doordat de versie uit Boston (fig. 141) de enige is waarop de figuur hetzelfde hoog opgebonden kapsel heeft als in het schilderij uit Philadelphia. De versie uit Boston geldt als de eerste omdat deze schijnbaar tijdens twee gescheiden schildercampagnes werd uitgevoerd met daartussen een lange droogtijd, overeenkomend met de periodes eind december en eind januari toen Vincent aan het eerste concept werkte – . Zie hfdst. 5, noot 26. Jan Hulsker is ook tot de conclusie gekomen dat de Berceuse in Boston de eerste van de vijf is; zie Hulsker 1992, pp. 570-77. Zie ook Amsterdam 1990, cat. 82-82, pp. 195-96.
283. Vincent berichtte hoe wanhopig hij was toen Mauve zich tegen hem keerde in brieven aan Theo; zie [ca. 15-17 apr. 1882], 219/190 en [ca. 3-12 mei 1882], 223/192. Zie ook hfdst. 1.
284. Bernard aan Aurier, gestempeld op 1 jan. 1889, facs. in veilingcat. *Manuscrit du XVe siècle livres anciens et moderns. Autographes.* Paris (Nouveau Drouot), 29 mrt. 1989, lot 48.
285. Prado en Gauguin hingen tegenovergestelde partijen aan in het Spaanse conflict. Prado was Carlist, en dus trouw aan Don Carlos, de tweede zoon van Karel IV.
286. 'Gek worden': Vincent aan Theo, [9 sept. 1888], 680/534. Gauguin herinnerde zich dat Vincent het onderwerp besprak in *Avant et après*, p. 141. Gauguin spelde Pranzini's naam verkeerd als 'Pausini' en haalde de details van de twee moordzaken door elkaar.
287. '*Assassins sympathiques*': G.-Albert Aurier, *Oeuvres posthumes*, Paris 1893, pp. 445-50. Zie *Supplément littéraire du Figaro*, 5 mei 1888, pp. 70-71, voor de vertaling van De Quincey door Téodor de Wyzéwa, redacteur van het zeer invloedrijke symbolistische tijdschrift *Revue Wagnérienne*; J.B. Lancelot, *Le manuel du parfait assassin*, Paris g.d.
288. Voor Vincents reacties op de eerste keer dat hij Hugo's *Le dernier jour d'un condamné* las, zie zijn brief aan Theo, 24 sept. 1880, 157/136. Voor Gauguins beschrijving van Vincents excentrieke gedrag, zie Gauguin, *Avant et après*, p. 28.
289. 'Faits divers,' *L'Intransigeant*, 23 dec. 1888, p. 2.
290. Bernard aan Aurier, afgestempeld op 1 jan. 1889 (noot 284).
291. *Le Forum républicain*, 30 dec. 1888, p. 3.
292. 'Getob': Theo aan Jo, 28 dec. 1888, *Kort geluk*, brief 6. Voor Theo's aankondiging van zijn verloving, zie zijn brief aan zijn moeder, 21 dec. 1888, VGM FR, inv. b917 V/1962. Vincents waarschuwing over het huwelijk werd door Theo aan Jo overgebracht in een brief van 1 jan. 1889, *Kort geluk*, brief 11.
293. Zie Gauguin, *Avant et après*, p. 30: 'Toen hij wakker werd, vroeg Vincent om zijn vriend [Gauguin], zijn pijp en zijn tabak.' Zie ook Vincent aan Theo, [17 jan. 1889], 740/571: 'Hoe kan Gauguin beweren dat hij bang was om mij te storen met zijn aanwezigheid, terwijl hij toch moeilijk kan ontkennen dat hij wist dat ik voortdurend naar hem heb gevraagd en dat men hem meer dan eens heeft gezegd dat ik erop aandrong hem onmiddellijk te zien.'

*Bronnen voor vet gedrukte citaten: p. 268: Vincent aan Wil, [30 april 1889], 768/W11; p. 278: Theo aan Jo, 9-10 feb. 1889, Kort Geluk, brief 41; p. 288: Vincent aan Theo, [25 juni 1889], 785/596, en Vincent aan Theo, [5/6 sept. 1889], 801/604; p. 292, Gauguin aan Vincent, [eind okt./begin nove. 1889], Cooper 1983, GAC 37; p. 303: Vincent aan Wil, [19 sept 1889], 805/W 14; p. 304: Vincent aan Bernard, [ca. 8 okt. 1889], 811/B 20; p. 311: Gauguin aan Vincent, [ca. 8-10 dec. 1889], Cooper 1983, GAC 36; p. 317: Vincent aan Bernard, [ca. 20 nov. 1889], 824/B 21; p. 319: Vincent aan Theo, [ca. 21 nov. 1889], 825/615; p. 323: Vincent aan Gauguin, [ca. 17 juni 1890], 893/643.*

1. Wil aan Theo [eind jan. 1889] VGM FR, inv. B2276 V/1982.
2. Bernard aan Aurier, afgestempeld op 1 jan. 1889, herdr. in facs. in *Manuscrit du XVe siècle livres anciens et modernes. Autographes*, veilingscat., Parijs (Nouveau Drouot), 29 mrt. 1985, lot 48. In zijn brief aan Wil [1 januari 1889] vermeldde Theo dat, met uitzondering van de hare, 'de brieven van thuis [...] nauwelijks de overtuiging verbergen dat hij eigenlijk helemaal getikt was.' 'Zijn lijden' : Moeder aan Theo, 29 dec. 1888, VGM FR, inv. B2425 V/1982. Zie ook Wil aan Theo, 30 dec.1888, VGM FR, inv. B2276 V/1982. Voor bijval van Bonger, Degas en Gauguin, zie Theo aan Jo, brieven van eind dec.1888 en begin jan.1889, *Kort geluk*, brieven 6, 9, 11.
3. Bernard aan Aurier, afgestempeld op 1 jan. 1889 (noot 2). Gauguin bracht verslag uit van het voorval in de Borinage in Gauguin 1894 en 'Diverses Choses,' pp. 261-62.
4. Zola, *L'Oeuvre*, pp. 131, 235-36, 360, 379. Voor de vereenzelviging van Vincent en Claude Lantier, zie Johan de Meester, 'Vincent van Gogh,' *Algemeen Handelsblad*, 31 dec. 1890; vert. in Stein 1986, pp. 246-57, samen met het antwoord van Andries Bonger, pp. 257-58. Zie ook A.-J.W., 'Aux XX,' *Nation* (Brussel) (20 feb.1891).
5. Gauguin aan onbekende, jan. 1889, herdr. in *Autographen Auktion 30 und 31 März 1999*, veilingscat., Berlijn (J.A. Stargardt), lot 699.
6. 'Steen brokkelt af ...' is een variant op Mattëus 24:35, wat vervolgens terugkomt in het aforisme van Hugo dat Vincent bewonderde, 'Godsdiensten gaan voorbij...' ; zie hfdst.1. Gauguin aan Theo, [ca. 2 aug. 1890], herdr. in Ronald Pickvance, '*A great artist is dead': Letters of Condolence on Vincent Van Gogh's Death: Cahier Vincent 4*, (red.) Sjraar van Heugten en Fieke Pabst, Zwolle 1992, Franse brief 15.
7. Christus geneest het oor van de slaaf van de hogepriester in Lucas 22:51 en bestraft Simon Petrus in Joh.18:11.
8. Gauguin, *Avant et après*, p. 34.
9. Gauguin, *Avant et après*, pp. 198-202. Over de terechtstelling, zie *L'Intransigeant* van 29 dec. 1888, pp. 1-2 en 30 dec. 1888, p. 1. Voor Gauguins schets van de guillotine, zie Huyghe 1952, p. 209. Over het gebruik van het tentoonstellen van wassen hoofden van criminelen, zie Vanessa R. Schwartz, 'The Morgue and the Musée Grevin : Understanding the public taste for reality in fin-de-siècle Paris,'in *The spectacle of realism: body, gender, genre*, Minneapolis 1995, pp. 268-93; en idem, *Spectacular realities: Early mass-culture in fin-de-siècle Paris*, Berkeley 1998, hfdst. 2-3.
10. 'Grote opwinding': Vincent aan Theo met postscriptum van doktor Félix Rey, 2 jan.1889, 733/567. 'In goede geestelijke gezondheid': Joseph Roulin aan Theo van Gogh, 3 jan. 1889, VGM FR, inv. b1027 V/1962. Over het bezoek aan het Gele Huis, zie Roulin aan Theo, 4 jan.1889, VGM FR, inv. b1068 V/1962: 'Een dezer dagen zal hij het ziekenhuis verlaten om zich te omringen met zijn schilderijen. Daar alleen droomt hij van.' Omtrent Vincent die Theo's overlast betreurt, zie brieven aan Theo, [4 jan. 1889], 734/566; [7 jan. 1889], 735/568; en aan Moeder en Wil, [7 jan. 1889], 736/569a.
11. Vincent aan Gauguin, [4 jan. 1889], 734/566.
12. Vincent aan Theo, [4 jan. 1889], 735/568; [9 jan. 1889], 738/570. In de Engelse (1958) en Franse (1960) uitgaven van de briefwisseling wordt het gedeelte over Tersteeg weggelaten.
13. 'Zonnebloemen tegen een gele achtergrond'; 'typerende Vincent stijl': brieffragment van Gauguin aan Vincent, [ca. 9-14 jan. 1889], Van Gogh 1990, brief 739; M 1991, brief 97. Hoewel Gauguin niet expliciet om de *Zonnebloemen* vroeg in het bestaande brieffragment, kan zijn verzoek afgeleid worden uit Vincents antwoord en zijn opmerkingen aan Theo; zie Vincent aan Gauguin, [ca. 22 jan. 1889], Van Gogh 1990, brief 743; Cooper 1983, GAC VG/PG; en aan Theo, [23 jan. 1889], 744/573. Vincent verzond de schermuitrusting en de doeken van Gauguin begin mei, samen met zijn eigen werk; zie zijn brief van [2 mei 1889], 770/589.
14. Vincent aan Theo, [17 jan. 1889], 740/571.
15. De brief aan Gauguin is verdwenen, maar Gauguin citeerde er later uit in *Avant et après*, p. 23. Zie ook M 1991, brief 98. Over Gauguins terugkeer in Arles, zie Vincent aan Theo, [19 jan. 1889], 742/572.
16. Voor het stilleven, zie Amsterdam 1990, cat. 79, pp. 188-90. Over de twee zelfportretten, zie Pickvance 1984, cat. 145, pp. 245-46; Amsterdam 1990, cat. 78, pp. 188-90; Kōdera 1991, p. 40; en Zemel 1997, pp.163-64.
17. In fig. 6 gebruikte Vincent een opgedeelde achtergrond die veel leek op die van één van zijn portretten van Camille Roulin (F 665, JH 1879). Hoewel Vincent in dezelfde ruimte plaatsnam als Madame Roulin, zat hij waarschijnlijk met zijn rug naar het raam op het zuiden, zodat de deur en de linkerzijde van zijn gezicht weerspiegeld werden in de spiegel

naast zijn ezel. In deze houding zouden de glazen ruiten in de deur schuin afhellen, zoals ze ook zijn afgebeeld. In deze positie zouden de schildersezel en de prent niet weerspiegeld worden door de spiegel en moeten zijn toegevoegd als compositorische elementen. Er is geopperd dat de prent van de hand is van Saeto Torakiyo; zie Charlotte van Rappard-Boon, in *Catalogue of the Van Gogh Museum's Collection of Japanese Prints*, (Amsterdam 1991), p.40 en fig. 11.

18. Vincent aan Theo, [23 jan. 1889], 744/573. Theo bevestigde dat als gevolg van de gebeurtenissen anderen – zelfs vrienden – banger voor hem waren dan voorheen; Theo aan Jo, 14 feb. 1889, *Kort geluk*, brief 46.
19. Vincent aan Gauguin, [ca. 22 jan. 1889], Van Gogh 1990, brief 743; Cooper 1983, GAV VG/PG.
20. 'Impressionistische kleurenschikking'; 'En als dit doek': Vincent aan Gauguin, ibid. 'Wiegenlied in kleuren': Vincent aan Koning, [ca. 23 jan. 1889], 745/571a. Roulin vertrok naar zijn nieuwe baan in Marseille op 21 januari; zie Detroit 2000, blz. 132. Over *La Berceuse*, zie Jean-Louis Bonnat, 'Les Adresses d'un tableau: *La Berceuse* de Van Gogh,' *Psychanalyse à l'université* 12, nr. 47 (1987), pp. 373-416; Nicolai Cikovsky, Jr., 'Van Gogh and a photograph: A note on *La Berceuse*, '*New Mexico Studies in the Fine Arts* 3 (1978), pp. 23-28; Hulsker 1992; Sund 1996; Silverman 2000, hfdst. 11, 'Van Gogh's *Berceuse*,' pp. 313-69; en Arikawa 1981. Arikawa merkte op (pp. 55-56 no. 49) dat de Rembrandt (hfdst. 4, fig. 61) waarop *La Berceuse* geïnspireerd is, in die tijd door enkele Franse critici met *Le Berceau (De Wieg)* betiteld werd. Zie als meest recente Silverman 2000, hfdst. 11, 'Van Goghs *Berceuse*,' pp. 313-69, wier prikkelende analyse aangeeft dat in *La Berceuse* bepaalde aspecten van de lokale katholieke volkscultuur in en rondom Arles doorklinken, zoals het kerstspel dat Vincent eind januari 1889 bijwoonde (zie Vincent aan Theo, [ca. 28 jan. 1889], 747/574). Omdat de ontstaansperiode van het oorspronkelijke concept korter was dan tot nu toe werd verondersteld – de eerste versie was 23 december grotendeels klaar (zie hfdst. 4) – moeten de de gebeurtenissen van januari gezien worden als nadere invulling van de vele betekenissen die het werk op dat moment al had. De meningen lopen uiteen over de volgorde van de vijf versies van de *Berceuse*; zie hfdst. 4, noot 282, en noot 26 hieronder. Dit thema wordt uitvoeriger behandeld in een artikel in de uitgave van 2002 van het *Van Gogh Museum Journal*.
21. De afbeelding is opgenomen in Vincents brief waarin 'douleur bercée' van François Coppée wordt aangehaald, [ca. 18-23 feb. 1884], 432/357; en *Paroles d'un croyant* van Lammenais, 12 juni 1877, 120/101. Over Loti, zie *An Iceland Fisherman (Pêcheur d'Islande)*, in het Engels vert. Clara Cadiot, London, g.d.
22. Over Vincents vroege jeugdherinneringen, zie brief aan Theo, [23 jan. 1889], 744/573. Over behang, zie Van Eeden, *De kleine Johannes*, pp. 5, 7, 123, 157, 201. Van Eedens 'behangsel' wordt in de Engelse versie vertaald als 'curtains.' Vincent vermeldde het behang en wees op Van Eeden in een brief aan Koning, [ca. 23 jan. 1889], 745/571a. Vincent geeft een beschrijving van wanddecoratie in het Zuiden aan Wil: 'Hier in het Zuiden hebben we kale witte of gele muren dan wel met een behang met grote gekleurde bloemen' ([ca. 20-22 okt. 1889], 814/W 15). De collectie behangstalen uit de periode 1880-90 van het Musée des Arts Décoratifs, Parijs, bevat eenvoudige patronen met een sober kleurengamma, voor mensen met een kleine beurs (zoals Vincent in zijn *Zelfportret [Les Misérables]* weergeeft; hfdst. 3, fig. 74); het veelkleurige behang met ingewikkelde patronen dat Vincent hier schilderde was soms van velouté-papier maar altijd kostbaar.
23. 'Kinderlijke eenvoud': Theo aan Jo, 1 feb. 1889, *Kort geluk*, brief 35. 'Kinderen en martelaars'; 'het oude gevoel': Vincent aan Theo, [28 jan. 1889], 747/574. De eerste keer dat Vincent een dergelijke compositie vermeldde, sprak hij over een groep van 7 of 9 doeken; in mei beschreef – en schetste – hij een opstelling als een drieluik. [(22 mei 1889], 778/592).
24. 'Het vlot dat ons [...] zal brengen': Vincent aan Theo, [ca. 3 nov. 1883], 406/339b.
25. Vincent aan Gauguin, [ca. 22 jan. 1889], Van Gogh 1990, brief 743; Cooper 1983, GAC VG/PG. Hij had de twee lievelingssbloemen van twee Franse stillevenschilders in gedachte: de stokroos van Ernest Quost (1844-1931) en de pioenroos van Georges Jeannin (1841-1925). Hoewel hij begreep dat Gauguin de geel-op-geel versie wilde hebben, gaf hij Theo toestemming hem beide doeken te geven, mits hij op zijn beurt Theo twee van zijn eigen schilderijen zou geven; zie [3 feb. 1889], 749/576.
26. Voor de chronologische volgorde van de verschillende versies van *La Berceuse*, zie Vincents brieven aan Theo, Van Gogh 1990, brief 743; 744/574; 745/571a; 747/574; 748/575; 748/575; 749/576; 752/578; 757/582; en Hulsker 1992, blz. 570-77. Toen hij in december de eerste versie van *La Berceuse* (hfdst. 4, fig. 141) schetste, had Vincent een doordruk van de handen van zijn eerdere portret van Monsieur Roulin (hfdst. 4, fig. 102) gebruikt om de handen van Madame Roulin af te beelden (op dezelfde wijze had hij ook een doordruk van een eerder portret [hfdst. 4, fig. 94] gebruikt om de vorm van haar hoofd aan te geven). Hoewel Vincent nu (in januari) de wens uitsprak dat Madame Roulin voor hem zou poseren opdat hij de handen kon afmaken, is het heel goed mogelijk dat zij dat niet deed en dat hij voor de handen van de eerste *Berceuse* teruggreep op het portret van haar echtgenoot.
27. Over de voornemens voor de verschillende versies van *La Berceuse*, zie zijn brief aan Theo, [3 feb. 1889], 749/576. Over Monticelli, Bruyas en het belang om in Arles te blijven, zie Vincent aan Theo, [28 jan. 1889], 747/574.
28. 'Gedreven door enthousiasme': Vincent aan Theo, [3 feb. 1889], 749/576. Over de opname van Vincent in het ziekenhuis, zie dominee Frédéric Salles aan Theo, 7 feb. 1889, Hulsker 1971, brief I.
29. Salles aan Theo, 26 feb. 1889, Hulsker 1971, brief II; en 2 mrt. 1889, Hulsker 1971, brief IV.
30. 'Overdreven gevoeligheid': Vincent aan Theo, [ca. 22 feb. 1889], 753/578; zie ook [ca. 17 feb. 1889], 751/577. Over Vincents schuldgevoel, zie brieven aan Theo, [24 apr. 1889], 765/586; en aan Wil, [30 apr. 1889], 768/-W 11.
31. Over het plan om een appartement te huren, zie Salles aan Theo, 19 apr. 1889, Hulsker 1971, brief VI; en brieven 758/583, 760/538b, en 762/584. Over de inrichting in Saint-Rémy, zie Salles aan Theo (deze noot, hierboven); en brieven 763/585, 764/T 5, en 766/587. Over het vreemdelingenlegioen, zie 766/587 en 767/588. Zie ook Pickvance 1986, pp. 23-24, en de volgende chronologie.
32. Voor de schilderijen die vervaardigd zijn in de periode tussen Vincents aanval van begin februari en zijn vertrek naar Saint-Rémy, zie JH (Hulsker 1996), pp. 386-89.
33. De reproduktie (van een inkt-en-penseeltekening) van de 'enkele grasspriet' was hoogstwaarschijnlijk 'Étude d'herbes,' gepubliceerd in *Le Japon artistique* (mei 1888), pl. C; zie Kōdera 1991, pp. 40-43. Voor een reproduktie van deze afbeelding, zie Van Rappard-Boon (noot 17), afb. 40. Over Vincents bewondering voor de Japanse kunst en zijn geloof in de band tussen de Japanse kunstenaars en de natuur, zie hfdst. 2 en 3. Over het opgeven door Vincent van zijn project, zie zijn brief aan Theo, [24 apr. 1889], 765/586: 'Blijft niettemin dat het idee van een vereniging van schilders, om sommige gezamenlijk te huisvesten, ook al zijn we er niet in geslaagd, ook al is het een betreurenswaardige en pijnlijke mislukking – dat idee blijft juist en verstandig, zoals zoveel andere. *Maar niet opnieuw beginnen.*'
34. 'Ce qu'aurait pu être mon atelier qui à sombré [*sombrer*: zinken, ten ondergaan]': Vincent aan Theo, [30 apr. 1889], 767/588. Over Gethsemane, zie Vincent aan Wil, [30 apr. 1889], 768/W 11. 'De tekening erg zwart': Vincent aan Theo, [3 mei 1889], 771/590. Over zijn tekening, zie Pickvance 1984, cat. 149, p. 251.
35. Recent onderzoek weerlegt het eerdere idee dat Gauguin in maart of april 1889 naar Bretagne reisde, naar Parijs terugkeerde en in juni weer vertrok. Zie Pickvance 1998, pp. 40, 274; en Hartford 2001, pp. 22-24.
36. Octave Maus, 'Le Salon des XX, à Bruxelles (Vie exposition annuelle),' tweede artikel, *La Cravache Parisienne*, 2 mrt. 1889. Zie ook Susan Marie Canning, *A history and critical review of the Salons of 'Les Vingt,' 1884-1893*, (diss.), Ann Arbor, Mich. 1981, pp. 247-48.
37. Paul Adam, 'L'Art Symboliste,' *La Cravache Parisienne*, 23 mrt. 1889.
38. Moréas' artikel 'Le Symbolisme' werd gepubliceerd in *Supplément litteraire du Figaro*, 18 sept. 1886, p.150. Bij zijn behandeling van de symbolistische dichtkunst pleitte Moréas voor het concreet uiting geven aan een gevoel door 'het idee [in te kleden] in een vorm die zintuiglijk waarneembaar is.' Zie Henri Dorra (red.), *Symbolist Art Theories: A Critical Anthology*, Berkeley/Los Angeles/London 1994, pp. 150-52. Charles Morice beweerde Gauguin te hebben ontmoet in 1889; zie idem, *Gauguin*, (Paris 1919), p. 21.
39. Morice (noot 38), pp. 21-23; in het Engels vert. in Prather/Stuckey 1987, pp. 128-29.
40. Over Gauguins belangstelling voor prenten, zie brief aan Vincent, [ca. 17 jan. 1889], Van Gogh 1990, brief 741; M 1991, brief 100; Cooper 1983, GAC 35. De groeiende belangstelling van de kunsthandelaars voor prenten gemaakt door schilders bleek uit de Peintres-Graveurs tentoonstelling die geopend werd op 23 januari 1889 in de galerie Durand-Ruel met werken van Pissarro, Redon en Degas. Voor Theo's reactie op de tentoonstelling, zie Theo aan Jo, 24 jan.1889, *Kort geluk*, brief 25. Voor Gauguins litho's en de tentoonstelling bij Volpini, zie Caroline Boyle-Turner, ten. cat. *The Prints of the Pont-Aven School: Gauguin and His Circle in Brittany*, Washington, D.C. (Smithsonian Institution Traveling Exhibition Service), 1986, pp. 35-46. Voor een beschrijving van de tentoonstelling bij Volpini, zie Wladyslawa Jaworska, *Gauguin and the Pont-Aven School*, in het Engels vert. door Patrick Evens, New York 1972; Washington 1988, pp. 67-77, 130-43; en M 1991, pp. 23-31. Als voorbeelden van reclameaffiches op geel papier noemen wij die van Émile Lévy uit de jaren '70 en '80. Zie Douglas Druick, 'Foreword,' in Boyle-Turner (deze noot, boven), p. 15. Litho's werden gewoonlijk gedrukt op absorberend wit papier of op dun crème-kleurig papier dat bevestigd werd op grotere vellen wit papier. Gauguins keuze om op grote vellen papier te drukken, geeft aan dat hij zijn prenten zonder passepartout wilde inlijsten, een werkwijze die schilders-lithografen uit die tijd, zoals Henri Fantin-Latour, hanteerden.
41. Zie Richard R. Brettell in Washington 1988, pp.130-32.
42. Het thema van de wake wordt behandeld in Lauren Soth, 'Gauguin, Van Gogh and the fishermen of Iceland,' *Burlington Magazine* 131, nr. 1033 (apr.1989), pp. 296-97. In 1927 schreef Maurice Guérin, terwijl hij Bernard

raadselachtigs aanwezig zijn in de poëzie. Het – enige – doel van de literatuur is het *oproepen* van objecten.'

114. Gauguin aan Theo, [ca. 18-24 nov.1889], Cooper 1983, GAC 22; M 1991, brief 138.
115. Gauguin aan Bernard, [ca. 18-24 nov. 1889], Malingue 1949, brief 95. De datering van deze brief is gebaseerd op Gauguins verwijzing naar zijn brief aan Theo (noot 114). Voor de kleurdetails, zie Theo aan Vincent, [16 nov. 1889], 821/T 20.
116. Theo aan Vincent, 16 nov. 1889, 821/T 20. Over Gauguins beslissing om het schilderij niet aan Theo te laten zien, zie Gauguin aan Bernard, [ca. 18-24 nov. 1889], Malingue 1949, brief 95.
117. Gauguin aan Vincent, [ca. 8 nov. 1889], Van Gogh 1990, brief 819 ; M 1991, brief 134; Cooper 1983, GAC 37. Gauguin had het nieuws over Vincents werk via De Haan van Isaacson gehoord.
118. Gauguin aan Vincent, [ca. 8 nov. 1889], Van Gogh 1990, brief 819 ; Cooper 1983, GAC 37 ; M 1991, brief 135.
119. De brief van Vincent aan Gauguin is verloren gegaan ([ca. 22-25 nov. 1889], M 1991, brief 139), maar de inhoud kan worden afgeleid uit Vincent aan Theo, [17 nov. 1889], 822/614; en [ca. 21 nov. 1889], 825/615. Gauguin bevestigde dat Vincent dezelfde reactie vertoond had op beide schilderijen in zijn brief aan Bernard, [eind nov./begin dec. 1889], Malingue 1949, brief 106.
120. Vincent aan Theo, [17 nov. 1889], 822/614.
121. 'Ik raak in verrukking van het ware': Vincent aan Bernard, [ca. 20 nov. 1889], 824/B 21. Zie ook Vincent aan Theo, [17 nov. 1889], 822/614.
122. Vincent aan Theo, [ca. 25 okt. 1889], 817/611. Vincent moest in het bijzonder denken aan Heine's *Reisebilder* (1826), de verzameling die gedichten bevatte die door hem in zijn albums waren overgeschreven.
123. 'Bijbelse voorstellingen': Vincent aan Theo, [17 nov. 1889], 822/614. 'Onaangenaam gevoel': Vincent aan Bernard, [ca. 20 nov. 1889], 824/B 21. Zie ook Vincent aan Theo, [ca. 21 nov. 1889], 825/615.
124. Gauguin aan Vincent, [8-10 dec. 1889], Van Gogh 1990, brief 812; M 1991, brief 141; Cooper 1983, GAC 36. Deze brief, die elders gedateerd wordt in oktober, wordt in M 1991 gedateerd in december.
125. *Zeewierraapsters* heeft als afmetingen 87.5 × 123 cm; een landschap van formaat 50 had als afmetingen 116 × 81 cm. Over dit schilderij, zie Washington 1988, cat. 98, pp. 175-76; en Jirat-/Newton 2000, p. 184-91. De auteurs bedanken Leif Einar Plahter, Nasjonalgalleriet, Oslo, voor informatie over het kleiner maken en opnieuw bewerken van het schilderij. Over de arbeid van de zeewieroogst, zie Philippe Jacquin, *Le Goémonier* (Paris 1980) ; en Orton/Pollock 1980.
126. Gauguin aan Vincent, [ca. 8-10 dec. 1889], Van Gogh 1990, brief 812 ; M 1991, brief 141 ; Cooper 1983, GAC 36.
127. De 'samenvattende schets' van de wanddecoratie, die Gauguin in zijn brief aan Vincent opnam, is verloren gegaan (zie Cooper 1983, GAC 36, noot 3). Over de decoraties en hun betekenis, zie, zeer recentelijk, Victor Merlhès en Robert Welsh in Hartford 2001, pp. 61-101. Zie ook Jirat-Wasiutyński/Newton 2000, pp. 172-81.
128. Paulus wordt aangeroepen bij schipbreuken en slangebeten; zie Merlhès in Hartford 2001, p. 97. Voor andere interpretaties van dit portret en Gauguins portret van De Haan, zie Amishai-Maisels 1985, pp. 133-139; Jirat-Wasiutyński/Newton 2000, pp. 174-75; en Washington 1988, cat. 92, pp. 165-67. Zie ook Vojtěch Wasiutyński, 'Paul Gauguin's *Self-portrait with halo and snake.* The artist as iniate and magus.' *Art Journal* 46 (voorjaar 1987) nr. 1, pp. 22-28.
129. Carlyle, *Sartor Resartus*, p. 147.
130. Over de muzikale uitingen van Gauguin en De Haan, zie André Gide. *Journal: Vol 1, 1887-1925* (Paris 1996), pp. 88, 1369; en Charles Chassé, *Gauguin et le groupe de Pont-Aven* (Paris 1921), p. 33. Sérusier gaf het credo als volgt weer: *'Pour l'avenir d'une confrérie épurée, uniquement composée d'artistes persuadés, amoureux du beau et du bien, mettant dans leurs oeuvres et dans leur conduite ce caractère indéfinissable que je traduis par Nabis'*: Sérusier aan Maurice Denis, [27 sept. 1889 en okt. 1889], Sérusier, *ABC*, pp. 38-41. Sérusier schreef deze brief vóór zijn vertrek uit Pont-Aven en voegde twee naschriften toe, toen hij eenmaal in Le Pouldu was aangekomen. Het tweede naschrift is duidelijk geschreven ná Gauguins aankomst op 2 oktober (Welsh in Hartford 2001, pp. 62-63). In de literatuur over deze episode wordt Sérusier gewoonlijk verantwoordelijk gehouden voor het produceren van Wagners tekst; zie meest recentelijk Welsh in Hartford 2001, p. 63. Zie ook Henri Dorra, "Le 'Texte Wagner' de Gauguin," *Bulletin de la Société de l'histoire de l'art française* (1984), pp. 235-42.
131. Voor Jeanne d'Arc als thema in de kunst, zie Silverman 2000, pp. 258ff; en Merlhès in Hartford 2001, pp. 92-93. Het regelmatig voorkomen van Jeanne d'Arc als een symbool van patriottisme blijkt uit een bericht in L'Intransigeant van 2 dec. 1889, waarin de pubblicatie wordt aangekondigd van een geïllustreerd boek in verschillende delen over de Maagd van Orléans, geschreven door Jules Lermina. Het boek werd omschreven als nationalistische propaganda om de meer vaderlandslievenden rustig te houden. Over Gauguins techniek en de 'primitivistische' toepassingen daarvan, zie Jirat-Wasiutyński/Newton 2000, pp. 178-80.
132. Over de voorbeelden aangehaald uit Cambodjaanse kunst, zie Druick/Zegers 1991, pp. 117-19.
133. 'Zoekende, denkende': Gauguin aan Bernard, [eind nov./begin dec. 1889], Malingue 1949, brief 106. Voor de technische experimenten die een onderdeel vormden van deze primitivistische onderzoekingstocht, zie Jirat-Wasiutyński/Newton 2000, pp. 161ff.
134. Ibid.; en Gauguin aan Theo, [eind aug./begin sept. 1889], M 1991, brief 122; Cooper 1983, GAC 17; en [ca. 18-24 nov. 1889], M 1991, brief 138; Cooper 1983, GAC 22. Gauguin aan Schuffenecker, [nov. 1889], Malingue 1949, brief 92.
135. Zie John Bunyan, *The Pilgrim's Progress from This World to That Which Is to Come* (Philadelphia1847), p. 91. Over dit schilderij, zie Maurer 1998, p. 129; zij geeft een beschouwing van het verband tussen Gauguins schilderij, Vincents beschrijving en Carlyle. Voor andere interpretatie van dit schilderij, zie Washington 1988, cat. 95, pp. 171-73 en de bronnen die hierin worden vermeld.
136. Terwijl de zogeheten *Caraibische Vrouw* uitgevoerd was op een driedelig paneel van vurenhout, was *Bonjour* geschilderd op doek, vastgemaakt op een zachthouten ondergrond, waarschijnlijk van sparrenhout. De auteurs danken Peter Klein voor zijn analyse van houtmonsters van het eerste werk en Joseph Godla voor zijn onderzoek van het laatste.
137. Zie Vincent aan Theo, [17 nov. 1889], 822/614; [ca. 21 nov. 1889], 825/615; Vincent aan Bernard, [ca. 20 nov. 1889], 824/B 21; en zoekgeraakte brief aan Gauguin, [ca. 18-24 Nov. 1889], M 1991, brief 138; Cooper 1983, GAC 22.
138. Vincent aan Bernard, [ca. 20 nov. 1889], 824/B 21.
139. Vincent aan Theo, [ca. 21 nov. 1889], 825/615; Vincent aan Isaacson, [25 mei 1890], 878/614a, niet verstuurd concept van een verdwenen brief die wel werd verstuurd. Over deze schilderijen, zie Pickvance 1986, cat. 40-43, pp. 158-67; Amsterdam 1990, cat. 107-08, pp. 238-42; en Maurer 1998, pp. 96ff. De tentoonstelling gewijd aan Monets schilderijen en Rodins sculpturen gehouden in de Georges Petit Gallery van 21 juni to 21 sept. kreeg vele recensies die melding maakten van de tarweschoof-schilderijen, waaronder *L'Intransigeant*, 7 juli 1889.
140. Voor Vincents angst voor een herhaling, zie zijn brief aan Wil, [ca. 20 dec. 1889], 832/W 18. Zie *Opgebroken straat met graver* (apr. 1882 [F 930a, JH 131]; Nationalgalerie, Berlijn). Een en ander staat in Pickvance 1986, cat. 44-45, pp. 167-72.
141. Vincent aan Theo, [ca. 12-15 jan. 1890], 841/623; verdwenen brief aan Gauguin, [ca. 12-17 jan. 1890], M 1991, brief 149.
142. Vincent vermeldde een tekening aan Gauguin te hebben gezonden 'een dezer dagen' in zijn brief aan Wil, [20 jan. 1890], 843/W 19. Gauguin aan Vincent, [ca. 18 jan. 1890], Van Gogh 1990, brief 842; M 1991, brief 147; Cooper 1983, GAC 38. De expositie bij Les Vingt opende op 18 januari.
143. 'Een atelier': Gauguin aan Bernard, [ca. 23 jan 1890], Malingue 1949, brief 91; M 1995, pp. 40-41. Gauguin aan Vincent, [28 jan. 1890], Van Gogh 1990, brief 845; Cooper 1983, GAC 39; M 1991, brief 150.
144. Voor Gauguins goedkeuring van *Olijvenpluksters*, zie Vincent aan Wil, [20 jan. 1890], 843/W 19. Voor Vincents preoccupatie met Gauguin, zie Theo aan Vincent, 22 jan. 1890, 844/T 25; en Vincent aan Jo, [31 Jan. 1890], 847/624.
145. G.-Albert Aurier, 'Les Isolés: Vincent van Gogh,' *Mercure de France* 1 (jan. 1890), pp. 24-29; excerpten herdr. als 'Vincent van Gogh' in *L'Art Moderne* (19 jan. 1890), pp. 21-22. Herdr. en vert. in Pickvance 1986, App. III, pp. 310-15. Voor het effect van Auriers artikel op de vorming van Vincents reputatie, zie Zemel 1980, pp. 62ff.
146. Vincent aan Theo, [2 feb. 1890], 851/625. Zie ook Vincent aan Theo, [10/11 feb. 1890], 855/626; en aan Wil, [ca. 20 feb. 1890], 857/W 20.
147. Vincent aan Aurier, [10/11 feb. 1890], 854/626a; see also Vincent to Theo, [10/11 feb.1890], 855/626.
148. 'Wij met z'n tweeën': Vincent aan Theo, [10/11 Feb. 1890], 855/626. Vincent bood het schilderij aan Gauguin aan in een nu verdwenen brief aan Gauguin (half feb.1890) vermeld in ibid. Zie M 1991, brief 154 en p. 183 n. 254; en Vincent aan Wil, [ca. 20 feb 1890], 857/W 20. Over Madame Ginoux' gezondheid, zie Vincent aan de familie Ginoux, [30/31 dec.1889], 834/622a; en Pickvance 1986, cat. 48, pp. 175-77. Over de *Arlésiennes*, zie Matthias Arnold, 'Van Gogh's *Arlésienne,' Kunst und Antiquitäten* 2 (1985), pp. 66-76; Sund 1988a, p. 263, 267 n. 18; Cornelia Homburg, 'Affirming Modernity; Van Gogh's Arlésienne,' *Simiolus* 21, no. 3 (1992), pp. 127-38; Hulsker 1992, pp. 713-15; Zemel 1997, p. 130; en Maurer 1998, pp. 101ff. Zie ook Sund in Detroit 2000, pp. 202-08.
149. 'Heel getrouw': niet verstuurd concept van een verdwenen, wel verstuurde brief van Vincent aan Gauguin, [ca. 17 juni 1890], 893/643.'Wit dat overhelt naar groen'; 'Zo triest, zo geroerd': Vincent aan Wil, [ca. 20 feb. 1890], 883/W 22. Over deze schilderijen, zie Amsterdam 1990, cat. 111-13, pp. 246-51; Pickvance 1986, cat. 48, pp. 175-77. Het roze dat Vincent gebruikte voor de *Arlésienne* serie was onecht en is aanzienlijk verschoten.
150. Over Vincents verkoop, zie zijn brief aan Moeder, [20 feb. 1890], 356/627. Voor zijn angst gestraft te worden, zie zijn brief aan Moeder en Wil, [29/30 apr. 1890], 865/629a. Het verkochte schilderij was *De rode wijngaard* (hfdst. 4, fig. 49), Vincents enige verkoop gedurende zijn leven, en het werd gekocht door de schilder

Anna Boch, zuster van Eugène Boch (zie hfdst. 4, fig. 32). Voor Vincents instemming om naar het noorden te gaan, zie zijn brief aan Theo, [2 mei 1890], 866/630.

151. Vincent aan Theo, [3 mei 1890], 867/631. Voor een interpretatie van het schilderij als een 'manifesto—een boodschap aan Gauguin en Bernard,' zie Pollock 1998, pp. 108-10. Zie ook Sund in Detroit 2000, pp. 198-200. Zie ook Amsterdam 1990, pp. 246-47. Over de zon als de goddelijke opwekkende hand, zie Kōdera 1990, pp. 34-35.
152. 'Laatste poging'; 'late wandelaars': niet verstuurd concept van een verdwenen, verstuurde brief van Vincent aan Gauguin, [ca. 17 june 1890], 893/643. De tekening van *Cipres met een ster* zat in deze brief. 'Steeds meer onze smaak': Vincent aan Theo, [2 mei 1890], 866/630.
153. Voor de stad die Vincent van zijn stuk bracht, zie niet verstuurd concept van een verdwenen, verstuurde brief van Vincent aan Gauguin, [ca. 17 june 1890], 893/643. 'Blijvende vriendschap': Vincent aan Theo, [3 mei 1890], 867/632. 'Onze toekomstige vriend': [4 mei 1890], 869/631. Zie ook Theo aan Vincent, 29 mrt.1890, 861/T 31.
154. Voor Vincents aanvankelijke reactie op Gachet, zie zijn brief aan Theo, [20 mei 1890], 874/635; [23 mei 1890], 877/648. 'Ware vriend'; 'een nieuwe broer': Vincent aan Wil, [3 juni 1890], 883/W 22.
155. Niet verstuurd concept van een verdwenen, verstuurde brief van Vincent aan Gauguin, [ca. 17 juni 1890], 893/643. Over Gachet, zie ten. cat. Anne Distel en Susan Alyson Stein, *Cézanne to van Gogh: The Collection of Doctor Gachet*, New York (The Metropolitan Museum of Art), 1999.
156. Vincents *Arlésiennes* arriveerden eind april in Parijs. Gauguin keerde begin juni naar Bretagne terug. Exact wanneer gedurende het jaar – en waar (Bretagne of Parijs) – het schilderij uit het Art Institute werd geschilderd (Gauguin dateerde het in 1890) blijft onderwerp van speculatie. Zie Washington 1988, cat. 111, pp. 192-93. 'Zeer mooie, zeer bijzondere'; '*evenwicht*': Gauguin aan Vincent, [13 juni 1890], Van Gogh 1990, brief 890; M 1991, brief 161; Cooper 1983, GAC 41.
157. Gauguin aan Vincent, [13 juni 1890], Van Gogh 1990, brief 890; M 1991, brief 161; Cooper 1983, GAC 41.
158. 'Want je moet daar': Vincent aan Theo, [17 juni 1890], 894/642. 'Dan zullen we': niet verstuurd concept van een verdwenen, verstuurde brief van Vincent aan Gauguin, [ca. 17 juni 1890], 893/643. Gauguin vermeldde Vincents kritiek in een brief aan Vincent, [27 juni 1890], Van Gogh 1990, brief 897; M 1991, brief 165; Cooper 1983, GAC 42.
159. Gauguin aan Vincent, [27 juni 1890], Van Gogh 1990, brief 897; M 1991, brief 165; Cooper 1983, GAC 42.
160. Vincent aan Wil, [ca. 20 feb. 1890], 857/W 20. Voor Vincents dubbel-vierkant doeken, vermeld in een brief aan Theo van omstreeks 24/25 juni 1890 (896/644), zie Zemel 1997, hfdst. 6; en Pickvance 1986, cat. 78, pp. 258-60. Vroeg in zijn carrière (1884-85) had Vincent ook geëxperimenteerd met grote, bijna dubbel-vierkant formaten: van 67 × 126 cm tot 70 × 170 cm, maar in de tussenliggende jaren was maat 30 zijn grootste en meest gebruikte formaat geworden.
161. Over Gauguins Madagaskar-plannen, zie Vincent aan Theo en Jo, [2 juli 1890], 900/646. Voor Gauguins plannen om te vertrekken met Bernard, zie Gauguin aan Theo, [ca. 5 juli 1890], M 1991, brief 169; Cooper 1983, GAC 25.
162. Zie Theo aan Vincent, 30 juni 1890, 899/T 39; Vincent aan Theo, [2 juli 1890], 900/646; [7 juli 1890], 902/647; [ca. 10 juli 1890], 903/649. Zie Jo van Gogh-Bongers herinnering aan Vincents bezoek aan Parijs in juli in Van Gogh 1958, dl. I, p. lii. Over het effect van het bezoek en Theo's zakelijke problemen, zie Jan Hulsker, 'De van Gogh en de Bongers,' *Jong Holland* 96, nr. 2 (1996), pp. 44-64.
163. 'Die lust is me vergaan': Vincent aan Theo en Jo, [ca. 10 juli 1890], 903/649. 'Te kalm': Vincent aan Moeder en Wil, [10-14 juli 1890], 904/650.
164. Zie Vincent aan Theo, 24 juli 1890, 908/651.Voor Vincents bedoeling om met de brieven uit juli anderen te manipuleren en de mogelijkheid dat hij niet van plan was zichzelf te doden, maar zijn ongelukkige situatie te dramatiseren om zo zijn broer aan zich te binden, zie Pollock 1980a, pp. 76ff. Gauguin, *Avant et après*, p. 33 (Eng.); p. 26 (Fr.); M 1991, brief 167. De Franse tekst luidt als volgt: 'Cher maître (la seule fois qu'il ait prononcé ce mot) il est plus digne après vous avoir connu et vois avoir fait de la peine, de mourir en bon état d'esprit qu'en état qui ~~vous~~ dégrade': Voor een facsimile van het originele handschrift dat de dubbelzinnige doorhaling laat zien, zie *Avant et après*, Leipzig,1918. Door het doorhalen verandert de betekenis van Gauguins opmerking : '[...] het is waardiger om te sterven met een heldere geest dan met één die u degenereert.' Merhlès merkt op dat de brief waarnaar Gauguin verwees zou kunnen behoren tot de brieven die hij vermeldde aan Theo; zie [ca. 5 juli 1890], M 1991, brief 170; Cooper 1983, GAC 25.

# BESLUIT: HET ATELIER VAN DE TROPEN

1. In dit hoofdstuk wordt een kort overzicht gegeven van Gauguins leven en carrière van 1890 tot 1903, gezien vanuit het perspectief van het Atelier van de Tropen dat een voortvloeisel was van het Atelier van het Zuiden en van de uitwisseling met Van Gogh. Uiteraard roept Gauguins project in de Stille Zuidzee vele andere vragen op. In de afgelopen twintig jaar is door onderzoekers betoogd dat zijn primitivisme gezien moet worden als onderdeel van de oriëntalistische traditie die, samen met racisme en vrouwenhaat, sterk steunde op het kolonialisme dat erdoor onderschreven werd. Opmerkelijk werk op dit punt is verricht door Abigail Solomon-Godeau ('Going native,' *Art in America* 77 [juli 1989], pp. 119-29, 161) en Griselda Pollock (Pollock 1992). Meer recentelijk hebben Stephen Eisenman (Eisenman 1997) en Edmond Rod (*Representing the South Pacific: Colonial discourse from Cook to Gauguin* [Cambridge 1997]) argumenten aangevoerd tegen een 'reductief standpunt,' door te beweren dat Gauguin 'zowel binnen de gevestigde tradities van de algemene beeld van de Stille Zuidzee werkte als zich daartegen verzette' en zich bezighield met een 'serieuze zoektocht naar verwantschappen waarbij hij herhaaldelijk verschillen ontdekte' (Rod, pp. 254-55). Als gevolg hiervan zien zij een wezenlijk verschil tussen Gauguin en Pierre Loti. Voor de tweeslachtigheid van Gauguins positie in de Stille Zuidzee, zie ook Nancy Perloff, 'Gauguin's French bagage: Decadence and colonialism in Tahiti,' in Elazar Barkan en Ronald Bush (red.), *Prehistories of the future: The primitivist project and the culture of Modernism*, Stanford, Calif. 1995, pp. 226-69; en Elizabeth Childs, 'The colonial lens: Gauguin, Primitivism, and photography in the Fin de Siècle, in Lynda Jessup (red.), *Antimodernism and artistic experience: Policing the boundaries of modernity*, Toronto 2001, pp. 50-70. Voor meer informatie over deze periode, zie ook Jehanne Teilhet-Fisk, *Paradise reviewed: An interpretation of Gauguin's Polynesian Symbolism*, Ann-Arbor, Mich. 1983.
2. Voor de postume legendevorming rond Vincent en de politieke implicaties ervan op de Parijse kunstwereld, zie Zemel 1980, vooral p. 60. Zie ook Nathalie Heinich, *The glory of Van Gogh: An anthropology of admiration*, vert. Paul Browne, Princeton, N.J. 1996; en Tsukasa Kōdera en Yvette Rosenberg (red.), *The mythology of Vincent van Gogh*, Tokio/Amsterdam 1993.
3. Over Madagaskar tegenover Tahiti, zie Gauguin aan Bernard, [eind juli 1890], Malingue 1949, brief 111; Gauguin aan Bernard, [aug. 1890], Malingue 1949, brief 107. 'Egoïstische'; 'discipelen': Gauguin aan Redon, [sept. 1890], Bacou 1960, brief 3, p. 193. Gauguin had over Madagaskar gesproken met Redon, die afkomstig was van het nabijgelegen eiland Réunion. Zie ook Eisenman 1997, pp. 55-56.
4. Gauguin aan Bernard, [aug. 1890], Malingue 1949, brief 110.
5. 'Een schilder van heden iets make als 't geen men vindt beschreven in 't boek van Pierre Loti, le mariage de Loti, waar de natuur van Otaheite wordt beschreven [...] dat later er veel schilders in de tropische landen zullen gaan werken': Vincent aan Wil, [30 mrt. 1888], 593/W3. 'Aan Gauguins project': De Haan aan Theo, [ca. 2 aug. 1890], VGM FR, inv. b1481 V/1962; reproduktie en vert. in Ronald Pickvance, 'A great artist is dead': Letters of condolence on Vincent van Gogh's death, in Sjraar van Heugten en Fieke Pabst (red.), : *Cahier Vincent 4*, Zwolle 1992, Nederlandse brief 1. 'Een kolonie': Ranson aan Denis, 1890, in Brigitte Ranson Bitker en Gilles Genty, *Paul Ranson, 1861-1909: Catalogue raisonné*, Paris 1999, brief 5, p. 393. 'La Société P.Go': zie Gauguin aan Bernard, [aug. 1890], Malingue 1949, brief 112. 'Geloof in de kunst': Gauguin aan Schuffenecker, 25 okt. 1890, M 1995, pp. 53-56.
6. Émile Bernard, 'Vincent van Gogh,' *La Plume* (1 sept. 1891); in het Engels vert. in Stein 1986, p. 282. Een criticus onder de naam Tonio (waarschijnlijk een pseudoniem voor Antonio Cristobal, een medeleerling van Vincent in Cormons atelier) verdedigde het grote belang van Vincents visie: 'de Midi [...] deed Vincent dromen van de tropen'; zie 'Notes et recollections,' *La Butte* (21 mei 1891); in het Engels vert. in Stein 1986, pp. 281-82.
7. Émile Bernard, 'Vincent van Gogh,' in *Les Hommes d'aujourd'hui* 8 (1890) nr. 390; in het Engels vert. in Stein 1986, pp. 282-85. 'Vriend Vincent'; 'onze schilderkunst is gek': Gauguin aan Bernard, [okt. 1890], Malingue 1949, brief 113. Zie ook Gauguin aan Schuffenecker, [25 en 30 okt. 1890], M 1995, pp. 53-56, 57-58.
8. Voor vergelijkingen tussen Vincent en Claude Lantier, zie b.v. Johan de Meester, 'Vincent van Gogh,' *Algemeen Handelsblad* (31 dec. 1890); en A.-J. W, 'Aux XX,' *Nation* (Brussel) (20 feb. 1891). Van Eeden bijvoorbeeld, zag de schilderijen waarschijnlijk in Theo's galerie of bij Père Tanguy en associeerde Vincents olijfgaarden met Gethsemane. Hij interpreteerde het contrast tussen de bomen en de opgaande zon als een onbereikbare verlossing bij uitzichtloos lijden (Frederik van Eeden, 'Vincent van Gogh,' *De Nieuwe Gids* (1 dec. 1890), pp. 263-70. Voor de gemengde reacties hierop, zie b.v. Gustave Lagye, 'Chronique des beaux-arts: Le Salon des XX,' *Eventail* (Brussel) (1 mrt. 1891); en Maurice Beaubourg, 'Les Indépendants: La mort de Dubois-Pillet et de Vincent van Gogh,' *La Revue indépendante* 16 (jan. 1891), pp. 397-402. Voor een pathologische interpretatie van het werk van beide kunstenaars – een historisch

55. Gauguin, 'Diverses Choses,' p. 261.
56. Ibid., pp. 261-62. Gauguin vergiste zich in de periode van zijn bezoek en begon zijn verslag met 'An 89.'
57. Ibid., pp. 225-27. Het moderne evangelie waarnaar verwezen wordt is Edmond de Goncourts *Fille Élisa* (1877).
58. Bernard, 'Lettre ouverte à M. Camille Mauclair,' *Mercure de France* 14 (juni 1895), pp. 332-39. Camille Mauclair, 'Choses d'art,' *Mercure de France* 17 (jan. 1896), pp. 129-30. In december 1895 werd Cézanne's werk tentoongesteld bij Vollard. De kwestie van zijn prestaties ten opzichte van Cézanne zou opnieuw de kop opsteken op de tentoonstelling van Gauguins werk bij Vollard eind november 1896. Zie ook Thadée Natanson, 'Peinture: À propros de MM Charles Cottet, Gauguin, Édouard Vuillard et d'Édouard Manet,' *La Revue blanche* 11 (1 dec. 1896), nr. 84, pp. 516-18. Voor Gauguins pogingen om Mauclair te laten ontslaan, zie zijn brief aan Alfred Vallette, [juli 1896]; vert. in Guérin (noot 12), pp. 119-120. Zie ook Gauguin aan Monfreid, [nov. 1897], Joly-Segalen 1950, brief 38. Gauguin ontving de *Mercure* kosteloos; zie brief aan Fontainas, [aug. 1899], Malingue 1949, brief 172.
59. 'Net zo belangrijk lijkt': André Fontainas, 'Art: Vincent van Gogh – Paul Gauguin – Memento-Publications,' *Mercure de France* 21 (jan. 1897), pp. 221-23. De criticus maakte bezwaar tegen de beoordeling van Van Gogh in André Mellerio's *Le mouvement idéaliste en peinture*, Paris 1896. Bernard, 'Lettres de Vincent van Gogh,' *Mercure de France* 23 (aug. 1897), pp. 286-89. De 14de aflevering werd samengesteld in 1894 maar werd pas drie jaar later gepubliceerd. 'Perfide aantekening': Gauguin aan Monfreid, nov. 1897, Joly-Segalen 1950, brief 38.
60. 'Evangelie'; 'chroomgeel': Gauguin aan Monfreid, feb. 1898, Joly-Segalen 1950, brief 40. Voor Gauguins zelfmoordpoging, zie zijn brief aan Morice, juli 1901, Malingue 1949, brief 174. Voor 'gelijkenis,' zie Gauguin aan Fontainas, aug. 1899, Malingue 1949, brief 172. Over dit schilderij, zie Richard Brettell in Washington 1988, pp. 389-93 en cat. 225, pp. 416-17; en Eisenman 1997, pp. 135-47.
61. 'Zijn *dessin* uitgevonden': André Fontainas, 'Art moderne: Expositions Gauguin-Raffaelli [...],' *Mercure de France* 29 (jan. 1899), pp. 235-38. 'Ik kom voort uit': Gauguin aan Monfreid, juli 1899, Joly-Segalen 1950, brief 56. Voor Gauguins beledigende antwoord op dit artikel ('Een criticus: een heerschap dat zich bemoeit met wat hem niet aangaat'), zie Gauguin aan Fontainas, mrt. 1899, Malingue 1949, brief 170. Over het troosten van Puvis, zie Gauguin aan Fontainas, aug. 1899, Malingue 1949, brief 172. Voor Puvis' overdreven literaire symboliek, zie Gauguin aan Morice, juli 1901, Malingue 1949, brief 174.
62. Gauguin vroeg om bloembollen en zaadjes van dahlia's, waterkers en zonnebloemen; zie brief aan Monfreid, okt. 1898, Joly-Segalen 1950, brief 47. 'Gebrek aan hoop': Gauguin aan Monfreid, april 1899, Joly-Segalen 1950, brief 53. Voor Vincents late nostalgische liefde voor bloemen, zie zijn brief aan Moeder en Wil, [ca. 10-14 juli 1890], 904/650a: 'Maar juist voor de gezondheid [...] is het erg noodig in den tuin te werken en de bloemen te zien groeijen.' In 1891 had Gauguin een stilleven geschilderd onder de titel *De bloemen van Frankrijk* (W 426; Het Poesjkin Staatsmuseum voor Beeldende Kunst); zie Washington 1988, cat. 120, p. 220, en voor het latere stilleven, cat. 253-55, pp. 455-59.
63. De kleinere versie (W 602) bevindt zich in de Buhrle Collectie in Zürich. 'Innerlijk oog': Aurier (noot 10), p. 159. Hij haalde vooral de Zweedse mysticus Emanuel Swedenborg (1688-1772) aan.
64. Een Maori-bron voor de vorm van de kom met de twee figuratieve steunen is de *Kumete* (of presenteerschaal), afgebeeld in Bronwen Nicholson, *Gauguin and Maori art*, Birkenhead (Nieuw-Zeeland) 1995, pp. 66-67. Gegevens over de kom van Nagoya-aardewerk met driekleurig glazuur zijn welwillend ter beschikking gesteld door Yutaka Mino.
65. Gauguin aan Schuffenecker, 10 april 1896; opgenomen in veilingscat. *Vente d'autographes, coll. Alfred Dupont*, Parijs (Hôtel Drouot), 3-4 dec. 1958. De discussies over de verkoop van deze en andere schilderijen worden tijdens de hele volgende correspondentie voortgezet.
66. Zie Gauguin, *Racontars de rapin*, Paris 1951. 'Vaderschap' (p. 43); 'fixeren op hun originaliteit' en 'schakel in een ketting' (p. 45); 'alle vaders' (p. 47); Pissarro en Cézanne (pp. 35, 37); 'bureaucratie, pers en geld' (p. 74). Gauguins lijst van 'belangrijkste kunstenaars' omvat, in de eerste groep, Corot, Daumier, Rousseau, Millet, Courbet, Manet, Degas en Puvis; in de tweede en laatste groep, Sérusier, Redon, Lautrec, Filiger en Séguin (pp. 78-81). Voor een diepgaande bestudering van de kwesties die in het manuscript aan bod komen en hun betekenis, zie Victor Merlhès (red.), *Raccontars de rapin*, Tahiti 1994.
67. 'Mijn advies opvolgend': Gauguin aan Fontainas, sept. 1902, Malingue 1949, brief 176. De citaten in de volgende paragraaf zijn afkomstig uit deze bron.
68. Zie de brief van Gustave Fayet aan Gauguin, 1 nov. 1901, Joly-Segalen 1950, p. 202. Fayet, de directeur van het museum in Béziers, liet Gauguin weten dat hij drie schilderijen van Cézanne, vijf van Degas, twee van Renoir en twee van Van Gogh in zijn bezit had.
69. Gauguin aan Fontainas, feb. 1903, Malingue 1949, brief 177. Voor het stilleven met garnalen, zie Gauguin, *Avant en après*, pp. 42-45.
70. Gauguin gaf te kennen het eiland te willen verlaten in een brief aan Monfreid, 25 aug. 1902, Joly-Segalen 1950, brief 82. 'Onschendbaarheid': Monfreid aan Gauguin, 11 dec. 1901, Joly-Segalen 1950, pp. 232-35. Voor Gauguins plan om Frankrijk in het geheim binnen te komen, zie brief aan Monfreid, feb. 1903, Joly-Segalen 1950, brief 84. Zie Charles Morice, 'Paul Gauguin,' *Mercure de France* 48 (okt. 1903), pp. 100-35. Zie Signac in Morice, 'Quelques opinions sur Paul Gauguin,' *Mercure de France* 48 (nov. 1903), pp. 413-33.

# BEKNOPTE BIBLIOGRAFIE


**Gauguins brieven**

Cooper 1983
Cooper, Douglas (red.), *Paul Gauguin: 45 Lettres à Vincent, Théo et Jo van Gogh*, Den Haag 1983. Facsimiles van brieven met aantekeningen van de tekstbezorger.

Joly-Segalen 1950
Joly-Segalen, A., *Lettres de Paul Gauguin à Georges-Daniel de Monfreid*, Paris 1981. Herziene uitgave van Paris 1950.

M 1984
Merlhès, Victor (red.), *Correspondance de Paul Gauguin: Documents, témoignages*, Paris 1984.

M 1989
Merlhès, Victor (red.), *Paul Gauguin et Vincent van Gogh, 1887-1888: Lettres retrouvées, sources ignorées*, Taravao, Tahiti 1989.

M 1991
Merlhès, Victor (red.), *Paul Gauguin, Vincent e Theo van Gogh: Sarà sempre amicizia tra noi: Lettere, 1887-1890*, Milano 1991.

M 1995
Merlhès, Victor (red.), *De Bretagne en Polynésie: Paul Gauguin, pages inédites*, Papeete, Tahiti 1995.

Malingue 1949
Malingue, Maurice (red.), *Paul Gauguin: Letters to his wife and friends*. Naar het Engels vertaald door Henry J. Stenning, London 1949. Oorsponkelijk gepubliceerd als *Lettres de Gauguin à sa femme et à ses amis*. Bezorgd door Maurice Malingue, Paris 1946. Door de auteurs is een aantal van deze brieven opnieuw gedateerd, voornamelijk op basis van Field 1977.

**Gauguins schetsboeken**

Cogniat/Rewald 1962
Cogniat, Raymond en John Rewald, *Paul Gauguin, a sketchbook*, Paris/New York 1962. Facsimile uitgave van schetsboek, 1884-89. Armand Hammer Collection, UCLA Hammer Museum, Los Angeles. Bevat Gauguins essay uit 1885, 'Notes synthétiques.'

*Album Walter*
*Album Walter*. Schetsboek uit Bretagne, Parijs en Tahiti, 1888-93. Musée du Louvre, Parijs, RF 30569.

Huyghe 1952
Huyghe, René, *Le Carnet de Paul Gauguin*, Paris 1952. Facsimile uitgave van het notitieboekje uit Arles en Bretagne, 1888-91. The Israel Museum Collection, Jeruzalem, geschenk van Sam Salz, New York, aan de America-Israel Cultural Foundation, 1972.

**Gauguins geschriften**

Gauguin, *Avant et après*
Gauguin, Paul, *Paul Gauguin's Intimate Journals*. In het Engels vertaald door Van Wyck Brooks, New York 1921. Naar het Frans gepubliceerd als *Avant et après* (Paris 1989). Transcriptie van Gauguins manuscript 'Avant et après,' 1903, privécollectie. Ook gepubliceerd in facsimile: *Avant et après*, Leipzig 1918.

Gauguin, *'À ma fille Aline'*
Gauguin, Paul, *'À ma fille Aline, ce cahier est dédié,'* twee dln., dl. 1, commentaar; dl. 2, facsimile, Bordeaux 1989. Reproduktie van Gauguins manuscript, begonnen rond december 1892, Bibliothèque d'Art et d'Archéologie, Paris, Fondation Jacques Doucet.

Gauguin, 'Diverses Choses'
Gauguin, Paul, 'Diverses Choses.' Manuscript, 1896-97, volgend op 'Noa Noa,' Musée du Louvre, Paris, Département des Arts Graphiques. Fragment gepubliceerd in Daniel Guérin (red.), *Oviri, écrits d'un sauvage*, Paris 1974.

Gauguin, 'L'Esprit moderne et le catholicisme'
Gauguin, Paul, 'L'Esprit moderne et le catholicisme,' manuscript, 1902, Saint Louis Art Museum. Fragmenten en illustraties gepubliceerd in H. S. Leonard, 'An unpublished manuscript by Paul Gauguin,' *Bulletin of the St. Louis Art Museum* 34 (zomer 1949) nr. 3, pp. 41-48.

Gauguin, 'Noa Noa'
Gauguin, Paul, 'Noa Noa,' Getty manuscript, begonnen in oktober 1893, J. Paul Getty Museum, Los Angeles. Naar het Engels vertaald en gepubliceerd met uitgebreid notenapparaat en essay in Wadley 1985. Louvre manuscript, in samenwerking met Charles Morice, 1893-97, Musée du Louvre, Département des Arts Graphiques.

Gauguin 1894
Gauguin, Paul, 'Natures mortes,' *Essais d'art libre* 4 (jan. 1894) nr. 24, pp. 273-75. Herdrukt in *Essais d'art libre*, Genève 1971.

**Van Goghs brieven**

Gepubliceerde bronnen

*Kort geluk*
Crimpen, Han van (red.), *Brief happiness: The correspondence of Theo van Gogh and Jo Bonger*, Amsterdam, 1999. Engelse vertaling verzorgd door Han van Crimpen van *Kort geluk: de briefwisseling van Theo van Gogh en Jo van Gogh-Bonger*, Zwolle 1999.

Van Gogh 1958
Gogh, Vincent van, *The complete letters of Vincent van Gogh*, drie dln., Greenwich, Conn. 1958 (3de uitgave, Boston 2000).

Van Gogh 1960
Gogh, Vincent van, *Correspondance complète de Vincent van Gogh*, in het Frans vertaald door M. Beerblock en L. Roelandt; inleiding en noten van Georges Charensol,. Paris 1960.

Van Gogh 1990
Gogh, Vincent van, *De brieven van Vincent van Gogh*, vier dln., uitgave bezorgd door Han van Crimpen en Monique Berends-Albert, Den Haag 1990.

Van Gogh 1996
Gogh, Vincent van, *The letters of Vincent van Gogh*, geselecteerd en bezorgd door Ronald de Leeuw; in het Engels vertaald door Arnold Pomerans, London 1996.

Ongepubliceerde bronnen

VGM FR
Van Gogh Museum, Amsterdam. Van Gogh familiearchief.

**Van Gogh albums/schetsboeken**

Van Gogh, Album 1
Gogh, Vincent van, eerste poëziealbum voor Theo van Gogh, ca. 1870-80. Van Gogh Museum, Amsterdam. Herdrukt in facsimile in Pabst 1988, pp. 8-17.

Van Gogh, Album 2
Gogh, Vincent van, tweede poëziealbum voor Theo van Gogh, ca. 1870-80. Van Gogh Museum, Amsterdam. Herdrukt in facsimile in Pabst 1988, pp. 20-37.

Van der Wolk 1987
Wolk, Johannes van der, *The seven sketchbooks of Vincent van Gogh*. Naar het Engels vertaald door Claudia Swan, New York 1987.

**Gauguin catalogues raisonnés**
[B] Bodelsen 1964
Bodelsen, Merete, *Gauguin's ceramics: A study in the development of his art*, London 1964.

Field 1973
Field, Richard S., *Paul Gauguin: Monotypes*, ten. cat. Philadelphia Museum of Art, 1973.

[G] Gray 1980
Gray, Christopher, *Sculpture and ceramics of Paul Gauguin*, herziene uitgave, New York 1980.

[Gu] Guérin 1927
Guérin, Marcel, *L'Oeuvre gravé de Gauguin*, Paris 1927.

K
Kornfeld, Eberhard, Harold Joachim en Elizabeth Morgan, *Paul Gauguin: Catalogue raisonné of his prints*, Bern 1988.

W
Wildenstein, Georges, *Gauguin*, verzorgd door Raymond Cogniat en Daniel Wildenstein, dl. 1, catalogus, Paris 1964.

**Van Gogh catalogues raisonnés**
F
Faille, J.-B. de la, *L'Oeuvre de Vincent van Gogh: Catalogue raisonné*, vier dln., Paris/Brussel 1928, herz. uitgave: *The works of Vincent van Gogh: His paintings and drawings*, New York 1970.

[JH] Hulsker 1996
Hulsker, Jan, *The new complete van Gogh: Paintings, drawings, sketches*, Amsterdam/Philadelphia 1996.

**Secundaire bronnen en tentoonstellingscatalogi**
Amishai-Maisels 1985
Amishai-Maisels, Ziva, *Gauguin's religious themes*, New York/London 1985.

Amsterdam 1987
Uitert, Evert van, en Michael Hoyle (red.), *The Rijksmuseum Vincent Van Gogh*, Amsterdam 1987.

Amsterdam 1990
Amsterdam, Rijksmuseum Vincent van Gogh, *Vincent van Gogh: Paintings*, ten. cat. door Evert van Uitert, Louis van Tilborgh en Sjraar van Heugten, 1990.

Amsterdam 1999
Amsterdam, Van Gogh Museum, *Theo van Gogh, 1857-1891: Art dealer, collector, and brother of Vincent*, ten. cat. door Chris Stolwijk en Richard Thomson, met een bijdrage van Sjraar van Heugten, 1999.

Arikawa 1981
Arikawa, Haruo, '"La Berceuse": An interpretation of Vincent van Gogh's portraits,' *Annual Bulletin of the National Museum of Western Art, Tokyo* 15 (1981), pp. 31-75.

Arles 1999
Arles, Muséon Arlaten, *Arlésienne: Le Mythe*, ten. cat. door Pascale Picard-Cajan, 1999.

Bacou 1960
Bacou, Roseline, *Lettres de Gauguin, Gide, Huysmans, Jammes, Mallarmé, Verhaeren ... à Odilon Redon*, Paris 1960.

Bailey 1992
Bailey, Martin, *Van Gogh in England: Portrait of the artist as a young man*, ten. cat. Barbican Art Gallery, London 1992.

Bailey 1996
Bailey, Martin, 'Van Gogh's portrait of Gauguin,' *Apollo* 144 (juli 1996), nr. 413, pp. 51-54.

Benoit 1887
Benoit, Camille, *Richard Wagner, musiciens, poètes et philosophes, aperçus et jugements précédés de lettres inédites en France et traduits de l'allemande pour la première fois*, Paris 1887.

Berson 1996
Berson, Ruth (red.), *The New Painting: Impressionism, 1874-1886: Documentation*, dl. 1, recensies, San Francisco 1996.

B-H
Bailly-Herzberg, Janine, *Correspondance de Camille Pissarro*, vijf dln., Paris 1980 (dl. 1), 1986 (dl. 2), 1988 (dl. 3), 1989 (dl. 4), 1991 (dl. 5).

Bodelsen 1967
Bodelsen, Merete, 'Gauguin Studies,' *Burlington Magazine* 109 (apr. 1967), nr. 769, pp. 217-27.

Bodelsen 1970
Bodelsen, Merete, 'Gauguin, the collector.' *Burlington Magazine* 112 (sept. 1970), nr. 810, pp. 597-601.

Braun 1986
Braun, Barbara, 'Paul Gauguin's Indian identity: How ancient Peruvian pottery inspired his art,' *Art History* 9 (mrt. 1986), nr. 1, pp. 36-54.

Carlyle, *On Heroes*
Carlyle, Thomas, *On heroes, hero-worship, and the heroic in history*, Berkeley/Los Angeles 1993, (eerste uitgave uit 1841).

Carlyle, *Sartor Resartus*
Carlyle, Thomas, *Sartor Resartus*, uitgegeven en van inleiding en noten voorzien door Kerry McSweeney en Peter Sabor, Oxford/New York 1987, (eerste uitgave uit 1836).

Detroit 2000
Detroit Institute of Arts, *Van Gogh face to face: The portraits*, ten. cat. met essays van Roland Dorn, George S. Keyes, Joseph J. Rishel met Katherine Sachs, George T. M. Shackelford, Lauren Soth, en Judy Sund; en een chronologie van Katherine Sachs, 2000.

Dorra 1978
Dorra, Henri, 'Gauguin's Dramatic Arles Themes,' *Art Journal* 30 (herfst 1978), nr. 1, pp. 12-17.

Dorn 1988
Dorn, Roland, 'Vincent van Gogh's concept of "decoration,"' in *Vincent van Gogh International Symposium: Tokyo, October 17-19, 1985*, Tokio 1988, pp. 375-84.

Dorn 1990
Dorn, Roland, *Décoration: Vincent van Goghs Werkreihe für das Gelbe Haus in Arles*, Hildesheim/Zurich/New York 1990.

Dorn 1999
Dorn, Roland, 'Van Gogh's *Sunflowers* series: The fifth toile de 30,' *Van Gogh Museum Journal* (1999), pp. 42-61.

Druick/Zegers 1991
Druick, Douglas W. en Peter Zegers, 'Le Kampong et la pagode: Gauguin à l'exposition universelle de 1889,' in *Gauguin: Actes du colloque Gauguin, Musée d'Orsay, 11-13 janvier 1989*, Paris 1991, pp. 101-42.

Druick/Zegers 1995
Druick, Douglas W.,en Peter Zegers, *Paul Gauguin: Pages from the Pacific*, ten. cat. Auckland City Art Gallery, Nieuw-Zeeland, 1995.

Van Eeden, *De kleine Johannes*
Eeden, Frederik van, *Little Johannes*, naar het Engels vertaald door Clara Bell, London 1895. Oorsponkelijk uitgegeven als *De kleine Johannes* (Den Haag 1887).

Eisenman 1997
Eisenman, Stephen, *Gauguin's skirt*, New York 1997.

Field 1977
Field, Richard S., *Paul Gauguin: The paintings of the first trip to Tahiti*, New York/London 1977.

Fonsmark 1996
Fonsmark, Anne-Birgitte, *Gauguin Ceramics: Ny Carlsburg Glyptotek*, in het Engels vertaald door Dan A. Marmorstein, Kopenhagen 1996.

Halperin 1970
Halperin, Joan U., *Félix Fénéon: Oeuvres plus que complètes*, twee dln., Genève 1970.

Halperin 1988
Halperin, Joan U., *Félix Fénéon: Aesthete and anarchist in fin-de-siècle Paris*, New Haven/London 1988.

Harscoët-Maire 1997
Harscoët-Maire, Laure, 'Lettres d'Émile Bernard (1886-88): De Cancale à Saint-Briac,' *Le Pays de Dinan* 17 (1997), pp. 113-82.

Hartford 2001
Hartford, Wadsworth Atheneum Museum of Art, *Gauguin's Nirvana: Painters at Le Pouldu, 1889-90*, ten. cat. verzorgd door Eric M. Zafran, 2001.

Hartrick 1939
Hartrick, Archibald S., *A painter's pilgrimage through fifty years*, Cambridge 1939.

Herbert 1991
Herbert, Robert, *Georges Seurat, 1859-1891*, ten. cat. The Metropolitan Museum of Art, New York 1991.

Hulsker 1971
Hulsker, Jan, 'Vincent's stay in the hospitals at Arles and St.-Rémy: Unpublished letters from the Reverend Mr. Salles and Doctor Peyron to Theo van Gogh,' *Vincent: Bulletin of the Rijksmuseum Vincent van Gogh* 1 (1971), nr. 2 , pp. 21-39.

Hulsker 1974
Hulsker, Jan, 'What Theo really thought of Vincent,' *Vincent: Bulletin of the Rijksmuseum Vincent van Gogh* 3 (1974), nr. 2 , pp. 2-28.

Hulsker 1990
Hulsker, Jan, *Vincent and Theo van Gogh: A dual biography*, Ann Arbor, Mich. 1990.

Hulsker 1992
Hulsker, Jan, 'Van Gogh, Roulin and the two Arlésiennes,' deel 1 en 2, *Burlington Magazine* 134 (sept. 1992), nr. 1074, pp. 570-77; (nov. 1992), nr. 1076, pp. 707-15.

Hulsker 1993
Hulsker, Jan, *Vincent van Gogh: A guide to his work and letters*, Amsterdam 1993.

Jensen 1994
Jensen, Robert, *Marketing Modernism in fin-de-siècle Europe*, Princeton, N.J. 1994.

Jirat-Wasiutyński/Newton 2000
Jirat-Wasiutyński, Vojtěch en H. Travers Newton, Jr., *Technique and meaning in the paintings of Paul Gauguin*, Cambridge/New York 2000.

Kōdera 1990
Kōdera, Tsukasa, *Vincent van Gogh: Christianity versus Nature*, Amsterdam/Philadelphia 1990.

Kōdera 1991
Kōdera, Tsukasa, 'Van Gogh's Utopian Japonisme,' in *Catalogue of the Van Gogh Museum's Collection of Japanese Prints*, Amsterdam 1991.

Loti, *Mon Frère Yves*
Loti, Pierre, *A Tale of Brittany (Mon Frère Yves)*, naar het Engels vertaald door W. P. Barnes, London [1923], oorspronkelijk uitgegeven in het Frans als *Mon Frère Yves* (Paris 1883).

Mannheim 1990
Staadtische Kunsthalle Mannheim, *Émile Bernard, 1868-1941: A pioneer of modern art*, ten. cat. door Mary Anne Stevens et al., 1990.

Marks-Vandenbroucke 1956
Marks-Vandenbroucke, Ursula Frances, 'Gauguin – ses origines et sa formation artistique,' *Gazette des beaux-arts*, serie 6 (jan. - apr. 1956), 47, pp. 9-62.

Maurer 1998
Maurer, Naomi Margolis, *The pursuit of spiritual wisdom: The thought and art of Vincent van Gogh and Paul Gauguin*, Madison, N.J. 1998.

Merlhès 1996
Merlhès, Victor, 'Van Gogh et Gauguin: Du puzzle à l' image,' in *Nouvelles Approches de l'épistolaire: Lettres d'artistes, archives et correspondances (Actes du Colloque international tenu en Sorbonne, les 3 et 4 décembre 1993)*, Paris 1996, pp. 95-114.

Orton/Pollock 1980
Orton, Fred en Griselda Pollock, 'Les Données bretonnantes: La Prairie de représentation,' *Art History* 3 (1980), nr. 3, pp. 314-44.

Pabst 1988
Pabst, Fieke (red.), *Vincent van Gogh's Poetry Albums: Cahier Vincent 1*, Zwolle/Amsterdam 1988.

Pabst/van Uitert 1987
Pabst, Fieke en Evert van Uitert, 'A literary life, with a list of books and periodicals read by van Gogh,' in Amsterdam 1987, pp. 68-84.

Peres et al. 1991
Peres, Cornelia et al., *A closer look: Technical and art-historical studies on works by Van Gogh and Gauguin: Cahier Vincent 3*, Zwolle 1991.

Pickvance 1984
Pickvance, Ronald, *Van Gogh in Arles*, ten. cat. The Metropolitan Museum of Art, New York 1984.

Pickvance 1986
Pickvance, Ronald, *Van Gogh in Saint-Rémy and Auvers*, ten. cat. The Metropolitan Museum of Art, New York 1986.

Pickvance 1998
Pickvance, Ronald, *Gauguin*, ten. cat. Fondation Pierre Gianadda, Martigny (Zwitserland) 1998.

Pickvance 2000
Pickvance, Ronald, *Van Gogh*, ten. cat. Fondation Pierre Gianadda, Martigny (Zwitserland) 2000.

Pollock 1980a
Pollock, Griselda, 'Artists' mythologies and media: Genius, madness, and art history,' *Screen* 21 (1980), nr. 3, pp. 57-96.

Pollock 1980b
Pollock, Griselda, *Vincent van Gogh and Dutch art: A study of the development of van Gogh's notion of modern art with special reference to the critical and artistic revival of seventeenth-century Dutch art in Holland and France in the nineteenth century*, twee dln. (diss.), Courtauld Institute of Art, London University, 1980.

Pollock 1992
Pollock, Griselda, *Avant-garde gambits, 1888-1893: Gender and the colour of art history*, London 1992.

Pollock 1998
Pollock, Griselda, 'On not seeing Provence: Van Gogh and the landscape of consolation, 1888-89,' in *Framing France: The Representation of Landscape in France, 1870-1914*. Verzorgd door Richard Thomson, Manchester/New York 1998, pp. 81-118.

Prather/Stuckey 1987
Prather, Marla en Charles F. Stuckey, *Gauguin: A retrospective*, New York 1987.

Rewald 1956
Rewald, John, *Post-Impressionism from Van Gogh to Gauguin*, New York 1956.

Rewald 1973
Rewald, John, 'Theo van Gogh, Goupil, and the Impressionists,' *Gazette des beaux-arts*, serie 6 (jan. - feb. 1973), 81, pp. 1-108.

Roskill 1970a
Roskill, Mark, *Van Gogh, Gauguin, and French painting in the 1880s: A catalogue raisonné of key works*, Ann Arbor, Mich. 1970.

Roskill 1970b
Roskill, Mark, *Van Gogh, Gauguin, and the Impressionist circle*, Greenwich, Conn. 1970.

Roskill 1979
Roskill, Mark, '"Public" and "Private" meanings: The paintings of van Gogh,' *Journal of Communication* 29 (1979), pp. 157-69.

San Francisco 1986
The Fine Arts Museums of San Francisco, *The new painting: Impressionism, 1874-1886*, ten. cat. door Charles S. Moffett et al., 1986.

Sérusier, ABC
Sérusier, Paul, *ABC de la peinture*, derde ed., Paris 1950.

Sheon 1978
Sheon, Aaron, *Monticelli, his contemporaries, his influence*, ten. cat. Museum of Art, Carnegie Institute, Pittsburgh 1978.

Silverman 1992
Silverman, Debora, 'Pilgrim's Progress and Vincent van Gogh's Métier,' in Bailey 1992, pp. 95-115.

Silverman 1994
Silverman, Debora, 'Weaving paintings: Religion and social origins of Vincent van Gogh's pictorial labor,' in *Rediscovering history: Culture, politics, and the psyche*, verzorgd door Michael S. Roth, Stanford, Calif. 1994, pp. 137-68, 465-73.

Silverman 1995
Silverman, Debora, 'At the threshold of Symbolism: Van Gogh's Sower and Gaugin's Vision after the Sermon,' in *Lost Paradise: Symbolist Europe*, ten. cat. Musée des Beaux-Arts, Montreal 1995, pp. 104-15.

Silverman 2000
Silverman, Debora, *Van Gogh and Gauguin: The search for sacred art*, New York 2000.

Soth 1986
Soth, Lauren, 'Van Gogh's agony,' *Art Bulletin* 68 (juni 1986), nr. 2 , pp. 301-13.

Stein 1986
Stein, Susan Alyson (red.), *Van Gogh: A retrospective*, New York 1986.

Sund 1988a
Sund, Judy, 'Favoured fictions: Women and books in the art of Van Gogh,' *Art History* 11 (juni 1988), nr. 2, pp. 255-67.

Sund 1988b
Sund, Judy, 'The sower and the sheaf: Biblical metaphor in the art of Vincent van Gogh,' *Art Bulletin* 70 (dec. 1988), nr. 4, pp. 660-76.

Sund 1992
Sund, Judy, *True to temperament: Van Gogh and French Naturalist literature*, Cambridge/New York/Victoria (Australia) 1992.

Sund 1996
Sund, Judy, 'Van Gogh's Berceuse and the sanctity of the secular,' in *Van Gogh 100*, verzorgd door Joseph Masheck, Westport, Conn./London 1996, pp. 205-25.

Sweetman 1996
Sweetman, David, *Paul Gauguin: A life*, New York 1996.

Thomson 1993
Thomson, Belinda (red.), *Gauguin by himself*, Boston 1993.

Van Tilborgh/Vellekoop 1999
Tilborgh, Louis van en Marije Vellekoop, *Vincent van Gogh: Paintings*, dl. 1, Hollandse periode, 1881-1885, Amsterdam/London 1999.

Van Uitert 1977
Uitert, Evert van, 'Vincent van Gogh and Paul Gauguin: A creative competition,' *Simiolus* 9 (1977), nr. 3, pp. 149-68.

Van Uitert 1978-79
Uitert, Evert van, 'Vincent van Gogh in anticipation of Paul Gauguin,' *Simiolus* 10 (1978-79), nr. 3-4, pp. 182-99.

Van Uitert 1980
Uitert, Evert van, 'Vincent van Gogh and Paul Gauguin in competition: Vincent's original contribution,' *Simiolus* 11(1980), nr. 2, pp. 81-106.

Van Uitert 1981-82
Uitert, Evert van, 'Van Gogh's concept of his oeuvre,' *Simiolus* 12 (1981-82), nr. 4, pp. 223-44.

Wadley 1985
Wadley, Nicholas, *Noa Noa: Gauguin's Tahiti*, in het Engels vertaald door Jonathan Griffin, Oxford 1985.

Ward 1986
Ward, Martha, 'The eighth exhibition, 1886: The rhetoric of independence and innovation,' in San Francisco 1986, pp. 421-442.

Ward 1996
Ward, Martha, *Pissarro, Neo-Impressionism and the spaces of the avant-garde*, Chicago/London 1996.

Washington 1988
Washington, D.C., National Gallery of Art, *The Art of Paul Gauguin*, ten. cat. door Richard Brettell et al., 1988.

Welsh-Ovcharov 1981
Welsh-Ovcharov, Bogomila, *Vincent van Gogh and the birth of Cloisonism*. Ten. cat. Art Gallery of Ontario, Toronto 1981.

Welsh-Ovcharov 1988
Welsh-Ovcharov, Bogomila, *Van Gogh à Paris*, ten. cat. Musée d'Orsay, Paris 1988.

Zemel 1980
Zemel, Carol, *The formation of a legend: Van Gogh criticism, 1890-1920*, Ann Arbor, Mich. 1980.

Zemel 1985
Zemel, Carol, 'The 'spook' in the machine: Van Gogh's pictures of weavers in Brabant,' *Art Bulletin* 67 (mrt. 1985), nr. 1, pp. 123-37.

Zemel 1997
Zemel, Carol, *Van Gogh's progress: Utopia, modernity, and late-nineteenth-century art*, Berkeley, Calif. 1997.

Zola, *L'Oeuvre*
Zola, Émile, *The Masterpiece*, naar het Engels vertaald door Thomas Walton, Oxford/New York 1993, in het Frans uitgegeven als *L'Oeuvre* (Paris 1974).

# CHECKLIST
## VAN DE TENTOONSTELLING

De werken zijn gerangschikt in chronologische volgorde. Per jaar zijn ze per kunstenaar en in alfabetische volgorde opgenomen. We hebben getracht de titels te hanteren die door de kunstenaars zijn gebruikt in hun correspondentie, in inventarissen of bij exposities. Deze titels zijn in het Frans en staan in de meeste gevallen tussen haakjes. Bovendien zijn de dateringen het resultaat van het onderzoek dat verricht is voor deze publikatie. Ze kunnen derhalve afwijken van dateringen in andere publikaties. De dateringen zijn in de eerste plaats gebaseerd op de correspondentie van de kunstenaars, in combinatie met technisch onderzoek. Naast de gebruikelijke aanwijzingen zijn de volgende conventies gehanteerd:

ca. 4 november 1888: gemaakt binnen ongeveer een week na 4 november 1888

4-11 november 1888: begonnen op 4 november en voltooid op 11 november 1888

4/11 november 1888: gemaakt in de periode van 4 tot 11 november 1888

Catalogue raisonné-nummers voor werken zijn weergegeven tussen vierkante haakjes; referentienummers uit gepubliceerde delen van de correspondentie tussen ronde haakjes. Volledige gegevens over deze verkort weergegeven citaten zijn te vinden in de bibliografie.

De afmetingen zijn in cm, met hoogte voorafgaande aan breedte.

Werken die niet in de tentoonstelling zijn opgenomen worden aangeduid met een asterisk.

**1880**

1
Paul Gauguin (Frankrijk, 1848-1903)
*Houten kroes en metalen kruik*
Parijs, 1880 [W 47]
Olieverf op doek
55 × 65 cm
The Art Institute of Chicago, Millennium Geschenk van Sara Lee Corporation, 1999.362
Hfdst. 1, fig. 51

**1885**

2
Gauguin
*Zelfportret voor de ezel*
Kopenhagen, ca. 1 mei 1885
[W 138]
Olieverf op doek
65,2 × 54,3 cm
Kimbell Art Museum, Fort Worth, Texas, 1997.03
Hfdst. 1, fig. 61

3
Vincent van Gogh
(Nederland, 1853-1890)
*Stilleven met bijbel en Zola's 'Joie de vivre'*
Nuenen, oktober 1885 [F 113, JH 946]
Olieverf op doek
65 × 78 cm
Van Gogh Museum, Amsterdam (Vincent van Gogh Stichting), S08 V/1962
Hfdst. 1, fig. 3

**1886**

4
Gauguin
*Jonge Bretonse baders*
(*Petits Baigneurs*)
Pont-Aven, zomer 1886 [W 272]
Olieverf op doek
60 × 73 cm
Kunstmuseum, Hiroshima, B26
Hfdst. 2, fig. 25

5
Gauguin
*Bretonse herderin*
Pont-Aven, zomer 1886 [W 203]
Olieverf op doek
60,4 × 73,3 cm
Laing Art Gallery, Newcastle upon Tyne (Tyne and Wear Museums), C643
Hfdst. 2, fig. 28

6
Gauguin
*De faun*
Parijs, winter 1886
[niet in B of G]
Ongeglazuurd aardewerk, deels verguld
H 47 cm
The Art Institute of Chicago, nalatenschap van Suzette Morton Davidson; Major Acquisitions Centennial Endowment, 1997.88
Hfdst. 2, fig. 18

7
Gauguin
*Stilleven met profiel van Charles Laval*
Parijs, eind 1886
[W 207]
Olieverf op doek
46 × 38 cm
Indianapolis Museum of Art, Samuel Josefowitz Collection van de School van Pont-Aven, met dank aan de Lilly Endowment Inc., de familie Josefowitz, Mr. en Mrs. James M. Cornelius, Mr. en Mrs. Leonard J. Betley, Lori en Dan Efroymson en andere Vrienden van het Museum, 1998.167
Hfdst. 2, fig. 40

8
Van Gogh
*Zelfportret met vilthoed bij de ezel*
Parijs, voorjaar 1886
[F 181, JH 1090]
Olieverf op doek
46,5 × 38,5 cm
Van Gogh Museum, Amsterdam (Vincent van Gogh Stichting), S160 V/1962
Hfdst. 2, fig. 7

9
Van Gogh
*Kom met zinnia's en andere bloemen*
Parijs, zomer 1886
[F 251, JH 1142]
Olieverf op doek
50,2 × 61 cm
National Gallery of Canada, Ottawa, NGC 15191
Hfdst. 2, fig. 9

10
Van Gogh
*Terras en uitkijkpunt bij de Moulin de Blute-fin, Montmartre*
Parijs, eind 1886
[F 272, JH 1183]
Olieverf op doek, bevestigd op geperst karton
44 × 33,5 cm
The Art Institute of Chicago, Helen Birch Bartlett Memorial Collection, 1926.202
Hfdst. 2, fig. 15

**1887**

11
Gauguin
*Les Négresses (Onder de mangobomen [Tropen]*
(*Aux mangos [Tropiques]*)
Martinique, zomer 1887 [W224]
Olieverf op doek
89 × 116 cm
Van Gogh Museum, Amsterdam (Vincent van Gogh Stichting), S221 V/1962
Hfdst. 2, fig. 57

12
Gauguin
*Martinique (Aan de rand van het meer)*
Martinique, zomer 1887 [W222]
Olieverf op doek
54 × 56 cm
Van Gogh Museum, Amsterdam (Vincent van Gogh Stichting), S220 V/1962
Hfdst. 2, fig. 58

13
Gauguin
*Komen en gaan, Martinique*
Martinique, zomer 1887
[niet in W]
Olieverf op doek
72,6 × 92 cm
Carmen Thyssen-Bornemisza Collectie, Madrid
Hfdst. 2, fig. 61

14
Gauguin
*Gesprek (Tropen)*
(*Conversation [Tropiques]*)
Martinique, zomer 1887 [W227]
Olieverf op doek
61,5 × 76 cm
Privé-collectie
Alleen Chicago
Hfdst. 3, fig. 20

15
Gauguin
*Portretvaas van Jeanne Schuffenecker*
Parijs, winter 1887/88
[B 32, G 62]
Ongeglazuurd aardewerk
H 19 cm
Privé-collectie
Hfdst. 2, fig. 65

16
Gauguin
*Cleopatra-pot*
Parijs, winter 1887/88
[B 17, G 37]
Deels geglazuurd aardewerk
H 13,6 cm
Van Gogh Museum, Amsterdam (Vincent van Gogh Stichting), V37 V/1978
Hfdst. 2, fig. 69

17
Gauguin
*Leda en de zwaan*
Parijs, winter 1887/88
[B 34, G 63]
Ongeglazuurd aardewerk, versierd met kleislip
H 20 cm
Privé-collectie
Hfdst. 2, fig. 64a

18
Van Gogh
*Vissers in het voorjaar, de Pont de Clichy* (*Asnières*)
Parijs, voorjaar 1887
[F 354, JH 1270]
Olieverf op doek
49 × 58 cm
The Art Institute of Chicago, donatie van Charles Deering McCormick, Brooks McCormick, en Roger McCormick, 1965.1169
Hfdst. 2, fig. 44

19
Van Gogh
*Zelfportret*
Parijs, voorjaar 1887
[F 345, JH 1249]
Olieverf op karton, bevestigd op geschraagd paneel
41 × 32,5 cm
The Art Institute of Chicago, Joseph Winterbotham Collection, 1954.326
Hfdst. 2, fig. 45

20
Van Gogh
*Zelfportret met strohoed*
Parijs, zomer 1887
[F 526, JH 1309]
Olieverf op doek, bevestigd op houtpaneel
34,9 × 26,7 cm
The Detroit Institute of Arts, City of Detroit Purchase, 22.13
Alleen Chicago
Hfdst. 2, fig. 46

21
Van Gogh
*Een paar schoenen*
(*Les Souliers*)
Parijs, zomer 1887
[F 333, JH 1236]
Olieverf op doek
33 × 40,9 cm
The Baltimore Museum of Art, The Cone Collection, samengesteld door Dr. Claribel Cone en Miss Etta Cone uit Baltimore, Maryland, 1950, 302
Hfdst. 2, fig. 47

22
Van Gogh
*Bloeiende pruimeboom (naar Hiroshige)*
Parijs, april 1888
[F 405, JH 1394]
Olieverf op doek
73 × 46 cm
Van Gogh Museum, Amsterdam (Vincent van Gogh Stichting), S114 V/1962
Alleen Amsterdam
Hfdst. 3, fig. 16

23
Van Gogh
*Twee zonnebloemen*
Parijs, zomer 1887
[F 375, JH 1329]
Olieverf op doek
43,2 × 61 cm
The Metropolitan Museum of Art, New York, Rogers Fund, 1949, 49.41
Hfdst. 2, fig. 49

24*
Van Gogh
*Twee zonnebloemen*
Parijs, zomer 1887
[F 376, JH 1331]
Olieverf op doek
50 × 60 cm
Kunstmuseum, Bern, Zwitserland, geschenk van Professor Dr. Hans R. Hahnloser, 2140
Hfdst. 2, fig. 50

25
Van Gogh
*Parijse romans* (*Romans parisiens*)
Parijs, eind 1887 [F 359, JH 1332]
Olieverf op doek
73 × 93 cm
Privé-collectie
Alleen Chicago
Hfdst. 2, fig. 71

**1888**

26
Émile Bernard
(Frankrijk, 1868-1941)
*Bretonse vrouwen in de weide (De Pardon in Pont-Aven)*
(*Les Bretonnes dans la prairie [Bretonnes au pardon]*)
Pont-Aven, aug. 1888
Olieverf op doek
74 × 92 cm
Privé-collectie
Hfdst. 3, fig. 60

27
Bernard
*Zelfportret opgedragen aan Vincent van Gogh*
Pont-Aven, eind sept. 1888
Olieverf op doek
46,5 × 55,5 cm
Van Gogh Museum, Amsterdam (Vincent van Gogh Stichting), S206 V/1962
Hfdst. 3, fig. 76

28
Gauguin
*Dansende Bretonse meisjes*
(*La Ronde des petites Bretonnes*)
Pont-Aven, juni 1888 [W251]
Olieverf op doek
73 × 92,7 cm
National Gallery of Art, Washington, D.C., Verzameling van Mr. en Mrs. Paul Mellon, 1983.1.19
Hfdst. 3, fig. 21

29
Gauguin
*Jonge worstelaars - Bretagne*
(*Jeunes Lutteurs - Bretagne*)
Pont-Aven, juli 1888 [W273]
Olieverf op doek
93 × 73 cm
Privé-collectie
Hfdst. 3, fig. 39

30
Gauguin
Schets van *Jonge worstelaars - Bretagne* in een brief aan Vincent
[ca. 24/25 juli 1888]
(M 1984, brief 158)
Pen en inkt op papier
21 × 13,6 cm
Van Gogh Museum, Amsterdam (Vincent van Gogh Stichting), B844 V/1962
Hfdst. 3, fig. 35

31
Gauguin
*Visioen van de preek*
(*Vision du sermon*)
Pont-Aven, half aug. - half sept.1888
[W 245]
Olieverf op doek
73 × 92 cm
National Gallery of Scotland, Edinburgh, NG 1643
Hfdst. 3, fig. 59

32
Gauguin
Schets van *Visioen van de preek* in brief aan Vincent
Pont-Aven, [ca. 25-27 sept. 1888]
(M 1984, brief 165)
Pen en inkt op papier
11,7 × 15,5 cm
Van Gogh Museum, Amsterdam (Vincent van Gogh Stichting), B847 V/1962
Hfdst. 3, fig. 62

33
Gauguin
*Zelfportret opgedragen aan Vincent van Gogh* (*Les Misérables*)
Pont-Aven, eind sept. 1888 [W 239]
Olieverf op doek
45 × 55 cm
Van Gogh Museum, Amsterdam (Vincent van Gogh Stichting), S224 V/1962
Hfdst. 3, fig. 74; vooromslag (detail)

34
Gauguin
*De Aven bij Pont-Aven*
Pont-Aven, herfst 1888 [W 253]
Olieverf op doek
72 × 93 cm
Privé-collectie
Alleen Chicago
Hfdst. 4, fig. 76

35
Gauguin
*Boerderij in Arles* (*Mas d'Arles*)
Arles, ca. 28 oktober 1888
[W 308]
Olieverf op doek
91 × 72 cm
Indianapolis Museum of Art, geschenk ter nagedachtenis aan William Ray Adams, 44.10
Hfdst. 4, fig. 11; Hfdst. 4, fig. 14 (detail)

36
Gauguin
*Les Alyscamps (De drie gratiën bij de tempel van Venus)*
(*Paysage of Les trois grâces au temple du Vénus*)
Arles, ca. 29 oktober 1888 [W 307]
Olieverf op doek
92 × 73 cm
Musée d'Orsay, Parijs, donatie van de comtesse Vitali, ter nagedachtenis van haar broer de vicomte de Cholet, 1923, R.F. 1938-47
Hfdst. 4, fig. 21

37
Gauguin
*Les Alyscamps*
Arles, ca. 1 november 1888
[W 306]
Olieverf op jute
72,5 × 91,5 cm
Seiji Togo Memorial Yasuda Kasai Museum of Art, Tokio, LO-179
Hfdst. 4, fig. 26

38
Gauguin
*Madame Ginoux*
(studie voor *Nachtcafé*)
Arles, ca. 4 november 1888
Wit en gekleurd krijt en houtskool op velijnpapier
56,1 × 49,2 cm
Fine Arts Museum of San Francisco, geschenk van Dr. T. Edward en Tullah Hanley, Bradford, Pennsylvania, 69.30.78
Hfdst. 4, fig. 36; Hfdst. 5, fig. 92

39
Gauguin
*Nachtcafé* (*Un Café de nuit*)
Arles, 4-12 november 1888
[W 305]
Olieverf op jute
72 × 92 cm
Poesjkin Staatsmuseum voor beeldende kunst, Moskou, 3367
Hfdst. 4, fig. 41; Hfdst. 4, fig. 39 (detail)

40
Gauguin
*Misères humaines* (*Les Vendanges* of *La Pauvresse*)
*(Menselijke ellende [De druivenoogst in Arles])*
Arles, 4-11 november 1888 [W 304]
Olieverf op jute
73 × 93 cm
Ordrupgaard, Kopenhagen, 223 WH
Hfdst. 4, fig. 50; Hfdst. 4, fig. 52 (detail)

41
Gauguin
*Wasvrouwen bij het Roubine du Roi-kanaal*
Arles, eind november 1888 [W 303]
Olieverf op jute
73 × 92 cm
Museo de Bellas Artes de Bilbao, 82/18
Hfdst. 4, fig. 75

42
Gauguin
*Blauwe bomen* (*'Vous y passerez, la belle!'*) (*Les arbres bleus*)
Arles, eind november 1888 [W 311]
Olieverf op jute
92 × 73 cm
Ordrupgaard, Kopenhagen, 254 WH
Hfdst. 4, fig. 87

43
Gauguin
*Madame Roulin*
Arles, eind november 1888 [W 298]
Olieverf op doek
50 × 63 cm
The Saint Louis Art Museum, gefinancierd door Mrs. Mark C. Steinberg, 5: 1959
Hfdst. 4, fig. 97

44
Gauguin
*Wasvrouwen bij het Roubine du Roi-kanaal*
Arles, begin december 1888 [W 302]
Olieverf op jute
75,9 × 92,1 cm
The Museum of Modern Art, New York, The William S. Paley Collection, SPC 15.90
Hfdst. 4, fig. 83

45
Gauguin
*Landschap bij Arles (Pad bij het Roubine du Roi-kanaal)*
Arles, begin december 1888 [W 309]
Olieverf op jute
72,5 × 92 cm
Nationalmuseum, Stockholm, NM 1735
Hfdst. 4, fig. 82

46
Gauguin
*De zonnebloemenschilder* (*Le peintre de tournesols*)
Arles, ca. 1 december 1888 [W 296]
Olieverf op doek
73 × 92 cm
Van Gogh Museum, Amsterdam (Vincent van Gogh Stichting), S225 V/1962
Alleen Amsterdam
Hfdst. 4, fig. 107

47
Gauguin
*Monsieur Ginoux*
Arles, begin december 1888 [niet in W]
Olieverf op doek
40 × 31 cm
Van Gogh Museum, Amsterdam (Vincent van Gogh Stichting), S256 V/1962
Hfdst. 4, fig. 116

48
Gauguin
*Zelfportret opgedragen aan Charles Laval (later aan Eugène Carrière)*
Arles, december 1888 [W 384]
Olieverf op jute
46,5 × 38,6 cm
National Gallery of Art, Washington D.C., Mr. en Mrs. Paul Mellon Collection, 1985.64.20
Hfdst. 4, fig. 121

49
Gauguin
*Oude man met stok*
Arles, december 1888 [W 318]
Olieverf op jute
70 × 45 cm
Petit Palais – Musée des Beaux-Arts de la Ville de Paris, PPP 623
Hfdst. 4, fig. 123

50
Gauguin
*Arlésiennes (Mistral)*
Arles, half december 1888 [W 300]
Olieverf op jute
73 × 92 cm
The Art Institute of Chicago, Mr. en Mrs. Lewis Larned Coburn Memorial Collection, 1934.391
Hfdst. 4, fig. 125

51
Gauguin
*De moeder van de kunstenaar* (Aline-Marie Gauguin)
Arles, december 1888 [W 385]
Olieverf op doek
41 × 33 cm
Staatsgalerie Stuttgart, 2554
Hfdst. 4, fig. 138

52
Gauguin
*Schetsboek uit Arles en Bretagne*
1888-1901
Potlood en houtskool op gelinieerd registerpapier
218 pagina's; elk 17 × 10,5 cm
The Israel Museum Collection, Jeruzalem, geschenk van Sam Salz, New York, aan de America-Israel Cultural Foundation, 1972
Hfdst. 4, fig. 84, 96, 98, 104, 108, 109, 117,126, 127

53
Charles Laval (Frankrijk, 1862-1894)
*Zelfportret opgedragen aan Vincent van Gogh*
Pont-Aven, ca. 1 november 1888
Olieverf op doek
50 × 60 cm
Van Gogh Museum, Amsterdam (Vincent van Gogh Stichting), S24 V/1962
Alleen Amsterdam
Hfdst. 4, fig. 119

54
Van Gogh
*Zelfportret als schilder*
Parijs, februari 1888
[F 522, JH 1356]
Olieverf op doek
65 × 50,5 cm
Van Gogh Museum, Amsterdam (Vincent van Gogh Stichting), S22 V/1962
Hfdst. 2, fig. 74

55
Van Gogh
*Bloeiende pereboom*
Arles, april 1888 [F 405, JH 1394]
Olieverf op doek
73 × 46 cm
Van Gogh Museum, Amsterdam (Vincent van Gogh Stichting), S 39 V/1962
Hfdst. 3, fig. 16

56
Van Gogh
*Boerenhuis in de Provence* (*Un Mas de Provence*)
Arles, half juni 1888
[F 565, JH 1443]
Olieverf op doek
46 × 61 cm
National Gallery of Art, Washington, D.C., Ailsa Mellon Bruce Collection, 1970.17.34
Hfdst. 3, fig. 25

57
Van Gogh
*De zaaier*
Arles, half juni 1888
[F 422, JH 1470]
Olieverf op doek
64 × 80,5 cm
Rijksmuseum Kröller-Müller, Otterlo, 303-18
Hfdst. 3, fig. 26

58
Van Gogh
*Tarwehopen bij een boerderij*
Arles, ca. 17 juli 1888
[F 1426, JH 1514]
Potlood, ganzepen en rietpen en bruine inkt op velijnpapier
24 × 31,5 cm
Szépmüvészeti Múzeum, Boedapest, 1935-2792
Hfdst. 4, fig. 12

59
Van Gogh
*Wasvrouwen bij het Roubine du Roi-kanaal*
Arles, ca. 17 juli 1888
[F 1444, JH 1507]
Rietpen en inkt op velijnpapier
31,5 × 24 cm
Kröller-Müller Museum, Otterlo, 306-20
Hfdst. 4, fig. 73

60
Van Gogh
*Oleanders en Zola's 'Joie de vivre'*
Arles, augustus 1888
[F 593, JH 1566]
Olieverf op doek
60,3 × 73,7 cm
The Metropolitan Museum of Art, New York, geschenk van Mr. en Mrs. John L. Loeb, 1962, 62.24
Hfdst. 3, fig. 52

61
Van Gogh
*Zonnebloemen*
Arles, eind aug. 1888
[F 454, JH 1562]
Olieverf op doek
93 × 73 cm
The National Gallery, Londen, NG3863
Alleen Amsterdam
Hfdst. 3, fig. 58; Hfdst. 5, fig. 17 (detail)

62*
Van Gogh
*Het nachtcafé* (*Le Café de nuit*)
Arles, ca. 8 september 1888
[F 463, JH 1575]
Olieverf op doek
70 × 89 cm
Yale University Art Gallery, New Haven, Connecticut, legaat van Stephen Carlton Clark
Hfdst. 4, fig. 40

63
Van Gogh
*De tuin van de dichter* (*Le Jardin du poète*)
Arles, half september 1888
[F 468, JH 1578]
Olieverf op doek
73 × 92,1 cm
The Art Institute of Chicago, Mr. en Mrs. Lewis Larned Coburn Memorial Collection, 1933.433
Hfdst. 3, fig. 69

64
Van Gogh
*Zelfportret opgedragen aan Paul Gauguin (Bonze)*
Arles, ca. 16 sept. 1888
[F 476, JH 1581]
Olieverf op doek
61 × 50 cm
Fogg Art Museum, Harvard University Art Museums, schenking uit de Collection of Maurice Wertheim, Class of 1906, 1951.65
Hfdst. 3, fig. 73; vooromslag (detail)

65
Van Gogh
*Sterrennacht boven de Rhône* (*La Nuit étoilée*)
Arles, 28 sept. 1888
[F 474, JH 1592]
Olieverf op doek
72,5 × 92 cm
Musée d'Orsay, Parijs, geschenk van M. en Mme Robert Kahn-Sriberen in herinnering aan de heer en mevrouw Fernand Moch, 1975, in de collectie sinds 1995, R.F. 1975-19
Alleen Chicago
Hfdst. 3, fig. 70

66
Van Gogh
*Het Gele Huis*
Arles, 28 sept.1888
[F 464, JH 1589]
Olieverf op doek
76 × 94 cm
Van Gogh Museum, Amsterdam (Vincent van Gogh Stichting), S32 V/1962
Hfdst. 3, fig. 71; p.xiii; (detail); achteromslag (detail)

67
Van Gogh
*De groene wijngaard*
Arles, ca. 3 oktober 1888
[F 474, JH 1595]
Olieverf op doek
72 × 92 cm
Kröller-Müller Museum, Otterlo, 300
Hfdst. 4, fig. 10

68
Van Gogh
*De slaapkamer*
(*La Chambre à coucher*)
Arles, half okt. 1888
[F 482, JH 1608]
Olieverf op doek
72 × 90 cm
Van Gogh Museum, Amsterdam
(Vincent van Gogh Stichting),
S47 V/1962
Alleen Amsterdam
Hfdst. 3, fig. 78

69
Van Gogh
*De zaaier*
Arles, 28 oktober 1888
[F 494, JH 1617]
Olieverf op doek
72 × 91 cm
Hahnloser/Jäggli Stiftung, Villa
Flora, Winterthur, Zwitserland
Alleen Amsterdam
Hfdst. 4, fig. 6; Hfdst. 4, fig. 13
(detail)

70*
Van Gogh
*De oude taxusboom* (*Le vieil If*)
Arles, 28 oktober 1888
[F 573, JH 1618]
Olieverf op doek
91 × 71 cm
Privé-collectie
Hfdst. 4, fig. 9

71
Van Gogh
Schetsen van *De zaaier*
en *De oude taxusboom*
in een brief aan Theo
Arles, 28 oktober 1888
(brief 719/558b; JH 1619)
Pen en inkt op gevouwen vel papier:
21,1 × 26,7 cm
Van Gogh Museum, Amsterdam
(Vincent van Gogh Stichting),
B 605 V/1968
Hfdst. 4, fig. 7

72
Van Gogh
*Allée des tombeaux (Les Alyscamps)*
Arles, ca. 29 oktober 1888
[F 568, JH 1622]
Olieverf op doek
89 × 72 cm
Privé-collectie
Hfdst. 4, fig. 20

73
Van Gogh
*Vallende bladeren* (*Les Alyscamps*)
Arles, ca. 1 november 1888
[F 487, JH 1621]
Olieverf op jute
72 × 91 cm
Privé-collectie
Hfdst. 4, fig. 27

74
Van Gogh
*De Arlésienne* (*Madame Ginoux*)
Arles, ca. 5 november 1888
[F 489, JH 1625]
Olieverf op jute
93 × 74 cm
Musée d'Orsay, Parijs, geschenk van
Mme R. de Goldschmidt-Rothschild,
aangekondigd op 25 augustus 1944,
bevrijding van Parijs, en in de
collectie opgenomen in 1974,
R.F. 1952-6
Hfdst. 4, fig. 37; Hfdst. 4, fig. 38
(detail)

75
Van Gogh
*Een romanlezeres*
(*Une liseuse de romans*)
Arles, ca. 16 november 1888
[F 497, JH 1632]
Olieverf op jute
73 × 92 cm
Sagawa Express Co., Ltd., Kyoto,
Japan
Hfdst. 4, fig. 60

76
Van Gogh
Schets van *Herinnering aan de tuin (Etten en Nuenen)* in brief aan Wil
Arles, [ca. 16 november 1888]
(brief 725/W 9, JH 1631, 1633)
Pen en inkt op vel gevouwen papier:
21,1 × 26,9 cm
Van Gogh Museum, Amsterdam
(Vincent van Gogh Stichting),
B709 V/1962
Hfdst. 4, fig. 65

77
Van Gogh
*De stoel van Van Gogh*
Arles, ca. 20 november 1888
[F 498, JH 1635]
Olieverf op jute
93 × 73,5 cm
The National Gallery, Londen,
NG3862
Hfdst. 4, fig. 69

78
Van Gogh
*De stoel van Gauguin*
Arles, ca. 20 november 1888
[F 499, JH 1636]
Olieverf op jute
90,5 × 72 cm
Van Gogh Museum, Amsterdam
(Vincent van Gogh Stichting),
S48 V/1962
Hfdst. 4, fig. 71

79
Van Gogh
*De zaaier*
Arles, ca. 21 november 1888
[F 575a, JH 1596]
Olieverf op doek
33 × 40 cm
The Armand Hammer Collection,
UCLA Hammer Museum, Los Angeles,
AH.91.42
Hfdst. 4, fig. 80

80
Van Gogh
*De zaaier*
Arles, ca. 25 november 1888
[F 451, JH 1629]
Olieverf op doek
32 × 40 cm
Van Gogh Museum Amsterdam
(Vincent van Gogh Stichting),
S29 V/1962
Hfdst. 4, fig. 79

81
Van Gogh
Schets van *De zaaier* in brief aan
Theo
Arles, [ca. 25 november 1888]
(brief 727/558a; JH 1628)
Pen en inkt op gevouwen vel papier:
21,1 × 27 cm
Van Gogh Museum Amsterdam
(Vincent van Gogh Stichting),
B 605 V/1968
Hfdst. 4, fig. 78

82
Van Gogh
*Madame Roulin met haar baby Marcelle*
Arles, december 1888
[F 490, JH 1637]
Olieverf op doek
92,4 × 73,3 cm
Philadelphia Museum of Art, legaat
van Lisa Norris Elkins, 1950,
1950-92-22
Hfdst. 4, fig. 94

83
Van Gogh
*Paul Gauguin (Man met rode baret)*
Arles, ca. 1 december 1888
[F 546, niet in JH]
Olieverf op jute
37 × 33 cm
Van Gogh Museum, Amsterdam
(Vincent van Gogh Stichting),
S257 V/1962
Hfdst. 4, fig. 106

84
Van Gogh
*Zonnebloemen*
Arles, ca. 1 december 1888
[F 457, JH 1666]
Olieverf op jute
100 × 76 cm
Seiji Togo Memorial Yasuda Kasai
Museum of Art, Tokio, LO-175
Hfdst. 4, fig. 113

85
Van Gogh
*Monsieur Ginoux*
Arles, begin december 1888
[F 533, JH 1649]
Olieverf op doek
65 × 54,5 cm
Kröller-Müller Museum, Otterlo,
267-12
Hfdst. 4, fig. 115

86
Van Gogh
*De Arlésienne (Madame Ginoux)*
Arles, begin december 1888
[F 488, JH 1624]
Olieverf op doek
91,4 × 73,7 cm
The Metropolitan Museum of Art,
New York, donatie van Sam A.
Lewisohn, 1951, 51.112.3
Hfdst. 4, fig. 137

87
Van Gogh
*De balzaal*
Arles, half december 1888
[F 547, JH 1652]
Olieverf op doek
65 × 81 cm
Musée d'Orsay, Parijs, geschenk van
M. en Mme André Meyer, 1950,
opgenomen in de collectie in 1975,
R.F. 1950-9
Hfdst. 4, fig. 124

88
Van Gogh
*Bretonse vrouwen en kinderen (naar Émile Bernard)*
Arles, december 1888
[F 1422, JH 1654]
Aquarel en grafiet op papier
48,5 × 62 cm
Civica Galleria d'Arte Moderna,
Raccolta Grassi, Milaan, R.G. 139
Hfdst. 4, fig. 81

89
Van Gogh
*La Berceuse, portret van Madame Roulin*
Arles, eind december 1888 -
ca. 22 januari 1889
[F 508, JH 1671]
Olieverf op doek
92,7 × 72,8 cm
Museum of Fine Arts, Boston,
donatie van John T. Spaulding,
48.548
Hfdst. 4, fig. 141

**1889**

90
Gauguin
*Volpini Suite*
*(Dessins lithographiques)*
Parijs, januari-februari 1889
Tien zinkografieën met omslag op
geel velijnpapier
Ong. 50 × 65 cm (ieder blad is
verschillend)
The Art Institute of Chicago, William
McCallin McKee Memorial
Endowment, 1943, 1021-30 en
1943.1021a
Te zien:
*Zeedrama's : Afdaling in de Maelstrom* (*Les drames de la mer : Une descente dans le maelstrom*)
[Gu 8, K 3], 1943.1024
Hfdst. 5, fig. 25
*Zeedrama's - Bretagne*
(*Les Drames de la mer - Bretagne*)
[Gu 7, K 2], 1943.1026
Hfdst. 5, fig. 26

91
Gauguin
*Zelfportret-mok*
Parijs, ca. 1 februari 1889
[B 48, G 65]
Geglazuurd aardewerk
H 19,5 cm
Det Danske Kunstindustrimuseum,
Kopenhagen, 962
Hfdst. 5, fig. 6

92
Gauguin
*Zelfportret-kan*
Parijs, lente 1889
[B 53, G 66]
Geglazuurd aardewerk
H 28 cm
Musée d'Orsay, Parijs, geschenk van
Jean Schmidt, 1938, OA.9050
Hfdst. 5, fig. 35

93
Gauguin
*Salome* (bekend als *Zwarte Venus*)
Parijs, lente/zomer 1889
[B 49, G 91]
Geglazuurd aardewerk
H 50 cm
Naussau County Division of
Museums in Sands Point Preserve,
Port Washington, New York,
72.50.779
Alleen Chicago
Hfdst. 5, fig. 39

94*
Gauguin
*Zelfportret-mok met Japanse prent en bloemen*
Parijs, mei 1889 [W 375]
Olieverf op doek
73 × 92 cm
Museum voor Hedendaagse Kunst,
Teheran, Iran
Hfdst. 5, fig. 5

95
Gauguin
*Christus in de hof van olijven*
(*Christ dans le jardin des oliviers*)
Pont-Aven, juni 1889 [W 326]
Olieverf op doek
73 × 92 cm
Norton Museum of Art, West Palm Beach, Florida, 46.5
Hfdst. 5, fig. 51

96
Gauguin
*Flageolet-speler op de klif, Bretagne*
Le Pouldu, zomer 1889 [W 361]
Olieverf op doek
73 × 92 cm
Indianapolis Museum of Art, Samuel Josefowitz Collection van de School van Pont-Aven, met dank aan Lilly Endowment Inc., de familie Josefowitz, Mr. en Mrs. James M. Cornelius, Mr. en Mrs. Leonard J. Betley en Dan Efroymson en andere Friends of the Museum, 1998.168
Alleen Chicago
Hfdst. 5, fig. 53

97
Gauguin
*De rode koe*
Le Pouldu, zomer 1889
[W 365]
Olieverf op doek
92 × 73 cm
Los Angeles County Museum of Art, Mr. en Mrs. George Gard De Sylva Collection, M.48.17.2
Hfdst. 5, fig. 54

98
Gauguin
*Landschap met twee Bretonse vrouwen*
Pont-Aven, zomer 1889 [niet in W]
Olieverf op doek
72,4 × 91,4 cm
Museum of Fine Arts, Boston, geschenk van Harry en Mildred Remis, 1976.42
Hfdst. 5, fig. 55

99
Gauguin
*Groene Christus*
(*Bretonse Golgotha*)
Pont-Aven, september 1889 [W 328]
Olieverf op doek
92 × 73,5 cm
Musées Royaux des Beaux-Arts de Belgique, Brussel, 4416
Hfdst. 5, fig. 57

100
Gauguin
*Gele Christus* (*Le Christ jaune*)
Pont-Aven of Le Pouldu, september 1889 [W 327]
Olieverf op doek
92 × 73 cm
Albright-Knox Art Gallery, Buffalo, New York, Algemeen Aankoopfonds, 1946, 46:4
Hfdst. 5, fig. 58

101
Gauguin
*Bretons landschap met wilgen*
Le Pouldu, herfst 1889 [W 357]
Olieverf op doek
92 × 74,5 cm
Nasjonalgalleriet, Oslo, NG.M.01006
Hfdst. 5, fig. 73

102
Gauguin
*De zeewierraapsters II*
(*Ramasseuses de varech II*)
Le Pouldu, oktober/december 1889 [W 349]
Olieverf op doek
87 × 123,1 cm
Museum Folkwang, Essen, G51
Hfdst. 5, fig. 74

103
Gauguin
*Schetsen van Bretonse klederdracht en gezicht in brief aan Vincent*
Le Pouldu, [ca. 8-10 december 1889]
(Cooper 1983, GAC 36)
Pen en inkt op papier
Gevouwen vel papier: 22,8 × 17,7 cm
Van Gogh Museum, Amsterdam (Vincent van Gogh Stichting), B869 V/1962
Hfdst. 5, fig. 72

104
Gauguin
Schetsen van *Christus in de hof van olijven* en *Wees verliefd en je zult gelukkig zijn* (*Soyez amoureuses, vous serez heureuses*) in brief aan Vincent
Pont-Aven, [ca. 8 november 1889]
(Cooper 1983, GAC 37)
Pen en inkt en aquarelverf op papier
26,9 × 20,9 cm
Van Gogh Museum, Amsterdam (Vincent van Gogh Stichting), B866 V/1962
Hfdst. 5, fig. 71

105
Gauguin
*Spinnend Bretons meisje*
(*Jeanne d'Arc*)
Le Pouldu, november 1889 [W 329]
Olieverf (?) op pleisterkalk
116 × 58 cm
Privé-collectie
Hfdst. 5, fig. 80

106
Gauguin
*Bonjour, Monsieur Gauguin*
Le Pouldu, november 1889 [W 321]
Olieverf op doek vastgemaakt op hout
75 × 55 cm
Armand Hammer-collectie, UCLA Hammer Museum, Los Angeles, AH.90.31
Hfdst. 5, fig. 85

107
Gauguin
*Vrouwelijk naakt met zonnebloemen* (bekend als *Caraïbische vrouw*)
Le Pouldu, november 1889 [W 330]
Olieverf op hout
64 × 54 cm
Privé-collectie
Hfdst. 5, fig. 82

108
Gauguin
*Liggende vrouw met waaier in tropisch landschap*
Le Pouldu, eind 1889 - begin 1890
[G 74]
Geverfd eikehout
35 × 45 cm
Ny Carlsberg Glyptotek, Kopenhagen, MIN 1909
Hfdst. 5, fig. 102

109*
Van Gogh
*Zelfportret met verbonden oor*
Arles, begin januari 1889
[F 529, JH 1658]
Olieverf op doek
64 × 50 cm
Privé-collectie
Hfdst. 5, fig. 9

110
Van Gogh
*Zonnebloemen*
Arles, eind januari 1889
[F 458, JH 1667]
Olieverf op doek
95 × 73 cm
Van Gogh Museum, Amsterdam (Vincent van Gogh Stichting), S31 V/1962
Hfdst. 5, fig. 15; Hfdst. 5, fig 18 (detail); p. iii (detail)

111*
Van Gogh
*Zonnebloemen*
Arles, eind januari 1889
[F 455, JH 1668]
Olieverf op doek
92 × 72,5 cm
Philadelphia Museum of Art, Mr. en Mrs.Carroll S. Tyson, Jr. Collection, 1963, 1963-116-19
Hfdst. 5, fig. 13

112
Van Gogh
*La Berceuse, portret van Madame Roulin*
Arles, 29 januari 1889
[F 505, JH 1670]
Olieverf op doek
92,7 × 73,8 cm
The Art Institute of Chicago, Helen Birch Bartlett Memorial Collection, 1926.200
Hfdst. 5, fig. 14

113
Van Gogh
*La Berceuse, portret van Madame Roulin*
Arles, ca. 22 februari1889
[F 507, JH 1672]
Olieverf op doek
92 × 72,5 cm
Stedelijk Museum, Amsterdam, A965
Hfdst. 5, fig. 20

114
Van Gogh
*Vlinders en bloemen*
Arles, ca. 1 mei 1889
[F 460, JH 1676]
Olieverf op doek
51 × 61 cm
Privé-collectie
Hfdst. 5, fig. 22

115
Van Gogh
*Treurboom in het gras*
(*L'Arbre pleureur dans l'herbe*)
Arles, 3 mei 1889
Zwart krijt, rietpen en bruine inkt op velijnpapier
49,8 × 61,3 cm
The Art Institute of Chicago, geschenk van Tiffany en Margaret Day Black, 1945.31
Hfdst. 5, fig. 23

116
Van Gogh
*Sterrennacht*
Saint-Rémy, 17/18 juni 1889
[F 612, JH 1731]
Olieverf op doek
73,7 × 91,1 cm
The Museum of Modern Art, New York, aangeschaft door het Lillie P. Bliss Bequest, 1941, 472.41
Alleen Chicago
Hfdst. 5, fig. 45

117
Van Gogh
*Cipressen*
Saint-Rémy, 25 juni 1889
[F 613, JH 1746]
Olieverf op doek
93,3 × 74 cm
The Metropolitan Museum of Art, New York, Rogers Fund, 1949, 49.30
Hfdst. 5, fig. 47

118
Van Gogh
*Bergen* (*Saint-Rémy*)
Saint-Rémy, ca. 9 juli 1889
[F 622, JH 1766]
Olieverf op doek
71,8 × 90,8 cm
Solomon R. Guggenheim Museum, New York, Thannhauser-collectie, geschenk van Justin K. Thannhauser, 1978, 78.2514 T24
Alleen Chicago
Hfdst. 5, fig. 50

119
Van Gogh
*Zelfportret met palet*
Saint-Rémy, ca. 1 september 1889
[F 626, JH 1770]
Olieverf op doek
57 × 43,5 cm
National Gallery of Art, Washington, D.C., Mr. en Mrs. Paul Mellon Collection, 1988.74.5
Alleen Chicago
Hfdst. 5, fig. 61

120
Van Gogh
*De slaapkamer*
(*La chambre à coucher*)
Saint-Rémy, ca. 5 september 1889
[F 484, JH 1771]
Olieverf op doek
73,6 × 92,3 cm
The Art Institute of Chicago, Helen Birch Memorial-collectie, 1926.417
Alleen Chicago

121
Van Gogh
*De maaier*
Saint-Rémy, begin september 1889
[F 618, JH 1773]
Olieverf op doek
73 × 92 cm
Van Gogh Museum, Amsterdam (Vincent van Gogh Stichting), S49 V/1962

122
Van Gogh
*Pietà (naar Eugène Delacroix)*
Saint-Rémy, ca. 7 september 1889
[F 630, JH 1775]
Olieverf op doek
73 × 60,5 cm
Van Gogh Museum, Amsterdam (Vincent van Gogh Stichting), S168 V/1962
Hfdst. 5, fig. 64

123
Van Gogh
*Ingang van een steengroeve*
*(L'entrée d'une carrière)*
Saint-Rémy, ca. 5 oktober 1889
[F 635, JH 1767]
Olieverf op doek
52 × 64 cm
Monaco Partners, L.P.
Hfdst. 5, fig. 67

124
Van Gogh
*Tuin van het ziekenhuis*
*(Saint-Paul-de-Mausole, Saint-Rémy)*
Saint-Rémy, ca. 1 november 1889
[F 660, JH 1849]
Olieverf op doek
73,5 × 92 cm
Museum Folkwang, Essen, G64
Alleen Chicago
Hfdst. 5, fig. 86

125
Van Gogh
*Olijfgaard*
Saint-Rémy, november 1889
[F 710, JH 1856]
Olieverf op doek
74 × 93 cm
The Minneapolis Institute of Arts,
William Hood Dunwoody Fund, 51.7
Alleen Chicago
Hfdst. 5, fig. 90

126
Van Gogh
*Olijfgaard*
Saint-Rémy, november 1889
[F 586, JH 1854]
Olieverf op doek
74 × 93 cm
Göteborg Kunstmuseum, GKM 590
Hfdst. 5, fig. 87

127
Van Gogh
*De grote platanen (De wegwerkers)*
*(Les grandes platanes)*
Saint-Rémy, december 1889
[F 658, JH 1861]
Olieverf op doek
73,7 × 92,8 cm
Phillips Collection, Washington, D.C., 0799
Hfdst. 5, fig. 91

## 1890

128
Gauguin
*Rozen en beeldje*
Le Pouldu, lente/zomer 1890
[W 407]
Olieverf op doek
73,2 × 54,5 cm
Musée des Beaux-Arts de Reims, 943.1.1
Hfdst. 5, fig. 101

129
Gauguin
*Portret van een vrouw*
*met stilleven van Cézanne*
Parijs of Bretagne, 1890 [W 387]
Olieverf op doek
65,3 × 54,9 cm
The Art Institute of Chicago, Joseph
Winterbotham Collection, 1925.753
Hfdst. 5, fig. 95

130
Gauguin
*Vrouwelijk naakt met bloem*
*(bekend als Lust)*
Le Pouldu, eind 1889/1890 [G 88]
Gedeeltelijk geschilderd en verguld
hout en metaal
H 70 cm
J.F. Willumsens Museum,
Frederikssund, Denemarken, Gamle
Samling 14
Hfdst. 5, fig. 81

131
Gauguin
*Verlies van maagdelijkheid*
Parijs, november 1890 - april 1891
[W 412]
Olieverf op doek
90 × 130 cm
The Chrysler Museum of Art,
Norfolk, Virginia, geschenk van
Walter P. Chrysler jr., 71.510
Besluit, fig. 2

132
Van Gogh
*De Arlésienne (naar Paul Gauguin)*
Saint-Rémy, februari 1890
[F 540, JH 1892]
Olieverf op doek
60 × 50 cm
Galleria Nazionale d'Arte Moderna e
Contemporanea, Rome, 5164
Hfdst. 5, fig. 93

133
Van Gogh
*De Arlésienne (naar Paul Gauguin)*
Saint-Rémy, februari 1890
[F 543, JH 1895]
Olieverf op doek
60 × 54 cm
Privé-collectie
Hfdst. 5, fig. 94

134
Van Gogh
*De opwekking van Lazarus*
*(naar Rembrandt)*
Saint-Rémy, 3 mei 1890
[F 677, JH 1972]
Olieverf op dik papier,
opgebracht op doek
50 × 65 cm
Van Gogh Museum, Amsterdam
(Vincent van Gogh Stichting),
S169 V/1962
Hfdst. 5, fig. 97

135
Van Gogh
*Cipres met een ster*
Saint-Rémy, ca. 12-15 mei 1890
[F 683, JH 1982]
Olieverf op doek
92 × 73 cm
Kröller-Müller Museum, Otterlo,
312-12
Hfdst. 5, fig. 98

136
Van Gogh
Schets van *Cipres met een ster*
in brief aan Gauguin
Saint-Rémy, [ca. 17 juni 1890]
(brief 893/643; JH 1983)
Pen en inkt op papier
Gevouwen vel papier: 21,8 × 34 cm
Van Gogh Museum, Amsterdam
(Vincent van Gogh Stichting),
B691 V/1962
Hfdst. 5, fig. 99

137
Van Gogh
*In het bos (Sous-bois)*
Auvers, ca. 24 juni 1890
[F 773, JH 2041]
Olieverf op doek
50 × 100 cm
Cincinnati Art Museum, geschenk
van Mary E. Johnston, 1967.1430
Hfdst. 5, fig. 104

## 1892 EN DAARNA

138
Gauguin
*Haar naam is Vairaumati*
*(Son nom est Vairaumati)*
Mataiea, 1892 [W 450]
Olieverf op doek
91 × 68 cm
Poesjkin Staatsmuseum voor
beeldende kunst, Moskou, 3266
Besluit, fig. 12

139
Gauguin
*Het zaad van de Arioi*
*(Tee aa no areois)*
Mataiea, 1892 [W 451]
Olieverf op jute
92,1 × 72,1 cm
The Museum of Modern Art,
New York, William S. Paley
Collection, SPC 14.90
Besluit, fig. 13

140
Gauguin
*De hibiscus* (*Te burao*)
Mataiea, 1892 [W 486]
Olieverf op doek
68 × 90,7 cm
The Art Institute of Chicago,
Joseph Winterbotham Collection,
1923.308
Besluit, fig. 7

141
Gauguin
*Tehamana heeft veel ouders*
(*Merahi metua no Tehamana*)
(*De voorouders van Tehamana*
[*Les Aïeux de Tehamana*])
Mataiea, 1893 [W 497]
Olieverf op doek
76,3 × 54,3 cm
The Art Institute of Chicago,
geschenk van Mr. en Mrs. Charles
Deering Mc Cormick, 1980.613
Besluit, fig. 14

142
Gauguin
*Dag van de god* (*Mahana no atua*)
Parijs, 1894 [W 513]
Olieverf op doek
68,3 × 91,5 cm
The Art Institute of Chicago, Helen
Birch Bartlett Memorial Collection,
1926.198
Besluit, fig. 16

143
Gauguin
*Boomstamkano* (*Te vaa*) (*De arme*
*visser [Le pauvre pêcheur]*)
Punaauia, 1896 [W 544]
Olieverf op doek
96 × 130 cm
Staatsmuseum Hermitage,
St. Petersburg, 9122
Besluit, fig. 21

144
Gauguin
*Zonnebloemen op leunstoel*
Punaauia, 1901 [W 603]
Olieverf op doek
73 × 92,3 cm
Staatsmuseum Hermitage,
St. Petersburg, 6516
Besluit, fig. 25; p. ii (detail)

145*
Gauguin
*Zonnebloemen met Puvis*
*de Chavannes' 'Hoop'*
Punaauia, 1901 [W 604]
Olieverf op doek
65 × 77 cm
Privé-collectie
Besluit, fig. 28

## WERKEN VAN JAPANSE KUNSTENAARS

146
Ogata Kōrin (Japan; 1658-1716)
*Muzikanten* uit *Het schilderboek*
*van Kōrin* (Edo 1802),
dl. 1, pp. 9 verso, 10 recto
Album van gedrukte houtsnedes; 2
dln.
Iedere pagina 27,2 × 19,1 cm
The Art Institute of Chicago, Martin
Ryerson Collection, 31292-95
Alleen Chicago
Hfdst. 3, fig. 61

147
Katsushika Hokusei
(Japan; 1760-1849)
*Worstelaars* uit *De schetsen van*
*Hokusei* (Nagoya/Edo 1816),
dl. 3, pp. 6 verso, 7 recto
Boek van gedrukte houtsnedes;
14 dln.
Iedere pagina 23 × 15,9 cm
The Art Institute of Chicago,
Martin Ryerson Collection, 2577
Alleen Chicago
Hfdst. 3, fig. 36

148*
Hokusei
*Mensen in de regen* uit *De manier*
*van schilderen van Hokusei,*
(Edo/Osaka/Nagoya 1819),
p. 18 verso
Boek van gedrukte houtsnedes
Iedere pagina: 25,8 × 18,1 cm
The Art Institute of Chicago,
Martin Ryerson Collection, 1103
Hfdst. 4, fig. 31

149
Utagawa Hiroshige
(Japan; 1797-1858)
*Pruimentuin in Kameido,* uit
de serie *Honderd beroemde*
*uitzichten op Edo*
1857
Gedrukte houtsnede
36 × 24,1 cm
The Art Institute of Chicago,
Clarence Buckingham Collection,
1925.3752
Alleen Chicago

# BRUIKLEENGEVERS

De namen van publieke instellingen en particuliere verzamelaars worden gevolgd door de catalogusnummers.

**Publieke instellingen**
België
Koninklijke Musea voor Schone Kunsten van België, Brussel: 99

Canada
National Gallery of Canada, Ottawa: 9

Denemarken
Det Danske Kunstindustrimuseum, Kopenhagen: 91
J. F. Willumsens Museum, Fredrikssund: 130
Ny Carlsberg Glyptotek, Kopenhagen: 108
Ordrupgaard, Kopenhagen: 40, 42

Duitsland
Museum Folkwang Essen: 102, 124
Staatsgalerie Stuttgart: 51

Frankrijk
Musée des Beaux-Arts de Reims: 128
Musée d'Orsay, Parijs: 36, 65, 74, 87, 92
Musée du Petit Palais, Parijs: 49

Groot-Brittannië
Laing Art Gallery, Newcastle upon Tyne: 5
The National Gallery, Londen: 61, 77
National Gallery of Scotland, Edinburgh: 31

Hongarije
Szépmüvészeti Múzeum, Boedapest: 58

Israël
Israël Museum, Jeruzalem: 52

Italië
Civica Galleria d'Arte Moderna, Milaan: 88
Galleria Nazionale d'Arte Moderna e Contemporanea, Rome: 132

Japan
Hiroshima Kunstmuseum: 4
Seiji Togo Memorial Yasuda Kasai Kunstmuseum, Tokio: 37, 84

Nederland
Rijksmuseum Kröller-Müller, Otterlo: 57, 59, 67, 85, 135
Stedelijk Museum, Amsterdam: 113
Van Gogh Museum, Amsterdam: 3, 8, 11, 12, 16, 22, 27, 30, 32, 33, 46, 47, 53-55, 66, 68, 71, 76, 78, 80, 81, 83, 103, 104, 110, 121, 122, 134, 136

Noorwegen
Nasjonalgalleriet, Oslo: 101

Rusland
Hermitage, St. Petersburg: 143, 144
Poesjkin Staatsmuseum voor beeldende kunst, Moskou: 39, 138

Spanje
Museo de Bellas Artes de Bilbao: 41

Verenigde Staten
Albright-Knox Art Gallery, Buffalo, New York: 100
The Art Institute of Chicago: 1, 6, 10, 18, 19, 50, 63, 90, 112, 115, 120, 129, 140-42, 146-47, 149
The Baltimore Museum of Art: 21
The Chrysler Museum of Art, Norfolk, Virginia: 131
Cincinnati Art Museum: 137
The Detroit Institute of Arts: 20
Fine Arts Museums of San Francisco: 38
Fogg Art Museum, Harvard University Art Museums, Cambridge, Massachusetts: 64
Indianapolis Museum of Art: 7, 35, 96
Kimbell Art Museum, Fort Worth, Texas: 2
Los Angeles County Museum of Art: 97
The Metropolitan Museum of Art, New York: 23, 60, 86, 117
The Minneapolis Institute of Arts: 125
Museum of Fine Arts, Boston: 89, 98
The Museum of Modern Art, New York: 44, 116, 139
Nassau County Division of Museums bij Sands Point Preserve, Port Washington, New York: 93
National Gallery of Art, Washington, D.C.: 28, 48, 56, 119
Norton Museum of Art, West Palm Beach, Florida: 95
Philadelphia Museum of Art: 82
The Phillips Collection, Washington, D.C.: 127
The Saint Louis Art Museum: 43
Solomon R. Guggenheim Museum, New York: 118
UCLA Hammer Museum, Los Angeles: 79, 106

Zweden
Göteborg Kunstmuseum: 126
Nationalmuseum, Stockholm: 45

Zwitserland
Hahnloser/Jäggli Stiftung, Villa Flora, Winterthur, Zwitserland: 69

**Particuliere verzamelingen**
Monaco Partners, L.P.: 123
Sagawa Express Co., Ltd., Kyoto: 75
Collectie Carmen Thyssen-Bornemisza, Madrid, Spanje: 13
Anonieme bruikleengevers: 14, 15, 17, 25, 26, 29, 34, 72, 73, 105, 107, 114, 133

# REGISTER

Cursief gedrukte nummers verwijzen naar pagina's met illustraties. Alle hoofdstukken, behalve de noten, zijn opgenomen in het register.

# FOTOCREDITS

NB: Alle fotografische reprodukties van kunstwerken in de collecties van The Art Institute of Chicago in deze catalogus zijn © The Art Institute of Chicago, gefotografeerd door Robert Hashimoto en Greg Williams. Alle fotocredits, afgezien van de credits die vermeld worden in bijschriften, staan in onderstaande lijst, inclusief het materiaal dat is verstrekt door andere instellingen, bureau's of individuele fotografen. Waar mogelijk zijn de foto's toegeschreven aan de originele fotografen, ongeacht de herkomst van de foto.

Vooromslag: Paul Gauguin, *Zelfportret opgedragen aan Vincent van Gogh (Les Misérables)*: Met dank aan het Van Gogh Museum. Vincent van Gogh, *Zelfportret opgedragen aan Paul Gauguin (Bonze)*: Foto Katya Kallsen–© President and Fellows of Harvard College. Detail, pp. iii, xiii, en achteromslag: met dank aan het Van Gogh Museum.

**Proloog**
1a: Met dank aan het Van Gogh Museum. 1b: Paul Gauguin, *Avant et après*, Leipzig 1918, p. 12.

**Hoofdstuk 1**
1a: Harold E. Wethey, *Colonial architecture and sculpture in Peru*, Cambridge, Mass., 1949, afb. 116. 1b: Marc Edo Tralbaut, *Vincent van Gogh*, London 1969, p. 18. 2: Met dank aan het Koninklijk Kabinet van Schilderijen in het Mauritshuis, Den Haag. 3, 12, 20–23, 36, 37, 39, 41, 45–49: Met dank aan het Van Gogh Museum. 6: Foto J. Lathion– © Nasjonalgalleriet 2001. 7: Universiteits Bibliotheek, Utrecht. AB: EAG 446. 9, 13, 14, 18: © Universiteits Bibliotheek Leiden. 17: Fieke Pabst (red.), *Vincent van Gogh's poetry albums*, Amsterdam/Zwolle 1988, p. 68. 19: Tsukasa Kōdera, *Vincent van Gogh: christianity versus nature*, Amsterdam/Philadelphia, 1990, p. 295. 27, 31: Léonce Angrand, *Imágen del Perú en el siglo XIX*, Lima 1972, p. 68, 41. 29: José Flores Araoz *et al.*, *Santa Rosa de Lima y su tiempo*, Lima 1995, p. 20. 32: *Lima Centro Histórico*, Lima 1998, p. 67. 33: Deborah Poole, *Vision, race, and modernity*, Princeton, N.J., 1997, p. 86. 34: Foto Katya Kallsen– © President and Fellows of Harvard College. 35: © Museum of Fine Arts, Boston. Alle rechten voorbehouden. 40: Foto Bibliothèque Nationale, Paris. 43: Bayerische Staatsgemäldesammlungen, Neue Pinakothek München. 52: Met dank aan de Trafalgar Galleries, Londen. 54: *The art of Paul Gauguin*, Richard R. Brettell *et al.*, Washington, D.C., 1988, p. 25. 57: Foto Malcolm Varon, N.Y.C., © 2001. 60: Foto Michael Bodycomb.

**Hoofdstuk 2**
Jean-Pierre Bourgeron, *Les 1: Reutlinger: Photographes à Paris, 1850–1937*, Paris 1979, p.16. 6, 27: RMN/Art Resource, NY. 7, 10, 52, 57, 58, 69, 74: Met dank aan het Van Gogh Museum. 12: Ronald Pickvance, *Van Gogh*, Martigny 2000, p. 18. 14: © Glasgow Museums. 16: Atelier van Haviland. Musée Nationale de Céramique, Sèvres. RMN/Art Resource, NY. 17, 26: © 2001 Board of Trustees, National Gallery of Art, Washington, D.C. 19: Foto Adam Rzepka– © Musée Rodin. 22: Bo Bramsen, *Politikens historie set indefra, 1884–1984*, Kopenhagen 1983, p. 37. 23: André Cariou, *Les Peintres de Pont-Aven*, Rennes 1994, p. 44. 24: Collection Rothschild, Musée d'Orsay, Paris. RMN/Art Resource, NY. 29, 35: Met dank aan Wildenstein & Co. 30, 32: © Christie's Images Incorporated 2001. 31: Foto Bibliothèque Nationale, Paris. 34: Bayerische Staatsgemäldesammlungen, Neue Pinakothek, München 36: © Denver Art Museum 2001. 38: Foto Arnaudet–RMN/Art Resource, NY. 43: Giraudon/Art Resource, NY. 46: © 2000 The Detroit Institute of Arts. 49: © The Metropolitan Museum of Art. 50: Foto Lauri. 51, 55: © Universiteits Bibliotheek Leiden. 59: Alain Quella-Villéger, *Pierre Loti l'incompris*, Paris 1986, p. 225. 60: Peter A. Wick, *The court of Flora: The engraved illustrations of J. J. Grandville*, New York 1981), na p. 21. 66: © Musée de l'Homme. 67: Foto J. G. Berizzi–RMN/Art Resource, NY. 68 *Sotheby's, Important twentieth-century works of art*, New York, 6 Dec. 1997, p. 48. 70: Foto Arnaudet–RMN/Art Resource, NY. 72: Aimée Brown Price, *Pierre Puvis de Chavannes*, Amsterdam 1994, p. 171. 73: © Bildarchiv Preussischer Kulturbesitz. 75: *De volks- en kinderprent in de Nederlanden*, Antwerpen 1962, p. 48.

**Hoofdstuk 3**
1a: Joseph-Marie Villard, *Photographies de la Bretagne*, Quimper 1983, p. 43. 2: Nelson Cazeils, *Les Gens de mer*, Rennes 1996, p. 80. 4: Foto Joel DeGrand. 6, 63: Foto Bibliothèque Nationale, Paris. 7: Roland Dorn, *Décoration: Vincent van Goghs Werkreihe für das Gelbe Haus in Arles*, Hildesheim/Zürich/ New York, 1990, p. 25. 8, 72: Rémi Venture, *Arles*, Marguerittes 1989, p. 51, p. 56. 11, 15–18, 27–29, 31, 35, 42–44, 54, 62, 71, 74–76, 78: Met dank aan het Van Gogh Museum. 12: Foto Jean de Calan– © Musée Rodin. 13, 26: © Stichting Kröller-Müller Museum. 14: Rijksprentenkabinet, Rijksmuseum, Amsterdam. 21, 25, 48: © 2001 Board of Trustees, National Gallery of Art, Washington, D.C./48: Foto Bob Grove. 23: © Christie's Images Incorporated 2001. 24: © Glasgow Museums. 28, 77: Vincent van Gogh, *Correspondance complète de Vincent van Gogh*, Paris 1960, p. 492, p. 255. 32: © British Museum. 33: Richard Verdi, *Cézanne and Poussin: The classical vision of landscape*, Edinburgh 1990, p. 23. 34, 52: © The Metropolitan Museum of Art. 38: Musée d'Orsay, Gauguin (Paris 1989), p. 159. 40, 64: © A.C.L. Brussels. 46: © Musée des Beaux Arts, Tournai. 47, 65: Foto Emmanuel Michot– © Ville de Paris–Conservation des Oeuvres d'Art Religieuses et Civiles. 50, 70: Foto H. Lewandowski–RMN/Art Resource, NY. 51: Victor Merlhès, *Correspondance de Paul Gauguin*, Paris 1984, p. 211. 55, 56: Ingo F. Walther and Rainer Metzger, *Vincent van Gogh: The complete paintings*, Köln 1997, pp. 410–11. 57: Bayerische Staatsgemäldesammlungen, Neue Pinakothek München. 58: © The National Gallery, Londen. 68: Alphonse Karr, *Voyage autour de mon jardin*, Genève 1979, p. 81. 73: Foto Katya Kallsen– © President and Fellows of Harvard College. 79: Victor Merlhès, *Paul Gauguin et Vincent van Gogh 1887–1888: Lettres retrouvées, sources ignorées*, Taravao, Tahiti, 1989, p. 101.

**Hoofdstuk 4**
1: Rémi Venture, *Arles*, Marguerittes 1989, p. 55. 4, 7, 27, 29, 56, 65, 66, 71, 78, 79, 95, 106, 107, 116, 119, 122: Met dank aan het Van Gogh Museum. 5: © British Museum. 9, 13, 24, 118, 120: © Christie's Images Incorporated 2001. 10, 14, 28, 33, 73, 115: © Stichting Kröller-Müller Museum. 12: Foto Dénes Józsa. 15, 18: Foto John Blazejewski, Marquand Library of Art and Archaeology, Princeton University Library. 16: Photo by J. L. Mabit. 17: Alinari/Art Resource, NY. 21, 54: Scala/Art Resource, NY. 23: Foto B. Delgado. 32, 136: RMN/Art Resource,

NY. 37, 38, 59: Foto Erich Lessing/Art Resource, NY. 46: Met dank aan Galerie Maurice Tzwern, Brussel. 48, 102, 141: © Museum of Fine Arts, Boston. Alle rechten voorbehouden. 50, 52, 87: Foto Ole Woldbye–Ordrupgaard, Kopenhagen. 53: © Reproduktie met toestemming van The Barnes Foundation.™ Alle rechten voorbehouden. 55: Foto Peter Willi–Met dank aan The Bridgeman Art Library, New York. 58: Giraudon/Art Resource, NY. 60: Met dank aan Alex Reid & Lefevre Ltd. 61: © Rijksmuseum, Amsterdam. 63, 93, 137: © The Metropolitan Museum of Art. 64, 88: © Museum Folkwang Essen. 69: © The National Gallery, Londen. 70: Ronald Pickvance, *English influences on Vincent van Gogh*, London 1974, p. 24. 74: René Garagnon, *Arles en photos et cartes postales anciennes, 1890–1981*, Arles z.j., p. 30. 75: Archivo fotográfico del Museo de Bellas Artes de Bilbao © Museo de Bellas Artes de Bilbao. 76: Met dank aan Mitchell-Innes & Nash. 77: Foto W. Dräyer, Zürich. 80: Foto Robert Wedemeyer. 81: Foto Marcello Saporetti. 83: © 2001 The Museum of Modern Art, New York. 84, 96, 98, 108, 109, 127: © Israel Museum, Jeruzalem. 90, 121, 129: © 2001 Board of Trustees, National Gallery of Art, Washington, D.C. 91: Foto P. Corbierre–Service Régional de l'Inventaire de Basse-Normandie. 92: © Frans Halsmuseum, Haarlem. 94, 103: Foto Joe Mikuliak–Philadelphia Museum of Art. 97: © The Saint Louis Art Museum. 104, 117, 126: Raymond Cogniat, *Paul Gauguin: A Sketchbook*, New York 1962, pp. 220–21, 20–21, 56–57. 105, 139: Ronald Pickvance, *Gauguin*, Martigny 1998, p. 12, p. 162. 110: *Dictionary of Belgian and Dutch animal painters born between 1750 and 1880*, Knokke-Zoute 1998, p. 370. 111, 112: Victor Merlhès, *Paul Gauguin et Vincent van Gogh 1887–1888: Lettres retrouvées, sources ignorées*, Taravao, Tahiti,1989, tussen pp. 240–41, 242. 123: Foto P. Pierrain–© Photothèque des Musées de la Ville de Paris. 124: Foto H. Lewandowski–RMN/Art Resource, NY. 130, 133: Musée Fabre, *Le Roman d'un Collectionneur: Alfred Bruyas*, Montpellier,1977, noot pag. 131, 132, 135: Foto Frédéric Jaulmes–© Musée Fabre Montpellier.

**Hoofdstuk 5**

1: Caroline Boyle-Turner, *Sérusier et la Bretagne*, Douarnenez 1995, p. 28. 2, 9, 15, 16, 18, 62, 64, 65, 69, 71, 72, 96, 97, 99, 105, 106: Met dank aan het Van Gogh Museum. 15: Foto Reindert Groot. 6: Foto Ole Woldbye–The Danish Museum of Decorative Art, Kopenhagen. 8, 21, 27, 48, 98: © Stichting Kröller-Müller Museum. 11: Musée du Faouët, *Cent ans d'estampes en Bretagne, 1808–1908*, Morbihan [1996], p. 14. 13: Foto Graydon Wood–Philadelphia Museum of Art. 17: © The National Gallery, Londen. 19, 47, 89: © The Metropolitan Museum of Art. 22, 60: © Christie's Images Incorporated 2001. 28: Foto Adam Rzepka–© Musée Rodin. 29: Met dank aan Galerie Daniel Malingue, Paris. 30: Sotheby's, *Continental Books and Manuscripts*, London 1997, p. 112. 31: *Wallraf-Richartz-Jahrbuch 46/47*, Köln 1985/86, p. 281. 32: RMN/Art Resource, NY. 33: Ziva Amishai-Maisels, *Gauguin's religious themes*, New York/London 1985, fig. 21. 34: © Musée de l'Homme. 35: Foto Arnaudet–RMN/Art Resource, NY. 41: © ND-Viollet. 44, 45: © 2001 The Museum of Modern Art, New York. 46: Jean-Paul Clébert en Pierre Richard, *La Provence de Van Gogh*, Aix-en-Provence 1981, p. 54. 49: Foto Jean de Calan–© Musée Rodin. 50: Foto David Heald–© The Solomon R. Guggenheim Foundation, New York. 52: Foto H. Lewandowski–RMN/Art Resource, NY. 54: © 2001 Museum Associates/LACMA. 55, 68: © Museum of Fine Arts, Boston. Alle rechten voorbehouden. 56: Eugène Royer, *Les Calvaires bretons*, Rennes 1981, p. 91. 57: Foto Speltdoorn. 61, 75: © 2001 Board of Trustees, National Gallery of Art, Washington, D.C. 63, 100: Met dank aan The Bridgeman Art Library, New York. 66, 93: © Scala/Art Resource, NY. 70 a, b: Jean-Jacques Luthi, *Émile Bernard*, Paris 1982, p. 39. 73: Foto J. Lathion– © Nasjonalgalleriet 2001. 74, 86: © Museum Folkwang Essen. 76: Foto Malcolm Varon, N.Y.C., © 2001. 77: Met dank aan Eric M. Zafran. 78: Eric M. Zafran, red. *Gauguin's Nirvana: Painters at Le Pouldu 1889–90*, New Haven/London 2001, p. 92. 79: Edme Casimir de Croizier, *L'Art khmer*, Paris 1875, p. 72. 81: Foto Claus Ørsted. 83: Maurice Malingue, *Gauguin*, Paris 1943, p. 144. 84: Musée de l'Homme, *Le Musée Indo-Chinois*, Paris z.j., pl. 4. 85: Foto Robert Wedemeyer. 88: © British Museum. 101: © Musée des Beaux-Arts de la Ville de Reims. 103: Foto Charles Choffet.

**Besluit – Het Atelier van de Tropen**

1: Paul Gauguin, *Avant et après*, Leipzig 1918, p. 12. 3: Foto Martin Bühler, Öffentliche Kunstsammlung Basel. 4: Giraudon/Art Resource, NY. 9: Met dank aan het Van Gogh Museum. 11: Ader Picard Tajan, *Sérusier*, Paris 1984, p. 55. 13: © 2001 The Museum of Modern Art, New York. 15: Galerie Dario Boccara, *Manzana Pissarro*, Paris 1973, p. 79. 17: © Sterling and Francine Clark Art Institute, Williamstown, Massachusetts. 18: Ziva Amishai-Maisels, *Gauguin's religious themes*, New York/London 1985, fig. 27. 19: Foto H. Lewandowski–RMN/Art Resource, NY. 22: Foto Luiz Hossaka. 23: Réunion des Musées Nationaux. 24: © Museum of Fine Arts, Boston. Alle rechten voorbehouden. 28: © Christie's Images Incorporated 2001.

**Credits voor kaarten en plattegronden**

Kaarten, modellen en diagrammen werden vervaardigd door Tom Willcockson, Mapcraft, Woodstock, Illinois, samen met studio blue, Chicago. De kaarten zijn gebaseerd op gegevens geleverd door de auteurs, die als enigen verantwoordelijk zijn voor de inhoud.

De plattegronden van Zundert en omgeving (hfdst.1, fig. 15 en 16) werden getekend op grond van waarneming ter plekke, met behulp van de volgende bronnen: *Grote Historische Atlas van Nederland, dl. 4, Zuid-Nederland, 1838–1857*, Groningen 1990; Frank Kools, *Vincent van Gogh en zijn geboorteplaats*, Zutphen 1990.

De plattegrond van Lima, Peru (hfdst. 1, fig. 25) is gebaseerd op de volgende bronnen: Margarita Cubillas Soriano, *Lima Monumento Historico*, Lima 1996; *Lima centro histórico*, Lima 1998; Javier Prado Heuderbert, *Lima: Arquitectura y escultura religiosa virreynal*, Lima 1996; David Sweetman, *Paul Gauguin: A life*, New York 1996. De tekening van het huis van de familie Echenique is mogelijk gemaakt dankzij foto's van Ana Maria Reyes, Chicago, en Claudia Chocano, Lima.

De kaarten met betrekking tot Arles en de Crau (hfdst. 4, fig. 3, 19, 72) werden getekend op grond van waarnemingen ter plekke, met verwijzing naar relevant werk van Van Gogh and Gauguin, en gebaseerd op de volgende bronnen: een collectie reisgidsen van Baedeker, Joanne en Murray uit de betreffende periode; Dominique Roman: *Objectif Provence*, Arles 1997; Charles Nègre, *Photographe*, Arles 1980; René Garagnon, *Arles en photos et cartes postales anciennes 1890–1981*, Arles, z.j.; Met betrekking tot Van Gogh: *Photography by contemporaries*, Amsterdam 1990; Rémi Venture, *L'Abbaye de Montmajour: Le temps retrouvé*, Barbentane, z.j.; Rémi Venture, *Arles: Métamorphoses*, Barbentane 1989. De tekeningen van het Gele Huis (hfdst. 4, fig. 2) zijn gebaseerd op een reconstructie op schaal en op Ronald Dorn, *Décoration: Vincent van Goghs Werkreihe für das Gelbe Haus in Arles*, Hildesheim/Zürich/ New York 1990.